Werner J. Patzelt

Einführung in die Politikwissenschaft

Grundriß des Faches
und studiumbegleitende Orientierung

wissenschaftsverlag richard rothe
Passau 2001

Die Deutsche Bibliothek - CIP Einheitsaufnahme
Patzelt, Werner J.:
Einführung in die Politikwissenschaft : Grundriß des Faches und studiumbegleitende Orientierung / Werner J. Patzelt. – 4., überarb. und wesentlich erw. Aufl. – Passau : Wiss.-Verl. Rothe, 2001
ISBN 3-927575-93-3

4., überarb. u. wesentl. erweiterte Auflage 2001

Umschlaggestaltung: Rotraud Bock
Gesamtherstellung: Offsetdruckerei Richard Rothe, Passau
ISBN 3-927575-93-3

Inhaltsverzeichnis

Vorwort zur 1. Auflage

Die Politikwissenschaft erschließt sich ihren Studenten nur scheinbar leicht. Weder sichert ein Schutzwall großer Anfangsschwierigkeiten ein ernsthaftes Bemühen um sie, wie dies bei der Mathematik oder Ägyptologie der Fall ist, noch verlangt der Gegenstand, sich gänzlich neuen Dingen zuzuwenden, was dazu zwänge, sich schon deshalb für sie in besonderer Weise zu öffnen. Denn auf schon vertrautem Gelände bewegt sich der angehende Politikwissenschaftler, während Studienanfänger in Geographie oder Medizin von vornherein erwarten, Neues kennenzulernen. Nichts ist darum leichter, als mit einem politikwissenschaftlichen Studium Schiffbruch zu erleiden, ohne daß man dies rechtzeitig merkt.

Hilfreich wäre in dieser Lage eine nicht allzu ausladende, übersichtliche Gesamtdarstellung dieser Disziplin, ihrer Fragestellungen und Methoden, ihrer zentralen Begriffe und gedanklichen Ordnungsschemata. Nützlich wäre sozusagen eine Art ‚Wittgensteinsche Leiter', die einem Studenten gute Dienste leistet, schon zu Beginn seiner Ausbildung einen ersten Übersichtspunkt zu erklimmen, und die er dann getrost weglegen kann. Als solche ‚Leiter' versteht sich diese Einführung. Sie vermittelt Überblick, Orientierung und Grundbegriffe, nicht aber Sachkunde im Detail. Es geht ihr um eine Beschreibung des Waldes, nicht seiner Bäume, und dabei um eine Darstellung ‚aus einem Guß'. Deshalb vereinfacht sie und setzt sich über manche Konvention hinweg; sie vermißt manche Begriffsfelder neu und stellt nicht Lehrmeinungen zur Auswahl, sondern gibt sich dogmatisch. Dabei legt sie vor allem dar, was ein Gesamtbild der Politikwissenschaft und Sensibilität für ihre grundlegenden Anliegen, Vorgehensweisen und Arbeitsgebiete zu stiften verspricht.

Die dafür nützlichen und durch viele Querverweise verschränkten Wissensbestände behandelt sie als Gemeinbesitz. Darum und der Übersichtlichkeit wegen verzichtet sie auf den üblichen Ornat der Namensnennungen und Quellennachweise; die eher sparsamen Literaturangaben sowie die auf Einführungsliteratur und Überblicks- wie Grundlagenwerke ausgerichtete Bibliographie dienen nur der Orientierung über einige Wege in die Tiefen des Fachs. Dem persönlichen Studium bleibt es überlassen, sie zu beschreiten, um dergestalt die Erscheinungsweisen von Politik immer besser kennenzulernen, die Spielregeln von Wissenschaft im einzelnen zu verstehen, sich mit den Teilfächern und Unterdisziplinen der Politikwissenschaft gründlich vertraut zu machen, die Dimensionen und das Selbstverständnis des Faches von dessen Geschichte her zu begreifen, die politikwissenschaftlichen Methoden konkret und kompetent anwenden zu können sowie das von der Politikwissenschaft erarbeitete Wissen sich anzueignen. Am besten nutzt man diese Einführung wie eine Montageanleitung: indem man sich durch weitergehende Lektüre nach und nach die beschriebenen Bestandteile politikwissenschaftlicher Kompetenz beschafft und durch Denken wie Üben sie zusammensetzt, macht man sich zum Politikwissenschaftler.

Dresden, im Frühjahr 1992

Vorwort zur 3. ergänzten Auflage

Erfreulicherweise wurde die vorliegende ‚Einführung in die Politikwissenschaft' von den Studierenden sehr gut angenommen. Das machte schon im Jahr nach dem Erscheinen eine etwas erweiterte zweite und nunmehr eine dritte, ergänzte Auflage nötig.

Es gab keinen Grund, am Aufbau des Buches etwas zu ändern. Ziemlich ausführlich werden immer noch die Analysedimensionen, der Wissenschaftscharakter sowie die Methoden und Forschungsabläufe der Politikwissenschaft behandelt, denn all dies muß verstanden haben, wer nicht nur politikwissenschaftliche Kenntnisse erwerben, sondern in unser Fach mit dem Ziel eindringen will, sich eines Tages in ihm als geistig selbständiger Forscher zu bewegen. Dabei wird nicht nur der – inzwischen unumstrittene – Charakter der Politikwissenschaft als einer theorieorientierten *empirischen* Disziplin herausgearbeitet, sondern es wird viel Wert auch darauf gelegt, die Forschungslogik *normativer* Politikwissenschaft verständlich zu machen. Vor allem in solcher Betonung des wissenschaftlich *Grundlegenden* unterscheidet sich das vorliegende Lehrbuch von den meisten seither ebenfalls erschienenen ‚Einführungen in die Politikwissenschaft'. Unter ihnen sei vor allem verwiesen auf die Texte von Alemann 1995, Bellers / Kipke 1996, Hartmann 1995, Leggewie 1994, Mols / Lauth / Wagner 1996, Mohr 1997, Naßmacher 1995 oder Schäfer 1994.

Nach wie vor werden die Teilgebiete der Politikwissenschaft – (Vergleichende) Systemlehre, Internationale Politik und Politische Theorie – nur in einem orientierenden *Überblick* behandelt. Anders zu verfahren, machte diese ‚Einführung' allzu umfangreich oder zwänge zu Abstrichen an dem, worauf es ihr in erster Linie ankommt: auf die systematische Darstellung des politikwissenschaftlich Fundamentalen. Ohnehin ist das hinsichtlich der Teildisziplinen zu erwerbende Grundlagenwissen regelmäßig in den übrigen ‚Einführungen' enthalten oder läßt sich – noch besser – den vorliegenden Speziallehrbüchern der Teildisziplinen entnehmen. Aus den neueren unter ihnen sei hinsichtlich der (Vergleichenden) Systemlehre verwiesen auf Berg-Schlosser / Müller-Rommel 1997, Hartmann 1995a, Kevenhörster 1997 und Naßmacher 1991, bezüglich der Internationalen Politik auf Albrecht 1995, Druwe / Hahlbohm / Singer 1995, Knapp / Krell 1996, List u.a. 1995, Pfetsch 1994 sowie auf Tauras / Meyers / Bellers 1994, und im Bereich der Politischen Theorie auf Druwe 1995, Lenk / Franke 1991, Lieber 1993, Rohe 1994 und Zippelius 1994. Unter den Methodenlehrbüchern zählen zu den besten unter den neu erschienenen Alemann 1995a und Dreier 1997. Außerdem wird die im Oldenbourg-Verlag von Arno Mohr herausgegebene Reihe ‚Lehr- und Handbücher der Politikwissenschaft' systematisch alle Teilbereiche der Politikwissenschaft abdecken, so daß die Zeit der ‚enzyklopädischen Einführungsliteratur' wohl zu Ende gehen dürfte. Im übrigen stehen mit dem von Dieter Nohlen im Beck-Verlag herausgegebenen siebenbändigen ‚Lexikon der Politik' sowie mit Goodin / Klingemann 1996 vorzügliche und sehr aktuelle Nachschlagewerke zur Verfügung.

Beibehalten wurde der kursorische Durchgang durch die Geschichte und das Selbstverständnis der – vor allem deutschen – Politikwissenschaft. Er ist nötig, um schon als Student ein erstes Gesamtbild von Zustand und Entwicklung unserer Disziplin zu gewinnen. Weitergehenden Einblick bieten inzwischen Ernst 1994 und Söllner 1996, während der vorzügliche Sammelband von Lietzmann / Bleek 1996 über Differenzierung und Vertiefung hinaus auch einen Vergleich mit anderen europäischen Traditionen erlaubt.

Der beim ersten Erscheinen der vorliegenden ‚Einführung' durchaus noch unübliche Versuch, die Politikwissenschaft nicht länger in das Prokrustesbett der lange vorherrschenden ‚Drei-Schulen-Lehre' zu zwängen, scheint inzwischen von einem breiten Konsens getragen zu werden. Dasselbe gilt hinsichtlich des systematisch durchgehaltenen Politikbegriffs. Wo früher ‚Schulen' ihre Grenzen anhand einander ausschließender Politikbegriffe befestigten, findet sich nun weitgehend Übereinstimmung, Politik als sinn-, wert- und interessengeleitetes Handeln mit dem Ziel der Herstellung allgemein verbindlicher Regelungen und Entscheidungen in und zwischen Gruppen von Menschen aufzufassen. In Gerhard Göhlers Skizze einer Theorie politischer Institutionen (1994) geschieht dies – unter Rückgriff auf das Politikverständnis von Max Weber, Carl Schmitt und Hermann Heller – beispielsweise so, als sei inzwischen nichts selbstverständlicher. Gelänge solche integrierende Konsensstiftung in den kommenden Jahren auch hinsichtlich der zur Zeit noch üblichen Entgegensetzung von ‚qualitativen' und ‚quantitativen' Zugriffen auf den Gegenstandsbereich unserer Disziplin, oder bezüglich der immer noch behaupteten Inkompatibilität von empirischer und normativer Politikforschung, so wäre ein weiterer wichtiger Schritt hin zu einer angemessen komplexen Politikwissenschaft getan.

Um die *ersten* Schritte dorthin leicht zu machen, enthält auch diese Auflage detaillierte Ratschläge und ‚Prüflisten' für das Studium und für den Einstieg in das Berufsleben. Weniger von den Rezensenten, sehr wohl aber von den Studierenden wurden sie geschätzt. Wenn diese Ratschläge auch künftig hilfreich sind, Irrwege des Studiums zu vermeiden und rasche Lernfortschritte zu erzielen, tut diese ‚Einführung' weiterhin ihren Dienst. Ihr größtes Anliegen wäre erfüllt, erschlösse sie möglichst vielen Nachwuchswissenschaftlern das Faszinosum der Politikwissenschaft: die enge wechselseitige Durchdringung von Wissenschaft und Praxis, von Erkenntnis und Urteil, von Verstandesabenteuer und Persönlichkeitsbildung.

Dresden, im Frühjahr 1997

Vorwort zur 4., überarbeiteten und wesentlich erweiterten Auflage

Im Vorwort zur dritten Auflage schrieb ich: „Es gab keinen Grund, am Aufbau des Buches etwas zu ändern". Doch vier Jahre später geschah genau das, wurde die vierte Auflage gründlich überarbeitet und wesentlich erweitert. Warum? Vor allem deshalb, um nicht länger nur in Geist und Methodik der Politikwissenschaft als solcher, sondern auch viel weiter in ihre Teilfächer einzuführen, als das zunächst mein Anliegen war. Offenbar ist nämlich – anders als ich lange vermutete – die Zeit der ‚enzyklopädischen Einführungsliteratur' doch noch nicht zu Ende. Somit war es angebracht, auch dieses Buch in jene Tradition zu stellen. Darum finden sich nun viel ausführlichere Abschnitte als früher zu den Teilfächern der Politikwissenschaft, vor allem zur politischen Systemanalyse und Komparatistik, doch auch zur Untersuchung internationaler Beziehungen sowie zur politischen Theorie und ihrer Geschichte. Die Abschnitte über Wissenschaftstheorie und Forschungsmethodik, über Grundbegriffe, Geschichte und Selbstverständnis der Politikwissenschaft sowie die ‚praktischen Ratschläge', was alles diese ‚Einführung' über drei Auflagen hinweg attraktiv gemacht hat, blieben im Kern unverändert, wurden aber gründlich durchgesehen, anders angeordnet und nicht unerheblich erweitert. Bei allem habe ich mich bemüht, genau jene „Einführung" vorzulegen, die ich als Student gerne selbst gelesen hätte – oder wenigstens, zu meinem Besten, hätte lesen sollen.

Dresden, im Frühjahr 2001

1. Kapitel: Politik und Politikwissenschaft

I. Das Fach und sein Name

Die Politikwissenschaft ist, wie ihr Name sagt, die Wissenschaft von der Politik. Indem gezeigt wird, was einerseits unter Politik, andererseits unter Wissenschaft zu verstehen ist, werden die Grundlagen der Politikwissenschaft vorgestellt. Zuvor sind die konkurrierenden Bezeichnungen des Faches darzulegen und zu besprechen.

- Die Politikwissenschaft ist nicht ‚Politische Wissenschaft' (oder gar ‚*Polit*wissenschaft') in dem Sinn, als ob es ihr darum ginge, daß man sich als Wissenschaftler oder aufgrund wissenschaftlicher Kompetenz politisch betätige (‚politischer Wissenschaftler', ‚Politwissenschaftler'). Politische Betätigung ist einem Politikwissenschaftler[1] natürlich nicht verwehrt, und politikwissenschaftliche Kompetenz ist in vieler Hinsicht politischer Arbeit förderlich. Doch praktisch ist ‚Politische Wissenschaft' nur eine falsche Übersetzung des englischen Begriffs ‚political science', heißt dieser doch auf deutsch ebensowenig ‚politische Wissenschaft', wie ‚social sciences' als ‚soziale Wissenschaften' übersetzt werden darf. So wie es auf deutsch ‚Sozialwissenschaften' heißt, ist ‚political science' korrekt als ‚Politikwissenschaft' wiederzugeben.
- Einstmals zutreffend, doch nun historisch überholt ist die Rede von den ‚Politischen Wissenschaften', wenn sie auch mit dem Wort ‚Politikwissenschaften' bisweilen modernisiert wird. So wurden nämlich zusammenfassend jene Einzeldisziplinen genannt, in welche sich die akademische Lehre von der Politik im 18. und 19. Jahrhundert aufsplitterte: Volkswirtschaftslehre, Verwaltungsrecht, Staatsrecht usw., die insgesamt auch als die ‚Staatswissenschaften' angesprochen wurden. Seit wieder eine integrierende Wissenschaft von der Politik entstanden ist, führt die Rede von den ‚Politischen Wissenschaften' oder den ‚Politikwissenschaften' somit in die Irre.[2]
- Das tut auch die bisweilen immer noch gebräuchliche Bezeichnung ‚Wissenschaftliche Politik'. Der Politikwissenschaft geht es aber nicht darum, Politik ‚auf wissenschaftliche Weise' zu betreiben;[3] vielmehr zeigen viele ihrer Einsichten, daß dies schlechterdings unmöglich ist. Letztlich stellt diese Bezeichnung das Anliegen der Politikwissenschaft sogar auf den Kopf: der Gegenstand des Faches wird als dessen Zweck ausgegeben.
- Weit verbreitet ist für die Politikwissenschaft der Name ‚Politologie'. Dieses Kunstwort ist nach dem Vorbild von Bezeichnungen wie ‚Soziologie', ‚Geologie' oder ‚Psychologie' geprägt. Seinen griechischen Wortbestandteilen nach bezeichnet es die ‚-logie' vom ‚polítes', d.h. die Wissenschaft vom *Bürger*. Somit als ‚Bürgerkunde' zu übersetzen, umschreibt dieser Begriff nur einen Teil des Gegenstandsbereichs der Politikwissenschaft. Will man das Fach mit einem auf ‚-logie' endenden Wort bezeichnen, so wäre korrekt allein die etwa in den

---

1 Aus sprachlichen Gründen ist zwar stets von ‚dem Politikwissenschaftler' die Rede; doch selbstverständlich wird immer auch ‚die Politikwissenschaftlerin' mitgedacht. Es wäre wünschenswert, daß sich die Politikwissenschaft von jener Domäne von Männern, die sie derzeit noch ist, zu einem auch von Frauen gleichermaßen vertretenen Fach entwickelte.

2 Siehe S. 61.

3 Am nächsten kam diesem Anspruch das in den realsozialistischen Staaten gepflogene marxistisch-leninistische Surrogat der Politikwissenschaft, nämlich der ‚Wissenschaftliche Kommunismus' als Lehre u.a. vom sozialistischen Staat und seiner führenden Partei.

Niederlanden gebrauchte Bezeichnung ‚Politikologie'. Sie ist aber unschön und unnötig, da ihr vollständig der deutsche Name ‚Politikwissenschaft' entspricht.

II. Was ist Politik?

1. Politik – eine Definition

Über das Mittellateinische und das Französische ins Deutsche gelangt, dort seit dem 19. Jahrhundert heimisch geworden, stammt das Wort ‚Politik' aus dem Griechischen. ‚Polis' ist der – von den Städten Ägyptens oder Mesopotomiens so grundverschiedene – kleine ‚Stadtstaat' der klassischen griechischen Antike, in dem eine Bürgerschaft der Freien sich, in Unabhängigkeit von anderen ‚Staaten' (‚Autarkie'), eigene Gesetze und Regeln des Zusammenlebens gab. Der ‚polítes' war der freie Bürger; er betrieb ‚tà politiká', die einem Freien wohlanstehenden Diskussionen über die Angelegenheiten der Polis, widmete sich den Prozessen der Willensbildung, Entscheidungsfindung und des Regierens. Die ‚politiké epistéme' war das richtige, aus der Erfahrung oder aus gut begründeten Annahmen abgeleitete Wissen um ‚tà politiká'. Aus dem Adjektiv ‚politiké' entwickelte sich schließlich unser Begriff ‚Politik'.

Möglicherweise dieser Herkunft wegen verleitet er von vornherein zu zwei Mißverständnissen. Erstens wird oft Politik als *Gegenstand* der Politikwissenschaft sprachlich gleichgesetzt mit ‚Politik' als *Wissenschaft* von diesem Gegenstand. Etwa spricht so mancher davon, ‚er studiere Politik' oder habe, im Unterschied zum ‚akademischen Politikwissenschaftler', ‚die Politik *praktisch* studiert', nämlich als Politiker. Zweitens wird Politik nicht selten in jenem engen Sinn aufgefaßt, den dieser Begriff im Rahmen einer Polis hatte. Dann wird oft jene Politik, die wir – mehr oder minder stilisiert – aus der attischen Polis kennen, als ‚echte' oder ‚wirkliche' Politik von jenen Praktiken, Formen und Regeln der Machtausübung unterschieden, welche das menschliche Zusammenleben etwa in einer mesopotamischen Tempelstadt oder in einer totalitären Diktatur regelten. Ein *alle* Ausgestaltungen zwischenmenschlicher Ordnungserhaltung übergreifend bezeichnender Begriff fehlt in diesem Fall; statt dessen nimmt der Begriff der (‚wirklichen') Politik bewertenden Charakter an oder will gar vorschreiben, wie Menschen ihr Ordnungsproblem ‚eigentlich' angehen sollten. Es ist also sehr folgenreich, was man unter Politik verstehen, wie man den Gebrauch jenes Begriffes vereinbaren will.

a. Einzeldefinitionen

Äußerst viele Definitionen einer Vielzahl von Philosophen, Staatsrechtlern, Soziologen und Politikwissenschaftlern geben wieder, welche Sachverhalte vom Begriff[4] der Politik bezeichnet werden können. Auf folgende sei hingewiesen:[5]

- Politik ist die Sicherung und Ordnung des Zusammenlebens von Menschen.
- Politik ist das Bemühen um die gute Ordnung einer Gesellschaft.
- Politik ist das Streben nach der Verwirklichung der Staatszwecke (etwa: Sicherheit, Wohlfahrt, Freiheit, Frieden, Demokratie).
- Politik ist Kampf um und Benutzung von Macht.
- Politik ist die Unterscheidung von Freund und Feind sowie die Auseinandersetzung mit dem Feind.

---

4 Zur Klärung dessen, was ‚Begriffe' und ‚Definitionen' sind, siehe unten S. 79ff und S. 86f.

5 Erörterungen zu den einzelnen Politikbegriffen samt Hinweisen auf ihre Urheber finden sich in so gut wie allen einführenden Werken, die in Anm. 893 sowie im Vorwort zur 3. erg. Auflage zusammengestellt sind. Siehe darüber hinaus Messelken 1970, Rohe 1978, Scheuner 1962 und Sternberger 1961.

- Politik ist das Streben nach Herrschaft im Staat.
- Politik ist die Kunst der Führung von Menschen und Gruppen.
- Politik ist Führung von Gemeinwesen.
- Politik ist Handeln, welches gesellschaftliche Konflikte über Werte verbindlich zu regeln versucht.
- Politik ist Handeln, welches gesellschaftliche Konflikte um materielle Güter sowie um deren Verteilung autoritativ zu regeln versucht.[6]
- Politik ist Entscheidungsbildung auf öffentlichem Weg.
- Politik ist öffentlicher Konflikt von Interessen unter den Bedingungen von öffentlichem Machtgebrauch und Konsensbedarf.
- Politik ist der regelgebundene Gebrauch sozialer Macht.
- Politik ist der Kampf der Klassen und ihrer Parteien, von Staaten und Staatensystemen zum Zweck der Durchsetzung ihrer (u.a. sozioökonomisch begründeten) Interessen und Ziele.
- Politik ist Kampf um die Veränderung oder Bewahrung bestehender Verhältnisse.
- Politik ist die Gesamtheit jener Prozesse, die zur Herstellung von Akzeptanz für staatliche Entscheidungen dienen.

Neben solchen Definitionen, welche die Aufmerksamkeit sehr genau auf bestimmte Elemente von Politik lenken, finden sich leerformelartige Aussagen wie ‚Politik ist die Kunst des Möglichen', ‚Politik ist ein notwendiges Übel' oder ‚Politik ist ein schmutziges Geschäft'. Mit den letztgenannten ‚Definitionen' ist offenbar wenig Konkretes gewonnen; sie taugen allenfalls als wohlfeiles rhetorisches Versatzstück. Anders verhält es sich mit den zuvor aufgelisteten Begriffsbestimmungen: zweifellos benennen sie Dinge, die man z.B. bei Fernsehnachrichten unmittelbar als ‚konkrete Politik' mitbekommen kann. Sie haben auch vieles miteinander gemein, setzen freilich verschiedene Akzente: die einen eher auf Politik als praktischem Handeln (‚praktische' Politikbegriffe), die anderen eher auf den technisch-institutionellen Aspekten der Ausgestaltung politischer Ordnungen (‚technische' Politikbegriffe), wieder andere eher auf einem ‚staatlichen', von Konsens getragenen Ordnungsrahmen von Politik, oder umgekehrt auf den für Politik so kennzeichnenden Konflikten sowie auf deren als positiv gewerteten Zielen der Sicherung von Freiheit oder der Emanzipation aus unnötigen Zwängen.

Wünschenswert wäre offenbar ein solcher Politikbegriff, der die Inhalte möglichst aller vorgestellten Politikdefinitionen als ‚Unterfälle' in sich aufnimmt und dennoch klar und einfach ist. Ferner ist von ihm – wie von möglichst vielen politikwissenschaftlichen Begriffen – zu verlangen, daß er recht einfach vom Begriffsverständnis der (politischen) Alltagssprache her erschlossen werden kann. Andernfalls könnte sich nämlich das Sprechen und Denken von Politikwissenschaftlern so weit von der Selbstverständigung ihres Gegenstandes entfernen, daß einesteils der Wissenschaft sich die Selbstdeutung von Politik nicht mehr recht erschließt, und andernteils der politischen Praxis die Aussagen der Politikwissenschaft bis nur Nutzlosigkeit fremd bleiben.

b. Ein umfassender Politikbegriff

Eine derart umfassende, zugleich aber klare, auch von der Alltagssprache her verständliche und immer mehr zum politikwissenschaftlichen Gemeinbesitz werdende Definition von Politik lautet:

---

[6] Am einprägsamsten brachte der amerikanische Politikwissenschaftler Lasswell 1936 diese Sichtweise auf die Formulierung, bei Politik gehe es um „who gets what, when, and how".

Politik ist jenes menschliche Handeln, das auf die Herstellung und Durchsetzung allgemein verbindlicher Regelungen und Entscheidungen (d.h. von ‚allgemeiner Verbindlichkeit') in und zwischen Gruppen von Menschen abzielt.[7]

Die Rede von ‚Entscheidungen' hebt auf die Herstellung allgemeiner Verbindlichkeit im Einzelfall ab, während ‚Regelungen' ganze Klassen von Fällen allgemein verbindlich gestalten. Bei auf allgemeine Verbindlichkeit ausgehendem Handeln wird Macht – meist regelgebunden – erworben, verloren und eingesetzt; indem verbindliche Entscheidungen herbeigeführt und durchgesetzt werden, trägt man zur Stabilisierung oder Veränderung bestehender Verhältnisse bei und versucht, für das eine oder andere Akzeptanz herzustellen; Gegenstand des Bemühens um Verbindlichkeit sind sehr oft Konflikte über Werte oder Güter; diese werden von einzelnen, von Gruppen, Klassen, Parteien, Staaten oder Bündnissen ausgetragen, die einander nicht selten als Feind auffassen; bei diesem Handeln werden Führungsleistungen abverlangt und erbracht, die dann besonders groß sind, wenn unter den Bedingungen von Öffentlichkeit gehandelt werden muß; und das Ziel der um solche Dinge bemühten Akteure kann u.a. die Verwirklichung bestimmter Staatszwecke oder die Herbeiführung ‚guter Ordnung' sein. Die Aussagen der oben aufgelisteten Politikdefinitionen sind dergestalt im hier vorgestellten allgemeinen Politikbegriff aufgehoben. Er läßt sich – auch alltagssprachlich – zu jeder dieser Definitionen zuspitzen, verliert dabei aber nie seine integrierende Kraft. Sein darüber noch hinausgehender Nutzen und seine große Reichweite werden zumal dann klar, wenn man seine Bestandteile näher betrachtet.

Schon hinter dem *ersten* Element des vorgestellten Politikbegriffs, nämlich der Aussage, Politik sei menschliches Handeln, verbergen sich sehr wichtige und folgenreiche Sachverhalte:

- *Menschliches Handeln ist von Normen, Interessen, Wertvorstellungen und Weltanschauungen geprägt.* Man bezahlt Steuern, weil es entsprechende Gesetze gibt; man tritt einer Bürgerinitiative, einem Verband oder einer Partei bestimmter Interessen wegen bei; der Position, die man in politischen Diskussionen vertritt, liegen Wertvorstellungen zugrunde; und seine Wahlentscheidung trifft man im Rahmen einer bestimmten Weltanschauung.[8] Ein unverzichtbarer Schlüssel zum Verständnis allen menschlichen Handelns ist somit die Untersuchung jener Normen, Interessen, Wertvorstellungen und Weltanschauungen, die es prägen. Weil Berechnung und Taktik ebenso wie Gefühle und Irrationales das menschliche Handeln prägen können, sind auch diese psychischen Voraussetzungen im oben eingeführten Politikbegriff enthalten.
- *Menschen beziehen ihre Handlungen auf die Handlungen anderer Menschen.* Man macht beispielsweise seine Wahlentscheidung abhängig davon, was man über das Verhalten von Parteien und ihren Kandidaten erfahren hat; man stellt bei Wahlkämpfen die Maßnahmen der Konkurrenten in Rechnung; und man taktiert bei einer Diskussion je nach den Einlassungen und Argumentationen der anderen Debattenteilnehmer recht unterschiedlich. In all dem wird deutlich: sowohl mit dem Handeln eines anderen als auch mit dem eigenen Handeln verbindet man *Sinn.* Das letztere drückt der Begriff des ‚sinngeleiteten Handelns' bzw. des ‚sinnhaften Handelns' aus. Im einzelnen läuft bei der wechselseitigen Abstimmung von Handlungen mehr oder minder bewußt folgender Prozeß ab: man interpretiert das Verhalten eines anderen;[9] man macht sich klar, was man selbst erreichen will; man wählt intuitiv oder überlegt eine bestimmte Verhaltensweise; man wirkt dann mit seinem eigenen Reden und

---

7 Zum Sinn eines so weiten Politikbegriffs, der zunächst verunsichernd wirken mag, siehe unten S. 27f.

8 In dieser Einführung werden viele Beispiele angeboten. Keines erhebt den Anspruch, in seiner inhaltlichen Aussage unstrittig zu sein, obschon versucht wurde, Beispiele zweifelhaften Wahrheitsgehalts zu vermeiden. Jedes Beispiel hat seinen Zweck dann erreicht, wenn der zu exemplifizierende Sachverhalt veranschaulicht und verstanden wurde. Falls ein Leser mit der inhaltlichen Aussage eines Beispiels nicht einverstanden ist, sollte er einfach ein anderes Beispiel suchen und dieses für seine eigenen Reflexions- und Darstellungszwecke verwenden.

9 Zur Weise des Interpretierens siehe unten auf S. 164ff die Ausführungen zur hermeneutischen Methode.

Handeln so auf den anderen ein, daß dieser begreifen kann, worauf man selbst hinauswill; und daraufhin vollzieht sich beim Handlungspartner derselbe Prozeß. Wenn Menschen dergestalt ihre Handlungen interpretieren (,sinndeuten') und anhand des durch solche Interpretationen (,Sinndeutungen') festgelegten Sinns ihre Handlungen aufeinander beziehen, so spricht man – mit einer Wendung von Max Weber – von ,sinnhaft aufeinander bezogenem Handeln', welches abgekürzt als ,soziales Handeln' bezeichnet wird. Soziales Handeln *aller* Art ist Gegenstand der *Soziologie*. Jenes soziale Handeln, das auf die Herstellung allgemeiner Verbindlichkeit abzielt, wird ,politisches Handeln' genannt und ist der spezielle Gegenstand der *Politikwissenschaft*.[10] Diese hat darum auf jenen Sinn zu achten, den Menschen mit ihrem politischen Handeln verbinden, und sie hat zu untersuchen, auf welche Weise es Menschen schaffen, ihre politischen Sinndeutungen und Handlungen aufeinander abzustimmen.

– *Aus sozialem Handeln entstehen ,Rollen' als Bausteine von Organisationen und Institutionen.* Sehr häufig werden Handlungen nach einem ziemlich festen Schema durchgeführt, etwa weil sich dies aus Einfachheitsgründen anbietet, oder um seine Partner nicht zu verwirren. Man leitet beispielsweise eine Diskussion immer wieder auf die gleiche Weise, hat als Abgeordneter ein bestimmtes ,Muster' seiner Wahlkreisarbeit ausgeprägt, oder geht als Chefredakteur nach zwar unausgesprochenen, doch trotzdem klaren Regeln mit seiner Redaktion um. Wann immer *schematisierte Handlungsweisen* für den Inhaber einer sozialen Position vorliegen und von ihm auch genutzt werden, hat dessen Handlungspartner die Chance, im Verhalten des Positionsinhabers *Typen* von Handlungen zu erkennen.[11] Verfügt der Handlungspartner gar über *Wissen* um ,typische Handlungsweisen', so vereinfacht dies seine Aufgabe enorm, das Handeln seines Gegenübers zutreffend zu interpretieren: je nach Situation erwartet er bereits bestimmtes Verhalten (,Hintergrunderwartung'), erkennt er den gemeinten Sinn von Handlungen viel schneller und kann Mißverständnisse leichter vermeiden. Wer beispielsweise seinen Chefredakteur gut kennt, kommt mit ihm meist besser zurecht als ein Neuling in der Redaktion; und wer mit dem Schema der Wahlkreisarbeit eines Abgeordneten vertraut ist, kann leichter mit ihm in Kontakt treten als einer, dessen Erwartungen auf die Arbeitsweise eines Abgeordneten eben nicht passen. Schematisierte Handlungsweisen und ihnen entsprechende typisierte Sinndeutungen erleichtern es dergestalt, Sinndeutungen und Handlungen routinemäßig aufeinander abzustimmen.

– Schematisierte Handlungen werden ,Rollen' genannt. Eine Rolle entsteht dann, wenn vom Inhaber einer sozialen Position bestimmte typische Handlungsweisen (,Rollen*verhalten*') anhand seiner ,Rollen*orientierungen*' verläßlich hervorgebracht werden, und diesen Handlungsweisen beim Partner solche ,Rollen*erwartungen*' entsprechen, welche gemeinsames Handeln ermöglichen. Rollen sind somit stabile Formen sinnhaft aufeinander bezogenen Handelns. Sie *entstehen* einerseits aus sozialem Handeln, wenn es nämlich über eine gewisse Zeit gelingt, Sinndeutungen und Handlungen in gleicher Weise und störungsfrei abzustimmen; und andererseits bieten Rollenorientierungen und Rollenerwartungen, über welche Menschen aufgrund von Erziehung und Ausbildung verfügen, der Wahrnehmung und dem Verhalten *von vornherein* bestimmte Bahnen an, auf denen die wechselseitige Abstimmung von Sinndeutungen und Handlungen routinemäßig gelingen kann. Indem viele Rollen mit-

---

[10] Daß die Politikwissenschaft einen Teilbereich sozialen Handelns untersucht, für den sich auch die Soziologie als Wissenschaft von *jeglichem* sozialen Handeln zuständig fühlt, hat zu vielfältigen Abgrenzungsdiskussionen zwischen Politikwissenschaft und Politischer Soziologie geführt. Nach Ansicht des Verfassers sollte sich ein Politikwissenschaftler um diese Grenzziehung ganz einfach nicht kümmern, sondern beide Disziplinen so gut kennenlernen, daß ihm die ,Zuordnung' einer Fragestellung, einer Theorie, eines Untersuchungsgegenstandes oder einer Methode zu einer der ,beiden' Disziplinen einfach gleichgültig ist.

[11] Zu Typen und Typologien siehe S. 107ff.

einander *vernetzt* werden (‚soziale Netzwerke‘, ‚Rollengefüge‘), entstehen ‚Organisationen‘. Eine Gewerkschaft ist etwa aus den Rollen der Mitglieder, Sekretäre, sonstigen Angestellten der Gewerkschaft und des Vorsitzenden aufgebaut, ein Parlament u.a. aus den Rollen des Ausschußmitglieds und des Fraktionsvorsitzenden, des parlamentarischen Geschäftsführers und des Parlamentspräsidenten. ‚Institutionen‘ gehen über Organisationen darin hinaus, daß von ihnen jene Sinndeutungen, welche das Rollengefüge einer Institution prägen, immer wieder ihrerseits bewußt gemacht, den Angehörigen und Adressaten einer Institution vor Augen geführt und dergestalt zu einem eigenen Sinnfundament des Rollengefüges werden. Politische Symbolik dient ganz wesentlich diesem Zweck, auch die seelisch-emotionale Tiefenschicht von Menschen als den Trägern politischer Ordnung anzusprechen.[12] Aufgabe eines Politikwissenschaftlers ist es, sowohl jene der institutionellen Selbststabilisierung dienenden Symbolik zu entziffern und zu verstehen, als auch jene Rollen wie Rollengefüge ausfindig zu machen sowie zu untersuchen, die beim Prozeß der Herstellung allgemeiner Verbindlichkeit entstehen, dem politischen Handeln Bahnen bieten und – zusammen mit ihrer symbolischen Vergegenwärtigung – politische Ordnung darstellen.

- *Menschliches Handeln bringt soziale bzw. politische Wirklichkeit hervor.* Jene mehr oder minder stabilen Rollen und Rollengefüge, welche durch soziales Handeln hervorgebracht werden, werden als ‚soziale Strukturen‘ bezeichnet; zusammengefaßt heißen sie ‚soziale Wirklichkeit‘. Natürlich kann die wechselseitige Abstimmung von Sinndeutungen und Handlungen auch gestört sein; dann werden die von gelingenden Abstimmungsleistungen abhängigen Rollen brüchig und können zerfallen. Die Rolle des Königs verschwindet beispielsweise, wenn zunächst die monarchische Herrschaftsbefugnis bestritten wird, ihm dann niemand mehr gehorcht und schließlich an des Königs Stelle ein Präsident gewählt wird. Ebenso können sich Organisationen und Institutionen auflösen, wenn jene Rollen zerfallen, aus denen sie bestehen; dergestalt brechen Armeen, Parteien oder Reiche auseinander. Man kann darum formulieren: *Soziale Wirklichkeit wird durch soziales Handeln hervorgebracht (‚konstruiert‘); sie bedarf sozialen Handelns, um aufrechterhalten zu werden (‚Reproduktion‘ oder ‚Rekonstruktion‘ sozialer Wirklichkeit); und sie kann durch soziales Handeln ebenso verändert wie zerstört werden.*[13]
- Entsprechendes gilt für politisches Handeln als jene Teilmenge sozialen Handelns, bei der es um den Versuch geht, in oder zwischen Gruppen von Menschen allgemeine Verbindlichkeit herzustellen. Es bringt politische Rollen, politische Organisationen und Institutionen hervor, was alles zusammenfassend als ‚politische Wirklichkeit‘ bezeichnet wird. Politisches Handeln ist nötig, um eine bestimmte politische Wirklichkeit überhaupt aufrechtzuerhalten; und ebenso wird politische Wirklichkeit durch politisches Handeln verändert oder zerstört. Alle jene Wissensbestände, Sinndeutungen und Handlungen, die am Prozeß der Hervorbringung, Aufrechterhaltung, Veränderung oder Zerstörung politischer Wirklichkeit beteiligt sind, werden zusammenfassend ‚politische Kultur‘ genannt.
- *Menschlichem Handeln liegen angeborene Kompetenzen der Wahrnehmung und Informationsverarbeitung sowie genetisch fixierte Verhaltensrepertoires zugrunde.* Den Blick auf diese Grundlagen sozialen Handelns öffnen evolutionstheoretische Überlegungen. Der Mensch ist ein Produkt des Evolutionsprozesses (‚Phylogenese‘); in diesem Prozeß ent-

---

[12] Kirchen sind oft noch erfolgreicher als politische Institutionen beim Versuch, den Sinn ihrer Rollen (etwa des Gemeindevorstehers, Liturgen oder Bischofs) und des Zusammenwirkens dieser Rollen (etwa ‚Hirt und Herde‘) symbolisch zu vergegenwärtigen. Das scheint nicht der unwichtigste Grund dafür zu sein scheint, daß zumal die Institution der römisch-katholischen Kirche die Lebensdauer aller uns bekannten politischen Institutionen bei weitem überschreitet.

[13] Zur Analyse der Konstruktion, Reproduktion und Destruktion sozialer Wirklichkeit durch soziales Handeln siehe Berger/Luckmann 1980, Giddens 1984, Holzner 1972 und Patzelt 1987.

standen die ‚Weltbildapparate'[14] aller Lebewesen, über die sie Informationen über ihre Umwelt erlangen; desgleichen wurden im Evolutionsprozeß Reaktionsrepertoires entwickelt, anhand welcher Lebewesen auf Umweltinformationen reagieren. Höhere Lebewesen mit einem komplexen Zentralnervensystem sind überdies mit besonderen Fertigkeiten der Informationsverarbeitung begabt und lernfähig, wobei der schon durch die Zeugung des Lebewesens angelegte Weltbildapparat als ein ‚angeborener Lehrmeister'[15] wirkt, der seinerseits im Lauf der individuellen Entwicklung (‚Ontogenese') den Lernmöglichkeiten eines Lebewesens bestimmte Bahnen weist. Natürlich kommen auch Menschen bereits mit festgelegten Möglichkeiten, Umwelt wahrzunehmen und aufgenommene Informationen zu verarbeiten, sowie mit einem grundlegenden Verhaltensrepertoire, zur Welt. All dies soll die ‚Tiefenstruktur' menschlichen Handelns bzw. sozialer oder politischer Wirklichkeit genannt werden. Herauszufinden, worin im einzelnen diese Tiefenstruktur besteht, ist die Forschungsaufgabe folgender Disziplinen, deren (gemeinsame) politikwissenschaftliche Erschließung oft ‚biopolitics'[16] genannt wird:

- *Evolutionäre Erkenntnistheorie:* Sie untersucht die angeborenen Kompetenzen der Wahrnehmung und Informationsverarbeitung;[17]
- *Evolutionäre Ethik:* Ihr Gegenstand sind angeborene Normen und Werte;[18]
- *Humanethologie:* Sie erforscht grundlegende menschliche Verhaltensrepertoires (‚menschliches Ethogramm');[19]
- *Soziobiologie:* Ihr Forschungsfeld sind die Ausleseprozesse und die Dynamik der Evolution von Lebewesen.[20]

- Nicht wenige Einzelbefunde dieser Disziplinen sind derzeit noch unsicher. Als gewiß kann aber gelten, *daß* alles soziale Handeln auf einer solchen Tiefenstruktur aufruht. Der Weg zwischen ihr und konkreten Sinndeutungen oder Handlungen ist allerdings weit. Beim Menschen werden auf der weithin gleichen Tiefenstruktur die verschiedensten Kulturen, Rollen, Organisationen und Institutionen errichtet: Durch Erziehung, Wissensvermittlung, Sozialisation und soziale Kontrolle werden auf gleiche genetische Grundlagen kulturell verschiedene Wertvorstellungen und Weltanschauungen, Wissensbestände und Sinndeutungen aufgebaut, deren Benutzung sodann beim sozialen Handeln die unterschiedlichsten sozialen Rollen und gesellschaftlichen Institutionen entstehen läßt. Diese kulturspezifischen sozialen bzw. politischen Strukturen sowie das in ihnen ablaufende soziale Handeln soll die ‚Oberflächenstruktur' sozialer bzw. politischer Wirklichkeit genannt werden. Die durch Sozialisation und soziale Kontrolle bewerkstelligte Hervorbringung der Oberflächenstruktur kann wiederum als ein ‚Transformationsprozeß' aufgefaßt werden: Anhand je spezifischer Wissensbestände wird die stets gleiche Tiefenstruktur in jene vielfältigen Oberflächenstrukturen transformiert, welche Gegenstand anthropologischer, historischer, soziologischer und politikwissenschaftlicher Untersuchungen sind.
- Aufgabe des Politikwissenschaftlers ist es in der Regel *nicht*, die Tiefenstruktur sozialen Handelns zu untersuchen, wenn auch die Analyse[21] der Tiefenstruktur politischen Handelns

---

[14] Zu diesem Begriff siehe Lorenz 1982: 17ff.
[15] Zu diesem Begriff siehe Lorenz 1982: 118-128.
[16] Siehe Flohr/Kampfs 1998 und Somit 1994.
[17] Vgl. Lorenz 1982, Riedl 1979, Wuketits 1990a und die dort angegebene Literatur.
[18] Siehe Gräfrath 1997, Wuketits 1990 und die dort angegebene Literatur.
[19] Siehe Flohr/Tönnesmann 1983 und Eibl-Eibesfeldt 1986.
[20] Siehe Bühl 1982, Meyer 1982, Wuketits 1997, Voland 2000 und die dort angegebene Literatur.
[21] Die Bezeichnung ‚Analyse' wird im folgenden stets gleichbedeutend mit Worten wie Untersuchung, Forschung oder Studie verwandt.

Gegenstand politikwissenschaftlicher Grundlagenforschung sein kann.[22] Es ist aber sehr nützlich, nicht nur die Oberflächenstruktur politischen Handelns und politischer Organisationen zu betrachten, sondern immer wieder zu fragen, durch welche Transformationsprozesse Menschen bestimmte politische Handlungsweisen, Rollen und Strukturen überhaupt hervorbringen und aufrechterhalten bzw. ‚von Natur aus' daran scheitern, bestimmte politische Ordnungsformen zu errichten oder stabil zu halten.

Das in diesen fünf Punkten charakterisierte und entsprechend vielschichtig zu betrachtende Handeln zielt nun immer wieder ab auf die Herstellung allgemeiner Verbindlichkeit in und zwischen Gruppen von Menschen, konkret: auf die Herstellung und Durchsetzung von allgemein verbindlichen Regelungen bzw. Entscheidungen in und zwischen diesen Gruppen. Genau dann ist es Gegenstand der Politikwissenschaft. Auch diesem *zweiten* Element des Politikbegriffs liegt ein recht komplexer Gedankengang zugrunde:

Wo Menschen zusammenleben, muß unter ihnen immer wieder Klarheit über die Regeln geschaffen werden, die für sie gelten sollen. Dies wird auf den Begriff gebracht, daß Politik auf die Herstellung *allgemeiner Verbindlichkeit* zielt. ‚Allgemeine Verbindlichkeit' wird konkret in verpflichtenden Entscheidungen sowie in Regeln, an die sich jeder Handlungspartner zu halten hat, wenn er sich nicht als Außenseiter bloßstellen bzw. Nachteilen aussetzen will. Diese Regeln können informal[23] sein wie Tischsitten oder formal wie Gesetze; sie können sich auf die Rechte und Pflichten der Gruppenmitglieder, auf die Beschaffenheit der Institutionen der Gruppe, auf die Eigentumsrechte, auf die Verteilung von Gütern und Dienstleistungen oder auf beliebige andere Sachverhalte beziehen; sie können auf Dauer gelten oder lediglich die allgemein verbindliche Behandlung eines Einzelfalls betreffen; und ihre Einhaltung kann mit Strafandrohungen unterschiedlichster Art und Schwere gesichert werden.

Es leuchtet ein, daß der Regelungsbedarf einer Gesellschaft mit ihrer zunehmenden Komplexität und Arbeitsteilung ansteigt. In kleinen Gruppen von Menschen können die wenigen nötigen Regeln oft nebenbei vereinbart werden. Doch größere Gruppen, gar erst weitverzweigte Gesellschaften mit unterschiedlichen Aufgaben einzelner Gesellschaftsteile, brauchen besondere Anstrengungen, um ihre immer wieder neu anfallenden Koordinierungs- wie Regelungswünsche festzustellen und zu befriedigen. Im Zug gesellschaftlicher Arbeitsteilung *entsteht* dergestalt Politik als jenes Handeln, das den Bedarf an verbindlichen Regelungen und Entscheidungen zu befriedigen versucht.

Eine solche Definition von Politik als auf Herstellung von Verbindlichkeit zielendes Handeln lenkt den Blick somit auf den Tatbestand *gesellschaftlicher Arbeitsteilung*. Erstens erzeugt diese überhaupt erst die Probleme, welche politisches Handeln zu bewältigen unternimmt. Zweitens wird bei der Analyse von Politik nur ein arbeitsteilig spezialisierter *Teilbereich* menschlichen Handelns betrachtet: es geht nicht um schlechterdings alle Formen sozialen Handelns, sondern nur um jenes Handeln, das auf die Herstellung allgemein verbindlicher Regelungen und Entscheidungen gerichtet ist. Allerdings müssen die Rückkopplungen dieser speziell politischen Handlungen mit den anderen Bereichen menschlichen Handelns in Rechnung gestellt und müssen politische Rollengefüge im Gesamtzusammenhang gesellschaftlicher Arbeitsteilung betrachtet werden.

Sodann richtet diese Politikdefinition das analytische Interesse auf alle Begleiterscheinungen des *Setzens und Durchsetzens von Regeln*. Erstens sind die ‚Phasen' der Herstellung allgemein verbindlicher Entscheidungen zu betrachten: Lagefeststellung, Lagebeurteilung, Untersuchung möglicher Handlungsoptionen und Entscheidungsalternativen, Entschluß, Verhandlungen, for-

---

22 Vgl. hierzu Patzelt 1987.

23 Regeln sind formal oder informal, Verhaltensweisen formell oder informell.

melle und informelle Regelungspraktiken, Setzen und Durchsetzen von Regeln. Zweitens gilt es, die Begleitumstände der Herstellung allgemeiner Verbindlichkeit zu untersuchen, z.B. Konflikte, Kompromißbildung und Konsensstiftung, oder die Nutzung von Machtmitteln zur Absicherung der Geltungskraft von Regeln.

Das *dritte* Element des hier vorgestellten Politikbegriffs besagt: Allgemeine Verbindlichkeit ist ein *angestrebtes*, kein von vornherein *gegebenes* Produkt von Politik. Denn der Versuch, allgemein verbindliche Regelungen oder Entscheidungen herbeizuführen, kann gelingen oder scheitern, und natürlich stellen auch vergebliche Versuche der Herstellung allgemeiner Verbindlichkeit politisches Handeln dar. Zumal in komplexen Gesellschaften bedarf es sehr großer Anstrengungen, besonderer Verfahren und spezialisierter Institutionen, um das Gut ‚allgemeine Verbindlichkeit' im nötigen Umfang halbwegs zuverlässig herzustellen oder zu reproduzieren. Bei deren Untersuchung ist nicht nur zu betrachten, was zum *Gelingen* dieses Produktionsprozesses beiträgt oder ihn prägt, sondern auch alles, was ihn *hemmt* oder *scheitern* läßt. Somit richtet der hier benutzte Politikbegriff die Aufmerksamkeit auf *alle* natürlichen und gesellschaftlichen Tatsachen bzw. Vorgänge, soweit sie als nachwirkende geschichtliche Tatsachen, als aktuelle Gegebenheiten oder als vorauswirkende Erwartungen über die möglichen Folgen von Tun oder Lassen etwas mit der Herstellung allgemeiner Verbindlichkeit in oder zwischen Gruppen von Menschen zu tun haben.

Das *vierte* Element dieses Politikbegriffs ergibt sich aus dem bislang Gesagten: Die Grundformen von Politik sind *überall* zu entdecken (‚Ubiquität'[24] von Politik). Die Formen und Praktiken, mittels welcher die Herstellung von Verbindlichkeit versucht werden kann, sind nämlich nicht nur im Bereich des öffentlichen Lebens oder des Staates aufzufinden.[25] Vielmehr läßt sich zeigen, daß oft die gleichen Verhaltensweisen und Praktiken benutzt werden, um in einem Fußballverein oder im Kreisverband einer Partei Einfluß zu gewinnen, um in einem Konzern oder in einer Regierung Führung auszuüben, oder um Konkurrenten im Wirtschaftsleben bzw. in der Politik auf Abstand zu halten. Der Bereich der Herstellung *allgemeiner* Verbindlichkeit (bzw. des ‚Staatslebens') stellt darum nur ein *besonderes Anwendungsgebiet* von Methoden dar, die *überhaupt* der Herstellung von Verbindlichkeit dienen.[26] Indem der Politikbegriff so breit gefaßt wird, daß er *alle* derartigen Methoden umgreift, lenkt er die Aufmerksamkeit auch auf die scheinbar ‚unpolitischen' Aspekte politischen Handelns, zumal auf dessen ‚private', informelle und alltägliche Seiten. Dergestalt engt dieser vierteilige Politikbegriff den Blick nicht ein, sondern zwingt zu weitgespannten Betrachtungsweisen; und obschon er die ganze Bandbreite von Einzeldefinitionen ‚der' Politik in sich aufnimmt, ist er sehr knapp und klar.

---

[24] Von lat. ‚ubíque', d.h. überall.

[25] Wer den Politikbegriff auf den Bereich *öffentlicher* Konflikte und *öffentlichen* Machtgebrauchs einengt, benötigt hier den ergänzenden Begriff der ‚Schattenpolitik'. Geprägt entsprechend dem Begriff der ‚Schattenwirtschaft' bezeichnet er das informelle Hinwirken auf allgemein verbindliche Regelungen und Entscheidungen, den Bereich der ‚wirklich gelebten Verfassung' (im Unterschied zur bloß rechtlich festgelegten), die Differenz ‚zwischen dem Normalen und dem Normierten', jenes auch ‚Pathologische' an der Politik (in Abhebung von ‚ordnungsgemäßer' Politik), was alles in der hier eingeführten Politikdefinition von vornherein mitbedacht und mitgemeint ist. Alternative Begriffe zu dem der Schattenpolitik sind etwa ‚Untergrundpolitik', ‚Subpolitik', ‚Parallelpolitik' oder ‚Sekundärpolitik'. Offenkundig bezeichnen auch diese Begriffe nichts anderes als menschliches Handeln ist, das auf die Herstellung allgemein verbindlicher Regelungen und Entscheidungen abzielt.

[26] Wer den Begriff der Politik nicht so weit fassen will, benötigt hier einen Begriff wie ‚Protopolitik'. Mit ihm werden in der Regel alle Handlungen bezeichnet, mittels welcher A und B darauf hinzuwirken versuchen, daß C sich so verhält, wie A und B es wünschen, wie C sich ohne das Einwirken von A und B aber vermutlich nicht verhalten würde.

2. Drei Bereiche von Politik

Auf den bisherigen Erörterungen aufbauend, läßt sich der Gegenstandsbereich der Politik anhand von drei Begriffen nun konkreter beschreiben: ‚politische *Inhalte*', ‚politische *Prozesse*', und ‚politische *Strukturen*'. Oft werden sie mit den englischen Begriffen ‚policy', ‚politics' und ‚polity' bezeichnet.

– Bei der Herstellung allgemeiner Verbindlichkeit geht es immer um bestimmte Inhalte, die bestimmter Interessen, Aufgaben oder Problemlösungen willen allgemein verbindlich gemacht werden sollen: von Steuersätzen über die zulässige Fahrgeschwindigkeit auf Autobahnen bis hin zur Existenz oder Dauer der Wehrpflicht. Wer Politik betrachtet, hat somit auf *politische Inhalte* zu achten, und zwar einesteils auf konkrete ‚Politikprogramme' (engl. ‚policies') sowie ihre konkreten Ergebnisse auf den einzelnen ‚Politikfeldern' (engl. ‚policy area'),[27] und andernteils auf die Interessen und Zwecksetzungen, Problemdefinitionen, Wertvorstellungen und Weltanschauungen, die ihnen zugrunde liegen. Damit rücken auch Widersprüche und Konflikte ins Blickfeld, die zwischen verschiedenen Politikprogrammen bestehen. Beschränkt man sein Interesse auf die Inhalte und Ergebnisse von Politikprogrammen, so verfängt man sich leicht in einer recht technokratischen und administrativ geprägten Sichtweise von Politik, in der Konflikte eher ‚stören' denn als Ressource von instutionellem Lernen und legitimitätssichernder Kompromißbildung gelten.

– Jene Handlungsprozesse, bei denen - angeleitet von den verschiedensten Motiven und Interessen - darum gerungen wird, bestimmte Inhalte allgemein verbindlich zu machen, werden *politischer Prozeß* (engl. ‚politics') genannt. Besonders wichtig sind die *Willensbildungsprozesse*, in deren Verlauf geklärt wird, was allgemein verbindlich gemacht werden soll, die *Entscheidungsprozesse*, bei denen Beschlüsse gefaßt und Regeln gesetzt werden, sowie die *Implementationsprozesse*, mittels welcher die Entscheidungen in konkret wirkende Maßnahmen umgesetzt werden. Pressekampagnen, die Organisation eines Volksbegehrens oder Koalitionsverhandlungen sind Beispiele für Willensbildungsprozesse; Gesetzgebungsverfahren und Gipfelkonferenzen für Entscheidungsprozesse; und der Erlaß von Verwaltungsbestimmungen oder die Einstellung von Personal zur Durchführung beschlossener Maßnahmen für Implementationsprozesse. Es versteht sich von selbst, daß vor allem Willensbildungs- und Entscheidungsprozesse, doch auch Implementationsprozesse gegen den Widerstand von ‚Betroffenen', sehr oft die Form des *Konflikts* annehmen. Zweifellos kommt es auch immer wieder vor, daß sich politische Handlungsweisen verselbständigen und zum Selbstzweck werden; dann wird politische Willensbildung zum steril aufgeregten Schlagabtausch, Verhandeln zum Schachspiel, Implementation zum bloßen Nachweis von Durchsetzungskraft. Politische Prozesse sind oft durch Verfahrensnormen festgelegt:[28] ein Gesetzgebungsverfahren muß ebenso wie die Bestimmung des Wahlprogramms einer Partei einen festgelegten Weg nehmen. Solche *formellen* Prozesse zu untersuchen, ist für einen Politikwissenschaftler aber nur der Ausgangspunkt seiner Analyse. Denn auf den gewonnenen Ergebnissen aufbauend, wird er sich sodann den *informellen* (‚subpolitischen', ‚protopolitischen' oder ‚sekundärpolitischen') Prozessen der Willensbildung, Entscheidungsfindung und Implementation zuwenden, um nämlich herauszufinden, wie Politik *in der Praxis* gemacht wird. Eben diese zusätzliche Zuwendung zu den *(Alltags-)Praktiken* konkreter Politik und politischen Verhaltens (‚Ethnomethoden'[29]) unterscheidet den Politikwissenschaftler vom Ju-

---

[27] Siehe hierzu S. 367f.

[28] Zur Feststellung und Auslegung formaler Normen dient die juristische Methode; siehe S. 169f.

[29] Deren systematische Analyse ist die Aufgabe der *Ethnomethodologie*, die ihrerseits einen Zweig der sozialwissenschaftlichen Grundlagenforschung darstellt; siehe Patzelt 1987 und Patzelt 2000.

risten, der sein Interesse auf die *Normen* fixiert. Sich nur für politische Prozesse und nicht etwa auch für politische Inhalte zu interessieren, oder über dem Wie-es-gemacht-wird von Politik deren Ziele und Ergebnisse zu vernachlässigen, macht aus der Politikwissenschaft eine affirmative[30], für praktisch-kritische Politikberatung wenig hilfreiche Disziplin.

- Formelles wie informelles politisches Handeln läuft meist innerhalb von Organisationen oder Institutionen ab; Parteien, Verbände, Parlamente, Regierungssysteme und internationale Organisationen sind Beispiele dafür. Politische Strukturen (engl. ‚polity') genannt, werden natürlich auch sie von formalen und informalen Normen geprägt, und ihnen liegen politische Inhalte – nicht zuletzt politische Werte – als ihr Sinn, Zweck oder ihre Leitidee zugrunde. Umgekehrt sichern sie auch die in ihnen geborgenen politischen Inhalte. Politische Strukturen und die sie begründenden Normen sind somit einerseits das Flußbett, in dem politische Prozesse ablaufen; andererseits werden sie durch politische Prozesse hervorgebracht und aufrechterhalten bzw. verändert, ausgehöhlt oder zerstört. Sie können zwar grundsätzlich und vollständig, selten aber schon hier und jetzt verändert werden.[31] Und nur wenn man politische Strukturen immer wieder aus dem Streit um jeweils aktuelle politische Inhalte als ‚neutral' ausklammert, bloß wenn man sie normalerweise als ‚einfach gegebene' Rahmenbedingungen praktischer politischer Prozesse akzeptiert, wird man in ihnen erfolgsorientiert an der Verwirklichung von – dann freilich begrenzten – Politikprogrammen arbeiten können. Sich vor allem für die jeweils gegebenen institutionellen Rahmenbedingungen von Politik zu interessieren, führt leicht zu einem statischen, gar dogmatischen Politikbild, welches gerade in solchen Zeiten zu einem schlechten Ratgeber für praktische Politik wird, in denen um die Aufrechterhaltung oder Veränderung institutioneller Rahmenbedingungen gerungen wird.

Um ihren Gegenstand vollständig zu erfassen, haben Politikwissenschaftler somit jede Einseitigkeit im Dreieck von politischen Inhalten, Prozessen und Strukturen zu vermeiden. Es ginge schlechterdings an der Vielschichtigkeit ihres Gegenstands der Politikwissenschaft vorbei, wollte man einen Teilbereich gegenüber den anderen *grundsätzlich* bevorzugen, etwa indem man die Disziplin festlegen würde *allein* auf das Studium politischer Ideen, Normen und Interessen (‚geistesgeschichtliche', ‚normative' bzw. ‚ideologiekritische' Orientierung der Politikwissenschaft) oder auf die Erforschung konkreter Politikprogramme (‚Politikwissenschaft als Politikfeldanalyse'[32]), auf die Analyse politischer Verhaltensweisen (‚behavioristische Politikwissenschaft'[33]), oder auf die Untersuchung politischer Institutionen (‚institutionenkundliche Politikwissenschaft'). Zu untersuchen haben Politikwissenschaftler vielmehr möglichst gleichgewichtig jene interessengeprägten Inhalte, jene konflikthaften Handlungsprozesse und jene mehr oder minder stabilen Strukturen, die bei der Herstellung allgemeiner Verbindlichkeit eine Rolle spielen. Erfreulicherweise hat sich inzwischen als Konsens der deutschen Politikwissenschaft eingebürgert, nicht nur den Zugriff auf die Gegenstandsbereiche des Faches entsprechend jenen drei Bereichen von Politik zu gliedern, sondern auch tatsächlich die Untersuchung all dessen als gleichermaßen wichtig anzusehen.

---

30 Von lat. ‚affirmáre' d.h. bekräftigen, bestätigen. ‚Affirmativ' war lange Zeit in der Politikwissenschaft der Gegenbegriff zu ‚kritisch', welch letzterer Begriff meint: bestehende Zustände hinterfragen, das Unbefriedigende an ihnen sehen, auf deren Verbesserung ausgehen.

31 Beispielsweise kann man Behörden, Parteien, Parlamente und ganze Regierungssysteme durchaus völlig umgestalten, doch in der Regel nur langfristig und unter Ausnutzung günstiger Gelegenheiten.

32 Hierzu siehe unten S. 364ff.

33 Von engl. ‚behavior', d.h. Verhalten.

3. Merkmale politischer Wirklichkeit und ihre Bedeutung für die Politikwissenschaft

Politische Wirklichkeit bereitet der sie untersuchenden Politikwissenschaft etliche Forschungsprobleme. In vier Gruppen lassen sie sich zusammenfassen: Es geht um die *Komplexität* politischer Wirklichkeit, um die *Geschichtlichkeit* politischer Wirklichkeit, um das *,konkurrierende Selbstwissen'* des Forschungsgegenstandes, sowie um die *Verbundenheit des Politikwissenschaftlers* mit seinem Gegenstand.

a. Komplexität politischer Wirklichkeit

Bei der Hervorbringung politischer Wirklichkeit wirken sehr viele Menschen ganz unterschiedlicher Persönlichkeit und freien Willens zusammen; auf äußerst verschiedenen Gebieten werden Sinndeutungen und Handlungen aufeinander abgestimmt und politische Rollengefüge hervorgebracht, aufrechterhalten, verändert oder zerstört; die dem Handeln jeweils zugrunde gelegten Wissensbestände und Sinndeutungen können kulturell, historisch, regional, biographisch und je nach sozialer Schicht der Akteure ganz verschieden sein, und in den jeweils hervorgebrachten politischen Strukturen kann sich ganz verschiedener Sinn ausdrücken; außerdem sind die Prozesse der Hervorbringung, Aufrechterhaltung, Benutzung, Veränderung und Zerstörung jener Strukturen mannigfach miteinander vernetzt, verlaufen mit wechselnden Störungen und wandeln sich immer wieder. Politische Wirklichkeit läßt darum meist jene Klarheit und Übersichtlichkeit vermissen, die viele natur- und geisteswissenschaftliche Forschungsgegenstände auszeichnet. Einfachheit und Überschaubarkeit können auch nicht leichthin in der Weise hergestellt werden, daß man jene Ausschnitte politischer Wirklichkeit, mit denen man sich befassen will, beliebig ,zurechtschneidet' und verkleinert, da man dergestalt leicht seinen Gegenstand zerstückt[34] und dann rasch zu einseitigen, stark verzerrten und ziemlich irreführenden Aussagen gelangt. Man muß sich deshalb damit abfinden, daß politische Wirklichkeit ein äußerst komplizierter Gegenstand ist, den sich angemessen zu vergegenwärtigen erhebliche Geisteskraft erfordert, und daß die Politikwissenschaft das menschliche Verlangen nach klaren, einfachen, schnell zu erarbeitenden und leicht nachvollziehbaren Aussagen darum nur selten befriedigen kann.

b. Geschichtlichkeit politischer Wirklichkeit

Politische Wirklichkeit ist ein *Produkt vielfältiger, störanfälliger Prozesse*. Ist politische Wirklichkeit über einen bestimmten Zeitraum stabil, weist sie also kaum Wandel, vielleicht gar Stillstand auf, so ergibt sich dies keineswegs aus einem *Mangel* an ,wirklichkeitskonstruktiven Prozessen', sondern nur daraus, daß es routinemäßig gelingt, in aller Selbstverständlichkeit dem politischen Handeln immer wieder *dieselben* Sinndeutungen zugrunde zu legen und so die politischen Strukturen verläßlich zu reproduzieren. Wegen der Komplexität politischer Wirklichkeit und der Störanfälligkeit ihrer Konstruktion wird dies allerdings nur in Ausnahmefällen erreichbar sein.

Häufiger wird es sich so verhalten, daß die in der politischen Wirklichkeit bestehenden Konflikte zu Wandlungen von sozialen bzw. politischen Strukturen führen. Oft wird es überhaupt nicht möglich sein, Wissensbestände und Deutungsroutinen, Rollenorientierungen und Rollener-

---

[34] Von einem Parlament wird man beispielsweise wenig verstehen, wenn man es nicht im Kontext des gesamten politischen Systems betrachtet, in dem es steht, oder wenn man den Blick auf dessen Abgeordneten oder auf ausgewählte parlamentarische Strukturen (wie Ausschüsse oder Arbeitskreise) einengt.

wartungen im Lauf der Generationenfolge so weiterzugeben, daß die zu einer bestimmten Zeit bestehende politische Wirklichkeit auch noch von der nachfolgenden oder übernächsten Generation rekonstruiert wird. Ferner werden neue technische Möglichkeiten Änderungen sozialer und wirtschaftlicher Strukturen hervorrufen sowie bisher unbekannte Probleme erzeugen, und es werden neue Gedanken alte Selbstverständlichkeiten zum Verblassen bringen. All dies wälzt dann auch politische Wirklichkeit um.[35] In der Regel ist sie darum in Veränderung begriffen. Das bezeichnet der Begriff der ‚Geschichtlichkeit'. Solche Geschichtlichkeit politischer Wirklichkeit stellt die Politikwissenschaft vor folgende Probleme:

- Jeder zu einem gegebenen Zeitpunkt beschriebene Zustand politischer Wirklichkeit ist nur ein Zwischenergebnis andauernden Wandels. Die Beschaffenheit eines bestimmten Zustands politischer Wirklichkeit ist darum erst vor dem Hintergrund jener Prozesse richtig zu begreifen, in denen dieser Zustand sich formte und in deren Verlauf er sich umformen wird.[36] Diesen Wandel in die politikwissenschaftliche Arbeit einzubeziehen heißt, sie ‚in historischer Perspektive' zu betreiben.[37] Somit ist unverzichtbar, daß ein Politikwissenschaftler stets die Geschichtlichkeit seines Gegenstands in Rechnung stellt und seine Aussagen in historischer Perspektive reflektiert.[38]
- Aussagen über Zustände politischer Wirklichkeit stimmen natürlich nur solange mit den Tatsachen überein, wie diese sich nicht wandeln. Diese triviale Tatsache hat zu erheblichen Problemen im Selbstverständnis von Sozial- und Politikwissenschaftlern geführt. Vor allem legte sie die Behauptung nahe, es sei ausgeschlossen, daß die Politikwissenschaft zu halbwegs allgemeinen Aussagen über politische Wirklichkeit gelange. Politische Wirklichkeit sei nämlich zu jeder Zeit anders, weswegen man sie nur in ihrer jeweils *individuellen* Eigenart beschreiben und verstehen könne (‚idiographisches Vorgehen'[39]). Statt dessen *allgemeine* Aussagen über deren Beschaffenheit anzustreben (‚nomothetisches Vorgehen'[40]), hieße darum, ‚den historischen Charakter politischer Wirklichkeit zu verfehlen'. Stimmte diese Behauptung, so ließe sich aus der Geschichte politischer Inhalte, Prozesse und Strukturen nichts lernen, und nichts Vergangenes hätte Aussagekraft für Gegenwart und Zukunft. Dann freilich wäre auch schwer zu erkennen, welchen Nutzen die Politikwissenschaft für die Bewältigung aktuell anstehender politischer Probleme haben könnte, da sie gründlich ja immer nur das schon Geschehene zu untersuchen vermag.

---

35 Anhand berühmter Begriffe von Marx läßt sich formulieren: Die Entwicklung der Produktivkräfte verändert die Produktionsverhältnisse, mitsamt welchen sich auch der gesamte Überbau an politischen Strukturen transformieren kann.

36 Dies ist ein äußerst fruchtbarer Leitgedanke der sogenannten ‚historisch-dialektischen Schule' der Politikwissenschaft; siehe hierzu S. 205ff.

37 Aus der zweifellos begründeten Forderung, politische Wirklichkeit stets in historischer Perspektive zu untersuchen, wird bisweilen die freilich überzogene Ansicht abgeleitet, nur über *vergangene* politische Wirklichkeit ließen sich kraft ‚historischen Abstands' zutreffende Aussagen erarbeiten, weswegen eine verläßliche Wissenschaft von der Politik nur als *historische* Erforschung politischer Wirklichkeit und allenfalls noch als – systematisch-theoretisch inspirierte – ‚Zeitgeschichte' möglich sei. Die solchen Aussagen zugrunde liegenden Argumente sind sehr ernst zu nehmen. Doch es darf nicht übersehen werden, daß die Politik für *praktische* Zwecke gerade über die *zeitgenössische* politische Wirklichkeit *möglichst* zutreffende Aussagen benötigt. Ihretwegen sind weswegen aus ‚mangelndem historischen Abstand' resultierende Fehlerquellen der solche Aussagen liefernden Wissenschaften schlechterdings in Kauf zu nehmen.

38 Aus diesem Grunde ist es zumindest wünschenswert, wenn nicht im Grunde unverzichtbar, daß ein Politikwissenschaftler auch gründliche historische Kenntnisse erwirbt, die ihn um so eher vor Fehlschlüssen bewahren werden, je *weniger* sie sich auf die Zeitgeschichte oder die Neuere Geschichte beschränken.

39 Von griech. ‚idíos', d.h. eigentümlich, und ‚gráphein', d.h. schreiben. Leider wird nicht selten auch der etymologisch ganz falsche Begriff ‚ideographisch' benutzt, der sich vom griechischen Wort ‚idéa', d.h. Idee, ableitet. ‚Ideographie' ist die Beschreibung von Ideen, ‚Idiographie' die Beschreibung von Eigentümlichkeiten.

40 Von griech. ‚nómos', d.h. Gesetz, und ‚títhesthai', d.h. aufstellen.

– Doch tatsächlich läßt sich die Frage, ob die Geschichtlichkeit politischer Wirklichkeit die Formulierung allgemeiner Aussagen über Politik zulasse, *nicht vorweg entscheiden*. Vielmehr müssen immer wieder *fallweise zutreffende* Antworten auf diese Frage erarbeitet werden. Zu diesem Zweck müssen – erstens – Aussagen über politische Wirklichkeit grundsätzlich so formuliert werden, daß stets klar ist, auf welchen zeitlich, räumlich oder sächlich abgegrenzten Zustand politischer Wirklichkeit sie sich beziehen. Zweitens können Aussagen über die Beschaffenheit politischer Wirklichkeit, die deren Zustand zu *verschiedenen* Zeitpunkten betreffen, daraufhin *verglichen* werden, ob, in welchen Bereichen und mit welcher Schnelligkeit sich politische Wirklichkeit tatsächlich verändert hat. Drittens können auf der Grundlage solcher Vergleiche gegebenenfalls allgemeine(re) Aussagen erarbeitet und auf ihren Nutzen für die Bewältigung zeitgenössischer politischer Probleme beurteilt werden.

Bisweilen wurde versucht, die Anerkennung der Geschichtlichkeit politischer Wirklichkeit mit dem Wunsch, auch in der Politikwissenschaft allgemeine(re) Aussagen zu formulieren, in der Weise zu verbinden, daß folgendes Ziel gesetzt und für erreichbar gehalten wurde: Man habe die ‚Gesetze des Geschichtsprozesses‘[41] aufzudecken, d.h. zu beschreiben, zu erklären und vorherzusagen, welche Richtung die Entwicklung politischer Wirklichkeit ‚mit Notwendigkeit nehmen müsse‘. Der Reiz des Gedankens an solche ‚Geschichtsgesetze‘ besteht darin, daß sie einen Schlüssel zur klaren Deutung komplexer geschichtlicher Wirklichkeit versprechen: ‚Geschichtsgesetze‘ gäben an, wie die vielfältigen Prozesse der Hervorbringung und Wandlung politischer Wirklichkeit zusammenwirkten, welchen Sinn diese Prozesse ausdrückten, und auf welches Ziel sie ‚mit objektiver Notwendigkeit‘ zuliefen. Wäre derlei möglich, so ließe sich anhand bekannter ‚Gesetze des Geschichtsprozesses‘ die jeweils zeitgenössische Wirklichkeit nach Maßgabe des ‚historisch Notwendigen‘ bewerten, so könnte stets der ‚fortschrittliche Standpunkt‘ in Auseinandersetzungen um die Gestaltung der Gegenwart und Zukunft festgestellt sowie mit ‚wissenschaftlich begründeter Parteilichkeit‘ bezogen werden, und ließen sich untrügliche handlungsleitende Prognosen über die künftige Entwicklung erstellen.[42] Das war etwa die Hoffnung des Historischen Materialismus und des ‚Wissenschaftlichen Kommunismus‘, der sich im Besitz des Wissens um solche ‚Geschichtsgesetze‘ glaubte und darin der ‚bürgerlichen‘ Politikwissenschaft überlegen sah.

Zweifellos ist es sinnvoll, in der Geschichte nach ‚Trends‘ von Prozessen, nach ‚Mustern‘ von Ereignissen, nach ‚Rhythmen‘ von Abfolgen oder nach ‚Stufenfolgen‘ von Entwicklungen zu fahnden und gegebenenfalls zu versuchen, zutreffende Aussagen über sie zu formulieren. *Ob* es solche Sachverhalte gibt, und ob Aussagen über sie zutreffend sind, läßt sich aber nicht *vorweg* entscheiden. Ferner ist zwar nicht zu bestreiten, daß man nur dann etwas ‚aus der Geschichte lernen‘ kann, wenn es gelingt, zutreffende Aussagen über solche Sachverhalte zu formulieren. Doch es ist falsch, Aussagen über *bisherige* ‚Trends‘, ‚Muster‘, ‚Rhythmen‘ oder ‚Stufenfolgen‘ als ‚allgemeine Geschichtsgesetze‘ zu deuten.

Erstens ist es nämlich immer der Wissenschaftler selbst, der durch *Auswahl* seines Untersuchungsmaterials und durch *Interpretation* seiner Ergebnisse derartige ‚Trends‘ usw. entdeckt. Selbst wenn seine Aussagen mit den von ihm untersuchten Sachverhalten übereinstimmen, lassen sie sich darum nicht in überzeugender Weise als ‚Gesetz‘ deuten, das ‚Geschichte und Gesellschaft regiert‘: man kann nämlich nie *ausschließen*, daß Fehler bei der Auswahl und Auswertung des Untersuchungsmaterials bloß den *Anschein* erzeugen, es gäbe ein bestimmtes ‚Geschichtsgesetz‘, oder es sei so und nicht anders zu formulieren. Allerdings ist diese Überlegung kein grundsätzliches Argument gegen den Versuch, durch politikwissenschaftliche Forschung ‚Geschichtsgesetze‘ aufzudecken. Dieses findet sich vielmehr in einer zweiten Überlegung.

---

[41] Zur politikwissenschaftlich viel sinnvolleren Verwendung des Gesetzesbegriffs siehe unten S. 91.

[42] Zu diesem ‚Historizismus‘ genannten Versuch siehe Popper 1979 und unten S. 126; vgl. Anm. 108.

Alle Aussagen über ,Trends', ,Muster' usw. sind nämlich Aussagen über *vollzogenen* Wandel politischer Wirklichkeit. Deutet man sie aber als ,Geschichtsgesetze', so wird behauptet, auch *zukünftiger* Wandel werde solche aus der Vergangenheit abgeleiteten Merkmale aufweisen. Wandel politischer Wirklichkeit ist aber das Ergebnis eines gemeinsamen Handelns von Menschen, das bestimmte Wissensbestände und Sinndeutungen benutzt. Folglich behaupten ,Geschichtsgesetze', auch über *künftige* Wissensbestände und Sinndeutungen von Menschen könne man zutreffende Aussagen formulieren. Doch einerseits lassen sich künftige Wissensbestände und Sinndeutungen, von denen doch die Art künftiger Wandlungen politischer Wirklichkeit abhängen wird, schlechterdings nicht vorhersehen; und andererseits können Menschen auf Vorhersagen künftigen Wandels in Form solcher Sinndeutungen und Handlungen reagieren, die eben jene Voraussetzungen *zerstören*, von deren Gegebenheit die Richtigkeit der Vorhersage abhängt.[43] Die Hoffnung, es ließen sich ,Gesetze des Geschichtsverlaufs' formulieren, kann darum nicht aufrechterhalten werden. Deswegen sollte die Politikwissenschaft die Suche nach ihnen einstellen. Bezüglich der Vergangenheit muß man es mit Aussagen über die *bisherigen* ,Trends', ,Muster' usw. bewenden lassen, während man sich bezüglich der Zukunft mit solchen Prognosen über das *wahrscheinlich* zu Erwartende begnügen muß, die ihrerseits nur fehlbare und auf ihre Voraussetzungen oft verändernd wirkende Hinweise darstellen.

c. Das ,konkurrierende Selbstwissen' des Forschungsgegenstands

Politische Wirklichkeit wird von Menschen hervorgebracht, die dabei in Form ihrer im Lauf der Sozialisation entstandenen ,Alltagstheorien'[44] bestimmte Wissensbestände und Sinndeutungen benutzen. Darum ist gemeinsam mit Politik immer schon Wissen über deren Inhalte, Prozesse und Strukturen vorhanden, denn natürlich wissen politisch handelnde Personen über ihr eigenes Denken, Fühlen, Wollen und Handeln sowie über die viele Rahmenbedingungen und über manche Folgen ihres Tuns in großem Umfang Bescheid. Alle diese Wissensbestände liefern den ,Betriebsstoff', mittels dessen die politische Wirklichkeit hervorgebracht wird (,Durchführungsmittel – oder ,Ressource' – der Wirklichkeitskonstruktion'), und der sich dabei im allgemeinen schon *bewährt* hat. Diese Wissensbestände können ganz allgemein als ,(politisches) Alltagswissen' oder als ,gesunder Menschenverstand' (engl. ,common sense' bezeichnet werden.

Wann immer ein Politikwissenschaftler an seinen Gegenstand ,politische Wirklichkeit' herantritt, begegnet er folglich Wissensbeständen, in denen eine Fülle zutreffender und bewährter, natürlich aber auch verzerrender und falscher, Aussagen über politische Wirklichkeit schon verfügbar ist. Diese Wissensbestände, besessen und genutzt von Politik gestaltenden oder Politik erleidenden Menschen, sind dem Gegenstand ,politische Wirklichkeit' offenbar nicht ,äußerlich', sondern *gehören unauflöslich zu ihm*: schließlich werden anhand solchen politischen Alltagswissens im Alltagsleben politische Sinndeutungen und Handlungen aufeinander abgestimmt, politische Rollen hervorgebracht und eingenommen, politische Organisationen und Institutionen aufgebaut und aufrechterhalten, wird also politische Wirklichkeit konstruiert und reproduziert. Meist sind die jeweils verfügbaren Bestände an politischem Alltagswissen bestimmter politischer Wirklichkeit *angepaßt*; oft gibt es aber auch erhebliche Unterschiede zwischen der politischen Wirklichkeit, wie sie tatsächlich besteht, und ihrer im politischen Alltagswissen fixierten Wahrnehmung.[45]

---

43 Siehe hierzu die Erörterung der Probleme wissenschaftlicher Prognosen auf S. 121ff.

44 Zu Alltagstheorien und ihrer wirklichkeitskonstruktiven Rolle siehe Berger/Luckmann 1980 und Patzelt 1987; speziell zu politischen Alltagstheorien unten S. 42f, 102 und 424ff.

45 Zum hier einschlägigen Ideologiebegriff siehe S. 42f.

Jedenfalls treten die Ergebnisse politikwissenschaftlicher Arbeit immer wieder in Konkurrenz mit solchem Alltagswissen, das politische Wirklichkeit längst schon über sich besitzt. Dies führt einerseits zu einem Problem des Politikwissenschaftlers. Als kompetentes Mitglied der politischen Wirklichkeit, in der er erwachsen wurde, verfügt er ja schon über *common sense*-Wissen um deren Beschaffenheit. Was kann ihn also dazu verleiten, nach zusätzlichen, gar anders lautenden Aussagen über die ihm vertraute politische Wirklichkeit zu suchen?[46] Andererseits entsteht dergestalt ein Problem für jene Menschen, die im politikwissenschaftlich untersuchten Ausschnitt politischer Wirklichkeit handeln. Sie werden nämlich nun mit Aussagen über ihre Lebenswelt und über sich selbst konfrontiert, die sich entweder mit ihrem Alltagswissen decken oder diesem mehr oder minder stark widersprechen. Decken sich politikwissenschaftliche Aussagen mit ihrem Alltagswissen, so gelten sie als trivial: man fragt sich, weswegen jemand ‚wissenschaftlich herausfinden muß, was ohnehin ein jeder weiß'. Unterscheiden sich politikwissenschaftliche Aussagen aber vom politischen Alltagswissen, so erlebt man dies oft keineswegs als ‚nicht-triviale Neuentdeckung', sondern viel häufiger als ‚falsche (oder wenigstens sonderbare) Sichtweise' bzw. als ‚irreführende Konkurrenz' zu dem, was man in aller Selbstverständlichkeit bereits ‚als richtig weiß'. Deshalb ist es praktisch oft schwer, sich eine mögliche Überlegenheit politikwissenschaftlicher Aussagen im Vergleich mit jenen vorzustellen, die bereits auf der Grundlage des Alltagswissens und des gesunden Menschenverstandes zu formulieren sind,[47] und hieraus nähren sich weit verbreitete Zweifel am Wissenschaftscharakter der Politikwissenschaft.

d. Die ‚Verbundenheit des Politikwissenschaftlers mit seinem Gegenstand'

In diesem Merkmal, das vielfältig mit den Schwierigkeiten des ‚konkurrierenden Selbstwissens' verbunden ist, sind vier Problembereiche verknüpft:

- Auch der Politikwissenschaftler teilt in der Regel das Selbstwissen seines Untersuchungsgegenstandes. Einerseits besitzt er dadurch einen wichtigen, oft unverzichtbaren Schlüssel zu dessen Verständnis und Untersuchung. Andererseits kann gerade dieses Selbstwissen beim Politikwissenschaftler den Gedanken daran ersticken, es ließen sich über politische Wirklichkeit Aussagen erarbeiten, die dem, was einem schon der gesunde Menschenverstand sagt, in irgendeiner Weise *überlegen* wären. Weil dies so ist, erhielt die Politikwissenschaft denn auch neue Impulse immer wieder in Zeiten des Umbruchs, in denen die Selbstverständlichkeit des ‚Selbstwissens politischer Wirklichkeit über sich' erschüttert war.[48]
- Der ‚Pfad der Emanzipation aus der Selbstverständlichkeit politischen Alltagswissens' wird eher durch aktuell anstehende Probleme und Schwierigkeiten gewiesen, die persönliche Betroffenheit erzeugen, als durch die Erfordernisse kontinuierlicher politikwissenschaftlicher ‚Kleinarbeit'. Darum wird oft nicht beharrlich an Einzelfragen solange weitergearbeitet, bis eine wirklich befriedigende Antwort verfügbar ist. Vielmehr drängen sich die tatsächlich her-

---

46 Siehe als Antwort auf diese Frage die Erläuterung des Wissenschaftsbegriffs auf S. 69ff.

47 Eine bezeichnende Ausnahme stellen demoskopisch gewonnene Aussagen dar, zumal wenn sie der Planung oder Führung von Wahlkämpfen zugrunde gelegt werden. In diesem Fall gibt es ein unmittelbar praktisches Motiv von Politikern, über ihr *common sense*-Wissen hinauszugehen: Spätestens der Wahltag wird ohnehin zeigen, ob die eigenen handlungsleitenden Einschätzungen der Präferenzen und Akzeptanzen der Wähler stimmten; und darum ist es rational, sie schon vor dem Wahltag bestmöglich der tatsächlich bestehenden Lage anzupassen, um auf diese vielleicht noch ergebnisorientiert einwirken zu können.

48 Im Fall der Entstehung unserer politikwissenschaftlichen Tradition in der Krisenzeit der griechischen Polis war das nicht anders als in den Jahren seit 1989, als die Politikwissenschaft den von ihr nicht erwarteten Zusammenbruch der kommunistischen Ordnungsstrukturen und die Rekonstruktion des mancherseits als ‚historisch überholt' geglaubten demokratischen Verfassungsstaates zu verarbeiten hatte.

ausfordernden politikwissenschaftlichen Aufgaben in Form aktueller politischer Probleme nachgerade auf, und anschließend verflüchtigt sich das Interesse an ihrer tatsächlichen Bewältigung im selben Maße, in dem sich die aktuelle Problemlage ändert. Der politikwissenschaftlich erarbeitete Wissensbestand bleibt solchermaßen an die Entwicklungsprobleme politischer Wirklichkeit gekettet, und angesichts der Schnelligkeit des gemeinsamen Wandels aktueller politischer wie politikwissenschaftlicher Probleme lebt die Politikwissenschaft dann weithin von den ohnehin vorhandenen Einsichten des politischen Alltagsdenkens und politischer Alltagstheorien.

- Politikwissenschaftliche Forschung muß von ihrem Gegenstand auch *geduldet* werden. Wenn politische Sachverhalte nicht in Erfahrung gebracht werden können, oder wenn über sie kein freier Meinungsaustausch möglich ist, kann Politikwissenschaft nicht entstehen; und wenn weder der Staat noch private Geldgeber Politikwissenschaftler finanzieren, wird das Fach sich nicht halten. Allein schon die *Existenz* von Politikwissenschaft hat darum eine bestimmte Beschaffenheit politischer Wirklichkeit zur Voraussetzung und bildet diese in eben jener Form ab, in der Politikwissenschaft möglich ist. Dergestalt wirkt der Gegenstand der Politikwissenschaft ganz offensichtlich auf diese zurück.
- Allerdings wirkt auch die Politikwissenschaft verändernd auf politische Wirklichkeit ein, wobei es nützlich ist, ‚kleine' und ‚große' Rückwirkungen auseinander zu halten. ‚Im kleinen' verlangen Forschungsmethoden wie Befragung, teilnehmende Beobachtung und Experiment[49] ein unmittelbares Zusammenwirken von Politikwissenschaftler und untersuchten Personen. Dergestalt kann die Beschaffenheit des untersuchten Ausschnitts politischer Wirklichkeit durch den Akt des Forschens selbst verändert werden: Personen finden sich auf Sachverhalte und Handlungsweisen aufmerksam gemacht, die ihnen bislang verborgen blieben; sie verändern nun ihre Sinndeutungen und Handlungsweisen; und deren Wandel ändert die Prozesse der Reproduktion politischer Inhalte und Strukturen, so daß sich schließlich auch ein Teil politischer Wirklichkeit umformen kann. ‚Im Großen' werden politikwissenschaftliche Forschungsergebnisse – Wahlprognosen, Aussagen über den gesellschaftlichen Wertewandel, Befunde über die Wirkungsweisen verschiedener Wahlsysteme usw. – oft Bestandteil des ‚Selbstwissens politischer Wirklichkeit' und können dadurch, vor allem in Form einer sich selbst bestätigenden oder widerlegenden Prognose[50], als Faktor der Veränderung politischer Wirklichkeit fungieren. Allerdings puffert die ‚Sprachgrenze' zwischen politikwissenschaftlicher Fachterminologie und Alltagssprache viele derartige Rückwirkungseffekte von vornherein ab.

Darum darf man beide Rückwirkungen der Politikwissenschaft auf ihren Gegenstand nicht überschätzen. Dennoch ziehen sie ernstzunehmende Probleme wie Chancen nach sich. Erstens müssen politikwissenschaftliche Aussagen ihretwegen oft komplexer sein als die Aussagen etwa der Naturwissenschaften, da sie gegebenenfalls auch Aussagen über jene ‚Rückwirkungen' enthalten müssen, falls sie praktisch nützlich sein sollen. Zweitens müssen alle Rückwirkungen der Politikwissenschaft auf ihren Gegenstand *ethisch verantwortet* werden. Zwar hat die Politikwissenschaft bislang keine Aussagen von der Brisanz atomwissenschaftlicher oder gentechnologischer Forschungsergebnisse erarbeitet. Dennoch lassen sich drei Bereiche derartiger Rückwirkungen nennen: Politikwissenschaftliche Publikationen tragen bei zur Verfestigung oder zum Verblassen von politischen Weltbildern und Wertvorstellungen; Politikwissenschaftler beteiligen sich unter Berufung auf fachwissenschaftliche Kompetenz an öffentlicher Diskussion und politi-

---

[49] Ausnahmen sind natürlich das historische Experiment oder anhand von Computersimulationsmodellen durchgeführte Experimente; siehe hierzu S. 159f und S. 162f.

[50] Siehe hierzu S. 123f.

scher Willensbildung; und bei der Benutzung von Forschungsmethoden wie Interview, teilnehmende Beobachtung und Experiment wirken sie auf die untersuchten Personen ein.

4. Vier Dimensionen von Politik

a. Vom Nutzen der Topik

Politik und politische Wirklichkeit sind offenbar ein sehr komplizierter Gegenstand. Kann man sich ihm möglicherweise mit bestimmten Leitfragen und grundlegenden analytischen Kategorien so annähern, daß man *von vornherein* ziemlich sicher sein kann, nichts Wesentliches zu übersehen? Ist es möglich, bestimmte ‚Findeorte' von vermutlich wichtigen Sachverhalten, von erkenntnisträchtigen Fragestellungen und von nützlichen Argumenten anzugeben, die man so gut wie immer erfolgreich absuchen kann, wenn man Politik betrachtet?

Dies kann tatsächlich geschehen, wenn man sich ein Verfahren zu eigen macht, das von Aristoteles entwickelt und – sehr praxisnah verfeinert – in der Rednerausbildung der Antike gelehrt wurde. Es geht darum, auf der Grundlage praktischer Erfahrungen beim hier und jetzt nötigen Umgang mit einem bestimmten Problem für die verschiedensten Reflexions- und Argumentationsbedürfnisse die geeigneten ‚Findeorte' von Daten, Denkfiguren und Literatur zusammenzustellen und sie so aufzubereiten, daß man diese Findeorte leicht im Gedächtnis behalten, im Bedarfsfall unmittelbar zur ersten gedanklichen Orientierung benutzen und dort dann zielsicher nach solchen Informationen suchen kann, die für die Problemlösung nützlich sein mögen.[51] Ein solcher Findeort wird mit dem griechischen Wort für ‚Ort' ein ‚Tópos' genannt,[52] die Lehre von solchem Vorgehen demgemäß als *Topik* bezeichnet.[53]

Um zielsicher anhand *mehrerer* Findeorte (‚Tópoi') in einem Gegenstandsbereich die nach praktischer Erfahrung wichtigsten Merkmale aufzufinden, werden die dafür nützlichen Topoi zu sogenannten ‚Topoi-Katalogen' bzw. ‚topischen Schemata' zusammengestellt. Je übersichtlicher ein Topoi-Katalog bzw. ein topisches Schema trotz großer inhaltlicher Komplexität ist und je leichter man sich eine solche Zusammenstellung merken kann (‚mnemotechnische[54] Funktion'), um so besser läßt sich derlei in der Praxis verwenden. Dies geschieht dann so:

- Zunächst legt man – anhand einer zu beantwortenden Frage – jenen Gegenstandsbereich fest, über den man näher nachdenken bzw. zu dem man Argumente finden will.
- Sodann wählt man – nach Maßgabe seiner Kenntnis von in Frage kommenden Topoi-Katalogen – jenes topische Schema, in dem die für den konkreten Zweck vermutlich aufschlußreichsten Topoi zusammengestellt sind, beispielsweise die behandelten ‚drei Bereiche von Politik', die ‚vier Merkmale politischer Wirklichkeit' oder die zwei im folgenden behandelten Topoi-Kataloge. Anschließend nutzt man jeden Topos eines topischen Schemas als Frage an den zu durchdenkenden Gegenstandsbereich: Wie verhält es sich hier mit ... (z.B. mit dem ‚konkurrierenden Selbstwissen' von Verbandsfunktionären und Parteiführern)?

---

51 Isidor v. Sevilla, ein wirkungsmächtiger Enzyklopädist des frühen 7. Jahrhunderts, sprach demgemäß von den ‚loci ex quibus argumenta promuntur', d.h. von ‚Orten, aus denen Argumente beschafft werden'.

52 Die im allgemeinen als herabsetzend empfundene deutsche Übersetzung ist ‚Gemeinplatz'.

53 In der Politikwissenschaft wird die Topik bisweilen auch als Alternative zur systematisch-deduktiven Bearbeitung von zumal praktischen Entscheidungsfragen behandelt; vgl. etwa Hennis 1977. Sie soll dann als Methodik des Schließens aus bloß wahrscheinlichen Prämissen dienen. Im Rahmen dieser Einführung wird die Topik hingegen nur als überaus hilfreiche Methode der Stoff- und Gedankensammlung empfohlen.

54 Von griech. ‚mnéme', d.h. Gedächtnis. Als ‚Mnemotechnik' bezeichnet man Verfahren, die der Verbesserung von Gedächtnisleistungen dienen.

- Anhand solcher Fragen, die von den einzelnen Topoi nahegelegt werden, unternimmt man dann dreierlei: Man stellt systematisch sein schon verfügbares gegenstandsspezifisches Vorwissen zusammen; wo dieses eher dürftig ist, formuliert man – anhand seines allgemeinen Wissens – gegenstandsspezifische Vermutungen; und man identifiziert seine persönlichen Wissens- und Verständnislücken als Grundlage entweder künftigen Einarbeitens in den interessierenden Gegenstandsbereich, bzw. um dort besonders umsichtig weiterzudenken und weiterzuargumentieren, wo man im Grunde zu wenig weiß, um wirklich fundierte Aussagen zu formulieren.
- Im nächsten Schritt erweitert man jene Fragen sowie seine Versuche, auf sie Antwort zu finden, durch Fragen nach den Ursachen der topisch herausgearbeiteten Sachverhalte (‚Warum ist das so?'), nach deren Folgen (‚Wohin kann das führen?') sowie nach der Stabilität oder Veränderungswahrscheinlichkeit der ausfindig gemachten Dinge (‚Wird das so bleiben?').
- Zum Schluß faßt man die in der beschriebenen Weise aufbereiteten Einsichten zusammen und setzt sie in ein komplexes Argument oder in einen persönlichen Arbeitsplan zum tieferen Eindringen in die interessierende Problematik um.
- In dieser ‚Einführung' werden mehrere topische Schemata vorgestellt.[55] Das erste dient dazu, die grundlegenden Dimensionen von Politik sowie deren wechselseitige Bezüge überschaubar zu machen. Es kann bei jeder Betrachtung politischer Sachverhalte als erstes ‚diagnostisches Routineverfahren' genutzt werden.

b. Ein topisches Schema: das MINK-Schema

Untersucht man Politik, so ist es hilfreich, stets auf mindestens vier Dimensionen und auf deren Wechselwirkungen zu achten: auf ***M***acht, ***I***deologie, ***N***ormen und ***K***ommunikation. Stets auf politische Inhalte, Prozesse und Strukturen zu beziehen, lassen diese analytischen Kategorien sich im folgenden topischen Schema zusammenstellen:

Schaubild 1: Vier Dimensionen von Politik (MINK-Schema)

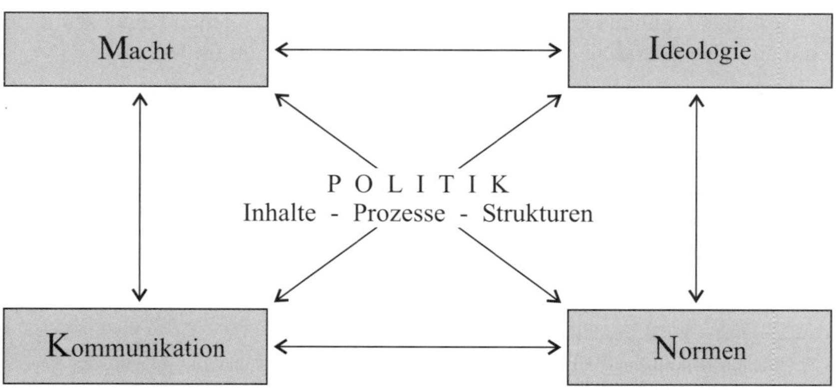

Dieser Topoi-Katalog kann ‚MINK-Schema' genannt werden, da er ***M***acht, ***I***deologie, ***N***ormen und ***K***ommunikation als analytische Zentralbegriffe aufeinander bezieht. Er hält seinen Be-

[55] Siehe S. 38, 47f, 52, 220ff, 233f, 242ff, 402, 419, 420ff, 442 sowie die auf S. 248ff und 304ff erörterten Funktionskataloge.

nutzer dazu an, bei jeder Betrachtung von Handlungen, welche mit der Herstellung allgemeiner Verbindlichkeit zu tun haben, auf die darin enthaltenen Komponenten von Macht, Ideologie, Normen und Kommunikation sowie auf deren Wechselwirkungen zu achten. Konkret meint dies:

- Betrachtet man politische *Inhalte*, wie etwa ein Politikprogramm, das bestimmte Ziele erreichen will, so ist beispielsweise zu fragen: Wer hat die Macht, diese Ziele zu verwirklichen oder abzuwenden? Welche Ideologie liegt den Zielsetzungen zugrunde? Welche Normen sollen durch jene Politikprogramme eingeführt oder verändert werden, und welche werden gegebenenfalls hintangestellt oder mißachtet? Und wie werden die jeweiligen politischen Inhalte dargestellt und bekannt gemacht?
- Betrachtet man politische *Prozesse*, wie etwa ein konkretes Gesetzgebungsverfahren, so wird man beispielsweise fragen: Wer beeinflußt hier aufgrund welcher Möglichkeiten wen? Welche Weltbilder oder Wissensbestände legt wer seinen Handlungen zugrunde? Anhand welcher Normen wird mit welcher Taktik vorgegangen? Welche Kommunikationskanäle werden von wem wie benutzt, um seinen Einfluß auf das Gesetzgebungsverfahren geltend zu machen?
- Betrachtet man politische *Strukturen*, etwa eine Partei, so wird man anhand der Systematik des MINK-Schemas beispielsweise fragen: Wer hat innerhalb der Partei Macht? Für welche Problemsichten, Ziele und Inhalte steht diese Partei? Nach welchen formalen und informalen Regeln arbeitet sie? Wie verläuft einerseits die innerparteiliche Kommunikation, andererseits die Kommunikation zwischen Partei und Gesellschaft?

Mit dem MINK-Schema zu arbeiten wird vor allem dann gewinnbringend sein, wenn man ein komplexes Verständnis seiner tragenden Begriffe sowie jener Wechselwirkungen entwickelt, auf die das Schema verweist. Die folgenden Ausführungen schaffen dafür erste Grundlagen.

c. Macht

Macht hat offenbar mit ‚machen können' zu tun.[56] Am besten versteht man Macht – mit Max Weber – als die Chance, in einer sozialen Beziehung den eigenen Willen (als ‚Machtträger') auch gegen Widerstreben (des oder der ‚Machtadressaten') durchzusetzen, gleichviel, worauf diese Chance beruht.[57] Gründen kann diese Chance etwa auf verfügbaren wirtschaftlichen Ressourcen oder Waffen, auf persönlichem Charisma oder auf guten Kontakten zu Dritten.[58] Die tatsächliche Nutzbarkeit einer solchen Chance hängt letztlich davon ab, ob die Kosten für die Überwindung von Widerstand in einem für den Machtträger akzeptablen Verhältnis zum dadurch erzielbaren Vorteil stehen, oder ob sie ihm wenigstens in einem solchen Verhältnis zu stehen scheinen. So aufgefaßt, erweist sich Macht als ein relationales Phänomen (wer sich gegenüber A durchsetzen kann, muß das noch lange nicht gegenüber B können); als ein unverzichtbares Mittel für einen

---

56 Das lateinische Wort für Macht (*potéstas*) kommt vom Wort für ‚können' (*posse*), und im Französischen sind das Substantiv für ‚Macht' (*pouvoir*) und das Verbum für ‚können' (*pouvoir*) ohnehin lautgleich.

57 Wie der Politikbegriff hat auch der Begriff der Macht sehr viele verschiedene Definitionen gefunden. Es läßt sich wie beim Politikbegriff zeigen, daß der hier benutzte und von Max Weber übernommene Machtbegriff seinen Alternativen aus systematischen Gründen vorzuziehen ist. Derartige Argumentationen – beim Politikbegriff noch angedeutet – werden im folgenden stets unterlassen. Einesteils sprengte ein anderes Verfahren den Umfang dieser Einführung; andernteils müßten derartige Erörterungen das Gesamtgefüge der hier entwickelten Terminologie als Kontext voraussetzen. Ebensowenig ist es möglich, die Quellen der vielen Begriffe bzw. Begriffsprägungen nachzuweisen, welche im Lauf dieser ‚Einführung' vorgestellt und in einen systematischen Zusammenhang gebracht werden.

58 Vgl. Popitz 1968. Im Bereich der internationalen Politik sind zu den Grundlagen der Macht eines Staates mindestens zu rechnen: seine geographische Lage, natürlichen Ressourcen, wirtschaftliche Kapazität, Militärpotential, Bevölkerungsgröße, politische Kultur, Qualität seiner Diplomatie sowie die Stabilität seines Regierungssystems.

Sieg im Konflikt oder durch Unterbindung eines Konflikts;[59] sowie als eine – ebenso wie Politik – ubiquitäre Erscheinung, die keineswegs auf den Bereich staatlicher Strukturen beschränkt ist, sondern ebenso im Bereich der Wirtschaft, der Gesellschaft und der Kultur auftritt. Durchaus beschränkt sich diese Machtdefinition auch nicht auf Menschen als Machtträger; sie kann ebensogut auf Organisationen oder Institutionen als Machtträger angewendet werden. Und selbstverständlich stehen hinter dem Wunsch, den eigenen Willen auch gegen Widerstreben durchzusetzen, Interessen und Wertvorstellungen und sind darum mitzubedenken, wann immer von Macht die Rede ist.[60]

Im bestmöglichen Fall gelingt Machtausübung ganz ohne Einsatz oder Androhung von Gewalt[61] und gründet allein auf dem *Ruf* des Machtträgers, im Streitfall – auch und gerade mittels Gewalt – durchsetzungsfähige Macht zu besitzen. Dann erzeugt nämlich vorauseilendes Entgegenkommen oft eine – überaus kostengünstige – *Vorauswirkung*[62] von Macht. Allerdings wird solcher Ruf sich auf Dauer nicht ohne wiederkehrende *Realitätsproben* sichern lassen, bei denen festgestellt wird, wie es um die behauptete Durchsetzungsfähigkeit des Machtträgers wirklich steht, ob also eine Drohung mit Machtmöglichkeiten wirklich glaubwürdig ist. Innerhalb einer Partei kann dies die Form einer Kampfabstimmung annehmen, in einem Staat die Form der tatsächlichen Niederhaltung von Extremismus, zwischen Staaten die Form des Krieges. Nur wer solche und andere Realitätsproben besteht, wird weiterhin über vorauswirkende, über antizipierte Macht verfügen und somit – also auch ganz ohne den Einsatz *konkreter* Macht- oder Gewaltmittel – seinen Willen selbst gegen Widerstreben durchsetzen können.

Solange Drohungen mit Macht glaubwürdig sind, solange also über den Ausgang einer Realitätsprobe keine nennenswerten Zweifel bestehen, kann Macht allein schon aufgrund ihrer Symbolisierung oder Kommunikation zum Einsatz gebracht werden. Dadurch wird sie, bzw. der sie anzeigende Code, zum generalisierten Medium gesellschaftlicher Kommunikation. Damit bloß *symbolisierte* Macht auf diese Weise ‚als selbstverständliche Währung im politischen Zahlungsverkehr' dienen kann, bedarf es allerdings vielfältiger struktureller bzw. kultureller Voraussetzungen und Kontexte, die allesamt nicht leicht zu schaffen und – in Gestalt wenig überzeugender Realitätsproben – immer wieder recht störanfällig sind. Zu solchen Voraussetzungen gehören stabile politische Institutionen, wechselseitig klare und zuverlässig erfüllte Rollenerwartungen sowie sicher eintretende Sanktionen bei Regelverstößen. Solange solche strukturellen und kulturellen Voraussetzungen aber gegeben sind, wirken sie von vornherein verhaltensdisziplinierend und erzeugen jene ganz selbstverständliche, oft sogar vorauseilende und als solche mitunter auch gar nicht bemerkte Fügsamkeit von Machtadressaten, die im *Rückblick* auf menschliches Handeln in Diktaturen so manchen überaus erstaunt.

Solange jene strukturellen und kulturellen Rahmenbedingungen gegeben sind, und zwar ganz unabhängig davon, ob sie den Machtträgern und/oder Machtadressaten bekannt (‚manifest'[63]) oder ihnen verborgen (‚latent'[64]) sind, ist weitestgehend ‚entindividualisierte' und ‚entsubstan-

---

[59] Ohne Konflikt bzw. ohne wenigstens unterstelltes Widerstreben hat Macht keinen Kristallisationspunkt. Sie ist zwar vorhanden und einsetzbar, tritt aber nicht in Erscheinung – wenigstens nicht mit ihrem ‚ersten Gesicht' (siehe unten). Sehr wohl aber prägen latente Machtlagen das ‚zweite' und ‚dritte' Gesicht der Macht (siehe unten), wovon vor allem strukturalistische Machtkonzepte handeln.

[60] Vgl. die Erörterungen zu den Topoi ‚Ideologie' und ‚Norm' auf S. 42ff.

[61] Unter ‚Gewalt' soll im folgenden stets der Einsatz von physischen oder psychischen Zwangsmitteln verstanden werden, gleich ob er nur angedroht oder auch tatsächlich vollzogen wird. Gewalt in diesem Sinn reicht vom körperlichen Festhalten bis zur Ermordung eines Menschen, von der Beschädigung seines Besitzes bis hin zur Einschüchterung durch beiläufige Bemerkungen.

[62] Statt von ‚Vorauswirkung' kann man auch von ‚durch Antizipation bewerkstelligten Wirkungen' oder von einer ‚Antizipationsschleife' sprechen.

[63] Von lat. ‚manifestáre', d.h. sichtbar machen.

[64] Von lat. ‚latére', d.h. verborgen sein.

zialisierte' Macht verfügbar, in deren Gebrauch man allein schon durch die Einnahme einer sozialen Position eintreten kann. Auf diese Weise entstehen im kleinen die *Autorität* einer Person oder Institution, im großen aber *Herrschaft*, als „Chance, für einen Befehl bestimmten Inhalts bei angebbaren Personen Gehorsam zu finden", sowie – eine stabile politische Ordnung vorausgesetzt – die Staatsgewalt als „Monopol legitimen physischen Zwangs".[65] Sobald aber derartige (manifeste oder latente) Machtstrukturen weich oder brüchig werden, verlieren sie rasch ihre verhaltensdisziplinierende Kraft. Dann sind erfolgreiche Realitätsproben tatsächlicher Durchsetzungsfähigkeit gegen Widerstreben nötig (wie 1989 auf dem Pekinger ,Platz des himmlischen Friedens'), oder ganze Regime können zusammenbrechen, wie es im Herbst desselben Jahres den realsozialistischen Systeme Mittel- und Osteuropas widerfuhr, die nicht (wie noch 1953, 1956 oder 1968) zur ,chinesischen Lösung' greifen wollten oder konnten.

Insgesamt hat Macht – gleich ob ausgeübt als offene Gewalt, ob effizient schon über ihre Androhung und Vorauswirkung oder ob latent prägend durch als alternativlos akzeptierte Strukturen – sozusagen ,drei Gesichter':

- Das erste ,Gesicht der Macht' zeigt sich, wenn tatsächlich – und sei es mittels vorauseilender Willfährigkeit – *der eigene Wille gegen Widerstreben durchgesetzt* wird und man aktiv die gewünschten politischen Inhalte verbindlich macht. Beispielsweise wurde Macht dieser Art ausgeübt, als der Irak gegen seinen Willen gezwungen wurde, sich aus Kuwait zurückzuziehen.
- Das zweite ,Gesicht der Macht' erblickt man dort, wo es gelingt, *eine Entscheidung zu verhindern* bzw., in anderer Formulierung, eine Nicht-Entscheidung herbeizuführen.[66] Dann ist zwar noch nicht der eigene Wille durchgesetzt; immerhin wurde aber auch dem Willen des anderen die Möglichkeit genommen, verbindlich zu werden. Macht in diesem Sinn liegt etwa vor, wenn ein Koalitionspartner ein Gesetzgebungsverfahren blockiert, das zu einer von ihm abgelehnten Regelung führen würde.
- Das dritte ,Gesicht der Macht' läßt sich erkennen, wo immer es gelingt, einesteils die *Agenda des öffentlichen Meinungsstreits* zu beeinflussen bzw. zu kontrollieren, oder wo andernteils schon *die Begriffe und Symbole des Nachdenkens und Streitens über anstehende Entscheidungen aktiv besetzt oder geprägt werden.* Es geht also um die begriffliche oder intellektuelle Hegemonie im politischen Streit bzw. um die – in einer Demokratie so folgenreiche – ,Lufthoheit über den Stammtischen'. Durch Machtausübung in diesem Bereich werden schon die kommunikativen Ressourcen, werden bereits die *Durchführungsmittel eines auf Gewaltausübung verzichtenden* politischen Prozesses so gestaltet, daß die eigenen Chancen auf Erfolg im Streit um die Durchsetzung bestimmter politischer Inhalte steigen. Derartige Macht war beispielsweise gut sichtbar bei der Auseinandersetzung darüber, ob in der öffentlichen Diskussion die Regelungsmaterie des Paragraphen 218 StGB als ,Schwangerschaftsunterbrechung' oder als ,Tötung ungeborener Menschen' zu bezeichnen sei.

In jeder dieser drei Wirkungsweisen ist Macht ein wichtiger Bestandteil von Politik und ein zentraler Gegenstand politikwissenschaftlicher Analyse. Folglich wird man bei jeder Anwendung des MINK-Schemas auf Politik anhand des Topos ,Macht' fragen: Wer hat welche und worauf gründende Chancen, was gegen wen durchzusetzen? Wo wurde bzw. wird tatsächlich von wem gegen Widerstreben wessen was durchgesetzt, und wo werden von wem zu wessen Nachteil welche Entscheidungen verhindert? Wer steigert durch Prägung welcher Durchführungsmittel politischen Streits die Chance, welche Position gegen wen durchzusetzen, oder versucht dies

---

65 So zwei weitere berühmte Definitionen Max Webers.

66 Zu den Mitteln hierfür gehören Gewaltanwendung, Androhung von Sanktionen, Mobilisierung der öffentlichen Meinung sowie die im ,dritten Gesicht der Macht' sich zeigenden Möglichkeiten der Kommunikationssteuerung.

wenigstens? Mit Blick auf konkrete politische und institutionelle Strukturen wird man ferner fragen: Wem wurden wie und zu welchen Zwecken Machtbefugnisse übertragen? Wie steht es für wen um den Zugang zu Machtpositionen? Wie und von wem wird Machtausübung begrenzt und kontrolliert? Und welche Rolle spielen zumal Öffentlichkeit und politische Kommunikation als Machtressourcen?

d. Ideologie

Das Wort Ideologie hat mindestens zwei Bedeutungen. Einesteils wird es bedeutungsgleich mit dem Begriff ,Weltbild' verwendet. In diesem Sinn hat jeder Mensch eine ,Ideologie', anhand welcher er sich in vereinfachender und selektiver Weise von einem bestimmten Blickwinkel aus die um ihn herum bestehende Welt sowie seine Stellung und seine Interessen in ihr vergegenwärtigt. Der deutsche Begriff ,Weltanschauung' trifft dies vorzüglich: Jeder hat eine bestimmte Position, und somit eine ihm eigentümliche Perspektive, von der aus er die Welt anschaut, so daß diese sich ihm in je besonderer Gestalt darbietet – weswegen in der Regel die Welt-Anschauung des einen von der des anderen abweicht. Im angelsächsischen Bereich weit verbreitet, läßt sich dieser *weite* Ideologiebegriff im Deutschen schwer durchhalten, eignet dem Wort ,Ideologie' – anders als dem Wort ,Weltanschauung' – doch stets ein Akzent des Negativen, Falschen und Verblendeten.

Dies ist Reflex jenes *engeren* Ideologiebegriffs, der hier gebraucht wird. Bringt man ihn – etwa in Anschluß an Karl Marx – auf eine vereinfachende Kurzformel, so läßt sich formulieren: Ideologie ist ,falsches Bewußtsein'. Um den engeren Ideologiebegriff über diese Schlagwortdefinition hinaus handhabbar und politikwissenschaftlich benutzbar zu machen, sind zwei weitere Begriffe einzuführen:

- *Operationswirklichkeit* heißt jene Wirklichkeit, in der Menschen handeln, d.h. mehr oder minder erfolgreich ,operieren'. Man kann die Operationswirklichkeit zwar unterschiedlich wahrnehmen und interpretieren, sie sich auch anders beschaffen wünschen, als sie ist. Dies alles verändert sie aber zunächst einmal nicht: Man hat Krebs oder nicht ganz *unabhängig* davon, ob man selbst oder ein Arzt darum weiß.
- *Perzeptionswirklichkeit* heißt die in mehr oder minder selektiven und verzerrenden Wahrnehmungen (,Perzeptionen'[67]) entstandene Abbildung der Operationswirklichkeit im menschlichen Bewußtsein. Die Perzeptionswirklichkeit dient sozusagen als jenes Radarbild, anhand dessen man seine Interessen in der Operationswirklichkeit feststellt und in ihr seine Schritte lenkt.

Offensichtlich kann in der Perzeptionswirklichkeit die Operationswirklichkeit zutreffend oder falsch abgebildet werden, wobei wegen der Perspektivität und Selektivität aller menschlichen Erfahrung jede beliebige Zwischenstufe möglich ist. Beispielsweise kann man der Überzeugung sein, man leide an Krebs, obwohl man diese Krankheit gar nicht hat. *Ideologie* im Sinn ,falschen Bewußtseins' ist demgemäß eine *Perzeptionswirklichkeit, welche die Operationswirklichkeit unrichtig wiedergibt.*

Zweifellos verhält es sich so, daß besonders das Wissen von Vorgängen und Sachverhalten, die *außerhalb* der eigenen Lebenswelt liegen, recht lückenhaft, verzerrt und von den Vorurteilen der Übermittler geprägt ist. Gerade politische Strukturen und Prozesse liegen nun aber überwiegend außerhalb der Lebenswelt der meisten Menschen: nur wenige betätigen sich in Parteien; an zentralen politischen Positionen hält sich bloß eine winzige Minderheit auf; und Sachverhalte wie Kriege, Revolutionen oder der Nord/Süd-Konflikt lassen sich persönlich allenfalls ausschnittwei-

---

[67] Von lat. ,percípere', d.h. wahrnehmen.

se erfahren. Hieraus folgt, daß wohl niemand zutreffend behaupten kann, seine Perzeptionswirklichkeit bilde die politische Operationswirklichkeit vollständig *und* korrekt ab. Vielmehr werden beim politischen Handeln regelmäßig mehr oder minder falsche Perzeptionswirklichkeiten benutzt, wird also ausgehend von Ideologie als falschem Bewußtsein gehandelt. Anders formuliert: *Die Durchführungsmittel politischen Handelns sind weitgehend ideologisch.*

Doch die von ihnen angeleiteten Handlungen wirken sich natürlich in der Operationswirklichkeit aus und zeitigen dort Folgen. Dieser Sachverhalt wird in den Sozialwissenschaften als ‚*Thomas-Theorem*‘[68] so formuliert: ‚Wenn Menschen eine Situation (= Operationswirklichkeit) als so oder anders beschaffen *definieren* (= Perzeptionswirklichkeit) und von dieser ‚Situationsdefinition‘ ausgehend handeln, dann sind die *Folgen* solchen Handelns *real* (= Konstruktion von Wirklichkeit), ganz gleich wie *irreal* (= ideologisch) die Situationsdefinition war‘. Gerade politisches Handeln, das wegen der Komplexität politischer Wirklichkeit fast immer auf mehr oder minder *unzutreffenden* Perzeptionswirklichkeiten beruht, verursacht darum so gut wie regelmäßig unerwartete und überraschende Nebenwirkungen.[69] Diese prägen dann die tatsächliche und konkret erfahrbare Politik und schaffen ihrerseits einen Regelungsbedarf, der sich z.B. mit den ungeplanten Folgen geplanten politischen Handelns befaßt. Vielfach erweist sich Ideologie darum als zentraler *(Stör-)Faktor* von Politik. Deswegen würde man sich den Weg zum Verständnis der unerwarteten und ungeplanten Nebenwirkungen politischen Handelns versperren, faßte man diese einfach als absichtlich oder zumindest fahrlässig erzeugt auf, statt anhand des vorgestellten Ideologiebegriffs solche *Eigendynamik* politischen Handelns zu erfassen.

Deshalb verweist der Topos ‚Ideologie‘ auf folgende Aufgaben politikwissenschaftlicher Analyse: Es ist festzustellen, wie die Perzeptionswirklichkeiten der untersuchten politischen Akteure aufgebaut sind; welche Unterschiede sie – aus welchen Gründen – im Vergleich mit der (vom Politikwissenschaftler gesondert zu erfassenden) Operationswirklichkeit aufweisen; auf welche Weise unterschiedliche Perzeptionswirklichkeiten die wechselseitige Abstimmung politischer Sinndeutungen und Handlungen prägen, gegebenenfalls auch erschweren und dergestalt zu Störungen bei der Konstruktion politischer Wirklichkeit führen; und inwiefern die vom Thomas-Theorem beschriebenen Prozesse ihrerseits die Konstruktion, Reproduktion oder Destruktion politischer Wirklichkeit beeinflussen. Antworten auf derlei Fragen zu erarbeiten, führt in die politikwissenschaftlichen Arbeitsbereiche der Ideologiekritik, Wissenssoziologie und phänomenologischen[70] Analyse dessen, wie gesellschaftliche und politische Wirklichkeit anhand der – kulturell, sozial und biographisch geprägten – Wissensbestände und Sinndeutungsfertigkeiten von Menschen hervorgebracht, in Geltung gehalten und zu einer Selbstverständlichkeit gemacht wird.

---

[68] Benannt nach dem amerikanischen Soziologen W.I. Thomas; vgl. Thomas 1972.

[69] Tatsächlich lassen sich viele Erscheinungen politischer Wirklichkeit am besten anhand des ‚Thomas-Theorems‘ verstehen, z.B. ‚Schweigespiralen-Phänomene‘ (Noelle-Neumann 1979, 1991), durch massenmediale ‚Neophilie‘ (Roegele 1979) erzeugte Normveränderungen oder das rasche Verschwinden politischer Loyalität samt der auf sie gegründeten Institutionen.

[70] Das Wort ‚Phänomenologie‘ umfaßt die griechischen Bestandteile ‚-logía‘ (d.h. Wissenschaft oder Kunde von etwas) und ‚phainómena‘, d.h. den menschlichen Sinnen und Verstandesmöglichkeiten erscheinende Dinge. Im Begriff der Phänomenologie fließen darum zwei Bedeutungen zusammen, die man besser voneinander unterscheidet. Erstens meint Phänomenologie ganz einfach die Analyse dessen, was der Fall *ist*; in diesem Sinne spricht man von der ‚Phänomenologie rechtsradikaler Gewalt‘ und meint, deren Erscheinungsformen zu erfassen, zu gliedern und zu beschreiben. In diesem ersten Sinn bedeutet ‚Phänomenologie‘ (oder ‚Phänomenologisieren‘) nicht viel mehr als eine ‚an den Fakten klebende‘, theoretisch nicht allzu reflektierte empirische Bestandsaufnahme. Zweitens meint Phänomenologie die Analyse dessen, was einem Menschen der Fall zu sein *scheint*; man untersucht also die Struktur seiner Wissensbestände und die Wirkungsweise seiner Deutungspraktiken. In diesem letzteren Sinn wird Phänomenologie im Bereich der ‚phänomenologischen Soziologie‘ verstanden und ist phänomenologische Analyse eine wichtige Aufgabe politikwissenschaftlicher Ideologieanalyse.

e. Normen

Normen – z.B. Gesetze und Höflichkeitsregeln, Verwaltungsvorschriften und Tabus – sind einerseits konkrete *Regelungen* (‚Spielregeln'), die das Leben und Zusammenleben von Menschen prägen, indem sie dem sozialen bzw. politischen Handeln zugrunde gelegt werden. In dieser Rolle sind sie teils Ausdruck von Werten, deren Verwirklichung sie ermöglichen sollen (‚Normen als Bestandteile von Ethos, Ethik und Moral'), teils Folgen von Zweckmäßigkeitsüberlegungen (‚Normen als Konkretisierungen von Taktik und Strategie'). In jedem Fall sind sie ein *Faktor* von sozialer wie politischer Wirklichkeit. Sie können formal oder informal, bewußt gesetzt oder unbemerkt entstanden sein. Als Festlegungen dessen, was allgemein verbindlich sein soll, sind sie ein *Produkt* von Politik.

Andererseits sind Normen *Interpretationshilfsmittel*: Anhand von Wissen über verfügbare und geltende Regeln interpretieren Menschen das Handeln anderer Menschen und stellen ihr eigenes Handeln darauf ab. Beispielsweise deutet man ein Kopfnicken eines begegnenden Passanten als Gruß und weiß sodann, daß man nun selbst anhand eines Grußrituals zu antworten hat, wenn man nicht Höflichkeitsregeln verletzen will. Oder man interpretiert Angriffe eines Oppositionsredners auf die Regierung in einer Plenardebatte als Anwendung der Regel, die Opposition habe Fehler der Regierung hervorzuheben, und weiß dergestalt, daß darüber verstimmt zu sein eine unangemessene Reaktion wäre. Auch in dieser Rolle als Interpretationshilfsmittel, das bei der wechselseitigen Abstimmung von Sinndeutungen und Handlungen benutzt wird, sind Normen ein wichtiger Faktor der Konstruktion sozialer wie politischer Wirklichkeit. Besonders deutlich wird dies bei jedem Versuch einer Antwort auf die Frage, ob eine bestimmte politische Ordnung zu Recht bestehe, ob also konkrete Herrschaft als rechtens gelten könne. Jedes derartige Urteil über die Legitimität eines politischen Systems oder Regierung gründet auf Normen, die als Interpretationshilfsmittel genutzt werden, und auf einem dergestalt auskristallisierten Legitimitätsglauben. Natürlich sind die Folgen jeder derart begründeten Situationsdefinition real und tragen zur Stabilität bzw. zum Umsturz eines politischen Ordnung bei.

Der Topos ‚Normen' lenkt politikwissenschaftliche Analyse somit auf folgende Aufgaben: Es sind die Regeln ausfindig zu machen, deren Anwendung die einzelnen politischen Akteure in der untersuchten Situation jeweils *erwarten*; es ist zu klären, welche Regeln sie tatsächlich *befolgen;* es ist festzustellen, ob und inwiefern erwartete und befolgte Regeln so aufeinander passen, daß eine korrekte wechselseitige Interpretation des Sinns der vollzogenen Handlungen gelingen kann; und es ist herauszuarbeiten, wie die Verwendung welcher Regeln als Grundlage des politischen Sinndeutens und Handelns den Prozeß der Hervorbringung, Aufrechterhaltung, Veränderung oder Zerstörung politischer Wirklichkeit beeinflußt.

All dem vorgelagert stellt sich die Aufgabe, die sozio-moralische Basis jener Gesellschaft ausfindig zu machen, deren politische Ordnung und Akteure untersucht und verstanden werden sollen. Darüber hinaus läßt sich danach fragen, welche Normen einer Gesellschaft und ihrer politischen Ordnung den zugrundegelegt, an welche sie gebunden werden könnten, wenn als Ziel eine ‚gute' Ordnung von Staat und Gesellschaft verwirklicht werden soll. Solche Fragen nach den Wertvorstellungen und Regelungsbedürfnissen einer guten Ordnung stehen geschichtlich sogar am Beginn der abendländischen Politikwissenschaft und sind – von Aristoteles bis zur zeitgenössischen Kommunitarismus-Diskussion[71] – zentrale Themen politikwissenschaftlicher Diskussion und Theorieforschung.

---

[71] Siehe Honneth 1993 und S. 441

f. Kommunikation

Kommunikation meint den *Austausch von Informationen und Sinndeutungen*. Dies kann im persönlichen Gespräch oder über Medien aller Art geschehen. Eine neue Qualität kommunikativer Grundlagen von Gesellschaft und Staat wurde durch das Aufkommen der Massenkommunikationsmittel Presse, Hörfunk und Fernsehen erreicht. Soziales Handeln, des Austauschs von Informationen und von Sinndeutungen bedürfend, ist offenbar stets *kommunikatives Handeln*, und Kommunikation ist sozusagen der ‚Kitt, der eine Gesellschaft zusammenhält'. Gerade bei politischen Prozessen spielt Kommunikation eine wichtige Rolle: Regelungsbedarf muß mitgeteilt, auf Perzeptionswirklichkeiten muß Einfluß genommen, Entscheidungen müssen begründet und erläutert werden. Man kann formulieren: *die Prozesse der Konstruktion politischer Wirklichkeit sind im Kern Kommunikationsprozesse*. Folglich hat jede Betrachtung von Politik auch eine Untersuchung von Inhalten, Prozessen und Strukturen von Kommunikation zu sein. Darum wird oft von vornherein das gesellschaftliche Gesamtsystem politisch wichtiger Kommunikation in den Blick genommen, der sich dann sozusagen auf die ‚Nervenstränge von Staat und Gesellschaft' richtet. Das ist vor allem Sache der kybernetisch inspirierten Systemtheorie,[72] von der aus man leicht zu Analysen der Steuerung komplexer Systeme über Einflußnahme auf deren Informations- und Meinungsbildungsmechanismen gelangt.

Konkret macht der Topos ‚Kommunikation' den Politikwissenschaftler auf die Notwendigkeit aufmerksam, zum Verständnis des betrachteten Ausschnitts politischer Wirklichkeit folgende Frage zu beantworten: Wer kommuniziert mit wem auf welchen ‚Kanälen' worüber aus welchem Grund, mit welchem Zweck und mit welcher Wirkung? Dies führt in die politikwissenschaftliche Kommunikationsanalyse im engeren Sinn, die nahtlos in die Kommunikationswissenschaft und zumal deren Analyse von Massenmedien übergeht. Gegenstände sind hier, unter anderem, die Inhalte personaler und massenmedialer Kommunikation, Nachrichtenwerte und Themenkarrieren, Schweige- und Redespiralen, sowie die unmittelbaren und langfristigen Wirkungen von Massenmedien. Doch zu betrachten ist nicht nur die Selektion und Aufbereitung von Informationen in den Massenmedien, sondern auch das (oft umstrittene) Vokabular und die (nicht selten als Kampfmittel eingesetzte) Verwendung politischer Sprache in privater und öffentlicher Rede, in Alltag, Literatur und Theater. Damit erreicht man einesteils den Arbeitsbereich politikwissenschaftlicher Sprachanalyse, andernteils jenen der Diskurstheorie und Diskursanalyse, wo es – über eine Klärung der tatsächlichen Verwendung politischer Sprache und Argumentationsformen hinaus – darum geht, auf welche Weise im Diskurs die Geltung von Aussagen, Positionen und Wertvorstellungen erzeugt außerdem und von einer faktischen auch zu einer mit Vernunftgründen annehmbaren werden kann.

Darüber hinaus muß sich die Aufmerksamkeit richten auf die Nutzung von politischen Symbolen schlechthin. Zu ihnen können – neben Fahnen und Wappen – Architektur und bildende Kunst (Bilder und Plakate, Statuen und Filme) ebenso zählen wie Rituale und Liturgien sowie die in deren Rahmen gestellte Musik. Politisch wichtige Kommunikationsmittel sind überdies Denkmale und Erinnerungsstätten, deren Errichtung, Pflege und Nutzung oft solche gesellschaftlichen und politischen Kommunikationsprozesse anstößt, in denen eine Gesellschaft und ihr Staatswesen sich über ihre Wertgrundlagen, Ziele und Selbstbilder verständigen. Indem man seine Aufmerksamkeit auf solche Elemente politischer Kommunikation richtet, gelangt man in den Arbeitsbereich politischer Symbolforschung, insbesondere von politischer Ikonographie und Ikonologie, doch auch politischer Propaganda, politischer Kultur und praktischer Geschichts- und Erinnerungspolitik.

---

[72] Siehe Deutsch 1973 und Etzioni 1968.

Macht, Ideologie, Normen und Kommunikation als Zentralbegriffe politikwissenschaftlicher Analyse, zusammengestellt in ein einfaches Schema mit vier Eckpolen und sechs Wechselwirkungen, dienen als ein jederzeit verwendbares Untersuchungsraster und als Findeorte wichtiger Fragestellungen, die an Politik heranzutragen sind, will man hinter die Kulissen blicken. Dergestalt verhelfen sie dazu, die unter dem Gewand politischer Aktualität verborgene *Architektur* politischer Wirklichkeit sichtbar zu machen. Dies gelingt besonders gut, wenn man am konkreten Fall die *Wechselwirkungen* zwischen den vier Dimensionen von Politik untersucht. Einige Beispiele genügen zur Demonstration, wie sich in dieser Hinsicht der Topoi-Katalog des MINK-Schemas benutzen läßt:

- Durch *Macht* werden Kommunikationsprozesse gesteuert (etwa: Beschränkungen der Meinungs- und Pressefreiheit), werden bestimmte Weltanschauungen verbindlich gemacht und wird ggf. verhindert, daß durch öffentliche Kritik und freie Wissenschaft der Ideologiegehalt von Behauptungen überprüft und aufgedeckt werden kann. Ebenso dient Macht dazu, Normen in Geltung zu halten und durchzusetzen.
- *Ideologie* bezweckt oft die Rechtfertigung von Macht (etwa die Herrschaft einer kommunistischen Partei) bzw. die Begründung von Normen (z.B. in Gestalt ‚sozialistischer Gesetzlichkeit'); und Kommunikation – zumal wenn geleitet von den Imperativen ‚politischer Korrektheit' – wird von den meist ideologischen Perzeptionswirklichkeiten der Kommunizierenden geprägt.
- *Normen* können Macht zuteilen (etwa: verfassungsmäßige Befugnisse eines Staatsorgans) und bändigen (etwa: Rechtsstaatsprinzip); sie regulieren außerdem Kommunikationsprozesse (z.B. in Gestalt von Zensur bzw. gesicherter Meinungsfreiheit) und bevorzugen gegebenenfalls bestimmte Ideologien zu Lasten anderer.
- *Kommunikation* dient dazu, Machtansprüche mitzuteilen oder – gegebenenfalls auch nur angedeutete oder symbolisierte – Macht zur Abschreckung zu benutzen. Perzeptionswirklichkeiten werden durch Kommunikation aufgebaut und verfestigt, Normen durch Kommunikation als geltend aufgewiesen oder als unwirksam hingestellt.

Es ist eine sehr nützliche Übung, bei *jeder* Zeitungslektüre wenigstens *eine* Nachricht über einen halbwegs komplexen politischen Sachverhalt anhand des MINK-Schemas zu durchdenken. Erstens erwirbt man dadurch Routine bei der Benutzung dieses elementaren politikwissenschaftlichen Diagnoseinstruments. Zweitens gliedert man dergestalt das Anschauungsmaterial, welches die aktuelle Politik der politikwissenschaftlichen Analyse so überreich liefert, anhand tauglicher Kategorien und sammelt so einen leicht benutzbaren Erfahrungsschatz an, welcher für künftige Einschätzungen politischer Sachverhalte sehr nützlich sein wird. Drittens identifiziert man auf diese Weise sehr leicht Wissens- und Bildungslücken: man merkt ja, ob man beispielsweise über die Machtverhältnisse in einem aktuellen Konflikt, über die Perzeptionswirklichkeiten seiner Akteure, über die bei ihm eingehaltenen oder strittigen Spielregeln sowie über die benutzten formellen und informellen Kommunikationskanäle Bescheid weiß oder nicht. Auf diese Weise leitet die regelmäßige Anwendung des MINK-Schemas unmittelbar das nicht zuletzt auf die Erweiterung der persönlichen Wissensbasis abzielende politikwissenschaftliche Studium an.

5. Der ‚Schichtenbau' politischer Wirklichkeit

Ferner ist es hilfreich, jeden konkret betrachteten Ausschnitt politischer Wirklichkeit als einen ‚Schichtenbau' aufzufassen, bei dem Merkmale der jeweils unteren Schicht in die darüber liegenden Schichten hinaufreichen, auf den jeweils höheren Schichten aber auch eigentümliche

Merkmale nur und gerade dieser Schicht festzustellen sind.[73] Vereinfacht läßt sich der Schichtenbau politischer Wirklichkeit so darstellen:

- Die unterste Schicht (‚Tiefenstruktur') bilden die genetisch verankerten *Wahrnehmungs-, Informationsverarbeitungs-, Empfindungs- und Verhaltensrepertoires*, mit denen Menschen aufgrund des Verlaufs der Evolution ausgestattet sind.[74] Hier ist konkret jene ‚Natur des Menschen' aufzufinden, von der die Beschaffenheit politischer Wirklichkeit in vielfältigen Transformationsprozessen abhängt und welche immer schon ein zentraler Gegenstand politischen Denkens war.
- Eine zweite Schicht besteht aus jenen *kulturspezifischen Wissensbeständen, Interpretationsroutinen und Normen*, die im Lauf von Erziehungs- und Sozialisationsprozessen (‚Enkulturation') den heranwachsenden Menschen nahegebracht werden und die den ‚Stoff' jener Transformationsprozesse darstellen. Während auf der erstgenannten Schicht jegliche soziale und politische Wirklichkeit aufruht, ist diese zweite Schicht bereits eine *kulturspezifische* und somit *vergängliche*: sie ist je nach Raum und Zeit, in dem bzw. in der eine (politische) Kultur besteht und unterschiedliche Erscheinungsformen besitzt, verschieden. Gleichwohl stellt sie das Fundament aller ‚höheren' Schichten dar.
- Deren nächste besteht aus den konkret handelnden *Einzelmenschen* und aus ihren persönlichen Merkmalen, Biographien und Verhaltensweisen. Nach einem nur scheinbar banalen Satz werden alle Menschen ‚von Müttern geboren' (Alfred Schütz). Das heißt: ‚immer schon' gibt es kulturspezifische Wissensbestände, Interpretationsroutinen und Normen, anhand welcher jene soziale bzw. politische Wirklichkeit hervorgebracht wurde, in die nun der einzelne eintritt. Durch Enkulturation übernimmt er sie mehr oder weniger und entwickelt in Auseinandersetzung mit ihnen seine Individualität. Diese wiederum ist der Grundstock jenes sozialen Handelns, durch welches die nächsthöheren Schichten sozialer bzw. politischer Wirklichkeit hervorgebracht werden.
- Aus dem sozialen Handeln einzelner Personen entstehen Rollen und Rollengefüge, und zwar zunächst einmal im Rahmen von *Kleingruppen* aller Art. Ebenso richtig ist die umgekehrte Feststellung: nur die Existenz von aufgrund ihres Rollengefüges funktionstüchtigen Kleingruppen macht es möglich, daß Menschen geboren werden und aufwachsen können. Es spricht vieles dafür, daß die menschliche Natur auf das Leben in Kleingruppen optimiert ist, und daß weiter ausgreifende Rollengefüge die von Natur aus verfügbaren Denk- und Verhaltensweisen überfordern. Hieraus wird verständlich, warum es *bewußter* Sozialisations- und Regulierungsanstrengungen bedarf, um auch komplexere Gesellschaften funktionstüchtig zu erhalten. Sozialwissenschaftliche Chaostheorien[75] sowie Theorien der Selbstorganisation (‚Autopoiesis') sozialer Strukturen[76] schaffen hier Schnittstellen zur Analyse natürlicher Strukturbildungen sowohl auf derart niedriger Ebene als auch auf den höheren Schichten sozialer und politischer Wirklichkeit.
- Im Zug der gesellschaftlichen Arbeitsteilung entstanden als nächsthöhere Schicht soziale Netzwerke, welche vielerlei übergreifende Aufgaben erfüllen und die grundlegende Kleingruppenstruktur überlagern: *Organisationen* und *Institutionen* aller Art. Diese können sehr mannigfaltig sein, reichen sie doch vom Handwerksbetrieb bis zum multinationalen Konzern, vom Stammesrat bis zum Parlament und von der Dorfschule bis zur Universität. Institutionen scheinen jene Einheit zu sein, an welcher die soziale Evolution ansetzt. Darum sind

---

[73] Vgl. Riedl 1985: 66ff.
[74] Siehe Frank 1998 und Kauffman 1993.
[75] Siehe etwa Bühl 1990 und Landfried 1994.
[76] Siehe Luhmann 1984 sowie den Beitrag von Druwe in Leggewie 1994: 145-154.

solche Institutionen besonders aufschlußreich, die entweder schon sehr lange bestehen oder sich in kulturell ganz unterschiedlich geprägte Gesellschaften verbreitet haben.[77]

- Obschon sich Organisationen und Institutionen über alle territorialen Grenzen hinweg vernetzen können, trat im Lauf der Geschichte eine sie zugleich übergreifende als auch von gleichartigen Organisationen in anderen Regionen mehr oder minder absondernde Organisationsebene auf: das *politische System.*[78] Von ihm wird innerhalb eines bestimmten Gebiets für eine Vielzahl von Organisationen und Institutionen allgemeine Verbindlichkeit hergestellt und durchgesetzt.
- Die nächsthöhere Schicht politischer Wirklichkeit wird hervorgebracht, wenn sich mehrere politische Systeme, zumeist auf einem zusammenhängenden Territorium, immer stärker abstimmen und immer enger integrieren, so daß wiederum eine neue Handlungsebene entsteht. Die Entwicklung des modernen Nationalstaats aus einer Vielzahl von Territorien ist ein Beispiel, die Herausbildung der Europäischen Union als ein supranationales politisches System ein anderes Beispiel.
- Die oberste Schicht politischer Wirklichkeit stellt das mehr oder minder lose vernetzte Handlungsgeflecht *aller* politischen Systeme sowie der in ihnen geborgenen Organisationen und Institutionen dar: die Ebene des *internationalen Systems* und der *transnationalen Beziehungen.*[79]

Weder wird es politischer Wirklichkeit gerecht, die Merkmale einer bestimmten Schicht *allein* aus den Merkmalen der niedrigeren Schicht(en) erklären zu wollen (‚Reduktionismus'), noch stimmt im Regelfall die Vermutung, Merkmale der niedrigeren Schicht(en) seien für das Verständnis der jeweils untersuchten Inhalte, Prozesse und Strukturen *gänzlich* unbedeutend. Vernünftigerweise wird man das Modell eines Schichtenbaus darum als Topoi-Katalog benutzen, anhand dessen man die jeweilige Sachlage zu klären versucht. Dabei ist es sinnvoll, auf jeder Schicht zunächst einmal vom Auftreten *neuartiger* Sachverhalte und Merkmale auszugehen (‚Emergentismus'), sodann aber danach zu fragen, von welchen Sachverhalten und Merkmalen niedrigerer Schichten wohl die Merkmale einer höheren Schicht geprägt werden. Ferner ist zu bedenken, daß die höheren Schichten im Zeitverlauf auf die niedrigeren Schichten zurückwirken können: Menschen werden nicht nur innerhalb einer bestimmten Kultur sozialisiert, sondern verändern diese auch so, daß nachfolgende Generationen andere kulturelle Rahmenbedingungen für die Ausprägung *ihrer* Individualität vorfinden; im Rahmen von Institutionen und Organisationen können Kleingruppenstrukturen gefördert oder unterdrückt werden; Staaten können sich nach dem Subsidiaritätsprinzip bzw. föderalistisch aus vielfach gestuften politischen Systemen aufbauen (etwa: Kommunen, Länder, Bund), als unitarische Zentralstaaten dies aber auch verhindern; und auf der Ebene des internationalen Systems verursachte Atomkriege könnten selbst die genetisch fixierte Tiefenstruktur des Schichtenbaus politischer Wirklichkeit verändern.

Gegenstand der Politikwissenschaft sind regelmäßig dessen obersten vier Schichten: Organisationen und Institutionen, sofern sie bei der Herstellung allgemeiner Verbindlichkeit eine Rolle spielen; politische Systeme; deren eigenständig agierenden Suprasysteme; sowie das internationale System. Doch auch die nächsten drei Schichten – Kleingruppen, Einzelpersonen, Kultur – ziehen oft die politikwissenschaftliche Aufmerksamkeit auf sich, wobei zumal die Analyse politischer Kultur und politischer Sozialisation sowie die politische Psychologie inzwischen wichtige Forschungszweige der Politikwissenschaft darstellen. Doch der untersten Schicht politischer Wirklichkeit wendet sich die Politikwissenschaft jenseits der Bemühungen um eine ‚philosophi-

---

77 Vgl. Patzelt 2000a.

78 Zum Systembegriff allgemein sowie zu jenem des ‚politischen Systems' siehe unten S. 213ff.

79 Hierzu siehe unten S. 388ff.

sche Anthropologie‘ im Rahmen des Teilfachs ‚Politischen Theorie‘[80] bislang nur am Rande zu (‚biopolitics‘[81]). Im übrigen läßt sich die Widerspiegelung des ‚Schichtenbaus der Wirklichkeit' innerhalb politikwissenschaftlicher Arbeitsgebiete so zusammenfassen:

- Die Schichten von Tiefenstruktur, Einzelmenschen und Kleingruppen werden als *‚Mikro-Ebene‘*[82] politikwissenschaftlicher Analyse bezeichnet, die sich zumal auf der Ebene von Einzelmenschen und Kleingruppen abspielenden politischen Prozesse entsprechend als ‚Mikropolitik‘, und deren Analyse als ‚politikwissenschaftliche Mikroanalyse‘ bzw. ‚Mikro-Politikwissenschaft‘.[83] Sie ist der einstweilen noch am wenigsten entwickelte Zweig der Politikwissenschaft und gilt Politikwissenschaftlern oft als ‚zu soziologisch‘ oder – auf nächsttieferer Wirklichkeitsschicht – als ‚zu reduktionistisch-naturwissenschaftlich‘, als daß sie in ihrer großen Bedeutung zur Kenntnis genommen würde. Nicht zuletzt zur Behebung der Schwachstellen einer Analyse bloß aggregierter Individualdaten,[84] wie sie für die Erforschung politischer Kultur typisch ist, rückt politikwissenschaftliche Mikroanalyse aber seit Jahren in Gestalt von phänomenologischer Politikwissenschaft[85] und Lebensweltanalyse[86] mehr und mehr vom Rand in zentralere Bereiche politikwissenschaftlicher Aufmerksamkeit.
- Die Schichten des politischen Systems und seiner inter- bzw. transnationalen Vernetzungen werden *‚Makro-Ebene‘*[87] genannt, die auf ihr ablaufenden politischen Prozesse demgemäß ‚Makropolitik‘ und deren Analyse ‚Makro-Politikwissenschaft‘. Dies ist der ‚klassische‘ Gegenstandsbereich der Politikwissenschaft und insbesondere ihres Teilfachs Internationale Beziehungen.
- Die dazwischen liegende Schichten von Organisationen und Institutionen nennt man die *‚Meso-Ebene‘*[88], die auf ihr angesiedelten politischen Prozesse ‚Mesopolitik‘, deren Untersuchung ‚politikwissenschaftliche Mesoanalyse‘. Mit ihr befassen sich die – auch anthropologisch, organisationssoziologisch und wirtschaftswissenschaftlich inspirierte – klassische und neuere politische Institutionenanalyse, ein großer Teil der Partizipationsforschung sowie viele Zweige der politische Soziologie, letztere nicht zuletzt in Gestalt der Analyse politischer Netzwerke.[89]

Zwar ist es zweckmäßig, sich als Forscher auf die Analyse *benachbarter* Schichten politischer Wirklichkeit zu spezialisieren. Doch erhellend für das Gesamtverständnis der Konstruktion politischer Wirklichkeit werden die auf den einzelnen Untersuchungsebenen erzielten Ergebnisse zumal dann sein, wenn man sie in den zwischen Mikro- und Makro-Ebene sich erstreckenden *Gesamtzusammenhang* politikwissenschaftlicher Analyse einzufügen versteht. Dem steht allerdings bisher entgegen, daß sich die Spezialisierungsgebiete der Politikwissenschaft nach jenen Gegenständen gliedern, auf die man sich spezialisiert (z.B. Wahl-, Parteien-, Verbände-, Parlamentarismus-, Verwaltungs-, Medienforschung, oder: ‚politische Kultur‘, ‚politische Persönlichkeit‘, ‚politische Sozialisation‘), so daß sich der Analysehorizont leicht auf jene Schicht politischer Wirklichkeit verengt, auf dem sich der untersuchte Gegenstand *hauptsächlich* befindet. Solchermaßen schwinden die Anreize, sich das theoretische und methodische Instrumentarium zur Analyse von politischen Zusammenhängen zu verschaffen, welche von sehr niedrigen in sehr

---

80 Zu diesem Teilfach der Politikwissenschaft siehe unten S. 424ff.
81 Siehe etwa Flohr/Tönnesmann 1983, Flohr/Kampfs 1998 und Somit 1994.
82 Von griech. ‚mikrós‘, d.h. klein.
83 Siehe Patzelt 2000 und den Beitrag von Bernhard Claußen in Mohr 1995: 327-411 (‚Mikro- und Mesopolitik‘).
84 Siehe hierzu S. 148f.
85 Vgl. Patzelt 1987, 2000.
86 Siehe den Beitrag von Gerdes in Nohlen 1994ff, Bd. 2, S. 238-242.
87 Von griech. ‚makrós‘, d.h. groß.
88 Von griech. ‚mésos‘, d.h. mittel, in der Mitte.
89 Siehe zu ihr den Beitrag von Theo Schiller in Mohr 1995: 413-485.

hohe Wirklichkeitsschichten hindurchreichen oder von den oberen Schichten aus den Entwicklungsmöglichkeiten sehr niedriger Schichten schwer zu überwindende Rahmenbedingungen setzen. Deshalb fehlen gemeinsam benutzte Theorierahmen, in denen zur Analyse von sozialen Mikrophänomen geeignete Konzepte bruchlos mit solchen zur Analyse von Makrophänomenen verfugt wären. Dieses Defizit – und die zu ihm führenden analytischen wie theoriekonstruktiven Schwierigkeiten – bezeichnet man als das ‚Mikro/Makro-Problem' und hält es meist wenn nicht schon für ‚unlösbar', so doch für in einem solchen Ausmaß ‚ungelöst', daß man sich lieber von jenen Aufgaben fernhält, deren Erledigung zu seiner Lösung beitragen könnten. Tatsächlich ist es aber gut lösbar innerhalb von Theorien alltagspraktischer Wirklichkeitskonstruktion, die in der Politikwissenschaft nur noch nicht ausreichend aufgegriffen und genutzt werden.[90]

Natürlich gibt es aber auch Gründe, vor allem auf jeweils *einer* Schicht nach Erklärungen für die Beschaffenheit der beobachteten Sachverhalte zu suchen. Wenige Beispiele genügen um plausibel zu machen, daß die Gegenstände der Politikwissenschaft tatsächlich auf jeder Schicht politischer Wirklichkeit eigenständige Merkmale aufweisen, die sich schwerlich auf die Merkmale der jeweils niedrigeren Schichten reduzieren lassen. Eine Partei ist nämlich etwas anderes als die Summe der genetisch fixierten Verhaltensrepertoires ihrer Mitglieder, ein Staat etwas anderes als die Summe der in ihm lebenden Menschen, die EU etwas anderes als die Summe ihrer Mitgliedstaaten. Und trotzdem reichen die Merkmale der jeweils niedrigeren Schichten in die Eigenart der Gegenstände auf jeweils höheren Schichten hinein. Denn die Funktionsweise der UNO änderte sich durchaus, als sich die Sowjetunion als ihr Teilstaat änderte und schließlich verschwand; die Beschaffenheit der Bundesrepublik Deutschland wandelte sich, als ihre Studenten sich zur 68er-Bewegung formten; der Charakter der FDP wechselte jeweils, als sie die Mitglieder der ostdeutschen LDPD zunächst in sich aufnahm und dann wieder verlor; Wechsel im engsten politischen Umfeld eines Bundeskanzlers haben Auswirkungen auf die Beziehungen zwischen Regierungsfraktionen und Regierung; und Beeinträchtigungen bestimmter Gehirnregionen verändern das Wesen eines Menschen. Es hängt also ganz vom jeweils betrachteten Fall ab, ob und welche Merkmale der ‚unteren' Schichten auf den betrachteten Ausschnitt politischer Wirklichkeit ausstrahlen. Darum ist ein Politikwissenschaftler stets gut beraten, seinen Untersuchungsgegenstand zunächst einmal im Schichtenbau sozialer Wirklichkeit zu verorten und ihn anschließend sorgfältig nach möglichen Auswirkungen der jeweils niedrigeren Schichten abzusuchen. Dann erst kann er halbwegs sicher sein, sich über die Prägefaktoren seines Gegenstands nicht zu täuschen.

6. Kontextfaktoren von Politik: das AGIL-Schema

Neben dem MINK-Schema und dem Schichtenmodell politischer Wirklichkeit sollte stets noch ein weiterer Topoi-Katalog diagnostisch benutzt werden, wenn eine erste Klärung der Eigenart eines interessierenden politischen Sachverhalts angestrebt wird: das AGIL-Schema. Einer komplexen Theorie sozialen Handelns, sozialer Strukturen und ihrer Funktionen[91] entstammend, erweitert es den analytischen Horizont über die Betrachtung bloß jener Handlungen hinaus, die der Herstellung allgemeiner Verbindlichkeit dienen.[92] Es beansprucht nämlich, *alle* Funktionen überschaubar zu machen, die handelnde Personen ebenso wie soziale Systeme erfüllen müssen. Dergestalt lenkt es die Aufmerksamkeit systematisch auch auf die *Kontextfaktoren* des speziell

---

90 Vgl. Berger/Luckmann 1980, Giddens 1984, Luhmann 1984 und Patzelt 1987.

91 ‚Funktion' meint die Aufgabe, welche eine bestimmte Struktur oder ein bestimmtes System im Rahmen einer übergreifenden Struktur oder eines übergreifenden Systems erfüllt; siehe die Einführung des Funktionsbegriffs auf S. 214f.

92 Diese Theorie wird ‚Strukturfunktionalismus' genannt; ihr wichtigster Vertreter und Urheber des AGIL-Schemas war der amerikanische Soziologe Talcott Parsons; siehe Parsons 1951 und 1977.

politischen Handelns. Die für solche topischen Zwecke wichtigsten Grundgedanken des AGIL-Schemas lassen sich wie folgt umreißen:

- Jeder Handelnde (‚Persönlichkeitssystem') und jedes ‚soziales System' (z.B. eine Firma, Partei oder Kirche) haben *vier Grundaufgaben* bzw. *vier Grundfunktionen* zu erfüllen:
  - ‚A': Anpassung des Systems an seine Umwelt und Regelung des Austauschs von Ressourcen aller Art mit ihr (‚adaptation').
  - ‚G': Festlegung von Zielen, Durchführung zielverwirklichenden Handelns sowie Erfolgskontrolle (‚goal attainment').
  - ‚I': Sicherung des Zusammenhalts des Systems durch Gewährleistung einer stabilen Verknüpfung seiner Elemente (‚integration').
  - ‚L': Absicherung der Struktur des Systems. Bei sozialen Systemen geht es im wesentlichen um die Aufrechterhaltung jener Wissensbestände, Sinndeutungen, Wertvorstellungen und Normen, kurz: jener *Grundprinzipien*, anhand welcher die Struktur des Systems hervorgebracht und reproduziert wird (‚latent pattern maintenance').
- Jedes System muß *kontinuierlich* alle vier Aufgaben erfüllen, will es nicht seine Existenz gefährden. Die Erfüllung jeder einzelnen Funktion wirkt dabei auf die Erfüllung aller anderen Aufgaben ein. Eine Gewerkschaft kann sich nicht jedes beliebige Ziel setzen, wenn sie nicht ihren inneren Zusammenhalt gefährden will (G-I); eine Firma, die stets Defizite erwirtschaftet, wird ihre Mitarbeiter nicht auf die Dauer motivieren können (A-L); ein auf die Sicherung der Menschenrechte verpflichteter Staat kann innere Spaltungen nicht durch Unterdrückungsmaßnahmen ausgleichen (L-I); die Finanzlage einer Partei legt dieser bei der Auswahl einer bestimmten Wahlkampfstrategie Fesseln an (A-G); praktizierter Teamgeist in einem Betrieb ermöglicht eine rasche Anpassung der Produktion an die Marktlage (I-A); und die von der Regierung eines demokratischen Staates immer wieder öffentlich bekräftigten Wertgrundlagen eines Staates beschränken die Art der Ziele, welche sich diese Regierung setzen kann (L-G).

Jedes System hat unabhängig von seiner Größe oder Komplexität diese vier Grundfunktionen zu erfüllen. In komplexeren Systemen ist es allerdings möglich, daß sich Teilsysteme arbeitsteilig auf die Erfüllung jeweils bestimmter Einzelaufgaben spezialisieren, wobei deren Wirkungsweisen in der Regel einander durchdringen. Zunehmende Arbeitsteilung kann beispielsweise dazu führen, daß in einer Gesellschaft ein bestimmtes Teilsystem schwerpunktmäßig die Aufgabe übernimmt, Ziele zu setzen und sich durch Herstellung allgemeiner Verbindlichkeit um ihre Verwirklichung zu kümmern. Ein dergestalt schwerpunktmäßig auf die G-Funktion spezialisiertes Teilsystem einer Gesellschaft ist regelmäßig deren politisches System. Im Rahmen einer Gesellschaft wird weiterhin die A-Funktion (Austausch mit der Umwelt des Systems durch Produktion, Verteilung und Entsorgung der nötigen Ressourcen) v.a. durch das Wirtschaftssystem wahrgenommen; die I-Funktion (Integration der Gesellschaft) erfüllen z.B. Kommunikationssysteme wie das System der Massenmedien, doch auch Verbands- und Verwandtschaftssysteme; und die L-Funktion (Aufrechterhaltung von Grundprinzipien) wird etwa von Bildungseinrichtungen und Religionsgemeinschaften realisiert. Dabei gilt: Jedes auf die Erfüllung einer Teilfunktion spezialisierte System hat auch für sich selbst alle vier Einzelfunktionen wahrzunehmen. Das schwerpunktmäßig der gesellschaftlichen G-Funktion gewidmete politische System erfüllt z.B. in Gestalt der staatlichen Finanzverwaltung für sich selbst die A-Funktion, durch die politische Willensbildung in Parteien, Parlament und Regierung die G-Funktion, über von Parteien und Verbände getragene und oft von der Regierung moderierte Verhandlungssysteme die I-Funktion und mittels öffentlicher politischer Diskussion die L-Funktion.

Schematisch lassen sich diese vier Funktionen und ihre Wechselwirkungen so darstellen:

Schaubild 2: Das AGIL-Schema

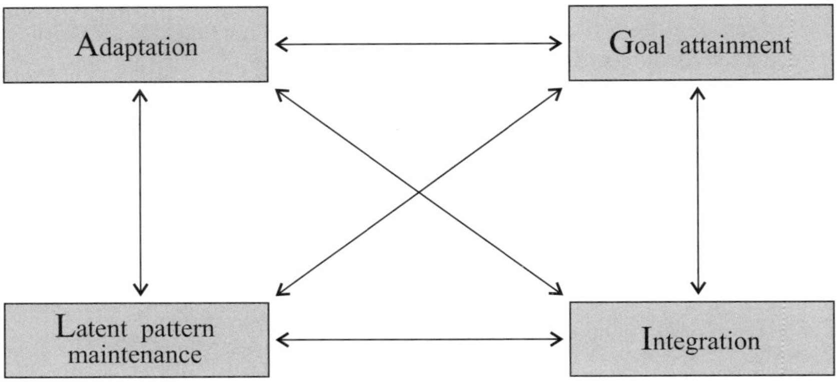

Auch dieses Schema ist leicht im Gedächtnis zu behalten. Hat man sich seinen Aufbau und die Bedeutung seiner Bestandteile einmal klar gemacht, so läßt es sich wie das MINK-Schema bei jeder Untersuchung eines sozialen oder politischen Systems benutzen. Im einzelnen geschieht dies so:

- Betrachtet man einen Staat oder eine Partei, eine Gewerkschaft oder einen Verband, so fragt man sich der Reihe nach, wie im betrachteten System der Austausch mit dessen Umwelt organisiert ist, wie in ihm Ziele gesetzt bzw. verwirklicht werden, wie es sich zusammenhält und wodurch es seine Prinzipien erzeugt bzw. diese aufrechterhält.
- Anschließend betrachtet man die Wechselwirkungen, die zwischen den Bemühungen um die Erfüllung der einzelnen Funktionen bestehen. Dergestalt zwingt man sich dazu, die gesamte Komplexität jener Prozesse zur Kenntnis zu nehmen, in denen das interessierende System bzw. der interessierende Ausschnitt sozialer oder politischer Wirklichkeit hervorgebracht wird.
- Koppelt man das AGIL-Schema mit dem Schichtenmodell politischer Wirklichkeit, so gewinnt man einen dreidimensionalen ‚analytischen Raum', in dem man jeden Gegenstand politikwissenschaftlicher Analyse verorten und genau dadurch sicherstellen kann, daß der Aufmerksamkeit nichts Wichtiges entgeht.[93] Praktisch entsteht dadurch ein weiterer Topoi-Katalog. Anhand seiner wird man – erstens – auf jeder Schicht politischer Wirklichkeit, zumindest aber auf der Ebene von Einzelpersonen, Kleingruppen, übergreifenden arbeitsteiligen Systemen (Parteien, Verbänden, Verwaltungen, Parlamenten usw.) oder ganzen Gesellschaften herausfinden wollen, wie auf ihr die vier Grundfunktionen erfüllt werden und wie deren Wechselwirkungen ablaufen. Zweitens wird man wissen wollen, wie die Erfüllung einer Funktion auf einer bestimmten Ebene mit der Erfüllung der Grundfunktionen auf den niedrigeren oder höheren Schichten zusammenhängt. Fragen dieser Art können beispielsweise lauten: Wie wird die Finanzierung der Parteien von den Wertgrundlagen eines Staates geprägt? Welche Zielsetzungen von Einzelpersonen führen auf der Ebene von Betrieben zu welchen Möglichkeiten, Prinzipien der Geschäftspolitik zu formulieren? Welche Zielsetzungen von Einzelstaaten führen zu welchen Integrationsproblemen auf der Ebene des internationalen Systems?

---

[93] Zur Konstruktion von und zur Arbeit mit derartigen Merkmalsräumen siehe unten S. 103ff, zur Kopplung von AGIL-Schema und Schichtenmodell bei der Analyse internationaler Politik S. 417ff.

Wie das MINK-Schema sollte man auch das AGIL-Schema bei *jeder* Zeitungslektüre mindestens *einmal* systematisch zur Klärung eines halbwegs komplexen politischen Sachverhalts benutzen, denn auch dank dessen Einsatz kann man einerseits Vorwissen ordnen, andererseits Wissenslücken und somit Aufgaben weiteren Studiums entdecken. Gebraucht man es – gemeinsam mit dem MINK-Schema – gründlich in allen beschriebenen Weisen, so kann man nach getaner Arbeit so gut wie sicher sein, sein Vorwissen optimal ausgeschöpft zu haben. Daran anschließend die noch offenen Fragen zu beantworten, ist sodann die Aufgabe weiterführender politikwissenschaftlicher Arbeit und Forschung.

III. Die Teilfächer der Politikwissenschaft im Überblick

Gemäß der Einteilung ihrer Gegenstände werden zumal für den Zweck der Lehre drei Teilfächer der Politikwissenschaft unterschieden:

- die idiographische oder vergleichende Analyse zeitgenössischer und historischer *politischer Systeme*, darunter zumal der eigenen politischen Ordnung;
- die Untersuchung *internationaler Beziehungen* und ihrer Akteure;
- die Beschäftigung mit *politischer Theorie,*[94] sei es in Gestalt der ideengeschichtlichen Auseinandersetzung mit historischen politischen Theorien oder der aktuellen Auseinandersetzung mit zeitgenössischen politischen Theorien, sei es in Form politikwissenschaftlicher Selbstreflexion oder Theorieforschung, sei es in der Ausprägung als systematische politische Philosophie.

Hinzu kommt die politikwissenschaftliche Methodenlehre, bei der die Politikwissenschaft ihre Methoden mit der Soziologie, Anthropologie und Kommunikationswissenschaft, mit der Geschichtswissenschaft und der Rechtswissenschaft, auch mit der Literaturwissenschaft und der Philosophie teilt.

Selbstverständlich ist allen Teilfächern der Politikbegriff in seiner oben dargelegten Komplexität zugrunde zu legen: immer geht es um Handlungen, Rollen und soziale bzw. politische Netzwerke; unentwegt um Macht, Ideologie, Normen und Kommunikation; stets um Inhalte, Prozesse und Strukturen der Herstellung und Durchsetzung allgemein verbindlicher Regelungen bzw. Entscheidungen; dauernd um Umweltanpassung, Zielverwirklichung, Integration und Prinzipienerhalt von Systemen; grundsätzlich um Analyseebenen politischer Wirklichkeit wie ‚Tiefenstruktur', ‚kulturelle Transformation' und ‚Oberflächenstruktur' oder wie ‚Einzelperson', ‚Gruppe', ‚Organisation', ‚Gesellschaft', ‚Staat', ‚internationales System'; und unablässig ist auf die Genese wie geschichtliche Entwicklung der jeweils untersuchten Sachverhalte zu achten.

Alle Teilfächer der Politikwissenschaft, die sich ihrerseits in mehr oder minder weit verzweigte Unterdisziplinen aufgliedern, haben vielfältige inhaltliche, nicht nur methodische Verknüpfungen zu weiteren sozial-, geistes- oder naturwissenschaftlichen Disziplinen, welcher sich die Politikwissenschaft als ihrer Hilfswissenschaften[95] bedient. Von einem Politikwissenschaftler ist zu verlangen, daß er die Grundzüge aller Teilfächer beherrscht, deren spezielle Unterdisziplinen und ihre Gegenstände wenigstens kennt und in zumindest einem Teilfach vertieftes Wissen besitzt. Ferner wird erwartet, daß er über die ‚Schnittstellen' der Politikwissenschaft zu den wichtigsten Nachbar- bzw. Hilfsdisziplinen im Bilde ist. Weil die Teilfächer der Politikwissenschaft im 4. Kapitel ausführlich behandelt werden, kann hier dieser knappe Überblick genügen.

---

[94] Bezeichnungen für diese Dreiteilung wie ‚Innenpolitik', ‚Außenpolitik' und ‚Theorie' sind zu eng und darum irreführend. Eine Ausgliederung der vergleichenden Politikforschung als viertes Teilfach ist unnötig, da vergleichendes Vorgehen jedes Teilfach kennzeichnet und nur im Bereich der Systemforschung sich mit eigenständigem Gewicht stabilisiert hat.

[95] Die Bezeichnung eines Fachs als Hilfsdisziplin der Politikwissenschaft mindert natürlich nicht deren Rang als Wissenschaft eigenen Rechts, da im *arbeitsteiligen* System der Wissenschaften natürlich jedes Fach als Hilfsdisziplin eines anderen dienen kann. Zu jenen Nachbardisziplinen der Politikwissenschaft siehe S. 135ff.

IV. Politikwissenschaft und ihre Geschichte

Die Politikwissenschaft gilt einerseits als recht neues Fach und bisweilen bloß als ‚Modedisziplin'. Andererseits beruft sie sich auf Platon und Aristoteles als die bekanntesten ihrer Gründerväter. Hinter solcher Spannung verbirgt sich eine faszinierende Geschichte. Aufs äußerste vereinfachend, kann man sie dahingehend charakterisieren, daß die moderne Politikwissenschaft in zwei auch ihrerseits recht komplizierten Entwicklungssträngen wurzelt. Die eine Entwicklungslinie ist die *denkerische Auseinandersetzung mit Politik*, die andere die *empirische Erforschung politisch bedeutsamer Sachverhalte*. Beides stand sowohl zueinander als auch zur politischen Praxis in wechselvollen, schwierigen Beziehungen. Überdies prägte das im Lauf der Jahrhunderte sich grundlegend wandelnde Wissenschaftsverständnis die jeweils als intellektuell zureichend erachtete Weise der Befassung mit Politik.

1. Politikwissenschaft als denkerische Auseinandersetzung mit Politik

Über die Möglichkeiten und Probleme, ihre Beziehungen verläßlich zu regeln, haben sich Menschen von alters her Gedanken gemacht. Sicher gab es schon vor Erfindung der Schrift mündlich tradierte Vorstellungen über ‚richtige' politische Ordnungsstrukturen, über das einem Stammes- oder Dorfmitglied angemessene Verhalten, auch über sinnvolle Verfahren, zu allgemein verbindlichen Entscheidungen zu gelangen. Doch in Form systematischer Abhandlungen werden Ergebnisse denkerischer Auseinandersetzung mit Politik etwa in China seit Konfuzius (551-479 v.Chr.), in unserem Kulturkreis seit in der Antike faßbar, wo sie in den Werken von Platon (427-347 v.Chr.) und Aristoteles (384-322 v.Chr.) einen ersten Höhepunkt erreichen. Während der ganzen Antike wurde dann die Frage, wie eine gute politische Ordnung auszusehen habe und wie man in ihr handeln müsse, immer wieder erörtert, etwa von Polybius (201-120 v.Chr.) und Cicero (104-43 v.Chr.). Seit der Spätantike, wegen des Zerfalls der Ordnungsstrukturen des Weströmischen Reiches und – vor allem – unter dem Einfluß des Christentums (zumal von Augustinus, 354-430), verlor sie dann an Gewicht: Weil das irdische Leben nur als Etappe auf dem Weg zum ewigen Leben, nicht als Gestaltungsaufgabe eigenen Rechts angesehen wurde, trat die Beschäftigung mit den Möglichkeiten, dem irdischen Leben eine auf *seine* unvollkommenen Möglichkeiten abgestellte *politische* Ordnungsform zu geben, zurück hinter theologischen Bemühungen um *insgesamt* den rechten Weg zu Gott. Zur wichtigen Aufgabe der ‚Politikwissenschaft' wurden darum die Erziehung von Fürsten als der zentralen Machtträger und zur bedeutendsten Gattung ‚politikwissenschaftlicher' Literatur demgemäß die ‚Fürstenspiegel', nämlich Traktate darüber, wie ein Herrscher sein und handeln müsse, um sich und seinen Untertanen die Bahn zur Seligkeit zu öffnen. Als im Hochmittelater wieder die Schriften des Aristoteles bekannt und durch Thomas v. Aquin (1224-1275) mit dem Christentum verbunden wurden, entstand die für Jahrhunderte die europäischen Universitäten prägende Scholastik. In ihr fand die Lehre von der Politik ihren festen Platz im an Aristoteles ausgerichteten Ausbildungsprogramm der Hochschulen: Innerhalb der an den ‚Artistenfakultäten' betriebenen Grundausbildung[96] wurde Politik als Ethik, als Kunde von den notwendigen Tugenden der politischen Amtsinhaber und der Bürger bis weit ins 18. Jahrhundert hinein gelehrt, seit dem 16. Jahrhundert an für ‚Ethik und Politik'

[96] Ihren Namen haben diese Fakultäten von den sieben ‚artes liberales', die – als Grundstudium für die Hauptstudiengänge der Theologie, Jurisprudenz und Medizin – dort gelehrt wurden (darunter etwa Rhetorik, Dialektik, Grammatik und Geometrie). Im Grad des ‚Magister Artium' klingt diese europäische Hochschultradition bis heute nach.

eingerichteten Lehrstühlen, und lange auf der Grundlage vor allem der Schriften von Aristoteles, Cicero, Augustinus und Thomas v. Aquin.

Allerdings kamen die wichtigsten Anstöße politischen Denkens und die fruchtbarsten politischen Ideen nicht aus dem akademischen Bereich. Wie schon bei Platon und Aristoteles wurde die denkerische und philosophische Auseinandersetzung mit Politik immer wieder von den Problemen *politischer Praxis* angestoßen. Demgemäß verstand sie sich oft als Zeit-, Gesellschafts- und Systemkritik, nicht selten aber auch als systematische Rechtfertigung bestehender Verhältnisse. Entstand die Politikwissenschaft der Antike in Reaktion auf die Krise der Polis als zentraler politischer Ordnungsform Griechenlands, so waren es auch in der abendländischen Geschichte politische *Gestaltungsaufgaben*, welche praktisch nutzbare Bemühungen philosophischer Analyse herausforderten. Nur auf wenige Themen sei verwiesen, die denn auch die Ideengeschichte der Politikwissenschaft prägten: auf die Erfahrung, daß konkrete Politik nicht allein von ihren Zielen, sondern sehr stark auch von gekonnter oder inkompetenter Macht- und Regierungstechnik geprägt wird und die politischen Mittel darum zu den zu erreichenden Zwecken passen müssen;[97] auf das Aufkommen der politisch so folgenreichen Vorstellung vom Bestehen natürlicher Rechte aller Menschen, an denen die Machtansprüche von Regierungen ihre Schranke fänden; auf die Entstehung von Konzepten wie Souveränität und Volkssouveränität,[98] um zunächst die Zentralisierung politischer Macht und sodann deren Rückbindung an die Zustimmung der Regierten auf den Begriff und politisch zur Geltung zu bringen; auf die Entwicklung der Theorien vom Gesellschafts- und Herrschaftsvertrag, um politische Gewalt zugleich begründen und bändigen zu können;[99] auf die Ausarbeitung der Gewaltenteilungslehre, um ein ‚gouvernement modéré' herbeizuführen und im Rahmen institutionell kontrollierter Regierungsmacht Freiheit zu sichern;[100] auf das Aufkommen von polit-ökonomischen Denkweisen wie Physiokratie, Merkantilismus, Freihändlertum und Sozialismus, um einesteils die wirtschaftlichen Grundlagen politischer Ordnungsformen verstehen zu können und andernteils verläßliche Prinzipien für staatliche Wirtschaftspolitik zu gewinnen; oder auf die unmittelbar den praktischen Gestaltungsaufgaben gewidmeten politischen Ideen von Konservatismus und Liberalismus oder von Anarchismus und Konstitutionalismus.

Auf den von Aufklärung, naturwissenschaftlichem Fortschritt und Säkularisierung gewiesenen Bahnen kam es im 19. Jahrhundert zum Durchbruch politischer Ideologie als vorherrschender Form politischer Weltorientierung. Oft im Gewand systematisch-rationaler Analyse von Politik, nahmen Ideologien den Platz philosophischer bzw. wissenschaftlicher Befassung mit Politik ein. Sowohl bei den akademischen Platzhaltern der im 19. Jahrhundert in Deutschland untergegangenen ‚Politischen Wissenschaften'[101] als auch bei etlichen Vertretern der nach dem Zweiten Weltkrieg wiederbegründeten deutschen Politikwissenschaft fielen dergestalt Wissenschaft von der Politik und politische Ideologie weithin zusammen, was das Fach verständlicherweise in Mißkredit brachte.

Allerdings ist die denkerische Auseinandersetzung mit Politik kein Reservatbereich der Politikwissenschaft: *Jeder* ist hierzu befähigt, befugt und in einem freien Staat auch aufgerufen. Demgemäß konkurrieren *politikwissenschaftliche* Theorien der Politik mit äußerst vielen *politischen* Gegenstücken schier beliebiger Provenienz. Wann immer ein besonderer Vorzug speziell politikwissenschaftlicher denkerischer Auseinandersetzung mit Politik im Vergleich zum politischen Denken auf der Grundlage ‚gesunden Menschenverstands' nicht mehr kenntlich ist, verliert

---

97 Für solche Fragestellungen öffnete vor allem Niccolo Machiavelli (1469-1527) den Blick.

98 Hier ist vor allem auf Jean Bodin zu verweisen (1529-1569).

99 Vor allem um ersteres kreist das Werk von Thomas Hobbes (1588-1679), um letzteres das – in den USA später so folgenreich gewordene – von John Locke (1632-1704).

100 Letzteres ist mit den Namen von Locke und – vor allem – Montesquieu (1689-1755) verbunden.

101 Siehe hierzu unten S. 59f.

sich darum dieser Entwicklungsstrang der Politikwissenschaft im Geflecht konkurrierender politischer Ansichten und Argumente.

2. Politikwissenschaft als empirische Erforschung politisch bedeutsamer Sachverhalte

Immer schon brauchten politische Entscheidungsträger Informationen über die von ihnen regierten Gesellschaften und über deren Umwelt. Wir kennen die alle zwei Jahre stattfindenden Felder- und Goldzählungen im ägyptischen Alten Reich (2650-2190 v. Chr.), quasi-statistische Erhebungen aus dem alten China und dem antiken persischen Großreich, Volkszählungen aus dem Römischen Reich. Gesandtschaften und Spionage, die Mobilisierung verfügbaren Sachverstands durch die Auswahl geeigneter Berater und die Vergabe fallbezogener Arbeits- oder Forschungsaufträge sind einige weitere Beispiele für die Erfüllung praktischer Wünsche nach politischer Sachkunde. Von drei Faktoren hängt indessen ab, inwiefern solche Wünsche und Bedürfnisse wirklich zur Entstehung einer empirischen *Politikwissenschaft* führen können: von der grundsätzlichen Möglichkeit, politische Sachverhalte *systematisch* in Erfahrung bringen und *öffentlich* erörtern zu können; von der Art des jeweils zeitgenössischen *Wissenschafts- und Methodenverständnisses*;[102] und von der Möglichkeit, politische Tatsachenforschung zu *institutionalisieren.*

Solange Kenntnis von politisch bedeutsamen Sachverhalten als Geheimwissen der Regierenden (‚arcana imperii') betrachtet und behandelt wurde, konnte natürlich kein von Wahrheitssuche und Kritik geprägter Arbeitszusammenhang entstehen, der auf eine systematische Erfassung und Auswertung politischer Tatsachen zielte. Nun galten aber – mit wenigen Ausnahmen – eigentlich die gesamte bekannte Geschichte hindurch bis zur europäischen Aufklärung die konkreten Gegenstände und Praktiken der Staatskunst als Dinge, die vor den Untertanen geheimzuhalten seien. Weil es folglich sowohl am Zugang zum Untersuchungsmaterial als auch am Recht fehlte, sich mit ihm frei zu befassen, konnte eine empirische Wissenschaft von der Politik[103] nicht entstehen, obschon es immer wieder Ansätze systematischer Bestandsaufnahmen politisch wichtiger Sachverhalte gab.[104] Die rein denkerische Auseinandersetzung mit Problemen politischer Ordnung und ihrer Rechtfertigung war dergestalt das *Maximum* einer Einmischung von Untertanen in die Geheimnisse praktischer Politik. Erst mit der Aufklärung und mit der Entwicklung bürgerlicher Öffentlichkeit wurden politische Sachverhalte Gegenstand sowohl dokumentierender Publizität als auch kritischer Erörterung und entstand überhaupt erst die *Voraussetzung* für das Aufkommen von Politikwissenschaft als empirischer Tatsachenforschung.

Zweitens hing es von den jeweils zeitgenössischen Wissenschaftsvorstellungen ab, ob die Beschreibung und Untersuchung von Tatsachen als Wissenschaft gelten konnte oder ob im Rahmen des Wissenschaftsverständnisses nicht schon die *Vorstellung* einer Sinnhaftigkeit empirischer Forschung fehlte. Die Ansichten darüber, was Wissenschaft sei und zu tun habe, wandelten sich in der europäischen Geschichte aber tiefgreifend, und eben dieser Wandel prägte erst recht die Geschichte der Politikwissenschaft. Zwar gab es etwa in der Antike eine hochentwikkelte Technik, die faktisch auf empirischer Forschung gründete. Sie wurde jedoch dem Handwerk, nicht der Wissenschaft zugerechnet. Entsprechend lag ebenfalls der Gedanke fern, die Beschreibung und den Vergleich politischer Sachverhalte als etwas anderes denn höchstens eine *Voraussetzung* der ‚eigentlichen' Wissenschaft anzusehen. Diese aber galt als Erarbeitung von

102 Hierzu siehe die knappe Darstellung in Mohr 1995: 66-76.

103 Eine systematische Darstellung von deren Leitgedanken, Regeln und Methoden findet sich im 2. Kapitel.

104 Siehe Berner 1982 und Kern 1982.

Aussagen über das ‚Wesen' der Dinge, das *hinter* deren empirisch faßbaren ‚Erscheinungen' liege, die festzustellen keineswegs ausreiche und welche es darum denkerisch zu durchstoßen, zu übersteigen (‚transzendieren') gelte. Und einmal philosophisch zur Erkenntnis des ‚Wesens' ihrer Gegenstände gelangt, etwa von Macht und Herrschaft, müsse Wissenschaft darlegen, welches Handeln solchem ‚Wesen' angemessen sei; diese Einsichten hätten Wissenschaftler dann in Form klarer Aussagen über das *Gesollte* darzulegen. Sie hätten also – beispielsweise – Aussagen über die *anzustrebende* Form von Herrschaft und den *richtigen* Gebrauch von Macht zu erarbeiten. Hingegen sei es ‚wahrer' Wissenschaft unwürdig, Gegebenes bloß zu *beschreiben*, also die Wirklichkeit, durch deren zusätzliche Beschreibung, gleichsam zu ‚verdoppeln'. Obwohl also Aristoteles eine Vielzahl von griechischen stadtstaatlichen Verfassungen sammelte und verglich und somit als Gründervater *auch* der empirischen Politikforschung angeführt werden kann, entstand diese in der Antike eben doch nicht.

Sie konnte sich auch im Mittelalter nicht entwickeln, galt doch das ‚Wesen' von Mensch und Welt als dank biblischer Offenbarung hinlänglich bekannt und nur in der Weise näher zu erkunden, daß man die Heilige Schrift sowie die Lehren von Kirchenvätern und ausgewählten antiken Autoren immer besser verstand und auslegte. Erst recht festigte sich die Vorstellung von Wissenschaft als einer rein denkerischen Aufgabe, als die Scholastik christlichen Glauben und aristotelische Philosophie miteinander verband. Nur gegen großen Widerstand war in einer solchen Lage die Vorstellung durchzusetzen, daß wohl doch die *Beobachtung* von Menschen, Natur und Welt ein viel besserer Weg sei, diese tatsächlich kennenzulernen.[105] Erst als nach Beginn der Neuzeit der moderne, theoretische mit empirischer Forschung verschränkende Wissenschaftsbegriff zunächst wenigstens bezüglich der Erforschung der *Natur* durchgesetzt war, konnte er allmählich auch für die Beschäftigung mit gesellschaftlichen und *politischen* Sachverhalten attraktiv werden und dergestalt die Vorstellung einer empirischen Politikwissenschaft begründen.

Doch selbst heute ist eine dem neuzeitlichen Wissenschaftsbegriff verpflichtete empirische Politikforschung noch nicht allgemein akzeptiert. Mit der im Deutschland des ausgehenden 19. Jahrhundert ersonnenen und dann im ganzen westlichen Kulturkreis verbreiteten Entgegensetzung von Natur- und Geisteswissenschaften wurde die Behauptung popularisiert, soziale wie politische Sachverhalte ließen sich gerade *nicht* entsprechend den Gegebenheiten der Natur durch Beobachtung, Aufzeichnung der Beobachtungen und Auswertung dieser Aufzeichnungen erforschen. Ihnen nämlich sei allein ein ihr ‚Wesen' anzielendes *philosophisches* Bemühen, seien auf ‚Verstehen' ausgerichtete Anstrengungen angemessen, während Forschung in der Art der Naturwissenschaften die Oberfläche sozialer und politischer Phänomene nicht durchdringen könne, da diese durch – vom Analytiker nachzuvollziehende – Sinndeutungen erzeugt würden. Mit dem jahrzehntelangen Siegeszug der ‚wissenschaftlichen Weltanschauung der Arbeiterklasse', dem Marxismus bzw. Marxismus-Leninismus, kam noch ein weiteres Argument hinzu: Nur vom *historisch richtigen Standpunkt* aus, den eben die Lehren von Marx und Engels fixierten, ließen sich Wirtschaft, Gesellschaft und Politik richtig erkennen, während die Beobachtung und Analyse tatsächlicher politischer Gegebenheiten – als bloße ‚Wirklichkeitsverdoppelung' – dafür wenig erbringe und schon gar nicht die kritischen, prognostischen und handlungsanleitenden Einsichten der ‚Klassiker' widerlegen könne. Damit war die scholastische Barriere zwischen Politik und Wissenschaft aufs neue errichtet. Wissenschaftstheoretische Argumente ganz verschiedener Herkunft und Intention erschwerten dergestalt die Entstehung von Politikwissenschaft als *empirischer* Erforschung politisch bedeutsamer Sachverhalte und zwangen sie zu einem sehr verwikkelten Werdegang.

---

[105] Literarisch ist dieser Widerstand einprägsam gestaltet in der 4. Szene von Bertolt Brechts ‚Leben des Galilei': Während Galilei die Existenz der Jupitertrabanten mittels eines Blicks durch das Fernrohr – also *empirisch* – glaubhaft machen will, bestehen die zur Klärung dieser Frage beigezogenen Experten – ein Philosoph und ein Mathematiker – auf einem allein anhand von *Argumenten* geführten Disput.

Drittens bedurfte es erst einmal geeigneter organisatorischer und institutioneller Grundlagen, um politischer Tatsachenforschung jene Kontinuität zu geben, die aus ganz praktischen Gründen Voraussetzung für das Entstehen einer wissenschaftlichen Disziplin ist. Keimzellen für die Institutionalisierung empirischer Politikforschung waren die im neuzeitlichen Staat entstehenden Verwaltungen, in denen regelmäßig Infrastruktur, Bevölkerungsaufbau, Wirtschaftskraft und Steueraufkommen eines Landes beobachtet wurden. Im Lauf des 19. Jahrhunderts wurden dafür, v.a. für statistische Zwecke, eigene Behörden gegründet, später auch besondere Institute für die laufende Dokumentation und Analyse der verschiedensten Politikbereiche. Um solches Wissen den – meist juristisch oder wirtschaftswissenschaftlich ausgebildeten – administrativen und wirtschaftlichen Eliten nahezubringen, auch um für wissenschaftlichen Nachwuchs zu sorgen, wurden überdies an den Universitäten geeignete Lehrstühle eingerichtet bzw. entsprechende Fachhochschulen gegründet. Nach und nach etablierte sich empirische Politikforschung auch an universitätseigenen Einrichtungen. Doch bis heute ist es so, daß ein sehr großer Teil empirischer Politikforschung, v.a. die Meinungs- und Wahlforschung, *außerhalb* der Universitäten an staatlichen oder privaten Instituten betrieben wird.

Vereinfacht man aufs äußerste, so läßt sich die von den genannten Faktoren geprägte Geschichte empirisch orientierter Politikforschung für Deutschland so umreißen:[106]

Im wesentlichen entwickelte sie sich – vor allem nach dem Dreißigjährigen Krieg – gemeinsam mit dem neuzeitlichen Fürstenstaat und der modernen Wissenschaftsauffassung: es ging um die Erarbeitung zutreffender Aussagen über solche Sachverhalte, die dem sich festigenden Fürstenstaat zur Durchführung seiner Innen-, Wirtschafts- und Außenpolitik wichtig erschienen. Außerdem brauchte der aufkommende moderne Staat Beamte, die seine wachsenden finanziellen und administrativen Probleme bewältigen konnten. In Deutschland richteten die Landesherren, vor allem die protestantischen, darum an ihren Universitäten *praxisorientierte* Lehrstühle für Staatsrecht, Verwaltungs- und Finanzwissenschaften ein (‚Kameralwissenschaften'). Außerdem entfaltete sich an den Universitäten die Befassung mit politischen Tatsachen und praktischen politischen Problemen einesteils als ‚Statistik', nämlich als Lehre von den wichtigsten geographischen, wirtschaftlichen und organisatorischen Merkmalen von Staaten, andernteils als Lehre von der ‚guten Polizey', d.h. der richtigen, auf Wohlfahrt und öffentliche Ordnung ausgerichteten Staatsverwaltung und Staatswirtschaft.[107] Die solchen Studien gewidmeten Fächer wurden ‚Politische Wissenschaften' genannt, wovon heute noch der von (Staats-) Wirtschaftlichen Fakultäten verliehene Titel eines Doktors ‚rerum politicarum' (Dr. rer.pol.) zeugt.

Im Lauf der Zeit entwickelten sich die ‚Politischen Wissenschaften' auseinander und verselbständigten sich in den heute noch bestehenden Disziplinen der rechts- und wirtschaftswissenschaftlichen Fakultäten (etwa: Staatswirtschaft als Vorläuferdisziplin moderner Finanzwissenschaft, Staatsrecht und Staatslehre, Verwaltungsrecht, Völkerrecht, Wirtschaftspolitik). Das gemeinsame Band einer ‚Gesamten Staatswissenschaft' oder von ‚Staatswirtschaftlichen Fakultäten' konnte sie aber nur noch kurze Zeit zusammenhalten, und die Politikwissenschaft als eine um Zusammenschau aller Aspekte und Erscheinungsformen von Politik bemühte Disziplin ging unter.

---

[106] Hierzu und insgesamt zur Geschichte der deutschen Politikwissenschaft vor dem 20. Jahrhundert siehe Hennis 1977, Lübbe 1963 und Maier 1980,1985.

[107] Dieser alte Begriff der Statistik, in dem die vergleichende Beschreibung von Staaten nachklingt, ist aus dem Sprachgefühl weitestgehend verschwunden und findet ein Echo allenfalls im Begriff der ‚Amtlichen Statistik'. Diese meint die von Staats wegen geleistete, meist territorial vergleichende Beschreibung wichtiger Merkmale eines Landes und ist die Aufgabe von statistischen Landesämtern. Ansonsten wird Statistik heute verstanden als für die empirische Forschung überaus nützlicher Zweig der Mathematik, in gedanklicher Engführung auch als alternative Bezeichnung für Tabellen oder Graphiken (z.B. „Ich habe hier 'mal eine Statistik!").

Vor allem die Geschichtswissenschaft, ein Stück weit aber auch die entstehende Soziologie sowie die Politische Geographie, übernahm im 19. Jahrhundert die Aufgabe, diese getrennten Forschungsgebiete zusammenzuführen. Zumal die Geschichtswissenschaft konnte bis zu einem gewissen Grad die Rolle einer synoptischen und integrierenden ‚Wissenschaft von der Politik' übernehmen. Die dann freilich notwendige Brücke zur Gegenwart und aktuellen Politik schlugen die ‚politischen Geschichtsschreiber' (in Deutschland etwa Dahlmann, Sybel, Treitschke und später Meinecke), die um Gesellschaftsveränderung bemühten Pioniere der Soziologie sowie die politischen Geographen bzw. ‚Geopolitiker' allerdings nicht selten durch eine Verschmelzung wissenschaftlicher Arbeit mit jenen zeitgenössischen politischen Ideologien, die sie persönlich bevorzugten und oft auch ihrer historiographischen, soziologischen oder geographischen Arbeit zugrunde legten. Das Band zwischen Politik- und Geschichtswissenschaft zerschnitt dann der *Historismus*[108], welcher der letzteren zu erforschen aufgab, ‚wie es eigentlich gewesen ist', und die Vermengung empirisch-historischer Aussagen mit theoretisch-verallgemeinernden Aussagen ablehnte.

Ein weiterer Zweig jenes Entwicklungsastes der Politikwissenschaft, der auf praktische Bedürfnisse des neuzeitlichen Staates zuwuchs, führte zur modernen empirischen Sozialforschung, die heute der empirischen Politikwissenschaft ihr methodisches Werkzeug bereitstellt. Im 17. Jahrhundert kam nämlich die schon erwähnte ‚Statistik', in deren Namen solcher Ursprung noch kenntlich ist, als ‚vergleichende Staatenkunde' auf.[109] Dieser ging es um die quantitative Beschreibung politisch wichtiger Merkmale verschiedener Staaten sowie darum, praktisch nützliche Zusammenhänge zwischen diesen Merkmalen aufzudecken. Als ‚Universitätsstatistik' hatte sie bald akademischen Rang; als ‚politische Arithmetik' und ‚Moralstatistik' verband sie absichtsvoll Wissenschaftlichkeit und Praxisorientierung. Seit dem späten 19. Jahrhundert nahm dann die Bereitstellung mathematischer Modelle zur Auswertung der erhobenen Informationen (verbunden mit Namen wie Fisher und Pearson) einen steilen Aufschwung, desgleichen die Wahrscheinlichkeitstheorie, welche die Arbeit mit Stichproben ermöglichte. Desgleichen wurde die Durchführung sozialwissenschaftlicher bzw. statistischer Erhebungen zu einem wichtigen Hilfsmittel politischer Entscheidungsvorbereitung. Allerdings war es in erster Linie die im 19. Jahrhundert entstehende Soziologie, die sich um die sogenannte ‚empirische Sozialforschung' annahm, während die damals akademisch untergegangene Politikwissenschaft jene ihrer Entwicklung geschuldete Trennung von einer der eigenen Wurzeln immer noch nicht überwunden hat.

Insgesamt mündete auch diese zweite Entwicklungslinie moderner Politikwissenschaft im 19. Jahrhundert in eine Zersplitterung jener Disziplinen, die sich mit politischen Prozessen, Strukturen und Inhalten befassen. Und gerade der *Erfolg* der *einzelnen* ‚Politischen Wissenschaften' wie auch der empirischen Sozialforschung rückte die um Synthesen bemühte, doch in den Sog zeitgenössischer Ideologien geratene *denkerische* Auseinandersetzung mit Politik, den ersten Entwicklungsstrang moderner Politikwissenschaft, in den Hintergrund. ‚Die' Wissenschaft von der Politik war darum in jeder Hinsicht abhanden gekommen.

---

108 Keinesfalls dürfen *Historismus* und *Historizismus* verwechselt werden. Historismus meint den Versuch, geschichtliche Gegebenheiten als einzigartige, individuelle Hervorbringungen letztlich unvorhersehbarer geschichtlicher Prozesse aus sich heraus zu verstehen. Unter ‚Historizismus' versteht man hingegen den Glauben, Geschichte habe einen erkennbaren, notwendigen Verlauf und lasse sich anhand von ausfindig zu machenden ‚Geschichtsgesetzen' erklären, aus denen wiederum aktuelle politische Handlungsaufgaben abgeleitet werden könnten. Zu letzterem siehe S. 126 und Popper 1979.

109 Vgl. Berner 1982, Kern 1982 und Oberschall 1997.

3. Zur Entstehung und Entwicklung der modernen Politikwissenschaft

Folglich stimmt trotz ihrer weit über zweitausendjährigen (Vor-)Geschichte der Eindruck, die heute betriebene und gelehrte Politikwissenschaft sei eine relativ junge Disziplin. In ihr hat sich ein international durchaus gleiche Grundzüge aufweisendes Verständnis ihrer Fragestellungen, Gegenstände und Methoden entwickelt. Zwar bildeten sich mehrere nationale Varianten heraus, auf die vom geschilderten deutschen Fall auch stark abweichende Vorgeschichten hinliefen. Doch unzweifelhaft ist es die US-amerikanische Traditionslinie der Politikwissenschaft, welche zur Gußform der modernen Wissenschaft von der Politik wurde.[110]

Schon die amerikanischen Verfassungsväter verstanden ihr Tun dahingehend, daß sie sich von den zu ihrer Zeit bestbegründeten Einsichten der ‚political science' leiten ließen. Dergestalt schufen sie von vornherein jene beiderseits offene Verbindung zwischen praktischer Politik und Politikwissenschaft, die ganz selbstverständlich den Werdegang US-amerikanischer Politikwissenschaft prägte. Ausgerechnet als in Deutschland die ‚Politischen Wissenschaften' in gänzlich verselbständigte Fächer zerfallen waren, wurden an Universitäten der USA seit dem letzten Drittel des 19. Jahrhunderts die ersten politikwissenschaftlichen Fachbereiche gegründet.[111] In ihnen verbanden sich von vornherein die *beiden* eben beschriebenen Entwicklungslinien europäischer Beschäftigung mit Politik. Zugleich wirkten in Großbritannien und Deutschland, dessen Hochschulwesen damals weltweit als vorbildlich galt, erarbeitete Ansätze und Forschungsergebnisse der verselbständigten ‚Politischen Wissenschaften' über eine breite Rezeption auf die aufblühende amerikanische Politikwissenschaft ein. Das bahnte dieser von Anfang an den Weg zur Internationalität. Die amerikanische Politikwissenschaft – von John W. Burgess über Charles E. Merriam bis zu Harold Lasswell – wandte sich außerdem sehr rasch konkreten politischen Gestaltungsaufgaben zu und nahm, nicht zuletzt solchen Praxisnutzens wegen, an der Entwicklung und praktischen Benutzung von Methoden der entstehenden empirischen Sozialforschung starken Anteil. So konnte hier aus *allen* historischen Quellen und durch *Verschmelzung* aller Traditionen eine *Politikwissenschaft neuer Prägung* entstehen. Stark gefördert wurde sie durch das Wirken europäischer Emigranten, welche die nationalsozialistische Gewaltherrschaft nach Amerika vertrieb. Nach dem Zweiten Weltkrieg brachten viele von diesen ihre amerikanischen Erfahrungen nach Europa zurück und schufen so vollends die Grundlage einer international konsens- und kooperationsfähigen Politikwissenschaft.

In Deutschland kam es seit der Jahrhundertwende zum Aufbau von Institutionen, die – meist außerhalb der Universitäten – einer die alten ‚Politischen Wissenschaften' zusammenführenden und sowohl auf Praxisnutzen als auch auf Synthesen abzielenden Wissenschaft von der Politik eine Heimstatt gaben.[112] Beispielsweise wurde 1908 die ‚Zeitschrift für Politik', 1920 in Berlin die ‚Deutsche Hochschule für Politik' gegründet, an welcher im Lauf der Jahre Persönlichkeiten

---

[110] Siehe Somit/Tanenhaus 1967 und Easton 1991.

[111] Im Jahr 1900 konnte man bereits an einem halben Dutzend amerikanischer Universitäten einen politikwissenschaftlichen Doktorgrad erwerben; 1903 gab es in den USA rund 1000 sich als Politikwissenschaftler bezeichnende Akademiker (siehe Mols/Lauth/Wagner 1994: 22). Den auch rein quantitativen Vorsprung der amerikanischen Politikwissenschaft – zu Beginn der achtziger Jahre arbeiteten beispielsweise gut 15.000 Politikwissenschafter an amerikanischen Hochschulen und Forschungseinrichtungen – konnten andere Wissenschaftskulturen bis heute nicht mehr aufholen. Diesen Vorsprung verfestigt natürlich auch die Dominanz des Englischen als Wissenschaftssprache und die Tatsache, daß zur Ausbildung eines europäischen oder asiatischen Politikwissenschaftlers in der Regel ein Studienaufenthalt in den USA gehört, was in den meisten Fällen die amerikanische Politikwissenschaft zu einer zweiten ‚intellektuellen Heimat' macht.

[112] Zur Geschichte und Entwicklung der (west-)deutschen Politikwissenschaft siehe Arndt 1978, Bellers 1990a, Blanke u. a. 1972, Bleek 2001, Bracher 1982, Eisfeld 1991, Göhler/Zeuner 1991, Kastendieck 1977, Lietzmann/Bleek 1996, Mohr 1986, 1988 und Rupp/Noetzel 1991.

wie der spätere Bundespräsident Theodor Heuss oder Rechts- und Politikwissenschaftler wie Hermann Heller und Arnold Bergstraesser lehrten.[113] Außerdem bildete in der Rechtswissenschaft die – seit dem 19. Jahrhundert gepflogene – Forschungsrichtung wie Literaturgattung der ‚Allgemeinen Staatslehre' die intellektuelle Keimzelle einer erneuerten, einheitlichen, wenn auch nicht auf empirische Forschung gegründeten Politikwissenschaft.[114] Die nationalsozialistische Diktatur setzte indessen der Freiheit der gerade anhebenden politikwissenschaftlichen Forschung und Lehre ein Ende, traf dabei auf durchaus wenig Widerstand, vielmehr auf etliche Anpassungsbereitschaft, zwang aber viele Politikwissenschaftler zur Emigration.

Nach dem Krieg konnte in der DDR ebensowenig wie in den anderen realsozialistischen Staaten eine Wissenschaft von der Politik entstehen.[115] Als ihr Ersatz und Zerrbild diente der ‚Wissenschaftlicher Kommunismus' genannte Bereich des Marxismus-Leninismus. In der Bundesrepublik Deutschland indessen kam es, wie in den anderen freien Staaten Europas, ab 1949 zu einer meist vom amerikanischen Vorbild inspirierten und – in Deutschland – oft von rückkehrenden deutschen Emigranten getragenen Wiederentstehung einer auf Synopse und Integration setzenden Politikwissenschaft.[116] Allerdings galt es große Widerstände jener Disziplinen zu überwinden, die aus den alten ‚Politischen Wissenschaften' hervorgegangen waren und nun argumentierten, ein eigenes Fach ‚Politikwissenschaft' greife in ihre Zuständigkeitsbereiche ein, stelle eine nicht funktionstüchtige ‚Super-Disziplin' dar und sei darum entweder unnötig oder werde zum Ausgangspunkt leichtfertiger politischer Ideologie. Zumal die letztere Befürchtung sollte sich später bewahrheiten.

Der seit Beginn der 50er Jahre an den westdeutschen Universitäten verankerten und dort 1952 ganze zehn Hochschullehrerstellen umfassenden Politikwissenschaft waren zunächst zwei Hauptaufgaben gestellt. Als ‚Demokratiewissenschaft' sollte sie die Bedingungen und Möglichkeiten erforschen, in Deutschland endlich eine stabile Demokratie aufzubauen. Als der *re-education* dienende ‚Politische Bildung' sollte sie dazu beitragen, daß nicht auch die zweite deutsche Republik als ‚Demokratie ohne Demokraten' scheitere. Seit der Einführung von Schulfächern wie Sozial- oder Gemeinschaftskunde in den 60er Jahren geschah dies ganz wesentlich auch als Ausbildung von Lehramtsstudenten. Innerwissenschaftlich förderte das die Beschäftigung einesteils mit Institutionen, andernteils mit ihren tragenden und rechtfertigenden Ideen. Im Lauf der Zeit traten dann jene juristischen, historischen und philosophischen Orientierungen allmählich zurück, die bei den frühen Vertretern des Faches aufgrund ihres akademischen Werdegangs vorgeherrscht hatten. Ebenso baute sich jene – dem Selbstverständnis als ‚Politische Bildung' entspringende – politikwissenschaftliche Institutionenkunde ab, die – zugleich beschreibend und normativ – das Bild der Disziplin mitgeprägt hatte. Getragen von den Auswirkungen der auf Verhaltensanalyse, Systemtheorie, Strukturfunktionalismus und empirisch-sozialwissenschaftliche Methoden setzenden ‚behavioral revolution' in der US-amerikanischen Politikwissenschaft,[117] entwickelte sich die Politikwissenschaft auf breiter Front zu einer empirisch-sozialwissenschaftlichen Disziplin mit starkem Sinn für die Notwendigkeit, letztlich alle Aspekte der Erforschung von Politik zur Synthese zu bringen. Allerdings verkümmerte dabei mehr und mehr das – so lange für die Wissenschaft von der Politik grundlegende – Interesse an den Zielen politischer Ordnung, am Zweck von Politik, am Wertgehalt politischer Inhalte. Empirische Wis-

---

113 Nach 1945 wurde die im Nationalsozialismus aufgelöste Deutsche Hochschule für Politik wiedergegründet und ging später als Otto-Suhr-Institut in die Freie Universität Berlin über. Dort wurde sie zur wichtigsten Keimzelle der neuen deutschen Politikwissenschaft.

114 Vgl. Grimm 1973.

115 Zum folgenden vgl. den Beitrag von Dieter Koop in Lietzmann/Bleek 1996: 99-131.

116 Es wurde beispielsweise die ‚Deutsche Hochschule für Politik' 1949 wieder eröffnet und später als Otto-Suhr-Institut der Freien Universität Berlin eingegliedert. Als ergänzendes Studienfach an Universitäten wurde die Politikwissenschaft erstmals 1952 eingerichtet, als eigenständiges Studienfach rund zehn Jahre später.

117 Vgl. Falter 1982.

senschaftlichkeit wurde gleichsam erkauft mit dem Abschieben normativer Fragen in ideengeschichtliche sowie aktuell-politische Diskussionen. In diese Lücke stieß die wertgeladene Kulturrevolution der ‚Achtundsechziger'.

Als Alternative zu den als selbstverständlich geltenden Wertorientierungen ‚bürgerlicher' Politikwissenschaft erlebte damals das im Westen neu entdeckte marxistische Gedankengut eine fruchtbare Renaissance. Mehr noch: Es wurde weithin als einzig mögliche Grundlage einer die Aufgabe bloßer Beschreibung übersteigenden wissenschaftlichen Beschäftigung mit Politik ausgegeben. Die empirische Politikwissenschaft mit ihrer verkümmerten Wertereflexion wirkte vor allem ‚affirmativ'; sie galt es darum zu überwinden durch eine ‚kritische' Politikwissenschaft, die ihre Maßstäbe aus einer zwar meist marxistisch inspirierten, vom Ansatz her aber aristotelischen Vision einer guten Wirtschafts-, Gesellschafts- und Staatsordnung gewann. Über dem Streit zwischen ‚affirmativer' und ‚kritischer', konventioneller' und ‚radikaler', ‚empirischer' und ‚emanzipatorischer' Politikwissenschaft zersplitterte das Fach. Modische Attraktivität, verbunden mit großer Publizität, führten gleichwohl zu einem großen Zulauf von Studierenden zur – oft bewußt so genannten – ‚Politischen Wissenschaft'.[118] Doch das lag, wie im Fall der Soziologie, wohl weniger an der Disziplin selbst als vielmehr an ihren Gegenständen: Politik war in jenen politisierten und zugleich gestaltungseuphorischen Zeiten äußerst attraktiv. Überdies änderten jene außergewöhnlichen Stellenausweitungen, die im Zug des damaligen Hochschulausbaus in sehr kurzer Zeit erfolgten,[119] die Zusammensetzung der Fachvertreter erheblich. Sehr schnelle Karrieren wurden möglich, mehr als nur einmal getragen mehr vom kritisch-emanzipatorischen Zeitgeist als von solider wissenschaftlicher Arbeit. Nicht wenige Politikwissenschaftler fragten sich darum, ob solchem quantitativen Aufschwung auch ein Zuwachs an Qualität entspreche. Alles in allem geriet die Politikwissenschaft zu Beginn der siebziger Jahren zunächst in eine Phase der Euphorie und großen Selbstbewußtseins (1973 etwa als ‚institutionalisierte Oppositionswissenschaft'), sodann aber in eine tiefe Krise ihres Selbstverständnisses, ihrer wissenschaftlichen Maßstäbe und ihres Ansehens.[120]

Die Folgen dieser Krise belasteten sie lange, behinderten die Entwicklung eines professionellen ‚Wir-Gefühls' und machten es ganzen Generationen von Studierenden schwer, sich im Fach zurechtzufinden.[121] Seit den achtziger Jahren hatten aber Konsolidierung und eine Wiedergewinnung von wissenschaftlichen Standards eingesetzt,[122] was alles die deutsche Politikwissenschaft nach der Wiedervereinigung befähigte, sich rasch auch in der vormaligen DDR an Universitäten und Bildungseinrichtungen zu verankern sowie in den neuen Bundesländern aufs neue die (Neben-)Rolle einer Demokratiewissenschaft zu übernehmen. Trotz ihrer Konsolidierung – zu der unter anderem die Wiederentdeckung von Institutionen im ‚neuen Institutionalismus' gehört[123] – hat die deutsche Politikwissenschaft aber noch keine sonderliche Bedeutung im Bereich der praktischen Politikberatung erlangt. Im übrigen hat sie gerade erst damit begonnen, sich ihrer reichen eigenen Traditionen – sozusagen von Johannes Althusius (1557-1638) bis zu Friedrich

---

118 Von knapp 1500 – meist in Berlin – Studierenden im Jahr 1965 stieg im folgenden Jahrzehnt die Anzahl von Politikwissenschaftsstudenten doppelt so stark an wie die Zahl der Studierenden insgesamt; siehe Mohr 1995: 19. Derzeit gibt es in Deutschland allein weit über 20.000 Hauptfachstudierende der Politikwissenschaft.

119 In den 70er und anfangs der 80er Jahre kam es zu einer Verdreifachung (!) der politikwissenschaftlichen Professuren auf 273 Stellen; siehe Lietzmann/Bleek 1996: 49.

120 Noch heute wird die Politikwissenschaft vielfach ausgegeben als Diskussions-, Mode- und Subversionswissenschaft, was im Jahr 2001 noch weniger stimmt als 1991.

121 Zur derzeitigen Lage der (west-)deutschen Politikwissenschaft siehe Beyme 1986a, Böhret 1985, Hartwich 1987 und Matz 1985. Zur Lage in Europa: Bellers 1989, 1990.

122 Zum wissenschaftsgeschichtlichen Zusammenhang in Deutschland siehe auch den Abriß von Rainer Prätorius in Mohr 1995: 492-500, zur Entwicklung der maßstabsetzenden internationalen, d.h. US-amerikanisch dominierten Politikwissenschaft die Abrisse von Goodin/Klingemann und Gabriel Almond, S. 3-49 bzw. S. 50-96 in Goodin/Klingemann 1996.

123 Siehe Göhler 1986, 1994 und die dort angegebene Literatur.

Christoph Dahlmann (1785-1860) und Lorenz v. Stein (1815-1890) – zu entsinnen, die bislang eher den Nachfolgedisziplinen der ‚Politischen Wissenschaften' als Erbe überlassen wurden. Unbewältigt ist auch die Aufgabe, die so lange und alte Geschichte der deutschen Politikwissenschaft von jenen letzten großen Übersichten her zu erschließen, die im 19. Jahrhundert Robert von Mohl und Johann Caspar Bluntschli vorgelegt haben, und das alles in ihr derzeitiges, von der amerikanischen *political science* geprägtes, von der ‚behavioral revolution' szientifiziertes[124] und von modernen Rational choice-Ansätzen zum Teil auch schon mathematisiertes Selbstverständnis zu integrieren. Von einem selbstverständlichen Gleichgewicht disziplingeschichtlichen und nach vorne blickenden Selbstbewußtseins, ideengeschichtlicher und aktueller Fragestellungen, empirischer Forschung und um Wertgrundlagen ebenso wie um Politikziele gelagerter Diskussionen ist sie also noch weit entfernt. Der nächsten Generation deutscher Politikwissenschaftler stellen sich hier lohnenswerte Aufgaben.

---

[124] Von lat. ‚sciéntia', d.h. Wissenschaft.

V. Aufgabenfelder der Politikwissenschaft

Jene Aufgaben, welche die Politikwissenschaft als Disziplin insgesamt erfüllt, lassen sich in vier Gruppen gliedern: Politikwissenschaft als Forschung, als Lehre, als Beratung, und als Grundlage politischer Beteiligung. Die Erfüllung der letzteren drei Aufgaben hat zur Voraussetzung, daß die Politikwissenschaft bei der Wahl ihrer Fragestellungen und bearbeiteten Probleme sich nicht nur auf fachintern Wichtiges konzentriert und außerdem ihre Fachsprache stets in die Alltagssprache politischer Praktiker übersetzbar hält. Sichert sie aber nicht mehr die unten behandelte Differenz zwischen wissenschaftlichem und praktischem Blick auf Politik, so werden ihre Vertreter zu politischen Akteuren neben anderen und verlieren – zu Recht – jede aus wissenschaftlicher Qualifikation entspringende Autorität.

1. Politikwissenschaft als Forschung

Als Forschung hat Politikwissenschaft die Aufgabe, gemäß den unten beschriebenen Spielregeln politische Inhalte, Prozesse und Strukturen zu analysieren, um durch empirisch wie logisch wahre Tatsachen-, Zusammenhangs- und Erklärungsaussagen über deren Beschaffenheit zuverlässig zu informieren. Sie hat ferner die Aufgabe, Werturteile und Handlungsanweisungen zu erarbeiten, die jenen überlegen sind, die schon aus der vom ‚gesunden Menschenverstand' getragenen politischen Praxis heraus formuliert werden können. Außerdem hat sie sich um möglichst verläßliche Prognosen zu bemühen.[125] Derartige politikwissenschaftliche Forschung findet vor allem an Universitäten und in speziellen, staatlichen Behörden nachgeordneten oder privatwirtschaftlich arbeitenden Instituten statt.

Selbstverständlich steuern persönliche Wertentscheidungen der beteiligten Wissenschaftler sowie mehr oder minder politisch motivierte Aufträge die Auswahl der bearbeiteten Themen und Fragestellungen. Zu Fehlentwicklungen führt dies, wenn bestimmte Gegenstandsbereiche systematisch unbeachtet bleiben oder gewisse Inhalte der Analyse und Kritik gleich wie entzogen werden. Persönliche oder institutionelle Korruption liegen vor, wenn persönliche Wertvorstellungen des Forschers oder seiner Auftraggeber die erzielten Ergebnisse in der Weise inhaltlich prägen, daß nicht mehr die Feststellung ihres logischen oder empirischen Wahrheitsgehalts, sondern vor allem die persönliche oder politische Erwünschtheit über die Akzeptanz einer Aussage entscheidet. Kriminell ist es, Daten zu fälschen oder Forschungsberichte so zu manipulieren, daß ‚herauskommt, was aus politischen Gründen herauskommen soll'.

2. Politikwissenschaft als Lehre

Als Lehre hat die Politikwissenschaft zunächst einmal die Aufgabe, Tatsachenkenntnisse und werturteilsermöglichende Argumentationen zu politischer Wirklichkeit, also empirisches und normatives Wissen, für die verschiedensten Adressatengruppen aufzubereiten und an diese weiterzugeben. Die wichtigsten Ausprägungen dieses Aufgabengebiets sind die *akademische Lehre*,

[125] Zu den Regeln und Methoden, anhand welcher sich die genannten Aufgaben erfüllen lassen, siehe das 2. und 3. Kapitel.

die Tätigkeit im Rahmen *politischer Bildung*[126] (Vorträge, Tagungen, Seminare ...), sowie die Verfertigung und Publikation von *Lehrmaterialien* aller Art.

Je nach seinen grundlegenden Werturteilen über Charakter und Qualität des zu vermittelnden Sachverhalts, z.B. eines darzustellenden politischen Systems, wird ein Politikwissenschaftler bei seiner Lehrtätigkeit den Gegenstand neutral beschreiben, ihn zugleich kritisieren oder seine Darstellung mit positiven Werturteilen durchsetzen. Es ist ein unverzichtbares Gebot intellektueller Redlichkeit, solche Bewertungen keineswegs versteckt – etwa durch entsprechende, doch unkommentierte Begriffs- und Beispielswahl – vorzunehmen, sondern auf sie aufmerksam zu machen, sie als persönliche zu kennzeichnen, die benutzten Wertmaßstäbe offenzulegen und auch selbst einer kritisch-vergleichenden Diskussion verschiedener Bewertungsmöglichkeiten zugänglich zu sein.

Sodann gilt es, die über eine bloß *sozial- bzw. gesellschaftskundliche* Fakten- und Funktionenkenntnis hinausgehende *politikwissenschaftliche* Kompetenz der Analyse politischer Zusammenhänge und Probleme lehrbar zu machen und tatsächlich zu vermitteln. Soweit sie systematisch lehrbar sein kann, besteht politikwissenschaftliche Kompetenz großenteils aus einer ‚Technik des Problemdenkens', die anhand von Topoi-Katalogen erkenntniserschließende Betrachtungsperspektiven, diagnostische Routinen, Systematisierungen von Wissensbeständen sowie Wertmaßstäbe griffbereit macht. Eines der politikwissenschaftlichen Ausbildungsziele besteht deshalb darin, derartige Topoi-Kataloge zu vermitteln, ihre Anwendung zu üben und dazu in die Lage zu versetzen, einander wechselseitig korrigierende Wertmaßstäbe zur Gesellschafts-, System- und Politikkritik heranzuziehen.

3. Politikwissenschaft als Politikberatung

Als Politikberatung hat die Politikwissenschaft die Aufgabe, im Rahmen ihrer Möglichkeiten den staatlichen Verwaltungen sowie politischen Entscheidungsträgern auf allen Ebenen jenes Wissen zu beschaffen, aufzubereiten und zur Verfügung zu stellen, nach dem sie nachfragen oder dessen sie zu bedürfen scheinen.[127] Dieses Wissen kann in empirischen Tatsachen-, Zusammenhangs und Erklärungsaussagen, in Prognosen oder in Werturteilen bzw. Handlungsanweisungen bestehen. Im Einzelfall mögen ethische Erwägungen oder politische Abneigungen der Erfüllung dieser Aufgabe Grenzen setzen. Die wichtigsten Ausprägungen dieses Aufgabenbereichs sind die Zusammenstellung von Dokumentationen; die Erledigung von mehr oder minder aufwendigen Forschungsaufträgen, etwa durch Begleitforschung zu politischen Maßnahmen; die Anfertigung von Gutachten; das persönliche Auftreten als Experte in Beiräten, Kommissionen oder vor sonstigen Gremien; sowie die persönliche Einflußnahme durch informelle Kontakte.

Gemindert wird der Wert der Politikberatung, wenn diese an den Barrieren zwischen Wissenschaftssprache und Praktikersprache scheitert oder nur dazu dienen soll, ohnehin schon angebahnte Entscheidungen einfach mit Fakten und Argumenten zu untermauern. Außerdem sinkt der sachliche Nutzen der Politikberatung im selben Umfang, in dem ein zu ihr aufgeforderter Politikwissenschaftler sich eher von den politischen Verwertungsabsichten des Auftraggebers als von der wissenschaftlichen Spielregel leiten läßt, empirisch wie logisch wahre Aussagen über den interessierenden Gegenstandsbereich mit zugleich offengelegter wie kontrollierter Perspektivität und Selektivität zu erarbeiten. Leider ist es mittlerweile so, daß sich für kaum eine politische Position kein Politikwissenschaftler finden ließe, der sie nicht ‚wissenschaftlich begründen' wür-

[126] Zur Theorie und Praxis politischer Bildung siehe z.B. Bundeszentrale für politische Bildung 1990, Fischer 1986, Grosser/ Hättich 1976, Hättich 1978, Kuhn/Massing, 1993.

[127] Vgl. hierzu Bruder 1980 und Müller-Rommel 1984.

de. Doch dergestalt wird Politikberatung zur bloßen Anlieferung politisch verwendbarer Munition. Dies läßt die Vermutung einer unparteiischen Fachkompetenz der Politikwissenschaft auf Null sinken und schadet dem Ansehen des Faches aufs äußerste.

Außerdem hat die Politikwissenschaft sich nicht auf die Rolle eines Wasserträgers von Fakten und Rechtfertigungen zu beschränken. Schon gar nicht hat sie sich zur ‚Schubladenproduktion' herabwürdigen zu lassen. Vielmehr kommt es Politikwissenschaftlern zu, kraft eigener fachwissenschaftlicher Kompetenz auch Alternativen aufzuzeigen und jene Informationen, Werturteile und Handlungsanweisungen in die Öffentlichkeit zu tragen, welche *sie* für wichtig und jenen Aussagen für überlegen halten, die von Politikern oder Publizisten publikumswirksam vorgebracht werden. Als über öffentliche Resonanz ausgeübte ‚Zwangsberatung' von gegebenenfalls beratungsunwilligen Politikern nimmt Politikwissenschaft hier die Funktion *institutionalisierter Ideologie-, Gesellschafts-, System- und Politikkritik* wahr und geht in ihre vierte Anwendungsform über.

4. Politikwissenschaft als Grundlage politischer Beteiligung

Zwar verhält sich die Politikwissenschaft zur Politik wie medizinisches Wissen zum Gesundheitszustand: weder schützt die Existenz von Ärzten vor Krankheit, noch muß man Arzt sein, um gesund zu bleiben. Doch Ärzte können sich in besonderer Weise und Wirksamkeit um den Gesundheitszustand einer Gesellschaft annehmen, und es wird einen großen Unterschied ausmachen, ob in ihr gute Ärzte praktizieren oder nicht. Ähnlich verhält es sich mit den praktischen Möglichkeiten der Politikwissenschaft.[128]

Nicht wenige Politikwissenschaftler wollen denn auch ihre fachliche Kompetenz politisch nutzen und sie politischer Beteiligung zugrunde legen. Eine Möglichkeit besteht im Engagement in allen Bereichen der politischen Bildung, wozu auch öffentliche Vortragsveranstaltungen gehören. Eine zweite besteht im Einwirken auf die öffentliche Meinung mit Hilfe von Massenmedien, also beispielsweise durch Zeitungsartikel, Interviews, Rundfunkkommentare und Fernsehauftritte. Drittens stellt politische Beratertätigkeit und Auftragsforschung aller Art politische Beteiligung dar. Ihren Höhepunkt findet diese aber in der Übernahme politischer Ämter in Bürgerinitiativen, Verbänden, Parteien und Volksvertretungen. Sofern bei derartiger politischer Tätigkeit genuin politikwissenschaftliches Können genutzt und in die politische Praxis eingebracht wird, ist solches Engagement von Politikwissenschaftlern vorbildlich und zu begrüßen. Indessen wird Schindluder mit dem Etikett der Politikwissenschaft getrieben, wenn rein persönliche politische Anschauungen einfach mit der Aura politikwissenschaftlicher Kompetenz umgeben werden, ohne durch tatsächlichen Wissenserwerb untersetzt zu sein.[129]

---

[128] Vgl. Ricci 1984.

[129] Untersuchungen des ausbildungsmäßigen Hintergrunds von hauptberuflichen Angestellten von Parteien und Verbänden, der Parlamentarier oder der Mitarbeiter politischer Ressorts großer Zeitungen dürften nachweisen, daß nicht wenige Politikwissenschaftler den Weg zur politischen Praxis bereits eingeschlagen haben. Allerdings reißt dann meist die Verbindung zur Politikwissenschaft, was diese nützlicher Möglichkeiten beraubt, über teilnehmende Beobachtung politischer Entscheidungsträger an Zentralbereiche ihres Forschungsgegenstands zu gelangen.

2. Kapitel: Wissenschaftstheoretische Grundlagen

I. Was ist Wissenschaft?

1. Wissenschaft – eine Definition

Wie beim Politikbegriff gibt es auch von ‚Wissenschaft‘ viele verschiedene Definitionen. Wiederum ist eine solche zu bevorzugen, die zugleich klar und umfassend ist. Es läßt sich zeigen, daß die folgende Definition diesem Anspruch genügt:[130]

Wissenschaft ist jenes menschliche Handeln, das auf die Herstellung solcher Aussagen abzielt, die jenen Aussagen an empirischem[131] und logischem Wahrheitsgehalt überlegen sind, welche schon mittels der Fähigkeiten des ‚gesunden Menschenverstandes‘ (‚Common sense-Kompetenzen‘) formuliert werden können.

Dieser Begriff von Wissenschaft verwendet ein scheinbar bescheidenes Kriterium. Er setzt sich klar von Positionen ab, welche von Wissenschaft *mehr* verlangen als die Überschreitung von Grenzen des ‚gesunden Menschenverstandes‘. Andere Wissenschaftsbegriffe fordern nämlich die Begründbarkeit, Beweisbarkeit oder Wahrheit aller Aussagen, die als wissenschaftlich gelten sollen. Es läßt sich aber zeigen, daß in der Vergangenheit als wissenschaftlich akzeptierte Aussagen diese Kriterien oft nicht erfüllt haben, ohne daß man gleichwohl ihre Urheber und deren Bemühungen mit guten Gründen aus dem Bereich der Wissenschaft ausgrenzen könnte. Darum ist es nötig, der Wissenschaft von vornherein nicht mehr abzuverlangen, als bestenfalls geleistet werden kann, zugleich aber kompromißlos auf der Erfüllung der unverzichtbaren Minimalforderungen zu bestehen. Nutzen und Reichweite des hier gebrauchten Wissenschaftsbegriffs werden klar, wenn man seine Bestandteile näher betrachtet.

Erstens gilt: *Wissenschaft ist etwas, was Menschen betreiben; sie ist menschliches Handeln zu bestimmten Zwecken gemäß einer Reihe von Regeln, welche das Erreichen jener Zwecke gewährleisten sollen.* Natürlich gilt auch für das Wissenschaft realisierende Handeln alles, was bei der Vorstellung des Politikbegriffs an allgemeinen Merkmalen menschlichen Handelns genannt wurde.[132] Vor allem lenkt die Beschreibung von Wissenschaft als Handeln die Aufmerksamkeit darauf, daß bei wissenschaftlicher Tätigkeit die W*eltanschauungen,* Wertvorstellungen und Interessen fehlbarer Menschen im Spiel sind, ganz wesentlich die konkrete Wissenschaftspraxis prägen und unbedingt bei der Festsetzung jener Regeln berücksichtigt werden müssen, welche die Verwirklichung der wissenschaftlichen Ziele sicherstellen sollen. Es sei ferner klargestellt, daß unter den Wissenschaftsbegriff nicht nur jene Tätigkeiten fallen, die als ‚Forschung‘ *unmittelbar* die Herstellung wissenschaftlicher Aussagen bezwecken. Sondern unter ihn fällt auch alles Handeln, welches Forschung vorbereitet, absichert, auf Dauer stellt oder weitergibt. Wissenschaft sind also neben der Forschung auch Tätigkeiten wie akademische Lehre, Wissenschaftsmanagement und Publikation, was alles die Produktion wissenschaftlicher Aussagen ermöglicht oder wissenschaftliche Aussagen bekannt macht.

Das zweite Element der hier benutzten Wissenschaftsdefinition stellt die folgende Behauptung dar: *Der Zweck von Wissenschaft besteht darin, ein bestimmtes Gut zu produzieren – näm-*

130 Eine ausführliche Darstellung der in diesem Kapitel behandelten Themen findet sich in Patzelt 1986.

131 Von griech. ‚empeiría‘, d.h. Erfahrung. Im folgenden werden Begriffe wie ‚empirischer Wahrheitsgehalt‘ oder ‚empirische Forschung‘ eingehend erläutert.

132 Siehe oben S. 23ff.

lich Aussagen. Offenbar lassen sich Aussagen, und auch Aussagen über politische Inhalte, Prozesse und Strukturen, im Prinzip *von jedermann* formulieren. Die durch wissenschaftliches Handeln zu produzierenden Aussagen sollen indessen *besondere* Eigenschaften aufweisen, die sie gegenüber solchen Aussagen *überlegen* machen, die eigentlich ein jeder schon aufgrund seines ‚gesunden Menschenverstands' treffen kann.

Ihre erste anzustrebende Eigenschaft ist so zu beschreiben: *Wissenschaft zielt auf empirisch wahre Aussagen.* Dieses Merkmal, das wissenschaftliche Aussagen aufweisen sollen, heißt ‚empirischer Wahrheitsgehalt'. Er liegt vor, wenn eine Aussage so formuliert wird, daß sie keine andere Beschaffenheit jenes Sachverhalts behauptet, auf den sie sich bezieht (‚empirischer Referent'), als sie dieser Sachverhalt tatsächlich aufweist.[133] Beispielsweise ist die Aussage ‚Die britische Königin hat keinen Einfluß auf die Regierungspolitik' genau dann – und nur dann – empirisch *wahr*, wenn die britische Königin wirklich keinen Einfluß auf die Regierungspolitik hat; andernfalls ist die Aussage empirisch *falsch.* Bisweilen läßt sich nicht (mehr) präzis angeben bzw. feststellen, in welchem Umfang eine Aussage mit den Tatsachen, auf die sie sich bezieht, übereinstimmt. Das ist etwa bei folgender Aussage der Fall: ‚Die wichtigsten politischen Entscheidungen bei der Gründung des Deutschen Reiches traf der preußische Ministerpräsident v. Bismarck ganz persönlich'. Bei solchen Aussagen spricht man abschwächend vom ‚empirischen Wahrheitsgehalt' einer Aussage, der je nach dem – oft nicht genau bekannten – Grad der Übereinstimmung dieser Aussage mit ihrem empirischen Referenten größer oder geringer sein kann.

Neben die Forderung, Wissenschaft habe empirisch wahre Aussagen zu erzeugen, tritt eine zweite: *Wissenschaft zielt auf logisch wahre Aussagen.* Dieses zweite Merkmal, welches wissenschaftliche Aussagen aufweisen sollen, heißt ‚logischer Wahrheitsgehalt'. Er liegt vor, wenn Aussagen bzw. Gefüge von Aussagen logisch richtig sind, also keine Denk- und Ableitungsfehler enthalten, d.h.: keine logischen Widersprüche aufweisen.[134] Dies ist bei Einzelaussagen und kurzen Argumenten meist leicht zu erreichen. Manche Einzelaussagen sind schon deshalb logisch wahr, weil sie nur sagen, was die in ihnen benutzten Begriffe bedeuten, z.B.: ‚Ein Kreis ist rund', oder: ‚Im parlamentarischen Regierungssystem braucht die Regierung das Vertrauen des Parlaments'. Solche Aussagen informieren im Grunde nur über den Sinn der Begriffe, aus denen sie bestehen. Ihren Wahrheitsgehalt kann darum allein schon durch Analyse ihrer Bestandteile ausfindig machen. Darum heißen sie – mit Blick auf die Prüfung ihres Wahrheitsgehalts – ‚analytische Aussagen'.[135] Jeder Blick auf einen tatsächlichen Kreis oder ein bestehendes parlamentarisches Regierungssystem ist beispielsweise unnötig, um herauszufinden, ob die angeführten Beispiele stimmen. Sie informieren also keineswegs über irgendeinen *konkreten* empirischen Referenten.

Das wäre erst dann der Fall, wenn etwa die Aussage lautete: ‚Deutschland besitzt ein parlamentarisches Regierungssystem'. In diesem Fall enthielte diese Aussage einesteils alle Folgerungen, die sich aus dem Vorliegen eines parlamentarischen Regierungssystems ergeben, und andernteils die Behauptung, genau diese Folgerungen träfen für Deutschland zu. Letztere Behauptung wäre eine klar empirische Aussage, deren Wahrheitsgehalt sich nur durch Blick auf die Wirklichkeit des deutschen Regierungssystems überprüfen läßt. Solche aus logischen und empiri-

133 Diese Bestimmung des Wahrheitsbegriffs heißt ‚*Korrespondenz*theorie der Wahrheit'. Zu ihr und zu konkurrierenden Wahrheitstheorien siehe Patzelt 1986: 89-100.

134 Einige Jahre lang war in der Politikwissenschaft das folgende Argument modisch: ‚Wenn man eine Aussage über einen Widerspruch formuliert und diese Aussage den Tatsachen entsprechen soll, muß auch die Aussage selbst einen Widerspruch enthalten'. Mit diesem Argument wollte man sich von der Pflicht zu logisch korrekter Gedankenführung befreien. Spätestens mit dem heutigen zeitlichen Abstand sieht man, wie albern dieses Argument ist. Denn natürlich muß eine zutreffende Aussage über einen Widerspruch ebenso wenig selbst widersprüchlich sein, wie eine Aussage über ein Verbrechen ihrerseits eine kriminelle Aussage ist. Vgl. Anm. 414.

135 Von griech. ‚analýein', d.h. etwas auflösen.

schen Behauptungen ‚zusammengesetzten' Aussagen heißen, hinsichtlich der Überprüfung ihres Wahrheitsgehalts, ‚synthetische Aussagen'.[136] Besonders kurze analytische Aussagen mit leicht erkennbarem logischen Wahrheitsgehalt nennt man ‚Tautologien',[137] etwa: ‚Ein Quadrat hat vier Ecken'. Tautologien können dann zu einer bösen Falle wissenschaftlicher Argumentation werden, wenn sie in Gestalt ziemlich langer Argumentationsketten einherkommen und man nicht leicht erkennt, daß in ihnen nur der Sinn ihrer Ausgangsbegriffe entfaltet wird. Dann empfindet man sie oft – doch ganz zu Unrecht – als Aussagen über einen außerhalb ihrer selbst liegenden empirischen Referenten, d.h. als nicht über sich selbst, sondern über die Wirklichkeit informierende empirische Aussagen. Und weil sich ihr Wahrheitsgehalt allein durch logische Analyse überprüfen, in der Regel sogar nachweisen läßt, fühlt man in ihnen besonders gut begründete, unbestreitbare, ‚das Wesen der Dinge' abbildende Informationen ausgedrückt. Politischen Ideologien liegen sie aus genau dieser Ursache oft zu Grunde. In Wirklichkeit aber wird man bei solchen Aussagenketten nur zum Opfer eines Zirkelschlusses, bei dem man bloß nicht erkennt, daß als Tatsachenaussage daherkommt, was bereits in den tragenden Begriffen der Argumentation als Unterstellung enthalten war. Derartige zirkuläre Argumentationen sind bei politischen Aussagen allgemein nicht selten. Den Weg vom Politisieren in den kritischen politikwissenschaftlichen Diskurs schlägt man deshalb unter anderem ein, indem man sich vor zirkulären Beweisführungen in Acht nimmt.

Im übrigen ist es oft schwierig, die *vielen* Aussagen, die man für die Diagnose eines *komplexen* Sachverhalts benötigt, überhaupt so miteinander zu vernetzen, daß nicht nur bei der Argumentation keine unlogischen Schlußfolgerungen unterlaufen, sondern daß auch die bloß *möglichen* Schlußfolgerungen aus den Prämissen der Argumentation nicht zu Widersprüchen führen. Da politische Wirklichkeit ein äußerst komplexer Gegenstand ist, kann nicht von vornherein erwartet werden, allein auf der Grundlage des ‚gesunden Menschenverstandes' formulierte Aussagengefüge informierten nicht nur zutreffend über komplexe politische Inhalte, Prozesse und Strukture, sondern enthielten zugleich auch keinerlei logischen Widersprüche.[138]

Schon empirisch wahre Aussagen zu formulieren, ist nur bisweilen leicht, häufiger aber schwierig. Dies zeigen die folgenden Beispiele:

- ‚Der deutsche Bundeskanzler heißt ...'.
- ‚Die Sitzverteilung im Deutschen Bundestag lautet derzeit: ...'.
- ‚Die Kompetenzen zwischen Bund und Ländern sind in Deutschland wie folgt verteilt: ...'.
- ‚Wahlsystem und Parteienstruktur hängen in demokratischen Staaten wie folgt zusammen: ...'.
- ‚Die wesentlichen Faktoren für den Zusammenbruch der SED-Herrschaft in der DDR waren: ...'.
- ‚Der Kalte Krieg entstand, weil ...'.
- ‚Kriege haben im allgemeinen folgende Ursachen: ...'.
- ‚Der Nord/Süd-Konflikt läßt sich wie folgt beilegen: ...'.

Den ersten Satz so zu beenden, daß er empirisch wahr ist, ist eine überaus einfache Aufgabe. Im Grunde gilt das auch für den zweiten Satz. Den dritten Satz empirisch wahr zu Ende zu führen, stellt hingegen auch einen politisch gut informierten Durchschnittsbürger vor gewisse Herausforderungen. Beim vierten Satz gilt das auch für viele Politikwissenschaftler. Den vorletzten

---

136 Von griech. ‚synthítesthai', d.h. etwas zusammensetzen.

137 Von griech. ‚tò autòn légein', d.h. ‚das Gleiche sagen'.

138 Hier hilft die Arbeit mit Wahrheitswerttabellen und Boole'scher Algebra weiter. Zu deren Verwendung in der Vergleichenden Systemforschung siehe unten S. 237ff.

Satz empirisch wahr zu vollenden, ist eine immer noch nicht bewältigte Forschungsaufgabe. Und beim letzten Satz wird eine Aussage mit Anspruch auf empirische Wahrheit kein mit den realen Problemlagen vertrauter Mensch ernsthaft versuchen, sondern offen zugeben, daß er nur bestmögliche Vermutungen äußert. Es ist also völlig plausibel, daß der ‚gesunde Menschenverstand' rasch an seine Grenzen kommt, wenn es um die Formulierung halbwegs komplexer Aussagen geht, die sowohl empirisch als auch logisch wahr sein sollen.

Insgesamt lassen sich sechs Arten von (politik-)wissenschaftlich interessanten Aussagen unterscheiden:

- *Beschreibungen* von (politischen) Inhalten, Prozessen und Strukturen, z.B.: ‚Historischer Materialismus meint: ...'; ‚Der Kalte Krieg verlief in folgenden Phasen: ...'; ‚Das britische Regierungssystem ist wie folgt aufgebaut: ...'.
- *Aussagen über Zusammenhänge* von (politischen) Inhalten, Prozessen und Strukturen (‚Wenn/Dann-Aussagen', ‚korrelative Aussagen'), z.B.: ‚Wenn es in einem Staat ein Mehrheitswahlrecht in Ein-Mann-Wahlkreisen gibt, dann weisen die Parteien dieses Staates – (falls auch folgendes gegeben ist: ...) – mit p % Wahrscheinlichkeit die folgenden Merkmale auf: ... '.
- *Erklärungen* des Werdens, Bestehens, Wandels und Vergehens sowie der Zusammenhänge zwischen (politischen) Inhalten, Prozessen und Strukturen, z.B.: ‚Die DDR brach zusammen, weil ...'.
- *Prognosen* über künftige Entwicklungen von (politischen) Inhalten, Prozessen und Strukturen, bzw. über kommende Ereignisse, etwa: ‚Falls weiterhin gilt, daß ..., dann wird es bei der Bundestagswahl im nächsten Monat – mit p % Wahrscheinlichkeit – zu folgenden Stimmenanteilen dieser Parteien kommen: ...'.
- *Werturteile* über (politische) Inhalte, Prozesse und Strukturen sowie deren (prognostizierte) Entwicklungen, z.B.: ‚Es ist gut, wenn es in einem Staat Opposition gibt, weil ...'.
- *Handlungsanweisungen* hinsichtlich (politischer) Inhalte, Prozesse und Strukturen sowie deren (prognostizierter) Entwicklungen, z.B.: ‚Weil eine Erweiterung der EU aus folgendes Gründen gut ist (Gründe: ...), und weil diese Gründe – mit p % Wahrscheinlichkeit – auf die folgenden Beitrittskandidaten zutreffen (Kandidaten: ...), soll die EU die folgenden Neumitglieder aufnehmen: ...'.

Beschreibungen, Zusammenhangsaussagen, Erklärungen und Prognosen sind empirische Aussagen; ihren empirischen Wahrheitsgehalt kann man – mehr oder minder zuverlässig – durch Blick auf die Tatsachen prüfen. *Rein* empirische Aussagen sind Beschreibungen und Zusammenhangsaussagen, während bei Erklärungen überdies so viel an theoretischer Argumentation erforderlich ist, daß bei ihnen stets auch der logische Wahrheitsgehalt überprüft werden muß. Verbindungen empirischer Aussagen mit – mehr oder minder komplizierten – theoretischen Argumentationen sind ebenfalls die Prognosen und – vor allem – die Werturteile und Handlungsanweisungen. Darum ist auch bei diesen Aussagenarten neben dem empirischen Wahrheitsgehalt ihrer empirischen Aussagenteile stets auch der logische Wahrheitsgehalt ihrer – oft sehr komplexen – Argumentationen zu überprüfen.

Den *empirischen* Wahrheitsgehalt von Aussagen überprüft man dadurch, daß man Informationen über die Beschaffenheit ihres empirischen Referenten einholt (‚Datenerhebung') und sodann auswertet (‚Datenanalyse', ‚Dateninterpretation'). Konkret studiert man – angeleitet von Vermutungen des ‚gesunden Menschenverstandes' (sogenannten ‚Alltagstheorien') oder auch von (politik-)wissenschaftlichen Theorien – geeignete Dokumente, befragt man Auskunftspersonen, beobachtet man Sachverhalte aller Art oder verfährt man auf andere zweckdienliche Weise.

Indem man – wiederum angeleitet von Alltagstheorien oder von wissenschaftlichen Theorien – die gewonnenen Informationen aufzeichnet, *erzeugt* man ‚Daten'; diese bereitet man anschließend in geeigneter Weise auf und wertet sie aus.[139] Aus dem Ergebnis der Datenanalyse gewinnt man einerseits neue empirische Aussagen oder schließt man andererseits auf den Wahrheitsgehalt der überprüften empirischen Aussagen.[140]

Den *logischen* Wahrheitsgehalt von Aussagen und Aussagengefügen zu überprüfen bzw. ihn herzustellen, ist eine der Aufgaben ‚theoretischer Forschung'. Sie rekonstruiert die Struktur von Argumentationen und nutzt sodann die Logik als diagnostisches Instrument (als ‚Organon der Kritik').[141] Theoretische Forschung, welche *Aussagen* zu ihrem Untersuchungsgegenstand macht, ist offensichtlich ‚eine Ebene höher' angesiedelt als es jene Aussagen sind, die sie analysiert. Diesen Ebenenunterschied kennzeichnet man durch das Begriffspaar ‚Objektebene' und ‚Meta-Ebene':[142] auf der Objektebene befinden sich jene empirischen Aussagen oder theoretischen Argumentation, über welche man auf der Meta-Ebene in Form von ‚Meta-Aussagen' spricht.[143]

Wissenschaft hat das *Ziel*, empirisch wie logisch wahre Aussagen zu erarbeiten. Sie wird es zwar – aus gleich zu erörtertenden Gründen – oft *verfehlen*. Doch das ändert nichts daran, daß Handeln, welches um genau dieses Ziel bemüht ist, Wissenschaft darstellt. Hingegen hat Handeln, dem der logische und empirische Wahrheitsgehalt der von ihm verfertigten Aussagen gleichgültig ist, nichts mit Wissenschaft zu tun. Eben weil Forschung und wissenschaftliches Denken immer wieder an die Grenzen verfügbaren Wissens gehen und über diese bisherigen Grenzen hinausgelangen wollen, ist bei wissenschaftlicher Arbeit oft gerade *nicht* genug Wissen verfügbar, um tatsächlich zutreffende Aussagen formulieren zu können; vielmehr muß man im weiteren Verlauf der Forschung und wissenschaftlichen Arbeit vieles erst noch hinzulernen. Bei solchem forschenden Lernen ist man wiederum oft so sehr auf Einzelaspekte konzentriert, daß man wichtige andere Sachverhalte nicht selten übersieht und darum zu falschen Aussagen kommt. Auch unterlaufen immer wieder Denk- und Argumentationsfehler, die man lange Zeit nicht entdeckt. Folglich kann sich Wissenschaft gerade *nicht* von daher bestimmen, daß die von ihr erzeugten Aussagen empirisch oder logisch wahr *sind*, sondern allein dadurch, daß man sich nach besten Kräften darum *bemüht*, wahre Aussagen zu formulieren, falsche Aussagen aber zu vermeiden, zu entdecken und zu korrigieren. Eine als falsch nachgewiesene Aussage wird mithin durch den Nachweis ihrer Falschheit nicht zu einer ‚unwissenschaftlichen' Aussage, und ebensowenig wird das Bemühen um die Erarbeitung einer zunächst für wahr gehaltenen, dann aber als falsch zurückgewiesenen Aussage dadurch zu einem ‚unwissenschaftlichen Vorgehen', daß man die Falschheit der erzielten Ergebnisse im nachhinein entdeckt. Unwissenschaftlich ist es allein, sich um den empirischen oder logischen Wahrheitsgehalt von Aussagen nicht zu kümmern oder als falsch nachgewiesene Aussagen weiterhin als wahr auszugeben.

Bester Schlüssel zum Verständnis des hier erläuterten und weithin benutzten Wissenschaftsbegriffs ist dessen letztes Element: *Wissenschaft ist der Versuch einer Emanzipation aus den Fesseln des ‚gesunden Menschenverstandes', ist der Versuch, über dessen Grenzen dort hinaus-*

---

139 Zu den in der Politikwissenschaft gebräuchlichen Methoden der Datenerhebung und Datenanalyse siehe S. 147ff.

140 Zur von der Art der zu prüfenden Aussage abhängigen Prüfstrategie (‚Verifikation vs. Falsifikation') siehe S. 88ff.

141 Wenn nicht die Verwendung eines anderen Logiksystems vereinbart wurde, gilt stets die sogenannte ‚zweiwertige Logik' als ‚Geschäftsgrundlage' des Argumentierens und Überprüfens, welche auch vom ‚gesunden Menschenverstand' benutzt wird. ‚Zweiwertige' Logik heißt: eine Schlußfolgerung ist entweder richtig oder inkorrekt, eine Aussage entweder wahr oder falsch.

142 Von griech. ‚metá', d.h.: darüber hinaus.

143 Auf der Objektebene bewegt man sich beispielsweise, wenn man über Politik diskutiert; die Analyse dieser Diskussion führt zu Aussagen auf der Meta-Ebene; und durch eine Erläuterung der Analysevorgänge wird gar die Meta-Meta-Ebene politischer Diskussion erreicht.

zugehen, wo einen Alltagswissen und Alltagstheorien im Stich lassen.[144] Natürlich besteht keinerlei Bedarf an wissenschaftlichen Bemühungen um die Erarbeitung empirisch oder logisch wahrer Aussagen, wenn für deren Formulierung schon die unmittelbar zugänglichen Informationen bzw. die Fähigkeiten des ‚gesunden Menschenverstandes' ausreichen. Tatsächlich braucht es wegen des ausgedehnten ‚Selbstwissens politischer Wirklichkeit über sich' bei der Beschreibung sehr vieler politischer Sachverhalte durchaus *keine* besonderen wissenschaftlichen Bemühungen. Vielmehr ist es eher peinlich, wenn mit viel Aufwand ein weiteres Mal herausgefunden und gar als Neuigkeit hingestellt wird, was jeder informierte Praktiker schon längst wußte. Dies wiederum erschwert durchaus, den sehr wohl gegebenen Nutzen der Politikwissenschaft für die Erhellung vieler *anderer* Sachverhalte plausibel zu machen. Dieser Nutzen ist allerdings in den folgenden Fällen nicht zu übersehen:

- Man beschäftigt sich mit Sachverhalten, für die sich der ‚gesunde Menschenverstand' ohnehin nicht interessiert, etwa mit folgender Frage: ‚Welche Argumente sprechen für, welche gegen die Annahme, es gäbe vorstaatliche Menschenrechte?'
- Es gibt ohne besondere Bemühungen einfach keine Informationen, um eine bestimmte Frage zu beantworten, z.B. folgende: ‚Welche Stimmenanteile würden die einzelnen politischen Parteien bekommen, wenn am nächsten Sonntag Bundestagswahl wäre?'
- Der ‚gesunde Menschenverstand' reicht nicht aus, um eine bestimmte Frage hier und jetzt zu beantworten, etwa diese: ‚Mit welcher Priorität müßten in Rußland welche Maßnahmen ergriffen werden, um die Stabilität des Regierungssystems zu verbessern?'
- Der fragliche Sachverhalt ist so komplex, daß zwar erste, annäherungsweise wohl empirisch wahre Aussagen auf der Grundlage des ‚gesunden Menschenverstandes' zu formulieren sind, dennoch aber tiefer greifende oder besser abgestützte Aussagen erwünscht wären z.B.: ‚Wie läßt sich im Staat X eine Inflation vermeiden?'
- Der Sachverhalt, über den man zutreffende Aussagen benötigt, ist einfach zu kompliziert, als daß innerhalb der Kompetenzen des ‚gesunden Menschenverstandes' Aussagen mit dem Anspruch, empirisch wahr zu sein, erarbeitet werden könnten, etwa: ‚Wie hängt die Besteuerung von Zinserträgen mit der internationalen Wettbewerbsfähigkeit einer Volkswirtschaft zusammen?'
- Aussagenzusammenhänge sind schlechterdings zu komplex, als daß ihre Stimmigkeit auf der Grundlage allein der Kompetenzen des ‚gesunden Menschenverstandes' überprüft werden könnte, etwa: ‚Ist folgendes Argument für (oder gegen) die Annahme einer Existenz von vorstaatlichen Menschenrechten schlüssig: ...?'
- Es ist erwünscht oder notwendig, die schon auf der Ebene von Alltagswissen und ‚gesundem Menschenverstand' möglichen Aussagen in *größere* Zusammenhänge einzubetten, da dann erst die ‚Gestalt' des interessierenden Gegenstands oder Problems sichtbar wird. Beispielsweise will man wissen, ob sich allgemeine Ursachen für den Übergang von freiheitlichen politischen Ordnungen hin zu diktatorischen Regierungsweisen angeben lassen. Dann wird man letztlich nicht damit zufrieden sein, nur die gerade bekannten Fälle zu schildern, son-

[144] Im einzelnen gibt es drei Wege einer Emanzipation vom Alltagsdenken: jenen der *Wissenschaft*, der *Kunst* und der *Religion*. Typisch für mißlingende Emanzipationsversuche ist das Verlangen, das Alltagsdenken *gleichzeitig* in alle drei Richtungen zu verlassen, etwa: mittels Wissenschaft religiöse Überzeugungen zu ‚untermauern'; in der Wissenschaft einen Religionsersatz zu finden; wissenschaftlichen Texten weniger Klarheit, als vielmehr literarischen Wert abzuverlangen; bzw. sich vom ästhetischen Eindruck eines Arguments so sehr bannen zu lassen, daß die Frage nach dessen Stimmigkeit und Begründetheit als nachgerade kleingeistig gilt. Siehe zu diesen drei Emanzipationsmöglichkeiten Patzelt 1986: 85-88.

dern wird herauszufinden versuchen, ob diese vielleicht nur jeweils besondere Erscheinungsweisen allgemeiner Wirkungszusammenhänge sind.

In allen diesen Fällen besteht deshalb Bedarf an Wissenschaft, weil man sich aus teils zwingenden, teils zumindest guten Gründen nicht länger mit jenen Aussagen zufrieden geben will, die man schon im Rahmen seines Alltagswissens formulieren kann. Doch diesen Fällen schon vorausliegend, machen drei *Merkmale des Alltagsdenkens* die mittels seiner aufgebauten Perzeptionswirklichkeiten problematisch und legen *von vornherein* eine Emanzipation aus den Fesseln des ‚gesunden Menschenverstands' nahe:

- Das Alltagsdenken ist *unreflektiert selektiv*. Es wählt die Gegenstände und die Dauer seiner Aufmerksamkeit aus, ohne auf die Auswahlkriterien zu achten bzw. ohne sich Rechenschaft darüber abzulegen, ob die benutzten Auswahlkriterien nicht möglicherweise wichtige Merkmale des betrachteten Gegenstandes wegfiltern. Im einzelnen sind drei Selektionsstufen zu unterscheiden:
  - Niemand kann alles wahrnehmen, was es jeweils gibt und was wichtig wäre.
  - Niemand nimmt alles wahr, was er im Prinzip wahrnehmen könnte.
  - Von dem, was er jemals wahrgenommen hat, vergißt jeder das meiste wieder.

  Obwohl dieser mehrstufige Filterprozeß, der zu unzulänglichen Perzeptionswirklichkeiten führt, jedermann bekannt sein könnte, achtet kaum jemand in praktisch folgenreicher Weise auf ihn und auf seine Konsequenzen. Vor allem im Bereich des politischen Wissens und der persönlichen politischen Meinung bedenkt im Alltagsleben so gut wie niemand, wie problematisch schon die etwa durch Massenmedien, den persönlichen Erfahrungskreis und durch Zufallskontakte geformten Grundlagen seiner Ansichten und Aussagen sind.
- Das Alltagsdenken ist *unreflektiert perspektivisch*. Natürlich ist jeder Blick auf Wirklichkeit ein perspektivischer: eine Stadt wirkt vom Flugzeug aus anders als vom Fluß aus, der sie durchzieht; und sie sieht anders aus von einer ihrer Straßen als beim Blick vom Turm der Kathedrale. Dennoch ändert sich ihre Beschaffenheit überhaupt nicht, wie verschieden auch immer man sie betrachtet. Ebenso ist es beim Blick auf die politische Operationswirklichkeit: je nach bevorzugter Betrachtungsperspektive entstehen recht verschiedene Perzeptionswirklichkeiten (‚Welt-Anschauungen'), die in der Regel als Unterschiede in den politischen Meinungen zutage treten. Doch obwohl der Tatbestand oft unüberbrückbarer Meinungsunterschiede wohlbekannt ist, wird die ihn bewirkende Standortgebundenheit und Perspektivität aller Erfahrung vom ‚gesunden Menschenverstand' in der Regel *nicht* bedacht.
- Das Alltagsdenken ist seinem Benutzer fast immer *selbstverständlich*. Dessen durch Selektivität und Perspektivität gezogene Grenzen und Besonderheiten merkt der Benutzer meist nicht, interessiert sich auch nicht sonderlich für sie; und erfährt er Dinge, die nicht in sein Weltbild passen, so zweifelt er eher an der Nachricht als an der Qualität seiner Perzeptionswirklichkeit.

Diese drei Merkmale machen das Alltagsdenken zu einem schlechten Wegweiser zumal durch die besonders komplizierte Operationswirklichkeit *politischer* Inhalte, Prozesse und Strukturen. Angesichts der schlimmen Folgen ideologischen Alltagsdenkens für die von ihm geprägte politische Wirklichkeit sollte es darum nirgendwo lohnender sein als bei der Beschäftigung mit Politik, sich aus den Fesseln des ‚gesunden Menschenverstandes' zu befreien. Tatsächlich besteht die *kritische*, auf *Aufklärung* abzielende Aufgabe der Politikwissenschaft darin, politisches Alltagswissen und politische Theorien[145] aller Art auf Blindstellen, Vorurteile und Täuschungen, auf logisch wie empirisch falsche Aussagen zu überprüfen, derartigen Vor-

---

[145] Zur Funktion und Eigenart politischer Theorien siehe unten S. 424ff und 457ff.

stellungen und Einstellungen an logischem wie empirischem Wahrheitsgehalt überlegene Alternativen entgegenzustellen, und dafür zu werben, tatsächlich diese anstatt des politischen *common sense* zu benutzen. Dank politikwissenschaftlicher Arbeit sollen also die Voraussetzungen dafür geschaffen werden, ideologische Durchführungsmittel der Konstruktion politischer Wirklichkeit und politischer Ordnung durch aus *Kritik und Korrektur* hervorgegangenes Wissen zu ersetzen (‚kritisches Ordnungswissen'). Weil aber das ‚Selbstwissen politischer Wirklichkeit über sich' sowie die ‚Verbundenheit des Politikwissenschaftlers mit seinem Gegenstand' jene Emanzipation vom politischen Alltagsdenken stark erschweren, die solche kritische Haltung überhaupt erst ermöglicht, muß der Weg vom Politisieren hin zur Politikwissenschaft *bewußt* eingeschlagen und entlang *bewährter* Wegweiser beschritten werden.

2. Spielregeln von Wissenschaft

Als solche ‚Wegweiser' dienen bestimmte Spielregeln, an die sich Wissenschaftler mehr oder weniger eng halten. Tatsächlich faßt man Wissenschaft am besten als ein ‚Spiel' wie das Schach- oder Fußballspiel auf, dessen ‚Spielidee' in eine Reihe von Regeln so umgesetzt wird, daß ein diesen Regeln folgendes Handeln den Mitspielern einesteils ein geordnetes und verläßliches Miteinander gewährleistet und ihnen andernteils mit großer Wahrscheinlichkeit die Verwirklichung der Spielidee ermöglicht. Auf genau diese Überlegung verweist der Begriff ‚Wissenschaftsspiel'. Im Wissenschaftsspiel ist es wie bei allen anderen regelgeleiteten Spielen so, daß nicht jeder Spieler zu jeder Zeit alle Spielregeln befolgt: Fouls kommen vor, werden als wahrscheinlich sogar erwartet und bis zu einem gewissen Umfang als zwar störende, doch nicht ganz auszuschaltende Spielelemente auch hingenommen. Alles hängt dann davon ab, daß durch Kontrolle und Sanktionen sichergestellt wird, daß die Regelverstöße *nicht überhandnehmen*.

In der Wissenschaft geschieht dies einesteils durch *Dokumentation* und *Publikation* des wissenschaftlichen Vorgehens sowie seiner Resultate, andernteils durch hierauf gestützte *wechselseitige Kritik*. Letztlich alle Forderungen nach Einhaltung ‚wissenschaftlicher Maßstäbe' haben den Sinn, wechselseitige Kontrolle zu erleichtern. Vor allem die folgenden Forderungen sind wichtig:

- Um nicht durch Mißverständnisse unnötig Zeit zu verlieren sowie um effiziente Kritik und Kontrolle überhaupt erst zu ermöglichen, wird eine präzise und verständliche Sprache verlangt, wozu auch klare Definitionen und übersichtliche Argumentationen gehören.
- Um vorgelegte Forschungsergebnisse leicht auf ihre grundlegende Perspektivität und Selektivität prüfen zu können, wünscht man die Offenlegung von wissenschaftstheoretischen Grundannahmen, erkenntnisleitenden Interessen[146] und gegebenenfalls argumentationsprägenden politischen Positionen.
- Um den Kontext vorgetragener Aussagen richtig einschätzen zu können, erwartet man Querverweise auf benachbarte oder bestrittene wissenschaftliche Positionen sowie Kennzeichnungen der Quellen eigener Argumente.[147]
- Um mitgeteilte Forschungsergebnisse auf die Qualität ihres Erarbeitungsprozesses beurteilen zu können, besteht man auf Ausführungen zur Methodik von Datenerhebung und Datenanalyse.

---

[146] Siehe hierzu – mit weiteren Literaturhinweisen – Schultze 1994.

[147] Diese Forderung erfüllt die vorliegende ‚Einführung' aus praktischen Gründen nur *mittelbar* durch Verweise auf die grundlegende Literatur zum Thema.

- Um die Überzeugungskraft neuer Ergebnisse bewerten zu können, hält man es für angebracht, daß zu ihrer Erarbeitung entweder bewährte Methoden benutzt werden oder das Abweichen von ihnen sorgfältig begründet wird.
- Um Kritik und Kontrolle praktisch wirksam zu machen, erwartet man, daß Fachkollegen ihre Ergebnisse nicht nur publizieren und wechselseitig zur Kenntnis nehmen, sondern daß sie auch bereit sind, sich auf vorgetragene Kritik einzulassen, statt sie zu ignorieren oder die vorgelegten Aussagen zu *immunisieren*. Typischerweise werden für Immunisierungszwecke die folgenden Verfahren verwendet:
  - Aussagen werden unklar formuliert, um es einerseits dem Leser schwer machen, die vorgebrachten Behauptungen klar zu verstehen, und um es andererseits dem Autor zu erlauben, Kritik durch geschickte Uminterpretation seiner Aussagen gegenstandslos zu machen;
  - Behauptungen werden durch Bezugnahme auf ‚Autoritäten' und ‚Klassiker' begründet statt dadurch, daß man ihren logischen bzw. empirischen Wahrheitsgehalt plausibel macht und zur Kritik stellt;
  - es wird dekretiert, man dürfe keine ‚äußerlichen Kriterien' an die vorgebrachten Behauptungen herantragen, sondern könne sie nur nachvollziehend ‚aus sich selbst heraus verstehen';
  - man lehnt überhaupt die Vorstellung ab, der Wahrheitsgehalt von Aussagen lasse sich durch logische Analyse bzw. empirische Überprüfung ermitteln.

  Wer solche Immunisierungsstrategien benutzt, disqualifiziert sich zwar als Teilnehmer des Wissenschaftsspiels. Doch in der Politikwissenschaft wird – aus in der Geschichte des Faches liegenden Gründen – hier immer noch sehr viel Nachsicht geübt. Darum kommen Verstöße gegen die Regel des Immunisierungsverbots allzu oft vor.
- Keine dieser Forderungen stellt offenbar einen Selbstzweck dar; vielmehr sind sie allesamt *Mittel zum Zweck*, auf breiter Front eine Emanzipation vom politischen ‚gesunden Menschenverstand' zu gewährleisten und die Entdeckung, Korrektur bzw. Aussonderung empirisch wie logisch falscher Aussagen zu verbürgen. Darum ist es nicht um ‚abstrakter wissenschaftlicher Ideale', sondern um der *Praxis* willen wichtig, die Grundregeln des Wissenschaftsspiels zu kennen, ernst zu nehmen und einzuhalten. Unbeschadet möglicher Regelverstöße *anderer* kann ein jeder *selbst* die folgenden Spielregeln beachten, welche dem Studierenden der Politikwissenschaft den Weg vom *Politisieren* hin zur *Wissenschaft* von der Politik weisen.

Regel 1: Kontrolliere und korrigiere die Perspektivität deiner Betrachtungsweisen! Dies verlangt dreierlei:

- Stets hat man sich darüber Rechenschaft abzulegen, unter welchem Blickwinkel, d.h. mittels welcher (Alltags-)Theorie, man einen Gegenstandsbereich betrachtet (‚subjektive Wahrnehmung'). Dieser Blickwinkel wird u.a. eingenommen durch die Wahl der Begriffe, mit denen man einen Gegenstandsbereich gedanklich erfaßt, und durch den Rückgriff auf feste Denkgewohnheiten (‚Alltagstheorien'), mit denen man ihn durchstreift.
- Nachdem man sich die *bisherige* eigene Perspektive klargemacht hat, muß man versuchen, seinen Gegenstand auch unter möglichst vielen *anderen*, möglichst *verschiedenen* Perspektiven zu betrachten, so daß man anschließend möglichst sicher sein kann, keinen wichtigen Aspekt seines Gegenstandsbereichs übersehen zu haben (‚Multiperspektivität', ‚Bemühen um Objektivität'). Dies verlangt die Bereitschaft, sich auf neuartige Sichtweisen einzulassen und bislang unvertraute Theorien anzuwenden.

- Sodann muß man sich bemühen, sich von persönlichen Betrachtungs*vorlieben* freizumachen und unter den prinzipiell verfügbaren Untersuchungsperspektiven genau jene einzunehmen, in welcher man seinen Gegenstand in der *für den konkreten Untersuchungszweck nützlichsten* Weise mustern kann – und zwar auch dann, wenn man diese Perspektive ansonsten eher ablehnt oder in ihr Dinge erblickt, die man lieber übersähe. Die Weigerung, sich von persönlichen Betrachtungsvorlieben zu emanzipieren, wird in der Regel ‚Subjektivismus' genannt.

Es steht außer Zweifel, daß gerade in der Weigerung, sich vom Subjektivismus zu befreien, ein wichtiges Hemmnis für den Weg vom Politisieren hin zur Politikwissenschaft liegt. Denn gerade wer sich für Politik interessiert, wird besonders häufig feste politische Ansichten besitzen und darum Schwierigkeiten haben, sich mit aufrichtiger Neugier auf andere Sichtweisen einzulassen. Doch kommt er über bisherige Ansichten nicht hinweg, so wird er vermutlich *Vor*urteile bloß ‚wissenschaftlich untermauern', statt sich von ihnen durch wissenschaftliche Arbeit zu *befreien.*

Regel 2: Kontrolliere die Selektivität deiner Informationsgrundlagen! Auch dies verlangt dreierlei:

- Man muß sich stets darüber Rechenschaft ablegen, auf welcher Informationsgrundlage man seine Aussagen formuliert. Schlüsselfragen sind: Aus welchen Quellen schöpfe ich mein Wissen? Welche Selektivität und Verzerrung weisen meine Informationsquellen auf, etwa die Zeitungen, die ich lese? In welcher Weise kann ich überhaupt ausgehend von dem, was ich weiß, verallgemeinern?
- Man muß versuchen, sorgfältig und ausreichend weiterführende Informationen *einzuholen*, wann immer die genannten Schlüsselfragen Antworten einfordern, die zu Zweifeln an der Zuverlässigkeit der eigenen Wissensgrundlage Anlaß geben. Dabei muß vermieden werden, vor allem solche Informationen zur Kenntnis zu nehmen, welche die bisherigen Vermutungen *bestätigen.* Im Gegenteil muß besonders aufmerksam all jenes Material durchgearbeitet werden, welches dem bisherigen Wissen *widerspricht.*
- Man muß versuchen, den Prozeß der Informationsgewinnung so zu organisieren, daß man – ausgehend von den *tatsächlich* untersuchten Materialien – empirisch wahre Schlüsse auf seinen Untersuchungsgegenstand *insgesamt* ziehen kann. Da in der Regel mehr Material beschafft werden *könnte*, als man auszuwerten vermag, besteht das zu lösende Problem konkret in der Zusammenstellung ‚repräsentativer Stichproben'.[148]

Regel 3: Formuliere deine Aussagen so, daß man sie gut verstehen und leicht auf empirische wie logische Wahrheit prüfen kann (Forderung nach ‚Intersubjektivität')! Diese Regel verlangt die Bereitschaft, sich lieber falsche Aussagen nachweisen zu lassen, als sich hinter unklaren und je nach Bedarf ausdeutbaren Formulierungen zu verstecken. Kaum eine wissenschaftliche Spielregel wird in der Politikwissenschaft schlechter befolgt als diese. Die Folgen sind äußerst nachteilig: politikwissenschaftliches Wissen, in schwer verständlichen Texten festgehalten, läßt sich nur mühsam erwerben und weitergeben, und es enthält viel mehr Fehler, als der Fall wäre, könnte man sie dank größerer Klarheit der Argumentationen und Belege rasch entdecken und ausmerzen.

Regel 4: Übernimm keine Aussagen und formuliere keine eigenen Aussagen, wenn mit vernünftigen Gründen bezweifelt werden kann, daß sie empirisch oder logisch wahr sind! Diese Regel wirkt eigentlich selbstverständlich. Zumal in der politikwissenschaftlichen Praxis wird aber oft gegen sie verstoßen. Außerdem ist sie auch nicht immer leicht zu befolgen:

---

148 Siehe hierzu die Ausführungen auf S. 172ff.

– Es müssen zum Zweck der Stellungnahme, Beratung oder politischen Meinungsbildung immer wieder Aussagen über komplexe Sachverhalte formuliert werden, ohne daß alle nötigen Informationen schon verfügbar wären. Diese Zwangslage führt leicht zu einem Schreib- oder Redestil, der eher die gekonnte Pointe als die zutreffende Wiedergabe der Tatsachen prämiert (‚politikwissenschaftlicher Feuilletonismus').
– Argumente und Aussagen gelten im Bereich bestimmter politikwissenschaftlicher ‚Schulen' oft unbesehen und unbezweifelt, während sie innerhalb anderer ‚Schulen' entweder nicht verstanden oder einfach nicht ernstgenommen werden. Dies führt zum Abbruch der Kommunikation zwischen verschiedenen politikwissenschaftlichen ‚Schulen' und zieht die leidige Tatsache nach sich, daß man innerhalb des eigenen ‚Lagers' in grundsätzlichen Dingen eher kritiklos, *zugleich* aber hinsichtlich der Aussagen eines anderen wissenschaftlichen Lagers schon im Detail überkritisch ist. Das wiederum setzt die zur Verhinderung von ‚Regelverstößen' nötige wechselseitige Kontrolle ein Stück weit außer Kraft.

Regel 5: Korrigiere falsche Aussagen! Diese Regel ist für Wissenschaft und Forschung zwar konstitutiv. Trotzdem wird sie im wissenschaftlichen Alltag oft umgangen. Die üblichen Wege bestehen darin,

– die eigenen Aussagen so unklar zu formulieren, daß sie nicht widerlegt werden können und durch geschickte Ausdeutungen immer als richtig hinzustellen sind (‚Immunisierung');
– widersprechende Informationen einfach nicht zur Kenntnis zu nehmen (‚Kommunikation bloß im Kreis einer Schule');
– die Stichhaltigkeit widersprechender Informationen durch Verweis auf grundlegende Mängel an der wissenschaftlichen Position des Gegners zu bestreiten (‚Verschieben des Problems von der Objektebene auf die Meta-Ebene').

In der Politikwissenschaft kommen alle drei Strategien häufig vor. Es steht aber außer Zweifel, daß sich das Fach dadurch keinen guten Dienst erweist: Auch politikwissenschaftlicher Diskurs schwebt dann stets in der Gefahr, zum akademischen Politisieren abzusinken.

3. Begriffe, Variablen und Definitionen

Theorien sind aus Aussagen, Aussagen aus Begriffen aufgebaut. Begriffe stellen dergestalt die kleinsten Bestandteile der von Wissenschaft hervorzubringenden Erzeugnisse dar. Da ‚Streit um Begriffe' sowohl politische Alltagsdiskussionen als auch die politikwissenschaftliche Auseinandersetzung zu prägen pflegt, ist es sinnvoll, den Überblick zu den Durchführungsmitteln wissenschaftlicher Arbeit mit einer Klärung der Merkmale und Aufgaben von Begriffen zu beginnen.

a. Begriffe

Ein ‚Begriff' (auch: ‚Konzept'[149]) ist ein *Vorstellungsinhalt*, dessen Vergegenwärtigung oder Benutzung durch die Nennung eines bestimmten Wortes (‚Begriffswort') oder einer Reihe von Worten ausgelöst werden kann. ‚Vorstellungsinhalt' meint, daß man sowohl an eine Reihe von inhaltlichen Merkmalen (‚Intension'[150] des Begriffs) als auch an einen bestimmten Gegenstand[151]

---

149 Von lat. ‚concípere', d.h. begreifen, erfassen.

150 Die Inten*s*ion eines Begriffs ist sollte man nicht mit der Inten*t*ion dessen verwechseln, der den Begriff benutzt!

151 Unter ‚Gegenstand' sind hier natürlich auch Sachverhalte, Prozesse, Personen usw. zu verstehen.

– oder an eine Mehrzahl von Gegenständen – denkt, welcher diese Merkmale aufweist (empirischer Referent bzw. ‚Extension' des Begriffs). Beispielsweise löst das Wort ‚Wahl' u.a. die Vorstellung des Entscheidens zwischen verschiedenen Möglichkeiten und des Bekundens einer solchen Entscheidung aus (= Intension des Begriffs), sowie die Vorstellung von konkreten Handlungen, die eben diese Merkmale aufweisen, z.B. der Wahl eines Bürgermeisters oder zu einer Volksvertretung (= Extension des Begriffs). Um eine möglichst störungsfreie Kommunikation zu erzielen, muß verlangt werden, daß die Zuordnung eines Begriffswortes bzw. vereinbarter Synonyme zu einem nach Intension und Extension festgelegten Vorstellungsinhalt (also die ‚Definition') im Lauf einer Argumentation unverändert bleibt. Optimal wäre es, wenn in einer ganzen wissenschaftlichen Disziplin dasselbe Begriffswort stets bei jedem Vertreter des Faches verläßlich denselben Vorstellungsinhalt auslöste. Die Politikwissenschaft ist von diesem Zustand allerdings noch weit entfernt.

Statt dessen sind auch in ihr zwei folgenreiche Mißverständnisse weit verbreitet und geben immer wieder zu wenig hilfreichen Diskussionen Anlaß:

- Bisweilen wird geglaubt, Begriff und begriffsauslösendes *Wort* seien identisch. Diese Annahme ist völlig falsch: man kann immer denselben Begriff meinen, ob man nun das Wort ‚Wahl' oder ‚election' bzw. ‚Regierungschef' oder ‚Ministerpräsident' gebraucht. Der alltägliche Sprachgebrauch indessen bezeichnet als ‚Begriff' sowohl das einen Begriff auslösende Wort als auch den von einem bestimmten Begriffswort ausgelösten Vorstellungsinhalt und legt dergestalt dieses Mißverständnis nahe. Wenn man ihm erliegt, wird man von seinem Gesprächspartner fordern, er solle dieselben Begriffsworte benutzen wie man selbst. Dadurch übt man aber auf ihn Druck aus, der seinerseits die Kommunikation sehr beeinträchtigen kann. Vermeidet man dieses Mißverständnis, so genügt es, sich wechselseitig den jeweils gemeinten Vorstellungsinhalt nach Intension und Extension klarzumachen, woraufhin jeder bei dem Begriffswort bleiben kann, das er bevorzugt. Gerade *wenn* diese Freiheit besteht, wird man sich anschließend für den praktischen Kommunikationszweck ziemlich leicht auf ein bestimmtes, einheitliches Begriffswort einigen können. Eine solche Einigung heißt ‚Nominaldefinition': bei ihr legt man nach Intension und Extension pragmatisch fest, welchen Vorstellungsinhalt man durch die Nennung eines bestimmten Wortes auslösen *will.*[152]
- Manchmal wird geglaubt, ein Begriff (also: ein *Vorstellungsinhalt*) sei mit seinem *empirischen Referenten* identisch, also mit dem Sachverhalt, der gedanklich vorgestellt wird (‚Begriffsrealismus'). Beispielsweise wird geglaubt, der Begriff des Menschen sei identisch mit ‚dem Menschen', der Begriff des Staates mit ‚dem Staat'. Oft wird diese Annahme wie folgt zugespitzt: der Begriff sei mit dem *Wesen* jenes Sachverhalts identisch, den er erfaßt, während der konkret beobachtbare Sachverhalt nur eine unvollkommene Erscheinungsform dieses ‚Wesens' sei. Man kann etwa glauben, daß der Begriff des Staates mit dem Wesen des Staates identisch wäre, wohingegen konkrete Staaten nur mehr oder minder unvollkommene Erscheinungsformen des ‚eigentlichen' bzw. ‚wahren', ‚wesensgemäßen' Staates seien. Verhielte sich das wirklich so, dann ließe sich durch *Untersuchung eines Begriffes* jener Sachverhalt erforschen, dessen Vorstellung der Begriff auslöst. Mehr noch: *allein* die Untersuchung des Begriffs könnte zutreffende Informationen über die Beschaffenheit des interessierenden Sachverhalts liefern, da der Blick auf dessen tatsächliche Ausprägung ja nur eine ‚unvollkommene Erscheinung' jenes Sachverhalts erfaßte. Beispielsweise würde man in diesem Fall versuchen, durch Klärung des *Begriffs* ‚Repräsentation' herauszufinden, was Repräsentation ‚ihrem Wesen nach' wäre, und ebenso könnte man durch das Studium des Sozialismus*begriffs* feststellen wollen, wie eine sozialistische Gesellschaft ‚eigentlich' beschaffen sei. Solche Versuche sind in der Politikwissenschaft, zumal in der Politischen Philosophie,

[152] Siehe hierzu auch S. 86f.

zwar weit verbreitet und meist mit der oben erörterten Praxis verbunden, in zirkulären Argumentationen den logischen Wahrheitsgehalt eines Aussagengefüges als zugleich empirischen Wahrheitsgehalt auszugeben. Derartiges Vorgehen ist aber aber völlig *vergeblich* und *nutzlos*:[153] Begriffe sind nichts anderes als geistige Gebilde, ersonnen vom menschlichen Verstand, anhand welcher man sich einen *außerhalb* ihrer bestehenden oder vermuteten Sachverhalt *vergegenwärtigt*. Überdies ist das begriffsrealistische Mißverständnis für die Entstehung und Aufrechterhaltung einer kritischen Wissenschaft von der Politik sogar gefährlich. Denn weil es die Behauptung rechtfertigt, empirische Forschung sei unnötig oder gar irreführend, privilegiert es diejenigen, welche behaupten, sie hätten das ,Wesen' der interessierenden Sachverhalte bereits erkannt – und ihnen kann man dann nicht mehr erfolgsträchtig mit dem Argument entgegentreten, die Tatsachen seien anders beschaffen, als behauptet werde.

Als bloße Vorstellungsinhalte erfüllen Begriffe vier Funktion:

– *Ordnungsfunktion*: Begriffe ordnen die Wahrnehmung eines Gegenstandsbereichs, und zwar in einer Perspektive, die durch Art und Anzahl der benutzten Begriffe fixiert wird. In ihrer Ordnungsfunktion sind Begriffe ,perspektivische Erkenntnismittel'. Da sie nichts anderes tun, als einen bestimmten Betrachtungswinkel ,einzurasten', können sie auch keineswegs wahr oder falsch, sondern nur mehr oder minder blickverstellend bzw. erkenntnisträchtig sein. Begriffe legen durch ihre Perspektivität aber die Art der aus ihnen aufbaubaren und ihrerseits wahrheitsfähigen Aussagen fest.

– *Kommunikationsfunktion*: Begriffe ermöglichen – *stets im Kontext anderer Begriffe* (,Indexikalität'[154]) – leistungsfähige Kommunikation: nur anhand von Begriffen und von zuverlässig sie auslösenden Begriffsworten kann eine Person A einer anderen Person B mitteilen, auf welche Weise sie sich einen bestimmten Gegenstandsbereich vorstellt und ihn geistig ordnet. Sofern A und B von der routinemäßigen Benutzung gemeinsamer Begriffe ausgehen können, sind die Voraussetzungen ziemlich störungsfreier Kommunikation vorhanden. Eine solche Menge gemeinsamer, für Kommunikationszwecke verläßlich nutzbarer Begriffe wird ,Terminologie' (auch ,Code') genannt. Natürlich läßt sich jeder Gegenstandsbereich durch *verschiedene* Terminologien abbilden (,codieren'). Je nach den Aussagen, die zur Beantwortung offener Fragen oder zur Lösung von Problemen über ihn formuliert werden sollen, wird dabei die eine Terminologie (bzw. der eine Code) besser oder schlechter als die andere geeignet sein, als Kommunikationsmittel im wissenschaftlichen Arbeitsprozeß zu dienen. Typischerweise bieten konkurrierende Theorien verschiedene Terminologien an, unter denen man – am besten nach pragmatischen Überlegungen – jene auswählt, die dem konkreten Forschungszweck sowohl unter Ordnungs- als auch unter Kommunikationsgesichtspunkten am besten dienlich ist.

– *Bewertungsfunktion*: Viele Begriffe sind Vorstellungsinhalte, bei denen die beschreibende Vergegenwärtigung eines Gegenstandsbereichs schon mit einer Bewertung des vorgestellten Gegenstands gekoppelt ist. Beispielsweise enthält ein Begriff wie ,Tyrannei' nicht nur die Vorstellung einer diktatorischen Regierungsweise, sondern zugleich den Hinweis, nach einem bestimmten Wertmaßstab sei diese Regierungsweise schlecht.

---

153 Damit ist nicht gesagt, das *Studium* von Begriffen und ihrer Geschichte sei schlechthin wertlos. Ganz im Gegenteil stellen Begriffsanalysen sehr wichtige und unverzichtbare Möglichkeiten dar, die Perspektivität von (Alltags-)Theorien sowie deren alltagspraktische Konstituierung zu erforschen. Bloß erfährt man durch Begriffsanalysen immer nur etwas über *Begriffe*, über ihre Entstehungsbedingungen und ihre Geschichte, doch nur sehr wenig über die *Gegenstände*, auf die sich ein Begriff bezieht.

154 Siehe hierzu Patzelt 1986: 119-121 und Patzelt 1987: 61-65.

– *Appellfunktion*: Sofern Personen ihr Handeln nach gemeinsamen Sollvorstellungen ausrichten, können Begriffe – wie etwa ‚Freiheitskampf', ‚Friedensstiftung', ‚Höherentwicklung' – auch folgendem Zweck dienen: sie beziehen sich in solcher Weise auf von ihnen zugleich bewertete Sachverhalte, daß dem Kommunikationspartner schon aufgrund ihrer Verwendung ersichtlich wird, was es angesichts dieser sowohl beschriebenen als auch bewerteten Sachlage *zu tun* gelte. Derartige Begriffe eignen sich gut zur Motivation und Anleitung zumal politischen Handelns.

Die ersten beiden Funktionen von Begriffen ermöglichen überhaupt erst die Kommunikation; die anderen Funktionen erlauben überdies eine äußerst effiziente wechselseitige Abstimmung von Sinndeutungen und Handlungen, sofern die kommunizierenden und handelnden Personen über halbwegs gemeinsame Bewertungsmaßstäbe verfügen. Ist dies nicht der Fall, verkehrt sich dieser Vorteil in einen Nachteil: A fühlt sich von den für ihn nicht akzeptablen Wertungen von B, die dieser ‚penetrant mit seinen Äußerungen verbindet', vor den Kopf gestoßen und Handlungsanmutungen gegenübergestellt, die er für unangebracht hält. In der Alltagssprache müssen die entsprechenden Vor- und Nachteile gemeinsam in Kauf genommen werden. Im Wissenschaftsspiel hingegen kann man jene Nachteile dadurch vermeiden, daß man die Bewertungs- und Appellfunktion von Begriffen hintanstellt, ihre Ordnungs- und Kommunikationsfunktion aber optimiert und insgesamt die Regel befolgt, Beschreibung und Bewertung seien schon auf der Ebene von Begriffen voneinander zu trennen.[155]

Begriffe lassen sich vielfach gliedern.[156] Zunächst einmal unterscheiden sie sich nach ihrem ‚Extensionsumfang', d.h. danach, ob sie nur *einzelne* Sachverhalte oder ausgedehnte *Gruppen* von Sachverhalten zur Vorstellung bringen. Im einen Extremfall ist ein Begriff ein Name wie ‚Otto v. Bismarck' oder ‚Kurt Schumacher': der Extensionsumfang umfaßt nur ein einziges Element. Im anderen Extremfall lassen sich Grenzen des Extensionsumfangs nicht mehr angeben; Beispiele sind Begriffe wie ‚Welt', ‚Universum' oder ‚Materie'. Natürlich hängt sehr stark vom Extensionsumfang der benutzten Begriffe ab, wie umfassend der Geltungsanspruch der aus ihnen aufgebauten Aussagen sein kann.

Sodann sind ‚Alltagsbegriffe' und ‚wissenschaftliche Begriffe' zu unterscheiden. In den (politischen) Alltagsbegriffen und der aus ihnen aufgebauten (politischen) Alltagssprache findet sich das (politische) Selbstwissen sozialer bzw. politischer Wirklichkeit geordnet. So wie Wissenschaft insgesamt ein Versuch der Emanzipation vom Alltagsdenken ist und wie wissenschaftliches Wissen in Konkurrenz zum Alltagswissen erarbeitet wird, treten wissenschaftliche Begriffe mit *ihrer* Perspektivität in Konkurrenz zu jenen Begriffen, mit denen soziale bzw. politische Wirklichkeit sich selbst erfaßt. Da die Perspektivität der Alltagsbegriffe wegen deren Selbstverständlichkeit unbemerkt bleibt, wirken wissenschaftliche Begriffe von der Warte des Alltagsdenkens aus oft wie komplizierte *Verfremdungen* dessen, ‚was man doch auch einfacher sagen könnte'. Nichtsdestoweniger (oder gerade deshalb) beginnt (politik-)wissenschaftliche Emanzipation aus den Fesseln des ‚gesunden Menschenverstandes' oft genau dadurch, daß man neue Begriffe erlernt und anhand ihrer sein bisheriges Alltagswissen ebenso wie seine weiteren Erfahrungen umorganisiert und neu ordnet. Die durch fachwissenschaftliche Terminologien gestiftete Verfremdung des bislang Vertrauten ist darum sinnvoll und notwendig. Sie verliert ihren Wert allerdings, wenn sie zum Selbstzweck wird. Dieser Gefahr erliegen Soziologen und Politikwissenschaftler allzu leicht.

---

155 An dieser Stelle tritt das sogenannte ‚Werturteilsproblem' ins Blickfeld. Siehe zu ihm S. 127ff.

156 Zur datenanalytisch folgenreichen Unterscheidung von klassifikatorischen, komparativen und metrischen Begriffen siehe unten S. 178f.

Häufiger wird indessen wird politikwissenschaftliche Emanzipation vom politischen Denken dadurch behindert, daß man Begriffe der politischen Alltagssprache gerade *nicht* aufgibt, obschon sie verzerrende oder gar blickverstellende Betrachtungsperspektiven fixieren. Beispiele sind Vorstellungen von Gewaltenteilung, die um eine grundsätzliche Entgegensetzung von Legislative und Exekutive kreisen, oder Sichtweisen auf die Rolle eines Abgeordneten, welche ‚freies Mandat' und ‚Fraktionsdisziplin' als einander ausschließend vergegenwärtigen. Zwar muß man den alltäglichen Sprachgebrauch kennen und ernstnehmen; schließlich werden anhand seiner die alltäglichen Sinndeutungen und Handlungen aufeinander abgestimmt, weswegen er einen zentralen Faktor der Konstruktion sozialer und politischer Wirklichkeit darstellt. Hieraus ist aber nicht zu folgern, die Untersuchung der Konstruktion sozialer und politischer Wirklichkeit dürfe sich vom Sprach- und Begriffsgebrauch ihres Gegenstands nicht befreien. Vielmehr stellen Alltagssprache und Alltagsbegriffe (‚Objektsprache', ‚primäre Typifikationen') nur einen wichtigen Forschungs*gegenstand* dar, über den anhand wissenschaftlicher Begriffe und geeigneter Terminologien (‚Meta-Sprache', ‚sekundäre Typifikationen') im wissenschaftlichen Diskurs kommuniziert wird.

Eine weitere wichtige Unterscheidung ist jene zwischen ‚Beobachtungsbegriffen' (auch: ‚empirische Begriffe', ‚konkrete Begriffe') und ‚theoretischen Begriffen'. *Beobachtungsbegriffe* sind Vorstellungsinhalte, deren empirischer Referent mehr oder minder unmittelbar beobachtet werden kann.[157] Beispiele sind Begriffe wie ‚Wahlzettel', ‚Bundeskanzler' oder ‚Parteivorstand'. Von solchen ziemlich konkreten Vorstellungsinhalten wird aber oft abstrahiert. Dadurch werden Neuordnungen des Vorgestellten, Entdeckungen bislang unbemerkter Zusammenhänge und neuartige Sichtweisen möglich. Genau hierin besteht ein wichtiger Teil der Emanzipation wissenschaftlichen Denkens vom Alltagsdenken. Statt individuell auffindbarer Reaktionen von Politikern auf Wünsche von Bürgern stellt man sich etwa dann insgesamt deren ‚Responsivität'[158] vor, und statt beispielsweise in der Vorstellung *einzelner* Entscheidungen und Maßnahmen einer Regierung befangen zu bleiben, denkt man zusammenfassend an den ‚Output'[159] dieser Regierung. Begriffe, die vom konkret Beobacht- und Vorstellbaren in solcher Weise abstrahieren, heißen ‚theoretische Begriffe' (auch: ‚abstrakte Begriffe'). Sie erlauben es, eine *Vielzahl* von Sachverhalten bzw. Merkmalen *gleichzeitig* anzusprechen und über sie *knappe* Mitteilungen zu formulieren. Gerade darum sind sie für die wissenschaftliche Kommunikation äußerst nützlich.

Dieser Vorteil muß aber durch ein Problem erkauft werden. Während nämlich bei Beobachtungsbegriffen leicht festzustellen ist, ob sie tatsächlich einen empirischen Referenten haben, sich also auf irgendeinen Ausschnitt der Operationswirklichkeit beziehen, verhält sich dies bei abstrakten Begriffen nicht immer so. Benutzt man diese, so ist es darum stets möglich, daß man Aussagen formuliert, denen in der Operationswirklichkeit nichts entspricht, obwohl man aufrichtig meint, dies sei der Fall.[160] Gewissermaßen verliert man sich dergestalt im ‚Zauberreich der Abstraktion', wo dann allerdings zirkuläre Argumentationen und der Glaube an das begrifflich erfaßte ‚Wesen' der Dinge wuchern. Aus alledem entstehen Aussagen über eine nur eingebildete Wirklichkeit, in denen man aber Informationen über die tatsächliche Wirklichkeit enthalten glaubt. Perzeptions- und Operationswirklichkeit beginnen dann auseinanderzuklaffen, und wissenschaftliche Emanzipation vom Alltagsdenken landet leicht im Bereich der Ideologie. Es läßt

157 Ausdrücklich sie darauf hingewiesen, daß auch jeglicher *Beobachtung* (Alltags-)Theorie zugrunde liegt. Folglich sind auch Beobachtungsbegriffe *keine* ‚theoriefreien Begriffe'. Zur Rolle von Beobachtungstheorien siehe unten S. 147f.

158 Zum Responsivitätsbegriff siehe Anm. 441.

159 Siehe S. 214f.

160 Es gibt allerdings Begriffe, bei denen über das Vorliegen eines empirischen Referenten ohnehin *nur* durch einen Glaubensakt befunden werden kann; ‚Gott', ‚Teufel', ‚Sünde', ‚ewiges Leben' usw. sind Beispiele dafür. Solche Begriffe heißen ‚metaphysische Begriffe'. Obwohl mehr oder weniger wichtig in der *Objekt*sprache der Politikwissenschaft, sind metaphysische Begriffe für die politikwissenschaftliche *Meta*-Sprache völlig nutzlos.

sich zeigen, daß der Politikwissenschaft dies nicht selten widerfährt; Begriffe wie ‚ideeller Gesamtkapitalist' oder ‚Repräsentation als solche' sind Beispiele für Wegweiser zu solchen Abwegen.

Um derartigen Irrwegen zu entgehen, müssen abstrakte und konkrete Begriffe in ein arbeitsteiliges Verhältnis gebracht werden. Dies geschieht anhand von Theorien, welche für *Verkettungen* von abstrakten und konkreten Begriffen sorgen. Das folgende Beispiel zeigt eine derartige ‚Kette':

- Empirischer Referent sei die Tatsache, daß Millionen von Bürgern an einem bestimmten Tag gemäß freier Entscheidung Wahlzettel ausfüllen und in Urnen werfen. Dieser empirische Referent wird mittels des Beobachtungsbegriffs ‚Wahl' vorgestellt. In ihm ist unmittelbar anschaulich, worum es geht.
- Die Tatsache, daß mittels einer freien Wahl Abgeordnete bestellt werden, die anschließend für die Wähler allgemein verbindliche Entscheidungen zu treffen haben, wird durch den Begriff ‚Repräsentation' vorgestellt. Dieser Begriff hat durchaus noch einen halbwegs konkreten empirischen Referenten: in den Repräsentanten soll das Volk in *irgendeiner* Weise gegenwärtig gemacht (‚re-präsentiert') sein. Auf *welche* Weise dies geschieht, ist im Vorstellungsinhalt aber keineswegs mehr auszumachen; vielmehr bedarf es erst zusätzlicher Erläuterungen, d.h. des Verweises auf Kontexte, um dem Begriff der Repräsentation Anschaulichkeit zu verleihen. Derartige Begriffe heißen ‚teilweise empirisch interpretierbare Begriffe', denn teils kann man sie durch Verweis auf einen empirischen Referenten, teils durch theoretische Ausführungen verständlich machen.
- Den Sachverhalt, daß über die freie Wahl von Abgeordneten das Volk auf die Herstellung jener Entscheidungen Einfluß nimmt, die von ihm anschließend als allgemein verbindlich zu befolgen sind, kann man sich sodann anhand des Begriffs ‚Volkssouveränität' vorstellen. Dieser Begriff verweist nicht mehr auf einen unmittelbar anschaulichen empirischen Referenten, und auch die inhaltlichen Merkmale des Gegenstands, auf den er sich bezieht, müssen erst durch mehr oder minder ausführliche Erläuterungen herausgearbeitet werden. Dies kann etwa dadurch geschehen, daß man Repräsentation als eine Organisationsform von Volkssouveränität erläutert und sodann durch Verweis auf Wahlen klarmacht, worum es bei Repräsentation geht. Weil zu diesem Zweck ganze Aussagengefüge (‚Theorien') herangezogen bzw. aufgebaut werden müssen, heißen abstrakte Begriffe ‚theoretische Begriffe'.

Sie werden mittels einer – im gegebenen Beispiel sehr kurzen – Begriffskette konkretisiert, deren Glieder, Art und Länge von der forschungsleitend benutzten Theorie bestimmt werden. *Allgemein* hat eine solche konkretisierende Begriffskette folgende Form: ‚theoretischer Begriff – teilweise empirisch interpretierbare Begriffe – Beobachtungsbegriffe – empirischer Referent'. Um ein ‚Abheben' wissenschaftlicher Begriffe von der von ihnen zu erfassenden Wirklichkeit zu verhindern, gilt die Regel: Jeder noch so abstrakte Begriff *muß* in einem logisch stimmigen Gedankengang so auf Beobachtungsbegriffe bezogen werden könne, daß sein empirischer Referent angebbar ist und die mittels des abstrakten Begriffs formulierten Aussagen auf ihre Übereinstimmung mit jenen Tatsachen geprüft werden *können*, auf die sie sich beziehen. Eine solche Kette zwischen theoretischem Begriff und Beobachtungsbegriffen zu schmieden, heißt: ein theoretischer Begriff wird *operationalisiert* (‚Operationalisierung'). Durch Operationalisierung wird die *theoretische Sprache*, in welcher man möglichst informationshaltig und prägnant über soziale und politische Wirklichkeit Aussagen formuliert, auf jene *Beobachtungssprache* bezogen, in der man die empirischen Referenten der theoretischen Aussagen konkret zu beschreiben vermag.

Wohlgemerkt wird *nicht* verlangt, daß der Extensionsumfang eines theoretischen Begriffs *vollständig* durch zugeordnete Beobachtungsbegriffe angebbar sein muß; es genügt vielmehr, wenn für jeden *praktischen* Forschungszweck angegeben werden kann, wie sich der benutzte theoretische Begriff operationalisieren läßt. Dabei können die Operationalisierungsketten äußerst komplex sein. An der Grenze wissenschaftlich gesicherten Wissens kann eine wichtige und schwierige Forschungsaufgabe sogar darin bestehen, erst einmal herauszufinden, ob einem theoretischen Begriff *überhaupt* ein empirischer Referent zugeordnet werden kann, oder ob man ihn nicht als Phantasiegebilde aus der wissenschaftlichen Kommunikation verbannen sollte. Insgesamt gründen alle Versuche, den empirischen Wahrheitsgehalt von abstrakten Aussagen herauszufinden, *ausschließlich* auf der Gangbarkeit irgendeines Weges zwischen theoretischen Begriffen und Beobachtungsbegriffen.

b. Variablen und Indikatoren

Eine besondere Art von Begriffen sind die sogenannten ‚Variablen'.[161] Eine Variable ist ein Oberbegriff, der eine Reihe von Unterbegriffen (‚Variablenausprägungen', ‚Variablenwerte') gemeinsam anspricht. ‚Politiker' ist etwa ein Oberbegriff für ‚Abgeordneter', ‚Parteivorsitzender' oder ‚Bundeskanzler'; ‚politisches System' ist ein Oberbegriff für ‚Monarchie', ‚Demokratie' oder ‚Diktatur'; ‚Einkommen' ist ein Oberbegriff für verschiedene monatlich überwiesene Geldbeträge; und ‚Schicht' ist ein Oberbegriff für soziale Lagen, die sich etwa zwischen ‚Oberklasse' und ‚Unterschicht' erstrecken können. Je nach den Unterbegriffen, die eine Variable gemeinsam anspricht, unterscheidet man verschiedene Arten von Variablen.[162] Beispielsweise kann die Variable ‚Partei' klar voneinander geschiedene Ausprägungen wie ‚CDU', ‚SPD' und ‚GRÜNE' haben (‚*diskrete*[163] Variable'), während die Variable ‚Alter' kontinuierliche Ausprägungen hat, welche je nach Untersuchungszweck in Jahre, Monate, Wochen, Tage oder noch kleinere Zeiteinheiten gegliedert werden können (‚*stetige* Variable').

Die Unterbegriffe mancher Variablen kann man unmittelbar beobachten bzw. anhand geeigneter Unterlagen unmittelbar feststellen (etwa: Geschlecht, Schulabschluß, Führerscheinklasse usw.); in diesem Fall spricht man von ‚*manifesten* Variablen'. Die Unterbegriffe von anderen Variablen kann man hingegen nicht unmittelbar beobachten; Beispiele sind Variablen wie ‚politische Einstellung' oder ‚Legitimitätslage eines politischen Systems'. Solche Variablen heißen ‚*latente* Variablen'. Offensichtlich sind theoretische Begriffe stets latente Variablen, während Beobachtungsbegriffe manifeste Variablen darstellen.

Wie gelangt man an den empirischen Referenten von latenten Variablen? Die Brücke wird, analog zu jener zwischen theoretischem Begriff und Beobachtungsbegriff, durch *Operationalisierung* geschlagen: Anhand schlüssiger theoretischer Argumentationen zeigt man, daß bestimmte manifeste Variablen mit den interessierenden latenten Variablen in einem mehr oder minder engen Zusammenhang stehen. Beispielsweise wird man darzulegen versuchen, daß die unmittelbar beobachtbare Reaktion, etwa die Zustimmung zu oder Ablehnung von bestimmten politischen Thesen durch eine Person, mit der politischen Einstellung dieser Person zusammenhängt. Gelingt dies, so kann man derartige Reaktionen durch manifeste Variablen erfassen und die Ausprägungen der manifesten Variablen sodann als Hinweise auf die latente Variable ‚politische Einstellung' interpretieren.

Manifeste Variablen, die man schlüssig latenten Variablen zuordnen kann, heißen ‚Indikatoren' der latenten Variablen (auch: ‚Indikatorvariablen'). Ein theoretischer Begriff (= latente Variable) wird somit operationalisiert, indem man Indikatoren für ihn (= manifeste Variablen)

---

161 Von lat. ‚variábilis', d.h. veränderlich.

162 Hierzu ausführlich Patzelt 1986: 144-147. Zur Unterscheidung von Variablen nach dem Meßniveau ihrer Ausprägungen siehe S. 178f.

163 Von lat. ‚discérnere', d.h. etwas unterscheiden.

ausfindig macht. Beispielsweise operationalisiert man die latente Variable ‚Legitimitätslage eines politischen Systems', indem man beschließt, sie anhand von Indikatoren wie Wahlbeteiligung, Vertrauen zu den staatlichen Institutionen, Anzahl der politischen Streiks oder der Putschversuche im letzten Jahrzehnt beobachten zu wollen, und indem man überdies zeigt, daß diese Indikatoren tatsächlich über den empirischen Referenten des Begriffs ‚Legitimitätslage eines politischen Systems' Aufschluß geben.[164] Indikatoren, die das leisten, nennt man *valide*[165] Indikatoren. Allgemein meint ‚Validität', daß Indikatoren oder sonstige Hilfsmittel zur Erfassung des empirischen Referenten theoretischer Begriffe wirklich genau das anzielen, worauf sie sich eben beziehen sollen. Eine solche Forderung ist viel leichter erhoben als erfüllt, weil viele Indikatoren mehrdeutig sind; hohe Säuglingssterblichkeit kann beispielsweise sowohl auf Ernährungsdefizite hinweisen als auf mangelndes Wissen der Eltern um die richtige Behandlung von Säuglingen.

Oft reicht – wie im eben benutzten Beispiel – ein einziger Indikator nicht aus, um einen theoretischen Begriff zu operationalisieren. Dann faßt man mehrere Indikatoren zu einem (anhand einer klaren Theorie integrierten) ‚Indikatorenmodell', zu einem ‚Index'[166] oder zu einer ‚Skala' zusammen. Letztere zwei Formen der Zusammenfassung erfolgen in der Regel dadurch, daß man den Ausprägungen der Indikatorvariablen Zahlenwerte zuordnet[167] und diese – ggf. nach Gewichtung – durch Addition, Subtraktion, Multiplikation, Division usw. miteinander verknüpft. Beispielsweise kann man die latente Variable ‚soziale Schicht' anhand eines Index operationalisieren, welcher Informationen über das Einkommen, den Bildungsstand und den Lebensstil einer Person miteinander verbindet. Latente Variablen wie z.B. politische Einstellungen werden meist durch eine Mehrzahl von Fragen zu verschiedenen Komponenten der interessierenden politischen Einstellung erhoben, deren Antworten man dann anhand von ‚Skalierungsverfahren' verknüpft (z.B. mit den Verfahren der Thurstone-Skala, Likert-Skala oder Guttman-Skala, letztere auch ‚Skalogrammanalyse' genannt, oder der Skalierung anhand von Paarvergleichen). ‚Index' und ‚Skala' unterscheiden sich dergestalt, daß bei der Indexbildung die Werte der Indikatorvariablen allein anhand *theoretischer Überlegungen* miteinander verbunden werden, während bei der Skalierung mehr oder minder raffinierte Verfahren es erlauben, auch aufgrund des erhobenen *Datenmaterials* die Sinnhaftigkeit der Verknüpfung von Einzelangaben zu beurteilen.[168]

c. Definitionen

Einen Begriff (etwa: eine Variable) zu *definieren* meint: Es wird mitgeteilt, welcher Vorstellungsinhalt durch die Benutzung eines bestimmten Wortes oder einer bestimmten Reihe von Worten ‚abgerufen' werden soll, also: welche inhaltlichen Merkmale vorzustellen sind und was als empirischer Referent dieses Vorstellungsinhaltes gelten soll. Ein solches Vorgehen heißt ‚Nominaldefinition'. Praktisch wird sie dadurch vorgenommen, daß man in möglichst klarer Weise jenen Kontext erläutert, in dem ein Begriff steht, und ihm ein eindeutiges begriffs-

---

164 Sehr wichtig für die Politikwissenschaft sind auch jene Sozial- und Wirtschaftsindikatoren, welche in Soziologie und Wirtschaftswissenschaften zur laufenden Sozial- und Wirtschaftsberichterstattung über die Veränderungen in Gesellschaft und Wirtschaft, zur vergleichenden Systemanalyse sowie als Ansatzpunkte gesellschafts- und wirtschaftspolitischer Maßnahmen entwickelt wurden. Im Bereich der Sozialindikatoren wurden bislang vor allem solche zur Messung von Lebensqualität und Wohlfahrt, von sozialem Wandel sowie zur Prognose von – ggf. sozialpolitisch beeinflußbaren – Entwicklungen geschaffen.

165 Von lat. ‚válidus', d.h. gesund, wirksam, gewiß. Vgl. S. 147f und Anm. 285.

166 Von lat. ‚indicáre', d.h. etwas ansagen, anzeigen. Die Mehrzahl lautet ‚Indizes' bzw. ‚Indices'.

167 Siehe hierzu die Ausführungen zur Theorie des Messens unten auf S. 177ff.

168 Siehe hierzu etwa Mayntz u. a. 1978: 47-67.

auslösendes Wort zuordnet.[169] Auf genau diese Weise wird in der vorliegenden ,Einführung' grundsätzlich verfahren. Folgende Einzelformen von Nominaldefinitionen sind zu unterscheiden:

- Einen theoretischen Begriff auf Beobachtungsbegriffe zu beziehen, stellt eine ,operationale Definition' dar.
- Wenn man *systematisch* klärt, welche inhaltlichen Merkmale sowie Sachverhalte ein bestimmter Vorstellungsinhalt vergegenwärtigen soll, wenn also Intension und Extension eines Begriffs *ausdrücklich* festgelegt werden, spricht man von einer ,expliziten Definition'.
- Oft verzichtet man aus sprachlichen Gründen auf explizite Definitionen und begnügt sich damit, im Lauf eines Gedankengangs Intension wie Extension sozusagen ,nebenbei' zu verdeutlichen, wobei man sich im übrigen auf die Verstehensleistung des Lesers oder Hörers verläßt. Dergestalt vollzieht man eine ,implizite Definition'.[170]
- Falls man nur eine Teilmenge der Intension oder Extension eines Begriffs explizit bzw. implizit klärt, liegt eine ,partielle Definition' vor. Da Definitionen kein Selbstzweck sind, hängt es allein vom praktischen Zweck des Definierens ab, ob eine Definition explizit und vollständig sein muß oder auch implizit bzw. partiell vorgenommen werden kann.

Nie geht es bei einer Definition darum, das ,Wesen' jenes Sachverhaltes zu beschreiben, der mittels eines Begriffs vorgestellt werden soll. Dies glauben allerdings jene Wissenschaftler, die meinen, ein Begriff sei mit seinem empirischen Referenten identisch. Wer diesem *begriffsrealistischen Mißverständnis* erliegt, beharrt auf sogenannten ,Realdefinitionen' und behauptet, eine Definition sei eine *Aussage über die Beschaffenheit von Tatsachen.*[171] Meist will der, welcher ,eine Realdefinition verwendet', aber gar nicht mehr sagen, als daß ein Sachverhalt unter einen bestimmten Begriff fällt. Das ist dann allerdings keine Definition, sondern eine empirische Aussage. Um Mißverständnisse zu vermeiden, sollte man solch doppeldeutigen Sprachgebrauch besser vermeiden. Und weil Definitionen nur der Verständigung über jene Begriffe dienen, anhand derer *anschließend* die interessierenden Aussagen formuliert werden, ist es ohnehin falsch, die wichtige Frage nach dem *Wahrheitsgehalt* von Aussagen mit jener nach der *forschungspraktischen Nützlichkeit* der verwendeten Begriffe zu vermengen. Wenn man eine Definition beispielsweise von Demokratie vorlegt, sagt man sinnvollerweise dem Gesprächspartner nur, was er sich bis auf weiteres vorzustellen hat, wenn man selbst das Wort ,Demokratie' benutzt. Ob dieser Begriffsgebrauch hilfreich ist und ob die mittels seiner formulierten Behauptungen logisch wie empirisch wahr sind, ist dann Thema einer *anschließenden* Diskussion, welche einer klaren (Ausgangs-) Definition allerdings als Einstieg bedarf.

Alles in allem sollte man Definitionen zwar große praktische Bedeutung, doch keinen ,Wert an sich' beimessen. *Für sich selbst* sollte man solche Definitionen bevorzugen, die sowohl klar sind als auch viele verschiedene Begriffe verständlich und ohne Überschneidungen zu vernetzen erlauben. Beim *Gespräch mit anderen* sollte man für die Dauer des Gesprächs im Einzelfall lieber eine unklare und unzweckmäßige Definition akzeptieren, auf der ein Gesprächspartner besteht (obschon man sie sich nicht zu eigen macht), als wertvolle Zeit und Kraft in einen Streit um Definitionen zu investieren. Von dieser Regel sollte man aber dann abweichen, wenn der Gesprächspartner durch die Prägung von Definitionen Macht über den Fortgang des Gesprächs zu gewinnen versucht und einem selbst nicht dasselbe Recht auf Klarstellung und Akzeptanz eige-

[169] Wer glaubt, ein Begriff sei mit dem begriffsauslösenden Wort identisch, wird überdies auf der Benutzung eines *bestimmten* Begriffswortes beharren. Die Annahme einer solchen Identität ist aber, wie auf S. 80 gezeigt wurde, unnötig, falsch und für wissenschaftliche Kooperation nur störend.

[170] Offensichtlich sind die meisten Definitionen dieser ,Einführung' implizite Definitionen.

[171] In genau diesem Sinn wird der Begriff ,Realdefinition' aber *sinnvollerweise* bei der Beschreibung eines ,Realtyps' gebraucht; siehe unten S. 107f.

ner Begriffe einräumt.[172] Solange im Streit um Begriffe kein Kampf um Macht ausgetragen wird, haben Definitionen ihren Zweck dann erfüllt, wenn man weiß, was der andere sagen will.

4. Aussagen als Produkt und Werkstoff von Wissenschaft

Aussagen entstehen durch die *Verknüpfung* von Begriffen, etwa so: ‚Repräsentation ist eine Form gesellschaftlicher Arbeitsteilung'. Die durch Verknüpfung mehr oder minder gut definierter Begriffe entstehenden und wissenschaftlich zu erarbeitenden bzw. zu verarbeitenden Aussagen zerfallen in zwei Hauptgruppen: in empirische und in normative Aussagen.

a. Empirische Aussagen

Empirische Aussagen sind Aussagen, die das Vorliegen oder Nichtvorliegen von Sachverhalten und Zusammenhängen aller Art, für sie eine bestimmte inhaltliche Beschaffenheit, oder auch Ursachen für deren (Nicht-)Existenz bzw. Beschaffenheit behaupten. Solche Aussagen sind empirisch wahr bzw. falsch oder haben einen noch unklaren Wahrheitsgehalt. Empirische Aussagen sind beispielsweise die folgenden:

- Aussagen über politische Strukturen und Prozesse aller Art sowie über deren Folgen, etwa Aussagen über die Beschaffenheit des deutschen Regierungssystems oder über das britische Gesetzgebungsverfahren;
- Aussagen über politische Inhalte aller Art, darunter auch über politische Werte und Wertvorstellungen, an denen politische Handlungen sich nicht selten orientieren oder derentwegen sie oft durchgeführt werden; etwa: Aussagen über den Inhalt einer Regierungserklärung oder über die Wertvorstellungen im Programm von CDU und SPD;
- (Meta-)Aussagen über die Beschaffenheit, Inhalte und Merkmale von anderen Aussagen;
- Erklärungsaussagen, die ihrerseits sehr komplexe Gefüge mehrerer empirischer Aussagen und theoretischer Argumentationen darstellen und deshalb auch schon als Theorien bezeichnet werden können;[173]
- Prognosen, deren Wahrheitsgehalt mitunter recht gering ist.

Nach dem Umfang ihres Geltungsbereichs, also ihres empirischen Referenten, kann man empirische Aussagen – erstens – entlang dem folgenden Kontinuum untergliedern:

- Am einen Extrempunkt liegen ‚reine Existenzaussagen' vor, die ausschließlich die *Existenz* eines Sachverhalts behaupten. Ein Beispiel ist die Aussage: ‚Es gibt Gesellschaften ohne Machtausübung'. Reine Existenzaussagen haben für die Politikwissenschaft zwei problematische Eigenschaften, denen keinerlei Vorteile gegenüberstehen. Erstens wird bei ihnen nicht angegeben, wo und zu welcher Zeit die fraglichen Sachverhalte existieren; folglich bleibt von vornherein unklar, über welchen konkreten Ausschnitt politischer Wirklichkeit sie informieren. Darum sind sie unnütz. Zweitens erschweren sie die Prüfung ihres empirischen Wahrheitsgehalts: da nicht angegeben wird, wo und wann der als existierend behauptete Sachverhalt vorliegt, bleibt es dem Zufall überlassen, ob man die Richtigkeit der Aussage überprüfen kann. Folglich sind sie ungeeignet, den Zweck von Wissenschaft zu erfüllen.

---

172 Vgl. hierzu die Ausführungen zum ‚Dritten Gesicht der Macht' auf S. 41.
173 Zu ihnen siehe ausführlich S. 99ff und 112ff.

– Am anderen Extrempunkt liegen ‚streng allgemeine Aussagen'. Sie behaupten ohne jede raum-zeitliche Abgrenzung, *alle* von ihnen angesprochenen Sachverhalte wiesen eine bestimmte Eigenschaft auf. Ein Beispiel ist die Aussage: ‚In allen Gesellschaften gibt es soziale Schichtung'. Streng allgemeine Aussagen haben zwei Vorteile: sie sind äußerst informationsreich und überdies leicht zu prüfen. Indessen haben sie für die Politikwissenschaft auch einen erheblichen Nachteil: politische Inhalte, Prozesse und Strukturen sind oft von geschichtlicher, regionaler und kultureller *Individualität*. Raum-zeitlich unbegrenzte Aussagen sind darum zu deren Erfassung in der Regel unbrauchbar. Daraus folgt allerdings nicht, man müsse von vornherein die Absicht aufgeben, *möglichst* allgemeine Aussagen zu erarbeiten. In *welchem Umfang* es allgemeine Merkmale von politischen Inhalten, Prozessen und Strukturen gibt, die sich dann durch allgemeine Aussagen beschreiben lassen, ist nämlich eine rein empirisch, keineswegs schon im vorhinein zu beantwortende Frage.

– Zwischen den Extrempunkten der reinen Existenzaussagen und der streng allgemeinen Aussagen liegen die ‚raum-zeitlich abgegrenzten Aussagen'. Je nachdem, ob sie näher am ersten oder am zweiten Pol liegen, lassen sie sich in ‚raum-zeitlich abgegrenzte *Existenz*aussagen' und in ‚raum-zeitlich abgegrenzte *All*aussagen' gliedern. Ein Beispiel für den ersten Fall ist die Aussage: ‚In der Sowjetunion der 70er Jahre bestand eine Gesellschaft ohne Ausbeutung des Menschen durch den Menschen'. Eine derartige raum-zeitlich abgegrenzte *Existenz*aussage läßt sich durch den Versuch einer ‚Verifikation'[174] auf ihren Wahrheitsgehalt überprüfen: es wird durch Einholung zweckdienlicher Informationen festgestellt, ob die behaupteten Sachverhalte vorliegen oder nicht. Gelingt ein solcher Verifikationsversuch, so spricht man von einer ‚bestätigten' (auch: ‚verifizierten') Aussage, andernfalls von einer ‚gescheiterten' Aussage.

  Ein Beispiel für den zweiten Fall einer raum-zeitlich abgegrenzten *All*aussage ist die folgende Behauptung: ‚Jeder, der 1991 in Deutschland öffentlich eine von der Regierungsposition abweichende politische Meinung vertrat, erlitt berufliche Nachteile'. (Raum-zeitlich abgegrenzte) Allaussagen lassen sich durch den Versuch einer ‚Falsifikation'[175] auf ihren Wahrheitsgehalt überprüfen: Es wird durch Einholung zweckdienlicher Informationen zu zeigen versucht, daß eine solche Allaussage *nicht* mit den Tatsachen übereinstimmt. Dies nimmt die Form der *Suche nach widerlegenden Beispielen* an. Dieses Vorgehen ist deshalb nötig, weil es praktisch – und im Fall von streng allgemeinen Aussagen *grundsätzlich* – unmöglich ist, im Weg eines Verifikationsversuchs den empirischen Wahrheitsgehalt der zu prüfenden Allaussage nachzuweisen. Offensichtlich nutzen Falsifikationsversuche nur dann etwas, wenn sie *ernsthaft* unternommen werden und so *streng* wie möglich sind, wofür der wissenschaftliche Konkurrenzdruck sorgen *soll*. Eine bei einem Falsifikationsversuch als falsch nachgewiesene Allaussage nennt man eine ‚widerlegte' (auch: ‚falsifizierte') Aussage; eine trotz *strenger* Prüfung nicht widerlegte Aussage nennt man eine ‚bekräftigte' Aussage. Während sich durch Verifikation der Wahrheitsgehalt einer Aussage *nachweisen* läßt (etwa: ‚Cäsar wurde tatsächlich ermordet'), ist dies bei einer falsifikationistischen Prüfstrategie offenbar *nicht* möglich. Bei ihr gelangt man ‚nur' zu immer besser bekräftigten, grundsätzlich aber möglicherweise doch noch zu revidierenden Aussagen (etwa: ‚Politische Systeme mit freier Betätigung politischer Opposition sind lern- und anpassungsfähiger als politische Systeme ohne freie Betätigung politischer Opposition'). Das liegt aber nicht etwa an einer ‚falschen' Prüfstrategie, sondern daran, daß sich für allgemeine Aussagen eben nicht alle Fälle überprüfen lassen, auf die sie sich dem Anspruch nach beziehen.

---

[174] Von lat. ‚verum fácere', d.h. etwas als wahr ausgeben.

[175] Von lat. ‚falsum fácere', d.h. etwas als falsch ausgeben. Einen Sachverhalt, dessen Existenz zeigt, daß eine Aussage falsch ist, nennt man einen ‚Falsifikator'.

Es steht außer Zweifel, daß die typischerweise von der Politikwissenschaft zu erarbeitenden empirischen Aussagen *raum-zeitlich abgegrenzte* Aussagen sind. Aufgrund des großen und praktisch nutzbaren Informationsgehalts[176] von allgemeinen Aussagen ist es allerdings wünschenswert, von raum-zeitlich abgegrenzten *Existenz*aussagen zu raum-zeitlich abgegrenzten *All*aussagen voranzuschreiten und dabei die Bedingungen herauszufinden, unter denen solche Allaussagen jeweils gelten.

In einer zweiten Hinsicht lassen sich empirische Aussagen in ‚korrelative' Aussagen und in ‚kausale' Aussagen einteilen. *Korrelative* Aussagen behaupten das gemeinsame Auftreten zweier oder mehrerer Sachverhalte oder das Bestehen von Zusammenhängen zwischen den Merkmalsausprägungen von zwei oder mehr Sachverhalten. Sie nehmen typischerweise die Form von Wenn/Dann-Aussagen an. Beispiele sind: ‚Wenn in einem Staat keine Gewaltenteilung besteht, dann gibt es auch keine Freiheit für die Bürger', oder: ‚Wenn in Deutschland die Arbeitslosenquote steigt, dann nimmt die demoskopisch ermittelte Zustimmung zur Wirtschaftspolitik der Regierung ab'. Derlei gemeinsames Auftreten von Sachverhalten bzw. derartige Zusammenhänge heißt ‚Korrelation'.[177] Da angenommen werden kann, daß manche Zusammenhänge nur bestehen, wenn bestimmte ‚Randbedingungen' (bzw. ‚Rahmenbedingungen') vorliegen, beanspruchen korrelative Aussagen empirischen Wahrheitsgehalt immer nur in bezug auf bestimmte – oft allerdings nicht ausdrücklich angegebene – Randbedingungen.

Unbeschadet jeweiliger Randbedingungen zerfallen die korrelativen Aussagen je nach der *Art der vorgetragenen Behauptung* in die Gruppen der deterministischen, probabilistischen und stochastischen Aussagen:

- *Deterministische*[178] Aussagen behaupten: ‚Wenn X, dann *immer* Y'.
- *Probabilistische*[179] Aussagen behaupten: ‚Wenn X, dann *mit p % Wahrscheinlichkeit* Y'.
- *Stochastische* Aussagen behaupten Zusammenhänge, die sich durch das Zusammenwirken *mehrerer* zufallsgesteuerter Prozesse ergeben.

Es ist eine rein empirische Frage, welche Art korrelativer Aussagen mit dem jeweils interessierenden Gegenstandsbereich, also mit dem jeweiligen empirischen Referenten, am besten übereinstimmt. Für die Politikwissenschaft ist es eine sinnvolle Forschungsstrategie, vor allem *pro-*

---

176 Was mit dem ‚Informationsgehalt' einer Aussage (oder Theorie) gemeint ist, erschließt recht gut der folgende Gedankengang. Eine Theorie oder Aussage, die mit sehr vielen Erscheinungsweisen ihres empirischen Referenten übereinstimmt (also ‚einen sehr großen Spielraum hat'), sagt über dessen Beschaffenheit recht wenig aus. Sehr geringen Informationsgehalt hat beispielsweise das folgende Sprichwort: ‚Kräht der Gockel auf dem Mist, ändert sich das Wetter – oder bleibt so, wie es ist'. Hingegen hat eine Aussage oder Theorie großen Informationsgehalt, wenn sie präzise sagt, was unter welchen Bedingungen der Fall ist oder nicht der Fall ist, also: ‚wenn sie ihrem empirischen Referenten einen geringen Spielraum läßt'. Ein Beispiel dafür ist die folgende Aussage: ‚Besitzt ein Staat ein parlamentarisches Regierungssystem und nutzt er das Verhältniswahlrecht, so wird es in ihm starke Parteien geben'. In einer Kurzformel kann man also sagen: Eine Aussage oder Theorie hat um so größeren Informationsgehalt, ‚je mehr sie verbietet'. Je größer ihr Informationsgehalt ist, je mehr sie ‚verbietet', um so leichter kann eine Aussage oder Theorie aber natürlich auch widerlegt werden. *Trotzdem* bislang nicht widerlegt worden zu sein, macht eine Aussage oder Theorie natürlich attraktiv und lädt dazu ein, sie ihren Rivalinnen vorzuziehen. Umgekehrt ist die Verwendung von vagen Begriffen, unbestimmten Aussagen und unklaren Theorien in der Regel ein Indiz dafür, daß jemand seine Behauptungen immunisieren will oder wenig Informationen zu bieten hat. Dies sollte von der Verwendung solcher Begriffe, Aussagen und Theorien eigentlich abschrecken. Doch weil Wissenschaftler die Widerlegung ihrer Aussagen und Theorien meist nicht schätzen und auch sie lieber mehr in Aussicht stellen als sie tatsächlich anzubieten haben, ist die Verwendung vager Begriffe, unbestimmter Aussagen und unklarer Theorien überaus attraktiv, vorteilhaft und häufig. Es ist eine nie ans Ende kommende Aufgabe wissenschaftlicher Kritik, den mangelhaften Informationsgehalt vorgebrachter Aussagen und Theorien an den Tag zu bringen und zu überprüfen, ob eine Aussage oder Theorie auch wirklich stimmt.

177 Zur datenanalytischen Erfassung von Korrelationen durch geeignete statistische Modelle siehe unten S. 180f.

178 Von lat. ‚determináre', d.h. etwas festlegen, bestimmen.

179 Von lat. ‚probabílitas', d.h. Wahrscheinlichkeit.

babilistische Aussagen anzustreben und dabei herauszufinden, von welchen Faktoren welche Wahrscheinlichkeit des Vorliegens eines Zusammenhangs bedingt wird. Wissenschaftliche Fächer, die ungleich der Politikwissenschaft vor allem *deterministische* Aussagen zu erarbeiten versuchen, heißen ‚nomothetische'[180] Disziplinen. Ihnen werden jene Wissenschaften gegenübergestellt, die auf die Erarbeitung von Wenn/Dann-Aussagen überhaupt verzichten und allein auf die zutreffende Beschreibung ihrer Gegenstände abzielen. Diese nennt man die ‚idiographischen'[181] Disziplinen. Zu ihnen gehören etwa die Literatur- und Geschichtswissenschaft, während die Politikwissenschaft gewissermaßen im Mittelbereich beider Extrempole angesiedelt ist.

Allgemeine, gut bewährte deterministische Wenn/Dann-Aussagen werden bisweilen ‚Gesetze' genannt, halbwegs allgemeine und gut bewährte probabilistische Aussagen manchmal ‚Quasi-Gesetze'. Diese Redeweise ruft sehr leicht die folgenden, überaus schwerwiegenden Mißverständnisse hervor:

- Es wird vermutet, der in Form eines ‚politikwissenschaftlichen Gesetzes' festgestellte Zusammenhang sei *unveränderbar*. Praktisch gibt es aber sehr viele Zusammenhänge, die nur solange fraglos bestehen, wie ihre Rahmenbedingungen nicht geändert werden.
- Es werden ‚politikwissenschaftliche Gesetze' im Sinn *juristischer* Gesetze aufgefaßt. Dann werden sie für ‚Handlungsanweisungen' gehalten und legen die Frage nahe, ob Politikwissenschaftler nicht recht naiv wären, wenn sie glaubten, ausgerechnet an ihre Gesetze würde sich jemand halten.
- ‚Politikwissenschaftliche Gesetze' werden als Gesetze im *moralischen* Sinn aufgefaßt. Dies führt zu Fragen danach, mit welchem Recht denn Politikwissenschaftler Handlungsanweisungen erteilen dürften und auf welchen Wertmaßstäben diese beruhen könnten. Beide Fragen sind zwar wichtig und klar zu beantworten;[182] die entsprechenden Argumentationen werden aber erschwert, wenn man eine irrtümliche Gleichsetzung von empirischen Wenn/Dann-Aussagen und Moralgesetzen anbahnt.
- ‚Politikwissenschaftliche Gesetze' werden von vornherein nicht als *Aussagen* begriffen, was bei den vorigen Mißverständnissen immerhin noch der Fall war. Sondern sie werden, inspiriert von mythischen oder religiösen Vorstellungen, aufgefaßt als ‚Gesetze, welche die politische Wirklichkeit und das politische Handeln durchwalten'. Eine solche Deutung als ‚politische Gesetzmäßigkeit' legt dann die Frage nahe, wie sie denn ähnlich den ‚Naturgesetzen' überhaupt *entstehen* könnten. Beim Versuch, diese Frage zu beantworten, wird man unmittelbar in die Auseinandersetzung um das Problem ‚Determinismus oder freier Wille des Menschen?' geführt, die ihrerseits als wichtiges Argumentationsmaterial jene Wenn/Dann-Aussagen benötigt, deren Verständnis man durch deren Umdeutung zu ‚politischen Gesetzmäßigkeiten' zunächst einmal erschwert.

Alle vier Mißverständnisse kommen oft vor und belasten die politikwissenschaftliche Kommunikation wie Außenwirkung *erheblich*. Um diesen Schwierigkeiten zu entgehen, sollte man die Rede von ‚Gesetzen' grundsätzlich *aufgeben*. Es genügt schließlich, von mehr oder minder gut gesicherten Wenn/Dann-Zusammenhängen zu sprechen. Erst wenn *dieser* Begriff klar ist, kann die gedankenlose, traditionelle oder irreführend bildhafte Benutzung des unzweckmäßigen Begriffswortes ‚Gesetz' halbwegs unschädlich sein.

Kausale[183] Aussagen sind korrelative Aussagen, die über das Bestehen eines Sachverhalts oder Zusammenhangs (bzw. über die Beschaffenheit eines Sachverhalts oder Zusammenhangs)

---

180 Von griech. ‚nómos', d.h. Gesetz, und ‚títhenai', d.h. aufstellen.
181 Von griech. ‚idíos', d.h. eigen, individuell, und ‚grápheín', d.h. (be-)schreiben.
182 Siehe auf S. 93ff und 196ff die Ausführungen über Werturteile und Handlungsanweisungen.
183 Von lat. ‚causa', d.h. Ursache, Grund.

informieren *und darüber hinaus Gründe für das Bestehen dieses Sachverhalts oder Zusammenhangs (bzw. der jeweiligen Beschaffenheit) behaupten.* Ein durch behauptete Gründe ursächlich gedeuteter (‚kausal interpretierter') Zusammenhang heißt ‚Kausalzusammenhang' (auch: ‚Kausalbeziehung'). Bei ihm wird im einfachsten Fall eine einzige Ursache X mit einer einzigen Folge Y in Beziehung gesetzt. Selbstverständlich sind aber auch komplexe Kausalzusammenhänge mit einer Vielzahl von Ursachen und Folgen (‚Kausalgefüge', ‚Wirkungsgefüge') durch kausale Aussagen zu erfassen. Dabei sind jene Kausalzusammenhänge besonders interessant und für politikwissenschaftliche Forschungsgegenstände oft besonders einschlägig, bei denen die Folgen von Ursachen über mehr oder minder lange weitere Verursachungsketten auf jene Ursachen zurückwirken (‚zirkuläre' bzw. ‚rekursive' Kausalgefüge[184]). Aussagen über rekursive Kausalgefüge sind intellektuell natürlich besonders anspruchsvoll, und zwar sowohl bei ihrer Formulierung als auch bei ihrem Verständnis und der Überprüfung ihres Wahrheitsgehalts.

Einfache kausale Aussagen haben typischerweise die folgende Form: ‚Gewaltenteilung und Freiheit der Bürger treten deshalb gemeinsam auf, weil ...', wobei beim mit ‚weil ...' eingeleiteten Nebensatz ein begründendes Argument eingeführt wird. Allgemein kann man formulieren: Kausale Aussagen sind *Aussagen über die Existenz und Beschaffenheit von Sachverhalten oder korrelative Aussagen*[185] *plus erklärender Theorie.* Von dieser letzteren muß natürlich verlangt werden, daß sie empirisch wahr ist, weil ansonsten nur der ‚rein empirische Teil' der kausalen Aussage als zutreffend gelten kann und somit die angestrebte, mit den Tatsachen übereinstimmende Erklärung gerade nicht geleistet ist. Da Theorien oft sehr komplex und mitunter schwer auf ihren Wahrheitsgehalt zu prüfen sind, weisen auch kausale Aussagen, die ja durch die Verknüpfung einer ‚empirischen Komponente' mit einer ‚Theorie-Komponente' entstehen, diese schwierigen Eigenschaften auf.[186]

Es ist hilfreich, stets in *vier* Richtungen nach einer die beobachtete Tatsache, Beschaffenheit oder Korrelation erklärenden Theorie zu suchen. Sie werden von den vier bei Aristoteles unterschiedenen Ursachenformen gewiesen:[187]

- *Causa efficiens* bzw. ‚Antriebsursache' oder ‚Weil-Argumentation': Ein kausaler Zusammenhang[188] besteht dann zwischen X und Y, wenn der Sachverhalt X den Sachverhalt Y *bewirkt.* Beispiel: ‚Ein Staat mit politischer Opposition vermeidet deshalb eine Reihe von Fehlern, weil die Opposition Fehler der Regierung ausfindig macht und so die Funktion erfüllt, eine Art ‚Fehlersuchsystem' oder ‚Frühwarnsystem' zu sein'.
- *Causa materialis* bzw. ‚Materialursache': Ein kausaler Zusammenhang besteht dann zwischen X und Y, wenn die *materielle Beschaffenheit* des Sachverhalts X dem Auftreten und der Beschaffenheit des Sachverhalts Y prägende Rahmenbedingungen setzt. Beispiel: ‚In einer Gesellschaft mit massenhaftem Fernsehkonsum und kurzen Nachrichtensendungen im Fernsehen neigen Politiker zu starken Vereinfachungen, weil sie das Fernsehen zwar als wichtiges Kommunikations- und Werbemedium benutzen, dabei aber jeweils nur wenig Zeit zur Entwicklung eines Arguments haben'.
- *Causa formalis* bzw. ‚Formursache': Ein kausaler Zusammenhang besteht dann zwischen X und Y, wenn die *Form* des Sachverhalts X dem Auftreten und der Beschaffenheit des Sach-

---

184 Von lat. ‚recúrsus', d.h. Rückkehr, Rücklauf.

185 Ein häufiges Mißverständnis besteht darin, als Grundlage von Kausalaussagen stets nur an *deterministische* korrelative Aussagen zu denken. Natürlich können aber auch probabilistische und stochastische Wenn/Dann-Aussagen mit einer erklärenden Theorie verbunden und somit zu Kausalaussagen werden.

186 Siehe zu diesen Problemen auf S. 112ff die Ausführungen über Erklärungen.

187 Offenbar stellen die vier besprochenen Ursachenformen einen weiteren Topoi-Katalog dar; siehe hierzu auch Riedl 1985: 80-98.

188 Sprachlicher Einfachheit wegen, wird im folgenden nur von Erklärungen für Zusammenhänge gesprochen. Erklärungen des Bestehens und der Beschaffenheit von Sachverhalten aller Art sind aber stets mitgemeint.

verhalts Y prägende Rahmendingungen setzt. Beispiel: ‚Die Arbeitsform des Parlaments Z führt dazu, daß in den Arbeitskreisen und allenfalls noch in den Ausschüssen die Argumente erörtert, in Plenarverhandlungen sie aber nur zusammenfassend und schauspielhaft vorgetragen werden'.

- *Causa finalis* bzw. ‚Zweckursache' oder ‚Um-zu-Argumentation' bzw. ‚funktionale Erklärung': Ein kausaler Zusammenhang besteht dann zwischen X und Y, wenn der Sachverhalt X in Hinblick auf den Sachverhalt Y *hervorgebracht* wird. Beispiel: ‚Eine Regierung führt eine Steuererhöhung herbei, um wachsende Staatsausgaben ohne zunehmende Verschuldung finanzieren zu können'.

Typischerweise besteht der Ablauf der Erarbeitung von empirischen Aussagen in folgenden Schritten:

- Erarbeitung von raum-zeitlich abgegrenzten Aussagen über das *Vorliegen* und die *Beschaffenheit* interessierender Sachverhalte;
- Erarbeitung von korrelativen Wenn/Dann-Aussagen über die interessierenden *Zusammenhänge* zwischen jenen Sachverhalten oder Beschaffenheiten;
- Ausarbeitung dieser Aussagen über Existenz und Beschaffenheit von Sachverhalten bzw. korrelativen Wenn/Dann-Aussagen zu *kausalen* Aussagen durch deren Verbindung mit begründenden Theorien. Derzeit gibt es in der Politikwissenschaft eine erhebliche Vorliebe für Theorien, die Antriebs- oder Zweckursachen anzielen, also für Weil- bzw. Um-zu-Argumentationen. Vermutlich lassen sich viele Zusammenhänge aber besser durch solche Theorien erklären, welche auf Material- und Formursachen ausgerichtet sind.

b. Normative Aussagen

Die normativen Aussagen gliedern sich in die Gruppen der ‚Werturteile' und der ‚Handlungsanweisungen':

- *Werturteile* sind Aussagen, die beobachtete oder vorgestellte Inhalte, Prozesse und Strukturen *bewerten*. Beispiele sind Aussagen wie die folgenden: ‚Politische Freiheit zu sichern, ist ein gutes Ziel'; ‚Die Verhinderung freier Wahlen ist eine schlechte Handlung'; ‚Demokratie ist eine gute, Diktatur eine schlechte Regierungsweise'.
- Auf Werturteile können *Handlungsanweisungen* aufgebaut werden, welche die Beachtung oder Nichtbeachtung bestimmter Werte bzw. die Vornahme oder Nichtvornahme bestimmter Handlungen *verlangen*. Beispiele sind Aussagen wie die folgenden: ‚Man soll im Staat X die Freiheit der Bürger vergrößern'; ‚Man soll im Staat Y soziale Marktwirtschaft einführen'; ‚Man soll die Diktatur im Staat Z durch Demokratie ersetzen'.

Werturteile und auf ihnen fußende Handlungsanweisungen sind äußerst kompliziert aufgebaute Aussagen. Im wesentlichen läßt sich die logische Struktur eines *Werturteils* anhand des folgenden Dreischritts beschreiben:

- *Das zu bewertende Objekt wird durch eine empirisch wahre Aussage beschrieben.* Beispiel: ‚Die Wirtschaftspolitik der Regierung führte im Staat X zu einer jährlichen Inflationsrate von 12%'.
- *Es wird auf einen Wertmaßstab verwiesen, welcher der vorgebrachten Bewertung zugrunde gelegt werden soll.* Ein solcher Wertmaßstab ist Teil einer Theorie oder Argumentation, die Gründe dafür angibt, warum bestimmte Dinge gut oder schlecht sind (‚normative Theorie'). Beispiel: Es wird eine Theorie angeführt, welche argumentiert, die Folgen A, B und C einer

erhöhten Inflationsrate seien aus den Gründen X, Y und Z schlecht. Den Wertmaßstab stellen die Gründe X, Y und Z dar.

- *Es wird in einer logisch stimmigen Argumentation gezeigt, zu welcher Bewertung des Objekts anhand dieses Wertmaßstabs zu gelangen ist.* Die *Schlußfolgerung* dieser Argumentation stellt das zu erarbeitete Werturteil dar. Beispiel: Nachdem sowohl anhand eines herangezogenen Wertmaßstabes gezeigt wurde, daß Inflation im allgemeinen schädlich ist, als auch, daß im Staat X Inflation besteht und sie von der Regierung verursacht wird, folgt das Werturteil: ‚Die Stabilitäts- und Finanzpolitik dieser Regierung ist schlecht!'

Bezüglich des heranzuziehenden Wertmaßstabs müssen die folgenden Dinge bedacht werden:

- Es muß, bezogen auf den anhand des herangezogenen Wertmaßstabs zu bewertenden Sachverhalt, die ‚normative Brauchbarkeit' des herangezogenen Wertmaßstabs nachgewiesen werden. ‚Normative Brauchbarkeit' meint, daß der fragliche Wertmaßstab wirklich geeignet ist, als Grundlage des angestrebten Werturteils zu dienen. Die dafür nötigen Arbeitsschritte werden bei der Darstellung des Ablaufs normativer Forschung beschrieben.[189] In jedem Fall gilt: Der herangezogene Wertmaßstab muß als eine korrigierbare Hypothese behandelt werden.
- *Nur* wenn sich die Vermutung einer normativen Brauchbarkeit der als Wertmaßstab heranzuziehenden normativen Theorie bekräftigen läßt, kann dieser Wertmaßstab als für den zu bewertenden Sachverhalt begründet gelten. Zwar lassen sich neben einer solchen ‚Begründung für den praktischen Bewertungsweck' noch zwei weitere geläufige Begründungsweisen auffinden. Erstens bezieht man sich immer wieder auf die göttliche Offenbarung bestimmter Werte bzw. darauf, ‚Klassiker' und ‚wissenschaftliche Autoritäten' hätten diese Werte ebenfalls anerkannt, weswegen man es nicht wagen solle, sie in Zweifel zu ziehen. Eine derartige Begründung setzt aber die auf Kritik und Kontrolle ausgerichteten Regeln wissenschaftlicher Arbeit außer Kraft. Zweitens werden nicht selten verdeckt zirkuläre Argumentationen unternommen: Man definiert Grundbegriffe so, daß man am Ende von auf ihnen fußenden Argumentationen zeigen kann, die fraglichen – über die Definition der Grundbegriffe versteckt schon eingeführten – Werte ließen sich zwingend (‚denknotwendig') aus ihnen als gültig ableiten. Eine zirkuläre Begründung ist nun aber offensichtlich überhaupt keine Begründung, sondern bloß die argumentative Auslegung eines ‚Vor-Urteils'. Insgesamt läßt sich zeigen, daß *innerhalb des Wissenschaftsspiels* Letztbegründungen von Wertmaßstäben, die immer und überall gelten würden, *nicht* gegeben werden können. Jedes Begründungsverfahren muß vielmehr an einer bestimmten Stelle *abgebrochen* werden. Eine akzeptable Abbruchstelle ist dann erreicht, wenn über die Heranziehbarkeit eines bestimmten Wertmaßstabs nach einer *sorgfältigen Prüfung* seiner normativen Brauchbarkeit *für den praktischen Bewertungszweck* unter den meisten am entsprechenden Diskurs Beteiligten *Konsens besteht.*
- Es ist nun aber nicht anzunehmen, daß stets und mit jedermann Konsens über die normative Brauchbarkeit eines heranzuziehenden Wertmaßstabs erzielt werden kann. Natürlich markieren dann die Grenzen derartigen Konsenses auch die Grenzen jenes Personenkreises, der das auf jenen Wertmaßstab gestützte Werturteil als begründet erachten wird. *Daß* es solche Grenzen des Konsenses über die Verläßlichkeit von Grundlagen weiterer wissenschaftlicher Arbeit gibt, unterscheidet die Erarbeitung normativer Aussagen (‚normative Forschung') allerdings *nicht* von der Erarbeitung empirischer Aussagen (‚empirische Forschung'): Auch dort kommt es immer wieder vor, daß bestimmte Ergebnisse und Theorien nur innerhalb ge-

---

189 Siehe S. 196ff.

wisser ‚Schulen' für gesichert gehalten werden.[190] Dies ist zwar bedauerlich und widerspricht dem Doppelwunsch, wissenschaftliche Aussagen sollten wechselseitig akzeptiert und zur Veränderung bisheriger Annahmen genutzt werden. Doch natürlich befolgt wissenschaftliches Handeln seine Regeln nicht weniger unvollkommen, als das in anderen menschlichen Handlungszusammenhängen der Fall ist. Folglich führt der auf einen begrenzten Personenkreis beschränkte Konsens über die normative Brauchbarkeit eines Wertmaßstabs zu keinem ‚besonderen' Wissenschaftscharakter normativer Forschung, sondern stellt allenfalls drastischer als die Erarbeitung empirischer Aussagen unter Beweis, daß wissenschaftliche Emanzipationsversuche vom jeweils schon mitgebrachten Alltagsdenken ihre Grenze natürlich dort finden, wo man hinzulernen und Überzeugungen verändern eben nicht mehr *will*. Ungeachtet dieser Grenze, die bei normativer Forschung allerdings besonders rasch erreicht wird, geht es normativer wie empirischer Forschung *nur* darum, zu solchen Aussagen zu gelangen, die an empirischem wie logischem Wahrheitsgehalt jenen Aussagen *überlegen* sind, die schon auf der Grundlage des ‚gesunden Menschenverstandes' formuliert werden können. Dieses Ziel kann angesichts so komplizierter Argumentationsgebilde, wie es Werturteile sind, als äußerst attraktiv, aber auch als überaus ehrgeizig gelten. Bei größerer Kooperativität und Unvoreingenommenheit der beteiligten Wissenschaftler, als sie heute üblich ist, sollte dieses Ziel aber durchaus öfter erreichbar sein, als das derzeit möglich erscheint. In jedem Fall gilt: Ebensowenig, wie empirische Forschung dadurch ‚unwissenschaftlich' wird, daß ihre Ergebnisse nicht sofort allgemeinen Konsens finden oder solcher Konsens später als unbegründet gekündigt wird, ist normative Forschung nur deshalb ‚unwissenschaftlich', weil es schwer und selten ist, zu – gar dauerhaftem – Konsens über ihre Befunde zu gelangen.

Werturteile zu erarbeiten ist somit eine zwar mühsame und erfolgsungewisse, doch durchaus sinnvolle und im Prinzip auch erfüllbare Aufgabe wissenschaftlicher Arbeit. Da politisches Handeln überaus oft auf Werturteilen gründet, ist die Erarbeitung von solchen Werturteilen, die dem ‚gesunden Menschenverstand' politischer Akteure überlegen sind, sogar eine praktisch sehr wichtige Aufgabe und eine schlechterdings notwendige Fortsetzung von Ideologiekritik dort, wo diese Begründungsmängel oder gar fehlende Fundierung praktisch genutzter Werturteile offengelegt hat.

Zusammenfassend läßt sich formulieren: Normative Aussagen des Typs ‚Werturteil' sind im Wissenschaftsspiel genau dann *zulässig* und stellen ein ‚begründetes' bzw. ‚gültiges' Werturteil dar, wenn ...

- ihnen ein für den konkreten Bewertungsfall als normativ brauchbar bekräftigter Wertmaßstab zugrunde liegt;
- dieser Wertmaßstab zugleich mit Angaben über den Umfang des bezüglich seines bestehenden Konsenses offengelegt wird, wobei fairerweise auch die wichtigsten gegen diesen Wertmaßstab ins Feld geführten Argumente zu nennen und zu erörtern sind;
- die Aussagen, welche das zu bewertende Objekt beschreiben, empirisch wahr sind;
- jene Argumentationen logisch korrekt sind, welche den Wertmaßstab auf das zu bewertende Objekt beziehen und als deren Schlußfolgerung sich das gefällte Werturteil ergibt.

Offensichtlich kann jede dieser Forderungen *ohne* die *vorgängige* Benutzung eines Werturteils erfüllt werden, weswegen sich das folgende, nur *scheinbare* Paradox formulieren läßt: ‚Werturteile lassen sich werturteilsfrei dann erarbeiten, wenn man den ihnen zugrunde liegenden Wertmaßstab nicht dogmatisch, sondern als normative Hypothese einführt und behandelt'.

---

190 Verwiesen sei beispielsweise auf die streitigen Prozesse der Durchsetzung von Atom-, Relativitäts- und Evolutionstheorie sowie der Theorie der Kontinentaldrift.

Natürlich kann auch die *Prüfung* eines persönlich gehegten Werturteils oder eines Wertmaßstabs, mit dem man sich identifiziert, Zweck normativer Forschung sein. Dann wird im wissenschaftlichen Arbeitsprozeß entdeckt werden, ob das Werturteil bzw. der Wertmaßstab den genannten Forderungen entspricht. Ist dies der Fall, so kann ein *zunächst* rein persönliches Werturteil als ein nunmehr politikwissenschaftlich begründetes Werturteil gelten. Entspricht das Werturteil allerdings nicht den aufgestellten Kriterien, so ist es ebenso wie eine als falsch erwiesene empirische Aussage zu korrigieren. Geschieht dies nicht, so wird offenbar eine Grundregel von Wissenschaft mißachtet und das Wissenschaftsspiel verlassen: Trotz Verstoßes gegen jene Kriterien ein Werturteil aufrechtzuerhalten, ist ebenso wie die Beibehaltung einer falschen empirischen Aussage Ausfluß von Ideologie. Wie bei der Erarbeitung empirischer Aussagen ist es auch bei der Erzeugung normativer Aussagen ein *auszumerzender Mißbrauch* von Wissenschaft, wenn man sie eher zur ‚Untermauerung' *vorgängig festgelegter* Überzeugungen als zu deren *Kontrolle*, *Kritik* und *Korrektur* heranziehen will.

Handlungsanweisungen haben eine noch kompliziertere logische Struktur als Werturteile. Diese läßt sich so beschreiben:

- Bezüglich eines durch vorzunehmende Handlungen, durch Tun oder Lassen anzugehenden Problems wird ein wissenschaftlichen Kriterien genügendes Werturteil gefällt. Dieses stellt klar, was bezüglich des Problems als gut bzw. schlecht, als gesollt bzw. verboten behauptet wird.
- Anhand dieses Werturteils wird im einfachsten Fall nur formuliert, was in bezug auf das zu bewältigende Problem ‚im großen und ganzen' geschehen soll. Dann liegt eine *unpräzise* Handlungsanweisung wie die folgende vor: ‚Die Regierung soll eine stabilitätsorientierte Finanz- und Wirtschaftspolitik betreiben!'
- Eine Handlungsanweisung kann man freilich in der Form präzisieren, daß man empirisch wahre Wenn/Dann-Aussagen, die für den Zweck der Handlungsanweisung nützlich sind (‚sozialtechnologische Aussagen'), mittels des erarbeiteten Werturteils *normativ auflädt.*[191] Wird nämlich im Rahmen eines Arguments *eine* der Komponenten einer empirisch wahren Wenn/Dann-Aussage als *gesollt* behauptet, so läßt sich der Informationsgehalt der Wenn/Dann-Aussage als Handlungsanweisung nutzen, indem man die *andere* Komponente der Wenn/Dann-Aussage als *Gebot* bzw. als *Verbot* formuliert. Ein Beispiel macht dies anschaulich:
  - Folgende Wenn/Dann-Aussage habe sich als empirisch wahr herausgestellt: ‚*Wenn* man in einem Land das Privateigentum an Produktionsmitteln abschafft, *dann* endet in diesem Land die Ausbeutung des Menschen durch den Menschen'.
  - Anhand eines begründeten Werturteils über die Schlechtigkeit der Ausbeutung des Menschen durch den Menschen lasse sich die folgende unpräzise Handlungsanweisung formulieren: ‚Im Land X *soll* die Ausbeutung des Menschen durch den Menschen beendet werden!' Solchermaßen wird die Dann-Komponente der genannten Wenn/Dann-Aussage als zu erreichender Zustand ausgegeben.
  - Dergestalt die angeführte empirische Wenn/Dann-Aussage ‚normativ aufladend', läßt sich nun unmittelbar ihre Wenn-Komponente als präzise Handlungsanweisung formulieren: ‚Im Land X *soll das Privateigentum an Produktionsmitteln abgeschafft werden*!'

Zweifellos sind präzise Handlungsanweisungen die *praxisnützlichsten* Aussagen, welche die Politikwissenschaft erzeugen kann. Allerdings weisen sie wegen ihrer äußerst komplexen Struk-

---

[191] Im besten Fall einer sozialtechnologischen Aussage verfügt man über deterministische Kausalaussagen, im schlechtesten, doch für die Politikwissenschaft üblichen Fall über probabilistische Korrelationsaussagen.

tur große Fehlerquellen auf: Nicht nur muß ein *begründetes* Werturteil abgegeben werden, sondern zugleich müssen empirisch wahre Wenn/Dann-Aussagen verfügbar sein, welche im konkreten *Anwendungsfall* den Weg vom Ist-Zustand zum Soll-Zustand weisen können. Leider kommt es selten vor, daß diese Komponenten einer präzisen Handlungsanweisung wirklich *gemeinsam* verfügbar sind. Folglich hat die Politikwissenschaft im Bereich von Handlungsanweisungen noch schlechte Chancen, über die – natürlich nicht minder begrenzte – Leistungsfähigkeit des gesunden Menschenverstandes beeindruckend hinauszugehen. Daß sie das dennoch immer wieder versucht und dann vor aller Augen scheitert, hat nicht wenig zu ihrem vergleichsweise geringen Ansehen unter politischen Praktikern beigetragen.

Empirische und normative Aussagen zielen offensichtlich *völlig verschiedene* Dinge an: Die Frage, *ob* bestimmte Inhalte, Prozesse oder Strukturen politischer Wirklichkeit vorliegen und *wie* sie inhaltlich beschaffen sind, verlangt natürlich ganz anderes Wissen als jenes, ob es *gut oder schlecht* sei, daß diese politischen Inhalte, Prozesse oder Strukturen bestehen und so (statt anders) beschaffen sind. Dennoch fällt es vielen Politikwissenschaftlern schwer, diesen Unterschied zu erkennen oder gar zu akzeptieren. Insbesondere lehnen nicht wenige die Forderung ab, die Erarbeitung und Prüfung empirischer Aussagen dürfe *nicht* mit der Erarbeitung und Prüfung von normativen Aussagen vermengt werden, um nämlich nicht bei *beiden* Aufgaben hinter dem zurückzubleiben, was möglich ist. Vielmehr findet man in politikwissenschaftlichen Publikationen immer wieder als empirische Aussagen ausgegebene Werturteile bzw. Handlungsanweisungen, und es gibt sogar Texte, bei denen sich die vorgetragenen Aussagen nicht einmal klar der einen oder anderen Gruppe von Aussagen zuordnen lassen. Zweifellos ist dies der denkbar schlechteste Fall. Um ihn zu vermeiden, gilt die Regel: *Man muß stets so klar formulieren, daß leicht kenntlich ist, ob eine empirische oder eine normative Aussage vorliegt.*

Über diese Forderung hinaus wurde nicht selten verlangt, die Erarbeitung normativer Aussagen überhaupt aus dem Aufgabenbereich der Politikwissenschaft zu verbannen.[192] Motiv war in der Regel die Sorge, andernfalls würden die Regeln wissenschaftlicher Arbeit durch Ideologie und werterfüllte Willkür um ihre Geltung gebracht. Ein solcher Ausschluß ist aber *unnötig*, wurde doch gezeigt, daß Werturteile und Handlungsanweisungen lediglich komplizierter sind als empirische Aussagen, daß ihre Erarbeitung und Prüfung aber durchaus kein anderes oder ein weniger strenges Wissenschaftsverständnis verlangt als der Umgang mit empirischen Aussagen. Nur in drei – jederzeit vermeidbaren – Fällen führt die Arbeit an bzw. mit normativen Aussagen aus dem Bereich der Wissenschaft hinaus:

- wenn man sich weigert, Werturteile und Handlungsanweisungen im Licht neuer Informationen ebenso zu korrigieren, wie man das beim Umgang mit empirischen Aussagen doch auch akzeptiert;
- wenn man versucht, für Werte und Wertmaßstäbe ‚Letztbegründungen' vorzulegen, bzw. diesen Versuch gar mit der Absicht paart, solche ‚Letztbegründungen' weiterer Kontrolle, Kritik und Korrektur zu entziehen;
- wenn man versucht, aus Aussagen über das *Sein* (d.h. aus empirischen Aussagen) Aussagen über das *Sollen* (d.h. normative Aussagen) einfach ‚abzuleiten', um sich dergestalt die Vorlage und Prüfung des für ein Werturteil konstitutiven Wertmaßstabs zu ersparen. Dies wird beispielsweise im folgenden Argument unternommen: ‚Überall auf der Erde gibt es Armut;

---

192 Wieder ist hier das sogenannte ‚Werturteilsproblem' erreicht. Zu ihm siehe S. 127ff.

darum nehme ich an, daß Armut wohl auch sein soll, also: aus irgendeinem Grund gut ist!'[193] Ein solcher Schluß mißlingt immer, weil er seiner Grundlage – den empirischen Aussagen – *mehr* Information entnehmen will, als diese nun einmal beinhalten. Bekannt ist dieses Unterfangen unter dem Namen ,naturalistischer Fehlschluß'.

Insgesamt ist festzustellen, daß *sowohl* empirische *als auch* normative Aussagen zu formulieren die Aufgabe einer Wissenschaft von der Politik ist. Durch die Erzeugung empirischer Aussagen versorgt sie die politische Praxis und die politische Bildung mit Sachkunde und sozialtechnologisch verwertbarem Wissen, und durch die Bereitstellung von normativen Aussagen erfüllt sie nicht zuletzt die Aufgabe der Gesellschafts- und System*kritik*, was die Chancen auf eine rechtzeitige Behebung von politischen Mängeln und Fehlern steigert. Insgesamt trägt die Politikwissenschaft auf diese Weise zum Aufbau und Funktionieren solcher politischer Systeme bei, die den Maßstäben politikwissenschaftlicher Kritik standhalten können. Keineswegs stellt sich für die Politikwissenschaft also eine ,Alternative', *entweder* eine Art ,Sozialtechnologie' *oder* eine ,kritische Sozialwissenschaft' zu sein. Vielmehr sind *beide* Ziele wichtig und von ihr als einer ,praktisch-kritischen Wissenschaft' auch gemeinsam zu erfüllen.

c. Die Rolle von Aussagen im Forschungsprozeß

In vierfacher Weise werden Aussagen im Forschungsprozeß benutzt:

- Häufig sind Aussagen der *Untersuchungsgegenstand*. Beispiele: Was sagt Lenin zur Praxis der Revolution? Welche innenpolitischen Absichten treten in den öffentlichen bzw. privaten Aussagen des Ministerpräsidenten XY zutage? Wie bewertet Platon die Staatsform der Demokratie?
- Aussagen bergen regelmäßig wichtige *Informationen*, die weiterverarbeitet werden müssen. Beispiele: Was ist aus dem Buch A über die Funktionsweise des britischen Regierungssystems zu lernen? Was steht in der jüngsten Allensbacher Studie über die politischen Einstellungen von Bürgern aus den neuen Bundesländern?
- Aussagen sind der *Werkstoff*, der im Forschungsprozeß bearbeitet wird. Als Werkstoff benutzte Aussagen nennt man ,Hypothesen'.[194] Beispiel: ,SPD-Abgeordnete befürworten stärker das imperative Mandat, CDU-Abgeordnete hingegen eher das freie Mandat'. Eine derartige Vermutung wird anhand präziser, ggf. sorgfältig operationalisierter Begriffe formuliert; anschließend werden mittels geeigneter Methoden der Datenerhebung jene Informationen eingeholt, die man zur Prüfung des empirischen Wahrheitsgehalts der Aussage braucht; und sodann wird durch zweckmäßige Verfahren der Datenanalyse festgestellt, ob im Licht der verfügbaren Informationen die zu prüfende Vermutung stimmen kann oder als falsch gelten muß. Je nach den Ergebnissen verifikationistisch oder falsifikationistisch angelegter Prüfungen von Aussagen spricht man sodann von mehr oder minder gut bestätigten oder bekräftigten bzw. von mehr oder minder klar gescheiterten oder widerlegten Hypothesen.[195] In sinngemäß abgewandelter Weise ist mit *normativen* Hypothesen zu verfahren, deren Überprüfung die Aufgaben der Arbeit an empirischen Hypothesen weit überschreitet. Hier muß

---

193 Die Formulierung, daß Armut „aus irgendeinem Grund *gut ist*", darf nicht verwechselt werden mit der nur ähnlich klingenden, doch ganz Anderes meinenden Aussage, daß Armut „irgendwelche Funktionen erfüllt", also: ,für den gut ist, der von der Erfüllung einer Funktion profitiert'. Im letzteren Fall liegt nämlich eine *korrelative* Aussage vor, die bloß eine alltagssprachliche Kurzformel benutzt, um das Zusammenpassen von Funktionserfüllung und übergeordnetem System knapp auszudrücken. Im ersten Fall handelt es sich hingegen um eine *normative* Aussage, die von einem Wertmaßstab abzuleiten ist, der *mehr* besagt, als daß *alles* normativ gut ist, was funktioniert.

194 Von griech. ,hypóthesis', d.h. Grundlage, Voraussetzung.

195 Siehe hierzu oben S. 89.

nämlich überdies die normative Brauchbarkeit des jeweils herangezogenen Wertmaßstabs sowie das stimmige Zusammenwirken von Wertmaßstab, empirischen Aussagen und zum hypothetischem Werturteil bzw. zur hypothetischen Handlungsanweisung führender Argumentation geprüft werden.[196]

- Aussagen sind der *Zweck* von Forschung. Die nach Abschluß eines Forschungsprozesses erarbeiteten Aussagen beantworten entweder eine Frage oder formulieren einen Vorschlag, wie ein bestimmtes Problem gelöst werden könnte. Beispielsweise informieren durch demoskopische Forschungen erarbeitete Aussagen über die Wahlaussichten von Parteien und die Wahlmotive von Bürgern; ein politikwissenschaftliches Gutachten teilt mit, welche Konsequenzen – gemäß den Erfahrungen in daraufhin verglichenen Staaten – verschiedene Wege der Parteienfinanzierung haben; oder es werden im Rahmen politischer Bildung Werturteile über politische Inhalte, Prozesse und Strukturen vermittelt.

5. Theorien und ihre Funktionen

Werden Aussagen miteinander vernetzt, so daß statt einzelner, nebeneinander stehender Aussagen ein *Gefüge von Aussagen* formuliert wird, so nennt man dieses Aussagengefüge eine ‚Theorie'.[197] Geht man von Einzelaussagen aus und versucht man, diese zu einem größeren Argumentationszusammenhang zu vernetzen, so spricht man von ‚induktiver Theoriebildung'.[198] Arbeitet man sich von relativ allgemeinen Aussagen her in der Weise vor, daß man die in ihnen angelegten Argumente systematisch weiterführt und dergestalt ein komplexes Aussagengefüge errichtet, so liegt ‚deduktive Theoriebildung'[199] vor. Es hängt ganz vom Forschungszweck ab, welches Vorgehen vorzuziehen ist. In der Regel wird man aber dort induktiv verfahren, wo noch wenig Vorwissen besteht, hingegen deduktiv, wenn hypothetisches oder gesichertes Wissen in Gestalt von eher abstrakten Aussagen vorliegt.

Nach der *Art* der miteinander verknüpften Aussagen lassen sich verschiedene *Arten von Theorien* unterscheiden:

- Werden empirische Aussagen miteinander verknüpft, z.B. Tatsachenbehauptungen und Wenn/Dann-Aussagen, so liegt eine ‚empirische Theorie' vor, etwa eine Theorie des Wahlverhaltens oder des Gesetzgebungsprozesses.
- Werden durch Verknüpfung geeigneter Aussagen Wertmaßstäbe begründet oder Werturteile bzw. Handlungsanweisungen formuliert, so spricht man von einer ‚normativen Theorie' – etwa von einer Theorie ‚guter politischer Ordnung' oder von einer Theorie der ‚richtigen Ausübung des Abgeordnetenmandats'.
- Je nach dem Abstraktionsgrad der benutzten Begriffe und Aussagen unterscheidet man ferner ‚gegenstandsspezifische Theorien' wie eine Theorie der Wirkung einzelner Wahlkampfmittel (Plakate, Annoncen, Fernsehspots, Wahlkampfveranstaltungen ...) von ‚Theorien mittlerer Reichweite' (z.B. Theorien der Funktionsweise von parlamentarischen oder präsidentiellen Regierungssystemen), und diese wiederum von ‚allgemeinen Theorien', unter welche etwa Theorien der Entstehung von Repräsentation oder des Staates zu zählen sind. Ist eine Theorie oder eine Gruppe von Theorien selbst der empirische Referent einer Theorie, so spricht man – analog zum Verhältnis von Aussage und Meta-Aussage – von einer ‚Metatheorie'.

---

196 Siehe unten S. 196ff.

197 Von griech. ‚theoría', d.h. Anschauung, Erkenntnis.

198 Von lat. ‚indúcere', d.h. einführen, heranführen.

199 Von lat. ‚dedúcere', d.h. ableiten, schließen.

– Außerdem können ausdrücklich formulierte Theorien von impliziten Theorien unterschieden werden, welch letztere sich oft unter dem Gewand beschreibender Ausführungen oder von essayistischen Formulierungen entdecken lassen.

Alle Übergänge sind natürlich fließend. Insgesamt kann man sagen: *Nichts ist praktischer als eine gute Theorie.* Wie sehr dieser Satz stimmt, merkt man beispielsweise bei der Diskussion um die Vor- oder Nachteile der Einführung von Volksentscheiden in einer repräsentativen Demokratie. Dem Abwägen der Argumente liegen nämlich stets mehr oder minder gut beherrschte Theorien der Funktionslogik repräsentativer Demokratie und der Auswirkungen von Volksentscheiden zugrunde, so daß eine Lösung des strittigen Problems am besten dann zu bewerkstelligen wäre, wenn man ihr klare und bewährte normative bzw. empirische Theorien zugrunde legen könnte. Daß diese den Diskutierenden oft unbekannt sind, macht derartige Diskussionen nicht selten fruchtlos und unbefriedigend. Also ist folgendes plausibel: Ein zentraler Zweck von Wissenschaft besteht darin, logisch und empirisch wahre und zugleich möglichst informationshaltige Theorien so zu formulieren, daß man mit ihnen praktisch etwas anfangen kann. Diesen Forderungen entsprechende Theorien des Wahlverhaltens dienen dann beispielsweise als Grundlage von Wahlkämpfen, und entsprechende Theorien demokratischer Repräsentativverfassung eignen sich als Ausgangspunkt für Überlegungen zur Ausgestaltung des Parteienrechts.

Ziemlich abwegig ist der Einwand, man solle bei praktischen Fragen zunächst einmal ‚alle Theorien beiseite lassen' und ‚sich den Tatsachen selbst zuwenden'. Es wird nämlich *jeder* Blick auf Tatsachen von (Alltags-)Theorien angeleitet und geprägt. Darum braucht man jemanden, der verlangt, man solle das Theoretisieren sein lassen und einfach die Tatsachen beschreiben, nur aufzufordern, genau dies zu tun: Dann wird er mit größter Selbstverständlichkeit selbst eine Theorie vortragen und dergestalt zeigen, daß die Forderung nach ‚Theoriefreiheit' unerfüllbar ist. Gemeint ist mit ihr in der Regel auch nur, daß man allzu abstrakte, nicht durch klare oder praktisch nutzbare Operationalisierungsketten mit dem interessierenden empirischen Referenten verbundene Theorien beiseite lassen und sich gegenstandsnäherer, möglicherweise auch in Alltagsbegriffen ausdrückbarer (Alltags-)Theorien bedienen soll.

Insgesamt erfüllen Theorien die folgenden Funktionen:

– *Erstens* stellen Theorien jene Begriffe, Argumentationen und Muster des Denkens bereit, in denen und mittels welcher man einen Gegenstandsbereich gedanklich ordnen, ihn beschreiben, über ihn kommunizieren und sich ihm bewertend oder emotional zuwenden kann. Die Wahl einer bestimmten Theorie oder die Kombination verschiedener Theorien ist dabei ungemein folgenreich: parlamentarische Demokratie etwa nimmt sich höchst verschieden aus, wenn man sie zunächst mit den Begriffen des ‚Wissenschaftlichen Kommunismus' und sodann mit jenen der Pluralismustheorie beschreibt. Bildlich kann man formulieren: Theorien wirken wie Scheinwerfer, die einen interessierenden Gegenstand anstrahlen und dergestalt aus dem Dunkel hervorheben; und je nach Art und Anzahl der Scheinwerfer, nach Art und Farbe des benutzten Lichts sieht ein und derselbe Gegenstand dann höchst verschieden aus. Deswegen sollte man nie den erstbesten Scheinwerfer verwenden, sondern grundsätzlich verschiedene Scheinwerfer ausprobieren und gegebenenfalls gemeinsam nutzen. Für die Arbeit eines Politikwissenschaftlers folgt hieraus: Er hat viele verschiedene Theorien zu kennen, je nach Frage- und Problemstellung sorgfältig die am besten geeignete(n) auszuwählen und *keine einzige zu dogmatisieren* (‚Theorienpluralismus').

– *Zweitens* leiten Theorien den Prozeß wissenschaftlicher Arbeit und Forschung an. Sie prägen und festigen das forschungsleitende Interesse; sie kanalisieren die Auswahl der Forschungsthemen; sie fixieren bestimmte, selektive Perspektiven, in denen man auf den Forschungsgegenstand blickt; sie müssen über die Operationalisierung der in ihnen benutzten Begriffe sorgfältig und valide auf den jeweiligen Forschungsgegenstand bezogen werden; und die –

angeleitet von Theorien – eingeholten Informationen (‚Datenerhebung') werden anhand der forschungsleitend benutzten Theorien ausgewertet (‚Datenanalyse') und gedeutet (‚Dateninterpretation'). Beispielsweise wird ein Forschungsprojekt, welches die Ursachen für den Zusammenbruch der sozialistischen Staaten Europas herausfinden soll, einen ganz anderen inhaltlichen und methodischen Verlauf nehmen, wenn man forschungsleitend Theorien politischer Ökonomie verwendet, als wenn man sich von Verschwörungstheorien leiten läßt.

Natürlich können Theorien auch in der Weise einen Forschungsprozeß anleiten, daß es diesem um die *Überprüfung des Wahrheitsgehalts der Theorie* geht. Eine solche Überprüfung nimmt in der Regel die Form an, daß man aus zentralen Aussagen der Theorie (den ‚Theoremen', formuliert meist anhand von theoretischen Begriffen) solche Aussagen ableitet, die anhand von Beobachtungsbegriffen formuliert sind und somit eine unmittelbare Überprüfung dieser Aussagen auf ihre Übereinstimmung mit den Tatsachen erlauben.[200] Stimmen die logisch aus den zentralen Theoremen einer Theorie abgeleiteten konkreten Tatsachenbehauptungen mit dem nicht überein, was eine korrekte Erhebung und Analyse valider Daten an den Tag bringt, so sind offenbar nicht nur jene konkret überprüften empirischen Aussagen falsch, sondern auch jene theoretischen Aussagen, aus denen sie logisch stimmig abgeleitet wurden. Auf diese Weise lassen sich auch Theoreme falsifizieren bzw. verifizieren.[201] Allerdings sind Theorien meist so komplex aufgebaut, daß mit der Falsifikation oder Verifikation einzelner Theoreme noch längst nicht die gesamte Theorie falsifiziert oder verifiziert ist und vielerlei Immunisiserungsstrategien angewandt werden können.[202]

Im übrigen gewinnen wissenschaftliche Theorien im Rahmen der Forschung nicht selten denselben Grad an Selbstverständlichkeit, den Alltagstheorien für das Alltagsleben besitzen. Eine solche, in einem Wissenschaftszweig ganz selbstverständlich zum Horizont des Fragens, zum Maßstab als vernünftig geltender Antworten und zum Gehäuse des Denkens gewordene Theorie oder Theoriefamilie nennt man ein ‚Paradigma'.[203] In Disziplinen und Zeiten, in denen jeweils ein festes Paradigma vorherrscht, findet man sich in seinem Fach leicht zurecht und hat die befriedigende Empfindung, gesichertes Wissen durch die Lösung einiger noch bestehen gebliebener Probleme vermehren zu können. In Zeiten des Paradigmenwechsels geht solche Orientierungs- und Verhaltenssicherheit verloren; dafür entstehen Freiräume für Kreativität und Innovation. Es hängt wohl ganz vom Charakter eines Wissenschaftlers ab, zu welchen Zeiten er sich wohler fühlt; aussuchen kann er sie sich ohnehin nicht. Wenn allerdings eine wissenschaftliche Disziplin, wie es lange Zeit der Politikwissenschaft widerfuhr, sehr viele Jahre ohne ein halbwegs stabiles Paradigma durchlebt, scheint Kreativität in leicht Beliebigkeit, Innovation oft in Kurzatmigkeit des Forschens und Lehrens umzuschlagen. Das tut dann weder den Studierenden noch der Nützlichkeit und Reputation eines Faches gut.

– *Drittens* ermöglichen überprüfte und dabei bewährte bzw. bestätigte Theorien die Systematisierung und Aufbewahrung von Forschungsergebnissen. Das heißt: anhand der – ggf. im Lauf des Forschungsprozesses veränderten – Begriffe einer Theorie formuliert man die erarbeiteten Aussagen; und die erarbeiteten Befunde fügt man in das – möglicherweise auch seinerseits durch den Forschungsprozeß veränderte – Gerüst der forschungsleitenden Theorie(n) ein. In Revolutionstheorien faßt man beispielsweise die durch Forschung erarbeiteten Aussagen über revolutionäre Veränderungen und ihre Ursachen zusammen, oder in Theorien poli-

---

200 Dies ist eine äußerst vereinfachte Formulierung. In Wirklichkeit gibt es keine ‚unmittelbare' Überprüfung von Aussagen anhand von Tatsachen. Vielmehr spielt hier die jeweils verwendete ‚Beobachtungstheorie' eine Schlüsselrolle. Siehe hierzu unten S. 147f.

201 Zur Frage, wann eher falsifikationistisches oder verifikationsistisches Vorgehen angebracht ist, siehe S. 89f.

202 Zu den besonderen Schwierigkeiten der empirischen Überprüfung von Theorien siehe Patzelt 1986: 227-237.

203 Von griech. ‚parádeigma', d.h. Beispiel, Vorbild, Musterbild.

tischer Kultur die in verschiedenen Gesellschaften erarbeiteten Befunde zu den Prägefaktoren und Folgen politischer Vorstellungen, Einstellungen und Verhaltensweisen.

Da Theorien sowohl das von einer wissenschaftlichen Disziplin erzeugte *Wissen bergen* als auch das für die Arbeit in dieser Disziplin unverzichtbare *Denkwerkzeug bereitstellen*, kann man sagen: Ein Fach zu studieren heißt im wesentlichen, seine Theorien kennen- und benutzen zu lernen. Für einen angehenden Politikwissenschaftler meint dies: Neben der Fähigkeit, anhand von MINK- und AGIL-Schema sowie des ‚Schichtenmodells' politische Wirklichkeit diagnostizieren zu können, muß er sich die wichtigsten Theorien der Politikwissenschaft aneignen, angefangen – z.B. – von den verschiedenen Repräsentationstheorien bis hin zu den Varianten der Parteientheorie, und von den Theorien der Kriegsursachen bis hin zu jenen der internationalen Integration.[204]

Derartige politikwissenschaftliche Theorien mit ihren Funktionen der Kommunikationsprägung, Forschungsanleitung und Ergebnissicherung treten meist in Konkurrenz zum schon besessenen politischen Alltagswissen und zu jenen politischen Alltagstheorien, in denen dieses organisiert ist.[205] Solche Konkurrenz kann durch die Unterscheidung zwischen ‚politischen Theorien' und ‚politikwissenschaftlichen Theorien' präzise auf den Begriff gebracht werden:

- *Politische Theorien* sind jene Theorien, anhand welcher politisch handelnde Personen oder Beobachter des politischen Geschehens Politik wahrnehmen, interpretieren, bewerten oder gestalten. In jedem Fall analytisch als ‚Perzeptionswirklichkeit' zu bezeichnen, werden sie als systematisierte und bewußt genutzte Argumentationsgebilde meist ‚politische Ideologien' bzw. ‚politische Doktrinen' genannt. Sofern politische Theorien nicht ohnehin aus jenen Texten zu erschließen sind, die das Selbstverständnis von politischen Ideologien und Doktrinen darlegen, werden sie bruchstückweise faßbar im gesprächsweise geäußerten politischen Alltagsdenken und in der politischen Alltagssprache, aus deren Begriffen, Bildern und Argumentationsmustern man alltagspraktische politische Theorien oft rekonstruieren kann. Nicht selten sind alltagspraktisch benutzte politische Theorien aus der (politischen) Philosophie, bisweilen auch aus den Sozialwissenschaften über publizistische Vermittlung oder dank ihrer Benutzung durch öffentlichkeitswirksam solche Theorien benutzende Politiker ins allgemeine Bewußtsein gelangt, manchmal dort auch bis zur unbemerkten Selbstverständlichkeit abgesunken. Anhand von politischen Theorien wird jedenfalls politische Identität ausgebildet, werden politische Streitfragen thematisiert und politische Konflikte ausgetragen. In ihnen gewinnt oft auch das ‚dritte Gesicht der Macht' seine Züge.[206] Insgesamt sind sie ein sehr wichtiger Werkstoff der Konstruktion und Reproduktion politischer Wirklichkeit. Darum sind sie ein zentraler *Gegenstand* politikwissenschaftlicher Forschung. In der Regel teilen sie alle oben erörterten Merkmale von ‚gesundem Menschenverstand' und Alltagsdenken.[207] Folglich ist die immer wieder *neu* zu bewerkstelligende *Emanzipation* von ihnen, zumindest im Sinn eines reflektierten Umgangs mit ihnen, eine ständige Aufgabe jedes Politikwissenschaftlers.
- *Politikwissenschaftliche Theorien* sind hingegen jene Aussagengefüge, die im Verlauf politikwissenschaftlicher Forschung erarbeitet werden.[208] Sie sollten an logischem wie empiri-

[204] Als Überblick zu einigen wichtigen zeitgenössischen politikwissenschaftlichen (nicht politischen!) Theorien siehe Beyme 2000, zu wichtigen historischen politischen Theorien Brunkhorst 2000. Die Unterscheidung zwischen beiden Arten von Theorie folgt sogleich im Text.

[205] Vgl. auf S. 34ff die Abschnitte über „Das ‚konkurrierende Selbstwissen' des Forschungsgegenstandes" und über „Die Verbundenheit des Politikwissenschaftlers mit seinem Gegenstand" sowie S. 424ff und 457ff.

[206] Siehe S. 41.

[207] Siehe S. 73ff.

[208] Beispiele finden sich – trotz des irreführenden Titels ‚Politische Theorie' – in Beyme 2000, Gabriel 1978 und Narr/Naschold 1972/73; siehe auch Görlitz 1980.

schem Wahrheitsgehalt, an kontrolliertem Perspektivenreichtum und an erkenntnisfördernder Nützlichkeit ihrer Terminologie deutlich über die im Umlauf befindlichen politischen Theorien hinausgehen. Meist entstehen sie durch bewußte Emanzipation von politischen Theorien, wenn dies zu theoretischer, empirischer und normativer Forschung führt. Manchmal können politikwissenschaftliche Theorien im politischen Alltag bisher benutzte politische Theorien auch verdrängen. Dabei streifen sie ihren wissenschaftlichen Charakter genau dann ab, wenn ihre Perspektivität und Selektivität, auch ihre Verbesserungsfähigkeit und wahrscheinliche Mangelhaftigkeit, nicht mehr reflektiert wird. In diesem Fall enden sie als ‚politische Theorien'. Viele unserer politischen Theorien – etwa die Naturrechtslehre und die Gewaltenteilungslehre – sind so entstanden.

Im Spannungsfeld zwischen politischen und politikwissenschaftlichen Theorien tätig, gehört zu den steten Aufgaben von Politikwissenschaftlern die Kritik politischer Theorien, die Aufrechterhaltung der ‚Fallhöhe' zwischen politischen und politikwissenschaftlichen Theorien, sowie der Versuch, politische Theorien durch Verbreitung der in politikwissenschaftlichen Theorien geborgenen Einsichten zu verbessern.

6. Merkmalsräume, Typologien und Modelle

Wichtige Bausteine politikwissenschaftlicher Theorien sind oft *Merkmalsräume*, *Typologien* und *Modelle*. Zumal in Form von Typologien wird ein Großteil des politikwissenschaftlich erarbeiteten Wissens aufbewahrt und verfügbar gehalten. Beides dient dazu, im Hinblick auf konkrete Fragestellungen einesteils das eigene Denken, andernteils einen durchzuarbeitenden Gegenstandsbereich zu strukturieren.

a. Merkmalsräume

Ein ‚Merkmalsraum' ist die einfachste Weise, Vorwissen zu ordnen oder erzielte Ergebnisse überschaubar zu machen – etwa darüber, wovon Studienerfolg abhängt. Einen Merkmalsraum entsteht, indem man anhand des jeweils verfügbaren Wissens entscheidet, welches wohl jene wichtigsten Merkmale eines Gegenstandsbereichs sind, die man in Rechnung stellen muß, wenn man eine an diesen Gegenstandsbereich herangetragene Frage beantworten will. Fragt man etwa nach den Ursachen von Studienerfolg, so mag man sich für die Merkmale ‚Begabung der Studierenden' und ‚Fleiß der Studierenden' entscheiden. In diesem Fall hätte man beschlossen, den in Frage stehenden Gegenstandsbereich nach zwei Variablen (also nach zwei Oberbegriffen für zwei zu betrachtende Merkmale) gedanklich zu ordnen. Natürlich könnten es auch drei oder noch mehr Variablen sein. Dann würde man nicht zwei Dimensionen des Gegenstandsbereichs, sondern drei oder mehr Dimensionen gleichzeitig betrachten. Die gewählten Oberbegriffe dienen dergestalt als ‚Leitvariablen' und Grundbausteine jener Theorie, die entweder als Antwort auf eine interessierende Frage dient, oder die es auf ihren Wahrheitsgehalt zu überprüfen gilt, oder die ergebnisaufbewahrend weiter auszuarbeiten ist. Damit der zu diesem Zweck entstehende Merkmalsraum übersichtlich bleibt, sollte man mit möglichst wenig Leitvariablen auszukommen versuchen. Zwei oder drei Variablen sind dann optimal, wenn man den angestrebten Merkmalsraum *graphisch* darstellen will.

Sind die Leitvariablen ausgewählt, so legt man für jeden dieser – zur gedanklichen Ordnung des Gegenstandsbereichs benutzten – *Ober*begriffe die heranzuziehenden *Unter*begriffe fest. Anders formuliert: Man bestimmt jene Werte, welche die benutzten Variablen annehmen können.

Dabei gibt es zwei Grundmöglichkeiten. Entweder arbeitet man mit *diskreten* Variablen[209], sieht also für jede Merkmalsausprägung einen eigenen Begriff vor. Dies wäre der Fall, wenn man den Oberbegriff ‚Mitglied des Bundestages' in die Variablenwerte ‚CDU-Abgeordneter', ‚SPD-Abgeordneter' usw. unterteilte. Oder man arbeitet mit *stetigen* Variablen, bezeichnet also nur jene Extremwerte, die eine Variable annehmen kann, mit besonderen Begriffen. Zum Beispiel könnte man die Variable ‚politische Einstellung' durch ein sich zwischen den Polen ‚rechts' und ‚links' erstreckendes Kontinuum definieren, auf dem jeder seinen Platz nach Belieben markieren kann. Unabhängig davon, ob man mit diskreten oder stetigen Variablen bzw. mit einer Kombination beider Gattungen arbeitet, entsteht durch die Verwendung von *n* Variablen ein *n*-dimensionaler Merkmalsraum. Im hier verwendeten Beispiel – zwei Ursachen von Studienerfolg – sieht er so aus:

Schaubild 3: Beispiel eines zweidimensionalen Merkmalsraums

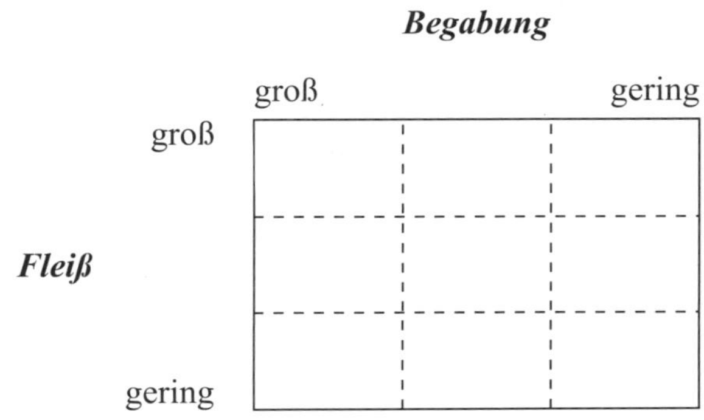

Das Gitternetz deutet an, daß beide Variablen als diskrete Variablen mit je drei Merkmalsausprägungen festgelegt sind: geringes, mittleres und hohes Maß an Begabung bzw. Fleiß. Jeder Zelle (also jedem ‚Kästchen') entspricht somit eine bestimmte Kombination von Merkmalsausprägungen bzw. Variablenwerten. Deren tatsächlich vorkommende Häufigkeit läßt sich auszählen und anschließend in die jeweilige Zelle eintragen. Legte man beide Variablen als stetige fest, würde das Gitternetz nur Markierungslinien auf zwei stetigen Skalen darstellen, und jede konkret vorkommende Kombination von Merkmalsausprägungen ließe sich als Punkt im Koordinatensystem der beiden Achsen angeben. Je nach Häufigkeit der einzelnen Kombinationen würden sich dann Punktwolken oder eine strukturlose Verteilung der Punkte im zweidimensionalen Merkmalsraum ergeben. Im demgegenüber *einfachsten* Fall eines Merkmalsraums hat jede der beiden Variablen nur zwei Ausprägungen, etwa: ‚Merkmal ist vorhanden' und ‚Merkmal ist nicht vorhanden'. Dann entsteht eine sogenannte ‚Vierfeldertafel', in die sich wiederum die Häufigkeiten der vier vorgesehenen Merkmalskombinationen eintragen lassen.

Nur selten reichen freilich zwei Variablen aus, um die über einen bestimmten Gegenstandsbereich vorliegenden Kenntnisse zutreffend zusammenzustellen oder eigenes Vorwissen über ihn zu systematisieren. Arbeitet man mit drei Variablen, so stellt ein Würfel (ein ‚dreidimensionaler Merkmalsraum') die beste Möglichkeit der Veranschaulichung dar. Etwa kann man annehmen, daß der Erfolg eines Studium – neben der Begabung und dem Fleiß der Studierenden – auch von der didaktischen Kompetenz der akademischen Lehrer abhängt. Dann wird der im Schaubild 4 wiedergegebene Merkmalsraum entstehen:

---

[209] Zur Unterscheidung von diskreten und stetigen Variablen siehe S. 85.

Schaubild 4: Beispiel eines dreidimensionalen Merkmalsraums

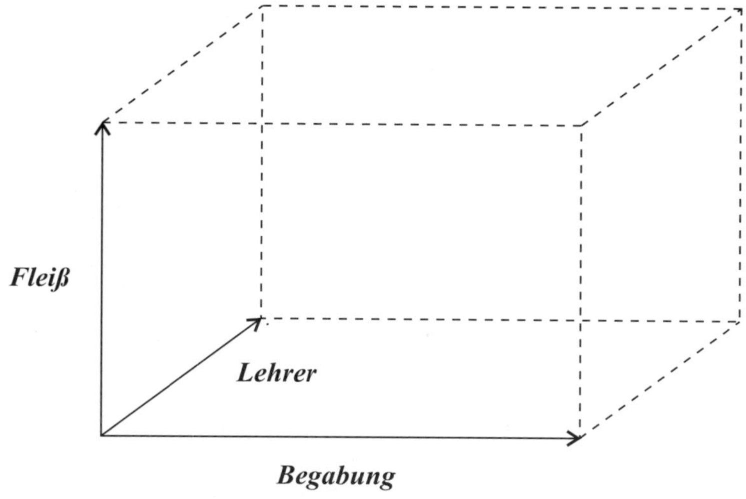

Merkmalsräume sind offenbar ein sehr einfach zu handhabendes Denkwerkzeug. Dennoch stiften sie sehr großen Nutzen bei der Bewältung der folgenden Aufgaben:

- Man *prüft* seinen Versuch, Vorwissen oder erzielte Ergebnisse zu systematisieren, auf logische Konsistenz und inhaltlichen Sinn. Zu diesem Zweck geht man alle im Merkmalsraum möglichen Extremwertkombinationen durch und stellt fest, ob sie logisch möglich und inhaltlich halbwegs sinnvoll sind. Auf inhaltliche Konstruktionsmängel eines erstellten Merkmalsraumes wiese etwa eine mögliche Kombination von Variablenwerten wie die folgende hin: ‚innegehabtes Staatsamt: Ministerpräsident / politische Funktion: Oppositionsführer' hin. Extremwertkombinationen bei dreidimensionalen und höherdimensionalen Merkmalsräumen durchzugehen, ist ein äußerst lehrreiches Unterfangen, und mit verschiedenen Leitvariablen zu ‚basteln', indem man sie versuchsweise zu Merkmalsräumen zusammenfügt und immer wieder jene Leitvariablen ausschließt, die unlogische oder unsinnige Extremwertkombinationen ermöglichen, ist eine fruchtbare Technik der Theoriebildung.
- Sobald man nach Abschluß derartiger Prüfungen annehmen kann, einen logisch wie inhaltlich stimmigen Merkmalsraum aufgespannt zu habe, kann man die untersuchten Sachverhalte, Gegenstände oder Personen anhand dieses Merkmalsraums *ordnen*. Beispielsweise kann man – falls derlei für einen konkreten Forschungszweck hilfreich ist und entsprechende Daten vorliegen – Studierende nach Begabung und Fleiß, oder Bundestagsabgeordnete nach Parteizugehörigkeit und politischer Einstellung, in entsprechenden Merkmalsräumen anordnen. Anschließend läßt sich feststellen, mit welcher Häufigkeit welche Merkmalskombinationen auftreten. Sind deren Häufigkeiten über alle Merkmalskombinationen ziemlich gleich verteilt, so ist anzunehmen, daß der erzeugte Merkmalsraum die interessierenden Sachverhalte, Gegenstände oder Personen nicht oder nur wenig trennscharf zu erfassen vermag. In diesem Fall ist die Auswahl der Leitvariablen bzw. die Festlegung der Variablenwerte zu überprüfen,[210] was wiederum zu einer Verbesserung der untersuchungsleitenden bzw. ergebnisbergenden Theorie führen kann.

---

[210] Oft erhält man ein klareres Bild, wenn man bei diskreten Variablen benachbarte Variablenwerte zusammenfaßt oder stetige Variablen durch Gruppierung ihrer Variablenwerte zu diskreten Variablen umgestaltet. Die radikalste Form

– Falls sich anhand auffälliger Häufigkeitsmuster in benachbarten Merkmalskombinationen klare Gruppen der geordneten Sachverhalte, Gegenstände oder Personen abzeichnen, kann man anhand von Merkmalsräumen zur Bildung von ‚Typen‘[211] oder ‚Typologien' übergehen.

Ein Beispiel für einen zweidimensionalen Merkmalsraum, welcher die Bildung einer Typologie erlaubt, findet sich im Schaubild 5. Offenbar lassen sich innerhalb der durch diesen Merkmalsraum und seine Leitvariablen festgelegten Betrachtungsperspektive drei Gruppen von Objekten (Sachverhalten, Gegenständen, Personen o.ä.) feststellen. Was ihnen jeweils gemeinsam ist, läßt sich durch Interpretation jener Merkmalskombinationen erschließen, die besonders häufig gemeinsam auftreten. Nimmt man beispielsweise an, im Merkmalsraum des Schaubilds 5 seien analog zum Schaubild 3 die möglichen Faktoren eines erfolgreichen Studiums zusammengestellt, so würden in der Gruppe links oben die zugleich sehr fleißigen und hochbegabten Studenten sichtbar, rechts oben jene, die geringe Begabung durch großen Fleiß kompensieren, und in der Mitte unten die eher faulen Studenten mittlerer Begabung. Solche ‚Blocks‘ von untersuchten Sachverhalten, Gegenständen oder Personen, die sich tatsächlich als Gruppen gleichartiger Elemente nachweisen lassen, faßt man sodann als einen ‚Typ‘ (auch: ‚Typus‘) zusammen, z.B. als ‚Typ des hochbegabten, fleißigen Studenten‘. Man definiert einen Typus also in der Weise, daß man zunächst jene Variablen auflistet, aus deren Kombination der betrachtete Typus abgeleitet werden soll, und sodann angibt, welche tatsächlichen Kombinationen von Merkmalsausprägungen den fraglichen Typus darstellen. Da man dies anhand von Merkmalsräumen sehr anschaulich unternehmen kann, sind diese ein äußerst effizientes Mittel zur Entdeckung bzw. Definition von Typen.

Schaubild 5: Typenbildung anhand eines zweidimensionalen Merkmalsraums

Variable X

Variable Y	1	2	3	4	5	6
1	20	15	3		9	18
2	12	9				7
3	2					
4						
5		1	4	8	3	
6		1	7	10	2	

der Zusammenfassung ist die ‚Dichotomisierung‘, bei welcher man die Vielfalt der tatsächlich auftretenden Variablenwerte in nur zwei Gruppen zusammenfaßt. Vgl. Anm. 356.

211 Von griech. ‚typós‘, d.h. Abdruck, Umriß, Gestalt.

b. Typologien

In der Regel ist man daran interessiert, Vorwissen oder Forschungsergebnisse dadurch zu systematisieren, daß man die untersuchten Sachverhalte, Gegenstände oder Personen in Gestalt *mehrerer*, irgendwie *aufeinander bezogener Typen* zusammenfaßt. Eine solche *geordnete* Zusammenstellung von Typen nennt man eine ‚Typologie'. Eine Typologie wird dadurch erstellt, daß man ...

- durch Angabe der zur Typendefinition benutzten Variablen jene *Perspektive* darlegt, welche die entstehende Typologie auf den zu betrachtenden Gegenstandsbereich fixieren soll;
- die aufeinander zu beziehenden Typen in der oben beschriebenen Weise *definiert*;
- die *Unterschiede* zwischen den unterschiedlichen Kombinationen von Variablenwerten herausarbeitet, welche die verschiedenen Typen ausmachen.

Dieses Verfahren wird im Abschnitt über die vergleichende Erforschung politischer Systeme praktisch angewandt, so daß hier auf dieses Beispiel verwiesen werden kann.[212]

Verständlicherweise gibt es je nach Art und Kombination der typenbildenden Variablen auch *verschiedene Arten von Typen und sie zusammenstellenden Typologien*. Zunächst einmal sind folgende Gruppen zu unterscheiden:

- *Extremtypen*: Bei ihnen werden *Extremausprägungen* von Variablen kombiniert. Im eben erwähnten Beispiel aus der vergleichenden Systemanalyse sind ‚liberaler demokratischer Verfassungsstaat' und ‚totalitäre Diktatur' zwei derartige Extremtypen.[213]
- *Durchschnittstypen*: Bei ihnen werden umgekehrt die *durchschnittlichen* Merkmalsausprägungen von zur Typusdefinition herangezogenen Variablen miteinander kombiniert. Dergestalt entstehen Typen wie ‚Der durchschnittliche Bundestagsabgeordnete' oder ‚Die statistische Durchschnittsfamilie Deutschlands'.
- *Strukturtypen*: Bei ihnen werden soziale, wirtschaftliche oder politische *Strukturen* durch einen Typus erfaßt. Beispiele sind Systemtypen wie ‚parlamentarisches Regierungssystem' oder ‚soziale Marktwirtschaft'.
- *Verlaufstypen (auch: Prozeßtypen)*: Bei ihnen werden Variablen dergestalt verknüpft, daß man *Muster von Prozessen* auf einen gemeinsamen Begriff bringen kann. Verlaufstypen sind die ‚Lohn/Preis-Spirale', der ‚Schweinezyklus' oder der ‚demographische Übergang'.

Sodann sind jene zwei grundlegenden Gattungen von Typen zu unterscheiden, denen alle bislang erwähnten Arten angehören können: ‚Realtypen' und ‚Idealtypen'. Letztere werden auch ‚reine Typen' oder ‚konstruierte Typen' genannt. *Realtypen* sind beispielsweise die aus dem Schaubild 6 abgeleiteten Typen: sie beruhen auf *tatsächlich vorkommenden*, überdurchschnittlich häufigen Merkmalskombinationen. Realtypen besitzen somit einen empirischen Referenten. In der Politikwissenschaft benutzte Realtypen sind beispielsweise der Typ des parlamentarischen Regierungssystems, des Zwei-Parteien-Systems, des sozialistischen Staates oder der Zentralverwaltungswirtschaft. Einen Realtyp zu definieren, wird häufig – doch irreführend – eine ‚Realdefinition' genannt.[214]

Ein *Idealtyp* wird hingegen dadurch definiert, daß man die *Extremwerte* verschiedener Variablen miteinander verbindet, ohne damit – wie beim Extremtyp – die Behauptung zu verbinden, derartige Merkmalskombinationen träten wirklich auf. Man konstruiert ihn vielmehr aus Merk-

---

212 Siehe S. 242ff.

213 Siehe S. 246ff.

214 *Dieser* Begriff der Realdefinition darf *keinesfalls* mit jenem verwechselt werden, der auf S. 87f. beschrieben wurde: Realdefinition als Beschreibung des ‚Wesens' eines Sachverhalts.

malsausprägungen, die entweder im einzelnen oder zumindest in ihrer Kombination in der Wirklichkeit vielleicht überhaupt nicht vorkommen, bei denen aber trotzdem eine Kombination von ‚bis zur letzten Konsequenz gesteigerten' Merkmalen und somit die ‚äußerste Form' eines Typs betrachtet wird. Durch Kombination geeigneter Variablen kann man dergestalt z.B. den Idealtyp des ‚perfekten Politikwissenschaftlers' oder des ‚vollkommenen Politikers', der ‚totalitären Diktatur' oder des ‚liberalen demokratischen Verfassungsstaates', der ‚charismatischen' oder der ‚rationalen' Herrschaft definieren. Worin der Unterschied zwischen Real- und Idealtypen im einzelnen besteht, läßt sich am Beispiel des Schaubilds 6 veranschaulichen:

Schaubild 6: Idealtypen und Realtypen im dreidimensionalen Merkmalsraum

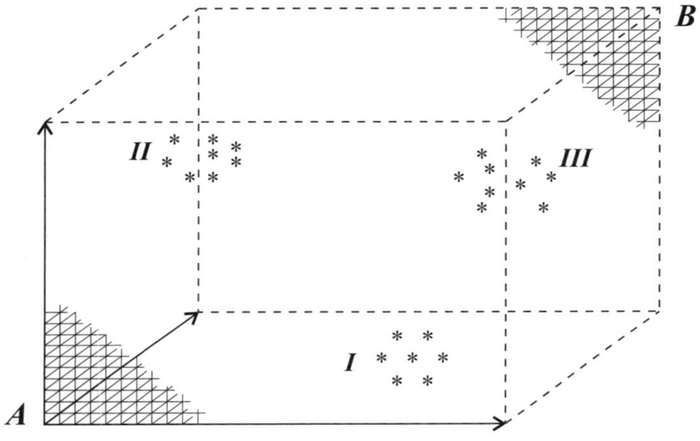

In diesem Schaubild werden einesteils die – allein durch die Wahl der drei Dimensionen des Merkmalsraums konstruierten – beiden Idealtypen A und B einander gegenübergestellt, und zwar ganz unabhängig davon, ob sich die von ihnen bezeichneten Merkmalskombinationen in der Wirklichkeit auffinden lassen. Hingegen werden die tatsächlich beobachteten Merkmalskombinationen durch Sternchen gekennzeichnet. Im verwendeten Beispiel zeigt sich dann: Keinem Idealtyp entspricht irgendein empirischer Referent; indessen lassen sich die tatsächlich beobachteten Merkmale der untersuchten Gegenstände in drei Gruppen zusammenfassen, die ihrerseits die Realtypen I, II und III darstellen.

Aus der folgenden, ein Stück weit bildhaften Überlegung ergibt sich, warum es insgesamt – und gerade auch in der Politikwissenschaft – sehr vorteilhaft ist, immer wieder mit Idealtypen zu arbeiten:

- Die Prozesse der Hervorbringung sozialer und politischer Wirklichkeit sind überaus kompliziert, störanfällig und oft zufallsgesteuert. Die aus ihnen tatsächlich entstehenden sozialen und politischen Strukturen kann man sich ähnlich dem Abhören eines Musikstücks, etwa einer Symphonie von Mozart, im Radio auf einem stark rauschenden Sender vorstellen: die ‚Gestalt' des Musikstücks hebt sich zwar nur mühsam vom ständigen Hintergrundrauschen ab, erschöpft sich aber keineswegs in den verzerrten Klängen. Man würde Mozarts Symphonie sogar völlig verkennen, würde man diese Verzerrungen *ihr* zurechnen, obschon diese Geräusche eindeutig zu hören sind.
- Der geübte Hörer blendet aus seiner Aufmerksamkeit folglich jenes Hintergrundrauschen nach Möglichkeit aus. Falls er die übertragene Symphonie schon kennt, oder falls er wenigstens die nötige Vorstellungskraft besitzt, sich die übliche Klanggestalt einer Mozart-

Symphonie zu vergegenwärtigen, kann er möglicherweise die tatsächlich verzerrten Klänge gedanklich so weit ‚übersteigern', daß er gar noch Feinheiten von Mozarts Instrumentationstechnik, möglicherweise überdies der konkreten Interpretation ‚heraushört'.

- Genau solchem ‚Wegdenken' von Störungen, solchem gedanklichen ‚Freilegen' des ‚Kerns' eines interessierenden Sachverhalts entspricht die Bildung eines Idealtyps.
- Betrachtet man also einen Gegenstandsbereich anhand eines dergestalt erarbeiteten Idealtyps, so lassen sich Abweichungen des tatsächlich Festgestellten vom Idealtyp als ‚Störungen' deuten, die dann ihrerseits die Besonderheiten und Probleme der Konstruktion und Rekonstruktion des fraglichen Gegenstandsbereichs faßbar machen. Gerade die *Differenz* zwischen Idealtyp und tatsächlich Bestehendem birgt dergestalt eine wichtige Information. Die Feststellung und Deutung einer solchen Differenz wird meist mit folgender Formulierung bezeichnet: ‚Man mißt die Wirklichkeit am Idealtyp'.

Keinesfalls darf dabei der Wortbestandteil ‚Ideal-' im moralischen oder wertenden Sinn interpretiert, keineswegs ein Idealtyp *normativ* gedeutet werden. ‚Idealtyp' meint im (sozial-)wissenschaftlichen Sprachgebrauch nämlich *niemals* einen ‚besonders wertvollen und darum anzustrebender Typ'. Vielmehr versteht man unter ‚Idealtyp' immer nur einen zu Forschungszwecken durch Extremtypbildung, durch ‚Überhöhung' von Wirklichkeitsmerkmalen erzeugten Vorstellungsinhalt. Kaum seltener tritt das Mißverständnis auf, ein Typ sei nur dann ein Idealtyp, wenn er wirklich *keinen* empirischen Referenten habe, also eine völlig *irreale* Merkmalskombination ausdrücke. Zwar wird es oft so sein, daß die als Idealtyp definierte Extremwertkombination in der Wirklichkeit nicht auftritt. Doch jenes Mißverständnis verkennt, daß die Bildung eines Idealtyps durchaus nicht den Zweck hat, etwas als schlechterdings unmöglich zu behaupten, sondern gerade umgekehrt das Ziel verfolgt, eine von allen Zwängen und Störungen ‚der Wirklichkeit' bereinigte (Denk-)Möglichkeit vor Augen zu führen.

c. Modelle

Wenn man unter systematischem gedanklichem Ausschluß von ‚Störfaktoren' mannigfacher Art das (prozessuale) Zusammenwirken verschiedener Sachverhalte erfassen und darstellen will, entsteht ein ‚Modell'.[215] Allgemein wird unter ‚Modell' in der Politikwissenschaft verstanden eine – meist stark vereinfachte – Erfassung eines Wirklichkeitsausschnitts durch eher abstrakte Begriffe. Diese dienen der – perspektivischen und selektiven – Erfassung der betrachteten Wirklichkeitselemente sowie ihrer Beziehungen. Beispiele wären etwa Modelle des Wirtschaftskreislaufs, von Wählerwanderungen oder der politischen Willensbildung. Im einfachsten Fall sind Modelle nichts anderes als verdichtete Kurzfassungen ausführlicher Theorien. Man kann sie – wie das oben erörterte Modell des ‚Schichtenbaus' politischer Wirklichkeit[216] – durchaus verbal darstellen. Doch oft sind graphische Darstellungen – wie die Schaubilder 10 und 12 zum ‚System der Wissenschaften' oder zum ‚Modell eines politischen Systems' – viel anschaulicher und aussagekräftiger.

Im nächstkomplexeren Fall erstellt man Modelle als ‚Pfeildiagramme'. Das Schaubild 7 bietet hinsichtlich der Modellierung von Bestandteilen, Prägefaktoren und Folgen von ‚Parlamentskultur' ein Beispiel. In einem Pfeildiagramm werden in Gestalt von Kästchen, bzw. durch Aufzählungen innerhalb von Kästchen, jene Variablen dargestellt, welche die zu betrachtenden Bestandteile des zu erfassenden Gegenstandsbereichs zum empirischen Referenten haben. Pfeile

---

[215] Vgl. Britsch 1980. Zu Einzelheiten der Modellierung und zur Verwendung von Modellen innerhalb konkreter Forschungsmethoden siehe unten S. 159ff und 162ff.

[216] Siehe S. 47ff.

verbinden diese Variablen und zeigen die modellierten Beziehungen zwischen den untersuchten Wirklichkeitselementen an. Die Richtung eines Pfeils gibt die theoretisch unterstellte Richtung einer Beziehung an. Wenn für die Dicke der Pfeile – anders als im Schaubild 7 – keine graphischen Gesichtspunkte zu berücksichtigen sind, können die Pfeile auch – analog zur topischen Strukturgraphik des Schaubilds 16 – durch unterschiedliche Dicke die vermutete Stärke eines Zusammenhangs ausdrücken. Die Angabe der vermuteten Stärke eines Zusammenhangs kann man dahingehend perfektionieren, daß man den Pfeilen Ziffern beigibt mit Werten zwischen –1 und +1 (sogenannte ‚Koeffizienten'). Ein Wert von .80 an einem Pfeil von X zu Y würde dann etwa bedeuten, daß man vermutet, X habe einen sehr großen verstärkenden Einfluß auf Y. Umgekehrt bedeutete ein Wert von -.20 am Pfeil von A zu B, A habe einen nicht allzu starken verringernden Einfluß auf B. Im Fall eines Koeffizientenwertes von 0 wäre auf das Einzeichnen eines Pfeils zu verzichten, weil die Ziffer gerade das Fehlen eines Zusammenhangs zum Ausdruck bringt. Solche Pfeilmodelle sind überaus nützlich, um komplexe Aussagengefüge – zumal über Prozesse und Kausalbeziehungen – sehr anschaulich zu machen, um Vorwissen über Prozesse und Kausalbeziehungen so klar zu strukturieren, daß es zielgerichtet auf seinen empirischen Wahrheitsgehalt überprüft werden kann, und um das über einen Gegenstandsbereich verfügbare Prozeß- und Kausalwissen möglichst praxisnützlich zusammenzufassen.

Schaubild 7: Beispiel für ein Pfeilmodell

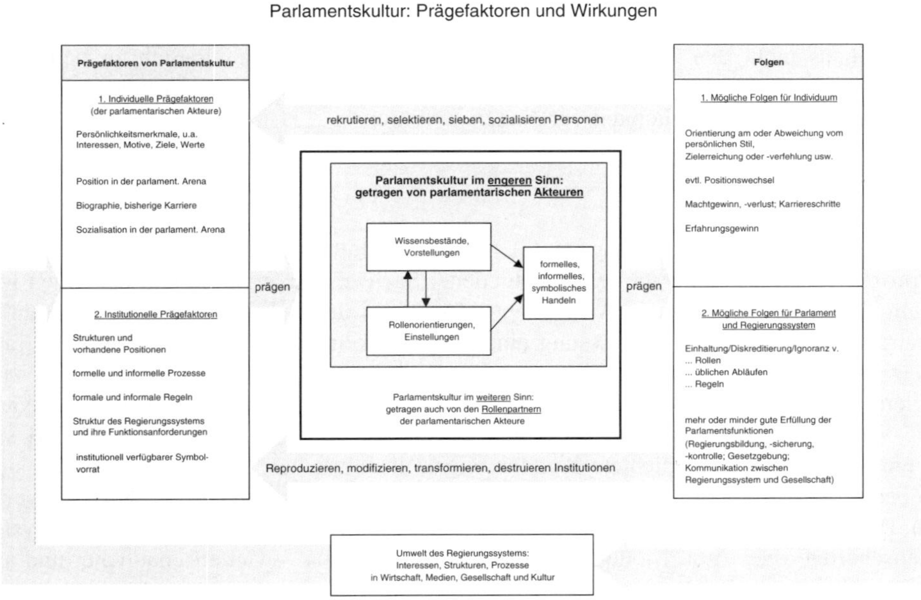

Auf einer noch höheren Perfektionsstufe stehen Modelle, die Gefüge von mathematisch formulierten Aussagen sind und aus Gleichungen bzw. Gleichungssystemen bestehen. Solche Modelle kommen auf zweierlei Weise zustande:

– Erstens können sie als ‚Strukturgleichungsmodelle' im Lauf multivariater statistischer Datenanalyse entstehen, etwa als Gruppe von Regressionsgleichungen.[217] Bei Regressionsglei-

[217] Hierzu siehe unten S. 181f. Im folgenden wird eine allein die Intuition des Lesers anzielende Darstellung gegeben, die ein näheres Eindringen in die Logik und Methodik von Regressions- und Pfadanalyse bzw. allgemein der Arbeit mit Strukturgleichungsmodellen keinesfalls ersetzt.

chungen wird als Ergebnis geeigneter Berechnungen (sogenannter ‚Regressionsanalysen') angegeben, anhand welcher – gegebenenfalls wechselseitig aufeinander einwirkender – Erklärungsvariablen man wie weitgehend das Zustandekommen eines interessierenden Sachverhalts erklären kann, z.B. die politische Identifikation von Bürgern mit der SPD oder einen Wahlsieg der CDU. Anhand eines solchen Regressionsmodells, das mehrere Gleichungen umfaßt, kann man sodann durch sogenannte ‚Pfadanalyse' jene Pfeildiagramme weiterentwickeln, die allein aus theoretischen Überlegungen entstehen. Bei Regressionsanalysen wird nämlich in Gestalt von ‚Regressionskoeffizienten' aus den erhobenen Daten *errechnet*, wieviel ein Sachverhalt zu einem anderen Sachverhalt beiträgt. Aus solchen Regressionskoeffizienten kann man wiederum sogenannte ‚Pfadkoeffizienten' (mit Werten zwischen –1 und +1) errechnen, die im Grunde die gleiche Rolle spielen wie die den Pfeilen (‚Pfaden') eines Pfeildiagramms möglicherweise beigefügten Ziffern. Allerdings sind Pfadkoeffizienten im Unterschied zu jenen keine numerischen Kurzformeln für Vermutungen, sondern Ergebnisse von statistischen Berechnungen auf der Grundlage von zum Zweck der Modellbildung erhobenen Daten. Ein ‚Pfadmodell' – oder allgemein: ein Strukturgleichungsmodell – strukturiert also nicht einfach nur Vorwissen oder Vermutungen, sondern drückt – etwa durch Verfahren wie LISREL[218] oder den GSK-Ansatz[219] gewonnene – Forschungsergebnisse aus. Insofern kann man die in ein Pfeilmodell eingegangene Hypothesen durch die Berechnung eines Pfad- bzw. Strukturgleichungsmodells auf ihren Wahrheitsgehalt überprüfen und dergestalt durch empirische Forschung ein konkretes Modell verbessern.[220]

– Zweitens sind während der letzten Jahre immer mehr Politikwissenschaftler dazu übergegangen, ihre theoretischen Annahmen gleich in Form von mathematischen Gleichungen auszudrücken. Sind einmal die grundlegenden Annahmen zu einem Forschungsgebiet auf diese Weise formuliert, so lassen sich Schlußfolgerungen aus ihnen leicht in Gestalt mathematischer Operationen vornehmen. Das stellt bestmöglich sicher, daß solche Theorien logisch konsistent sind. Und weil in mathematischen Formulierungen kulturspezifische Konnotationen der verwendeten Konzepte kaum eine Rolle spielen, eignen sich solche mathematischen Modellierungen vorzüglich für vergleichende Analysen. Derartige mathematisch formulierte Modelle werden auf ihren empirischen Wahrheitsgehalt dadurch überprüft, daß ihre Aussagen darüber, welche Verhaltensweisen angesichts der Modellannahmen zu erwarten sind, mit Daten über die modellierten Verhaltensweisen konfrontiert werden. Vor allem in den derzeit florierenden Forschungen zu den Formen und Strategien rationalen Wahlhandelns (‚Rational choice-Ansatz') sind derartige mathematische Modellierungen üblich.[221] Unter der Prämisse, Menschen würden – gerade auch in Situationen der Unsicherheit – rational auf Nutzenmaximierung ausgehen, lassen sich im Rahmen des Rational choice-Ansatzes in der Tat Präferenzkalküle aller Art vortrefflich modellieren. Angesichts der großen Rolle, die Ideologie – ‚falsches Bewußtsein' – im Bereich politischen Handelns spielt, ist das allerdings auch die Achillesferse solcher Modelle. Im englischen Sprachraum ‚positive political theory' oder ‚analytical politics' genannt,[222] gehören Formulierung, Überprüfung, Weiterentwicklung und konkrete Politik erklärende Verwendung solcher mathematischer Modelle zu jenen Fertigkeiten, die ein gut ausgebildeter Politikwissenschaftler heute beherrschen sollte.

In Weiterentwicklung zumal der letztgenannten Formen der Modellbildung können auch Simulationsmodelle erstellt werden. Sie sind dazu bestimmt, anhand geeigneter Programme Com-

---

218 Siehe etwa Pfeifer/Schmidt 1987.

219 Benannt nach den Namen seiner drei Begründer; siehe Grizzle/Starmer/Koch 1969.

220 Zur Pfadanalyse siehe Hayduk 1996 und Hermann 1984.

221 Ebenso arbeitet die makro-qualitative Vergleichsforschung, wie sie Ragin 1987 entwickelte, mit Gleichungen. Siehe hierzu unten S. 236ff.

222 Als neueren Überblick siehe Hinich/Munger 1997.

putersimulationen des Verhaltens der modellierten (politischen) Systeme zu ermöglichen.[223] Durch Vergleich des simulierten Systemverhaltens mit Daten über reales Systemverhalten lassen sich die dem Simulationsmodell zugrunde gelegten Hypothesen auf ihren empirischen Wahrheitsgehalt überprüfen. Bei solchen Überprüfungen bewährte Modelle können für Prognosen eingesetzt werden. Aufgrund der Komplexität politischer Wirklichkeit sind solche Prognosen aber mit noch viel größerer Unsicherheit behaftet als kurzfristige Wetterprognosen oder langfristige Klimaprognosen, die ihrerseits auf viel raffinierter konstruierten Simulationsmodellen beruhen, als sie derzeit die Politikwissenschaft aufweist.

Wann immer der instrumentelle Charakter von Modellen ignoriert oder gar der bewußt von irgendwelchen Realisierungsmöglichkeiten absehende Charakter von Idealtypen vergessen wird, gerät man in die Gefahr, reine *Denk*gebilde – erzeugt von Wissenschaftler für Wissenschaftler – für *reale* Dinge zu halten. In diesem Fall spricht man von ‚Reifikation‘[224] oder ‚Hypostasierung‘[225]. Reifizierte Modelle als ‚die (eigentliche) Wirklichkeit‘ zu behandeln, nennt man ‚Modellplatonismus‘.[226] Dessen äußerstes Stadium besteht darin, in einem Modell oder Idealtyp das ‚Wesen‘ einer Sache, ihre ‚eigentliche Wirklichkeit‘ ausgedrückt oder gar geborgen zu sehen. Dann wird aus dem rein analytischen Vorgang, einen Wirklichkeitsausschnitt mit einem – zu genau diesem Zweck konstruierten – Modell oder Idealtyp zu vergleichen, leicht ein Werturteil, indem man nämlich das Modell als ‚Idealmodell‘ oder den Idealtyp als ‚Idealnorm‘ zum Wertmaßstabs seines Urteils über den damit verglichenen Wirklichkeitsausschnitt nutzt. Nur falls man im Rahmen normativer Theoriebildung ein Modell oder einen Idealtyp zu genau diesem Zweck gebildet hat, *und* wenn man anschließend das Modell oder den Idealtyp ganz im Wissen um genau diese instrumentelle Funktion benutzt, ist gegen ein *solches* Vergleichsverfahren nichts einzuwenden. Abzulehnen aber ist es, wenn man im Modell ‚das Wesen der Wirklichkeit‘ vergegenwärtigt glaubt und genau darum den – untauglichen – Versuch unternimmt, aus dem ‚Sein‘ im Modell auf ein ihm entsprechendes ‚Sollen‘ in der Wirklichkeit zu schließen. Gerade weil einesteils Werturteile und Handlungsanweisungen wichtige Arten von Aussagen sind, und weil andernteils Politikwissenschaftler ihre Theorien aus *guten* Gründen oft um Modelle und Idealtypen aufbauen, müssen sie jenen so naheliegenden intellektuellen Kurzschluß nach Kräften vermeiden.

7. Erklärungen

Das von der Politikwissenschaft zu erarbeitende und v.a. in Theorien zu bergende empirische Wissen läßt sich einteilen in Wissen über das Vorliegen und die Beschaffenheit von politischen Inhalten, Prozessen und Strukturen (*Tatsachenwissen*), in Wissen über das Bestehen von stochastischen, probabilistischen oder deterministischen Zusammenhängen zwischen ihnen (*Zusammenhangswissen*), und in Wissen über Erklärungen für das Vorliegen von politischen Tatsachen, ihrer Beschaffenheit, und von Zusammenhängen (*Erklärungswissen*). Tatsachenwissen besteht aus empirisch wahren Existenz- und Allaussagen mit geeigneter raum-zeitlicher Abgrenzung (‚Tatsachenaussagen‘), Zusammenhangswissen aus empirisch wahren korrelativen Aussagen (‚Wenn/Dann-Aussagen‘, ‚Zusammenhangsaussagen‘). Erklärungswissen ist viel komplizierter

223 Vgl. Liebrand 1998.
224 Von lat. ‚res‘, d.h. Ding, und ‚fácere‘, d.h. machen.
225 Von griech. ‚hypóstasis‘, d.h. Wirklichkeit, wahres Wesen.
226 Gemeint ist, daß man das – durch Typenbildung oder Modellierung selbst erzeugte – Modell so auffaßt wie Platon sein Konzept der ‚Idee‘: als einen ‚eigentlich‘ existierenden Bestandteil der Wirklichkeit, dessen bloßer Schatten oder Abklatsch sei, was man in seinem Alltagsdenken fälschlicherweise für ‚die Wirklichkeit‘ halte.

aufgebaut und besteht aus oft sehr komplexen Aussagengefügen, die ihrerseits aus Tatsachen- *und* korrelativen bzw. kausalen Zusammenhangsaussagen aufgebaut sind (‚Erklärungsaussagen').

a. Der Aufbau einer Erklärung

Eine Erklärung wird stets in Form des Versuchs unternommen, ein Gefüge empirisch wie logisch wahrer Aussagen darüber zu formulieren, warum ein bestimmter Sachverhalt, eine besondere Beschaffenheit oder ein konkreter Zusammenhang vorliegt (bzw. nicht besteht). Jene Sachverhalte, die erklärt werden sollen, heißen das ‚Explananandum'; die Sachverhalte und Zusammenhänge, auf die man sich zum Zweck einer Erklärung bezieht, nennt man das ‚Explanans'.[227] Ein derartiges Aussagengefüge hat die folgende *Grundstruktur*, welche durch die später zu besprechenden Merkmale praktisch benutzter Erklärungen meist überlagert bzw. unkenntlich gemacht wird:

- *Es muß der zu erklärende Sachverhalt durch mit den Tatsachen übereinstimmende Aussagen beschrieben werden.* Will man z.B. erklären, warum es zum im Jahr 1991 zum 2. Golfkrieg kam, muß man den zu erklärenden Sachverhalt zunächst einmal zutreffend darlegen. Dies verlangt mit den Tatsachen übereinstimmende Beschreibungen etwa der Besetzung Kuwaits durch den Irak, der anschließenden Annexion Kuwaits, der Perzeptionen einer hieraus entstehenden Veränderung der militärischen und wirtschaftlichen Kräfteverhältnisse im Mittleren Osten, der Kriegsdrohungen an den Irak für den Fall der Nichtherausgabe Kuwaits sowie weiterer Umstände, die zum erklärungsbedürftigen Sachverhalt zu gehören scheinen. Natürlich wird die Reichweite und Eigenart solcher Beschreibungen von (Alltags-)Theorien gesteuert, mit deren Perspektivität und Selektivität in der oben beschriebenen Weise umzugehen ist. Wird der zu erklärende Sachverhalt nicht in einer mit den Tatsachen übereinstimmenden Weise beschrieben, so ist auch dessen Erklärung auf Sand gebaut, obschon sie – jenseits des konkreten Erklärungszwecks – nützliche und inspirierende Einsichten bewirken kann.
- *Es müssen mit den Tatsachen übereinstimmende Wenn/Dann-Aussagen formuliert werden, deren Dann-Komponenten den zu erklärenden Sachverhalt erfassen.* Wird nur eine einzige Wenn/Dann-Aussage verwendet, also nur eine einzige Erklärungsvariable herangezogen, spricht man von einer ‚einfaktoriellen Erklärung'. Natürlich können auch mehrere Wenn/Dann-Aussagen benutzt werden, was zu ‚mehrfaktoriellen Erklärungen' führt. Diese sind – aufgrund der Komplexität sozialer und politischer Wirklichkeit – in der Regel zutreffender sind als ‚einfaktorielle Erklärungen'.[228] In beiden Fällen sind sorgfältig jene Randbedingungen (auch: ‚Rahmenbedingungen') anzugeben, unter denen die herangezogenen Wenn/Dann-Aussagen mit den Tatsachen übereinstimmen. Ferner muß gezeigt werden, daß im vorliegenden Erklärungsfall diese Randbedingungen wirklich gegeben sind. Im Beispielsfall des 2. Golfkrieges könnte u.a. die folgende, empirisch durchaus bekräftigte Wenn/Dann-Aussage herangezogen werden: ‚Wenn eine Großmacht wichtige ihrer Interessen bedroht sieht, dann versucht sie, diese Bedrohung zu beseitigen '. Zwei Randbedingungen für die im

---

227 Von lat. ‚explanáre', d.h.erklären. ‚Explanándum' meint ‚das zu Erklärende', ‚explánans' hingegen ‚das Erklärende'.

228 Falls mehrere Wenn/Dann-Aussagen gleichzeitig verwendet werden, ist zu prüfen, ob die von diesen Wenn/Dann-Aussagen erfaßten Zusammenhänge möglicherweise so zusammenwirken (‚interagieren'), daß auch Wenn/Dann-Aussagen über derartige ‚Interaktionseffekte' formuliert, auf ihren empirischen Wahrheitsgehalt geprüft und zur Erklärung unter die Explanans-Aussagen aufgenommen werden müssen. Im Unterschied zum ‚Interaktionseffekt' bezeichnet man den *für sich allein* bestehenden Zusammenhang zwischen jeweils zwei Variablen, den eine Wenn/Dann-Aussage beschreibt, als den ‚Haupteffekt' des fraglichen Erklärungsfaktors, d.h. der herangezogenen erklärenden Variable. Modelle statistischer Datenanalyse wie die Varianzanalyse erlauben es, die relative Stärke von Haupt- und Interaktionseffekten zu schätzen.

Erklärungsfall gegebene Anwendbarkeit dieser Wenn/Dann-Aussage könnte man beispielsweise so formulieren: ‚Diese Wenn/Dann-Aussage gilt, wenn die dafür geeigneten Handlungsmöglichkeiten der Großmacht nicht durch anders gezielte Gestaltungsabsichten anderer Großmächte beschnitten werden', bzw.: ‚Diese Wenn/Dann-Aussage gilt, wenn eine Kosten/Nutzen-Analyse dieser Großmacht ein Eingreifen tatsächlich vorteilhaft erscheinen läßt'.

– *Es sind mit den Tatsachen übereinstimmende Aussagen über das Vorliegen jener Sachverhalte zu formulieren, welche von den Wenn-Komponenten der herangezogenen Wenn/Dann-Aussagen erfaßt werden.* Jene Sachverhalte heißen ‚Anfangsbedingungen' bzw. ‚Erklärungsfaktoren' (einfach auch: Faktoren) des zu erklärenden Falles. Konkret ist zu zeigen, daß die von den Wenn-Komponenten erfaßten Sachverhalte im Erklärungsfall tatsächlich vorlagen, da andernfalls die entsprechende Wenn/Dann-Aussage doch offenkundig nicht für den Erklärungszweck herangezogen werden kann. Im hier benutzten Beispiel wäre demgemäß etwa zu zeigen: Die fragliche Großmacht waren die USA; die von den USA wahrgenommene Bedrohung wichtiger Interessen bestand einesteils in der Störung des regionalen Gleichgewichts in der Golfregion, andernteils in der Kontrolle eines wichtigen Teils der weltweiten Erdölproduktion durch einen für unberechenbar gehaltenen Staat; der Versuch einer Beseitigung jener Bedrohung bestand im Aufbau einer internationalen Anti-Irak-Koalition sowie in der durch erfolgversprechende Optionen glaubwürdig gemachten Drohung mit einem siegreichen Krieg gegen den Irak.

– *Ferner ist nachzuweisen, daß die in den Randbedingungen formulierten Sachverhalte tatsächlich gegeben waren.* Im Beispielsfall des Golfkriegs von 1991 wäre also zu belegen: Andere Großmächte als die USA hegten keine die Handlungsmöglichkeiten der USA beschneidenden Gestaltungsabsichten bzw. waren nicht in der Lage, solche zu realisieren; und eine Kosten/Nutzen-Analyse eines Eingreifens der USA sprach für den Versuch, auf diese Weise die eigenen Interessen wahrzunehmen.

Das gesamte Aussagengefüge einer Erklärung besteht somit aus der ‚Explanandum-Aussage' (= erster Anstrich) und aus den ‚Explanans-Aussagen' (= zweiter bis vierter Anstrich), die ihrerseits in drei Gruppen von Aussagen zerfallen: in die Aussagen über die Anfangsbedingungen; in die Wenn/Dann-Aussagen mit Spezifikation ihrer Randbedingungen; sowie in den Nachweis, daß diese Randbedingungen tatsächlich gegeben sind. Eine Erklärungsaussage ist genau dann wahr, wenn sowohl die Explanandum-Aussage als auch *alle* Explanans-Aussagen mit den Tatsachen übereinstimmen und das gesamte Gefüge der Erklärungsaussage *logisch konsistent* ist.

Offenbar vernetzen Erklärungen eine Vielzahl ihrerseits sehr komplexer Aussagen.[229] Gemeinsam mit den normativen Aussagen gehören die Erklärungsaussagen darum zu den am kompliziertesten aufgebauten Aussagengefügen, mit denen ein (Politik-)Wissenschaftler umzugehen hat. Sie zu formulieren oder zu prüfen, verlangt demgemäß erhebliche Umsicht und Sorgfalt. Da aber Erklärungen – ebenso wie Werturteile und Handlungsanweisungen – von sehr großer *praktischer* Bedeutung sind, nimmt sich um diese Aufgabe auch immer schon der ‚gesunde Menschenverstand' an. Folglich ist es zwar verlockend, es mit dessen Kompetenzen bewenden zu lassen, statt sich der Mühe zu unterziehen, sich mit ungewissem Ausgang hier wenigstens ein Stück weit vom ‚gesunden Menschenverstand' und von Common-Sense-Erklärungen zu emanzipieren. Doch weil Erklärungen für das Verständnis politischer Wirklichkeit sowie für Prognosen[230] extrem wichtig sind, lohnt sich gerade hier der Versuch, über das meist unzulängliche Leistungsvermögen von Alltagsdenken und ‚gesundem Menschenverstand' hinauszugehen.

---

229 Das wird besonders deutlich, wenn man die innerhalb des vergleichsanalytischen Ragin-Ansatzes genutzten Erklärungsgleichungen betrachtet. Siehe hierzu S. 237ff.

230 Hierzu siehe S. 121ff.

Selbstverständlich erfolgt – wie schon die Beschreibung des zu erklärenden Sachverhalts – auch die Auswahl der zur Erklärung herangezogenen Wenn/Dann-Aussagen und der zu betrachtenden Anfangsbedingungen, also der Erklärungsfaktoren, innerhalb der selektiven Perspektive einer untersuchungsleitend benutzten Theorie. Außerdem gehören die Wenn/Dann-Aussagen des Explanans einer oder mehreren Theorien an, in deren Kontext sie gedeutet und benutzt werden müssen.[231] Da stets die besonderen Perspektiven jener vielen Theorien in eine Erklärungsaussage eingebracht werden, ist eine Erklärung natürlich um so überzeugender, je besser bewährt jene Theorien sind.

Je nach Art der herangezogenen Wenn/Dann-Aussagen gliedern sich Erklärungen in verschiedene *Grundformen* von Erklärungen. Erstens lassen sich korrelative von kausalen Erklärungen unterscheiden. Im ersten Fall werden rein korrelative Wenn/Dann-Aussagen benutzt: man weiß dann zwar, daß – innerhalb bestimmter Randbedingungen – ein Wenn/Dann-Zusammenhang zwischen Erklärungsfaktor(en) und Explanandum besteht, kann aber keine Gründe für das Bestehen des für den Erklärungszweck benutzten Zusammenhangs angeben. Zu korrelativen Erklärungen gelangt man in der Regel aufgrund statistischer Analysen. Im zweiten Fall verfügt man *überdies* über eine Theorie, welche die zum Erklärungszweck herangezogenen Wenn/Dann-Zusammenhänge verständlich macht.

Zweitens sind deterministische Erklärungen von probabilistischen Erklärungen abzuheben. Die ersteren liegen vor, wenn deterministische Wenn/Dann-Aussagen benutzt werden, die letzteren, wenn man probabilistische Wenn/Dann-Aussagen heranzieht. Unzutreffend ist die Annahme, Erklärungen dürften *nur* deterministische Wenn/Dann-Aussagen enthalten; diese stellen vielmehr einen in der Politikwissenschaft seltenen Extremtyp dar.[232] Wenn man allerdings mehrere probabilistische Wenn/Dann-Aussagen gemeinsam verwenden muß, um eine Erklärungsaussage zu formulieren, so sinkt indessen die Plausibilität und Erklärungskraft der geleisteten Erklärung erheblich. Offenbar ist dies in der Politikwissenschaft recht oft der Fall.

Die *Prüfung des Wahrheitsgehalts* einer Erklärung erfordert Antworten auf die folgenden fünf Fragen, die ihrerseits die bei einem Erklärungsversuch zu erfüllenden Anforderungen beschreiben:

– Stimmt die *Explanandum-Aussage* mit den Tatsachen überein, also: beschreibt sie genau den Sachverhalt, der erklärt werden soll?
– Haben sich die herangezogenen *Wenn/Dann-Aussagen* innerhalb ihrer Randbedingungen bei vorhergehenden Prüfungen bewährt, also: können sie als empirisch wahr gelten?
– Stimmt die Behauptung mit den Tatsachen überein, die *Randbedingungen* der herangezogenen Wenn/Dann-Aussagen seien im zu erklärenden Fall gegeben gewesen?
– Stimmen die Aussagen über das Vorliegen der *Anfangsbedingungen* mit den im Erklärungsfall gegebenen Tatsachen überein?
– Sind die einzelnen Aussagen des erklärenden Aussagengefüges *logisch konsistent*, und ist das auch dessen Gesamtstruktur?

---

231 Falls dieser Theoriekontext bei der erklärenden Argumentation als selbstverständlich vorausgesetzt wird, unterbleibt meist eine ausdrückliche Angabe der Randbedingungen, unter denen die erklärend vorgebrachten Wenn/Dann-Aussagen gelten. Erfahrungsgemäß kann bei politikwissenschaftlichen Erklärungen aber nur selten irgendein Theoriekontext als wirklich selbstverständlich vorausgesetzt werden. Doch weil trotzdem oft auf die Angabe von Randbedingungen verzichtet wird, kommt es regelmäßig zu Mißverständnissen und zeitraubenden Kontroversen. Darum sollte im Zweifelsfall *nicht* auf eine genaue Beschreibung der Randbedingungen einer vorgelegten Erklärung verzichtet werden.

232 Deshalb verfehlt die Bezeichung ‚deduktiv-nomologisches Erklärungsmodell' die hier dargestellte Struktur einer wissenschaftlichen Erklärung.

b. Merkmale praktisch benutzter Erklärungen

Tatsächlich vorgebrachte Erklärungen erfüllen diese Anforderungen nicht selten nur mangelhaft, so daß sie durch wissenschaftliche Kritik und Korrektur verbessert werden müssen. Doch praktisch benutzte Erklärungen weichen außerdem aus *guten* Gründen in ihrer *sprachlichen* Gestaltung von der oben beschriebenen *logischen* Grundstruktur einer Erklärung ab. Erklärungen sind nämlich äußerst komplizierte Aussagengefüge, die übersichtlich zu formulieren keineswegs leicht fällt. Darum gilt die Regel: Sie müssen nur so gut formuliert werden, daß sie in einer konkreten Kommunikationssituation ihren Zweck erfüllen. Sofern bestimmte Bestandteile der Erklärung – etwa: Begriffe in ihrer genauen Bedeutung, Wenn/Dann-Aussagen, Annahmen über Randbedingungen – als jedem Kommunikationspartner bekannt vorausgesetzt werden können, entlastet es die Kommunikation ungemein und ist sehr vorteilhaft, diese Bestandteile einer Erklärung nicht ausdrücklich zu formulieren, sondern sie nur anzudeuten und auf sie zu verweisen. Praktisch benutzte Erklärungen sind darum so gut wie immer ‚unvollkommene' Erklärungen, bei denen die Explanandum- und Explanans-Aussagen weder präzis noch vollständig formuliert werden. Meist wird dies erst dann problematisch, wenn man eine Erklärung aus ihrer konkreten Anwendungssituation löst und als für sich stehendes Aussagengefüge prüft. Genau dies ist in der (Politik-)Wissenschaft allerdings üblich und auch nötig, falls man den logischen wie empirischen Wahrheitsgehalt jener Aussagen sorgfältig prüfen will, aus denen die fragliche Erklärung besteht.

Um diese Arbeit nicht zu erschweren, muß gefordert werden, wissenschaftliche Erklärungen mit einem Sicherheitszuschlag an ‚eigentlich' nicht nötiger Präzision und Ausführlichkeit zu versehen. Der in sprachlicher Kürze und Eleganz liegende Kommunikationsvorteil führt nämlich zu ‚unvollkommenen' Erklärungen, die mehr oder minder große Folgeprobleme nach sich ziehen. Auf folgende Fälle unvollkommener Erklärungen sei verwiesen:

- *Ungenaue Erklärungen*: Bei ihnen sind die Begriffe, aus denen die Explanandum- oder Explanans-Aussagen aufgebaut sind, schlecht oder gar nicht definiert. In der Alltagskonversation zulässig, sind sie im Bereich der Politikwissenschaft zu vermeiden.
- *Rudimentäre Erklärungen*: Sie heißen auch ‚bruchstückhafte', ‚verstümmelte' oder ‚elliptische'[233] Erklärungen. Sie entstehen, wenn man Bestandteile einer Erklärung beim Kommunikationspartner als so selbstverständlich voraussetzt, daß man sie nicht einmal mehr andeutet, aber dennoch davon ausgeht, der Kommunikationspartner denke sie als Kontext des Explanandum und der bruchstückhaft angegebenen Explanans-Aussagen mit. Rudimentäre Erklärungen sind für die Alltagskommunikation typisch und werden vor allem durch die Benutzung von ‚Weil-Sätzen' oder von Zeitwörtern wie ‚verursachen' und ‚hervorrufen' geäußert. Die folgenden Beispiele zeigen übliche Verwendungsweisen rudimentärer Erklärungen:
  - ‚Die DDR brach zusammen, weil ihre Bevölkerung in ihr keine Perspektive mehr sah'.
  - ‚Der Zusammenbruch der DDR wurde durch die Öffnung der ungarischen Grenze verursacht'.
  - ‚Das Ende des Ost-West-Konflikts rief den Zusammenbruch der DDR hervor'.

  Rudimentäre Erklärungen wie diese entlasten die Kommunikation erheblich und sind auch in der Politikwissenschaft zulässig, wenn ...
  - wenigstens die wichtigsten Anfangsbedingungen genannt werden;
  - man davon ausgehen kann, die Angabe der Anfangsbedingungen führe beim Kommunikationspartner ziemlich sicher zur Auffindung jener Wenn/Dann-Aussagen, auf die man

233 Von griech. ‚elleípein', d.h. es an etwas fehlen lassen.

das eigene Argument gründet, sowie zur Berücksichtigung der einschlägigen Randbedingungen;

- die als Kontext mitgedachten, doch nicht unmittelbar mitgeteilten Wenn/Dann-Aussagen mit den Tatsachen übereinstimmen.

Rudimentäre Erklärungen, die zudem auch noch ungenau sind, beherrschen sowohl die politische Alltagskommunikation als auch die politikwissenschaftliche Diskussion. Sie stellen freilich den denkbar schlechtesten Fall einer – möglicherweise durchaus wahren – Erklärung dar. Zwar kann man sie im Prinzip so lange tolerieren, wie sie keine großen Mißverständnisse herbeiführen. Es ist aber zu fordern, daß rudimentäre Erklärungen von dem, der sie vorbringt, nach Aufforderung jederzeit zu Erklärungen mit vollständiger Angabe aller behaupteten Anfangsbedingungen, Wenn/Dann-Aussagen und Randbedingungen ausgebaut werden können.

- *Erklärungsskizzen*: Wo nicht davon ausgegangen werden kann, man kenne überhaupt die in eine Erklärung einzubeziehenden Anfangsbedingungen, und wo auch noch keine brauchbaren Wenn/Dann-Aussagen bekannt sind, dort reicht der verfügbare Wissensbestand für eine befriedigende Erklärung offenbar noch nicht aus. Man muß sich dann mit einer ‚Erklärungsskizze' begnügen, bei der nur in groben Zügen und auch nur vermutungsweise angegeben wird, welche denkbaren Wenn/Dann-Aussagen das Explanandum auf bestimmte Anfangsbedingungen beziehen könnten. Erklärungsskizzen sind im Grunde Hypothesen, sind ein wichtiger ‚Werkstoff' zumal politikwissenschaftlicher Forschung und markieren noch zu bewältigende wissenschaftliche Aufgaben. Leider ist die Gefahr groß, daß man es bei Erklärungsskizzen auch schon bewenden läßt, da es in der Tat schwierig ist, für die komplexen Sachverhalte politischer Wirklichkeit präzise und vollständige Erklärungen auszuarbeiten.
- *Partielle Erklärungen*: Diese Art unvollkommener Erklärungen liegt dann vor, wenn die Explanans-Aussagen nicht hinreichen, um das Explanandum zu erklären. Typisch sind Erklärungen wie die folgende: ‚Die DDR brach zusammen, weil Erich Honecker keine Reformen wollte'. Partielle Erklärungen entstehen nicht selten bei ungenauen und rudimentären Erklärungen, oft auch bei Erklärungsskizzen. Schon in der politischen Alltagskommunikation wirken sie störend, da sie einen viel größeren Erklärungswert vortäuschen, als sie tatsächlich besitzen. Hierin besteht auch für die Politikwissenschaft ihr Problem: sie machen Wissensgrenzen unkenntlich, lassen weitere Forschung als müßig erscheinen und blockieren so den Erkenntnisfortschritt. Sie sind darum nur als ‚Zwischenergebnisse' zu akzeptieren. Aus solcher Ablehnung partieller Erklärungen ist allerdings nicht zu folgern, Ziel der Politikwissenschaft sei die Erarbeitung ‚totaler Erklärungen' für alle Bereiche politischer Wirklichkeit. Dies zu leisten ist einerseits unmöglich, da jedes sich auf Wirklichkeit beziehende Aussagengefüge – und folglich auch jede Erklärung – perspektivisch und selektiv ist. Andererseits sind ‚totale Erklärungen' auch unnötig: mit jeder Erklärung wird auf einen praktischen Zweck abgezielt, weswegen sie nicht ‚total', sondern stets nur so vollständig sein muß, daß dieser Zweck erfüllt wird.

c. ‚Erklären durch Erzählen'

Erklärungen des Zustandekommens von Tatsachen und Zusammenhängen (‚genetische Erklärungen') sowie Erklärungen von Prozessen werden selten so formuliert, daß an ihnen die oben beschriebene Struktur einer Erklärung wiederzuerkennen ist. In einer heftigen Auseinandersetzung um die Eigenart der hier einschlägigen Erklärungen geschichtlicher Sachverhalte (‚historische Erklärung') wurde sogar ausdrücklich bestritten, genetische und historische Erklärungen stellten ‚Unterfälle' jener allgemeinen Erklärungsstruktur dar, die oben beschrieben wurde: keineswegs durch die Angabe von Anfangsbedingungen und durch Wenn/Dann-Aussagen, sondern durch das ‚Erzählen der Geschichte des zu Erklärenden' würde die gesuchte historische Erklärung gegeben.[234] Allerdings zeigt eine nähere Betrachtung, daß genetische wie historische Erklärungen nur sowohl komplexer als auch – wegen dieser Komplexität – zugleich ‚unvollkommener' sind, als es der oben dargestellten Erklärungsstruktur entspricht. Sie stellen darum keinen ‚eigenen Erklärungstyp', sondern nur einen *komplexen Spezialfall* dar.

Beispielsweise gelte es, Hitlers Machtergreifung zu erklären. Eine genetische Erklärung könnte wie folgt formuliert sein: ‚Um Hitlers Machtergreifung zu erklären, muß man sich die Bedingungen vergegenwärtigen, welche der verlorene Erste Weltkrieg, die Revolution von 1918/19, die Wirtschaftskrise im Deutschen Reich und dessen Verfassungssystem geschaffen hatten. Diese Bedingungen waren gekennzeichnet durch: ... . Dies alles bot einem Politiker, der diese Umstände für folgende Ziele ... nutzen wollte, diese Möglichkeiten: ... . Hitler gebrauchte die gebotenen Möglichkeiten, indem er folgendes tat: ... . Dabei kamen ihm einige besondere Umstände zur Hilfe, nämlich ... . Das alles hätte freilich nichts geholfen, wenn nicht auch noch ... gewesen wäre. Am Ende stand, für viele unfaßlich, doch nach Lage der Dinge nun unabwendbar, Hitlers Machtergreifung'.

Derartige Erklärungen machen einen großen Teil der politikwissenschaftlichen und geradezu die Gesamtheit der geschichtswissenschaftlichen Erklärungen aus. Genau betrachtet, haben sie folgende Struktur:

- Das Explanandum wird – innerhalb einer bestimmten Perspektive – wiedergegeben.
- Es wird eine (selektive!) Betrachtungsperspektive, also eine mehr oder minder ausgearbeitete, bewußte und offengelegte Theorie gewählt, in deren Licht die Erklärung vorgenommen wird (etwa: ‚X-Theorie', ‚Standpunkt des Experten Y', ‚Sichtweise der Z-Schule', ‚gesunder Menschenverstand', ‚Erfahrung des Forschers' usw.). Meist paßt diese Perspektive recht gut zu jener, in der bereits das Explanandum formuliert wurde, weswegen weder die Perspektivität der Formulierung des Explanandums noch jene der zu erarbeitenden Explanans-Aussagen kenntlich wird.
- Innerhalb dieser Perspektive werden jene allgemeinen Anfangsbedingungen bestimmt, von denen aus eine Argumentationskette zwischen Explanandum und Explanans geschmiedet werden soll (Feststellung der ‚eigentlichen Ursachen' statt nur der ‚Anlässe', der ‚historischen Triebkräfte', der ‚bestimmenden Faktoren einer Epoche' usw.).
- Diese Argumentationskette wird so aufgebaut, daß von einer allgemeinen Anfangsbedingung aus (oder von einer Mehrzahl allgemeiner Anfangsbedingungen aus) das Explanandum auf jene Weise erreicht werden kann, die das Schaubild 8 wiedergibt:

[234] Zur ‚motivationalen' bzw. ‚rationalen' Erklärung als anderen vorgeblichen Alternativen der hier vorgestellten Erklärungsstruktur siehe Patzelt 1986: 273-276.

Schaubild 8: Die Struktur einer genetischen Erklärung

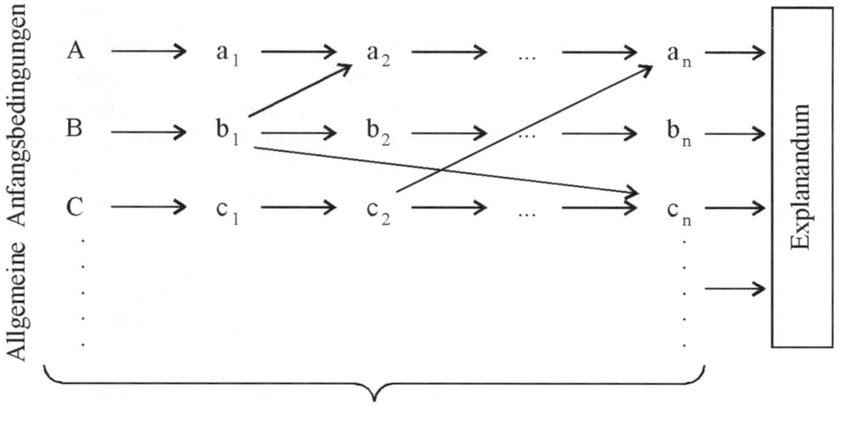

Jedes ‚Paar' A $\rightarrow$ a_1, $a_1 \rightarrow a_2$, ..., $a_{n-1} \rightarrow a_n$, $a_n \rightarrow$ Explanandum (bzw. B $\rightarrow$ ..., C $\rightarrow$ ..., ...) stellt *für sich* eine Erklärung dar, welche die oben erörterte Erklärungsstruktur aufweist. Beispielsweise ist in der Erklärung ‚$a_1 \rightarrow a_2$' ist ‚a_2' eine Aussage über das Explanandum, ‚a_1' eine Aussage über eine (oder mehrere) mögliche Anfgangsbedingung(en), und ‚$\rightarrow$' eine (implizite) Wenn/Dann-Aussage (bzw. ein komplexes Bündel von Wenn/Dann-Aussagen) samt ihren Randbedingungen. Jede dieser Einzelerklärungen ist mit dem jeweils folgenden ‚Paar' in der Weise verbunden, daß das Explanandum des ersten ‚Paars' als (Gruppe von) Anfangsbedingung(en) des zweiten ‚Paars' benutzt wird.

Im oben benutzten Beispiel stellt sich dies wie folgt dar:

- A $\rightarrow a_1$: ‚Weil der Erste Weltkrieg verloren wurde, stürzte in Deutschland die Monarchie'
- $a_1 \rightarrow a_2$: ‚Weil die Monarchie stürzte, kam es zu ...'.
- $a_2 \rightarrow a_3$: ...

⋮

- $a_n \rightarrow$ Explanandum: ‚Weil ..., wurde Hitler mit der Regierungsbildung beauftragt'.

Natürlich sind beliebig komplexe Querverbindungen zwischen jenen Einzelerklärungen möglich, da jedes Explanandum zur Anfangs- oder Randbedingung *vieler* folgender Einzelerklärungen werden kann (etwa b_1 für $a_2 \rightarrow a_3$). Alle Einzelerklärungen ‚$x_{n-1} \rightarrow x_n$' stellen gewissermaßen jene ‚Erklärungsatome' dar, aus denen das ‚(Riesen-)Molekül' einer komplexen genetischen Gesamterklärung aufgebaut ist.[235]

[235] Eine Variante dieser allgemeinen Struktur einer genetischen Erklärung liegt vor, wenn nicht gleich zu Beginn *alle* ‚allgemeinen Anfangsbedingungen' angegeben werden, aus denen sich das gesamte ‚Erklärungsmolekül' aufbauen läßt, sondern wenn die für einzelne ‚Erklärungsatome' jeweils benötigten Anfangsbedingungen nur *ad hoc* (lat. für ‚auf dieses hin'), also: speziell für das jeweilige Erklärungsatom, formuliert werden. Dann spricht man von ‚ad hoc-Erklärungen' bzw. von ‚ad hoc-Begründungen'. Ein Beispiel dafür wäre etwa: „ ... weshalb der Reichskanzler verfassungsmäßig vom Vertrauen des Reichspräsidenten abhängig gemacht wurde. Zu seiner politischen Abhängigkeit trug ferner bei, daß die Weimarer Parteien keinen Sinn für die Notwendigkeit entwickelten, entschlossen auf die Macht zuzugreifen und ‚ihren' Reichskanzler – auch gegen den Reichspräsidenten – zu unterstützen. Hieraus folgte ...".

Da genetische Erklärungen derart vielschichtige Gefüge vieler kompliziert vernetzter Einzelerklärungen sind, die ihrerseits sehr vielfältig und beliebig komplex sein können, lassen sie sich für praktische Zwecke keinesfalls in derselben Weise formulieren, wie dies bezüglich ihrer Erklärungsatome ja auch nur im Grundsatz möglich ist. Um *kommunizierbar* zu sein, muß ein derartiges Gefüge verschiedenster Wenn/Dann-Aussagen mit je eigenen Randbedingungen, die zugleich auf vielerlei Anfangsbedingungen und Einzelexplananda bezogen sind, in die Form grammatisch korrekter und hörend oder lesend gut aufnehmbarer Sequenzen gebracht werden (‚Linearisierung'). Diese Aufgabe kann praktisch nur in der Weise bewältigt werden, daß man sich auf die Interpretationskompetenz des Kommunikationspartners verläßt, sich deshalb von der Pflicht entlastet, für jedes Erklärungsatom eine vollständige Erklärung zu formulieren, und darum *aus guten Gründen unvollkommene*, so gut wie immer rudimentäre und oft auch noch ungenaue Einzelerklärungen auf zweckdienliche Weise aneinanderreiht. Eben hierin besteht das ‚Erklären durch Erzählen'. Es ist die typische Form historischer und zeitgeschichtlicher Erklärungen, auf welche auch in der Politikwissenschaft keinesfalls verzichtet werden kann.

‚Erklären durch Erzählen' muß sich natürlich so vollziehen, daß der Kommunikationspartner gute Chancen hat, *zielsicher* die zur Vervollständigung der unvollkommenen ‚Erklärungsatome' nötigen Kontexte aufzufinden und in ihnen, obwohl anhand eines linearen Textes mitgeteilt, jene ‚multidimensionale Gestalt' zu erkennen, in der die genetische Gesamterklärung besteht.[236] Eine ‚Erklärung durch Erzählen' bedarf darum erheblicher Kunstfertigkeit ihres Verfassers, während zugleich dem Adressaten große Interpretationsfähigkeiten und viel guter Wille abverlangt werden. Da Können und Wollen in der Politikwissenschaft ebenso wie im Alltagsleben knappe Güter sind, kommt es zu unbeabsichtigen oder vorgespiegelten Mißverständnissen genetischer Erklärungen ebenso häufig wie zu deren allzu unvollkommener Formulierung.

Keineswegs darf ‚Erklären durch Erzählen', bei dem unvollkommene Einzelerklärungen vernetzt werden, als eine ‚unzulängliche', ‚unwissenschaftliche' oder nur ‚behelfsmäßige' Form einer Erklärung angesehen werden. Vielmehr ist der Gebrauch rudimentärer und ungenauer Einzelerklärungen der *faire* Preis dafür, daß man in gut kommunikabler Weise ein durch sehr komplexe Zusammenhänge bewirktes Explanandum erklären kann. Allerdings sinkt durch den Übergang von präzis und vollständig ausformulierten Einzelerklärungen zum komplexen Gefüge einer aus unvollkommenen ‚Erklärungsatomen' aufgebauten genetischen Erklärung die *Überschaubarkeit* der logischen Struktur jener Gesamterklärung sowie die *Überprüfbarkeit* des Wahrheitsgehalts ihrer rudimentären Einzelerklärungen. Daß logische Inkonsistenzen auftreten oder unbestätigte bzw. gar falsche Anfangsbedingungen, Wenn/Dann-Aussagen und Randbedingungen als zutreffend angenommen werden, ist darum nur selten auszuschließen. Ferner steigt die Gefahr, daß man partielle Erklärungen miteinander verbindet oder sich gar ausschließlich auf Erklärungsskizzen stützt, ohne dessen recht gewahr zu werden bzw. auch den Kommunikationspartner darauf aufmerksam zu machen. Wie jede Kette ist aber auch eine genetische Erklärung nur so stark wie ihr schwächstes Glied.

Widersprüche in genetischen Erklärungen aufzuzeigen oder solche Behauptungen zurückzuweisen, herangezogene Wenn/Dann-Aussagen als falsch aufzudecken oder als richtig zu rechtfertigen, eine genetische Erklärung als unbefriedigend abzulehnen oder als befriedigend darzustellen, gibt der Politikwissenschaft einen Großteil ihres Diskussionsstoffes. Solange man sich dabei nicht auf eine sorgfältige Rekonstruktion der genauen Struktur einer erklärenden Ge-

[236] Offensichtlich wird also das Explanandum als ‚Teil' in ein ‚Ganzes' von Kenntnissen eingebettet. Wie unten auf S. 164ff die Ausführungen zur hermeneutischen Methode zeigen, stellt die Herbeiführung einer solchen Einbettung einen Akt des *Verstehens* dar. Entlang dieser Überlegung läßt sich zeigen, daß ‚Erklären' und ‚Verstehen' nicht als einander wechselseitig ausschließend aufgefaßt werden müssen. Siehe hierzu wie zu den Folgeargumenten, welche die traditionelle Entgegensetzung von Geistes- und Naturwissenschaften betreffen, Patzelt 1986: 271-273.

samtaussage einläßt, solange man also die vagen und rudimentären ,Erklärungsatome' nicht präzisiert und vervollständigt sowie anschließend Prüfungen der logischen Konsistenz und des empirischen Wahrheitsgehalts aller Elemente des Erklärungsgefüges vornimmt, gibt es keine *wissenschaftlichen* Kriterien, nach denen bestimmte genetische Erklärungen zurückzuweisen und andere zu akzeptieren wären. Die Spielregeln der Forschung verlangen zwar auch von Politikwissenschaftlern die Durchführung solcher Arbeiten; doch auf wenigen Gebieten sind Regelverstöße so häufig wie hier. Praktisch entrichtet die Disziplin für ihre unzulängliche Arbeit im Bereich der Erklärungen einen hohen Preis: Weniger aufgrund wissenschaftlicher Bewährung, sondern gemäß der Verteilung kommunikativer Macht unter Fachkollegen, die sich in Publikationschancen, der Verfügung über Forschungsmittel und der Gelegenheit zu publikumswirksamen Auftritten äußert, treten bestimmte Erklärungen in den Vordergrund, ziehen Aufmerksamkeit und Wahrheitsvermutungen auf sich, werden modisch, bisweilen selbstverständlich, und verdrängen ihre Alternativen. So entstehen – getragen von verschiedenen ,Schulen' – mehr oder minder kurzlebige ,Paradigmen'. Ihnen kann man sich zu ihrer Zeit zwar kaum entziehen, will man unter Fachkollegen Gehör finden; sie verblassen aber rasch bei Veränderungen der in der Disziplin gegebenen Verteilung kommunikativer Macht – und zwar oft, ganz ohne daß die Politikwissenschaft bei der Bewältigung ihrer Erklärungsaufgabe vorangekommen wäre.

8. Prognosen[237]

Schwierigkeiten lassen sich meist dann besser lösen, wenn man rechtzeitig Vorsorge für den Problemfall getroffen hat. So entsteht der Wunsch, künftige Entwicklungen vorherzusehen. Seit Thales von Milet im 6. Jahrhundert v.Chr. eine schlachtentscheidende Sonnenfinsternis zutreffend voraussagte, erhofft man Hilfestellung für Prognosen auch von der Wissenschaft. Tatsächlich sind Aussagen, die jenen überlegen sind, welche man schon dank seines ,gesunden Menschenverstands'formulieren kann, besonders dort wichtig, wo es um praktisch bedeutsame Dinge geht. Kann Wissenschaft bei der Erstellung von Prognosen weiterhelfen? Den Weg zur Antwort auf diese Frage weist die logische Struktur des Erklärungsmodells. Das Schaubild 9 zeigt, daß sie symmetrisch ist:

Schaubild 9: Die Symmetrie der Struktur einer Erklärung

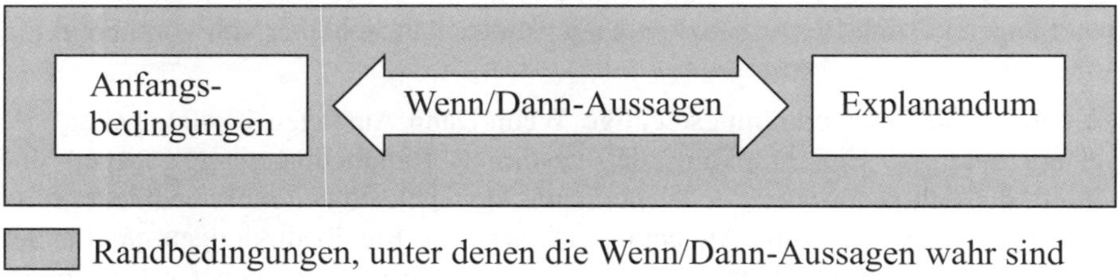

Bei einer Erklärung müssen *alle* Bestandteile dieser Struktur bekannt sein: Das Explanandum muß zutreffend beschrieben werden; man muß über empirisch wahre Wenn/Dann-Aussagen

---

[237] Von griech. ,pro', d.h. vor, und ,gnósis', d.h. Kenntnis, Einsicht. – Dem Gang der Darstellung vorausgreifend sei darauf verwiesen, daß Prognosen (,Schätzungen künftiger Entwicklungen') und statistische Schlüsse (,Schätzungen von Grundgesamtheiten aufgrund von Stichproben') zwei ganz verschiedene Aufgaben erfüllen und darum nicht miteinander verwechselt werden dürfen, obwohl der Sprachgebrauch solche Vermengungen oft nahelegt. Siehe hierzu unten S. 183f.

verfügen; man muß wissen, daß jene Anfangsbedingungen vorliegen, von denen aus die Wenn/Dann-Aussagen die Brücke zum Explanandum schlagen; und man muß davon ausgehen können, daß im Erklärungsfall jene Randbedingungen gegeben sind, unter denen die herangezogenen Wenn/Dann-Aussagen gelten. Wenn man nun das ‚Explanandum' nicht länger als einen zur *Erklärung* anstehenden Sachverhalt auffaßt, sondern einfach als einen Sachverhalt, den man mit anderen Sachverhalten *in Beziehung setzen* will, läßt sich in dieser Struktur einer Erklärung die logische Struktur einer Prognose erkennen.

Jedes Element der im Schaubild 9 dargestellten Struktur kann nämlich auch *unbekannt* sein. Kennt man beispielsweise nicht die Wenn/Dann-Aussagen, welche zwei Sachverhalte miteinander verbinden (hier ‚Anfangsbedingungen' und ‚Explanandum' genannt), so liegt offenbar eine typische Fragestellung empirischer Forschung vor, welche u.a. auf die Herstellung wahrer korrelativer Aussagen abzielt. Die logische Struktur einer Prognose ist offenbar dann gegeben, wenn der im Schaubild 9 als ‚Explanandum' bezeichnete Sachverhalt unbekannt ist. In diesem Fall gilt es nämlich, aus bekannten Anfangs- und Randbedingungen sowie aus wahren Wenn/Dann-Aussagen zu erschließen, welche Sachverhalte sich aus diesen Anfangs- und Randbedingungen ergeben. Falls die Anfangsbedingungen *gegenwärtige* Sachverhalte angeben *und* zugleich angenommen werden kann, die Randbedingungen und Wenn/Dann-Aussagen behielten auch zu jenen künftigen Zeiten Gültigkeit, über die man Aussagen formulieren will, so stellt der Schluß von Anfangs- und Randbedingungen auf das ‚Explanandum' eine *Prognose* dar.

Zwar ist die logische Struktur prognostischer Aussagen sehr einfach. Sie praktisch zu nutzen, fällt aus einer Reihe von Gründen aber schwer. Dies gilt vor allem für Prognosen der weiteren Entwicklung gesellschaftlicher, wirtschaftlicher oder politischer Tatbestände. Eine nähere Betrachtung zeigt, warum gerade politikwissenschaftliche Prognosen nur selten zutreffen werden:

- Ungleich der Sachlage bei einer Erklärung, bei welcher alle Elemente der Erklärungsstruktur bekannt sein und zusammenpassen müssen, gibt es bei Prognosen keine Gewähr dafür, daß man überhaupt alle für künftige Sachverhalte hinreichenden oder zumindest notwendigen Anfangsbedingungen und Wenn/Dann-Aussagen betrachtet. Solange man aber nicht sicher sein kann, alle für künftige Entwicklungen wichtigen Faktoren zu betrachten, läßt sich wiederum nicht garantieren, der prognostizierte Sachverhalt werde wirklich auftreten. Weil aber politische Wirklichkeit äußerst komplex ist, kann mit vernünftigen Gründen ohnehin nicht angenommen werden, man betrachte im konkreten Fall alle Anfangsbedingungen und Wenn/Dann-Aussagen, die für künftige Entwicklungen von Bedeutung sind. Außerdem ist die Annahme unbegründet, es könnten sich künftig nur Dinge ereignen, die schon in der Gegenwart angelegt sind. Bisher gänzlich Unbekanntes läßt sich aber von vornherein nicht prognostizieren.

- Soweit man überhaupt erklärungstüchtige Wenn/Dann-Aussagen besitzt, gelten sie in der Regel nur unter der Einschränkung, daß bestimmte Randbedingungen gegeben sind. Eine Prognose, die sich ja auf *bekannte* Wenn/Dann-Aussagen stützen muß, beinhaltet folglich als ‚Geschäftsgrundlage' stets die Annahme, daß sich jene Randbedindungen *nicht* ändern werden, unter denen die herangezogenen Wenn/Dann-Aussagen gelten (‚ceteris paribus-Annahme'[238]). Im Bereich politischer Wirklichkeit kann man davon aber nur selten ausgehen, da alle Randbedingungen auch ihrerseits durch sehr komplexe und störanfällige Prozesse hervorgebracht werden, auf deren weitergehendes Wirken man gerade nicht mit Sicherheit zählen kann.[239]

---

238 Lat. für ‚unter gleichbleibenden Umständen'.

239 Vgl. S. 31ff.

– Für Prognosen eignen sich sehr gut *deterministische* Wenn/Dann-Aussagen. In der Politikwissenschaft erweisen sich in der Regel aber nur *probabilistische* Zusammenhangsaussagen als wahr, also Behauptungen, ein Sachverhalt trete mit gewisser Wahrscheinlichkeit gemeinsam mit einem anderen auf. Schon in ihrem Kern sind politikwissenschaftliche Prognosen darum mit Unsicherheit behaftet. Dies gilt um so mehr, als eigentlich nie eine *einzige* probabilistische Wenn/Dann-Aussage ausreicht, einen Sachverhalt politischer Wirklichkeit zu erklären. Nicht minder komplex werden aber auch künftige Sachverhalte verursacht werden. Wenn man folglich stets *mehrere* miteinander wechselwirkende probabilistische Wenn/Dann-Aussagen in einer Prognose verwenden muß, sinkt deren Treffergenauigkeit und praktischer Nutzen erst recht.[240]

– Prognosen sind gewissermaßen ‚in die Zukunft gerichtete genetische Erklärungen'. Die für jedes dabei nötige Erklärungsatom herangezogenen Wenn/Dann-Aussagen sind aus den bislang erörterten Gründen bei Prognosen von oft unbekanntem Wahrheitsgehalt. Schon bei Erklärungen werden – aus guten praktischen Gründen – weder die einzelnen Erklärungsatome noch die Merkmale des gesamten genetischen Erklärungsmoleküls ausreichend klar formuliert; und selbst wenn dies geschieht, sind genetische Erklärungen wegen ihrer großen Komplexität äußerst fehleranfällig. In *Unkenntnis* der ohnehin vermutlich *fehlerträchtigen* Gesamtstruktur einer genetischen Erklärung anhand sehr *selektiver* und *probabilistischer* Wenn/Dann-Aussagen Prognosen erstellen zu wollen, birgt somit erst recht keine erfolgversprechenden Aussichten. Darum wundert es nicht, daß sich die meisten politikwissenschaftlichen Prognosen als falsch erwiesen haben, falls sie überhaupt hinlänglich präzis formuliert wurden, um überprüft werden zu können.

– Im Bereich der Politikwissenschaft kommt als weiteres Problem die schon erörterte ‚Rückwirkung des Forschers auf seinen Gegenstand' hinzu.[241] Sobald eine Prognose ausgesprochen wurde, können sich Menschen nämlich auf das Prognostizierte einstellen. Entweder beflügelt sie das Prognostizierte, so daß sie an seiner Herbeiführung aktiv mitwirken. Oder sie hoffen, dem prognostizierten Ereignis entgehen zu können. Das kann zu gewaltigen Anstrengungen führen, dessen Voraussetzungen zu beseitigen oder die Randbedingungen der Prognose zu verändern. Im ersten Fall spricht man von einer *sich selbst erfüllenden Vorhersage* (‚self-fulfilling prophecy'), bei der Menschen die prognostizierte Entwicklung selbst aktiv herbeiführen. Im zweiten Fall liegt eine *sich selbst widerlegenden Vorhersage* (‚self-destroying prophecy') vor, deren Zutreffen eben durch Reaktionen auf sie verändert oder verhindert wird. Ein Beispiel für den ersten Fall wäre die Prognose, eine Bank breche demnächst zusammen. Selbst wenn diese Prognose willkürlich und falsch wäre, könnte ein nun folgender Ansturm von Bankkunden, die alle ihr Geld zurückfordern, zum Zusammenbruch der Bank führen. Ein Beispiel für den zweiten Fall wäre die Prognose, ein Staat gerate sei-

---

240 Das läßt sich auch leicht rechnerisch nachvollziehen. Unterstellen wir, zur Prognose des Ereignisses X wollten wir drei probabilistische Wenn/Dann-Aussagen mit den in Klammern angegebenen Wahrscheinlichkeiten des bestehenden Zusamenhangs nutzen: A→X (90%), B→X (80%) und C→X (70%). Falls wir annehmen, A, B und C müßten *gemeinsam* auftreten, damit auch X eintreten wird, beträgt die Wahrscheinlichkeit des Auftretens von X ganze 50,4%, nämlich 90% * 80% * 70%. Aus den beeindruckend hohen Wahrscheinlichkeiten jeder einzelnen Wenn/Dann-Aussage ist somit eine Prognose geworden, die man auch durch bloßes Raten abgeben könnte: 50% Wahrscheinlichkeit des Eintretens eines Ereignisses meint nämlich nichts anderes, als daß es gleich (!) wahrscheinlich ist, daß ein Ereignis eintritt oder nicht eintritt. Eine sicherere Prognose läßt sich natürlich abgeben, wenn man annehmen kann, schon ein einziger der drei betrachteten Zusammenhänge reiche aus, um X eintreten zu lassen, und wenn sich gar unterstellen läßt, es sei gewiß, daß wenigstens einer der drei Zusammenhänge vorliegt. Dann gibt es *mindestens* 70% Wahrscheinlichkeit, daß X eintritt, denn das ist die Wahrscheinlichkeit, mit der C das zu prognostizierende Ereignis X nach sich zieht.

241 Siehe S. 35f.

nem Konkurrenten gegenüber militärisch in den Rückstand, woraufhin erhebliche Rüstungsaktivität einsetzt, welche diese Prognose widerlegt.[242]

Diese Zusammenhänge zeigen, wie unsicher – und unberechenbar in ihren Folgen – alle Prognosen über die künftige Entwicklung politischer Inhalte, Prozesse und Strukturen sind. Das einzusehen ändert aber nichts am *praktischen* Bedürfnis, Planungsunterlagen für auf die Zukunft bezogenes Handeln schon in der Gegenwart zu erstellen und hierbei *trotz* jener Probleme über die Leistungsfähigkeit des ‚gesunden Menschenverstands' hinauszugehen. Prognostiziert wird also aus guten Gründen immer. In Frage steht nur, welche Fehlerquellen von Prognosen man auf welche Weise verringern könnte. Da Wissenschaft in nichts anderem als dem Versuch besteht, möglichst viele Defizite des ‚gesunden Menschenverstandes' zu vermeiden, gibt es überhaupt keinen Grund, (Politik-)Wissenschaftlern die Benutzung von *durchdachten* Formen *unsicheren* Prognostizierens als ‚unwissenschaftlich' abzuraten. Vielmehr geht es nur darum, durch eine methodisch reflektierte und systematische Ausnutzung von bisherigem Wissen, methodischer Kompetenz und ‚gesundem Menschenverstand' immerhin ein Stück weit über des letzteren Möglichkeiten hinauszugehen. Die folgende *‚Zusatzmethoden'* praktischer politikwissenschaftlicher Prognose sind dabei hilfreich:

- Anhand von *historischen Analogieschlüssen* versucht man, aus der Geschichte zu lernen. Das heißt: Man nimmt die Geschichte als Untersuchungsgegenstand und leitet aus ihrer Betrachtung Wenn/Dann-Aussagen ab, ohne sich gleichwohl der Vermutung hinzugeben, geschichtliche Abläufe wiederholten sich mit *verläßlicher* Ähnlichkeit. Historische Analogieschlüsse und ihre Kritik sind ein häufiger und wichtiger Bestandteil politischer Willensbildung und Kommunikation. Man begeht allerdings den sogenannten ‚historischen Fehlschluß', wenn man anhand von geschichtlichen Analogien mit allzu großer Zuversicht prognostiziert und nicht auf jene Unterschiede in den Rahmenbedingungen der analog gesetzten Sachverhalte achtet, welche die herangezogene Analogie zu einer deplazierten machen, die genau darum eine falsche Prognose nach sich zieht.
- Man nimmt bis zum Nachweis des Gegenteils an, Prozesse, welche bislang die politische Wirklichkeit und ihren Wandel prägten, würden auch in Zukunft ziemlich gleich ablaufen. Falls dies stimmt, können durch *Fortschreibung* bisheriger Entwicklungen, Trends und Zyklen die benötigten Prognosen erstellt werden (‚Extrapolationsverfahren'). Natürlich ändern sich die Prognosen dann, wenn man einen Wandel bisheriger Trends beobachtet. Das Extrapolationsverfahren liegt vielen staatlichen Planungen zugrunde. Sofern staatliche Planungen Gegenstand der öffentlichen Diskussion werden, können sich die durch Extrapolation gewonnenen Prognosen *selbstwiderlegend* auswirken: eben die Prognose setzt einen Prozeß der Umstrukturierung des prognostizierten Verhaltens in Gang. Zweifellos erschweren solche Rückwirkungen von Forschung auf ihren Gegenstand die Erstellung von Prognosen mittels der Fortschreibung von Trends.
- Man nutzt die in persönlicher Erfahrung gründenden *alltagspraktischen Prognosefähigkeiten* für Planungsaufgaben. Zu diesem Zweck führt man individuelle *Befragungen einer Vielzahl von ‚alltagspraktischen Experten'* durch und stellt mittels geeigneter Verfahren (etwa durch das ‚Delphi-Verfahren'[243]) sicher, daß die subjektiven Prognosen der einzelnen Experten einander wechselseitig befruchten und korrigieren. Selbstverständlich beruhen die subjektiven Prognosen von Sachverständigen auf deren jeweils eigenem Wissen um Wenn/Dann-Zusammenhänge bzw. um deren Randbedingungen. Systematische Befragungen der einschlägigen Experten können darum alles kurzfristig verfügbare Wissen (auch über mögliche

---

[242] Vgl. hierzu die Ausführungen zum Thomas-Theorem auf S. 43.

[243] Siehe Frei/Ruloff 1988: 191-195 und Anm. 245.

historische Analogien und zeitgenössisch zu extrapolierende Trends) zuverlässig mobilisieren und rasch zu *bestmöglichen* Prognosen führen. Systematisch genutzt, stellt dieses Vorgehen die derzeit praktisch bestentwickelte Form des politischen (und auch politikwissenschaftlichen) Prognostizierens dar. Unsystematisch benutzt, prägt solches Vorgehen das alltägliche Prognostizieren.

– Man verwendet zur Erarbeitung und Verbesserung von Prognosen ein bestimmtes wahrscheinlichkeitstheoretisches Modell, nämlich den *Bayes-Ansatz*.[244] Im Kern geht es bei ihm um folgendes: Man nimmt an, daß viele künftige Ereignisse, deren mögliches Auftreten prognostiziert werden soll, sich durch gewisse Symptome ankündigen – Kriege etwa durch vorausgehende Spannungen, oder Zusammenbrüche von Staaten durch vorherige Unterdrückung, die aus gleichwelchen Gründen zu einem bestimmten Zeitpunkt gelockert wird. Darum kann man zunächst – ggf. mittels einer Expertenbefragung[245] – eine grundsätzliche Prognose über eine bestimmte Entwicklung erarbeiten, und zwar dergestalt, daß man (bzw. eine Anzahl befragter Experten) eine ‚subjektive Wahrscheinlichkeit'[246] für das (Nicht-)Eintreten eines interessierenden Ereignisses festlegt (‚a priori-Wahrscheinlichkeit'[247]). Im weiteren Zeitverlauf werden alle folgenden Ereignisse von Experten daraufhin beurteilt, wie wahrscheinlich deren Auftreten unter der Annahme ist, daß die prognostizierte Entwicklung eintritt bzw. nicht eintritt. Aus diesen – unter der *Bedingung* jener Annahme geschätzten – subjektiven Wahrscheinlichkeitszumessungen läßt sich sodann – anhand einer von Thomas Bayes entwickelten wahrscheinlichkeitstheoretischen Formel – die ursprüngliche Prognose hinsichtlich der interessierenden Entwicklung verbessern, also eine neue Schätzung der Wahrscheinlichkeit für das (Nicht-)Eintreten des interessierenden Ereignisses vornehmen; diese wird ‚a posteriori-Wahrscheinlichkeit'[248] genannt. Diese so *verbesserte* Prognose kann im weiteren Zeitverlauf immer wieder in der dargestellten Weise ‚fortgeschrieben' werden. Es wird also im Licht der eintretenden Ereignisse die Wahrscheinlichkeit des zu prognostizierenden Ereignisses immer wieder ‚nachgeschätzt', wobei man stets auf den zuvor zustande gekommenen Schätzwerten aufbaut. Offenbar wird mit diesem Verfahren nicht nur das zu einem bestimmten Zeitpunkt bestehende Common Sense-Wissen einschlägiger Experten systematisch ausgewertet, sondern es wird außerdem der jeweils erstellten Prognose eine Art ‚kollektives Gedächtnis' zugrunde gelegt, über welches kein *einzelner* Teilnehmer an diesem Arbeitsprozeß verfügen kann. Solchermaßen wird die Leitidee von Wissenschaft, über die Grenzen des alltagspraktisch nutzbaren ‚gesunden Menschenverstandes' hinauszugehen, hier besonders anschaulich.

---

244 Benannt nach Thomas Bayes (1702-1761).

245 Den Prozeß der Auswertung von Expertenwissen kann man mittels des sogenannte ‚Delphi-Verfahrens' optimieren, das seinen Namen von der antiken Orakelstätte des griechischen Gottes Apollon hat. Im wesentlichen wird es wie folgt verwendet: Man befragt Experten für ein Fachgebiet unabhängig voneinander schriftlich zum interessierenden Thema oder Problem; die – anonymisierten – Ergebnisse dieser Befragung teilt man anschließend den Experten mit der Bitte mit, ihr Urteil anhand der Aussagen der anderen Experten gegebenenfalls zu überdenken; und auf der Grundlage eines solchen individuellen Abgleichs jeder Expertenmeinung mit jener der Kollegen läßt man erneut die gestellten Fragen beantworten. Die Antworten dieser zweiten Runde nutzt man sodann für die beabsichtigten Zwekke. Auf diese Weise kann man ziemlich sicher sein, das verfügbare und wechselseitig abgewogene Expertenwissen zu einem Gegenstandsbereich für den konkreten praktischen Zweck bestmöglich erfaßt zu haben.

246 ‚Subjektive Wahrscheinlichkeiten' sind Ziffern zwischen ‚0' und ‚1' (bzw. zwischen 0% Wahrscheinlichkeit und 100% Wahrscheinlichkeit), mit denen man ausdrückt, für wie wahrscheinlich man persönlich das Auftreten eines bestimmten Ereignisses hält. Das für sicher gehaltene Ereignis bekommt den Wert 1, das für unmöglich gehaltene Ereignis den Wert 0; allen weder für sicher noch für unmöglich gehaltenen Ereignissen weist man Zahlenwerte dazwischen zu.

247 Von lat. ‚a priόri', d.h. im vorhinein.

248 Von lat. ‚a pόsteriori', d.h. im nachhinein.

Von den beschriebenen *wissenschaftlichen* Prognoseverfahren ist streng jene Praxis ‚historischer Prophezeiungen' zu unterscheiden, die man ‚Historizismus' nennt. Bei ihr geht es weniger darum, mit historischen Analogien zu arbeiten oder Trends ‚bis auf weiteres' zu extrapolieren. Statt dessen glaubt man ‚Geschichtsgesetze' ausfindig gemacht zu haben, die den ‚objektiv notwendigen Verlauf der Geschichte' beschrieben, weswegen man anhand ihrer künftige Entwicklungen leicht und sicher prognostizieren könne.[249] Der letzte bedeutende Versuch dieser Art war jener des Historischen Materialismus, die Weltgeschichte als eine gesetzmäßige Stufenfolge von fünf ‚notwendigerweise' einander ablösenden Gesellschaftsformationen zu deuten: auf die *Urgesellschaft* folge die *Sklavenhaltergesellschaft*, auf diese der *Feudalismus*, an dessen Stelle dann der *Kapitalismus* trete. Die endgültig letzte, weil den *höchstmöglichen* menschlichen Entwicklungsstand darstellende Gesellschaftsformation sei der *Kommunismus*, welcher in seiner erste Phase – dem *Sozialismus* – den Kapitalismus überwinde. Glaubt man an solche ‚Geschichtsgesetze' und die ihnen entsprechenden Prognosen, so lassen sich politisch äußerst folgenreiche Werturteile und Handlungsanweisungen formulieren. Durch Bezugnahme auf ‚Geschichtsgesetze' kann man nämlich ‚fortschrittliche' politische Positionen von ‚reaktionären' Zielsetzungen unterscheiden, ‚historisch richtige' politische Standpunkte von ‚historisch falschen' Standpunkten abheben und *alle* Handlungen rechtfertigen, welche der ‚geschichtlichen Notwendigkeit' zu entsprechen scheinen.[250] Das gibt einem dann vermeintlich das Recht, bis zur physischen Vernichtung jene – auf ‚historisch überholten Standpunkten' beharrenden – ‚Reaktionäre' zu bekämpfen, die sich ‚dem Fortschritt' und ‚den geschichtlichen Notwendigkeiten' entgegenstellen.

Nicht nur führt diese historizistische ‚Lösung' des Problems, politische Prognosen zu erarbeiten, regelmäßig zu persönlichen, politischen, wirtschaftlichen und gesellschaftlichen Katastrophen. Sondern außerdem läßt sich zeigen, daß schon *von vornherein* die Hoffnung *unbegründet* ist, man könne überhaupt ‚Geschichtsgesetze' entdecken.[251] Letztlich verweigert der Historizismus bei der Betrachtung geschichtlicher Entwicklungen jenen ‚Übergang vom Mythos zum Logos', welcher einst zur Entstehung europäischer Philosophie und Wissenschaft führte, und er stellt die Revolte des ‚gesunden Menschenverstands' gegen die Einsicht dar, daß im Bereich von Prognosen auch durch wissenschaftliche Mittel höchstens ein Stück weit über die Leistungsfähigkeit des Common Sense hinauszugelangen ist. Doch statt sich solcher Einsicht durch den Glauben an eine angeblich alle offenen Fragen beantwortende Weltanschauung zu entziehen, ist es – zumal in der Politik – vermutlich besser, die *Grenzen* von Wissenschaft zu akzeptieren und an ihnen mit besonderer Vorsicht, Klugheit, Behutsamkeit, Mäßigung und Lernbereitschaft zu agieren.

---

[249] Siehe hierzu den Abschnitt über die ‚Geschichtlichkeit politischer Wirklichkeit' auf S. 31ff, dem wiederum die Ausführungen von Popper 1979 zugrunde liegen. Vgl. auch S. 60.

[250] Es ist wichtig, Historizismus *nicht* mit Evolutionstheorie zu verwechseln. Solche Konfusion liegt allerdings um so näher, als eben die Entdeckung der Evolutionstheorie durch die Sozialwissenschaften zur Blüte des Historizismus im 19. und frühen 20. Jahrhundert führten. Siehe hierzu Patzelt 2001 und die dort gegebenen Literatur.

[251] Siehe oben S. 33f.

II. Das ‚Werturteilsproblem' in der Politikwissenschaft

Die als ‚Werturteilsproblem' bezeichneten Argumentationen[252] haben nicht nur viel zur Zersplitterung der Sozialwissenschaften beigetragen, sondern lange auch verhindert, daß in der Politikwissenschaft ein von halbwegs allgemeinem Konsens getragenes Selbst- und Forschungsverständnis entstanden ist. Dabei sind es immer wieder *Mißverständnisse*, an denen sich heftige Auseinandersetzungen entzünden, oder es werden ‚Gegenpositionen' formuliert, wo es lediglich um die Erörterung verschiedener Einzelaspekte geht, die ihrerseits nicht selten sogar unstrittig sind. Darum scheint es möglich zu sein, das ‚Werturteilsproblem' in einem Konsens über wissenschaftliche Wertbezüge und Wertbindungen aufzuheben[253] und damit als ‚Problem' zu beseitigen. Drei Einzelaspekte sind zu diesem Zweck hervorzuheben:

- Die Verwirklichung bestimmter Werte ist *Motiv* der Politikwissenschaft.
- Werte, Wertmaßstäbe und wertgeleitetes Fühlen, Denken und Handeln sind wichtige *Forschungsgegenstände* der Politikwissenschaft.
- Werturteile und Handlungsanweisungen zu formulieren, ist ein *Ziel* von Politikwissenschaft. Es läßt sich gemäß wissenschaftlichen Regeln dann erreichen, wenn normative Aussagen nicht mit empirischen Aussagen vermengt werden und die ersteren sowohl jenen Forderungen genügen, die oben bei der Erörterung von Werturteilen umrissen wurden, als auch gemäß der unten dargestellten Logik normativer Forschung erarbeitet werden.[254]

1. Wertverwirklichung als Motiv der Politikwissenschaft

Innerhalb dieses ersten Aspekts sind sechs Einzelzusammenhänge zu betrachten:

- Die Leitidee der Politikwissenschaft, nämlich über politische Inhalte, Prozesse und Strukturen empirisch wie logisch wahre Aussagen zu erarbeiten, stellt selbst einen Wert dar. Alle Regeln wissenschaftlicher Arbeit haben darum auch keinen anderen Zweck, als bestmöglich die Verwirklichung genau dieses Wertes sicherzustellen. Schon in dieser Hinsicht ist die Politikwissenschaft von vornherein wertbezogen; ‚wertfreie' Politikwissenschaft gibt es deshalb ebensowenig wie wertfreie Wissenschaft ‚an sich'. Tatsächlich wird dies von Vertretern eines bisweilen irreführend so genannten ‚Wertfreiheitspostulats' auch keineswegs bestritten, sondern genau so gesehen. Unter der leider mißweisenden (Fremd-)Bezeichnung ‚Wertfreiheit' beziehen sie sich nämlich auf die ganz andere, unten erörterte Forderung nach *Werturteilsfreiheit*, deren Erfüllung *ausschließlich* der hier beschriebenen *Wertverwirklichung* dienen soll.
- Politikwissenschaftler bringen natürlich ihre eigenen Wertvorstellungen und Wertbindungen in ihr Fach und ihre wissenschaftliche Arbeit ein. Zwar teilt eine nicht geringe Anzahl von Politikwissenschaftlern den für Wissenschaft konstitutiven Wert, empirisch wie logisch wah-

---

252 Vgl. Albert/Topitsch 1971.

253 ‚Aufheben' hat dreifache Bedeutung. Im Sinn von lat. ‚tóllere' meint ‚aufheben', etwas abzuschaffen oder zu beseitigen. Im Sinn von lat. ‚eleváre' bedeutet ‚aufheben', etwas auf eine höhere Stufe zu erheben. Nicht zuletzt besagt ‚aufheben' im Sinn von lat. ‚conserváre', etwas zu bewahren. Die Möglichkeit der deutschen Sprache, alle drei Bedeutungen gleichzeitig mitschwingen zu lassen, verleiht ‚aufheben' den Sinn, ein Problem in seiner einfachen, ursprünglichen Form zu beseitigen, zugleich aber das, worum es geht, beizubehalten und auf höherer Ebene einer Lösung zuzuführen.

254 Siehe S. 93ff und S. 196ff.

re Aussagen erarbeiten zu wollen; doch ansonsten unterscheiden sich auch diese Politikwissenschaftler oft erheblich in dem, was sie politisch wünschen, hoffen und anstreben. Vor allem gilt: Je nach persönlichen politischen Wertvorstellungen greift man bestimmte Forschungsfragen auf und übergeht andere; eignet man sich bestimmte Wissensbestände an und verzichtet auf andere; bevorzugt man gewisse Betrachtungsperspektiven und Wertmaßstäbe und vernachlässigt andere; versucht man, bestimmte Untersuchungsergebnisse zu erhalten, während man an anderen desinteressiert ist und sich gar dagegen sträubt, sie zur Kenntnis zu nehmen; hält man an manchen Aussagen länger fest als anderen; bevorzugt man bestimmte Interpretationen anstelle anderer; und betont man bei Veröffentlichungen und Vorträgen bestimmte Ergebnisse anstelle anderer. Die Spielregeln von Wissenschaft haben zwar davon auszugehen, daß Politikwissenschaftler sich dergestalt von ihren mannigfaltigen Wertvorstellungen und unterschiedlichen erkenntnisleitenden Interessen lenken lassen; sie haben aber *zugleich* dafür zu sorgen, daß hieraus keine allzu großen Störungen politikwissenschaftlicher Forschung und Kommunikation entstehen. Dies schaffen die wissenschaftlichen Spielregeln in der Politikwissenschaft bislang noch eher schlecht, was allerdings nicht an den dargestellten Spielregeln, sondern vielmehr am Unwillen vieler Politikwissenschaftler liegt, sie ernsthaft zu befolgen.

- Politikwissenschaft benötigt Ressourcen wie Zeit, Geld, Räume und Mitarbeiter. Sie erhält dies alles samt der Freiheit, Politik zu erforschen, in der Regel nur dann, wenn die von Politikwissenschaftlern geteilten politischen Werte und die in einer Gesellschaft und ihrem politischen System vorherrschenden Werte nicht allzu weit auseinanderklaffen. Praktizierte Politikwissenschaft bildet darum meist in groben Zügen die Werte jener Gesellschaften und jener politischen Systeme ab, in denen eine wissenschaftliche Beschäftigung mit Politik möglich ist.
- Durch mit politikwissenschaftlicher Kompetenz untersetzte öffentliche Äußerungen, in Gestalt politischer Bildung oder in Form der Erarbeitung von Werturteilen und Handlungsanweisungen zielen Politikwissenschaftler oft ausdrücklich auf die Verwirklichung bestimmter politischer Werte ab. Dabei beschränkt sich das Anliegen, durch wissenschaftlich erarbeitete Aussagen Einfluß auf die Verwirklichung politischer Werte nehmen zu wollen, keineswegs auf die Erzeugung von normativen Aussagen; auch schon die Erarbeitung und Bereitstellung empirischer Aussagen ist, wie oben gezeigt, wertbezogen. Folglich wäre bereits im Ansatz der Versuch verfehlt, die Verbindung zwischen ‚Werten und Wissenschaft' allein durch eine ‚Verbannung' von Werturteilen oder Handlungsanweisungen aus der Politikwissenschaft kappen zu wollen.
- Der Wertverwirklichung kann auch rein empirisches Wissen um Wenn/Dann-Zusammenhänge dienen, sofern diese in der oben beschriebenen Weise ‚normativ aufgeladen' werden.[255] Empirische Wenn/Dann-Aussagen normativ aufzuladen, ist allerdings nicht allein Politikwissenschaftlern vorbehalten, denn selbstverständlich können aus Wenn/Dann-Aussagen bereits mittels der Werturteile des gesunden Menschenverstandes Handlungsanweisungen gewonnen werden. Folglich verfängt die Einlassung nicht, man entgehe der Notwendigkeit, den Einsatz von Forschungsergebnissen zum Nutzen oder Nachteil bestimmter Werte mitbedenken zu müssen, indem man ‚rein empirisch forscht'. Außerdem stehen Politikwissenschaftler erst recht vor der Frage, ob sie die Verantwortung für die (sozial-)technologische Verwertung empirischer Aussagen durch für deren normative Aufladung einfach und ausschließlich den Akteuren politischer Praxis zuschieben wollen, falls nämlich politikwissenschaftlich erarbeitete Wenn/Dann-Aussagen *neuartige* politische Handlungs-

[255] Siehe S. 96.

möglichkeiten eröffnen. Diese Frage erschließt den sechsten Zusammenhang des Problems politikwissenschaftlicher Wertverwirklichung.

- Die Politikwissenschaft wirkt mittels ihrer praktisch genutzten Ergebnisse vielfach auf Gesellschaften und politische Systeme zurück. Wahlkämpfe werden beispielsweise anders geführt, seit Wahlforschung und Demoskopie neue Grundlagen für Wahlkampfstrategien geschaffen haben. Auf solche praktischen Umsetzungsmöglichkeiten politikwissenschaftlicher Arbeitsergebnisse beziehen sich wiederum nicht selten wichtige persönliche oder politische Werte des einzelnen Politikwissenschaftlers. Selbst wenn dies nicht der Fall sein sollte, erfordert allein schon die Mitwirkung an entsprechenden Forschungen sowie die Wahl bestimmter Themen bei Zurückstellung anderer Forschungsaufgaben eine bewußte und zu verantwortende Entscheidung bezüglich der von solcher Forschung praktisch betroffenen Werte. Wertverwirklichung als *Motiv* von Politikwissenschaft wird in diesem Fall offensichtlich. Allerdings ist angesichts des oft noch geringen Neuigkeitsgehalts bzw. der praktischen Bedeutungslosigkeit vieler politikwissenschaftlicher Forschungsergebnisse derzeit schwer vorstellbar, welche schwierig zu verantwortenden Wertentscheidungen auf die Politikwissenschaft zukämen, könnte sie eines Tages ebenso praxisnützliche Ergebnisse erarbeiten wie die Naturwissenschaften.

Vor dem Hintergrund dieser sechs Zusammenhänge zeigt sich, daß die Politikwissenschaft alles andere als ‚wertfrei‘ ist. Ganz im Gegenteil ist sie zugleich ein leistungsfähiger Umschlagplatz für Wünsche nach politischer Wertverwirklichung aller Art und eine gute Quelle von Mitteln zu deren Erfüllung.

2. Werte und Werturteile als Gegenstand politikwissenschaftlicher Forschung

Manchmal wird angeführt, die Forderung nach ‚wertfreier‘ bzw. ‚werturteilsfreier‘ Forschung beinhalte die zwei Behauptungen, Werte könnten oder dürften wissenschaftlich nicht erforscht werden, und Werturteile ließen sich wissenschaftlich weder überprüfen noch erarbeiten. Beide Behauptungen sind sowohl im allgemeinen als auch in bezug auf die Politikwissenschaft völlig *falsch*. Vielmehr ist es so:

- Die Untersuchung von in Geschichte und Gegenwart dem politischen Denken und Handeln zugrunde gelegten Werten sowie die Analyse der Voraussetzungen, Umstände und Folgen der Entstehung und Benutzung von (politischen) Werten ist eine *wichtige Aufgabe* der *empirischen* politikwissenschaftlichen Forschung.
- Die Erarbeitung normativ brauchbarer Wertmaßstäbe sowie deren Heranziehung zur Fällung von Werturteilen und für die Formulierung von Handlungsanweisungen ist die ausgesprochen nützliche Aufgabe der *normativen* politikwissenschaftlichen Forschung.[256] Ein Politikwissenschaftler ‚darf‘ also nicht nur Werturteile über politische Inhalte, Prozesse und Strukturen erarbeiten, sondern es ist sogar äußerst *wünschenswert*, wenn und daß gerade Politikwissenschaftler dies tun. Denn wer hat schon größere Chancen als sie, auch hierin über die Leistungsfähigkeit des ‚gesunden Menschenverstandes' hinauszugehen?

Häufig findet sich in diesem Zusammenhang allerdings das Mißverständnis, daß Aussagen *über* Werte ihrerseits ‚wertende Aussagen‘ und Aussagen *über* Werturteile *selbst* schon Wertur-

---

256 Zu ihr siehe unten S. 196ff.

teile seien. In Wirklichkeit sind solche (Meta-)Aussagen[257] über Werte und Werturteile aber natürlich nichts anderes als *empirische* Aussagen, deren empirischer Referent eben ein Wert oder ein Werturteil ist. Somit kann auch hier durch Einholung geeigneter Informationen stets geprüft werden, ob es sich mit dem Bestehen und der Beschaffenheit jener Werte bzw. Werturteile wirklich so verhält, wie es die fragliche Aussage behauptet.

3. Zur Notwendigkeit und Zulässigkeit von Werturteilen im Ablauf von Forschungsprozessen

Hier sind wir beim *Kern* des ‚Werturteilsproblems' angelangt. Die zu beantwortende Frage lautet: Sind bei der Erarbeitung von logisch und empirisch wahren Aussagen sowie bei der Erarbeitung von Werturteilen selbst schon Werturteile zulässig oder gar nötig? Versuche, diese Frage zu beantworten, führen aus drei Gründen meist zu einer unbefriedigenden und in Mißverständnisse wie Übertreibungen mündenden Diskussion:

- Man verknüpft die hinsichtlich *dieser* Frage einschlägigen Argumente mit Überlegungen, die sich auf den Diskussionsgegenstand ‚Wertverwirklichung als Motiv von Wissenschaft' beziehen.
- Es wirkt oft verwirrend, daß *sowohl* normative *als auch* empirische Aussagen den Kriterien für wissenschaftliche Aussagen genügen *können*, daß dies aber keineswegs *alle* vorzubringenden normativen und empirischen Aussagen *tun*, die ja allesamt auch schon auf der Grundlage des ‚gesunden Menschenverstandes' zu formulieren sind. Etwa lassen sich sowohl wissenschaftlichen Kriterien genügende Aussagen über die Ursachen von Kriegen als auch in den Grenzen des ‚gesunden Menschenverstands' befangene Aussagen zum gleichen Thema formulieren. Der hier leicht erkennbare Unterschied zwischen einer Common-Sense-Vermutung über die Ursachen von Kriegen und einer durch empirische Forschung hierzu gewonnenen Aussage ist aber natürlich kein anderer als der, welcher zwischen einem Common-Sense-Werturteil über den moralischen Gehalt einer Abschreckungsstrategie und einem Werturteil über denselben Gegenstand besteht, das seinerseits die bei der Erörterung normativer Aussagen beschriebenen Forderungen erfüllt.[258] Doch während diese Differenz zwischen wissenschaftlichen Aussagen und Common Sense-Aussagen bei empirischen Aussagen mittlerweile gut erkannt und verstanden wird, ist dies bei normativen Aussagen noch keineswegs der Fall. Ursache dafür ist die viel geringere Verbreitung von Kenntnissen über die Logik und Methodik normativer Forschung. Genau darum ist bezüglich von Werturteilen ein sachlich ganz unbegründeter Entweder/Oder-Standpunkt verbreitet: entweder man akzeptiert *jedes* Werturteil als wissenschaftlich zulässig – oder überhaupt *keines*.
- Da in der Politikwissenschaft sehr oft die Alltagssprache oder die Fachsprache von Politikern benutzt wird, liegt stets folgendes Argument nahe: ‚Weil sich in der Alltagssprache Beschreibungen und mit ihnen verbundene Wertungen nicht trennen lassen, ist dies auch in der diese Alltagssprache benutzenden Politikwissenschaft nicht möglich. Wenn aber schon aus sprachlichen Gründen empirische und normative Aussagen nicht unterscheidbar sind, so ist die Frage, ob Werturteile in der Politikwissenschaft *zulässig* sind, von vornherein gegenstandslos: Werturteile sind einfach *unvermeidbar*'.

Solche Mißverständnisse und Übertreibungen zu übernehmen und fortzupflanzen, ist allerdings weder nötig noch hilfreich. Soweit an einer tatsächlichen Klärung der Sachlage Interesse

---

[257] Zum Begriff der Meta-Aussage siehe S. 73, 88 und 99.
[258] Siehe S. 93ff.

besteht, könnte wohl Konsens über die folgende Antwort auf die Frage gestiftet werden, ob bzw. wo Werturteile im Verlauf politikwissenschaftlicher Forschung nötig sind:

- Durch hinlänglich klare Begriffsdefinition und Begriffsverwendung ist es möglich, innerhalb politikwissenschaftlicher Argumentationen Aussagen so zu formulieren, daß für alle praktischen Zwecke klar ist, ob eine empirische Aussage oder ein Werturteil bzw. eine Handlungsanweisung, vorliegt. Folglich spricht nichts gegen die Aufstellung und Einhaltung folgender Regel: Aussagen, deren Status als *entweder* empirische *oder* normative Aussage unklar ist, sind entweder klarer zu formulieren oder im Bereich der Politikwissenschaft zu unterlassen.
- Bei der Erarbeitung und Überprüfung *empirischer* Aussagen sind Werturteile schlechterdings *unnötig*. Denn ob die Aussage X mit den Tatsachen übereinstimmt oder nicht, hat natürlich gar nichts damit zu tun, ob man die beschriebenen Tatsachen oder die fragliche Aussage für gut oder als schlecht findet.
- In der oben beschriebenen Weise aufgebaut und gemäß der unten behandelten Logik normativer Forschung erarbeitet,[259] sind Werturteile der *Zweck* normativer Forschung und deshalb selbstverständlich *zulässig*. Soll die Politikwissenschaft ihrer politischen Verantwortung gerecht werden, sind Werturteile als Grundlage von Kritik und Handlungsanweisungen als Zuarbeit zur Praxis sogar ein *unverzichtbares* Ergebnis politikwissenschaftlicher Forschung. Allerdings kann der Prozeß der Erarbeitung bzw. Prüfung von Werturteilen, wie noch gezeigt wird,[260] ganz *ohne* die Beimischung *persönlicher* Werturteile ablaufen. Folglich ist die Forderung nach Werturteilsfreiheit selbst dort erfüllbar, wo Werturteile Arbeitsgegenstand oder angestrebtes Erzeugnis politikwissenschaftlicher Forschung sind.
- *Unzulässig* ist es, die vom Politikwissenschaftler innerhalb seines ‚gesunden Menschenverstands' schon ‚mitgebrachten' Werturteile *ohne* die unten beschriebenen Arbeitsschritte normativer Forschung in eine politikwissenschaftliche Argumentation einfach nur einzupflanzen und dennoch wissenschaftliche Autorität für sie zu beanspruchen. Dergestalt würde nämlich die Aufgabe von Wissenschaft verfehlt, solche Aussagen zu erarbeiten, die jenen *überlegen* sind, welche schon mittels der Kompetenzen des ‚gesunden Menschenverstands' formuliert werden können.
- Werturteile, die im Vollzug normativer und empirischer politikwissenschaftlicher Forschung *zusätzlich* geäußert werden, obwohl sie für die Durchführung von Forschung gar nicht nötig sind, erschweren nicht selten das Zusammenwirken von Wissenschaftlern, die ja persönlich einander widerstreitende und gar unvereinbare Werturteile bevorzugen können. Im selben Ausmaß, in dem unnötige Werturteile, die aus rein persönlichen Gründen zusätzlich vorgebracht werden, die unverzichtbare Kommunikation und Kooperation von Politikwissenschaftlern stören, behindern sie nur die Durchführung von Politikwissenschaft und sind genau deshalb zu unterlassen. Um zumal unbeabsichtigte Behinderungen dieser Art möglichst auszuschließen, wird die folgende Regel aufgestellt: Werturteile dürfen nur ausdrücklich und nur in ihrer oben beschriebenen Form vorgebracht werden, dürfen aber keinesfalls in empirische Aussagen einfach ‚eingetreut' oder in Gestalt unausgesprochener ‚wertender Zusatzbedeutungen' der benutzten Begriffe in eine Argumentation nachgerade ‚eingeschmuggelt' werden.

In genau diesem Ausschluß persönlich eingeführter Werturteile aus der Prüfung des logischen und empirischen Wahrheitsgehalts von Aussagen sowie aus dem Arbeitsprozeß normativer Forschung besteht das ‚Postulat der Werturteilsfreiheit'. Es zu erfüllen, behindert in keiner Weise die normative Forschung und beeinträchtigt keineswegs Wertverwirklichung als Motiv von

[259] Siehe S. 93ff und S. 201.
[260] Siehe S. 196ff.

Politikwissenschaft. Ganz im Gegenteil: Durch Befolgung des Postulats der Werturteilsfreiheit, wie es hier vorgestellt wurde, wird die Leistungsfähigkeit der Politikwissenschaft sowohl bei der normativen Forschung als auch bei der Wertverwirklichung *gestärkt*, weil solchermaßen eine der Hauptstörungsquellen arbeitsteiliger politikwissenschaftlicher Arbeit beseitigt wird. Allerdings besteht in der Politikwissenschaft über diese Sichtweise des Werturteilszusammenhangs durchaus kein Konsens, und leider werden die vorgestellten Regeln eher selten befolgt. Vermutlich verliert aber gerade deshalb die normative politikwissenschaftliche Forschung immer noch äußerst leicht den Wettbewerb mit den Werturteilen und Handlungsanweisungen von ‚gesundem Menschenverstand' und jeweils modischer Ideologie.

III. Die Politikwissenschaft im System der Wissenschaften

Als ‚System der Wissenschaften' soll bezeichnet werden die Gesamtheit der nach Fragestellungen, Forschungsgegenständen und Methoden verschiedenen, doch dieselben Leitgedanken von Wissenschaft teilenden Disziplinen. Es wird nach jenen Sachverhalten gegliedert, über die in den Einzelwissenschaften logisch richtige und mit den Tatsachen übereinstimmende Aussagen zu erarbeiten sind. Eine ‚allgemein verbindliche' Gliederung jener Sachverhalte gibt es aber nicht. Lange Zeit war die Gliederung des Aristoteles einflußreich, nach dem die ‚theoretischen' Wissenschaften, die das menschliche Denken zum Gegenstand hätten, von den ‚praktischen' Wissenschaften zu unterscheiden wären, die das menschliche Handeln untersuchten, und beide wiederum seien von den ‚poietischen'[261] Wissenschaften abzuheben, die sich mit dem Gegenständen und Weisen menschlichen Gestaltens befaßten. Heute herrscht vielfach jene Zweiteilung vor, die um die Jahrhundertwende in Deutschland vorgeschlagen und begründet wurde: Wissenschaftliche Aussagen bezögen sich einerseits auf die Sachverhalte der *Natur*welt, andererseits auf die vom menschlichen Geist geschaffene und geprägte *Kultur*welt, die vor allem als menschliche Geschichte faßbar werde. Wegen der Eigentümlichkeit des Menschen als eines geistbegabten Wesens wurden beide Arten von Forschungsgegenständen für völlig verschieden gehalten. Demgemäß wurden ihnen auch vorgeblich streng voneinander geschiedene Wissenschaftsformen zugeordnet: der Welt der Natur die ‚Naturwissenschaften', denen es auf verallgemeinernde Gesetzesaussagen und Erklärungen ihrer Gegenstände ankomme, der Welt der Kultur indessen die ‚Geisteswissenschaften', welche idiographisch das Besondere einzelner Kulturgestalten erfassen und diese dann verstehen wollten.

Beide Gliederungsvorschläge machen zwar auf wichtige Eigentümlichkeiten einzelner Wissenschaftsgruppen aufmerksam, führen aber auch in vielfältige Probleme. Vor allem werden sie wichtigen Forschungszweigen nicht gerecht. Beispielsweise fehlt in der Gliederung des Aristoteles den Naturwissenschaften, in der Spaltung von Natur- und Geisteswissenschaften den Wissenschaften vom menschlichen Handeln ein angemessener Platz. Es scheint darum sinnvoll zu sein, beide Gliederungen miteinander zu *verbinden*, um so eine ‚Landkarte' zu gewinnen, auf welcher sich auch die Politikwissenschaft klar verorten läßt. Eine derartige ‚Landkarte' findet sich im Schaubild 10:

[261] Von griech. ‚poieín', d.h. machen, herstellen.

Schaubild 10: Das System der Wissenschaften

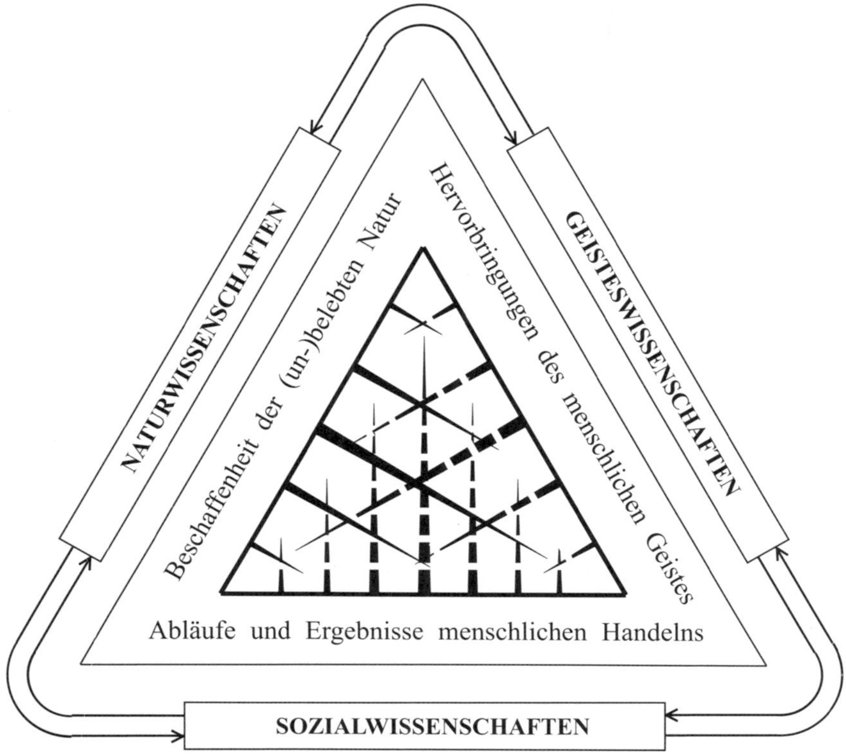

Dieses Schaubild unterscheidet drei große Gruppen von Forschungsgegenständen und ihnen zugeordneten Disziplinen:

- Sachverhalte der *unbelebten* und *belebten Natur*, die sich im Lauf der Geschichte des Kosmos, der Erde und des Lebens entwickelten. Mit ihnen befassen sich die *Naturwissenschaften* (von der Physik bis zur Biologie) sowie, als deren anwendungsorientierter Teil, die *Technikwissenschaften* (vom Maschinenbau bis zur Elektrotechnik).
- Sachverhalte, die ungleich aller unbelebten Natur und aller Flora und Fauna, auch ungleich der physischen Existenz von Menschen selbst, allein dank der besonderen *Fähigkeiten des menschlichen Geistes* hervorgebracht wurden und seither Elemente der für Menschen zugänglichen Wirklichkeit sind, z.B. Sprachen, Literatur, Philosophie, Mathematik, Logik, Recht, Gegenstände des täglichen Gebrauchs, Hervorbringungen der bildenden Künste, Bauten, Siedlungsformen und Musik. Dies alles ist Gegenstand der *Geisteswissenschaften* (von der Literaturwissenschaft bis zur Mathematik, und von der Kunstgeschichte bis zur analytischen Philosophie).
- Sachverhalte, die im *Verhalten von Tieren und Menschen* sowie im sinngeleitet wechselseitig aufeinander bezogenen *Handeln* von Menschen und in dessen Ergebnissen bestehen, z.B. Verhaltensrepertoires, Handlungspraktiken, Rollen, Rollengefüge, Institutionen und politische Systeme. Mit diesen Sachverhalten beschäftigen sich die *Sozialwissenschaften* (von der Ethologie über die Soziologie bis zur Wirtschaftswissenschaft).

Natürlich stehen diese drei Gruppen von Sachverhalten in der Wirklichkeit nicht unverbunden nebeneinander. Sie bilden vielmehr ein komplexes Gefüge aufeinander bezogener Wechselwirkungen. Menschliches Verlangen, über sie logisch wie empirisch wahre Aussagen zu erarbeiten, kann sich einerseits auf Gruppen solcher Sachverhalte richten, bei denen einander ‚Natur', ‚menschlicher Geist' und ‚Verhalten/Handeln' nur wenig überlappen. Es entstehen dann Fächer, die sich recht klar den großen Wissenschaftsfamilien der Natur-, Geistes- und Sozialwissenschaften zuordnen lassen, etwa Geologie, Literaturwissenschaft und Volkswirtschaftslehre. Andererseits kann sich das Forschungsinteresse auch gerade auf die *Zusammenhänge* zwischen ganz verschiedenen Gruppen von Forschungsgegenständen richten. Ihnen entsprechen dann Disziplinen, in denen die Grenzen zwischen Natur-, Geistes- und Sozialwissenschaften verschwimmen. In der Grenzmark von Natur- und Geisteswissenschaften ist das etwa die Hirnforschung, in der zwischen Natur- und Sozialwissenschaften die Ethologie, und in jener zwischen Geistes- und Sozialwissenschaften die Rechtswissenschaft. Auf welche Gruppe(n) von Gegenständen auch immer sich das Forschungsinteresse richten mag: Die Leitgedanken und Spielregeln von Wissenschaft bleiben stets dieselben, und lediglich die konkret zu benutzenden Methoden der Datenerhebung und Datenanalyse ändern sich in Abhängigkeit der Gegenstände, die es zu erforschen gilt.

Wie die Erörterung des Politikbegriffs zeigte, hat die Politikwissenschaft ihren Schwerpunkt zwar bei der Analyse von Abläufen und Ergebnissen menschlichen Handelns, weshalb sie eindeutig zur Familie der Sozialwissenschaften gehört. Doch einesteils reicht sie in die Naturwissenschaften dort hinein, wo es um die Untersuchung der untersten Stufen des Schichtenbaus politischer Wirklichkeit geht: um die genetisch verankerte Tiefenstruktur menschlicher Informationsverarbeitung, Sinndeutung und Verhaltenssteuerung. Andernteils reicht sie weit in die Geisteswissenschaften hinein: Politisches Denken schlägt sich in der Philosophie nieder und wird dort systematisiert; Recht ist Produkt und Zügel von Politik; Sprachen spiegeln politische Wirklichkeit und verfestigen sie ein Stück weit; in Literatur, bildender Kunst und Musik bildet sich politische Wirklichkeit immer wieder ab und ist von daher zu erschließen; Siedlungsstrukturen, Gegenstände des täglichen Gebrauchs und Bauten spiegeln politische Verhältnisse wider oder gehen unmittelbar auf politische Entscheidungen zurück, deren Auswirkungen man gut studieren kann, indem man jene Sachverhalte bzw. Dinge als Indikatoren benutzt. Ihren Ort im System der Wissenschaften findet die Politikwissenschaft darum im rechten unteren Drittel des Schaubilds 10: sie ist eine Sozialwissenschaft mit vielen geisteswissenschaftlichen und einigen wenigen naturwissenschaftlichen Bezügen.

Aus diesem Grund hat die Politikwissenschaft auch ein ziemlich enges Verhältnis zu gar nicht wenigen Nachbardisziplinen. Dieses äußert sich darin, daß Begriffe und Theorien anderer Disziplinen in großem Umfang in die Politikwissenschaft übernommen wurden[262] und diese ihre wichtigsten Methoden ohnehin mit Soziologie, Geschichtswissenschaft und Rechtswissenschaft teilt. Unter ihren Nachbardisziplinen sind vor allem die folgenden wichtig und bieten sich als Neben- und Ergänzungsfächer eines politikwissenschaftlichen Studiums an:

- *Verwaltungswissenschaft:* Einst ‚Polizeywissenschaft' und ‚Kameralwissenschaft' genannt, ist diese einesteils eine hochspezialisierte Nachfolgedisziplin jener ‚Politischen Wissenschaften', deren Erfolg im 19. Jahrhundert eine einheitliche, integrierende Politikwissenschaft zum Verschwinden brachte. Mit dem Schulterschluß zur Verwaltungswissenschaft knüpft die Politikwissenschaft also an ihre eigenen Traditionen an. Andernteils wird politische Ordnung vor allem in Gestalt von Verwaltung konkret. Die Verbindung zur Verwaltungswissenschaft sichert der Politikwissenschaft somit den Zugang zu den konkreten Ausprägungsformen, Organisationsmöglichkeiten und Verfahrensweisen des Regierens. Im übri-

[262] Hierzu siehe Dogan 1996: 101-109.

gen bleibt die Politikwissenschaft über die Verwaltungswissenschaft besonders eng mit professionellen Praktikern der Exekutive in Kontakt – und nicht nur mit Angehörigen der politischen Klasse oder gar ausschließlich Fachkollegen und politischen Bildnern.

- *Rechtswissenschaft:* Rechtsnormen – zumal des Staats- und Völkerrechts – sind eine zentrale Rahmenbedingung, ein wichtiges Mittel und oft eine Folge von Politik. Also sind sie auch ein wichtiger Gegenstand der Politikwissenschaft. Zweifellos müssen, um politische Strukturen, Prozesse und Inhalte angemessen verstehen oder würdigen zu können, oft jene Rechtsnormen begriffen werden, die derlei regeln oder prägen. Darum sind Grundkenntnisse sowohl von Staats- und Völkerrecht als auch ausgewählter Rechtsgebiete für die politikwissenschaftliche Arbeit nützlich, desgleichen Fähigkeiten in der korrekten Anwendung der juristischen Methode.[263] Im übrigen hat die Rechtswissenschaft in Gestalt der den alten ‚Politischen Wissenschaften' entwachsenen ‚Allgemeinen Staatslehre' ein Teilfach, das im Grunde nichts als ein Teilgebiet der Politikwissenschaft ohne kontinuierlich gepflegte empirisch-sozialwissenschaftliche Basis ist. Aus allen diesen Gründen ist die Rechtswissenschaft ein enge Nachbarin der Politikwissenschaft.
- *Soziologie:* Weitgehend ist die Politikwissenschaft nichts anderes als die Soziologie der Politik, nämlich die Soziologie der Praktiken und (institutionellen) Formen jenes Handelns, das auf die Herstellung und Durchsetzung allgemein verbindlicher Entscheidungen in und zwischen Gruppen von Menschen abzielt. Darum ist das soziologische Teilfach ‚Politische Soziologie' im Grunde nichts anderes als eine Politikwissenschaft, die von der normativen und auch ideengeschichtlichen Dimension ihres Gegenstandes zugunsten einer rein empirischen oder analytisch-theoretischen Orientierung wenig wissen will und Institutionen zugunsten der Untersuchungen von Individuen und Gruppen hintanstellt. Ein Politikwissenschaftler, der seinen Fragehorizont nicht verengen will, sollte darum jeden Versuch einer Grenzziehung zwischen seiner Disziplin und der Soziologie einfach ignorieren. Er sollte das um so mehr tun, als alle Methoden der Soziologie auch der Politikwissenschaft gehören und alle Theorien sozialen Handelns (z.B. Symbolischer Interaktionismus), sozialer Strukturbildung (z.B. Rollen- und Organisationstheorie) sowie der Konstruktion gesellschaftlicher Wirklichkeit[264] soziologische Theorien sind, auf die ein komplex arbeitender Politikwissenschaftler schwerlich verzichten kann. Im übrigen ist bei herausragenden, zu ‚Klassikern' gewordenen Sozialwissenschaftlern, die sich unter anderem – wie Max Weber oder Talcott Parsons – mit politischen Strukturen, Prozessen und Inhalten befaßten, ohnehin nicht der ‚Soziologe' vom ‚Politikwissenschaftler' zu trennen.
- *Wirtschaftswissenschaft:* Auch die Nationalökonomie, die ‚Politische Ökonomie', die Volkswirtschaftlehre ist den ‚Politischen Wissenschaften' entwachsen. Mit der Wirtschaftswissenschaft verbindet die Politikwissenschaft die von Karl Marx wirkungsmächtig entfaltete Tatsache, daß der gesamte ‚Überbau' der institutionellen, rechtlichen und geistigen Ordnung einer Gesellschaft, und somit auch ihr politisches System, sich auf einer wirtschaftlichen ‚Basis' erhebt, die – in Abhängigkeit vom Entwicklungsstand der Produktivkräfte – von jenen Verhältnissen (‚Produktionsverhältnissen') gebildet wird, die Menschen eingehen (müssen), um die zum Leben benötigten Güter und Dienstleistungen zu erwirtschaften, zu erbringen und zu verteilen. Im Zeitalter der Globalisierung stellt sich dies so dar, daß die Prägung und Entwicklung jener ökonomischen Basis sich mehr als je zuvor vielen Gestaltungswünschen der von ihr getragenen politischen Systeme entzieht. Die Wirtschaftswissenschaft untersucht somit einesteils die ökonomischen Grundlagen von Politik, wobei sie weder deren Institutionen noch deren Geschichtlichkeit ignorieren sollte. Andernteils behandelt

[263] Zu deren Grundzügen siehe S. 169f.
[264] Hierzu siehe etwa Berger/Luckmann 1980, Giddens 1984 und Patzelt 1987.

das volkswirtschaftliche Teilfach ‚Wirtschaftspolitik' die Möglichkeiten, auf jene wirtschaftliche Basis durch Herstellung und Durchsetzung allgemein verbindlicher Regelungen ordnungspolitisch, durch Einzelfallentscheidungen interventionistisch einzuwirken. Ohne wirtschaftswissenschaftliche Kenntnisse, die auch als Hintergrundwissen zu praktisch folgenreichen Debatten wie denen um Keynesianismus vs. Monetarismus oder um nachfrageorientierte Politik vs. angebotsorientierte Politik dienen können, wird ein Politikwissenschaftler somit nicht nur den wichtigsten Rahmenbedingungen politischer Strukturen und Prozesse, sondern auch einem zentralen Teil politischer Inhalte recht orientierungslos gegenüberstehen. Zumal Verständnis und Gestaltung von umverteilender Sozialpolitik dürften ohne gründlichen Einblick in wirtschaftspolitische Funktionszusammenhänge kaum gelingen. Im übrigen teilt die Politikwissenschaft ihren aufblühenden mathematischen Rational choice-Ansatz mit jener dominierenden wirtschaftswissenschaftlichen Theorie, die rational auf Nutzenmaximierung ausgehende Akteure in den Mittelpunkt ihrer Aufmerksamkeit stellt, und ihre quantifizierend-modellbildenden Methoden mit der derzeit tonangebenden Ökonometrie. Umgekehrt sind Konzepte wie ‚Markt' im wirtschaftswissenschaftlichen und ‚Pluralismus' im politikwissenschaftlichen Bereich oft zwei Seiten derselben Medaille, da ihre empirischen Referenten einander wechselseitig bedingen. Viele Begriffe – wie Macht und Nutzen, Kartell und Korporation, Verhandlung und Vertrag, Preis und Nachfrage – werden in beiden Disziplinen auch recht ähnlich gebraucht und verweisen vor allem auf unterschiedliche Arenen, in denen letztlich das gleiche geschieht – etwa, und vor allem, die Allokation knapper (öffentlicher) Güter. Im Bereich der Politikfeldanalyse[265] – etwa von Regional- und Verkehrspolitik, Gesundheits- und Sozialpolitik, Wirtschafts- und Arbeitsmarktpolitik – sind die Beziehungen zwischen Politikwissenschaft und Wirtschaftswissenschaft derzeit am engsten. Hemmend für das Zusammenwirken beider Disziplinen ist derzeit vor allem die dominant mathematische Ausrichtung der Wirtschaftswissenschaft, mit der unnötigerweise die Verkümmerung ihrer Fähigkeit und Bereitschaft einherging, grundlegende Zusammenhänge auch ohne mathematische Sprache darzulegen und zu vermitteln.

– *Geographie:* Politische Systeme sind Ordnungsstrukturen, die sich über einen bestimmten, mehr oder minder klar abgegrenzten Raum erstrecken, und Herrschaft meint Regieren in einem angebbaren Gebiet. Darum prägen die Gegebenheiten dieses Gebiets einesteils jene Probleme, die es durch allgemein verbindliche Regelungen und Entscheidungen zu lösen gilt, sowie andernteils die erfolgversprechenden Wege, verläßliche Regierungsgewalt zu errichten und zu sichern. Zu jenen Gegebenheiten gehören die räumliche Gliederung des zu regierenden Gebiets (etwa Stromsysteme und Gebirgsverläufe), die gegebene oder fehlende Sicherheit vor Überschwemmungen oder Erdbeben, seine (Un-)Zugänglichkeit über Land-, See- und Luftverbindungen, seine klimatischen Verhältnisse, seine (fehlende) Eignung für bestimmte Arten von (Land-)Wirtschaft, seine – mit welchem Aufwand erschließbaren – Bodenschätze, seine Bevölkerungsdichte und Siedlungsstrukturen, die Aufteilung des Grundbesitzes, die Anreize für Zuwanderung oder Auswanderung, sowie die kulturellen Merkmale, Verteilungsformen und Stärkeverhältnisse der auf jenem Gebiet lebenden Ethnien.[266] Das alles beeinflußt die Entwicklung von Technik, Produktivkräften und Produktionsverhältnissen, von Wirtschafts- und Verkehrsstrukturen, von Ausdehnungs- und Verteidigungsmöglichkeiten, von Kulturen im Spannungsfeld zwischen Eigenart und Vielfalt. Mit allen diesen Gegenständen befaßt sich die Geographie, nicht zuletzt in ihren Teildisziplinen der Verkehrs-, Wirtschafts-, Siedlungs- und Kulturgeographie. Die politische Bedeutung der genannten geographischen Sachverhalte ist von alters her bekannt und war immer schon Thema sowohl

---

265 Hierzu siehe S. 364ff und 368.

266 Von griech. ‚éthnos', d.h. Volk, Stamm.

politischer Tatsachenforschung als auch systematischen – zumal taktischen und strategischen – politischen Denkens. Darum war die ‚Politische Geographie' auch eine der ‚Politischen Wissenschaften'. Sie verselbständigte sich später zur ‚Geopolitik', die sich ihrerseits mitunter – etwa im Deutschland des Zweiten Kaiserreichs und der Weimarer Republik – auf die normative Frage zuspitzte, welche praktischen politischen Konsequenzen ein Land aus seinen geographischen Gegebenheiten und Möglichkeiten ziehen sollte. Derartigen Engführungen wurde dadurch Vorschub geleistet, daß eine integrierende, alle Aspekte des Politischen gleichermaßen einbeziehende und bedenkende Politikwissenschaft aufgrund der Verselbständigung der ‚Politischen Wissenschaften' verschwunden war. Als Reaktion auf die zu verbrecherischen Folgen führende, um ‚Blut und Boden' gelagerte und sehr wohl auch von Wissenschaftlern entworfenen Karikatur geopolitischen und politikgeographischen Denkens in der nationalsozialistischen Ideologie fanden sich in der neu begründeten deutschen Politikwissenschaft geopolitische Fragestellungen und Argumentationen weitestgehend tabuisiert. Um so wichtiger ist es, als Politikwissenschaftler den Schulterschluß zur Geographie zu suchen, um nicht die geographisch zu erfassenden Grundgegebenheiten politischer Gestaltungsaufgaben zu verkennen. Im Bereich praktischer Raumplanung, vom Verkehrswege- und Wasserstraßenbau über die Biotopvernetzung bis hin zur Ausweisung von Gewerbegebieten und Bauland sind politikgeographische Fragestellungen ohnehin immer aktuell geblieben, desgleichen in der – nicht zuletzt Agrarpolitik und Urbanisierungsprobleme thematisierenden – Entwicklungspolitik und Entwicklungsländerforschung.[267]

– *Kommunikationswissenschaft:* Analog zur weitgehenden Deckungsgleichheit von Politikwissenschaft und politischer Soziologie läßt sich die Kommunikationswissenschaft als Soziologie der Praktiken, Strukturen und Inhalte menschlicher Kommunikation auffassen. Als solche besitzt sie das – neben Macht, Ideologie und Normen – zentrales Element von Politik zum Untersuchungsgegenstand. Anschaulich wird dies einesteils in der Entfaltung der Kommunikationswissenschaft als – durchaus der Rhetorik verpflichteter – pragmatisch-politischer Sprachwissenschaft, andernteils in ihrer Ausprägung als empirische Erforschung der Strukturen, Inhalte und Folgen von zumal öffentlicher Meinung und politischer Massenkommunikation. Zu nennen sind hier vor allem die – der ‚Zeitungswissenschaft' entwachsene – empirische Medieninhaltsanalyse sowie die Journalistenforschung. Außerdem ist ‚Medienpolitik' ebenso ein kommunikations- wie politikwissenschaftliches Arbeitsgebiet. Im Grunde untersucht die Kommunikationswissenschaft das ‚dritte Gesicht' der Macht, nämlich jene Prozesse und Strukturen, in denen solche Kommunikationsmittel verfügbar gemacht oder entzogen werden, von denen die Thematisierung und Diskussion politischer Inhalte abhängen.

– *Pädagogik:* Einesteils ist politische Sozialisation, die Vermittlung von Kriterien politischen Urteils, politischen Wissens und politischer Handlungskompetenz, nicht nur in der Politikwissenschaft, sondern auch in der Erziehungswissenschaft ein wichtiger Forschungsgegenstand. Andernteils hat die Politikwissenschaft auch in ihrer Rolle als Leitdisziplin politischer Schul- und Erwachsenenbildung eine enge Verbindung zur Pädagogik. Durch Bildung – von Eliten oder breiten Bevölkerungsschichten – einer ‚guten Ordnung' in Gesellschaft und Staat ihre Voraussetzungen zu schaffen, war immerhin von jeher ein Anliegen der Politikwissenschaft. Verwirklichen läßt es sich nur, wenn sich fachwissenschaftlichen Erkenntnissen auch pädagogische Kompetenzen zugesellen, etwa als Fachdidaktik oder als Unterrichtsmethodik. Nicht ohne guten Grund ging also – und zwar nicht nur in Deutschland – der Ausbau von Politikwissenschaft als Universitätsdisziplin einher mit der Ausweitung der Lehrerausbildung.

---

[267] Zum Gesamtkomplex siehe Kaperson/Minghi 1969.

– *Anthropologie:* Zwar findet die Politikwissenschaft die meisten ihrer Gegenstände in den oberen Schichten des ‚Schichtenbaus der Wirklichkeit' vor. Doch die sie dort interessierenden Inhalte, Prozesse und Strukturen entstehen nur durch menschliches Handeln. Dessen Prägefaktoren, Formen und (natur-)historischen Erscheinungsweisen kann die Politikwissenschaft offenbar bloß zum eigenen Nachteil ignorieren. Deshalb ist die Anthropologie als umfassende Wissenschaft vom Menschen (und somit die naturwissenschaftliche Anthropologie ebenso wie die historische Anthropologie, die Sozialanthropologie ebenso wie die Kulturanthropologie) für die Politikwissenschaft eine ihrer besonders wichtigen Nachbardisziplinen. In Gestalt der ‚philosophischen Anthropologie', die sich – darin der juristischen ‚Allgemeinen Staatslehre' ähnlich – um ihr empirisches Fundament nicht allzu nachdrücklich kümmert, ist sie denn auch von jeher Bestandteil politischer Theorie und darum ein zentrales Thema in der Geschichte der politischen Theorien gewesen. Das ersetzt allerdings nicht jene Einsichten, welche – vor und nach vielfältiger philosophischer Reflexion – die empirischen Teildisziplinen der Anthropologie stiften. Nicht nur die idiographische oder vergleichende Anthropologie (‚Ethnologie'), etwa als Erforschung grundlegender sozialer Institutionen (etwa von Familiengefügen) und ‚primitiver' politischer Systeme (sogenannter ‚Stammesverfassungen'), eröffnen dabei in fruchtbarer Weise veränderte Perspektiven auf die politikwissenschaftlich oft als ‚ganz selbstverständlich' unterstellten Grundlagen der eigenen (politischen) Kultur. Vielmehr erlaubt der anthropologisch geschulte, bisherige Selbstverständlichkeiten ‚verfremdende' und inhaltlich neugierige Blick gerade auf die *eigene* Kultur ein überaus fruchtbares Staunen über deren in der Regel eben bloß unbemerkte Absonderlichkeiten und lädt ein zum Denken in Alternativen. Im übrigen ist die anthropologische Methode der (teilnehmenden) Beobachtung eine für die Politikwissenschaft überaus wertvolle, doch leider noch allzu wenig genutzte Forschungsmethode.[268]

– *Verhaltensforschung (‚Ethologie'[269]):* Noch tiefer als die Anthropologie setzt im ‚Schichtenbau' politischer Wirklichkeit die Verhaltensforschung an. Einesteils legt sie als Humanethologie das für alles soziale – und somit auch politische – Handeln gegebene Fundament menschlicher Handlungspraktiken und Deutungsroutinen frei. Damit erschließt die Verhaltensforschung den Blick auf jene Spielräume, die der Bildung und Aufrechterhaltung komplexer menschlicher Sozialstrukturen sozusagen problemlos verfügbar sind. Eben dadurch erlaubt sie auch empirisch begründete Abwägungen darüber, in welchen sozialen und politischen Strukturen Menschen an die Grenze dessen geraten dürften, was ihre Natur ihnen als angemessen und akzeptabel erscheinen läßt. Hier gewinnen die Reflexionen der philosophischen Anthropologie zur ‚Natur des Menschen' Anschluß an empirische naturwissenschaftliche Forschungen. Andernteils ermöglicht die Verhaltensforschung die vergleichende Untersuchung der Gesellungsformen von Menschen und Tieren. Dabei zeigt gerade die Primatenforschung, wie tief grundlegende Fertigkeiten und Formen der Gemeinschaftsbildung (mit ihrer Dialektik von Solidarität *in* Kleingruppen und von Xenophobie[270] *zwischen* Kleingruppen) in unserer Evolution und Stammesgeschichte verankert sind. Aus alledem sind nützliche Schlußfolgerungen abzuleiten über vor allem die Möglichkeiten und politisch abzusichernden Rahmenbedingungen akzeptabler Siedlungsformen und Bevölkerungsdichten, sowie von politisch durchsetzbaren Verhaltensweisen und grundsätzlich erwartbaren Verstehensmöglichkeiten. Politische Utopien scheitern stets dann in der Wirklichkeit, wenn das ihnen zugrunde gelegte Menschenbild jene Einsichten ignoriert, die entweder die Verhaltensforschung oder jene jahrtausendelangen praktischen menschlichen Erfahrungen bergen, die in

[268] Siehe hierzu S. 157ff.
[269] Von griech. ‚éthos', d.h. Gewohnheit, Sitte.
[270] Von griech. ‚xénos', d.h. fremd, und ‚phobia', d.h. Furcht . Vgl. auch S. 263f.

der Geschichte politischer Ideen ihren Widerhall fanden. Als ‚Politische Verhaltenslehre' (‚Behaviorismus', ‚Behavioralismus') schuf sich die Politikwissenschaft seit der Mitte des 20. Jahrhunderts zwar eine implizite Schnittstelle zur Ethologie. Diese wurde aber wenig genutzt, da sich die Politische Verhaltensforschung im wesentlichen als mikro- und mesoanalytisches Gegenprogramm zur makroanalytischen und rechtswissenschaftlichen Institutionenanalyse verstand, vor allem die Analyse politischer Partizipation und politischer Kultur vorantrieb und dabei Brücken insbesondere zur Soziologie und (Sozial-)Psychologie baute. Erst seit rund zwei Jahrzehnten sucht die Politikwissenschaft als ‚Biopolitik' einen systematischen Zugang zu den Fragestellungen und Ergebnissen auch ausdrücklich der naturwissenschaftlichen Verhaltensforschung.[271]

- *Psychologie:* Handeln unterscheidet man vom bloßen Verhalten dahingehend, daß den Handlungen Sinndeutungen zugrunde liegen, während Verhaltensweisen auch reflexartig ausgelöst werden können. Darum ist es nötig, auch die menschlichen Fertigkeiten und Formen des Sinndeutens sowie deren Voraussetzungen und Prägefaktoren zu kennen, wenn politisches Handeln tiefgründig verstanden und erklärt werden soll. Hier wird die Psychologie zu einer wichtigen Nachbardisziplin. In Gestalt der ‚Sozialpsychologie' besitzt sie ohnehin ein Teilfach, das einen nahtlosen Anschluß an die Politikwissenschaft ermöglicht. In Gestalt der ‚Politischen Psychologie' pflegen sowohl Psychologen als auch Politikwissenschaftler diese Schnittstelle, besonders markant in den Forschungen zur Eigentümlichkeit der ‚politischen Persönlichkeit'. Die Geschichte der politischen Ideen ist ebenfalls voller Beispiele dafür, daß – wie bei Platon oder Hobbes – die ganz praktische Frage nach den Voraussetzungen stabiler politischer Ordnung über anthropologische und verhaltenforscherische Erwägungen rasch zu psychologischen Fragestellungen nach den emotionalen und kognitiven Vorbedingungen einer für den Menschen guten, zumindest akzeptablen Ordnung führt. Von ganz unmittelbar praktischer Bedeutungen sind Einsichten der Politischen Psychologie, wenn es um die Ausgestaltung etwa von Wahlplakaten oder um das Training überzeugend wirkender politischer Kommunikationsstrategien geht. Nicht minder praktisch nutzbar sind Ergebnisse zu den psychischen[272] Grundlagen von politischer Angst, Aggressivität und Apathie, oder zu denen von individueller und kollektiver Ideologiebildung oder von quasi-religiösen politischer Überzeugungen. Normative Politikwissenschaft, die der Kategorien gut und schlecht, richtig und falsch keineswegs entraten kann, kommt an der Psychologie als politikwissenschaftlicher Nachbardisziplin schon gleich gar nicht vorbei, sind solche Konzepte doch tief in der menschlichen Psyche verankert und ohne Aufschluß über ihre Prägefaktoren und Funktionen allenfalls in naiver Weise zu verwenden.
- *Kunstwissenschaften (v.a. sozialwissenschftlich interessierte Kunstgeschichte, Musikgeschichte, Theatergeschichte und Literaturgeschichte):* Menschliche Sozialgebilde und zumal politische Institutionen gewinnen ihre Bindekraft und Festigkeit nicht zuletzt daraus, daß sie ihre Leitideen und Geltungsansprüche symbolisch-künstlerisch ausdrücken. Auf diese Weise können sie nämlich in die emotionalen Tiefenschichten menschlicher Sinndeutungen und Identifikationen eindringen. Darum hat es wirklich gute Gründe, daß politische Herrschaft immer wieder politische Kunst nach sich zieht – ob als politische Herrschafts- und Denk-

---

[271] Siehe etwa Flohr/Kamps 1998 und Somit 1994.

[272] Hier ist ein weit verbreiteter Wortfehlgriff anzumerken. Häufig spricht man von ‚psychologischen' Ursachen, während man in Wirklichkeit *psychische* Ursachen meint. Ebenso bezieht sich mancher auf ‚soziologische Gegebenheiten' (wie Schicht oder Siedlungsstruktur), während er tatsächlich *soziale* Gegebenheiten im Sinn hat. Merkwürdigerweise fällt kaum einem solcher falscher Begriffsgebrauch auf, obwohl niemand akzeptieren würde, wollte man von ‚philologischen' Problemen anstelle von *Sprach*problemen oder von ‚politikwissenschaftlichen' Zielen der Parteien anstatt ihrer *politischen* Absichten reden. Vielleicht führt besseres Sprachgefühl in Verbindung mit klarerem Denken künftig zur Unterlassung von solch groben Fehlern.

malsarchitektur, ob als bildende Kunst zur Ausschmückung und symbolischen Markierung öffentlicher Räume, ob als Förderung von Epik, Dramatik und Lyrik als Mittel künstlerischer Verbreitung politischer Werte und Ideen, oder in Gestalt der Regulierung verpönter bzw. erwünschter Musik sowie als Integration der letzteren in öffentliche Rituale und politische Zeremonien.[273] Diese Erscheinungsformen und (politischen) Funktionalisierungen von Kunst werden im Rahmen zumal der historischen kunstwissenschaftlichen Disziplinen untersucht. Sowohl die Methoden als auch die Ergebnisse solcher Analysen machen die Kunstwissenschaften zu überaus wertvollen Nachbardisziplinen der Politikwissenschaft.

- *Philosophie:* Der Philosophie steht die Politikwissenschaft allein schon deshalb nahe, weil sie ja – als ‚praktische Philosophie' – selbst der Philosophie entwuchs. Bei Platon oder Aristoteles ist der Philosoph nicht vom Politikwissenschaftler zu trennen, und bei Kant oder Popper sind die politikwissenschaftlich wichtigen Argumentationen nichts als Konkretisierungen ihrer sonstigen Theoreme im Bereich menschlichen Handelns, das auf die Herstellung und Durchsetzung allgemein verbindlicher Regelungen und Entscheidungen ausgeht. Im Grunde sind zentrale Fragestellungen der Politikwissenschaft ja auch zentrale Fragestellungen der Philosophie. Zu ihnen gehören etwa die folgenden: Was ist eine gute, was eine akzeptable, was eine Widerstand erfordernde politische Ordnung? Wie läßt sich im Bereich der Politik ‚gut' von ‚schlecht', ‚richtig' von ‚falsch' unterscheiden, also: Was sollen wir in der Politik wertschätzen und – etwa als ‚Gemeinwohl' – zum Ziel setzen, was hingegen ablehnen und bekämpfen? Was sollen wir in der Politik – und *als* Politik – tun, was lassen? Und dem vorgelagert: Was können wir über Politik überhaupt wissen? Worauf dürfen wir *in* der Politik wohl hoffen, was *von* Politik erhoffen? Wegen solcher Gemeinsamkeit zentraler Fragestellungen läßt sich die Geschichte der Politikwissenschaft als Geschichte politischen Denkens nicht von der Geschichte der Philosophie trennen. Auch heute noch ist systematisches politisches Denken ohne Blick auf die zeitgenössische Philosophie, auf ihre Themen, Tabus und Blindstellen nicht recht zu verstehen. Überhaupt würde sich eine philosophisch ignorante Politikwissenschaft wichtiger Quellen von Inspiration und Kritik ihrer Fragestellungen und Argumentationen begeben. Politische Philosophie als Teilfach einesteils der politikwissenschaftlichen Disziplin ‚Politische Theorie' und andernteils der Philosophie selbst hält diesen Kontakt aufrecht. Besonders eng ist er im Bereich normativer Politikwissenschaft, die etwa als Naturrechtslehre, Sozialphilosophie und politische Ethik überaus große praktische Folgen hat und zu den politisch – nicht notwendigerweise akademisch – wichtigsten Bereichen der Politikwissenschaft gehört. Im übrigen verdankt sich das Selbst- und Wissenschaftsverständnis des größten Teils empirischer und modellbildender zeitgenössischer Politikwissenschaft der analytischen Philosophie und Wissenschaftstheorie, die zu den wichtigsten Innovationen der Philosophie des 20. Jahrhunderts gehörte.
- *Theologie:* Praktische Politik entgeht nie der Frage nach Gut und Schlecht, die ihrerseits eine zentrale Frage aller Theologie ist. Ebensowenig entgeht sie der Frage danach, ob der Sinn menschlichen Handelns – und somit der Politik – sich in dem erschöpft, was Menschen in ihre Handlungswirklichkeit an Sinn einbringen, oder ob es über die Grenze dessen, was der menschlichen Erfahrung und Sinndeutung jeweils zugänglich ist, auch noch weitere Wirklichkeitsbereiche geben mag, die man beim politischen Handeln wohl nicht ignorieren darf – zumal dann nicht, wenn man sich die Errichtung und Sicherung einer als ‚gut' zu verstehenden politischen Ordnung zum Ziel setzt. Derartige, zumindest hypothetisch unterstellbare

273 Siehe hierzu die Kapitel über Symbolik in Patzelt 2001a und die dort angegebene Literatur zur politikwissenschaftlichen Symbolforschung.

Wirklichkeitsbereiche werden ,das Transzendente' oder ,Transzendenz'[274] genannt und oft mit einer unabhängig von der empirisch faßbaren Welt existierenden Welt des ,Göttlichen', oder Gottes, gleichgesetzt. Das Reden von einer solchen Welt, oder von Gott, mit Anspruch zumindest auf logische Wahrheit der Argumentationen, in der Regel aber auch auf empirischen Wahrheitsgehalt des Behaupteten, konstituiert Theologie. Praktische Politik kann jenen von der Theologie bearbeiteten Themenstellungen deshalb nicht ausweichen, weil Menschen immer wieder wissen wollen, ob und warum etwas ,wirklich' gut oder schlecht sei, und weil viele Menschen sich nicht mit der Vorstellung zufriedengeben, die sinnlich faßbare Welt sowie die jedem Menschen auf alle Fälle gewisse Lebensspanne seien ,alles', was es gibt und worum Politik sich zu kümmern habe. Solche Menschen suchen eine – ,Religion' genannte[275] – Rückbindung ihrer Existenz an den Bereich ,des Transzendenten' und wünschen häufig auch für ihre politischen Ordnungsformen eine solche transzendentale Rückbindung. Tatsächlich hatten in der Geschichte die meisten politischen Systeme und Staatswesen eine religiöse Grundlage oder wenigstens eine religiöse Dimension, die dann auch in der symbolischen Selbstdarstellung jener politischen Ordnungsformen und ihrer Institutionen eine große Rolle spielte. Auch in der Gegenwart sind jene Zivilisationen, Gesellschaften und politischen Ordnungen in der Minderheit, die den Bereich des Religiösen als politisch unbedeutend ansehen oder behandeln. Viel häufiger kam und kommt es vor, daß Religionsgemeinschaften das in einer Gesellschaft auf deren allgemein verbindliche Regelungen und Entscheidungen abzielende Handeln wenigstens fallweise, meist aber auf Dauer zu prägen versuchen. Und nicht selten ist es so, daß Menschen und Organisationen, auch ganze Staaten, zwar die in ihren Gesellschaften bestehenden Religionsgemeinschaften bekämpfen oder zumindest die Vermutung für völlig falsch erklären, es gäbe ,Transzendentes', daß sie ihrerseits aber politische Wertvorstellungen und politische Ziele emotional und auf der Grundlage eines Glaubensaktes in einer Weise hochhalten bzw. befolgen, die sich von religiösen Empfindungen und Verhaltensweisen kaum unterscheidet. Im ersten Fall spricht man von einer ,politischen Religion', im anderen oft von einer ,säkularisierten'[276] politischen Religion. Theologie, welche die Dimension des Religiösen systematisch anschlußfähig zu machen versucht für die Rechtfertigung und Sinnstiftung von Herrschaftsformen, heißt entsprechend ,politische Theologie'; ihre Nachbarschaft zur Produktion und Verbreitung von Ideologie ist offenkundig. Politische Theologie ist – aufgrund ihrer Verwandtschaft mit der für Politik zentralen Dimension der Ideologie – offensichtlich ein bedeutender *Untersuchungsgegenstand* der Politikwissenschaft. Als *Nachbardisziplin* der Politikwissenschaft ist die Theologie vor allem aus zwei Gründen wichtig. Erstens erschließt die Theologie – vor allem in ihren systematischen und historischen Disziplinen – vorzüglich die so wichtige Dimension des Religiösen (in) der Politik. Sie tut es um so besser, je enger sie sich mit der (anthropologischen) Vergleichenden Religionswissenschaft sowie der Religionssoziologie verbindet. Zweitens können jene Argumentationen zu Wertmaßstäben, welche für die normative Politikwissenschaft zentral sind, häufig an gut geklärte theologische Argumentationsmuster anschließen und auf diese Weise – neben den Einsichten der (Wert-)Philosophie – auch jene der Theologie in die praktisch so wichtige politische Urteilsbildung einführen.

- *Geschichtswissenschaft:* Unter allen Nachbardisziplinen der Politikwissenschaft scheint die Geschichtswissenschaft die wichtigste zu sein. Erstens sind die Gegenstände der Politikwissenschaft überwiegend als geschichtliche untersuchbar: Man blickt zurück auf abgelaufene

274 Von lat. ,transcéndere', d.h. etwas – hier: die der sinnlichen Erfahrung zugängliche Welt – überschreiten, über etwas hinausgelangen.

275 Vermutlich von lat. ,religáre', d.h. etwas anbinden.

276 Mittelbar abgeleitet vom Begriff der ,Säkularisation', d.h. der staatlichen Aneignung kirchlicher Güter im Lauf und in Folge der Französischen Revolution; ansonsten siehe Anm. 825.

politische Prozesse und deren Muster; man untersucht, vergleicht und erklärt gewordene (oder vergangene) politische Strukturen; und man befaßt sich mit Inhalten, die eine Geschichte haben oder haben werden. Ein Politikwissenschaftler ohne gründliche, zeitlich und geographisch weit ausgreifende Geschichtskenntnisse gleicht darum einem Botaniker, der nur ganz wenige Pflanzen kennt und kaum Ahnung davon hat, wie – und warum – sie entstanden sind. Die Geschichte von der Entstehung der menschlichen Spezies bis zur Gegenwart auf allen Kontinenten bietet jenes Material, das die Politikwissenschaft vergleichend auszuwerten hat, wenn sie zutreffende, praxisnützliche Aussagen über die Möglichkeiten und Mittel, Grenzen und Gefahren der Errichtung stabiler und akzeptabler politischer Ordnungsformen formulieren will. Zweitens entfalten sich die Gegenstände (und deren politisch wichtigen Zusammenhänge) aller besprochenen Nachbardisziplinen der Politikwissenschaft geschichtlich. Ein Politikwissenschaftler ohne Kenntnisse von Rechts- und Verwaltungsgeschichte, von Wirtschafts- und Sozialgeschichte, von Verkehrs- und Kommunikationsgeschichte, von Bildungs- und Mentalitätsgeschichte, von Kultur-, Religions- und Geistesgeschichte wird viele auch für die Gegenwart und Zukunft wichtige Zusammenhänge und Struktur- bzw. Verlaufsmuster ignorieren und darum auch für die politische Praxis ein viel schlechterer Ratgeber sein, als einer, für den *historia magistra vitae*[277] ist. Verhaltensforschung und Anthropologie sind ohnehin von vornherein (natur-)historische Disziplinen. Aufgrund solcher Zusammenhänge hat ist gut verständlich, warum die politische Geschichtsschreibung nach der Verselbständigung der alten ‚Politischen Wissenschaften' für einige Jahrzehnte den Platz einer alle politisch wichtigen Einzelbefunde integrierenden, sie auf aktuelle politische Gestaltungsaufgaben beziehenden und als politisches Kollektivgedächtnis fungierenden ‚Wissenschaft von der Politik' einnehmen konnte. So gut es war, daß die systematisch-empirische Politikwissenschaft sich aus dieser geschichtswissenschaftlich dominierten Engführung befreit hat, so nachteilig ist es für ein tiefgründiges Verständnis politischer Inhalte, Prozesse und Strukturen, wenn inzwischen immer mehr Politikwissenschaftler nur noch ihre eigene Zeit kennen und inhaltlich wie methodisch hilflos sind, wenn es vergangene Wirklichkeit analytisch zu erschließen gilt. Ein bloßes Nebeneinander beider Disziplinen, in dem die Politikwissenschaft historiographische Ergebnisse nur als ‚Steinbruch' nutzt, bleibt allerdings auch noch hinter dem anzustrebenden Ziel zurück. Erreicht wäre es in einem arbeitsteiligen Verhältnis, in dem die Geschichtswissenschaft als ‚historische Sozialwissenschaft' vergangene Wirklichkeit anhand sozial- und politikwissenschaftlicher Kategorien erschließt, die Politikwissenschaft aber im Licht ihrer Fragestellungen stets auch historisch-vergleichend auf den Gesamtfundus geschichtswissenschaftlich erschlossenen Wissens zugreift.[278] Das aber verlangte beiderseits nach einer viel gründlicheren Verständigung über die forschungslogischen und methodischen Grundlagen der zwei Disziplinen, als sie bislang gelungen ist.

Angesichts so enger Beziehungen der Politikwissenschaft mit so vielen so verschiedenen Nachbardisziplinen liegt oft die Versuchung nahe, die Politikwissenschaft als eine ‚interdisziplinäre Querschnittswissenschaft' anzusehen, die im wesentlichen eine ‚Synopse' der Erkenntnisse anderer Disziplinen leiste und deren Befunde ‚um das Politische herum' integriere. Die Politikwissenschaft als eine ‚synoptische Wissenschaft' bzw. eine ‚Integrationswissenschaft' aufzubauen, war sogar das zentrale Programm jener Universitätsinstitute in Freiburg und Berlin, die für die nach 1945 neu begründete deutsche Politikwissenschaft zunächst maßgeblich und prägend

277 Der lateinische Topos ‚historia magistra vitae' meint auf deutsch, die Geschichte bzw. die in der Geschichtsschreibung niedergelegte historische Erfahrung zur Lehrmeisterin des Lebens und seiner gegenwärtigen bzw. künftigen Gestaltungsaufgaben zu machen.

278 Der historisch-vergleichende Ansatz ist für die Politikwissenschaft deren Gegenstück zum experimentierenden Zugriff der Natur- und Technikwissenschaften auf ihren Gegenstand.

wurden. Ein solches Programm war verständlich angesichts der Tatsache, daß es ausgebildete ‚Politikwissenschaftler' im Grunde nicht gab und die Politikwissenschaft wirklich als Integration und Synopse politiknaher Teilfächer anderer Disziplinen neu entstand. Doch inzwischen hat sich die Politikwissenschaft auch in Deutschland wieder als Gravitationszentrum der übrigen politikanalytischen Wissenschaften etabliert, nämlich als eine Disziplin, die sich ihrer Fragestellung, ihres Gegenstandes und ihrer Methoden völlig sicher ist.

3. Kapitel: Methoden und Formen politikwissenschaftlicher Forschung

I. Theorien, Forschungsansätze und Methoden

Ein einheitlicher Methodenbegriff hat sich in der Politikwissenschaft noch nicht durchgesetzt. Das führt oft zu Mißverständnissen und Diskussionen, die inhaltlich wenig voranbringen. Es scheint sinnvoll zu sein, in der Politikwissenschaft keinen anderen Methodenbegriff zu verwenden, als ihn die anderen Sozialwissenschaften auch benutzen. In diesem Fall sind Methoden von Forschungsansätzen und diese von Theorien zu unterscheiden. Im einzelnen gilt:

- *Theorien* sind Gefüge von Aussagen, die eine bestimmte Perspektive festlegen, in der ein Gegenstandsbereich betrachtet wird; die eine Grundmenge an Begriffen zur Beschreibung dieses Gegenstands bereitstellen; und die eine Reihe von überprüften und anschließend als zutreffend angesehenen Aussagen über dessen Beschaffenheit beinhalten. Theorien dieser Art sind etwa die Parteien-, Oppositions- oder Pluralismustheorie. Durch die jeweils benutzten Theorien wird die Erforschung eines Gegenstandsbereichs nachhaltig geprägt: Theorien fixieren das ‚erkenntnisleitende Interesse' und prägen alle Schritte eines Forschungsprozesses. Aus dem letztgenannten Grund unterscheiden sich z.B. spieltheoretisch angelegte Untersuchungen grundlegend von solchen, die strukturfunktionalistischen Theorien verpflichtet sind. Nur wer einen guten Überblick zu den in der Politikwissenschaft verfügbaren Theorien besitzt, kann seinen Forschungen die jeweils für sie nützlichste Theorie zugrunde legen und den dafür nötigen *Theorienpluralismus* praktizieren.
- *Forschungsansätze* (engl. ‚approaches') sind *Verbindungen von Theorie und Methoden.* Worum es geht, erschließt folgende Überlegung. Weil Theorien das Forschungsinteresse auf bestimmte Bereiche bzw. Aspekte eines Untersuchungsgegenstandes lenken, werden einige Methoden besser, andere aber schlechter geeignet sein, Informationen über genau diese Bereiche oder Aspekte einzuholen bzw. auszuwerten. Benutzt man zur Untersuchung zwischenstaatlicher Beziehungen beispielsweise eine Theorie der Politischen Ökonomie, so wird diese dazu anhalten, Informationen über die Wirtschaftsbeziehungen zwischen zwei Staaten heranzuziehen, also Methoden der Dokumentenanalyse oder statistischen Analyse zu verwenden. Benutzt man zur Untersuchung zwischenstaatlicher Beziehungen hingegen eine Theorie des außenpolitischen Handelns von Entscheidungsträgern, so verlangt dies, solches Handeln entweder zu beobachten oder durch Befragung von Beobachtern bzw. der Entscheidungsträger festzustellen, sofern nicht schriftliche Quellen über die interessierenden Handlungsweisen informieren. Somit erzwingt nicht erst die Beschaffenheit des Forschungsgegenstandes die Nutzung bestimmter Methoden, sondern schon die forschungsleitend benutzte Theorie, welche das Untersuchungsinteresse auf bestimmte Bereiche dieses Gegenstandes lenkt. Darum gibt es eine Art ‚natürliche Verbindung' zwischen Theorie und Methode: Die Theorie legt fest, was im einzelnen untersucht werden muß, und die dergestalt ausgewählten Untersuchungsgegenstände bestimmen dann ihrerseits die konkret anzuwendenden Methoden. Eine solche Verbindung von Theorie(n) und Methode(n) wird ‚Forschungsansatz' genannt.[279] Je-

---

[279] In diesem Sinne kann man etwa einen ‚ideenkritischen Forschungsansatz' von einem ‚behavioralistischen Forschungsansatz' unterscheiden. Im ersten Fall lenkt die forschungsleitende Theorie das Interesse auf jene Denkweisen, Sinndeutungen, Wissensbestände und Wertvorstellungen, die politischen Prozessen und Strukturen zugrunde liegen, was Inhaltsanalysen geeigneter Texte bzw. Befragungen jener Personen verlangt, die in besonderer Weise als

der Politikwissenschaftler sollte die gebräuchlichsten Forschungsansätze kennen, die in den Teilfächern der Politikwissenschaft benutzt werden. Keinesfalls sollte er es aber mit der Kenntnis nur der Forschungsansätze bewenden lassen; er hat nämlich nicht nur mit der Theorie, die einen Forschungsansatz prägt, sondern auch mit der Methode bzw. den Methoden vertraut zu sein, in welche ein Forschungsansatz die jeweilige Theorie praktisch umsetzt. Das Verständnis für die Notwendigkeit, sich konkrete Methodenkenntnisse anzueignen, wird in der deutschen Politikwissenschaft allerdings dadurch behindert, daß einem weit verbreiteten Sprachgebrauch zufolge Forschungsansätze schon als ‚Methoden' und oder gar als die ‚originären Methoden' der Politikwissenschaft gelten. In diesem Sinn spricht man dann von ‚ideenkritischen Methoden', ‚behavioralistischen Methoden' oder ‚Methoden der Politischen Ökonomie', welch letztere lange Zeit überdies auch als ‚marxistische Methoden' bezeichnet wurden. Solche begriffliche Unklarheit trägt viel zur Verwirrung bei und steht einem mit den übrigen Sozialwissenschaften geteilten Methodenbegriff nur im Wege. Darum sollte man in den eben angesprochenen Zusammenhängen ausschließlich den Begriff des ‚Forschungsansatzes' verwenden und den viel engeren Methodenbegriff deutlich davon abheben.

- *Methoden* sind nämlich die konkreten Verfahren der Informations*gewinnung* (‚Datenerhebung') durch Dokumentenanalyse, Befragung, Beobachtung, Experiment und Simulation, oder der Informations*auswertung* (‚Datenanalyse') durch die Nutzung der hermeneutischen Methode, der historischen Methode, der juristischen Methode oder der statistischen Methoden. In der Politikwissenschaft werden diese Methoden bisweilen ‚Arbeitstechniken' oder ‚Forschungstechniken' genannt. Diese Begriffe sollten aber allein den Anwendungspraktiken der einzelnen Methoden vorbehalten bleiben, da sonst wieder nur Verwirrung gestiftet wird. Arbeits- bzw. Forschungstechniken in diesem Sinn sind also beispielsweise die konkreten Vorgehensweisen, um die bei Interviews erhaltenen Antworten aufzuzeichnen (etwa: Mitschreiben von Interviewaussagen, Aufzeichnung von Interviewsaussagen aus dem Gedächtnis nach dem Interview, oder Tonbandaufnahme des Interviews samt anschließender Verschriftung). Im Rahmen bestimmter Forschungstechniken werden wiederum spezielle *Arbeitsinstrumente* angewandt. Interviews werden z.B. anhand eines konkreten Fragebogens geführt, Informationen mit einem bestimmten Datenbankprogramm erfaßt und aufbereitet, Daten auf einem PC analysiert. Arbeitsinstrumente sind in diesen Fällen der Fragebogen, das Datenbankprogramm oder der PC.

Wie Wissenschaft überhaupt, gründen auch die Methoden der Datenerhebung und Datenanalyse in den Kompetenzen des gesunden Menschenverstandes. Folglich ist es ein Stück weit möglich, sich ihrer schon intuitiv und ohne ausführliche Anleitung zu bedienen. Von einem Politikwissenschaftler ist allerdings zu erwarten, daß er auch hier über die alltagspraktischen Fertigkeiten von jedermann hinausgeht und zumindest die geläufigsten Methoden so gut kennt, daß er ihre Verwendung versteht und sie nach kurzer Einarbeitung korrekt und kompetent benutzen kann.[280]

‚Träger' jener Ideen gelten können, deren Kritik das Forschungsziel ist. Im zweiten Fall richtet die forschungsleitende Theorie das Interesse auf das Verhalten (engl. ‚behavior') der Akteure, was die Durchführung von Beobachtungen bzw. von Befragungen erfordert, die über das interessierende Verhalten Aufschluß geben.

280 Zu den politikwissenschaftlichen Methoden siehe auch im einzelnen Alemann 1995a, Alemann/Forndran 1974, Bortz 1984, Dreier 1997, Friedrichs 1990, Glaser/Strauss 1974, König 1973, Mayntz u. a. 1978, Roth 1984, Schmidt 1967 und Strauss 1991.

II. Die Methoden der Datenerhebung

1. Daten und Methoden

Die Methoden der Datenerhebung ermöglichen es, auf vielfältigen Wegen jene Informationen zu erlangen, die man zur Beantwortung seiner Forschungsfrage oder zur Lösung eines gestellten Problems braucht. Im wesentlichen gliedern sie sich in die grundlegenden Methoden der *Dokumentenanalyse*, der *Befragung* und der *Beobachtung*; hierauf bauen die komplexeren Methoden des *Experiments* und der *Simulation* auf. Sie alle dienen dazu, bestimmte ‚Beobachtungen' zu tätigen und aufzuzeichnen, wobei unter ‚Beobachtung' natürlich auch das Wahrnehmen und Verstehen einer bestimmten Antwort auf eine gestellte Frage oder die Wahrnehmung eines gesuchten Arguments in einem analysierten Text zu verstehen ist. Daten *erzeugt* man, indem man die – angeleitet von der forschungsleitend benutzten Theorie – getätigten Beobachtungen *aufzeichnet*. Daten sind somit *bewußte Aufzeichnungen* und keinesfalls etwas ‚Gegebenes'.[281] Vor allem ist die Vorstellung völlig falsch, Informationen – wenigstens über halbwegs nicht-triviale Dinge – ließen sich allein anhand von ‚Sinneseindrücken' einholen bzw. als reine ‚Protokollsätze'[282] aufzeichnen, so daß es ‚theoriefreie Daten' gäbe. Ganz im Gegenteil liegt *aller* Datenerhebung bzw. Datenerzeugung *Theorie* zugrunde.

Bei genauer Betrachtung erkennt man, daß bei der Datenerhebung – reflektiert oder unbemerkt – mindestens *zwei* Theorien benutzt werden. Die *forschungsleitende* Theorie legt fest, welche Sachverhalte beobachtet und aufgezeichnet werden müssen; und eine – oft ganz unbeachtete – *Beobachtungstheorie* gibt an, ob man in der Tat die interessierenden Sachverhalte beobachtet bzw. sie korrekt aufzeichnet.[283] Werden tatsächlich die – im Licht der forschungsleitenden Theorie interessierenden – Daten aufgezeichnet, so spricht man von der ‚Validität'[284] der dafür eingesetzten Erhebungs- und Meßinstrumente.[285] Beispielsweise ist es eine Beobachtungs-

[281] Wer lateinisch fundierte Wortspiele liebt, könnte also sagen: ‚Es gibt keine Daten, sondern nur Fakten' – denn ‚dáre' heißt *geben*, ‚fácere' *machen*.

[282] Die Idee der Rede von ‚Protokollsätzen' bestand darin, daß es doch möglich sein müsse, ganz ohne Beimengung von Theorie und Interpretation ‚ganz einfach zu protokollieren', was man gesehen habe.

[283] Siehe zur Rolle von Beobachtungstheorien auch Patzelt 1986: 280-285.

[284] Von lat. ‚válidus', d.h. wirksam.

[285] Die Validität der Instrumente, die zur Datenerhebung (d.h. ‚als Meßinstrumente'; vgl. S. 86, 153ff, 177ff und 190f) eingesetzt werden, läßt sich auf fünffache Weise überprüfen. *(1) ‚Expertenvalidierung':* Man holt das Urteil von Fachleuten ein, setzt also auf *deren* – in der Alltagspraxis vielfach bewährte – Beobachtungstheorien. *(2) ‚Konstruktvalidierung':* Man überprüft, ob die theoretischen Annahmen, die dem zur Datenerhebung verwendeten Instrument zugrunde liegen, empirisch und logisch wahr sind. Das heißt: Man vergewissert sich systematisch des Wahrheitsgehalts der verwendeten Beobachtungstheorie. *(3) Validierung über ein Außenkriterium:* Wenn man – aufgrund bewährter Beobachtungstheorien – weiß, daß ein *anderes* Meßinstrument verläßlich solche Merkmale mißt, die mit dem vom jetzt zu überprüfenden Meßinstrument zu erfassenden Merkmalen *stark* zusammenhängen, so kann man überprüfen, ob die von beiden Meßinstrumenten erhobenen Daten ihrerseits stark zusammenhängen. Ist das der Fall, so kann man davon ausgehen, das überprüfte Instrument der Datenerhebung liefere auch seinerseits valide Daten. *(4) Validierung über Extremgruppen (als Sonderfall der Validierung über ein Außenkriterium):* Eine Links/Rechts-Skala mit kleinen Zahlen für ‚Linke' und großen Zahlen für ‚Rechte' liefert offenbar nur dann valide Daten, wenn Personen, die man anhand *anderer* Merkmale als Linksradikale identifizieren kann, so gut wie immer (recht) kleine Zahlenwerte erhalten, identifizierte Rechtsradikale hingegen so gut wie immer (recht) große Zahlenwerte. Sollten sich hingegen für die – bezogen auf die Skala – ‚Extremgruppen' der Links- und Rechtsradikalen *keine* deutlich unterschiedenen Zahlenwerte finden, gibt es allen Grund für Zweifel daran, die Skala würde zutreffende Aufzeichnungen über die Verortung der Befragten auf dem Links/Rechts-Kontinuum erlauben. *(5) Validierung über Prognosen (als Sonderfall der Validierung über ein Außenkriterium):* Rechtsradikale sollten eher (sehr) rechte Parteien wählen als Linke oder Linksradikale (und umgekehrt). Wenn die anhand einer Links/Rechts-Skala erhobenen Daten das Wahlverhalten der anhand dieser Skala hinsichtlich ihrer politischen Grundeinstellung ‚vermessenen' Personen korrekt vorherzusagen erlauben, kann von der Validität der Skala ausgegangen werden.

theorie, welche einem Radioastronomen mitteilt, knackende Geräusche aus einem Lautsprecher oder Kurvenverläufe auf einem Bildschirm seien als Signale von Gestirnen aufzufassen. Ebenso ist es eine Beobachtungstheorie, die einem Politikwissenschaftler mitteilt, die Antworten auf bestimmte Interviewfragen ‚seien' Indikatoren für politische Einstellungen. Selbstverständlich lassen sich Beobachtungstheorien wie alle empirischen Theorien auf ihre Übereinstimmung mit den Tatsachen überprüfen. Dabei werden jeweils *andere* Theorien als Beobachtungstheorien benutzt und für die Dauer des Forschungsablaufs als empirisch wahr behandelt. Arbeitet man mit falschen Beobachtungstheorien und somit mit invaliden Instrumenten der Datenerhebung, so entstehen Ergebnisse, welche ihren empirischen Referenten nur verzerrt widergeben oder sogar überhaupt nicht existierende Sachverhalte bzw. Zusammenhänge als bestehend glaubhaft machen. Im letzteren Fall spricht man von der Erzeugung von (Forschungs-)‚Artefakten'.[286] Reine Artefakte für ‚wirkliche Gegebenheiten' zu halten, führt zu falschen Aussagen über die Wirklichkeit. Darum ist es ein vordringliches Anliegen und eine ständige Aufgabe empirischer Forschung und ihrer Methodenlehre, die Befolgung solcher Regeln guter wissenschaftlicher Praxis sicherzustellen, welche Entstehung von Artefakten so unwahrscheinlich und deren Entdeckung so sicher wie möglich machen.[287]

Niemals ist es so, daß ‚Beobachtungen oder Zahlen für sich sprechen'. Vielmehr können die in Beobachtungen oder Zahlen geborgenen Informationen *nur* anhand von Beobachtungstheorien entschlüsselt und mittels der forschungsleitenden Theorie(n) interpretiert werden. Anderes zu glauben und anhand vermeintlicher ‚Protokollsätze' oder ‚theoriefreier Daten' Forschung betreiben zu wollen, wird ‚Positivismus'[288] genannt und ist als erkenntnistheoretisch unhaltbare Position abzulehnen. Praktisch nimmt politikwissenschaftlicher Positivismus meist die Form ‚theoriefreier' Darstellungen von – oft tabellarisch aufbereiteten – Forschungsergebnissen an und ist allenfalls solange akzeptabel, wie derlei Arbeiten nicht mehr beanspruchen, als Material für Sekundäranalysen[289] bereitzustellen. Doch nicht nur in Deutschland wird der Positivismusbegriff darüber hinaus oft zu polemischen Zwecken in einer sehr weiten Bedeutung verwandt; in ihr gilt dann jegliche *empirische* Forschung als Positivismus.[290] Dieser weite Positivismusbegriff ist für die Lösung kaum eines fachwissenschaftlichen oder analytischen Problems nützlich und sollte darum nicht verwendet werden.

Die zu erhebenden Daten lassen sich grundsätzlich in die Gattungen der ‚Individualdaten' und der ‚Aggregatdaten' gliedern. Individualdaten sind aufgezeichnete Informationen über die Beschaffenheit *einzelner* ‚Untersuchungseinheiten' (z.B. von Personen, Situationen oder einzelnen Texten), Aggregatdaten hingegen aufgezeichnete Informationen über die Beschaffenheit von *Gruppen* von Untersuchungseinheiten (z.B. über die Anteile von CDU- und SPD-Wählern in verschiedenen Wahlkreisen, über die durchschnittlichen Lebenshaltungskosten aller deutschen Haushalte oder über die Geschlechterquote in einzelnen Parteien und Fraktionen). Aggregatdaten erhält man, indem man Individualdaten über die Mitglieder einer klar umgrenzten Gruppe zusammenfaßt. Von der Amtlichen Statistik werden in der Regel nur Aggregatdaten bereitgestellt, damit – vor allem aus Gründen des Datenschutzes – nicht auf Merkmale von Einzelpersonen zurückgeschlossen werden kann. Welcher Gattung die vorliegenden Daten angehören, hat große

286 Von lat. ‚árte fáctum', d.h. durch (reine) Kunstfertigkeit erzeugt.

287 Vgl. hierzu den Beitrag von Jürgen Kriz in Nohlen 1994ff, Bd. 2, S. 264-268 (‚Methodenprobleme in der empirischen Sozialforschung').

288 Von lat. ‚pónere', d.h. setzen, errichten, behaupten.

289 Als ‚Sekundäranalyse' bezeichnet man die dem eigenen Forschungszweck dienende Auswertung von Material, das ursprünglich für einen *anderen* Forschungszweck erhoben (und dort einer ‚Primäranalyse' unterzogen) wurde. Es ist deshalb sinnvoll, diesen Unterschied zwischen ‚Sekundäranalyse' und ‚Primäranalyse' zu machen, weil die Fragestellungen, forschungsleistenden Theorien und Methoden der ursprünglichen Untersuchung nicht notwendigerweise zur jetzigen eigenen Untersuchung passen müssen.

290 Vgl. Adorno 1969 und Falter 1982.

Auswirkungen auf die Datenanalyse und die Möglichkeiten der Dateninterpretation. Vor allem kann aus Aggregatmerkmalen nicht auf Individualmerkmale geschlossen werden: Weiß man etwa, daß in einer Reihe untersuchter Wahlkreise 80% der Erwerbstätigen und 80% der Frauen CDU gewählt haben, so besagt das keineswegs, daß vor allem die erwerbstätigen Frauen in diesen Wahlkreisen CDU-Wähler sind; es könnten ja vor allem die Männer berufstätig und CDU-Wähler, die meisten Frauen indessen arbeitslos und dennoch CDU-Wähler sein. Einen solchermaßen irreführenden Schluß von Aggregatmerkmalen auf Individualmerkmale zu ziehen, nennt man einen ‚ökologischen Fehlschluß'.[291] Sein Gegenstück ist der ‚individualistische Fehlschluß', bei dem aus Beobachtungen über einzelne Untersuchungseinheiten (z.B. Parteimitgliedern) Aussagen über Aggregate von Untersuchungseinheiten (z.B. ganzen Parteien) gezogen werden.[292]

Die konkrete Auswahl der jeweils angewandten Methoden der Datenerhebung darf nicht von persönlichen Vorlieben oder Fertigkeiten des Forschers, sondern muß allein von der zu bearbeitenden Forschungsfrage abhängen. Diese führt nämlich zunächst zur Auswahl der untersuchungsleitenden Theorien; die wiederum legen fest, Informationen welcher Art beschafft werden müssen, um die Forschungsfrage beantworten zu können; und aus der Natur der Forschungsgegenstände, denen diese Informationen abgewonnen werden sollen, ergibt sich sodann, welche Methoden der Datenerhebung anzuwenden sind. *Fragestellung, Theorie und Methodenwahl bilden dergestalt eine Einheit*, die man nur zum Schaden eines schlüssigen und erkenntnisträchtigen Forschungsprozesses auflösen kann.

Üblicherweise spricht man von den Methoden der Datenerhebung als den ‚Methoden der empirischen Sozialforschung'. Dies ist im Prinzip zwar richtig. Doch bei nicht wenigen Politikwissenschaftlern führt diese Redeweise zum Mißverständnis, es gäbe neben Fächern wie der Soziologie oder der Politikwissenschaft noch eine eigene Disziplin namens ‚empirische Sozialforschung', bzw. es handele sich hier um Methoden allenfalls der *soziologischen* Forschung, denen die Politikwissenschaft andere, ‚eigentliche' politikwissenschaftliche Methoden als ihre eigenen an die Seite stellen müsse. Als solche werden dann meist die oben erwähnten *Forschungsansätze* genannt. Diese ausgrenzende Sichtweise verlegt freilich den Weg zur empirischen politikwissenschaftlichen Forschung und sollte darum aufgegeben werden. Statt dessen wäre es dienlich, die mißweisende Rede von den ‚Methoden der empirischen Sozialforschung' durch den Begriff der ‚Methoden empirischer Sozialwissenschaft' zu ersetzen, welche die Politikwissenschaft zweifellos mit der Soziologie teilt.

2. Dokumenten- und Inhaltsanalyse

‚Dokumente' heißen alle Dinge, die jene Informationen bergen, welche für die Beantwortung der Forschungsfrage oder für die Lösung eines gestellten Problems nützlich sein können. Im einzelnen versteht man als Dokumente *Texte* aller Art, *Bild-* bzw. *Tondokumente, Gegenstände* wie Werkzeuge oder Maschinen, sowie *Sachverhalte* bzw. *Zustände*, z.B. bestehende Institutionen oder benutzte Sprachen. Für die Politikwissenschaft sind – neben sekundäranalytisch auszuwertenden Büchern, Aufsätzen, ‚grauer Literatur' usw. – vor allem Zeitungen und Zeitschriften, Akten, Protokolle und offizielle Publikationen interessierender Institutionen und Organisationen wichtige Textdokumente. Der Zweck aller Verfahren der Dokumentenanalyse besteht darin, den einzelnen Dokumentengattungen die in ihnen geborgenen und zur Beantwortung der Forschungs-

291 Diese Bezeichnung hat nichts mit der ‚Ökologiebewegung' zu tun. Der griechische Begriff ‚oíkos' bezeichnet in diesem Zusammenhang vielmehr jene Gesamtheit, von der ausgehend der – nicht mögliche – Schluß auf einen Teil dieser Gesamtheit gezogen wird.

292 Zum hiermit verwandten Problem des Schließens von Stichproben auf Grundgesamtheiten siehe unten S. 183f.

frage nötigen Informationen abzugewinnen. Da Dokumente durch den analytischen Zugriff des Forschers nicht verändert, sondern allenfalls abgenutzt werden, also – ungleich befragten Personen – auf den Forscher nicht ‚reagieren', werden die Methoden der Dokumentenanalyse bisweilen auch ‚nicht-reaktive Methoden' genannt.

Jede Dokumentenanalyse nimmt ihren Anfang damit, daß man – ausgehend von seiner Forschungsfrage und der forschungsleitenden Theorie – die heranzuziehenden Dokumente nach Art, Umfang und zu untersuchender Auswahl[293] feststellt. Müssen Texte ausgewertet werden, so geschieht dies in der Regel durch *Bibliographieren.*[294] Sollen Bild-, Film- oder Tondokumente ausgewertet werden, sind in der Regel *Archivrecherchen* oder *Gespräche mit Fachleuten* nötig. Müssen Gegenstände untersucht werden, so ist zu prüfen, ob die Analyse von bibliographisch ausfindig gemachten Reproduktionen, Beschreibungen oder Fotographien ausreicht, oder ob sie selbst beschafft bzw. besichtigt werden müssen. Sind Sachverhalte oder Zustände auszuwerten, so müssen – nach geeignetem Bibliographieren und Recherchieren – die über sie informierenden Dokumentationen oder Beschreibungen beigebracht werden. In welchem Umfang und nach welchem Verfahren die zu untersuchenden Dokumente zusammenzustellen und auszuwerten sind, hängt von der zu beantwortenden Forschungsfrage sowie davon ab, ob man jene Ergebnisse verallgemeinern will, die man an den tatsächlich untersuchten Dokumenten gewonnen hat. Als Faustregel kann gelten: Ist die Anzahl der Dokumente sehr gering, welche die interessierenden Informationen bergen, so soll man möglichst alle untersuchen; ist sie so groß, daß man aus praktischen Gründen nicht alle untersuchen kann, dann sollte man – geführt von seinen theoriegeleiteten Forschungsinteressen – entweder schrittweise die Anzahl untersuchter Dokumente solange erhöhen, bis sie keine überraschenden Informationen mehr enthalten, oder ein ‚theoriegesteuertes Auswahlverfahren' (‚theoretical sampling') anwenden[295] bzw. von vornherein zu einem Auswahlverfahren greifen, das zuverlässig empirisch wahre Schlüsse von der untersuchten Stichprobe auf die interessierende Grundgesamtheit zuläßt.[296] – Im folgenden soll nur die Analyse von *Texten* näher beschrieben werden. Sie wird ‚Inhaltsanalyse' genannt. Ihre Grundgedanken sind leicht auf die Analyse von Dokumenten *aller* Art zu übertragen.[297]

Das zentrale Arbeitsinstrument (‚Erhebungsinstrument') der Inhaltsanalyse ist der ‚Analyseleitfaden' bzw. das ‚inhaltsanalytische Kategorienschema'. Ein *Analyseleitfaden* ist einfach eine Liste von Fragen, mit welchen an die zu analysierenden Texte herangetreten wird. Natürlich müssen solche Fragen gestellt werden, in Antwort auf welche dem befragten Text genau die gesuchten Informationen abgewonnen werden. *Beispiel:* Will man feststellen, auf welche Weise von westdeutschen Politikwissenschaftlern in den 80er Jahren die DDR dargestellt wurde, wird man eine Auswahl von einschlägigen Büchern und Aufsätzen, die zutreffende Verallgemeinerungen erlaubt, einer Inhaltsanalyse unterziehen. In seinen Analyseleitfaden wird man u.a. Fragen wie die folgenden aufnehmen: Wie wurden die Ziele der SED dargestellt? Wie wurde die Akzeptanz des politischen Systems seitens der Bürger dargestellt? Wie wurde die Rolle des Staatssicherheitsdienstes dargestellt? Wie wurde die wirtschaftliche Leistungsfähigkeit der DDR dargestellt? Beantwortet man Fragen wie diese anhand der untersuchten Texte, so gewinnt man zweifellos genau die gesuchten Informationen; d.h.: der Analyseleitfaden ist *valide.* Dies wäre indessen nicht der Fall, näherte man sich den Texten mit Fragen wie den folgenden: Was ist die durch-

---

293 Zur hier einschlägigen Stichprobentheorie siehe S. 172ff.

294 Zu in der Politikwissenschaft sinnvollen Strategien des Bibliographierens siehe S. 489.

295 Siehe hierzu S. 175.

296 Siehe hierzu S. 172ff.

297 Bei der Analyse von Bildern oder Statuen ist das von Erwin Panofsky entwickelte Verfahren der Ikonologie anzuwenden (Panofsky 1994). Es beginnt mit einer möglichst genauen Beschreibung dessen, was dargestellt ist (z.B. eine schwebende Taube); sodann ist festzustellen, was der Sinn des Dargestellten ist (z.B. sei die Taube eine Darstellung des Heiligen Geistes); und abschließend ist das Dargestellte sowohl im Kontext der Zeichensprache seiner Zeit als auch der kunstgeschichtlichen Entwicklung des verwendeten Zeichenmittels auszudeuten.

schnittliche Länge der Sätze? In welchem Verhältnis verwenden die Autoren Substantive, Adjektive und Verben? Welchen Anteil am benutzten Wortschatz nehmen Fremdworte ein? Solche Fragen könnten allerdings dann zur Erreichung des Untersuchungszwecks nützlich sein, wenn man ein sprachwissenwissenschaftliches Thema bearbeitet. Ob ein Erhebungsinstrument valide ist, läßt sich also nie ‚abstrakt', sondern immer nur hinsichtlich einer konkreten Fragestellung und der für sie benötigten Informationen beantworten.

Im Unterschied zum Analyseleitfaden, der einfach eine Liste von mehr oder minder systematisch geordneten Fragen darstellt, enthält ein *inhaltsanalytisches Kategorienschema* eine Reihe von Begriffen (‚Kategorien'), denen Passagen aus den ausgewerteten Texten zugeordnet werden sollen. Eine solche Zuordnung von Textpassagen zu inhaltsanalytischen Kategorien heißt ‚Codierung'; die jeweiligen Kategorien werden demgemäß als ‚Codes' (auch: Kodes) bezeichnet.[298] Eine ‚Codierer' ist eine Person, welche die Zuordnung von Textpassagen zu Codes, also zu den inhaltsanalytischen Kategorien, vornimmt. *Beispiel:* Will man feststellen, auf welche Weise von westdeutschen Politikwissenschaftlern in den 80er Jahren die DDR dargestellt wurde und untersucht man zu diesem Zweck eine Auswahl von einschlägigen Büchern und Aufsätzen, so kann man das Textmaterial zunächst den folgenden Kategorien zuordnen, d.h. die ausgewerteten Texte ‚nach ihnen codieren': Beschreibungen der *Herrschaftsstruktur*, der *politischen Willensbildung*, des *staatlichen Gestaltungsanspruchs*, des *Repressionsapparats*, der *Einstellungen der Bürger* zum System usw.

Grundsätzlich gibt es zwei Wege, ein Kategorienschema zu erarbeiten:

- Verfügt man über wenig Vorwissen, so ist es sinnvoll, die auszuwertenden Texte (oder eine Stichprobe dieser Texte) erst einmal im Licht seiner inhaltlichen Fragestellung zu studieren und bei diesem ersten Arbeitsdurchgang die zur Bergung der gesuchten Informationen hilfreichen Kategorien zu *entwickeln* (‚induktives Vorgehen'). Ist dies geschehen und hat sich das Kategorienschema bei Probecodierungen bewährt, so führt man in einem zweiten Arbeitsdurchgang die angestrebte Inhaltsanalyse dann systematisch durch.
- Weiß man schon im vorhinein, etwa anhand einer gut bewährten und zweifellos zum Material passenden forschungsleitenden Theorie, welche Kategorien die zu analysierenden Texte gut erschließen werden, so legt man diese Kategorien von Anfang an fest (‚deduktives Vorgehen') und kann sich sogleich an die eigentliche Inhaltsanalyse machen.

Natürlich bedarf man bestimmter Annahmen darüber, welche Textpassagen welcher Kategorie zuzuordnen sind. Diese Annahmen formuliert die jeweils benutzte *Beobachtungstheorie*, die beispielsweise jene Überlegungen enthält, nach denen man eine bestimmte Textpassage genau der Kategorie ‚Einstellungen der Bürger zum System' zuordnet. Nur eine zutreffende und von den Codierern auch zuverlässig und korrekt angewandte Beobachtungstheorie gewährleistet die Validität der Codierung, sorgt also dafür, daß die einzelnen Textpassagen tatsächlich genau jenen Kategorien zugeordnet werden, die sich auf sie beziehen. In der Regel dienen Überlegungen des gesunden Menschenverstands, gepaart mit systematisch aufbereiteten Vorkenntnissen, als derartige Beobachtungstheorie, die durch Schulung und Übung anhand von ‚Ankerbeispielen'[299] sowie durch Erfahrungsaustausch zwischen den Codierern verbessert werden kann.

Falls ein Codierer bei mehreren, in größerem zeitlichem Abstand aufeinander folgenden Codiervorgängen immer wieder dieselben Textpassagen den gleichen Codes zuordnet, kann man von einer großen Verläßlichkeit der Zuordnung ausgehen; man spricht in diesem Fall von ‚Intra-

---

298 Offensichtlich ist dies ein viel engerer Code-Begriff, als er etwa auf S. 81 im dortigen Zusammenhang benutzt wurde.

299 Ein ‚Ankerbeispiel' ist ein einleuchtendes und gut zu merkendes Beispiel dafür, welche Art von Textpassage welchem Code zugeordnet werden soll.

Reliabilität'.[300] Textmaterial, inhaltsanalytische Kategorien und Beobachtungstheorie wirken dann offenbar störungsfrei zusammen. Falls *verschiedene* Codierer unabhängig voneinander die gleichen Textpassagen denselben inhaltsanalytischen Kategorien zuordnen, spricht man von ‚Inter-Reliabilität', deren Vorliegen und Ausmaß man anhand von Maßzahlen abschätzen kann. Ist Inter-Reliabilität in großem Umfang gegeben, kann man ganz besonders von der Verläßlichkeit der Codierungen überzeugt sein, da nun auch subjektive Verzerrungen der einzelnen Codierer als vernachlässigbar gelten können. Offensichtlich haben Inhaltsanalysen bezüglich der Datenerhebung genau dann ein sicheres Fundament, wenn geeignete Testverfahren belegen, daß die inhaltsanalytischen Kategorien valide *und* die Codierungen sowohl intra- als auch inter-reliabel sind.

Nach der Codierung erkennt man, ob bestimmte Kategorien in den analysierten Texten besonders häufig oder besonders selten vorkommen. Hieraus kann man oft schon wichtige inhaltsanalytische Fragen beantworten. Möchte man beispielsweise herausfinden, welches Verständnis der Deutsche Bundestag von seinen Funktionen hat, so besteht ein erfolgversprechender Forschungsweg darin, die Parlamentseröffnungsreden der Alterspräsidenten, die Antrittsreden der Bundestagspräsidenten sowie die verschiedenen Debatten um die Notwendigkeiten und Möglichkeiten einer Parlamentsreform auszuwählen, die Parlamentsfunktionen anhand eines differenzierten Katalogs aufzulisten, je ein ‚Ankerbeispiel' für die Bezugnahme auf jede Parlamentsfunktion ausfindig zu machen und sodann alle Textpassagen, in denen auf Funktionen des Deutschen Bundestages Bezug genommen wird, der jeweiligen Kategorie zuzuordnen. Anschließend läßt sich erkennen, ob, wann und von wem welche Funktionen betont wurden oder unbeachtet blieben, und hieraus wiederum lassen sich Schlüsse auf das Selbstverständnis des Deutschen Bundestages und auf dessen Entwicklung im Zeitverlauf ziehen.

Interessiert man sich sodann für die inhaltlichen Aussagen zu den *einzelnen* Kategorien, so wird man die ihnen zugeordneten Textpassagen weiteren Inhaltsanalysen unterziehen. Auf folgende Grundmöglichkeiten weitergehender Inhaltsanalyse sei verwiesen, deren Sinn und Verwirklichungsweise natürlich ganz von der zu beantwortenden Fragestellung abhängen:

- Man stellt die markantesten bzw. häufigsten Begriffe fest, anhand welcher die interessierende Kategorie in den untersuchten Texten thematisiert wird, und findet ferner heraus, in welchem Kontext bzw. mit welcher Häufigkeit diese Begriffe benutzt werden. Aus der Häufigkeit und dem Kontext von ‚Schlüsselbegriffen' zieht man sodann Schlüsse auf die Sichtweisen und Mitteilungsabsichten der Verfasser der untersuchten Texte.
- Man tritt an Passagen, die den einzelnen Kategorien zugeordnet wurden, mit einem jeweils der interessierenden Kategorie angemessenen Analyseleitfaden heran.
- Man unterzieht die codierten Textpassagen einer weiteren Inhaltsanalyse, um sie detaillierteren ‚Unterkategorien' zuzuweisen.
- Man faßt die bislang benutzten Kategorien zu abstrakteren ‚Ober-Kategorien' zusammen.
- Man vergleicht die pro Kategorie zusammengeordneten Textpassagen nach Gruppen von Texten oder von Verfassern. Beispielsweise könnte man alle in ‚liberalen' Tageszeitungen zwischen 1969 und 1989 erschienenen Berichte über den Repressionsapparat in der DDR mit jenen vergleichen, die in ‚konservativen' Tageszeitungen publiziert wurden, oder die Aussagen von CDU/CSU-Rednern im deutschen Bundestag zum NATO-Nachrüstungsbeschluß mit den Aussagen von Rednern der SPD und der GRÜNEN. Durch solches Vorgehen wird von der Daten*erhebung* in die mehr oder minder detaillierte *Analyse* inhaltsanalytisch gewonnener Daten übergewechselt.

---

300 Von lat. ‚intra', d.h. innerhalb, und engl. ‚reliable', d.h. verläßlich.

Offensichtlich ist die anhand eines – oft schriftlich nicht fixierten – Analyseleitfadens durchgeführte Inhaltsanalyse schon im Alltag üblich, um sich den Inhalt von Texten aller Art zu erschließen. So wie Wissenschaft im allgemeinen nichts anderes ist als die Ausdehnung der Fähigkeiten des ‚gesunden Menschenverstandes' über dessen zunächst gegebene Grenzen hinaus, verhält es sich natürlich auch im besonderen mit der Emanzipation wissenschaftlicher Methoden aus den Schranken alltagspraktischer Fertigkeiten. Bei der wissenschaftlichen Arbeit ist eigentlich *jede zielgerichtete Lektüre* eine derartige Inhaltsanalyse. Entnimmt man vorhandener Literatur systematisch, in der Regel anhand eines Kategorienschemas, die in ihr geborgenen Informationen, so spricht man von einer ‚Sekundäranalyse'.

Die inhaltsanalytisch gewonnenen Ergebnisse werden entweder in Form von frei formulierten Antworten auf die Fragen des Analyseleitfadens oder als Eintragungen zur Häufigkeit des Auftretens der genutzten Kategorien auf einem Formblatt festgehalten, welches das Kategorienschema wiedergibt. Bei EDV-gestützter Inhaltsanalyse nimmt letzteres häufig die Form an, daß Listen von Textpassagen oder Wörtern erstellt werden, die einer bestimmten Kategorie zugewiesen wurden. Interessieren nur die Häufigkeiten, mit denen die einzelnen Kategorien in den untersuchten Texten oder in Untergruppen dieser Texte aufgefunden wurden, so werden die entsprechenden Zahlenangaben in ein geeignetes Formblatt oder in eine EDV-Datei eingetragen. Für beide Aufgaben gibt es inzwischen vorzügliche Programme, die PC-gestützte Inhaltsanalysen von der Erstellung des Kategorienschemas bis zum Abschluß der Codierarbeiten sowie die bequeme Weiterverarbeitung von deren Ergebnissen erlauben und außerdem Schnittstellen für den Übergang zu quantitativ-statistischen Auswertungen bieten. Für qualitative Inhaltsanalysen sei verwiesen auf Programme wie ATLAS/ti und WinMAX, für quantitative Inhaltsanalysen auf TEXTPACK.[301] Stets stellen derartige Aufzeichnungen die durch Inhaltsanalyse gewonnenen Daten dar. Sie werden sodann durch die jeweils der Fragestellung angemessenen Verfahren der Datenanalyse – hermeneutische Methode, historische Methode, juristische Methode, statistische Methoden – ausgewertet und interpretiert.[302]

3. Befragung

Bei den Befragungsmethoden werden die gesuchten Informationen durch Befragung der Personen gewonnen, die über jene Informationen verfügen. Es könnten etwa die Einschätzungen der Wähler zur Persönlichkeit und Kompetenz konkurrierender Kandidaten interessieren oder jene Beschreibungen, die Fraktionsgeschäftsführer als ‚alltagspraktische Experten' vom Funktionieren von Parlamentsfraktionen geben könnten. Wesentliches Instrument der Informationsgewinnung ist dabei ein *Fragebogen* bzw. *Interviewleitfaden*, der die zu beantwortenden Fragen enthält. Um die Eigenart der Befragungsmethoden zu verstehen, muß man sich klarmachen, daß die tatsächlich gestellten Fragen nichts anderes sind als ein ‚Mittel zum Zweck': sie sollen den Befragten dazu anhalten, genau jene Informationen preiszugeben, die man von ihm erlangen muß, um anhand ihrer seine Forschungsfrage beantworten zu können. *Beispiel:* Man will herausfinden, welche politischen Einstellungen in der Bevölkerung eines Landes mit welchen Häufigkeiten verbreitet sind. Um dies zu tun, klärt man zunächst anhand seiner forschungsleitenden Theorie, in welche Komponenten der interessierende Gegenstand ‚politische Einstellungen' aufzugliedern ist (‚dimensionale Analyse'). Mögliche Komponenten wären u.a.: Selbsteinordnung der Befragten auf einem Links/Rechts-Kontinuum, Identifikation mit den einzelnen politischen Parteien, Haltung zu bestimmten politischen Positionen, Vertrauen zu verschiedenen staatlichen Institutionen,

---

[301] Zur Unterscheidung von qualitativer und quantitativer Forschung siehe unten S.191ff.

[302] Zu diesen Methoden siehe unten S. 164ff.

Formen praktizierter oder akzeptierter politischer Beteiligung, Zustimmung zu oder Ablehnung von einer Reihe von angebotenen Wertvorstellungen. Informationen zu genau diesen Komponenten erhalten zu wollen, führt zum Programm der konkreten *inhaltlichen* Fragen (‚Programmfragen'), in die man – durch ‚dimensionale Analyse' – nunmehr seine Forschungsfrage konkretisiert hat. Diese Programmfragen gilt es dann in solche Fragen zu ‚übersetzen' (‚Operationalisierung'), anhand welcher man von den zu befragenden Personen wohl zutreffende Auskünfte über genau diese Komponenten ihrer politischen Einstellung erhalten mag (‚Interviewfragen' bzw. ‚Fragebogenfragen'). Bei diesen ‚Übersetzungen' und den sie anleitenden Überlegungen benutzt man natürlich *Beobachtungstheorien*, um zu validen Fragen (und gegebenenfalls Antwortvorgaben) für den Interviewleitfaden oder den Fragebogen zu gelangen. Nicht selten hat man die zunächst festgelegte Formulierung und Anordnung der gestellten Fragen sodann durch Versuch und Irrtum (in Gestalt eines ‚Pretest') zu verbessern. Bei der Datenanalyse setzt man abschließend mittels geeigneter Methoden aus den durch präzise Einzelfragen erhaltenen Informationen das interessierende Gesamtbild ‚politische Einstellung' zusammen. Offensichtlich käme man nicht weit, würde man auf die Benutzung detaillierter Fragen als ‚Mittel zum Zweck' verzichten und statt dessen die zu untersuchenden Personen einfach fragen: ‚Was für eine politische Einstellung haben Sie eigentlich?'

Weil die konkret gestellten Fragen als ‚Mittel zum Zweck' einerseits die inhaltliche Forschungsfrage umsetzen und andererseits dem Verständnishorizont und dem Formulierungsvermögen der Befragten angepaßt sein müssen, ist die Ausarbeitung eines Interviewleitfadens oder Fragebogens ein anspruchsvoller, immer wieder korrekturbedürftiger und folgenreicher Prozeß. In ihm muß unbedingt erreicht werden, daß die tatsächlich gestellten Fragen valide Antworten hervorrufen, also Äußerungen mit genau den gesuchten Informationen. Neben der *Formulierung* muß dabei auch die *Reihenfolge* der Fragen bedacht werden: jede Frage stiftet einen Verständnishorizont für die folgende Frage, prägt dergestalt das weitere Antwortverhalten und strahlt in gewissem Umfang auf den Rest der Fragen aus. All diese Zusammenhänge müssen bei der Ausarbeitung eines Fragebogens oder Interviewleitfadens gekannt, in Rechnung gestellt und der Arbeit am Fragenbogen zugrunde gelegt werden. Am besten geht man dabei so vor, daß man zunächst eine tabellarische Übersicht der folgenden Art erstellt, die im Grunde für die Erstellung *aller* Arten von Erhebungsinstrumenten genutzt werden kann:

Schaubild 11: Matrix zur Erstellung eines Erhebungsinstruments (mit Beispielen)

interessierende, konkrete inhaltliche Frage (,Programmfrage')	*zu erhebende Information*	*anzuwendende Erhebungs-methode*	*Art der Frage bzw. Beob-achtung*	*Formulie-rungs-vorschlag*	*Bemerkungen*
1	2	3	4	5	6
realisiertes politisches Engagement	Formen prakti-zierter politi-scher Beteili-gung	Interview	Listenfrage mit nach Häufigkeit gestuften Ant-wortvorgaben	....	Weitere Vor-gaben aus Otto 1996: 223 übernehmen!
gewünschtes politisches Engagement	Formen ge-wünschter politischer Beteiligung	Interview	offene Frage	....	Frage *nach* jener zu den praktizierten Formen stellen!
usw.					

Bei der Erstellung einer solchen Matrix wird zunächst – als Ergebnis der ‚dimensionalen Analyse' – die erste Spalte ausgefüllt. Hier kommt es darauf an, anhand seiner forschungleitenden Theorie die insgesamt zu beantwortende Forschungfrage so präzis in konkrete inhaltliche Fragen umzusetzen, daß man sicher sein kann, am Ende der Datenerhebung wirklich alle benötigen Informationen erhoben zu haben. Sodann wird die zweite Spalte ausgefüllt, indem präzis beschrieben wird, welche Art von Informationen man benötigt. Allein von der Art der benötigten Informationen hängt ab, zwischen welchen Methoden man in der dritten Spalte wählen kann. In der vierten Spalte wird sodann festgelegt, durch welche Art von Frage – bzw. inhaltsanalytischer Kategorie oder anzustrebender Beobachtung – man die benötigte Information erheben will. Erst in der fünften Spalte wird ein erster Entwurf der etwa im Interview oder Fragebogen tatsächlich zu stellenden Frage formuliert. Ein erster Schritt der Überprüfung ihrer Validität besteht darin, bei jeder Frageformulierung sorgfältig zu überlegen, ob sie geeignet ist, den – z.B. zu interviewenden – Befragten genau jene in Spalte 2 beschriebenen Informationen zu entlocken, die nötig sind, um die in Spalte 1 niedergeschriebene inhaltliche Frage präzis zu beantworten. Sind in Spalte 5 z.B. die Interview- bzw. Fragebogenfragen formuliert, so wird man in Spalte 6 beispielsweise vermerken, in welcher Reihenfolge und gegebenenfalls mit welchen Filterführungen im Interview bzw. Fragebogen die Fragen der Spalte 5 zu stellen sind. Macht man sich diese notwendigen und nur zum eigenen Nachteil vereinfachbaren Schritte der Erstellung eines Erhebungsinstruments klar, so merkt man, wie ganz abwegig die weit verbreitete Vorstellung ist, eigentlich jedermann könne in kurzer Zeit einen nützlichen Interviewleitfaden oder Fragebogen anfertigen oder das Erhebungsinstrument einer Beobachtungsstudie bzw. Inhaltsanalyse erstellen.

Nach der Art der durch Befragung einzuholenden *Informationen* lassen sich zwei Grundformen der Befragungsmethoden unterscheiden: die ‚Expertenbefragung' und die ‚Umfrage'[303]. Bei einer *Expertenbefragung* informiert man sich über einen Gegenstandsbereich, indem man Menschen befragt, die über ihn besonders gut Bescheid wissen. Wer als Experte anzusehen ist, hängt ganz von den gesuchten Informationen ab: parlamentarische Geschäftsführer können Experten für die innerfraktionelle Willensbildung, Studenten für das ‚politische Klima' an ihrem Institut sein. Bei einer *Umfrage* stellen hingegen persönliche Meinungen, Wertungen, Wissensbestände

---

303 Umfragen, welche ganze Gesellschaften, die Bevölkerung ganzer Staaten zur Grundgesamtheit haben, heißen ‚demoskopische' Umfragen, von griech. ‚démos', d.h. Volk, und griech. ‚skopeín', d.h. betrachten, auskundschaften. ‚Demoskopie' ist der auf demoskopische Umfragen spezialisierte Zweig der empirischen sozialwissenschaftlichen Forschung. Speziell zu ihren Methoden siehe Noelle-Neumann/Petersen 1996.

oder Erinnerungen die gesuchte Information dar. Hier geht man die Befragten als ,Informationsquellen eigenen Rechts', nicht als ,Verwalter von Expertenwissen' an. Expertenbefragung und Umfrage unterscheiden sich offenbar erheblich in ihren Konsequenzen für das jeweils sinnvolle Verfahren, die zu befragenden Auskunftspersonen so auszuwählen, daß man die erlangten Informationen verallgemeinern kann (,Stichprobenplan').

Unabhängig von der Einteilung in die Grundformen der Expertenbefragung und der Umfrage, gliedern sich die Befragungsmethoden nach der Art der *Befragungstechnik* in die folgenden Gruppen:

- *Vollstrukturiertes* Interview: Die benötigten Informationen werden mittels eines die Fragen und ihre Reihenfolge wörtlich festlegenden Fragebogens erhoben. Ein solches Interview kann persönlich oder telefonisch erfolgen. Letzteres ist dann möglich, wenn ein hoher Versorgungsgrad mit Telefonen sowie die Struktur der auswählbaren Telefonnummern das Ziehen einer repräsentativen Stichprobe erlaubt[304] und das Interview nicht allzu viele Fragen umfaßt. Telefoninterviews haben den Vorteil, viel billiger als persönlich geführte Interviews zu sein. Steht ein CATI-Labor[305] zur Verfügung, so lassen sich die Antworten von den Telefonisten sofort in ihre Computer eingeben und stehen sofort für die Datenanalyse zur Verfügung.
- *Halbstrukturiertes Interview:*[306] Das Interview wird mittels eines Leitfadens geführt; ansonsten bemüht sich der Interviewer, durch flexibles Eingehen auf den Befragten (Umstellung und Umformulierung von Fragen, mehr oder minder improvisierte Nachfragen) die erwünschten Informationen zu erlangen. In diesem Fall müssen die Interviewer sorgfältig geschult werden, um die Validität ihrer ,improvisierten' Fragen und die Inter-Reliabilität der geführten Interviews zu gewährleisten.
- *Realkontaktbefragung:* Der Interviewer tritt dem Befragten nicht als ,Interviewer' gegenüber, sondern in einer Rolle, in der dem Befragten üblicherweise solche Personen begegnen, die von ihm Auskunft wünschen. Beispielsweise erkundet man Fachkenntnisse von Abgeordneten in der Rolle eines Bürgers, der die Sprechstunde des Abgeordneten aufsucht und dort ein spezielles Anliegen vorbringt. In Form von Realkontaktbefragungen lassen sich Interviews *verdeckt* durchführen.[307]
- *Gruppeninterview:* Nicht ein einzelner, sondern eine Gruppe von Personen wird befragt. Da in diesem Fall wechselseitig aufeinander Bezug nehmende Antworten erlangt werden, lassen sich besser als in Einzelinterviews Informationen über *strukturelle Zusammenhänge* zwischen Wissensbeständen, Meinungen, Wertvorstellungen, Wünschen, Gefühlen, Denkweisen und Sinndeutungen erlangen.
- *Gruppendiskussion:* Eine Gruppe von Personen wird weniger befragt, als vielmehr von einem ,Diskussionsleiter' durch Fragen oder Thesen so ins Gespräch und zu einer *thematisch gelenkten* Diskussion gebracht, daß die gesuchten Informationen in Form der Diskussionsbeiträge faßbar werden. Gelingt es überdies, die Diskussion ,anzuheizen', wozu ein die Rolle eines einfachen Gesprächsteilnehmers spielender Helfer des Forschers beitragen kann, so lassen sich mitunter bei den Gesprächsteilnehmern Schranken der Selbstkontrolle durchbrechen und ansonsten lieber ungeäußerte Ansichten erfahren. Dergestalt geht diese Befragungsmethode in die Form eines *Experiments* über.

---

304 Hierzu siehe unten S. 172ff.

305 CATI ist die Abkürzung von **C**omputer **A**ssisted **T**elephone **I**nterviewing.

306 Auch: ,semistrukturiertes' Interview.

307 Natürlich kann die Realkontaktbefragung gut mit der unten vorgestellte Methode der ,verdeckten Beobachtung' kombiniert werden.

– *Schriftliche Befragung:*[308] Der Leitgedanke des Interviews wird dahingehend abgewandelt, daß der Befragte nicht mit einem Interviewer, sondern mit einem – meist postalisch zugestellten – Fragebogen konfrontiert wird. Indem der Befragte ihn ausfüllt, liefert er die gesuchten Informationen. Ein Begleitschreiben des Forschers dient dazu, den Befragten zur Ausfüllung und Rücksendung des Fragebogens zu motivieren und ist ein *wesentlicher* Bestandteil dieser Methodenvariante.

Bei einer schriftlichen Befragung hält der Befragte selbst seine Angaben fest, in der Regel so, daß er Antwortmöglichkeiten ankreuzt, Angaben wie sein Alter selbst ergänzt und Fragen ganz ohne festgelegte Antwortmöglichkeiten (sogenannte ‚offene Fragen') mit kurzen, selbständig formulierten Texten beantwortet. Bei einem vollstrukturierten Interview ist in der Regel der Fragebogen ebenso aufgebaut, nur daß der Interviewer selbst durch Ankreuzen von Antwortvorgaben oder durch kurze Eintragungen die Antworten schnell festhält. Bei persönlich geführten Interviews können dem Befragten auch Listen zur Auswahl von Antwortmöglichkeiten vorgelegt, Karten zur Auswahl oder Gewichtung von Antwortmöglichkeiten überreicht oder hypothetische Situationen auf Bildern vor Augen geführt werden, auf welche er dann zu reagieren hat. Halbstrukturierte Interviews werden in der Regel auf Band aufgezeichnet.[309] Ob der Mitschnitt dann (vollständig) verschriftet wird oder ob es ausreicht, ihn abzuhören und dabei zur weiteren Auswertung geeignete Notizen anzufertigen, hängt ganz von der Forschungsaufgabe ab. Bei Realkontaktbefragungen ist nach dem Gespräch dessen Inhalt aus dem Gedächtnis festzuhalten, wofür im Einzelfall kurze Gesprächsnotizen hilfreich sein können. Bei Gruppeninterviews oder Gruppendiskussionen ist je nach dem konkreten Forschungszweck entweder eine Band- bzw. Videoaufzeichnung oder ein Gedächtnisprotokoll angebracht; ggf. ist die Datenaufzeichnung auch wie bei den Beobachtungsmethoden vorzunehmen.[310] Werden bei der Aufzeichnung der durch die Befragungsmethoden erhobenen Informationen *Texte* erzeugt, wie es bei semistrukturierten Interviews, Realkontaktbefragungen und Gruppeninterviews bzw. Gruppendiskussionen üblich ist, so schließt sich als nächste Stufe der Datenerhebung eine Inhaltsanalyse an. Werden hingegen – wie bei schriftlichen Befragungen oder vollstrukturierten Interviews – *vorgegebene* Kategorien angekreuzt, so kann – nach entsprechender Datenerfassung und Datenaufbereitung – gleich zur statistischen Datenanalyse übergegangen werden.

4. Beobachtung

Beobachtungsmethoden werden angewandt, wenn die zu erlangenden Informationen in beobachtbaren Verhaltensweisen bestehen und man es nicht mit durch Befragungsmethoden zu erlangenden *Berichten* über solches Verhalten bewenden lassen will. Benutzt werden sie etwa bei folgenden Forschungsfragen: Wie vollziehen sich Konfrontation oder Kooperation zwischen Demonstranten und Polizei? Wie gehen Bürger und Abgeordnete bei der Wahlkreisarbeit von Parlamentariern miteinander um? Wie arbeiten die Arbeitskreise von Parlamentsfraktionen wirklich?[311]

---

[308] Die populäre Bezeichnung ‚Fragebogenaktion' ist unschön, erinnert an wenig seriösen ‚Aktionismus' und sollte darum vermieden werden.

[309] Für solche Bandaufzeichnungen verwendet man am besten Diktiergeräte, da die besprochenen Kassetten dann leicht von einer Sekretärin, sofern sie mit einem entsprechenden Abhör- und Steuergerät ausgestattet ist, abgeschrieben werden können.

[310] Siehe hierzu S. 158f.

[311] Obwohl die Beobachtungsmethoden einen besonders engen Kontakt mit politischer Wirklichkeit erlauben und viel weniger als die Befragungsmethoden an Erinnerungs- und Selbstdarstellungsproblemen der untersuchten Personen leiden, werden sie in der Politikwissenschaft recht selten verwendet. Dabei liegt die faszinierende Welt alltäglicher

Zentrales Arbeitsinstrument bei der Benutzung von Beobachtungsmethoden ist der *Beobachtungsleitfaden* bzw. das *Beobachtungsschema.* Ein Beobachtungsleitfaden lenkt – ganz analog zum Leitfaden einer Inhaltsanalyse – durch konkrete Anweisungen die Aufmerksamkeit des Beobachters auf jene Sachverhalte oder Vorgänge, auf die sich die zu beantwortende Forschungsfrage bzw. das zu lösende Problem bezieht. Er beinhaltet ebenso wie die inhaltsanalytischen Erhebungsinstrumente eine Reihe von Ankerbeispielen und wird am besten anhand einer Tabelle wie in Schaubild 11 erarbeitet. Ein – ebenso erstelltes und dem Kategorienschema einer Inhaltsanalyse entsprechendes – Beobachtungsschema bietet *überdies* die Möglichkeit, durch Ankreuzen vorgegebener Kategorien oder durch knappe Eintragungen in ein vorab erstelltes Formular die getätigten Beobachtungen sofort festzuhalten. Wie bei der Entwicklung eines inhaltsanalytischen Kategorienschemas kann auch die Erarbeitung des Beobachtungsschemas je nach dem Ausmaß verfügbaren Vorwissens induktiv oder deduktiv erfolgen. Natürlich steht und fällt auch eine Beobachtungsstudie mit einesteils der Validität des Beobachtungsleitfadens bzw. -schemas sowie andererseits mit der Intra- bzw. Inter-Reliabilität der Benutzung des Erhebungsinstruments durch den oder die Beobachter. Mehr noch als bei Inhaltsanalysen die Codierer oder bei Interviewstudien mit halbstandardisierten Fragebogen die Interviewer sind darum die Beobachter zu schulen, immer wieder zum Erfahrungsaustausch zusammenzuholen und nach Möglichkeit ihrerseits auf mögliche Beobachtungsdefizite hin zu kontrollieren. Am besten sollten auch möglichst zwei Beobachter gleichzeitig beobachten, unabhängig voneinander das Beobachtete protokollieren und dann ihre jeweils persönlichen Sicht- und Deutungsweisen wechselseitig kontrollieren und korrigieren.

Die Formen der Beobachtungsmethoden unterscheiden sich im wesentlichen in zwei Dimensionen:

- *Offene* vs. *verdeckte* Beobachtung. Im ersten Fall wissen die Beobachteten, daß sie beobachtet werden, was zu Veränderungen ihres Verhaltens führen kann. Im zweiten Fall versucht der Beobachter – wie bei der Realkontaktbefragung – eine Rolle einzunehmen, in der niemand bemerkt, daß er die anderen beobachtet. Dergestalt läßt sich die Gefahr ausschließen, daß allein schon die den Anwesenden bewußte Präsenz eines Beobachters jene Sachverhalte verändert, auf die sich das Forschungsinteresse richtet.
- *Teilnehmende* vs. *nicht-teilnehmende* Beobachtung. Im ersten Fall beteiligt sich der Forscher an den Handlungen der Beobachteten, was ihm die Möglichkeit intensiveren Kontakts gibt, aber den Untersuchungsgegenstand verändern kann. Im zweiten Fall mischt der Forscher sich in das zu beobachtende Geschehen nicht ein, was freilich dann zu Irritationen der Beobachteten führen mag, wenn es für eine nicht-teilnehmende, aber dennoch anwesende Person keine geeignete Rolle gibt.

Diese Grundmöglichkeiten des Beobachtens lassen sich je nach den zu untersuchenden Situationen vielfältig kombinieren. Natürlich hängen die Möglichkeit, einen Beobachtungsleitfaden oder ein Beobachtungsschema zu verwenden, sowie die Weise der Aufzeichnung der getätigten Beobachtungen ganz von der Wahl des Beobachtungsverfahrens ab. Bei verdeckter und teilnehmender Beobachtung führt selten ein Weg an der Benutzung eines ‚Beobachtungstagebuchs' vorbei, in dem mit möglichst geringem zeitlichen Abstand zu den getätigten Beobachtungen die

---

Politik doch sozusagen vor aller Augen, etwa: Wie funktionieren die Parteien, die Verbände, die Bürgerinitiativen ‚vor Ort'? Was ereignet sich beim Kontakt von Berufspolitikern mit ‚einfachen' Bürgern? Im Grunde läßt sich die politikwissenschaftliche Vernachlässigung der Beobachtungsmethoden nicht aus einem Mangel an Wichtigkeit und Nützlichkeit, sondern nur dadurch erklären, daß ihre Anwendung zeitaufwendig ist und ihre überwiegende Zugehörigkeit zum Bereich der qualitativen Forschung immer wieder Zweifel an der Validität, Reliabilität und Verallgemeinerbarkeit der Ergebnisse hervorruft, denen man lieber aus dem Weg geht. Im übrigen sind Wissenschaftler in der Regel dahingehend konservativ, daß sie sich an hergebrachte Vorgehensweisen halten, und zu diesen gehören in der Politikwissenschaft nun einmal Inhaltsanalyse und Befragungsmethoden.

erlangten Informationen festgehalten werden, während bei offener und nicht-teilnehmender Beobachtung grundsätzlich ‚Feldnotizen‘ möglich sind und sogar mit einem detaillierten Beobachtungsschema gearbeitet werden könnte, in das man die getätigten Beobachtungen unmittelbar einträgt. Möglicherweise kann man die zu beobachtenden Situationen auch mit einer Videokamera aufzeichnen. In den meisten Fällen wird man auf der Grundlage von Beobachtungstagebüchern bzw. Feldnotizen Beobachtungsprotokolle erstellen. Diese können – je nach Forschungsfrage und Beobachtungsgegenstand – eine mehr oder minder gemeinsame, mehr oder minder klar vorgegebene Gliederung haben. Letzteres erleichtert jene Inhaltsanalyse, die sich üblicherweise – und analog zur Auswertung von Interviewverschriftungen – auf solche Beobachtungsprotokolle stützt. Bei der Benutzung eines Beobachtungsschemas kann hingegen oft unmittelbar zur statistischen Datenanalyse übergegangen werden.

5. Experiment

Durch Experimente lassen sich Vermutungen über Zusammenhänge zwischen Ursachen und Wirkungen (‚kausale Hypothesen‘) auf ihre Übereinstimmung mit den Tatsachen prüfen. Zunächst muß – anhand der forschungsleitenden Theorie – festgelegt werden, zwischen welchen ‚Folgen‘ und ‚Ursachen‘ Zusammenhänge betrachtet werden sollen; außerdem ist sicherzustellen, daß nicht andere denn die als ursächlich vermuteten Sachverhalte unbemerkte Einflüsse auf die interessierenden Zusammenhänge ausüben können. Das nimmt die Form an, daß man ein *Modell* des durch Experiment zu untersuchenden Wirkungsgefüges entwickelt,[312] in das erstens die *abhängige(n)* Variable(n), zweitens die als ursächlich vermuteten *unabhängigen* Variablen und drittens die entweder als ‚Störungsquellen‘ auszuschaltenden oder als ‚Kontrollvariablen‘ zu variierenden *intervenierenden*[313] Variablen mit klaren Vermutungen über ihre wechselseitigen Zusammenhänge eingestellt werden.[314] Dieses Modell dient sodann als Grundlage für den *Versuchsplan* bzw. die *Versuchsanordnung*, die ihrerseits valide sein müssen. Im wesentlichen lassen sich in der Politikwissenschaft folgende Varianten der experimentellen Methode verwenden:

- *Ex-post-facto-Experiment*[315] (auch: *Quasi-Experiment, historisches Experiment*): Man betrachtet *inhaltsanalytisch* Inhalte, Prozesse und Strukturen vergangener politischer Wirklichkeit und prüft, ob sich im verfügbaren historischen und zeitgeschichtlichen Dokumentenmaterial solche Bereiche politischer Wirklichkeit finden lassen, die einander bis auf die vermuteten Ursachen bzw. Folgen ziemlich ähnlich sind. Gelingt es, solche Sachverhalte aufzufinden und hinlängliches Dokumentenmaterial über sie verfügbar zu machen, dann lassen sich an ihnen Aussagen über Ursachen von Inhalten, Prozessen und Strukturen politischer Wirklichkeit erarbeiten und prüfen. Praktisch liegt hier vergleichendes Vorgehen differenzanalytischer Art vor.[316] *Beispiel:* Man vermutet, daß bipolare regionale Systeme eher außenpolitische Stabilität gewährleisten als multipolare Systeme. Um diese Hypothese zu prüfen, entwickelt man zunächst Indikatoren für außenpolitische Stabilität. Im einfachsten Fall nimmt man als Indikator die innerhalb bestimmter Zeiträume (etwa: 10, 20, 30 ... Jahre) beobachtbare Entstehung oder Abwesenheit von Krieg im betrachteten System. Sodann klärt man, welche Störfaktoren den interessierenden Zusammenhang überlagern könnten, etwa das

---

312 Siehe hierzu oben S 109ff.

313 Von lat. ‚intervenire‘, d.h. dazwischen kommen, sich einmischen.

314 Die *im* Modell in ihren wechselseitigen Beziehungen dargestellten Variablen nennt man ‚endogene‘ Variablen. Häufig wird man in ein Modell auch solche Variablen aufnehmen, die Einflüsse ‚von außen‘ auf den detailliert modellierten Sachverhalt abbilden. Solche Variablen nennt man ‚exogene Variablen‘.

315 Die lateinische Floskel ‚ex post facto‘ ist zu übersetzen mit ‚im nachhinein‘.

316 Siehe unten S. 232f.

Eingreifen auswärtiger Mächte in ein bislang stabiles Regionalsystem, und stellt auch sie als auszuschließende bzw. zu variierende Variablen in das zu überprüfende Kausalmodell ein. Anschließend geht man – unter Konsultation von Fachhistorikern – die bekannte und gesicherte Geschichte durch, um einesteils bipolare, andernteils multipolare regionale Systeme ausfindig zu machen, die entweder ohne solche Störfaktoren sind (etwa ohne das Eingreifen auswärtiger Mächte) oder umgekehrt sich gerade in solchen Merkmalen unterscheiden, was weitere Vergleichsmöglichkeiten eröffnet. Für die in Frage kommenden Systeme stellt man sodann fest, welche Werte die vorgesehenen Indikatoren haben, also beispielsweise, innerhalb welcher Fristen es zu Kriegen kam. Ein Vergleich der Häufigkeit etwa von Kriegsausbrüchen in bipolaren Systemen mit jener in multipolaren Systemen zeigt sodann, ob die Hypothese stimmen kann, bipolare Strukturen seien – gemessen am Indikator ‚Kriegsausbruch' – stabiler als multipolare Systeme. Falls angenommen und nicht widerlegt werden kann, daß die am *historischen* Material herausgefundenen (oder nicht herausgefundenen) Zusammenhänge zwischen Ursachen und Folgen immer noch (nicht) bestehen, können dergestalt auch ursächliche Aussagen über *gegenwärtige* politische Wirklichkeit auf ihre Übereinstimmung mit den Tatsachen geprüft werden. Ihren Namen ‚Quasi-Experiment' hat diese Forschungsmethode daher, daß letztlich eben doch kein Experiment unternommen, sondern *ohne* Zutun des Forschers Geschehenes anhand der Kategorien eines Versuchsplans ausgewertet wird.

– *Laborexperiment:* Hier führt der Forscher bewußt jene Situationen herbei, in denen er durch kontrolliertes Bewirken bestimmter Sachverhalte und Beobachtung der Folgen solcher Eingriffe kausale Hypothesen prüfen will. *Beispiel:* Es soll herausgefunden werden, ob bestimmte Techniken der Fernsehberichterstattung (Bildauswahl, Kameraeinstellungen, Szenenfolge, begleitende Kommentare usw.) einen verändernden Einfluß auf die Einschätzung und Bewertung von dargestellten Politikern haben. Man lädt zu diesem Zweck eine ausreichende Anzahl von Versuchspersonen (‚Probanden'[317]) in ein den technischen Anforderungen des Experiments genügendes Gebäude ein und teilt sie in zwei Gruppen, die nach allen für die Untersuchung wichtigen Gesichtspunkten gleich zusammengesetzt sind (etwa: Geschlecht, Alter, politische Einstellung, Fernsehkonsum usw.). Sodann stellt man durch geeignete Befragungsmethoden fest, wie die Personen beider Gruppen einen bestimmten Politiker einschätzen und bewerten. Beiden Gruppen führt man sodann einen für den Forschungszweck angefertigten ‚Fernsehbericht' über den als ‚Testmaterial' dienenden Politiker vor, wobei z.B. bei der Gruppe A als ‚positiv' geltende Bildauswahlen, Kameraeinstellungen, Szenenfolgen, Kommentare usw. den Bericht prägen, bei der Gruppe B indessen alle Darstellungsmittel auf vermutlich ‚negative' Eindrücke abzielen.[318] Nach der Vorführung befragt man die Versuchspersonen erneut anhand desselben Fragebogens wie vor der Vorführung. Anschließend vergleicht man die Befragungsergebnisse und beantwortet z.B. folgende Fragen: Unterscheiden sich bei den beiden Gruppen die Einschätzungen und Bewertungen aus der Zeit *vor* der Vorführung überhaupt von jenen aus der Zeit *nach* der Vorführung? Haben die Mitglieder der Gruppe A nun *positivere* Einschätzungen als die Mitglieder der Gruppe B? Aus den Antworten auf diese Fragen läßt sich sodann ableiten, ob bzw. welchen Effekt jene Fernsehberichterstattung hatte, der die Versuchspersonen ausgesetzt waren. Wurde die Zusammensetzung der Versuchspersonen bzw. die Art der im Experiment benutzten Fernsehberichterstattung so gewählt, daß davon ausgehend auf alle Bürger eines Landes bzw. auf alle Praktiken der Fernsehberichterstattung verallgemeinert werden kann, so hat das Ergebnis des Experiments über den konkret untersuchten Einzelfall hinaus Aussagekraft. Ihre Grenze finden Laborexperimente in der Politikwissenschaft meist darin, daß sie für die Versuchsperso-

---

317 Von lat. ‚probáre', d.h. untersuchen, prüfen.

318 Offensichtlich ist es eine *Beobachtungstheorie*, die dem Forscher Kriterien für die Unterscheidung von ‚positiven' und ‚negativen' Wirkungen an die Hand gibt.

nen erkennbar künstlich sind und somit deren Verhalten verändern. Insgesamt kann nur eine recht begrenzte Anzahl politikwissenschaftlich interessierender Fragen durch Laborexperimente beantwortet werden.

- *Feldexperiment:* Bei ihm führt nicht der Forscher selbst jene Situationen herbei, in denen er kausale Hypothesen prüfen will, sondern er nutzt solche Situationen aus, die sich beim konkreten politischen Handeln zwar von selbst ergeben, doch von ihm durch geeignete Maßnahmen der Datenerhebung für einen experimentellen Versuchsplan genutzt werden können.[319] Im Unterschied zu ex-post-facto-Experimenten, auf deren empirische Referenten und deren Dokumentation er von vornherein keinen Einfluß hat, kann hier der Politikwissenschaftler von vornherein für eine seinem Forschungszweck dienliche Aufzeichnung der im Experimentverlauf möglichen Beobachtungen sorgen. *Beispiel:* Man interessiert sich dafür, welche Formen der Arbeitsmarktpolitik auf mittlere Frist am besten für Vollbeschäftigung sorgen. Zwei in für die Fragestellung wichtigen Merkmale einander weitgehend ähnliche Staaten machen sich nun daran, ganz verschiedene arbeitsmarktpolitische Maßnahmen zu ergreifen: Der Staat A setzt auf staatliche Beschäftigungspolitik, der Staat B auf Schaffung privatwirtschaftlicher Investitionsanreize. Man beobachtet nun über die kommenden fünf Jahre die Folgen der jeweiligen Politik und beantwortet anhand der dann verfügbaren Arbeitsmarktdaten die Forschungsfrage. Feldexperimente haben den Vorteil, daß sie politisches Handeln in einer ihm sehr gut angemessenen Perspektive betrachten: immer wieder geht es bei politischen Entscheidungen darum, auf der Grundlage unsicherer Kenntnisse aktuell anstehende Probleme zu lösen und dabei mit verschiedenen Handlungsmöglichkeiten zu experimentieren. Indem sie solche ‚Politikexperimente' bzw. ‚Gesellschaftsexperimente' sorgfältig verfolgt, gründlich auswertet und hinsichtlich ihrer Ergebnisse leicht faßlich darstellt, leistet die Politikwissenschaft – vor allem in ihrer Ausprägung als Politikfeldanalyse[320] – einen wichtigen Beitrag zur politischen Aufklärung und zur Kritik ideologischer Gestaltungsabsichten. Der große Nachteil von Feldexperimenten besteht indessen darin, daß man sie nicht ‚nach Bedarf' herbeiführen und bei ihnen Störfaktoren nur selten in befriedigender Weise ausschließen kann.
- *Gedankenexperiment:* Bei ihm erstellt man zwar ein Modell des zu überprüfenden Kausalzusammenhangs, verzichtet aber auf die systematische Erhebung und Analyse von Daten, anhand welcher man die modellierten Zusammenhänge überprüfen könnte. Vielmehr begnügt man sich damit, die modellierten Zusammenhänge zu durchdenken, sich die Folgen der Veränderung intervenierender Variablen vorzustellen und bis zu sehr weitreichenden Konsequenzen eines bestimmten Kausalzusammenhangs vorzudringen. Diese Denkergebnisse vergleicht man mit seinem jeweils verfügbaren Wissen, um sich auf diese Weise Klarheit über die Plausibilität des Kausalmodells zu verschaffen. Offenbar handelt es sich beim Gedankenexperiment um eine sehr kostengünstige Methode. Doch ebenso wie die Modelle der theoretischen Physik nach Überprüfung durch die Experimentalphysik verlangen, wird man sich mit Gedankenexperimenten nur solange zufrieden geben, wie andere Formen des Experimentierens nicht anwendbar sind. Ihre Fortsetzung finden Gedankenexperimente vor allem in der Computersimulation und den von ihr eröffneten experimentellen Möglichkeiten.

---

[319] Mitunter kommt es vor, daß Politiker bestimmte Maßnahmen im Wege eines ‚Modellversuchs' durchführen und sich sowohl bei dessen Anlage als auch bei seiner Durchführung von Wissenschaftlern beraten lassen. In diesem Fall wird ein politischer Akteur als Experimentator tätig, kann aber – ohne deswegen seine eigene Verantwortung aufzugeben – Wissenschaftlern erheblichen Einfluß auf den jeweiligen Modellversuch einräumen. Ist das gegeben, rückt ein Feldversuch durchaus in die Reichweite aktiver experimenteller politikwissenschaftlicher Forschung.

[320] Hierzu siehe 367f.

6. Simulation

Durch die Simulationsmethoden werden politische Prozesse und Strukturen auf verschiedene Weise ‚nachgebildet'. Ihnen liegen stets *Modelle* der interessierenden Prozesse und Strukturen zugrunde, die in der oben beschriebenen Weise erstellt werden.[321] Solche Modelle dienen einesteils dazu, dank der Arbeit des Nachbildens die interessierenden Prozesse und Strukturen besser zu verstehen. Andernteils erlauben sie es, mit den nachgebildeten Prozessen und Strukturen zu experimentieren. Das kann zum einen die Form der Computersimulation, zum anderen die eines ‚Planspiels' annehmen.

Inzwischen vor allem in der Klimaforschung populär, bilden *Computersimulationen* durch mehr oder minder komplizierte Gleichungen das vielschichtige Zusammenwirken vieler Variablen ab; berechnen den Zustand des untersuchten Systems für einen Ausgangszeitpunkt und theoretisch beliebig viele Folgezeitpunkte; modellieren Geschichte dadurch, daß der Systemzustand zu einem bestimmten Zeitpunkt die Ausgangswerte für die Berechnung jedes Systemzustands zu einem Folgezeitpunkt liefert; und erlauben Experimente mit verschiedenen hypothetisch unterstellten ‚geschichtlichen' oder ‚sozialtechnologischen' Möglichkeiten, indem man die Art und die Zusammenhänge der in das Simulationsmodell einbezogenen Variablen variiert. Auf der Grundlage von Simulationsmodellen, welche vergangene Prozesse zutreffend abbilden, kann man im übrigen vertrauenswürdige Prognosen dann erstellen, wenn anzunehmen ist, daß sich die modellierten Zusammenhänge auch im Prognosezeitraum nicht verändern. Computersimulationen geben stets ein gutes Gefühl dafür, wie *kontra-intuitiv* sich komplexe Systeme verhalten können, und haben darum erheblichen ideologiekritischen Wert. Vor allem aber zeigt das häufige Scheitern des Versuchs, selbst bereits *geschehene* Geschichte zutreffend zu simulieren, wie wenig wir oft wirklich über die Erklärungsfaktoren dessen wissen, was wir zwar beschreiben können, deswegen aber noch lange nicht verstehen. Derzeit noch ziemlich abgelegen von den methodischen Hauptwegen politikwissenschaftlicher Forschung, könnten – zumal in Verbindung mit der mathematischen Modellbildung im Bereich des Rational choice-Ansatzes und der neuen ‚positive political theory' – Computersimulationsmodelle in der Zukunft wichtige Durchbrüche bei der vergleichenden Systemanalyse erlauben.

Bei Planspielen werden die interessierenden sozialen und politischen Systeme nicht mathematisch nachgebildet, sondern dadurch, daß man – wiederum auf der Grundlage eines Modells – die Rollen jener Akteure identifiziert, beschreibt und ‚nachspielen' läßt, aus deren Handeln die zu untersuchenden Systeme bestehen. Am besten ist die Methode des Planspiels in der Führungsausbildung von hohen Offizieren sowie für die Simulation der Effekte militärischer Strategien entwickelt, doch auch im Bereich der Lehre und Forschung zu Internationalen Beziehungen durchaus verbreitet. Bei Planspielen müssen sich die Teilnehmer typischerweise auf vorab festgelegte Rollen einlassen, bei der Simulation einer internationalen Krise etwa auf die Rollen von Außenministern und Parteiführern, Diplomaten und konsultierten Experten, Sprechern von NGOs und Journalisten. Zur eingenommenen Rolle gehört vor allem, sich mit den als Rollenträger zu erfüllenden Aufgaben und den einzuhaltenden Regeln vertraut zu machen. Anschließend werden die Teilnehmer am Planspiel – anhand eines ‚Drehbuchs' – vor ein Problem gestellt, das sie – und unter steten Eingriffsmöglichkeiten des ‚Leitungsstabes' des Planspiels – zu lösen haben. Indem die Teilnehmer eines Planspiels routiniert an der Problemlösung arbeiten, zeigen sich rasch die Vorzüge und Probleme der – im Planspiel simulierten – realen Rollenstruktur, ihrer Regeln und eigentümlichen Prozesse, aus denen Verbesserungsmöglichkeiten abgeleitet werden können. Noch häufiger erweisen sich aber die rollenspezifischen Stärken und Schwächen der *Teilnehmer* des Planspiels, weswegen Planspiele vorzüglich – analog zu den Simulatorübungen

---

[321] Siehe hierzu S. 109ff.

bei der Ausbildung von Flugzeugführern – zur Leistungsbewertung, und im Vorfeld dessen zum Training, eingesetzt werden können. Überdies sensibilisiert kaum etwas nachhaltiger für die Handlungsprobleme eines Entscheidungsträgers und die Schwierigkeiten bei der Bearbeitung eines Problems, als mit alledem bei einem Planspiel einmal konfrontiert gewesen zu sein. Das macht Planspiele für die Ausbildung von Politikwissenschaftlern attraktiv. Den größten Nutzen für die Forschung entfalten sie erstens in der Bildung des dem Planspiel zugrunde zu legenden Modells; zweitens durch die gewonnenen Erfahrungen mit der Zweckmäßigkeit der simulierend nachvollzogenen realen Rollenfestlegungen und Verhaltensregeln; und drittens durch die Möglichkeit, sozialpsychologische Studien zum Verhalten von Entscheidungsträgern unter Stressbedingungen durchführen zu können.

III. Die Methoden der Datenanalyse

Welche Methoden der Datenanalyse zu benutzen sind, hängt immer einerseits von der zu beantwortenden Forschungsfrage bzw. dem zu lösenden Problem, andererseits von der Art der erhobenen Daten ab. Schon bei der Wahl der Methoden der Datenerhebung, die ihrerseits von der Forschungsfrage und der untersuchungsleitenden Theorie gesteuert wird, muß man darum Grundentscheidungen über die später anzuwendenden Methoden der Datenanalyse treffen.

Häufig genügt den Zwecken der Datenanalyse schon die alltagspraktische Verwendung der ältesten Form jeglicher Datenanalyse, nämlich der *hermeneutischen Methode*. Auch Historiker und Juristen verwenden sie in jeweils besonderen Ausprägungsformen bei der Analyse der in ihren Disziplinen typischerweise auszwertenden Informationen. Aufgrund der engen Nachbarschaftsbeziehungen zwischen der Politikwissenschaft einerseits und der Geschichts- bzw. Rechtswissenschaft andererseits sollte ein Politikwissenschaftler die Ausprägungen der hermeneutischen Methode als ‚historische Methode' oder ‚juristische Methode' ebenfalls kennen und anzuwenden verstehen. Sobald größere Mengen an zumal ziffernmäßig aufbereiteten Informationen vorliegen, führt an der Benutzung *statistischer Methoden* kein Weg vorbei. Wenn es Texte auszuwerten gilt, können EDV-gestützte Verfahren der Inhaltsanalyse äußerst nützlich sein.

1. Die hermeneutische Methode

Die ‚hermeneutische[322] Methode', die – in Europa nicht zuletzt zur Auslegung der Bibel entwickelte – *ars interpretandi*[323], ist ein schon alltagspraktisch von jedermann genutztes Verfahren, um den in Sachverhalten aller Art geborgenen Sinn ausfindig zu machen. In der Geschichte zumal der deutschen Geistes- und Sozialwissenschaften wurde anhand des Leitbegriffs der Hermeneutik überdies eine allgemeine Klärung der für Wissenschaft wie Alltagsleben konstitutiven Verstehensprozesse versucht, wodurch Klärungen der hermeneutischen Methode zu Reflexionen der Grundlagen sowohl von (Sozial-)Wissenschaft als auch von sozialer Wirklichkeit wurden. Für den hier verfolgten Zweck reicht die doppelte Feststellung, daß einesteils die *Grundlage* aller Sozialwissenschaft im Sinnverstehen und in praktizierter Hermeneutik besteht, und daß andernteils hermeneutisches Vorgehen *aller* Erarbeitung von Forschungsfragen, *aller* Theoriebildung, Datenerhebung, Datenanalyse und Ergebnisinterpretation zugrunde liegt.

Auf die Grundzüge vereinfacht, läßt sich die Anwendung der hermeneutischen Methode so umreißen:

- Es geht stets darum, irgendeinen Sachverhalt (z.B. eine Aussage, eine Handlung, eine Person, eine Institution, eine Situation, ein Motiv, einen Wert, einen Text,[324] ein Bild,[325] ein Bauwerk, eine Reihe statistischer Maßzahlen usw.) zu verstehen, also: den darin geborgenen – doch natürlich auch veränderlichen – Informations- und Sinngehalt ausfindig zu machen und ganz persönlich nachzuvollziehen. Im Kern gilt es, den zu verstehenden Sachverhalt als Teil eines Ganzen aufzufassen, als ‚Dokument'[326] eines größeren Zusammenhangs, des letz-

[322] Von griech. ‚hermeneúein', d.h. auslegen, erklären.
[323] Lateinisch; auf deutsch: ‚Kunst des Interpretierens'.
[324] Speziell zur Textanalyse siehe Mohr 1995: 181-225.
[325] Hierzu siehe Panofsky 1994.
[326] Von lat. ‚documéntum', d.h. Beispiel.

teren ‚Gestalt' man teils schon kennt, teils eben durch das Bemühen um die angemessene Verortung des zu verstehenden Sachverhalts in einem größeren Ganzen besser kennenlernen will.

- An den zu verstehenden Sachverhalt tritt der Interpret mit seinem jeweils gegebenen Wissensbestand (‚Vorverständnis') und unter Mobilisierung allen verfügbaren Kontextwissens heran. Dieses Vorverständnis betrifft sowohl den *Gegenstand* des Verstehensversuchs (etwa eine Handlung oder ein Bild) als auch jenen größeren kulturellen, sozialen, wirtschaftlichen oder politischen *Zusammenhang*, in den dieser Gegenstand eingebettet ist und in dessen Rahmen er folglich verstanden werden muß. Bei der *Inhaltsanalyse* – und entsprechend bei den anderen Methoden der Datenerhebung – gehört zum Vorverständnis außerdem jene Beobachtungstheorie, welche in intra- wie inter-reliabler Weise für eine valide Zuordnung von (inhalts-)analytischen Kategorien und beispielsweise Textpassagen oder getätigten Beobachtungen sorgt. Bei der *Datenanalyse* nimmt solches Bemühen um Verstehen die Form an, daß man anhand seines Vorwissens sowie mittels der forschungsleitenden Theorie(n) versucht, den gesammelten Informationen jene Einsichten abzugewinnen, die man zur Beantwortung seiner Forschungsfrage braucht. Beim *Verstehen menschlicher Äußerungen und Handlungen* schlechthin nimmt dies die Form an, daß man den Sinn, der Äußerungen und Handlungen zugrunde liegen mag, durch Nachvollziehen der in diese Äußerungen und Handlungen investierten Sinndeutungen und Empfindungen sich selbst klarzumachen versucht (‚Empathie').[327] Doch der um ein Verstehen bemühte Forscher ist keineswegs darauf beschränkt, den zu verstehenden Sachverhalt *allein* mit jenen Deutungsweisen zu erschließen, anhand welcher *dieser sich selbst* interpretiert. Beispielsweise wird man durchaus auch versuchen, sozusagen ‚hinter dem Rücken' eines Menschen zu verstehen, warum dieser in einer bestimmten Weise handelt, und dabei wird man sich nicht einfach auf dessen eigene Selbstdeutung *festlegen* lassen, obschon man sie natürlich als *eine* wichtige Informationsquelle in den eigenen Verstehensprozeß einbezieht. Dergestalt erhält man jene Differenz zwischen dem verstehenden Analytiker und dem zu verstehenden Sachverhalt aufrecht, welche die Emanzipation von des letzteren ‚Eigen-Sinn' überhaupt erst erlaubt. Aus all dem wird klar, daß Verstehen der Königsweg *jeder* Analyse von kulturellen Phänomenen und sozialen Strukturen ist. Darum stimmt die Behauptung, die hermeneutische Methode sei für geistes- wie sozialwissenschaftliche Forschung zentral.

- Im Licht des Vorverständnisses läßt sich gegebenenfalls der Sinn des vorliegenden Sachverhalts oder die ‚zentrale Aussage' der erhobenen Informationen bereits ausfindig machen oder wenigstens schon besser verstehen als zuvor. Vielleicht gewinnt man auch neue Erkenntnisse über jenes ‚Ganze', dessen Teil der zu verstehende Gegenstand ist.

- Doch oft läßt sich dieses Ziel beim ersten Zugriff noch nicht erreichen. Dann reichte offenbar das herangetragene Vorverständnis nicht aus, ‚Teil' und ‚Ganzes' – z.B. Daten und forschungsleitende Theorie(n) – aufeinander zu beziehen. Aufgrund eines solchen Mißerfolgs wird indessen deutlich, wo nun seinerseits das Vorverständnis ergänzt, korrigiert oder verbessert werden muß, bzw. wo es sich bewährt hat. Je nach Sachlage wird man daraufhin zusätzliche Informationen zur Verbesserung seines Vorverständnisses einholen. Diese Informationen können durch ergänzende Lektüre, durch weitere Datenerhebung, durch erneute

[327] Solche Introspektion (von lat. ‚introspícere', d.h. in etwas hineinblicken) gelingt wohl vor allem darum recht gut, weil Menschen – die ja bereits mit Schimpansen zu 98% genetisch identisch sind! – einander so sehr gleichen, daß in ihnen weitgehend die gleiche Prozesse des Sinndeutens und Fühlens ablaufen. Deshalb hat man eine gute Chance, in sich ein Echo der Sinndeutungen und Gefühle eines anderen zu spüren, sobald man die nötigen Informationen über die Umstände von dessen Sinndeutungen und Empfindungen besitzt und sodann von ihnen die eigenen Sinndeutungen und Gefühle prägen läßt.

Durchsicht der gesammelten Daten, durch Gespräche mit Kollegen oder durch kreative Umorganisation des Vorwissens gewonnen werden.

- Mit dem solchermaßen verbesserten Vorverständnis tritt man erneut an den zu verstehenden Sachverhalt bzw. an die erhobenen Daten heran und versucht, jetzt endlich an sein Verstehensziel zu gelangen.
- Zwar ist man nun *scheinbar* soweit wie zuvor und hat nur ‚einen Kreis ausgeschritten', weswegen man mitunter vom ‚hermeneutischen Zirkel' spricht. Da man aber beim zweiten Arbeitsschritt *Neues* hinzugelernt hat und nun auf der Grundlage eines *verbesserten* Vorverständnisses einen Deutungsversuch unternimmt, liegt gerade kein ‚Zirkelprozeß' vor, sondern vielmehr eine Art ‚Schraubvorgang', bei dem man in das zu Deutende, in den zu verstehenden Gegenstand immer tiefer eindringt.

Die genannten Arbeitsschritte wiederholend, wird dieser Prozeß solange fortgesetzt, bis eine für den praktischen Forschungszweck ausreichende Deutung des fraglichen Sachverhalts bzw. der vorliegenden Daten gelungen ist, also so lange, bis man den zu verstehenden Sachverhalt als Teil oder Unterfall eines nun erfaßten *Gesamt*zusammenhanges erkennt. Dabei verschmelzen ein Stück weit der Sinngehalt des zu verstehenden Objekts und die deutend herangetragenen Wissensbestände des um ein Verstehen bemühten Forschers. Darum kommt es immer wieder vor, daß man einen Sachverhalt ‚überinterpretiert', ihm also mehr oder gar anderen Sinn ‚abgewinnt', als von dessen Urheber in ihn hineingelegt wurde, oder den zu verstehenden Gegenstand gar in Sinnhorizonte stellt, in die er sich zwar fügt, die ihm vor dieser Deutungsleistung des Interpreten aber durchaus fremd waren. Es lassen sich leider keine allgemeinen Kriterien dafür angeben, in welchem Ausmaß das zu verstehende Objekt oder das interpretierende Subjekt den schließlich festgestellten Sinn prägt. Ebensowenig gibt es verläßliche Anzeichen dafür, ab wann eine Sinndeutung einen zu verstehenden Sachverhalt wider seinen Sinngehalt interpretiert oder mit ihm nur spielt. Außerdem ist oft schwer zu entscheiden, ob sich im Lauf der Zeit ein zu verstehender Sachverhalt selbst (etwa die Leitidee einer Institution) oder allein dessen Interpretation geändert hat. Allein der redliche Versuch, Aussagen so zu formulieren, daß es Chancen gibt, deren Übereinstimmung mit ihren Referenten zu überprüfen, sowie wachsame Kontrolle und offene Kritik von Kollegen können verhindern, daß man durch immer feinsinnigere Auslegungsschritte zu Luftschlössern gelangt. Somit ist die hermeneutische Methode zwar die grundlegende Methode der Daten*analyse*; doch die mit ihr erzielten Ergebnisse sind ihrerseits – wie alle Forschungsergebnisse – als (mehr oder minder bekräftigte oder bestätigte) *Hypothesen* zu behandeln, die im Anschluß an weitere Daten*erhebung* in Frage gestellt und verändert werden können.

Unabhängig von solchen Problemen kann bei der Benutzung der hermeneutischen Methode der bewußte Einsatz der folgenden, miteinander kombinierbaren *Interpretationsverfahren* hilfreich sein:[328]

- *‚Let it pass' – Verfahren:* Man läßt einzelne unverstandene Sachverhalte einstweilen auf sich beruhen und hofft, daß Fortschritte beim Verständnis *anderer* Sachverhalte es schon noch erlauben werden, jene ‚Gesamtgestalt' des interessierenden Gegenstandsbereichs zu erkennen, die möglicherweise später zur Klärung der einstweilen noch unverstandenen Einzelbefunde beitragen kann.
- *‚Filling in' – Verfahren:* Man unterstellt, daß auch sinnlos Anmutendes klaren Informationsgehalt und Sinn berge, der nur noch nicht erschlossen sei. Um jenen Informations- und Sinngehalt herauszufinden, trägt man hypothetisch-experimentierend nacheinander vielerlei für nützlich gehaltenen Theorien, Vermutungen, Wissensbestände, Kontexte usw. an den zu ver-

328 Die folgenden Interpretationsverfahren wurden von der Ethnomethodologie als ein Teil der allem Sinndeuten zugrunde liegenden *formalen Praktiken des Verstehens* herausgearbeitet; siehe Patzelt 1987: 83-88.

stehenden Sachverhalt heran. Die jeweils sich ergebenden Deutungsmöglichkeiten hält man fest und prüft sodann, ob sie sich mit den Deutungen anderer Sachverhalte im zu verstehenden Gegenstandsbereich vertragen und insgesamt zu einer halbwegs klaren, plausiblen ‚Gestalt' verbinden.

- *‚Unless' – Annahme:* Wenn man von einer gegebenen Interpretation zwar nicht voll überzeugt ist, doch über keine schlüssigere Deutung als jener verfügt, legt man den weiteren hermeneutischen Bemühungen ‚bis auf weiteres' jene Interpretation zugrunde, benutzt sie also zusagen als Arbeitshypothese. Erst wenn diese Interpretation im Licht weiterer Deutungen unschlüssig wird, gibt man sie auf.
- *Retrospektiv-prospektive Interpretation:* Man geht davon aus, daß durchaus nicht alles zu Verstehende auf Anhieb klar wird. Außerdem stellt man in Rechnung, daß längst verstanden Geglaubtes im Licht neuer Befunde wird uminterpretiert werden müssen. Folglich erwartet man ohnehin keinen ‚abgeschlossenen' Deutungsprozeß, sondern steuert ihn vielmehr gar so, daß möglichst viele künftige Kenntnisse noch interpretationsprägend eingearbeitet werden können.
- *Verwendung von ‚Normalformen' als Interpretationsschablonen:* Auf Gebieten, in denen man Kompetenz besitzt, erwartet man entweder aufgrund von Alltagswissen oder anhand wissenschaftlicher Kenntnisse, daß die auftretenden Sachverhalte bestimmte ‚Normalformen' aufweisen sollten. ‚Normalform' meint dabei, daß die vorkommenden Dinge in gewisser Weise typisch, mit bestimmter Wahrscheinlichkeit zu beobachten und mit anderen Sachverhalten vergleichbar sind, in einem Geflecht halbwegs nachvollziehbarer Kausalzusammenhänge auftreten, auch selbst bestimmte Wirkungen haben sowie gemäß einer identifizierbaren natürlichen oder moralischen Ordnung als ‚notwendig' aufgefaßt werden können. Indem man an einen zu verstehenden Sachverhalt in der Erwartung herantritt, er sei in dieser sechsfachen Hinsicht ‚normal', erleichtert man sich die Aufgabe, die ihn verständlich machenden Wissensbestände, Kontexte und Interpretationsmöglichkeiten aufzufinden, nämlich anhand jener sechs Indikatoren für ‚Normalität'.
- *Deutung von Normalitätsabweichungen als Information:* Wenn es einerseits gelingt, die für einen bestimmten Gegenstandsbereich zu erwartenden ‚Normalformen' von Sachverhalten zu identifizieren, andererseits aber der zu verstehende Sachverhalt klar von solchen Normalformen abweicht, kann der Schlüssel zum Verständnis in eben der *Abweichung* von der Normalform gesucht werden: die Abweichung birgt dann den zu erschließenden Sinn.

Hermeneutische Arbeit kommt *nie* an ein definitives und nicht mehr zu überschreitendes Ende, denn jedes ‚Ganze', das zum Verständnis des zu interpretierenden ‚Teils' diente, kann stets seinerseits daraufhin befragt werden, welcher ‚Gesamtgestalt' Teil es sei. Verstehen kann man darum nie etwas *abgelöst* von dem erkenntnisleitenden Interesse, mit dem man an den zu deutenden Sachverhalt herantritt (derlei würde bezeichnet als ‚absolutes Verstehen'), sondern höchstens *ausreichend für einen praktischen Zweck*. Dabei ist es stets der *Interpret*, der den ‚hermeneutischen Schraubvorgang' eben dann abbricht, wenn er meint, mit seinem Verstehen weit genug gekommen zu sein. Diese Entscheidung wiederum kann jederzeit widerrufen werden, und sie kann sich angesichts neuer Einsichten oder veränderter erkenntnisleitender Interessen immer wieder als verfrüht erweisen. Ein halbwegs klares Kriterium für den angemessenen Zeitpunkt, einen Verstehensprozeß zu beenden, kann darum allein die *Forschungsfrage* liefern: Sobald man sie in einer für sich selbst wie für seine Kommunikationspartner praktisch zufriedenstellenden Weise beantworten kann, wurde offenbar ein ausreichendes Verständnis des Untersuchungsgegenstandes erzielt.

2. Die historische Methode

Die historische Methode wird angewandt, um durch Auswertung von ‚Quellen' Aussagen über der Vergangenheit angehörende Sachverhalte – über ‚vergangene Wirklichkeit' – zu erarbeiten. Quellen, die in der Absicht erzeugt wurden, der Nachwelt Kenntnis von Geschehenem zu geben, werden oft *Traditionen*[329] genannt, während alle anderen Quellen als *Überreste* bezeichnet werden. Im einzelnen lassen sich Quellen gliedern in ...

- überlieferte *Texte*, die sich als schriftliche Quellen weiter unterteilen lassen nach Typen wie Akten, Urkunden, Briefen, publizistischen Texten, Dichtungen, Werken der Geschichtsschreibung usw.;
- überlieferte *Gegenstände* aller Art wie Gebrauchsgüter, Werkzeuge, Bauten, Siedlungen, Kunstwerke usw.;
- überlieferte *Sachverhalte* bzw. *Zustände* wie Institutionen und Sprachen, die immer noch bestehen bzw. gesprochen werden und folglich Merkmale der Vergangenheit in der Gegenwart faßbar machen.

Alle diese Quellen werden innerhalb der sozialwissenschaftlichen Methodenlehre ‚Dokumente' genannt, was die zutreffende Einsicht nahelegt, die historische Methode sei *eine* der *vielen* politikwissenschaftlichen Forschungsmethoden. Ein Politikwissenschaftler benutzt zwar meist nur die *Ergebnisse* der geschichtswissenschaftlichen Forschung, indem er einschlägige Veröffentlichungen sekundäranalytisch auswertet.[330] In bestimmten Fällen kann es aber nötig sein, daß er selbst das methodische Handwerkszeug eines Historikers verwendet. Es besteht vor allem aus einer Reihe von im einzelnen sehr detaillierten Regeln, die – je nach Art der auszuwertenden Dokumente – zu befolgen sind, wenn anhand von Quellen empirisch wahre Aussagen über vergangene Wirklichkeit formuliert werden sollen.

Im Grunde läßt sich die Benutzung der – seit dem 17. Jahrhundert entwickelten und in der zweiten Hälfte des 19. Jahrhunderts von etwa J.G. Droysen und E. Bernheim ‚kanonisierten' – historischen Methode in drei Arbeitsschritte gliedern:

- *Quellenanalyse*: Es ist festzustellen, welche Dokumente für die interessierenden Sachverhalte vergangener Wirklichkeit verfügbar und für den Forschungszweck heranzuziehen sind. Gegebenenfalls sind neue Quellen zu erschließen. Offenbar entspricht die Quellenanalyse dem, was Sozialwissenschaftler in Form von Überlegungen darüber unternehmen, welche Stichprobe aus welcher Grundgesamtheit zu ziehen ist.[331]
- *Quellenkritik*: Es ist festzustellen, was eine gegebene Quelle tatsächlich an Informationen über die interessierenden Sachverhalte beinhaltet und welche Verzerrungen in sie eingegangen sein mögen. Besonders für schriftliche Quellen ist Quellenkritik wichtig. Ihre Schlüsselfragen lauten: Liegt überhaupt ein authentischer Text vor? Was konnte der Urheber der Quelle wissen? Was wollte er darstellen, was verschweigen? Welche Werturteile oder Entstellungen prägen seinen Bericht? Antworten auf diese Fragen geben Hinweise darauf, worin und wie weit den Aussagen einer Quelle zu trauen ist. In sozialwissenschaftlicher Sprache ausgedrückt, geht es bei der Quellenkritik um die Prüfung der Validität und Repräsentativität des verfügbaren Datenmaterials.
- *Quelleninterpretation*: Die durch Quellenanalyse erschlossenen und durch Quellenkritik geklärten Informationen sind zu deuten und zur Beantwortung der Forschungsfrage heranzuzie-

[329] Von lat. ‚trádere', d.h. übergeben, überliefern.

[330] Zum Verhältnis zwischen Politik- und Geschichtswissenschaft siehe etwa Jensen 1969 und Mommsen 1962.

[331] Hierzu siehe unten S. 172ff.

hen. Wertet man Textquellen aus, so nimmt das die Form der – meist qualitativen – Inhaltsanalyse an. Dabei kann sich das Problem stellen, erst einmal eine Brücke zwischen den zeitgenössischen Begriffen des Forschers und den Begriffen der Quelle schlagen zu müssen. Insgesamt vollzieht sich die Quelleninterpretation als *Benutzung der hermeneutischen Methode*. Je nach Art der Fragestellung und der Quellen können – im Vorfeld der eigentlichen Quelleninterpretation – überdies Spezialmethoden der Datenanalyse bis hin zum Einsatz statistischer Methoden nützlich sein.

3. Die juristische Methode

Die juristische Methode wird dann angewandt, wenn es – oft im Anschluß an Befragungen (,Ermittlungen', ,Beweisaufnahme') – durch Analyse geeigneter Dokumente eine *Rechtslage* zu klären gilt. Die Anwendungsschritte der juristischen Methode lassen sich so zusammenfassen:

- Der in seiner rechtlichen Bedeutung zu klärende Sachverhalt wird auf jene Rechtsquellen bezogen, mittels welcher er interpretiert und gewürdigt werden kann (,juristische Ortsbestimmung'). Zu solchen Rechtsquellen gehören Verwaltungsanweisungen und Rechtsverordnungen, (Verfassungs-)Gesetze und internationale Verträge, sowie – die genannten Rechtsnormen ergänzend – die (ständige) Rechtsprechung hoher Gerichte und die herrschende Meinung unter (führenden) Juristen. Im Verlauf der ,juristischen Ortsbesimmung' ist der in seiner rechtlichen Bedeutung zu klärende Sachverhalt präzis in der ,Hierarchie der Rechtsnormen' zu verorten, wobei im Einzelfall durchaus strittig sein kann, welche Rechtsnormen (auch Gerichtsurteile?) oder welches Recht überhaupt (deutsches oder US-amerikanisches Recht?) herangezogen werden darf. ,Hierarchie der Rechtsnomen' meint im Fall des deutschen Rechts beispielsweise, daß Verwaltungsanweisungen im Zusammenhang mit Rechtsverordnungen, diese im Rahmen von Gesetzen, letztere aber im Kontext von Verfassungsbestimmungen zur ,juristischen Ortsbestimmung' herangezogen werden müssen.
- Ist diese ,juristische Ortsbestimmung' vollzogen, so sind die einschlägigen Rechtsnormen (etwa Verfassungsbestimmungen, Gesetze, Rechtsverordnungen, Verträge ...) daraufhin zu prüfen, was sie über die angemessene rechtliche Interpretation des fraglichen Sachverhalts aussagen. Dafür gibt es eine Reihe von Auslegungsgesichtspunkten, die von den folgenden Fragen erschlossen werden: Was besagt die heranzuziehende Rechtsnorm wörtlich (,*grammatische* Interpretation')? Was besagt sie über den fraglichen Sachverhalt im Zusammenhang jener anderen Rechtsnormen, in deren Kontext und Hierarchie sie steht (,*systematische* Interpretation')? Was besagt sie, wenn man sie von den Zusammenhängen ihrer Entstehung her verstehen will (,*historische* Interpretation')? Und was besagt sie hinsichtlich jener Absicht, welche normsetzende Institution (etwa die Vertragsparteien eines internationalen Abkommens, ein Parlament oder ein Präsident im Rahmen seiner Befugnis, Dekrete zu erlassen) mit dieser Norm verband (,*teleologische*[332] Interpretation')?
- Sodann wird der jeweils gegebene Stand einer als ,normal' angesehenen Interpretation und Benutzung der fraglichen Rechtsnorm geklärt. Zu diesem Zweck sind folgende Fragen zu beantworten: Was ist die gängige Rechtsprechung? Welche unterschiedlichen Akzente gibt es in ihr? Welche Meinungen werden hierzu in der Rechtswissenschaft vertreten? Gibt es eine ,herrschende Meinung'? Was ist vom gegenwärtigen Interpretations- und Benutzungsstand der Rechtsnorm zu halten? Welche Probleme sind dabei vorhanden, die möglicherweise gerade am nun anstehenden Fall offenzulegen und zu lösen sind?

---

332 Von griech. ,télos', d.h. Ziel, Zweck.

– Aufgrund derartiger Auslegungsarbeit[333] wird die rechtliche Würdigung des fraglichen Sachverhalts vorgenommen. Sie mündet in den Entschluß, eine bestimmte Rechtsmeinung zu vertreten. In diesen Entschluß gehen meist auch Erwägungen darüber ein, welche Folgen die Anerkennung und praktische Benutzung einer bestimmten juristischen Meinung wohl zeitigte und ob diese Folgen unter übergreifenden Gesichtspunkten wohl wünschenswert wären (‚Opportunitätsprinzip').

Die juristische Methode ist für den Politikwissenschaftler zwar nicht deswegen wichtig, weil er selbst Rechtsmeinungen erarbeiten müßte; hier entlastet so gut wie immer die Arbeitsteilung mit der Staats- und Völkerrechtslehre. Doch einesteils muß er deren Argumentationen nachvollziehen und würdigen können, wofür die Kenntnis der juristische Methode unabdingbar ist. Anderntteils erleichtert eine gewisse Übung in ihrer Verwendung die praktische Aufgabe, aufgrund politikwissenschaftlicher Kompetenz zu aktuellen Streitigkeiten mit rechtlichen Komponenten Stellung zu nehmen.

4. Statistische Methoden[334]

a. Der Zweck statistischer Methoden

Statistische Methoden erfüllen zwei Aufgaben: Sie erlauben es, erhobene Informationen in zweckdienlicher Weise *aufzubereiten*, und sie ermöglichen *Verallgemeinerungen*. Die erste Aufgabe wird von der *beschreibenden* (‚deskriptiven') Statistik erfüllt, die zweite Aufgabe von der *schließenden* Statistik (‚Inferenzstatistik').[335]

Die *beschreibende* Statistik ermöglicht es, die in den erhobenen Daten enthaltenen Informationen so sehr und in einer Weise zu verdichten, daß die Forschungsfragen klar beantwortet werden können. *Beispiel:* Man hat bei einer Bevölkerungsumfrage von 2000 Bürgern Informationen über ihre politischen Einstellungen und Wertvorstellungen, über ihre Wahlabsichten und über ihre Lebensumstände erlangt. Nun will man beispielsweise wissen: Wie hängen Lebensumstände und politische Einstellungen zusammen? Gibt es ein den erhobenen Wertvorstellungen zugrunde liegendes ‚Muster' grundsätzlicher Wertvorstellungen? Wie wirken Einstellungen, Wertvorstellungen und Lebensumstände mit den Wahlabsichten zusammen? Offensichtlich bedarf es besonderer Verfahren, die erhobenen Daten in zur Beantwortung solcher Fragen geeigneter Weise zusammenzustellen und ihren diesbezüglichen Informationsgehalt zum Ausdruck zu bringen.

Die *schließende* Statistik gestattet es, von jenen – beispielsweise – Texten, Personen oder Situationen, die man tatsächlich untersucht hat (‚Stichprobe', bestehend aus ‚Untersuchungseinheiten'), auf jene Gesamtmenge von Texten, Personen oder Situationen zu schließen, auf welche sich die zu erarbeitenden Aussagen tatsächlich beziehen sollen (‚Grundgesamtheit'). Untersucht man *alle* Elemente einer Grundgesamtheit, führt man also eine ‚Totalerhebung' durch, so reicht die Verwendung von Methoden der beschreibenden Statistik aus, um seine Forschungsfragen zu beantworten. Oft aber ist es unmöglich, unvorteilhaft oder unnötig, eine To-

---

333 Hier zeigt sich, daß die juristische Methode nur eine besondere Ausprägungsform der hermeneutischen Methode ist.

334 Streng genommen müßte man von statistischen *Modellen* sprechen, da jeglicher Anwendung von Statistik eine Modellbildung zugrunde liegt, wie sie auf S. 109ff erörtert wurde (siehe auch Kriz 1975: 13-17). Um aber in diesem einführenden Text keine Verwirrung zu stiften, wird hier im Zusammenhang der Darstellung von Methoden der Datenanalyse dennoch der – ohnehin nicht ungebräuchliche – Begriff ‚statistische Methoden' benutzt. Einführend zur Statistik siehe Kennedy 1985, Kriz 1975 und Patzelt 1985. Vorzügliche Einführungen in die einzelnen statistischen Modelle bieten auch die Handbücher zu SPSS (STATISTICAL PACKAGE FOR THE SOCIAL SCIENCES).

335 Von lat. ‚inférre', d.h. etwas hineintragen.

talerhebung durchzuführen. *Unmöglich* sind Totalerhebungen z.B. bei der Qualitätskontrolle von Produkten: Will man etwa die mittlere Brenndauer jener Glühbirnen feststellen, die ein Betrieb herstellt, so ist es natürlich wenig sinnvoll, die produzierten Glühbirnen – statt sie zu verkaufen – solange brennen zu lassen, bis sie erlöschen, um sodann deren mittlere Brenndauer zu berechnen. Vielmehr wird man nur an einer *Auswahl* der produzierten Glühbirnen immer wieder die mittlere Brenndauer *vermutlich aller* produzierter Glühbirnen feststellen. *Unvorteilhaft* sind Totalerhebungen etwa dann, wenn der mit ihnen verbundene Aufwand untragbar ist oder zu ergebnisverzerrenden Fehlern führen mag, die ja nicht selten aus Überforderung und aus damit verbundener Nachlässigkeit entstehen. Offenkundig wäre es für alle Beteiligten ziemlich unvorteilhaft, die Wahlabsichten der Deutschen jährlich durch Befragung aller Wahlberechtigten festzustellen. Vor allem aber sind Totalerhebungen sehr oft *unnötig*, weil an *bestimmten Arten* von Stichproben gewonnene Ergebnisse ebensogut über die Beschaffenheit der Grundgesamtheit informieren, wie dies eine Totalerhebung zu leisten vermöchte. Auf drei Beispiele sei verwiesen:

- Man will wissen, wie ZEIT, FAZ, TAZ und Süddeutsche Zeitung in den 80er Jahren die DDR dargestellt haben. Da es aus praktischen Gründen unvorteilhaft wäre, alle Zeitungen dieses Zeitraums einer Inhaltsanalyse zu unterziehen, wird man eine – für die Anwendung der Methoden schließender Statistik geeignete[336] – Stichprobe dieser Grundgesamtheit untersuchen und von den an der Stichprobe gewonnenen Ergebnissen auf die gesamte DDR-Berichterstattung dieser Zeitungen schließen.
- Man will am Wahlabend schon kurze Zeit nach Beginn der Auszählung wissen, welche Anteile der abgegebenen Stimmen auf die einzelnen Parteien entfallen sind. Zu diesem Zeitpunkt ist die Auszählung natürlich noch nicht abgeschlossen. Folglich zieht man aus der Grundgesamtheit aller Wahllokale eine – für die Anwendung der Methoden schließender Statistik geeignete – Stichprobe von Wahllokalen, sorgt dort für eine möglichst rasche Auszählung und schließt von dieser Stichprobe *tatsächlich* ausgezählter Stimmbezirke auf die Stimmabgabe *aller* Wahlbeteiligten.[337] Unter dem Begriff der ,Hochrechnung'[338] ist diese Anwendungsweise schließender Statistik seit langem populär geworden.
- Man will wissen, auf welche Weise Abgeordnete im Rahmen ihrer Wahlkreisarbeit mit der Bevölkerung Kontakt zu halten versuchen. Natürlich kann man nicht alle Abgeordneten während ihrer gesamten Wahlkreisarbeit beobachten. Folglich zieht man eine Stichprobe einerseits von Abgeordneten, andererseits von mit Wahlkreisarbeit verbrachten Tagen. Während dieser ausgewählten Tage führt man dann die Beobachtung der ausgewählten Abgeordneten durch und verallgemeinert dann die Ergebnisse auf ,die'Wahlkreisarbeit ,der' Abgeordneten.

---

336 Hierzu siehe unten S. 183ff.

337 Offensichtlich liegt hier keine ,Prognose' des Wahlergebnisses im auf S. 121ff erläuterten Sinn vor, auch wenn alltagssprachlich dieser Begriff oft gebraucht wird. Es wurden ja alle Stimmen schon *abgegeben*, wenn von der Stichprobe der ausgewählten Stimmbezirke auf die Grundgesamtheit aller Stimmen verallgemeinert wird. Prognosen sind hingegen die Vorhersagen des Wahlergebnisses auf der Grundlage von Umfragen *vor* der Stimmabgabe. Ein Sonderfall sind jene ,Prognosen', die in Deutschland meist sofort nach Schließung der Wahllokale abgegeben werden. Sie beruhen auf Befragungen von Wählern *nach* ihrer Stimmabgabe. Hier liegen der ,Prognose' nämlich – mehr oder minder verläßliche – Auskünfte über schon vollzogene Handlungen zugrunde. Unbeschadet aller Detailprobleme ist festzustellen, daß die – so gut wie immer ziemlich richtigen – ,Wahlprognosen' und ,Hochrechnungen' am Wahlabend der immer wieder erbrachte empirische Beweis dafür sind, daß die schließende Statistik wirklich ,funktioniert'.

338 Gemeint ist damit nicht eine besonders ,hohe Mathematik', die für die Berechnungen verwendet wird, sondern ganz alltagssprachlich, daß von Teilen ,auf das Ganze hoch' gerechnet wird.

b. Zufallsstichproben als Voraussetzung für die Benutzung schließender Statistik

Die schließende Statistik ermöglicht zutreffende Schlüsse von Stichproben auf Grundgesamtheiten allerdings *nur* dann, wenn die untersuchte Stichprobe auf folgende Weise zusammengestellt wurde: *Jedes zu untersuchende Element der Grundgesamtheit mußte die gleiche Chance haben, in die Stichprobe zu gelangen, und nur der Zufall entschied, welche Elemente tatsächlich ausgewählt wurden.*[339] Auf diese Weise zusammengestellte Stichproben heißen ‚Zufallsstichproben' (engl.: ‚random sample'). Allein sie sind in mathematisch begründeter Weise ‚repräsentative[340] Stichproben', d.h. *nachweislich* ‚verkleinerte Abbilder der Grundgesamtheit'. Dank mathematischer Modelle, die auf der Wahrscheinlichkeitstheorie und auf zutreffenden Annahmen über die im konkreten Fall vorliegende Wahrscheinlichkeitsverteilung beruhen,[341] können von Zufallsstichproben solche Schlüsse auf die Grundgesamtheit gezogen werden, von denen man genau angeben kann, *mit welcher Wahrscheinlichkeit sie empirisch wahr sind.*

Eine Zufallsstichprobe zu ziehen, ist in der Praxis nicht ganz einfach. ‚Zufällig auswählen' heißt nämlich gerade nicht, daß man *willkürlich* oder aufs Geratewohl auswählt. Vielmehr muß unbedingt, und in der Regel mit erheblichem Aufwand, *sichergestellt* werden, daß wirklich *jedes* Element der Grundgesamtheit die *gleiche* Chance hat, untersucht zu werden, so daß wirklich *nur* der Zufall entscheidet, welche Elemente letztlich ausgewählt werden. Was demgegenüber der ‚gesunde Menschenverstand' als eine ‚Zufallsstichprobe' zu bezeichnen pflegt, etwa auf der Straße nach freiem Ermessen angesprochene Passanten, ist somit durchaus *keine* Zufallsstichprobe, sondern eine ‚unsystematische willkürliche Auswahl'. Auf korrekte Weise zieht man echte Zufallsstichproben statt dessen in einer der folgenden Weisen:

- Wenn es eine vollständige Liste der Elemente der Grundgesamtheit gibt (z.B. eine Liste aller Stimmbezirke einer Landtagswahl oder aller Ausgaben von ZEIT, FAZ und TAZ im Zeitraum 1980-1990), so kann man eine ‚systematische Zufallsauswahl' durchführen. Man stellt hierzu den Umfang der Grundgesamtheit fest (z.B.: 2000 Stimmbezirke, also N=2000[342]), legt den Stichprobenumfang fest[343] (z.B.: n=200) und wählt dann – wenigstens in diesem Beispiel – jeden zehnten aufgelisteten Stimmbezirk aus. Eine Alternative zur systematischen Zufallsauswahl ist die Auswahl anhand von ‚Zufallszahlen'. Diese sind zufällig aneinandergereihte Zahlen, wie sie in vielen Statistikbüchern abgedruckt sind oder von Statistikprogrammen erzeugt werden. Ist die Liste der Grundgesamtheit durchnumeriert, so braucht man, um eine Zufallsstichprobe zu ziehen, nur jene Elemente auszuwählen, welche die auf einer Liste von Zufallszahlen angegebenen Nummern tragen.
- Oft ist es nötig, eine ‚mehrstufige Zufallsauswahl' durchzuführen. Will man beispielsweise die politischen Informationsquellen sächsischer Schüler durch die Befragung einer Zufallsstichprobe von Schülern feststellen, so scheint dies zunächst daran zu scheitern, daß eine Liste aller sächsischen Schüler nicht erhältlich ist. Es läßt sich jedoch eine Liste aller sächsischen Schulen beschaffen. Anhand dieser Liste kann man in der ersten Stufe des Auswahlvorganges eine (systematische) Zufallsstichprobe von Schulen ziehen. Für jede ausgewählte Schule ist wiederum eine Liste ihrer Klassen verfügbar, aus welcher man folglich – auf der zweiten Stufe des Auswahlverfahrens – eine Zufallsstichprobe ziehen kann. Auf einer

339 Das Kriterium der *Zufälligkeit* der Auswahl ist deshalb nötig, weil jene mathematischen Modelle, die einen mit angebbarer Wahrscheinlichkeit zutreffenden Schluß von der Stichprobe auf die Grundgesamtheit ermöglichen, genau auf der *Prämisse* aufgebaut sind, die Elemente der Stichprobe seien rein zufällig ausgewählt worden. Für den Fall, daß dies nicht gegeben ist, stehen *keine* mathematischen Modelle zur Verfügung, die eine Verallgemeinerung erlaubten.

340 Von lat. ‚repraesentáre', d.h. etwas gegenwärtig machen.

341 Als erste Hinführung zu dieser Thematik siehe die Beiträge von Jürgen Kriz in Nohlen 1994ff, Bd. 2, S. 535-540.

342 Umfänge von Grundgesamtheiten bezeichnet man mit ‚N', solche von Stichproben mit ‚n'. Vgl. Anm. 346.

343 Zu den hierfür maßgeblichen Gesichtspunkten siehe unten.

dritten Stufe läßt sich sodann aus den Schülerlisten pro Klasse eine Zufallsstichprobe der tatsächlich zu befragenden Schüler ziehen. Untersucht man alle Schüler der ausgewählten Klassen, so hat man auf der untersten Stufe des benutzten Auswahlverfahrens gewissermaßen ‚Klumpen' von Untersuchungseinheiten ausgewählt, weswegen in diesem Fall von einer ‚Klumpenauswahl' gesprochen wird. Sollte es schwierig sein, eine Gesamtliste aller sächsischen Schulen zu erhalten, so kann man dem ganzen Auswahlverfahren noch eine Stufe vorlagern: Man zieht aus der Liste aller sächsischen Landkreise eine (systematische) Zufallsstichprobe und erstellt sodann anhand des statistischen Jahrbuchs pro ausgewähltem Landkreis eine Liste seiner Schulen.

- Wenn überhaupt keine Listen zur Grundgesamtheit verfügbar sind, läßt sich bei der Verwendung von Befragungs- oder Beobachtungsmethoden mit sogenannten ‚Flächenstichprobe' arbeiten. Beispielweise will man in einer mittelgroßen Stadt die Ansichten der Bevölkerung zu bestimmten kommunalpolitischen Themen herausfinden. Wenn die Listen des Einwohnermeldeamtes entweder lückenhaft sind oder für die Stichprobenbildung nicht zur Verfügung gestellt werden, geht man so vor: Man beschafft sich einen möglichst detaillierten Stadtplan, legt über ihn ein Gitternetz gleicher, nicht allzu großer Quadrate und numeriert diese mit fortlaufenden Zahlen. Sodann zieht man aus dieser Liste von Zahlen – am besten anhand von Zufallszahlen – eine Zufallsstichprobe. Innerhalb jedes nun zufällig ausgewählten Flächenquadrats legt man einen *Zufallsweg* fest, etwa so: ‚Nimm die erste Straße, die von unten links in das Flächenquadrat hineinführt, gehe sie bis zum zweiten Haus auf der rechten Seite und läute dort an der jeweils ersten Klingel oben (links)'. Natürlich lassen sich auch diese Anweisungen zufällig variieren. Ebenso gibt es Zufälligkeit garantierende Vorschriften zum Auswählen der Personen in den per Zufallsweg angesteuerten Wohnungen, etwa die Regel, jene Person zu befragen, die als letzte Geburtstag hatte.
- Vor allem bei Beobachtungsstudien kommen außerdem ‚Zeitstichproben' in Frage. Beispielsweise soll das Verhalten von Abgeordneten während der Plenarsitzungen des Deutschen Bundestages beobachtet werden. Um sicherzustellen, daß von der Stichprobe der tatsächlich beobachteten Sitzungszeiten auf die Grundgesamtheit der gesamten Sitzungszeit geschlossen werden kann, wird man so vorgehen: Anhand des Sitzungsplans des Parlaments erstellt man eine Liste der Grundgesamtheit aller Plenarsitzungen während des gesamten Beobachtungszeitraums; anschließend legt man die Dauer der Beobachtungsintervalle fest (z.B. 30 Minuten); nun teilt man den gesamten Beobachtungszeitraum in 30 Minuten-Intervalle ein und numeriert sie; und aus dieser Zahlenreihe zieht man schließlich eine Zufallsstichprobe des gewünschten Umfangs.

Von Zufallsstichproben im eben beschriebenen Sinn sind zu unterscheiden die sogenannten ‚Quotenstichproben' (engl. ‚quota sample').[344] Sie versuchen auf folgende Weise, ein verkleinertes Abbild der Grundgesamtheit darzustellen:

- Es wird anhand einer Liste der Grundgesamtheit deren Zusammensetzung nach solchen Merkmalen festgestellt, für die es Daten gibt und die man als dafür wichtig ansieht, ein ‚verkleinertes Abbild' der Grundgesamtheit zu erhalten. Wird die Grundgesamtheit der Wohnbevölkerung Deutschlands betrachtet, so gehören typischerweise zu den dafür als wichtig erachteten Merkmalen Geschlecht, Beruf, Alter, Nationalität, Größe des Wohnorts usw. Diese Merkmale heißen ‚Quotierungsmerkmale'; die Anteile des Auftretens dieser Merkmale in der Grundgesamtheit nennt man ‚Quoten' (z.B. Frauenquote oder Katholikenquote).
- Sodann wird versucht, eine solche Stichprobe zusammenzustellen, in der sich dieselben Quoten der Quotierungsmerkmale befinden wie in der Grundgesamtheit. Beispielsweise soll

[344] Von lat. ‚quot', d.h. wie viele.

sich in der Stichprobe ein ebenso großer Anteil an Personen aus Großstädten, Minderjährigen oder Männern befinden wie in der Grundgesamtheit. In der Praxis wählt z.B. ein Interviewer nach ihm vorgegebenen Quotierungsmerkmalen in einem ihm zugewiesenen Gebiet eine verlangte Anzahl von Personen (oft nicht mehr als sechs) nach eigenem Ermessen aus. Beispielsweise soll er unter sechs zu befragenden Personen drei Männer und drei Frauen, jeweils zwei im Alter von 18 bis 30, von 31 bis 65 und von 66 und älter haben, sowie je drei Arbeiter bzw. Verwaltungsangestellte. In welchen Kombinationen von Quotierungsmerkmalen der Interviewer seine ‚Zielpersonen' auswählt, bleibt ihm überlassen.

– Quotenstichproben erlauben keine *wahrscheinlichkeitstheoretisch* begründeten Schlüsse auf die Grundgesamtheit, da ihnen die Voraussetzung für die Anwendbarkeit der schließenden Statistik fehlt: die reine Zufälligkeit der Auswahl. Allerdings zeigt die praktische Anwendung von Quotenstichproben, daß sie etwa Anteile und Durchschnitte von Merkmalen der Grundgesamtheit sehr brauchbar zu schätzen erlauben. Setzt man die große Ähnlichkeit der Ergebnisse von parallel gezogenen Quoten- und Zufallsstichproben ins Verhältnis zum ganz unterschiedlichen Aufwand, den beide Arten von Stichproben erforden, so drängt sich der Gedanke auf, daß Quotenstichproben bei Bevölkerungsumfragen aus *pragmatischen* Gründen oft sogar zu bevorzugen sind. Aus *systematischen* Gründen fällt ferner ins Gewicht, daß es bei auf Zufallsstichproben gegründeten Umfragen Ausfälle von bis zu 30% der gemäß Stichprobenplan zu Befragenden gibt. Das entzieht einer Zufallsstichprobe ihre *wahrscheinlichkeitstheoretische* Grundlage immer dann, wenn zu vermuten ist, daß die wegen Unerreichbarkeit oder Interviewverweigerung für die Befragung nicht zur Verfügung stehenden Personen sich von den tatsächlich Befragten durchaus unterscheiden. Aus allen diesen Gründen sind Zufallsstichproben zwar immer anzustreben; wo sie sich aber nicht verwirklichen lassen, helfen – bei bekannter Grundgesamtheit – Quotenstichproben *verläßlich* weiter.

Im übrigen wird der Grundgedanke der Bildung von Quotenstichproben nicht selten mit dem Ziehen von Zufallsstichproben verbunden. Beispielsweise kommt es bei den ‚Hochrechnungen' am Wahlabend darauf an, daß die Stichprobe der tatsächlich untersuchten Stimmbezirke ein möglichst genaues ‚verkleinertes Abbild' der Grundgesamtheit aller Stimmbezirke ist. Weil für alle Stimmbezirke von der Amtlichen Statistik Informationen über so wichtige Merkmale wie Siedlungs- und Wirtschaftsstruktur, durchschnittliches Einkommen, Arbeitslosenanteil usw. verfügbar sind, läßt sich berechnen, welche Quoten von – für die Repräsentativität der Stichprobe als wichtig erachteten – Quotierungsmerkmalen die als Stichprobe ausgewählten Stimmbezirke *insgesamt* aufweisen müssen, wenn sie ein möglichst genaues verkleinertes Abbild der Grundgesamtheit sein sollen. Um einer solchen Stichprobe möglichst nahezukommen, zieht man mehrere (!), voneinander unabhängige Zufallsstichproben von Stimmbezirken, vergleicht die in ihnen sich ergebenden Quoten der Quotierungsmerkmale mit den entsprechenden Quoten der Grundgesamtheit und verwendet für die tatsächlichen ‚Hochrechnungen' dann genau jene Zufallsstichprobe, deren Merkmalsquoten den anzustrebenden Merkmalsquoten der Grundgesamtheit insgesamt am nächsten kamen.

Eine weitere Brücke zwischen der Arbeit mit Zufallsstichproben und dem Grundgedanken von Quotenstichproben schlägt das häufig angewandte Verfahren der *Gewichtung*. Es läßt sich anwenden, wenn Daten als Einträge in eine computerlesbare Datei vorliegen und das zur Datenanalyse benutzte Statistikprogramm sowohl Gewichtungen durchführen als auch gewichtete Daten berechnen kann. Gewichtungen werden dann ratsam, wenn eine Zufallsstichprobe – wie das die Regel ist – nicht genau die gleichen Quoten von für aus Repräsentativitätsgründen wichtig gehaltenen Merkmalsausprägungen aufweist, wie sie in der Grundgesamtheit bestehen. Beispielsweise befinden sich laut Angaben der Amtlichen Statistik in der Grundgesamtheit 51% Frauen, in der Zufallsstichprobe aber nur 48% Frauen. Dann läßt sich unschwer berechnen, mit welcher

Zahl >1 man jeden Eintrag für eine Frau und mit welcher Zahl <1 man jeden Eintrag für einen Mann multiplizieren muß, damit sich die auszuwertenden Daten auf genau 51% Frauen auch in der Stichprobe beziehen. Die entsprechenden Multiplikatoren heißen ‚Gewichte', die mit ihnen multiplizierten Daten ‚gewichtete Daten'. Unausgesprochen wird bei einer solchen Gewichtung von der Annahme ausgegangen, die – im Vergleich zur Grundgesamtheit – ‚fehlenden' 3% Frauen hätten im Durchschnitt ebenso geantwortet wie jene Frauen, von denen tatsächlich Daten vorliegen. Stimmt das, so erhält man durch stärkere Gewichtung von *deren* Angaben genau das Bild, welches man von vornherein bei einer Frauenquote von 51% in der Stichprobe erhalten hätte. Annahmen dieser Art erweisen sich vor allem dann als problematisch, wenn man nach *mehreren* Variablen gewichtet. In diesem Fall kann sich die gewichtete Stichprobe bei anderen als den Gewichtungsvariablen ziemlich weit von der realen Zusammensetzung der Grundgesamtheit entfernen, obwohl sie bei den Gewichtungsvariablen völlig den Quoten der Grundgesamtheit entspricht. Darum sind Gewichtungen stets mit Bedacht und Vorsicht vorzunehmen. Um mögliche Verzerrungen der gewichteten Stichprobe bestmöglich erkennen und ausschließen zu können, sollte man eine Stichprobe nie nach allen Variablen gewichten, für welche Quoten aus der Grundgesamtheit bekannt sind. In diesem Fall erhält man sich nämlich die Möglichkeit, anhand von nicht in die Gewichtung einbezogenen Variablen zu überprüfen, ob die Gewichtung die Repräsentativität der Stichprobe wirklich verbessert oder sie nicht möglicherweise sogar verschlechtert.

Eine dritte Art von Stichproben erlaubt von vornherein nicht den Einsatz von Methoden der schließenden Statistik: die ‚bewußten Auswahlen'. Sie wendet man etwa bei *Expertenbefragungen* an (z.B. wenn man ehemalige parlamentarische Geschäftsführer befragt, um etwas über fraktionsinterne Willensbildung zu erfahren) oder bei der Befragung von *Extremgruppen* (z.B. bei Untersuchungen von Obdachlosen oder Wirtschaftsführern). In solchen Fällen läßt sich nämlich kaum ein zu einer Zufallsstichprobe führendes Auswahlverfahren realisieren: oft sind die Grundgesamtheiten zu klein; mitunter hängt der Zugang zum Befragten an persönlichen Beziehungen, die durchaus nicht im Sinn der Wahrscheinlichkeitstheorie ‚zufällig' sind; und nicht selten sind so große Zahlen von Interviewverweigerungen zu erwarten, daß die realisierten Befragungen keineswegs als unverzerrte Zufallsstichprobe gelten könnten. Unter den ‚bewußten Auswahlen' sind – zumal im Bereich der qualitativen Forschung[345] – die sogenannten ‚theoriegesteuerten Stichproben' überaus nützlich. Bei ihnen beginnt der Forscher seine Analyse mit zunächst einmal für erkenntnisträchtig gehaltenen Untersuchungseinheiten und entscheidet sodann im Licht des jeweils erreichten Erkenntnisstandes, also anhand seiner forschungsleitend benutzten Theorie, ob und welche weiteren Untersuchungseinheiten er in seine Analyse einbeziehen will. Er wird diesen theoriegesteuerten Prozeß (engl. ‚theoretical sampling') der Vergrößerung des Stichprobenumfangs dann abbrechen, wenn die Betrachtung zusätzlicher Untersuchungseinheiten ihm keinen Erkenntniszuwachs mehr zu bringen scheint. Dieses Vorgehen ist äußerst hilfreich bei der Neuentwicklung von sehr gegenstandsnahen Theorien (‚grounded theory'), erlaubt Verallgemeinerungen aber nur dann, wenn die Grundgesamtheit, aus welcher die theoriegesteuerte Stichprobe gezogen wurde, als äußerst homogen gelten kann. Stichproben, deren Zusammenstellung *keinerlei* stichhaltigen Überlegungen zugrunde liegen, z.B. Straßenumfragen unter willkürlich ausgewählten Passanten, ‚willkürliche Auswahlen' und sind für wissenschaftliche Zwecke *völlig unnütz*.

Wie viele Elemente der Grundgesamtheit ausgewählt werden müssen, also: welchen Umfang ‚n'[346] die zu untersuchende Stichprobe haben muß, hängt einesteils davon ab, für wie viele zu

---

345 Zu den Eigentümlichkeiten qualitativer Forschung siehe S. 191ff.

346 ‚n' steht für lat. ‚númerus', d.h. Anzahl.

analysierende Untersuchungseinheiten die verfügbare Arbeitszeit und Arbeitskraft reicht,[347] andernteils davon, wie fein man bei der Datenanalyse das Untersuchungsgut aufgliedern will. Bei theoriegesteuerten Stichproben wird – wie in der qualitativen Forschung üblich – der Stichprobenumfang eher gering sein. Arbeitet man hingegen mit Zufallsstichproben und mit dem Anspruch, von ihnen aus wahre Schlüsse auf die Grundgesamtheit zu schließen, so gilt aus mathematischen Gründen[348] die Regel: Man kann man ab ca. n=25 von *Zufalls*stichproben mit hinnehmbarer Irrtumswahrscheinlichkeit[349] auf Grundgesamtheiten verallgemeinern. Muß man beispielsweise die Untersuchungseinheiten bei der Datenanalyse in vier Untergruppen aufteilen und kann man damit rechnen, daß diese Untergruppen trotz einer rein zufälligen Auswahl von Untersuchungseinheiten gleich stark besetzt sein werden, dann ergibt sich somit ein Mindestumfang der Stichprobe von 4 x 25, also von n=100.

Keineswegs hängt der notwendige Stichprobenumfang von der Größe der *Grundgesamtheit* ab. Ob man über die politischen Einstellungen der Dresdner, der Sachsen oder der Deutschen insgesamt anhand von Umfragedaten Aussagen erarbeiten will, verlangt nämlich aus den erörterten Gründen stets nur, daß die *kleinste* Untergruppe, von der aus verallgemeinert werden soll, *nicht* kleiner ist als ca. n=25.[350] Auch ist es nicht so, als ob sich die Irrtumswahrscheinlichkeit eines von der Stichprobe auf die Grundgesamtheit gezogenen Schlusses proportional zur Vergrößerung des Stichprobenumfangs verringern würde; vielmehr nimmt ab einer bestimmten Fallzahl die Genauigkeit eines solchen Schlusses kaum mehr zu.

Aus praktischen Gründen kann man in der Regel den Stichprobenumfang ohnehin nicht *ausschließlich* vom Wunsch abhängig machen, auch noch von der kleinstmöglichen Untergruppe mit begründetem Anspruch empirischen Wahrheitsgehalts auf die Grundgesamtheit verallgemeinern zu können. Allzu rasch ergäben sich dann nämlich äußerst große und weder praktisch erhebbare noch üblicherweise finanzierbare Stichprobenumfänge. Bei einer Untersuchung der Wähler von fünf Parteien mit pro Partei nur zehn – jeweils für weibliche und männliche Wähler gesondert zu betrachtenden – Untergruppen, von denen ihrerseits statistisch begründete Schlüsse auf die Grundgesamtheit gezogen werden sollen, gelangte man beispielsweise zu einem Stichprobenumfang von 5 (Parteien) x 2 (Geschlechter) x 10 (Merkmale) x 25 (Fälle pro Untergruppe), also von n=2500 Befragten.[351] Allein schon mit für eine solche Fragestellung wichtigen Gruppierungen wie Beruf, Altersgruppe, Größenklasse des Wohnorts kommt man aber leicht über jene zehn Untergruppen hinaus. Erst recht gilt das, wenn auch die inhaltlich interessierenden Variablen und deren Kombinationen zur Gruppierung der Befragen einbezogen werden, also beispielsweise danach gruppiert wird, wie sich die Wähler einesteils nach dem Bekanntheitsgrad des Wahlkreiskandidaten (etwa: persönlich bekannt, Name bekannt, unbekannt), andernteils nach dem Grad ihrer allgemeinen Zufriedenheit mit der jeweiligen Partei entschieden haben (etwa: überwiegend zufrieden, teils-teils, überwiegend unzufrieden).[352] Weil sich also wirklich bis in kleine Unter-

---

347 Das ist ein Gesichtspunkt, der bei quantitativen statistischen Auswertungen nur sehr eingeschränkt ins Gewicht fällt, doch im Bereich der qualitativen Forschung von überaus großer Bedeutung ist.

348 Sie haben damit zu tun, daß ab n=25 für eine Reihe nützlicher statistischer Maßzahlen die t-Verteilung als empirisch wahre Wahrscheinlichkeitsverteilung genutzt werden kann.

349 Zum Begriff der ‚Irrtumswarscheinlichkeit' siehe S. 184.

350 Allerdings hängt die Größe des benötigten Stichprobenumfangs durchaus mit der *Homogenität* bzw. *Heterogenität* der Grundgesamtheit zusammen. Ist die Grundgesamtheit *völlig homogen*, so kann im Extremfall eine einzige Untersuchungseinheit ausreichen, um über ihre Beschaffenheit zu informieren. Beispielsweise muß man nur eine einzige Ausgabe einer bestimmten Nummer der ZEIT untersuchen, um den Inhalt des Leitartikels *aller* Ausgaben dieser Nummer festzustellen. Indessen nimmt der benötigte Stichprobenumfang durchaus nicht im *selben* Ausmaß zu, in dem die Heterogenität der untersuchten Grundgesamtheit ansteigt.

351 Bei vergleichsweise kleinen Grundgesamtheiten wird man darum oft auf Stichproben verzichten und eine Totalerhebung durchführen.

352 In diesem Fall enstünde eine 3 x 3-Matrix, für deren am schwächsten besetzte Zelle wiederum eine Fallzahl von n=25 wünschenswert wäre. Pro Untergruppe der Befragten wären also 9 x 25 = 225 Personen erforderlich, wenn je-

gruppen hinein repräsentative Stichproben praktisch so gut wie nie realisieren lassen, behilft man sich von vornherein meist mit ‚Faustregeln', die zwar inhaltlich kaum begründet sind, doch gemeinsame Mindeststandards setzen. In Deutschland legt man beispielsweise den Umfragen, welche bundesweite Repräsentativität beanspruchen, Stichprobenumfänge von n=1000 oder n=2000 zugrunde. Wie willkürlich eine derartige Festsetzung ist geht daraus hervor, daß früher Stichproben von n=2000 für die *alte* Bundesrepublik als ausreichend galten, nun aber für Gesamtdeutschland; und nicht weniger daraus, daß man – um allzu geringe Fallzahlen für die neuen Bundesländer zu vermeiden – in der Regel Stichproben von *je* n=1000 für die alten und die neuen Bundesländer zieht sowie anschließend durch Gewichtung für der Grundgesamtheit entsprechende Stichprobenquoten der Ost- und Westdeutschen sorgt. Aus solchen Konventionen ergibt sich natürlich, daß sehr oft die Fallzahlen einer Untergruppe zu gering sein werden, um auch bezüglich dieser Untergruppe von der Stichprobe auf die Grundgesamtheit schließen zu können.

c. Meßniveaus und ihre Bedeutung für die Nutzung statistischer Methoden

Statistische Methoden lassen sich vor allem – doch keineswegs ausschließlich – dann verwenden, wenn die zu analysierenden Informationen in Form von Zahlen vorliegen. Gemeinhin wird daraus geschlossen, die Statistik sei für Politikwissenschaftler nicht besonders hilfreich, da sich nur wenige politikwissenschaftlich interessante Sachverhalte zahlenmäßig darstellen ließen. Dieser Schluß ist indessen völlig falsch. Das wird klar, sobald man den Informationsgehalt von Begriffen betrachtet, aus denen ebenso in der Alltagssprache wie in der (politik-)wissenschaftlichen Fachsprache alle Aussagen und Theorien aufgebaut werden. Begriffe lassen sich zu diesem Zweck in drei Gruppen gliedern: in ‚klassifikatorische', ‚komparative' und ‚metrische' Begriffe.[353] Es läßt sich zeigen, daß der von ihnen jeweils geborgene Informationsgehalt *grundsätzlich* durch Zahlen wiedergegeben werden kann, die ihrerseits meist auch dort das Ausgangsmaterial für statistische Analysen bilden, wo ein Statistikprogramm wie SPSS ebensogut (kurze) Textvariablen verarbeiten könnte.

Einem empirischen Referenten nicht einen Begriff, sondern – statt des Begriffs – eine Zahl zuzuordnen, heißt ‚ihn zu messen'.[354] Messen meint also zunächst einmal keineswegs, daß der begrifflichen Anschauung ansonsten verborgene Merkmale eines empirischen Referenten zur Aufmerksamkeit gebracht würden, sondern lediglich, daß über ihn nicht nur in natürlicher Sprache, sondern auch in der Sprache der Mathematik kommuniziert wird. Daß dieser veränderte Code dank der von ihm erschlossenen *zusätzlichen* Möglichkeiten der Informationsverarbeitung *auch* dazu führen kann, der rein begrifflichen Anschauung *zunächst* einmal verborgene Merkmale zutage zu fördern, steht außer Frage. Dennoch gibt es weit verbreitete und tief verankerte Vorbehalten dagegen, im Bereich des Sozialen und Politischen etwas Nicht-Triviales messen zu wollen. Von ihnen befreit man sich am leichtesten, indem man sich jenen Informationsgehalt klarmacht, den die schon alltagssprachlich verwendeten Gruppen der klassifikatorischen, komparativen und metrischen Begriffe aufweisen und sich anschließend verdeutlicht, daß ‚Messen' nichts anderes meint, als eben jenen Informationsgehalt durch Zahlen statt durch Worte auszudrücken.

– *Klassifikatorische* Begriffe sind Begriffe wie ‚Mann', ‚Frau' und ‚Kind'; oder wie ‚Violine', ‚Cembalo' und ‚Oboe'. Sie drücken aus, daß die von ihnen bezeichneten Sachverhalte be-

---

de der Zellen *mindestens* eine Fallzahl aufweisen sollte, die ihrerseits einen Schluß auf die Grundgesamtheit ermögliche.

353 Da Variablen eine besondere Art von *Begriffen* darstellen (siehe S. 85f), kann im folgenden statt ‚Begriff' stets auch ‚Variable' gesetzt werden.

354 Die knappste Definitionsformel lautet: ‚Messen heißt, einem empirischen Relativ ein numerisches Relativ zuordnen'.

stimmte Eigenschaften aufweisen, die sie von anderen Sachverhalten *unterscheiden*. Diese Information kann durch Zahlen ausgedrückt werden, indem man beispielsweise *vereinbart*, daß unter ‚1‘ eine Violione, unter ‚2‘ ein Cembalo und unter ‚3‘ eine Oboe zu verstehen ist. Welchen Zahlenwert die zugeordneten Ziffern haben, tut dabei nichts zur Sache; die Ziffern müssen nur verschieden sein. Auf diese Weise zugeordnete Ziffern darf man natürlich anschließend auch *nur* unter dem Gesichtspunkt ihrer Gleichheit oder Verschiedenheit betrachten; sie zu addieren oder multiplizieren wäre sinnlos. Natürlich kann man aber betrachten, wie oft eine bestimmte Zahl auftritt, und man kann deren Häufigkeiten in Beziehung setzen. Das allein schon erlaubt eine Vielzahl überaus nützlicher Berechnungen und statistischer Kennziffern. Ordnet man Begriffen Zahlen in der hier beschriebenen Weise zu, so spricht man von einer ‚Messung auf dem Niveau der *Nominalskala*‘[355]; die entsprechend in Zifferform übersetzten (‚codierten‘) Informationen heißen ‚nominalskalierte Daten‘.[356] Offenbar ist es bei nominalskalierten Daten von der Sache her völlig gleichgültig, ob man ‚mit Zahlen rechnet‘ oder ‚mit Begriffen arbeitet‘.

- *Komparative* Begriffe sind Begriffe wie ‚rechts der Mitte‘, ‚Mitte‘, ‚links der Mitte‘; oder ‚stark‘, ‚stärker‘, ‚am stärksten‘; oder ‚Kleinstaat‘, ‚Mittelmacht‘, ‚Supermacht‘. Sie drücken nicht nur aus, daß die von ihnen bezeichneten Sachverhalte bestimmte Eigenschaften aufweisen, die sie von anderen Sachverhalten unterscheiden. Sondern darüber hinaus bringen sie die von ihnen bezeichneten Sachverhalte auch in eine *Rangordnung*. Diese Information wiederum kann durch Zahlen ausgedrückt werden, indem vereinbart wird, daß etwa unter ‚1‘ ein Kleinstaat, unter ‚2‘ eine Mittelmacht und unter ‚3‘ eine Großmacht zu verstehen ist. Welchen Zahlenwert die zugeordneten Ziffern haben und wie groß die numerischen Differenzen zwischen ihnen sind, tut wiederum nichts zur Sache; die Zahlen müssen nur einheitlich aufsteigend *oder* einheitlich absteigend zugeordnet werden. Natürlich darf man die dergestalt zugeordneten Zahlen anschließend nur unter zwei Gesichtspunkten betrachten: unter jenem der Gleichheit bzw. Verschiedenheit, sowie unter jenem ihrer größenmäßigen Abfolge. Sie beispielsweise zu addieren oder zu multiplizieren wäre ebenso sinnlos wie im Fall nominalskalierter Daten. Ohne über den in diesen Ziffern tatsächlich geborgenen Informationsgehalt hinauszugehen, kann man mit ihnen aber solange rechnen, wie die benutzten Rechenmethoden die Zahlen nur unter dem Gesichtspunkt ihrer Gleichheit und Verschiedenheit sowie ihrer größenmäßigen Abfolge verarbeiten. Ordnet man komparativen Begriffen Ziffern solchen Informationsgehalts zu, so spricht man von einer ‚Messung auf dem Niveau der *Ordinalskala*‘[357]; die entsprechend aufbereiteten Informationen heißen ‚ordinalskalierte Daten‘.
- *Metrische* Begriffe sind Begriffe wie ‚Mark‘ und ‚Tonne‘ oder wie ‚Bevölkerungszahl‘ und ‚Stimmenanteile‘. Auch Begriffe wie ‚Wirtschaftswachstum‘, ‚Staatsverschuldung‘ oder ‚Angriffspotential‘ lassen sich ihrerseits durch metrische Begriffe ausdrücken: ‚Prozent pro Jahr‘, ‚Milliarden DM‘ oder ‚‘(gewichtete) Anzahl von Raketen und Panzern‘ sind *Indikatoren* für jene theoretischen Begriffe. Solche Zahlenangaben informieren offensichtlich auch über die *Differenzbeträge* bzw. über die *Proportionen*, die z.B. zwischen Mark-, Tonnen- und Stückangaben bestehen. Ordnet man Zahlen dieses Informationsgehalts metrischen Begriffen zu, so spricht man von einer ‚Messung auf dem Niveau einer *metrischen* Skala‘[358] bzw. von ‚metrischen Daten‘. Genau betrachtet, gibt es *zwei* Stufen von metrischen Skalen. Die erste Stufe heißt *‚Intervallskala‘*. Sie liegt beispielsweise bei der Temperaturangabe in

---

355 Von lat. ‚nómen‘, d.h. Name.

356 Beziehen sich nominalskalierte Daten auf nur zwei Ausprägungen ihres empirischen Referenten (z.B. ‚Merkmal liegt vor‘ und ‚Merkmal liegt nicht vor‘), so spricht man von ‚dichotomen‘ Daten (von griech, ‚dícha‘, d.h. in zwei Teilen, und griech. ‚tomeín‘, d.h. zerschneiden).

357 Von lat. ‚órdo‘, d.h. (Rang-)Ordnung.

358 Von griech. ‚métron‘, d.h. Maß.

Grad Celsius oder in Grad Fahrenheit vor. Denn zwar kann man sagen, daß eine Temperatur von 40 Grad um 30 Grad höher sei als eine Temperatur von 10 Grad; die Behauptung wäre aber falsch, 40 Grad sei ‚viermal so warm' wie 10 Grad. Über den Informationsgehalt der Nominal- und Ordinalskala hinaus transportieren solche Angaben (d.h. ‚intervallskalierte Daten') somit Aussagen über *Differenzen* (‚Intervalle') sowie über die *Größenverhältnisse von Differenzen*. Mit intervallskalierten Daten kann man – über die schon auf dem Niveau der Ordinalskala zulässigen Rechenoperationen hinaus – auch Additionen und Subtraktionen sowie Divisionen von Differenzbeträgen durchführen, ohne ihnen mehr Informationen abzuverlangen, als sie tatsächlich bergen. Demgegenüber beinhalten ‚Verhältnisskalen' bzw. ‚Ratioskalen'[359] (auch: ‚Kardinalskalen'[360]) *alle* mathematisch auswertbaren Informationen. Sie sind nämlich Skalen, die einen Nullpunkt enthalten und Aussagen folgender Art erlauben: ‚40% Stimmenanteil ist doppelt so viel wie 20% Stimmenanteil', oder: ‚2000 DM Monatseinkommen ist ein Drittel eines Monatseinkommens von 6000 DM'. Häufigkeits- und Prozentangaben sowie Geldbeträge sind typische Beispiele für ‚ratioskalierte (auch: ‚verhältnisskalierte' oder ‚kardinalskalierte') Daten'. Mit ihnen kann man *alle* verfügbaren Rechenoperationen ausführen.

Natürlich arbeitet die Politikwissenschaft oft mit metrischen Begriffen, z.B. mit Häufigkeitsangaben für alle möglichen Sachverhalte, mit in verschiedene Politikfelder investierten Geldsummen oder mit Indizes wie solchen zu den durchschnittlichen Lebenshaltungskosten oder zur in einem Staat gegebenen Lebensqualität. Sie verfügt also über viele Daten auf dem Meßniveau einer Kardinal- oder immerhin Intervallskala (‚quantitative Daten'). Doch selbst in den viel ausgedehnteren Forschungsgebieten der Politikwissenschaft, für die metrische Begriffe nicht verfügbar oder ungeeignet sind, kann aus der natürlichen, Worte verwendenden Sprache *jederzeit* in die Sprache der Zahlen gewechselt werden, falls dies einen Vorteil bringt. Jede Sprache umfaßt schließlich riesige Mengen zumal klassifikatorischer und komparativer Begriffe. Das heißt, jederzeit stehen der Politikwissenschaft Daten auf dem Meßniveau der Ordinal- oder wenigstens Nominalskala zur Verfügung (sogenannte ‚qualitative Daten' bzw. – im Fall von nur nominalskalierten Daten – ‚kategoriale Daten'). Folglich können statistische Methoden *immer* benutzt werden, falls sie Antworten auf die gestellte Forschungsfragen bieten *und* für die erhobenen Daten (mit ihrem besonderen Skalenniveau) verfügbar sind. Zwar macht die Verwendung statistischer Methoden kein Forschungsvorhaben ‚wissenschaftlicher' als es ohne ihre Verwendung wäre. Doch oft ist die geleistete Forschungsarbeit viel *nützlicher*, wenn man zum Zweck der Informationsverdichtung oder des Schlusses von Stichproben auf Grundgesamtheiten die doch *verfügbaren* statistischen Methoden herangezogen hat.

d. Überblick zu den statistischen Methoden

Sowohl für nominal- und ordinalskalierte Daten als auch für intervall- und kardinalskalierte Daten gibt es eine Vielzahl von statistischen Methoden (besser: von ‚statistischen Modellen'[361]), die es erlauben, anhand der in jenen Daten geborgenen Informationen die gestellten Forschungsfragen präzis zu beantworten. Zum Zweck eines an der Forschungspraxis orientierten Überblicks und ohne jeden Anspruch auf Vollständigkeit lassen sich diese Methoden wie folgt gliedern:

---

359 Von engl. ‚ratio', d.h. Verhältnis.

360 Von lat. ‚cardo', d.h. Angelpunkt.

361 Man spricht besser von statistischen ‚Modellen' als von statistischen ‚Methoden', weil jeder Berechnungsweise einer statististischen Maßzahl ein – in der oben beschriebenen Weise erstelltes; siehe S. 109ff – Modell jenes Wirklichkeitsausschnitts zugrunde liegt, dessen Merkmale durch statistische Maßzahlen beschrieben werden sollen.

(1) Univariate Statistik[362]

Eine Reihe statistischer Methoden dient dazu, *einzelne Merkmale* der Untersuchungsgegenstände knapp und so zu beschreiben, daß man rasch Vergleiche durchführen kann (,univariate Statistik'). Beispielsweise wird das durchschnittliche Monatseinkommen verschiedener Berufsgruppen oder die durchschnittliche Verweildauer von Bundesministern in ihrem Amt berechnet (*Mittelwert*, *Medianwert*). Überdies kann man durch die Berechnung von *Varianz* oder *Standardabweichung* feststellen, wie stark das jeweils betrachtete Merkmal bei den Untersuchungseinheiten um die jeweiligen Mittelwerte schwankt (,streut'), also wie große Schwankungen es etwa im Durchschnittsalter der Abgeordneten unterschiedlicher Parteien oder Länder gibt. Unterschiede zwischen Gruppen von Untersuchungseinheiten im Mittelwert oder in der Varianz führen zur Frage danach, worauf diese Unterschiede zurückzuführen sind, und somit im Bereich der Statistik zur Korrekationsanalyse, im Bereich der Theoriebildung zur Kausalanalyse.

(2) Bivariate Statistik[363]

Eine Reihe weiterer statistischer Methoden erlaubt es, *Zusammenhänge* zwischen jeweils zwei Merkmalen der Untersuchungsgegenstände auf knappe Zahlenangaben zu verdichten (,bivariate Statistik'). Zu diesem Zweck berechnet man Kontingenz-, Assoziations- oder Korrelationskoeffizienten. Wohlgemerkt ist dies schon bei nominalskalierten Daten und erst recht bei ordinal- oder metrisch skalierten Daten möglich. Derartige Zusammenhangsmaße nehmen in der Regel beliebige Werte zwischen ,0' und ,1' bzw. zwischen ,-1' und ,+1' an. ,1' ergibt sich als Ergebnis entsprechender Berechungen, wenn in den Daten ein perfekter ,positiver' Zusammenhang zwischen zwei Variablen besteht, während ,-1' bei einem perfekten ,negativem' Zusammenhang und ,0''bei keinem in den Daten identifizierbaren Zusammenhang entsteht.[364] Hat man beispielsweise das Geschlecht und die Absicht, sich an der nächsten Bundestagswahl zu beteiligen, für eine Reihe von Befragten festgestellt und erhält man als Resultat der Berechnung eines geeigneten Zusammenhangsmaßes den Wert ,C=0,02'[365], so besagt dies: ,Geschlecht und Absicht, sich an der nächsten Bundestagswahl zu beteiligen, hängen nicht miteinander zusammen'. In einem anderen Fall hat man vielleicht das Alter sowie die Selbsteinstufung von Befragten auf einem Links/Rechts-Kontinuum politischer Einstellungen erhoben. Wird das Alter in Lebensjahren gemessen und werden dem ,rechten' Pol des Kontinuums kleine Zahlen, dem ,linken' Pol aber große Zahlen zugeordnet, so besagt dann das Ergebnis der Berechnung eines geeigneten Zusammenhangsmaßes wie ,r=-0,62': ,Es neigen ältere Personen eher zu rechten, hingegen jüngere Personen eher zu linken politischen Einstellungen'.[366] In einem dritten Fall möchte man bei-

---

362 Von lat. ,variátus', d.h. wechselnd, und ,únum', d.h. eins.

363 Von lat. ,bis', d.h. zweimal, zweifach.

364 ,Positiv' und ,negativ' sind hier natürlich keine wertenden Begriffe. Ein ,positiver' Zusammenhang zwischen zwei Variablen X und Y besteht vielmehr dann, wenn große Werte von X mit großen Werten von Y verbunden sind bzw. kleine Werte von X mit kleinen Werten von Y. Ein ,negativer' Zusammenhang liegt indessen vor, wenn große Werte der einen Variablen mit kleinen Werten der anderen einhergehen. Oft sind die entsprechenden statistischen Modelle so aufgebaut, daß nur ein *linearer* Zusammenhang abgebildet wird; einige – etwa der Korrelationskoeffizient γ für ordinalskalierte Daten – können aber auch *kurvilineare* Zusammenhänge ausdrücken. Siehe hierzu unten Anm. 368.

365 Alle als Beispiel angeführten Ergebnisse sind frei erfunden. Betont sei, daß ,reine' Zahlenangaben wie 0,02 *keinerlei* Aussagekraft besitzen. Zahlen besagen vielmehr erst dann etwas, wenn angegeben ist, *welches* Zusammenhangsmaß berechnet wurde. Die entsprechenden Koeffizienten werden in der Regel mit deutschen Buchstaben wie C, V oder r bzw. mit griechischen Buchstaben wie eta (η), lambda (λ), gamma (γ), rho (ρ) oder tau (τ) bezeichnet. Ein zeitgemäß ausgebildeter Politikwissenschaftler sollte in der Lage sein, eine Angabe wie ,eta=0,42' zutreffend und kritisch interpretieren zu können.

366 Ferner ist es möglich, durch die Berechnung *partieller* oder *multipler* Zusammenhangsmaße den Einfluß von Störfaktoren (z.B. von ,Drittvariablen' wie der ,Parteizugehörigkeit des Befragten') zu eliminieren bzw. abzuschätzen. Man spricht dann von ,partiellen Korrelationskoeffizienten'.

spielsweise wissen, wie stark die Zugehörigkeit oder Nichtzugehörigkeit zu einer bestimmten Religionsgemeinschaft mit der Selbsteinstufung auf einem Linkes/Rechts-Kontinuum politischer Einstellungen zusammenhängt. Hier würde ein Wert des dafür geeigneten Zusammenhangsmaßes eta^2 von 0,25 besagen, daß 25% der Streuung in der Selbsteinstufung auf dem Links/Rechts-Kontinuum dadurch erklärt werden, ob die Befragten dieser Religionsgemeinsschaft angehören oder eben nicht angehören.

(3) Multivariate Statistik[367]

Wieder andere Methoden ermöglichen es, die Wirkung einer *Vielzahl* von Sachverhalten auf ein interessierendes Merkmal festzustellen und ggf. sogar die *Wechselwirkungen* und *relativen Stärken* der einzelnen Faktoren ausfindig zu machen. Dem dienen u.a. statistische Methoden wie die Regressions-, Diskriminanz- und Varianzanalyse oder die Nutzung loglinearer Modelle. Viele dieser Methoden bzw. Modelle unterstellen lineare Zusammenhänge[368] zwischen den einbezogenen Variablen sowie rein additive Effekte von deren jeweils individuellen Wirkungen, was mitunter empirisch zweifelhafte Annahmen sind. Komplexere Varianten mancher Modelle erlauben allerdings auch die Analyse nicht-linearer Zusammenhänge. Auch läßt sich bei auf die Unterstellung linearer Zusammenhänge beschränkten Modellen mitunter der Ausweg beschreiten, die Ausgangsdaten von dafür in Frage kommenden Variablen durch Logarithmierung, Potenzierung oder Invertierung so zu transformieren, daß die Zusammenhänge zwischen den transformierten Variablen in der Tat (halbwegs) linear sind. Im übrigen bietet sich bei Vergleichsanalysen als Alternative zur multivariaten Statistik bisweilen der unten besprochene Ragin-Ansatz an.[369]

Im einzelnen ist auf die folgenden Verfahren bzw. Modelle multivariater Statistik hinzuweisen:

– Verfügt man mindestens über intervallskalierte Daten,[370] so kann man durch *Regressionsanalysen* herausfinden, in welchem Umfang ‚unabhängige Variablen' auf eine ‚Zielvariable' (‚abhängige Variable') einwirken.[371] *Beispiel:* Wie stark wirken auf den Anteil von CDU-Wählern in den deutschen Bundestagswahlkreisen sonstige Merkmale dieser Wahlkreise ein, etwa der Katholikenanteil, Arbeiteranteil, Anteil der Bevölkerung in ländlichen Gebieten usw., und zwar sowohl jeweils für sich als auch gemeinsam? Die Ergebnisse solcher Analysen lassen sich in Pfaddiagrammen zusammenfassen und liefern – ebenso wie die Anwendung komplexerer Strukturgleichungsmodelle etwa bei LISREL-Analysen – ziemlich anschauliche Abbildungen von Wirkungsgefügen.[372] Falls man mit nominalskalierten Daten ar-

367 Von lat. ‚múltum', d.h. viel.

368 Ein linearer Zusammenhang besteht zwischen (mindestens rangskalierten) Variablen, wenn sich die gemeinsame Verteilung (etwa in Gestalt einer Kreuztabelle mit vielen Kategorien oder eines Streudiagramms) im großen und ganzen durch eine Gerade wiedergeben läßt. Ist die der gemeinsamen Verteilung bestmöglich angepaßte Linie eine Kurve, so spricht man von einem kurvilinearen Zusammenhang, der anschließend danach differenzierend zu benennen ist, ob es sich etwa um eine logarithmische, exponentielle oder parabolische Kurve handelt.

369 Siehe S. 236ff.

370 Angaben über die meßtheoretischen Voraussetzungen der Anwendung einzelner statistischer Methoden beziehen sich stets auf den ‚Normalfall'; Spezialfälle – wie etwa hier die Verwendung von Dummy-Variablen mit den Werten 0 und 1 – werden grundsätzlich nicht erwähnt. Ebenso bleiben die verteilungstheoretischen Voraussetzungen für die Anwendung einer Methode, z.B. das Vorliegen ‚normalverteilter Variablen', außer Betracht.

371 Es ist allein der Forscher, der festlegt, welche Variable als ‚abhängig', welche anderen aber als ‚unabhängig' behandelt werden sollen. Damit wird deutlich, daß der Anwendung statistischer Berechnungsweisen die Bildung theoretischer Modelle *voraus*geht. Multivariate statistische Analysen führen aber oft zur Verbesserung zunächst einmal hypothetisch unterstellter Modelle, d.h.: sie führen zu bestmöglich den Daten angepaßten Modellen. Solche Ergebnisse können dann als Ausgangspunkt weiterführender Theoriebildung dienen.

372 Siehe hierzu die Ausführungen zur Pfadanalyse und – ihr vorgelagert – zur Arbeit mit Pfeildiagrammen auf S. 109ff.

beitet, lassen sich zur Antwort auf entsprechende Fragen *loglineare* Modelle oder der GSK-Ansatz heranziehen.[373]

– Will man wissen, wie nominalskalierte Merkmale auf einen intervallskalierten Sachverhalt (oder auf mehrere Intervallskalierte Sachverhalte) einwirken, so benutzt man die (mehrfache) *Varianzanalyse*. Beispielsweise kann man mit ihr herausfinden, ob und in welchem Umfang Faktoren wie Geschlecht, Parteizugehörigkeit, Wahlabsicht, für wichtig gehaltene politische Themen usw. die auf einer mehrstufigen Skala gemessenen Sympathiewerte für einen Politiker beeinflussen. Offenbar eignet sich die Varianzanalyse besonders gut für die Auswertung von *experimentell* erhobenen Daten, bei denen ja Hypothesen über die Wirkungen vermuteter Ursachen geprüft werden sollen. Falls man umgekehrt wissen will, wie intervallskalierte Merkmale auf einen nominalskalierten Sachverhalt einwirken, verwendet man die *Diskriminanzanalyse*.

Ferner gibt es innerhalb der multivariaten Statistik Methoden, die zur Aufdeckung solcher Sachverhalte geeignet sind, welche sozusagen ‚unter der Oberfläche‘ der tatsächlich erhobenen Informationen liegen. Dann kommt es darauf an, *Gruppen* von eng miteinander zusammenhängenden Variablen oder von einander besonders ähnlichen Untersuchungseinheiten ausfindig zu machen. Zur Aufdeckung solcher ‚latenter Strukturen‘ dienen unter anderem die folgenden Methoden:

– *Faktorenanalyse:* Beispielsweise hat man sehr differenziert auf Intervallskalenniveau Daten über alle möglicherweise politisch relevanten Wertvorstellungen der Bevölkerung eines Landes erhoben. Nun will man herausfinden, ob diese Vielzahl einzelner Wertvorstellungen möglicherweise auf einer Reihe von grundlegenden Dimensionen politischer Wertvorstellungen beruht. Die *Faktorenanalyse* erlaubt dies, indem sie mathematische Größen berechnet (die sogenannten ‚Faktoren‘), aus denen sich ihrerseits die Muster der bivariaten Korrelationen zwischen den in die Untersuchung einbezogenen Variablen (im Beispiel: zwischen den erhobenen Wertvorstellungen) ableiten lassen. Was diese rein mathematischen Größen *inhaltlich* bedeuten, ergibt sich keinesfalls aus der Faktorenanalyse, sondern nur durch Benutzung der hermeneutischen Methode durch den Analytiker: er überprüft, welche Variablen mit welchem Faktor sehr stark – positiv oder negativ – zusammenhängen, deutet die Muster dieser Zusammenhänge und leitet hieraus interpretierend ab, für welche inhaltliche Dimension der errechnete Faktor wohl stehen mag. Nirgendwo wird deutlicher als hier oder in der mathematisch nahe verwandten kanonischen Korrelationsanalyse, daß die hermeneutische Methode eine Grundmethode auch der statistischen Analyse ist.

– *Clusteranalyse:* Beispielsweise hat man äußerst detailliert Daten über die Praktiken der Wahlkreisarbeit von Abgeordneten erhoben und will sich nun Klarheit darüber verschaffen, ob sich anhand der Praktiken der Wahlkreisarbeit verschiedene ‚Typen‘ bzw. ‚Gruppen‘ (‚Cluster‘) von Abgeordneten identifizieren lassen. Zu diesem Zweck berechnet man – auf der Grundlage der erhobenen Daten zu den Praktiken der Wahlkreisarbeit – Ähnlichkeitsmaße, anhand welcher sich die untersuchten Abgeordneten nach ihrer wechselseitigen Ähnlichkeit gruppieren lassen, und führt sodann eine solche Gruppierung (‚Clusterbildung‘) durch. Indem man anschließend die – auf solche Weise errechnete, also auf dem Niveau einer Nominalskala gemessene – Gruppenzugehörigkeit der Abgeordneten mit anderen Merkmalen der Abgeordneten in Verbindung setzt, etwa durch Analyse der Korrelation zwischen der Gruppenzugehörigkeit und der Parteizugehörigkeit oder der Tätigkeit in einem eher städtischen oder eher ländlichen Wahlkreis, kann man ausfindig machen, welche Prägefaktoren

---

[373] Hierzu siehe etwa Rudinger u.a. 1985.

zur ausfindig gemachten Gruppenstruktur führen. Auf diese Weise dient die Clusteranalyse zur Entdeckung von Realtypen.[374]

Auf weitere Methoden, die speziell der quantitativen *historischen* Analyse von Zeitreihen[375] oder von pfadabhängigen Ereignisketten[376] dienen, kann an dieser Stelle nur verwiesen werden.

(4) Grundmethoden der schließenden Statistik

Alle genannten statistischen Methoden können zur Analyse von Grundgesamtheiten oder Stichproben eingesetzt werden. Sie liefern statistische Kennziffern, welche die jeweils interessierenden Merkmale der Stichprobe oder der untersuchten Grundgesamtheit zwar perspektivisch und selektiv, doch im Blickwinkel des zugrunde gelegten statistischen Modells empirisch wahr beschreiben. Will man von einer untersuchten Stichprobe allerdings auf eine nicht untersuchte Grundgesamtheit schließen, für welche die herangezogene Stichprobe repräsentativ ist, müssen zusätzliche statistische Methoden benutzt werden. Diese Methoden zerfallen im wesentlichen in zwei Gruppen:

– Erstens gibt es Methoden zur *Schätzung von Merkmalen* (‚Parametern') der Grundgesamtheit. Zwei Wege führen zu diesem Ziel. Beispielsweise will man anhand einer Stichprobe feststellen, was die mittlere Minutenanzahl ist, die alle Deutschen zwischen 18 und 80 Jahren täglich für das Ansehen von Fernsehnachrichten aufwenden. Verfügt man in Form einer Zufallsstichprobe über derartige Daten zum Fernsehkonsum, so kann man – auf der Grundlage von Wahrscheinlichkeitsverteilungen – einerseits jenen ‚Erwartungswert' berechnen, der mit größtmöglicher Wahrscheinlichkeit das interessierende Merkmal der Grundgesamtheit zutreffend wiedergibt (‚Punktschätzung'). Man ermittelt also eine bestimmte Minutenanzahl als *bestmögliche* Schätzung des durchschnittlichen Zeitaufwands der erwachsenen Deutschen für das Ansehen von Fernsehnachrichten. Andererseits kann man – wiederum auf der Grundlage von Wahrscheinlichkeitsverteilungen – ein sogenanntes ‚Mutungsintervall' berechnen (‚Intervallschätzung'). Beispielsweise interessiert man sich für die Anzahl jener Deutschen, die sich schon einmal wegen eines persönlichen Anliegens an einen Abgeordneten gewandt haben. In der befragten Zufallsstichprobe behaupten dies y Personen, also x % der Befragten. Nun ist nicht zu erwarten, daß auch in der Grundgesamtheit sich *genau* X % (und folglich exakt Y Deutsche) an einen Abgeordneten gewandt haben.[377] Falls eine Zufallsstichprobe vorliegt, kann man aber berechnen, in welchem Schwankungsbereich um den in der Stichprobe aufgefundenen Prozentwert x mit welcher Wahrscheinlichkeit der für die Grundgesamtheit richtige Prozentwert X liegen wird. Dieser Schwankungsbereich heißt *Mutungsintervall.* Verständlicherweise muß ein Mutungsintervall um so weiter sein, mit je größerer Wahrscheinlichkeit man davon ausgehen will, in ihm liege der anhand der Stichprobe geschätzte Wert X.[378] Üblicherweise gibt man Mutungsintervalle an, in denen die Schätzwerte mit einer Wahrscheinlichkeit von 95% oder von 99% liegen, wobei die 95%-Intervalle natürlich enger sind als die 99%-Intervalle. Mutungsintervalle kann man nicht nur für Prozentanteile berechnen, sondern auch für Mittelwerte, Streuungswerte, Zu-

---

374 Siehe oben S. 107f.

375 Verwiesen sei auf Shumway / Stoffer 2000.

376 Verwiesen sei auf Blossfeld / Rohwer 1995 und Vermunt 1996.

377 Erneut sei darauf hingewiesen, daß kleine Buchstaben Merkmale von Stichproben (‚Stichprobenkennwerte'), große Buchstaben hingegen Merkmale (‚Parameter') der Grundgesamtheit bezeichnen.

378 Mutungsintervalle werden enger, Intervallschätzungen werden also genauer, je größer der Umfang der Stichprobe ist, auf der sie beruhen. Allerdings ist dieser Zusammenhang nicht linear. Das heißt, daß es ab einem bestimmten Stichprobenumfang kaum mehr nennenswerte Zuwächse in der Genauigkeit der Schätzung gibt, wie sehr man auch den Stichprobenumfang erweitert. Das ist der zentrale Grund dafür, warum es nicht nur aus pragmatischen, sondern auch aus systematischen Gründen gerechtfertigt ist, nicht mit übermäßig großen Stichproben zu arbeiten.

sammenhangsmaße usw., also für viele Ergebnisse, die durch die Nutzung von Methoden der beschreibenden Statistik gewonnen werden.

– Eine zweite Gruppe von Methoden der schließenden Statistik bilden die ‚Signifikanztests'. Um deren Zweck zu verstehen, betrachten wir zwei Beispiele. An einer Zufallsstichprobe habe man herausgefunden, daß zwischen dem Alter der Befragten und ihrer Selbsteinstufung auf einem Links/Rechts-Kontinuum politischer Einstellungen ein Zusammenhang von r=-0,62 besteht. Besteht dieser Zusammenhang aber auch in der Grundgesamtheit? Oder man habe an der untersuchten Stichprobe herausgefunden, daß Frauen den Politiker X sympathischer finden, als das Männer tun. Doch trifft dies auch für die Grundgesamtheit zu? Signifikanztests bieten einen Ausweg aus dieser Ungewißheit, indem sie die folgende Frage beantworten: Wie wahrscheinlich ist es, in der Stichprobe rein zufällig einen bestimmten Sachverhalt zu beobachten, wenn er in der Grundgesamtheit gar nicht vorhanden ist? Derartige Wahrscheinlichkeiten lassen sich – auf der Grundlage von Wahrscheinlichkeitsverteilungen – in überaus vielen Fällen berechnen; die dafür geeigneten statistischen Modelle heißen ‚Signifikanztests'. Wenn die Wahrscheinlichkeit sehr gering ist, einen rein zufällig in der Stichprobe auftretenden Sachverhalt (z.B. den Prozentsatz eines Merkmals, einen Mittelwertunterschied oder eine Korrelation zwischen zwei Variablen) irrtümlich als auch in der Grundgesamtheit gegeben anzunehmen, so sagt man: ‚Das an der Stichprobe gewonnene Ergebnis ist signifikant'.[379] Die Wahrscheinlichkeit, einen irreführenden Schluß von der Stichprobe auf die Grundgesamtheit zu ziehen, heißt ‚Irrtumswahrscheinlichkeit'; sie zu berechnen, ist der Kern eines Signifikanztests. Ein Ergebnis wie ‚r=-0,62; p=0,03'[380] besagt dann: ‚In der Zufallsstichprobe wurde ein Zusammenhang von r=-0,61 aufgefunden; die Wahrscheinlichkeit, nur irrtümlich anzunehmen, ein derartiger Zusammenhang bestehe auch in der Grundgesamtheit, beträgt höchstens 3%'. Je kleiner die Irrtumswahrscheinlichkeit (d.h. das ‚Signifikanzniveau') ist, um so mehr darf man darauf vertrauen, einen empirisch wahren Schluß von der Stichprobe auf die Grundgesamtheit zu ziehen. Da für äußerst viele Ergebnisse, die mit Methoden der beschreibenden Statistik zu gewinnen sind, Signifikanztests verfügbar sind, läßt sich fast immer mit angebbarer Irrtumswahrscheinlichkeit von Zufallsstichproben auf Grundgesamtheiten verallgemeinern.

e. Zur praktischen Anwendung statistischer Methoden

Während es früher nötig war, umfangreiche mathematische Fertigkeiten zu erwerben und mühsame Berechnungen durchzuführen, um sich der statistischen Methoden bedienen zu können, lassen sie sich heute sehr leicht benutzen. Man muß nur die geeigneten statistischen Programmpakete (z.B. SPSS oder SAS) kennen und zu bedienen verstehen. Sie sind inzwischen allesamt auch für den Einsatz am PC verfügbar und erlauben eine einfache Erfassung und statistische Analyse der Daten, desgleichen unschwer die graphische Darstellung und Ausgabe der Ergebnisse für die Weiterverwendung in Textverarbeitungsprogrammen. Ein Politikwissenschaftler braucht darum längst nicht mehr eine Ausbildung als Mathematiker oder Programmierer, um die

---

379 Im Kontext von Signifikanztests meint ‚signifikant' also nicht wie in der wissenschaftlichen Alltagssprache ‚auffällig' oder ‚wichtig', sondern nur: ‚mit angebbar großer Wahrscheinlichkeit nicht zufällig'.

380 ‚r' steht hier für den Korrelationskoeffizienten r, ‚p' – von lat. ‚probabilitas', d.h. Wahrscheinlichkeit – gibt stets an, daß im folgenden eine Aussage über die Wahrscheinlichkeit eines Sachverhalts getroffen wird. Dabei meint p=0,0 stets ein unmögliches Ereignis, p=1,0 immer ein sicheres Ereignis, und p=0,5 eine Chance von 50%, daß ein bestimmtes Ereignis auftritt. Ein Wahrscheinlichkeitsniveau von p=0,5 ist also – ganz im Unterschied zu einem Korrelationsniveau von etwa r=0,50 – keineswegs Ausdruck einer beachtlich großen Wahrscheinlichkeit, sondern bedeutet ganz im Gegenteil, daß überhaupt nicht vorhergesagt werden kann, ob ein Ereignis im konkreten Fall auftritt oder nicht auftritt.

skizzierten statistischen Methoden wirksam anwenden zu können. Er benötigt vielmehr die folgenden Kenntnisse und Kompetenzen:

- Überblick über die verfügbaren statistischen Methoden, um je nach inhaltlicher Fragestellung und dem Meßniveau der erhobenen Daten die geeigneten Modelle und Wege der Datenanalyse auswählen zu können;
- Verständnis der Logik der benutzten Methode (d.h. des herangezogenen ‚statistischen Modells'), um überhaupt zu begreifen, was mit den Daten im Vollzug der Auswertung geschieht und auf welche Weise die anschließend zu intepretierenden statistischen Maßzahlen zustande kommen;
- Fähigkeit, die berechneten Ergebnisse inhaltlich deuten und zur Antwort auf die Forschungsfragen heranziehen zu können;
- Kompetenz im Umgang mit den Statistikprogrammen, welche die jeweils gewählten statistischen Methoden EDV-gestützt einzusetzen erlauben. Zwar kann man die Arbeit am PC im Prinzip auch delegieren und wird das für Routineaufgaben und Serienauswertungen auch nach Möglichkeit tun. Doch einesteils kann man seine Mitarbeiter nicht optimal einsetzen, wenn einem selbst die Sachkenntnis fehlt, und andernteils beraubte man sich wichtiger Inspiration und kreativer Entdeckungsfahrten durch einen Datensatz, falls man auf die persönliche Datenanalyse am PC – zumal auf die faszinierenden Möglichkeiten der Methoden und Modelle explorativer[381] und insbesondere graphischer[382] Datenanalyse – verzichten wollte.

---

[381] Siehe hierzu Polasek 1994.

[382] Siehe vor allem Schnell 1994 und Nagel 1996.

IV. Formen und Ablauf politikwissenschaftlicher Forschung

1. Aufgaben und Grundformen von Forschung

Forschung ist der Versuch, durch die Formulierung von empirisch wie logisch wahren Aussagen ...

- *offene Fragen zu beantworten*, etwa: ‚Was ist los in A?‘, ‚Was ist der Zusammenhang zwischen B und C?‘, ‚Warum ist X der Fall?‘, ‚Wie sind die Zustände in Y zu bewerten?‘, ‚Was wird vermutlich in Z geschehen?‘
- in Form geeigneter Handlungsanweisungen *Lösungsvorschläge für konkrete Probleme vorzulegen,* etwa: ‚Wie kann man dem Mißstand X abhelfen?‘, ‚Was soll man tun, um das Ziel Z zu erreichen?‘

Beides wird verwirklicht durch die im folgenden vorgestellten Formen politikwissenschaftlicher Forschung. Sie bestehen aus den unten jeweils dargestellte Arbeitsschritten. Deren geregelte Abfolge wird als ‚Forschungsprozeß‘ bezeichnet. Dieser setzt immer ein mit der Klärung der zu bearbeitenden Frage- bzw. Problemstellung. Diese wird am Forschungsgegenstand zwar meist präzisiert; sie wird ihm in der Regel aber nicht abgewonnen. Vielmehr steuern persönliche Werte und Interessen, konkrete Aufträge und politische Rücksichtnahmen oder ein komplexes Gefüge von allen diesen Faktoren die Auswahl bestimmter Frage- und Problemstellungen sowie die Hintanstellung anderer Fragen und Probleme. Natürlich hängt nicht die *Wissenschaftlichkeit* eines Forschungsprozesses, sehr wohl aber dessen praktischer oder wissenschaftlicher *Nutzen* von der Wahl der Frage- bzw. Problemstellung ab. Beispielsweise kann man mit gleicher wissenschaftlicher Gründlichkeit den Zusammenhang zwischen der Finanzierung von Parteien und ihrer organisatorischen Schlagkraft oder aber die vorletzte Bürgermeisterwahl in Kleinhartpenning untersuchen. Vermutlich wird die erste Studie aber praktisch bzw. wissenschaftlich wichtigere Ergebnisse als die zweite zeitigen.[383] Ein (Politik-)Wissenschaftler ist darum gut beraten, nicht die ‚leichte Erforschbarkeit‘, sondern die praktische oder wissenschaftliche *Bedeutung* eines Themas zum Kriterium seiner Entscheidung zu machen, es zu bearbeiten oder zu übergehen. Angesichts so vieler auch aus Sachkundenot ungelöster politischer Probleme sollte sich gerade ein Politikwissenschaftler der Forderung nach *Relevanz* seiner Forschungsarbeit nicht verschließen.

Insgesamt sind drei Zweige politikwissenschaftlicher Forschung zu unterscheiden: die *theoretische*, die *empirische* und die *normative* Forschung. Die erste Form ist die älteste, die zweite die derzeit verbreitetste, die dritte die am wenigsten verstandene. Stets sind Elemente theoretischer Forschung sowohl mit empirischer als auch mit normativer Forschung vermischt; desgleichen sind empirische und normative Forschung eng miteinander verbunden. Knapp lassen sich diese drei Zweige so umreißen:

- Wann immer es darum geht, Informationen einzuholen und auszuwerten, wird *empirische Forschung* betrieben. Bei der Formulierung der Frage- bzw. Problemstellung, bei der Auswahl der untersuchungsleitenden Theorie(n), bei der Datenanalyse und Dateninterpretation sowie bei der Darstellung der gewonnenen Ergebnisse ist empirischer Forschung stets eine mehr oder minder reflektierte Arbeit an bzw. mit Theorie(n) beigemengt bzw. geht ihr voraus. Wenn die benötigten Informationen im Schrifttum schon verfügbar sind, vollzieht sich

[383] Natürlich kann dieses Beispiel nicht als Argument gegen die Nutzung von Einzelfallstudien dienen, bei denen es um aus praktischen oder wissenschaftlichen Gründen *wichtige* Fälle geht; siehe hierzu S. 194.

die empirische Forschung als *Sekundäranalyse*: publizierte oder unpublizierte Forschungsergebnisse, Tabellenbände, Datensammlungen, Datenbanken, statistische Jahrbücher u.ä. werden ausgewertet. Wenn indessen die Daten vom Wissenschaftler selbst durch Befragung, Beobachtung oder Dokumentenanalyse eingeholt werden, wird *Primärforschung* durchgeführt. Falls die benötigten Daten durch Beobachtung, Befragung oder Archivreisen erhoben werden, spricht man oft von ‚Feldforschung'; eine Datenerhebung mittels Laborexperiment oder Simulation heißt hingegen meist ‚Laborforschung'.

- Von den durch empirische Forschung erzielten konkreten Ergebnissen zu abstrahieren und deren den untersuchten Gegenstandsbereich überschreitende Einsichten darzulegen, ist die Aufgabe der *theoretischen Forschung* bzw. der *Theorieforschung*. Vor allem hat sie Theorien so auszugestalten, daß die oben beschriebenen Theoriefunktionen[384] möglichst gut erfüllt werden. Erst die Ergebnisse theoretischer Forschung erlauben den Transfer von auf einem bestimmten Arbeitsgebiet gewonnenen Befunden auf die Analyse weiterer Gegenstandsbereiche.
- *Normative Forschung* liegt dann vor, wenn Werturteile und Handlungsanweisungen erarbeitet werden sollen, die jenen Werturteilen und Handlungsanweisungen an empirischem wie logischem Wahrheitsgehalt überlegen sind, welche man schon mittels der Kompetenzen des ‚gesunden Menschenverstands' formulieren kann. Gerade für die Politikwissenschaft ist sie wichtig, macht doch sie erst der Verbesserung politischer Praxis nutzbar, was empirische und theoretische Erforschung von Politik zutage fördern.

Für alle drei Zweige politikwissenschaftlicher Forschung lassen sich Grundformen ihres Ablaufs und der sinnvollen Folge von Arbeitsschritten angeben. Allerdings kommt es in der Praxis zu mehr oder minder großen Abweichungen von der im folgenden geschilderten Ablauflogik. Sie gehen teils darauf zurück, daß sinnvolle und bewährte Abfolgen einfach ignoriert werden, teils darauf, daß man von ihnen aus arbeitsökonomischen oder sonstigen Gründen kreativ abweicht. Ausdrücklich sei betont, daß Forschung zwar klare Spielregeln befolgen muß und eine Vielzahl von eher mechanischen Routinearbeiten beinhaltet, im Kern aber ein künstlerisches und spielerisches Unterfangen ist, das methodischer Kontrolle zwar unterliegt, sich in ihr aber niemals erschöpfen darf.

2. Der Ablauf theoretischer Forschung

Ein Stück weit beinhaltet jeder Forschungsprozeß theoretische Forschung. Die logische Konsistenz der untersuchungsleitenden Theorien ist zu prüfen und gegebenenfalls zu verbessern; benötigte Theorien sind für den Forschungszweck weiterzuentwickeln, möglichst kreativ miteinander zu verbinden sowie in konkrete Methodenanwendungen umzusetzen; und gegen Ende des Forschungsprozesses braucht man Theorien dazu, die erarbeiteten Ergebnisse zu bergen und überschaubar sowie nutzbar zu machen. Diese bei *jedem* Forschungsprozeß nötige Arbeit an und mit Theorien nennt man zusammenfassend theoretische Forschung *im weiteren Sinn*.

Bei ihr sind rudimentär stets auch jene Arbeitsschritte zu unternehmen, welche die theoretische Forschung *im engeren Sinn* – die ‚Theorieforschung' – kennzeichnen. Deren speziell politikwissenschaftliche Aufgaben – Kritik, Ausarbeitung, kreative Weiterentwicklung, topische und systematische Aufbereitung sowie Erfindung neuer Theorien – werden bei der Darstellung des

[384] Siehe S. 100f.

Teilfaches ‚Politische Theorie' behandelt.[385] Um jene Aufgaben praktisch zu erfüllen zu können, sind in der Regel die folgenden Arbeiten zu unternehmen:

- Ausarbeitung der durch theoretische Forschung zu beantwortenden Frage bzw. des zu lösenden Problems. Auch bei theoretischer Forschung gilt: Wo es keine klare Frage- oder Problemstellung gibt, werden sich auch keine klaren Argumentationen und selten nützliche Ergebnisse einstellen.
- bibliographische Erfassung jener Texte, in denen die zu bearbeitenden Theorien niedergelegt sind bzw. benutzt werden; Feststellung der zu all dem vorliegenden Sekundärliteratur, also von Darstellungen, Untersuchungen und Kritiken der zu bearbeitenden Theorie(n);[386]
- Inhaltsanalyse der bibliographisch erfaßten Texte bzw. einer Auswahl dieser Texte;
- gegebenenfalls Sekundäranalyse jenes Schrifttums, welches anhand von Forschungsergebnissen über den Wahrheitsgehalt solcher empirischer Theorien informiert, die durch theoretische Forschung verbessert werden sollen;[387]
- Umsetzung der durch Inhalts- und Sekundäranalyse gewonnenen Ergebnisse in eine Antwort der durch theoretische Forschung zu beantwortende Frage, in einen Vorschlag zur Lösung des bearbeiteten Problems; oder mindestens: Kritik, Ausarbeitung bzw. kreative Weiterentwicklung der bearbeiteten Theorie(n);
- falls das Forschungsziel darauf abhebt: topische und systematische Aufbereitung der untersuchten Theorien, was gegebenenfalls zur Formulierung einer neuen, integrierenden Theorie führen kann;
- Niederlegung der gewonnenen Ergebnisse in Arbeitspapieren, Diskussionsbeiträgen, Vorträgen, Aufsätzen, Buchbeiträgen, Monographien oder Editionen.

Am besten erfüllt die Politikwissenschaft derzeit ihre Aufgaben theoretischer Forschung im Bereich der formalen Modellierung politischer Prozesse und Strukturen (‚analytical politics'), wie sie die zeitgenössische, dem Rational choice-Ansatz verpflichtete ‚positive political theory' betreibt.[388] Vorbildlich sind auch Arbeiten theoretischer Forschung, wie sie etwa in Gestalt der ‚Theorie der Gerechtigkeit' von John Rawls vorliegen.[389] Ein zentrales Problem praktischer theoretischer Forschung in der Politikwissenschaft scheint darin zu bestehen, daß ‚Theoretiker der Politik' oft lieber methodisch unverbindliche quasi-empirische Arbeiten verfertigen als sich auf die detaillierte Arbeit an Begriffen, Theoremen und komplexen Argumentationen einzulassen. Ein zweites großes Problem besteht darin, daß vielen Theoretikern als ‚Theorie der Politik' im Grunde *nur* eine normative Theorie vorschwebt, um die sich zu bemühen dann eher in die Position eines öffentlichen ‚Mahners und Warners' bringt als in die Rolle eines ‚theoretischen Physikers' politischer Wirklichkeit.

---

[385] Siehe S. 457ff und 467ff.

[386] Zu einer sinnvollen Praxis politikwissenschaftlichen Bibliographierens siehe S. 489f.

[387] Wohlgemerkt stellen die Arbeitsschritte der Inhalts- und Sekundäranalyse Phasen *empirischer* Forschung dar, welche in den Prozeß theoretischer Forschung eingebettet sind.

[388] Siehe den Überblick in Hinich/Munger 1997.

[389] Rawls 2000.

3. Der Ablauf empirischer Forschung

a. Arbeitsschritte empirischer Forschung

Obwohl manche Einzelschritte empirischer Forschung zuweilen gleichzeitig unternommen oder wiederholt werden können, läßt sich das folgende allgemeine Ablaufschema herausarbeiten:[390]

- *Entdeckung* und *vorläufige Formulierung* der zu beantwortenden Frage bzw. des zu lösenden Problems; Reflexion der Wichtigkeit jenes Problems oder einer Antwort auf jene Frage; Entscheidung über die konkret anzugehende empirische Forschungsaufgabe. Bereits hier wird oft ein zu mitunter recht unfruchtbaren Forschungsarbeiten führender Weg eingeschlagen. Ihn weist die Vermutung, Wissenschaft bestehe im Überprüfen und Testen von Hypothesen. Aus dieser Vermutung wird dann gefolgert, am Beginn des Forschungsprozesses habe ein Hypothesenkatalog zu stehen. Ihn leitet man entweder aus der schon vorliegenden Literatur ab (was die eigene Forschung in den Bannkreis des bereits Geleisteten zwingt), oder man erfindet die zu testenden Hypothesen selbst (was nicht selten zu eher trivialen Hypothesen führt, deren Widerlegung oder Bekräftigung zu recht unwichtigen, wenn überhaupt neuen, Einsichten führt). Zwar ist an diesem Vorgehen nichts grundsätzlich falsch. Doch mit Hypothesenkatalogen zu arbeiten bringt nur dann nennenswerten Erkenntnisgewinn, wenn zu einer Frage- oder Problemstellung bereits viel Wissen und halbwegs bewährte Theorien vorliegen, so daß es wichtig wird zu wissen, welche Bereiche solcher Wissensbestände oder Theorien empirisch wahr sind, welche anderen aber nicht. Wo hingegen noch nicht allzuviel gesichertes Wissen verfügbar ist und es zumal an schon verfügbaren – und darum überprüfbaren – Theorien fehlt, ist es angebracht, sich seinem Gegenstand mit offenen Fragen anzunähern, aber nicht schon mit versuchsweisen Antworten auf diese Fragen.
- *Zusammentragen und Sichten* des bereits verfügbaren Wissens, v.a. durch Bibliographieren, Lesen und Gespräche.
- *Klärung der zur multiperspektivischen Erfassung des Forschungsgegenstandes geeigneten Begriffe und Theorien, sowie Feststellung der in die Untersuchung einzubeziehenden Aspekte bzw. Dimensionen des Untersuchungsgegenstandes* anhand dieser Begriffe und Theorien (‚dimensionale Analyse‘[391]).
- *Präzisierung und Ausarbeitung der Frage- bzw. Problemstellung:* Auch hier kann man sich nicht klar genug machen, daß ohne eine *präzise* Frage- oder Problemstellung auch noch so viel Mühe der Datenerhebung und Datenanalyse schwerlich zu einer befriedigenden Antwort führen wird. Der beste Test darauf, ob man sich wirklich darüber im Klaren ist, welche Frage man beantworten oder welches Problem man lösen will, besteht im Versuch, seine Frage- oder Problemstellung in einem knappen, *direkten* Fragesatz zu formulieren. Solange das nicht gelingt, sind noch nicht einmal die Vorarbeiten für einen systematischen Forschungsprozeß geleistet! Er setzt erst ein mit der endgültigen Formulierung der zu beantwortenden Frage bzw. des zu lösenden Problems *in den Begriffen der herangezogenen Theorie(n).* Anschließen muß sich dann die Erarbeitung eines theoretischen Modells, bei dem klar festgelegt wird, zu welchen Variablen man zu welchem Zweck Informationen zusammentragen will (‚Konzeptualisierung‘ des Forschungsvorhabens). In dieser Phase unterläuft überaus häufig das Versäumnis, nicht klar zu entscheiden, was genau man erklären will. Als Folge solcher Unklarheit über die ‚abhängige(n) Variable(n)‘ einer Untersuchung wird man in der Phase der Analyse und Interpretation der erhobenen Daten sich leicht im Datenmaterial verheddern

---

390 Vgl. auch Alemann 1977.

391 Hierzu siehe oben S. 79ff, 99ff und 153ff.

oder gar merken, daß man eigentlich erklärungsbedürftige Dinge trotz langer Arbeit am Gegenstand und vieler erhobener Daten deshalb nicht erklären kann, weil man sich nicht rechtzeitig klargemacht hat, was alles an Informationen für ein konkretes Erklärungsmodell wirklich nötig wäre. Darum sollte man es sich zur Regel machen, in der Phase der Konzeptualisierung eines Forschungsvorhabens ein wirklich präzises Pfeilmodell auszuarbeiten, in dem exakt nach abhängigen, unabhängigen und intervenierenden Variablen unterschieden wird[392] und welches Vollständigkeit bei der Spezifikation der in das Forschungsprojekt einzubeziehenden Variablen gewährleistet. Im übrigen hängt es ganz vom Ausmaß des schon zugänglichen Vorwissens und von der Verfügbarkeit einschlägiger Theorien ab, ob man aus einem solchen Modell einen Katalog von präzisen, im weiteren Forschungsverlauf zu testenden Hypothesen ableitet oder eher einen Katalog von konkret zu beantwortenden Fragen. Ein solcher Katalog von inhaltlichen Fragen[393] wird sinnvollerweise die folgende hierarchische Form annehmen:[394] Formulierung der zentralen Forschungsfrage in Gestalt eines klaren, kurzen, direkten Fragesatzes; Aufspaltung dieser zentralen Frage in eine Reihe von Unterfragen, die beantwortet sein müssen, wenn auf die Forschungsfrage insgesamt eine Antwort gefunden werden soll; gegebenenfalls Aufspaltung jeder Unterfrage in weitere Unterfragen, und zwar so lange, bis sich die Antworten anhand von (teilweise) empirisch interpretierbaren Begriffen formulieren lassen.

- *Klärung des tatsächlichen Forschungsbedarfs:* Reicht es aus, die schon verfügbaren Wissensbestände sekundäranalytisch auszuwerten, oder müssen zusätzliche Informationen durch Dokumentenanalyse, Befragung oder Beobachtung, ggf. auch durch Experimente und Simulation eingeholt werden, ist also Primärforschung durchzuführen?
- Falls Primärforschung nötig ist: *Klärung der heranzuziehenden Methoden der Datenerhebung, der zu untersuchenden Stichprobe, des anzuwendenden Auswahlverfahrens sowie der sinnvollen Methoden der Datenanalyse.* Ein häufiger Fehler besteht darin, nicht bereits bei der Wahl der Erhebungsmethoden auch die wichtigsten Methoden und Wege der Datenanalyse zu bestimmen. Typischerweise stellt man dann bei der Datenanalyse fest, daß man wichtige Daten gar nicht oder nur auf unzureichendem Meßniveau erhoben hat, kann dieses Versäumnis nun aber nicht mehr korrigieren. Darum gilt: Nur wenn die Fragestellung, die untersuchungsleitenden Theorien, die Methoden der Datenerhebung und jene der Datenanalyse *von vornherein* sorgfältig aufeinander abgestimmt sind, lohnt sich die beim Forschungsprozeß aufgewandte Mühe. Am Ende solcher Überlegungen muß ein klarer Plan stehen, der eine solche Abstimmung leistet und zumal dazu führt, daß Fragestellung und forschungsleitende Theorie, Erhebungsinstrumente und Datenanalyseplan eine fugenlose Einheit bilden können. Ein solcher Plan wird ‚Forschungsdesign' genannt.
- *Ausarbeitung der Erhebungs- bzw. Meßinstrumente:* Umsetzung der konkreten Forschungsfragen und der Entscheidungen zur Methodenwahl in die konkret zu benutzenden Erhebungsinstrumente, also etwa in die Leitfäden für Interviews, in den Fragebogen einer schriftlichen Befragung, in ein Beobachtungsschema bzw. einen Beobachtungsleitfaden, in ein inhaltsanalytisches Kategorienschema oder einen Analyseleitfaden, in einen Versuchsplan oder in das Design einer Simulationsstudie. Die Entwicklung der Erhebungsinstrumente muß unbedingt mit der Ausarbeitung eines detaillierten *Datenanalyseplans* einhergehen. Dies ist um so wichtiger, als Unbedachtsamkeit schon in geringfügigen Details die spätere Datenanalyse

[392] Siehe oben S. 109ff und 159.

[393] Der keinesfalls mit den konkret etwa in einem Interview zu stellenden Fragen verwechselt werden darf! Siehe hierzu S. 153ff und das Schaubild 11 auf S. 155.

[394] In entsprechender hierarchischer Form würde man auch einen Hypothesenkatalog aufbauen: Eine (oder mehrere) Haupthypothese(n) würde(n) in Unterhypothesen aufgespalten, diese gegebenenfalls in Unter-Unterhypothesen usw.

erheblich erschweren kann. Die konkrete Ausarbeitung der Erhebungsinstrumente heißt ‚Operationalisierung'.

- *Vorbereitung und Durchführung der Datenerhebung.* In dieser Arbeitsphase treten stets erhebliche organisatorische Anforderungen auf. Einige Hinweise genügen: Bei Interview- und Beobachtungsstudien sind die Interviewer bzw. Beobachter zu schulen, bei inhaltsanalytischen Studien die Codierer einzuarbeiten; das konkrete Ziehen der Stichprobe kann ebenso mühsam sein wie die Vereinbarung von Interviews sowie die rein technische Durchführung und Koordination der Datenerhebung; und außerdem ist es nicht immer einfach, die zusammengetragenen Daten von vornherein übersichtlich und zielsicher auffindbar abzulegen.
- *Datenerfassung:* Die erhobenen Daten werden in einer Weise zusammengestellt, welche die anschließende Datenanalyse erleichtert. Nicht selten nimmt dies die Form an, daß man numerische Daten in einer Datenbank und Textdaten über ein Textverarbeitungssystem oder mit einem Scanner erfaßt. Beispielsweise werden auf Band aufgezeichnete Interviews verschriftet, ausgefüllte Fragebögen ‚in den Computer eingegeben' oder für die Forschungsfrage einschlägige Dokumente verschlagwortet.
- *‚Bereinigung der Daten':* Unbedingt muß die Qualität der erhobenen Informationen bzw. der EDV-gestützt erfaßten Daten überprüft werden. Folgende Fragen zeigen, worum es dabei geht: Wurde der Auswahlplan ordnungsgemäß abgearbeitet? Sind Verzerrungen der Stichprobe festzustellen? Wurden die Daten fehlerhaft aufgezeichnet – etwa in Form von sinnentstellenden Abschreibefehlern bei Interviews oder von Lücken in Beobachtungsprotokollen? Kam es zu Fehlern bei ihrer Erfassung in einer Datenbank? Entdeckte Mängel sind zu beseitigen; ggf. können sogar Nacherhebungen erforderlich sein.
- *Erledigung der Datenanalyse:* In der Regel wird zunächst der bei der Entwicklung des Forschungsdesigns erstellte Datenanalyseplan abgearbeitet, woran sich Detailanalysen anschließen, die neu aufgetretenen Fragen nachgehen.
- *Zusammenschau und Interpretation* der Einzelergebnisse mittels der hermeneutischen Methode, angeleitet von der Forschungsfrage und den bei der Konzeptualisierung erarbeiteten Modellen.
- *Zusammenstellung der erzielten Ergebnisse und Beantwortung der Forschungsfrage (bzw. Formulierung eines Lösungsvorschlags für das bearbeitete Problem)* in Form von Arbeitspapieren, Gutachten, Vorträgen und Publikationen.

Auch jede empirische Haus- oder Prüfungsarbeit, die im Lauf eines politikwissenschaftlichen Studiums angefertigt wird, folgt im großen und ganzen diesem Ablaufplan.[395] Allerdings werden dabei meist keine eigenen Datenerhebungen durchgeführt, so daß sich die herangezogenen Forschungsmethoden in der Regel auf die Sekundäranalyse der durch Bibliographieren identifizierten und verfügbaren Literatur beschränken. Das ist schade, eignen sich doch zumal die Beobachtungsmethoden für viele sowohl inhaltlich wichtige als auch für Studierende persönlich interessante Fragestellungen.

b. Qualitative oder quantitative Forschung?

Sowohl in den Sozialwissenschaften im allgemeinen als auch in der Politikwissenschaft im besonderen gab es heftige Diskussionen, ob man sich dem Untersuchungsgegenstand ‚politische Wirklichkeit' bei empirischer Forschung auch mit ‚quantitativen Methoden' annähern könne oder ob man lieber ‚qualitative Methoden' benutzen solle. Diesen Diskussionen liegt ein traditioneller

---

395 Siehe hierzu unten S. 488ff.

Streit um die richtige Antwort auf folgende Frage zugrunde: Gibt es wesentliche Unterschiede zwischen Forschung in den Naturwissenschaften und der Forschung in den Geistes- und Sozialwissenschaften? Ist der Nutzen exakt quantifizierender Methoden nicht auf die Naturwissenschaften beschränkt, während die Geistes- und Sozialwissenschaften mittels der hermeneutischen Methode dem Wesen und der ‚Qualität' ihrer Gegenstände nachzuspüren haben?

Falls man glaubt, die Wissenschaften ließen sich tatsächlich anhand einer grundsätzlichen Gegenüberstellung allein von Geistes- und Naturwissenschaften gliedern, unterziehen Versuche, solche Fragen gründlich zu beantworten, die sozialwissenschaftliche Forschung einer Zerreißprobe. Gemäß dem Schaubild 10 eine *Eigenständigkeit* der Sozialwissenschaften zu erkennen, ermöglicht indessen eine Schlichtung des Streits, bei der sogar deutlich wird, daß beide ‚Forschungsstrategien' nicht nur *vereinbar* sind, sondern einander sogar bestens *ergänzen*. Obschon eine systematische Erörterung hier nicht möglich ist, scheinen sich die Widersprüche zwischen beiden Positionen wie folgt aufheben zu lassen:[396]

Als Benutzung *quantitativer* Methoden, die oft als Ausfluß eines ‚naturwissenschaftlichen Forschungsverständnisses' gilt, wird in der Regel folgendes Vorgehen angesehen:

- Aufgrund erheblichen Vorwissens über einen Forschungsgegenstand werden – anhand klarer untersuchungsleitender Theorien – präzise Vermutungen formulieren, die durch Forschung überprüft werden sollen. Die Forschungsarbeit zielt dergestalt auf den Test *deduktiv* gewonnener Hypothesen.
- Diese Hypothesen werden in Begriffe gefaßt, welche eine Datenerhebung auf dem Niveau möglichst einer *metrischen* Skala erlauben.
- Zu diesem Zweck werden *vollstrukturierte* Fragebögen, Beobachtungsschemata oder Kategorienschemata für Inhaltsanalysen benutzt. Wann immer möglich, strebt man auch experimentelle Forschungsdesigns – möglichst unter Laborbedingungen – an, um kausale Hypothesen zu prüfen.
- Zur Datenerhebung nutzt man sorgfältig geplante *Zufallsstichproben*, falls nicht die Homogenität des Untersuchungsgutes stichprobentheoretische Überlegungen entbehrlich machen sollte.[397]
- Die Datenanalyse bedient sich vor allem *statistischer* Methoden.

Das Vorgehen bei *qualitativer* Forschung, welches meist einem ‚geisteswissenschaftlichen Wissenschaftsverständnis' zugerechnet wird, läßt sich hingegen so skizzieren:

- Es gilt, *Neues* zu entdecken bzw. einem Gegenstand bislang unbeachtete Fragestellungen abzugewinnen.
- Weder gibt es nennenswertes Vorwissen noch die präzise Begrifflichkeit einer klaren untersuchungsleitenden Theorie. Vielmehr können forschungsnützliche theoretische Vorstellungen erst im Lauf der Datenerhebung *induktiv* entwickelt werden. Dann entsteht die Theorie in steter Auseinandersetzung mit den jeweils getätigten Beobachtungen als ‚grounded theory'.
- Folglich werden auch *keine standardisierten* Erhebungsinstrumente benutzt. Allenfalls anhand eines flexiblen Leitfadens führt man Gespräche, beobachtet man oder wertet Dokumente aus.
- Seine Untersuchungseinheiten – also die Dokumente, die man auswertet; Personen, mit denen man spricht; Situationen, die man beobachtet – wählt man schrittweise, je nach günstiger

---

[396] Ausführlich siehe hierzu Patzelt 1986: 309-317.

[397] Hierzu siehe oben S. 172ff.

Gelegenheit, nach dem ‚Schneeballsystem' und jedenfalls *theoriegesteuert* aus, da sich ja nicht vorweg bestimmen läßt, wer und was untersucht werden muß.

– Statistische Methoden sind in der Regel ungeeignet, die erhobenen Informationen auszuwerten. Königsweg der Datenanalyse ist die Benutzung der *hermeneutischen* Methode.

Eine nähere Betrachtung der beiden Aufzählungen zeigt nun, daß es bei der Gegenüberstellung von quantitativer und qualitativer Forschung keinesfalls um eine grundsätzliche Alternative geht, denn leicht ist zu erkennen, daß es bei der Ablauflogik qualitativer und quantitativer Forschung keine prinzipiellen, sondern nur graduelle Unterschiede gibt. Da quantitative Forschung wesentlich mehr Vorwissen verlangt als qualitative Forschung, kann sie es etwa auch in ziemlich detaillierte Einzelplanungen des Forschungsprozesses umsetzen; und indem qualitative Forschung kreativ improvisiert, durchläuft sie zwar durchaus die beschriebenen Forschungsphasen, beschränkt sich aber auf die Erfüllung der in ihnen jeweils gestellten Kernaufgaben. Keineswegs ist quantitatives Vorgehen somit ‚wissenschaftlicher' als qualitative Forschungsarbeit. Ebensowenig liegt es einfach am Forschungsgegenstand, ob ihm erkenntnisträchtiger mit einer qualitativen oder einer quantitativen Forschungsstrategie beizukommen ist. Denn ist qualitatives Vorgehen ist *immer* dann *nötig*, wenn ...

– noch wenig Vorwissen über einen gegebenen Gegenstandsbereich verfügbar ist;
– sich allenfalls klassifikatorische und komparative Begriffe zur Beschreibung des Forschungsgegenstandes eignen;
– die Datenerhebung sich weder hinsichtlich der zu untersuchenden Stichprobe noch bezüglich des Erhebungsinstruments (Fragebogen, Beobachtungs- und Kategorienschema) vorweg planen läßt;
– ‚eigentlich' mögliche statistische Methoden den Informationsgehalt der gewonnenen Daten überfordern würden, während nach theoretisch markanten Beispielen gegliederte Beschreibungen des untersuchten Gegenstandsbereichs (sogenannte ‚dichte Beschreibungen') jenen Informationsgehalt einprägsam ausdrücken könnten.

Umgekehrt *verschenkte* man Forschungsmöglichkeiten,

– nutzte man nicht alles verfügbare Vorwissen zu möglichst präziser Begriffsbildung;
– setzte man das Vorwissen nicht in solche Erhebungsinstrumente um, die Daten möglichst großen Informationsgehalts und hohen Meßniveaus aus solchen Stichproben liefern, die ihrerseits Verallgemeinerungen erlauben;
– zöge man nicht die für das erreichte Meßniveau leistungsfähigsten statistischen Methoden der Datenanalyse heran.

Folglich sind es keine grundsätzlichen, sondern ausschließlich *forschungspraktische* Erwägungen, die im Einzelfall zur Entscheidung für *eher* qualitatives oder *eher* quantitatives Vorgehen führen. Praktisch sind die Extremmöglichkeiten ‚rein qualitativer' oder ‚rein quantitativer' Forschung denn auch nur selten der bestmögliche Forschungsweg; vielmehr kombinieren die meisten nützlichen Forschungsdesigns Elemente sowohl qualitativen als auch quantitativen Vorgehens und liegen so im Mittelfeld *zwischen* beiden ‚Polen'. Ein Politikwissenschaftler ist darum gut beraten, sich nicht dogmatisch auf die eine oder andere Extremform festzulegen, sondern das *gesamte* Methodenspektrum in seinen Grundzügen und sowohl ‚quantitativen' als auch ‚qualitativen' Spielarten kennenzulernen, um seine jeweilige Forschungsstrategie allein an den wechselnden Forschungsaufgaben auszurichten zu können.

c. Formen empirischer Forschung

Unabhängig von der Verortung eines empirischen Forschungsprozesses auf dem Kontinuum zwischen qualitativer und quantitativer Forschung sowie von den im Einzelfall herangezogenen Methoden der Datenerhebung und Datenanalyse lassen sich verschiedene *Formen* empirischer Forschung nach einer Reihe äußerlicher Merkmale des jeweiligen Forschungsdesigns unterscheiden. Die meisten der im folgenden beschriebenen Formen empirischer Forschung können miteinander kombiniert werden:

- Nach der Anzahl der benutzten Forschungsmethoden unterscheidet man ‚Ein-Methoden-Studien' von ‚Mehr-Methoden-Studien'. Beispielsweise kann man bei einer Untersuchung der Wahlkreisarbeit von Abgeordneten die Beobachtung der Wahlkreisarbeit, Interviews mit den Abgeordneten, schriftliche Befragungen ihrer wichtigsten Ansprechpartner, Inhaltsanalysen zur Zeitungsberichterstattung über die Wahlkreisarbeit sowie Bevölkerungsumfragen zur öffentlichen Wahrnehmung solcher Wahlkreisarbeit miteinander kombinieren. Allein die Forschungsfrage und die untersuchungsleitenden Theorien, keineswegs aber persönliche Vorlieben des Forschers dürfen festlegen, ob bzw. mit welchen Methodenkombinationen gearbeitet wird.
- Nach der Anzahl der Untersuchungsebenen (etwa: Einzelperson, soziales Netzwerk, Organisation, politisches System, Gesamtgesellschaft, internationale Staatenwelt), auf denen die erforschten Sachverhalte angesiedelt sind, unterscheidet man ‚Ein-Ebenen-Studien' von ‚Mehr-Ebenen-Studien'. Wiederum dürfen *nur* Fragestellung und forschungsleitende Theorie(n) festlegen, welche Untersuchungsebenen einbezogen werden müssen. In der Regel sind politikwissenschaftlichen Forschungsgegenständen allerdings Mehr-Ebenen-Studien angemessen. Zumindest müssen die auf der nächsthöheren Untersuchungsebene angesiedelten Kontextmerkmale des konkreten Untersuchungsgegenstandes in die Analyse einbezogen werden (‚Kontextanalyse').[398] Beispielsweise gilt es bei der Erforschung der innerparteilichen Aktivität von Parteimitgliedern, auch deren gesellschaftliches Umfeld sowie die Organisationsstruktur der Partei zu betrachten.
- Versucht man, die Forschungsfrage anhand einer einzigen Untersuchungseinheit zu beantworten (etwa anhand eines einzigen politischen Systems oder einer einzigen Person), so liegt eine ‚Einzelfallstudie' (engl. ‚case study') vor. Einzelfallstudien dienen der Erarbeitung erster Kenntnisse oder einer ersten Theorie über einen Gegenstandsbereich, als Falsifikationsversuch klarer Hypothesen oder als Test einer Theorie auf praktisch-analytische Anwendbarkeit, gegebenenfalls auch der Erprobung neuer Methoden oder auch nur der Beschaffung interessierenden und illustrierenden Materials. Darüber hinaus kann versucht werden, auf den untersuchten Einzelfall bezogene praxisnützliche Vorschläge zu erarbeiten. Nicht nur eingehende Studien zu ‚typischen' Fällen sind aufschlußreich, sondern auch solche zu ‚abweichenden', in ihrer unerwarteten Besonderheit verwundernden und nach neuen Erklärungen verlangenden Fällen. Dabei betrachtet eine Einzelfallstudie ihren Gegenstand meist mit großer Detailgenauigkeit und ist in der Regel – auch und gerade als Vorbedingung ihres theoriebildenden oder theorieprüfenden Nutzens – sehr stark beschreibend. Einzelfallstudien zählen darum oft zu den ‚idiographischen' bzw. ‚deskriptiven' Studien. Das gilt vor allem dann, wenn sie eher historisch als systematisch-analytisch angelegt sind.
- Durchaus auch zum Zweck der Theoriebildung, doch vor allem um Theorien zu überprüfen, führt man *vergleichende* Studien durch.[399] Sie eignen sich für diesen Zweck um so besser, je

---

[398] Siehe Alpheis 1988 und vgl. die Bemerkungen zur ‚causa formalis' auf S. 92f sowie zum Schichtenbau sozialer Wirklichkeit und zu den Aufgaben politikwissenschaftlicher Mikro-, Meso- und Makroanalyse auf S. 46ff.

[399] Zu ihrer Logik und Methodik im Bereich der vergleichenden Systemanalyse siehe im einzelnen S. 230ff und 241f.

günstiger ihr n/v-Verhältnis ist, d.h. je größer die Anzahl der verglichenen Untersuchungsfälle *n* in bezug auf die Anzahl der in die Untersuchung einbezogenen Variablen *v* ist. Derartige Studien durchzuführen, wird als – differenz- oder konkordanzanalytische[400] – Benutzung der ‚komparativen Methode' bezeichnet.[401] Nach der Logik des Vorgehens könnte man hier indessen auch von ‚Quasi-Experimenten' sprechen.[402] Drei *Untergattungen* vergleichender Studien sind hervorzuheben: ‚*historisch* vergleichende Studien', bei denen beispielsweise politische Strukturen verschiedener Zeiten miteinander verglichen werden; ‚*regional* vergleichende Studien', bei denen etwa die Landwirtschaftspolitik Deutschlands mit jener von Frankreich, Großbritannien und Spanien verglichen wird; und ‚*sektoral* vergleichende Studien', bei denen z.B. die jeweiligen Einflüsse von Wechselkursschwankungen auf den Energiemarkt, die Außenwirtschaft und den Tourismus verglichen werden. Es versteht sich von selbst, daß der Angelpunkt vergleichender Studien stets ein der forschungsleitenden Theorie angehörendes Konzept, eine aus ihr abgeleitete Variable ist. Beispielsweise vergleicht man die Untersuchungsfälle A (etwa Frankreich) und B (etwa Deutschland) bezüglich des Merkmals X (etwa die Kompetenzen des Regierungschefs).[403]

– Werden vor allem *Zustände* beschrieben bzw. vergleichend untersucht, so spricht man von ‚Querschnittstudien'. Im Unterschied dazu nennt man auf die Erfassung von *Prozessen* und *Wandel* ausgerichtete Untersuchungen ‚Längsschnittstudien'. Liegen Daten über Wandlungsprozesse in Form von zeitlich – z.B. nach Jahren oder Quartalen gegliederten – Zahlenreihen (‚Zeitreihen') vor, so kann man sich für Längsschnittstudien der Methoden statistischer ‚Zeitreihenanalyse' bedienen.

– Befragt man *dieselben* Personen (englisch: ein ‚Panel') in bestimmten Abständen immer wieder, um *an ihnen* vollzogene Wandlungsprozesse aller Art festzustellen, so spricht man von ‚Panel-Studien'. Eine ihrer Schwierigkeiten besteht darin, den gleichen Personenkreis über Jahre zusammenzuhalten bzw. ohne Beeinträchtigung der Aussagekraft der Ergebnisse behutsam zu erneuern. Eine ‚Kohortenanalyse' liegt vor, wenn Wandlungsprozesse in bezug auf voneinander unterschiedene Altersgruppen (‚Alterskohorten') untersucht werden. Eine Alterskohorte kann man entweder als Panel oder durch wiederholte, voneinander unabhängige Stichproben aus der Gruppe der Altersgleichen untersuchen.

– Wenn noch wenig Wissen über einen zu erforschenden Gegenstandsbereich vorliegt, wenn also weder präzise Begriffe und Theorien den Forschungsprozeß anleiten können noch dieser im voraus gut zu planen ist, so muß mit qualitativen Studien begonnen werden. Deren Ergebnisse erhellen zwar das Untersuchungsfeld, können aber meist nicht als bestmöglich abgesichert oder gar als verallgemeinerungsfähig gelten. Derartige Forschungen heißen ‚explorative Studien'[404] und dienen stets als erster Schritt zur Aufklärung bislang unbekannter Sachverhalte. Kann ein komplexer Gegenstandsbereich nur dem Ansatz nach, doch aus zeitlichen oder finanziellen Gründen (noch) nicht in der gewünschten oder sachlich notwendigen Vielschichtigkeit und Vollständigkeit untersucht werden, so führt man eine ‚Pilotstudie' (auch: ‚Vorstudie') durch. Bei einer Vorstudie wird zwar das Forschungsinstrumentarium so

---

400 Beim differenzanalytischen Vorgehen versucht man, durch Vergleich möglichst ähnlicher Untersuchungsfälle herauszufinden, was an ihnen aus welchen Gründen dennoch verschieden ist. Beim konkordanzanalytischen Vorgehen fragt man indessen danach, was – und aus welchen Gründen – selbst an sehr verschiedenen Untersuchungsfällen noch gleich ist. Im einzelnen siehe S. 232f.

401 Vgl. S. 230ff.

402 Siehe hierzu S. 159f.

403 Da man zwei (oder mehr) Untersuchungsfälle nie ‚direkt als solche', sondern stets *in Bezug auf einen Vergleichsgesichtspunkt* vergleicht, nennt man diesen mit einem lateinischen Ausdruck das ‚tertium comparationis', das – neben zwei zu vergleichenden Fällen – ‚dritte' Element eines Vergleichs. Siehe hierzu S. 230f.

404 Von lat. ‚exploráre', d.h. etwas erkunden.

gut wie vollständig entwickelt; man beschränkt sich aber bei der Datenerhebung und Datenanalyse auf einen kleinen Teil des ‚eigentlich' zu erforschenden Gegenstandes. In der Regel nutzt man Pilotstudien, um Erfahrungen für die Durchführung sogenannter ‚Hauptuntersuchungen' zu gewinnen, die einen Forschungsplan *vollständig* umsetzen. Bei Pilotstudien oder Hauptuntersuchungen führt man ferner ‚Pretests' durch, die der Erprobung von Erhebungsinstrumenten wie Fragebögen, Beobachtungs- oder Kategorienschemata dienen. *Wiederholt* man eine Hauptuntersuchung, um ihre Ergebnisse zu überprüfen oder um Veränderungen ihres Gegenstandsbereichs festzustellen, so spricht man von einer ‚Replikation'. Demgegenüber sind ‚Folgestudien' solche Untersuchungen, die mit einem verfeinerten, geringfügig oder gar nicht veränderten Instrumentarium über den Ergebnishorizont bisheriger Hauptuntersuchungen oder Pilotstudien hinausgehen. Eine Kette von Folgestudien – durchgeführt als Panelstudien oder anhand immer wieder neu gezogener Stichproben – liefert das Grundlagenmaterial für Längsschnitt- und Zeitreihenanalysen (‚Trendanalysen').

4. Der Ablauf normativer Forschung

Normative Forschung zum Zweck der Erarbeitung von *Werturteilen* ist das zentrale Anliegen Politischer Philosophie, während normative Forschung zum Zweck der Erarbeitung von *Handlungsanweisungen* zumal im Bereich von Politikfeldanalysen und der vergleichenden Erforschung politischer Systeme unternommen wird. Insgesamt hat normative Forschung die Aufgabe,

- vorgelegte normative Theorien zu überprüfen;
- Wertmaßstäbe und sie konstituierende bzw. von ihnen getragene Gefüge normativer Aussagen zu erstellen, also neue normative Theorien zu erarbeiten;
- Inhalte, Strukturen und Prozesse politischer Wirklichkeit anhand erarbeiteter Wertmaßstäbe zu bewerten und zu kritisieren;
- auf der Grundlage solcher Werturteile Handlungsanweisungen zu formulieren.

Stets baut normative Forschung auf recht umfangreichen Vorarbeiten theoretischer und empirischer Forschung auf. Jene Arbeitsschritte, welche diesen beiden Forschungszweigen zuzurechnen sind, werden im folgenden nur noch zusammenfassend erwähnt, nicht aber erneut aufgelistet. Mit dieser Einschränkung läßt sich der Ablauf normativer Forschung wie folgt skizzieren:

a. Die Überprüfung normativer Theorien

Die Überprüfung normativer Theorien vollzieht sich in vier Arbeitsschritten: Rekonstruktion der Theorie; logische Analyse der Theorie; Analyse der Begründung der Theorie; und Analyse der normativen Brauchbarkeit der Theorie.

(1) Rekonstruktion der Theorie: Eine normative Theorie ist eine Argumentation, die Gründe dafür angibt, warum bestimmte Dinge gut oder schlecht sind. Die Kurzform einer normativen Theorie ist ein ‚Wertmaßstab'. Hierin einer ‚elliptischen Erklärung' ähnlich,[405] gibt ein Wertmaßstab nur in knappen Sätzen an, was er als gut (bzw. schlecht) behauptet. Ebenso wie eine elliptische Erklärung nur dann auf ihren Wahrheitsgehalt geprüft werden kann, wenn man die in ihr mitgedachten oder implizierten Argumentationen zunächst einmal rekonstruiert, beginnt die Überprüfung eines Wertmaßstabes mit der Rekonstruktion jener normativen Theorie, deren Teil er ist. Diese Aufgabe wird typischerweise neben bibliographischen Recherchen zu den Texten, in

405 Siehe S. 116f.

denen die zu überprüfende Theorie entfaltet ist, (hermeneutische) Inhaltsanalysen des ausfindig gemachten Schrifttums umfassen.

(2) Logische Analyse der Theorie: Die Überprüfung einer normativen Theorie beginnt sodann mit einer *logischen Analyse* des sie konstituierenden Aussagengefüges. Hierbei ist festzustellen, ob die zu prüfende, in vielfältige Kontexte und Argumentationen eingebettete normative Theorie logische Inkonsistenzen, naturalistische Fehlschlüsse[406] oder zirkuläre Argumentationen enthält. Derartige Mängel sind zu beseitigen. Normative Theorien, die anders als unter Inkaufnahme solcher Fehler nicht formuliert werden können, müssen aufgegeben werden, da sie wissenschaftlichen Anforderungen *von vornherein* nicht genügen.

(3) Analyse der Begründung der Theorie: Hier geht es darum, ob die untersuchte normative Theorie auf ‚Offenbarungen', auf unhinterfragte Werke von ‚Klassikern' oder auf sonstigen Glaubensakte gegründet ist, oder ob sie ihr Fundament in einem für praktische Bewertungszwecke zwar angestrebten, doch ansonsten für freier Erörterung offenen Konsens hat.[407] Nur solche normativen Theorien, die ihre Begründung für Kontrolle, Kritik und Korrektur offen halten, sind für normative Forschung akzeptabel. Alle anderen normativen Theorien mögen sehr überzeugende religiöse oder politische Theorien sein, stellen aber keine wissenschaftlichen, über die Leistungsfähigkeit des ‚gesunden Menschenverstandes' hinausgelangte Theorien dar. Sie sind kein Ergebnis, sondern nur ein *Gegenstand* politikwissenschaftlicher (oder philosophischer) Forschung.

(4) Analyse der ‚normativen Brauchbarkeit' der Theorie: Dies ist der Kernbereich der Überprüfung normativer Theorien. Hier ist herauszufinden, ob die fragliche Theorie jene Aufgaben, derentwegen man sie heranziehen möchte, wirklich erfüllen kann. Der *Grundgedanke* des Prüfverfahrens läßt sich so formulieren:

- Aus einer Untersuchung der – aufgrund von empirischem Zusammenhangswissen zu erwartenden – *Folgen* von Handlungen, welche den Forderungen der geprüften normativen Theorie entsprechen, wird auf die Berechtigung der Behauptung geschlossen, die überprüften normativen Aussagen seien wirklich Ausfluß eines zur Handlungsanleitung brauchbaren Wertmaßstabs.
- Aus der Bestätigung oder Widerlegung dieser Behauptung über den Wertmaßstab wird sodann auf die Gültigkeit der von ihm abzuleitenden Werturteile und auf die Brauchbarkeit der von ihm ausgehenden Handlungsanweisungen geschlossen.

Im einzelnen ist so zu verfahren:

- Man arbeitet durch *logische* Analyse heraus, welche Handlungsanweisungen aus der zu überprüfenden normativen Theorie abzuleiten sind, also: welches Tun oder Lassen anhand des zu prüfenden Wertmaßstabs im großen und ganzen als gesollt bzw. gut behauptet wird.
- Sodann ist durch *empirische* Untersuchung einer geeigneten Auswahl von Fällen, in denen gemäß solchen Handlungsanweisungen vorgegangen wurde, herauszufinden, ob derartiges Handeln für die Verwirklichung jener Werte, derentwegen es unternommen wurde, tatsächlich hinreichend oder zumindest notwendig war.[408]

---

[406] Siehe S. 97f.

[407] Zirkuläre Scheinbegründungen werden bereits bei der logischen Analyse entdeckt.

[408] Drei Probleme können dabei auftreten, welche die *Grenzen* der Möglichkeit markieren, normative Aussagen auf *wissenschaftliche* Weise zu erarbeiten: Es lassen sich einfach keine geeigneten Untersuchungsfälle auffinden; derartige Fälle können zwar untersucht werden, doch es ist fraglich, inwiefern der bezüglich *ihrer* festgestellte Befund für den Anwendungsbereich der *nun* zu prüfenden Theorie aussagekräftig ist; oder trotz der Untersuchung geeigneter Fälle läßt sich nicht ausreichend klar herausfinden, welchen Einfluß die betrachteten Handlungsweisen tatsächlich auf die Verwirklichung jener Werte hatten, bezüglich welcher sie unternommen wurden. Vgl. Anm. 773.

- Gelangt man zu einem aussagekräftigen Prüfergebnis, so ist anhand seiner *abzuschätzen*, welche Chancen auf welche Auswirkungen des von der untersuchten normativen Theorie geforderten Handelns in jenen Situationen erwartet werden dürfen, für die man solches Handeln verlangt. Dabei gibt es drei Möglichkeiten:
  - Kann mit geringer Irrtumswahrscheinlichkeit erwartet werden, daß ein Handeln gemäß den formulierten und überprüften Handlungsanweisungen für die Verwirklichung der ihnen zugrunde liegenden Werte einen förderlichen Beitrag leistet, so können die handlungsanleitenden normativen Aussagen als *brauchbar* gelten.
  - Kann mit geringer Irrtumswahrscheinlichkeit erwartet werden, daß ein Handeln gemäß den Handlungsanweisungen der untersuchten normativen Theorie für die Verwirklichung der von dieser Theorie angezielten Werte weder hinreichend noch notwendig ist, so können die handlungsanleitenden normativen Aussagen als *unbrauchbar* gelten.
  - Kann mit geringer Irrtumswahrscheinlichkeit erwartet werden, daß ein Handeln gemäß den Handlungsanweisungen der untersuchten normativen Theorie für die Verwirklichung der von dieser Theorie angezielten Werte eher hinderlich ist, so können die handlungsanleitenden normativen Aussagen als *kontraproduktiv* gelten.
- Aus dem dergestalt gewonnenen Prüfergebnis läßt sich nun auf die Brauchbarkeit des untersuchten Wertmaßstabs schließen, also auf die Brauchbarkeit der in Gestalt von Argumenten einen bestimmten Wertmaßstab formulierenden normativen Theorie:
  - Wertmaßstäbe, aus denen logisch stimmig brauchbare Handlungsanweisungen abzuleiten sind, können ihrerseits als *normativ brauchbar* gelten.
  - Wertmaßstäbe, aus denen logisch stimmig unbrauchbare Handlungsanweisungen abzuleiten sind, müssen auch ihrerseits als *normativ unbrauchbar* gelten.

    In diesem Fall muß der zugrunde gelegte Wertmaßstab solange korrigiert werden, bis ein brauchbarer Wertmaßstab gewonnen wurde. Mißlingt dies, so ist es – zumindest einstweilen – unmöglich, eine *wissenschaftlich* abgesicherte normative Theorie vorzulegen. Das heißt: Es kann unter Ausnutzung allen verfügbaren Wissens über die Kompetenzen des ‚gesunden Menschenverstandes' *nur* in der Weise hinausgegangen werden, daß man dessen *Grenzen aufzeigt*, ohne sie freilich überschreiten zu können.
  - Wertmaßstäbe, aus denen logisch stimmig kontraproduktive Handlungsanweisungen abzuleiten sind, müssen auch ihrerseits als *normativ kontraproduktiv* gelten. Mit ihnen ist wie mit unbrauchbaren Wertmaßstäben zu verfahren.

Offensichtlich sind nur solche Werturteile, die auf normativ brauchbaren Wertmaßstäben gründen, *gültige* bzw. *begründete* Werturteile. Hingegen sind Werturteile, die aus unbrauchbaren oder kontraproduktiven Wertmaßstäben abgeleitet wurden, als *ungültig* bzw. *unbegründet* zurückzuweisen. Entsprechendes gilt für eine zu überprüfende normative Theorie: Argumentationen, die brauchbare Wertmaßstäbe, gültige Werturteile bzw. brauchbare Handlungsanweisungen tragen, sind *gültige* bzw. *brauchbare* normative Theorien, während andernfalls *ungültige* bzw. *unbrauchbare* normative Theorien vorliegen.

Somit zeigt sich, daß die Begründung einer normativen Theorie bzw. eines Wertmaßstabes durch für praktische Zwecke ausreichenden *Konsens* keinesfalls dafür genügt, die Grundlage eines *wissenschaftlich* begründeten Werturteils zu schaffen. Das wundert auch nicht, läßt sich derartiger Konsens doch gegebenenfalls auch auf *fehlerhafte* Annahmen des ‚gesunden Menschenverstands' stützen, über welche hinauszugehen doch der Zweck von Wissenschaft ist. Diesen Schritt indessen unternimmt erst die Prüfung der normativen Brauchbarkeit eines Wertmaßstabs: bei ihr werden jene *zusätzlichen* Informationen über die Brauchbarkeit oder Kontraproduktivität konkret wertgeleiteten, werterfüllte politische Wirklichkeit hervorbringenden Handelns eingeholt, die im (alltäglichen) Diskurs – der *bislang* vielleicht zum Konsens über den anschließend geprüften Wertmaßstab führte – gerade noch *nicht* verfügbar waren. In genau solchem Zugewinn besteht der Ertrag dieses Arbeitsgangs normativer Forschung.

Das vierstufige Prüfverfahren normativer Forschung kann zu stichhaltigen Ergebnissen führen oder an die Grenzen des wissenschaftlich Möglichen gelangen, was ja auch im Bereich empirischer Forschung immer wieder vorkommt; es kann den bereits bestehenden Konsens über die Heranziehbarkeit eines Wertmaßstabs bekräftigen oder erschüttern; und es kann die normative Brauchbarkeit eines bislang konsentierten Wertmaßstabs belegen oder als nicht gegeben nachweisen. Im letzteren Fall kann der im Prüfverfahren erzielte Informationszugewinn zur Erschütterung des bisherigen und zur Erzielung eines neuen Konsenses genutzt werden, der sich nun auf eine *korrigierte* normative Theorie bezieht. Mißlingt neue Konsensstiftung, so ist normative Forschung an ihre Grenze gelangt und überläßt dem ‚gesunden Menschenverstand' der Wissenschaftler das Feld. Dann muß eben eine Pluralität konkurrierender Wertmaßstäbe und normativer Theorien akzeptiert und darauf *verzichtet* werden, eine bestimmte normative Theorie als ‚im Gegensatz zu anderen wissenschaftlich begründet' auszugeben. Das ist allerdings gar keine Besonderheit normativer Forschung: Auch im Bereich der empirischen Forschung kommt es immer wieder vor, daß einander ausschließende empirische Theorien miteinander konkurrieren und die sie vertretenden Wissenschaftler sich auf einen Konsens einfach nicht verständigen können.

b. Die Ausarbeitung neuer normativer Theorien

Auch das ist eine wichtige Forschungsaufgabe Politischer Philosophie. Sie ist in vier Arbeitsschritten auszuführen:

- In bezug auf den praktischen Zweck, dem die neue normative Theorie dienen soll, wird zunächst ein *hypothetischer Wertmaßstab* erarbeitet, der später sowohl auf seine Begründung als auch auf seine normative Brauchbarkeit überprüft wird. Man gelangt zu ihm, indem man – die oben beschriebenen Arbeitsschritte theoretischer Forschung vollziehend[409] – bereits formulierte oder praktisch benutzte Wertmaßstäbe bzw. Wertvorstellungen vergleichend betrachtet und das für den praktischen Zweck Nützliche als Ergebnis dieser Analyse klar und logisch konsistent formuliert.
- Anschließend ist zu prüfen, ob sich dieser hypothetische Wertmaßstab in zulässiger Weise begründen läßt. Begründungen, die Zirkelschlüsse, naturalistische Fehlschlüsse oder den – einem Glaubensakt gleichstehenden – Rückgriff auf ‚Offenbarungen' oder ‚Klassiker' enthalten, sind zu unterlassen; statt dessen ist eine für Kontrolle, Kritik und Korrektur offene, doch unter Fachkollegen Konsens anzielende Begründung auszuarbeiten, die auf den praktischen Anwendungszweck der zu erstellenden normativen Theorie bezogen ist. Läßt sich derartiger Konsens nicht erzielen oder nicht als gegeben nachweisen, so ist diese nicht unangezweifelte Stellung des hypothetischen Wertmaßstabs unter den mit ihm konkurrierenden Wertmaßstäben darzulegen und überdies zu begründen, warum man weiterer Arbeit dennoch *diesen* Wertmaßstab zugrunde legt. Die Begründung kann zwar auch in Form eines Glaubensaktes oder einer Willkürentscheidung vorgenommen werden; dies muß dann aber als Verlassen des wissenschaftlichen Arbeitszusammenhangs offengelegt werden und wird allenfalls dadurch geheilt, daß sich möglicherweise die normative Brauchbarkeit des entwikkelten Wertmaßstabs nachweisen läßt.

---

[409] Siehe S. 187ff.

- Der bis zu diesem Zeitpunkt erarbeitete hypothetische Wertmaßstab wird nun der oben dargelegten inhaltlichen Prüfung auf seine normative Brauchbarkeit unterzogen. Dabei können die Grenzen normativer Forschung erreicht werden. Ist dies nicht der Fall, so wird das Prüfergebnis entweder den hypothetischen Wertmaßstab als normativ brauchbar erscheinen lassen oder zu dessen Korrektur Anlaß geben. Im ersten Fall kann unter Verweis auf die gewonnenen Forschungsergebnisse für einen dahingehenden Konsens geworben werden, den überprüften Wertmaßstab tatsächlich für den Bewertungszweck der angestrebten normativen Theorie heranzuziehen. Im zweiten Fall muß eine Korrektur des geprüften Wertmaßstabs vorgenommen werden. Mißlingt sie, so ist wiederum die Grenze der Leistungsfähigkeit normativer Forschung erreicht.
- Im anzustrebenden Optimalfall liegt hinsichtlich eines normativ brauchbaren Wertmaßstabes ein breiter Konsens über dessen Heranziehbarkeit vor. Der ursprünglich nur hypothetisch formulierte, dann geprüfte und – gegebenenfalls nach Korrekturen – als normativ brauchbar nachgewiesene Wertmaßstab kann nun zum Angelpunkt der um ihn zu errichtenden normativen Theorie gemacht werden. Die ihn konstituierenden Aussagen werden für diesen Zweck systematisiert und in hierarchische Abhängigkeitsverhältnisse gebracht, so daß ein übersichtliches und für praktische Zwecke leicht nutzbares Aussagengefüge entsteht; und dieses Aussagengefüge wird sodann zur Erfüllung jener Zwecke ausgebaut.

Offenbar sind bei der Durchführung der beschriebenen Prüfungen und Argumentationen, sind also bei der Erarbeitung der fraglichen normativen Theorie, keinerlei *persönliche* Werturteile des Wissenschaftlers nötig. Vielmehr entstehen wissenschaftlich erarbeitete Werturteile erst als *Resultat* einer Argumentation, die im Rahmen einer dergestalt erarbeiteten normativen Theorie durchgeführt wird. Persönliche Werturteile *anstelle* logisch konsistenter und inhaltlich geprüfter Aussagen bei der Erarbeitung einer normativen Theorie zu benutzen, ist sogar nachteilig, weil die Überzeugungskraft der vorgelegten normativen Theorie dann allein von der Akzeptabilität jener persönlichen Werturteile abhinge. Solchermaßen gelangte man aber in *keiner* Weise über das hinaus, was bereits auf der Grundlage des ‚gesunden Menschenverstandes' möglich ist, und normative politikwissenschaftliche Forschung wäre schlechterdings überflüssig.

Sie wird indessen – ganz analog zum Fall empirischer Forschung sowie der dortigen Infragestellung persönlicher empirischer Hypothesen – um so erfolgreicher und nützlicher sein, in je größerem Ausmaß Wissenschaftler sich in die Lage versetzen, auch die in ihrem eigenen Alltagsdenken wurzelnden, einen Teil ihrer Identität ausmachenden Werturteile gegebenenfalls durch normative Forschung als ungültig und als auf unbrauchbaren Wertmaßstäben fußend *aufzugeben*, statt weiterhin in aller Selbstverständlichkeit davon auszugehen, es bestehe eine Art ‚natürlicher Harmonie' zwischen ihren persönlich bevorzugten und den wissenschaftlich begründbaren normativen Theorien. Weil aber auch unter Wissenschaftlern Vorurteile und argumentative Eitelkeiten meist stärker sind als die Fähigkeit zur Selbstkritik und die Lust am Lernen, ist nirgendwo größere Skepsis über die Entwicklungsmöglichkeiten politikwissenschaftlicher Forschung angebracht als bei der Entwicklung normativer Theorien. Das freilich beeinträchtigt auch die Erarbeitung von Werturteilen und Handlungsanweisungen. Wenigstens kann bei der *Überprüfung* normativer Theorien, insbesondere abgelehnter normativer Theorien, immer wieder die kritische und aufklärerische Wirkung von Wissenschaft zur Geltung kommen.

c. Die Erarbeitung von Werturteilen

Die Schritte der Erarbeitung eines Werturteils ergeben sich aus dessen logischer Struktur: Das zu bewertende Objekt wird durch eine empirisch wahre Aussage beschrieben; es wird auf einen Wertmaßstab – d.h. auf eine (elliptische) normative Theorie – verwiesen, welcher der vorgebrachten Bewertung zugrunde gelegt werden soll; und es wird in einer logisch stimmigen Argumentation gezeigt, zu welcher Bewertung des Objekts anhand dieses Wertmaßstabs zu gelangen ist, wobei die Schlußfolgerung dieser Argumentation das zu erarbeitete Werturteil darstellt. Also sind die folgenden Arbeitsschritte zu durchlaufen, wenn ein Werturteil erarbeitet werden soll:

- Zunächst sind die zu bewertenden Inhalte, Prozesse und Strukturen durch empirisch wahre Aussagen festzustellen. Empirisch falsche Aussagen über die zu bewertenden Inhalte, Prozesse und Strukturen machen das Werturteil im Wortsinn gegenstandslos.
- Sodann ist ein zur Bewertung geeigneter und normativ brauchbarer Wertmaßstab ausfindig zu machen bzw. in der eben beschriebenen Weise zu erarbeiten. Wenn dabei die oben beschriebenen Regeln und Verfahren nicht eingehalten werden bzw. nicht eingehalten werden können, lassen sich auch keine wissenschaftlich begründeten Werturteile fällen. Trotzdem von Wissenschaftlern formulierte Werturteile sind dann als nicht *wissenschaftlich* begründete, sondern als bloß *persönlich* bevorzugte Werturteile zu kennzeichnen.
- Kann ein normativ brauchbarer Wertmaßstab beigebracht werden, so ist eine logisch konsistente Argumentation vorzulegen, als deren Resultat sich ergibt, wie anhand dieses Wertmaßstabs die interessierenden politischen Inhalte, Prozesse oder Strukturen zu bewerten sind. *Nur eine logisch konsistent von einem normativ brauchbaren, in zulässiger Weise begründeten Wertmaßstab abgeleitete Bewertung eines empirisch wahr beschriebenen Objekts ist ein gültiges, wissenschaftlich begründetes Werturteil.* Sofern es nicht gelingt, zu einem *solchen* Werturteil zu gelangen, kann ein wissenschaftlich begründetes Werturteil eben *nicht* abgegeben werden und die Politikwissenschaft scheitert dann eben mit ihrem Versuch, auch bei der Erstellung normativer Aussagen über jene Grenzen hinauszugelangen, an die auch schon der ‚gesunde Menschenverstand' reicht.

d. Die Erarbeitung von Handlungsanweisungen

Auch hier ergeben sich die zu erledigenden Arbeitsschritte unmittelbar aus der logischen Struktur einer Handlungsanweisung: Bezüglich eines durch Tun oder Lassen anzugehenden Problems wird ein wissenschaftlichen Kriterien genügendes Werturteil gefällt, das klarstellt, was bezüglich des Problems als gut bzw. schlecht, als gesollt bzw. verboten gelten soll; anhand dieses Werturteils formuliert man entweder nur, was in bezug auf das zu bewältigende Problem ‚im großen und ganzen' geschehen soll, oder man lädt eine empirisch wahre Wenn/Dann-Aussage als sozialtechnologische Aussage ‚normativ auf', indem ihre Dann-Komponente als zu erreichender Zustand und ihre Wenn-Komponente als präzise Handlungsanweisung formuliert wird. Hieraus ergeben sich die folgenden Aufgaben einer Erarbeitung von Handlungsanweisungen:

- Der Sachverhalt, auf den man durch eine wissenschaftlich begründete Handlungsanweisung einwirken will, muß durch empirisch wahre Aussagen festgestellt werden. Mißlingt dies, so ist die gesamte Handlungsanweisung unbrauchbar.
- Anschließend ist über diesen Sachverhalt in der oben beschriebenen Weise ein gültiges, wissenschaftlich begründetes Werturteil zu fällen. Aus ihm muß klar hervorgehen, welcher Zustand durch Tun oder Lassen angestrebt werden soll. Offensichtlich läßt sich eine wissenschaftlich begründete Handlungsanweisung *keinesfalls* erarbeiten, wenn nicht zuvor ein gül-

tiges Werturteil gefällt werden konnte. Wird dennoch von Wissenschaftlern eine Handlungsanweisung formuliert, so ist sie als eine nicht *wissenschaftlich* begründete, sondern allein kraft *persönlicher Urteilskompetenz* bevorzugte Handlungsanweisung zu kennzeichnen.

- Sodann sind durch Sekundäranalyse oder eigene Forschung empirisch wahre Wenn/Dann-Aussagen ausfindig zu machen, welche die Zusammenhänge zwischen den bestehenden und den – gemäß gültigem Werturteil – zu erreichenden Zuständen erfassen. Wenn keine mit geringer Irrtumswahrscheinlichkeit den zu erreichenden Zustand mit dem gegebenen Ausgangszustand verknüpfenden (Gefüge von) sozialtechnologischen Aussagen gibt, läßt sich auch keine wissenschaftliche begründete Handlungsanweisung erarbeiten.
- Jene empirisch wahren Wenn/Dann-Aussagen, falls sie verfügbar sind, gilt es nun entlang jener Argumentation, die zum gefällten Werturteil führte, *normativ aufzuladen*: die Dann-Komponente beschreibt den zu erreichenden Zustand, die Wenn-Komponente die – im Licht der herangezogenen normativen Theorie – zu unternehmenden Handlungen. Die als *Gebot* interpretierte Wenn-Komponente stellt also die gesuchte Handlungsanweisung dar. Falls nur Wenn/Dann-Aussagen von zweifelhaftem Wahrheitsgehalt sind, führt ihre ‚normative Aufladung' natürlich zu Handlungsanweisungen von zweifelhafter Brauchbarkeit. Wiederum sind dann die Grenzen normativer Forschung erreicht. Dennoch erteilte Handlungsanweisungen sind entsprechend ihrem Mangel als von zweifelhafter wissenschaftlicher Begründung zu kennzeichnen.

Da wissenschaftliche Handlungsanweisungen auf Werturteilen beruhen, können sie natürlich *nicht* werturteilsfrei erteilt werden.[410] Allerdings dürfen als dabei benutzte Werturteile eben nicht die *ungeprüften* Werturteile des gesunden Menschenverstandes herangezogen werden; vielmehr sind jene Werturteile in den angegebenen Schritten normativer Forschung zu erarbeiten. Da dies aber werturteilsfrei geschehen kann, können auch die Werturteile benutzenden wissenschaftlichen Handlungsanweisungen auf wert*urteils*freier Forschung gründen. Diese ist natürlich keine *wert*freie Forschung, da eine solche sich gar nicht das Ziel setzen würde, zu besseren Werturteilen zu gelangen, als sie schon der ‚gesunde Menschenverstand' verfertigen kann.

Insgesamt zeigt diese Darstellung normativer Forschung, daß sie *äußerst* komplizierte Probleme zu bewältigen hat, deren Lösungsmöglichkeiten *sehr* skeptisch zu beurteilen sind. Gerade die uns vertrautesten, im Alltag immer wieder so einfach erscheinenden Aufgaben – die Abgabe von Werturteilen und die Formulierung von Handlungsanweisungen – verlangen also nach überaus aufwendiger Forschungsarbeit, soll mehr herauskommen, als der ‚gesunde Menschenverstand' ohnehin schon zu leisten versteht. Weil dies nun einmal so ist, vollziehen Politikwissenschaftler im Bereich normativer Forschung nur sehr selten eine Emanzipation von ihrem ‚gesunden Menschenverstand' und halten derlei – wenigstens im jeweils eigenen Fall – meist auch gar nicht für wünschenswert. Daß sie aus diesem Grund die Regeln wissenschaftlicher Arbeit bei der Formulierung ihrer Werturteile und Handlungsanweisungen für unanwendbar erklären, hat viele um den Wissenschaftscharakter der Sozialwissenschaften besorgte Forscher zur Forderung verleitet, die normative Forschung überhaupt aus ihren Disziplinen zu verbannen.

Dieser Forderung sollte man sich aber nicht anschließen. Erstens erlauben die hier beschriebenen Vorgehensweisen, über Werturteile und Handlungsanweisungen des ‚gesunden Menschenverstandes' mittels Prüfung und Kritik weit hinaus zu gelangen und somit genau das zu tun, worum sich alle Wissenschaft dreht: sich aus den Fesseln des ‚gesunden Menschenverstands' zu befreien. Zweitens hat jede politische Ordnung immer wieder Bedarf an kritischer Überprüfung ihrer Wertgrundlagen, Institutionen und politischen Prozesse sowie an begründeten Handlungsanweisungen. Im Grunde hat sie um so mehr wirklichen Bedarf an öffentlich wirksamer

---

410 Vgl. zum folgenden die Ausführungen auf S. 96 und 129f.

normativer Forschung, je stärker sie ihr normatives Fundament der Kritik zu entziehen versucht und sich kritische Einmischungen unabhängiger Wissenschaftler verbittet. Diese für die politische Praxis so wichtige wissenschaftliche Dienstleistung verhindern leider zwei Gruppen von Politikwissenschaftlern: einerseits jene, die durch Verbannung normativer Forschung die Politikwissenschaft sterilisieren; und andererseits die, welche mit ihren normativen Aussagen den Horizont ihres ‚gesunden Menschenverstandes' erst gar nicht verlassen. Diese erwecken oft den Eindruck, von den *res gerendae*[411] solle die Politikwissenschaft *als Wissenschaft* wohl besser schweigen. Das zu akzeptieren führte aber zum jedes Selbstverständnis unseres Faches belastenden Paradox, daß politikwissenschaftliche Kompetenz zwar vielleicht als erstrebenswert, für den Wertkern politischer Entscheidungen aber als unerheblich gelten müßte.

---

[411] Lat. für ‚die zu gestaltenden Dinge'.

V. Zum gegenwärtigen Selbstverständnis der deutschen Politikwissenschaft

Aufgrund der – zumal jüngeren – Geschichte der deutschen Politikwissenschaft ist es nicht verwunderlich, daß dem Fach lange Zeit ein halbwegs einheitliches theoretisches, methodisches und praktisches Selbstverständnis fehlte. Gerade die in den siebziger Jahren reichlich publizierten ‚Einführungen in die Politikwissenschaft'[412] wirkten einem ‚professionellen Konsens' eher entgegen, indem sie die Disziplin dreifach gespalten darstellten. Sie führten aber immerhin dazu, daß eine bestimmte ‚Landkarte' möglicher politikwissenschaftlicher Orientierungen geradezu verbindlich wurde. Bis heute nachklingend, soll sie unter dem Begriff ‚Drei-Schulen-Lehre' noch einmal vorgestellt und kritisiert werden. Oft ist auch von den drei ‚grundlegenden Forschungsansätzen' oder den drei ‚theoretisch-methodischen Grundorientierungen' der Politikwissenschaft die Rede. Der Leitgedanke der folgenden Darstellung läßt sich so formulieren: *Alle* sogenannten ‚drei Schulen' machen, jede für sich, auf wichtige Forschungsaufgaben und Forschungsprobleme der Politikwissenschaft aufmerksam; sie stellen durchaus *keine* voneinander streng geschiedenen ‚Grundmöglichkeiten' politikwissenschaftlicher Orientierung dar; und ein der Komplexität des Faches angemessenes Selbstverständnis sollte die zentralen Anliegen *aller* ‚Schulen' in sich aufnehmen, ihre Übertreibungen und Einseitigkeiten aber ablegen.

1. Die ‚Drei-Schulen-Lehre'

Viele in den 70er und 80er Jahren ausgebildete Politikwissenschaftler benutzten zur Bestimmung ihres Selbstverständnisses und zur Beschreibung ihres Fachs die am Ende der 60er Jahre formulierte Lehre, es zerfalle die Politikwissenschaft in folgende drei ‚Schulen', denen ein jeweils besonderes Forschungsinteresse, methodisches Vorgehen und Selbstverständnis entspreche: die ‚normativ-ontologische' (auch: ‚essentialistische', ‚praktisch-philosophische') Schule; die ‚empirisch-analytische' (auch: ‚rationalistische') Schule; und die ‚historisch-dialektische' (auch: ‚kritisch-dialektische', ‚kritisch-praktische') Schule. Daß es diese Schulen wirklich gäbe, wurde in der Regel einfach behauptet, während ein Nachweis sich zu erübrigen schien, da doch in fast jedem Einführungstext auf sie Bezug genommen wird. Dennoch gibt zu Zweifeln Anlaß, daß die meisten Politikwissenschaftler – zumindest inzwischen – für sich in Anspruch nehmen, keiner Schule einfach ‚anzuhängen', sondern behaupten, die jeweiligen Vorzüge der einzelnen Schulen eigenständig verbinden zu wollen. Darum ist zu prüfen, ob die immer noch tradierte ‚Drei-Schulen-Lehre' nicht vielleicht ein ‚falsches Bewußtsein' von den politikwissenschaftlichen Grundpositionen fixiert, also: ob sie nicht ein bloß ‚vorgeblendetes' Selbstverständnis widerspiegelt, hinter dem sich ein ziemlich anderes ‚praktisches' Selbstverständnis von Politikwissenschaftlern verbirgt.

a. Leitgedanken der ‚normativ-ontologischen Schule'

Hinter der durch empirische Forschung faßbaren politischen Wirklichkeit liegt eine ‚tiefere' (bzw. ‚höhere') Schicht der Wirklichkeit, die allein durch philosophische Analyse erschlossen und geklärt werden kann. Dieser geht es um die Erkenntnis des ‚Wesens' der interessierenden Sachverhalte, der ihnen innewohnenden Werte, was alles ein allein *Denk*mittel benutzendes Stu-

---

412 Siehe Anm. 893.

dium des ‚Schichtenbaus des Seins' enthüllen kann. Eben dies bezeichnet der griechische Begriff *Ontologie.*[413] In der hinter der Oberfläche bloßer Phänomene verborgenen ‚wesentlichen' Schicht der Wirklichkeit sind vor allem jene Normen angesiedelt, nach denen z.B. die politische Welt geordnet werden muß, wenn diese ihrem ‚Wesen' gemäß funktionieren und somit Bestand haben soll.

Die Forschungsaufgabe des Politikwissenschaftlers besteht folglich darin, jene ‚eigentliche' politische Wirklichkeit zu erkennen, ihre Bezüge zur empirisch faßbaren politischen Wirklichkeit zu verstehen, und der ersteren jene Normen zu entnehmen, nach denen die letztere gestaltet werden soll. Es geht also darum, gültige Normen politischen Handelns zu erkennen und aus solcher Kenntnis des politisch Guten oder Schlechten – nicht zuletzt für Zwecke politischer Bildung – konkrete Handlungsanweisungen abzuleiten. In genau dieser *normativen* Zwecksetzung, in der Rolle einer Orientierungswissenschaft besteht der Praxisbezug der Politikwissenschaft, und die gedankliche Durchdringung und argumentative Rechtfertigung des demokratischen Verfassungsstaates wurde somit aus gutem Grund zu einem ihrer Hauptanliegen.

Methodisch ist zuallererst philosophische Analyse gefordert, nämlich gekonnter hermeneutischer Umgang mit den Texten von hervorragenden Denkern, zumal von Klassikern der politischen Ideengeschichte, sowie die Kraft zur sorgfältigen und tiefgründigen eigenen Theoriebildung. Ihrem Selbstverständnis nach steht diese ‚Schule' in der Tradition denkerischer Auseinandersetzung mit Politik und führt diese in der Gegenwart fort.

b. Leitgedanken der ‚empirisch-analytischen Schule'

Aufgabe von Wissenschaft ist es, solche Aussagen zu erarbeiten, die logisch richtig sind und mit den Gegenständen, auf die sie sich beziehen, übereinstimmen. Dementsprechend ist es Aufgabe der Politikwissenschaft, eben dies am Fall politischer Inhalte, Prozesse und Strukturen zu versuchen. Der Praxisnutzen des Fachs läßt sich so beschreiben: Durch die Bereitstellung empirisch wahrer Aussagen über Politik kann der Ideologiegehalt politischer Perzeptionswirklichkeiten gesenkt und einer Politik zugearbeitet werden, welche die in der Operationswirklichkeit auftretenden Probleme besser zu lösen vermag, als es ideologisch angeleiteter Politik gelingen kann. Methodisch ist gefordert, sowohl das Handwerkszeug der empirischen sozialwissenschaftlichen Forschung zu nutzen als auch in der Lage zu sein, durch umsichtige Theoriebildung die gewonnenen Informationen in praxisnützliche Analysen politischer Probleme und Handlungsmöglichkeiten umzusetzen. Strikte Werturteilsfreiheit gilt als Voraussetzung leistungsfähiger Forschung. Ihrem Selbstverständnis nach reiht sich diese Schule einerseits in die Tradition politischer Tatsachenforschung, andererseits in die Tradition der Aufklärung ein: Politische Behauptungen sind nicht einfach zu akzeptieren, sondern durch logische Analyse und empirische Erprobung zu prüfen.

c. Leitgedanken der ‚historisch-dialektischen Schule'

Politik kann nur begriffen werden, wenn man sie als Resultat vielfältiger Prozesse (‚Totalität') auffaßt, die in mannigfaltigen Wechselwirkungen (‚Dialektik'[414]) aufeinander einwirken und

---

[413] Von griech. ‚tò ón', d.h. das Seiende.

[414] Siehe hierzu den Beitrag von Gerhard Göhler in Nohlen 1994ff, Bd. 2, S. 81-84. Das Wort selbst kommt von griech. ‚dialégein', d.h. überlegen, diskutieren. Dialektik war in der antiken und später scholastischen Rhetorik denn auch die Kunst des Argumentierens in der Schrittfolge von Für (= These) und Wider (= Antithese), die zu einem beides zusammenfassenden Ergebnis (= Synthese) führen sollte. Natürlich konnte dieses Ergebnis in einer neuen Argumentationsrunde wieder als These durch eine Antithese bestritten und einer neuen Synthese zugeführt werden. Auf genau diese Weise – nämlich dialektisch – entwickeln sich viele Diskurse tatsächlich. Wissenschaft geht über Dia-

dergestalt die konkret erfahrbare politische Wirklichkeit *hervorbringen*. Falsch ist es, sich bei der Analyse von Politik auf deren oberflächlich erfaßbare Tatsachen und Zusammenhänge zu beschränken; vielmehr muß nach jenen grundlegenden Prozessen und Wirkungszusammenhängen gesucht werden, welche die empirisch faßbare politische Wirklichkeit überhaupt erst hervorbringen. Zumal die historische Einbettung von politischen Sachverhalten muß analysiert werden, will man die Eigenart politischer Inhalte, Prozesse und Strukturen verstehen. Dergestalt werden ‚Totalität', ‚Dialektik' und ‚Geschichtlichkeit' zu Zentralkategorien dieser Schule: nur im Kontext allgemeiner Faktoren wird das Besondere je konkreter politischer Erscheinungen kenntlich und richtig erkennbar; die Wechselwirkungen aller Einzelprozesse und Einzelstrukturen sind in Rechnung zu stellen; und es gilt, den jeweils betrachteten Gegenstand in seinem historischen Kontext sowie in seiner geschichtlichen Funktion zu verstehen sowie hieraus Folgerungen für die Weiterentwicklung der gegenwärtigen Gesellschaft abzuleiten. Noch in weiterer Weise hängen diese Zentralkategorien zusammen: Der Geschichtsverlauf selbst ist als ein – vor allem von den Widersprüchen zwischen wirtschaftlichen Produktivkräften und gesellschaftlich-politischen Verhältnissen getriebener – dialektischer Prozeß aufzufassen, in dem jeder Position (‚These') eine Gegenposition (‚Antithese') erwächst, wobei der Konflikt zwischen ihnen den Geschichtsprozeß vorantreibt und ihn in eine neue, höhere, integrierende Position münden läßt (‚Synthese'), der ihrerseits wieder eine neue ‚Antithese' entgegentreten wird. Folglich muß man die jeweils untersuchte politische Wirklichkeit als eine spezifisch eingebettete Phase des Geschichtsprozesses, Geschichte indessen als Totalität konflikthafter Prozesse analysieren und dabei das Modell der Dialektik anwenden.

Obschon von der grundlegenden Argumentation her unnötig, werden diese Zentralkategorien – auf zumal von der ‚Kritischen Theorie' gewiesenen Bahnen – so gut wie immer mit (neo-)marxistischem bzw. marxistisch-leninistischem Gedankengut aufgefüllt: Die Totalität der politische Wirklichkeit hervorbringenden Prozesse sei anhand der Marxschen politischen Ökonomie zu erschließen sowie in den Kategorien von Basis und Überbau zu verstehen; eine hinreichende Theorie der Wechselwirkungen böten die innerhalb des Dialektischen Materialismus

---

lektik in diesem Sinn aber insofern hinaus, als sie den Wahrheitsgehalt einer Aussage nicht einfach durch *Abwägen* der für oder gegen eine Behauptung sprechenden Meinungen überprüfen will, sondern zu den Mitteln der logischen Analyse und empirischen Forschung greift. Auf der Ebene der Ergebnisinterpretation gelangt man dann freilich wieder beim dialektischen Abwägen von These und Gegenthese an, desgleichen überall dort, wo Wissenschaft ohnehin rasch an ihre Grenzen gelangt: bei der Erklärung komplexer geschichtlicher Prozesse und bei der Begründung von Normen. Von dieser Herkunft des Konzepts der Dialektik aus der Rhetorik und einer rhetorisch geprägten Erkenntnistheorie bzw. Methodologie hebt sich seit Hegel und Marx ein – eben auch der ‚historisch-dialektischen Schule' zugrunde liegendes – Verständnis von Dialektik ab, welches Dialektik nicht nur als Eigentümlichkeit des Redens über die (gesellschaftliche) Wirklichkeit, sondern auch als Eigentümlichkeit der Entwicklung von (gesellschaftlicher) Wirklichkeit selbst auffaßt. Das Zusammenwirken von Argument (These) und Gegenargument (Antithese) in einer argumentativen Synthese wird dann in der Wirklichkeit als ‚Realdialektik' gewissermaßen ‚wiederentdeckt': nämlich als Zusammenspiel einer Entwicklung (‚These') mit einer später dazu gegenläufigen, ‚widersprüchlichen' Entwicklung (‚Antithese', ‚Negation'), deren Ergebnis die Überwindung der erstgenannten Entwicklung durch die zweitgenannte Entwicklung sein wird. In diesem Ergebnis (‚Synthese') bleiben dann die Spuren der ‚These' wie der ‚Antithese' im dreifachen Sinn ‚aufgehoben': Sie sind als allein wirksam *beseitigt*; sie sind zugleich in ihren wertvollen, zukunftsweisenden Elementen *bewahrt*; und sie wurden durch beides auf ein höheres Niveau *erhoben*. Natürlich kann diese Synthese wiederum von neuen Entwicklungen bedroht werden, wodurch sie in die Rolle einer – mit einer neuen Antithese konfrontierten – These rückt und der ganze Prozeß sich wiederholt. Mit solchen Denkfiguren lassen sich sehr komplizierte Prozesse ziemlich einfach beschreiben. Offenbar hat genau das zur Popularität dieses Konzepts der Realdialektik beigetragen. Es erspart nämlich die Bildung viel komplexerer, klarerer und bei empirischer Überprüfung sich darum auch leichter als falsch erweisender Modelle von Wirkungspfaden und Entwicklungsgeschichten (vgl. S. 31ff, 109ff und 126). Zu besonderer intellektueller Verwirrung hat im übrigen beigetragen, daß bis heute immer wieder die Dialektik als Argumentationsform mit der ‚Realdialektik' gleichgesetzt und gar als deren ‚notwendige Widerspiegelung' aufgefaßt wird. Das ebnet die für Forschung grundlegende Unterscheidung zwischen einer Aussage und dem Referenten, auf welchen die Aussage sich bezieht, völlig ein und stellt die Verwendung des Konzepts der Dialektik – einesteils die Erfassung eines realen argumentativen Wechselspiels, andernteils der metaphorische Gebrauch als ‚Realdialektik' – von den Füßen auf den Kopf.

formulierten ‚Gesetze der Dialektik'[415]; und der historische Stellenwert politischer Inhalte, Prozesse und Strukturen sei anhand der Theorie des Historischen Materialismus zu bestimmen, welche es ermögliche, einen bestimmten Standpunkt als zwar parteiisch, dennoch aber ‚objektiv richtig' auszugeben.

Füllt man die genannten Grundkategorien in der eben beschriebenen Weise mit (neo-)marxistischem Gedankengut, so ergibt sich ein Praxisbezug dieser Schule in zweifacher Weise. Erstens ist wissenschaftlich begründete Kritik an den in ‚bürgerlichen Staaten'[416] bestehenden wirtschaftlichen, politischen, sozialen und geistigen Verhältnisse zu üben, wobei die Maßstäbe der Kritik den jeweils bevorzugten Spielarten des Marxismus entnommen werden. Zweitens hat der Politikwissenschaftler selbst parteilich zu sein und zu versuchen, durch seine Publikations-, Lehr- und Organisationstätigkeit in den bürgerlichen Staaten die Chancen auf einen baldigen Übergang einer höheren Gesellschaftsformation (nämlich des Sozialismus) zu steigern, um nämlich dem ‚natürlichen Interesse des Menschen an Emanzipation aus unnötigen Zwängen' zu dienen und der gesellschaftlichen Gleichheit willen sowie einer anzustrebenden demokratischen Identität von Regierenden und Regierten wegen auf die Aufhebung politischer Herrschaft hinzuwirken.

Methodisch setzt diese Schule auf gekonnten hermeneutischen Umgang mit den Schriften der Klassiker des Marxismus, Sozialismus und ggf. auch Leninismus, bzw. auf eingehende Interpretationen der Schlüsselwerke der – von Max Horkheimer, Theodor W. Adorno und Herbert Marcuse entwickelten – ‚Kritischen Theorie', und paart die hieraus gewonnenen Einsichten mit zumindest sekundäranalytischen empirischen Bestandsaufnahmen politischer Vergangenheit und Gegenwart. Ihrem Selbstverständnis nach steht diese Schule in der vom Sozialismus in die Gegenwart verlängerten Tradition von Humanismus und Aufklärung: es gelte, die Wirklichkeit nicht nur zu interpretieren, sondern sie auf humanistische Ideale hin zu verändern. Dies geschieht durch die Bereitstellung geeigneter politischer Argumente sowie durch vielfältige politische Arbeit, bei welcher man sich auf seine Autorität als Wissenschaftler stützt.

Bis zum Zusammenbruch der sozialistischen Staaten galten Politikwissenschaftler, die sich der historisch-dialektischen Schule zurechneten oder ihr zugeordnet wurden, nicht selten als die ‚fortschrittlichen' Fachvertreter, während die als empirisch-analytisch oder gar als normativ-ontologisch oder etikettierten Politikwissenschaftler als ‚konservativ' und allenfalls bedingt fortschrittlichen Ideen aufgeschlossen dargestellt wurden. Tatsächlich hatte die ‚Drei-Schulen-Lehre' ein Stück weit die Funktion, die *politischen* Lager in der gespaltenen deutschen Politikwissenschaft zu markieren: Als ‚links' und ‚neomarxistisch' galten die Vertreter des historisch-dialektischen Ansatzes, als ‚liberal' und der ‚Mitte' zugehörend die Verfechter empirisch-analytischer Politikwissenschaft, als ‚konservativ' und ‚rechts' die ‚normativen Ontologen'. Für eine gewisse Zeit konnte diese Einteilung durchaus als nützlicher Kompaß dienen, zumal nicht wenige Politikwissenschaftler sie selbst zur Festlegung ihres persönlichen – auch politischen – Standorts übernahmen. Eine nähere Betrachtung zeigt freilich, daß die ‚Drei-Schulen-Lehre' allenfalls dazu taugt, ein oder zwei Generationen von Politikwissenschaftlern zu klassifizieren,

---

415 Die drei im Anschluß an Friedrich Engels oft kanonisierten ‚Gesetze der Dialektik' sind die folgenden: ‚Einheit und Kampf der Gegensätze', ‚Umschlag von Quantität in Qualität', ‚Negation der Negation'. Offensichtlich beschreiben sie real immer wieder vorfindbare Prozesse, allerdings ganz ohne jene Wirkungszusammenhänge zu spezifizieren, derentwegen die empirischen Referenten dieser drei – überaus elliptischen (siehe S. 116f) – Wenn/Dann-Aussagen konstruiert und reproduziert werden. Im Grunde sind die ‚dialektischen Gesetze' somit *sehr* einfach zu handhabende *Kurzformeln* für viel komplexere Zusammenhänge, die einerseits genau wegen ihrer Simplizität so populär wurden, andererseits aber allzu vorschnell den bloßen Eindruck eines tatsächlichen Verständnisses des zu Erklärenden stiften und darum von kritisch-neugieriger Forschung oft eher abhalten als zu ihr hinführen.

416 Gemeint sind hier meist die demokratischen Verfassungsstaaten mit (sozialer) Marktwirtschaft als ökonomischer Basis.

keineswegs aber geeignet ist, ein dem Fach angemessenes Selbstverständnis zu begründen. Inzwischen hat sie ihre Orientierungsfunktion denn auch verloren, und zwar mit gutem Grund.

2. Kritik der ‚Drei-Schulen-Lehre'

Blickt man hinter die Etiketten, so werden nämlich erhebliche *Gemeinsamkeiten* der ‚drei Schulen' kenntlich. Hingegen liegen ihre Unterschiede im wesentlichen darin, daß die ‚drei Schulen' zu den grundlegenden Problemen wissenschaftlicher Analyse eines so komplexen Gegenstandes wie politischer Wirklichkeit *Extremlösungen* vertreten. Sich auf diese zu versteifen, ist aber durchaus unnötig. Zumal die oft behauptete *grundsätzliche* Frontstellung der ‚historisch-dialektischen Schule' gegen die beiden anderen gibt es nur dann, wenn ausschließlich marxistisches Gedankengut als sinnvolle Füllung der historisch-dialektischen Zentralkategorien angesehen wird. Inzwischen ist die Zeit aber abgelaufen, in der marxistische Theorien als fraglos überlegen galten und jene Behauptung Überzeugungskraft besaß. Folglich gibt es gute Chancen für eine Revision politikwissenschaftlichen Selbstverständnisses, und sie scheinen in den letzten Jahren auch genutzt worden zu sein.

a. Gemeinsamkeiten zwischen den ‚drei Schulen'

Die zunächst einmal so klar getrennten Schulen unterscheiden sich in wichtigen Kernaussagen durchaus nicht allzu stark, wenn man diese nur aus den Fesseln jener zweifellos abkapselnden Sprache befreit, die in den ‚Programmschriften' der Schulen meist benutzt wird. In den jeweiligen Antworten auf fünf zentrale Fragen wird dies deutlich:

- *Die Frage nach der ‚eigentlichen' Struktur der politischen Wirklichkeit.* Die normativ-ontologische Schule will hinter den Erscheinungen der beobachtbaren politischen Phänomene deren Wesen, die ‚eigentliche' Struktur der Wirklichkeit ausfindig machen; die historisch-dialektische Schule behauptet, (allein) im Fundus marxistischen und sozialistischen Gedankenguts wäre diese ‚eigentliche Struktur politischer Wirklichkeit' zutreffend beschrieben; und die empirisch-analytische Schule ist bereit, letztlich *jede* Antwort auf die Frage nach der ‚eigentlichen' Struktur politischer Wirklichkeit mit den dafür bestgeeigneten Methoden auf ihren Wahrheitsgehalt zu überprüfen und sie dann zu akzeptieren, wenn das Ergebnis solcher Forschungen für den Wahrheitsgehalt der geprüften Antwort spricht.
- *Die Frage nach politikwissenschaftlich begründbaren Normen.* Die normativ-ontologische Schule will aus Erkenntnissen über die ‚eigentliche' Struktur politischer Wirklichkeit jene Normen ableiten, die konkreten politischen Ordnungsformen zugrunde zu legen sind; die historisch-dialektische Schule behauptet, diese Normen für die derzeitige Phase des geschichtsnotwendigen Übergangs vom Kapitalismus zum Sozialismus bereits zu kennen und tritt konkret für deren politische Umsetzung ein; indes bezweifelt die empirisch-analytische Schule zwar, aus Aussagen über das Sein ließen sich solche über das Sollen ableiten, ist aber bereit, sowohl entsprechende Argumentationen analytisch auf ihren logischen Wahrheitsgehalt zu überprüfen als auch jene Vermutungen etwa aus dem Forschungsbereich der ‚Evolutionären Ethik' empirisch zu testen, die im wesentlichen besagen, es gäbe aufgrund der menschlichen Phylogenese genetisch verankerte Bindungen an bestimmte Normen, d.h.: Normen ließen sich tatsächlich und im Wortsinn in der Natur des Menschen auffinden.[417]

---

[417] Vgl. hierzu S. 25f.

- *Die Frage nach dem empirischen Wahrheitsgehalt der zu erarbeitenden Aussagen.* Weder die normativ-ontologische noch die historisch-dialektische Schule wollen Aussagen formulieren, die mit den Gegenständen, auf die sie sich beziehen, *nicht* übereinstimmen; ganz im Gegenteil bestehen sie darauf, ihre Behauptungen seien empirisch wahr. Hierin gibt es keinen Unterschied zur empirisch-analytischen Schule, welche ohnehin nicht mehr fordert, als daß *alle* Aussagen, von welcher Schule sie auch vorgebracht werden, auf ihren empirischen Wahrheitsgehalt überprüft werden müssen, und daß nur solche Aussagen akzeptiert werden dürfen, bei denen zumindest nicht ihre Falschheit nachgewiesen werden kann.
- *Die Frage nach der nötigen Komplexität beim Zuschnitt der Forschungsgegenstände.* Die historisch-dialektische Schule verlangt, die Gesamtheit aller politikrelevanten Prozesse in ihrer geschichtlichen Entwicklung und bezüglich ihrer Wechselwirkungen zu untersuchen. Dieser Forderung schließt sich jeder Vertreter empirisch-analytischer Politikwissenschaft mit allenfalls der skeptischen Einschränkung an, es sei praktisch kaum möglich, alles auf einmal mit größtmöglicher Intensität zu erforschen. Und auch wer eine normativ-ontologische Position vertritt, ist regelmäßig der Ansicht, daß kraftvolle Synthesen, die auch die Geschichte einschließen und Wechselwirkungen nicht übersehen, ein wichtiges Ziel politikwissenschaftlicher Forschung sind.
- *Die Frage nach dem Praxisbezug.* Nicht nur die historisch-dialektische Schule strebt praktisch verwertbare Ergebnisse politikwissenschaftlicher Forschung an; vielmehr sind diese das Ziel auch der anderen beiden Schulen.

b. Grundlegende Unterschiede zwischen den ‚drei Schulen' und die Möglichkeiten ihrer Überwindung

Offenbar verdeckt die geläufige Drei-Schulen-Einteilung ein äußerst großes Konsenspotential. Sie verdeckt es um so nachhaltiger, als sich wichtige Grenzlinien zwischen den ‚drei Schulen' entlang der Fronten sozialwissenschaftlicher Grundsatzdebatten erstrecken:

- Normativ-ontologische und empirisch-analytische Schule entzweien sich über den Antworten auf die Fragen,
  - ob aus Aussagen über das Sein solche über das Sollen abgeleitet werden können (‚Problem des naturalistischen Fehlschlusses');
  - ob Gegenstände der sozialen wie politischen Wirklichkeit eher durch *qualitative* Forschung erfaßt werden können, die sich der hermeneutischen Methode bedient und auf ein ‚Verstehen' abzielt, oder ob in erster Linie *quantitative* Forschung nötig wäre, die mittels der Methoden empirischer sozialwissenschaftlicher Forschung und der Statistik soziale Tatbestände ‚erklären' will.
- Empirisch-analytische Schule und historisch-dialektische Schule entzweien sich über den Antworten auf die Fragen,
  - ob nur eine bestimmte, klassengebundene Betrachtungsweise (‚Parteilichkeit') der Erforschung sozialer, politischer, wirtschaftlicher und geistiger Sachverhalte angemessen sei;
  - ob wegen der Komplexität ihrer Untersuchunsgegenstände die Sozialwissenschaften nicht eine *Widersprüche zulassende* Dialektik der Logik als ‚Werkzeug theoretischer Forschung' vorziehen sollten. Das hier einschlägige Argument aus dem Bereich der ‚historisch-dialektischen Schule' lautet: ‚Wenn ein Gegenstandsbereich Widersprüche aufweist, müssen auch die Aussagen, die ihn beschreiben, widersprüchlich sein'. Dieses Argument überzeugt allerdings nicht: Eine Aussage über einen Widerspruch behauptet nur,

daß ein Widerspruch vorliegt; und um diese Information mitzuteilen, muß sie natürlich nicht selbst einen Widerspruch enthalten.

- Normativ-ontologische Schule wie historisch-dialektische Schule einerseits und empirisch-analytische Schule andererseits entzweien sich über die Antwort auf folgende Frage: Soll man bestimmte Theorien, die ‚Klassiker' wie Platon oder Marx vorgelegt haben, als ‚offensichtlich anderen Theorien überlegen' diesen *von vornherein* vorziehen, oder ist es richtiger, Theorien als bloße Arbeitsmittel wissenschaftlicher Arbeit aufzufassen? Im ersten Fall müssen Politikwissenschaftler in erster Linie versuchen, ‚Klassiker' immer wieder zeitgemäß auszulegen, während sie im zweiten Fall frei sind, die benutzten Theorien allein nach dem Gesichtspunkt auszuwählen und weiterzuentwickeln, ob sie sich besser oder schlechter zur Anleitung eines Forschungsprozesses und zur Aufbewahrung seiner Ergebnisse eignen.

Es lassen sich nun mit einiger Plausibilität folgende Argumente vorbringen, die eine auf Synthese abzielende Beilegung der genannten Konflikte nahelegen:[418]

- Aussagengefüge, die logische Widersprüche enthalten, sind *nicht* geeignet, über die Beschaffenheit eines interessierenden Gegenstandsbereichs zu informieren, da man aufgrund ihrer logischen Inkonsistenz auch nicht ihren empirischen Wahrheitsgehalt als Aussagengefüge prüfen kann, sondern allenfalls den Wahrheitsgehalt einzelner, doch eben logisch widersprüchlicher Ausagen. Folglich bringt es nur Nachteile, aber keinen einzigen Vorteil, wenn man bei der Formulierung von Theorien die strengen Regeln der Logik durch eine Widersprüche zulassende Dialektik ersetzt.
- Qualitative und quantitative Forschung stellen *keinen* Gegensatz dar. Forschungsdesigns, die in geistesgeschichtlicher Tradition auf ein ‚Verstehen' des Forschungsgegenstands abzielen, folgen denselben Grundregeln des Wissenschaftsspiels wie Forschungsdesigns, die in naturwissenschaftlicher Tradition auf ‚Erklärungen' präzis erhobener Sachverhalte ausgehen. Angemessene Erklärungen sind im übrigen oft so komplex, daß sie als ‚elliptische' Erklärungen formuliert werden müssen und deshalb ohne einen herausfordernden Verstehensprozeß gar nicht im gemeinten Sinn nachvollzogen werden können.
- *Jeder* Blick auf die Wirklichkeit, und somit jegliche Forschung, ist *perspektivisch* und *selektiv*. Folglich kann der Streit nicht darum gehen, ob man ‚voraussetzungslos' bzw. ‚wertfrei' an seinen Untersuchungsgegenstand heranzutreten versteht. In Frage steht allein, wie man mit den verfügbaren Betrachtungsweisen und Standpunkten so umgehen kann, daß man die erkenntnisträchtigste Perspektive auf den Forschungsgegenstand zu finden und zu nutzen vermag. Dabei spricht alles dafür, daß ‚Parteilichkeit' im Sinn der grundsätzlichen Vorauswahl nur *einer* bestimmten Perspektive oder Theorie der wissenschaftlichen Arbeit *nicht* dienlich ist. Folglich muß auch die Politikwissenschaft *multiperspektivisch* und *theorienpluralistisch* betrieben werden.
- Darum ist es auch nicht sinnvoll, die Theorie eines bestimmten Klassikers oder überhaupt eine bestimmte Theorie alternativen Theorien *von vornherein* vorzuziehen. Vielmehr läßt sich nur bei der *praktischen* Forschungsarbeit feststellen, welche Theorie besser geeignet ist, Antworten auf die gestellte Frage oder Lösungen des bearbeiteten Problems zu finden.
- Es ist *nicht* möglich, mit *logischen* Mitteln aus Aussagen über das Sein solche über das Sollen abzuleiten. Zwar scheinen neuere Entwicklungen im Bereich der Evolutionsforschung – zumal auf dem Gebiet der ‚Evolutionären Ethik' – die Vermutung nahezulegen, daß bestimmte Normvorstellungen angeboren sind. Bestätigt sich dies, so wäre auf *empirischem* Weg ein Schritt getan, Sollensaussagen ursächlich auf Aussagen über das menschliche Sein

418 Die folgenden Aussagen fassen die in den bisherigen Kapiteln durchgeführten Erörterungen zusammen.

zu beziehen. Doch immer noch ließe sich dann auf keinerlei *empirische* Weise die Frage beantworten, ob bzw. warum Menschen ihren angeborenen Normvorstellungen denn wirklich folgen *sollten*. Allerdings wäre mit dem Nachweis von angeborenen und somit fraglos der ‚menschlichen Natur' eigenen Normen ein zentrales Anliegen der normativ-ontologischen Schule im Konsens mit Vertretern der empirisch-analytischen Schule erfüllt. *Ob* sich die in Aussicht gestellten Ergebnisse der ‚Evolutionären Ethik' erzielen lassen, ist indessen eine noch offene und allein *empirisch* beantwortbare Frage. Es ist darum sowohl unnötig als auch verfehlt, sich im vorhinein dogmatisch einer bestimmten Antwort auf diese Frage zu verpflichten.

– Unabhängig vom Ausgang des Streits um empirisch erkennbare ‚natürliche Normen' läßt sich zeigen, daß auch auf der Grundlage empirisch-analytischer Positionen normative Forschung genau jener Art möglich ist, an der die politische Praxis Bedarf hat: Es lassen sich von der Politikwissenschaft in der oben umrissenen Weise solche Werturteile und Handlungsanweisungen erarbeiten, die jenen Werturteilen und Handlungsanweisungen an logischem wie empirischem Wahrheitsgehalt überlegen sind, die schon der ‚gesunde Menschenverstand' zu formulieren vermag.

Angesichts dieser Möglichkeiten, die Grundlagen der Drei-Schulen-Spaltung zu beseitigen, sollten Politikwissenschaftler sich nicht länger bemühen, ihr Selbstverständnis in deren Prokrustesbett zu zwängen. Die Debatte um die ‚drei Schulen' hat zweifellos dazu beigetragen, Grundprobleme der Politikwissenschaft zu klären; insofern war sie nützlich. Doch es kann auf den erreichten Klarstellungen aufgebaut werden. Dann entsteht nämlich politikwissenschaftliches Selbstverständnis, das von vornherein multiperspektivisch und theorienpluralistisch ist, keine Frage- und Forschungstabus kennt, bezüglich keiner Forschungsmethode Berührungsängste hat, sich nicht zwischen den traditionellen Fronten von Natur- und Geisteswissenschaften verschleißen läßt, ein Wissenschaftsverständnis aus einem Guß besitzt, empirische *und* normative Forschung als Aufgaben der Politikwissenschaft begreift, und eine logische wie empirische Wahrheit anstrebende Erforschung vergangener oder bestehender politischer Wirklichkeit mit leidenschaftlicher Einmischung in konkrete politische Gestaltungsaufgaben zu verbinden weiß.

4. Kapitel: Die Teilfächer der Politikwissenschaft

In gewisser Weise bildet das Teilfach ‚Politische Systeme‘ den Kernbereich der Politikwissenschaft. Immerhin hat es – zunächst einmal – jenen Handlungsraum zum Gegenstand, in dem man üblicherweise Politik zum erstenmal zur Kenntnis nimmt: sein eigenes Land. Verständlicherweise also setzt das Teilfach ‚Internationale Beziehungen‘ in vieler Hinsicht die im Teilfach ‚Politische Systeme‘ zu gewinnenden Einsichten voraus. Das Teilfach ‚Politische Theorie‘ wiederum thematisiert die Prinzipien, nach denen (internationale) politische Systeme und die in ihnen ablaufenden Prozesse strukturiert sind, behandelt jene Inhalte, um die es in politischen Systemen und internationalen Beziehungen geht, systematisiert auch die in den beiden ersten Teilfächern gewonnenen Ergebnisse und strebt oft normative Aussagen über Politik in und zwischen Staaten an. Auf jedem Fall ist das Teilfach ‚Politische Systeme‘ ein guter Ausgangspunkt, sich die Welt der Politikwissenschaft zu erschließen.[419]

I. Die Analyse politischer Systeme

Der Zentralbegriff dieses Teilfachs ist der des ‚politischen Systems‘. In der Philosophie seit Jahrhunderten üblich, ist er als Begriff empirischer Wissenschaft im frühen 20. Jahrhundert aus der Biologie hervorgegangen und seit Jahrzehnten in allen Sozialwissenschaften überaus populär.

1. Grundlagen der Systemanalyse

a. Das allgemeine Systemmodell

Abstrakt ist ein System[420] aufzufassen als eine Menge von ‚Elementen‘ beliebiger Art, zwischen denen Beziehungen (‚Relationen‘) bestehen. Solche ‚Elemente‘ können innerstaatlich etwa Menschen oder Organisationen sein, zwischenstaatlich z.B. Staaten oder nationale Niederlassungen internationaler Unternehmen. Beispiele für Relationen wären innerstaatlich Rollen, die verschiedene Personen verbinden, oder die sozialen Beziehungen zwischen Organisationen und Institutionen.[421] Ein Muster solcher Relationen nennt man eine ‚Struktur‘.[422] Beispiele wären eine Rollenstruktur (bzw. ein ‚Rollenbündel‘) wie eine (Groß-)Familie, ebenso die Verflechtungen der Benelux-Staaten oder der internationalen Finanzmärkte. Indem man – für einen konkreten Zweck

---

[419] An Einführungsliteratur sei über die in Anm. 893 angegebenen allgemeinen ‚Einführungen‘ hinaus verwiesen auf Böhret u. a. 1988, Deutsch 1973, Easton 1965/1971, Friedrich 1953/1970, Göhler 1986, Hermens 1986, Kevenhörster 1997, Krüger 1966, Loewenstein 1975, Palombara 1974, Stammer/Weingart 1972 und Wuthe 1977.

[420] Von griech. ‚sýstema‘, d.h. Vereinigung, Zusammenstellung, bzw. von griech. ‚syntíthesthai‘, d.h. etwas zusammenstellen.

[421] Eine Institution ist ein Arrangement von sozialen Strukturen, das seine Ordnungsprinzipien und Geltungsansprüche von einer Leitidee (oder einem Bündel von Leitideen) herleitet und auch symbolisch zum Ausdruck bringt. Mit Maurice Hauriou, einem der französischen Begründer der Institutionentheorie, kann man *institutions-personnes* von *institutions-choses* unterscheiden. Die ersteren bestehen aus Personen und sozialen Strukturen; auf sie bezieht sich meistens der im Text benutzte Institutionenbegriff. Die letzteren sind durch Rechtsnormen erzeugte ‚Angebote‘ für bestimmte, dank solcher ‚Angebote‘ dann auch sehr feste Sozialstrukturen, etwa Privateigentum oder die Familie. Dieser für viele Argumentationszusammenhänge überaus nützliche Institutionenbegriff wird im folgenden mitunter ebenfalls verwendet.

[422] Von lat. ‚strúere‘, d.h. zusammenlegen, errichten.

– einen Teilbereich solcher Strukturen von anderen Strukturen oder Elementen abgrenzt, hebt man ein bestimmtes ‚Strukturgefüge‘ von einer ‚Umwelt‘ ab. Eine solche *analytisch von ihrer Umwelt abgehobene Struktur* nennt man ein ‚System‘. Beispiele wären stabile (Klein-)Familien, Organisationen wie Parteien oder Parlamente, doch natürlich auch ein Staat, ein internationales Unternehmen oder die EU. Obwohl Systeme zweifellos in der Wirklichkeit vorkommen (etwa als Maschine, Biotop, Pflanze, Tier, Mensch, Verein usw.), ist die genaue Festlegung dessen, was – im Licht einer *konkreten* Frage- oder Problemstellung – als System *verstanden* und wie für *diesen* Zweck die Grenze zwischen System und Umwelt gezogen werden soll, eine mehr oder minder sinnvolle *Entscheidung des Untersuchenden.*

Zwischen einem System und seiner Umwelt bestehen folgende Beziehungen:

- Das System empfängt aus seiner Umwelt gleichwelche Dinge, etwa Ressourcen oder Informationen (‚Input‘).
- Es verarbeitet Input innerhalb seiner Grenzen (‚Transformation‘), etwa: eine Regierung setzt an sie herangetragene gesellschaftliche Regelungsinteressen in Rechtsverordnungen um. Die Fähigkeit eines Systems, Input aufzunehmen und auf ihn zu reagieren, heißt ‚Responsivität‘.[423] Sie liegt beispielsweise vor, wenn eine Regierung unterschiedliche Interessen aufnimmt und bei der Vorbereitung von Gesetzen versucht, ihnen durch Kompromißbildung gerecht zu werden.
- Das System entläßt Dinge (etwa Informationen, Regelungen, Entscheidungen über die Zuweisung von Ressourcen) in seine Umwelt (‚Output‘). Nimmt ein System Input gezielt auf und erzeugt es Output zweckgerichtet so, daß dessen Auswirkungen (‚Outcome‘) zur Verwirklichung angestrebter Ziele führen sollen, so spricht man von ‚Steuerung‘.
- Die Umwelt kann gleichwie auf den Output des Systems reagieren. Stets ist es darum bei den Auswirkungen des (Steuerungs-)Handelns von Systemen interessant, die erwarteten Folgen von (politischen) Entscheidungen und Maßnahmen mit den unerwarteten, die geplanten mit den ungeplanten zu vergleichen.
- Sofern die Reaktionen der Umwelt wiederum zum Input des Systems werden, liegt ‚Rückkoppelung‘ (engl. ‚feed back‘) vor.
- Verstärkt oder vermehrt ein System aufgrund der Rückkoppelung bisherige Verhaltensweisen, so spricht man von ‚positiver‘ (d.h. verhaltensverstärkender) Rückkoppelung; mindert oder stoppt das System aufgrund der Rückkoppelung bisherige Verhaltensweisen, so heißt dies ‚negative‘ (d.h. verhaltensabmindernde) Rückkoppelung.
- Indem sich positive oder negative Rückkoppelung ereignet und ein System in Abhängigkeit einesteils von seinen Zielvorstellungen, andernteils von den Reaktionen seiner Umwelt den Output verändert, wird der Kreislauf von Input, Output, Outcome und Rückkoppelung zu einem *dynamischen* Kreislauf, den das System durch eigenes Verhalten zu *regeln* (auch: zu steuern) versuchen kann (‚Regelkreislauf‘, ‚Steuerungskreislauf‘).

Natürlich kann man auch *innerhalb* eines Systems Teilbereiche von dessen Strukturgefüge betrachten und sie dergestalt von *deren* – gegebenenfalls innerhalb des Systems befindlicher – ‚Umwelt‘ abgrenzen. In diesem Fall hebt man ‚Subsysteme‘[424] hervor, etwa eine Partei oder einen Verband innerhalb eines Staates. Umgekehrt kann man ein System als Subsystem eines *übergeordneten* Systems betrachten, welches letztere dann ‚Suprasystem‘[425] heißt. Die *Leistungen*, welche ein Subsystem für sein übergreifendes System oder ein System für sein Suprasystem

[423] Von lat. ‚respondére‘, d.h. auf etwas antworten; siehe hierzu auch Anm. 441.
[424] Von lat. ‚sub‘, d.h. unter.
[425] Von lat. ‚súper‘, d.h. oberhalb.

erbringt, werden die ‚Funktionen'[426] dieses (Sub-)Systems genannt. Beispielsweise erfüllt eine Brille für ihren Träger die Leistung, seine Sehkraft zu verbessern, die Buchhaltungsabteilung für ein Unternehmen die Dienstleistung der Finanzkontrolle und die Polizei die Aufgabe, öffentliche Ordnung zu sichern. Strukturen, bei denen sich keinerlei von ihnen erbrachte Leistungen erkennen lassen, nennt man ‚afunktional'; solche, die andere Strukturen bei der Erfüllung von deren Funktionen stören, ‚dysfunktional'.[427] Funktionen lassen sich im übrigen danach unterscheiden, ob sie manifest oder latent erfüllt werden. *Manifest*[428] ist eine Funktion bzw. ihre Erfüllung, wenn schon die Leitidee des (Sub-)Systems, das sie erbringt, solche Leistungen als dessen Zweck ausweist. Manifest sind Funktionen oder Funktionserfüllungen aber auch dann, wenn die Akteure oder Adressaten eines (Sub-)Systems sie beabsichtigen, erwarten oder wenigstens in Rechnung stellen. Alle anderen Funktionen, welche die ein (Sub-)System *zusätzlich* zu seinem in seiner Leitidee (oder in seinen Leitideen) verankerten Zweck erfüllt, oder welche es im *Widerspruch* hierzu *ohne* darauf gerichtete Erwartungen bzw. Aufmerksamkeit des allergrößten Teils ihrer Akteure oder Adressaten erfüllt, heißen *latente* Funktionen.[429]

Nicht selten erfüllt in einem System A eine Struktur X dieselbe Funktion wie die Struktur Y für das System B. Dann nennt man die Funktionen X und Y ‚funktional äquivalent' bzw. bezeichnet man die eine Struktur als ein ‚funktionales Äquivalent'[430] der anderen Struktur. Ein Staatspräsident ist beispielsweise in seiner Rolle als Staatsoberhaupt einem König funktional äquivalent. Falls umgekehrt dieselbe Struktur verschiedene Funktionen erfüllt bzw. erfüllen kann, nennt man sie ‚multifunktional' bzw. spricht von ‚Multifunktionalität' einer Struktur. Etwa dient eine Straße sowohl dem Verkehr als auch der Aufnahme von Versorgungsleitungen, oder es dient in Deutschland das Amt des Parlamentarischen Staatssekretärs sowohl der Entlastung des Ministers als auch der ‚politischen Austarierung' einer Regierung. Da einesteils *Funktionen oft zusammen mit Strukturen entstehen,* welche diese Funktionen dann – mitunter sehr unerwartet – erfüllen, andernteils aber nicht selten auch bewußt zur Erfüllung erwünschter Funktionen *dafür dienliche Strukturen geschaffen* werden, sind Funktion und Struktur eng aufeinander bezogen. Strukturen begreift man deshalb am besten, indem man die Funktionen versteht, welche mit ihnen wuchsen bzw. derentwegen sie aufgebaut wurden. Indem man über die Strukturen und Funktionen einzelner (Sub-)Systeme hinaus auch noch deren wechselseitige bzw. hierarchische *Vernetzungen*, die *Regelkreisläufe* des jeweiligen Input und Output sowie die zwischen den (Sub-)Systemen entstehenden *Rückkoppelungen* betrachtet, führt man eine ‚Systemanalyse' durch.

---

426 Von lat. ‚fúngi', d.h. etwas ausführen, verwalten.

427 Insbesondere bei Institutionen ist es sehr hilfreich, darüber hinaus ‚instrumentelle' und ‚symbolische' Funktionen zu unterscheiden. Instrumentelle Funktionen sind Dienstleistungen, die eine Institution ihren Akteuren bzw. Adressaten in Erfüllung des Zwecks der Institution erbringt, über den zunächst einmal – doch nicht allein – die Leitidee der Institution, bzw. das Bündel ihrer Leitideen, Auskunft gibt. Durch die Erfüllung ihrer instrumentellen Funktionen sichern Institutionen ihren Bestand sozusagen von ihrer Steuerungsaufgabe her, indem sie Effizienz entfalten und sich ihren Akteuren und Adressaten als nützlich erweisen. Symbolische Funktionen sind hingegen jene Leistungen, die Institutionen für ihre Akteure bzw. Adressaten mit dem Ziel der Sicherung jener Geltungsansprüche und Ordnungsprinzipien erbringen, die ihrerseits den – oben angesprochenen – Zweck der Institution und die Zweckhaftigkeit ihres Ordnungsarrangements als wertvoll bzw. glaubhaft erscheinen lassen. Durch die Erfüllung symbolischer Funktionen sichern Institutionen ihren Bestand also von ihrer (intra- und extra-institutionellen) Integrationsaufgabe her, indem sie die Tiefenschicht emotionaler Verbundenheit, etwa von Repräsentations- und Legitimationsglauben, ansprechen.

428 Von lat. ‚manifestus', d.h. offenbar, augenscheinlich.

429 Von lat. ‚latére', d.h. verborgen sein. Zwei Beispiele machen anschaulich, worum es geht: Parteistiftungen dienen als soziales Netz für aus ihren Ämtern ausscheidende Politiker, oder Universitäten haben die weitgehend verkannte Aufgabe, durch Aufnahme von Abiturienten die Jugendarbeitslosigkeit zu mindern.

430 Von lat. ‚aequum valére', d.h. das Gleiche wert sein.

b. Das soziale bzw. politische System

Über die wenigen oben gegebenen Beispiele hinaus läßt sich diese abstrakte Perspektive des Systemdenkens auf Strukturgefüge *aller* Art anwenden, darum auch sozialwissenschaftlich *konkretisieren* und wie folgt auf den Begriff des ,sozialen Systems' bzw. ,politischen Systems' zuspitzen:

– Als Elemente eines sozialen Systems versteht man in der Regel *Menschen*.[431] Manche ihrer Beziehungen können große Stabilität annehmen, falls Menschen bei ihrem *sozialen Handeln* ihre Sinndeutungen und Handlungen wechselseitig typisieren, sie routinemäßig aufeinander abstimmen und dergestalt *Rollen* hervorbringen.[432] Aus Rollen werden *soziale Strukturen* aufgebaut, etwa jene der Teilnehmer eines Empfangs oder der Insassen eines Busses. Werden verschiedene Rollen anhand *gemeinsamer Selbstverständlichkeiten* und *routinemäßig* aufeinander abgestimmt, so bilden sie ein mehr oder minder zusammenhängendes *Geflecht sozialer Strukturen* bzw. ein ,soziales Netzwerk'. Hebt man es von einer Umwelt ab, so spricht man von einem ,sozialen System'. Sehr stabile und mehr oder minder formalisierte soziale Systeme wie Behörden, Parteien oder Kirchen nennt man *Organisationen*. Wenn eine Organisation ihre Leitidee(n) und Geltungsansprüche auch noch symbolisch zum Ausdruck bringt[433] und auf diese Weise – über die Erfüllung ihrer manifesten und latenten Funktionen hinaus – nachhaltig zu ihrer Eigenstabilisierung beiträgt, entsteht eine *Institution*.[434] Die *Gesamtheit* aller sozialen Systeme, die sich auf einem bestimmten Territorium befinden und miteinander vernetzt sind, nennt man eine *Gesellschaft* bzw. ein ,Gesellschaftssystem'. Materiell grundlegend für dessen Beschaffenheit[435] sind die vom Entwicklungsstand der Technik geprägten Wirtschaftsstrukturen (,Produktionsverhältnisse', ,ökonomische Basis'), auf denen jener ,Überbau' gesellschaftlicher und politischer Institutionen beruht, welcher der Gesellschaft und ihrer ökonomischen Basis Rahmenbedingungen und Form gibt.[436] Besondere Herausforderungen für das politische System entstehen, wenn nicht länger der ,Überbau' zur ,Basis' paßt, die gesellschaftlichen und politischen Institutionen also zur ,Fessel' der Produktivkräfte werden, und es entweder durch *Reformen* auf eine neuerliche ,Passung' von Überbau und Basis hinzuwirken gilt oder die Wahrscheinlichkeit steigt, daß eine *Revolution* für eine ,regulative Katastrophe' sorgt.

– Den Begriff des ,politischen Systems' gewinnt man aus diesen Überlegungen, indem man die Aufmerksamkeit auf eine *Teilmenge* der sozialen Strukturen und Systeme lenkt. Einen Politikwissenschaftler interessieren nämlich vor allem jene sozialen Strukturen und Netz-

---

[431] Für die Logik des Arguments macht es keinen Unterschied, ob man *Menschen* als Elemente eines Systems betrachtet (,system of *actors*') oder die zwischen ihnen bestehenden Rollen (,system of *actions*'). Anschaulicher ist es, den Begriff des sozialen Systems am Fall des ,system of actors' einzuführen; analytisch mächtiger ist vermutlich das Verständnis eines sozialen Systems als eines ,system of actions', bei dem die als Rollenträger fungierenden Personen als Teil der *Umwelt* (!) des Systems aufgefaßt werden können. Natürlich lassen sich auf nächsthöherer Stufe der Systembildung auch Systeme ihrerseits als Elemente (d.h. als Subsysteme) ihres Suprasystems auffassen. So betrachtet, baut sich das internationale Staatensystem dann nicht aus Menschen, sondern aus Staaten auf – die ihrerseits aus Institutionen und letztlich dann eben doch wieder aus Menschen als Subsystemen bzw. Elementen bestehen.

[432] Siehe zu diesen Konkretisierung des Systembegriffs die Ausführungen über soziales Handeln, Rollenbildung und Konstruktion sozialer Wirklichkeit auf S. 23ff.

[433] Etwa durch immer wieder glaubwürdig erzählte Geschichten von ihrer Gründung und guten Entwicklung, oder durch Mittel bildender Kunst.

[434] Ein ganz vorzügliches Beispiel dafür ist die römisch-katholische Kirche. Sie ist nur eine die ganze Erde übergreifende Organisation, sondern sie stellt ihre Leitidee auch erfolgreich als ,bis zum Ende der Welt' notwendig dar und hat außerdem seit vielen Jahrhunderten sich und ihre Ziele mittels aller Künste – von der Architektur bis zur Musik, von der Dichtung bis zur bildenden Kunst – so attraktiv gemacht, daß diese Institution fast zwei Jahrtausende in – zumindest fiktiv unterstellter – Kontinuität überdauern konnte und ein Ende ihrer Lebenskraft überhaupt nicht abzusehen ist.

[435] Zur hier angesprochenen ,causa materialis' siehe oben S. 92.

[436] Zur hier angesprochenen ,causa formalis' siehe oben S. 92f.

werke, in denen und mittels welcher für eine Gesellschaft allgemein verbindliche Regelungen und Entscheidungen hergestellt und durchgesetzt werden. Somit bestehen ‚politische Strukturen' bzw. ‚politische Strukturgefüge' aus den routinemäßig aufeinander abgestimmten Sinndeutungen und Handlungen jener Personen, die am Prozeß der Herstellung allgemeiner Verbindlichkeit fördernd oder hemmend beteiligt sind. Die Gesamtheit aller politischen Strukturen wird ‚politisches System' genannt, in dem wiederum vielerlei politische Subsysteme zu unterscheiden sind: Regierungen, Parlamente, Fraktionen, Parteien, Verbände, Bürgerinitiativen, Verwaltungen, Gerichte und dergleichen mehr.

Um die Subsysteme eines politischen Systems besser gliedern zu können, werden die folgenden Begriffe benutzt:

- Als ‚zentrales politisches Entscheidungssystem' werden jene Subsysteme bezeichnet, in denen und von welchen die Herstellung und Durchsetzung allgemeiner Verbindlichkeit *unmittelbar* gesteuert wird. Oft sind dies Parlamente und Regierungen; doch auch Zentralkomitees oder königliche Privatkabinette können das zentrale politische Entscheidungssystem sein. Häufig wird das zentrale politische Entscheidungssystem auch ‚Regierungssystem' genannt. Allerdings wird dieser Begriff nicht selten auch in einem sehr weiten Sinn gleichbedeutend mit dem Begriff ‚politisches System' benutzt. Gleichwertig zu diesem weiten Begriff des Regierungssystems, und somit zu jenem des politischen Systems, wird oft ebenfalls der Begriff des ‚Herrschaftssystems' verwendet, weshalb politische Strukturen zusammenfassend auch ‚Herrschaftsstruktur' heißen.[437] Diese Herrschaftsstruktur kann recht unterschiedlich gegliedert sein, vor allem eher machtteilend oder eher machtmonopolisierend.
- Um das zentrale politische Entscheidungssystem lagert sich meist eine Reihe von auf Input- oder Output-Aufgaben spezialisierten Subsystemen. Unter ihnen sei auf die folgenden verwiesen: Als ‚Verwaltungssystem' werden jene Subsysteme bezeichnet, welche die Durchsetzung allgemein verbindlicher Regelungen und Entscheidungen übernehmen oder auf deren Grundlage öffentliche Ressourcen verteilen. Das – in der Regel vielstufige – System der Gerichte erledigt die verbindliche Klärung von Streitfragen schafft Klarheit über die Anwendung von Normen (‚Rechtssystem'). Weitere politische Subsysteme verbinden von der Gesellschaft her das zentrale politische Entscheidungssystem mit den sonstigen Subsystemen der Gesellschaft und werden zusammenfassend darum ‚intermediäre Systeme' genannt. In zeitgenössischen Staaten zählen zu ihnen vor allem die Parteien, Verbände und Bürgerinitiativen. Seit dem Aufkommen der Presse und später vor allem von Rundfunk und Fernsehen bilden auch die Massenmedien ein wichtiges Subsystem des politischen Systems. Subsysteme des politischen Systems, die als eigenständige Träger von Interessen und Gestaltungsabsichten auftreten, nennt man zusammenfassend ‚politische Akteure'; Interessengruppen, Parteien und Fraktionen, natürlich auch Regierungen, Behörden und einzelne Massenmedien sind dafür wichtige Beispiele. Allerdings werden auch Einzelpersonen oft als politische Akteure bezeichnet, falls sie einen nicht nur anonymen Beitrag zur politischen Willensbildung und Entscheidungsfindung leisten.

Alles, was aus dem Gesellschaftssystem bzw. aus seinen Subsystemen an Forderungen oder (Unterstützungs-)Leistungen in das politische System hineingelangt, wird dessen *Input* genannt. Bei solchen Unterstütungsleistungen seitens der Gesellschaft ist beispielsweise zu denken an Gesetzestreue, an die Erfüllung von Steuer- und Abgabenpflichten, an politische Partizipation oder an den – auch öffentlich bekundeten – Glauben, das politische System bestehe zu Recht und handele akzeptabel. Alles, was das politische System an Entscheidungen über Normen (d.h. an Rechtset-

---

437 Herrschaft meint die verläßliche Chance, für einen bestimmten Befehl ohne weitere Argumente und Maßnahmen Gehorsam zu finden. Das ist typischerweise die Voraussetzung für wirksames Regieren.

zung, Rechtsanwendung, Rechtsauslegung) oder an Entscheidungen über die Verteilung von – meist knappen – Mitteln aller Art (‚Ressourcen') produziert, ist der *Output* des politischen Systems. Die *Rückkoppelung* vollzieht sich mittels der Auswirkungen (‚Outcome') politischer Maßnahmen in der Gesellschaft und über die Reaktionen der Gesellschaft auf sie, die ihrerseits zu neuem Input des politischen Systems werden. Spricht man vom politischen System Deutschlands oder Frankreichs, so wird der Blick offenbar auf äußerst komplexe und hochgradig miteinander vernetzte politische Strukturen und Prozesse gelenkt.

Als ‚Staat' bezeichnet man eine stabile Herrschaftsstruktur (‚Staatsgewalt'), die auf einem bestimmten Gebiet (‚Staatsgebiet') für einen klaren Personenkreis (‚Staatsvolk') in verläßlicher Weise allgemein verbindliche Entscheidungen herstellt und durchsetzt. Staaten sind offenbar ziemlich komplizierte und sehr störanfällige Hervorbringungen, die somit keine nicht weiter erklärungsbedürftige ‚Naturtatsache', sondern eine – überaus voraussetzungsreiche – *kulturelle Leistung* darstellen. Weder gab es immer schon Staaten, noch findet sich in allen Teilen der Erde eine ununterbrochene Tradition der Staatlichkeit. Auch ist die heute bekannte Form des Staates im Grunde erst rund vierhundert Jahre alt und trat an die Stelle ziemlich anders strukturierter Herrschaftssysteme.[438] Derzeit entwickeln sich auf ‚überstaatlicher' Ebene, d.h. als Suprasysteme von Staaten, sehr neue Formen von politischen Systemen, darunter regelrechte ‚Regierungssysteme' ganz ohne die Institution einer Regierung. Ein Beispiel für solche neuartige Strukturen, welche für das internationale System die Funktion von ‚Regieren ohne Regierung' erbringen, sind etwa ‚internationale Regime'.[439]

Die *Umwelt* eines politischen Systems stellt – neben anderen politischen Systemen und Gesellschaften – jene Gesellschaft dar, für die – mittels der politischen Strukturen – allgemeine Verbindlichkeit herzustellen und durchzusetzen versucht wird. Als Umwelt dieser Gesellschaft kann man wiederum *andere* Gesellschaften und deren Subsysteme ansehen. Gemeinsame Umwelt aller sozialen, politischen und wirtschaftlichen Systeme sind die Öko-Systeme der Natur, weswegen ‚Passung' mit diesen Systemen nachhaltig sicherzustellen eine aktuell zwar oft als nachrangig behandelte, insgesamt aber zentrale Aufgabe aller Politik ist. Praktisch ist das politische System jenes Subsystem einer Gesellschaft, das sich im Lauf der – zur gesellschaftlichen Arbeitsteilung führenden – sozialen und kulturellen Evolution zu genau dem Zweck entwickelte, für eine Gesellschaft allgemeine Verbindlichkeit herzustellen und durchzusetzen.

Alle diese Zusammenhänge bringt das Schaubild 12 zum Ausdruck. Keineswegs darf dieses Schaubild als *statisches* Gefüge politischer Strukturen aufgefaßt werden. Es zeigt zwar Strukturen, ist aber viel eher ein Ablaufschema jener *dynamischen* politischen Prozesse, bei denen es um die angestrebte oder bekämpfte Verbindlichkeit bestimmter politischer Inhalte geht, und in welchen sich sowohl die wirksamen Strukturen als auch die von diesen erfüllten Funktionen – und somit die Flußbetten politischer Prozesse – immer wieder ändern können. Im übrigen darf man dieses Schaubild nicht als ‚normativ' mißverstehen. Es ist im Grunde nichts anderes als die Skizze des Bauplans einer ziemlich komplizierten ‚Politikmaschine', von der wir freilich wissen, *daß* sie funktionieren kann – falls man sie für den konkreten Anwendungszweck ‚richtig auslegt', nicht gegen ihre Funktionslogik[440] bedient und sorgsam wartet.

---

438 Vgl. hierzu S. 264ff.

439 Siehe S. 391 und 396ff.

440 Unter ‚Funktionslogik' wird verstanden die ‚Logik des Funktionierens' eines Systems. Diese Logik des Funktionierens ist einem *System* aufgrund seiner ‚Baumaterialien' und seiner ‚Konstruktion' eigentümlich; sie verändert sich *nicht* nach den Wünschen des Beobachters oder Benutzers eines Systems. Zwar kann man ein System oft auch gegen seine Funktionslogik benutzen, etwa ein Auto ohne ausreichendes Motoröl oder stets rückwärts fahren. Dann aber wird man von ihm weder den größtmöglichen noch nachhaltigen Nutzen haben. Doch selbst wer bei der Arbeit mit einem Computerprogramm noch einsieht, daß man sich auf *dessen* Funktionslogik einlassen muß, die eigenen Funktionswünsche hingegen im konkreten Fall völlig irrelevant sind, tritt sozialen und politischen Systemen oft mit der

Den im Schaubild 12 skizzierten, zwischen Gesellschaft und politischem System ablaufenden Kreislaufprozeß verdeutlicht man sich am besten so:

- Aus der Gesellschaft werden in vielfältigen Kommunikationsprozessen *Forderungen* an das politische System herangetragen. Diese können sich auf konkrete Maßnahmen des Systems beziehen; innenpolitisch soll z.B. eine Rechtsvorschrift abgeschafft, geändert oder neu eingeführt werden, außenpolitisch ein Staat anerkannt oder ein Bündnis verlassen werden. Dergestalt geht es um eine Entscheidung zwischen ‚Handlungsalternativen'. Forderungen können sich aber auch auf die Zuteilung oder Verteilung von Mitteln aller Art richten: Regierung und Parlament sollen Geld- oder Sachmittel, personelle oder technische Hilfe für den einen Zweck zur Verfügung stellen, vom anderen Zweck aber abziehen (‚Verteilungsalternativen'). Forderungen können schließlich auch das politische Führungspersonal auf allen Ebenen betreffen: Es wird der Rücktritt eines Ministers oder Landrats bzw. die Bestellung einer bestimmten Person als Präsident, Bürgermeister oder Vorsitzender eines Gremiums verlangt (‚Personalalternativen'). Ferner können an das politische System Forderungen herangetragen werden, welche die Grundsätze der Politik, die insgesamt anzusteuernden Ziele oder die überhaupt einzusetzenden Mittel zum Gegenstand haben (‚Programmalternativen'). In jedem Fall werden derartige Forderungen über Interessengruppen oder Parteien, über Bürgerinitiativen oder Massenmedien, über die Verwaltung oder unmittelbar über politische Entscheidungsträger in das politische System eingebracht.
- Werden die herangetragenen Forderungen vom politischen System nicht einfach abgewiesen sondern umzusetzen versucht, zumindest aber argumentierend aufgegriffen (‚Responsivität'[441]), so beginnt die politische Kleinarbeit. Unterschiedliche Forderungen müssen miteinander abgeglichen und nach Prioritäten gegliedert werden; Nebeneffekte von Realisierungsmöglichkeiten müssen bedacht und abgepuffert werden; kurzfristige Anliegen müssen mit mittel- und langfristigen Interessen abgeglichen werden; Verteilungsmassen und künftige Entwicklungen der wirtschaftlichen bzw. gesellschaftlichen Basis des politischen Systems sind in Rechnung zu stellen. Nichts garantiert von vornherein den Erfolg solcher Versuche, Forderungen in Handlungen umzusetzen.
- Das politische System stellt allgemeine Verbindlichkeit in der Weise her, daß es *Entscheidungen* einesteils über die geltenden Normen und andernteils über die Verteilung von Ressourcen herbeiführt. In Reaktion auf herangetragene Forderungen bzw. aus eigenem Antrieb erlassen Regierungen etwa Rechtsverordnungen oder geben Parlamente Gesetze, entscheiden staatliche Behörden über die Vergabe von Finanzmitteln oder Parlamente über die Aufteilung der Staatsausgaben, und Gerichte legen zum Abschluß von Rechtsstreitigkeiten fest, wie Normen aufgefaßt oder angewandt werden müssen.

---

wenig durchdachten Annahme gegenüber, *deren* Funktionslogik sei eben keine von persönlichen Wünschen unabhängige Tatsache, sondern ein rein willkürliches Arrangement oder gar nur eine Fiktion, was beides sich durch aufrichtiges Bemühen rasch ändern lasse. Es kommt selbst vor, daß manche sogar den Begriff (!) der Funktionslogik ablehnen, weil sie Abscheu schon vor der *Vorstellung* haben, auch von Menschen konstruierte (soziale, politische, wirtschaftliche) Systeme könnten eine *Eigenlogik des Funktonierens* besitzen, die sie der völligen Beherrschung ihrer Schöpfer entzieht. Doch genau so ist es nun einmal. Man kann derartige Funktionslogik und ihre institutionellen Mechanismen sehr wohl erklären und verstehen, durch Aus- und Umgestaltung von Institutionen sie erzeugen oder verändern, im Einzelfall sie auch zu ignorieren oder zu überlagern versuchen. Doch auf je tieferen Schichten im Schichtenbau der Wirklichkeit (siehe S. 47f) die Ursachen und Mechanismen solcher Funktionslogik angesiedelt sind, um so weniger Chancen wird man mit Versuchen der Überlagerung oder Umgestaltung haben.

441 Responsivität meint Reaktionswilligkeit, Reaktionsbereitschaft, Reaktionsfähigkeit, Sensibilität und Anregbarkeit einer Person oder eines (sozialen) Systems. Das Gegenteil bezeichnet der Begriff der ‚Irresponsivität'. Vgl. Anm. 423.

Schaubild 12: Modell eines politischen Systems und seiner Funktionen

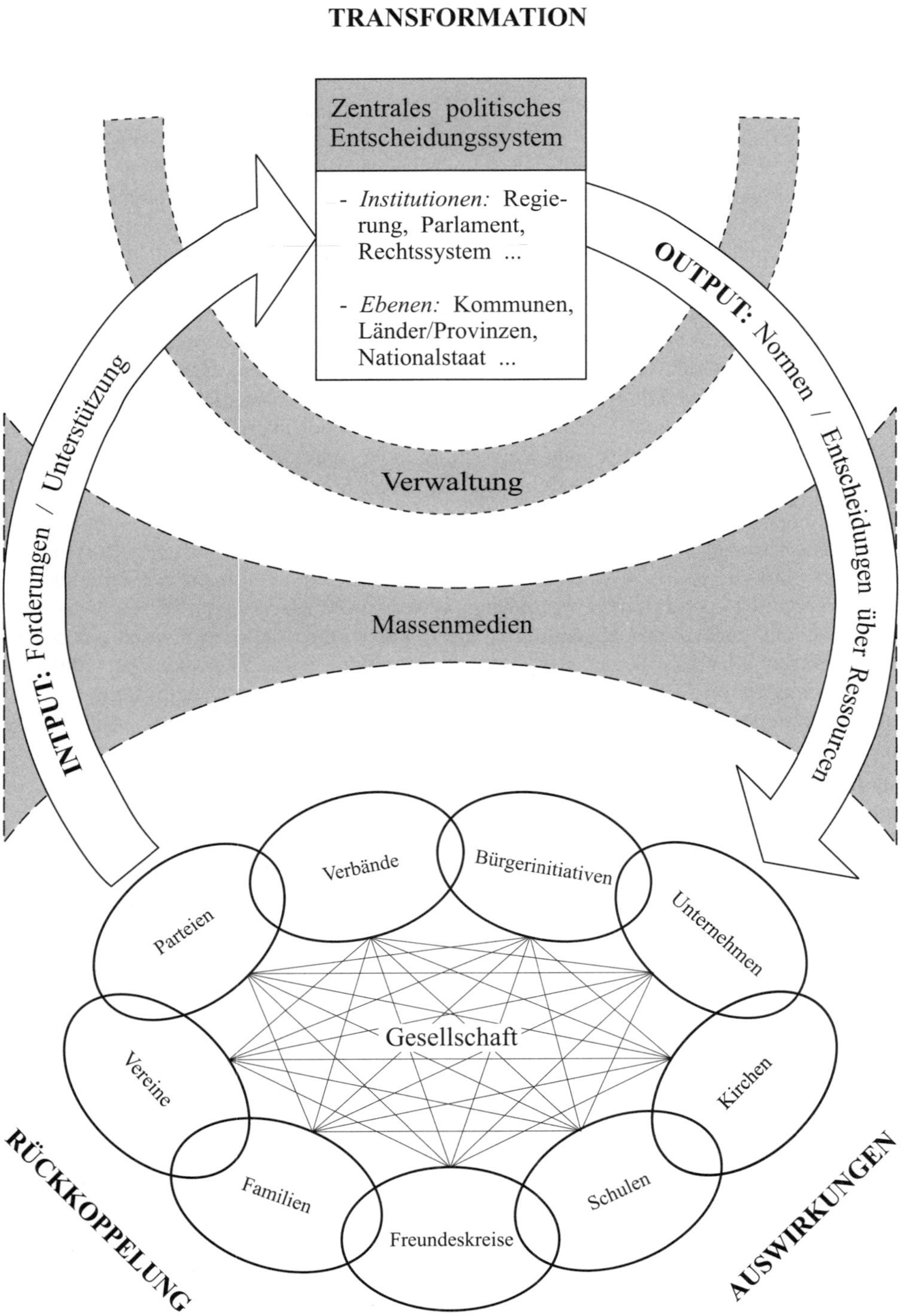

- Werden Forderungen nicht erfüllt, so muß seitens des zentralen politischen Entscheidungssystems und seiner Akteure meist wenigstens versucht werden, den diese Forderungen unterstützenden Gruppen eine akzeptable *Erklärung* bzw. eine *Begründung* oder *Rechtfertigung* für die Nichtbeachtung jener Forderungen zu liefern (engl. ‚explaining policy'). Dies zu tun bzw. überhaupt auf die an das politische System herangetragenen Forderungen seitens zentraler politischer Akteure Einfluß zu nehmen, ist eine der Formen ‚politischer Führung'. Eine zweite liegt vor, wenn seitens des zentralen politischen Entscheidungssystems und seiner Akteure *selbständig* Regelungs- oder Gestaltungsbedarf identifiziert, eine Reihe von Handlungsmöglichkeiten ausfindig gemacht, auf dieser Grundlage eine Entscheidung getroffen und für diese dann öffentliche Unterstützung eingeworben wird. Eine dritte Form politischer Führung besteht in der überlegten (Um-)Organisation formeller wie informeller politischer Entscheidungsstrukturen.
- Verbindlich gemachte Normen bzw. zugewiesene oder entzogene Ressourcen wirken sich in verschiedenen gesellschaftlichen Subsystemen aus. Auf mannigfache Weise reagiert dann die Gesellschaft auf politische Maßnahmen. In der Regel entstehen hieraus neue Forderungen: sich nicht Bewährendes soll geändert, Vorteilhaftes ausgebaut, Aufgeschobenes endlich angegangen werden.
- Unklarheit bzw. Streit über die Zulässigkeit und Anwendbarkeit von Normen sowie über die zulässige Nutzung von Ermessensspielräumen führen zur Befassung von Gerichten aller Art (‚Rechtssystem') mit mehr oder minder großen Detailproblemen der Herstellung allgemeiner Verbindlichkeit. Es kann sogar so weit kommen, daß politische Entscheidungsträger politische Entscheidungsalternativen als Rechtsfragen, vor allem als verfassungsrechtliche Fragen formulieren und die Entscheidung solchermaßen einem Verfassungsgericht zuschieben, um nämlich nicht selbst für die Folgen einer Entscheidung die Verantwortung übernehmen zu müssen.
- Wirken sich die vom politischen System produzierten Entscheidungen in vertrauenssichernder oder überdies vertrauensstiftender Weise in der Gesellschaft aus, oder treffen sie gar im großen und ganzen auf Zustimmung, so wird *Unterstützung* für das politische System sowie für einzelne seiner Akteure entstehen bzw. aufrechterhalten werden. Solche Unterstützung kann an das Gelingen einzelner politischer Vorhaben geknüpft sein (‚spezifische Unterstützung'). Es kann aber auch ‚diffuse Unterstützung' vorliegen. Letztere meint, daß dem politischen System allgemeines Vertrauen entgegengebracht wird, von dem es dann bei einzelnen Fehlleistungen durchaus zehren kann. Diffuse Unterstützung eines politischen Systems konkretisiert sich u.a. durch selbstverständlichen Gesetzesgehorsam der Regierten, durch politische Beteiligung oder durch argumentatives bzw. handelndes Eintreten für das politische System, wenn es angegriffen oder gefährdet wird. Das einem politischen System entgegengebrachte Vertrauen muß aber nicht allein einem Werturteil über dessen Output entwachsen (‚Output-Legitimität'); es kann sich auch auf Wertschätzung der – gerade auch für eine Verbesserung des Systemoutput nutzbaren – partizipatorischen Input-Möglichkeiten gründen (‚Input-Legitimität').

Gelingt es einem politischen System, einen solchen Kreislauf (Forderungen aus der Gesellschaft; Bearbeitung dieser Forderungen im Regierungssystem; Ablehnung oder Umsetzung von Forderungen in verbindliche Entscheidungen; Auswirkung solcher Entscheidungen in der Gesellschaft) so zu gestalten und zu steuern, daß in der Gesellschaft *aus freien Stücken entgegengebrachte Unterstützung* des politischen Systems und seiner Institutionen wächst und erhalten bleibt, so ist ‚Legitimität'[442] geschaffen. Legitimität meint *Geltung von Herrschaft als rechtens*;

---

442 Von lat. ‚legítimus', d.h. richtig, rechtmäßig.

sie liegt vor, wenn in einer Gesellschaft die ehrlich gehegte und aufrichtig bekundete Ansicht vorherrscht, das sie steuernde politische System bestehe zu Recht oder leiste Unterstützenswertes. Mißlingen Legitimierungsprozesse, so kommt es zu Legitimationsproblemen bzw. Legitimitätslücken, auf welche ein politisches System entweder mit Reformen oder mit Repressionsmaßnahmen reagieren kann. Legitime Systeme, insbesondere solche mit einer Basis in diffusinputorientiertem Legitimitätsglauben, sind in der Regel ziemlich stabil und haben die Chance, auch Funktionsstörungen über eine gewisse Zeit ohne Gefahr für ihre Akzeptanz zu überstehen. Illegitime Systeme, deren Herrschaftsausübung nicht aus freien Stücken als rechtens und unterstützenswert angesehen wird, bei denen seitens der Regierten Legitimitätsglaube eher zur Schau getragen als wirklich gehegt wird, geraten hingegen in – allenfalls dank des Einsatzes von Zwangsmitteln zu überdauernde – Existenzkrisen, sobald ihre Output-Leistung sehr gering wird und Systemalternativen in Reichweite geraten.

c. Systemelemente als Variablen

Zwar gibt auf den ersten Blick sowohl das Schaubild 12 als auch diese Beschreibung des – möglicherweise Legitimität stiftenden – politischen Kreislaufprozesses das politische System einer ‚westlichen Demokratie' wieder. Doch auf den zweiten Blick wird klar, daß man sich anhand dieses Modells eine Vielzahl ganz *verschiedener* politischer Systeme und im Grund *alle* Formen politischer Systembildung vergegenwärtigen kann. Es lassen sich nämlich sämtliche Systemelemente als *Variablen* auffassen, die in der politischen Wirklichkeit verschiedene Ausprägungen annehmen können. Tut man das, so dient jenes Systemmodell als Schlüssel zum ersten Verständnis einesteils der vielschichtigen Aufgaben politikwissenschaftlicher Systemforschung, andernteils der Funktionslogik politischer Systeme. Ein knapper Überblick macht das deutlich.

Die *Gesellschaft*, für die ein politisches System allgemein verbindliche Regelungen und Entscheidungen herstellt bzw. durchsetzt, kann ganz verschieden sein, woraus gewaltige Unterschiede hinsichtlich der Art und des Grades jener allgemeinen Verbindlichkeit resultieren, die ein politisches System für ‚seine' Gesellschaft zu produzieren hat. Die folgenden Beispiele genügen:

- Ein Vergleich der zeitgenössischen deutschen Gesellschaft mit einem altsteinzeitlichen Sippenverband zeigt: Eine Gesellschaft kann schon rein zahlenmäßig *größer oder kleiner* sein, wobei sie im letztgenannten Grenzfall vielleicht sogar ohne ein besonders ausgeprägtes politisches System auskommen mag, da innerfamiliäre Autoritätsstrukturen für die Herstellung allgemeiner Verbindlichkeit ausreichen können.
- Ein Vergleich der Gesellschaft eines jungsteinzeitlichen Dorfes mit jener des heutigen Berlin zeigt ferner: Eine Gesellschaft kann *einfacher oder komplexer* aufgebaut sein, was dem politischen Subsystem dieser Gesellschaft ganz unterschiedliche Steuerungsaufgaben stellt und irgendwann die Herausbildung fester, überpersönlicher, auf Dauer gestellter politischer Strukturen vorteilhaft macht.
- Die *Art und Anzahl der gesellschaftlichen Subsysteme* sowie deren *gesellschaftliche Bedeutung* können höchst unterschiedlich sein. Dies stellt dem jeweiligen politischen System dann ganz verschiedene Regelungsaufgaben und setzt seiner Tätigkeit mannigfaltige Rahmenbedingungen. Die folgenden Fragen vermitteln einen ersten Eindruck von der Bedeutung dieses Faktors: Welche sozialen und wirtschaftlichen Funktionen erfüllt die Institution der Familie bzw. des Familienverbandes? Gibt es – wie bei einer Gesellschaft des europäischen Mittelalters – im wesentlichen nur landwirtschaftliche Betriebe und Handwerksbetriebe, oder gibt es – wie in einer modernen Gesellschaft – auch Großkonzerne und international tätige Unternehmen? Welche Rolle spielt Religion in einer Gesellschaft, und in welchem Verhältnis ste-

hen die Institutionen ‚organisierter Religion' (etwa Kirchen, Klöster, Orden oder Laienkongregationen) zu jenen des politischen Systems? Gibt es ein Netzwerk an Verbänden, über das die verschiedensten Interessen an das politische System herangetragen werden können? Gibt es Parteien, über welche Privatleute die Möglichkeit haben, Ämter im politischen System zu erlangen, bzw. auf welchen anderen Wegen gelangt man zu politischer Macht?

– Stark unterscheiden können sich von Gesellschaft zu Gesellschaft ebenfalls die *Erwartungen an die Leistungen des politischen Systems* sowie die *Vorstellungen der Regierten vom ihnen zukommenden Platz* im politischen System. Etwa können es Menschen für selbstverständlich erachten, daß vom politischen System – als ‚Sozialstaat' oder ‚Daseinsvorsorgestaat' – ein großer Teil ihres Lebens materiell abgesichert wird; darüber hinaus können sie ihre obersten politischen Führer – den Pharao als ‚lebenden Gott', den christlichen König als ‚Herrscher von Gottes Gnaden' – auch als verantwortlich für die Verankerung ihres Lebens in transzendenten Zusammenhängen ansehen; und sie können ihre Rolle als die eines ‚treuen Untertans' einer ‚von Natur aus notwendigen Obrigkeit' auffassen. Menschen können das politische System aber auch als eine Art ‚Unternehmen' betrachten, das für sie Güter wie Schutz nach außen, Sicherheit im Inneren, Freiheit sowie verläßliche Rahmenbedingungen persönlichen Strebens nach *selbstdefiniertem* Lebensglück hervorbringen soll, sich ansonsten aber nicht in die Rechte und Entscheidungen seiner Bürger einzumischen hat. Dementsprechend können sie geneigt sein, politische Beteiligungsmöglichkeiten für selbstverständlich zu halten, von ihnen aber nur gemäß persönlicher Kosten/Nutzen-Erwägungen Gebrauch zu machen.

Auch das *politische System* selbst kann höchst unterschiedlich gestaltet sein. Ohne Anspruch auf Vollständigkeit sei anhand von Beispielen auf drei Unterscheidungsmerkmale verwiesen:

– *Komplexität*: Ein politisches System sehr geringer Komplexität liegt offenbar vor, wenn es – wie im Fall einer ‚Häuptlingsverfassung' – im wesentlichen aus dem Oberhaupt der führenden Familie eines Stammes und aus einigen Beratern (etwa ‚Ältesten') besteht. Dann ist es unnötig, im politischen System ein besonderes ‚zentrales politisches Entscheidungssystem' von anderen Subsystemen zu unterscheiden. Ein ziemlich komplexes politisches System liegt demgegenüber vor, wenn z.B. Parlamente und Regierungen, Verwaltungen, Parteien und Verbände eine vernetzte Funktionseinheit bilden. Einen wichtigen Schritt zur Steigerung der Komplexität eines politischen Systems stellt dabei die Entstehung *politischer Repräsentation* dar: Im Zug gesellschaftlicher Arbeitsteilung kann die Befugnis, allgemeine Verbindlichkeit herzustellen, einer kleinen Gruppe von ‚Stellvertretern' bzw. ‚Treuhändern' anvertraut werden, im Anschluß woran es mehr oder minder komplizierter Vernetzungssysteme und Kommunikationsprozesse zwischen Repräsentanten und Repräsentierten bedarf.

– *Kontrolle*: Die Inhaber politischer Macht können einerseits weitgehend freie Hand bei der Herstellung allgemein verbindlicher Entscheidungen haben. Absolut regierende Fürsten, Revolutionsführer oder Diktatoren aller Art sind Beispiele hierfür. Andererseits kann das politische System so aufgebaut sein, daß die Inhaber politischer Macht einander kontrollieren bzw. von den Regierten kontrolliert werden. Beispiele hierfür sind die verschiedenen Formen von Gewaltenteilung bis hin zur Bindung politischer Macht an Mandate, die in freien Wahlen errungen werden müssen, welche ihrerseits von konkurrierender Willensbildung in einem pluralistischen Parteien-, Verbände- und Mediensystem geprägt werden.

– *Konzentration*: Ein politisches System kann so organisiert sein, daß es in ‚seinem' Gesellschaftssystem nur einen einzigen Kreislauf von politischem Input, Transformation, Output, Outcome und Rückkoppelung gibt. Dann liegt ein ‚unitarisches' (oder ‚zentralistisches') Regierungssystem vor. Unter den freiheitlichen Systemen war dafür – vor seiner Regionalisierung in den 80er Jahren des 20. Jahrhunderts – das seit der Revolution zentralistische Frankreich ein gutes Exempel. Beispiele für unfreiheitliche Systeme dieser Art sind der absolutistische Fürstenstaat oder die durch ‚demokratischen Zentralismus' geführten politischen Systeme des ehedem real existierenden Sozialismus; Es kann die Befugnis zur Herstellung allgemeiner Verbindlichkeit aber auch auf Subsysteme verlagert und das System auf diese Weise dezentralisiert werden. Dann stellen beispielsweise Gemeinden und Städte nach dem Prinzip der kommunalen Selbstverwaltung für ihren regionalen Zuständigkeitsbereich auf ausgedehnten Handlungsfeldern allgemeine Verbindlichkeit her, während Aufgaben, die auf kommunaler Ebene nicht erfüllbar sind, auf höhere Ebenen verlagert werden, etwa auf die Ebene von Ländern, von Nationalstaaten oder von supranationalen Organisationen. In einem dergestalt vom Prinzip der ‚Subsidiarität'[443] geprägten politischen System laufen viele *voneinander abgehobene* und gleichwohl auf verschiedenste Weise *vernetzte* Prozesse der Herstellung allgemeiner Verbindlichkeit ab (‚Politikverflechtung'), was zu enormer und mitunter schwer bewältigbarer Komplexität des politischen Systems führt.

Ferner können die *Input-Strukturen* eines politischen Systems mannigfaltig ausgeprägt sein.[444] Politische Prozesse laufen etwa ganz anders ab, wenn in einer Gesellschaft Kommunikations-, Versammlungs- und Vereinigungsfreiheit bestehen (und es auch wirklich ein dichtes Netz an Vereinen, Verbänden, Bürgerinitiativen und Parteien gibt), als wenn die politische Betätigung der Bürger von Staats wegen kontrolliert wird und die Gründung von Vereinen, Interessengruppen und Parteien der vorherigen staatlichen Zustimmung bedarf.

Ebenso werden die Wege, auf denen ein politisches System seine Entscheidungen konkret umsetzt, also seine *Output-Strukturen*, sehr verschieden sein. Herrschaft kann beispielsweise als persönliche Beziehung zwischen König und Vasall oder Herr und Hintersasse organisiert sein. Das politische System und die zu regierende Gesellschaft können aber auch über einen vielfältig gegliederten Verwaltungsapparat verschränkt sein, was Herrschaft als mehr oder minder anonymes Verwaltungshandeln erfahrbar macht. Der Verwaltungsapparat wiederum kann Eigengewicht haben und sich ein Stück weit selbst führen; er kann aber auch ein bloßes Vollzugsorgan sein. Auch kann die Verwaltung korrupt und untüchtig, umgekehrt aber auch von loyaler Pflichterfüllung und Effizienz geprägt sein, was jeweils zu erheblichen Unterschieden in der Funktionsweise eines politischen Systems und zu ganz unterschiedlichen Beziehungen zwischen politischem System und regierter Gesellschaft führt. Das Gerichtswesen schließlich kann von staatlichen oder politischen Weisungen abhängig sein (etwa als ‚sozialistische Gesetzlichkeit') bzw. gar einen König oder Führer zum ‚obersten Gerichtsherrn' haben; es kann aber auch unabhängige Gerichte geben, die möglicherweise – wie ein Verfassungsgericht – sogar den Gesetzgeber kontrollieren und korrigieren können.

Natürlich werden politische Prozesse nachhaltig auch davon beeinflußt, ob und welche *Massenkommunikationsmittel* verfügbar sind, wer auf sie Zugriff hat und wie sie ihre Rolle im politischen System verstehen. Es macht z.B. einen großen Unterschied, ob – wie in mittelalterlichen Dörfern – politische Maßnahmen nur durch Weitererzählen und obrigkeitliche Bekanntmachung zur Kenntnis kommen, oder ob über sie in Fernsehen, Hörfunk und Presse berichtet wird, was jedem Interessierten leicht zu öffnende ‚Fenster zur politischen Wirklichkeit' verfügbar macht. Ein nicht minder großer Unterschied für den Prozeß politischer Willensbildung besteht, wenn einesteils die Massenmedien vom politischen System angeleitet und kontrolliert werden, oder wenn sie anderntteils nach dem Ermessen freier Journalisten und konkurrierender Verleger berichten oder kommentieren.

---

443 Von lat. ‚subsídium', d.h. Beistand, Rückhalt.

444 Den folgenden Überblick ergänzen die detaillierten Ausführungen auf S. 304ff.

Außerdem weisen jene *Spielregeln* eine große Variationsbreite auf, nach denen die Elemente eines politischen Systems zusammenwirken.[445] Die folgenden Fragen verweisen auf die wichtigsten Grundmöglichkeiten der Verfassungsgestaltung und dienen als ein topischer Kriterienkatalog, der an jedes politische System angelegt werden kann:

- Liegt dem politischen System die Vorstellung zugrunde, es habe die Regierten als Personen zu behandeln, die mit vorstaatlichen, d.h. vom Staat nicht ‚gewährten', sondern von ihm ganz einfach zu respektierenden *Menschenrechten* ausgestattet sind, vor allem jenen auf Leben, Freiheit, Eigentum und Streben nach *selbst*definiertem Glück, wobei alle Rechte des Staates ihre Grenzen an den Rechten der Bürger finden? Liegt dem politischen System überdies die Vorstellung zugrunde, es bestehe überhaupt *nur* zum Zweck der Sicherung von Rechten seiner Bürger? Oder gelten die Rechte der regierten Menschen als *vom Staat gewährt*, so daß der Staat diese Rechte dann entziehen darf, wenn der Untertan nicht mehr fügsam der Obrigkeit gehorcht? Gilt vielleicht als Zweck des politischen Systems gar die Erfüllung bestimmter ‚geschichtlicher Aufgaben', derentwegen die Rechte der derzeit lebenden Menschen nun eben zurückstehen müssen?
- Liegt dem politischen System die Vorstellung zugrunde, Herrschaft dürfe nur *treuhänderisch* im Auftrag der Regierten ausgeübt werden (‚Volkssouveränität'[446]), so daß die Regierenden ihr Handeln stets vor der Bevölkerung zu *rechtfertigen* haben (‚Verantwortlichkeit der Regierung') und alle Inhaber politischer Ämter sich regelmäßig freien Wahlen stellen müssen (‚demokratisches Repräsentationsprinzip')? Oder werden die Befugnisse und Spielregeln der Ausübung politischer Macht dahingehend begründet, daß ‚Obrigkeit' eben von Gott eingesetzt sei, die Regierenden um nachgerade jeden Preis eine bestimmte geschichtliche Mission zu erfüllen hätten, oder die politische Macht ohnehin nur einer besonderen Dynastie oder Gesellschaftsgruppe zukomme?
- Gilt es als richtig und erstrebenswert, daß die politische Macht *aufgeteilt* wird durch den prinzipiell allen Bevölkerungskreisen möglichen Zugang zu politischen Ämtern (‚*soziale* Gewaltenteilung'), durch *Konkurrenz* verschiedener politischer Akteure wie etwa Parteien und Verbände (‚*dezisive*[447] Gewaltenteilung', ‚Pluralismus'[448]), durch Verteilung von Regelungsbefugnissen gemäß dem *Subsidiaritätsprinzip* auf verschiedene Ebenen wie Kommunen, Länder, Staaten oder supranationale Organisationen (‚*vertikale* Gewaltenteilung'), durch ein System *wechselseitig kontrollierender Zuständigkeiten* bei der Herstellung allgemeiner Verbindlichkeit, wie es die Aufteilung von Macht auf Regierungen, Parlamente und Gerichte darstellt (‚*horizontale* Gewaltenteilung'), oder durch Anvertrauung politischer Ämter nur auf Zeit (‚*temporale* Gewaltenteilung')?[449] Oder wird es in einem politischen System für erstrebenswert gehalten, daß alle Macht an einer Stelle *konzentriert* ist, etwa in der Person des Herrschers oder bei der Führungsgruppe einer Partei?
- Wird die Durchsetzung allgemeiner Verbindlichkeit von der Vorstellung geprägt, der Staat habe sich beim Umgang mit seinen Bürgern an klare Gesetze zu halten (‚Rechtsstaatlichkeit'[450], ‚Gesetzmäßigkeit der Verwaltung'), die jedermann gleich behandeln und worüber unabhängige Gerichte zu wachen haben? Oder liegt dem politischen Prozeß die Ansicht zugrunde, das Recht sei vor allem ein Mittel zum jeweils anzustrebenden Zweck, das man als

---

445 Eingehaltene ‚Spielregeln' stellen die *Verfassung* eines politischen Systems dar und werden heute oft rechtstechnisch in einer *Verfassungsurkunde* festgehalten. Im einzelnen siehe S. 247.

446 Siehe hierzu auch S. 265.

447 Von lat. ‚decídere', d.h. entscheiden.

448 Von lat. ‚plúres', d.h. mehrere. Zum Konzept des Pluralismus siehe unten S. 279ff.

449 Zu diesen Formen der Gewaltenteilung siehe im einzelnen S. 272ff.

450 Hierzu siehe unten S. 266ff und 448ff.

technische ‚Gesetzlichkeit‘ durchaus zielgerichtet und parteilich anwenden solle (‚Willkürherrschaft‘)?

- Gilt es als richtig und unverzichtbar, daß *mehrere* Träger unterschiedlicher politischer Gestaltungsabsichten sich organisieren sollen, um sodann um die Unterstützung seitens der Bevölkerung sowie um zu politischer Macht führende Wählerstimmen zu konkurrieren (‚Mehrparteienprinzip‘)? Mündet diese Ansicht sogar in die Vorstellung, der Staat selbst habe, so gut es geht, für die Chancengleichheit konkurrierender Parteien zu sorgen? Oder liegt dem politischen System die Vorstellung zugrunde, alle politische Kompetenz und Gestaltungskraft solle in einer einzigen politischen Bewegung gebündelt werden, mit welcher zu konkurrieren lediglich eine Minderung von deren Leistungsfähigkeit und somit eine Schwächung des Staatswesens bewirke?
- Gilt es als erstrebenswert, daß auch die in der politischen Konkurrenz *unterlegenen* Kräfte und Organisationen sich *weiterhin* betätigen sollen? Liegt dem politischen System überdies das Prinzip zugrunde, solche Kräfte sollten die jeweils Regierenden öffentlichkeitswirksam *kritisieren*, sie durch institutionell abgesicherten politischen Einfluß *kontrollieren* und darüber hinaus der Bevölkerung sachliche wie personelle *Alternativen unterbreiten*? Derentwegen sie bei einer weiteren Wahl gar *selbst* an die Macht gelangen könnten – und zwar ohne später ihrerseits den dann in der Minderzahl befindlichen Kräften dieselbe Möglichkeit zu nehmen, ebenso eines Tages wieder an die Macht zu gelangen? Gehört also das Recht auf Bildung und Ausübung von *Opposition* zu den grundlegenden Prinzipien eines politischen Systems? Oder gilt Opposition als überflüssig, da alle sinnvollen und unterstützenswerten Anliegen von den Regierenden ohnehin berücksichtigt würden, bzw. gilt Opposition sogar als gefährlich und auszuschalten, da sie den Staat an der Verwirklichung strittiger Ziele hindere?[451]

d. Fragestellungen politikwissenschaftlicher Systemanalyse

Alle Elemente eines politischen Systems können somit äußerst unterschiedlich ausgeprägt sein. Nicht jede beliebige Kombination von Ausprägungsformen dieser Elemente ist allerdings wirklichkeitskonstruktiv möglich oder, einmal errichtet, auch nachhaltig stabil. Immerhin müssen die verschiedenen ‚Bauteile‘ eines politischen Systems routinemäßig und verläßlich – und zwar trotz sehr komplizierter, vielfach wechselwirkender Prozesse – solche Funktionen erfüllen, die zusammenpassen, einander ergänzen und zugleich einer *sich wandelnden* Gesellschaft angemessen sind, da nur in diesem Fall deren Regelungsbedarf halbwegs störungsfrei befriedigt werden kann. Offenbar muß also *sehr vieles gelingen*, wenn die so vielfältigen Funktionen so vieler voneinander unabhängiger Systemelemente nicht nur routinemäßig erfüllt werden, sondern auch störungsfrei ineinander greifen sollen. Das alles macht die Funktionslogik freiheitlicher Systeme überaus kompliziert. Daß auf solchen Grundlagen beruhende Systeme überhaupt entstehen und sich über nennenswerte Zeiträume halten konnten, ist um so verwunderlicher, als sie ‚Sand im Getriebe’, nämlich Konkurrenz, streitige politische Auseinandersetzung und praktizierte Opposition, nachgerade zu *Prägefaktoren* ihrer Willensbildungsprozesse machen. In gewisser Weise gehören derartige politische Systeme zu den erstaunlichsten und erklärungsbedürftigsten Ergebnissen des sozialen und kulturellen Evolutionsprozesses.[452]

---

451 Vgl. unten S. 339f.

452 Zur evolutionsanalytischen Betrachtung politischer Systeme siehe – mit weiteren Literaturhinweisen – Patzelt 1996, 2000a und 2001.

Denn daß ein so komplexes Unterfangen ohne weiteres gelingt, ist eher unwahrscheinlich. Darum wundert nicht, was jede Betrachtung der Geschichte menschlicher Regierungsformen zutage fördert: Nur wenige Typen politischer Systeme produzierten je in verläßlicher Weise sowohl allgemeine Verbindlichkeit als auch Legitimität und waren langfristig stabil; selten überlebten politische Ordnungsformen tiefgreifende gesellschaftliche Wandlungsprozesse; kein politisches System arbeitete je ohne Fehler, Defizite und Probleme; und viele politischen Systeme gingen an ihren Funktionsmängeln spätestens nach wenigen Jahrzehnten zugrunde. Zu untersuchen, welche Spielregeln und politischen Strukturen in Abhängigkeit von welchen gesellschaftlichen Rahmenbedingungen *trotzdem* problemlösungsfähige und stabile politische Systeme hervorbringen können, ist somit nicht nur eine intellektuell reizvolle, sondern auch äußerst praxisnützliche Aufgabe politikwissenschaftlicher Forschung. Wird sie erfüllt, gewinnt man verläßliche Grundlagen der *Politikberatung* sowie normativ brauchbare Maßstäbe der *Systemkritik*.

Die folgenden beispielhaften Fragestellungen können als Suchraster derartiger analytischer Zuwendung zu konkreten politischen Systemen dienen:

- Wie ausdifferenziert ist das jeweilige politische System? Welche der Elemente eines *komplexen* politischen Systems sind (bereits) vorhanden?
- Wie (gut) funktionieren die Systemelemente jeweils für sich? Sind sie funktionslogisch tauglich organisiert? Erbringen sie ihre Leistungen verläßlich?
- Wie (gut) ist das Zusammenwirken der Systemelemente eingespielt? Woran liegen Reibungsverluste?
- Wie effizient ist die Input-Leistung, wie effizient die Output-Leistung des Systems?
- Wie groß ist die Responsivität des Systems, und was sind die Folgen für die Lernfähigkeit, Problemlösungskompetenz und Legitimitätssicherung des Systems?
- Wie umfangreich ist der Steuerungsanspruch, wie verläßlich die Führungsleistung des Systems?
- Wie ist das Verhältnis zwischen der Steuerungseffizienz des Systems und dem Grad der Freiheit der Regierten? Wie viel und welchen Einfluß haben die Regierten auf die konkrete Steuerungstätigkeit des Systems?
- Wie ist die Legitimitätslage des Systems? Wie verläßlich oder störungsanfällig ist der legitimitätssichernde Kreislauf von Erwartungen an die Leistungen des Systems, von Input, Transformation, Output und gesellschaftlichen Auswirkungen der politischen Steuerungsleistung?
- Wie offen oder geschlossen, wie responsiv oder steuerungsfähig, wie kompatibel und nachhaltig existenzfähig ist das System hinsichtlich seiner natürlichen, sozialen, wirtschaftlichen und politischen Umwelt?

2. Der Vergleich politischer Systeme

a. Zweck und Mißverständnisse des Systemvergleichs

Jeder weiß, was ‚Menschenkenntnis' ist: Es genügen wenige Informationen über einen Menschen, ein kurzer Kontakt oder ein kurzes Gespräch, um sich von ihm ein Bild zu machen, das in der Regel stimmt. Nicht jeder besitzt diese Kompetenz, verfügt über Menschenkenntnis. Doch unbeschadet aller dafür nötigen Begabung gelangt zur Menschenkenntnis nur, wer oft und mit vielen Menschen Kontakt hat und aus Vergleichen zwischen ihnen Gespür dafür entwickelt, welche Mimik und Gestik, welche Sprech- und Verhaltensweisen von welchem Charakter zeugen und welche Erwartungen nahelegen mögen. Der Vergleich von politischen Systemen hat im Grunde kein anderes Ziel, als – analog zur ‚Menschenkenntnis' – zur ‚Systemkenntnis' zu führen.

Tatsächlich reicht nicht nur das politikwissenschaftliche, sondern oft schon das politisches Interesse weit hinaus über die bloße Beschreibung politischer Systeme, ihrer speziellen Funktionslogik und ihrer individuellen Elemente. Man will nämlich auch herausfinden, ob den unterschiedlichen Konfigurationen politischer Systeme und dem Variantenreichtum der in ihnen ablaufenden politischen Prozesse möglicherweise eine mehr oder minder *allgemeine Funktionslogik politischer Strukturen* zugrunde liegt. Und aus praktischen Gründen möchte man oft wissen, wie sich unter gegebenen Bedingungen *stabile* politische Systeme ausgestalten lassen, möglicherweise sogar freiheitliche, demokratische Verfassungsstaaten. Auch aus aktuellen politischen Gründen, etwa jenen der Verfassunggebung und Verfassungsreform, will man mitunter in Erfahrung bringen, welche Ausprägungsformen von Systemelementen sich unter Auftreten welcher Effekte wohl mit anderen koppeln lassen, bzw. von welchen Faktoren die konkret möglichen Ausprägungsformen einzelner Systemelemente abhängen. Derartige Kenntnisse erlauben offenbar Aussagen über die Vorzüge oder Schwächen unterschiedlicher politischer Ordnungsformen und können als Grundlage politikwissenschaftlicher Systemkritik und politischer Systemreform dienen. Solchermaßen durch den *Vergleich* politischer Systeme und ihrer Elemente zu *allgemeineren* Aussagen über deren Funktionen und Funktionsmöglichkeiten zu gelangen, ist die Aufgabe der ‚vergleichenden Erforschung politischer Systeme', die auch ‚vergleichende Systemforschung', ‚vergleichende Politikforschung' oder allgemein ‚vergleichende Politikwissenschaft' genannt wird.[453]

Leider kommt es beim Systemvergleich durch unbedachten Sprachgebrauch immer wieder zu einem folgenreichen Mißverständnis. Es besteht darin, ‚vergleichbar' für ‚ähnlich', ‚unvergleichbar' für ‚verschieden' und ‚Vergleichen' für ‚Gleichsetzen' zu halten. Doch in Wirklichkeit meint ‚vergleichbar' nur, daß man zwei oder mehr Dinge miteinander vergleichen kann; und Ergebnis gerade eines Vergleichs wird sehr oft die Einsicht sein, daß die verglichenen Dinge ziemlich verschieden sind. Weil die Folgen dieses Mißverständnisses bis in die politische Alltagssprache reichen und in Politik wie Politikwissenschaft immer wieder ganz unsinnigen Streit auslösen, soll im folgenden gezeigt werden, wie leicht man derlei durch klares Denken vermeiden kann.

Oft wird gesagt, X und Y seien *vergleichbar*, obwohl tatsächlich behauptet werden soll, X und Y seien *gleich* bzw. einander *ähnlich*. Um feststellen zu können, ob X und Y einander ähnlich oder gar gleich sind, muß in der Tat ein Vergleich durchgeführt werden. Doch die Behauptung, man *könne* einen Vergleich durchführen (es bestehe also ‚Vergleichbarkeit'), nimmt natürlich nicht das *Ergebnis* des Vergleichs vorweg. Indem man, wie in der Alltagssprache üblich, die Worte ‚vergleichbar' und ‚ähnlich' als bedeutungsgleich verwendet, bringt man also eine ungedeckte Feststellung vor: Aus einer Behauptung über *Vergleichbarkeit* wird eine über *Ähnlichkeit* oder gar *Gleichheit*. Noch viel schlimmer kommt es, wenn zwar nicht der Sprecher, sehr wohl aber der Hörer die Worte ‚vergleichbar' und ‚gleich' durcheinanderbringt. Dann wird sich der Hörer nämlich oft gegen ‚Gleichsetzungen' verwahren, die der Sprecher überhaupt nicht vorge-

---

453 Der weiteste Begriff ist offenbar jener der ‚vergleichenden *Politik*forschung', der auch vergleichendes Vorgehen im Rahmen des Teilfachs ‚Internationale Beziehungen' abdeckt. An Literatur zu vergleichenden Politik- und Systemforschung sowie zu deren Methoden sei verwiesen auf Almond/Powell/Dalton/Strøm 1999, Berg-Schlosser/Müller-Rommel 1997, Beyme 1966, 1988, Blondel 1995, Brunner 1979, Chilcote 1981, Deutsch 1977, Doeker 1971, Dogan/Pelassy 1984, Guy 1998, Hartmann 1980, 1995a, Holt/Turner 1970, Lane 1997, Macridis/Brown 1968, Mahler 1999, Merritt/Rokkan 1966, Naßmacher 1991, Ragin 1987, Rokkan 1972, Sartori 1997, Smelser 1976 und Zahariadis 1997.

bracht hat, da er nur ‚Vergleichbarkeit' behauptete und das Ergebnis des Vergleichs noch offen ließ. Derlei Mißverständnisse mögen auf den ersten Blick harmlos anmuten. Sie sind es aber nicht. Das folgende, aus politischen Alltagsdiskussionen gut bekannte *Beispiel* zeigt das:

Es behauptet der Sprecher A, die staatlichen Unterdrückungsmaßnahmen im nationalsozialistischen Deutschland seien vergleichbar mit denen in realsozialistischen Diktaturen. Darauf antwortet der Hörer B entrüstet, derlei könne nicht der Fall sein, weil Faschismus und Sozialismus doch völlig verschieden seien und man sie darum ‚nicht in einen Topf werfen dürfe'. Offensichtlich reden die beiden hier aneinander vorbei. B betont die Verschiedenheit der Systeme und bringt dies so vor, als gründe seine Behauptung *nicht* auf einem Vergleich. Falls B solche Verschiedenheit einfach *glaubt*, aber eigentlich nichts über beide Systeme *weiß*, mag seine Behauptung tatsächlich nicht auf einem Vergleich beruhen. Als bloßer Glaubenssatz ohne empirische Basis ist B's Entgegnung aber für ein ernstgemeintes Gespräch unerheblich. Beansprucht hingegen B's Behauptung über die Verschiedenheit von National- und Realsozialismus, sich auf die Tatsachen stützen zu können, so muß ihr offensichtlich ein Vergleich zugrunde liegen, da andernfalls B überhaupt nicht *wissen* könnte, daß Nationalsozialismus und Realsozialismus verschieden sind. A hingegen drückte nur aus, er wolle einen Vergleich *durchführen*, als dessen Ergebnis sich die Aussage von B natürlich als wahr *oder* falsch erweisen kann.

Noch folgenreicher sind ist das Mißverständnis, wenn eine zweite Variante der unbedachten Verwendung des Wortes ‚Vergleichbarkeit' auftritt. Oft formuliert man nämlich, X und Y seien *unvergleichbar*, obwohl man tatsächlich ausdrücken will, X sei Y *unähnlich* bzw. von Y *verschieden*. Praktisch bestreitet man hier genau die Grundlage der eigenen Aussage: Eine Verschiedenheit von X und Y kann man schließlich nur dann anhand eines Blicks auf die Tatsachen feststellen,[454] wenn *zuvor* ein Vergleich durchgeführt wurde, Vergleichbarkeit also gerade *gegeben* war. Wenn der Streit nun gerade um die Richtigkeit der Behauptung geht, X und Y seien verschieden, so verheddert sich die Diskussion regelmäßig am Wort ‚Unvergleichbarkeit'. Das folgende *Beispiel* zeigt das:

Der Sprecher A behauptet, die Alltagspraktiken politischer Repression in Nationalsozialismus und Realsozialismus seien weitgehend gleich, worauf der Hörer B argumentiert, wegen der Unvergleichbarkeit von Nationalsozialismus und Realsozialismus sei die Behauptung von A unzulässig. Dem Sprecher A wird auf diese Weise das Unterfangen verwehrt, seine Behauptung durch die *versuchsweise Darstellung* von Ähnlichkeiten zwischen nationalsozialistischen und realsozialistitschen Repressionsmaßnahmen möglicherweise zu begründen. Dergestalt wird die Erörterung einer *empirischen* Aussage, die sich bei näherer Prüfung als wahr *oder* falsch erweisen könnte, mit einem *Tabu* belegt und Wissenschaft durch ein Denk- und Argumentationsverbot an ihr Ende gebracht. Dies ist um so schlimmer, als dem Argument von B – falls er nicht einfach die Aussagen eines anderen glaubt und ohne eigene Sachkunde bloß wiederholt – doch genau das zugrunde liegt, was er dem Sprecher A verbieten will: Nur durch einen *Vergleich* konnte er ja zur Aussage kommen, Nationalsozialismus und Realsozialismus seien so verschieden, daß eine Gleich*setzung* ihrer Repressionspraktiken falsch sei.

Im noch besten Fall eines solchen Mißverständnisses redet man aneinander vorbei und vergeudet Zeit, statt durch reflektiert vergleichendes Vorgehen die strittige Frage zu beantworten, ob die verglichenen Sachverhalte wirklich gleich oder verschieden seien. Im schlimmsten Fall, der in politischer wie politikwissenschaftlicher Diskussion aber nicht selten ist, werden überdies Denk- und Argumentationstabus begründet. Sie zu kritisieren oder gegen sie zu verstoßen stempelt einen dann zum politischen oder wissenschaftlichen Außenseiter. Das geht dann so:

---

[454] Natürlich kann man auch einfach *glauben*, X und Y seien verschieden. Dann braucht man in der Tat keinen Vergleich. Doch eine nicht durch Blick auf die Tatsachen erhärtete empirische Behauptung sollte man in einer an der Sache interessierten Diskussion stets zurückweisen.

Ein ‚aufgeklärter', ‚kritischer', ‚gerecht und billig denkender' Mensch *‚weiß'* einfach, daß bestimmte Dinge ‚eben verschieden sind' und braucht sich dessen nicht durch einen Vergleich erst einmal zu versichern. Ebenso ‚weiß' er, daß manche Sachverhalte ‚sich einfach nicht vergleichen lassen', weswegen ‚es zu falschen Ergebnissen einfach führen *müßte*', wenn man sie trotzdem vergliche. Wer dann dennoch zu anderen Ansichten kommt, der *kann* gar nicht Recht haben und ‚disqualifiziert' sich als Wissenschaftler oder gar als Mensch genau deshalb, weil er ‚das nicht merkt'. Und wenigstens so weit muß dann das Wissen um ‚politisch korrekte' Aussagen über Gleiches und Verschiedenes sowie um die ‚politische Korrektheit' von Fragestellungen und Vergleichen immer wieder reichen, daß man einen Vergleich stets mit der Formel einleitet, zwar wisse man schon, daß man eigentlich nicht vergleichen könne, aber ...!

Solche – oft absichtliche und zweckvolle – Lahmlegung von Systemvergleichen ist um so nachteiliger, als so gut wie alle *nicht* bloß dokumentierenden und beschreibenden Aussagen über Politik, deren Kenntnis ganz wesentlich die Kompetenz eines Politikwissenschaftlers ausmacht, durch vergleichendes Vorgehen, anhand der ‚komparativen Methode' erarbeitet werden. Und weil hier unmittelbar Fragen der Denk-, Rede- und Wissenschaftsfreiheit betroffen sind, sollte ein Politikwissenschaftler ohnehin sensibel sein für alle freiheitseinschränkenden Folgen, die sich aus jenen Mißverständnissen ergeben, und sich gegen alle hieraus entspringenden Tabusetzungen stets zur Wehr setzen. In Wirklichkeit sind es aber nicht selten Politikwissenschaftler (sowie Historiker als privilegierte ‚Deuter historischer Wahrheit'), die aus *politischen* Gründen solche Tabus errichten und verteidigen. Freiheit ist dann nicht die Freiheit des Andersdenkenden, sondern die – an jederzeitiges Wohlverhalten gebundene – Belohnung dafür, ‚politisch korrekt' zu sein.

b. Die Logik des Systemvergleichs

Ein Vergleich beginnt am besten damit, daß man eine Frage hat, die nur durch einen Vergleich beantwortet werden kann. Beispielsweise möchte man wissen, durch welches Wahlsystem (= unabhängige Variable) sich ein besonders enger Kontakt zwischen Abgeordneten und Bevölkerung (= abhängige Variable) bewirken läßt. Um diese Frage beantworten zu können, muß man – erstens – sich überlegen, welche Wahlsysteme diesbezüglich verschiedene Wirkungen zeitigen könnten, und hat dann sowohl die Arten dieser Wahlsysteme als auch die Arten ihrer Wirkung durch geeignete Begriffe zu erfassen. Auf diese Weise legt man ‚Vergleichskategorien', (auch: ‚Vergleichsvariablen') fest. Zweitens muß man feststellen, in welchen Ländern jene Wahlsysteme angewendet und ihre unterschiedlichen Wirkungen beobachtet werden können. Diese Länder kommen dann als ‚Vergleichsfälle' in Frage. So vorgehend, leitet man aus einer *Forschungsfrage* einesteils die *Vergleichskategorien*, andernteils die *Vergleichsfälle* ab.

Natürlich müssen diese drei Elemente eines Vergleichs gut zusammenpassen. Es ist abwegig, Vergleichskategorien zu wählen, die mit der zu beantwortenden Frage nichts zu tun haben. Bei der Frage nach den Auswirkungen des Wahlsystems auf den Wählerkontakt von Abgeordneten wären das etwa Variablen wie die jährliche Anzahl von Drogentoten oder die Länge der das Land durchströmenden Flüsse. Nicht minder abwegig ist es, Vergleichsfälle zu betrachten, die sich in den interessierenden Merkmalen nicht unterscheiden (etwa *nur* Länder mit relativem Mehrheitswahlrecht), die für die abhängige Variable irrelevant sind (etwa auch politische Systeme ohne Wahlen oder ohne gewählte Abgeordnete), oder für welche sich die erforderlichen Daten nicht beschaffen lassen. Hat man sich nach der Festlegung sinnvoller Vergleichskategorien und erkenntnisträchtiger Vergleichsfälle beispielsweise entschlossen, den Kontakt zwischen Abgeordneten und Bevölkerung anhand von zwei Indikatoren[455] zu messen sowie sechs Länder anhand

---

[455] Siehe S. 86.

von drei Merkmalen von Wahlsystemen zu vergleichen, die für unterschiedliche Grade der Bürgernähe von Abgeordneten wichtig sein könnten (etwa: ,relative Mehrheitswahl vs. Verhältniswahl', ,Größe der Wahlkreise' sowie ,Wichtigkeit von Parteien'), so wird der Vergleich in folgender Weise durchgeführt:

- man betrachtet jeden Vergleichsfall anhand jeder Vergleichskategorie[456] und stellt fest, welchen nominal-, ordinal- oder metrisch skalierten ,Meßwert'[457] er pro Vergleichskategorie besitzt;
- man stellt anhand jener ,Meßwerte' fest, in welcher Weise sich die Vergleichsfälle pro Vergleichskategorie unterscheiden bzw. einander ähnlich sind;
- man prüft, hermeneutisch oder anhand anderer dafür geeigneter Methoden der Datenanalyse,[458] ob es – hinsichtlich einzelner, mehrerer oder aller Vergleichskategorien – *Muster* von Ähnlichkeiten oder Verschiedenheiten unter den Vergleichsfällen gibt;
- und man versucht sodann, anhand der so gewonnenen Einblicke seine Forschungsfrage zu beantworten.

Natürlich kann man zunächst auch einfach *aus Interesse* an Vergleichsfälle herantreten und gewissermaßen intuitiv, also mit ,alltagspraktischer Hermeneutik', nach jenen inhaltlichen Dimensionen suchen, entlang welcher man die Untersuchungsfälle vergleicht. Der Unterschied dieses ,induktiven' Vorgehens zum oben beschriebenen ,deduktiven' Herangehen[459] entspricht genau jenem zwischen qualitativer und quantitativer Forschung.[460] Doch auch bei induktivem Herangehen hängt die Fruchtbarkeit eines Vergleichs voll und ganz vom Zusammenpassen der Vergleichsfälle sowie der – mehr oder minder intuitiv benutzten – Vergleichskategorien mit jener Fragestellung ab, die man in der Auseinandersetzung mit seinen Vergleichsfällen vielleicht überhaupt erst *entwickelt* und anschließend zu beantworten versucht. Sich als Fragestellung einfach nur vorzunehmen ,Was ist gleich, was ist verschieden?' führt zu *keinem* sinnvollen Vorgehen und schon gar nicht zu *nützlichen* Ergebnissen, da ja Tausende von Dingen auf Gleichheit oder Verschiedenheit betrachtet werden könnten und nur eine klare Fragestellung festzulegen vermag, worauf man zu welchem Zweck wirklich achten soll.

Im methodischen Idealfall beginnt ein Vergleich also mit einer – von präziser Fragestellung und klarer Theorie angeleiteten – *Modellbildung*.[461] Man bildet darum, etwa anhand eines Pfeilmodells, alle zu betrachtenden unabhängigen, abhängigen und intervenierenden Variablen samt ihren vermuteten Wechselbeziehungen ab. Die unabhängigen und abhängigen Variablen sind später die unmittelbaren *Vergleichskategorien*. Die intervenierenden Variablen hingegen, deren empirische Referenten die ,Störfaktoren' des interessierenden Zusammenhangs zwischen unabhängigen und abhängigen Variablen sind, geben wichtige Hinweise darauf, *welche Vergleichsfälle* man auswählen, wie man sie beim Vergleich in *Vergleichsgruppen* anordnen und welche *zusätzlichen* Daten man gegebenenfalls erheben muß.

Offenbar liefert ein Vergleich nämlich nur dann aussagekräftige Ergebnisse, wenn sich die beobachteten Unterschiede in den abhängigen Variablen der Vergleichsfälle tatsächlich auf die betrachteten unabhängigen Variablen zurückführen lassen. Da aber solche Zusammenhänge oft von weiteren Faktoren überlagert sein werden,[462] nämlich von den – durch ,intervenierende'

---

456 Vergleicht man *zwei* Untersuchungsfälle anhand *einer* Vergleichskategorie, so wird intuitiv deutlich, warum man eine Vergleichskategorie das ,tértium comparatiónis' nennt, nämlich das ,dritte Element eines Vergleichs'.

457 Siehe S. 177ff.

458 Siehe S. 164ff.

459 Zum Unterschied zwischen induktiver und deduktiver Theoriebildung vgl. S. 99.

460 Hierzu siehe S. 191ff.

461 Siehe S. 109ff.

462 Genau darum formuliert man alltagssprachlich: ,Jeder Vergleich hinkt!'

Variablen erfaßten – ‚Störfaktoren', muß man entweder die Vergleichsfälle so auswählen, daß sie hinsichtlich solcher Störfaktoren einander gleich bzw. ähnlich sind, oder muß man die Vergleichsfälle auch nach den Ausprägungen der intervenierenden Variablen so gliedern, daß man deren Überlagerungs- und Störeffekte einschätzen kann.[463] Legt man einen Vergleich so an, dann erweist er sich als Seitenstück zu den Experimenten der Natur- und Technikwissenschaften. Tatsächlich werden alle politikwissenschaftlichen Quasi-Experimente, z.B. die ‚historischen Experimente', als von solchen Modellen angeleitete *Vergleiche* durchgeführt.[464] Da sich – bei ‚ausgeschalteten' (d.h. ‚kontrollierten') Störvariablen – die Unterschiede der Vergleichsfälle hinsichtlich einer abhängigen Variable (z.B. der Dichte des Kontakts zwischen Abgeordneten und Bevölkerung) auf Unterschiede in den unabhängigen Variablen (z.B. dem Wahlsystem) zurückführen lassen, können durch solchen Vergleich offenbar kausale Hypothesen überprüft werden.

Je nach der zu beantwortenden inhaltlichen Fragestellung wird man diese *stets gleiche Logik* von Vergleichsuntersuchungen entweder *konkordanzanalytisch* oder *differenzanalytisch* anwenden. Das führt – aufgrund unterschiedlicher Fragestellungen – zu jeweils anderen Prioritäten bei der Auswahl der Vergleichsfälle und zu eher abstrakteren oder eher konkreteren Vergleichskategorien:

- *Konkordanzanalytisch*[465] geht man vor, wenn sich die zu beantwortende Frage darauf richtet, was selbst unter ganz verschiedenen Umständen, in ganz verschiedenen (politischen) Systemen noch gleich ist. Man will also ‚Invarianten' identifizieren, ‚allgemeine' Strukturen oder Ursachen feststellen, ‚Typisches' herausfinden. Solche Fragestellungen gibt es vor allem im Bereich der politikwissenschaftlichen Grundlagenforschung. Geht man ihnen nach, dann muß man einesteils möglichst *verschiedene* Untersuchungsfälle vergleichen (also mit *heterogenen* Stichproben arbeiten) und andernteils die Vergleichskategorien ziemlich *abstrakt* halten, also ‚auf der Abstraktionsleiter ziemlich weit nach oben klettern'. Solches Vorgehen liegt beispielsweise vor, wenn man die Gemeinsamkeiten der Verfahren in Vertretungskörperschaften verschiedenster Art ausfindig machen will und darum die Generalkapitel von Mönchsorden ebenso wie Ständeversammlungen, föderative Regierungskonferenzen ebenso wie Parlamente einbezieht. Wem jene abstrakten Vergleichskategorien unbekannt sind, derentwegen sich so unterschiedliche Untersuchungsfälle vergleichen lassen, kommt verständlicherweise – doch ganz zu Unrecht – zur Vermutung, hier sei ‚Unvergleichbarkeit' gegeben. Die in diesem Fall meist vorgetragene Behauptung, zwei Untersuchungsfälle ‚seien nicht vergleichbar', sagt darum meist mehr über die (unzulängliche) Kompetenz des Sprechers aus als über die Sinnhaftigkeit des (kritisierten) Vergleichs.
- *Differenzanalytisch*[466] geht man hingegen vor, wenn die zu beantwortende Frage darauf abzielt, was selbst unter ganz ähnlichen Bedingungen noch verschieden ist und welche Ursachen es dafür geben mag. Man sucht also nach sehr *besonderen* Strukturen und Ursachen. Solche Fragestellungen ergeben sind oft aus unmittelbar praktischen Anliegen, etwa aus dem Wunsch, Ansatzpunkte zur Beseitigung von Arbeitslosigkeit zu finden und dafür aus den Erfahrungen in soziökonomisch gleichartigen Ländern zu lernen. Als Folge dessen muß man einander ziemlich ähnliche Fälle vergleichen, also mit möglichst *homogenen* Stichproben ar-

---

463 Falls die *abhängigen* Variablen auf dem Niveau einer *Intervall*skala gemessen wurden, bietet sich für die Datenanalyse das Modell der Varianzanalyse an. Falls *alle* Variablen *intervall*skaliert gemessen wurden, wird man Regressionsanalysen durchführen und als Ergebnis des Vergleichs gegebenenfalls pro Vergleichsfall (oder pro Vergleichsfallgruppe) unterschiedliche Pfadmodelle (oder Strukturgleichungsmodelle) ermitteln. Sind *alle* Vergleichsvariablen *nominal*skaliert, wird man mit loglinearen Modellen oder mit dem GSK-Ansatz arbeiten. Für induktiv-qualitatives Vorgehen im Fall ausschließlich nominalskalierter Variablen siehe auf S. 236ff die Ausführungen zum Ragin-Ansatz.

464 Siehe oben S. 159ff.

465 Von lat. ‚concordáre', d.h. übereinstimmen.

466 Von lat. ‚differéntia', d.h. Unterschied, Verschiedenheit.

beiten. Dadurch kann man sich erlauben, bei der Begriffsbildung auf der Abstraktionsleiter ziemlich weit unten stehenzubleiben und recht gegenstandsnahe Vergleichskategorienzu verwenden. Diese können mitunter sogar der politischen Alltagssprache entnommen sein und erleichtern die Kommunikation mit politischen Praktikern sehr. Weil darum – ganz im Unterschied zu konkordanzanalytischen Vergleichen – sich Vergleiche differenzanalytischer Art dem Alltagsdenken überaus leicht erschließen, stellt man sich intuitiv unter einem Vergleich meist ein differenzanalytisches Verfahren vor. Und weil bei *diesem* die Vergleichsfälle in der Tat einander recht ähnlich sein müssen, wirkt für den ‚gesunden Menschenverstand' die Behauptung so einleuchtend, daß *Vergleichbarkeit* auch ganz allgemein die *Ähnlichkeit* der Vergleichsfälle voraussetze.

Das oben besprochene Mißverständnis geht im Kern also darauf zurück, daß dem ‚gesunden Menschenverstand' sowohl die Fragestellungen als auch jene abstrakten Vergleichskategorien fremd sind, die konkordanzanalytisches Vergleichen erfordern und ermöglichen. Statt sich aber aus den Fesseln seines Alltagsdenkens zu befreien, wird dann meist intellektuell blockiert und konkordanzanalytisches Vorgehen eben abgelehnt.[467]

Unbeschadet aller konkreten Einzelfragen, die einen Systemvergleich nahelegen, lassen sich sechs Muster von allgemeinen Forschungsfragen vorstellen, die auf überaus wichtige Dinge zielen und sich darum als Anregung für eigene systemvergleichende Arbeiten nutzen lassen:

- Wie hängt die Verfügbarkeit von Systemelementen mit der Erfüllung von Systemfunktionen zusammen? *Beispiel:* Auf welche Weise ermöglichte überhaupt erst das Aufkommen von Parteien moderne Massendemokratie?
- Wie hängt die Nicht-Verfügbarkeit von Systemelementen mit der Nicht-Erfüllung von Systemfunktionen zusammen? *Beispiel:* Auf welche Weise führt Mangel an Kommunikationsfreiheit dazu, daß Legitimationskreisläufe unterbrochen werden?
- Welche Funktionslogik besitzen in Abhängigkeit von welchen Rahmenbedingungen konkrete Strukturelemente eines politischen Systems? *Beispiel:* Wie unterschiedlich ‚funktionieren' entlang von Parteigrenzen zu bildende Gruppen von Abgeordneten einesteils in den Parlamenten parlamentarischer Regierungssysteme, andernteils in den Parlamenten präsidentieller Regierungssysteme?
- Welche funktionalen Äquivalente für die Erfüllung bestimmter Systemfunktionen gibt es, und welche Akzente ihrer Funktionslogik lassen sich jeweils feststellen? *Beispiel:* Von welchen Strukturen läßt sich die Funktion des Staatsoberhauptes erfüllen, und welche Unterschiede in der Funktionslogik ihrer Rollenwahrnehmung weisen Monarchen, Präsidenten oder kollektive Staatsoberhäupter (wie der Staatsrat der DDR) auf?
- Welche multifunktionalen Strukturen gibt es, und welche Funktionen erfüllen sie in Abhängigkeit von welchen Rahmenbedingungen? *Beispiel:* Welche Funktionen kann unter welchen Rahmenbedingungen eine Vertretungskörperschaft, welche ein Gericht erfüllen?
- Welche Formen nimmt, angestoßen von welchen Klassen von Ereignissen und in Abhängigkeit von welchen Rahmenbedingungen, der Wandel von politischen Systemen an? Welche Muster – von Evolution und Revolution, von Transition und Transformation – gibt es dabei aus welchen Gründen?

Geleitet von solchen, so inspirierten oder auch ganz andersartigen Fragestellungen können Vergleiche politischer Systeme – erstens – anhand der im Schaubild 12 zusammengestellten

[467] Bildhaft ausgedrückt: Daß man ‚Äpfel und Birnen *nicht* miteinander vergleichen kann', wird in der Regel der behaupten, der einfach nicht weiß, daß beides *Früchte* sind, und dem schon gleich gar nicht die *Frage* einfällt, welche der beiden Früchte wohl transportempfindlicher wäre.

Elemente eines politischen Systems vorgenommen werden. Dann vergleicht man quer über verschiedene politische Systeme deren *Strukturelemente* wie Parteien, Parlamente oder Regierungen. Dabei ist zu bedenken, daß jedes Element des Systemmodells nur eine Variable darstellt, die in unterschiedlichen Systemen ganz verschiedene Ausprägungen annehmen kann, womit sich dann natürlich auch das Strukturgefüge und das Funktionieren des Gesamtsystems verändern wird. Deshalb müssen Vergleiche selbst einzelner Systemelemente stets in der Weise ‚ganzheitlich' durchgeführt werden, daß man die Einbettung der verglichenen Einzelelemente in das jeweilige Systemganze nicht unbeachtet läßt.

Zweitens können jene *Funktionen* verglichen werden, die in politischen Systemen von gleich welchen Strukturelementen zu erfüllen sind.[468] Beispielsweise kann sich der Vergleich darauf richten, wie in verschiedenen Systemen die Funktionen der Rekrutierung politischer Eliten, der Sicherung von Responsivität und politischer Führung erfüllt werden. Oder man möchte wissen, wie die im AGIL-Schema zusammengestellten Grundfunktionen aller sozialen Systeme[469] von den sozialdemokratischen Parteien verschiedener westlicher Demokratien erfüllt werden. Besonders aufschlußreich wird solche vergleichende Funktionsanalyse, wenn sie auch nach der Erfüllung manifester und latenter Funktionen differenziert.[470] Drittens können – wie im nächsten Abschnitt vorgeführt – ganze *Systemkonfigurationen* miteinander verglichen werden. In jedem Fall gibt die untersuchungsleitende Theorie die Vergleichsgesichtspunkte vor und legt fest, in bezug worauf ein Parlament mit einem anderen, die Führungsfunktion der Regierung in einem Land mit jener in einem anderen Land oder ein politisches System insgesamt mit einem anderen verglichen werden soll.

c. Probleme und Grenzen von Vergleichbarkeit

In der (Politik-)Wissenschaft dürfen natürlich nicht die Voreingenommenheiten und Mißverständnisse des ‚gesunden Menschenverstands' *Grenzen der Vergleichbarkeit* ziehen. Das können nur die Zugänglichkeit von Vergleichsfällen oder die Verfügbarkeit von validen Vergleichskategorien tun. Beides sind *echte* Probleme für die vergleichende Systemforschung.

- *Zugänglichkeit der Vergleichsfälle:* Beispielsweise möchte man aus theoretischen Gründen anhand sinnvoller Vergleichskategorien in eine Analyse des Zusammenhangs zwischen der Form der Herrschaftslegitimation und der Entfaltung bürokratischer Herrschaft unter den historischen politischen Systemen nicht nur das pharaonische Ägypten und das China der Han-Dynastie einbeziehen, sondern auch die sumerischen Stadtstaaten und das Inka-Reich. Wenn sich nun aber – aufgrund der Quellenlage oder des Forschungsstandes – so wenig Datenmaterial zum Aufbau und zum Funktionieren der Verwaltungsstrukturen in den sumerischen Stadtstaaten oder der Legitimatonsformen im Inka-Reich beschaffen läßt, daß man die empirischen Referenten der Vergleichskategorien für diese Vergleichsfälle einfach nicht erfassen kann, dann sind diese beiden Vergleichsfälle mit den anderen Vergleichsfällen schlechterdings unvergleichbar. Offenkundig liegt solche Unvergleichbarkeit aber nicht daran, daß ein Vergleich grundsätzlich unmöglich oder sinnlos wäre, sondern nur daran, daß einige Vergleichsfälle der Forschung eben unzugänglich sind.
- *Verfügbarkeit valider*[471] *Vergleichskategorien:* Man möchte beispielsweise die mittleren Lebenshaltungskosten in vierzig zeitgenössischen Staaten miteinander vergleichen. Es zeigt sich, daß zwar für jeden Vergleichsfall Indexwerte der mittleren Lebenshaltungskosten vor-

468 Auf diese Weise entdeckt man *funktionale Äquivalente*; vgl. S. 215.

469 Siehe S. 50ff.

470 Hierzu siehe oben S. 215.

471 Siehe hierzu S. 147f.

liegen. Bald stellt sich aber heraus, daß die Indexwerte der mittleren Lebenshaltungskosten in vielen der zu vergleichenden Staaten sehr unterschiedlich berechnet werden und ganz verschiedene Vorstellungen davon widerspiegeln, was zu den Lebenshaltungskosten gehört. Rein technisch kann man in diesem Fall natürlich trotzdem einen Vergleich durchführen. Doch die verglichenen Zahlenwerte werden dann allenfalls über verschiedene *Vorstellungen* von ‚Lebenshaltungskosten' informieren, nicht aber darüber, wie *unterschiedlich* teuer eine ‚mittlere Lebenshaltung' in den verglichenen Staaten tatsächlich ist. Wenn man nämlich nicht über für alle Untersuchungsfälle *gleich* operationalisierte Vergleichskategorien verfügt, ist das Ergebnis des Vergleichs schlechterdings ohne Validität. Oft meint man darum mit der mißverständlichen Redeweise, zwei Dinge seien ‚nicht vergleichbar', eigentlich nichts anderes, als daß ein Vergleich zwar technisch möglich, aufgrund des Fehlens gleichartig operationalisierter Vergleichskategorien aber für valide Ergebnisse nicht geeignet ist. In solchen Fällen kann man sich mit einer Herabsetzung der Ansprüche an die Validität der Ergebnisse zwar aus forschungspragmatischen Gründen aus der Affäre zu ziehen versuchen. Doch an die Grenzen der Vergleichbarkeit gelangt man unweigerlich, wenn die Validität der Befunde so gering wird, daß es unvernünftig ist, in Ergebnisse so ungewisser Aussagekraft überhaupt ernsthafte Arbeit zu investieren.

Unabhängig von der Wahl einer konkordanz- oder differenzanalytischen Strategie geht es bei der vergleichenden Forschung darum, *Zusammenhangs-, Erklärung- und Prognosewissen* über die Beschaffenheit politischer Wirklichkeit zu erarbeiten und dieses Wissen in solchen Theorien aufzubereiten, die möglichst gut verallgemeinerbar sind. Folglich müssen – erstens – diese Theorien anhand *so vieler Fälle wie möglich* erstellt werden und an einer *größeren* Anzahl politischer Systeme auch überprüft werden. Zweitens gilt als Vorbedingung gewünschter Verallgemeinerbarkeit: Es muß die Auswahl der Untersuchungsfälle nach Regeln getroffen werden, die zu ‚repräsentativen Stichproben' führen.[472] Beide Forderungen sind in der Praxis aber nicht leicht zu erfüllen. Das besondere Problem der vergleichenden Systemforschung besteht sogar in einem gewissen *Mangel* an Untersuchungsfällen, so daß die Besonderheiten der wenigen verfügbaren Einzelfälle leicht das ihnen Gemeinsame überdecken und dergestalt Verallgemeinerbares unidentifizierbar machen können. Dreierlei führt zu diesem Problem:

- Bestimmte Arten von Systemen, zu denen man Aussagen formulieren will, die über vergleichende Beschreibungen hinausgehen, kommen einfach *selten* vor. Bis zur Mitte des 20. Jahrhunderts war dies etwa bei Staaten mit freiheitlicher demokratischer Grundordnung der Fall, und ebenso verhält es sich immer noch mit Systemen, die von demokratischen Allparteienregierungen gesteuert werden.
- Oft gibt es zwar genügend Systeme, deren Untersuchung zu verallgemeinerbaren Ergebnissen führen könnte; z.B. sind autoritäre Herrschaftsordnungen[473] ein äußerst häufiger Systemtyp. Im Einzelfall sind sie aber so schlecht *dokumentiert*, daß die vergleichende Forschung aus Mangel an beschreibenden Vorarbeiten bestimmte Untersuchungen eben nicht durchführen kann. Ein auf dieses Problem reagierender Sonderfall ist die Einbeziehung *historischer* politischer Systeme in die politikwissenschaftliche Analyse. Die meisten Herrschaftssysteme, die Menschen je schufen, gehören schließlich der Vergangenheit an. Soweit nicht Prozesse technischen, wirtschaftlichen, gesellschaftlichen und kulturellen Wandels die *Voraussetzungen* ihrer institutionellen Funktionslogik schwinden ließen, bergen sie aber einen immer noch wertvollen Schatz an Erfahrungen mit verschiedenen Möglichkeiten, politische Ordnung aufzubauen. Ferner läßt sich ihnen stets Grundlegendes zur Funktionslogik der *Konstruktion und Reproduktion politischer Wirklichkeit* entnehmen. Unabhängig davon, daß mit zu-

---

472 Siehe hierzu S. 172ff.
473 Siehe unten S. 258ff.

nehmendem zeitlichen Abstand immer weniger über historische politische Systeme bekannt ist und aufgrund eines dem Untersuchungsfall immer ‚äußerlicher' werdenden Vorwissens die hermeneutische Methode invalide Ergebnisse liefern mag, sind indessen auch ganz allgemein solche geschichtswissenschaftlichen Arbeiten selten, welche die für politikwissenschaftliche Sekundäranalyse nötigen Informationen sowohl systematisch als auch detailliert verfügbar machen. Folglich verhindert Mangel an Vorarbeiten oft auch hier die gewünschte Erhöhung der Fallzahlen. Außerdem hat es den Anschein, als sei sich bislang nur eine Minderheit von Politikwissenschaftlern über den Wert der vergleichenden Analyse *aller* politischen Systeme – und nicht nur der jeweils zeitgenössischen – im klaren.

– Plausiblerweise liefert vergleichendes Vorgehen um so aussagekräftigere Ergebnisse, je günstiger das sogenannte *n/v-Verhältnis* des Untersuchungsmaterials ist, wobei ‚n' für die Anzahl der Vergleichsfälle, ‚v' für die Anzahl der Vergleichsvariablen steht. Vergleicht man *zwei* Fälle nach *vielen* Variablen, so wird sich Besonderes naturgemäß viel schwerer von Allgemeinem abheben lassen, als wenn man beispielsweise *viele* Fälle nach *zwei* Variablen vergleicht. Aus genau diesem Grund gelangt die vergleichende Erforschung politischer Systeme oft nicht über ‚parallele Beschreibungen' – d.h. *anhand gleicher Kategorien (= Vergleichsvariablen) gegliederte* Beschreibungen – *weniger* Fälle hinaus und bleibt schwach bei der Erarbeitung von verallgemeinerbaren Aussagen über die Zusammenhänge zwischen den Vergleichsvariablen. Die Erläuterungen zum Schaubild 12 zeigten aber, daß politische Systeme anhand sehr *vieler* Beschreibungsmerkmale zu charakterisieren sind, weswegen die Systemanalyse meist die Einbeziehung *zahlreicher* Untersuchungsvariablen verlangt, will sie nicht grob vereinfachen und zu trivialen bzw. falschen Befunden führen. Will man aber verallgemeinern, so müssen *um so mehr Fälle betrachtet werden, je größer die Anzahl der in ihrem Zusammenwirken zu analysierenden Untersuchungsvariablen* ist.[474] Bei der vergleichenden Systemforschung stößt dies unweigerlich an die eben beschriebenen Grenzen.

Folglich sind die analytischen Möglichkeiten der politikwissenschaftlichen Vergleichsforschung *viel beschränkter*, als man sich das angesichts ihres theoriebildenden Wertes wünschen möchte. Inzwischen gibt es allerdings einen Ausweg aus einer Vielzahl solcher Probleme. Es handelt sich um die von Charles C. Ragin[475] entwickelte Methodik einer makro-qualitativen[476] Vergleichsanalyse (‚Ragin-Ansatz'). Die Leitgedanken und Nutzanwendungen dieses Ansatzes lassen sich wie folgt zusammenfassen.

d. Der Ragin-Ansatz

Ausgangspunkt des Ragin-Ansatzes ist die Formulierung einer Fragestellung und eines Ausgangsmodells, welches klar die durch Vergleich zu erklärende ‚abhängige Variable' bezeichnet und jene Merkmale der Vergleichsfälle benennt, auf welche – als unabhängige bzw. intervenierende Variablen – geachtet werden soll. Somit beginnt der Vergleich mit einer klaren, hypothetisch zum Ausgangspunkt der Analyse gemachten Theorie.[477] *Beispiel:* Es soll durch Vergleich

---

474 Dieser Gedanke liegt natürlich jeder *systematischen* Bestimmung von Stichprobenumfängen zugrunde; siehe S. 175ff.

475 Siehe Ragin 1987.

476 ‚Qualitativ' heißt dieser Ansatz deshalb, weil er mit qualitativen Daten arbeitet (nämlich dichotomen, nominalskalierten Variablen) und induktiv theoriebildend ist. Im Unterschied zum größten Teil der qualitativen Forschung, die sich auf der Mikro- und Meso-Ebene im Schichtenbau politischer Wirklichkeit bewegt, können der Gegenstand des Ragin-Ansatzes auch ganze politische Systeme sein.

477 Angeblich beginnt ‚rein induktives' Vorgehen ohne Theorie. Doch weil gerade Induktion von der Anwendung der hermeneutischen Methode lebt (siehe S. 164ff), sind hier *immer schon* jene Wissensbestände und Deutungsmuster

von zehn Staatsstreichen geklärt werden, von welchen Faktoren der *Erfolg eines Staatstreiches* wohl abhängt; dieser ist die abhängige Variable Z. Die forschungsleitende Theorie unterstellt, daß die vierzehn Faktoren A bis N für den Erfolg eines Staatstreiches wichtig sein könnten. Die durch Vergleich zu beantwortende Frage lautet also: Welche der Faktoren A bis N sind *wirklich*, und gegebenenfalls in welchen *Kombinationen*, für den Erfolg eines Staatstreiches wichtig? Offensichtlich gibt es hier ein eher schlechtes n/v-Verhältnis: Zehn Untersuchungsfällen stehen vierzehn unabhängige bzw. intervenierende Variablen und eine abhängige Variable gegenüber.

Von allen in die Untersuchung einbezogenen Variablen muß sodann für jeden Vergleichsfall nur festgestellt werden, ob ihr empirischer Referent vorliegt oder nicht vorliegt. *Beispiel:* Für jeden der zehn untersuchten Staatsstreiche ist anhand valider Kriterien festzustellen, ob der Staatsstreich erfolgreich oder nicht erfolgreich war;[478] für jede der Vergleichsvariablen A bis N ist ausfindig zu machen, ob ihr empirischer Referent vorlag (Variablenwert 1) oder nicht vorlag (Variablenwert 0); und somit läßt sich schon einmal feststellen, ob es für die Fälle erfolgreicher oder erfolgloser Staatsstreiche vielleicht auch gemeinsame Kombinationen von aufgetretenen Faktoren gab, oder ob jeden erfolgreichen bzw. erfolglosen Staatsstreich eine individuelle Faktorenkombination kennzeichnet.

Offenbar verlangen Analysen im Rahmen des Ragin-Ansatzes nur nominalskalierte Daten mit den Variablenwerten 0 und 1. Doch es lassen sich unter Inkaufnahme einiger forschungslogisch sehr erhellender Umständlichkeiten sogar solche Vergleichsfälle verarbeiten, bei denen hinsichtlich *einiger* unabhängiger und intervenierender Variablen *nicht* entschieden werden kann, ob der entsprechende Faktor vorlag oder nicht vorlag. Bescheidenere Ansprüche lassen sich an das Datenmaterial einer Vergleichsanalyse schwerlich stellen.

Dieses Datenmaterial wird sodann in einer Tabelle (‚Ausgangstabelle') wie folgt zusammengestellt: Die Spalten werden durch die Vergleichsvariablen definiert; in die Zeilen wird pro Vergleichsfall für jede Variable anhand der Werte 0 und 1 (bzw. ‚?') eingetragen, welche Faktoren auftraten; und falls einige Vergleichsfälle identische Kombinationen von Variablenwerten (also von real aufgetretenen Faktorkombinationen) aufweisen sollten, wird in eine letzte Spalte (vorgesehen für diese so genannte ‚Ereignisvariable') hinsichtlich jener Faktorkombination eingetragen, wie oft sie auftrat. Eine solche Tabelle ist – mit Ausnahme der letzten Spalte, welche Häufigkeiten angibt – offensichtlich eine ‚Wahrheitswerttabelle' (auch: ‚Wahrheitstafel'), deren Informationsgehalt mit den Mitteln der Logik weiter verarbeitet werden kann.

Anschließend erlauben es die – hier nicht näher darzustellenden – logischen Transformationsregeln der Boole'schen Algebra[479] sowie die beiden de Morgan'schen Gesetze[480], die in der Tabelle

---

im Spiel, derer man sich bei (alltagspraktischer) Hermeneutik eben bedient. Man kann allenfalls darauf verzichten, sein Vorwissen modellhaft zu systematisieren – worauf der Ragin-Ansatz aber gerade nicht verzichtet.

478 Wenn sich in einem konkreten Fall bezüglich der abhängigen Variable weder das eine noch das andere feststellen läßt, ist dieser Fall für die Beantwortung der Forschungsfragen offensichtlich nicht geeignet und sollte aus der Analyse ausgeschlossen werden.

479 Benannt nach ihrem Begründer, dem englischen Mathematiker George Boole (1815-1864). Bei ihr handelt es sich um eine mengentheoretische Algebra der zweiwertigen Logik, bei der Aussagen mit *einem* von zwei Wahrheitswerten (0, 1) miteinander verknüpft werden. Die Boole'sche Algebra liegt heute nicht nur der analytischen Logik zugrunde, sondern auch der Funktionsweise von Computern oder Schaltkreisen. Manche von diesen arbeiten inzwischen allerdings auch mit ‚fuzzy logic', also mit logischen Modellen, bei denen ‚Unschärfen' im Wahrheitswert zugelassen sind. Auf derlei Weise ließe sich wohl auch der Ragin-Ansatz weiterentwickeln.

480 Augustus de Morgan (1806-1871) war ebenfalls ein englischer Mathematiker und Logiker. Gemeinsam mit George Boole legte er die Grundlagen für die moderne mathematische Logik. Seine zwei berühmten logischen Gesetze erlauben die Umformulierung von Aussagen in alternative, oft für den jeweiligen Zweck viel einfachere Formen. Im Prinzip machte er formal exakt durchführbar, was an Denkoperationen – etwa bei William v. Ockham – seit dem 14. Jahrhundert im Prinzip bekannt war, doch nicht logisch exakt bewerkstelligt werden konnte. Vgl. etwa ‚Ockham's Razor': *‚Categoriae non sunt praeter necessitatem multiplicandae'*, dt.: Man soll die [Vergleichs-]Kategorien nicht über ihre unabdingbare Anzahl hinaus vermehren.

geborgenen Informationen über die tatsächlich aufgetretenen Faktorkombinationen auf die *in ihnen implizierten logischen Behauptungen* (‚Primärimplikanten') zurückzuführen und in Form ziemlich einfacher Gleichungen der folgenden Art auszudrücken: X=**a**(bc+bd+E)+**A**(bC+E). Großbuchstaben geben in derartigen Gleichungen an, daß eine Variable den Wert ‚1' besitzt (d.h.: daß der von ihr bezeichnete Faktor vorlag); Kleinbuchstaben verweisen auf den Variablenwert ‚0'; das Pluszeichen steht für ein logisches ‚oder', das (wie in der Mathematik üblich: implizite) Multiplikationszeichen für ein logisches ‚und'. Folglich wäre in unserem Beispiel diese Gleichung wie folgt zu lesen: ‚Ein Putsch ist erfolgreich, wenn 1) *entweder* A nicht gegeben ist *und* zugleich B und C nicht gegeben oder B und D nicht gegeben oder E gegeben ist; *oder* wenn 2) A gegeben ist *und* zugleich B nicht gegeben ist (während zugleich C vorliegt) oder E gegeben ist'. In einer solchen Gleichung wird also das Auftreten (bzw. Nicht-Auftreten) des empirischen Referenten der abhängigen Variable mit dem Auftreten (bzw. Nicht-Auftreten) der empirischen Referenten der einbezogenen unabhängigen und intervenierenden Variablen in Beziehung gebracht und somit eine *Erklärung* formuliert. Die Reduktion des Ausgangsdatenmaterials auf solche Gleichungen übernehmen geeignete Computerprogramme.

Hinsichtlich einer solcher Gleichung ist festzustellen:

- Sie ist eine – in der Regel ziemlich komplexe – theoretische Aussage, die datengestützt angibt, bei Vorliegen welcher Faktorenkonstellation ein zu erklärendes Ereignis auftritt. Stets geben beispielsweise die Terme solcher Gleichungen (z.B. **A**[bC+E]) an, welche Merkmalskombinationen tatsächlich aufgetreten sind. Im Grunde ist somit jede halbwegs komplexe Gleichung ihrerseits eine Theorie, die induktiv – d.h. ausgehend von den untersuchten Vergleichsfällen – gebildet wurde.
- Eine solche Gleichung (d.h.: diese induktiv gewonnene theoretische Aussage bzw. Theorie) beinhaltet genau jene Information, die schon in der Tabelle des Ausgangsmaterials (der ‚Wahrheitstafel') enthalten war. Sie fügt den empirischen Forschungsergebnissen also nichts hinzu, sondern gibt nur übersichtlich wieder, was bei einer Vielzahl von gleichzeitig betrachteten Variablen und angesichts der Fülle ihrer möglichen Kombinationen ohne den Einsatz logischer Mittel der Informationsverarbeitung dem ‚gesunden Menschenverstand' schlechterdings undurchschaubar bleibt. Weil die korrekte Verwendung der Boole'schen Algebra und der de Morgan'schen Gesetze sicherstellt, daß alle aus dem Ausgangsmaterial abgeleiteten Aussagen logisch wahr sind, ist ebenso sichergestellt, daß auch jede empirische Interpretation einer Gleichung wie der angegebenen empirisch wahr ist, wenn – aber nur wenn – alle Eintragungen in der Wahrheitswerttabelle empirisch wahr gewesen sind.[481]
- Derartige Gleichungen geben an, welche in den Vergleich als Vergleichskategorien einbezogene Faktoren hinreichende oder notwendige Ursachen für das Auftreten des zu erklärenden Ereignisses (hier: des Erfolgs eines Staatsstreichs) bzw. weder hinreichend noch notwendig sind. Aus der obigen Gleichung ist etwa leicht zu erkennen, daß E eine hinreichende Ursache für den Erfolg eines Staatsstreichs ist, da E in jedem Fall gemeinsam mit dem Erfolg eines Staatsstreiches auftritt. Umgekehrt wird klar, daß A weder eine hinreichende noch eine notwendige Ursache für den Erfolg eines Staatsstreichs ist, da sich solcher Erfolg sowohl beim Auftreten als auch beim Nicht-Auftreten von A eingestellt hat.
- Im Grunde leistet die Umformung der in der Ausgangstabelle zusammengestellten Informationen in eine solche Gleichung nichts anderes als das, was sorgfältiges Beobachten und Vergleichen, Ordnen und Durchdenken des Datenmaterials auch zutage gefördert hätte. Das heißt: Im Grunde ist der Ragin-Ansatz nichts anderes als ein überaus wirkungsvolles Mittel *vergleichsgestützter Theoriebildung*. Das zentrale Merkmal dieses Mittels der Theoriebil-

---

481 Zum Kontext vgl. die Erörterung über die Eigenschaften logisch bzw. empirisch wahrer Aussagen auf S. 70f.

dung ist, daß es die *Kombinationen von Faktoren* zu seinem Ansatzpunkt macht, und zwar ganz ohne – teilweise überaus problematische – Annahmen jener Art zu tätigen, wie sie in Gestalt der Unterstellung linearer Zusammenhänge oder der Additivität von Effekten ähnlich mächtigen Modellen der multivariaten Statistik zugrunde liegen.

– Im übrigen ist die Umformung des Informationsgehalts der Ausgangstabelle mittels Boole'scher Algebra und de Morgan'scher Gesetze, wie sie den Kern des Ragin-Ansatzes darstellt, von der Anzahl der Vergleichsfälle völlig unabhängig. Eine Obergrenze für die Vergeichsfälle und für die in die Analyse einzubeziehenden Variablen setzt allenfalls die Berechnungskapazität der verfügbaren Software und Computer.

Indem der Ragin-Ansatz es erlaubt, anhand von aufs einfachste skalierten dichotomen Variablen und unter Einsatz von Algorithmen, die selbst innerhalb komplexer Aussagengefüge logisch wahre Schlüsse gewährleisten, in Form einer Gleichung ziemlich komplexe, empirisch wahre Aussagen über Kausalgefüge zu formulieren, eröffnet er der Vergleichsforschung die folgenden weiterführenden Möglichkeiten:

– Induktive Entwicklung von Kausaltheorien in der beschriebenen Weise.

– *Überprüfung des Wahrheitsgehalts deduktiv entwickelter Kausaltheorien.* Zu diesem Zweck wird wie folgt vorgegangen: Man formuliert die zu überprüfende Theorie in einer Gleichung analog zur oben angegebenen; man stellt hinsichtlich der Fälle (oder einer Stichprobe jener Fälle), für welche diese Theorie gelten soll, in einer ‚Ausgangstabelle' wie der oben beschriebenen zusammen, ob und in welchen Kombinationen die von der Theorie beinhalteten Faktoren auftraten; man entwickelt aus dem Datenmaterial in der skizzierten Weise eine von ihm gedeckte Kausaltheorie; man vergleicht sodann die dabei berechnete Gleichung, also eine induktiv entwickelte Theorie, mit der deduktiv entwickelten Gleichung der zu überprüfenden Theorie;[482] und man erkennt anhand dieses Vergleichs, welche der zu testenden theoretischen Aussagen tatsächlich mit den – von der berechneten Gleichung beschriebenen – Tatsachen übereinstimmen.[483] Hieraus sind dann Konsequenzen für die weitere empirische und theoretische Forschung abzuleiten.

– *Bildung von Realtypologien.*[484] Typologien zu bilden oder zu überprüfen, ist ein wichtiger Zweck vergleichender Forschung. Der Ragin-Ansatz kann hierzu einen sehr nützlichen Beitrag leisten. Ausgangspunkt der Bildung von Realtypologien ist die Tatsache, daß jeder Term einer induktiv gewonnenen Gleichung (z.B. **A**[bC+E]) eine tatsächlich aufgetretene Merkmalskombination bezeichnet. Während bei der Entwicklung und Überprüfung von Theorien die *Häufigkeiten*, mit der Vergleichsfälle mit bestimmten Faktorkombinationen auftreten, ganz unberücksichtigt bleiben, lassen sich solche Häufigkeiten überaus wirkungsvoll zur Typologiebildung heranziehen. Natürlich ist das erst dann sinnvoll, wenn man ziemlich viele Vergleichsfälle in die Analyse einbeziehen kann; doch andernfalls gibt es auch gar keinen Grund, eine Realtypologie entwickeln zu wollen. Letzteres geschieht anhand des Ragin-Ansatzes im Grunde so:

  – Man setzt – aus gleich welchen theoretischen Überlegungen – eine bestimmte Mindestanzahl von Vergleichsfällen fest, ab der man eine bei ihnen vorgefundene Faktorkombination in die Bildung der Realtypologie einbeziehen will. Die einzubeziehenden Vergleichsfälle erhalten auf einer – zu diesem Zweck definierten – ‚Präsenzvariable' den

---

482 Technisch geschieht das dergestalt, daß man – anhand Boole'scher Algebra – die Schnittmenge beider Gleichungen bildet. Ist diese Menge eine leere Menge, so ist die zu testende deduktive Theorie offenbar völlig falsch.

483 Konkret überprüft man, in welchem Verhältnis die Schnittmenge der beiden Gleichungen einesteils zur zu prüfenden, andernteils zur induktiv entwickelten Theorie steht.

484 Zu Realtypologien siehe auch S. 107ff.

Wert ‚1', die aufgrund zu geringer Häufigkeit in die Bildung der Realtypologie nicht einzubeziehenden Vergleichsfälle hingegen den Wert ‚0'. Bei wie vielen Fällen eine bestimmte Faktorkombination vorkommt, entnimmt man natürlich der Spalte für die ‚Ereignisvariable' in der Ausgangstabelle.

- Mit dieser Präsenzvariablen verfährt man so wie mit der abhängigen Variablen bei der Bildung oder Überprüfung von Theorien: Mittels Boole'scher Algebra und der de Morgan'schen Gesetze verdichtet man die verfügbaren Informationen und berechnet eine Gleichung, deren Terme angeben, bei Auftreten welcher Faktorkombinationen die Präsenzvariable den Wert ‚1' annimmt, d.h.: welche Faktorkombinationen in den für die Typenbildung herangezogenen Vergleichsfällen besonders oft vorkommen.
- Bieten diese Faktorkombinationen ein klares, gut zu interpretierendes Bild, so hat man die gesuchte Realtypologie gefunden. Gegebenenfalls muß man akzeptieren, daß sich – anhand der Vergleichsfälle und der einbezogenen Vergleichsvariablen – eben *keine* Realtypologie bilden läßt, was dann seinerseits auch ein aussagekräftiges Ergebnis ist.

Die so anhand des Ragin-Ansatzes ermittelte Gleichung enthält genau jene Variablen, die den (mehrdimensionalen) Merkmalsraum der gesuchten Typologie aufspannen; und die Terme der Gleichung stellen – in größtmöglicher Verdichtung des untersuchten Datenmaterials – die tatsächlich aufgetretenen Variablenkombinationen dar, also: die gesuchten Realtypen. Statt wie sonst bei der Bildung von Typologien von theoretisch als wichtig unterstellten Variablen einfach auszugehen, aus ihnen dann nach Plausibilitätsgesichtspunkten einen Merkmalsraum zu schaffen und sich erst anschließend um die Zuordenbarkeit und Typologisierbarkeit der konkreten Vergleichsfälle zu kümmern, liegt hier – aufgrund der Algorithmen der Informationsverdichtung – bereits der Selektion und Kombination der die Realtypologie konstituierenden Variablen eine Analyse des empirischen Materials zugrunde. So entsteht eine vollständig induktiv gewonnene und breitestmöglich empirisch fundierte Typologie, wobei überdies für die typologische Reduktion des komplexen Fallmaterials explizite, logische, subjektive Vorlieben des Forschers neutralisierende Regeln sorgen.

- *Überprüfung der Tauglichkeit verfügbarer Realtypologien.* Man verfährt hier ganz analog zur Überprüfung von Theorien.

Leider wird der Ragin-Ansatz sowohl in der vergleichenden Politikwissenschaft als auch in der politikwissenschaftlichen Theorieforschung[485] noch lange nicht so häufig verwendet, wie es seiner Nützlichkeit entsprechen würde. Insgesamt bietet er die folgenden Vorteile:

- Er erlaubt es, selbst bei schlechter Datenlage sehr viele Fälle in Vergleichsanalysen einzubeziehen, weil hier die geringstmöglichen Ansprüche an den Informationsgehalt des nötigen Datenmaterials gestellt werden.
- Er ermöglicht die Analyse sehr komplexer Ursachenkombinationen. Deren Komplexität hängt nicht von der Fallzahl, sondern allein von der Anzahl der einbezogenen Variablen ab. Die damit verbundenen kombinatorischen Probleme lassen sich – wie sämtliche Berechnungen – durch PC-gestützte Algorithmen bewältigen. Und im Unterschied zu multivariaten statistischen Analysen, die stets mit *vereinfachenden* Annahmen (wie etwa der Linearität der Zusammenhänge und der Additivität der Effekte) beginnen müssen, wird hier mit maximaler Komplexität begonnen, die erst *anschließend* reduziert wird.
- Außerdem führt der Ragin-Ansatz aus dem n/v-Problem hinaus. Mehr noch: Er ermöglicht und fördert theoriebildende *Gedankenexperimente* mit zwar denkbaren, doch empirisch noch

[485] Zu ihr siehe unten S. 457ff.

gar nicht aufgetretenen oder eben nicht verfügbarer Fällen. Insofern erlaubt er Modellierung von und Theoriebildung zu ‚ungeschehener Geschichte'

- Des weiteren führt er – dank seiner logischen Minimierungs- und Reduktionsstrategien – zu *sparsamen Erklärungen* und zu solchen theoretischen Aussagen, die auf das für die Erfassung realer Gegebenheiten Wesentliche *reduziert* sind. Das verhilft dazu, zentrale theoretische Aussagen leichter zu erkennen, konzentrierter weiterzuverarbeiten und strenger auf ihren empirischen Wahrheitsgehalt zu überprüfen.
- Ferner macht es dieser Ansatz möglich, die Vergleichsfälle sowohl ganzheitlich als auch in Zergliederung ihrer für das interessierende Merkmal relevanten Einzelbestandteile zu betrachten. Er verbindet also synthetisches und analytisches Vorgehen, wobei in jeder Analysephase die Betrachtungsperspektive gewechselt werden kann: vom konkreten Fall zu dessen betrachteten Variablen und ihren Kombinationen, oder von abstrakten Gleichungen, die einen Einzelfall subsumieren, zurück zu diesem lebensnah zu schildernden Fall. Solches Vorgehen ist dem der multivariaten statistischen Ansätzen genau entgegengesetzt: Dort verschwindet *jeder* Einzelfall hinter den betrachteten Variablen. Trotzdem vermeidet der Ragin-Ansatz die problematische Eigenart traditioneller qualitativer Analysen, daß nämlich die Vergleichsvariablen leicht hinter den betrachteten Einzelfällen verschwinden. Hier wird also ein *ausgewogenes* Verhältnis zwischen Empirie (d.h. den Fällen) und Theorie (d.h. den Variablen) hergestellt.
- Überdies kann man diesen Ansatz zur Überprüfung kausaler Theorien benutzen, was traditionelle vergleichende Fallstudien schwerlich erlauben. Diese organisieren nämlich ihr empirisches Material meist um eine *einzige* Perspektive und präsentieren die Fälle so, daß sie eine bestimmte Theorie illustrieren, bekräftigen oder in Zweifel ziehen. Im Ragin-Ansatz lassen sich hingegen *konkurrierende* Erklärungen bei beliebiger theoretischer Zuspitzung in völlig transparenter Weise auf alle verfügbaren Fälle anwenden.
- Und während bei multivariaten statistischen Analysen Einzelvariablen sozusagen als Konkurrenten um die größtmögliche Erklärungskraft auftreten, wobei Wechselwirkungen von mehr als zwei Variablen schwer zu interpretieren sind, erlaubt der Ragin-Ansatz völlig klare Aussagen auch über komplexe Ursachenkombinationen. Statistische Analysen weisen Variablen außerdem als ‚Bewerber um Erklärungskraft' entweder zurück oder akzeptieren sie in einer Weise, die ziemlich blind für jene *konkreten Konfigurationen von Bedingungen* ist, in denen eine Variable Erklärungskraft hat. Der Ragin-Ansatz hingegen zeigt, in welchen wie bedingten Situationen welche Variable welchen Erklärungswert haben kann. Am Ende einer derartigen Analyse steht somit eine Aussage über die Grenzen der Erklärungskraft einer Variable im Kontext einer Theorie, nicht aber die mechanische Zurückweisung einer Variablen oder Theorie. Damit kommt der Ragin-Ansatz der tatsächlichen komplexen Beschaffenheit kausaler Prozesse viel näher als so manche multivariate statistische Analyse.

e. Zur Methodik von Datenerhebung und Datenanalyse[486]

Im übrigen steht man bei der vergleichenden Erforschung politischer Systeme vor der Alternative, entweder *sekundäranalytisch* zu verfahren oder *eigenständige Datenerhebungen* durchzuführen. Im ersten Fall wird man Einzelfallstudien zu den Untersuchungsfällen auswerten und – geleitet von den Vergleichsvariablen – parallele Beschreibungen der Vergleichsfälle anfertigen. Bei deren anschließender Analyse wird die hermeneutische Methode eine zentrale Rolle spielen. Im zweiten Fall wird man nach gemeinsamen Variablen gegliederte Datenbanken zu den Merk-

[486] Zu allen Details siehe das 3. Kapitel.

malen der Vergleichsfälle aufbauen und das gesammelte Datenmaterial mit den Verfahren bi- und multivariater Statistik auswerten, wobei die begrenzten Fallzahlen und fehlende Daten oft zum Engpaß werden. Dann liegt die Nutzung des Ragin-Ansatzes erst recht nahe.

In der Regel kommt man bei Vergleichsanalysen um so rascher voran, je mehr man auf Sekundäranalysen bauen kann und je weniger Arbeitskraft man in neue, eigene Erhebungen investieren muß. Dieser Überlegung folgend, wurde seit den späten sechziger Jahren begonnen, Daten über die verschiedensten politischen Systeme nach standardisierten Gesichtspunkten zu sammeln und in Form von Handbüchern oder Datenbanken der Öffentlichkeit zur Verfügung zu stellen. Grundsätzlich ein erfolgversprechender Weg, wird er dort allerdings zur Sackgasse, wo die gesammelten Daten bzw. ihre Kategorisierungen und Aufbereitung nur schlecht zu jenen Begriffen und Theorien passen, welche die eigene Forschungsarbeit anleiten. Dann wird eben der *Mangel an konsensfähigen Theorien* politischer Systeme zum Engpaß des von moderner EDV doch eigentlich hervorragend unterstützten Versuchs, der vergleichenden System- und Politikforschung leicht zugängliche Grundlagen zu schaffen.

3. Grundformen politischer Systeme

Grundformen politischer Systeme vorzustellen heißt, in eine oder mehrere Typologien politischer Systeme einzuführen. Es sind nämlich Typologien sozusagen eine ‚Kurzschrift' für die Ergebnisse von Systemvergleichen. Sie bewahren als gesichert geltendes Wissen anschaulich auf, halten es verfügbar und lassen sich in dieser Rolle einesteils als Topoi-Katalog,[487] andernteils als Ausgangspunkt neuer Systemvergleiche nutzen. Für beide Zwecke ist es wichtig, jene Variablen gut zu verstehen, die den mehrdimensionalen Merkmalsraum einer Typologie aufspannen.

a. Eine mehrdimensionale Typologie

Trotz des Fehlens einer allgemein akzeptierten Theorie zentraler Merkmale politischer Systeme haben sich beim Systemvergleich immer wieder vier Leitvariablen als besonders nützlich und erkenntniserschließend erwiesen: Politische Systeme sind zu vergleichen nach ihrer *Herrschaftsstruktur*, nach der Art der in ihnen ablaufenden *Willensbildungsprozesse*, nach dem Umfang des praktizierten politischen *Gestaltungsanspruchs*, sowie nach der ‚*Offenheit*' bzw. ‚*Geschlossenheit*' der drei vorgenannten Merkmale. Die ersten drei Kategorien lassen sich zu einem überaus anschaulichen Merkmalsraum zusammenstellen, anhand dessen eine Typologie politischer Systeme und der von ihnen zu steuernden Gesellschaften zu erstellen ist.[488]

– Die *Herrschaftsstruktur* eines politischen Systems kann *monistisch*[489] oder *gewaltenteilend* sein. Der erste Fall liegt vor, wenn es nur ein einziges Machtzentrum gibt, z.B. einen souveränen Fürsten, einen schrankenlos herrschenden Diktator oder die Führung einer kollektiv die gesamte Macht ausübenden Einheitspartei. Der zweite Fall ist gegeben, wenn die politische Macht auf verschiedene staatliche Organe aufgeteilt ist, die einander in Schach halten und kontrollieren. Dies liegt beispielsweise vor, wenn Regierung und Parlament Kernbereiche eigener Zuständigkeit haben und bei der Herstellung allgemeiner Verbindlichkeit aufeinander angewiesen sind, oder wenn Beschlüsse eines Parlaments von einem Verfassungsgericht überprüft und aufgehoben werden können. Jedes politische System kann ir-

---

[487] Siehe oben S. 37f.

[488] Im Kern bauen die folgenden Ausführungen auf der Typologie politischer Systeme auf, die Hättich 1969 vorgelegt hat.

[489] Von griech. ‚mónos', d.h. allein, einzig. Vgl. hierzu auch unten S. 279ff.

gendwo auf dem Kontinuum zwischen monistischer und gewaltenteilender Herrschaftsstruktur angesiedelt sein. Allerdings mag es schwer fallen, klare Indikatoren für die *genaue* Lage eines politischen Systems auf diesem Kontinuum anzugeben.

- Die *Willensbildung* in einem politischen System kann *monopolisiert* oder *konkurrierend* sein. Im ersten Fall hat eine bestimmte politische Gruppe oder Organisation das Monopol darauf, die Willensbildungs- und Entscheidungsprozesse zu gestalten. Das ist beispielsweise gegeben, wenn eine Einheitspartei in einem politischen System die Führungsrolle ausübt, die staatliche Macht den Anweisungen einer Kirche folgt oder eine Gruppe von Meinungsführern die intellektuelle Hegemonie ausübt und in dieser Rolle wirksam festlegt, was ‚politisch korrekt' ist und darum öffentlich verlangt werden darf, ohne zur Ausgrenzung des Fordernden zu führen. Im zweiten Fall konkurrieren verschiedene Interessengruppen und Parteien, Bürgerinitiativen, Medien und Politiker in wechselnden Bündnissen um die Chance, als Ergebnis offen ausgetragener Konflikte die eigenen Absichten politisch durchzusetzen. Politische Systeme mit mehreren chancengleichen Parteien, frei gründbaren Interessengruppen und freien Massenmedien, die *durch offene Konkurrenz Pluralismus konstituieren*, verwirklichen diesen Fall. Zwischen monopolisierter und konkurrierender Willensbildung als den Endpunkten eines Kontinuums läßt sich jedes politische System verorten, wenn auch im Einzelfall die Indikatorenbildung schwierig sein mag.
- Der *praktizierte politische Gestaltungsanspruch* kann *unbegrenzt* oder *begrenzt* sein. Im ersten Fall versucht das politische System, die Gesellschaft nach einheitlichen, oft neuen Grundsätzen vollkommen durchzugestalten. Beispiele sind Bemühungen, von Staats wegen eine bestimmte Religion nicht nur für das öffentliche Leben, sondern auch für den Privatbereich verpflichtend zu machen, oder Versuche, eine neue Weltanschauung mit ihr eigentümlichen Verhaltensregeln als allgemein verbindlich durchzusetzen. Ganz unabhängig von den konkreten Inhalten, die dergestalt durchgesetzt werden sollen, gibt es als unmittelbare Folge solcher Versuche bald keinen ganz selbstverständlich nutzbaren gesellschaftlichen und persönlichen Freiraum mehr, greift doch nun das politische System anleitend und kontrollierend nach eigenem Ermessen in die gesellschaftlichen Subsysteme ein. Im zweiten Fall, dem des beschränkten staatlichen Gestaltungsanspruchs, nimmt das politische System seine Versuche der Herstellung allgemeiner Verbindlichkeit auf jene Minima zurück, die gerade noch auszureichen scheinen, um eine Gesellschafts mit sie integrierenden und ihre Funktionstüchtigkeit sichernden Normen zu versorgen. Solche Minima können die Konkretisierung grundlegender Menschen- und Bürgerrechte durch das Prinzip des materialen Rechtsstaats sowie die Absicherung politischer Konkurrenz und Opposition durch das Prinzip des Pluralismus sein. Auch auf diesem Kontinuum zwischen totalem und minimalem Gestaltungsanspruch kann jedes politische Systeme je nach seinem Steuerungsverhalten eingeordnet werden, wobei die Indikatorenbildung erneut problematisch sein mag.

Mit diesen drei Dimensionen läßt sich der im Schaubild 13 dargestellte dreidimensionale Merkmalsraum aufspannen.

Schaubild 13: Ein dreidimensionaler Merkmalsraum zum Vergleich politischer Systeme

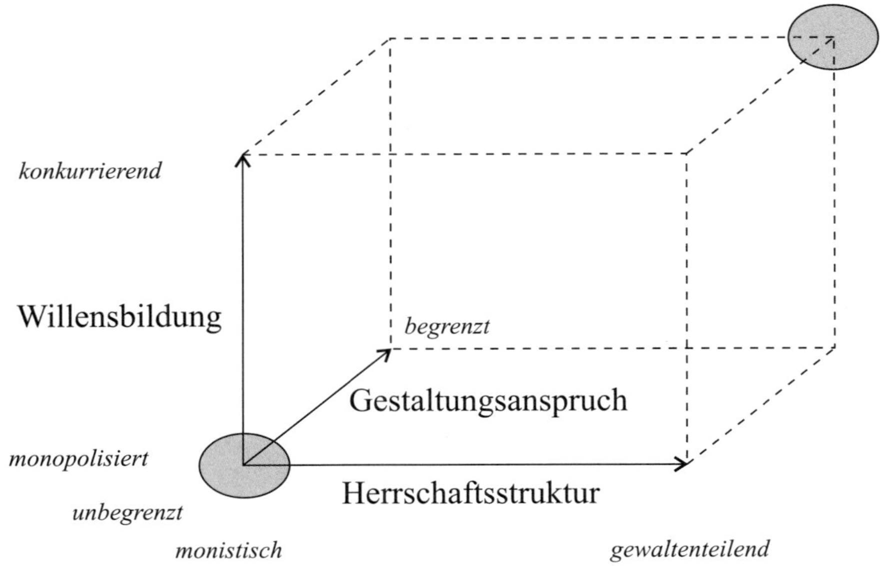

Anhand dieses dreidimensionalen Merkmalsraums kann eine erste typologische Gliederung politischer Systeme erstellt werden. Zunächst einmal lassen sich rein gedanklich alle möglichen Kombinationen der Ausprägungen von Herrschaftsstruktur, Willensbildung und praktiziertem Gestaltungsanspruch durchgehen und daraufhin befragen, wie groß die Chancen sind, mittels ihrer stabile politische Systeme mit legitimitätsstiftenden Regelkreisen aufzubauen. Entsprechende Fragen könnten lauten: Läßt sich ein unbegrenzter staatlicher Gestaltungsanspruch mit konkurrierender Willensbildung vereinbaren, oder: Was alles muß staatlicher Gestaltung vorbehalten bleiben, wenn eine monistische Herrschaftsstruktur aufrechterhalten werden soll? Ergebnis solcher Überlegungen ist ein theoretisch begründeter Erwartungshorizont, der durch den zweiten Arbeitsschritt überprüft und ausgefüllt wird.

Denn nun sind anhand zutreffender Beschreibungen von Herrschaftsstruktur, Willensbildungsprozeß sowie praktiziertem Gestaltungsanspruch möglichst viele historische und zeitgenössische politische Systeme in diesem dreidimensionalen Merkmalsraum zu verorten. Geschieht dies anhand valider Indikatoren, so lassen sich aus den Häufungen bestimmter Merkmalskombinationen *Realtypen* politischer Systeme ableiten. Selbstverständlich können die einzelnen Realtypen nach der differenzanalytischen Methode solange weiter untergliedert werden, bis eine – für den konkreten Forschungs- oder Einteilungszweck ausreichende – mehrstufige Typologie vorliegt. Politische Systeme mit gewaltenteilender Herrschaftsstruktur kann man etwa nach der Beschaffenheit ihres zentralen politischen Entscheidungssystems in parlamentarische Demokratien, (semi-)präsidentielle Demokratien und Konkordanzdemokratien untergliedern, politische Systeme mit monopolisierter Willensbildung vielleicht in Ein-Parteien-Diktaturen, Militärdiktaturen und das persönliche Regiment charismatischer Führer.

Erarbeitet man eine differenzierte Realtypologie auf der Grundlage aller bekannten historischen und zeitgenössischen Systeme, so gewinnt die Feststellung, welche Kombinationen von Merkmalsausprägungen besonders häufig oder besonders selten vorkommen, enorme Aussagekraft. Man kann dann nämlich *auf politischer Erfahrung gründende* hypothetische Schlüsse hinsichtlich der *tatsächlichen* Möglichkeiten ziehen, bestimmte Merkmalsausprägungen miteinander zu kombinieren. So kommt man bisherigen funktionslogischen Notwendigkeiten oder Unmöglichkeiten auf die Spur. Durch einen Vergleich der praktisch beobachteten Häufigkeiten von Merkmalskombinationen mit den zuvor theoretisch gewonnenen Erwartungen, woran sich der letzteren Korrektur anschließen kann, erhält man dergestalt Grundlagen einer praxisnützlichen Theorie von Konstruktionsmöglichkeiten politischer Ordnung.

Eine vierte, im Schaubild 13 nicht dargestellte Leitvariable zur Einteilung politischer Systeme ist jene der ‚Offenheit' bzw. ‚Geschlossenheit' von Herrschaftsstruktur, Willensbildung und politischem Gestaltungsanspruch.[490] Diese vierte analytische Dimension läßt sich an ihren ‚Schnittstellen' mit den drei anderen Dimensionen so beschreiben:

- Eine geschlossene *Herrschaftsstruktur* liegt vor, wenn der Zugang zu politischen Ämtern einem bestimmtem Personenkreis vorbehalten ist, in den man allenfalls durch Geburt oder Kooptation, z.B. über ein Nomenklatursystem, aufgenommen wird. Adelige oder proletarische Abkunft, die Zugehörigkeit zu einer bestimmten Rasse oder einer bestimmten Religion als Voraussetzung der Übernahme politischer Ämter sind Beispiele dafür. Offene Herrschaftsstrukturen liegen indessen vor, wenn politische Partizipation und der Zugang zu den Schaltstellen der Macht im Prinzip jedermann offensteht und er sich allein in chancengleicher Konkurrenz mit anderen durchsetzen muß, die dasselbe Ziel anstreben.
- Geschlossene *Willensbildung* ist gegeben, wenn politische Artikulationsmöglichkeiten nicht jedermann zugänglich sind. Offene Strukturen der Willensbildung liegen hingegen vor, wenn jeder die Chance hat, sich allein kraft eigenen Entschlusses und mittels ihm folgender Aktivität in die politische Willensbildung einzubringen.
- Geschlossene *Gestaltungsansprüche* sind gegeben, wenn eine freie Diskussion über die Inhalte und Grenzen dessen, was das politische System allgemein verbindlich gestalten soll, nicht zulässig oder möglich ist. Ein Bereich dessen, was dem politischen Streit entzogen ist (‚nichtstreitiger Sektor'), wird dabei durch Tabus bzw. Argumentations- und Denkverbote gesichert (‚Imperativ politischer Korrektheit'). Demgegenüber zeichnen sich offene Gestaltungsansprüche dadurch aus, daß die Inhalte politischer Gestaltung sowie die Grenzen dessen, was man vom politischen System verbindlich geregelt wünscht, frei und kontrovers erörtert werden können. Dergestalt liegt ein äußerst großer ‚streitiger Sektor' vor. Nur ein *eng* umgrenzter Konsens über grundlegende gemeinsame *Werte*, über jeweils geltende *Spielregeln* der Konfliktaustragung sowie über die beim Streit zu nutzenden *Institutionen* sorgt dafür, daß der Streit über politische Gestaltungsansprüche am Ende zur Herstellung allgemeiner Verbindlichkeit, nicht aber zur Blockierung des politischen Systems führt.

Ein Gesellschaftssystem, in dem offener Zugang zur Herrschaftsstruktur und Willensbildung sowie eine offene Diskussion über alle der Politik anzuvertrauenden Gestaltungsansprüche möglich sind, nennt man eine ‚offene Gesellschaft'. Demgegenüber bezeichnet ‚geschlossene Gesellschaft' ein Gesellschaftssystem, in dem der Zugang zur Herrschaftsstruktur und Willensbildung beschränkt sowie die mit allgemeiner Verbindlichkeit zu versehenden Gestaltungsansprüche der Auseinandersetzung entzogen sind. Anhand dieser dreifachen Beziehung zwischen einer Gesellschaft und ihrem politischen Subsystem lassen sich wiederum alle Gesellschaften mittels geeigneter Indikatoren auf dem Kontinuum zwischen offener und geschlossener Gesellschaft verorten. Beim Vergleich ganzer Gesellschaften als den Suprasystemen politischer Ordnungsformen geht die politikwissenschaftliche Analyse dergestalt in die allgemeine soziologische Forschung über.

---

[490] Wie die drei anderen Leitvariablen ist auch diese als eine *stetige* angelegt: ‚Geschlossenheit' und ‚Offenheit' sind Pole, zwischen welchen sich ein Kontinuum erstreckt, auf dem politische Systeme anhand geeigneter Indikatoren zu verorten sind.

b. Wichtige Typen politischer Systeme

Im dreidimensionalen Merkmalsraum des Schaubildes 13 sind offenbar die beiden *Extremkombinationen* der Ausprägungsmöglichkeiten eines politischen Systems besonders interessant:

- Systeme mit gewaltenteilender Herrschaftsstruktur (‚Verfassungsstaat'), konkurrierender Willensbildung unter möglicher Einbeziehung aller Bürger (‚demokratisch') und (sehr) begrenztem politischen Gestaltungsanspruch (‚liberal'). Sie nennt man einen ‚liberalen demokratischen Verfassungsstaat'.
- Systeme mit einer (weitgehend) monistischen Herrschaftsstruktur (‚Diktatur'[491]), mit (für alle praktischen Zwecke) monopolisierter Willensbildung (‚autokratisch'[492]) und mit (zeitweise) unbegrenztem politischen Gestaltungsanspruch (‚totalitär'[493]). Ein solches politisches System ist eine ‚totalitäre Diktatur'.[494]

Verortet man zeitgenössische und historische politische Systeme in jenem Merkmalsraum, so erweist sich allerdings eine dritte, ihrerseits sehr vielfältige Gruppe von Kombinationsmöglichkeiten der Ausprägungen jener drei Variablen als praktisch viel wichtiger, da sie die Mehrzahl der je bestehenden Systeme beschreibt. Sie sind gekennzeichnet durch eine (ziemlich) monistische Herrschaftsstruktur (‚Diktatur'), durch (ziemlich) monopolisierte Willensbildung ohne Einbeziehung aller Bürger (‚oligarchisch'[495]), und durch einen (weitgehend) auf die Sicherung von Herrschaft begrenzten politischen Gestaltungsanspruch. Solche Systeme heißen ‚autoritäre[496] Herrschaft'. Anders als bei den beiden ‚Extremtypen' gibt es hier eine nicht leicht zu überblickende Fülle von strukturell höchst unterschiedlichen Erscheinungsformen. Das liegt daran, daß sowohl die totalitäre Diktatur als auch der liberale demokratische Verfassungsstaat besonders erklärungsbedürftige *Ausnahmen* menschlicher Regierungsweise sind, die nur unter eher seltenen Bedingungen entstehen und sich erhalten können. Autoritäre Herrschaftsordnungen sind hingegen unter fast allen Umständen zu schaffen und lebensfähig. Entsprechend mannigfaltige Formen nehmen sie an.

---

491 Die Diktatur war eine in der altrömischen Republik verfassungsmäßig vorgesehene Regierungsweise für den Notstandsfall: Für sechs Monate wurde die oberste und unbeschränkte Gewalt durch Senatsbeschluß einer einzelnen Person übertragen; nach sechs Monaten erlosch dieses Amt und konnte nicht verlängert werden. Im heutigen kritisch-abwertenden Sinn des Begriffs ‚Diktatur' benutzte man von der Antike bis weit in die frühe Neuzeit die Begriffe ‚Despotie' oder ‚Tyrannei'.

492 Von griech. ‚autós', d.h. selbst, und ‚krateín', d.h. herrschen. ‚Autokrátor' (d.h. Selbstherrscher) war einer der Titel des oströmisch-byzantischen Kaisers. Autokratie ist seither die Bezeichnung für Herrschaftsformen, bei denen der maßgebliche politische Wille sich auf eine einzige Person oder Elitegruppe konzentriert.

493 Von lat. ‚tótus', d.h. umfassend, ganz.

494 In den siebziger und achtziger Jahren des 20. Jahrhunderts galt der Begriff des Totalitarismus als antiquiert und ideologieverdächtig, da er die Beschaffenheit politischer Systeme unabhängig von ihren *inhaltlichen* Zielsetzungen angibt. Dergestalt konnte er vergleichend u.a. sowohl auf die nationalsozialistische Diktatur als auch auf zumal die Aufbauphasen realsozialistischer Staaten angewandt werden. Da eine derartige analytische Gleichbehandlung oder gar ein Vergleich von National- und Realsozialismus wegen jenes moralischen Kredits nicht erwünscht war, den in der Zeit der Entspannungspolitik realsozialistische Staaten und ihre Ideen genossen, wurde der dies ermöglichende Totalitarismusbegriff mit einem Tabu belegt. Dieses wurde erst durch den Zusammenbruch der realsozialistischen Systeme aufgehoben, die jetzt auch in der Alltagssprache der von ihnen einst Betroffenen als totalitär bezeichnet werden. Allerdings droht nun gerade der pauschale alltagssprachliche Wortgebrauch den Totalitarismusbegriff unscharf und analytisch unergiebig zu machen. Auf alle Fälle sollte die Politikwissenschaft aus der *politisch* geprägten Karriere des Totalitarismusbegriffs folgende Lehre ziehen: Man bringt nur ein unbilliges ‚sacrifícium intelléctus' (lat. für ‚Aufgabe des eigenen Verstandes aus übergeordneten Glaubensgründen'), falls man sein analytisches Instrumentarium dann einfach weglegt, wenn es politisch nicht opportune, inhaltlich unwillkommene oder persönlich schmerzende Ergebnisse zeitigt.

495 Von griech. ‚olígoi', d.h. wenige, und ‚árchein', d.h. herrschen.

496 Von lat. ‚au(c)tóritas', d.h. Vollmacht, Einfluß, Ansehen.

(1) Der liberale demokratische Verfassungsstaat

Dies ist ein immer noch vergleichsweise seltener und äußerst voraussetzungsreicher Typ eines politischen Systems. Im wesentlichen auf die freiheitlichen Revolutionen des 17. und 18. Jahrhunderts in England, den USA und Frankreich zurückgehend, verbreitete er sich erst im 20. Jahrhundert in größerer Anzahl. Die ihn erfassenden Begriffe sind wie folgt zu verstehen:

- *,Liberal'* meint, daß sich der Staat hinsichtlich der Gesellschaft und der Gestaltungsfreiheit ihrer Bürger als subsidiär versteht.[497] Normativer Eckpunkte aller Systembildung sind dabei der *einzelne Bürger* und die von *selbstbestimmten Bürgergruppen* konstituierte *Gesellschaft*. Diese legt selbst fest, welche Aufgaben das politische System in ihrem Auftrag und als Form gesellschaftlicher Arbeitsteilung übernehmen soll. Sie bestimmt – und jederzeit rückholbar – über jenen Umfang, den politische Gestaltungsansprüche annehmen dürfen. Im Grenzfall wird vom politischen System nicht mehr verlangt, als Vertrags- und Rechtssicherheit im Inneren und Schutz nach außen zu gewährleisten, was zu einem ,schlanken Staat', zu liberaler ,Minimalstaatlichkeit' führt. Umgekehrt ist der dem politischen System anvertraute Gestaltungsanspruch um so größer, je mehr eine Gesellschaft sich ihr politisches System als einen ,Sozialstaat' oder gar als umfassenden ,Daseinsvorsorgestaat' wünscht. Je nach Stellenwert des Sozialstaatsprinzips rückt ein politisches System somit vom liberalen Pol eines politischen Systems mit sehr geringem politischen Gestaltungsanspruch hin zu einem Staatswesen mit immer umfassenderen Gestaltungsansprüchen im Dienste der Bürger, wobei es sich bis hin zum ,wohlmeinenden Obrigkeitsstaat' entwickeln kann.
- *,Verfassungsstaat'* meint, daß die politische Macht so auf verschiedene Machtträger aufgeteilt ist, daß kein Machtträger unabhängig von einem anderen handeln kann. Das zwingt allen Inhabern politischer Macht auf, sich an gemeinsame Spielregeln zu halten. Die Folge ist – bewerkstelligt über wechselseitige Kontrollmöglichkeiten und Gegengewichte (,checks and balances') – ,gemäßigtes Regieren', in Montesquieus Begriff: *,gouvernement modéré'*. Durch Gewaltenteilung[498] gesicherte und dann gemeinsam akzeptierte Regeln des politischen Spiels nennt man eine ,Verfassung'. Ein Verfassungsstaat ist somit ein Staat, der eine Verfassung *in diesem Sinn* besitzt, also Gewaltenteilung mit wechselseitiger Kontrolle und gemeinsamen Spielregeln der Inhaber politischer Macht. Jene Regeln können, als grundlegende Rechtsnormen eines politischen Systems, natürlich in einer Verfassungsurkunde niedergelegt sein, was rechtstechnisch auch einige Vorteile bringt. Eine Verfassungsurkunde *allein* sichert aber noch keineswegs, daß derartige Spielregeln auch eingehalten werden. Außerdem kann in einer Verfassungsurkunde – wie etwa jener der DDR von 1968/74 – auch niedergeschrieben sein, daß es eben *keine* Aufteilung politischer Macht auf unterschiedliche Machtträger, sondern eine führende Partei mit ausschließlichem Leitungsrecht in allen staatlichen, gesellschaftlichen, wirtschaftlichen und kulturellen Belangen gibt. Die Existenz einer Verfassungsurkunde macht einen Staat also noch lange nicht zum Verfassungsstaat. Umgekehrt kann ein Verfassungsstaat sehr wohl *ohne* Verfassungsurkunde auskommen wie seit Jahrhunderten Großbritannien, falls eine solche in einer bestimmten Rechtskultur eben nicht erforderlich ist, um Gewaltenteilung und gemeinsame politische Spielregeln zu sichern.
- *,Demokratisch'*[499] meint, daß jedes Gesellschaftsmitglied[500] – wenigstens ab einem bestimmten Lebensalter – das Recht hat, sich nach eigenem Ermessen und gemäß persönlich

[497] Zu Grundzügen der Ideengeschichte des Liberalismus siehe S. 437f.

[498] Zur Gewaltenteilung siehe ausführlicher S. 272ff und 446ff.

[499] Ausführlicher zum Demokratieprinzip siehe S. 250ff, 275ff, 438f und 445f.

[500] Es gibt immer wieder politische Systeme, welche das Mitwirkungsrecht nur *Teilen* der auf einem Staatsgebiet dauerhaft ansässigen Bevölkerung zusprechen. Im direktemokratischen Athen waren etwa Frauen und Sklaven von der politischen Mitwirkung ausgeschlossen, in den europäischen Repräsentativdemokratien bis nach dem Ersten Welt-

definierten Mitwirkungs- und Gestaltungsabsichten an der konkurrierenden politischen Willensbildung zu beteiligen. Das beginnt mit Kommunikations-, Versammlungs- und Organisationsfreiheit und reicht über das aktive Wahlrecht bis zum passiven Wahlrecht, was alles in freier Konkurrenz mit anderen auszuüben ist, welche dieselben Rechte in Anspruch nehmen. Gesellschaften mit zwar noch nicht voll entfalteter Demokratie, bei denen aber schon nennenswerte Gruppen von Bürgern sich politisch beteiligen und vielerlei Inhalte politischer Gestaltung konkurrierend thematisiert werden können, bezeichnet man als ‚Polyarchien'.[501] Generell läßt sich Demokratie definieren als eine solche institutionelle Ordnung eines politischen Systems, in welcher die Regierenden nicht allzu weit oder nicht allzu lange von dem abweichen können, was die Regierten zu akzeptieren bereit sind.

Aus der Verbindung von Verfassungsstaatlichkeit und Demokratieprinzip folgt in der politischen Praxis meist, daß die Menge dessen, was der Staat allgemein verbindlich zu gestalten vermag, nicht mehr unbeschränkt groß sein kann. Immer nämlich gibt es Einspruchsmöglichkeiten, stets müssen erst Mehrheiten für ein konkretes Gestaltungsvorhaben organisiert werden, und beides macht es in politischen Systemen mit pluralistischer Interessenkonkurrenz erfahrungsgemäß nicht leicht, sehr viele sehr weit aktiv in das Privatleben eindringende Dinge allgemein verbindlich zu regeln. Insofern sichern gewaltenteilende Herrschaftsstruktur und konkurrierende Willensbildung, daß sich der politische Gestaltungsanspruch meist in Grenzen hält und diese Grenzen gegebenenfalls auch wieder enger gezogen werden können. Allerdings mag, aus genau den gleichen Gründen, der spätere Rückbau von mit breitem gesellschaftlichen Konsens eingeführten politischen Gestaltungsansprüchen auch besonders schwierig sein, etwa der Rückbau sozialstaatlicher Umverteilungsmaßnahmen.

Der Typ des liberalen demokratischen Verfassungsstaates umfaßt eine Vielzahl ihn konkretisierender Ausprägungen. Deren wichtigsten Gliederungsmöglichkeiten sind die folgenden:

– Je nach Ausgestaltung des Verhältnisses zwischen Parlament und Regierung entstehen vier haupsächliche Typen des *Regierungssystems*. Geht die Regierung aus dem Parlament hervor und kann sie von diesem abgesetzt werden, was zu verhindern stets eine enge Zusammenarbeit zwischen der Regierung und den sie tragenden Parlamentariern und Parlamentsfraktionen herbeiführt, so liegt ein *parlamentarisches* Regierungssystem vor. Es besteht etwa in Großbritannien oder Deutschland. In einem parlamentarischen Regierungssysem ist die politische Macht bei der Regierung und den sie tragenden Parlamentsfraktionen konzentriert.[502] Darum ist es unschädlich, wenn im parlamentarischen Regierungssystem das Staatsoberhaupt, da politisch eher machtlos, keine demokratische Legitimationsgrundlage besitzt. Es ist also kein Zufall, daß die europäischen Monarchien meist ein parlamentarisches Regierungssystem aufweisen: Sie entwickelten sich von der konstitutionellen Monarchie zur parlamentarischen Monarchie. Zu – in der Regel von der Öffentlichkeit tolerierten – Problemen mit dem Demokratieprinzip kommt es allerdings dann, wenn Monarchen sich nicht mit der Rolle eines ‚ehrwürdigen' und subsidiären Verfassungselements zufrieden geben, sondern aktiv in die Tagespolitik eingreifen und zum ‚wirksamen' Bestandteil einer Verfassung werden. In solchen Fällen zeigen sich sozusagen die historischen Eierschalen des parlamentarischen Regierungssystems: Es entstand, als Parlamente zum zunächst gleichberechtigten, dann über-

---

krieg überall die Frauen, und in den USA rechtlich bis zum Ende des Bürgerkriegs die Sklaven und faktisch bis in die 60er Jahre des 20. Jahrhunderts hinein ein großer Teil der in den Südstaaten lebenden Afroamerikaner. Je nach dem zahlenmäßigen Verhältnis zwischen der zur demokratischen Mitwirkung berechtigten und der von ihr ausgeschlossenen Bevölkerung lassen sich politische Systeme mit demokratischer Willensbildung als ‚defizitäre Demokratien' oder als ‚partiell demokratisierte Autokratien' bezeichnen; siehe hierzu unten S. 258ff.

[501] Diesen Begriff führte Robert A. Dahl in die Systemanalyse ein. Er kommt von griech. ‚polýs', d.h. zahlreich, und ‚árchein', d.h. herrschen.

[502] Siehe hierzu im einzelnen S. 336ff.

mächtigen Partner oder Gegenspieler der Krone aufstiegen. Das reduzierte die Rolle des Monarchen auf das symbolische und zeremonielle ‚Herrschen' und entzog ihm die Befugnis des wirkungsvollen *Regierens*. Diese fiel dem Regierungschef zu. Der kann als Führer von zugleich Exekutivapparat, parlamentarischer Mehrheit und stärkster regierungstragender Partei sogar ein überaus starke Machtstellung erringen, die sich – bei großer öffentlicher Popularität des Regierungschefs – auch von der parlamentarischen Opposition kaum mehr kontrollieren läßt. Mitunter kann die parlamentarisch getragene Regierung das Verhältnis zu den regierungstragenden Parlamentsfraktionen sogar umkehren: Nicht mehr ist die Regierung dann der in den Staatsapparat hineinreichende verlängerte Arm der – demokratisch gewählten – Parlamentsmehrheit, sondern die Parlamentsmehrheit die treue Gefolgschaft eines von Massenmedien und öffentlicher Meinung getragenen Regierungschefs. Das Ende dieses Prozesses der Machtverlagerung von der Krone zum parlamentarisch unterstützten ‚Ersten Minister' oder ‚Kanzler' wurde dort erreicht, wo die Monarchie überhaupt abgeschafft wurde und an die Stelle des Monarchen ein auf staatsnotarielle und ‚repräsentative' Pflichten eingeschränktes republikanisches Staatsoberhaupt trat.

Dieser Prozeß wurde typenbildend und bis heute folgenreich im 18. Jahrhundert aber schon einmal in ganz anderer Weise zu Ende gebracht. Den im englischen Mutterland damals erreichten Gleichstand zwischen Krone und Parlament froren nämlich die Schöpfer der Verfassung der USA in der Weise ein, daß sie an die Stelle des Monarchen einen mittelbar vom Volk gewählten Staatspräsidenten setzten. Ihm gegenüber war das Parlament dann im weiteren Machtaufstieg gebremst, weil der US-Präsident doch von Anfang an, und ganz ungleich dem englischen König, über eine an demokratischer Legitimität dem Parlament ebenbürtige Legitimation verfügte. Es war somit der Weg für jene englische und später europäische Entwicklung versperrt, die das Staatsoberhaupt auf ‚repräsentative' Pflichten reduzierte und die politische Macht einer *vom Parlament* ausgehenden und von ihm auch wieder abzusetzenden Regierung in die Hände legte. In den USA blieb also einesteils der ‚republikanische Monarch' tatsächlicher Chef der Regierung, das Parlament andernteils auf seine Möglichkeiten der Gesetzgebung, Haushaltsbewilligung und Regierungskontrolle von außen beschränkt. Diesen im 18. Jahrhundert entstehenden, seit dem 19. Jahrhundert oft kopierten Typ eines Regierungssystems nennt man – wegen der markanten Stellung des Präsidenten – ein ‚*präsidentielles* Regierungssystem'. Es ist institutionengeschichtlich älter als das parlamentarische Regierungssystem und paßt so gut zur ebenfalls im 18. Jahrhundert – am (mißverstandenen) englischen Beispiel entwickelten – Gewaltenteilungslehre Montesquieus, daß es bis heute von gar nicht wenigen für die ‚einzig richtige' Verwirklichung von Gewaltenteilung gehalten wird.[503]

Eine dritte Möglichkeit der Ausgestaltung eines Regierungssystems besteht darin, die ganz unterschiedliche Funktionslogik von parlamentarischem und präsidentiellem Regierungssystem einfach zu ignorieren und den Versuch zu unternehmen, beide Systemtypen miteinander zu kombinieren. Dann macht man durch entsprechende Verfassungsregelungen die Regierung *sowohl* vom Vertrauen des Staatsoberhauptes *als auch* von ihrer Tolerierung durch das Parlament abhängig. Je nach dem Einfluß auf die Regierung, der dabei dem Präsidenten oder dem Parlament zukommt, wird so ein *semi-präsidentielles* oder ein *semi-parlamentarisches* Regierungssystem geschaffen. Beispiele sind Deutschland in der Weimarer Republik und Frankreich in der V. Republik. Seine Funktionsschwierigkeiten offenbart dieser Systemtyp stets dann, wenn hinter dem Staatschef einerseits und der Parlamentsmehrheit andererseits *unterschiedliche* politische Mehrheiten stehen und die Regierung gewisser-

---

503 Zur Gewaltenteilung siehe S. 272ff, zu den ganz unterschiedlichen Funktionslogiken von präsidentiellem und parlamentarischem Regierungssystem S. 335ff und 341ff.

maßen zwei Herren dienen soll. Im schlimmsten Fall, den Deutschland wegen der politischen Verantwortungsscheu seiner Parteien in der Weimarer Republik erlebte, versickert dann die zunächst an verantwortliche Institutionen gebundene politische Macht im Niemandsland zwischen Parlament und Staatschef. Ihre unter solchen Umständen überaus wichtig werdenden informellen Hebel können dann von Intriganten, unter geschickter Ausnutzung ungeschickter Verfassungsbestimmungen, zum eigenen Vorteil betätigt, die so errungenenen faktischen Machtpositionen institutioneller Kontrolle entzogen werden. Im noch besten Fall, dem der V. Französischen Republik, funktioniert ein semi-präsidentielles Regierungssystem in Zeiten gleichartiger politischer Mehrheiten zwischen Staatspräsident und regierungstragender Parlamentsmehrheit wie eine ‚republikanische Monarchie', nämlich als *super*-präsidentielles Regierungssystem mit dem Präsidenten einem als kaum mehr zu kontrollierenden Führer von Staat, Regierung und Parlament, in Zeiten verschiedenartiger parteipolitischer Mehrheiten hinter Präsident und regierungstragender Parlamentsmehrheit aber wie ein parlamentarisches Regierungssystem. Im Normalfall wird erheblicher politischer und taktischer Streit zwischen Staatschef und Regierung viel Arbeitskraft binden, die besser für die Aufgaben guten Regierens eingesetzt würde.

Viertens kann man durch die Verfassung oder durch Verfassungsbrauch vorsehen, daß alle – oder wenigstens die meisten – im Parlament vertretenen Parteien entsprechend ihrem Anteil an den parlamentarischen Mandaten auch in der Regierung vertreten sein müssen. So entsteht eine *Allparteien-* oder *Proporzregierung.* Etliche österreichische Bundesländer sowie die Schweiz besitzen diesen Typ eines Regierungssystems,[504] welches den Gipfel einer – unten ausführlicher behandelten – *Konkordanz- bzw. Konsensdemokratie* darstellt.

– Je nach der konkreten Art und Weise, in welcher das Demokratieprinzip verwirklicht wird, entstehen wiederum unterschiedliche Typen von Regierungssystemen. In sehr kleinen Gesellschaften, wie sie selbst unter den griechischen Stadtstaaten eher Fiktion als Wirklichkeit waren und die es unter den heutigen Staaten nicht mehr gibt, mag sogar auf professionelle politische Amtsträger zu verzichten und eine ‚Identität von Regierenden und Regierten' zu verwirklichen sein, etwa in Gestalt einer ‚Selbstregierung' des in kurzen Abständen versammelten Volkes (‚identitäre Demokratie'). Doch sobald Gesellschaften ausgedehnter und komplexer werden, bewährt sich die Verbindung des Demokratieprinzips mit dem Repräsentativsystem, wodurch ‚repräsentative Demokratie' entsteht.[505]

Natürlich kann man mit repräsentativer Demokratie ein System der *Volksgesetzgebung* koppeln. Dann müssen sich Parlamente mit unmittelbar von der Bürgerschaft ausgehenden Themen (‚Volksinitiative') oder mit vom Volk ausgehenden Gesetzesinitiativen (‚Volksbegehren') befassen und gegebenenfalls mit dem Volk das Recht zur verbindlichen Beschlußfassung über Gesetzentwürfe teilen (‚Volksentscheid', ggfs. auch ‚kassatives Referendum' zur Aufhebung eines Gesetzes). Je nach dem Gewicht, das die Volksgesetzgebung im Vergleich zur parlamentarischen Gesetzgebung besitzt, entsteht so ‚plebiszitär[506] angereicherte *parlamentarische* Demokratie' oder ‚*plebiszitäre* Demokratie'. Während bei der letzteren die politische Initiative den Weg ‚von unten nach oben' nimmt, verläuft bei der ‚Referendumsdemokratie' umgekehrt der Weg politischer Initiative ‚von oben nach unten'. Gemeint ist nämlich mit ‚Referendumsdemokratie', daß die Bevölkerung dadurch in die Herstellung allgemein verbindlicher Regelungen und Entscheidungen einbezogen wird, daß ihr – auch ohne

---

504 Wer ein präsidentielles Regierungssystem dahingehend definiert, daß in ihm die Regierung nicht vom Parlament abgesetzt werden kann, mag geneigt sein, auch ein Proporzsystem für dem Typ des präsidentiellen (!) Regierungssystems zugehörig anzusehen, da in ihm die Regierung vom Parlament nicht abgesetzt und parteipolitisch verändert, sondern allenfalls personell umgestaltet werden kann.

505 Hierzu siehe S. 277 und 329ff.

506 Von lat. ‚plébis scítum', d.h. Beschluß der Volksversammlung.

Volksbegehren, sondern von Staats wegen – einfache Gesetzesvorlagen oder wenigstens Verfassungs- und verfassungsändernde Gesetze zur Abstimmung (‚Referendum‘[507]) vorzulegen sind. Gegebenenfalls können politische Akteure – Staatspräsidenten, Regierungen, Mehrheiten oder Minderheiten eines Parlaments – auch das Recht haben, eigentlich *von ihnen* zu treffende Entscheidungen an das Volk zu *delegieren*, womit sie ihre eigene Verantwortung loswerden. Auf diese Weise können dann Verträge oder Einzelfallentscheidungen – darunter bisweilen auch verfassungdurchbrechende Amtszeitverlängerungen von Staatspräsidenten – zum Gegenstand eines Referendums werden. Historisch hat letzteres nicht selten dazu gedient, Gewaltenteilung zu überspielen und einen charismatischen Führer mit der Schubkraft demokratieförmiger Willensbekundung auszustatten. Unabhängig davon lassen sich Gesetzes- und Einzelfallreferenden danach unterscheiden, ob sie zwingend erforderlich (‚obligatorisch‘) oder seitens der politischen Entscheidungsträger freiwillig sind (‚fakultativ‘), oder ob sie bindende Wirkung haben bzw. nur die Absichten der politisch Aktivierbaren dokumentieren sollen (‚konsultatives Referendum‘).

Nachhaltig stärken *obligatorische* Referenden die Kontrolle der Bürger über den politischen Prozeß. Ihre ‚Vorauswirkung‘ läßt sich so umreißen: Was Gesetz werden soll, muß ein Referendum ‚überstehen‘; darum tun Parlament und Regierung gut daran, ein Gesetz von vornherein ‚referendumsfest‘ zu machen; und das verlangt, daß die politischen Elitegruppen nicht nur *untereinander* eine Mehrheit finden, sondern sich darauf einlassen müssen, was *in der Bevölkerung* mehrheitsfähig ist. Die Kehrseite dessen, seit langem in der Schweiz zu beobachten, ist erhebliche Reaktionsträgheit und nur langsame Reformfähigkeit des politischen Systems, was vor allem darauf zurückgeht, daß Minderheiten bei Volksabstimmungen eine überaus große Verhinderungsmacht erlangen können. Auch ganz grundsätzlich läßt sich ein überproportionales Gewicht von Minderheiten bei der Nutzung plebiszitärer Elemente nicht verhindern. Alle praktischen Erfahrungen zeigen nämlich, daß die letzteren überhaupt nur dann wirksam sein können, wenn man sehr *geringe* Anforderungen an den Anteil sowohl der Abstimmenden als auch der Zustimmenden (‚Quorum‘[508]) stellt und gesetzlich keine höhere *Abstimmungs*beteiligung als etwa ein Viertel bis ein Drittel der Wahlberechtigten verlangt. Dann allerdings muß man entweder darauf verzichten, eine *Wahl*beteiligung von 50% als ‚niedrig‘ zu beklagen,[509] oder das Argument akzeptieren, Volksabstimmungen (Referenden und Volksentscheide) erfüllten viel *weniger anspruchsvolle* demokratischer Maßstäbe als jene Wahlen, aus denen Parlamente hervorgehen.[510] Im letzteren Fall wäre aber die Behauptung nicht länger plausibel, plebiszitäre Elemente seien ‚demokratischer‘ als die institutionellen Mechanismen[511] repräsentativer Demokratie, oder parlamentarische Entscheidungen

507 Von lat. ‚reférre‘, d.h. vortragen, vorlegen.

508 Von lat. ‚quorum‘, d.h., wie viele von ...‘.

509 In Deutschland entspricht eine Wahlbeteiligung von 50% in etwa dem Anteil der politisch interessierten Bürger. Das heißt: Bei einer Wahlbeteiligung *über* 50% gehen über deren Kreis hinaus auch solche Personen zur Wahl, die sich im Grunde kaum für Politik interessieren. Es ist nicht recht plausibel, daß einem demokratischen Verfassungsstaat echte Nachteile daraus erwachsen sollten, daß politisch *Un*interessierte *nicht* zur Wahl gehen.

510 Zum hier wichtigen ‚Wiederwahlmechanismus‘ siehe S. 275f und 277.

511 Ein ‚institutioneller Mechanismus‘ ist ein Bündel von hinsichtlich ihrer wechselseitigen Abhängigkeit einschätzbaren, in ihren Gesamtfolgen recht verläßlich kalkulierbaren und immer wieder zielgerichtet nutzbaren Handlungsketten. Solche Einschätzbarkeit, Kalkulierbarkeit und zielgerichtete Nutzbarkeit von willkürlich zu initiierenden Handlungsketten werden erzeugt durch drei Elemente. Erstens sind das die Positionen, die innerhalb einer Institution (im Fall inter-institutioneller Mechanismen: in verschiedenen Institutionen) verfügbar und durch handlungsfähige Personen besetzt sind. Zweitens handelt es sich um formale und informale Regeln, welche das Zusammenwirken der Inhaber jener Positionen betreffen und die ein kompetentes Mitglied einer Institution entweder kennt und darum befolgt, oder gegen welche aus Unkenntnis oder ohne gute Gründe zu verstoßen durch ein halbwegs verläßlich funktionierendes Sanktionssystem (d.h.: durch verläßlich konditionierende ‚Antizipationsschleifen‘) unwahrscheinlich gemacht wird. Das dritte Element sind Interessen von Positionsinhabern, die bei der Wahl zwischen dem Befolgen oder dem Brechen einer das Zusammenwirken von Positionsinhabern betreffenden Regel üblicherweise nicht igno-

besäßen ‚geringere demokratische Legitimität' als plebiszitär getroffene Entscheidungen. Mittels solcher Einsichten wird deutlich, daß es schon einiger Umsicht bedarf, zumal die Referendumsdemokratie in einer *nur* Vorteile stiftenden Weise mit parlamentarischer Demokratie zu verbinden.

Sowohl Referenden als auch die Abstimmungen in einem System der Volksgesetzgebung werden zusammenfassend als *‚plebiszitäre Elemente'* bezeichnet. Das führt regelmäßig dazu, daß man die plebiszitäre Demokratie, von der man beim Vorhandensein eines wirkungsvollen Systems der Volksgesetzgebung sprechen kann, und die Referendumsdemokratie miteinander vermengt, obwohl beider Funktionslogik – im einen Fall ‚von unten nach oben' wirkend, im anderen ‚von oben nach unten' – ziemlich verschieden ist. Zu solcher Vermengung trägt natürlich bei, daß politische Systeme mit Volksgesetzgebung in der Regel auch Referenden kennen. Viel fataler sind aber drei andere Mißverständnisse, zu denen der Begriff der ‚direkten Demokratie' führt. Man zieht nämlich unter ihn oft nicht nur die plebiszitäre und die Referendumsdemokratie, sondern auch noch *systematisch ganz anders einzuordnende* Organisationsmöglichkeiten von Demokratie. Das noch geringste Mißverständnis besteht darin, ‚direkte' Demokratie als bestmögliche Ersatzform der in Flächenstaaten und bevölkerungsreichen Gesellschaften nicht möglichen ‚identitären' Demokratie anzusehen. In diesem Fall legen die verwendeten Begriffe nahe, die ‚direkte' Demokratie für ‚wertvoller' als die (bloß) ‚indirekte' Demokratie zu halten und darum die repräsentative Demokratie für eine ‚leider nicht völlig zu vermeidende Notlösung' zu halten, statt jene Vorteile zu erkennen, die das Repräsentationsprinzip eröffnet.[512] Noch irreführender ist der Brauch, unter ‚direkter Demokratie' ein politisches System zu verstehen, in dem nicht nur Mitglieder von Vertretungskörperschaften vom Volk gewählt werden, sondern auch die Inhaber vieler exekutiver Positionen und Richterstellen. Letzteres ist in den USA weit verbreitet, ersteres kennt Deutschland in Gestalt der Direktwahl von Bürgermeistern und Landräten. Offenkundig geht es hier um ganz andere Regelkreise des politischen Prozesses als um jene, in denen Volksgesetzgebung und Referenden ihre Rollen spielen. Einesteils sind das solche einer Bindung der Justiz auch an das Volk und nicht nur an Juristen, andernteils jene der vertikalen Gewaltenteilung, zu welcher kommunale Wahlbeamte (wie Bürgermeister und Landräte) ganz wesentlich dadurch beitragen, daß sie sich – obwohl Teil der Exekutive – gegenüber Weisungen von oben stets auch auf ein demokratisches Mandat von unten berufen können.[513] Am schlimmsten ist aber das dritte Mißverständnis. Bei ihm wird auch noch der Typ des präsidentiellen Regierungssystems unter den Begriff der ‚direkten Demokratie' gefaßt, da in ihm auch der Staats- oder Regierungschef vom Volk gewählt wird. Das stellen dann gar nicht wenige auf *eine* Ebene mit der Nutzung von Volksgesetzgebung oder Referenden. In Wirklichkeit gerät man hier aber in *völlig* andere funktionslogische Zusammenhänge: Im einen Fall geht es um die Struktur und Funktionslogik des *Regierungssystems*, als im anderen um direktere *Bevölkerungskontrolle über den politischen Prozeß* dank Volksgesetzgebung und der Vorauswirkung obligatorischer Gesetzes- oder Verfassungsreferenden.

Wer zumal dem letzten Mißverständnis erliegt, der wird nur ein solches politisches System für eine befriedigende Verwirklichung von Demokratie halten, in welchem der Staatspräsident vom Volk gewählt wird und erhebliche Befugnisse besitzt; in dem die Regierung sowohl dem Parlament als auch dem volksgewählten Staatschef verantwortlich ist; und welches außerdem ein ausgedehntes System der Volksgesetzgebung sowie Referenden kennt, die je-

---

riert werden. Ein ‚institutioneller Mechanismus' ist somit ein ‚Hebelwerk', das – aufgebaut aus Positionen, Regeln und Interessen – für die Akteure und Adressaten einer Institution Handlungssicherheit hinsichtlich der zu erfüllenden Funktionen erzeugt.

512 Hierzu siehe S. 328ff.

513 Siehe hierzu S. 272f.

derzeit vom Staats- oder Regierungschef, möglicherweise auch von parlamentarischen Minderheiten herbeigeführt werden können. Ein so konstruiertes politisches System enthält nun allerdings so viele funktionslogische Reibungspunkte und ‚Sollbruchstellen', daß sein wirkungsvolles Funktionieren überaus glücklicher Umstände bedarf. Meist mißlingt darum, was man von ihm erhofft. Hingegen erreicht ein parlamentarisches Regierungssystem mit starken, durch häufige Wahlen zur Responsivität gezwungenen Parteien und mit kritischer öffentlicher Meinung in der Regel viel unaufwendiger und wesentlich robuster den gleichen demokratieverwirklichenden Effekt, und zwar insbesondere dann, wenn es mit einem wirkungsvollen System der Volksgesetzgebung verbunden ist.

– Je nach dem Ausmaß, in dem gesellschaftliche Konflikte in solche Konflikte umgesetzt werden, die auch *offen* in den Strukturen und Prozessen des politischen Systems ausgetragen werden, unterscheidet man *Konkurrenzdemokratien* von *Konkordanzdemokratien.* In den erstgenannten werden gesellschaftliche Konflikte meist über ein klares Konkurrenzverhältnis von Regierung und Opposition ausgetragen, wobei die Wähler je nach ihren Wünschen, wer sich im Konflikt durchsetzen soll, den konkurrierenden Kräften die eine oder andere Rolle zuweisen und die politischen Eliten in der Regel kleinstmögliche Koalitionen bilden. Konkurrenzdemokratien sind ohne Risiko für die Funktionstüchtigkeit und den Bestand eines politischen Systems nur dort möglich, wo es einen belastbaren Werte-, Verfahrens- und Ordnungskonsens sowie eine Tradition fairen, gewaltfreien politischen Streits gibt. Wo derlei nicht verfügbar ist, werden gesellschaftliche Konflikte besser dadurch eingefriedet und bearbeitet, daß man alle machtpolitisch wichtigen gesellschaftlichen und politischen Kräfte in ein dauerhaftes, vielerlei ‚Paketlösungen' und ‚Geschäfte auf Gegenseitigkeit' ermöglichendes Verhandlungssystem einbindet und stets Kompromisse innerhalb eines – im Grunde – Elitenkartells herbeiführt (‚Verhandlungsdemokratie', ‚consociational democracy', ‚Neokorporatismus', ‚Elitenakkommodation').[514] Gegebenenfalls kann man durch ein Regierung, Verwaltungsapparat und letztlich die gesamte Gesellschaft durchziehendes Proporzsystem den offen ausgetragenen politischen Streit sogar ganz unterbinden, wie es über Jahrzehnte in der österreichischen Nachkriegsdemokratie geschah. Derlei kann über längere Zeit überaus stabilisierend wirken. Doch irgendwann wurde noch jede solche Konkordanz- und Konsensdemokratie zum Hemmschuh für wünschenswerte oder gar notwendige politische Reformen. Der sie allenthalben kennzeichnende Zwang zum Kompromiß auf der Grundlage des kleinsten gemeinsamen Nenners ruft nämlich als – den politischen Prozeß erleichternde – Gegenreaktion meist hervor, daß klar abgegrenzte Politikfelder[515] oder Gesellschaftsbereiche den einzelnen politischen Lagern sozusagen zur eigenen Bewirtschaftung zugewiesen werden und man sich auch bei offenkundigen Mißständen in derlei nicht von außen einmischt. So entstehen dann selbst in an sich offenen Gesellschaften nachgerade feudale Inseln mit Elitenkartellen, die auch durch freie Wahlen kaum zu kontrollieren sind. Und schon im Vorfeld solcher Zustände bezahlt man einen weiteren hohen Preis für konsensorientierte verhandlungsdemokratische Verfahren. Auch auf deren Zielrichtung und Ergebnisse ist demokratische Einflußnahme nämlich überaus schwierig. Einesteils überlagern und präjudizieren ‚Runde Tische', ‚Bündnisse für ...' oder ‚Konzertierte Aktionen' aller *faktischen,* auch *nicht* gewählten, Machtträger leicht die Willensbildung und Entscheidungsfindung in den von Wählervoten abhängigen parlamentarischen Institutionen. Das nimmt dem *Wähler* einen großen Teil seiner Kontrollmöglichkeiten. Andernteils erzeugen Verhandlungsstrukturen wegen des Gebots der Vertraulichkeit und Informalität stets Transparenzlücken, in denen so-

---

514 Vgl. Lijphart 1984, 1999.

515 Vgl. hierzu unten S. 367f.

dann politische Verantwortung versickert. Das aber setzt die *öffentliche Meinung* als machtbegrenzenden Faktor außer Funktion.[516]

Liberale demokratische Verfassungsstaaten sind zweifellos die komplizierteste und wohl darum bislang seltenste Form politischer Systeme. Vieles muß nämlich immer wieder in großer Selbstverständlichkeit gelingen, damit ein solcher Systemtyp entstehen und sich halten kann. Vor allem ist es schwierig, gerade angesichts von tiefgehenden gesellschaftlichen Konflikten und von Reformdruck einen ungefährdeten Grundkonsens über gemeinsame Werte, Verfahrensweisen und Institutionen aufrechtzuerhalten. Ihn braucht es aber, soll der für konkurrierende Willensbildung nötige politische Streit ausgetragen werden, *ohne* in Gewalttätigkeit oder gar Bürgerkrieg zu münden und das gesamte System zu ruinieren. Doch offenbar läßt sich dieses Problem – wenigstens unter halbwegs glücklichen Umständen – immer wieder lösen, falls man robuste politische Institutionen schafft, die auch bei schlechtem Wetter funktionieren. Eine der wichtigsten normativen Visionen, von denen politikwissenschaftliche Arbeit inspiriert wird, besteht jedenfalls darin, in immer mehr Gesellschaften die Voraussetzungen dafür zu schaffen, daß in ihnen der Systemtyp eines vielleicht nicht immer liberalen, doch immerhin demokratischen Verfassungsstaates entstehen und sich halten kann. Doch es gibt keinerlei ‚geschichtliche Notwendigkeit' einer derartigen Entwicklung. Sie kann nur das Ergebnis einer beharrlichen Anstrengung sein. Läßt diese nach, wird alles Erreichte verfallen.

(2) Die totalitäre Diktatur

Totalitäre Diktatur – gekennzeichnet durch umfassenden politischen Gestaltunganspruch, monopolisierte Willensbildung und monistische Herrschaftsstruktur – ist ein insgesamt eher seltener Typ eines politischen Systems. Doch er war zwar im 20. Jahrhundert überaus verbreitet. Das faschistische Italien und das nationalsozialistische Deutschland wurden totalitär regiert, ebenso über lange Zeiten ihrer Geschichte die Sowjetunion und ihre Satellitenstaaten, China bis zum Tode Maos, Kambodscha nach der Machtergreifung der Roten Khmer, und der Iran seit der islamischen Revolution. Die so rasche Verbreitung so vieler totalitär regierter Staaten seit der Oktoberrevolution von 1917 führte vielfach zur Diagnose, hier handele es sich um eine typisch moderne Form eines politischen Systems. Das greift zu kurz, auch wenn in vormodernen Zeiten totalitäre Systeme recht selten waren und selbst im anschaulichsten Fall – Frankreich während des Revolutionsterrors von 1793/94 – deren Zugehörigkeit zum Typ totalitärer Herrschaft oft bestritten wird. Tatsache ist allerdings, daß moderne Verkehrs-, Kommunikations- und Waffentechnik totalitäre Herrschaft leichter denn je realisieren ließen und wohl darum bewirkten, daß Totalitarismus zur wichtigsten Staatsform des 20. Jahrhunderts wurde.

Der Weg zu totalitärer Herrschaft wird eingeschlagen, wenn eine Gruppe von – in der Regel neu an die Macht gelangten – Politikern mit dem Versuch beginnt, einer Gesellschaft gegen ihr Widerstreben ein neues System handlungsleitender Werte aufzuwingen.[517] Motiv eines solchen Versuchs kann – wie in der Islamischen Republik Iran oder im Afghanistan der Taliban – religiöser Glaube sein, von dessen Wahrheitsgehalt und Heilsnotwendigkeit die (neuen) Machthaber und ihre Parteigänger so überzeugt sind, daß sie die Unterwerfung aller Bürger unter die von diesem Glauben vorgeschriebenen Denk-, Rede- und Verhaltensweisen verlangen (‚politische Religion'). An die Stelle religiösen Glaubens kann – wie im kommunistischen Totalitarismus – auch die Überzeugung davon treten, eine bestimmte wissenschaftliche Lehrmeinung sei unfehlbar richtig und verlange es, die im Rahmen einer ‚Wissenschaftlichen Weltanschauung' plausible Politik selbst unter Inkaufnahme revolutionärer Gewaltsamkeit durchzusetzen (‚säkularisierte[518]

[516] Zum hier einschlägigen institutionellen Mechanismus siehe S. 347f und 371f.

[517] Zur folgenden, an Martin Drath orientierten Darstellung siehe – mit weiteren Literaturhinweisen – Patzelt 1998.

[518] Zum Begriff der Säkularisation siehe Anm. 276 und 825.

politische Religion'). Doch im Grunde reicht für den Versuch, anderen selbst gegen ihr Widerstreben die praktische Beachtung neuer Vorstellungen vom Wahren und Richtigen aufzuzwingen, daß man – wie im nationalsozialistischen Totalitarismus – einem charismatischen Führer glaubt, seine Gestaltungs- und Gefolgschaftsansprüche seien gerechtfertigt und sollten – unter Billigung welcher Verbrechen auch immer – durchgesetzt werden.

Aus welcher Motivation es auch immer entspringt: Das *,Primärphänomen'* des Totalitarismus besteht darin, eine Gesellschaft innerlich und äußerlich dadurch umzugestalten, daß ihr – und sei es gegen Widerstand – ein neues Wertesystem eingeprägt bzw. aufgezwungen wird. Es geht also um ,voluntaristische[519] Wirklichkeitskonstruktion'. Genau dieser Versuch, nicht selten aus ethisch höchst lobenswerten Motiven unternommen, führt zu umfassenden politischen Gestaltungsansprüchen. Regt sich angesichts ihrer nur Begeisterung und kein Widerstreben, so vollzieht sich freiwillige Gesellschaftstransformation. Dann gibt es keine Ansatzpunkte für die Entstehung totalitärer Herrschaft.

Solche Fälle sind aber sehr unwahrscheinlich. In der Regel werden die (neuen) Machthaber vielmehr auf Widerstreben stoßen, da es ja meist gute Gründe hat, wenn ein angetragenes System handlungsleitender Werte in einer Gesellschaft eben nicht handlungsbestimmend ist. Die neuen Machthaber werden ihrem Ziel darum in der Regel nur näherkommen, wenn sie Zwangsmittel einsetzen. Bislang Selbstverständliches soll dann als falsch oder gar kriminell gelten; bisherige Nachbarn und Freunde sollen Feinde sein; rein äußere Anpassung – in Form von Massenaufmärschen oft genug eingefordert – darf nicht reichen, vielmehr soll das neue Wertesystem ganz aufrichtig und die eigene Persönlichkeit umformend angenommen werden. Demonstrative Passivität macht einen dann zum Ziel erzieherischer Maßnahmen, offener Unwille zum Adressaten von Repression, Widerstand zum Opfer von Terror. Wer als Glaubens-, Klassen- oder Rassenfeind etikettiert wird, hat ohnehin keine Chance und begreift das auch nach einiger Zeit. Mitunter kommt es bei den ersten begründeten Anzeichen des Verdachts, neue Machthaber wollten in der Gesellschaft wirklich ein neues Wertesystem durchsetzen, tatsächlich zum Widerstand. Ihn gilt es dann schnell zu brechen. Viel häufiger aber kommt es vor, daß die neuen Machthaber auch angesichts von weit verbreiteter Fügsamkeit zum Urteil gelangen, große Teile der Gesellschaft *gäben nur vor*, mit ihnen zu sympathisieren und die neuen Wertvorstellungen innerlich zu akzeptieren. Mit diesem Urteil werden die Machthaber selten falsch liegen. Um so naheliegender und vernünftiger ist es dann allerdings aus ihrer Warte, einesteils aktiv nach verborgenen Feinden der neuen Ordnung zu *suchen* und andernteils keine Mühe zu sparen, den potentiellen Gegnern schon *ihm Vorhinein* jede Möglichkeit zu nehmen, in Erscheinung zu treten, Kritik zu üben oder gar Rechte einzufordern.

Aus diesem Versuch, passive Widerständigkeit zu brechen, offene Gegner zu vernichten sowie potentielle Feinde rechtzeitig zu entdecken und auszuschalten, entstehen die *,Sekundärphänomene'* des Totalitarismus. Sie – und nicht das Primärphänomen der Durchsetzung eines neuen Wertesystems – fallen zuallererst auf, wenn man an totalitäre Herrschaft denkt oder ihrer ansichtig wird, und allzu leicht erschöpft sich die Analyse von Totalitarismus in der Beschreibung und im Vergleich solcher Sekundärphänomene. Diese beginnen mit der Beseitigung konkurrierender politischer Willensbildung, etwa durch das Verbot anderer Parteien und die Gleichschaltung von Verbänden, durch Zensur von Medien und Bildungseinrichtungen, durch geheimdienstliche Kontrolle öffentlicher und privater Kommunikation sowie durch exemplarischen Terror gegenüber Abweichlern: von willkürlichen Anschlägen auf ihr Eigentum und ihre Gesundheit über angstschürende Verhaftungen und Schauprozesse bis hin zu einem einschüchternden System von Straflagern. In einem *voll* entwickelten totalitären System reichen diese Sekundärphänomene bis hin zu einer durch und durch monistischen Herrschaftsstruktur mit Beseitigung formaler wie

---

[519] Von lat. ,volúntas', d.h. Wille.

informeller Gewaltenteilung, mit Zentralisierung aller politischen, polizeilichen, militärischen und administrativen Machtmittel, und in der Regel auch mit einer Kommandowirtschaft, gegebenenfalls sogar unter Verstaatlichung der Produktionsmittel, was den Bürgern auch die materiellen Möglichkeiten von Widerständigkeit entziehen kann.

Diese Sekundärphänomene sind in der Tat nur die *Oberfläche* totalitärer Diktatur. Motiviert, tatkräftig aufeinander bezogen, gerechtfertigt und zu einem kompetent gehandhabten Methodenkanon entschlossener Wirklichkeitskonstruktion werden sie allein durch das Primärphänomen des Totalitarismus, nämlich durch den Wunsch, einer für gut gehaltenen Sache auch und gerade dadurch zu dienen, daß man unverständigen, unverantwortlichen und – im Wortsinn – ‚reaktionären'[520] Widerstand bricht. Die Grundhaltungen und Grunderfahrungen, zu welchen dieser Zusammenhang zwischen dem Primärphänomen und den Sekundärphänomenen von Totalitarismus führt, umfassen seitens der machthabenden Wirklichkeitskonstrukteure Enthusiasmus und Genugtuung, seitens ihrer willigen Helfer Begeisterung und gutes Gewissen, seitens der Mitläufer und Zuschauer Sorge um die Folgen sowie Dankbarkeit, nicht selbst zu den Opfern zu zählen – und auf Seiten derer, die sich eigentlich wehren wollen, gegen die sich der Terror richtet oder die ganz einfach zur Ausrottung vorgesehen sind: Angst und Einsamkeit, Verlassenheit und Hoffnungslosigkeit.

Keinesfalls darf man totalitäre Diktatur als einen *Zustand* auffassen, sie als ‚statisch' mißverstehen. Ganz im Gegenteil ist Totalitarismus die dynamischste und wandelbarste aller Herrschaftsformen. Sie entsteht *nur* aus dem auf Kultur*revolution* und Gesellschafts*transformation* ausgehenden *Veränderungs*willen einer politischen Elite und nimmt dann, je nach Einzelfall, einen der folgenden Entwicklungspfade:

- Wenn sich Teile der Gesellschaft aktiv gegen das neue Wertesystem und die entstehende, es absichernde Diktatur auflehnen, dann werden die (neuen) Machthaber zu immer radikaleren Mitteln der Repression und des Terrors greifen, um die Machtfrage (‚Wer wen?') in ihrem Sinne zu beantworten. Das bindet sowie verbraucht immer mehr Ressourcen und richtet immer größere Kollateralschäden an. Etwa können – aufgrund ihres Widerstandes oder weil sie eben als Feinde des neuen Systems etikettiert wurden – wichtige Funktionseliten der Gesellschaft vertrieben oder ausgerottet werden. Oder es kann gerade die – im persönlich betroffen machenden Einzelfall ‚unnötige' – Radikalität und Inhumanität totalitärer Herrschaft zur Abwendung solcher Personen von der neuen politischen Elite führen, die zwar das neue Wertesystem unterstützen, doch nicht jede beliebige Weise, es durchzusetzen. Die Machthaber geraten auf diese Weise in eine *Radikalisierungsfalle*, in der sie entweder wie Robespierre und seine Anhänger im revolutionären Frankreich von 1794 den innenpolitischen Niedergang ihrer Macht erleben, wie die Roten Khmer 1979 aufgrund der vietnamesischen Invasion den außenpolitischen Sturz ihrer Herrschaft erfahren, oder aus welcher sie einen der zwei folgenden Auswege nehmen.
- Es können rational kalkulierenden Machthabern die Transaktions- und Opportunitätskosten ihrer radikalen Herrschaftspraxis zu hoch werden. Nachhaltige Störungen des Wirtschaftssystems oder der – allmählichem Entsetzen folgende – Verlust freiwilliger Massenloyalität können ihnen vor Augen führen, daß der Grenznutzen einer raschen Durchsetzung des neuen Wertesystems immer mehr abnimmt. Das mag – wie 1921 im Fall von Lenins ‚Neuer ökonomischer Politik' – zu taktischer Mäßigung beim Versuch voluntaristischer Wirklichkeitskonstruktion führen, gegebenenfalls auch – wie in China nach Mao – zum einstweiligen oder auf Einsicht beruhenden Abbruch des Versuchs, eine ganze Gesellschaft gemäß dem ursprünglich handlungsleitenden Wertesystem umzugestalten. Totalitäre Herrschaftspraxis

[520] Von lat. ‚reáctio', d.h. Gegenbewegung, Gegenwirkung.

klingt dann ab und kann sich bis zur autoritären Herrschaftsweise abmildern, freilich einstweilen ohne alle Gewähr dafür, daß Totalitarismus nicht neu auflebt, sobald veränderte Rahmenbedingungen das wieder wünschenswert machen.

- Den Machthabern können schlechterdings die Ressourcen radikaler Politik und wirksamer Repression ausgehen. Etwa mag das Wirtschaftssystem zusammenbrechen oder kann es im Terrorapparat selbst zu abnehmender Loyalität kommen. Dann wird auch ohne Einsicht oder taktische Überlegungen es zu immer geringeren Anstrengungen kommen, den ursprünglich umfassenden politischen Gestaltunsanspruch einzulösen. Wiederum klingt Totalitarismus dann zum praktizierten Autoritarismus ab, erneut ohne jede Garantie dafür, daß das so bleibt.
- Verfangen sich die neuen Machthaber aber nicht in der Radikalisierungsfalle, sondern schaffen sie es aufgrund günstiger zeitgeschichtlicher Umstände, dank Unterstützung anderer Mächte oder mit taktisch-praktischer Klugheit, ihre Herrschaft auf Dauer zu stellen, so steigen die Chancen, daß – über Generationen hinweg – das ehedem neue Wertesystem wirklich zur Selbstverständlichkeit wird. Dann klingt Totalitarismus ebenfalls ab – und zwar deshalb, weil sein Primärphänomen zum Erfolg geführt hat und die Kristallisationspunkte seiner Sekundärphänomene verschwunden sind. Die Neukonstruktion von Wirklichkeit, die Transformation der Gesellschaft ist dann gelungen, und wiederum kann autoritäre Diktatur an die Stelle der totalitären treten. Auf diesem Weg war die DDR.

Die Errichtung und Ausübung totalitärer Herrschaft bedarf starken Glaubens an eine Religion, an eine wissenschaftliche Weltanschauung oder an einen charismatischen Führer, einer großen politischen Anstrengung sowie einer für die Machtergreifung der neuen, revolutionären Elite günstigen politischen Situation. Solche Voraussetzungen treffen nicht oft zusammen. Darum entsteht Totalitarismus vergleichsweise selten. Nach einiger Zeit – für die Betroffenen und Opfer aber meist viel zu spät – wird Totalitarismus auch stets wieder zusammenbrechen oder sich in autoritäre Herrschaft wandeln. Solcher Übergang zum Autoritarismus wird meist nur partiell und selektiv erfolgen. ‚Partiell‘ meint, daß zuerst in macht- und kulturpolitisch weniger wichtigen Bereichen der staatliche Gestaltungsanspruch zurückgenommen wird; ‚selektiv‘, daß revolutionäre Wachsamkeit und exemplarischer Terror immer größere Teile der Bevölkerung aussparen und sich am Ende nur noch auf solche Personen konzentrieren, auf die sich aufgrund der Ideologie der Machthaber oder wegen tatsächlich unangepaßtem Verhalten das Mißtrauen des Repressionsapparates richtet. Die europäischen realsozialistischen Staaten, darunter natürlich die DDR, nahmen diese Entwicklung. Solange in das so entstehende autoritäre System keine wirksamen rechts- und verfassungsstaatlichen Sicherungen eingebaut sind, ist jederzeit die partielle oder vollständige Rückkehr zum Totalitarismus möglich. Doch es kann sich der entstandene Autoritarismus natürlich auch auf einen Verfassungsstaat hin entwickeln. So verlief seit 1989 der Weg Polens, und man würde ihn Rußland ebenso wünschen.

Keinesfalls darf man aus der schrecklichen Herrschaftspraxis des Totalitarismus schließen, nur – oder gar in erster Linie – verbrecherische Ziele und unmoralische Absichten führten zu ihm. Zwar können sich menschliche Niedertracht, Gewalttätigkeit und offene Mordlust im Totalitarismus besonders gut entfalten. Doch die treibende Kraft der Errichtung totalitärer Diktatur besteht ganz im Gegenteil darin, das Gute verwirklichen und das Böse bekämpfen zu wollen.[521] ‚Wo aus guten Gründen gehobelt wird, da müssen einem die Späne nicht leidtun‘: Politik so zu sehen, ist die pragmatische Grundhaltung eines Menschen mit totalitärer Gesinnung. So nähren die Führer ihre Motivation, die Täter ihr gutes Gewissen, die Mitläufer ihre Gleichgültigkeit. Dieser Zusammenhang ist bei *jeder* persönlichen Stellungnahme zu sich abzeichnender, zu bestehender oder zu vergangener totalitärer Herrschaft unbedingt ernst zu nehmen: Edle Ziele und

---

[521] Vgl. hierzu die auf S. 279ff dargestellten Prinzipien monistischer Systemkonstruktion.

gute Absichten machen Totalitarismus nie weniger abscheulich; doch, sie ziehen einen jeden zu totalitärer Diktatur hin, der vom Zweck glaubt, daß er die Mittel heiligt.

(3) Autoritäre Herrschaft

Autoritäre Herrschaftsordnungen sind der häufigste Typ politischer Systeme. Sie treten in vielerlei Gestalt auf. Stets kennzeichnen sie sich durch einen eher begrenzten staatlichen Gestaltungsanspruch, der von bloßer Herrschaftssicherung allerdings bis hin zum – totalitäre Herrschaft streifenden – Anliegen einer ,Erziehungsdiktatur' oder ,Entwicklungsdiktatur'[522] reichen kann. Üblicherweise besitzen autoritäre Ordnungen eine ziemlich monistische Herrschaftsstruktur und pflegen eine überaus monopolisierte politische Willensbildung. Da freilich das Wirtschaftssystem – bei loyalem Verhalten seiner Eliten – in autoritären Herrschaftsordnungen erhebliche Autonomie genießen kann, entstehen rasch potentiell konkurrierende Elitengruppen und einander zumindest ein Stück weit in Schach haltende Machtzentren.

Die vielen zeitgenössischen und geschichtlichen Varianten autoritärer Herrschaft ordnet man am besten in einem dreidimensionalen Merkmalsraum, der durch die folgenden Variablen aufgespannt wird:[523]

- *Grad der Machtteilung:* Die Grade der Machtteilung können in modernen autoritären Herrschaftsformen vom Extrempol der Vorherrschaft einer einzigen Partei bis hin zum System einer Militärdiktatur reichen. Bei diesem wird innerhalb der Militärorganisation sozusagen das Skelett der Macht aufrechterhalten, an dem sich andere – zumal wirtschaftliche – Machtträger solange vergleichsweise autonom festhalten können, wie sie nicht herausfordernd die politische Machtfrage stellen. Die Zwischenformen zwischen umfassender Einparteienherrschaft und auf den Repressionsapparat beschränkter Militärdiktatur lassen sich mit den folgenden Begriffen erfassen: hegemoniale Vorherrschaft einer Staatspartei in einem Mehrparteiensystem; korporatistische Interessenorganisation, bei welcher die Positionseliten einer entlang ihrer Lebensbereiche oder Wirtschaftszweige organisierten Gesellschaft ein Machtkartell bilden; und bürokratisch-technokratischer Obrigkeitsstaat, bei dem Funktionseliten eine institutionelle Ordnung für konservierende oder modernisierende (!) Zwecke gegen Kontrolle und Partizipation abschirmen. In traditionellen Herrschaftsformen erstreckt sich dieses Kontinuum von der gesicherten, kompetenzreichen Alleinherrschaft eines Monarchen (wie des ägyptischen Pharao oder eines absolutistischen Königs) über die komplexen Machtschichtungen eines Feudalsystems (wie der des europäischen Mittelalters) bis hin zur unsicheren Lage eines Usurpators oder Eroberers (wie Alexanders d. Gr.), der zwar die Mittel der Zwangsgewalt, nicht aber die wirtschaftlichen und organisatorischen Ressourcen eines Landes unter seine Kontrolle gebracht hat.
- *Grad der Ideologisierung:* Im einen Extremfall können die Regierenden den Versuch unternehmen, die Bevölkerung nachdrücklich für die Ziele und Spitzenpersonen der politischen

---

522 Als Entwicklungs- oder Erziehungsdiktatur wird ein autoritäres System bezeichnet, welches eine bestimmte Richtung oder Geschwindigkeit wirtschaftlicher Entwicklung, oder eine mögliches rasche und wirkungsvolle Umprägung von Denk- und Verhaltensweisen der Bürger, als so vorrangiges Handlungsziel handhabt, daß dieses Ziels willen diktatorisch regiert wird.

523 Im folgenden wird – bei einigen Modifikationen – weitgehend Linz 2000 gefolgt; vgl. auch Brooker 2000. Der beschriebene dreidimensionale Merkmalsraum zur Erfassung autoritärer Diktaturen weist große Ähnlichkeit mit jenem auf, der zur typologischen Gliederung politischer Systeme insgesamt von Manfred Hättich entwickelt und oben vorgestellt wurde: ,Grad der Machtteilung' meint die Herrschaftsstruktur, ,Grad der Partizipation' die Möglichkeiten der Willensbildung, und ,Grad der Ideologisierung' jenen staatlichen Gestaltungsanspruch, für den bei den Regierten geworben wird. Sozusagen ist der dreidimensionale Merkmalsraum zur typologischen Gliederung autoritärer Regime ein ,auflösungsstark vergrößerter' Teilraum des in Schaubild 13 dargestellten Merkmalsraums zur Erfassung *aller* politischen Systeme.

Elite zu gewinnen. Das nimmt die – anschaulich ‚Ideologisierung' zu nennende – Form an, durch Propaganda und Indoktrination ein für die Herrschenden und ihre jeweilige Politik günstiges Meinungsklima zu schaffen. Damit streifen sie wiederum die Leitgedanken und Praktiken totalitärer Regierungsweise. Im anderen Extremfall kann sich die Machtelite damit begnügen, die traditionellen Denk- und Verhaltensweisen der Bevölkerung zu respektieren, also bewußt entlang den Gegebenheiten der bestehenden politischen Kultur[524] zu regieren. Dieser zweite Fall birgt kurz- und mittelfristig die geringsten Risiken für die Herrschenden, erschließt bestmöglich die verfügbaren Legitimitätsressourcen und ist darum, aus völlig rationalen Gründen, für die meisten autoritären Systeme kennzeichnend. Typischerweise verbindet sich Autoritarismus also mit Konservatismus und pflegt überkommene Mentalitäten. Wo er aber modernisierend, etwa in Gestalt der Erziehungsdiktatur auftritt, dort nähert sich Autoritarismus dem Pol der Ideologisierung, was zur Spaltung der Gesellschaft über den einzuschlagenden Kurs, zu kaum mehr beherrschbaren Unruhen und schließlich zum eigenen Sturz führen kann. So widerfuhr es der Modernisierungsdiktatur des Schahs von Persien, und in diese Gefahr geriet der aufgeklärte Absolutismus allenthalben.

- *Grad der Partizipation:* Hier reicht die Spannweite vom Versuch, mobilisierend und organisierend die Regierten mit möglichst viel Eigenmotivation für die Verwirklichung der staatlichen Ziele einzusetzen, bis hin zu einer Politik der Depolitisierung der Bevölkerung, die sich dann allein ihrem Privatleben widmen und von Politik aller Art fernhalten soll. Üblicherweise begnügt sich autoritäre Herrschaft mit der Apathie der Regierten und vermeidet tunlichst alles, was für die Regierten politisches Handeln – ob als notgeborene Revolte, ob als rationales Partizipationsverlangen – wünschenswert machen könnte. Ein häufiger Mittelweg zwischen der Mobilisierung der Regierten und der Pflege ihrer Apathie besteht darin, der Bevölkerung die Möglichkeit zum Aufstieg in wirtschaftliche, technische, künstlerische, wissenschaftliche oder administrative Elitegruppen zu eröffnen, diese unter staatlicher Kontrolle korporativ zu organisieren, ihnen begrenzte Spielräume der Eigeninitiative zu sichern und sich beim Regieren sodann auf ihre Mitwirkung und Kreativität zu stützen. In dieser Dimension unterscheiden sich traditionelle und zeitgenössische Herrschaftsformen nur anhand der jeweils verfügbaren technischen und institutionellen Möglichkeiten, nicht aber in den Prinzipien der Herrschaftstechnik.

Anhand dieses dreidimensionalen Merkmalsraums lassen sich zunächst wieder zwei Extremmöglichkeiten identifizieren:

- Autoritäre Diktaturen mit Vorherrschaft einer proaktiven[525] Elitegruppe (entfaltet als moderne Partei oder als machtvoller Mitarbeiterkreis eines faktischen Alleinherrschers), mit ausdrücklicher Ideologisierung der Bevölkerung und mit praktizierter Massenmobilisierung. Diese autoritären Diktaturen, entfaltet als Entwicklungs- oder Erziehungsdiktaturen, gehen typologisch und real in totalitäre Diktaturen über. Umgekehrt nimmt das Abklingen von Totalitarismus in autoritäre Herrschaft meist die Form an, daß zunächst die offene Massenmobilisierung, sodann die ernstgemeinte Ideologisierung und schließlich der faktische Machtanspruch der proaktiven Herrschaftselite zurückgenommen werden. Hier ist also die ‚Schnittstelle' zwischen totalitärer Diktatur und autoritärer Herrschaft.
- Autoritäre Herrschaftsformen, in denen ein auf rein äußerliche Machtmittel angewiesener, in der Regel auf die Kontrolle über die Sicherheitskräfte beschränkter Machthaber die Regierten apathisch hält und sich legitimatorisch auf deren traditionelle Mentalität stützt. Solche

---

524 Zu diesem Konzept siehe S. 305ff.

525 Das noch ziemlich neue Kunstwort ‚proaktiv' meint überzeugt-ernergische, gekonnt gebündelte Aktivität und somit Handeln, das seine Gegenstände viel schärfer bearbeitet, als das der überkommene Begriff des ‚aktiven Tuns' ausdrückt.

autoritären Regime gehen in Herrschaftsordnungen über, die ,sultanistisch' genannt werden.[526] *Sultanismus* kennzeichnet sich dadurch, daß die Ausübung politischer Herrschaft selbstzweckhaft dem Eigeninteresse der Herrschaftselite daran dient, an der Macht zu sein und die damit verbundenen Privilegien sowohl selbst zu genießen als auch innerhalb der eigenen Familienclans auf Dauer zu stellen. Er kennzeichnet somit den Übergangsbereich zwischen den Arten der Staatlichkeit und jenen Erscheinungsformen letztlich privater Machtbereiche, aus denen aller Wahrscheinlichkeit nach vor rund zehntausend Jahren transpersonale[527] politische Systeme entstanden.

Innerhalb jenes dreidimensionalen Merkmalsraums, und gewissermaßen in Gestalt einer vom Extrempol des Sultanismus hin zum Extrempol des Totalitarismus sich erstreckenden ,Merkmalswolke', lassen sich dann alle konkreten Erscheinungsformen autoritärer Herrschaft verorten.[528] Ihre – *nicht* nur zeitgenössischen – Formen reichen von (monarchischen) Militärherrschaften über ständestaatliche Autokratien, mobilisierende Erziehungsdiktaturen, reaktionäre Bewahrungsdiktaturen und Scheinpolyarchien[529] aller Art bis hin zu prätotalitären Faschismen und posttotalitärem konsultativen Autoritarismus.

Mitunter wird bestritten, nicht-neuzeitliche unfreiheitliche Herrschaftsformen ließen sich dem Typ autoritärer Herrschaft zurechnen. Ihre Zeitgenossen hätten sie nämlich gar nicht als Autoritarismus oder Diktatur, sondern als eine Herrschaftsordnung wahrgenommen und bewertet, die ,ganz normal', eben *traditionellerweise* so und nicht anders bestehe. Zum Abgrenzungskriterium zwischen ,traditioneller Herrschaft' und ,Autoritarismus' wird hier also gemacht, ob die Regierten die über sie ausgeübte Herrschaft als rechtens, als *legitim* ansehen. Alle Arten nichtlegitimer Herrschaft werden dann als Diktatur, die Formen legitimer Herrschaft im Fall freiheitlicher Herrschaft als Varianten von Verfassungsstaaten, im Fall nicht-freiheitlicher Herrschaft als ,traditionelle' Herrschaftssysteme eingeordnet. Die Regierungssysteme des Pharaonenreichs oder der antiken persischen Monarchie, der byzantinischen Kaiser oder abbasidischen Kalifen, des französischen Absolutismus oder chinesischen Kaiserreiches bilden dann eine *eigenständige*, anschließend nach ihren *kulturellen* Eigenarten näher zu untergliedernde Gruppe. Für eine solche Einteilung politischer Systeme spricht, daß die Legitimitätslage einer Herrschaftsordnung in der Tat überaus wichtig ist für ihre Ausprägung nach innen und darum für das Verständnis ihrer Funktionslogik. Bei ähnlicher institutioneller Struktur werden Herrschaftssysteme also sehr verschieden funktionieren, je nach dem, ob die Regierten ihre politische Ordnung akzeptieren und unterstützen, oder ob sie diese Ordnung ablehnen und im Grunde nur durch (exemplarische) Repression ruhiggestellt werden können.

Dennoch gibt es keinen überzeugenden Grund, ,traditionelle' Regierungssysteme als eine eigenständige Gruppe zu behandeln. Erstens ist die Aussage falsch, alle unfreiheitlichen Herrschaftsordnungen seien illegitim. Das hieße nämlich zu unterstellen, eigentlich hätten Menschen immer schon den westlich-neuzeitlichen Glauben gehegt, eine Staatsordnung habe persönliche Freiheit und politische Partizipationsrechte zu sichern. Es läßt sich aber zeigen, daß in ,traditionellen' Herrschaftssystemen der verbreitete Legitimitätsglaube sehr oft auch solche politischen

---

526 Der arabische Begriff ,sultan' meint ursprünglich moralische oder spirituelle Autorität. Seit dem 11. Jahrhundert wird er als Titel für muslimische Souveräne genutzt. Seine regimetypologische Verwendung, die mit jener Begriffstradition *nichts* zu tun hat, geht auf Juan Linz zurück; siehe Chehabi/Linz 1998. Natürlich ist ein Sultanat als solches ebenso wenig sultanistisch wie eine Monarchie notwendigermaßen anti-demokratisch.

527 Ein ,transpersonales' politisches System ist eine Herrschaftsordnung, die über konkrete *Personen* und *deren* Rollen hinausgeht, indem sie nämlich als ein institutionelles Gefüge von *Ämtern* verstanden wird, in welche letztlich *beliebige* (qualifizierte) Personen – gegebenenfalls auf Zeit – eintreten können. In der Mediävistik wurde dieser Begriff lange gebraucht, um den europäischen Übergang vom feudalen ,Personenverbandsstaat' des Hochmittelalters hin zur auf einer Ämterordnung beruhenden ,Staatlichkeit' des Spätmittelalters und der Neuzeit zu beschreiben.

528 Detaillierte Analysen der einzelnen *zeitgenössischen* Formen autoritärer Diktatur finden sich in Linz 2000.

529 Zum Begriff der Polyarchie siehe S. 248.

Ordnungen als zu Recht bestehend akzeptierte, die weder persönliche Freiheit noch gar politische Partizipation der ‚Untertanen' kannten. Also können sehr wohl auch politische Systeme legitim sein, die gemäß den angegebenen Kriterien (v.a. monopolisierte Willensbildung und monistische Herrschaftsstruktur) Diktaturen sind. Diese sind nämlich legitim genau so lange, wie die Regierten die Prinzipien und Geltungsansprüche einer solchen politischen Ordnung akzeptieren – sei es, weil sie nichts anderes kennen, sei es, weil sie aus gleich welchen Gründen andere Präferenzen hegen als jene, die für das neuzeitlich-westliche politische Denken selbstverständlich sind. Zweitens macht es die Regierten keineswegs freier, wenn sie noch nie anderes als Unfreiheit erlebt und sich darin eingerichtet haben. Deshalb gehen die Kriterien zur Unterscheidung zwischen autoritärer Herrschaft und demokratischem Verfassungsstaat vielleicht an den praktischen politischen Theorien der antiken Ägypter, der mittelalterlichen Byzantiner und der frühneuzeitlichen Chinesen vorbei; sie treffen aber Dimensionen der Konstruktion und Reproduktion politischer Wirklichkeit, die für eine vergleichende Systemanalyse stets überaus wichtig sind. Immerhin klassifizieren wir doch aus analytischen Gründen Regierungssysteme – falls sie die für jenen Typ kennzeichnenden Kriterien erfüllen – selbst dann als ‚totalitär', wenn deren Verfechter eine solche Einstufung empört zurückweisen. Also spricht auch im Fall autoritärer Systeme nichts dagegen, sich typologisch allein von Kriterien leiten zu lassen, die für einen wichtigen *Analysezweck* einschlägig sind. Drittens kann *innerhalb* eines *jeden* Systemtyps weiter danach unterschieden werden, in welchem Maße Legitimitätsglaube bei wem besteht, wächst oder verfällt; welche zunächst politisch-kulturelle und sodann institutionelle Dynamik zunehmender oder erodierender Legitimitätsglaube entwickelt; und welche Varianten eines Systemtyps sich in Abhängigkeit von welcher (Entwicklung seiner) Legitimitätslage ergeben. Damit ist jenes zentrale Anliegen gut aufgehoben, dessentwegen ‚traditionelle' Herrrschaftsformen von ‚autoritären' Ordnungen unterschieden werden sollen. Viertens lassen sich historische unfreiheitliche Systeme *tatsächlich und sinnvollerweise* gemeinsam mit den zeitgenössischen autoritären Herrschaftsformen im vorgestellten dreidimensionalen Merkmalsraum verorten. Darum gibt es erst recht keinen Grund, das zu unterlassen.

Tut man das, so wirkt allein schon die Anzahl autoritärer Systeme, ihre Dominanz unter den menschlichen Herrschaftsformen beeindruckend. Warum ist autoritäre Herrschaft aber so häufig?

- Der erste Grund besteht darin, daß sich autoritäre Herrschaft sehr oft auf die Erhaltung bestehender Machtstrukturen oder auf die Errichtung und Sicherung eines organisatorischen Machtkerns gesellschaftlicher Ordnung beschränkt. Sie verlangt also wenig anspruchsvolle und darum – ganz im Unterschied zu den Vorbedingungen eines liberalen demokratischen Verfassungstaates – sehr oft gegebene Systemvoraussetzungen. Darum zieht der Zusammenbruch eines demokratischen Verfassungsstaates in der Regel autoritäre Diktatur nach sich. Ebenso wird eine zusammenbrechende autoritäre Ordnung mit viel größerer Wahrscheinlichkeit durch eine alternative autoritäre Herrschaft als durch ein freiheitliches System ersetzt. Verständlicherweise regierten sich also die germanischen Eroberungsstaaten der Völkerwanderungszeit als autoritäre Ordnungen, desgleichen die ‚Personenverbandsstaaten' des Hochmittelalters und viele post-koloniale Staaten des 20. Jahrhunderts, darunter die meisten Schwarzafrikas. Typischerweise bleibt – wenn alle anderen Formen organisierter politischer Macht zusammenbrechen – noch das Strukturgefüge einer halbwegs intakten Armee übrig, was Militärdiktaturen nachgerade zur letzten Bastion von Ordnung und zu einem der häufigsten Typen jener autoritären Herrschaft macht, die in gesellschaftlichen Krisen- und Zerfallszeiten entsteht.
- Zweitens ist die Entstehung autoritärer Ordnung großen Teilen einer Bevölkerung mitunter durchaus willkommen. Das ist vor allem dann so, wenn Autoritarismus als Abmilderung der Exzesse totalitärer Herrschaft zustande kommt. Aus diesem Motiv wurde in der Sowjetunion

die Herrschaft von Chruschtschow, in China die von Deng begrüßt. Willkommen ist autoritäre Führerschaft oft auch als in Aussicht gestellte ‚Entwicklungsdiktatur‘ und somit als Mittel zur Überwindung nationaler Machtlosigkeit. So verhielt es sich in der Türkei mit der Herrschaft Attatürks, in Ägypten mit der Nassers, in Syrien mit jener von Assad. Nicht zuletzt akzeptiert man autoritäre Ordnung nicht ungern dann, wenn sie als alternativloser Ausweg aus bürgerkriegsähnlichen Umständen erscheint. So begann in politischer Theorie und Herrschaftspraxis der Siegeszug des Absolutismus nach den europäischen Religionskriegen, so die Diktatur der PRI in Mexiko und Fancos in Spanien.

– Im übrigen gibt es unter zwei Bedingungen auch wenig Anreize für die Regierten, eine autoritäre Ordnung in Frage zu stellen, wenn sie erst einmal errichtet ist und wirksam funktioniert. Einesteils wird – wie in ‚traditionellen‘ Herrschaftssystemen – kaum jemand etwas kritisch Bemerkenswertes oder ethisch Problematisches an einer halbwegs humanen autoritären Regierungsweise finden, solange ihm *nicht* das Denken anhand der Begriffe materialer Rechtsstaat, Gewaltenteilung, staatsbürgerliche Partizipation und Demokratie vertraut geworden ist. Darum können wohlgeordnete Autoritarismen wie die ‚Häuptlingsverfassungen‘ neolithischer oder eisenzeitlicher Kulturen, wie die autoritären Herrschaftssysteme des pharaonischen Ägypten, des kaiserlichen Rom, des Inkareichs oder des europäischen Absolutismus in ungebrochener Legitimität Jahrhunderte überdauern. Andernteils rät selbst angesichts bekannter Systemalternativen autoritäre Herrschaft ihren Untertanen erfolgreich dann von Auflehnungs- und Veränderungsversuchen ab, wenn sie verläßlicher Repression eine ausreichende, vielleicht sogar attraktive Daseinsvorsorge als Preis für politisches Wohlverhalten an die Seite stellen (‚wohlmeinender, vormundschaftlicher Obrigkeitsstaat‘). So sicherten sich die autoritären Diktaturen von Franco in Spanien oder von Salazar in Portugal; auf diese Weise führte Pinochet die chilenische Diktatur; und so vermochten die realsozialistischen Staaten manche Jahrzehnte ihrer posttotalitären Phase zu überdauern.

Es steht zwar außer Zweifel, daß die meisten politischen Systeme, die Menschen im Lauf ihrer Geschichte aufgebaut haben, autoritäre Herrschaftsformen waren. Indessen wäre die Folgerung kurzschlüssig, Autoritarismus müsse als die dem Menschen ‚von Natur aus angemessene‘ politische Ordnungsform gelten. Zwar läßt sich mit guten Gründen das folgende Argument vorbringen: Die im Evolutionsprozeß erworbenen und jedermann angeborenen Fähigkeiten zum Sozialverhalten sind auf Kleingruppen beschränkt; demgemäß liegt es jenseits der ‚natürlichen Sozialkompetenz‘ des Menschen, ausgedehntere soziale Strukturen zu bilden; folglich sind alle komplexeren sozialen und politischen Strukturen höchst störanfällig und immer wieder von Funktionsuntüchtigkeit bedroht; und in den deshalb so häufigen Systemkrisen und Systemzusammenbrüchen gibt es kein *verläßlicheres* Steuerungsmittel, als daß sich – wie schon bei der Bewältigung von Krisensituationen in Kleingruppen – alle einem mit großen Befugnissen ausgestatteten Führer unterstellen. Doch gegen dieses Argument steht, daß inzwischen große Teile der Erde von – mehr oder minder liberalen – demokratischen Verfassungsstaaten regiert werden, und daß deren Anzahl in den letzten Jahrzehnten nicht geringer, sondern deutlich größer geworden ist. Es hat also den Anschein, als hätte unsere Spezies in ihrer langen Erfahrung mit politischen Systemen durchaus gelernt, nach welchen Grundsätzen man nicht nur stabile, sondern auch freiheitliche Herrschaft aufbauen und sichern kann. Eine der wichtigsten Aufgaben der Politikwissenschaft wäre es dann, solche Grundsätze und Strukturprinzipien zu klären und im geltungssichernden öffentlichen Diskurs zu halten.

4. Strukturprinzipien politischer Systeme

a. Systemevolution und ihre Lehren

Der Blick in die Geschichte und auf den geschichtlich gewordenen ‚Schichtenbau' politischer Wirklichkeit[530] zeigt, daß die biologische Evolution des Menschen von dessen sozio-kultureller Evolution weitergeführt, sogar mitgesteuert wird. Ebenso wie Menschen dabei ihre angeborene Leistungsfähigkeit durch *Technik* steigern konnten, vermochten sie dies auch durch *kulturelle* und *sozialorganisatorische* Erfindungen. Letzteres wird vorangetrieben durch die zwar recht begrenzte, doch immerhin vorhandene menschliche Fähigkeit, kraft Versuch und Irrtum Fehler zu erkennen, aus ihnen zu lernen und die gewonnenen Einsichten in bessere Problemlösungen umzusetzen. Demgemäß läßt sich auch die Errichtung und Geschichte von Systemstrukturen bzw. Institutionen als ein Prozeß von Versuch und Irrtum verstehen, in dem aus glückenden wie mißlingenden ‚Gesellschaftsexperimenten' und ‚Verfassungsexperimenten' mittels systematischer System- oder Politikkritik Lehren gezogen werden können.

(1) Sozialität und Xenophobie

Auch im Lauf der Evolution politischer Systeme kam es zu überaus vielen nützlichen ‚politischen Erfindungen'. Deren Grundlage war ein systemkonstruktiv geschickter Umgang mit zwei offenbar tief im Schichtenbau der Wirklichkeit verankerten Merkmalen von Menschen:

- Erstens gibt es die natürliche *Sozialität*[531] des Menschen *innerhalb von Kleingruppen*. Zweifellos schon genetisch verankert und darum mit vielen anderen Spezies geteilt, äußert sie sich in einem Handlungsprofil, das von intensiver Nachwuchspflege über Freundschaft und Liebe bis zum Altruismus reicht. Davon geprägte Gesellungsformen gehen aber, wenigstens bei höheren Lebewesen, selten über relativ kleine Gruppen hinaus. Aristoteles hatte dieses Merkmal von Menschen im Sinn, als er den Menschen ein ‚zóon politikón' nannte, nämlich ein auf das Zusammenleben mit anderen Menschen angelegtes Wesen. Diese natürliche Sozialität ist gewissermaßen der Baustoff, aus dem menschliche Gesellschaften und deren politischen Systeme gemacht sind. Wohl am besten wird er genutzt, wenn soziale und politische Makrostrukturen stufenweise aus so kleinen Strukturgefügen aufgebaut sind, daß in ihnen jene natürliche Sozialität wirken kann, und wenn die Inhaber von Führungspositionen auf allen Ebenen sowohl ‚nach unten' als auch auf ihren Führungsebenen und ‚nach oben' ihrerseits in derartige Kleingruppen eingebunden sind. Dann kann die natürliche Sozialität des Menschen horizontal wie vertikal Zusammenhalt und Solidarität stiften. An die Grenzen kommen derlei Bindekräfte, wenn die aufzubauenden und zu steuernden Strukturen für die Handelnden anonym und abstrakt werden – etwa in Gestalt globaler Unternehmen, internationaler Finanzmärkte oder von Waffensystemen mit extremer Fernwirkung.
- Die Kehrseite der natürlichen Sozialität innerhalb von Kleingruppen scheint ein zweites, offenbar ebenfalls sehr tief verankertes Merkmal von Menschen zu sein. Es handelt sich um *Xenophobie*,[532] d.h. um Angst vor ‚den anderen' und ihrer – der *eigenen* (Klein-)Gruppe fremden – Andersartigkeit, gegebenenfalls auch um Neid auf sie und auf ihre Besitztümer. Folge dessen ist die immer wieder und die ganze Geschichte hindurch zu beobachtende *Unfriedlichkeit zwischen Gruppen* von Menschen, ausgetragen als Cliquen- oder Bandenstreit, als Klassen- oder Rassenkampf, als Stammes- oder Staatenkrieg. Es hat den Anschein, als

---

530 Hierzu siehe oben S. 46ff.

531 Von lat. ‚sociális', d.h. kameradschaftlich, bundesgenössisch.

532 Von griech. ‚xénos', d.h. der Fremde, und ‚phobía', d.h. Furcht.

reiche die gewissermaßen ‚natürliche' Sozialkompetenz des Menschen nicht über jene Kleingruppen hinaus, in denen – im Lauf der rund zwei Millionen Jahre umfassenden menschlichen Phylogenese[533] – unsere Spezies selektiert wurde und auf deren Funktionslogik sie ‚von Natur aus'adaptiert ist. Weit über die Grenzen solch ‚naturwüchsiger' Sozialkompetenz hinaus hat die Menschheit aber seit der – vor rund 10.000 Jahren beginnenden – Entstehung von Hochkulturen und seit der – rund 5000 Jahre zurückreichenden – Schaffung einzelner Großreiche trotz aller Rückschläge die Bildung immer ausgedehnterer gesellschaftlicher, wirtschaftlicher und politischer Systeme betrieben. Sie reichen heute bis hin zur globalisierten Weltwirtschaft, einer überaus heterogenen Weltgesellschaft und einer kulturimperialistisch uniformierten Weltzivilisation mit internationalen Organisationen und Regimen.[534] Solche komplexen Gesellschafts-, Wirtschafts- und politische Strukturen zusammenzuhalten und zu steuern verlangt eine Sozial- und Regierungstechnik, die uns eben *nicht* ‚natürlich gegeben' ist, sondern ein – stets von Mißachtung und Vergessen bedrohtes – Ergebnis sozialer und kultureller Evolution darstellt.

Thomas Hobbes (1588-1679), selbstbewußter Kritiker von Aristoteles (384-322 v.Chr.), gründete auf genau das *Fehlen* einer den individuellen Lebensbereich übergreifenden menschlichen Sozialität seine Lehre vom richtigen Aufbau eines politischen Systems. Im Grunde übertrieb er eine völlig richtige Ausgangsbeobachtung nach der einen Seite hin ebenso sehr, wie das Aristoteles nach der anderen Seite hin getan hatte. John Locke (1632-1704) zog dann aus *beiden*, dialektisch zusammengehörenden[535] Sichtweisen systemkonstruktive Schlußfolgerungen und baute seine Lehre von der richtigen Konstruktion eines politischen Systems sowohl auf die menschliche Sozialität *in* Gruppen als auch auf die menschliche Xenophobie *zwischen* Gruppen. Das ist der bis heute bestmögliche Ansatz eines politikwissenschaftlichen Systemanalytikers sowie derer, die politische Gestaltungsversuche unternehmen. Jedenfalls muß durch Experimentieren mit Inhalten, Prozessen und Strukturen der Herstellung allgemeiner Verbindlichkeit das Problem gelöst werden, *zwischen* konkurrierenden Gruppen nachhaltig Frieden zu sichern. Die nötigen Mittel, dieses Problem zu lösen, bietet die natürliche Sozialität des Menschen *innerhalb* von Gruppen; und der Weg zur Problemlösung besteht darin, geeignete *Vernetzungen* von Gruppen bzw. Eliten und funktionstüchtige *Spielregeln* für ihr Zusammenwirken zu schaffen. Jene ‚politischen Erfindungen' und bewährten Strukturprinzipien, die auf diesem Weg zum Systemtyp des liberalen demokratischen Verfassungsstaates geführt haben, lassen sich wie folgt umreißen.

(2) Der Wert von ‚Staatlichkeit'

Zunächst muß überhaupt für einen wirksamen, verläßlichen Prozeß der Herstellung und Durchsetzung allgemein verbindlicher Regelungen und Entscheidungen *in* Gruppen von Menschen gesorgt werden. Historisch nahm das die Form an, daß sowohl das Konzept als auch die reale Erscheinung *‚legitimer Zwangsgewalt'* entstand und sich belastungsfähige politische Systeme entwickelten, darunter der Staat. Die Entstehung solcher robuster politischer Systeme geht zurück bis zur Jungsteinzeit, als – ‚neolithische Revolution' genannt – Menschen Ackerbau und Viehzucht entwickelten und somit zur seßhaften Lebensweise übergingen. Das erlaubte die Ansammlung äußerst begehrenswerter Güter an alsbald bekannten Orten. Folge waren Angriffslust von außen und Verteidigungsanstrengungen von innen. Also nicht ohne Grund entstanden die frühesten Staaten in den Grenzgebieten zwischen seßhaften und nichtseßhaften Menschengruppen. Sie wurden zur ersten Schule politischer Strukturbildung und nachhaltig wirkender Herr-

533 Unter Phylogenese versteht man die Entstehung einer Spezies (etwa der menschlichen), unter Ontogenese die eines Individuums (etwa eines einzelnen Menschen).
534 Siehe hierzu S. 388ff.
535 Zur Dialektik siehe Anm. 414.

schaftstechnik.[536] Zwar ging die Tradition von Staatlichkeit auf einem gegebenen Gebiet immer wieder verloren. Doch seit der Jungsteinzeit *gibt* es die Grundform der Lösung des Problems, innerhalb einer auch größeren und differenzierten Gesellschaft Zusammenhalt auf Dauer zu stellen und politische Systeme gegen die Rivalität konkurrierender Gesellschaften zu sichern.

Im Europa der nachreformatorischen Religions- und Bürgerkriege, also im 16. und 17. Jahrhundert, wurde die derzeit international verbreitetste Form der Lösung dieses Problems entwickelt. Sie besteht darin, auf einem gegebenen Gebiet (‚Staatsgebiet') die über alle Bewohner dieses Gebiets (‚Staatsvolk') zum Zweck der Herstellung und Durchsetzung allgemeiner Verbindlichkeit ausgeübte Macht (‚Staatsgewalt') zu *zentralisieren* und einer *einzigen* Institution bzw. Person anzuvertrauen. An die Stelle von – wie im europäischen Feudalismus und Ständestaat – *geteilten* Herrschaftsbefugnissen und *konkurrierender* Staatsgewalt, die in politische Instabilität und Bürgerkriegssituationen hineingeführt hatten, wurde dergestalt eine Machtposition errichtet, die den anderen auf diesem Gebiet agierenden Gewalten recht klar überlegen war. Gerechtfertigt wurde das ihr zufallende *Monopol der legitimen Zwangsgewalt* damit, nur auf diese Weise lasse sich der Bürgerkrieg bannen. Solche Argumentation war aus zeitgeschichtlicher Perspektive überaus plausibel. Der aus diesen Problemlagen und solchen Begründungen entstehende absolutistische Staat entfaltete auch wirklich seine in Aussicht gestellte Befriedungskraft nach innen. Jene Tatsache der sowohl gewollten als auch real gegebenen Überlegenheit einer – in Europa beim Fürsten oder König liegenden – Oberherrschaft nannte man ‚Souveränität',[537] den Inhaber dieser obersten und ihrerseits von rechtlichen Bindungen freien Gewalt meist ‚den Souverän'.[538] Als rund zweihundert Jahre später sich die Vorstellung zu verbreiten begann, diese oberste Gewalt solle nicht bei einem ‚von Gottes Gnaden' herrschenden Fürsten liegen, sondern bei den Regierten, trat in jene Denk- und Argumentationsfigur das Volk als fiktives Kollektivsubjekt ein: aus der (Fürsten-)Souveränität wurde – zunächst als Kampfbegriff – die ‚Volkssouveränität', die sich später – und wesentlich komplexer – als ‚Demokratieprinzip' durchsetzte.[539]

Indem sowohl das Konzept der Souveränität als auch – in Gestalt des neuzeitlichen Staates – die diesem Konzept entsprechende Herrschaftsorganisation geschaffen wurde, waren drei folgenreiche Leistungen erbracht:

- Erstens war die Gefahr des Bürgerkrieges gebannt: *Innerhalb* von Staaten konnten sich die Gesellschaften – sofern es keinen von außen hereingetragenen Krieg gab – friedlich entwikkeln.
- Zweitens effektivierte der gesicherte Frieden im Inneren die Regierungs- und Steuerungsmöglichkeiten des Staates enorm. Es wurden wirksame Fiskalsysteme und rationale Verwaltungsstrukturen geschaffen, was Hoffnungen darauf erweckte, im Grunde lasse sich das gesamte menschliche Zusammenleben vernünftig von Staats wegen organisieren, falls das eine aufgeklärte – oder später: eine wissenschaftlichen Prinzipien folgende – Obrigkeit nur wolle.
- Drittens entstanden mit der festen Organisation des Staatsapparates Ansatzpunkte dafür, die zwar überaus wirksame, doch jederzeit willkürlich, ungerecht und unsachgemäß anzuwendende Macht des ‚Souveräns' zu bändigen und ihrerseits zu rationalisieren. Der ‚Große Le-

---

536 Vgl. Herzog 1988.

537 Von lat. ‚superióritas', d.h. Übermacht, Überlegenheit.

538 Im Sprachgebrauch des Völkerrechts wirkt das bis heute nach: Ein souveräner Staat ist ein Staat, über dem – wenigstens rechtlich – keine andere Gewalt steht. Vgl. S. 387f.

539 Im Grunde schlug das politische Denken damit auch einen Bogen zurück zur Zeit, *bevor* die Denkfigur der Souveränität alle Macht dem Staatsoberhaupt zugewiesen hatte, etwa zu den Überlegungen des Marsilius v. Padua (1275-1343).

viathan', wie Thomas Hobbes das zum Zweck der Überlebens- und Friedenssicherung geschaffene Ungeheuer des machtvollen modernen Staates nannte, konnte so an Ketten gelegt werden. Rechtsstaatlichkeit, Gewaltenteilung, Demokratieprinzip und Liberalismus sind deren Namen.

Keineswegs gibt es solche Strukturprinzipien zur Bändigung der Staatsmacht erst oder nur in der europäischen bzw. neuzeitlichen Geschichte. An deren Beispiel können sie aber knapper und systematischer dargestellt werden als anhand einer dem tatsächlichen Entwicklungsverlauf nachspürenden institutionen- oder ideengeschichtlichen Skizze.[540]

(3) Möglichkeiten der Bändigung von Staatsmacht

(a) Rechtsstaatlichkeit

Der erste Schritt der *Bändigung* einer immer wieder aus guten Gründen errichteten *starken* Staatsmacht besteht darin, staatliches Handeln *an klare Rechtsregeln zu binden*, womit ihm seine unberechenbare Willkürlichkeit[541] genommen wird. Im Kern geht es darum, die eigenständigen Gestaltungsbefugnisse eines Machthabers (,Prärogative'[542]) dadurch zurückzuschneiden, daß auch er sich an schon bestehende Rechtsnormen halten mußten – ganz gleich, ob diese sich von der Tradition des ,guten alten Rechts', von den Grundsätzen eines Reichsgründers, den Prinzipien einer Glaubensgemeinschaft oder vom Gesetzgebungswerk eines Parlaments herleiten. Doch natürlich müssen Rechtsnormen immer wieder angepaßt oder geändert werden. Soll das nicht willkürlich geschehen, so braucht es auch *dafür* klare Rechtsnormen, die festlegen, auf welche Weise bestehendes Recht verändert werden darf. Solche Rechtsnormen können sich darauf beziehen, wer zur autoritativen Interpretation von Rechtsnormen befugt ist (,Richterrecht'), oder welche Form ein gesetzes- bzw. verfassungsändernder Rechtssetzungsprozeß annehmen muß (,gesatztes Recht'). Indem man nicht nur das staatliche Handeln an Rechtsnormen bindet, sondern auch deren Weiterentwicklung ihrerseits rechtlich normiert, entsteht der *formale Rechtsstaat*. ,Rechtsstaat'[543] meint, daß das staatliche Handeln – und zwar auch das rechtsetzende Handeln – an Rechtsnormen gebunden ist, über deren Einhaltung unabhängige Gerichte wachen, zumal unabhängige Verwaltungsgerichte, die so viel Autorität haben, daß sich die Staatsgewalt über sie und ihre den staatlichen Handlungsspielraum beschränkenden Urteile nicht hinwegsetzen kann.[544] ,Formal' ist ein Rechtsstaat dieser Art insofern, als keine Festlegungen darüber getroffen werden, welchen *Inhalt* jene Rechtsnormen haben oder nicht haben dürfen, welche auf rechtsförmige Weise gesetzt werden (,positives Recht'[545]) und an welche das staatliche Handeln ge-

---

540 Zur Ideengeschichte jener Prinzipien siehe S. 437f und 444ff, zur Realgeschichte Reinhard 1999.

541 Im Begriff der ,Willkür' steckt das weitgehend außer Gebrauch gekommene Wort ,Kür'. Küren heißt, etwas – beispielsweise eine Handlungsweise – wählen. Willkür meint also, etwas allein nach seinem jeweiligen Willen tun oder lassen.

542 Von lat. ,praerogatívus', d.h. zuerst abstimmend.

543 Zum Rechtsstaat und seiner Ideengeschichte siehe auch S. 448ff. Ein Mißverständnis wäre es, einen Staat, der Rechtsstaatlichkeit für sich beansprucht, ,arrogant' oder selbstgefällig zu nennen. Zwar ist ein Rechtsstaat tatsächlich das Gegenteil eines Willkürstaates und darum überaus lobenswert. Aber diese Qualität entsteht nicht durch bloße Zuschreibung, sondern allein dadurch, daß sich das gesamte staatliche Handeln tatsächlich vom Recht leiten läßt. Insofern ist ,Rechtsstaatlichkeit' eine Kategorie, welche gute Möglichkeiten strenger Systemkritik ermöglicht.

544 Hier ist klar zu sehen, worin sich Rechtsstaatlichkeit von bloßer ,Gesetzlichkeit' unterscheidet, wie sie etwa in der DDR als ,sozialistische Gesetzlichkeit' praktiziert wurde. Gesetzlichkeit meint nämlich, daß der Staat seine Ziele anhand von Gesetzen durchsetzt, diese also stets im Sinne und nach den Zielen der staatlichen Politik zu interpretieren und anzuwenden sind. Recht ist dergestalt nur ein Instrument, ein technisches Umsetzungsmittel von Politik, nicht aber deren erste Beschränkung und Ziel. Im Grunde ist ,Gesetzlichkeit' – etwa im Sinn ,sozialistischer Gesetzlichkeit' – nur eine rationalisierte Form der Willkürherrschaft. Vgl. auch S. 452f.

545 Von lat. ,pónere', d.h. etwas einsetzen bzw. festsetzen.

bunden wird.[546] Weil in ihm *alles* als Recht gilt, was auf rechtlich vorgesehenem Weg zum Gesetz gemacht wird, kann ein rein formaler Rechtsstaat in die folgende Sackgasse geraten:

Wenn beispielsweise ein Parlament, das durch positives Recht zur Gesetzgebung befugt ist, mittels Gesetz einer ethnischen Minderheit im Lande das Bleibe-, Eigentums- oder gar Lebensrecht entzieht, so wird derlei innerhalb eines rein formalen Rechtsstaatsdenkens (,Positivismus') als rechtens gelten, von der Exekutive als geltendes Recht vollzogen und von den Gerichten ihren Urteilen zugrunde gelegt werden. Völlig legal werden Menschen dann vertrieben, enteignet oder umgebracht. Da innerhalb eines formalen Rechtsstaats die Inhalte des Rechts völlig frei wählbar sind, solange nur die Formen des Rechts und der Rechtssetzung eingehalten werden, kann nach einem politischen Umbruch somit unverfroren oder besten (Untertanen-)Gewissens geglaubt werden: ,Was gestern (formales) Recht war, kann doch heute nicht Unrecht sein; und was heute als Unrecht *gilt*, war das gestern *wirklich* noch nicht!'[547]

Den Weg in diese Sackgasse vermeidet, wer der Vorstellung folgt, die wichtigsten Rechtsnormen würden nicht erst vom Staat gesetzt, sondern bestünden ganz einfach schon. Dann kommt dem Staat nämlich keine andere Aufgabe zu als die, im Interesse der Regierten das eigentlich immer schon bestehende Recht innerstaatlich durch geeignete Normen positiven[548] Rechts zu konkretisieren und durchzusetzen. Der Staat ,gewährt' also keine Rechte und darf seinen Bürgern Rechte darum auch nicht entziehen. Vielmehr hat der Staat solche Rechte der Regierten zu *schützen*, die längst *vor* der Existenz des Staates bestanden. Genau das ist seine *ihn überhaupt erst rechtfertigende* Aufgabe. Diese Vorstellung war historisch der Lehre vom rein positiven Recht und vom formalen Rechtsstaat ohnehin lange vorausgegangen. In Europa nahm sie die Gestalt der *Naturrechtslehre* an.[549] Deren Grundgedanke ist: Von Natur aus hat jeder Mensch bestimmte, unveräußerliche Rechte, nämlich jene auf Leben, Freiheit, Eigentum und Streben nach selbstdefiniertem Glück. Es ist die Aufgabe des Staates, diese *Menschen*rechte zu achten und zu schützen.[550] Staatsmacht, die das nicht leistet, verfehlt ihre Aufgabe, wird offensichtlich zu Unrecht ausgeübt und darf revolutionär beseitigt werden, um sie anschließend, gemäß ihrer eigentlichen Zweckbestimmung, wieder neu zu errichten.

In einer solchen Argumentation wird das staatliche ,positive' Recht, das der formale Rechtsstaat als einziges Recht kennt, an *vor*staatliches Recht, an ,*über*positives Recht', nämlich an ,Naturrecht' gebunden. Dieses vorstaatliche Recht ist gewissermaßen jene vorgängige ,Materie', die im innerstaatlichen Recht nur je besonders ausgeformt wird. Darum bezeichnet man einen auf dieser viel weitergehenden Vorstellung beruhenden Rechtsstaat als einen *,materialen Rechts-*

546 ,Formaler' Rechtsstaat meint ausdrücklich nicht, daß das Recht nur formal bestünde, also in der Praxis eben nicht befolgt würde. Ein solcher Staat wäre im Sinn politikwissenschaftlicher Fachsprache ein Willkürstaat, keineswegs ein ,formaler Rechtsstaat'.

547 Wie weit diese Sackgasse bis in den Bereich bösartigen und verbrecherischen Handelns reichen kann, ist unschwer der deutschen Geschichte zu entnehmen. Mitglieder des nationalsozialistischen Volksgerichtshofs oder der Geheimen Staatspolizei rechtfertigten sich später, nur im Rahmen der Gesetzeslage geurteilt und gehandelt zu haben und also schuldlos zu sein. Natürlich sich beriefen sich Jahrzehnte später auch die DDR-Richter und die Mitarbeiter des Ministeriums für Staatssicherheit darauf, nur die geltende sozialistische Gesetzlichkeit angewandt zu haben – um vom guten Gewissen des beiden Diktaturen zuarbeitenden Gefängnispersonal und aller sonstigen willigen Helfer ganz zu schweigen.

548 In solchen Argumentationen ist es wichtig, den Begriff des positiven Rechts stets fachsprachlich zu verstehen und ,positiv' hier nie als Gegenteil von ,negativ' zu verstehen.

549 Zu deren Ideengeschichte siehe die Skizze auf S. 448ff.

550 Auf das klarste formuliert das im Grundgesetz für die Bundesrepublik Deutschland der Artikel 1: „(1) Die Würde des Menschen ist unantastbar. Sie zu achten und zu schützen ist die Verpflichtung aller staatlichen Gewalt. (2) Das Deutsche Volk bekennt sich darum zu unverletzlichen und unveräußerlichen Menschenrechten als Grundlage jeder menschlichen Gemeinschaft, des Friedens und der Gerechtigkeit in der Welt. (3) Die nachfolgenden Grundrechte binden Gesetzgebung, vollziehende Gewalt und Rechtsprechung als unmittelbar geltendes Recht" – d.h. als Recht, das *vor* dem deutschen Staat da war und, um zu gelten, nicht dessen ,Zustimmung', sondern allein seine Mitwirkung braucht.

staat'. In ihm läßt sich politisches Handeln und alle Staatsgewalt mitsamt ihrer eigenständigen Rechtsetzung – der parlamentarischen ebenso wie der exekutiven oder jener durch Richterrecht – anhand von Normen überprüfen und kritisieren, an die sich das politische System *selbst* gebunden hat. Vervollkommnen kann man solche *inhaltliche* Rechtsbindung durch die Einführung einer mit weitreichenden Kompetenzen ausgestatteten Verfassungsgerichtsbarkeit. Diese macht aus materialer Rechtsstaatlichkeit erst recht eine scharfe Waffe im Kampf gegen eine Staatsgewalt, die den Verfassungsbruch scheut. Die zentrale Schwachstelle materialer Rechtsstaatlichkeit besteht allerdings darin, daß gar nicht einfach – wenn überhaupt – zu begründen ist, ob es so etwas wie Naturrecht oder ,vorstaatliches Recht' überhaupt gibt.[551]

Damit Rechtsstaatlichkeit nicht allein ein Programm oder ein wenig verbindliches Ziel bleibt, braucht ein Staat ein System von *unabhängigen Gerichten*, deren Urteile allein auf Recht und Gesetz beruhen, keineswegs aber von den jeweiligen Inhabern der Staatsmacht oder sonstiger politischer Macht beeinflußt werden können. Besonders wichtig sind dabei die Verwaltungsgerichtsbarkeit und die Verfassungsgerichtsbarkeit. Vor *Verwaltungsgerichten* kann auch der einfache Bürger seine Regierung und deren Behörden wegen vermuteten Rechtsbruchs verklagen, die Exekutivgewalt auf Übereinstimmung ihrer Handlungen mit dem Recht kontrollieren lassen sowie gegen den Staat Prozesse führen und gewinnen. Das befreit dann den Untertanen zum Bürger. *Verfassungsgerichte* vollenden solche Emanzipation aus Unfreiheit. Sie dienen nämlich nicht nur dazu, daß Verfassungsorgane ihre Rechtsstreitigkeiten vor einem Gericht austragen können oder sich Gesetze auf ihre Übereinstimmung mit der Verfassung überprüfen lassen – sei es ,abstrakt', also gewissermaßen im vorhinein gleich nach Abschluß des Gesetzgebungsverfahrens (,abstrakte Normenkontrolle'), sei es konkret, weil ein Gericht eine gesetzliche im Anwendungsfall als verfassungswidrig zu erkennen meint (,konkrete Normenkontrolle'). Vielmehr kann vor Verfassungsgerichten auch der einfache Bürger im Wege der ,Verfassungsbeschwerde' die öffentliche Gewalt, also den Staat verklagen, wenn er sich von ihm in einem seiner Grundrechte verletzt fühlt. Zwar kann selbst ein so ausgestalteter Rechtsstaat nicht Gerechtigkeit garantierten. Doch er verheißt sie ja gar nicht. Nur zweierlei stellt er in Aussicht: ein Urteil – und einen von vorstaatlichem Recht und staatlichem Gesetz gewiesenen Weg zu diesem Urteil, der in einem fairen Verfahren beschritten wird. Mehr läßt sich vom Rechtssystem aber auch nicht leisten. Gerechtigkeit braucht nämlich *gute* Gesetze, und diese zu schaffen liegt nicht in der Kompetenz der Institutionen des Rechtssystems, sondern ist Aufgabe der Akteure *praktischer* Politik.

Verwaltungs- und Verfassungsgerichtsbarkeit und überhaupt alle Gerichte eines Rechtsstaates erfüllen ihre freiheitssichernden Aufgaben allerdings nur dann, wenn die Richter wirklich *unabhängig* sind. Das heißt: Ihre Entscheidungen dürfen nur auf der kompetenten Benutzung der juristischen Methode[552] sowie auf freier Würdigung der von den Streitparteien beigebrachten Beweise und vorgetragenen Argumente beruhen; und ausschließlich die Beschlußfassung höherer, wiederum aus unabhängigen Richtern bestehender Gerichte darf geeignet sein, urteilsprägende Vorauswirkungen zu entfalten bzw. die Entscheidung eines niedrigeren Gerichts aufzuheben oder zu korrigieren. Solche Unabhängigkeit der Richter zu sichern, ist eine wichtige Aufgabe einesteils des Staates, andernteils öffentlicher Kontrolle und Kritik richterlicher Entscheidungen. Die Möglichkeiten der Sicherung solcher Unabhängigkeit reichen von guter Bezahlung der Richter bis zu deren Unabsetzbarkeit, von der Unmöglichkeit, einen Richter gegen dessen Willen zu versetzen, bis zur Zuweisung von Streitfällen an einzelne Richter nach allein formalen Regeln.[553]

---

551 Vgl. hierzu S. 448ff.

552 Siehe S. 169f.

553 Der vom deutschen Grundgesetz verlangte ,gesetzliche Richter' ist beispielsweise der, dem nach einem formalen Geschäftsverteilungsplan ein bestimmte Verfahren ,automatisch' zufällt.

Leider bleibt aber auch hier die Praxis oft hinter den sie prägenden Normen zurück. Natürlich haben Richter nämlich auch ihre ganz persönlichen juristischen, gesellschaftlichen und politischen Ansichten. Sie zu kennen und zu berücksichtigen ist vor allem dann üblich, wenn es um die Berufung in höhere und somit besonders einflußreiche Richterämter geht. Solche Anvertrauung wichtiger Richterämter vollzieht sich mitunter durch *Volkswahl* von Richtern, mitunter – wie bei den US-Verfassungsrichtern – durch präsidentielle Ernennung im Anschluß an ein *parlamentarisches Zustimmungsverfahren*, mitunter – in Deutschland üblicherweise – über *Richterwahlausschüsse*, in denen gewählte Politiker die Mehrheit haben. Die systematisch stimmige Alternative zu einer solchen Wahl oder Bestätigung von Richtern durch das Volk bzw. durch vom Volk gewählte Politiker wäre die Selbstergänzung der Gerichte im Wege der Kooptation von neuen Richtern. Da aber in einem demokratischen Staat auch die richterliche Gewalt vom Volk auszugehen hat, stehen dieser Art der Entstehung eines *von außen nicht mehr zu beeinflussenden* ‚Richterstandes' wichtige systematische, zumal demokratietheoretische, Argumente entgegen.

Um so größer ist natürlich der Anreiz für politische Parteien, im Weg der Einflußnahme auf die Richterwahl die Weichen für spätere gerichtliche Entscheidungen im eigenen Sinn zu stellen, je mehr die Feinsteuerung rechtlicher Regelungen, die Sicherung bestimmter inhaltlicher Politiken oder überhaupt in Rechtsfragen transformierte politische Richtungsentscheidungen von Politikern den Gerichten zugeschoben werden, denen damit auch jene – anschließend wegen richterlicher Unabhängigkeit von niemandem mehr einzufordernde – Verantwortung zugeschoben wird, die Politiker nicht selbst tragen wollen. Die für Deutschland einleuchtendsten Beispiele für die drei genannten Formen, hohe Gerichte zunächst mit im Kern politischen Aufgaben zu befassen und sie anschließend, um die politische Kontrolle über diese ‚ausgelagerte' Politik nicht zu verlieren, auch bei der Richterauswahl zu politisieren, sind die folgenden:

- Die Ausgestaltung des Arbeitsrechts wird in Deutschland weitgehend den Arbeitsgerichten überlassen, weil auf Wahl und Wiederwahl angewiesene Politiker aus sehr rationalen Gründen davor zurückscheuen, die mit allzu konkreten arbeitsrechtlichen Regelungen einhergehenden unkalkulierbaren Risiken öffentlicher Entrüstung *selbst* und mit *unmittelbar zuweisbarer* Verantwortlichkeit einzugehen.
- Da Familienpolitik überaus kostenintensiv ist und darum in schwer zu beherrschende Verteilungskonflikte führt, läßt sich in Deutschland die politische Klasse[554] familienpolitische Grundsätze lieber vom Bundesverfassungsgericht vorschreiben, als diese zunächst einmal *selbst* zu vertreten und auch ohne ‚Gesetzgebungsauftrag' durch das Bundesverfassungsgericht parlamentarisch durchzusetzen. Das dahinterliegende politische Kalkül kann man so umreißen: Wenn man sich regelmäßig darauf verlassen kann, das Bundesverfassungsgericht werde konkrete Gesetze ohnehin aufheben, nur in einer bestimmten Interpretation als verfassungsgemäß akzeptieren oder sie gar durch eigene Beschlüsse bzw. Gesetzgebungsaufträge ersetzen, dann kann die politische Klasse leicht zu verteilungspolitisch neutralen, inhaltlich provisorischen und nur im rechts*technischen* Sinn ‚abschließenden' Entscheidungen kommen. Auf diese Weise gelingt es Politikern, die von ihnen zu tragenden Transaktionskosten des politischen Willensbildungsprozesses sowie politischen Ärger erheblich zu reduzieren. Die politische Klasse erwartet dann ganz einfach, das Verfassungsgericht werde bei einer – ihm durch ein abstraktes Normenkontrollverfahren leicht zuzuschiebenden – Entscheidung genau jene unangenehmen Festlegungen treffen, für welche die auf Wahl und Wiederwahl angewiesenen Politiker die Verantwortung selbst gerade nicht tragen wollen.

---

554 Zum analytischen Begriff der politischen Klasse siehe S. 308f.

Auf diese Weise, nämlich durch eigenes Nichtentscheiden, entzieht die politische Klasse die Kontrolle über davon betroffene Politikbereiche aber den Wählern, was derartiges Verhalten nach demokratischen Prinzipien kritikwürdig macht. Und um so mehr ist dergleichen abzulehnen, als sich gewählte Politiker solchermaßen zum Verfassungsgericht ebenso stellen wie Untertanen zu ihrer Obrigkeit, was einem freiheitlichen Staat völlig unangemessen ist. Im noch besten Fall mag ein seine Unabhängigkeit nutzendes Verfassungsgericht dann zum Prägefaktor einer Politik werden, die konsequent durchzuhalten der politischen Klasse die Kraft oder der Wille fehlt. Selbst unter solchen Umständen ist die Existenz einer derartigen ‚wohlmeinenden Obrigkeit' für eine Demokratie aber schwer zu akzeptieren. Doch noch viel problematischer ist die Pointe, daß die politische Klasse üblicherweise bei der Richterwahl bestmöglich dafür zu sorgen versucht, daß ein als ‚oberste Autorität' angerufenes Verfassungsgericht, also ein von unmittelbarer demokratischer Kontrolle aus guten Gründen *freigestellter* Akteur, sich dann *informell* eben doch auf die Seite derer stellt, welche die Mehrheit der Richter gewählt haben. Geht diese Rechnung auf, so ist politische Kontrolle solcher Politikfelder zwar wieder gegeben; nur liegen ihre Hebel nicht in der Hand der Wähler, sondern in jener der politischen Klasse.

- Auch grundsätzliche politische Richtungsentscheidungen lassen sich in einem ausgebauten Rechtsstaat dem Rechtssystem zuschieben, was Politikern erlaubt, die eigentlich von *ihnen* zu tragende Verantwortung ‚wegzudelegieren'. Zu diesem Zweck wurde beispielsweise das Bundesverfassungsgericht beim Wandel der deutschen Bundeswehr zu einer Interventionsarmee politisch mißbraucht. Jahrzehntelang hatte Deutschlands politische Klasse mehrheitlich behauptet, das Grundgesetz erlaube den Einsatz der Bundeswehr nur innerhalb des ‚Bündnisgebietes' der NATO, keineswegs aber andernorts. Als es aber aus außenpolitischen Gründen zu Beginn der 90er Jahre wünschenswert wurde, die Bundeswehr auch als Interventionsinstrument zu verwenden, da wagte die politische Klasse nicht, diesen Kurswechsel *selbst* vorzunehmen, etwa indem sie das – derlei Interventionen angeblich verbietende – Grundgesetz ausdrücklich auf dem dafür vorgesehenen parlamentarischen Weg änderte. Vielmehr wurde zu einer verfassungsrechtlich *offenen* Frage *umgedeutet*, was bislang politischer Konsens war, und als *Rechts*problem dem Verfassungsgericht vorgelegt, was tatsächlich eine *politische* Entscheidung war und – unter Geltung demokratischer Prinzipien – als *solche* auch in der Öffentlichkeit hätte diskutiert werden müssen. Natürlich war es für die politische Klasse überaus erfreulich, daß sich das Verfassungsgericht zu einer politischen Neuinterpretation des Grundgesetzes bereitfand, welche – über eine Reihe von Bundeswehrreformen – inzwischen zu einem völlig anderen Charakter der deutschen Streitkräfte führte. Keineswegs erfreulich sollte solche politische Kooperationsbereitschaft des Verfassungsgerichts aber für die *Bürger* sein: Vor *ihnen* müßte die politische Klasse solche Politikwechsel vertreten!

Wenn man sich aber einmal in einem ausgebauten Rechtsstaat auf eine solche *politische* Rolle von Gerichten und sogar auf gesellschaftlichen Konsens über eine derartige ‚Justizialisierung der Politik' verlassen kann, dann wird es schlechterdings rational, richterliche Unabhängigkeit zwar zu wahren, sie aber durch entsprechende Auswahl der Richter schon im vorhinein politisch paßfähig zu machen. Genau darum ist in Verfassungsstaaten regelmäßig zu beobachten, daß die – demokratisch dafür zweifellos legitimierten – politischen Akteure solche Richter auf Schlüsselstellen an den oberen Gerichtshöfen zu bringen versuchen, die mit den eigenen politischen Sichtweisen sympathisieren. Das wichtigste Heilmittel zumindest gegen *einseitige* Politisierungsversuche dieser Art ist die – durch geeignete institutionelle Vorkehrungen oft geschaffene – Notwendigkeit, ‚Paketlösungen' für die Besetzung von herausgehobenen Richterämtern zu suchen, was dazu zwingt, nur wechselseitig akzeptable Kandidaten zu präsentieren und Kompromisse mit den konkurrierenden politischen Kräften zu schließen. Ein nicht minder wirksames, gerade auch *zusätzlich* wünschenswertes Korrektiv ist eine systematische Berichterstattung über derlei Praktiken in den Massenmedien sowie massenmediale Kontrolle und öffentliche Erörterung der Rechtsprechung oberer Gerichtshöfe.

Doppelt werden also oberste Gerichte in einem ausgebauten Rechtsstaat oft politisiert: einesteils, indem man ihnen zu Rechtsfragen umgeformte politische Entscheidungen zuschiebt, andernteils, indem man ihre – anschließend unabhängigen – Richter in parteipolitischen Kompromissen bestellt. Grundsätzlich drückt sich in solchen Praktiken aus, daß der Rechtsstaat als Bändigung von Staatsmacht gar nicht anders kann, als nahtlos an den Bereich des Politischen anzuschließen. In einem freiheitlichen Staat wird diese Schnittstelle immerhin transparent, problematisierbar und öffentlicher Erörterung unterworfen. In der Einflußnahme demokratisch legitimierter politischer Akteure auf die personelle Zusammensetzung oberster Gerichte wird aber auch eine Art Abwehrreflex des der *demokratischen* Kontrolle unterzogenen Bereichs politisch folgenreicher Handlungen gegenüber dem der richterlichen *Unabhängigkeit* anvertrauten Bereich politisch folgenreicher Handlungen sichtbar. Denn natürlich begrenzt Rechtsstaatlichkeit nicht nur die Macht des Staates an sich, sondern auch die des demokratischen Staates und somit den *Wirkungsbereich von Demokratie*.

Der *materiale* Rechtsstaat setzt der demokratischen Willensbildung sogar *inhaltliche* Grenzen und bildet eine *Schranke* des Demokratieprinzips: die Mehrheit darf nicht alles. Beispielsweise verbietet der Artikel 79,3 des deutschen Grundgesetzes jegliche Veränderung der in den Artikeln 1 (materiale Rechtsstaatlichkeit) und 20 (Demokratie-, Rechtsstaats-, Sozialstaats- und Bundesstaatsprinzip einschließlich Widerstandsrecht) niedergelegten Grundsätze. Während derlei für die meisten recht abstrakt bleibt, nahmen im *konkreten* Anwendungsfall materialer Rechtsstaatlichkeit beispielsweise viele Deutsche mit großem Erstaunen und teils entrüstet zur Kenntnis, daß sehr wohl einige ältere, männliche Richter das Recht haben, sich über die in Gesetzesform gegossenen Wünsche selbst einer klaren Mehrheit von Parlamentariern, deutschen Frauen und des Volkes insgesamt hinwegzusetzen: als nämlich das Bundesverfassungsgericht zweimal eine gesetzlich beschlossene und öffentlich unterstützte freie Ermessensentscheidung der Frau in Fragen des Schwangerschaftsabbruchs ablehnte. Um dennoch eine Brücke zwischen der Wertordnung des vom Grundgesetz geschaffenen materialen Rechtsstaates und der in einer Demokratie nicht zu ignorierenden Mehrheitsmeinung zu schlagen, erfand das Verfassungsgericht diesbezüglich die Denkfigur, eine Handlung könne zwar rechtswidrig sein, aber straffrei bleiben.

Doch im Umfang, in dem man diese Denkfigur (‚rechtswidrig, aber straffrei‘) auf immer mehr Handlungen ausdehnt, lockern sich die Ketten des Rechtsstaates, und zwar nicht nur jene, die das Recht der *Gesellschaft* anlegt. Denn wenn es schon das gesetzlich verbürgte Recht der *Bürger* gibt, aus für gut gehaltenen Gründen straffrei gegen das Recht eines materialen Rechtsstaates zu verstoßen: Um wieviel weniger wird man dieses Recht rein machttechnisch der *politischen Klasse* verweigern können, wenn diese sich öffentlich überzeugend auf die Staatsräson[555] beruft oder auf ihre Pflicht zur Prärogative – etwa bei der Sicherung wirtschaftlich profitabler Gentechnologie? Im Grunde langt man dann wieder bei formaler Rechtsstaatlichkeit an und bei bloßer ‚Gesetzlichkeit‘ als eines Instruments politischer Zwecksetzungen. Sobald die üblen Folgen all dessen wieder ins Bewußtsein treten, wird man wohl zwar aufs neue mit jenem Kreislauf beginnen, an dessen Anfang die Errichtung materialer Rechtsstaatlichkeit steht, an dessen Ende aber immer wieder der Wunsch, im Dienste von Bequemlichkeit, Machbarkeit oder Profit die Fesseln einer wertgebundenen Ordnung abzustreifen. Doch das nutzt jenen wenig, die zwischenzeitlich zum Opfer einer vom Rechtsstaat nicht mehr gehemmten Politik geworden sind.

---

555 Zur Lehre von der Staatsräson siehe S. 387f und 389ff.

(b) Gewaltenteilung

Ein zweiter Schritt zur Bändigung der – aus guten Gründen errichteten und aufrechterhaltenen – Staatsmacht besteht in der Einführung von *Gewaltenteilung*, d.h. von Verfassungsstaatlichkeit.[556] Erst durch Gewaltenteilung wird – dank eines *machtpolitisch* funktionierenden Systems von Kontrollen und Gegengewichten (‚checks and balances') – sichergestellt, daß sich weder die Staatsmacht insgesamt den rechtlichen Bindungen eines formalen bzw. materialen Rechtsstaates entwinden kann noch einzelne staatliche Institutionen ein Übergewicht erlangen, das sie zur Arroganz der Macht oder gar zur Willkürherrschaft einladen mag. Ein angemessenes Verständnis solcher Gewaltenteilung verlangt, diese als sechsstufigen Schichtenbau eines ‚gouvernement modéré', als sechsfaches Bdingungsgefüge ‚gemäßigter Regierungsweise' aufzufassen. Unter dem Begriff der ‚Gewaltenteilung' sind demnach sechs wechselseitig verwobene Einzelformen von Gewaltenteilung vorzustellen:[557]

– *Soziale Gewaltenteilung:* Sie besteht, wenn alle politisch wichtigen Postionen für jeden Mann und für jede Frau im Grundsatz frei zugänglich sind und allein Kriterien, die ohne Anbetracht der Person gelten, sowie faire Konkurrenz unter Rechtsgleichen festlegen, wer auf eine politisch wichtige Position gelangt. Derlei ist Kennzeichen einer offenen Gesellschaft und verhindert, daß politische Macht an Stände, Klassen, Rassen, Schichten oder die Geschlechtszugehörigkeit gebunden wird. Zumal das letztere Beispiel zeigt, das an der Verwirklichung solcher Strukturprinzipien immer noch und immer wieder gearbeitet werden muß.
– *Dezisive Gewaltenteilung:* Damit ist gemeint, daß es im Prozeß der politischen Willensbildung und Entscheidungsfindung keine Monopole, sondern offene Konkurrenz gibt. Diese Art von Gewaltenteilung liegt vor, wenn – was sich in der Praxis immer wieder schwer verwirklichen läßt – fairer Pluralismus[558] praktiziert wird. Auch die Massenmedien mit ihrem großen politischen Einfluß sind ein wichtiger Akteur in einem solchen System dezisiver Gewaltenteilung.[559]
– *Vertikale Gewaltenteilung:* Diesem Strukturprinzip entspricht es, wenn in einem politischen System Zuständigkeiten und Regelungsbefugnissen auf verschiedene Ebenen des Staatsaufbaus verteilt sind. Im deutschen Fall nimmt das die Form an, daß die Städte und Gemeinden das Recht auf kommunale Selbstverwaltung besitzen, die Länder Staaten eigenen Rechts mit eigenen Kompetenzen sind, und über der Ebene des Nationalstaats mit seinen Befugnissen sich noch das politische System der Europäischen Union mit ausschließlich dort angesiedelten Zuständigkeiten und Entscheidungsrechten erhebt. Solche Systeme vertikaler Gewaltenteilung arbeiten nicht selten recht schwerfällig.[560] Im Einzelfall können die Kompetenzen auch so verwickelt und sachwidrig auf die einzelnen Ebenen verteilt sein, daß die Fähigkeit des Gesamtsystems leidet, in angemessener Frist halbwegs rationale Regelungen und Entscheidungen hervorzubringen. Um derlei zu vermeiden, mag das – der katholischen Soziallehre entstammende – Strukturprinzip der *Subsidiarität* hilfreich sein: Grundsätzlich sollen alle Entscheidungsbefugnisse bei der *niedrigstmöglichen* Ebene liegen, um möglichst gut die Kenntnisse der Betroffenen einzubeziehen und sachfremden Maßnahmen weitestgehend vorzubeugen (‚Dezentralisierung'); nur was einer gemeinsamen Regelung für die nächstgrößere Gebietseinheit bedarf, soll auf der nächsthöheren Ebene entschieden werden; von der jeweils

---

556 Siehe hierzu S. 247 und 446f.

557 Die im folgenden umrissene politikwissenschaftliche Gewaltenteilungslehre verdanken wir im wesentlichen Steffani 1962.

558 Zum Pluralismus siehe unten S. 279ff.

559 Zu den Massenmedien und ihrer politischen Rolle siehe S. 368ff.

560 Zu ihren Konstruktionsprinzipien siehe S. 297ff.

höheren Ebene aus sollen die Maßnahmen der jeweils niedrigeren Ebene unterstützt werden, wenn dort die Kräfte nicht reichen, Handeln aber erforderlich ist; und alle Teile des Ganzen sollen nach dem Grundsatz wechselseitiger *Solidarität* zusammenwirken.

- *Horizontale Gewaltenteilung:* Damit ist die Zuweisung der Staatsgewalt an jeweils besondere, einander wechselseitig kontrollierende und in Schach haltende Institutionen der Legislative, Exekutive und Judikative gemeint. Derlei scheint den meisten mit Gewaltenteilung schlechthin identisch zu sein. Doch keineswegs darf man sich *diese* Dreiteilung der Staatsgewalt, zumal eine in ‚Regierung', ‚Parlament' und ‚Gerichtswesen', wie eine ‚naturgesetzliche' Notwendigkeit vorstellen. Vielmehr geht es darum, die Staatsfunktionen *überhaupt* auf unterschiedliche Institutionen so aufzuteilen, daß ein *machtpolitisch* – nicht nur in der staatsrechtlichenTheorie – wirkungsvolles System von wechselseitigen Kontrollen und Gegengewichten entsteht. Das schaffte etwa die römische Republik in Gestalt ihrer ‚gemischten Verfassung' überaus vorzüglich, und zwar ganz ohne eine Trias von Exekutive, Legislative und Judikative:[561] nämlich im Neben-, Mit- und Gegeneinander ihrer Magistrate (v.a. Konsuln, Praetoren, Aedilen, Zensoren und zumal der Volkstribunen samt ihrem Interzessionsrecht), sowie in deren Zusammenspiel mit der Autorität des Senats sowie mit Wahl- und Abstimmungsbefugnissen der unterschiedlichen Arten von Volksversammlungen.

  Die heute nachgerade als ‚natürlich' angesehene, von Montesquieu wirkungsmächtig ausformulierte,[562] Dreifaltigkeit von Exekutive, Legislative und Judikative geht letztlich darauf zurück, daß in der europäischen Verfassungsgeschichte schon sehr früh *Repräsentativinstitutionen* eine nennenswerte Rolle spielten:[563] von den Konzilien bzw. Synoden der alten, noch ungeteilten Kirche über jene des Westgotenreichs zu Toledo, die auch eine allgemein politisch wichtige Rolle spielten, bis hin zu den provinzial-, land- und reichsständischen Versammlungen zwischen Mittelalter und Neuzeit, aus denen in England bruchlos die ‚Houses of Parliament' wurden. Auf diese Weise entstand neben dem Fürsten als Inhaber militärischer Macht und Adressaten systemkonstitutiver Treueide, die ihm die politischen und sozialen Eliten schworen, ein weiterer Machtpol, der sich – ausgeformt in der Institution des ‚Steuerungsbewilligungsrechts' – gegen monarchische Übergriffe auf das Eigentum der Regierten zur Wehr setzen konnte und dessen Rat bei der Führung der Staatsgeschäfte dann nicht leicht zu ignorieren war, wenn die Bewilligung dringend benötigter Steuern an Versprechen zur Befolgung solcher Ratschläge geknüpft wurde. Dieses historisch gewachsene Gegenüber von Fürst und Vertretungskörperschaft wird in der Gegenüberstellung von Exekutive und Legislative im Grunde nur nachgezeichnet. Die Gerichte – wozu auch der Fürst in Person oder eine Vertretungskörperschaft als Oberster Gerichtshof werden konnten – hatten das überlieferte, aus der römischen Tradition rezipierte oder im Zusammenwirken von Fürst und Vertretungskörperschaft gesetzte Recht in Streitfällen zu finden und anzuwenden, ansonsten aber – in Montesquieus Formulierung – „en quelque façon nulle"[564] zu sein: *kein* eigenständiger Faktor des politischen Prozesses. So war der Weg zur Vorstellung gebahnt, eine von ‚Exekutive' und ‚Legislative' als *politischen* Institutionen getrennte, um nicht anderes als die *Recht*sprechung bemühte Gewalt sei als ‚Judikative', als System unabhängiger Gerichte, einzurichten. Zweifellos ist man in der europäischen Verfassungsgeschichte mit dieser Tradition gut gefahren, was sie zu einem der nützlichsten Geschenke Europas für andere Kulturkreise machte.

---

[561] Vgl. Demandt 1995: 377-408.

[562] Vgl. S. 437f und 446f.

[563] Ausführlicher siehe hierzu S. 332f und 435f.

[564] Franz. für ‚in gewisser Weise gleich null'.

Die populäre Rede von der Dreiteilung der Staatsgewalt in Exekutive, Legislative und Judikative verdeckt jedoch, daß sich die Grenzen zwischen den mit dem jeweiligen ‚Teil' der Staatsgewalt betrauten Institutionen sehr unterschiedlich ziehen lassen, daß daraus zwar ganz unterschiedliche Funktionslogiken der gewaltenteilenden politischen Systeme, doch recht ähnliche Wirkungen von Gewaltenteilung als solcher entstehen, und es darum gerade nicht eine *einzige*, eine – im Unterschied zu allen anderen – *allein* richtige Form der Teilung zwischen jenen drei Gewalten gibt. Fast in allen freiheitlichen Verfassungsstaaten – mit dem englischen Oberhaus als aufschlußreichster Ausnahme – wird zwar die Judikative, einmal personell konstituiert, dem Zugriff der anderen Staatsgewalten entzogen. Sehr verschiedene Abgrenzungsmöglichkeiten gibt es hingegen zwischen Exekutiv- und Legislativgewalt.[565] Einesteils läßt sie sich so ausgestalten wie im *präsidentiellen* Regierungssystem, das verfassungsgeschichtlich jene – im 18. Jahrhundert erreichte – Phase des machtpolitischen Aufstiegs von Parlamenten einfror, in welcher diese zwar das Recht auf Steuerbewilligung und Gesetzgebung, noch nicht aber die Möglichkeit erlangt hatten, auch gestaltend auf die Zusammensetzung und den Bestand der Regierung einzuwirken. Dem Parlament ist dort der personelle Zugriff auf die mit Anweisungsbefugnissen ausgestatteten Spitzenpositionen der Exekutive versagt. Andernteils läßt sich Gewaltenteilung zwischen Parlament und Regierung auch wie im *parlamentarischen* Regierungssystem verwirklichen. Dieses entsteht aus der – zuerst in England – seit dem 19. Jahrhundert über die Steuerbewilligungs- und Gesetzgebungskompetenz *hinaus* erlangte Macht parlamentarischer Körperschaften, die Regierung abzusetzen oder gar zu formen, sowie aus der Möglichkeit eines Parlaments, über diese letzteren Mittel auf die Politik der Regierung maßgeblichen Einfluß zu nehmen. Dieser Aufstieg der Parlamentsmacht führte schließlich dazu, daß die Führer parlamentarischer Mehrheitsparteien in die Regierungsämter einrücken und die Exekutive somit *vom Parlament aus* geführt wird.[566] Die Folge dessen ist, daß natürlich die gewaltenteilende Scheidelinie nicht mehr zwischen der Regierung und dem Parlament als ganzem verläuft (‚alter Dualismus'), sondern *innerhalb* des Parlaments: zwischen seiner regierenden bzw. regierungstragenden Mehrheit und der parlamentarischen Opposition (‚neuer Dualismus'). *Opposition*, als Konzept wie als Element der Verfassungswirklichkeit im England des 18. Jahrhunderts entstanden, ist in diesem Zusammenhang als besonders fruchtbare ‚verfassungspolitische Erfindung' zu bewerten: Es gibt keinen Bestandteil politischer Systeme, der – durch seine Dialektik von Systembejahung im Ganzen und Regierungskritik im Einzelnen – ähnlich gut die Chancen auf Kontrolle einer Herrschaftsordnung und auf deren Alternativen suchende Lernfähigkeit steigerte.[567]

Horizontale Gewaltenteilung mißversteht also sowohl der, welcher sie sich nur als Trias von Exekutive, Legislative und Exekutive denkt, als auch jener, der sie sich nur in der Gestalt des präsidentiellen Regierungssystems und seines ‚alten Dualismus' vorzustellen vermag. Im übrigen verkennt man horizontale Gewaltenteilung ebenfalls, wenn man glaubt, daß die ‚geteilten' Gewalten nun nichts mehr miteinander zu tun hätten oder zu tun haben dürften. Ganz im Gegenteil *verlangt* wechselseitige Kontrolle und Balance danach, daß die *getrennten* Gewalten eng miteinander *zusammenwirken*. Das dialektisch der Gewalten*teilung* zugehörende Gegenprinzip ist somit das der Gewalten*verschränkung*.

---

565 Systematisch zur im folgenden nur umrissenen Thematik siehe S. 333ff.

566 Im deutschen Konstitutionalismus versuchten die deutschen Fürsten und die ihnen zuarbeitende Staatsrechtslehre diesen Aufstieg der Parlamentsmacht dadurch zu verhindern, daß sie sich auf die Gewaltenteilungslehre beriefen und behaupteten, dieser widerpräche es, wenn Parlamentarier Regierungsämter übernähmen (‚Inkompatibilitätsgebot'). Es ist eine merkwürdige Pointe, daß dieses im 19. Jahrhundert klar anti-parlamentarische und anti-demokratische Argument heute verwendet wird, um für – vermeintlich – *mehr* Parlamentsmacht und ‚mehr Demokratie' zu plädieren.

567 Zu den Funktionen von Opposition siehe auch S. 339f.

– *Temporale*[568] *Gewaltenteilung:* Temporale (‚zeitliche') Gewaltenteilung meint, daß mit Macht ausgestattete Ämter nur auf Zeit vergeben werden. Ist die jeweilige Amtsperiode knapp bemessen, so kann deren zeitliche Begrenzung daran hindern, daß im Lauf der Amtszeit zu viel persönlicher Einfluß eines Amtsinhabers geschaffen wird. Im übrigen stellt temporale Gewaltenteilung sicher, daß sich persönliche Netzwerke um einen – ausscheidenden – Machthaber regelmäßig wieder *auflösen*, was sie um so sicherer tun, wenn sie sich um den Amtshinhaber vor allem aufgrund seiner *Position*, weniger seiner *Persönlichkeit* lagerten.[569] Sowohl die wiederkehrende Auflösung solcher Machtkartelle als auch die periodische Beseitigung des aus dem Amt genährten persönlichen Einflusses sind überaus wichtige und nützliche Folgen zeitlicher Gewaltenteilung. Sie wurden auch schon in der Antike, etwa in der attischen Polis und der römischen Republik, mit großem Erfolg genutzt.

Doch wesentlich wichtiger und folgenreicher ist ein viel weniger bekannter *institutioneller Mechanismus*,[570] der sich aus gesicherter temporaler Gewaltenteilung ergeben *kann*. Damit er entsteht, müssen drei weitere Bedingungen vorliegen: erstens die Tatsache, daß man sein – zeitlich befristetes Amt – *nur durch freie Wahl* eines Wahlgremiums bzw. der wahlberechtigten Bevölkerung eines ganzen Landes erhalten kann; zweitens die *Möglichkeit, wiedergewählt zu werden*; und drittens *Anreize* dafür, wiedergewählt werden zu *wollen*. Sind diese drei Voraussetzungen gegeben, so wirkt sich zeitliche Gewaltenteilung wie folgt aus: Wer seine Amtszeit verlängert bekommen will, der muß sein Amt so führen, daß er anschließend aufs neue gewählt wird. Er kann während seiner Amtszeit dann zwar sehr wohl von dem abweichen, was die *künftigen* Wähler *derzeit* wünschen; er kann aber nicht zugleich überaus weit *und* ständig von den Wünschen seiner Wähler abweichen, weil das seine Chancen auf Wiederwahl erheblich reduziert. Zeitliche Gewaltenteilung in Verbindung mit freien Wahlen und der attraktiven Möglichkeit einer Wiederwahl bindet also den gewählten Inhaber von Herrschaftsbefugnissen an jene, über die er herrscht, und verteilt auf genau diese Weise Macht vom Amtsinhaber zu jenen um, denen er als Wählern sein Amt verdankt. Die Pointe dieses institutionellen Mechanismus ist seine doppelte Dialektik: Nur wenn die Amtszeit *begrenzt* ist *und* verlängert werden kann, stellt sich eine enge Bindung zwischen Amtsinhaber und Wählerschaft her; und eben der Wunsch, mittels eines Amtes Macht auszuüben, bringt den, der sich diesen Wunsch verwirklichen will, in Abhängigkeit von denen, über welche er Macht ausübt.[571]

Dieser institutionelle Mechanismus (‚Wiederwahlmechanismus') eignet sich vorzüglich, um *Repräsentationsbeziehungen* zu schaffen.[572] Wenn Repräsentanten ihr Amt nämlich nur auf Zeit und durch freie Wahlen zu erlangen vermögen, wenn sie zugleich aber wiedergewählt werden können und wollen, so ist es für sie eine Sache nicht nur guten Willens sondern vor allem des *rationalen Eigeninteresses*, während ihrer Amtszeit die Ansichten und Wünsche der Wähler keineswegs zu ignorieren, sondern sich – bei aller freien Würdigung dieser Ansichten und Wünsche – an ihnen zu orientieren. Und wenn man ferner den Kreis der Wahlbe-

---

568 Von lat. ‚temporális', d.h. zeitlich, vorübergehend.

569 Eben das ist der Grund dafür, daß ein US-Präsident am Ende seiner (zweiten) Amtszeit zu einer ‚lahmen Ente' wird.

570 Zum Konzept des ‚institutionellen Mechanismus' siehe Anm. 511.

571 Wie so mancher dialektische Zusammenhang wird auch dieser von vielen nicht durchschaut. Sie fordern dann das Verbot von Möglichkeiten der Wiederwahl in der Absicht, eben dadurch die Macht von Amtsinhabern zu begrenzen. In Wirklichkeit nimmt man auf diese Weise Amtsinhabern nur den Anreiz, sich von ihren (einstigen) Wählern (auch künftig) *abhängig* zu sehen. Und da tatsächlich von der Wählerschaft völlig unabhängig ist, wer nicht mehr gewählt werden kann, wird auf diese Weise die Machtverlagerung von den Gewählten hin zu den Wählern *unterbunden*. Der einzige Vorteil von Wiederwahlverboten besteht also darin, schon nach kurzer Zeit das um den Amtsinhaber entstehende Machtkartell aufzulösen und seinen aus dem Amt stammenden persönlichen Einfluß zu reduzieren. Erkauft wird dieser Vorteil durch den Verzicht auf die beschriebenen Vorteile des Wiederwahlmechanismus.

572 Hierzu siehe im Detail S. 329ff.

rechtigten immer weiter ausdehnt, bis er schließlich alle erwachsenen Personen einer Gesellschaft umfaßt, so läßt sich anhand dieses – durch temporale Gewaltenteilung erzeugten – institutionellen Mechanismus auch das *Demokratieprinzip* realisieren. *Temporale Gewaltenteilung hängt darum eng mit der Verwirklichung des Demokratieprinzips zusammen.*[573] Daß die irrigerweise oft als vorbildlich angesehene attische Demokratie zwar ein sehr feinsinniges System temporaler Gewaltenteilung, aufgrund ihrer Zuweisung der meisten öffentlichen Ämter durch das Los aber gerade *nicht* den für Demokratie so wichtigen ‚Wiederwahlmechanismus' kannte,[574] wirkt sich in der wissenschaftlichen wie populären Demokratietheorie darum fatal aus: Bis heute werden Amtszeitbegrenzungen und viel eher die Wahl als die *angestrebte Wieder*wahl für wirkungsvolle Mittel zur Realisierung von Demokratie gehalten. In Wirklichkeit bindet aber gerade das Gegenteil die Volksvertreter an die Wünsche des Volkes.

– *Konstitutionelle*[575] *Gewaltenteilung:* Sie liegt vor, wenn zur Veränderung einer Verfassung bzw. verfassungsgleicher Gesetze *andere*, nur bei *viel größerer* politischer Unterstützung gelingende Verfahren angewandt werden müssen als beim Beschluß ‚normaler' Gesetze. Beispielsweise kann in Deutschland ein ‚einfaches' Gesetz mit Mehrheit im Bundestag und *gegen* Einspruch des Bundesrates zustande kommen, während die Verfassung nur dann geändert werden kann, wenn es sowohl im Bundestag als auch im Bundesrat eine Mehrheit von zwei Dritteln der Stimmen für die Verfassungsänderung gibt. Der Sinn konstitutioneller Gewaltenteilung besteht darin, jene Spielregeln, nach denen konkurrierende politische Willensbildung und Entscheidungsfindung erfolgt, der alleinigen Verfügungsgewalt jener Mehrheit zu entziehen, die gerade – und mit allem Recht – regiert. Die Regierung und ihre Parlamentsmehrheit hat dann zwar alle Möglichkeiten zur ‚normalen' Gesetzgebungsarbeit; doch hinsichtlich der verfassungsrechtlichen Grundlagen des politischen Systems muß sie ihre Gewalt mit mindestens so vielen Minderheitsgruppen teilen, wie nötig sind, um die für eine Verfassungsänderung erforderliche Mehrheit zu erreichen.

(c) Demokratie

Demokratie ist das dritte, überaus wichtige Mittel, die Macht des Staates an die Leine der Regierten zu legen. Von Demokratie gibt es viele Definitionen, insbesondere viele überaus emphatische. Zu diesen zählt vor allem die Identitätskonzeption von Demokratie: Demokratie sei verwirklicht, wenn Regierende und Regierte identisch wären. Alle tatsächlich ins Werk zu setzenden Konkretisierungen von Demokratie wirken dann wie unvollkommene Annäherungen an das ‚eigentliche' Ziel. Jede reale demokratische Ordnung kann dann im Grunde nur noch Mißmut und Unzufriedenheit erregen. Gleiches gilt für jenes Demokratieverständnis, das Demokratie als täglich realisierte Partizipation möglichst aller Bürger am Gemeinwesen auffaßt. Wenn sich Bürger aus gleich welchen Gründen nämlich nicht politisch beteiligen, dann muß doch wohl etwas mit der etablierten Demokratie falsch sein. Oder mit den Politikern? Oder vielleicht doch mit den Bürgern?

Viel besser als solche emphatischen, die Wirklichkeit auch stabiler Demokratien recht ungeschickt erfassenden Definitionen von Demokratie ist die folgende Definition, die insbesondere dem nüchternen Konstrukteursblick eines Systemanalytikers entgegenkommt: ‚Demokratie ist eine solche Organisation politischer Prozesse und Strukturen, welche die Regierenden daran

---

[573] Das gilt natürlich vor allem für den Fall der repräsentativen Demokratie; vgl. S. 250ff und 329ff.

[574] Ausnahme war das Amt des Strategen, also des attischen Oberfeldherrn. Wo es um Leben und Tod der als Soldaten dienenden Bürger ging, wollten diese sich aus verständlichen Gründen weniger auf den Zufall des Losverfahrens verlassen als vielmehr darauf, durch eigenständiges persönliches Urteil den Bestmöglichen auszuwählen.

[575] Von lat. ‚constitútio', d.h. Verfassung. Konstitutionelle Gewaltenteilung im Sinn dieser Gliederung der *Formen* von Gewaltenteilung ist nicht zu verwechseln mit Konstitutionalismus, also mit Verfassungsstaatlichkeit als systemtypologischer Bezeichnung für *praktizierte* Gewaltenteilung.

hindert, allzu weit *oder* allzu lange von dem abzuweichen, was die Regierten zu akzeptieren bereit sind'. Von dieser Definition ausgehend kann man formulieren: Das Demokratieprinzip verlangt die verläßliche Bindung der Staatsgewalt an die immer wieder fair überprüfte Zustimmungsbereitschaft der Regierten zur Richtung, zu den Kosten und zu den Folgen von Regierungshandeln. Ist dies durch geeignete institutionelle Mechanismen *verwirklicht*, so ist die Macht des Staates – nach Rechtsstaatlichkeit und Gewaltenteilung – auch durch Demokratie begrenzt.

Die nach historischer Erfahrung *verläßlichsten* Möglichkeiten, die Staatsgewalt an die immer wieder fair überprüfte Zustimmungsbereitschaft der Regierten zu binden, wurden alle schon genannt. Darum müssen sie nur noch zusammenfassend überblickt werden:

– Die ersten Mittel zur Verwirklichung des Demokratieprinzips sind soziale, dezisive und horizontale Gewaltenteilung. Durch soziale Gewaltenteilung kann dafür gesorgt werden, daß die Regierenden sich nicht grundsätzlich und allzu weit vom biographischen Erfahrungshorizont großer Teile der Regierten entfernten. Dezisive Gewaltenteilung meint Pluralismus und sichert die Konkurrenz jener politisch aktiven Bevölkerungsgruppen, welche für die unterschiedlichsten Interessen der Gesellschaft eintreten. Und horizontale Gewaltenteilung eröffnet – je nach ihrer konkreten Ausgestaltung – dem Volk die Möglichkeit, durch Wahlen die Macht zwischen den konkurrierenden politischen Kräften so zu verteilen, daß diese zusammenarbeiten und die gegebene oder fehlende Zustimmungsbereitschaft einer *breiten* Bevölkerungsmehrheit beachten müssen. In den USA *kann* die Wählerschaft zu diesem Zweck einen republikanischen Präsidenten zum Zusammenwirken mit einem demokratischen Repräsentantenhaus zwingen (,divided government'), in Deutschland einen SPD-geführten Bundestag zur Kooperation mit einem CDU/CSU-dominierten Bundesrat.

– Das zentrale Mittel, die Staatsmacht durch Demokratie zu bändigen, besteht sodann im ,Wiederwahlmechanismus', zu dem sich temporale Gewaltenteilung und die Vergabe von Ämtern in freien Wahlen – bei attraktiver Möglichkeit einer Wiederwahl – zusammenfügen. Erst ein geschlossener Wirkungskreislauf, der vom Wunsch eines Kandidaten, gewählt zu werden, zum Wunsch eines Amtsinhabers nach Wiederwahl reicht und darum sowohl am Anfang wie am Ende einer Amtszeit die Ansichten und Wünsche der Wähler für einen Politiker *wichtig* macht, gewährleistet *nachhaltige* demokratische Legitimation des Gewählten. Darum greift die Formel zu kurz, jemand sei ,durch freie Wahlen demokratisch legitimiert'. Nicht weniger wichtig ist nämlich für die demokratische Bändigung der Staatsmacht und derer, die Staatsmacht ausüben, daß die Bindung von Amtsinhabern an die Zustimmungsbereitschaft der Wähler gerade *nach* der Wahl bestehen bleibt.[576]

– In größeren Gesellschaften wird jener Wiederwahlmechanismus überaus leistungsfähig gemacht, wenn man ihn mit dem *Repräsentationsprinzip* verbindet. Dann wählt die Bürgerschaft nämlich nicht (nur) die Inhaber von Ämtern mit Exekutivmacht oder möglicherweise auch ihre Richter, sondern auch Vertretungskörperschaften. Diese eröffnen ihrerseits wichtige, weiterführende Möglichkeiten, die soziale, dezisive und horizontale Gewaltenteilung zur Umsetzung des Demokratieprinzips zu nutzen.[577] Demokratie läßt sich dann als *repräsentative* Demokratie realisieren. Sowohl aus pragmatischen Gründen der Demokratieorganisation in Großstaaten als auch aus inhaltlichen Gründen der Nutzung von Vorteilen gesellschaftlicher Arbeitsteilung ist repräsentative Demokratie sogar der *Königsweg* zur demokratischen Bändigung von Staatsmacht.

---

576 Für Wahlen als Mittel zur Verwirklichung des Demokratieprinzips gilt nachgerade: ,Einmal ist keinmal!'.

577 Siehe hierzu S. 272f.

– Abrunden läßt sich die demokratische Bändigung der Staatsmacht noch dadurch, daß man überdies ein System der Volksgesetzgebung (‚plebiszitäre Demokratie') und bzw. oder von Referenden (‚Referendumsdemokratie') einführt.[578]

Zwar tut alltäglicher Sprachgebrauch oft so, als sei Demokratie mit Rechtsstaatlichkeit oder Gewaltenteilung deckungsgleich. Mit dem Ausruf ‚Und das soll Demokratie sein!' beklagt man sich sowohl über Gerichtsurteile, die einem nicht gefallen, als auch darüber, daß gewählte Abgeordnete sich unter Verweis auf Verwaltungsbehörden bei vielen Problemen für unzuständig erklären. Doch unbedingt muß man Demokratie von Gewaltenteilung und Rechtsstaatlichkeit strikt trennen. Es ziehen nämlich diese beiden Strukturprinzipien politischer Systeme dem Demokratieprinzip *Grenzen*. Horizontale Gewaltenteilung sichert beispielsweise selbst der von der *Parlaments*mehrheit getragenen Regierung eines parlamentarischen Regierungssystems einen Kernbereich *eigenständiger* Befugnisse zu, in den selbst ein zur Einstimmigkeit vereintes Parlament nicht eindringen darf. Und der materiale Rechtsstaat setzt sogar einstimmigen Gesetzesbeschlüssen des demokratisch legitimierten Parlaments nicht zu überwindende Grenzen – in Deutschland etwa in der Weise, daß ganze acht Richter eines Senats des Bundesverfassungsgerichts einen Gesetzesbeschluß aufheben oder in einer von ihnen für verfassungsgemäß erachteten Weise allgemein verbindlich interpretieren können.[579] Rechtsstaatlichkeit und Gewaltenteilung begrenzen also *jede* Staatsmacht – auch jene, die vom Demokratieprinzip gebändigt oder geprägt wird.

(d) Liberalismus

Ein weiteres, überaus wichtiges Prinzip der Bändigung der Staatsmacht ist das des Liberalismus.[580] Dessen Ansatzpunkt ist es, zunächst einmal auf den Einzelnen, auf die ihn umgebenden Kleingruppen und auf die gesellschaftlichen Möglichkeiten der Eigenvorsorge und Selbstregierung zu vertrauen. Erst wo derlei nicht mehr ausreicht, soll – nach dem Subsidiaritätsprinzip – der Staat eingreifen. Liberalismus bändigt den Staat also dahingehend, daß er jene Regelungsbereiche und Gestaltungsansprüche *einschränkt*, die überhaupt dem politischen System überlassen werden. Weder der übermächtige noch der schwache Staat, sondern der *schlanke*, in seinem engen Leistungsprofil aber *nachhaltig wirkungsvolle* Staat ist somit die Leitvorstellung des Liberalismus. Diese Art der Bändigung von Staatsmacht begünstigt allerdings jene, die in Wirtschaft und Gesellschaft bereits eine starke Stellung besitzen und des Staates zu ihrem Schutz oder zur Förderung ihrer Interessen nicht bedürfen. Eher nach Inbesitznahme der Staatsmacht als nach deren Einschränkung streben darum jene politischen Gruppierungen, welche die Sache der wirtschaftlich, sozial und politisch Schwachen zu der Ihren gemacht haben.

(4) Lehren aus der Verfassungsgeschichte

Es ist nicht zu übersehen, daß alle genannten und in der westlichen Verfassungsgeschichte überaus bewährten Strukturprinzipien politischer Systeme nur dann funktionieren und ihre Wirkung entfalten können, wenn ziemlich schwierig zu schaffende Voraussetzungen *bereits vorliegen*. Vor allem muß politische Ordnung überhaupt erst einmal zustande gekommen und gesichert sein, *bevor* es Ansatzpunkte dafür gibt, sie auszugestalten oder gar zu bändigen. Der Blick etwa nach Somalia oder auf den Kongo zeigt, daß auch in der Gegenwart Staatlichkeit und ihre friedensstiftende Wirkung mitunter so wenig verläßlich sind, daß die Frage nach der Mäßigung und Kontrolle von Staatsmacht schlechterdings müßig erscheint. Gewaltenteilung setzt nämlich Willen zum Zusammenhalt und fraglose Bereitschaft zur Kooperation gerade *angesichts* von Kon-

---

578 Hierzu siehe S. 250ff.
579 Vgl. hierzu S. 268ff.
580 Siehe auch S. 437ff.

flikten voraus, wenn sie nicht zur Blockade und alsbald zum Ruin des politischen Systems führen soll. Demokratie verlangt nicht nur den – historisch durchaus nicht selbstverständlichen – Wunsch nach ihr, sondern auch die noch viel weniger selbstverständliche Fähigkeit, Demokratie auch auszuhalten: sowohl Niederlagen im engagiert geführten Streit zu ertragen als auch hinzunehmen, daß demokratische Willensbildung und Entscheidungsfindung kurz- und mittelfristig oft wenig effizient sind. Liberalismus schließlich stellt, will er nicht nur eine Übergangserscheinung bleiben, an die Fähigkeit des Einzelnen sowie einer Gesellschaft erhebliche Anforderungen: nach Übernahme von Eigenverantwortung, nach Selbstorganisation, nach freiwillig praktizierter Solidarität.

Alle diese Voraussetzungen eines liberalen demokratischen Verfassungsstaates entstehen weder leicht noch notwendigerweise. Wo sie aber zustande kommen, liegen dem langwierige, überaus störanfällige, auch künftig auf Geschick *und* Glück angewiesene Prozesse der Struktur- und Mentalitätsbildung voraus. Darum lassen sich Verfassungsstaatlichkeit, Demokratie oder gar Liberalismus einer Gesellschaft nicht nach verfassungspolitischem Belieben einpflanzen oder voluntaristisch an die Stelle autoritärer Herrschaft setzen. Zur Genüge hat das die Geschichte der durch Entkolonialisierung entstandenen Staatenwelt Schwarzafrikas gezeigt. Zwar wissen wir also aus der Evolution politischer Systeme sehr wohl, *wie* man humane, freiheitliche Ordnungsformen ausgestalten und sichern kann; ebenso wissen wir aber inzwischen auch, daß alle diese Kenntnisse im Einzelfall *wenig nützen* mögen, weil die Voraussetzungen ihrer Anwendung schlechterdings *nicht gegeben* sind. Das kann einesteils zu gewisser Toleranz gegenüber autoritären Herrschaftsformen als Notbehelfen der so wünschenswerten staatlichen Ordnungs- und Friedenssicherung veranlassen. Andernteils gibt die Kenntnis der Vorbedingungen und Ausgestaltungsmöglichkeiten freiheitlicher Ordnung wertvolle Gesichtspunkte an die Hand, um autoritäre Herrschaft von einer Vision ihrer Entwicklungs*möglichkeiten* her zu *kritisieren*. Und da auch alle bestehenden freiheitlichen Systeme aus autoritären Ordnungsformen hervorgegangen sind, darf man mit guten Gründen hoffen, in immer mehr Staaten ließe sich mit Geduld, Geschick und Glück unnötige Herrschaft abbauen, nötige Herrschaft aber sowohl mäßigen als auch an die Zustimmung der Regierten binden.

b. Grundkonzeptionen ‚guter Ordnung': Monismus vs. Pluralismus

Zwar kann sich auch autoritäre Herrschaft zum Ziel setzen, in ihrem Verantwortungsbereich ‚gute Ordnung' zu realisieren, also durch Politik ‚das Gute' anzustreben. Der aufgeklärte Absolutismus strebte das offen an. Ebenso tun das immer wieder Entwicklungs- und Erziehungsdiktaturen. Es sind aber einesteils die totalitäre Diktatur und andernteils der demokratische Verfassungsstaat, die nicht nur *ausdrücklich* die Verwirklichung einer ‚guten Ordnung' anstreben, sondern auch *in sich stimmige* Konzepte besitzen, um solche ‚gute Ordnung' vom Programm zur Wirklichkeit zu machen. Während die grobschlächtigeren Formen von Autoritarismus stets dort entstehen, wo schon die *Sicherung* der politischen Ordnung zum Problem wird, kommt es – gegebenenfalls über die Übergangsformen der Erziehungs- und Entwicklungsdiktatur – zur totalitären Diktatur, möglicherweise aber auch, falls seine komplizierten Voraussetzungen vorliegen, zum demokratischen Verfassungsstaat dort, wo über die Sicherung der staatlichen Ordnung *hinaus* auch ‚das für den Menschen Gute' herbeizuführen versucht wird. Solche Visionen machen einerseits Erziehungs-, Entwicklungs- und totalitäre Diktaturen, andererseits den demokratischen Verfassungsstaat normativ überaus anziehend. Totalitäre bzw. autoritäre Konzepte für den Weg zu einer ‚guten Ordnung' einesteils, demokratisch-verfassungsstaatliche Konzepte andernteils gehen aber von ganz *unterschiedlichen* Vorstellungen davon aus, wie man ‚das politische Gute' erkennen könne, und ihnen folgen *völlig* andersartige Ansichten zur richtigen Ausgestaltung eines politischen Systems. Am besten erfaßt man diese zwei konkurrierenden Politik- und Ordnungsvorstellungen durch die Begriffe ‚Monismus' und ‚Pluralismus'.

(1) Vorstellungen vom Gemeinwohl

Als ‚Gemeinwohl' bezeichnet man solche politischen Inhalte, deren Verwirklichung zu zwei Folgen zu führen verspricht. Einesteils sollen von solchen Inhalten geprägte politische Entscheidungen in der Gegenwart nicht nur wenigen gesellschaftlichen Gruppen nützen, sondern – auch über Umwegeffekte – *möglichst vielen Teilen* der Gesellschaft; andernteils sollen sie nicht nur kurzfristig Vorteile verschaffen, sondern für eine Gesellschaft auch mittel- und möglichst *langfristig gute Folgen* zeitigen. Mit der Idee des Gemeinwohls sind darum mindestens zwei Vorstellungen verbunden: die der *Gerechtigkeit* und die der *Nachhaltigkeit*. Es ist der Versuch also überaus vernünftig, politische Strukturen und Prozesse so auszugestalten, daß in ihrem Rahmen nur – oder wenigstens: vor allem – solche politischen Inhalte allgemein verbindlich gemacht werden, die zum Gemeinwohl führen oder ihm wenigstens nicht schaden.

Will man diesem Grundsatz folgen, so wird es zu einer zentralen Herausforderung für Politik, im konkreten Fall jeden politischen Inhalt verläßlich daraufhin zu beurteilen, ob und wie weit er dem Gemeinwohl entspricht. Also braucht man *inhaltliche* Vorstellungen vom Gemeinwohl. Zwei – *nicht* gleichzeitig beschreitbare – Wege führen zu solchen Vorstellungen:

- Der erste besteht in einer *Vorab-Festlegung des Gemeinwohls (Gemeinwohl ‚a priori'*[581]*)*. Gemeint ist damit die als selbstverständlich behandelte Annahme, daß sich zweifelsfrei erkennen lasse, worin in einer gegebenen Situation das Gemeinwohl konkret bestehe. Dann kann man eine solche Gemeinwohlvorstellung allen politischen Gestaltungsversuchen von vornherein zugrunde legen und seine ganze Kraft darauf verwenden, gemeinwohlverträgliches Handeln zu fördern, gemeinwohlfeindliches Handeln aber zu bekämpfen. Doch woher *weiß* man, worin genau das Gemeinwohl besteht?[582] In der Geschichte des Regierens wurden drei Quellen solchen Wissens benutzt:
    - Religiöser *Glaube*, gegründet auf göttliche Offenbarung und ausgelegt durch Priester oder – im Bereich der ‚Buchreligionen' (Judentum, Christentum, Islam) – auch durch Schriftgelehrte bzw. Theologen. Der Glaube gibt dann an, worin das Gemeinwohl besteht; und Aufgabe von Politik ist es, sich vom Glauben leiten zu lassen und – des Seelenheils der Menschen willen – religiös festgelegte Inhalte exklusiv und allgemein verbindlich zu machen. Das jüngste Beispiel einer bewußt auf Religion gegründeten und aller Politik dann zugrunde gelegten Vorstellung vom Gemeinwohl ist die Islamische Republik Iran.
    - *Wissenschaft,* die an die Stelle des Glaubens in dem Ausmaß tritt, in welchem man an ihre Aussagen ebenso fest *glaubt* wie an die Inhalte einer religiösen Offenbarung. Ziel des von Auguste Comte (1798-1857) begründeten sozialwissenschaftlichen Positivismus war es, von der durch Religiosität angeleiteten Entwicklungsstufe politischen Denkens – über die Zwischenstufe ‚metaphysischen', d.h. philosophisch-spekulativen Denkens – zur Stufe positiven, d.h. wissenschaftlichen politischen Denkens aufzusteigen. Durch Wissenschaft kann vor allem dann in einer überaus praktischen Weise das Gemeinwohl bestimmt werden, wenn sie Aussagen über einen ‚objektiv notwendigen Verlauf gesell-

[581] Die lateinische Bezeichnung ‚a prióri' meint auf deutsch: im vorhinein. Der Begriff ist dem Immanuel Kants von der ‚Erkenntnis a priori' nachgebildet.

[582] Natürlich können solche Vorab-Vorstellungen vom Gemeinwohl bzw. die Vermutungen über die Beschaffenheit der Wirklichkeit, auf denen sie gründen, auch falsch sein. Dann gerät man in alle Probleme des Handelns in der Operationswirklichkeit anhand einer empirisch falschen Perzeptionswirklichkeit, die oben auf S. 42f umrissen wurden.

schaftlicher Entwicklung' formuliert.[583] Aus solchen Aussagen läßt sich nämlich in jeder konkreten politischen Entscheidungssituation Orientierung dafür gewinnen, welcher objektiv notwendigen Entwicklung wegen man wofür Partei ergreifen, wofür eintreteten und was bekämpfen muß. Das historisch wirkungsmächtigste Beispiel für eine wissenschaftsbegründete Vorab-Festlegung des Gemeinwohls waren bislang der Marxismus-Leninismus als ‚wissenschaftliche Weltanschauung der Arbeiterklasse' und die von ihm geprägte realsozialistische Staatenwelt.

  - Man glaubt den Aussagen eines *charismatischen Führers* oder einer sonstigen *‚Autorität'*. Das stiftet ein Gefühl der geistigen Geborgenheit vor allem in unsicheren Entscheidungslagen, und zwar *ohne* daß man sich der Mühe wissenschaftlicher Argumentationen unterziehen oder sich durch die Gebote einer Religion auf persönliche Verantwortung festlegen lassen müßte. Beides macht es überaus attraktiv, den Anweisungen eines Führers zu folgen und ihm die Verantwortung dafür zu überlassen, daß wirklich gut sei, was immer er als Gemeinwohl formuliere. Der Glaube überaus vieler Deutscher an die Wahrheit der Aussagen Adolf Hitlers und an die Richtigkeit seiner Entscheidungen ist das geschichtlich bislang schlimmste Beispiel dieser Möglichkeit, zu einer handlungsleitenden Vorstellung vom Gemeinwohl zu gelangen.

- Der zweite Weg zur Vorstellung des Gemeinwohls läßt sich auf folgenden Begriff bringen: *Feststellung des Gemeinwohls durch Lernen aus Erfahrung (Gemeinwohl ‚a posteriori'*[584]*)*. Gemeint ist damit, daß man zwar mit – aus religiöser Überzeugung, aus wissenschaftlichen Kenntnissen, aus Vertrauen auf ‚Autoritäten' stammenden – mehr oder minder festen Ansichten über das Gemeinwohl oder über gemeinwohlverträgliche Inhalte in die Prozesse politischer Willensbildung und Entscheidungsfindung hineingeht, zugleich aber bereit ist, seine Ansichten einem argumentativen und praktischen Überprüfungsverfahren durch ‚Versuch und Irrtum' auszusetzen, dabei aus Diskursen und Erfahrung zu lernen, sowie seine Ansichten durch solches Lernen zu verändern. Wird ein solcher Lernprozeß über längere Zeit aufrechterhalten, so dürfte sich herausstellen, welche politischen Inhalte sich *tatsächlich* solchen Regelungen und Entscheidungen zugrunde legen lassen, die sich gerecht und nachhaltig vorteilhaft auswirken, welche anderen aber nicht. Auf diese Weise wird ‚im Nachhinein' erkannt, was gemeinwohlverträglich zu sein scheint.[585] Einer der größten Vorzüge regelmäßiger Regierungswechsel bei *nicht* allzu kurzen Amtszeiten besteht darin, daß auf diese Weise Politiker und Parteien immer wieder gezwungen werden, sich auf die Wirklichkeit so einzulassen, wie sie *ist*, und sich nicht in der verantwortungsarmen Oppositionsrolle in allzu weltfremde Politikkonzepte einspinnen können. Politikwissenschaft mag politisch Bewährtes zusammentragen, systematisieren und in normativen Theorien für auch eine künftige politisch-praktische Nutzung aufbereiten. Dann kann sich bestätigt fühlen, wer für solche bewährten Inhalte immer schon eintrat; die anderen mögen hinzulernen. Beide Gruppen vermögen jedenfalls für künftige Entscheidungen auf (geschichtliche) Erfahrungen zurückzugreifen, dürften freilich im konkreten Fall eher darüber streiten, was denn wirklich aus jenen Erfahrungen für Gegenwart und Zukunft zu lernen wäre. Und ohnehin gilt derlei Möglichkeit des

---

[583] Zu solchen ‚Geschichtsgesetzen' siehe S. 33f, 91f und 126.

[584] Die lateinische Bezeichnung ‚a pósteriori' meint auf deutsch: im nachhinein. Dieses Konzept ist Kants Begriff einer ‚Erkenntnis a posteriori' nachgebildet.

[585] Sozialevolution verläuft auf genau diesem Weg, allerdings oft sozusagen hinter dem Rücken der Akteure. Nicht-nachhaltig wirkende oder grob ungerechte Institutionen werden nämlich selbst dann zusammenbrechen, wenn die Akteure diese Defizite ihrer sozialen und politischen Ordnung ignorieren; und gerechte Strukturen mit nachhaltig stabilen politischen Prozessen werden sich in unbemerkter Selbstverständlichkeit von Generation auf Generation vererben, solange nicht Eingriffe von außen ein System zerstören oder von innen die schon von den alten Römern gefürchtete ‚rerum novarum cupido' – die blanke Neuerungssucht – zu ‚Verschlimmbesserungen' führt.

Rückgriffs auf ‚Lehren aus der Geschichte' nur für schon ‚ausprobierte' Inhalte angesichts *bekannter* Problemlagen. Wo hingegen *neue* Herausforderungen nach neuen Antworten verlangen, beginnt man diesen Lernprozeß von neuem auf der Grundlage von Vermutungen, die sich wiederum auf mehr oder minder reflektierte religiöse oder wissenschaftliche Überzeugungen sowie auf Vertrauen zu Autoritäten gleich welcher Art stützen.

Im Fall solchen Lernens aus politischen Erfahrungen dient das – im Sinn von Gerechtigkeit und Nachhaltigkeit verstandene – Gemeinwohl sehr wohl als *regulative Idee*: Es ist klar, *wohin* man durch Politik kommen will, nämlich zu nachhaltigen und gerechten Strukturen politischer Ordnung. Doch bis auf weiteres bleibt nur *Vermutung*, auf *welchem* Weg man jenes Ziel wohl erreichen kann, und man schlägt den einen Weg – anstatt eines anderen – zwar entschlossen und in der Regel guter Dinge ein, doch zunächst einmal nur *versuchsweise* und mit der Bereitschaft ein, von ihm wieder abzubiegen, sollte er sich als wenig zielführend erweisen. Ganz anders verhält es sich, wenn man überzeugt ist, das Gemeinwohl und die es verwirklichende Politik lasse sich vorab – durch Religion, Glauben an Wissenschaft oder Vertrauen auf Führer und Autoritären – *unzweideutig* bestimmen: Der Wunsch nach Verwirklichung des Gemeinwohls führt dann zu unmittelbar *klar* und als *exklusiv richtig* formulierbaren politischen Zielen und Gestaltungsaufgaben.

(2) Politikmonopol vs. Konfliktmodell mit Minimalkonsens und Mehrheitsprinzip

Wer sich das Gemeinwohl als *vor* jeder politischen Entscheidung *konkret* festlegbar denkt, für den sind die folgenden politischen Grundregeln unmittelbar plausibel:

- Es darf nur das allgemein verbindlich gemacht werden, was objektiv richtig ist; dieses *soll* aber auch zum *alleinigen* Ziel politischen Handeln werden. Politik hat nämlich *einem* – dem richtigen – Anliegen zu dienen; ihr Zweck ist die Durchsetzung *des Guten*. Dieses *läßt* sich auch – als einzig sinnvolle, inhaltlich klare Alternative zum politische Schlechten – hier und jetzt erkennen. Eine solche Sichtweise der Politik, ihrer Aufgaben und der in Kauf genommenen Konsequenzen bezeichnet man als ‚Monismus'.
- Die Macht, allgemein verbindliche Regeln und Entscheidungen festzulegen, muß bei denen liegen, die das hier und jetzt objektiv Richtige erkannt haben und verwirklichen wollen. Ihnen steht darum ein ‚Politikmonopol', steht ungehemmte Herrschaft zu.[586] Zwar können auch andere Menschen das Richtige und Gute erkennen und sollen das auch; sie brauchen auf dem Weg dorthin aber Leitung, Hilfe und Überwachung.
- Noch unaufgeklärten oder schon wieder verstockten Abweichlern vom objektiv Richtigen, den – törichten oder bösartigen – Befürwortern falscher Positionen und Wege, darf man *keine* Gelegenheit geben, Sand ins Getriebe guter Politik zu streuen. Man kann sie vielleicht so lange tolerieren, wie sie nicht politisch in Erscheinung treten; sobald sie aber Einfluß auf die Herstellung allgemein verbindlicher Regelungen und Entscheidungen gewinnen könnten, sind sie niederzuhalten und zu bekämpfen. Innerhalb einer monistischen Politikkonzeption wird man also aus guten Gründen alle politischen Akteure nach dem ‚Freund/Feind-Schema' einteilen und unter den Bürgern ‚positive Elemente' von ‚negativ-zersetzerischen Elementen' abheben.

Wer hingegen glaubt, dem Gemeinwohl komme man nur durch *Lernen aus Versuch und Irrtum* nahe, der muß Entscheidungsprozesse entlang ganz anderer Regeln organisieren. Diese lassen sich so zusammenfassen:

---

586 Im auf S. 244 vorgestellten dreidimensionalen Merkmalsraum zu Gliederung politischer Systeme entspricht dieser Vorstellung die Monopolisierung der politischen Willensbildung und die Durchsetzung einer monistischen Herrschaftsstruktur.

- Weil man beim politischen Lernen aus Versuch und Irrtum zweifellos Fehler machen wird, kann Kriterium der Festlegung allgemein verbindlicher Regelungen und Entscheidungen *nicht* sein, daß sich das ‚Richtige' durchsetzt. Vielmehr braucht es rein *formale* Entscheidungsregeln, die völlig unabhängig von jenen Inhalten, um die gestritten wird, ganz klar angeben, wer zu welchen Bedingungen das Recht hat, seine Inhalte allgemein verbindlich zu machen (‚Legitimation durch Verfahren').[587]
- Zwar mag jeder *behaupten*, ‚im Besitz der Wahrheit zu sein', und jeder darf auch so begründete *Wünsche* nach bevorzugter Behandlung hegen. Doch es muß durch geeignete institutionelle Vorkehrungen sichergestellt werden, daß solche Wünsche keinesfalls grundsätzlich erfüllt werden. Auch Wahrheits- und Deutungsmonopole dürfen einen bloßen *Anspruch* hinaus zu keiner Zeit hingenommen werden. Vielmehr ist dafür zu sorgen, daß jeder, der – aus gleich welchen Gründen – auf die Herstellung allgemein verbindlicher Regelungen und Entscheidungen Einfluß nehmen will, sich auf *Streit* mit nicht minder motivierten *Konkurrenten* einlassen muß. Politik hat also den Zweck, Vielfalt und Konkurrenz zu ermöglichen. Eine solche Sichtweise der Politik und ihrer Aufgaben bezeichnet man als ‚Pluralismus'.
- Man wird vor allem dann aus einem Prozeß von Versuch und Irrtum viel lernen, wenn sehr *viele* und sehr *verschiedene* Positionen zur Auswahl stehen. Darum muß angestrebt werden, daß sich möglichst viele Menschen und Gruppen am Streit um Lösungen für anstehende Probleme beteiligen. Man wird derlei sogar für ganz natürlich halten, falls man annimmt, Menschen würden *legitimerweise* von *selbstdefinierten* Interessen angeleitet (‚Prinzip der legitimen Vielfalt').[588] Und nicht nur soll man ‚Abweichler' tolerieren; man soll sie sogar schätzen als Wortführer nützlicher Kritik, als Quelle innovativer Inspiration, als Antriebskräfte besserer Problemlösungen. Man muß sie zwar nicht mögen; doch funktionslogisch und normativ falsch wäre es, sie nicht als Konkurrenten oder Gegner zu akzeptieren (‚normatives Konfliktmodell').

Aus diesen so unterschiedlichen Grundregeln, die den unvereinbaren Vorstellungen vom Gemeinwohl jeweils angemessen sind, folgen auch ganz verschiedene Ansichten über jene Spielregeln, die man politischem Handeln zugrunde legen sollte. Im Fall *monistischen* Politikverständnisses, orientiert an einer Vorab-Festlegung des Gemeinwohls und konkretisiert durch Freund/Feind-Denken sowie ein Politikmonopol derer, die das Richtige kennen und wollen, sind die Spielregeln ziemlich einfach: Es gilt, die Vorherrschaft der Träger des Gemeinwohls zu sichern; und in der Gesellschaft ist für einen möglichst breiten Konsens darüber zu sorgen, daß die herrschenden Gemeinwohlvorstellungen tatsächlich die alternativlos richtigen sind. Der – vom politisch Guten definierte – ‚nichtstreitige' Sektor dieser Gesellschaft soll also immer größer werden. Zu verschwinden hat hingegen der ‚streitige' Sektor, den offenbar nur unaufgeklärtes ‚altes Denken' oder verstockte Bösartigkeit erzeugen.

Viel komplizierter sind die Spielregeln politischen Handelns in einer den Konflikt befürwortenden *pluralistischen* Ordnung, die auf Vielfalt und Legitimation durch Verfahren setzt. Im Grunde zielen jene Spielregeln auf ein doppeltes Ziel ab:

- Über alle politischen Gestaltungsaufgaben müssen *Konflikte möglich* sein, und sie müssen scharf, hart und wirkungsvoll ausgetragen werden können – aber doch so, daß derlei *nicht* in

---

[587] Die klassische lateinische Formulierung hierfür lautet: ‚Auctoritas, non veritas facit legem', d.h. Amtsgewalt, kein Wahrheitsanspruch liegt der Rechtsetzung zugrunde. Natürlich gerät man hier in ein Spannungsverhältnis zur Forderung nach materialer Rechtsstaatlichkeit (zu dieser siehe S. 267ff). Nicht grundsätzlich, aber für alle praktischen Zwecke wird dieses Spannungsverhältnis in den unten vorgetragenen Argumentationen zum Minimalkonsens aufgelöst.

[588] Ein solches Menschenbild ist zweifellos viel realistischer als die Annahme, alle Menschen strebten einer *gemeinsamen* Vorstellung vom Richtigen zu und hätten im Grunde die *gleichen* Interessen.

Ordnungszusammenbruch und Bürgerkrieg führt, da dies doch keinesfalls dem Ziel einer ‚guten Ordnung' entspräche.

– Am Ende des Konflikts muß ein Ergebnis, eine *Entscheidung* stehen, weil ansonsten der Konflikt ja rein selbstzweckhaft bliebe und gerade nicht zu jenen nicht bloß diskursiven, sondern *praktischen* Versuchen führte, aus denen m1an – gegebenenfalls Irrtümer erkennend – lernen will.

Damit Konflikt stets möglich, für den Bestand der politischen Ordnung aber ungefährlich ist, braucht es als Grundlage eines *möglichst großen* ‚streitigen' Sektors wünschenswerter politischer Auseinandersetzung *auch* einen ‚*nicht*streitigen' Sektor *gemeinsamer* Ansichten, also einen ‚Minimalkonsens', der jedem Streit seine regulative Idee und seinen Rahmen setzt. Weil jede Ausdehnung des Minimalkonsenses den streitigen Sektor verkleinert und im Extremfall zu dessen monistischer Beseitigung führen kann, müssen Vertreter einer pluralistischen Politikkonzeption stets darauf achten, daß der Minimalkonsens wirklich nur ein unverzichtbares *Minimum* an streitfrei gestellten Prinzipien umfaßt.

Ein derartiger *Minimalkonsens* entfaltet sich in der Dreiheit von Werte-, Verfahrens- und Ordnungskonsens:

– *Wertekonsens:* Es wird Konsens über ein möglichst *enges* Spektrum gemeinsam akzeptierter, stets außer Streit gestellter Werte vereinbart und kommunikativ – durch Tun *und* Lassen – in Geltung gehalten. Im Grunde muß solcher Wertekonsens nur zwei Elemente umfassen: eine klare Vorstellung von Menschenwürde und unantastbaren Menschenrechten, sowie die Legitimität von Vielfalt.[589] Sobald ein verbindlicher Katalog von Menschenrechten allem Streit zugrunde gelegt wird, besitzt ‚Legitimation durch Verfahren' einen Ankerpunkt, von dem aus kritisch beurteilt werden kann, ob ein bestimmtes Verfahren wirklich akzeptabel ist, insofern es nämlich keine dem Wertekonsens zuwiderlaufenden Ergebnisse zeitigt. Andernfalls muß es geändert oder eingehegt werden. Wichtigstes Beispiel hierfür ist, daß der allein auf Verfahrenslegitimität setzende formale Rechtsstaat solchermaßen zum materialen Rechtsstaat gemacht wurde.[590]

– *Verfahrenskonsens:* Hier geht es um Konsens über jene Spielregeln, anhand welcher man seine Konflikte austrägt. Selbstverständlich können Spielregeln – von Verfassungsbestimmungen bis hin zu Geschäftsordnungen – auch geändert werden, und natürlich auch im Anschluß an Streit über die Regeln und ihre Änderungen. Nur müssen während eines Streits um die *Sache* die Regeln des *Verfahrens* eingehalten werden, da ansonsten der Streit jegliches Kriterium für prozedurale Fairneß verliert und zu einem regellosen Kampf werden kann. Unbeschadet aller konkreten Verfahrensweisen, über die es Konsens braucht, müssen zwei Grundregeln Bestandteil des Verfahrenskonsenses ein:

  – *Gewaltfreiheit:* Der Streit muß *gewaltfrei* ausgetragen werden. Das schließt den Verzicht auf offene wie auf versteckte Gewalt ein, auf physische Gewalt ebenso wie auf psychische und kommunikative Gewalt – letztere oft angewendet in der Art, daß vorab festge-

---

589 In der Bundesrepublik Deutschland wird dieser minimale Wertekonsens durch die – vom Bundesverfassungsgericht in der Frühzeit der Republik ausformulierten – Prinzipien der freiheitlichen demokratischen Grundordnung beschrieben. Diese schließt acht Prinzipien ein, die sich im Grunde als Mittel zur Sicherung von materialem Rechtsstaat und von Pluralismus zusammenfassen lassen. Laut Bundesverfassungsgericht umfaßt der Wertekonsens der freiheitlichen demokratischen Grundordnung Deutschlands mindestens die Achtung vor den – im Grundgesetz konkretisierten – Menschenrechten, vor allem vor dem Recht der Persönlichkeit auf freie Entfaltung; das – ‚Volkssouveränität' genannte – Demokratieprinzip; die – komplex zu verstehende – Gewaltenteilung; die – institutionell erzwingbare – Verantwortlichkeit der Regierung; die Gesetzmäßigkeit der Verwaltung; die Unabhängigkeit der Gerichte; das Mehrparteienprinzip; sowie die Bildung und Ausübung von Opposition unter der Maßgabe, daß ihre Trägergruppen den *genau so* umschriebenen Wertekonsens akzeptieren und mittragen.

590 Siehe hierzu S. 266ff.

legt wird, die Vertretung welcher Positionen aus Gründen ‚politischer Korrektheit' zur Herabwürdigung und Ausgrenzung eines Gegners führen dürfe oder gar führen solle. Die Forderung nach Gewaltfreiheit ist keineswegs nur normativ mit dem Hinweis auf die Menschenwürde des Gegners zu begründen. Vielmehr gibt es einen wichtigen funktionslogischen Grund für sie: Die Chance, durch Konflikt auf *neuartige* Versuche zur Lösung politischer Probleme zu kommen oder durch Streit *Irrtümer* in politischen Ansichten zu entdecken, wird dann gemindert oder gar verhindert, wenn Teilnehmer am Streit Angst haben müssen, ihre Position angesichts von Widerspruch oder offene Gegnerschaft zu vertreten. Anders formuliert: Wer das Ergebnis von Streit durch Androhung von Gewalt vorab bestimmt, der kann den Konflikt auch gleich sein lassen, weil er ohnehin keinen Nutzen bringen wird.

- *Chancengleichheit:* Aus dem gleichen Grund müssen die konkreten Verfahrensregeln dafür sorgen, daß alle Streitparteien gleichberechtigt und chancengleich am Konflikt teilnehmen können. Lediglich innerhalb von Repräsentativkörperschaften ist folgende Ausnahme zulässig und aufgrund von deren Leitidee sogar erforderlich: Die Chancen, sich im Streit unter den Repräsentanten durchzusetzen, müssen davon geprägt sein, wie weit man sich zuvor unter den *zu Repräsentierenden* durchgesetzt hat.[591] Chancengleichheit im Streit ist aber schwer zu verwirklichen, weil nicht alle Interessen, um die es im Streit geht, gleich gut organisationsfähig oder konfliktfähig sind.[592] Da aber Gerechtigkeit ein konstitutiver Bestandteil der regulativen Idee des Gemeinwohls ist, um dessen – im Nachhinein festzustellende – Verwirklichung im politischen Streit gerungen wird, ist die auf mangelnde Organisationsfähigkeit etwa von Arbeitslosen und auf die mangelnde Konfliktfähigkeit von alleinerziehenden Müttern zurückgehende Verzerrung der Chancengleichheit ein großes Problem pluralistischer Politikgestaltung. Es ist grundsätzlich wohl unlösbar und bestenfalls für alle *praktischen* Zwecke, durch immer neue Versuche und durch das Lernen aus Irrtümern, im Einzelfall zu mildern.

- *Ordnungskonsens:* Gemeint ist damit Einvernehmen über jene Institutionen, mittels derer man einen konkreten Streit austrägt, und über die Arenen, auf welchen das zu geschehen hat. Beispielweise braucht es Konsens darüber, wer über die Zulassung einer Partei zu einer Wahl (und somit zum Wahlkampf) entscheiden darf, oder ob Tarifkonflikte eher von Arbeitgebern und Arbeitnehmern auszufechten oder von staatlichen Behörden durch Schiedsspruch bzw. eigenverantwortliche Entscheidung beizulegen sind. Ebenso wie Verfahrensregeln in streitigen Verfahren zu ändern sind, können auch die institutionellen Formen und Arenen der Konfliktaustragung nach einem Streit genau darüber geändert werden. Nur dürfen auch hier nicht *während* des Streits um die Sache die institutionellen Arrangements des Streites geändert werden, da ansonsten wieder ein uneingehegter Machtkampf entstünde.

Auf der Grundlage dieses dreifachen Minimalkonsenses lassen sich Konflikte über so gut wie alle Wert-, Sach- und Personalfragen in nachgerade beliebiger Schärfe, doch ohne sonderliche Gefahr für den Bestand der politischen Ordnung austragen. Wie aber können sie *beigelegt* oder fürs erste *beendet* werden? Da es keinerlei Garantie dafür gibt, es werde sich ‚die richtige Position' in ‚für alle erkennbarer Weise' beim Streit durchsetzen, wird man gut daran tun, nur in recht wenigen Fällen auf der Forderung zu bestehen, der Konflikt müsse bis zum Einvernehmen

---

591 Anhand des folgenden Beispiels ist das leicht einzusehen: Wenn bei einer freien Wahl die Partei A 60% der Stimmen gewinnt, die Parteien B und C aber jeweils 20% gewinnen, dann wäre es – unter Geltung des Demokratieprinzips – natürlich nicht akzeptabel, wenn im gewählten Parlament die Parteien B und C ebenso große Chancen hätten, ihre Politik durchzusetzen, wie die Partei A. Chancengleich muß indessen der Wahlkampf sein, da ansonsten das Wahlergebnis nicht die Präferenzen der Wähler, sondern nur die Chancenungleichheit der konkurrierenden Parteien widerspiegelte.

592 Vgl. hierzu S. 315f.

aller, bis zur Erreichung eines einhelligen Konsenses fortgesetzt werden. Auch solch einhelliger Konsens wäre natürlich kein ‚Beweis' dafür, man habe die ‚richtige' Lösung gefunden. Einhelligkeit bezeugt nur, daß niemand die erreichte Position für so falsch hält, daß er sich ihr um keinen Preis anschließen will.

Falls man als Entscheidungsregel somit *nicht* die Forderung nach *Konsens* festlegen will, bleiben nur zwei weitere Möglichkeiten: Entweder hält man für hinnehmbar, daß der Wille einer *Minderheit* allgemein verbindlich gemacht wird; oder man verlangt, daß nur das allgemein verbindlich wird, was die *Mehrheit* akzeptiert.

- *Minderheitsregel:* Für die erste Position läßt sich überzeugend nur argumentieren, wenn man an die Möglichkeit glaubt, das Gemeinwohl lasse sich vorab bestimmen. In diesem Fall steht außer Zweifel, daß eine Minderheit dann das Recht hat, sich durchzusetzen, wenn sie eben inhaltlich recht hat. Unter solchen Umständen braucht es freilich auch keinen Streit; es genügt die Herrschaft derer, die das Richtige kennen.
- *Mehrheitsregel:* Wer sich diesem monistischen Politikverständnis nicht anschließen will, dem bleibt als akzeptable Entscheidungsregel nur das Mehrheitsprinzip. Es besagt: Fairer Streit hat zu enden mit einer freien Abstimmung, die allgemein verbindlich macht, was die Mehrheit der Abstimmenden wünscht. Dabei bleibt es unbenommen, je nach Entscheidungsinhalt immer größere Mehrheiten zu fordern: von der relativen Mehrheit unter den Abstimmenden (‚einfache Mehrheit') über die Mehrheit der Gesamtstimmenanzahl eines Abstimmungsgremiums (‚absolute Mehrheit') bis hin zu Zweidrittel-, Vierfünftel- oder Dreiviertel-Mehrheiten (‚qualifizierte Mehrheit') entweder derer, die an der Abstimmung teilnehmen, oder jener, die abstimmungsberechtigt wären. Je größer die Mehrheitsanforderungen werden, um so mehr nimmt natürlich die Macht von Minderheiten zu (‚Veto-Macht'[593]); am größten ist sie offenbar im Fall verlangter Einstimmigkeit, also völligen Konsenses. Natürlich kann man auch – gleich wie qualifizierte – Mehrheiten in zwei oder mehr aufeinander folgenden, zeitlich getrennten Wahlgängen fordern, um so die Wahrscheinlichkeit einer bindenden Zufallsmehrheit auszuschließen. Je mehr solche Wahlgänge man fordert, um so größer wird natürlich das Risiko, keine den Streit abschließende Entscheidung zu erlangen, womit der Streit um seinen Nutzen gebracht und im Grunde selbstzweckhaft wird.

Keineswegs geht mit der Akzeptanz von Mehrheitsentscheidungen der Glaube einher, Mehrheit verbürge Wahrheit. Ganz im Gegenteil zeigt der Blick in die Geschichte, daß sich Mehrheiten nicht selten bei der Festsetzung ihrer Ziele vergreifen und in der Wahl ihrer Mittel irren. Doch das tun Einzelne und Minderheitsgruppen nachweislich nicht weniger, sondern vermutlich sogar öfter. Das Mehrheitsprinzips als Entscheidungsregel wird vielmehr aus zwei *anderen* Gründen gerechtfertigt. Erstens sind Minderheitsherrschaft oder Konsensprinzip als seine Alternativen viel weniger akzeptabel. Zweitens stellt das Mehrheitsprinzip, als Abschluß fair ausgetragener Konflikte, dem durch Mehrheitsprinzip gesteuerten politischen System größere Lernfähigkeit und Legitimationskraft in Aussicht, als das seine Alternativen tun. Der hier einschlägige Wirkungszusammenhang, ‚Mehrheitsmechanismus' zu nennen, läßt sich so umreißen:

- Im fair ausgetragenen Streit von aufgrund ihres Eigeninteresses scharf argumentierenden Konfliktparteien wird in der Regel sichtbar, welche Vor- bzw. Nachteile die Verwirklichung eines bestimmten Interesses für wen haben kann, sowie welche Vorzüge bzw. Schwächen die jeweilige Position aufweist. Ursache dessen ist der – vom Zwang der Mehrheitssuche angetriebene – Versuch, die Problemstellen der jeweils gegnerischen Position ausfindig und für jeden Abstimmungsberechtigten, ihn von einer Zustimmung abhaltend, unübersehbar zu machen.

---

593 Von lat. ‚vetáre', d.h. etwas verbieten.

- Wenn man sowohl annehmen darf, daß der Gegner so verfahren wird, als auch weiß, daß man für seine eigenen Gestaltungswünsche am Schluß des Streits bei der Abstimmung eine absolute, Zweidrittel- oder gar noch größere Mehrheit erreichen muß, dann wird ein *rationaler* Akteur wie folgt verfahren:
  - Er wird sich bemühen, solche Schwachpunkte der eigenen Position von vornherein zu vermeiden, welche – vom Gegner entdeckt – die eigenen Gewinnchancen gefährden können. Fairer Streit in Verbindung mit dem Mehrheitsprinzip sorgt also dafür, daß der *Zwang zum Lernen* schon *recht früh* einsetzt bzw. ein Lernunwilliger wohl *scheitern* wird.
  - Ferner wird ein rationaler Streitteilnehmer sich bemühen, die eigene Position mit so vielen Interessen seiner Streitgegner vereinbar zu machen, wie für die Sicherung der Chance nötig sind, die erforderliche Mehrheit zu erreichen. Da sich derartiger Interessenausgleich oft nicht innerhalb einer *einzigen* Entscheidung bewerkstelligen läßt, werden rationale Akteure ‚Geschäfte auf Gegenseitigkeit' tätigen. Entweder schnürt man zu diesem Zweck ‚Paketlösungen', sorgt also für Interessenausgleich quer über inhaltlich sehr verschiedene Entscheidungsmaterien; oder man erwartet für das eigene Entgegenkommen von heute schon morgen oder in absehbarer Zeit die Unterstützung des anderen. Wer sich dann illoyal verhält, ist aus dem Spiel – was ein rationaler Akteur antizipiert und ein irrationaler Akteur aus Erfahrung lernen mag. Fairer Streit in Verbindung mit dem Mehrheitsprinzip sorgt somit auch für weitgehende Bereitschaft zum *Kompromiß* und zum *Interessenausgleich* – oder dafür, daß rein selbstsüchtige und kompromißunfähige Akteure sich nicht lange halten werden.

Dank solcher Wirkungszusammenhänge gibt es zwar keine Garantie, doch *vergleichsweise* gute Aussichten dafür, Mehrheiten für inhaltlich sehr unausgegorene oder dem Mehrheitsinteresse entgegenlaufende Entscheidungen ziemlich oft zu *verhindern*. Damit steigen die *Chancen* für die Durchführung stimmiger, an realen Problemlagen ansetzender und sehr viele Interessenlagen zufriedenstellender Politik. Falls überdies der ‚Mehrheitsmechanismus' mit Repräsentationsinstitutionen[594] sowie dem ‚Wiederwahlmechanismus'[595] gekoppelt ist, steigen auch die Chancen auf eine halbwegs *gerechte* Politik. Und falls gar noch ziemlich viele vernünftige Personen in die politischen Ämter gewählt werden sollten und sich in den Massenmedien Unterstützung für mittel- und langfristige Problemlösungen gewinnen läßt, steigen außerdem die Chancen auf *nachhaltige* Problemlösungen. Wenn dies alles gelingt, so entsteht das, was sich – im Nachhinein – als *Gemeinwohl* erkennen läßt. Auf den beim Versuch seiner Verwirklichung *erkennbar hilfreichen* Theorien, Handlungsmustern und institutionellen Mechanismen kann man dann auch *künftig* aufbauen – oder derlei, beim Streit um neue Entscheidungen, immerhin *versuchen*.

Zwar gibt es *keinerlei Garantie* dafür, daß der ‚Mehrheitsmechanismus' zu vernünftigen, sachdienlichen, nachhaltigen und gerechten Problemlösungen führt. Im Gegenteil lassen sich sogar sehr viele Beispiele für unvernünftige Kompromisse und zukunftsblinde Mehrheitsentscheidungen anführen. Doch einesteils wird sich eine an der Wirklichkeit vorbeigehende, Probleme eben nicht lösende Politik zweifellos nach einiger, gegebenenfalls längerer Zeit *in der Praxis* als untauglich erweisen. Als Folge des politischen Versuchs *zeigt* sich dann dessen Irrtümlichkeit, woraus gelernt werden *kann*. Allerdings mag der Anerkenntnis von Irrtümern und dem Lernen lange Zeit Ideologie entgegenstehen.[596] Andernteils werden auch falsche oder sich als falsch herausstellende Entscheidungen von den Betroffenen in der Regel dann als ‚als leider falsch, doch fraglos rechtens' akzeptiert, wenn sie nach fairem, offenen Streit in Form einer

---

594 Siehe S. 328ff.
595 Siehe S. 275f.
596 Vgl. S. 42f.

*Mehrheits*entscheidung ergangen sind. Während auf *Minderheits*entscheidungen zurückgehende fatale Fehler leicht jenes politische System entlegitimieren können, in dem es zu ihnen kommt, steht also selbst bei – bemessen an ihren Wirkungen – sehr schlechter Politik die Legitimität einer politischen Ordnung dann selten in Frage, wenn es die *Mehrheit* einer Gesellschaft oder ihrer frei gewählten Vertreter war, die sich geirrt hat und ihren Irrtum nun doch einsehen und korrigieren kann. Der ‚Mehrheitsmechanismus' erschließt also selbst im Fall *schlechter* Politik – und somit *nicht* nur bei Verwirklichung von Gemeinwohl – erhebliche Legitimitätsressourcen.

Mehrheitsentscheidungen werden im übrigen nur dann als legitim gelten, wenn niemand befürchten muß, einmal in die Minderheit geraten, hätte er um seine zentralen Interessen oder gar um die Möglichkeit zu fürchten, eines Tages wieder Teil einer Mehrheit zu werden. Zum Mehrheitsprinzip gehört also *Minderheitenschutz*. Verwirklichen läßt er sich einesteils über den *Werte*konsens, zu dem die Achtung sehr konkreter Minderheitenrechte gehören kann. Dann ist für alle praktischen Zwecke klar: ‚Die Mehrheit darf nicht alles!'[597] Andernteils kann der *Verfahrens*konsens dem Minderheitenschutz dienen. Beispielsweise lassen sich für Regelungsmaterien, die sehr stark jedermanns Interessen berühren, besonders breite Mehrheiten verlangen. Offensichtlich steigt nämlich die Macht von Minderheiten – und somit ihre Fähigkeit, eigene Interessen zu wahren – um so mehr, eine je größere Mehrheit für die zu fällende Entscheidung erforderlich ist. Dabei wächst das politische Gewicht jener Minderheitsgruppe, die *alternativlos als letzte* der Mehrheit willen gewonnen werden muß, aufs äußerste an, da sie als ‚Veto-Gruppe' die gesamte Entscheidung verhindern könnte.[598] Schließlich kann auch der *Ordnungs*konsens dem Minderheitenschutz dienen, indem er ein feinteiliges Gefüge dezisiver Gewaltenteilung oder gar solche entscheidungsvorbereitenden Verhandlungssysteme fixiert, in dem Minderheiten von vornherein überproportionaler Einfluß zukommt.[599]

(3) Konsequenzen für den Staatsaufbau

Aus diesen ganz unterschiedlichen Grund- und Spielregeln politischen Handelns, die ihrerseits die zwei völlig andersartigen Gemeinwohlvorstellungen konkretisieren, lassen sich unmittelbar Folgerungen für den Aufbau einer guten politischen Ordnung ableiten. Sie führen, vollständig realisiert, zu den beiden Extremformen politischer Systeme: Monismus führt zur totalitären Diktatur,[600] Pluralismus zum liberalen demokratischen Verfassungsstaat.

– *Monismus und totalitäre Diktatur:* Wenn das ‚politisch Gute' vorab erkannt werden kann, besteht die Aufgabe moralisch rechtfertigbarer *Politik* darin, es durch die Möglichkeiten politischer Ordnung nachhaltig zu verwirklichen. Der politische Gestaltungsanspruch des *Staates* braucht sich dann, ja darf sich im Grunde keine Grenzen auferlegen, sofern er der Verwirklichung des Guten dient. Diesem Zweck ist am besten dadurch gedient, daß alle politische Macht in der Hand der von klarer Erkenntnis des Gemeinwohls geleiteten politischen Führer liegt und keinerlei Form von Gewaltenteilung die Verwirklichung des Guten hemmen kann. Parteien, Massenorganisationen und Massenmedien sollen eine ihrer zentralen Aufgaben darin sehen, möglichst viele Bürger im Sinn des politisch Guten anzusprechen, sie in das Aufbauwerk der politischen Führer einzubinden und jedenfalls vor dem Zugriff ‚negativ-feindlicher Kräfte' zu schützen.

---

[597] Vgl. hierzu die Ausführungen über materiale Rechtsstaatlichkeit als Schranke des Demokratieprinzips auf S. 271 und 278.

[598] Anhand dieses Zusammenhangs ist natürlich leicht zu erkennen, daß die Forderung nach einhelligem Konsens keineswegs das *Mehrheits*prinzip ‚auf die Spitze treibt', sondern ganz im Ggenteil *Minderheiten*herrschaft etabliert.

[599] Vgl. hierzu S. 253f.

[600] Bzw. bei geringeren Gestaltungsansprüchen der politischen Führer zu einer Entwicklungs- oder Erziehungsdiktatur.

Der ideale *Bürger* ist hier jener, der vom Glauben an das klar definierte Gemeinwohl durchdrungen ist, der sich mit seinen – tatkräftig auf das Gute ausgehenden – politischen Führern identifiziert, sie durch Mitarbeit auf allen staatlichen und gesellschaftlichen Ebenen unterstützt, selbst ein Vorbild ist im Kampf für deren Ziele, und der die Gegner des Gemeinwohls, wo immer er sie findet, stellt und entweder überzeugt oder bekämpft. Das *gesellschaftliche Leitbild* ist eine homogene, eine einheitlich an den ‚guten Prinzipien' ausgerichtete Bürgerschaft, in der es keinen sonderlichen Streit gibt, die keine Illusionen über ihre Feinde hegt, die ihren Freunden unverbrüchlich die Treue hält und die ihre Werte und Wünsche im Handeln der politischen Führer gut aufgehoben sieht. Auf diese Weise kann ein vom Monismus geprägtes System sogar als die höchste Form einer identitär verstandenen *Demokratie* gelten: Führer und Volk sind geeint, Regierende und Regierte aufgrund ihrer ganz gleichartigen Interessen und ihres völlig gemeinsamen Handelns im Grunde identisch.

– *Pluralismus und liberaler demokratischer Verfassungsstaat:* Weil das ‚politisch Gute' erst im Nachhinein – vielleicht – erkannt werden kann, besteht die moralisch rechtfertigbare Aufgabe der *Politik* nur darin, einen solchen Ordnungsrahmen zu schaffen und zu sichern, in dem eine Gesellschaft friedlich um das politisch Richtige streiten und sich – durch Versuch und Irrtum – eine belastbare Vorstellung vom Gemeinwohl erarbeiten kann. Um Fairneß in solchen Konflikten zu sichern, hat der *Staat* eine Fürsorgepflicht gegenüber jenen, die im pluralistischen Streit – etwa aufgrund schlechterer Organisations- und Konfliktfähigkeit – geringere Durchsetzungschancen haben. Außerdem muß der Staat immer wieder eine Rolle als Moderator zwischen kommunikationsunwillig gewordenen gesellschaftlichen Gruppen übernehmen, überdies dann eigene Initiative zeigen, wenn es unabweisbaren – und durch streitige Willensbildung nicht rasch genug zu befriedigenden – Handlungsbedarf gibt (‚Prärogativgewalt'). Seinen eigenen Gestaltungsansprüchen muß der Staat aber vergleichsweise enge Grenzen ziehen, da er nur ein Mittel zum Zweck gesellschaftlicher Selbststeuerung ist. Im Grunde hat er nur Frieden, Freiheit, Eigentum und jenen Minimalkonsens zu sichern, innerhalb dessen jeder, der dies will, dann nach eigenen Vorstellungen am Streit um die Verwirklichung einer ‚guten Ordnung' teilnehmen und – die Erringung entsprechender Mehrheiten in freien Wahlen und Abstimmungen vorausgesetzt – den Staatswillen mitprägen kann. Damit sich nicht die Exponenten machtvoller Interessengruppen und eigensüchtige politische Aktivisten ungehemmt durchsetzen können, ist ein feinfühliges System der Gewaltenteilung aufrechtzuerhalten, das zur Erarbeitung möglichst stimmiger Politikkonzepte und zur Berücksichtigung eines breiten Interessenspektrums zwingt. Parteien, Interessengruppen und Massenmedien sollen die ganze Spannweite gesellschaftlicher Meinungen und Wünsche abdekken und in einen durch und durch streitigen Prozeß politischer Willensbildung und Entscheidungsfindung einbringen. ‚Negativ-feindlich' sind für eine solche Ordnung nicht jene, die – und sei es als ‚Radikale' – eine andere Politik, eine andere Regierung oder eine andere Ausgestaltung der politischen Institutionen wollen, sondern nur – doch ganz ausdrücklich – jene, welche dieses auf legitime Vielfalt und bejahten Konflikt ausgelegte politische System durch autoritäre Herrschaft oder monistische Diktatur ablösen wollen (‚Extremisten', ‚Extremismus').[601]

Hier ist der ideale *Bürger* jener, der Vielfalt und Konflikt bejaht und auch persönlich aushält, sich gesellschaftlich und politisch engagiert, mit selbst zu verantwortender Kritik an politischen Führern nicht spart, zugleich sowohl selbst nach politischen Führungspositionen strebt als auch das gleiche Streben anderer – bei hartem Wettstreit mit ihnen – akzeptiert, Kritik an gegnerischen Positionen mit Einsicht in deren Stärken, Überzeugung von den eigenen Positionen mit der Fähigkeit zur Selbstkritik verbindet, und den Minimalkonsens als Grundlage

---

[601] Zu den wichtigen Unterschieden zwischen Extremismus, Opposition und Widerstand siehe S. 340.

politischen Streits durch Tun und Lassen in Geltung hält. Das *gesellschaftliche Leitbild* ist eine vielfältige, von durchaus widerstreitenden Weltanschauungen und nötigenfalls auch scharfen Interessenkonflikten gekennzeichnete (,heterogene') Gesellschaft, die mit solchen Konflikten aber zu leben bereit ist und einer zweifachen Versuchungen widersteht: jener, den Minimalkonsens konfliktstillegend auszudehnen, und der, sich um dessen Sicherung überhaupt nicht mehr zu kümmern. Unter *Demokratie* versteht eine solche Gesellschaft eine Form der Arbeitsteilung: Politische Führer – in deren Kreis jeder nach eigenem Entschluß und bei persönlicher Durchsetzung in Konkurrenz mit anderen aufsteigen kann – haben Dienstleistungen zu erbringen, sie haben ihre konkurrierenden Sach- und Personalkonzepte immer wieder der Bürgerschaft zur Auswahl vorzulegen, und nicht die Bürger haben sich mit ihren Führern, sondern die Führer sich zunächst mit ihren Wählern, sodann mit jener politischen Ordnung zu identifizieren, für die sie als Treuhänder der Bürgerschaft Verantwortung tragen.

Sowohl Totalitarismus[602] als auch der demokratische Verfassungsstaat entspringen offenbar dem Streben nach dem politisch Guten, dem Ringen um eine ,gute Ordnung'; *beide* haben tiefgehende und achtenswerte Wurzeln. Der mindestens zu einer Erziehungsdiktatur, leicht aber auch zu totalitärer Herrschaft verleitende Monismus hat überdies sogar am Anfang der ihn entfaltenden Gedankenkette große *Plausibilität* für sich: Wem leuchtet wohl nicht ein, daß Politik das Richtige tun und nicht ,blinden Zufallsmehrheiten' folgen soll? Wer wüßte nicht *persönlich* anzugeben, was ihm politisch gut und richtig zu sein scheint? Und wen zöge nicht zunächst einmal die Vorstellung an, sich gemeinsam mit anderen, ganz ohne ,Quertreiber', in den Dienst einer guten Sache zu stellen, die ,größer ist als man selbst'? Darum bedarf es stets einiger Mühe, sich oder anderen klarzumachen, welche zunächst ganz unerwarteten und oft an sich sogar abgelehnten Dinge *notwendigerweise* aus so plausiblen und attraktiven Anfangsüberlegungen folgen. Viel lieber mögen die meisten glauben, aus edlen Motiven *könne* sich ganz einfach nichts Schlimmes ergeben, als daß sie nachvollziehen wollen, warum sich ein verwerfliches Herrschaftssystem *gar nicht vermeiden* läßt, wenn man anderen mit den Mitteln der Politik das Gute selbst *gegen* Ignoranz und Widerstand nahebringen will. Vor allem sperrt man sich meist gegen den stets verletzenden Nachweis, *eigene* Wertvorstellungen und Politikkonzepte würden *unweigerlich* zu Folgen führen, die man doch aufrichtig *nicht* wünscht. So wenig nämlich für die meisten Totalitarismus attraktiv ist, so sehr sind das monistische Politikvorstellungen. Darum sträubt man sich hier nach Kräften: gegen die Zurkenntnisnahme von beider Zusammenhang, gegen den Totalitarismusbegriff in diesem Kontext oder überhaupt, und zumal gegen den Vergleich von Pluralismus und Monismus sowie von beider Folgen.

Trotzdem ist ein solcher Vergleich sehr erkenntnisträchtig. Sein Ergebnis ist eindeutig: Wer das politisch Gute will, sollte auf *keinen* Fall den vom Monismus gewiesenen Weg einschlagen. Erstens ist es eine gewaltige und redlich nicht einzulösende Bringschuld, sich selbst (oder einer geachteten Religion, einer bewunderten Partei, einem geliebten Führer) *exklusives* Wissen um die ,richtigen' politischen Inhalte zuzuschreiben und von daher ein diktatorisches Regime zu rechtfertigen. Zweitens zeigt der Blick in die Geschichte, daß Entwicklungs- und Erziehungsdiktaturen meist ziemlich wenige Früchte bei überaus vielen Opfern hervorbrachten. Totalitäre und autoritäre Diktaturen sind ganz einfach inhuman und verwenden in großem Ausmaß Mittel, die schwerlich vom erhofften Zweck geheiligt werden. Drittens haben sich, eben *weil* es Vielfalt und Streit, Entscheidungen und Entscheidungsfolgen, Versuch und Irrtum gibt, pluralistische Systeme als wesentlich *lernfähiger und leistungsfähiger* als ihre monistische Konkurrenz erwiesen. Sie haben also nicht ohne Grund im 20. Jahrhundert den großen Systemwettbewerb zwischen demokratischem Verfassungsstaat und sozialistischem Monismus gewonnen.

---

[602] Sowie die autoritären Herrschaftsformen der Erziehungs- und Entwicklungsdiktatur.

Damit ist allerdings kein ‚Ende der Geschichte' erreicht. Pluralismus wird auch künftig viele Schwierigkeiten haben, verstanden und aufrichtig gewollt zu werden. Er dürfte sogar in manchen Ländern in Krisen geraten, zusammenbrechen und wiederum autoritärer Herrschaft Platz machen. Monismus wird weiterhin seine ‚naturwüchsige' Plausibilität und große Anziehungskraft besitzen. Seine innerhalb von Chaos ordnungsbildende Leistungsfähigkeit ist auch gar nicht zu bestreiten und im Grunde dort sogar zu loben, wo aus korrupten Regimen und bürgerkriegsähnlichen Zuständen überhaupt erst wieder funktionstüchtige Staatlichkeit aufzubauen ist. Solchen Gesellschaften ist aber der Verzicht auf totalitäre Herrschaft als letzter Konsequenz von Monismus ebenso zu wünschen wie die schnellstmögliche Beseitigung von Autoritarismus und der Aufbau von zunächst Verfassungsstaatlichkeit, sodann von Liberalismus und letzten Endes von Demokratie.

c. Föderalismus und vertikale Systemintegration

Politische Systeme bestehen nicht für sich allein. Vielmehr sind sie eingebettet in Gefüge anderer politischer Systeme. Mit diesen wirken sie oft zusammen. Bisweilen binden sich benachbarte politische Systeme in mehr oder minder loser Form aneinander. So kommt es zu Föderalismus,[603] der seinerseits nach steuernden Suprastrukturen verlangen mag. Oder es differenzieren sich bestehende Systeme nach innen aus und bilden territorial definierte Subsysteme, woraus ebenfalls Föderalismus erwachsen kann. In beiden Fällen entstehen Probleme, ein solches Gefüge von Sub- und Suprasystemen zu einem handlungsfähigen Gesamtsystem zu integrieren (‚vertikale Systemintegration'). Im Lauf der Geschichte politischer Systeme wurde eine Reihe von Strukturprinzipien ersonnen, mit denen sich derartige Probleme lösen lassen.

(1) Historische Erscheinungsformen von Föderalismus und vertikaler Systemintegration

Weit vor der Entstehung von Föderalismus liegen Formen kultureller Zusammengehörigkeit, die sich in gemeinsamer Sprache, gemeinsamer Religion, gemeinsamen künstlerischen Ausdrucksformen oder gemeinsamen Kulten und Festen äußern. Derlei kennzeichnete das sumerische Städtesystem des vierten und dritten vorchristlichen Jahrtausends ebenso wie das – über Kolonisierung bis nach Spanien reichende – Netzwerk der griechischen Stadtstaaten zwischen dem achten und dem vierten vorchristlichen Jahrhundert. Innerhalb und auf der Grundlage solcher ‚Vielstaatlichkeit' kommt es seit jeher zur Bildung kurz-, mittel- und langfristiger Bündnisse, die der Abwehr fremder Mächte oder der Sicherung eigener Einflußsphären dienen. Oft bestanden sie in nicht mehr als einem Vertrag und beschränkten sich darauf, diplomatische Beziehungen zu verdichten. Solange man Interessen teilt, halten solche Bündnisse; ansonsten zerfallen sie. Gerade die europäische Geschichte vor dem Beginn des europäischen Einigungsprozesses bietet dafür viele Beispiele. Insbesondere militärische Bündnisse können, zur Sicherung ihrer Verläßlichkeit, aber auch schon fester institutionalisiert sein. Ein bemerkenswertes Beispiel dafür ist die nach dem Zweiten Weltkrieg entstandene NATO. Doch schon die altgriechischen ‚Symmachien'[604] wurden gegen gemeinsame Gegner auf begrenzte oder gar ‚ewige' Zeit geschlossen, oft mit der Standardformel, man wolle dieselben Freunde und dieselben Feinde haben. In solchen Bündnisverträgen konnten dann auch die wechselseitigen Verpflichtungen recht präzis beschrieben werden, z.B. die Führung des Oberbefehls, die Konsultationsstrukturen oder die Finanzierung von Zusammenarbeit und Feldzügen.

[603] Von lat. ‚foedus', d.h. Bündnis.
[604] Von griech. ‚symmachein', d.h. Bundesgenosse sein, auf gleicher Seite kämpfen.

Erste Ansätze föderaler Institutionen entstanden in der griechischen Polis-Welt insbesondere zur Verwaltung gemeinsamer Kultstätten. Solche Bünde – ‚Amphiktionien' genannt[605] – hatten typischerweise als Hauptorgan einen zweimal jährlich – im Frühling und Herbst – zusammentretenden Bundesrat (‚Synhedrion'), zu dem jeder am Kult teilnehmende griechische Stamm zwei Vertreter entsandte. Zu viel engeren Formen von auf Dauer gestellter Kooperation, und damit zu ersten Ansätzen der Bildung eines neuen, übergeordneten Systems, kam es in Gestalt institutionalisierter hegemonialer Bündnisstrukturen. Vor allem waren es die demokratisch regierten Athener, die – in Gestalt des von ihnen dominierten Seebundes – seit dem fünften vorchristlichen Jahrhundert ein maritimes, von den in Athen ansässigen Bundesinstitutionen zentralistisch geführtes Imperium aufbauten. Später, seit dem vierten vorchristlichen Jahrhundert, reagierten die Griechen sowohl auf das Makedonenreich als auch auf die ausgreifende römische Macht mit der Gründung von regelrechten Bundesrepubliken (‚Koiná'[606]), in denen sich – vom arkadischen über den aitolischen und den boiotischen bis zum achaiischen Bund – ihre alte, bislang von der Polis-Autonomie überlagerte Stammesstruktur widerspiegelte. Diese spätgriechischen Bundesrepubliken hatten bereits feste und handlungsfähige Bundesinstitutionen: einen von den ‚Gliedstaaten' – oft proportional zu ihrer Bevölkerungszahl – beschickten Bundesrat, eine Bundesregierung (die ‚Archonten'[607]), meist auch eine Bundesversammlung der Einzelbürger der verbündeten ‚Gliedstaaten',[608] sowie Bundesbeamte, die von der Bundesversammlung oder vom Bundesrat gewählt wurden.

Der spätgriechische Föderalismus war für die politischen Großsysteme der Antike aber nicht typisch. Er war wohl eher eine – an den europäischen Einigungsprozeß unter dem Druck des Kalten Krieges erinnernde – machtpolitische Aushilfe als ein seiner selbst willen gewünschter Prozeß der Bildung von politischen Suprasystemen. Den in der Antike viel häufigeren Prozeß der hegemonialen Großreichsbildung exemplifizieren viel besser der – zweimal niedergerungene – Attische Seebund sowie das Römische Reich. Dieses war bis zur Kaiserzeit von seiner Verfassungsstruktur her ein Stadtstaat geblieben. Entsprechend benutzte die Republik bis zum ersten vorchristlichen Jahrhundert das Instrument der ‚Bundesgenossenschaftsverträge', um ein von der römischen Aristokratie – über die Magistrate und den Senat – regiertes Mittelmeerreich aufzubauen. Doch am Fehlen sowohl wirkungsvoll repräsentativer als auch klar imperialer Steuerungsstrukturen litt dieses Reich ganz offensichtlich in der Zeit der Bürgerkriege des ersten vorchristlichen Jahrhunderts. Im Grunde erwies es sich in der Antike als am zukunftsträchtigsten, multiethnische Großreiche durch kriegerische oder vertragliche Unterwerfung eines Landes unter einen ‚Großkönig' (griech. *basileús*) zu errichten. Dieser wurde – in ägyptischer und persischer Tradition – oft mit ihn als göttliches Wesen erhöhenden Kulten umgeben.[609] In seinen Dienst traten die gefolgschaftswilligen Führungseliten der unterworfenen politischen Systeme, während die integrationsfeindlichen Elitegruppen beseitigt oder machtpolitisch kaltgestellt wurden. Die Masse der Bevölkerung wurde anschließend von den – auf diese Weise integrierten – regionalen Eliten ziemlich dezentral und darum politisch unaufwendig regiert. So verfuhr man etwa in den Großreichen der Perser und der Seleukiden, später im Römischen Kaiserreich.

---

605 Von griech. ‚amphiktiónes', d.h. Grenznachbarn. Besonders bekannt sind jene, die sich um die großen Heiligtümer von Delos und Delphi bildeten.

606 Dieser griechische Begriff meint auf deutsch die öffentlichen Angelegenheiten, die Gesamtheit, das Gemeinwesen.

607 Von griech. ‚árchein', d.h. herrschen.

608 Im Vorhandensein solcher – ganz und gar den Volksversammlungen der Stadtstaaten nachempfundenen – Bundesversammlungen zeigt sich, wie sehr die politische Systembaukunst der Griechen den kleinräumigen politischen Strukturen der Polis verhaftet blieb und wie ungern sich die Griechen eigentlich auf Repräsentationsinstitutionen einließen. Dieser anti-repräsentative Affekt demokratischen Denkens gehört zu den wichtigsten Erblasten, welche die Griechen dem europäischen politischen Denken hinterlassen haben.

609 Solchen Kulten dienten in der römischen Kaiserzeit auch die ‚Provinziallandtage', insbesondere in den asiatischen Provinzen des Reiches.

Der westeuropäische Imperialismus des 19. Jahrhunderts beschritt aus in der Natur der Sache liegenden Gründen ähnliche Wege. Während dessen Kolonialreiche aufgrund der machtpolitischen Schwächung der europäischen Kolonialmächte durch den Ersten und zumal den Zweiten Weltkrieg weitestgehend zerbrachen und politisch allenfalls in Gestalt symbolischer Strukturen (wie des britischen Commonwealth) fortbestehen, schaffte es das Russische Reich, seine kontinentalen Kolonialgebiete vom Kaukasus über Zentralasien und Sibirien bis an den Pazifik als ‚Sowjetunion' bis ans Ende des 20. Jahrhundert, als ‚Russische Föderation' bis heute zusammenzuhalten. Es bleibt abzuwarten, ob und wie gut sich die bislang imperialen Integrationsmuster, lange Zeit durch die kommunistische Ein-Parteien-Diktatur überlagert und verstärkt, zu nachhaltig wirksamen Strukturprinzipien föderaler Systemintegration weiterentwickeln lassen.

Eine andere Form vertikaler Systemintegration bestand als feudaler ‚Personenverbandsstaat' im europäischen Früh- und Hochmittelalter. Dessen politische Ordnung war aus der Eroberung der Westhälfte des Römischen Reiches durch germanische Völkerschaften und aus deren anschließendem machtpolitischen Arrangement mit den slawischen Herrschaftsgebilden in Mittel- und Osteuropa hervorgegangen. Überaus komplexe, weitreichende, doch im Grunde staatsfreie Herrschaftsgefüge wurden hier zusammengehalten durch persönliche Treueverhältnisse zwischen einem – kraft Eroberung oder Erbfolge in diese Rolle rückenden – Lehensherrn und seinen Vasallen. Dem Lehensherrn gehörte fiktiv, teils auch machtpolitisch durchsetzbar und darum real, ein Großteil des einst eroberten Landes, dessen Teilgebiete er seinen Gefolgsleuten sowie deren Nachkommen ‚verlieh', welche aber – im Normalfall nur theoretisch – von ihm auch wieder eingezogen werden konnten oder nach Erlöschen einer männlichen Erbfolgelinie an ihn wieder zurückfielen. Auf diesen Gebieten bekamen die Vasallen – aus denen sich in Deutschland der Fürstenstand entwickelte – Herrschafts- und Nutzungsrechte, mitunter auch königliche Vorbehaltsrechte (‚Regalien') wie das Recht auf Münzprägung und somit auf eigenständige Währungspolitik. Als Gegenleistung hatten die Vasallen dem Lehensherrn Verwaltungs- und Kriegsdienste zu leisten, waren also die reale Basis seiner – über das eigene ‚Krongut' hinausgehenden – Macht. Zunächst auf Lebenszeit verliehen, wurden diese Lehensgüter aufgrund der Entwicklung der realen Machtverhältnisse zunächst faktisch, dann auch rechtlich vererbbar. So entstanden unterhalb persönlicher Treueverhältnisse – und dadurch den ‚Personenverbandsstaat' ablösend – mehr oder weniger eigenständige politische Systeme, die nur unter großen und wenig nachhaltigen Anstrengungen durch den König oder Kaiser als Lehensherrn kontrolliert werden konnten. In Deutschland wurden hieraus – etwa in Gestalt der Markgrafschaften Meißen und Brandenburg, woraus später Kurfürstentümer und noch viel später die Königreiche von Sachsen und Preußen wurden – Vorläufer heutiger Bundesländer. Überhaupt wurde die deutsche Geschichte dadurch geprägt, und im besonderen die meist positive Einschätzung des Föderalismus in Deutschland dadurch hervorgerufen, daß sich im alten deutschen Reich die Staatsbildung auf der Ebene der Territorien vollzog, nicht aber – ganz anders als in Frankreich oder England – auf der Ebene des Gesamtreiches. Spätestens nach dem Ende des Dreißigjährigen Krieges stand Deutschland darum stets vor der Aufgabe, geeignete institutionelle Formen vertikaler Systemintegration zwischen der Ebene des Reiches und jener seiner ‚Stände' – seiner Territorien – zu finden.

Im germanisch geprägten Europa entwickelte sich aus der Festigung der Landesherrschaft von Vasallen bis zum Spätmittelalter eigentlich überall die Integrationsform des ‚dualistischen Ständestaates'. Adelige und geistliche Vasallen, meist auch ‚freie' Städte und – sehr selten – auch Vertreter der Bauernschaft, als Korporationen ‚Stände' genannt, waren – neben den Monarchen – die *realen* Machtträger. Sie standen darum nicht einfach als ‚Repräsentanten', sondern als die tatsächlich Macht besitzenden Personen, als ‚das Land' schlechthin, einem Fürsten oder König gegenüber. Dieser besaß einesteils die streitschlichtende Oberhoheit im Inneren und hatte andernteils das Land und seine Stände nach außen zu schützen. Zu diesem Zweck wurde ihm Steuern und Abgaben von den – etwa als ‚Landtag' versammelten – Ständen gewährt, während die sonstige Machtstellung des Fürsten oder Königs im wesentlichen vom finanziellen Ertrag seiner eigenen Güter abhing.

Die Integration *mehrerer* politischer Systeme zu einem größeren Handlungsverbund ließ sich bei einer solchen Systemkonstruktion vergleichsweise leicht bewerkstelligen. Ein erster Weg bestand darin, daß man die Stände eines eroberten Landes im Anschluß an die kriegerische Niederlage ihres bisherigen Landesherrn dem siegreichen Fürsten oder König Treue schwören ließ. So erweiterte noch im 18. Jahrhundert Friedrich d.Gr. Preußen um Schlesien. Ein anderes Mittel war eine dynastisch kluge Heiratspolitik, bei welcher die Treueeide der Stände notwendigerweise den – auch durch Intrigen und Mord zu steuernden – innerfamiliären Erbgängen folgten. Ganz wesentlich auf diese Weise entstand das – bis ans Ende des Ersten Weltkriegs reichende – Habsburgische Reich. Durch Landesausbau und vereinheitlichende Verwaltung, auch durch wirtschaftliche Emanzipation des Fürsten von auf landständischer Steuerbewilligung beruhenden Finanzzuflüssen, konnten heterogene Herrschaftsgebiete anschließend integriert, von einem Feudalgebilde zu einem Staat umgeformt werden.

In Deutschland entwickelte sich auf solchen Voraussetzungen gewissermaßen ‚naturwüchsig' Föderalismus. Moderne Staatlichkeit entstand – vor allem durch die imperiale Machtüberspannung der staufischen Italienpolitik und das ihr folgende ‚zentralstaatliche' Machtvakuum während der kaiserlosen Zeit (‚Interregnum',1250-1273), wegen der enormen Ausdehnung des Reichsgebiets und aufgrund der im Deutschland des 16. Jahrhunderts ihren Anfang nehmenden, das Reich konfessionell und machtpolitisch zerreißenden Religionskriege – auf der Ebene der Territorien. Die Reichsgewalt verblaßte dann nach dem Dreißigjährigen Krieg immer mehr, um im Lauf der napoleonischen Kriege zwischen 1803 und 1806 völlig zu verschwinden. Und als – nach dem Zwischenspiel des 1815 gegründeten Deutschen Bundes – unter Ausschluß des großenteils ungarischen und slawischen Habsburgerreiches unter Otto v. Bismarck (1815-1896) zunächst der Norddeutsche Bund und dann 1871 das (Klein-)Deutsche Reich wiedergegründet wurde, da hatte dieses ganz selbstverständlich als seine Grundlage historisch gewachsene Staaten eigenen Rechts. Ebenso sind die Grundlagen des mehr und mehr sich integrierenden Europa natürlich Staaten eigenen Rechts und bleibender eigener Identität. Verständlicherweise stellen sich im europäischen Rahmen darum Herausforderungen vertikaler Systemintegration, deren institutionelle Lösungen denen der föderalen deutschen Verfassungsgeschichte nahe verwandt sind.

Während in Deutschland die königliche bzw. kaiserliche Zentralmacht den Kampf gegen die Territorialfürsten im Grunde seit dem Interregnum verloren hatte, setzte sich in anderen Staaten – vor allem im Zusammenhang mit den nachreformatorischen Religionskriegen – die Zentralgewalt durch. So entstand in Frankreich die neue Herrschaftsform des Absolutismus. Dieser entmachtete die Territorien durch wirtschaftsfördernde Stärkung der königlichen Finanzkraft, was die Einberufung steuerbewilligender Ständeversammlungen entbehrlich werden ließ, ferner durch ein vom König ausgehendes gesamtstaatliches Verwaltungssystem, das sich über die alten territorialen Zuständigkeiten lagerte, und nicht zuletzt dadurch, daß nicht in der Provinz bleiben konnte, wer immer eine nennenswerte politische Rolle spielen wollte, sondern an den königlichen Hof ziehen und dort im Abglanz oder Schatten des Monarchen agieren mußte. In Frankreich zerschlug die Revolution dann auch noch die alten Territorien und schuf mit den neuen Departements eine künstliche, doch unter Kommunikations- und Verkehrsgesichtspunkten überaus rationale Verwaltungsstruktur. Sie wurde die Grundlage einer durchgehenden Zentralisierung Frankreichs, die aus einem Flickwerk von Territorien eine erstmals rechtlich, administrativ und bald auch sprachlich geeinte Nation schuf.

Das machte einen zentralistischen Einheitsstaat zum attraktiven Vorbild für viele Nationen, welche nach einer stabilen Form ihres Staatswesen suchten, oder für Staaten, die ihre Bevölkerung zur Nation einen wollten. Tatsächlich ist ein Einheitsstaat mit allenfalls begrenzter Selbstverwaltung seiner Provinzen bis heute der – dem Anspruch nach – vorherrschende Typ politischer Systeme. Ihm entspricht aber selten eine kulturelle und nationale Homogenität der Bevölkerung, wie sie Frankreich nach der Revolution zu schaffen verstand. Darum sind viele zentralistische Einheitsstaaten, vor allem die durch Entkolonialisierung entstandenen unhistorischen Staatsgebilde Afrikas, von inneren Spannungen und drohendem Zerfall gekennzeichnet. Derlei Probleme prägten allerdings auch die europäische Geschichte. Zumal die dort im 19. Jahrhundert für ‚natürlich' gehaltene Einheit von Staat und Nation ließ sich nur in Ausnahmefällen verwirklichen. Daran haben bis heute selbst die tiefgreifenden Veränderungen mittel- und osteuropäischer Staatsgrenzen nach dem Ersten und Zweiten Weltkrieg, oft in Verbindung mit – euphemistisch ‚Umsiedelung' oder ‚Abschub' genannten – Massenvertreibungen, nur teilweise etwas geändert. Seit dem Zerfall der multiethnischen Sowjetunion sowie Jugoslawiens sind außerdem viele der für bestanden gehaltenen Herausforderungen zurückgekehrt. Ein nach dem Zweiten Weltkrieg in Westeuropa aber sehr erfolgreicher Ansatz zur Bewältigung solcher Probleme bestand darin, oberhalb bestehender Nationalstaaten neue internationale, gar *supra*nationale Strukturen zu schaffen, in deren Rahmen staatliche Grenzen für reale wirtschaftliche, gesellschaftliche und kulturelle Zusammenhänge immer weniger störend würden. Die Europäische Union ist das spektakulärste Beispiel dafür.

Föderative Systembildung und die anschließende vertikale Integration der so entstandenen zusätzlichen Systemebenen sind natürlich nicht nur in Europa aktuell wichtige Themen. Die Entstehung einer ‚Weltgesellschaft' durch wirtschaftliche und finanzielle Vernetzungen, auch durch weltweite Informations- und Touristenströme, haben im Zeitalter der ‚Globalisierung' einen noch größeren zwischenstaatlich zu befriedigenden Steuerungsbedarf hervorgerufen, als ihn die jahrhundertelang bekannte außen- und sicherheitspolitische Allianzbildung je erforderte.[610] Auf internationaler Ebene gibt es also aus gutem Grund derzeit rund 450 ‚International Governmental Organizations' (IGOs), in denen unterschiedliche Staaten zur Bewältigung gemeinsamer Probleme zusammenarbeiten. Typischerweise ausgestattet mit ständigen Sekretariaten, mit in eher kurzen Abständen aufeinander folgenden Treffen von Botschaftern und Ministerräten, immer wieder ergänzt durch Vollversammlungen der Teilnehmerstaaten in Form großer internationaler Konferenzen, schreiben diese Organisationen letztlich nur fort, was schon aus der griechischen Antike an föderativen Strukturen bekannt ist. Die horizontale Vernetzung und anschließende vertikale Integration unterschiedlicher politischer Systeme ist nun einmal eine Daueraufgabe.

Daß sie nicht in aller Selbstverständlichkeit allenthalben unter dem Begriff ‚Föderalismus' abgehandelt wird, hat zwei Gründe. Innerwissenschaftlich ist es der, daß Systemverschränkungen *unterhalb* der Dichte von Bundesstaatlichkeit meist im Teilfach ‚Internationale Beziehungen' untersucht werden, Systemkonstruktionen *ab* dem Integrationsniveau von Bundesstaatlichkeit hingegen im Teilfach ‚Politische Systeme'. Bezüglich der Europäischen Union bleibt darum typischerweise unklar, ob sie eher in den Zuständigkeitsbereich des Teilfachs ‚Internationale Beziehungen' oder in den der ‚Systemlehre' fällt. So wird leicht entlang von Fachgrenzen zerstückt, was sich doch erst als *Gesamtphänomen* so richtig erschließt. Außerwissenschaftlich steht einer komplexen Betrachtungsweise von Föderalismus und vertikaler Systemintegration im Wege, daß der Föderalismusbegriff international in zwei völlig verschiedenen und beidenfalls überzogenen Bedeutungen verwendet wird. Im Deutschen klingt er ganz selbstverständlich nach dezentralisierten Strukturen und nach autonomen Teilsystemen, die mehr oder minder klug in einem funktionstüchtigen Politikgefüge integriert sind. Es wird sozusagen her von einem Gesamtsystem hin zu dessen recht selbständigen Teilen gedacht. Im international dominierenden Englischen klingt *federalism* hingegen nach Beschneidung von Subsystemautonomie und nach Zen-

610 Ausführlich zu dieser Thematik siehe unten S. 388ff und 393ff.

tralisierung. Der Gedanke verläuft also von selbständigen Teilen hin zu einem recht unitarischen Ganzen. *Beides* behindert dann den *vergleichenden* Blick auf Bundestaaten und auf internationale Regime, auf zeitgenössische IGOs und auf antike Amphiktionien, auf den dualistischen Ständestaat und auf die Europäische Union. Offenbar wäre es aber hilfreicher, *ohne* unnötige Perspektivenverengung und hinderliche Fächergrenzen das *Gesamtphänomen* der Vernetzung und vielstufigen Integration politischer Systeme anzugehen.

(2) Grundbegriffe zur Analyse föderaler Systemintegration

Ein föderales System ist eines, in dem ein Gesamtstaat (auch: ‚Oberstaat') mehrere Gliedstaaten umfaßt. Ein derartiges System kann einesteils durch einen Föderierungsprozeß von unten nach oben entstehen (‚zentripetaler Föderalismus', ‚assoziativer Föderalismus). Das wird der Fall sein, wenn – bei gleichgerichteten Interessen – zwischen verschiedenen Staaten immer mehr Konsens über gemeinsame Werte, Ziele, Verfahren und Institutionen wächst. So entstanden die föderativen Systeme der USA, des Zweiten Deutschen Reiches oder der Europäischen Union. Umgekehrt kann ein föderatives System durch Dezentralisierung, Regionalisierung oder ‚Devolution' entstehen, d.h. von oben nach unten (‚zentrifugaler Föderalismus', ‚dissoziativer Föderalismus'). Dann löst ein Staatswesen sich zwar nicht in seine Bestandteile auf, doch organisiert sich als aus mit Eigenverantwortung ausgestatteten Teilen zusammengesetzt – etwa, um wachsenden Empfindungen der Differenz seitens der Bevölkerung gerecht zu werden, oder um Entscheidungs- und Verwaltungsprozesse zu optimieren. Frankreich schlug einen Weg dorthin mit seiner ‚Regionalisierung' in den 80er Jahren ein, das Vereinigte Königreich mit der ‚Devolution' von Wales und Schottland in den 90er Jahren des 20. Jahrhunderts, Belgien entlang seiner verschiedenen Sprach- und Kulturgebiete bereits seit den 30er Jahren. Sowohl Folge als auch Ursache solcher Denzentralisierung, Regionalisierung oder Föderalisierung kann ‚Versäulung' sein, d.h. eine Entwicklung, nach deren Abschluß das gesamte individuelle und gesellschaftliche Leben entlang von ethnischen und kulturellen, gegebenenfalls auch von konfessionellen oder sonstigen Spaltungen – den ‚Säulen' des Gesamtsystems – organisiert ist.

Nicht zur Föderalisierung, sondern zum Zerbrechen eines Staates kommt es, wenn die Bindekräfte zwischen seinen Teilen abnehmen. Pakistan widerfuhr dies 1972, als sich das heutige Bangladesch abspaltete (‚Sezession'). Ähnliche Versuche der amerikanischen Südstaaten scheiterten im US-Bürgerkrieg zwischen 1861 und 1865, der kongolesischen Provinz Katanga nach der Unabhängigkeit von Belgien (1960-1963), des nigerianischen Teilstaates Biafra zwischen 1967 und 1970. Nominell föderative, machtpolitisch aber zentralistisch regierte Staaten tendieren ebenfalls zum Auseinanderbrechen, wenn ihre zusammenklammernden Institutionen schwinden und die *Konflikte zwischen Zentrum und Peripherie* sich nicht mehr bewältigen lassen. So geschah es in den drei realsozialistischen Bundestaaten Europas: Nach dem Ende der Bindekraft der kommunistischen Parteien zerfielen die Tschechoslowakei, Jugoslawien und auch die Sowjetunion selbst. Das föderative Rußland, im Grunde das um die übrigen GUS-Staaten verkleinerte russische Kolonialreich auf dem eurasischen Kontinent, kämpft heute noch mit Sezessionisten.

Nach dem Grad ihres Verbindung bzw. Binnendifferenzierung in verschiedene staatliche Ebenen kann man alle miteinander verschränkten politischen System anordnen zwischen dem Pol einer bloßen Allianz und dem Pol eines zentralistischen Einheitsstaates. Ein *Allianz*, ein Bund zwischen Staaten, ist im einfachsten Fall ein kurzfristiges Zweckbündnis ohne gemeinsame Organe. Im komplexeren Fall – wie dem der NATO – kann die Zusammenarbeit auf Dauer gestellt und durch feste Institutionen des Bündnisses als eigenständiges System handlungsfähig gemacht werden. Noch enger ist das Zusammengehörigkeitsgefühl bzw. das Zusammenwirken in einem *Staatenbund* bzw. einer *Konföderation*, wie sie Englands amerikanische Kolonien seit dem Zweiten Kontinentalkongreß zum Zweck ihres Unabhängigkeitskrieges und später in den Konföderationsartikeln von 1781 schlossen, oder wie sie der Deutsche Bund von 1815 darstellte. Die nächste Stufe auf dem Weg zur Integration verschiedener politischer Systeme stellt ein – in der Sprache des deutschen Bundesverfassungsgerichtes – *‚Staatenverbund'* dar, der mehr als eine Konföderation, doch weniger als ein Bundesstaat ist. Gemünzt ist ist dieser Begriff vom Bundesverfassungsgericht auf die Europäische Union; passen würde er aber auch auf das Heilige Römische Reich Deutscher Nation, wie es nach dem Westfälischen Frieden von 1648 bestand.

Ein *Bundestaat* – wie ihn die Bundesrepublik Deutschland oder die USA als weltweit überhaupt erster Bundesstaat darstellen – ist ein politisches System, in welchem *zwei* staatliche Ebenen über das gleiche Gebiet und Staatsvolk herrschen, wo es mindestens *einen* Handlungsbereich gibt, in dem beide staatlichen Ebenen unabhängig voneinander entscheiden können, und wo eine (verfassungs-)rechtliche Garantie für solche Selbständigkeit zweier staatlicher Ebenen besteht. Ein solcher Bundesstaat kann eher *konföderal* sein, wenn nämlich die Gliedstaaten das Recht haben, sehr verschiedene Wege zu gehen und ziemlich unterschiedliche Lebensverhältnisse zu schaffen. Er kann aber auch eher *unitarisch* sein, wenn es in ihm nachhaltig wirksame vereinheitlichende Kräfte gibt. In Deutschland sind das etwa ein Verfassungsgebot zur Schaffung einheitlicher Lebensverhältnisse, die durch Umverteilung von Staatseinnahmen bewirkte Nivellierung der finanziellen Leistungskraft der Gliedstaaten, sowie das Agieren einheitlicher und vereinheitlichender politischer Parteien in (fast) allen Gliedstaaten und auf Gesamtstaatsebene.

Die nächste Vereinheitlichungsstufe jenseits des unitarischen Bundestaates stellt der *dezentralisierte Einheitsstaat* dar, wie er derzeit in Frankreich und im Vereinigten Königreich besteht. Der *zentralistische Einheitsstaat* als Gegenpol zur bloßen Allianz ist schließlich in politischen Systemen mit wenig Subsystemautonomie oder gar mit ‚demokratischem Zentralismus' erreicht. Frankreich vor seiner Regionalisierung und die DDR sind gute Beispiele dafür. In einer eher unglücklichen Lage befinden sich politische Systeme wie die Volksrepublik China, deren Provinzen zwar faktisch erhebliche Autonomie genießen, doch in keiner stimmigen Weise als relativ eigenständige Handlungssystem mit der Pekinger Zentralregierung zusammenwirken können.

(3) Strukturprinzipien föderaler Systemintegration

Föderale Systemvernetzungen kann man auf mannigfache Weise ausgestalten. Mindestens sechs Gruppen von Strukturprinzipien lassen sich hier unterscheiden. Je nach deren Einsatz entsteht eher ein Staatenbund oder ein Bundestaat.

Die erste Gruppe von Strukturprinzipien betrifft die *Technik der Kompetenzverteilung* zwischen Gesamtstaat und Gliedstaaten bzw. zwischen Suprasystem und Subsystemen. Hier gibt es zwei Grundmöglichkeiten:

- *Trennsystem:* Suprasystem und Subsysteme haben *unterschiedliche*, einander *nicht* überlappende Kompetenzen, und besitzen sowohl je eigene Verwaltungsstrukturen als auch allein ihnen zustehende Besteuerungsrechte bzw. Einnahmen, um die Aufgaben ihrer jeweiligen Systemebene erfüllen zu können. Zumal Gesetzgebung und Gesetzesvollzug liegen in der Zuständigkeit jeweils eines *einzigen* Systems, nämlich entweder des Gliedstaates oder des Gesamtstaates. So ist beispielsweise der Föderalismus der USA organisiert. Man spricht in solchen Fällen von (dualistischem) ‚Trennföderalismus'.
- *Mischsystem:* Es überlappen einander die Kompetenzbereiche von Suprasystem und Subsystemen. Möglicherweise gibt es keinerlei Möglichkeit einer wechselseitig unabhängigen Steuerpolitik von Gesamtstaat und Gliedstaaten. Unter Umständen gibt es auch kaum eigene Verwaltungskapazitäten entweder des Suprasystems oder der Subsysteme. So ist es etwa in Deutschland: Viele gesetzgeberische Kompetenzen werden von Bund und Ländern *gemeinsam* wahrgenommen, einesteils im Bereich der konkurrierenden- und Rahmengesetzgebung,

anderteils durch die Beteiligung des Bundesrates an der Gesetzgebung des Bundes; die aufkommensstärksten Steuern stehen Bund *und* Ländern zu, was immer wieder zu Verteilungskonflikten und zu Verhandlungsbedarf führt; und dem Bund fehlen weitestgehend eigene Verwaltungsstrukturen, weswegen die Bundesgesetze – und Aufsicht des Bundes – durch die Verwaltungen der Länder ausgeführt werden. Ein solches System bezeichnet man als (kooperativen) ,Verbundföderalismus' oder als ,Mischföderalismus'.

Mischsysteme sind sehr unübersichtlich sowie bei ihren Willensbildungs- und Entscheidungsprozessen überaus konsensbedürftig. Sie erzeugen eine enge *Politikverflechtung* zwischen den verschiedenen staatlichen Ebenen, was das Gesamtsystem einesteils sehr stabil, andernteils aber ziemlich schwerfällig macht. Im übrigen entsteht wenn schon kein Mischsystem, dann wenigstens Politikverflechtung immer wieder aus der Notwendigkeit, auch auf formal nicht vorgesehenen Wegen praktische Probleme gemeinsam zu lösen (,Verflechtungsdruck aus der Natur der Sache'), sowie daraus, daß bislang nur *implizierte* Kompetenzen einer staatlichen Ebene aufgrund aktuellen Handlungsbedarfs expliziert, d.h. ausdrücklich ausgeübt werden, was natürlich Präzedenzfälle schafft, auf die man sich später beziehen kann.

Die zweite Gruppe von Strukturprinzipien betrifft die *Verteilung der Kompetenzen* zwischen Suprasystem und Subsystemen. Hier ist sowohl die *Regelungs*befugnis als auch die *Verwaltungs*befugnis zu klären. Die Leitfragen lauten: Bei wem wird grundsätzlich die Zuständigkeit für die Erfüllung einer bestimmten Aufgabe vermutet? Wer besitzt welche Mitwirkungsrechte? Wer hat welche Rechte und Pflichten der Rechts- oder Fachaufsicht? – Häufig werden die Kompetenzen zwischen Gesamtstaat und Gliedstaaten dahingehend aufgeteilt, daß dem Suprasystem die Außen- und Sicherheitspolitik zusteht, die Regelung von Zöllen und Außenwirtschaft, von Währung und Maßsystem, sowie die Ausgestaltung der Verfassung des Gesamtsystems und seiner integrierenden Symbole. Den Subystemen werden meist zugewiesen die Bereiche von Kultur und Schulwesen, das Kommunal- und Polizeiwesen, oft auch die Regelung des Verkehrs. Technisch nimmt man die Zuweisung der Kompetenzen in der Regel so vor, daß man in der Verfassung oder in jenen Verträgen, die das Suprasystem begründen, die Rechte der übergeordneten Systemebene ausdrücklich aufzählt (,Enumerationsprinzip'), ebenso mit den zentralen Kompetenzen der Subsysteme verfährt, im übrigen Zuständigkeitsvermutungen formuliert sowie abschließend festlegt, daß das Recht des Gesamtstaates das der Gliedstaaten bricht.

Bei der dritten Gruppe von Strukturprinzipien geht es um die konkrete Ausgestaltung der *Finanzverfassung*. Die Finanzaufteilung zwischen Suprasystem und Subsystemen ist stets der machtpolitische Kern föderativer Strukturen, da ohne die nötigen Finanzmittel sich selbst jene Kompetenzen schlechterdings nicht wahrnehmen lassen, die einer staatlichen Ebene rechtlich zustehen, und alsbald verkümmern werden. Solche Rechte mögen – aufgrund der ,normativen Kraft des Faktischen' – eines Tages sogar als illegitim gelten, weil sie seit Menschengedenken nicht mehr ausgeübt wurden (,Rechtserzeugung durch konkludentes [Nicht-] Handeln'). Das zu lösende Zentralproblem besteht also stets darin, es zu möglichst geringen Widersprüchen zwischen den Aufgabenzuweisungen an die einzelnen staatlichen Ebenen und deren Finanzausstattung kommen zu lassen. Selten genug gelingt das, was anschließend finanzielle Vermischungsformen wie einen vertikalen Finanzausgleich zwischen den Systemebenen nach sich zieht. Im übrigen gibt es für die konkrete Ausgestaltung der Finanzverfassung äußerst viele Möglichkeiten. Sie reichen vom – in internationalen Organisationen üblicherweise angewandten, doch auch im Deutschen Kaiserreich genutzten – Prinzip der Finanzierung der Tätigkeit des Suprasystems durch (gestaffelte) Mitgliedsbeiträge der Teilnehmerstaaten (,Matrikularbeiträge') über ein Trenn- oder Mischsystem bei der Ausgestaltung und Nutzung von Steuern und Abgaben bis hin zum – für zentralistische Einheitsstaaten typischen – Grundsatz, wonach alle Einkünfte zunächst einmal dem Suprasystem zustehen und erst anschließend, nach festen oder verhandelbaren Regeln, teilweise den Subsystemen zugewiesen werden. Mehr oder minder komplexe Systeme des horizontalen Finanzausgleichs zwischen den Subsystemen können die Finanzverfassung vervollständigen und erst recht unübersichtlich machen.

Eine vierte Gruppe von Strukturprinzipien ergibt sich aus *der Art und dem Grad systeminterner Homogenität bzw. Heterogenität.* Wie man ein föderales System sinnvollerweise auszugestalten hat, hängt nämlich stark von der Zahl und der – untereinander ins Verhältnis zu setzenden – jeweiligen Größe der Subsysteme ab. Fläche und Bevölkerungszahl, Wirtschafts- und Finanzkraft sind hier die wesentlichen Gesichtspunkte. Erhebliche Schwierigkeiten im Deutschen Reich von 1871 schuf beispielsweise die Tatsache, daß Preußen rund vier Fünftel des Reichsgebietes umfaßte und entsprechend das Gesamtsystem dominierte, woraus in der Weimarer Republik komplizierte verfassungsrechtliche Konsequenzen gezogen wurden, die den Einfluß Preußens auf die Reichspolitik verringerten. Oder es erzeugt Probleme für das innere Gefüge der Europäischen Union, daß Deutschland deren weitaus mächtigster Mitgliedsstaat ist, der – nach der Osterweiterung der EU – auch in eine privilegierte geopolitische Position rücken wird. Mehr oder minder komplexe und faire Ausbalancierungsmaßnahmen institutioneller Art, informelle systeminterne Bündnisbildungen sowie eine – taktisch oder aufrichtig gemeinte – Politik der Zurückhaltung potentiell dominierender Mitgliedsstaaten werden die Folge solcher Problemlagen sein und sowohl die Strukturen als auch die politischen Prozeßverläufe im föderalen Gebilde prägen.

Die fünfte Gruppe von Strukturprinzipien betrifft die *Beteiligung der Subsysteme an der Politik des Suprasystems.* Von Allianzen bis hin zu Bundestaaten besteht eine typische Lösung des Problems darin, daß die Gliedstaaten in einem gemeinsamen Ratsgremium entweder gleichberechtigt oder gestuft nach ihrer Macht (bemessen an Bevölkerungszahl, Wirtschaftskraft oder militärischen Stärke) zusammenwirken und in diesem Ratsgremium einvernehmlich oder kraft (qualifizierter) Mehrheitsentscheidung die Politik des Suprasystems (mit-)gestalten. In solchen Fällen ist es ein Repräsentationsorgan auf *föderaler* Grundlage,[611] durch welches die *Regierungen* der Subsysteme konkret an der Gesetzgebung und Regierung des Suprasystems teilnehmen. Die Synhedria der spätgriechischen Bundesrepubliken sind dafür ebenso ein Beispiel wie der Nordatlantikrat der NATO, der Ministerrat der Europäischen Union nicht minder als der Deutsche Bundesrat. Wo die Systemintegration schon so weit fortgeschritten ist, daß man dem Suprasystem eine Art ‚gemeinsames Staatsvolk' als Quelle *demokratischer* Legitimität unterstellen kann, läßt sich die Beteiligung von Subsystemen auch durch Wahlen direkter Repräsentanten des Volkes organisieren. Dann umgeht man die Regierungen der Subsysteme durch Schaffung einer die Gliedstaaten auf *direkter demokratischer* Grundlage repräsentierenden Vertretungskörperschaft, deren Wahlkreise die Gliedstaaten des errichteten Gesamtstaates sind. Nach diesen Grundgedanken ist der amerikanische Senat heute das gesamtstaatliche Repräsentativorgan der fünfzig Mitgliedsstaaten der Union.[612] Im deutschen Sprachgebrauch werden diese beiden Grundmöglichkeiten, Mitgliedsstaaten an der Regierung des Gesamtstaates zu beteiligen, als

---

611 Vgl. hierzu S. 332f.

612 Ursprünglich wurden die zwei Senatoren pro Gliedstaat nicht von der Bevölkerung der Gliedstaaten, sondern von deren Parlamenten gewählt, was den föderalen Ursprung des Senats besonders deutlich macht. Auch die Mitglieder des österreichischen Bundesrates werden bis heute von den Mitgliedern der österreichischen Landtage gewählt, haben anschließend aber – wie die US-Senatoren – ein ‚freies Mandat' (hierzu vgl. S. 330f). Mitglieder des Deutschen Bundesrates sind hingegen die Chefs und Minister der Landesregierungen. Sie vertreten im Bundesrat jene politischen Positionen, die sie selbst – getragen von ihren Mehrheiten in den Landesparlamenten und im möglichst engen Schulterschluß mit ihren Parteifreunden aus den anderen Bundesländern und auf Bundesebene – für richtig halten. Es läßt sich darum auf sie weder der Begriff des freien Mandats noch der des imperativen Mandats (siehe S. 330f) sinnvoll anwenden. Einesteils kann nämlich niemand dem Chef einer Landesregierung, der im Deutschen Bundesrat die Stimmen seines Landes führt, bindende Aufträge erteilen; anderenteils kann ein Ministerpräsident, will er nicht seinen Sturz in Kauf nehmen, die Stimmen seines Landes nicht anhand persönlich freien Ermessens abgeben, sondern nur im Rahmen dessen, was die ihn tragende parlamentarische Mehrheit zu akzeptieren bereit ist.

‚Senatsprinzip‘ bzw. ‚Bundesratsprinzip‘ einander gegenübergestellt. Jedenfalls verlangt ein Bundestaat auf gesamtsstaatlicher Ebene stets nach ‚Bikameralismus‘, d.h. nach einem aus ‚zwei Kammern‘ bestehenden Parlament bzw. zwei Verfassungsorganen, die bei der Regierung und Gesetzgebung des Gesamtstaates zusammenwirken.[613]

Es liegt auf der Hand, daß sich das *Senats*prinzip vor allem für föderative Systeme mit einem *Trenn*system der Kompetenzverteilung zwischen Gesamtstaat und Gliedstaaten anbietet. Im Fall eines *Misch*systems – wie etwa der EU – müßte nämlich der Ausschluß der Regierungen der Gliedstaaten aus der Gesetzgebung und Politik des Suprasystems zu erheblichen Steuerungsdefiziten bzw. zu wenig transparenten Umgehungsstrategien führen. Aus guten Gründen also wird in Mischsystemen den Gliedstaaten eine eigene Institution zur Wahrnehmung ihrer mitregierenden Rolle gegeben und somit dem *Bundesrats*prinzip gefolgt. Zwar ansatzweise auch in Trennsystemen, vor allem aber im Fall von Mischföderalismus kommt es stets zu verwirrenden Strukturen wechselseitiger Abstimmung und Abhängigkeit zwischen Gesamtstaat und Gliedstaaten, zu komplexen Verhandlungssystemen und zu sowohl zwischen den Systemebenen als auch quer über die Politikfelder hochgradig verflochtenen politischen Prozessen. Eine der Erscheinungsformen all dessen sind ständige gemeinsame Konferenzen der Fachminister oder Regierungschefs der Gliedstaaten, die von der gesamtstaatlichen Verfassung gegebenenfalls überhaupt nicht vorgesehen sind, doch auf welchen, formalisiert oder informell, mit oder ohne Beteiligung des enstprechenden Fachministers oder des Regierungschefs des Gesamtstaates, die Politik unter den Gliedstaaten bzw. zwischen Gliedstaaten und Gesamtstaat abgestimmt wird. Auf diese Weise entsteht – zusätzlich zu den Ebenen *glied*staatlicher und *gesamt*staatlicher Politik – eine *zwischen* diese Ebenen geschobene *‚dritte Ebene‘*, welche die Politik in föderalen Systemen noch unübersichtlicher und schwerer von außen kontrollierbar macht, als sie das aufgrund der Natur der Sache ohnehin schon ist.

Die sechste Gruppe von Strukturprinzipien ergibt sich aus dem Grad, zu welchem auf der *Supra*systemebene bereits jene *intermediären Strukturen* bestehen und darum möglichst wirkungsvoll in den politischen Prozeß einzufügen sind, die es in – zumal demokratischen – *Sub*systemen in der Regel längst gibt. Das sind Parteien, Interessengruppen und Massenmedien als Handlungssysteme, welche die Gesellschaft mit dem (Supra-)System verbinden, durch Austragung von Konflikten um gemeinsame Angelegenheiten Zusammengehörigkeitsgefühl stiften und auf diese Weise einen *realen* – nicht nur staats- oder völkerrechtlich vorgesehenen – Politikverbund herbeiführen und auf Dauer stellen. In einem lange schon integrierten föderativen System wie dem der Bundesrepublik Deutschland ist es beispielweise keine Frage, daß nationsweit genutzte Massenmedien für die Politik des Gesamtstaates ebenso eine Arena des politischen Streites wie auch eine Stätte regelmäßiger Information sind; daß Interessengruppen differenzierte Handlungsketten zwischen den Problemen ‚vor Ort‘ und den für sie zuständigen politischen Gremien des Suprasystems schmieden; und daß politische Parteien von der lokalen bis zur gesamtstaatlichen Ebene den Bürgern ein halbwegs konsistentes Politikangebot unterbreiten. Starke, nationsweit agierende Parteien können sogar einen *unitarischen* Bundesstaat herbeiführen, indem nämlich die Vielfalt von Gliedstaateninteressen von solchen parteipolitischen Taktiken und Strategien *überlagert* wird, die an der *gesamt*staatlichen Rolle der Parteien ausgerichtet sind. Das ist etwa in Deutschland der Fall und zeigt sich besonders deutlich immer dann, wenn von einer im Bundesrat dominierenden Partei, welche im Bundestag aber die Oppositionsrolle ausübt, der Bundesrat als Föderalorgan zur ‚zweiten Opposition‘ auf Bundesebene gemacht wird.

Doch schon auf europäischer Ebene spielen die politischen Parteien (noch) so gut wie keine unitarisierende Rolle. Wichtigste Ursache ist, daß aufgrund des Fehlens eines parlamentarischen

---

613 Ausführlicher hierzu siehe S. 333.

Regierungssystems, das im Parlament nach Lagerbildung entlang von Parteigrenzen verlangt,[614] im Europäischen Parlament die Fraktionen eben *keine* politikentscheidenden Akteure sind. Darum gibt es bei Europawahlen auch gar keinen Anreiz, sich an den *europa*politischen Positionen der Parteien zu orientieren, überdies solche auch darum nicht von sonderlicher Bedeutung wären, weil das Europäische Parlament selbst noch keine machtpolitisch zentrale Position in der Europäischen Union besitzt. Und weil aus diesem Grund auf europäischer Ebene Parteipolitik noch kaum eine Rolle spielt, bieten *partei*politische Frontstellungen auch im Ministerrat oder im Europäischen Rat keine Möglichkeiten, die Komplexität gliedstaatlicher Interessenkonflikte zu gliedern und übersichtlich bzw. nach *grundsätzlichen* Gesichtspunkten entscheidbar zu machen. Ohne den Hebel machtvoller Parteien als Adressaten seiner Wahlentscheidung fehlen dem Bürger aber wichtige Einwirkungsmöglichkeiten auf die föderalen politischen Prozesse in Europa. Und schon gar nicht gibt es bislang eine ‚europäische Öffentlichkeit', also eine das Regieren auf europäischer Ebene ebenso informiert und kontinuierlich darstellende Berichterstattung in den Massenmedien, wie sie für die nationalstaatliche Ebene selbstverständlich ist.[615] Folglich adressieren die auf europäischer Ebene tätigen politischen Akteure zuallererst die eigenen *nationalen* Öffentlichkeiten, was die Entstehung eines ebenso integrierten Politik*verbundes* behindert, wie er etwa in Deutschland im Zusammenwirken von Bundespolitik und bundesweiten Massenmedien realisiert ist. Lediglich Interessengruppen sind auch auf europäischer Ebene schon sehr aktiv und wirkungsvoll, allerdings so gut wie ohne Kontrolle von außen, da eine europäische Öffentlichkeit ebenso fehlt wie ein System von konkurrierenden europäischen Parteien, die Handlungskonzepte auf europäischer Ebene unterbreiten.

Noch viel weniger entwickelt als auf europäischer Ebene sind die intermediären Strukturen natürlich in Bezug auf die Suprasysteme der *internationalen* Ebene. Dort stehen zwar den IGOs überaus viele NGOs[616] gegenüber. Doch noch schlechter als auf europäischer Ebene läßt sich deren politischer Einfluß transparent machen oder kontrollieren: ‚Internationale Öffentlichkeit' fehlt nämlich so gut wie völlig, ein auf internationaler Ebene wirksames Parteiensystem erst recht. Das alles macht die internationalen und globalen Ansätze föderativer Strukturbildung überaus fragmentarisch und hält sie fern von jenen Menschen, auf welche sich die dort getroffenen politischen Entscheidungen doch auswirken. Globalisierung wird so als ein anonymer, zwar machtvoll Wirtschafts- und Gesellschaftssysteme umgestaltender, doch durch keinerlei wirkungsvolle Partizipationsstrukturen gesellschaftlich-politisch beeinflußbarer Prozeß wahrgenommen, und darum weniger als eine Chance denn vielmehr als eine Bedrohung. Die weitverbreiteten Vorbehalte gegen die mit der Globalisierung einhergehenden, ansatzweisen Föderalstrukturen auf internationaler Ebene – ausgedrückt etwa in den derzeit modischen Straßenschlachten anläßlich von Treffen nicht nur der Welthandelsorganisation – gehen zurück auf diesen ganz berechtigten Eindruck vom Fehlen jeder Möglichkeit zivilgesellschaftlicher Teilhabe an der dort geleisteten Herstellung international verbindlicher Regelungen und Entscheidungen. Die Vernetzungsstrukturen der Weltgesellschaft[617] sind inzwischen aber viel weiter gediehen als die politischen Steuerungsstrukturen der Weltgesellschaft, viel weiter zumal als die verfügbaren intermediären Strukturgeflechte vertikaler Systemintegration. Das alles führt zu *Legitimitätsmängeln* föderal angelegter Gebilde selbst dann, wenn diese sich – wie ‚internationale Regime'[618] – vom Status zwischenstaatlicher Zusammenarbeit noch kaum entfernt haben, und sogar dort, wo ohnehin keinerlei Schaffung eines Staatenverbundes in Sicht ist. Eine der zentralen Aufgaben einer sich praktisch verstehenden Politikwissenschaft muß es darum künftig sein, Vorschläge zur

614 Siehe hierzu S. 248f, 273f und 334ff.
615 Vgl. S. 370ff.
616 Siehe hierzu S. 395ff.
617 Vgl. S. 388f und 397ff.
618 Siehe S. 397.

Bildung eines Netzwerks *legitimer* globaler Suprasysteme auszuarbeiten,[619] und – dem vorgelagert – die Möglichkeiten ihrer institutionellen Ausgestaltung sowie einer wirksamen föderalen und vertikalen Systemintegration auf globaler Ebene zu analysieren.

(4) Vor- und Nachteile von Föderalismus und vertikaler Systemintegration

Weil die Entstehung und Entwicklung stabiler politischer Systeme sich meist dem glücklichen Zusammentreffen vieler zufallsgesteuerter Prozesse verdankt, gibt es keinerlei Gewähr dafür, daß die verfügbaren, in ihrer Wirksamkeit territorial begrenzten politischen Systeme je zum realen Zuschnitt der Probleme passen, die es zu lösen gilt. Weder kennen die Wirkungszusammenhänge der Luft- und Wasserverschmutzung nationale Grenzen noch die Ursachen und Folgen einer Veränderung des Weltklimas. Wo die Grenzen von Staaten *nicht* mit den Grenzen der Siedlungsgebiete von Ethnien oder mit Sprachgrenzen zusammenfallen, bestehen ohnehin systemübergreifende Probleme, die man durch Ignorieren allenfalls kaltstellt, aber nicht löst. Und geopolitisch geprägte Macht- oder Sicherheitsprobleme haben immer schon vorbeugend zum allianzbildenden Zusammenwirken ansonsten getrennter politischer Systeme geführt, andernfalls meist zur Eroberung oder Unterwerfung des machtpolitisch Unterlegenen, und zogen anschließend mehr oder minder große Probleme der Systemintegration nach sich. Also liegen die zentralen Vorteile einer gewissen föderalen und vertikalen Systemintegration auf der Hand: Sehr viele Probleme lassen sich nicht *innerhalb* politischer Systeme lösen, sondern nur durch deren *Zusammenwirken* und durch die Schaffung wirkungsvoller *gemeinsamer* Steuerungsstrukturen auf einer *Supraebene*. Deshalb experimentiert unsere einst nur im Rahmen von Kleingruppen agierende Spezies[620] derzeit auch oberhalb der Ebene von Bundestaaten und Staatenverbünden mit völlig neuen Formen der technischen, wirtschaftlichen, gesellschaftlichen und politischen Systembildung.

Im Rahmen etablierter politischer Systeme sind jetzt schon die folgenden Vorzüge von Föderalismus bekannt:

- Im Grunde lassen sich nur so solche Gesellschaften auf der Grundlage demokratischer Legitimität regieren, die – wie die Schweiz, Belgien oder Kanada – aus unterschiedlichen ethnischen Gruppen aufgebaut sind, welche überdies in recht geschlossenen Siedlungsgebieten leben. Anders als bei einer Streuung von Minderheiten über das ganze Staatsgebiet reicht dann nämlich eine quotierte Gruppenrepräsentation auf Gesamtstaatsebene zur Integration der Minderheiten schwerlich aus. Auch sehr große Staaten – wie die USA, Australien, Indien oder Rußland – tun sich im übrigen leichter mit dem Aufbau wirkungsvoll integrierender Institutionen, wenn sie sich föderal organisieren.
- Durch föderale Strukturen läßt sich im Grunde besonders leicht eine regional differenzierte Politik betreiben, wie sie bei ethnisch oder kulturell heterogenen Bevölkerungen vor allem im Bereich der Kultur- und Bildungspolitik wünschenswert ist. Föderalismus kann die staatlichen Integrationsmöglichkeiten also sogar optimieren. Das gilt allerdings nur dann, wenn es entweder ein traditionelles Zusammengehörigkeitsgefühl gibt wie in Deutschland vor den Einigungsprozessen der Jahre 1870/71 und 1989/90, oder wenn sich sehr starke gemeinsame Interessen herausgebildet haben wie im europäischen Einigungsprozeß nach dem Zweiten Weltkrieg.

---

619 Zur damit befaßten ‚konstitutionalistischen' Schule der Wissenschaft von den Internationalen Beziehungen siehe S. 406f.

620 Vgl. S. 47f und 263f.

- Ferner kann Föderalismus auch zur Optimierung staatlicher Führungsfunktionen beitragen. Einesteils kann sich die jeweils höhere politische Führungsebene im Sinne des Subsidiaritätsprinzips von ‚nach unten' delegierbaren Aufgaben befreien, was ihre Entscheidungsaufgaben stets entlastet. Andernteils führt die Verlagerung von Entscheidungskompetenz hin ‚vor Ort' in der Regel zu sachgerechteren Entscheidungen und eröffnet, bei wirkungsvoller Kombination von Autonomie und Interdependenz der Subsysteme, dem Gesamtsystem erhebliche Steuerungsvorteile. Insbesondere wenn ‚Wettbewerbsföderalismus' funktioniert, bieten sich gute Möglichkeiten ‚politischen Experimentierens'. Da jeweils auf einzelne Gliedstaaten begrenzt, werden politische Experimente nämlich mißlingendenfalls keinen gesamtstaatsweiten Schaden anrichten, gelingendenfalls hingegen wirkungsvolle Anreize wechselseitiger Nachahmung schaffen und so zur gesamtsystemaren Lernfähigkeit beitragen.
- Föderalismus – ‚nach unten' vervollständigt durch praktizierte kommunale Selbstverwaltung – ist auch eine wirksame Form der vertikalen Gewaltenteilung und antizentralistischen Freiheitssicherung. Zumal Mischföderalismus führt überdies zu wechselseitiger Abhängigkeit (‚dezisive Gewaltenteilung') der staatlichen Ebenen und erzwingt Kooperation. Das ist die positive Kehrseite der schon beschriebenen Probleme, die Mischföderalismus nach sich zieht.
- Im übrigen vermehrt ein mehrstufiger Staatsaufbau – von selbstverwalteten Gemeinden, Städten und Landkreisen über gliedstaatliche Länder bzw. autonome Provinzen hin bis zum Gesamtstaat – die innerhalb eines politischen Systems verfügbaren Ansatzpunkte politischer Partizipation. Es gibt nämlich mehr Mandate in Vertretungskörperschaften, mehr durch Interessengruppen, Medien oder plebiszitäre Instrumente politisch adressierbare Regierungsebenen. Auch die politischen Parteien sind dann gehalten, machtpolitisch wirksame Ebenen zwischen ihren gesamtstaatlichen Führungsebenen und den regionalen Parteiorganisationen zu schaffen. Durch binnenstaatliche Föderalisierung wird also Demokratie ‚nach unten hin' verdichtet.

Für alle diese Vorteile muß natürlich durch Inkaufnahme von Nachteilen bezahlt werden. Die wichtigsten lassen sich so zusammenfassen:

- Föderalismus – als Form vertikaler und dezisiver Gewaltenteilung – macht ein Gesamtsystem reaktionträge. Es steigt die Zahl der einzubeziehenden Akteure und der zu berücksichtigenden Interessen; es resultiert größerer Kompromiß- und darum auch Zeitbedarf; es steigen im politischen Prozeß fast alle Transaktionskosten; und schlimmstenfall kann das System auch ganz blockiert werden. Dann bleiben wünschenswerte Reformen stecken, werden nötige Anpassungen unterbunden, entstehen gar Sezessionswünsche und zerbricht vielleicht das ganze System. Statt Steuerungsoptimierung erntet man so Systemruin.
- Die gesamte Staatstätigkeit wird unübersichtlicher. Seitens der Bürger verursacht das zunächst höhere Informationskosten, alsbald erhebliche Unsicherheit über die Lage und das Funktionieren des Systems, am Schluß vielleicht System- und Politikverdrossenheit. Letzteres entsteht zumal dann, wenn sich tatsächliche Funktions- und Leistungsdefizite des Systems seiner Intransparenz hinzugesellen. Die partizipatorischen Vorteile des Systems bleiben dann ungenutzt.
- Seitens der politischen Akteure führt die Unübersichtlichkeit politischer Handlungsketten und realer Wirkungsstränge leicht zum Versickern von Verantwortung. Einesteils geschicht das, weil die Folgen selbst proaktiver Handlungen in tatsächlich unvorhersehbaren Prozessen entstehen. Andernteils ist es in einem föderativen System, und besonders unter den Bedingungen von Mischföderalismus, für politische Akteure vergleichsweise leicht, die Öffentlichkeit über die eigene Rolle im Unklaren zu halten. Kann man politische Verantwortung

aber nicht mehr klar lokalisieren oder einem politischen Akteur plausibel zuweisen, so entgleitet die politische Klasse wirkungsvoller öffentlicher Kontrolle. Im Grunde entsteht dann in den unübersichtlichen Ecken und Nischen föderaler Strukturen *legitimationsfreies Herrschaftshandeln.* Dieses mag zwar technokratisch wirkungsvoll und eine Zeit lang – zur Sicherung der Effizienz *neuer* Institutionen – auch akzeptabel sein. Doch es genügt keineswegs demokratischen Ansprüchen und führt schon mittelfristig zunächst zur Kritik, alsbald – über Verdrossenheit – zur offenen Ablehnung, was schließlich dann auch die Effizienz beeinträchtigen wird. Die Legitimationsprobleme der Welthandelsorganisation sind dafür das derzeit bekannteste Beispiel.

5. Strukturen und Funktionen im politischen Prozeß

Politikwissenschaftliche Systemanalyse untersucht nicht nur vergleichend die *Grundtypen* politischer Systeme oder deren jeweilige *Strukturprinzipien.* Ein Großteil politikwissenschaftlicher Forschung richtet sich vielmehr auch auf jene *konkreten politischen Strukturen* und ihre *Funktionen,* die sich – in einer gegebenen historischen, kulturellen, wirtschaftlichen, gesellschaftlichen oder geographischen Situation – aus der Verwirklichung solcher Strukturprinzipien ergeben und darum einen bestimmten Typ eines politischen Systems konstituieren. Da Politikwissenschaft meist in demokratischen Verfassungsstaaten betrieben wird, prägen die dortigen politischen Strukturen und Funktionen auch sehr stark die politikwissenschaftliche Forschung und Lehre. Das muß allerdings selbst in *vergleichender* Perspektive kein grundsätzlicher Nachteil sein, wie die folgenden Überlegungen zeigen:

- Demokratische Verfassungsstaaten[621] sind die derzeit kompliziertesten politischen Systeme. Ausgehend von einer Analyse ihrer gut funktionierenden Strukturen läßt sich also vorzüglich erschließen, was alles *gelingen und gewährleistet* werden muß, wenn schlecht funktionierende demokratische Verfassungsstaaten verbessert oder gar autoritäre Herrschaftsformen zu demokratischer Verfassungsstaatlichkeit hin entwickelt werden sollen.
- Die Suche sowohl nach *funktionalen Äquivalenten* zu solchen Strukturelementen demokratischer Verfassungsstaaten, die in autoritären oder totalitären Herrschaftssystemen fehlen, als auch nach den Folgen eine solchen – gerade nicht durch funktionale Äquivalente substituierten – *Fehlens,* erlaubt von einer kritischen Außenperspektive her ein systematisches Eindringen in das Verständnis der besonderen Funktionslogik autoritärer und totalitärer Regime.
- Indem man die verschiedene Nutzung und Wirkung äußerlich gleicher oder einander sehr ähnlicher Strukturelemente in einesteils demokratischen Verfassungsstaaten und in andernteils totalitären Diktaturen oder autoritären Herrschaftssystemen vergleicht, kann man sich *systematisch* die ganz unterschiedlichen Leitideen und Funktionslogiken dieser Systeme erschließen.
- Sofern man davon überzeugt sein sollte, daß die auf vorstaatliche Menschenrechte, auf persönliche Freiheit und auf Konkurrenzdemokratie setzende Leitidee des demokratischen Verfassungsstaates einen normativ brauchbaren Maßstab zur *Bewertung* unterschiedlicher politischer Systeme abgibt, kann anhand einer Analyse *gut* funktionierender Strukturelemente einzelner demokratischer Verfassungsstaaten eine empirisch begründete, auf *Reformen* abzie-

[621] Das Ausmaß des zwischen ‚umfassender Daseinsvorsorge‘ und ‚Gewährleistung minimaler Staatsfunktionen‘ sich ausprägenden staatlichen Gestaltungsanspruches tut für die anschließenden Ausführungen wenig zur Sache, weswegen die Dimension der ‚Liberalität‘ eines demokratischen Verfassungsstaates im folgenden kaum mehr zur Sprache kommt.

lende Kritik an schlecht funktionierenden demokratischen Verfassungsstaaten unterschiedlichen Entwicklungsgrades geübt werden, desgleichen auch an deren Systemalternativen. Auf diese Weise wird die (vergleichende) Systemanalyse unmittelbar nützlich für auf Systemverbesserung, Systemerhalt oder Systemsturz abzielendes politisches Handeln.

Aus diesen Gründen ist die folgende Darstellung der Strukturelemente eines demokratischen Verfassungsstaates und ihrer Funktionen keineswegs nur für *dessen* Verständnis hilfreich. Dem Schaubild 12 folgend wird gezeigt, welche Funktionen die einzelnen Elemente eines politischen Systems erfüllen *können*, und von welchen Faktoren es abhängt, wie sich ganz konkret einesteils ihre jeweiligen Funktionenspektren, andernteils ihre funktionsermöglichenden Strukturen ausprägen. Auf diese Weise entsteht ein Gesamtbild der – überaus variantenreichen – Funktionslogik eines überaus komplexen Typs politischer Systeme.

a. Bürger, politische Kultur und politische Sozialisation

In einem demokratischen Verfassungsstaat darf sich der Bürger grundsätzlich vom politischen Geschehen fernhalten.[622] Derlei sollte man ihm auch nicht vorwerfen. Im freiheitlichen Staat ist politische Beteiligung nämlich ein Recht, keine Pflicht wie unter totalitärer Herrschaft.[623] Doch auch ein freiheitliches System arbeitet nur dann halbwegs störungsfrei und stabil, wenn ein nicht zu geringer Teil seiner Bürger es aktiv trägt und die einer selbstbewußten Bürgerschaft zukommenden Funktionen wirklich erfüllt. Das fängt an mit der – vom persönlichen politischen Interesse geleiteten – Nutzung der Rechte auf Informationsfreiheit, Kommunikationsfreiheit, Versammlungsfreiheit und Vereinigungsfreiheit, setzt sich fort im selbstverständlichen Gebrauch des aktiven Wahlrechts und mündet in nachhaltiger, auch hartnäckiger, persönlicher Einmischung in politische Prozesse. Letztere beginnt mit politischen Diskussionen, die man privat, am Arbeitsplatz und in der Öffentlichkeit führt, setzt sich fort in der Arbeit für Bürgerinitiativen, Interessenverbände und Parteien, und kann münden in die Nutzung des passiven Wahlrechts und die Übernahme politischer Ämter auf der Ebene von Kommunen, Ländern oder des Gesamtstaates.

Trotz der Entstehung des politischen Systems als Form gesellschaftlicher *Arbeitsteilung*[624] ist die Bürgerschaft ist also keineswegs nur der ‚Auftraggeber' von Politik oder die ‚Kundschaft' ihrer politischen Klasse, sondern *auch selbst* ein wichtiges Element des politischen Systems. Dieses besteht nämlich nicht nur aus ‚harten' Strukturelementen wie den politischen Organisationen und Institutionen, sondern auch aus jenen Vorstellungen, Einstellungen und Verhaltensweisen der Bürgerschaft, anhand welcher die Bürger ihr politisches System beurteilen und benutzen, und welche die politische Klasse zumindest in Rechnung stellen muß. Letzteres gilt um so mehr, als sich zumal die politischen Vorstellungen und Einstellungen der Bürger in Gestalt von öffentlicher Meinung und von Wahlentscheidungen bzw. Abstimmungen immer wieder unmittelbar in politische Macht ummünzen. Alle ‚weichen' Strukturelemente eines politischen Systems bezeichnet man zusammenfassend als ‚politische Kultur'. Im einzelnen werden unter diesem zusammenfassenden Begriff verstanden ...

- die in einer Gesellschaft vorhandenen *Vorstellungen* über Politik, d.h. die – sehr unterschiedlich verursachten, geprägten und verteilten – Wissensbestände bzw. Vermutungen der Bürger über politische Inhalte, Prozesse, Strukturen und Akteure;

---

[622] Zur allerdings für diesen Systemtyp ‚idealen' Bürgerrolle siehe oben S. 289f.

[623] Zur dort angestrebten Bürgerrolle siehe S. 288f.

[624] Siehe S. 27, 222ff, 247 und 329ff.

- die in einer Gesellschaft vorhandenen *Einstellungen* zu politischen Inhalten, Prozessen, Strukturen und Akteuren, d.h. jene – ebenfalls sehr unterschiedlich verursachten, geprägten und verteilten – politische Werte, Ziele und Tabus, sowie jene Zufriedenheit und Vertrauensbereitschaft oder Verdrossenheit und Ablehnung, die sich auf politische Inhalte, Prozesse, Strukturen und Akteure richten;
- die in einer Gesellschaft praktizierten politisch wichtigen *Verhaltensweisen*, etwa die Arten und Grade politischer Partizipation, zumal von politischer Unterstützung und politischem Protest; im einzelnen: die Formen politischen Informationsverhaltens, Kommunikationsverhaltens und Engagements im gesellschaftlichen, vorpolitischen und politischen Bereich. Auch dies alles ist in einer Gesellschaft sozial und regional, biographisch und ethnisch sehr unterschiedlich verursacht, geprägt und verteilt.

Während die ersten beiden Definitionselemente – politische Vorstellungen und Einstellungen – in der Politikwissenschaft regelmäßig unter den Begriff der politischen Kultur gezogen werden, fehlt mitunter das die politischen Verhaltensweisen einschließende dritte Element. Dementsprechend kann man zwischen einem ‚engeren' und einem ‚weiteren' Begriff politischer Kultur unterscheiden. Der erste wird dann benutzt, wenn man politisches *Verhalten* als *abhängige* Variable anhand von politischer Kultur erklären will, letztere dann eben verstanden als Menge politisch relevanter Vorstellungen und Einstellungen. Der zweite, viel weitere Begriff politischer Kultur ist hilfreich, wenn man die *Praktiken der (Re-)Konstruktion politischer Wirklichkeit* insgesamt als abhängige Variablen betrachtet.

Des weiteren ist es hilfreich, an politischer Kultur *im engeren Sinn* zwei Ebenen zu unterscheiden. Als politische ‚Soziokultur' bezeichnet man dann, was sich der ‚normale Bürger' im Hinblick auf Politik vorstellt und wie der ‚Durchschnitt der Gesellschaft' politische Inhalte, Prozesse, Strukturen und Akteure beurteilt. Politische ‚Deutungskultur' meint hingegen die politischen Vorstellungen und Urteile gesellschaftlicher Deutungseliten, d.h. von populären Journalisten, Schriftstellern, Wissenschaftlern und Politikern, also von Personen, die dank ihrer weit überdurchschnittlichen Zuhörerschaft oder Glaubwürdigkeit besonders große Chancen haben, auf die politische Soziokultur Einfluß nehmen zu können. Diese letztere wird von politischer Deutungskultur in Geltung gehalten oder ausgehöhlt, verändert oder fixiert. Die Analyse politischer Kultur im engeren Sinn muß also ganz besonders auf die politische Deutungskultur und darauf achten, wie sich in ihr – etwa in Gestalt der Gebote und Tabus ‚politischer Korrektheit' – das ‚Dritte Gesicht der Macht' zeigt.[625]

Im übrigen lassen sich wichtige Ergebnisse der empirischen Erforschung politischer Kultur in Form der Beschreibung von drei Grundformen politischer Kultur verdichten:

- *Parochiale[626] politische Kultur:* Sie liegt vor, wenn das Interesse von Menschen an den Grenzen der eigenen Lebenswelt endet und Bürger gewissermaßen ‚keinen Sinn für Politik' entwickeln. In einer klassisch-griechischen Polis nannte man eine Person, die sich dergestalt auf nichts anderes als auf ihre eigenen Angelegenheiten (griech. ‚tà idía') einließ, einen ‚idiótes'. Auf solcher ‚Idiotie' beruhen die meisten Formen autoritärer Herrschaft.
- *Untertanenkultur:* Kennzeichnend ist für sie, daß man politische Inhalte als ‚für den kleinen Mann unverständlich', politische Prozesse und Strukturen als ‚von uns kleinen Leuten unbeeinflußbar' und politische Akteure als ‚dem einfachen Menschen übergeordnete' *Obrigkeit* ansieht, darstellt und behandelt. Typisch für eine Untertanenkultur ist ferner, daß man ‚dem Staat' vieles – auch vieles Gute – zutraut, bei wirtschaftlichen und gesellschaftlichen Pro-

---

625 Vgl. S. 41.

626 Von griech. ‚parochía', d.h. Lieferbezirk eines Händlers, später: Pfarrei; sozusagen ‚der vom Kirchturm aus gerade noch überblickbare Bezirk'.

blemen zunächst einmal nach ihm ruft und darum auch ihn – und ‚die Politiker' – für fast alles und jedes verantwortlich hält. Stabile autoritäre Diktaturen begleitet meist eine solche Untertanenkultur. In totalitären Diktaturen entsteht sie üblicherweise nach deren Konsolidierung, obwohl sie ihrem Leitbild der Bürgerrolle durchaus nicht entspricht.[627] Die Ablehnung von gesellschaftlicher Selbstverantwortung und liberaler Minimalstaatlichkeit ist ein sehr sicheres Anzeichen für das Fortbestehen von Untertanenkultur im demokratischen Verfassungsstaat. Eine besondere Ausprägung von Untertanenkultur besteht in jenem volkstümlichen Rechtspositivismus, der mit echter oder gespielter Naivität alles für Recht hält, was innerhalb der staatlichen Rechtsordnung jeweils als Recht erklärt wird oder zum Recht erklärt wurde.[628] Solche Untertanengesinnung gipfelt im Satz: ‚Was gestern Recht war, kann heute nicht Unrecht sein!'

– *Bürgerkultur:* Man erkennt sie daran, daß Politik als öffentliche, alle angehende und jedermann nach eigenem Ermessen zugängliche Sache aufgefaßt und behandelt wird, das heißt als – ganz im lateinischen Wortsinn – eine *res publica*.[629] Außerdem gehört zur Bürgerkultur, daß auf Freiheit, Rechtsgleichheit und eigenes Urteil gegründete politische Beteiligung als wertvoll, wichtig und lobenswert erachtet und nach Kräften gefördert wird. Im übrigen kennzeichnet eine Bürgerkultur solches persönliche und bürgerschaftliche Selbstbewußtsein, daß man bei Schwierigkeiten zunächst einmal nach Möglichkeiten gesellschaftlicher Selbstorganisation und bürgerlicher Selbsthilfe sucht, den Staat aber nur subsidiär in selbstbestimmtes Leben eingreifen läßt. Nicht zuletzt macht eine Bürgerkultur aus, daß man es nicht dem Staat überläßt, ethische Kriterien für die Unterscheidung von Gut und Böse, von richtig oder falsch aufzustellen, sondern die Gewährleisung der Wertgrundlagen der politischen Ordnung als eine von der *Bürgerschaft* zu schulternde gesellschaftliche Aufgabe annimmt und erfüllt. Ganz offensichtlich bedarf zumal ein *liberaler* demokratischer Verfassungsstaat solcher Bürgerkultur als seiner Grundlage. Darum hat er sie, einmal entstanden, auch zu pflegen. Im übrigen besteht die keinesfalls unwichtigste Aufgabe einer praktischen Wissenschaft von der Politik darin, durch Kritik, Aufklärung und politische Bildung an der Entstehung und Sicherung einer solchen Bürgerkultur mitzuwirken.

Worum es dabei geht, wird allgemein als *politische Sozialisation* bezeichnet. Gemeint sind damit jene Prozesse, in denen die politischen Vorstellungen einer Person (d.h. ihre Wissensbestände und ‚kognitiven Landkarten'), die politischen Einstellungen eines Menschen (vor allem seine Werte und Normen) sowie die von einem Bürger in Erwägung gezogenen politischen Handlungsoptionen geprägt werden. Es geht also um die Formung der *politischen Persönlichkeit* – einesteils der individuellen politischen Persönlichkeit, andernteils jenes Aggregats von Bürgern, welches die politische Kultur eines Landes konstituiert. Politische Sozialisation führt also sehr direkt zur Reproduktion, Erosion oder Veränderung politischer Kultur. Sie erzeugt oder verfestigt, vernachlässigt oder beseitigt die Grundlagen einer Bürgergesellschaft und eines solchen politischen Systems, das – wie der demokratische Verfassungsstaat – bei verläßlich gesicherter Kompetenz und Einsatzbereitschaft seiner Bürger konkurrenzlos leistungsfähig sein kann.

Die wichtigsten *Akteure* politischer Sozialisation lassen sich leicht entlang der *biographischen Phasen* politischer Sozialisation überblicken. Alles beginnt im Elternhaus, wo entweder parochialer Habitus und Untertanenkultur tradiert werden oder aber es gelingt, eine Grundhaltung kritischer Engagementbereitschaft zu vermitteln. Sodann sind die Gruppen Gleichaltriger und die Schule überaus wichtig, letztere einesteils ihrer politisch bildenden Fächer willen, zumal wegen des Schulfachs ‚Sozialkunde' bzw. ‚Gemeinschaftskunde', andernteils als Lebensraum, in dem

---

[627] Siehe hierzu S. 288f.

[628] Vgl. hierzu S. 267 und 452f.

[629] Wörtlich übersetzt heißt dieser lateinische Ausdruck: eine Sache, die dem Volk gehört.

man wertgeschätzte Individualität, gepaart mit übertragener und eingeforderter Eigenverantwortung, erleben kann oder eben nicht erfährt. Im Erwachsenenalter sind es dann vor allem die Massenmedien, zumal die politische Fernsehberichterstattung und die Lokalzeitung, welche die Vorstellungen über Politik, die Einstellungen zu ihr sowie das Nachdenken über die eigene Rolle als Bürger prägen. Vor allem aus massenmedialer Berichterstattung speisen sich auch jene weiteren Sozialisationseffekte, welche das gemeinsame Reden und Politisieren in den Kreisen gesellschaftlichen Verkehrs zeitigt: vom gemeinsamen Schimpfen am Arbeitsplatz über ‚die Politiker' bis zur Erörterungen politischer Fragen auf Tagungen und Bildungsveranstaltungen, an denen man mit Bekannten teilnimmt. Für jene Minderheit, die sich politisch betätigt, sind im übrigen die anderen Mitglieder politischer Organisationen und Parteien sozialisatorisch sehr wichtig, desgleichen ihre praktischen Erfahrungen in und mit politischen Institutionen aller Art.

b. Politische Eliten und politische Rekrutierung

Weder eine Gesellschaft noch eine politische Ordnung agiert ‚als solche'. Vielmehr handeln alle Organisationen und Institution durch – in dieser Rolle hervorgehobene – Menschen. Ebenso werden immer wieder Einzelpersonen zu Bezugspunkten persönlicher wie öffentlicher Orientierung. Einzelne und ihre Eigentümlichkeiten üben somit großen Einfluß aus und dürfen keinesfalls ignoriert werden, wenn man verstehen will, wie Gesellschaft, Wirtschaft, Kultur und Politik funktionieren. Diese herausgehobenen Einzelnen bezeichnet man als *Elite*.[630] Im einzelnen versteht man als Angehörige einer Elite jene Personen, die in einer Gesellschaft, einem politischen System oder einer Institution ...

- hervorgehobene *Positionen* innehaben (‚Positionselite', ‚Funktionselite'; z.B. Inhaber staatlicher, gesellschaftlicher, wirtschaftlicher, kultureller Spitzenämter),
- außergewöhnliche *Leistungen* erbringen (‚Leistungselite'; z.B. Spitzenmanager, -politiker, -sportler, -künstler und -wissenschaftler),
- besonderen *Einfluß* besitzen (‚Machtelite'; z.B. Vorsitzende wichtiger Parteien, Wirtschaftsführer, Topjournalisten, ‚graue Eminenzen'),
- besonderes *Ansehen* genießen (‚Prestigeelite', ‚Werteelite'; z.B. Pop-, Film- oder Unterhaltungsstars, ‚Großschriftsteller', vor allem im Bereich der Deutungskultur wichtige ‚Mahner und Warner').

Mitglieder der Prestigeelite müssen nicht unbedingt der Funktionselite angehören, solche der Machtelite nicht notwendigerweise der Leistungselite. Es ist eine rein empirische Frage, ob, in welchem Grad und warum es zu Schnittmengen zwischen diesen Elitearten kommt. Zumal bei politischen Eliten ist es so, daß – nicht nur im Gefolge von Politik- und Politikerverdrossenheit – viele Mitglieder der Machtelite durchaus nicht gleichzeitig zur Prestigeelite gehören. Als ‚politische Klasse' werden die Angehörigen der politischen Elite zusammenfassend bezeichnet, sofern man zugleich auch jene besonderen Wissensbestände, Fertigkeiten und zumal Interessen ansprechen will, die mit den Positionen und Rollen von politischen Eliteangehörigen im politischen Prozeß verbunden sind. In der Regel handelt es sich bei der politischen Klasse demokratischer Verfassungsstaaten um Berufspolitiker mit auch recht klaren materiellen Standesinteressen.

Politische Eliten zu untersuchen ist deshalb so wichtig, weil die Angehörigen der politischen Positions- und Machtelite im Rahmen von Politik als Form gesellschaftlicher Arbeitsteilung genau jene Personen sind, welche an hervorgehobener Stelle für eine Gesellschaft allgemein verbindliche Regelungen und Entscheidungen herbeiführen. Beim Studium der Angehörigen der

---

630 Von lat. ‚elígere', d.h. auswählen.

politischen Elite oder Klasse sind vor allem die folgenden Fragen wichtig: Wer sind sie, wo kommen sie her, welche Motive treiben sie, welche Anreize locken sie? Was ist ihr Selbst- und Rollenverständnis? Was sind ihre positions- und rollentypischen Verhaltensweisen? Worin unterscheiden sich Angehörige der politischen Elite vom Durchschnitt der Bürger, worin von den Elitegruppen anderer Gesellschaftsbereiche? Was sind die Prägefaktoren des Aufstiegs in die Reihen politischer Elitegruppen? Wie ändert sich – und warum – deren Zusammensetzung? Welche Vorteile hat ein politisches System von der Weise, wie seine politische Elite zustande kommt und geprägt wird, und mit welchen Nachteilen bezahlt es genau dafür?

Eine politische Ordnung lebt nachgerade von der Qualität ihrer politischen Elite. Für entsprechenden Nachwuchs und dessen angemessene Sozialisation zu sorgen, ist darum eine der Hauptaufgaben der jeweiligen politischen Elite. Je nach Typ des politischen Systems haben sich für derartige *politische Rekrutierung* unterschiedliche Formen herausgebildet. Konsolidierte totalitäre Diktaturen sowie Modernisierungs- und Erziehungsdiktaturen bedienen sich dafür oft eines sehr detaillierten Systems der Personalplanung, Personalentwicklung und Personalführung (‚Nomenklatursystem' mit ‚Nachwuchskadern'). Auch ein formalisiertes Qualifikations- und Prüfungssystem findet sich in autoritären Systemen recht häufig. Weniger anspruchsvolle Formen autoritärer Herrschaft begnügen sich nicht selten mit Protektion von geeignet erscheinenden Aufsteigern oder mit offener Vetternwirtschaft (‚Nepotismus').

Demokratische Verfassungsstaaten hängen weitgehend von der *Selbstrekrutierung* ihres künftigen Führungspersonals ab, also davon, daß sich möglichst leistungsfähige Personen für eine dauerhafte politische Tätigkeit interessieren und bereit sind, sich auf einen meist recht langen und mühsamen Weg zu machen, der – ohne alle Gewißheit des Erfolgs – eines Tages in politische Spitzenämter führen mag (‚Ochsentour'). Durch Schaffung entsprechender Anreiz- oder Abschreckungsstrukturen kann man recht nachhaltig darauf einwirken, welche Gruppen von Personen in erster Linie für (dauerhafte) politische Beteiligung gewonnen werden können (‚Rekrutierungsprozesse'). Damit läßt sich die Zusammensetzung, durchschnittliche biographische Erfahrung und Qualität einer sich alsbald auf Dauer stellenden politischen Klasse beeinflussen. Dabei sind die wichtigsten *Prägefaktoren politischer Rekrutierung* in freiheitlichen politischen Ordnungen die folgenden:

- *Persönlichkeitsmerkmale:* Unter dem Schlüsselbegriff der ‚politischen Persönlichkeit' wird zusammengefaßt, welche psychischen Prädispositionen, biographischen Prägungen, Motivationen und Schlüsselanreize sowie persönlichen Kosten/Nutzen-Abwägungen es wahrscheinlich machen, daß sich jemand für (halbwegs) dauerhafte und professionelle politische Tätigkeit interessiert und auch tatsächlich zur Verfügung stellt.
- *Gelegenheitsstrukturen:* Hier geht es darum, welche Möglichkeiten es überhaupt für einen Einstieg in eine längerfristige, ernstgemeinte politische Beteiligung gibt und wie attraktiv sie sind. Zunächst einmal ist hier wichtig, wie viele und welche Positionen überhaupt verfügbar sind, auf denen man sich dauerhaft politisch engagieren könnte; welche Rechte auf solches Engagement man besitzt; wie mühsam – etwa aufgrund des verwendeten Wahlrechts – es ist, auf solche Positionen zu gelangen; und in welchem Umfang populäre gesellschaftliche Erwartungen den Weg in die Politik eher anraten oder abraten. Sodann ist darauf zu sehen, ob bzw. welche alternativen Karrieremöglichkeiten aus welchen Gründen solche Personen von einer politischen Laufbahn abziehen, die zwar für das politische System ein großer Gewinn sein könnten, doch für sich sebst *andere*, bessere Möglichkeiten der Selbstverwirklichung erkennen. In diesem Zusammenhang spielen die in der Politik – mit welchem Grad an Respekt oder Neid – erzielbaren Einkommen ebenso eine Rolle wie das für unterschiedliche Elitepositionen erforderliche Verhältnis von Arbeitseinsatz und materiellem wie immateriellem Gewinn. Wichtig ist ferner die ‚Paßfähigkeit' der Zeitstrukturen politischer Karrieren zur

Zeitstruktur einer anderen Karriere, die man gegebenenfalls *vor* einer politischen Karriere – oder zur persönlichen Absicherung *parallel* zu ihr – anstrebt. Hier fällt vor allem der vermutliche Zeitpunkt ins Gewicht, ab dem man sich sozusagen unwiderruflich für eine politische Laufbahn entscheiden muß. Nicht zuletzt ist von überaus großer Bedeutung die – mit unterschiedlichen ‚Herkunftsberufen' einhergehende – Verfügbarkeit von wirtschaftlichen und sozialen Ressourcen für die Absicherung und Durchhaltefähigkeit auf dem stets unsicheren Weg in die und in der Politik.

– Das *Selektorat:* Da man in einem demokratischen System politische Ämter meist durch Wahlen erringt, sind jene Personen und Akteure überaus wichtig, die einen für Wahlen an aussichtsreicher Stelle nominieren und anschließend im Wahlkampf unterstützen. So gut wie immer muß man erst einmal von diesem ‚Selektorat'[631] *ausgewählt* sein, bevor man eine realistische Chance hat, bei den Wählern die nötige Mehrheit zu bekommen. Wer den Weg politischer Rekrutierung erfolgreich durchmessen will, muß sich also die Unterstützung von Nominierungsgremien, die Patronage einflußreicher politischer Führer oder die Toleranz möglicher Veto-Gruppen erwerben. Falls es sich um *kein* demokratisches System handelt, erschöpft sich die letzte Stufe des Rekrutierungsprozesses sogar darin, beim Selektorat ‚durchzukommen'.

– Die *Wählerschaft:* Zwar kann in einem demokratischen System das Selektorat der Wählerschaft im Grunde jeden Beliebigen als Kandidaten präsentieren. Doch soll derlei nicht selbstzweckhaft sein, wird zum wichtigen Auswahlgesichtspunkt schon beim Selektorat, ob ein (Spitzen-)Kandidat auch für die Wählerschaft (‚Elektorat') attraktiv sein mag. Diese – obgleich in Wahlkämpfen durchaus beeinflußbar – hat in demokratischen Systemen das letzte Wort. Darum werden auch ihre Präferenzen für den Rekrutierungsprozeß überaus wichtig. Kandidaten müssen wenigstens halbwegs zur Erwartungsstruktur der Wählerschaft passen; sie dürfen den Positionen, für die sie oder ihre Selektoren stehen, zumindest nicht widersprechen, sondern sollen sie möglichst glaubwürdig verkörpern; sie müssen – je höher das angestrebte politische Amt ist – auch ‚massenmedial vermittelbar' sein; und das alles verändert sich im übrigen je nach den Umständen des ‚Zeitgeistes' und der für vordringlich gehaltenen politischen Probleme.

Es muß also sowohl ‚angebotsseitig' – von Seiten der möglichen Bewerber um politische Ämter – als auch ‚nachfrageseitig' (objektive Gelegenheitsstrukturen, Präferenzen von Selektorat und Elektorat) sehr viel glücklich zusammentreffen, wenn möglichst gutes politisches Personal möglichst kontinuierlich zu einem wünschenswerten Überangebot pro politischer Richtung rekrutiert werden und bis an die wichtigsten Elitepositionen gelangen soll. In wohl keinem demokratischen Verfassungsstaat – und wohl auch in keiner Diktatur – ist man derzeit mit der Ausgestaltung und dem Zusammenwirken dieser Prägefaktoren, und somit mit der rekrutierten politischen Elite, rundum zufrieden. Politisch-kulturelle Gegebenheiten mögen die erwünschten ‚politischen Persönlichkeiten' selten machen; die objektiven Gelegenheitsstrukturen mögen gerade den Leistungswilligsten und Leistungsfähigsten andere Karrieren als ausgerechnet eine politische Laufbahn wünschenswert machen, womit die politische Elite im Vergleich zu anderen Elitengruppen ernsthafte und überaus folgenreiche Qualitätseinbußen erleidet; die Präferenzen des Selektorats können allzu introvertiert, beispielsweise eher an erwiesener partiinterner Einsatzbereitschaft als an fachpolitischer Sachkompetenz oder Wählerattraktivität orientiert sein; die Wählerschaft mag – unter dem Eindruck massenmedialer Leitbilder – sich eher von der Bildschirmpräsenz und unterhalterischen Performanz eines Politikers beeindrucken lassen als von der Solidität der politischen Positionen, für die er steht. Bestimmt ist jedes bestehende politische System in den meisten dieser Faktoren von Rekrutierungsprozessen sehr verbesserungsfähig.

---

631 Von lat. ‚selígere', d.h. auslesen.

Hier Defizite aufzuzeigen, es aber nicht bei bloßer Kritik bewenden zu lassen, sondern wirklich funktionstüchtige Alternativen aufzuzeigen, ist eine überaus wichtige Aufgabe einer praktischen Wissenschaft von der Politik.

c. Interessengruppen

Interessen sind verhaltensorientierende Ziele und Bedürfnisse von Einzelnen oder Gruppen, die sich aus den unterschiedlichsten persönlichen, kulturellen, gesellschaftlichen, wirtschaftlichen oder politischen Lagen ergeben können.[632] Im Rahmen pluralistischer Politikkonzepte geht man davon aus, daß jeder Mensch und jede Gruppe ganz einfach und ohne weitere Begründung das Recht hat, beliebige Interessen zu hegen und soweit zu verfolgen, wie er damit nicht die Ausübung des gleichen Rechtes anderer unterbindet. Hingegen gelten im Rahmen eines monistischen Politikverständnisses von vornherein nur jene Interessen als legitim, die mit dem als vorab feststellbar verstandenen und darum aller individuellen oder kollektiven Interessenbekundung schon *vorausgesetzten* Gemeinwohl vereinbar sind. Während in einer monistisch geprägten politischen Ordnung Interessengruppen darum im Grunde entbehrlich, bestenfalls Transmissionsinstrumente der gemeinwohlverwirklichenden politischen Elite sind und schlimmstenfalls als ‚negativ-feindliche' Störfaktoren gelten, spielen in der pluralistischen Ordnung eines demokratischen Verfassungsstaates Interessengruppen eine willkommene und grundsätzlich positiv zu bewertende Rolle.

Interessengruppen sind Vereinigungen von Bürgern zur Artikulation und Durchsetzung selbstdefinierter Interessen gegenüber anderen Interessengruppen, der Öffentlichkeit oder dem politischen System. Man kann sie einesteils recht formal danach gliedern, wie breit das Spektrum der vertretenen Interessen ist, wie weitreichend der Zeithorizont ihres Engagements, wie hoch ihr Organisationsgrad. Dann stellt man Verbände und Vereine den Bürgerinitiativen gegenüber: Erstere kennzeichnen sich durch ein breites Interessenspektrum, langfristiges Engagement und hohen Organisationsgrad, letztere durch ein meist schmales Interessenspektrum (‚single issue-Organisationen', oft auf die Verhinderung einer Maßnahme bedacht), durch projektbezogen-kurzfristiges Engagement und durch einen eher geringen Organisationsgrad, also dadurch, daß nur ein geringer Teil der Betroffenen sich tatsächlich engagiert. Andernteils kann man Interessengruppen viel komplexer gliedern nach der Art der vertretenen Interessen (z.B. wirtschaftliche Interessen vs. allgemeine ideelle Interessen, zentrale vs. periphere Bedeutung der vertretenen Interessen für das politische System), nach ihren Handlungsfeldern (z.B. Interessengruppen im Bereich der Wirtschafts- und Arbeitswelt, von Kultur, Wohlfahrt usw.), nach ihren Organisationsmerkmalen (z.B. spontan gebildet vs. institutionalisiert, informell vs. formell) sowie nach ihren bevorzugten Handlungsstrategien (z.B. institutionalisierter Dauereinfluß auf politische Akteure vs. massenmedial attraktive Formen unkonventionellen politischen Verhaltens).

Interessengruppen haben einesteils wichtige nach innen gerichtete Funktionen (‚Binnenfunktionen'). Zu ihnen gehören zuallererst solche Dienstleistungen für ihre Mitglieder, welche es diesen erlauben, ihren Interessen besser nachzugehen, als ihnen das ohne ihren Verband gelänge. Informationsaustausch, Bildungsveranstaltungen, Rechtsberatung sind hier ebenso einschlägig wie Selbsthilfe oder Solidarität bei größeren, nur gemeinsam zu verwirklichenden Projekten. Für das politische System viel wichtiger sind aber die nach außen gerichteten, mitunter ausdrücklich

---

[632] Es ist überaus erkenntnisträchtig, Interessen anhand der folgenden, überaus theoriehaltigen Kategorien weiter zu untergliedern: manifeste vs. latente Interessen; subjektive vs. objektive Interessen; Allgemeininteressen vs. Partikularinteressen; kurzfristige Interessen vs. mittel- und langfristige Interessen. Indem man versucht, Kriterien für die Zuordnung konkret bekundeter Interessen zu diesen Kategorien zu entwickeln und dann auch valide Zuordnungen vorzunehmen, arbeitet man sehr viele grundlegende Themen systematischen politischen Denkens ab, zumal jene, um welche die Gegenüberstellung von Pluralismus und Monismus kreist. Vgl. S. 279ff.

an die Öffentlichkeit und an die politischen Institutionen adressierten Funktionen von Interessengruppen. Diese schließen vor allem die folgenden ein:

- *Entdecken und Bewußtmachen von Mitgliederinteressen oder sonstigen gesellschaftlichen Interessen:* Hier geht es darum, die gesellschaftliche Interessenheterogenität widerzuspiegeln und potentiell wichtige Interessen als mögliche Kristallisationspunkte politischer (Mit-)Gestaltungsansprüche ausfindig zu machen.
- *Interessenselektion:* Unter der Vielzahl von vorhandenen Interessen werden jene ausgewählt, auf deren Verwirklichung sich das Engagement in der nächsten Zeit tatsächlich richten soll.
- *Interessenaggregation:* Bislang getrennte, verschiedenartige, jeweils für sich wenig beachtliche Interessen werden zu plausiblen Forderungen, zu wünschenswerten Handlungsprogrammen und zu entscheidbaren politischen Alternativen gebündelt.
- *Interessenartikulation:* Klar erkennbar gemachte, argumentativ möglichst gut aufbereitete interessengeleitete Positionen werden einesteils unmittelbar gegenüber den politischen Adressaten von Verbandseinfluß geltend gemacht, andernteils möglichst wirkungsvoll in die Öffentlichkeit gebracht. Auf diese Weise soll so viel an Problembewußtsein und gegebenenfalls Handlungsdruck erzeugt werden, daß die artikulierten Interessen im Prozeß politischer Willensbildung und Entscheidungsfindung künftig eine möglichst wichtige Rolle spielen. Zentrale Mittel der Interessenartikulation sind Aufbau und Pflege eines verläßlichen, belastbaren Kommunikationsnetzes hinein in die Ministerien, zu den Spitzen von Regierung, Parlament und Parteien, zu allen einschlägigen Fachpolitikern sowie zu den betroffenen Einrichtungen und zu anderen, als Verbündeten in Frage kommenden Organisationen des vorpolitischen Raums.[633]
- *Kampf um die Durchsetzung der Interessen:* Um die Verwirklichung der eigenen Wünsche zu erzwingen oder zu beschleunigen bzw. um konkurrierende Interessengruppen eben daran zu hindern, oder um wenigstens für ein den eigenen Anliegen mittelfristig günstiges Meinungsklima in der Öffentlichkeit zu sorgen,[634] versucht man, in den Massenmedien eine möglichst positive Berichterstattung über die eigenen Anliegen und Argumentationen zu erlangen. Auf dem Weg dorthin sind Unterschriftensammlungen und Demonstrationen, auch Streiks oder öffentlichkeitswirksame Nötigungen (etwa durch Straßenblockaden) bewährte Mittel. Ferner bemüht man sich um Fürsprache und Unterstützung seitens politischer Elitegruppen. Auf dergestalt gut vorbereiteter Machtgrundlage führt man dann offene Interessenkonflikte herbei und versucht, sie entweder zu gewinnen oder wenigstens eine gute Ausgangsbasis dafür zu schaffen, daß man im schließlich nötigen Kompromiß möglichst viel an eigenen Positionen durchsetzen kann.

Während im Blickwinkel eines *monistischen* Systems diese ‚Außenfunktionen' der Interessengruppen mehr oder minder unnötig oder gar störend sind, stellen sie von der Warte einer *pluralistischen* Ordnung aus sehr wertvolle Dienstleistungen für das politische System dar:

- Durch Erfüllung ihrer Außenfunktionen bringen Interessengruppen Initiative, Sachverstand und Kontrolle in den politischen Prozeß ein. Sie tragen dergestalt zur Lernfähigkeit des politischen Systems bei.
- Sofern Interessengruppen auch gegenüber einer irresponsiven politischen Klasse erzwingen, daß ihre unterschiedlichen Interessen einbezogen und ausbalanciert werden, leisten sie einen

[633] Unter dem ‚vorpolitischen Raum' versteht man die bürgerliche Selbstorganisation in Gestalt von Vereinen, Bürgerinitiativen, Stiftungen und vielerlei sonstigen Netzwerken an der Basis der Gesellschaft.

[634] Offenbar geht es hier um die Gewinnung und Nutzung von Macht in ihren drei Erscheinungsweisen; vgl. S. 39ff.

wichtigen Beitrag zur gesellschaftlichen und politischen Integration eines Gemeinwesens. Sie verbessern auf diese Weise die tatsächliche Lernleistung des politischen Systems.

- Indem Interessengruppen viele Aufgaben der gesellschaftlichen Problemdiagnose und der Ausarbeitung von politischen Therapievorschlägen erfüllen, schützen sie das politische System vor einer Überforderung seiner Problemerkennungs- und Steuerungskapazitäten. Sie steigern solchermaßen seine Leistungsfähigkeit ganz enorm.
- Außerdem dienen Interessengruppen auf zweierlei Weise der Akzeptanzsicherung und Legitimierung staatlichen Handelns. Erstens wirken sie als Frühwarnsystem der Politik, falls sie sich immer dann artikulieren, wenn es in der Gesellschaft zu Problemen oder zu von den Bürgern unerwünschten Auswirkungen politischer Maßnahmen kommt. Zweitens lassen sich gut organisierte Interessengruppen leicht in die zentralen politischen Willensbildungs- und Entscheidungsprozesse eingebunden. Wenn dann die politische Elite gemeinsam mit den Führungsspitzen von Interessengruppen Wege der erhofften Problemlösung ausgehandelt hat, dann kann sich die politische Elite bei gemeinsam gefundenen Kompromissen so gut wie immer darauf verlassen, daß die Führungseliten der einbezogenen Interessengruppen die getroffenen Entscheidungen gegenüber sowohl ihrer Klientel[635] als auch der breiteren Öffentlichkeit vertreten, erläutern und als akzeptabel glaubhaft machen.

  Auf diese Weise können Spitzenpolitiker notwendige Leistungen kommunikativer politischer Führung allerdings nachgerade delegieren, was um so attraktiver ist, je unpopulärer die gefällten Beschlüsse vermutlich sein werden. Weil solches gemeinsames Einstehen für unpopuläre Maßnahmen für die politische Klasse sehr vorteihaft ist, läßt sich seit vielen Jahren in den demokratischen Verfassungsstaaten die Neigung regierender Parteien beobachten, parallel zu den formal zuständigen exekutiven und legislativen Institutionen, und diese dadurch überlagernd, informelle ‚Konzertierte Aktionen‘, ‚Runde Tische‘, und ‚Bündnisse für ...‘ einzurichten, in denen man der offenen politischen Konfrontation mit der Opposition entgehen und alle Interessenträger so einbinden kann (‚Neokorporatismus‘), daß kaum mehr jemand anschließend die getroffenen Entscheidungen glaubwürdig zu kritisieren vermag, weil er ja selbst in den Entscheidungsprozeß eingebunden war. Das entzieht dem politischen Prozeß aber Transparenz und demokratische Kontrollierbarkeit. Ergebnis ist zwar nicht eine ‚Herrschaft der Verbände‘, sehr wohl aber eine Mitherrschaft von Verbandsführern und ein von außen schwer zu beeinflussendes Elitenkartell auf den neokorporativ gesteuerten Politikfeldern. Der legitimationstechnische Vorteil der Einbeziehung von Interessengruppen in politische Willensbildungs- und Entscheidungsprozesse geht hier in ein demokratisches Legitimationsdefizit über.

Abgesehen von diesem durchaus zu vermeidenden Problem sind innerhalb einer pluralistischen Herrschaftsordnung und im Rahmen eines demokratischen Verfassungsstaates alle genannten Funktionen von Interessengruppen überaus wünschenswert und die ihrer Erfüllung dienenden Handlungen von ihrem Ansatz her völlig legitim. Dies alles ergibt sich nämlich aus den Freiheitsrechten des Einzelnen, der von Bürgern geschaffenen Organisationen sowie aus dem Recht einer freien Gesellschaft, ihre Anliegen zunächst einmal in die eigenen Hände zu nehmen. Mit monistischem Staatsverständnis verträgt sich das alles hingegen gar nicht.

Allerdings lassen sich kritische Einwände gegen die Tätigkeit von Interessengruppen auch *diesseits* einer monistischen Fundamentalkritik an ihrer Rolle formulieren. Vieles an diesen Einwänden ist durchaus ernstzunehmen und sollte gegebenenfalls zum Anlaß systemverbessernder Reformen werden:

---

[635] Von lat. ‚clientéla‘, d.h. Schutzgenossenschaft, Gefolgschaft.

– Noch von Rousseau'schen Denkfiguren und vom Vorstellungsgehalt einer *Identitätskonzeption der Demokratie* ist die Befürchtung geprägt, starke Interessengruppen würden die Gesellschaft ,mediatisieren'[636] und an die Stelle des Allgemeinwohls aller Bürger die Partikularinteressen der konkurrierenden Verbände sowie ihrer Führer setzen. Sofern mit dieser Überlegung die Vorstellung von einem vorab erkennbaren Gemeinwohl und eine antipluralistische Politikkonzeption einhergeht, ist dieses Argument zurückzuweisen. In einer abgeschwächten Version macht es aber darauf aufmerksam, es könnten sich in straff von oben nach unten geführten Verbänden vor allem die persönlich geprägten Interessendefinitionen der Verbandsführer durchsetzen, an die Stelle breiter gesellschaftlicher Interessen treten und dergestalt die vom Verbändesystem zu leistende Widerspiegelung realer Bevölkerungswünsche verzerren. Da Interessengruppen stets oligarchisch geführt werden und die Willensbildung – aufgrund von Attentismus und Kundschaftsmentalität der Mitglieder – eigentlich immer von oben nach unten verläuft, ist dieser Einwand keineswegs von der Hand zu weisen. Nötig ist darum einesteils innerhalb von Interessengruppen die Stärkung von Minderheitsrechten der Mitglieder, damit auch kleine Veto-Gruppen die Verbandsführung zu einer ernsthaften Diskussion über den verbandspolitisch einzuschlagenden Kurs veranlassen können. Andernteils bedürfen Interessengruppen nicht minder der kontinuierlichen Kritik durch Massenmedien, als das bezüglich von Parteien, Fraktionen und Regierung ohnehin selbstverständlich ist.

– *Populäre Verbändekritik* rückt in den Mittelpunkt ihrer Klagen, ,Lobbyisten' würden intransparent mit Politikern ,kungeln' und auf diese Weise – durch Korruption befördert – bürgerferne Interessenpolitik an die Stelle von ,demokratischer Willensbildung' setzen. Sofern diese Kritik grundsätzlich die Legitimität von Verbandseinfluß auf politische Entscheidungsträger bestreitet, ist sie strikt zurückzuweisen. Es gibt nämlich kein Politikmonopol für die politische Klasse, schon gar nicht für Abgeordnete oder Regierungsmitglieder. Vielmehr hat in einer freien Gesellschaft ein *jeder* das Recht, sich – von den eigenen Interessen und nichts anderem geleitet – fallweise oder dauerhaft an politischen Willensbildungs- und Entscheidungsprozessen zu beteiligen. Natürlich, und sogar in ganz besonderer Weise, gilt das auch für Interessengruppen. Sofern mit dieser Kritik aber nur auf ,ganz schlimme, doch uns Bürgern leider im einzelnen gar nicht bekannte Zustände' angespielt wird, kann weitgehend Entwarnung gegeben werden. Der Blick auf die Tatsachen zeigt vielmehr: Die immer wieder ans Tageslicht geratenen Verfilzungen mit illegitimen Geschäften auf Gegenseitigkeit sind nicht die Spitze eines riesigen Eisbergs, sondern überaus kritikwürdige Ausnahmen. Doch natürlich bleibt derlei nur solange eine Ausnahme, wie entweder konkurrierende Interessenguppen und Parteien oder die Massenmedien im Rahmen ihrer Pflicht zur kritischen Berichterstattung derlei Praktiken sorgsam beobachten, verläßlich zur Aufmerksamkeit der Öffentlichkeit bringen und im Einzelfall wirkungsvoll skandalisieren.

– Die zentrale Sorge *rechter* Verbändekritik geht dahin, allzu starke Interessengruppen machten das politische System unregierbar und schwächten den gesellschaftlichen Zusammenhalt. Sofern mit dieser Sorge die Vorstellung verbunden ist, wünschenswert sei eine mit staatlicher Autorität *oberhalb* der Gesellschaft und ihrer Interessenorganisationen stehende politische Elite, die durch Herkunft und Amt das Gemeinwohl ,kennt und verwirklicht', ist dieser

---

636 *Dieser* Begriff der Mediatisierung hat mit Massenmedien und der von diesen bewirkten ,Mediatisierung der Politik' (siehe S. 379ff) nichts zu tun. Von ihm wird vielmehr aufgegriffen, was zu Beginn des 19. Jahrhunderts, mit dem Ende des alten deutschen Reiches, den bis dahin reichsunmittelbar allein dem Kaiser unterstellten Reichstädten, Reichsgrafen usw. widerfuhr: Sie wurden den nunmehr völlig souverän gewordenen großen Landesherren unterstellt, die ihrerseits den Deutschen Bund bildeten. Zwischen dem Bund insgesamt und ihnen (lat. ,in medio', d.h. in der Mitte) standen nun etwa die Könige von Bayern oder Sachsen oder der Großherzog von Baden, von denen die bis dahin reichsunmittelbaren Stände somit ,mediatisiert' wurden.

ganze Denkansatz scharf zurückzuweisen. Er wäre nämlich im Kern autoritär und lockte ein politisches System nur in die Steuerungsprobleme und Lernschwierigkeiten einer Diktatur. Doch ein in jene Richtung zielender Einwand wäre ohne Zweifel berechtigt, sofern er nur – doch sehr nachdrücklich – darauf hinweist, daß Neokorporatismus und allzu große Konsensforderungen von bewußt einbezogenen Interessengruppen in der Tat die staatliche Handlungsfähigkeit zu beeinträchtigen drohen, ja sogar dazu führen können, daß selbst parlamentarische Mehrheitsentscheidungen als illegitim gelten, weil wichtige Interessengruppen sich gegenüber demokratisch legitimierten staatlichen Entscheidungsträgern als gleichrangig geben.

– Die *linke* Kritik am von starken Interessengruppen geprägten politischen Prozeß ließ sich schon immer dahingehend zuspitzen, ‚im pluralistischen Himmel singe der Chor der Engel offenbar mit deutlichem Oberklassenakzent'. Keineswegs ergäbe sich das Gemeinwohl nämlich ‚als Resultante im Parallelogramm gleichwertiger Kräfte'; vielmehr hätten manche Interessen und Interessengruppen deutlich größere Chancen, sich durchzusetzen, als andere. Darum sei ein sich selbst überlassener Pluralismus nicht fair, wirke sozial ungerecht und könne nicht akzeptiert werden. Das ist eine völlig zutreffende Beobachtung und Bewertung.

Es gibt sie zwar auch in einer vulgärmarxistischen Variante, in welcher ‚das Kapital' immer über ‚die Arbeit' siegt und ‚die Wirtschaft' stets über ‚die Politik'. Die erste Behauptung erweist sich als empirisch falsch angesichts der Tatsache, daß es zumal in pluralistischen politischen Systemen *besonders gut* ausgebaute Sozialstaatlichkeit gibt. Die zweite Behauptung ist hingegen weniger als Kritik denn als eine schlechterdings grundlegende Einsicht aufzufassen. Denn tatsächlich hängt *immer* von der ökonomischen Basis einer Gesellschaft ab, also von ‚der Wirtschaft' und ihrer – *politisch zu sichernden* – Leistungsfähigkeit, was sich im gesellschaftlichen Überbau auf nachhaltige Weise und somit durch *kluge* Politik verteilen läßt. Ignoriert allerdings *unkluge* Politik diese Tatsache, so wird sie – wie in den realsozialistischen Staaten – zunächst die ökonomische Basis des politischen Systems und sodann dieses selbst ruinieren. Dann hat ‚die Wirtschaft' – mit ihrer durch *keinerlei* Politik außer Kraft zu setzenden *Eigenlogik* – erst recht ‚über die Politik gesiegt'. Die vulgärmarxistischen Varianten dieser ‚linken' Pluralismuskritik sind also mit ziemlich guten Gründen zurückzuweisen.

Dennoch bleiben der eingangs umrissene Kern ‚linker' Pluralismuskritik sowie zwei ihn untersetzende Kritikpunkte richtig. Erstens ist es plausiblerweise so, daß die *leicht* organisierbaren Interessen im pluralistischen Wettstreit viel größere Durchsetzungschancen haben als die *schwer* organisierbaren Interessen. Besonders schwer zu organisieren ist aber immer wieder das Engagement für *Allgemein*interessen. Zu ihnen gehören etwa die Sicherung von Recht und Ordnung, von Leistungswillen und Pflichtbewußtsein in der Bevölkerung, nicht zuletzt auch einer ausreichenden Kinderzahl, um nämlich eine Gesellschaft mit gut integrierten Arbeitskräften und mit bereitwilligen Rentenzahlern auszustatten. Von der Verwirklichung solcher Interessen profitieren nämlich auch jene, die nichts für ihre Durchsetzung getan haben, insofern nämlich auch sie von der Nutzung solcher ‚öffentlichen Güter' nicht ausgeschlossen werden können. Letzteres macht es für einen an kurzfristigen Rationalitätsüberlegungen orientierten Akteur meist nicht sehr attraktiv, Zeit und Arbeit in die Verwirklichung von Allgemeininteressen zu investieren. Er darf vielmehr meist darauf vertrauen, daß sich schon andere um sie kümmern werden. Genau darum sind sie aber so schwer organisationsfähig. Das Gegenteil trifft zu für *Partikular*interessen,[637] also für Interessen, deren Erfüllung unmittelbar für einen selbst, nicht aber für jeden anderen wichtig ist. Diese unterschiedliche Organisationsfähigkeit von Allgemein- und Partikularinteressen führt in der Tat dazu, daß im *unge-*

[637] Von lat. ‚partícula', d.h. Teilchen.

bremsten Pluralismus das ‚Gemeinwohl' sich im nachhinein durchaus als Profit der besonders Selbstsüchtigen und darum Organisationsstarken erwiese. Verschärft wird dieses Problem – zweitens – dadurch, daß es klare *Unterschiede in der Konfliktfähigkeit* verschiedener Interessen und Interessengruppen gibt. Nicht alle verfügen im Konflikt über die gleiche Kraft und Kompetenz: Der Arbeitslosenverband ist diesbezüglich den Gewerkschaften als Interessengruppe der Arbeitsplatzbesitzer klar unterlegen. Und nicht alle Interessengruppen können gleichermaßen ihren Konkurrenten, der Öffentlichkeit oder den etablierten Machteliten Nachteile für den Fall in Aussicht stellen, daß man ihre Anliegen nicht befriedigt: Die Interessengemeinschaften alleinerziehende Mütter oder kinderreicher Familien sind hier in einer klar schlechteren Lage als die Verbände der Piloten oder Fluglotsen. Natürlich setzen sich im Verteilungsstreit dann eher die konfliktfähigen Interessengruppen durch. Was hingegen weder organisationsfähig ist noch so recht konfliktfähig gemacht werden kann, wird in einem sich selbst überlassenen Interessengruppenpluralismus sehr leicht auf der Strecke bleiben. Dann aber kann sich das Gemeinwohl ‚im nachhinein' ebenso wenig einstellen wie man es durch Vorabbestimmung verwirklichen kann.

Beide Kritikpunkte müssen überaus ernst genommen werden. Der pluralistische Streit von Interessengruppen führt keineswegs von sich aus zu Verteilungsgerechtigkeit und fairen Problemlösungen. Darum hat sich jede Regierung aufgrund ihres Amtes, haben sich politische Parteien aufgrund ihrer leitenden Werte und Programme sowie die Massenmedien wegen ihrer gesellschaftlichen Kritikfunktion *von sich aus*, als Teil der *mit ihrer jeweiligen Rolle verbundenen Pflichten*, ganz besonders um die Trägergruppen schwer organisierbarer und schlecht konfliktfähiger Interessen anzunehmen. Das Gemeinwohl ist nämlich eine *regulative Idee* für *alle* am politischen Prozeß Beteiligten, *nicht* die automatische Wirkung eines mechanischen Systems.

d. Parteien

Parteien sind dauerhaft bestehende, öffentlich agierende und bei Wahlen Kandidaten präsentierende organisatorische Zusammenschlüsse von sozial, interessenmäßig oder durch gemeinsame politische Ziele verbundenen Personen, die in einem politischen System danach streben, die Ausübung von staatlicher Macht und Herrschaft nach ihrem Sinne zu gestalten, und die zu diesem Zweck politische Führungspositionen mit Leuten ihres Vertrauens besetzen wollen. Zugleich sind Parteien Interessengruppen in eigener Sache. Zwar gab es immer schon konkurrierende politische Gruppierungen, die man auch in der Geschichtsschreibung häufig ‚Parteien' nennt: in der alten Römischen Republik die ‚Optimaten' gegen die ‚Popularen', im kaiserlichen Konstantinopel die ‚Grünen' gegen die ‚Blauen', in den norditalienischen Städten des Hoch- und Spätmittelalters die ‚Ghibellinen' gegen die ‚Guelfen'. Es bringt aber viele Vorteile klarer politikwissenschaftlicher Fachsprache, derlei lieber ‚Parteiungen' zu nennen und den Begriff der *Partei* jenem ganz besonderen Typ politischer Organisation vorzubehalten, der erst seit dem 18. Jahrhundert entstand und eingangs definiert wurde. Parteien *solcher* Art entsprossen zwei Wurzeln: ‚Von oben nach unten' wuchsen sie aus den parlamentarischen Vertretungskörperschaften des neuzeitlichen Staates, und ‚von unten nach oben' aus der immer häufigeren Durchführung von immer weitere Personenkreise einbeziehenden Wahlen.

Etwas detaillierter läßt sich in vier Punkten darstellen, was moderne Parteien von ihrer Entstehung her prägt. Das ist nämlich ihr gemeinsames Aufkommen mit ...

- *modernem Parlamentarismus:* Im 18. Jahrhundert bildeten sich im – gegenüber der Krone machtvoll gewordenen – englischen Parlament auf Dauer gestellte, von gemeinsamen Interessen bzw. politischen Ansichten geleitete, mehr oder weniger förmliche Zusammenschlüsse von Parlamentariern. Diese setzten die Vorstellung durch, sie seien keine weisungsgebundenen ‚Beauftragten' ihrer Wahlkreise (‚imperatives Mandat'), sondern hätten das Recht und die Pflicht, sich im Parlament taktisch klug gemäß ihren Überzeugungen zu verhalten. Sie nutzten also das von ihnen – zu genau diesem Zweck – beanspruchte ‚freie' Mandat dafür, sich im Parlament zu *gemeinsam handlungsfähigen Mannschaften* zusammenzuschließen.[638] Der hierzu führende, später in immer mehr Parlamenten – unter Mühen auch 1848 in der Frankfurter Nationalversammlung – aufgegriffene Grundgedanke war in der Tat, daß man Parlamentsarbeit nur dann wirksam organisieren und Parlamentsmacht nur dann zielstrebig gegenüber einer Regierung in Anschlag bringen kann, wenn es im Parlament Gruppierungen gibt, die zum kollektiven Handeln fähig sind. Dieser Gedanke wurde besonders wichtig überall dort, wo das Parlament das Recht erlangte, eine Regierung zu stürzen oder konstruktiven Einfluß auf ihre Zusammensetzung zu nehmen.

– der Idee und Institution von *Opposition:* Ebenfalls im 18. Jahrhundert entstand im englischen Parlament die Vorstellung und Praxis, daß eine politische Gruppierung sich zwar sehr wohl gegen die Regierung wenden und auf deren Ablösung dringen, gleichwohl aber dem politischen System gegenüber loyal sein könne. Zum ersten Theoretiker dieser überaus wichtigen verfassungspolitischen Erfindung wurde Lord Bolingbroke (1678-1751). Auf solche Weise war Opposition als *legitime* Form politischer Beteiligung von Hochverrat[639] oder Widerstand unterschieden und überhaupt erst Spielraum entstanden für das Auftreten von Gruppierungen, die miteinander um grundsätzliche politische Richtungsentscheidungen konkurrierten.

– *moderner Demokratie:* Erst seit dem Frühparlamentarismus der ersten Hälfte des 19. Jahrhunderts und der immer mehr um sich greifenden Errichtung von *gewählten* Abgeordnetenhäusern wurden auch auf dem europäischen Kontinent *Wahlen* zu einer häufigen und periodischen Erscheinung politischen Lebens. Wahlen brauchen aber Kandidaten, diese wiederum eine Plattform, welche sie der Öffentlichkeit präsentiert und ihnen hilft, sich den Wählern bekannt zu machen. Zu diesem Zweck entstanden Parteien zunächst als *Wahlvereine*, alsbald aber auch als dauerhafte Organisationen, über welche die im Parlament tätigen Abgeordneten zwischen den Wahlen mit ihren auch künftigen Nominierungsgremien sowie den Wählern in Kontakt bleiben konnten.

– *modernen Verkehrs- und Kommunikationsmöglichkeiten:* Den Durchbruch zum zeitgenössischen Parteienwesen brachte dann aber die moderne Verkehrs- und Kommunikationstechnik, die es überhaupt erst erlaubte, auch in großen Staaten wie Deutschland flächendeckende Organisationen aufzubauen, zu integrieren und als Handlungsverbund funktionstüchtig zu halten. Mit Eisenbahn und Telegraphen entstanden, mit Autoverkehr und Telefon fortgeführt, haben derlei Entwicklungen in den 70er Jahren des 20. Jahrhunderts zu modernen Massen- und Apparateparteien geführt, die damals so viele Menschen wie seither nicht wieder zu konflikt- und kampagnenfähigen Großorganisationen zusammenbanden.

Einmal entstanden, wurden Parteien von vielerlei Faktoren geprägt. Am offensichtlichsten ist die inhaltlich Prägung durch die *Ziele*, für welche eine Partei steht. Nach ihrem politisch-programmatischen Standort unterscheiden sich seit ihrer Entstehungszeit im 19. Jahrhundert die

---

638 Das bleibt immer wieder unbeachtet, wenn man die Argumentationen zugunsten des freien Mandats in Edmund Burkes berühmter Rede an die Wähler von Bristol aus dem Jahr 1774 nachzeichnet, obwohl genau das der Leitgedanke jener Argumentationen ist.

639 Wichtig ist in diesem Zusammenhang der Blick auf eine weitere Wurzel moderner Parteien: auf ihre Entstehung auch aus der Tradition von Geheimbünden. Der in den Blick zu fassende thematische Bogen reicht dabei von den aufklärungszeitlichen Logen der Freimaurer, in denen Elitegruppen ungeachtet von Standesgrenzen zusammenkommen und auch politisch wichtige Vertrauensverhältnisse aufbauen konnten, über die Theorie und Praxis revolutionärer Geheimbündelei bei Auguste Blanqui (1805-1881) bis zu den das Konspirative mehr als nur streifenden Ordensstrukturen der kommunistischen Parteien des 20. Jahrhunderts.

liberalen, konservativen und sozialistischen Parteien; hinzu traten – mit Anknüpfungspunkten zu allen anderen drei Lagern – seit den 70er Jahren des 20. Jahrhunderst die ‚ökologischen' Parteien.[640] Nicht weniger offensichtlich ist die Prägung einer Partei durch die *Rolle*, die sie – oft aufgrund ihrer Programmatik – in einem politischen System über lange Jahre einnimmt. Dergestalt lassen sich Protestparteien und revolutionäre Parteien von Hegemonialparteien, Regierungsparteien und ‚normalen' Oppositionsparteien unterscheiden. Ansonsten lassen sich die wichtigsten ‚von außen' wirkenden Prägefaktoren von Parteien so zusammenfassen:

- *Typ des umbettenden politischen Systems:* Natürlich funktionieren Parteien in einem demokratischen Verfassungsstaat mit pluralistischer Gemeinwohlkonzeption und periodischen freien Wahlen ganz anders als in autoritären oder gar totalitären Diktaturen, in denen es dem politischen Streit entzogenen Gemeinwohlvorstellungen und ‚Wahlen ohne Auswahl' gibt. Letztlich sind die führenden Parteien in Entwicklungsdiktaturen und totalitären Systemen von ihren Leitideen und Ansprüchen an ihre Mitglieder her viel näher mit den christlichen Orden verwandt als mit den Parteien demokratischer Verfassungsstaaten.
- *Struktur des politischen Systems:* Ein parlamentarisches Regierungssystem, in dem Parteien die Regierung zu tragen haben, wird zu viel größerer Kohärenz innerhalb der Parteien veranlassen, als das ein präsidentielles Regierungssystem tut, das im Parlament nach keiner Fraktionssolidarität verlangt.[641] Konkordanzdemokratien werden eher zu einer Vielzahl untereinander recht flexibel bündnisfähiger Parteien führen als Konkurrenzdemokratien, in denen mit weniger und mit schärfer voneinander abgegrenzten Parteien zu rechnen ist. In Bundesstaaten wiederum können auch Regionalparteien eine vergleichsweise große Rolle spielen und müssen sich überdies nationale Parteien um wesentlich mehr Bodenhaftung bemühen, als das in zentralistischen Einheitsstaaten zu erwarten ist.
- *Wahlrecht:* Unter anderem aus Wahlvereinen entstanden, werden Parteien vom Wahlrecht überaus tiefgreifend geprägt.[642] Wo relatives Mehrheitwahlrecht herrscht, wird es nur sehr wenige wichtige Parteien geben, oft nur zwei. Unter der Herrschaft von Verhältniswahlrecht hingegen wird die Anzahl von – aufgrund der Notwendigkeit zur Mehrheitsbildung auch wirklich wichtigen – Parteien ziemlich ansteigen. Sperrklauseln wirken wiederum dieser Folge effizient entgegen. Im übrigen wird sich bei häufiger Durchführung von Wahlen eine größere und professionellere Parteiorganisation entwickeln als sie solange zu erwarten ist, wie Wahlen eher selten sind.
- *Konkrete Rechtsstellung der Parteien:* Wichtig sind hier zunächst die Vorschriften über die Gründung einer Partei: Handelt es sich dabei um einen autonomen Willensakt einer Mindestanzahl von Parteigründern, oder wird staatliche Anerkennung oder gar die ausdrückliche Zulassung neuer Parteien verlangt? Folgenreich sind sodann, soweit vorhanden, gesetzliche Bestimmungen über den inneren Aufbau einer Partei: Wird beispielsweise ein bestimmtes Organisationsprinzip vorgeschrieben (z.B. das Wohnortsprinzip anstelle des Produktionsstättenprinzips), wird innerparteiliche Demokratie verlangt? Und nicht zuletzt hängt vieles davon ab, ob eine Regierung eine Partei selbständig verbieten darf oder nur ein Gerichtsverfahren eine Partei um ihr Existenzrecht bringen kann (‚Parteienprivileg').
- *Wirtschaftliche Basis der Parteien:* Die Art zulässiger oder tolerierter Parteienfinanzierung (staatliche Zuschüsse, Spenden, Erträge eigener wirtschaftlicher Tätigkeit), die zulässige Art und Nutzungsweise von Parteibesitz, Publikationspflichten und Prüfungsrechte zu alledem

---

640 Zum ideengeschichtlichen Zusammenhang siehe S. 438ff.
641 Vgl. hierzu S. 274 und 334ff.
642 Hierzu siehe unten S. 324ff.

haben natürlich ebenfalls einen tiefgreifenden Einfluß darauf, was für Parteien sich entwikkeln und welche Rolle sie real spielen können.

- *Parteiensystem:* Parteien kann man nur verstehen, wenn man sie als in harter Konkurrenz befindliche Wettbewerber auf einem engen und nicht zu erweiternden Markt begreift. Darum wirkt es sich auf jede einzelne Partei nachhaltig aus, ob sie sich in einem Zwei-, Drei- oder Vielparteiensystem behaupten muß, mit welchen – wie geprägten – anderen Typen von Parteien sie zu konkurrieren hat, und welche Spielregeln der Parteienkonkurrenz es gibt: Agiert sie in einem Konkurrenz-, Konkordanz- oder Hegemonialsystem?
- *Politisch-kulturelle Erwartungen an die Parteien:* Durchaus kann von einer Partei seitens der Mitglieder- und Wählerschaft erwartet werden, sie solle eine ,geistige Heimat' derer sein, die sich mit ihr identifizieren, und ,politische Antworten aus einem Guß', ein integriertes politisches Weltbild anbieten. Das war und ist typischerweise der Selbst- und Fremdanspruch sozialistischer Parteien. Wo derlei verlangt wird, wird sich eine Partei natürlich anders entwikkeln, als wenn man von ihr Grunde nur fordert, sie solle überzeugende Kandidaten präsentieren und politische Macht anhand weniger, doch verläßlicher Prinzipien pragmatisch verwalten. Im ersten Fall werden programmatische Diskussionen eine überaus große Rolle im Parteileben spielen, desgleichen jene Personen, die sie führen. Im zweiten Fall haben Pragmatiker und Machtmanager große Chancen.
- *Beschaffenheit der Gesellschaft:* Parteien benötigen für ihre Macht, und alsbald auch für ihre Existenz, gesellschaftliche Unterstützung. Das gilt vor allem am Wahltag und somit hinsichtlich der von ihnen ernsthaft angebotenen oder wenigstens plausibel personalisierten politischen Inhalte. In diesem Zusammenhang wirkt die Beschaffenheit der Gesellschaft zweifach prägend auf die Parteien ein:
  - Erstens entstanden Parteien häufig entlang von tiefgreifenden, verfestigten gesellschaftlichen Konfliktlinien (,cleavages'), etwa zwischen Arbeitnehmer- und Arbeitgeberlager, oder zwischen konfessionellen und antikirchlichen Milieugruppen. Solche durch Konfliktzonen abgetrennte gesellschaftliche Lager können Parteien nicht einfach schaffen oder überwinden; sie bilden sie vielmehr über lange Zeit hin ab. Gesellschaftliche Konflikstrukturen prägen so Parteien und Parteiensysteme und legen zwischen bestimmten Parteien die politische Zusammenarbeit nahe, während sie die Kooperation zwischen anderen Parteien nahezu unmöglich machen. Gewissermaßen widerspiegeln Parteiensysteme gesellschaftliche Konfliktlagen, die allerdings oft weit zurückreichen und mit aktuellen Gestaltungsaufgaben nicht notwendigerweise etwas zu tun haben. Das Parteiensystem selbst wird dann zum Hemmschuh notwendiger Reformen.
  - Zweitens bezogen die europäischen Parteien vom späten 19. Jahrhundert bis weit in die zweite Hälfte des 20. Jahrhunderts ihre Mitgliedschaft und ihre Wähler aus ziemlich stabilen, klar zu umreissenden gesellschaftlichen Milieus: konservative Parteien etwa aus dem ländlich-christlichen Milieu, liberale Parteien aus dem städtisch-protestantisch großbürgerlichen Milieu, sozialdemokratische Parteien aus dem kirchenfernen Arbeitermilieu. Einesteils band sie das programmatisch an vergleichsweise enge Vorgaben, von denen sie sich nur unter großen Risiken lösen konnten. Andernteils gab das in Wahlkämpfen Sicherheit darüber, wer unbedingt anzusprechen und zu mobilisieren war, um wen anderes man sich aber im Grunde nicht zu bemühen brauchte. Seit diese ,soziomoralischen Milieus', in denen die Parteien früher wurzelten, sich im Zuge wirtschaftlichen, gesellschaftlichen und kulturellen Wandels mehr und mehr auflösen, verlieren die Parteien ihre feste gesellschaftliche Basis. Das macht sie zwar flexibler. Die Kehrseite der Medaille ist aber die schwer zu bestehende Herausforderung, die für die jeweilige Partei identitätsstiftenden Selbstverständlichkeiten und Ziele neu zu (er-)finden oder überhaupt

erst wieder zu fixieren. Im übrigen macht das Schrumpfen verläßlicher Wählermilieus die Parteien überaus abhängig von ihrer massenmedialen Präsentation und verlangt unmittelbar medienkompatible Strategien und Positionen.

Im übrigen unterscheiden sich die politischen Parteien durch die folgenden, von ihnen selbst weitgehend zu prägenden, doch keineswegs nach Belieben zu kombinierenden Merkmale:

- *Zielkreis und Art der Wählerschaft:* Handelt es sich eher um eine ‚Volkspartei' (‚catch all–party'), die breite Wählerkreise ansprechen will und darum schon in sich viel Kompromißbildung leisten muß, oder um eine ‚Klientelpartei', die eng definierte gesellschaftliche Gruppen sowie deren Interessen vertritt und darum ein sehr klares programmatisches Profil haben kann?
- *Umfang und Art der Mitgliedschaft:* Handelt es sich um eine ‚Mitgliederpartei', bei welcher die traditionellen, identitätsstiftenden Ansichten von Mitgliedern und Funktionären Anker bzw. Fessel der innerparteilichen Programmentwicklung sind, oder handelt es sich eher um eine ‚Wählerpartei', bei der ein recht schmaler, oft ziemlich professioneller Mitgliederstamm seine Hauptaufgabe darin sieht, erfolgsorientiert Wahlen durchzuführen und mit medienwirksamen Spitzenkandidaten sowie pragmatisch auf die Tagesaufgaben ausgerichteter Programmatik möglichst viele Stimmen zu gewinnen?
- *Ausmaß der Beteiligung der Mitglieder an der Willensbildung der Partei:* Wird die Partei ihrer Leitidee nach demokratisch-zentralistisch geführt oder pluralistisch mit dem Recht auf innerparteiliche Fraktionsbildung und Opposition? Wird sie – wie aus funktionslogischen Gründen allgemein üblich – nach dem ‚ehernen Gesetz der Oligarchie' geführt, oder versucht sie es mit ‚basisdemokratischen Strukturen'?
- *Stellenwert des Programms und der Programmdiskussion für die Partei:* Liegt es in der Tradition der Partei, sich zu definieren und zu integrieren durch eine gemeinsame Weltanschauung, durch aus dieser möglichst präzise abgeleitete Ziele, sowie durch prinzipientreue Vorstellungen für den akzeptablen Weg zu solchen Zielen? Oder versteht sich eine Partei eher als eine pragmatische Wahlkampfgemeinschaft mit großer Bereitschaft, sich programmatisch an von ihr erschließbare Wählerpotentiale anzupassen?
- *Umfang des Parteiapparats und innerparteiliches Gewicht der hauptamtlichen Parteimitarbeiter:* Sind die hauptamtlichen Parteiangestellten eher die ‚Seele' der Partei, in deren Reihen die wichtigsten Programmdiskussionen geführt werden und aus welchen ein Großteil des politischen Führungspersonals der Partei rekrutiert wird? Oder versteht sich das Personal der Partei eher als professioneller Dienstleistungsapparat?
- *Gewichtsverteilung zwischen ‚parlamentarischer Partei', d.h. den Parlamentsfraktionen, und der ‚außerparlamentarischen Partei':* Sitzen in den Parlamenten – wie in Deutschland meist üblich – die Führer der regionalen, landsweiten und bundesweiten Parteiorganisationen, so daß die Fraktionen die Machtzentren der Parteien und deren Führungspersonen entweder Regierungsmitglieder oder Oppositionsführer sind? Oder versucht die Partei, durch den Aufbau außerparlamentarischer Machtstrukturen und durch Regeln zur Unvereinbarkeit von Parteiamt und Parlamentsmandat entweder die eigenen Parlamentsfraktionen oder die Parteiführungsspitze möglichst machtlos zu halten?

Je nach ihrer Ausgestaltung anhand der ihnen vorgegebenen bzw. von ihnen selbst einzurichtenden Prägefaktoren unterscheiden sich die Parteien tiefgreifend. Die einen finden zu einer sie schlagkräftig machenden Form; die anderen stürzen sich in funktionslogische Probleme und Reibungsverluste. Jedenfalls hängt von allen umrissenen Dingen ab, wie gut eine Partei ihre Funktionen erfüllen kann. Insgesamt lassen sich vier zentrale *Funktionen* von Parteien unterscheiden:

- *Bindeglied- bzw. Netzwerkfunktion:* Parteien können zunächst einmal als Bindeglied zwischen den verschiedenen gesellschaftlichen Subsystemen und dem politischen System fungieren. Einfach indem es sie als funktionstüchtige Organisationen gibt, deren Mitglieder sowohl in allen möglichen Gesellschaftsbereichen verankert sind als auch innerhalb der Partei zusammenwirken, dienen sie als wichtige, integrierende Netzwerke und ‚Kanalsysteme', über welche Informationen, Forderungen, Unterstützungsleistungen und Personal zwischen Gesellschaft und Staat ausgetauscht werden können. Parteien stehen sozusagen mit ihren Füßen in der Gesellschaft, reichen mit Kopf und Händen aber in das zentrale politische Entscheidungssystem hinein. Das gelingt ihnen einesteils durch ihre *vertikale* Vernetzung, die vom vorpolitischen Raum über die örtlichen Parteigliederungen und die Kreis- bzw. Unterbezirksebene der Parteien bis hin zu den – miteinander verschränkten – Führungsebenen in nationaler Partei, Parlament und Regierung reicht. Andernteils gelingt das durch die *horizontale* Vernetzung zwischen Parteien und Interessengruppen sowie Massenmedien, nicht selten sogar zwischen Parteien und Verwaltungsbehörden. Diese Vernetzungsfunktion ist die Grundlage aller anderen Parteifunktionen. Besonders weit ausgreifend wird sie von Volksparteien wahrgenommen, fokussiert auf einzelne Gesellschaftssegmente von Klientelparteien. Letztlich ist es nicht wichtig, daß *jede* Partei sich möglichst umfangreich vernetzt, sehr wohl aber, daß die im Parlament vertretenen Parteien *insgesamt* in möglichst die gesamte Gesellschaft hinein leistungsfähige Kommunikations- und Interaktionsnetze unterhalten.[643] Ein überaus wirksames Mittel, dies zu gewährleisten, sind Mehrfachmitgliedschaften von Parteiführern in den unterschiedlichsten Gremien sowie die Verbindung von Parteiämtern mit einem Parlamentsmandat oder gar einer Regierungsfunktion.
- *Responsivitätsfunktion:* Parteien können im politischen System vorzüglich für Responsivität[644] sorgen. Da Parteien die zentralen Adressaten der Wahlentscheidung sind, werden sie von den Bürgern zur Responsivitätssicherung auch angehalten und, bei wenig zufriedenstellender Erfüllung dieser Funktion, meist durch Machtentzug bestraft. Zum Zweck der Responsivitätssicherung haben die Parteien, gegebenenfalls klientelspezifisch, alle als möglicherweise wichtig geltenden Probleme, Sorgen, Wünsche und Anregungen aus der Gesellschaft aufzunehmen, auf sie zu reagieren, sie zu verarbeiten und sie in den Prozeß der politischen Willensbildung und Entscheidungsfindung einzubringen. Eine wichtige Leistung besteht dabei in der aktiven *Verschränkung* der *innerparteilichen Willensbildung* mit der *innerparlamentarischen* Willensbildung und – gegebenenfalls – sogar mit der *innergouvernementalen* Willensbildung. Eine solche Responsivitätskette von den Wählern über die Parteien und das Parlament bis hin zur (eigenen) Regierung läßt sich ebenfalls am besten durch Verbindung innerparteilicher, parlamentarischer und möglicherweise auch gouvernementaler Ämter schaffen. Erbringen die Parteien beim Sichern und Praktizieren von Responsivität gute Leistungen, so ermöglichen sie es dem politischen System, allgemeine Verbindlichkeit weitgehend in Übereinstimmung mit den Wünschen einer Mehrheit der Bevölkerung herzustellen, was seinerseits eine wichtige Vorbedingung für das Bestehen von demokratischer Legitimität ist. Zu den wichtigsten Mitteln, Parteien zu solcher Responsivität anzuhalten, gehört der ‚Wiederwahlmechanismus' temporaler Gewaltenteilung[645] in Verbindung mit Parteienkonkurrenz und dem Druck öffentlicher Meinung sowie demoskopischer Befunde.
- *Führungsfunktion:* Parteien sind nicht nur zur Responsivitätssicherung, sondern auch zur nachhaltig wirksamen politischen Führung besonders geeignete Subsysteme des politischen Systems. Sobald sie nämlich Zugriff auf die Staatsmacht haben, hält sie der ‚Wiederwahlme-

643 Siehe hierzu die Ausführungen zur Vernetzungsfunktion der Parlamente auf S. 352f.
644 Siehe Anm. 441 und 658.
645 Siehe S. 275f.

chanismus' dazu an, aus rationalem Eigeninteresse sehr intensiv die Folgen ihres Tuns und Lassens in Rechnung zu stellen sowie die ihnen zurechenbaren politischen Handlungen den Bürgern möglichst plausibel zu erklären. Und da auf eine dauerhafte Machtstellung ausgehende Parteien nicht nur mit kurzfristigen Responsivitätswünschen konfrontiert sind, sondern auch mittel- und langfristigen Problemlagen nicht entkommen können, haben sie einen überaus guten Anreiz dafür, nicht nur zu *warten*, bis Gestaltungswünsche oder Informationen über gesellschaftlichen Regelungs- und Reformbedarf an sie *herangetragen* werden. Meist werden Parteien vielmehr *selbst*, natürlich im Licht ihrer programmatischen Positionen, nach solchem Bedarf Ausschau halten, Sachkunde für Problemlösungen mobilisieren und Lösungsvorschläge auszuarbeiten versuchen.[646]

Im Unterschied zu Interessengruppen, die sich legitimerweise auf die partikularen Interessen ihrer Klientelgruppen beschränken können, haben Parteien die – einander oft widersprechenden – Interessen verschiedenster gesellschaftlicher Gruppen zu bündeln.[647] Einmal an der Macht, wird eine Partei ja nicht nur daran gemessen, was sie für ihre Klientelgruppen leistet, sondern auch daran, wie sich die von ihr geprägte Politik insgesamt auswirkt, nämlich für die Mehrheit der Bürger und künftigen Wähler. Zu nach solchen Maßstäben attraktiven und viele Gruppeninteressen stimmig integrierenden Politikkonzepten gelangen politische Parteien am besten in Gestalt eines Lernprozesses, bei dem sie sich nachhaltig wirksamen, durch Erfahrung *a posteriori* belehrten Gemeinwohlvorstellungen annähern. Traditionelle Parteiideologie kommt solchen Lernprozessen immer wieder in die Quere. In diesem Fall mag eine Serie von Wahlniederlagen – wie einst im Fall der englischen Labour Party – im Lauf der Zeit aber doch noch zum Lernen zwingen. Es kann eine Partei aber auch daran zugrunde gehen, daß die Wähler von ihr keine glaubhaft stimmigen Führungsangebote unterbreitet bekommen.

Um das zu vermeiden, müssen Parteien möglichst *plausible* Zielsetzungen und Problemlösungsvorschläge ausarbeiten. Sie haben sie dann der Bevölkerung in Form von Programmen oder Absichtserklärungen *werbend* und *meinungsbildend* anzubieten. Darüber hinaus müssen Parteien die von ihnen (mit-)gestalteten politischen Maßnahmen der Öffentlichkeit möglichst gut erklären (‚explaining policy'), um unbegründeter Kritik vorzubeugen und begründete Kritik um ihre Wirkung zu bringen. Für die von ihnen geformte und von den errungenen Staatsämtern aus durchgeführte Politik haben zumal regierende Parteien bei den Bürgern Unterstützung vor allem dann einzuwerben, wenn es zu schmerzlichen Nebenfolgen und entmutigenden Wirkungsverzögerungen von als sinnvoll angesehenen politischen Maßnahmen kommt.[648] Durch das alles wird der Bürgerschaft die Möglichkeit verschafft, auf der Grundlage der politischen Leistungsbilanzen und Handlungsprogramme konkurrierender politischer Parteien mittels freier Auswahl politische Führungs- und Gestaltungsaufträge zu vergeben.

Gerechtfertigt durch solche Aufträge und nach Maßgabe der Wahlergebnisse haben die Parteien ihre Ziele stets auch in wirklich konkrete politische Maßnahmen *umzusetzen* und sich nicht mit bequemer symbolischer Politik zu begnügen. Parteien sind schließlich zum politischen *Handeln* da, nicht allein zur Bekundung politischer Ziele. Tatsächlich wären alle Parteiaufgaben der Zielfindung und Programmentwicklung selbstzweckhaft und bliebe auch die Wahlentscheidung der Bürger ziemlich folgenlos, wenn politische Parteien vor dem Zugriff auf die Macht zurückscheuten oder Parteiführer darauf verzichteten, getragen von Wahlsiegen und parlamentarischen Mehrheiten die ihnen zufallenden Staatsämter zu besetzen. Plausiblerweise erfüllen Parteien ihre Funktionen allein dann brauchbar, wenn sie ein gewisses

646 Diesen Bereich der Führungsfunktion von Parteien bezeichnet man auch als ‚Zielfindungsfunktion'.
647 Dieser Teil der Führungsfunktion heißt auch ‚Programmentwicklungsfunktion'.
648 Hier ist ‚kommunikative politische Führung' gefordert.

Gleichgewicht zwischen ihrer Responsivitätsfunktion und ihrer Führungsfunktion zustande bringen, also sich weder populistisch bzw. opportunistisch nach dem Schwanken politischer Stimmungen richten noch den Bürger mit der ‚Arroganz der Macht' bevormunden.

- *Personalmarktsfunktion:* Parteien sind die zentralen Institutionen der Rekrutierung, Ausbildung und Vermittlung politischen Führungspersonals in jene Stellen, die einer Partei aufgrund ihrer Wahlergebnisse zur Machtausübung auf Zeit zufallen. Sie sind also ‚Karrierevehikel'. Innerhalb ihrer Rolle als eines ‚Personalmarkts' haben Parteien eine dreifache Funktion:
  - *Rekrutierung:* Parteien sind Anlaufstellen von Bürgern, die sich längerfristig politisch beteiligen wollen. Im Idealfall gehen Parteien auch selbst auf fachkompetente und wählerattraktive Personen zu, die sich meist im vorpolitischen Raum oder in politiknahen Berufen finden. Allerdings ist derlei eher selten.
  - *Sozialisation:* In der Parteiarbeit erwerben Bürger spezielles politisches Know-how, etwa praktische Erfahrung in Konsensstiftung und Konfliktmanagement, in Durchsetzungs- und (Selbst-) Darstellungspraktiken oder im Umgang mit Parteifreunden, Journalisten, Behörden und Bürgern. Das qualifiziert über rein fachliche Kenntnisse hinaus zur Übernahme politischer Führungspositionen.
  - *Selektion und Kandidatenpräsentation:* Über den Aufstieg in Parteien, die sich ihrerseits freien Wahlen stellen und Wahlen letztlich überhaupt erst ermöglichen, über die Nominierung als Kandidat einer Partei sowie durch innerparteilich praktizierte Solidarität im Wahlkampf erwerben Bürger die Befugnis, in politische Ämter einzurücken und auf Zeit politische Macht auszuüben. Daß es die Parteien sind, die sich immer wieder mit ihren ‚Markennamen' und mit ihren Kandidaten freien Wahlen stellen, macht sie zu den *demokratisch am besten legitimierten* Organisationen eines freiheitlichen Staates. Solche Legitimation wird allerdings dann überzogen, wenn regierende Parteien, und zwar mit meist großem Erfolg, auch noch versuchen, ihre Mitglieder und Sympathisanten bei der Vergabe von durch Ernennung zu besetzenden öffentlichen Ämtern zu bevorzugen. Ebenso gehen Parteien über die Grenzen ihrer legitimen Machtstellung hinaus, wenn sie öffentliche Aufträge von den ihnen zugefallenen Ämtern aus vor allem solchen Personen und Unternehmen zukommen lassen, die zur eigenen Partei oder zu deren Sympathisantenkreis gehören. Das alles ist zu kritisierender, durch Kontrolle zur Ausnahme zu machender *Mißbrauch* einer *legitimen* Machtstellung.

Alles in allem erfüllen Parteien für einen demokratischen Verfassungsstaat überaus wichtige und nützliche Funktionen. Wie groß die Rolle von Parteien im Vergleich zu den Rollen anderer politischer Akteure tatsächlich ist, hängt ganz von den Eigentümlichkeiten des jeweiligen politischen Systems ab. Allgemein ist aber festzustellen, daß nach allen bisherigen politischen Erfahrungen Massendemokratie wohl nur als Parteiendemokratie funktionieren kann und zumal parlamentarische Regierungssysteme starker, konkurrierender politischer Parteien als ihrer Basis bedürfen. Es geht darum an der notwendigen und auch wünschenswerten Rolle von Parteien sehr weit vorbei, wenn man sie – wie etwa das deutsche Grundgesetz im Artikel 21,1 – *nur* als ‚Mitwirkende bei der politischen Willensbildung des Volkes' begreift. Aus einer so verengten Vorstellung erwachsen leider völlig irreführende Wünsche nach einer Beschneidung der Rolle politischer Parteien, vorgetragen oft im ebenfalls falschen Glauben, das Grundgesetz sei eine Art ‚Grundbuch der Nation', welches nur das als zulässig erkläre, was dort ausdrücklich aufgeführt sei. Jedenfalls sollte jeder, der die Rolle politischer Parteien auf eine ‚Mitwirkung bei der politischen Willensbildung' reduziert sehen möchte, sehr klar sagen, wer dann wohl jene Bindeglied-, Responsivitäts-, Führungs- und Personalmarktsfunktionen mit einem *gleichen Grad an Wählerkontrolle* übernehmen sollte, die aus sehr guten funktionslogischen Gründen von den Parteien erfüllt werden. Im übrigen gehört zu den allergefährlichsten Schwachstellen demokratischer Verfassungsstaaten eine Art ‚grundständige Verachtung', mit welcher die Bürger meist ihren politischen Parteien gegenübertreten – einer Verachtung, die selten gerechtfertigt ist und stets zur Entlegitimierung repräsentativer Demokratie beiträgt, die doch gemeinsam mit den Parteien entstand und ihrer schlechterdings bedarf.

e. Wahlen

Freie Wahlen legen die Staatsmacht an die Leine der Regierten. Wo solche Wahlen selbstverständlicher Bestandteil eines politischen Systems sind, dort kann politische Macht nicht mehr ohne direktes oder indirektes Wählermandat ausgeübt werden. Umgekehrt kann, wer immer will, sich als Wähler, als aktives Parteimitglied oder als Kandidat in den politischen Prozeß einbringen. Vor allem aber haben dank periodischer freier Wahlen selbst *politisch Abstinente* die Möglichkeit, immer wieder politische Kontrolle ganz einfach dadurch auszuüben, daß sie mit ihrer erteilten oder demonstrativ verweigerten Stimme zur Verlängerung eines Regierungsauftrags, zu dessen Entzug oder zur Bekundung politischen Protests beitragen. Diese Möglichkeiten sind um so größer, je *mehr* Wahlen es in einem politischen System gibt. Föderale Systeme mit Wahlen auf vielen Ebenen zu unterschiedlichen Zeitpunkten erlauben besonders viel politische Einflußnahme der Wähler, zumal dann, wenn die politische Klasse im Grunde alle Wahlen regelmäßig als ‚Testwahlen' für die politische Stimmung im Lande insgesamt behandelt. Wer also wirksame Wählerkontrolle über den politischen Prozeß wünscht, der sollte sich gegen *häufige* ‚Nebenwahlen' ebensowenig aussprechen wie gegen möglichst *kurze* Wahlperioden. Noch mehr wird die Wählerkontrolle über den politischen Prozeß gestärkt, wenn es auf allen staatlichen Ebenen die Möglichkeiten von plebiszitären Elementen und von Referenden bei relativ niedrigen Beteiligungsquoren[649] gibt. Senkt man aber aus guten Gründen die Quoren für das Zustandekommen gültiger Volksabstimmungen auf meist ein Fünftel bis ein Drittel der Abstimmungsberechtigten, dann ist es wenig plausibel, selbst eine Wahlbeteiligung von 50% als ‚zu gering' zu kritisieren, bei der immerhin die Hälfte der Abstimmungsberechtigten zur Wahl geht.[650]

Häufige Wahlen und Abstimmungen zwingen die Parteien allerdings dazu, politische Maßnahmen an den kurzen Zeithorizonten bis zur nächsten Wahl auszurichten; außerdem brauchen neu gewählte Amtsinhaber oder Vertretungskörperschaften einige Zeit, bis sie wieder voll arbeitsfähig sind. Folglich muß man einen Mittelweg suchen zwischen möglichst großer Wählerkontrolle über den politischen Prozeß und der Fähigkeit des politischen Systems, stabile politische Führung und halbwegs konsistentes Regieren zu gewährleisten. Wenig stimmig ist es hingegen, einerseits durch Verlängerung der Wahlperioden sowie durch ‚Zusammenlegen' von Kommunal- und Landtagswahlen den über Wahlen auf die politische Klasse ausgeübten demokratischen Druck vermindern, gleichzeitig ihn aber andererseits durch die Einführung plebiszitärer Elemente steigern zu wollen.

Wahlsysteme haben die Aufgabe, politische Präferenzen der Bürger in zählbare Stimmen und objektiv berechenbare Mandate umzusetzen. Weil sie Instrumente der Machtzuteilung sind, prägen sie – einmal eingeführt und längere Zeit beibehalten – die Tätigkeit von Parteien, die Ent-

---

649 Quoren legen fest, wieviel Stimmberechtigte sich an einer Abstimmung beteiligt haben bzw. mindestens zugstimmt haben müssen, damit die Abstimmung gültig bzw. ihr Ergebnis bindend ist.

650 Das ist in Deutschland ohnehin nur bei Kommunal- und Europawahlen der Fall. Bei Landtagswahlen und Bundestagswahlen liegt die Wahlbeteiligung erheblich höher und kann bis zwischen 80% und 90% der Wahlberechtigten erreichen. Zu einem angemessenen Urteil über die Höhe der Wahlbeteiligung kommt man dann, wenn man sie am Anteil jener Bürger mißt, die von sich behaupten, sich für Politik zu interessieren. Das sind in Deutschland – mit langjähriger Stabilität – gut 50% der Bevölkerung. Jede Wahlbeteiligung über 50% zeigt also an, daß es gelungen ist, politisch im Grunde gar nicht interessierte Bürger zu einer für sie eher ungewöhnlichen Aktivität zu veranlassen.

wicklung von Parteiensystemen, die Rekrutierung von Führungspersonal und die gesamte politische politische Kultur. Wahlsysteme unterscheiden sich in vielerlei Hinsicht, wobei auch vermeintliche Kleinigkeiten überaus folgenreich sein können. Die grundsätzliche Entscheidung ist die zwischen *Mehrheits- und Verhältniswahlrecht*: Soll gewählt sein, wer in einem Wahlkreis die relative bzw. – meist in einem zweiten Wahlgang – die absolute Mehrheit der Stimmen auf sich vereinigt? Oder sollen Mandate proportional zu jenen Stimmenanteilen vergeben werden, die in einem – wie untergliederten? – Wahlgebiet auf einzelne (Partei-)Listen entfallen? Oder schafft man es gar, wie im deutschen System der ‚personalisierten Verhältniswahl', in den Rahmen eines Verhältniswahlrechts durch entsprechende Gliederung des Wahlgebiets wichtige Elemente eines relativen Mehrheitswahlrechts einzufügen?

Innerhalb beider Grundmöglichkeiten von Wahlsystemen ist dann eine Vielzahl von Feinsteuerungsmöglichkeiten verfügbar. Verhältniswahlen kann man beispielsweise mit oder ohne Sperrklauseln, in einem einheitlichen Wahlgebiet oder – mit ‚verbundenen Listen' – in einem untergliederten Wahlgebiet durchführen. Zu Bezugspunkten der Stimmenzählung kann man anzukreuzende Parteilisten machen oder – wie in Baden-Württemberg – die persönlich gewählten Einzelkandidaten der konkurrierenden Parteien. Deren Wahlkreise wiederum kann man als Ein-Personen-Wahlkreise oder als Mehr-Personen-Wahlkreise ausgestalten. Ferner kann man – wie bei deutschen Bundestagswahlen – mit vom Wähler nicht zu verändernden ‚starren' Listen wählen lassen, sehr wohl aber auch – wie in etlichen deutschen Kommunalwahlsystemen – mit Möglichkeiten der Wähler, die Reihenfolge der vorgeschlagenen Kandidaten dadurch zu verändern, daß man einzelnen Bewerbern mehr Stimmen gibt als den übrigen (‚Häufeln') und dabei vielleicht gar noch quer durch verschiedene Parteilisten die Kandidaten wählt (‚Panaschieren'[651]).

Beim Eintreten für oder gegen ein Wahlsystem sollte man stets jene Folgen bedenken, die seine Einführung oder Abschaffung wahrscheinlich nach sich ziehen wird. Um diese Folgen zu beurteilen, sind die folgenden Gesichtspunkte hilfreich:

- Wie gut wird durch das Wahlsystem erreicht, daß die politischen Präferenzen der Bevölkerung in der gewählten Vertretungskörperschaft fair widergespiegelt werden?
- Werden stabile Parlamentsmehrheiten geschaffen, die – wie es für ein parlamentarisches Regierungssystem dringend wünschenswert ist – verläßlich eine Regierung tragen könnten?
- Wird das veränderte Wahlsystem parlamentarische Mehrheitswechsel und Regierungswechsel wahrscheinlicher oder weniger wahrscheinlich machen?
- Welche Auswirkungen wird ein anderes Wahlsystem für den Stellenwert und für die Rolle von politischen Parteien geben? Falls das neue Wahlsystem sie vermutlich schwächen wird: Wem wird dann die den Parteien entzogene Macht zufallen, und wie gut wird sie von wem kontrolliert werden können?
- Was wird das veränderten Wahlsystem am Verhältnis der Abgeordneten zu (ihren) Parteien ändern, was an ihrem Verhältnis zu welchen gesellschaftlichen Gruppen, zu den Medien und zu den Wählern bzw. Bürgern im allgemeinen?
- Welche Folgen sind für die Entwicklung der politischen Rekrutierungsmöglichkeiten der Bürger zu erwarten? Und welche, dem vorgelagert, für ihr politisches Partizipationsverhalten?

In der Regel hängt sehr stark von den Selbstverständlichkeiten einer politischen Kultur ab, welche Art von Wahlsystem als fair oder hinnehmbar gilt. Darum ist es wenig aussichtsreich, ein im einen Land bewährtes Wahlsystem mit der Hoffnung auf gleichartige Wirksamkeit und Akzeptanz einfach in ein anderes Land verpflanzen zu wollen. Und da die Existenz und Eigenart

651 Von franz. ‚panacher', d.h. etwas bunt zusammenstellen.

von politischen Parteien sehr oft davon abhängt, nach welchem Wahlsystem gewählt wird, lassen sich auch nicht für jede beliebige Änderung eines Wahlsystems die notwendigen Mehrheiten finden. Noch viel weniger frei als in der Entscheidung für ein Wahlsystem ist man aber hinsichtlich der *Folgen*, die das in Betracht gezogene Wahlsystem nach sich ziehen wird. Diese Folgen ergeben sich nämlich nicht einfach aus den Leitgedanken und Zielen des Wahlsystems, sondern erst in Gestalt der – oft rationalen – *Reaktionen* von Politikern und Wählern auf die durch ein verändertes Wahlsystem in einem bestimmten gesellschaftlichen Zusammenhang neu geschaffenen Rahmenbedingungen politischer Konkurrenz. Man sollte sich also nie von den Zielen und Leitgedanken eines Wahlsystems rasch blenden lassen, sondern stets vorab gründlich klären, welche realistisch zu erwartenden Folgen eines Wahlsystems man für welche Zwecke benötigt oder wünscht. Dann erst sollte man – auf der Grundlage politikwissenschaftlich erarbeiteten Zusammenhangswissens – für ein Wahlsystem eintreten, das mit akzeptabler Wahrscheinlichkeit jene Folgen nach sich zieht. Erste Faustregeln sind aus den folgenden Zusammenhängen abzuleiten:

- Beurteilungsgesichtspunkt *‚faire Widerspiegelung von Wählerpräferenzen‘:*
  - Ein *Mehrheitswahlsystem* führt zu einem ungleichen Ergebniswert der Wählerstimmen, zu unfairer Widerspiegelung von Wählerpräferenzen, zu einer größeren Abhängigkeit der Abgeordneten von *ihrer* Wählerbasis und zur geringerer Abhängigkeit einmal gewählter Abgeordneter von ihren Parteien.
  - Ein *Verhältniswahlsystem* führt zu einem gleichen Ergebniswert der Wählerstimmen, zu fairer Widerspiegelung von Wählerpräferenzen, zu geringer Abhängigkeit der Abgeordneten von einer konkreten Wählerbasis und zu erheblicher Abhängigkeit der Abgeordneten von ihren Parteien.
- Beurteilungsgesichtspunkt *‚Sicherung stabiler parlamentarischer Mehrheiten‘:*
  - Ein *Mehrheitswahlsystem* macht absolute Mehrheiten einer Partei wahrscheinlich, führt häufig zu einem Zweiparteiensystem, gibt neuen Parteien nur geringe Etablierungschancen, erlaubt darum stabile (regierungstragende) parlamentarische Mehrheiten, schafft eine klare Zuordnung politischer Verantwortung und steigert (darum) die Chancen auf häufige Regierungs- und Richtungswechsel.
  - Ein *Verhältniswahlsystem* macht absolute Mehrheiten einer Partei unwahrscheinlich, sichert meist ein Mehrparteiensystem, gibt neuen Parteien gute Etablierungschancen, verlangt für stabile (regierungstragende) parlamentarische Mehrheiten in der Regel die (vertragliche) Bildung von Koalitionen, macht die Zuordnung politischer Verantwortung unklar und bietet zwar – bei einem Vielparteiensystem – erhebliche Chancen auf häufige Regierungswechsel, doch geringe Chancen auf häufige grundlegende Richtungswechsel.

Natürlich kann man die typischen Wirkungen jedes Wahlsystems anhand der oben genannten Modifikationsmöglichkeiten abschwächen. Das kann bis zu dem Punkt gehen, daß ein Wahlsystem in sich selbst widersprüchlich wird und überaus paradoxe Folgen zeitigt. In der Regel wird man gut beraten sein, ein weitgehend akzeptiertes und funktionstüchtiges Wahlsystem selbst bei kleineren Mängeln *nicht* sonderlich zu ändern. Mit größeren Änderungen des Wahlsystem gehen nämlich meist auch so große Veränderungen der Parteistrukturen und wichtiger praktischer Regeln des politischen Spiels einher, so daß es wenig rational ist, sich ohne Gewißheit erheblichen Nutzens auf derartige Transaktionskosten und Unsicherheiten einzulassen.

Politisch wirksam werden alle Überlegungen zur Ausgestaltung von Wahlsystemen in der Wahlentscheidung des Bürgers. Bei ihr geht es einesteils um die Entscheidung, überhaupt zur Wahl zu gehen, andernteils darum, für eine bestimmte Partei zu stimmen. Als Wahlforschung besonders gut entwickelt, hat die Politikwissenschaft diesbezüglich viele überaus praxisnützliche

Einsichten erarbeitet. Um das Zusammenspiel von Themen (,issues'), Kandidatenattraktivität und Parteienimage bei der Wahlentscheidung zu erklären, setzen sie vier Gruppen von Einflüssen auf das Wahlverhalten in jeweils andere Beziehungen: Persönlichkeitsmerkmale und psychische Dispositionen der Wähler; die soziale Umgebung der Wahlberechtigten; längerfristige gesellschaftliche, wirtschaftliche und politische Einflüsse; sowie Merkmale der jeweils aktuellen Situation. Vor allem drei Theorieschulen erlauben eine systematische Erklärung individueller Wahlentscheidungen:

- *Rational choice-Ansätze*[652] erklären Wahlverhalten dahingehend, daß Wähler, die über ihre persönlichen politischen Präferenzen, über die Politikangebote der Parteien und über die verfügbaren wahltaktischen Optionen wohlinformiert sind, meist in rationaler Verfolgung des Ziels abstimmen, auf der Grundlage des insgesamt zu erwartenden Wahlergebnisses die eigenen Interessen mit größtmöglicher Wahrscheinlichkeit im bestmöglichen Kosten/Nutzen-Verhältnis verwirklicht zu bekommen. In solchen ,instrumentellen Theorien des Wahlverhaltens' gelten im Grunde alle Wähler als potentielle ,Wechselwähler'.
- *Sozialpsychologische* Wahltheorien stellen in den Mittelpunkt ihrer Erklärungsmodelle, daß die meisten Wähler – zumal unter Vorliegen stabiler soziomoralischer Gesellschaftsmilieus und langfristig gleichbleibender Sozialisationsmuster – eine langfristige psychische Bindung an eine bestimmte Partei entwickeln werden (,Parteiidentifikation'), die dann ihrerseits wie ein ,Wahrnehmungsfilter' wirken mag. Solange sich kurzfristige Einflüsse auf diese Parteiidentifikation wechselseitig ausgleichen, wird derlei langfristig eine bestimmte Stimmenverteilung als immer wieder erwartbares ,Normalwahlergebnis' bewirken. Natürlich kann es im Lauf eines Wahlkampfs zu Verschiebungen zugunsten oder zu Lasten einzelner Parteien kommen, etwa durch massenmedial hervorgehobene Schwächen eines Spitzenkandidaten oder durch besondere politische Ereignisse, welche ein Protestverhalten der Wähler hervorrufen. Derartige kurzfristige Effekte ändern aber nichts an der grundsätzlichen Parteiidentifikation der Wähler (,Stammwähler'). Allerdings sind von solchen Effekten grundsätzliche Veränderungen der Parteiidentifikation abzuheben, die zu langfristigen Machtverschiebungen zwischen den Parteien führen (,dealignment', ,realignment').
- *Sozialstrukturelle* Wahlmodelle schließlich heben darauf ab, Beeinflussungen aus der unmittelbaren sozialen Umwelt, aus den Primär- und Bezugsgruppen sowie aus den persönlichen Netzwerken der Wähler prägten deren jeweilige Wahlentscheidung. Wichtig ist es dann, die Wähler einer Partei nach Geschlecht und Alter, Religion und Wohnort, sozialem Status und Beruf zu analysieren und jene sich kreuzenden Einflüsse (,cross pressures') ausfindig zu machen, welche die Wahrscheinlichkeit der Entscheidung für eine bestimmte Partei erhöhen oder senken. Auf solcher Informationsgrundlage sind dann zielgruppengerechte Mobilisierungsleistungen bei der Wahlkampfführung der Parteien sowie klientelorientierte Politik nach der Wahl angebracht. Beides verspricht, die politischen Einflüsse in jenen sozialen Netzwerken zu homogenisieren und dergestalt auf stabile, längerfristige Parteibindungen und auf eine verläßliche ,Stammwählerschaft' hinzuwirken.

Wahlkampfführung hat die Aufgabe, im Licht derartiger Wahltheorien politische Parteien, deren Spitzenkandidaten und ihre Positionen möglichst vielen Wählern so zu präsentieren, daß die Chance auf maximale Stimmenausbeute steigt. Professionelle Wahlkampfführung zeichnet sich heute dadurch aus, daß die programmatische Planung in den Parteien systematisch verbunden wird mit demoskopischen Untersuchungen zur Stimmungslage und zu den politischen Präferenzen der Bevölkerung, zum Persönlichkeitsprofil der eigenen und gegnerischen Kandidaten sowie zum Bewertungsprofil jener Politikfelder, auf denen seitens der Bürger der eigenen Partei

---

652 Siehe zu ihnen S. 460f.

und ihren Konkurrenten Kompetenz entweder zugemessen oder abgesprochen wird. Auf der Grundlage solcher, immer wieder nacherhobener Befunde werden sodann Werbemittel und Kommunikationsstrategien entwickelt. Deren Aufgabe ist es, an die vordringlich anzusprechenden Wählergruppen wirklich heranzukommen, bei ihnen das eigene Kompetenzprofil zu verbessern sowie möglichst plausible und inhaltlich attraktive Aussagen mit einem sie überzeugend verkörpernden Spitzenkandidaten zu verbinden. Ein solches Wahlkampfkonzept muß ferner mit den finanziellen und personellen Möglichkeiten der Partei abgestimmt sein, insbesondere auch für die eigene Parteimitgliedschaft mobilisierend wirken sowie während des Verlaufs der Wahlkampfmonate eine Art Spannungsbogen aufweisen.

Je nach Art der Wahlen sind Bestandteile eines solchen Spannungsbogens Parteiveranstaltungen mit dem Spitzenkandidaten oder sonstigen Kandidaten, deren Hauptzweck darin besteht, daß über sie an prominenter Stelle in den für die jeweiligen Zielgruppen wichtigsten Medien berichtet wird, ferner Straßenveranstaltungen mit in der Lokalpresse berichtenswerten Bürgerkontakten der Kandidaten, Präsenz demonstrierende Plakate und Inserate, sowie Werbespots in Hörfunk und Fernsehen. Da zunehmend mehr über die Wahlkampfführung der Parteien als über die eigentlichen Wahlkampfinhalte berichtet wird, muß auch für ein attraktives Wahlkampfteam gesorgt werden. Dieses arbeitet dann vorzüglich, wenn Parteiführung, Kandidaten und Werbeagenturen gut abgestimmt zusammenwirken. Unbedingt muß es eine Partei im Wahlkampf vermeiden, den Eindruck fehlender Geschlossenheit oder gar von Zweifeln am Spitzenkandidaten oder an den zentralen Wahlkampfaussagen zu erwecken. Vielmehr muß sie voller Selbstbewußtsein mit ihren Veranstaltungen und Werbemitteln in der Lebenswelt möglichst vieler Bürger präsent sein. Das alles wird aber trotzdem nicht den Sieg bringen, wenn der Wahlkampf gegen ein der eigenen Partei ungünstiges Meinungsklima oder gegen wichtige Massenmedien zu führen ist. Am sinnvollsten ist es also, die Auswahl von Spitzenkandidaten und zentralen Wahlkampfaussagen von Anfang an danach auszurichten, was die wichtigsten Massenmedien und die tonangebenden Journalisten wohl nachhaltig unterstützen werden. Das stellt zwar die normativ angebrachte Rangordnung auf den Kopf: erst die Inhalte, dann die Personen, abschließend die Kommunikationsstrategie. Doch die Erfahrung vieler Wahlkämpfe hat gezeigt, daß man auch hier die Eigenlogik realer Funktionszusammenhänge nur zum eigenen Nachteil ignoriert.

f. Repräsentation und Parlamentarismus

Wo es in einem politischen System einflußreiche Vertretungskörperschaften und machtvolle Parlamente gibt, laufen in diesen Institutionen so gut wie alle wichtigen politischen Prozesse zusammen. Das zeigt allein schon die Benennung jener Leistungen, die Parlamente für ihr umbettendes politisches System erbringen können: Vernetzung des zentralen politischen Entscheidungssystems mit der Gesellschaft, Gesetzgebung, Regierungskontrolle, gegebenenfalls sogar noch die Bildung und Aufrechterhaltung der Regierung selbst. Darum ist es angemessen, gerade am Fall von Repräsentation und Parlamentarismus dem Zusammenwirken der Bestandteile eines komplexen politischen Systems sowie zentralen institutionellen Mechanismen parlamentarischer Demokratien nachzugehen.

(1) Repräsentation

Politische Repräsentation[653] mag sich zwar mancher im Sinn einer ‚repräsentativen Stichprobe‘ vorstellen: Repräsentativ sei ein Gremium dann, wenn jeder zu Repräsentierende die gleiche Chance hatte, in dieses Gremium zu gelangen, und nur der – durch erwünschte persönliche

---

[653] Von lat. ‚repraesentáre‘, d.h. etwas vergegenwärtigen, vor Augen stellen.

Tüchtigkeit allerdings schon überformte – Zufall entschied, wer tatsächlich in dieses Gremium kam.[654] In so einer Sichtweise entfaltet sich Demokratie deshalb als repräsentative Demokratie, weil ein großes Volk sich nun einmal nicht an einer gemeinsamen Stätte zur Willensbildung und Entscheidungsfindung versammeln kann. Dies tut vielmehr ein ‚repräsentativer Querschnitt' des Volkes an Stelle des ‚eigentlich' zu versammelnden gesamten Volkes, und dieser *repräsentative* Querschnitt macht dergestalt etwas an sich *nicht* Gegenwärtiges in gewisser Weise eben *doch* gegenwärtig. Unausgesprochen liegt dieses Verständnis von politischer Repräsentation dem Alltagsdenken vieler Bürger zugrunde und prägt einen Großteil populärer Kritik an Parlamenten. Man gerät mit ihm aber schnell in eine Sackgasse: Kein einziges Parlament eines demokratischen Verfassungsstaates entspricht dieser Vorstellung von politischer Repräsentation,[655] und stets lassen sich dafür sehr gute Gründe angeben.

Ein die Wirklichkeit weit besser treffendes Verständnis von politischer Repräsentation nimmt seinen Ausgang von der Feststellung, daß Repräsentation eine Form politischer *Arbeitsteilung* ist. Politische Repräsentanten sind jene, welche die Herstellung allgemein verbindlicher politischer Regeln und Entscheidung als *Dienstleistung* für eine Gesellschaft erledigen, also jene, die an Stelle und im Auftrag anderer allgemein verbindlich entscheiden.[656] Sieht man die Sache so, dann wird man sich keineswegs wünschen, der Zufall solle entscheiden, wer diese wichtige Dienstleistung erbringt; man wird vielmehr auf einer gewissen Qualitätssicherung beim Zugang zu solchen öffentlichen Ämtern bestehen. Im übrigen tut man gut daran, Repräsentation als Systemeigenschaft aufzufassen: ‚Repräsentativ' ist allenfalls ein Parlament, nicht aber ein einzelner Parlamentarier. Dann werden allerdings Kriterien wichtig, denen zu entnehmen ist, wann ein politisches System wohl so strukturiert ist, daß einem seiner Subsysteme – zumal einem Parlament – die Eigenschaft zukommen kann, ‚repräsentativ' zu sein.

Repräsentation liegt dann – und nur dann – vor, wenn gleichzeitig drei Sachverhalte gegeben sind:

– *Die Repräsentanten handeln im Interesse der Repräsentierten und dabei responsiv.* Angelpunkt von Repräsentation sind die Interessen der Repräsentierten.[657] Die zentrale Dienstleistung der Repräsentanten besteht darin, diese Interessen zu kennen und bestmöglich zu verwirklichen. Dabei gehört es zur wesentlichen Leistung der Repräsentanten, in *eigener* Verantwortung latente Interessen hinter manifesten aufzuspüren, subjektive Interessen von objektiven, Partikularinteressen von Allgemeininteressen zu unterscheiden und einen klugen Kurs zwischen der Verwirklichung kurzfristiger, mittelfristiger und langfristiger Interessen zu steuern. Doch keineswegs dürfen die Entscheidungen der Repräsentanten über dies alles im Sinn einer Vorab-Bestimmung des Gemeinwohls getroffen werden. Pflicht der Repräsentanten ist es zwar, sich eine möglichst klare Vorstellung von der komplexen Interessenlage der Repräsentierten zu erarbeiten und sich von ihr leiten zu lassen. Doch dabei müssen sich die Repräsentanten zu den Interessenbekundungen der Repräsentierten responsiv verhalten.[658] Solche Responsivität muß nötigenfalls von den Repräsentierten auch erzwungen

---

[654] Zur Stichprobentheorie siehe S. 172ff.

[655] Faßt man die einschlägigen empirischen Befunde pointiert zusammen, so gilt: In den meisten Parlamenten der Welt findet man Männer in ihren Fünfzigern aus der Mittelschicht mit formal überdurchschnittlichen Bildungsabschlüssen.

[656] Damit ist natürlich nur eine notwendige, keinesfalls eine hinreichende Bedingung formuliert: Repräsentation ist *eine* Form eines politischen Dienstleistungsverhältnisses; doch *nicht jedes* politische Dienstleistungsverhältnis ist Repräsentation.

[657] Dazu und zum hier einschlägigen Konzept des Gemeinwohls siehe S. 281ff.

[658] Wohlgemerkt meint Responsivität nur, daß die Repräsentanten sich auf die Interessenbekundungen der Repräsentierten ernsthaft und argumentativ einlassen müssen, keineswegs aber, daß sie gehalten wären, jenen Interessenbekundungen auch nachzugeben.

werden können, wofür der ‚Wiederwahlmechanismus'[659] temporaler Gewaltenteilung das zentrale Mittel ist.

– *Repräsentanten und Repräsentierte vermögen unabhängig voneinander zu handeln, so daß es jederzeit zu Konflikten zwischen ihnen kommen kann (‚repräsentationskonstitutives Konfliktpotential').* Um sicherzustellen, daß die Repräsentanten sich responsiv verhalten, müssen die Repräsentierten zwischen den Wahlen jederzeit für alle *praktischen* Zwecke über sämtliche Rechte pluralistischer Konfliktaustragung verfügen: von der Kommunikationsfreiheit über die Versammlungs- und Koalitionsfreiheit bis zum Demonstrationsrecht. Als Faustregel läßt sich formulieren: Repräsentation kann nur dann verläßlich entstehen, wenn das gesellschaftliche und politische Konflikt*potential* institutionell und auf Dauer *maximiert* ist.

Keine Repräsentationsbeziehung, sondern eine reine Herrschaftsbeziehung liegt hingegen vor, wenn die politische *Selbst*artikulation einer Gesellschaft institutionell lahmgelegt ist und die Repräsentanten unter Verweis auf – von ihnen erkannte – Interessen der Repräsentierten *längerfristig* das tun und lassen können, was sie selbst für richtig halten. Daran erkennt man typischerweise autoritäre oder totalitäre Herrschaft. Eine Repräsentationsbeziehung liegt auch dann nicht vor, wenn die Repräsentanten bei solchen Konflikten letztlich *nicht* um ihr Amt fürchten müssen. Vielmehr müssen sie solche Konflikte in ihrer Machtstellung und in ihrer politischen Existenz treffen können. Doch ebensowenig bestünde eine Repräsentationsbeziehung dann, wenn die Repräsentanten angesichts gesellschaftlicher Selbstartikulation einfach klein beigeben und nur nachvollziehen müßten, was *von anderen* für sie entschieden wird (‚imperatives Mandat'). Sie wären dergestalt nämlich ein rein ‚technisches Glied' im Prozeß politischer Willensbildung und Entscheidungsfindung. Im Grunde könnte man dann auf Repräsentation ganz verzichten und – gestützt auch auf die Möglichkeiten des Internet – zu einem System reiner Volksgesetzgebung oder zu einer völlig auf Referenden aufgebauten Demokratie übergehen. Die *besondere Dienstleistung* eigenverantwortlich agierender Repräsentanten entfiele dann; Arbeitsteilung wäre rückgebaut.

Wünscht man diese Dienstleistung aber beizubehalten, so ist klar, daß sich die Repräsentanten auch *gegen* alle sogar heftig bekundeten Wünsche der Repräsentierten *stellen können* müssen, falls sie zur Ansicht gelangen, mittel- oder langfristig wahrten ihre eigenen Urteile und Gestaltungsabsichten viel besser die Interessen der Repräsentierten oder das Gemeinwohl. Sie benötigen also ein *freies* Mandat. Die Freiheit dieses Mandats darf allerdings nicht so weit gehen, daß die Repräsentanten um keinerlei *Folgen* für die Nutzung dieser Freiheit fürchten müßten. Die Freiheit des Mandats gibt es nämlich nicht der Repräsentanten willen, sondern zum Vorteil der Repräsentierten: Man fährt einfach besser, wenn der Dienstleister nicht *unmittelbar* von den Launen seiner Kundschaft abhängig ist, sondern – im Interesse des Kunden – zunächst einmal dem *eigenen fachmännischen* Urteil folgen kann. Die Letztentscheidung, ob *wirklich* dem eigenen Interesse gedient sei, muß aber natürlich beim Kunden liegen, d.h. beim Repräsentierten in seiner Rolle als Wähler. Das ‚freie' Mandat wirkt sich also nur dann für den Repräsentierten nützlich aus, wenn der Repräsentant grundsätzlich riskiert, für die Nutzung seines Entscheidungsspielraums durch Abwahl und Machtentzug dann bestraft zu werden, wenn er die Repräsentierten *nicht* davon überzeugen kann, im Konfliktfall zwar gegen ihr Wünsche, eigentlich aber in ihrem Interesse gehandelt zu haben.[660]

---

[659] Vgl. S. 275f.

[660] Die klassische Begründung des freien Mandats argumentiert allerdings anders, nämlich in den Spuren Rousseus. Sie läßt sich so umreißen: Wenn schon nicht ein Volk sich insgesamt versammeln und demokratisch regieren kann, müssen an seiner Stelle zwar Repräsentanten zusammentreten; doch diese sollen ebensowenig gesellschaftlichen Partikularinteressen folgen wie das Volk einer *volonté de tous*; und damit sich in der Repräsentativversammlung dann auch wirklich die *volonté générale* einstellt, müssen die Repräsentanten also von Bindungen an intermediäre Gruppen nach eigenem Urteil frei sein wie das Volk; woraus folgt, daß die Abgeordneten ein wahrhaft freies Mandat

Damit ist offenbar das zentrale Anliegen des ‚imperativen' Mandats erreicht: Repräsentanten sollen die selbstbekundeten Interessen der Repräsentierten niemals ignorieren können. Und somit ist die Leitidee des ‚imperativen Mandats' auch dialektisch aufgehoben innerhalb eines durch den ‚Wiederwahlmechanismus' mit demokratischer Willensbildung rückgekoppelten und eben dadurch praktisch eingegrenzten ‚freien Mandats'. Vom Begreifen dieser Dialektik hängt das gesamte Verständnis parlamentarischer Repräsentation ab, von der Akzeptanz dieser Dialektik der Sinn für die Tatsache, daß Abgeordnete trotz *freien* Mandats oft Fraktions*disziplin* und Partei*loyalität* üben und derlei – wenigstens für sich selbst – *keineswegs* als Widerspruch auffassen.

– *Es gelingt den Repräsentanten, dieses Konfliktpotential im großen und ganzen befriedet zu halten.* Hier lautet die Faustregel: Repräsentation liegt vor, wenn – bei Bestehen eines maximalen Konflikt*potentials* – zwischen Repräsentanten und Repräsentierten häufige Konflikte nicht allzu heftig, heftige Konflikte nicht allzu häufig *sind.* Zu diesem Zustand führt zweierlei: einesteils *praktizierte* und *glaubhaft gemachte* Responsivität der Repräsentanten, anderenteils problemlösende politische Führung, die wirksames Entscheidungshandeln mit dessen Darstellung gekonnt verbindet. Ob Repräsentation besteht, erkennt man also nicht an Behauptungen und Bekundungen, sondern anhand objektiver Rahmenbedingungen des politischen Prozesses und durch Würdigung jener politischen Zustände, zu denen er führt.

Politische Repräsentation setzt also ein ziemlich kompliziertes und recht störanfälliges Institutionensystem voraus. Typischerweise besteht es in demokratischen Verfassungsstaaten in Gestalt parlamentarischer Demokratie auf der Grundlage von praktizierter pluralistischer Konkurrenz zwischen Parteien und Interessengruppen. Ein solches Repräsentativsystem wird um so wirkungsvoller und stabiler sein, je verläßlicher zwei weitere Dinge gegeben sind:

– Die Kommunikations- und Interaktionsnetze der Repräsentanten reichen tatsächlich in die ganze Gesellschaft hinein, so daß von überall her Responsivität eingefordert und überall hin kommunikative politische Führung ausgeübt werden kann. Am besten gelingt derlei, wenn die Repräsentanten tatsächlich aus den verschiedensten Bereichen und Schichten der Gesellschaft stammen oder wenigstens – per Saldo – ihrer Herkunft und Karriere nach überall hin Kontakte aufgebaut haben. Das ist der vernünftige Kern jener ‚deskriptiven' Repräsentationsvorstellungen, die sich ein Parlament als ‚repräsentativen Querschnitt' der Bevölkerung wünschen. Zu derartiger Vernetzung können aber auch die im Parlament vertretenen politischen Parteien durch Erfüllung ihrer Netzwerkfunktion Wesentliches beitragen.

– Die Bevölkerung *empfindet* sich repräsentiert. Da Vorstellungen über die Wirklichkeit und die Wirklichkeit selbst recht verschieden sein können,[661] reicht es zur Sicherung der Legitimität eines Repräsentativsystems oft nicht aus, *daß* es in der beschriebenen Weise besteht. Es muß das Bestehen und Funktionieren von Repräsentation den Repräsentierten schon auch vermittelt, ihnen vor Augen geführt, zum Gegenstand populären Vertrauens gemacht werden. Zur Stiftung und Geltungssicherung solchen ‚Repräsentationsglaubens' eignen sich gut Maßnahmen der symbolischen Selbstdarstellung von Repräsentationsinstitutionen und Re-

---

brauchen, das sie von Aufträgen und Weisungen aller Art unabhängig macht. Doch natürlich stellt sich in einer Vertretungskörperschaft der Gemeinwille ebenso wenig durch das von Partikularinteressen gereinigte Zusammenwirken isolierter Individuen ein wie bei einer Rousseau'schen Volksversammlung. Vielmehr ignoriert diese ganze Begründung des freien Mandats die funktionslogischen Realzusammenhänge politischer Repräsentation. Einer von *solchen* Denkfiguren genährten normativen Theorie des freien Mandats widerspricht darum auch immer und überall die politische Praxis. Es gehört zu den schlimmsten Erblasten populären Parlamentsdenkens, daß es mit dem freien Mandat genau diese Denkfiguren verbindet, nicht aber das – bei Edmund Burkes schon so klar zu erkennende – Anliegen, den Abgeordneten eben durch ihr *freies* Mandat eine persönliche, nicht weiter delegierbare und genau darum von den Wählern folgenreich einzufordernde politische *Verantwortlichkeit* aufzuerlegen.

661 Siehe S. 42f.

präsentanten. Typische Mittel solcher ‚Repräsentation von Repräsentation' sind die architektonische und künstlerische Ausgestaltung von Parlamentsgebäuden und ihrer Plenarsäle, sind parlamentarische Zeremonien und Rituale von Parlamentariern in der Öffentlichkeit, ist auch immer wieder symbolische Politik. Wo allerdings dem Gegenstand sehr unangemessene Vorstellungen von ‚richtiger' Repräsentation die Wahrnehmung realer Repräsentationsinstitutionen anleiten, etwa das eingangs umrissene populäre Repräsentationsverständnis, dort wird solche ‚Selbstsymbolisierung von Repräsentationsinstitutionen' leicht mißlingen. Ansetzen müßte man dann zunächst einmal durch Schaffung eines Repräsentationsverständnisses, das auf der Höhe seines Gegenstandes ist.

(2) Parlamentarismus

Versteht man unter ‚Parlamentarismus' ganz einfach die Existenz einer Vertretungskörperschaft mit entweder nennenswerten Befugnissen oder einer symbolisch hervorgehobenen Rolle in einem (politischen) System,[662] so reicht er weit zurück. Dann erkennt man eine lange Geschichte repräsentativer Institutionen und fünf Wurzeln auch zeitgenössischer Vertretungskörperschaften:

- *Korporativer* Parlamentarismus. Er besteht, wo immer eine Vertretungskörperschaft Gremium der Selbstregierung oder Selbstverwaltung einer Organisation ist. Beispiele sind die Vertretungsorgane von vielerlei Großorganisationen: von den Delegiertenversammlungen von Parteien und Verbänden über repräsentative Universitätsgremien bis hin zu den Kapitelversammlungen religiöser Orden.
- *Föderaler* Parlamentarismus, gekennzeichnet durch eine periodisch tagende Vertretungskörperschaft, die aus den realen Machtträgern oder aus Gesandten zusammenwirkender politischer Systeme besteht. Unter diesen Typ fallen die Synhedria der spätgriechischen Bundesrepubliken ebenso wie der Deutsche Bundesrat oder der Ministerrat der Europäischen Union.
- *Ständischer* Parlamentarismus, bei welchem die rechtlich wie faktisch realen Machtträger eines Gebiets mit ineinander greifenden Herrschaftsbefugnissen zusammentreffen, wobei teils Territorien, teils Korporationen vertreten sein können. Die europäischen Land- und Reichsstände sind das typische Beispiel hierfür. Moderne Ableger einer vom politisch-Ständischen über die Faschismen des frühen 20. Jahrhunderts ins Berufsständische gewandelten ständischen Repräsentation sind jene Wirtschafts- und Sozialräte, die manchen Internationalen Organisationen, doch etwa auch dem französischen politischen System, beigegeben sind. Der Bayerische Senat, jahrzehntelang die einzige Zweite Kammer eines bundesdeutschen Landesparlaments, entstammte ebenfalls der Tradition des berufsständischen Parlamentarismus.
- *Liberaler* Parlamentarismus, dessen Charakteristikum es ist, daß Parlamentarier als Repräsentanten unterschiedlichster Gruppen von Repräsentierten mit freiem Mandat ausgestattet sind und in einer Vertretungskörperschaft Gegenmacht zur Exekutivgewalt institutionalisieren.
- *Demokratischer* Parlamentarismus, der sich vom liberalen dadurch unterscheidet, daß es hier eindeutig *Abgeordnete* gibt, die über gleiche, allgemeine, unmittelbare, geheime und freie Wahlen verläßlich an die Bürgerschaft rückgebunden sind.

[662] Ein solches Verständnis von Parlamentarismus dürfte allerdings noch nicht die politikwissenschaftliche Mehrheitsmeinung sein. In der Regel läßt man Parlamentarismus nämlich erst mit der Entstehung liberaler und später demokratischer Vertretungskörperschaften beginnen. Das setzt auf dem europäischen Kontinent den Anfang von Parlamentarismus mit der Französischen Revolution gleich, führt im englischen Fall eines bruchlos aus dem Ständewesen erwachsenden Parlamentarismus aber in erhebliche Plausibilitätsprobleme.

Konkreter Parlamentarismus wächst in der Regel aus *mehreren* dieser Wurzeln. In Gestalt von ‚Bikameralismus', der Existenz von zwei ‚Häusern' eines Parlaments, wird dies völlig klar. Im deutschen Frühparlamentarismus des 19. Jahrhunderts bestand – wie in England sozusagen ‚seit jeher' – meist ein der ständischen Wurzel entsprossenes ‚Herrenhaus' neben einem aus liberalen Ideen erwachsenen, sich im Lauf der Zeit meist demokratisierendem ‚Abeordnetenhaus'. Auch Bundesstaaten haben plausiblerweise oft zwei ‚Kammern', deren eine aus einer liberalen oder demokratischen Wurzel wächst, die andere aber, mehr oder minder gelungen, aus einer föderalen. Drei Beispiele genügen, um die Bandbreite der Möglichkeiten anschaulich zu machen. In Deutschland ist die föderale Wurzel des – dem Bundestag verfassungssystematisch gegenübergestellten – Bundesrates unübersehbar. In den USA wurde die föderale Wurzel des Senats inzwischen weitestgehend demokratisch überformt. In Kanada hat der föderal intendierte, verfassungsgeschichtlich tief in die Kolonialzeit zurückreichende und dem englischen Oberhaus nachgebildete Senat hingegen rein ständische Wurzeln, die sich bisher weder demokratisieren ließen noch je machtverleihenden Halt in der Gesellschaft fanden, da es in Kanada nie Stände im europäischen Sinn gab. Andere Staaten – wie etwa Frankreich und Italien in Gestalt ihrer den Abgeordnetenkammern gegenübergestellten Senate – führten hingegen bikamerale Parlamente ein, ohne auf ständische Wurzeln oder föderale Intentionen zurückzugreifen. Durch besondere Wahlkörper wie in Frankreich, auch durch – oft dem amerikanischen Senat nachgebildete – längere und stets nur einen Teil des Senats erneuernde Wahlperioden erhält man so eine zweite, ebenfalls der liberalen bzw. demokratischen Wurzel entstammende Vertretungskörperschaft auf gesamtstaatlicher Ebene. Meist wirkt sie, als durch längere Wahlfristen oder andere Wahlmodalitäten ‚konservativere' Kammer, wie ein Korrektiv der responsiveren, öfter und stets insgesamt gewählten ‚Abgeordnetenkammer' und fungiert als eine zusätzliche Form horizontaler Gewaltenteilung im Bereich der Legislative. Doch auch in *einzelnen* Vertretungskörperschaften zeigt sich immer wieder, daß sie aus *mehreren* dieser Wurzeln von Parlamentarismus entstanden sind. Der Deutsche Bundesrat ist beispielsweise eine föderale Vertretungskörperschaft in der fast ungebrochenen Tradition des ständischen Reichstags des Heiligen Römischen Reiches Deutscher Nation, das englische Unterhaus eine demokratische Vertretungskörperschaft, die sich nahtlos aus den einst rein ständischen Houses of Parliament entwickelte. Alle diese Wurzeln können – selbst bei oberflächlicher Ähnlichkeit – funktionslogisch recht unterschiedliche Wirkungen zeitigen, die durchaus nicht miteinander harmonieren müssen. Und weil Parlamente keine rational ‚erfundenen', sondern durch Versuch und Irrtum in vielerlei politischen Krisenlagen und durch praktisches Lernen geformte Institutionen sind, lassen sich ihre funktionslogischen Regelkreise tatsächlich am besten durch einen Blick auf ihre Wurzeln und auf die Grundzüge der Geschichte des Institutionentyps einer Vertretungskörperschaft verstehen.

Vertretungskörperschaften, doch noch nicht unseren heutigen Begriff von ihnen, gab es bereits in der Antike. Als Ausprägungsformen sind zu erwähnen die Boulé, d.h. die beratende Versammlung, einer griechischen Polis, das Synhedrion – der Bundesrat – einer spätgriechischen Bundesrepublik, der römische Senat sowie die Provinziallandtage der römischen Kaiserzeit. Die Brücke von der Antike zu Mittelalter und Neuzeit schlugen die Synoden der alten ökumenischen Kirche, die (General-) Konzilien der römischen Kirche sowie die (General-) Kapitel der christlichen Orden. Sie alle machten die durch römisches Recht, föderale Struktur und päpstliche Monarchie geprägte abendländische Kirche bis zum Streit um den Konziliarismus auf dem Konzil von Konstanz (1414-1418) zu einem großen europäischen Verfassungslaboratorium, in dem Parlamentarismus auch zu solchen Zeiten überdauern konnte, als es kaum politische oder ‚staatliche' Strukturen gab, für die er hätte nützlich sein können.

Die Geschichte des abendländischen Parlamentarismus setzt ein mit jenen Ständeversammlungen (Provinzial-, Land- oder Reichsstände, später mitunter auch ‚Generalstaaten' genannt), in denen weltliche und geistliche Fürsten, Städte, bisweilen auch Ritter und Bauern als ‚versammeltes Land' dem Monarchen periodisch, meist aufgrund monarchischer Einberufung, gegenübertraten. Machtgrundlage der Stände war einesteils ihre Fähigkeit, in Zeiten eines fehlenden Staats- und Verwaltungsapparats für den Monarchen ‚arbeitsteilige Herrschaftsdienstleistungen' zu erbringen, andernteils ihre Wirtschafts- und Finanzkraft. Da jede anhaltende Verletzung von Eigentumsrechten seiner Untertanen die politische Position eines Monarchen untergraben mußte, ließen sich zusätzlich nötige Finanzmittel für den Monarchen nur dann erschließen, wenn sie ihm die Ständeversammlung auf seinen Antrag hin, und in der Regel nicht ohne Gegenleistung, bewilligte (‚Steuerbewilligungsrecht'). Das führte dazu, daß ein rational handelnder Monarch die in einer Ständeversammlung dominierenden politischen Wünsche nicht einfach ignorieren konnte.

Diese Ausgangslage beinhaltete im Grunde drei Möglichkeiten einer institutionellen Weiterentwicklung des Verhältnisses zwischen Monarchen und Vertretungskörperschaft:

- Der Monarch konnte darin erfolgreich sein, sich von der Vertretungskörperschaft unabhängig zu machen. Da deren zentraler Wert für ihn in ihrem Steuerbewilligungsrecht lag, bestand der einzuschlagende Weg darin, sich durch Landesausbau und gute Wirtschaftspolitik *eigene* Finanzquellen zu erschließen. Auf deren Grundlage ließ sich dann eine ständige Armee unterhalten, mit welcher im Konfliktfall innenpolitischer Widerstand und zumal die Macht des hohen Adels gebrochen werden konnte. Für diesen waren Ständeversammlungen bis dahin eine Bühne und ein Mittel zur Realisierung von Mitwirkungsansprüchen. In Frankreich war dieser Versuch der Krone erfolgreich, was die Einberufung der Generalstände entbehrlich machte und das – 1789 vor allem an seinen Finanzproblemen zusammenbrechende – Regierungssystem des Absolutismus herbeiführte.
- In England hingegen rief im 17. Jahrhundert ein ähnlich auf Absolutismus abzielendes Unterfangen der Monarchie den Bürgerkrieg zwischen Krone und Parlament hervor, der mit dem Sieg des Parlaments endete. Dort gewann – über die Glorreiche Revolution von 1688, einen weiteren parlamentarisch bewirkten Dynastiewechsel von 1714[663] und die persönliche Konstellation zwischen einem der Landessprache nicht mächtigen Monarchen und einem starken Premierminister wie Robert Walpole (1676-1745) – das Parlament immer mehr an Gewicht, bis ausgangs des 18. Jahrhunderts ein – in den USA dann als ‚präsidentielles Regierungssystem' in republikanischer Form nachgebildeter – Gleichstand, ab der Mitte des 19. Jahrhundert gar ein Übergewicht des Parlaments erreicht war. Zu Beginn des 20. Jahrhunderts hatte sich vollends die Vormacht des Parlaments gegenüber dem Monarchen durchgesetzt und der Übergang zum ‚parlamentarischen Regierungssystem' vollendet.[664] Dort war es nunmehr stets der Führer einer durch Parlamentswahlen mit der Unterhausmehrheit ausgestatteten Partei, den die Krone zum Premierminister zu ernennen hatte und der sich dann gemeinsam mit anderen Parlamentariern an die Spitze des – nur noch nominell von der Krone geleiteten – Staatsapparates setzte. Befördert hatte den Abschluß der Machtverschiebung hin zum Parlament die Popularisierung und Durchsetzung des Demokratieprinzips: Wenigstens im Unterhaus wurde die Repräsentation von Ständen durch die des Volkes ersetzt, wobei seit dem zweiten Drittel des 19. Jahrhunderts die Wahlrechtsreformen den Kreis der Wahlberechtigten immer mehr erweiterten, bis er nach dem Ersten Weltkrieg die gesamte erwachsene Bevölkerung umfaßte. Einem mit dem Monopol direkter demokratischer Legitimität ausgestatteten Parlament wird bei Geltung des Demokratieprinzips aber jede anders denn demokratisch sich rechtfertigende Staatsgewalt alsbald weichen.
- Drittens konnte es zu verschiedenen Formen eines institutionell und politisch-kulturell abgesicherten ‚Waffenstillstands' zwischen der Macht der Krone und der aufsteigenden Parla-

[663] Damals wurde – im Vollzug des Act of Settlement von 1701 – der Kurfürst von Hannover, Georg Ludwig v. Braunschweig-Lüneburg (1660-1727), als Georg I. König von England.

[664] Zum deutschen Weg der Herausbildung des parlamentarischen Regierungssystems siehe S. 335 und 355f.

mentsmacht kommen. Das war etwa in Deutschland der Fall. Hier setzte sich im 19. Jahrhundert durch, daß in den meisten deutschen Staaten bikamerale Parlamente bestanden. Sie umfaßten üblicherweise ein auf Abstammung, Ernennung oder korporativer Mitgliedschaft beruhendes ‚Herrenhaus' sowie ein – meist durch Zensuswahlrecht – gewähltes ‚Abgeordnetenhaus'. Doch die politische Rolle dieser Parlamente war klar durch das ‚monarchische Prinzip' begrenzt: Alle Herrschaftsgewalt wurde als beim Fürsten liegend gedacht, der sie mit einem Parlament nur hinsichtlich von Gesetzgebung und Budgetbewilligung teilte. Und nach dem Grundsatz der ‚vorwaltenden Kronmacht' wurden überdies alle staatlichen Zuständigkeiten zunächst einmal als beim Monarchen liegend vermutet; jeder Zugriff des Parlaments auf die Staatsleitung wurde darum als der Natur der Sache widersprechend abgelehnt. Die deutsche Staatslehre und das deutsche politische Denken verinnerlichten diese absichtsvolle Begrenzung von Parlamentsmacht – nachwirkend bis heute – anhand des Begriffs der ‚Legislative':[665] Nur die gesetzgebende Gewalt stehe einem Parlament zu; ein Zugriff auf die Führung der Regierungsgeschäfte – in England damals längst üblich – widerspreche hingegen der (recht schematisch als Trias von Legislative, Exekutive und Judikative verstandenen) Gewaltenteilung.[666] Machtpolitisch sicherten sich die Monarchen außerdem dahingehend, daß sie in den oktroyierten oder ausgehandelten Verfassungen die Übernahme von Regierungsämtern durch Parlamentarier ebenso unterbanden wie das Erfordernis, daß Regierungsmitglieder für ihr Amt nicht nur das Vertrauen des Monarchen, sondern auch eine ausdrückliche Vertrauensbekundung des Parlaments brauchten. Diese zweite Knebelung von Parlamentsmacht wurde auf Reichsebene erst durch die Verfassungsänderung vom 18. Oktober 1918 beseitigt, die kurz vor dem Ende des Kaiserreichs auch in Deutschland das parlamentarische Regierungssystem einführte. Jene erste Knebelung der Parlamentsmacht, der in England seit dem 18. Jahrhundert undenkbare Ausschluß von Parlamentariern von Regierungsämtern, wirkt hingegen bis heute nach in Gestalt des populären Glaubens, ‚das' Prinzip der Gewaltenteilung verlange eine ‚Inkompatibilität' zwischen Regierungsamt und Abgeordnetenmandat. Die einst von der Verfassungswirklichkeit des ‚deutschen Konstitutionalismus' geprägte Vorstellung eines ‚Gleichstands' zwischen ‚Legislative' und ‚Exekutive' verstellt damit jetzt noch wenn schon nicht den Blick darauf, daß die Bundesrepublik Deutschland seit ihrer Gründung ein ‚englisches' parlamentarisches Regierungssystem *hat*, so doch den Weg zu einer wirklichen *Wertschätzung* dieses *Aufstiegs* der parlamentarischer Mehrheitsmacht.

(3) Parlamentarische Strukturen

Parlamente der unterschiedlichsten Abkunft besitzen in der Regel die folgenden, oft recht gleichartigen Gremien: eine Vollversammlung (Plenum); Ausschüsse der Vollversammlung, welche deren Beschlüsse vorbereiten; Steuerungsgremien wie ein Parlamentspräsidium, einen Ältestenrat, eine Konferenz von Fraktionsvorsitzenden oder eine Runde ‚parlamentarischer Geschäftsführer'; sowie eine Parlamentsverwaltung, welche sich um die Infrastuktur und Logistik der Institution kümmert, das Hilfspersonal für die Gremiensitzungen der Institution stellt (‚Sitzungsdienst'), nicht selten auch Öffentlichkeitsarbeit betreibt und mitunter den Parlamentariern in Gestalt von Dokumentations- oder Wissenschaftlichen Diensten auch praktisch wichtige Zuarbeiten leistet. Andere Gremien wie Fraktionen oder Arbeitsgruppen der Fraktionen kommen vor

---

[665] Eine ‚Legislative' unterscheidet man von einem ‚Parlament' dahingehend, daß eine ‚Legislative' auf die Gesetzgebung und allenfalls Regierungskontrolle beschränkt ist, ein Parlament hingegen auch auf Bestellung und Bestand der Regierung maßgeblichen Einfluß nehmen kann. Ein – vor allem mit einer regierungstragenden Mehrheit – machtvoll mitregierendes Parlament nennt man auch eine ‚Gubernative', was der viel schärfere, gewissermaßen bewußt antithetische Gegenbegriff zu dem der ‚Legislative' ist.

[666] Vgl. S. 273f.

allem in gewählten Parlamenten vor. Grundsätzlich ist für Parlamente nicht weniger als für alle anderen politischen Strukturgefüge kennzeichnend, daß formale Regelungen und formelle Handlungsstrukturen nur jenen Rahmen bilden, innerhalb dessen sich – in der Praxis meist viel wichtigere – informale Regeln und informelle Handlungsstrukturen herausbilden. Die Funktionslogik eines Parlaments erschließt sich darum stets nur beim Blick auf das Zusammenwirken der formellen und der informellen Bereiche parlamentarischer Wirklichkeit.

Wie differenziert sich welche parlamentarischen Strukturelemente ausprägen und welche Funktionen sie in welcher Weise erfüllen, hängt einesteils von der Art des Regierungssystems ab, in das ein Parlament eingebettet ist, andernteils von der Tradition des landestypischen Parlamentarismus. Beispielsweise nahm in der englischen Tradition das Unterhaus bis heute den Charakter eines ‚Redeparlaments' an, in dem es viel mehr auf die argumentative Auseinandersetzung mit der Regierungspolitik als auf die detaillierte Arbeit am Gesetz ankommt. Die überläßt auch die Parlamentsmehrheit der von ihr getragenen Regierung. Hingegen begründete der US-Kongreß die Tradition eines ‚Arbeitsparlaments', in dessen Ausschüssen und Unterausschüssen sich überaus detailliert Gesetzgebung und Regierungskontrolle vollziehen. Der im populären innerdeutschen Urteil meist so schlecht bewertete Bundestag gilt wiederum unter Fachleuten international als ziemlich erfolgreiche Verbindung der besten Elemente von Rede- und Arbeitsparlamentarismus. Jedenfalls ist er ein überzeugender Beleg dafür, daß die Unterscheidung von Rede- und Arbeitsparlamentarismus keineswegs mit den unterschiedlichen Parlamentsrollen im parlamentarischen und im präsidentiellen Regierungssystem zusammenfällt. *Deren* strukturelle Folgen lassen sich wie folgt umreißen:

– Im *parlamentarischen* Regierungssystem besitzen die Fraktionen überragende Bedeutung. Ursache ist, daß eine Regierung nur zustande kommt und sich im Amt halten kann, wenn eine oder mehrere Fraktionen sie im Parlament unterstützen oder zumindest tolerieren. Darum sind die Fraktionen und – vor allem – deren Arbeitskreise die zentralen Stätten politischer Willensbildung. Für die Abgeordneten sind ihre Fraktionen auch die maßgeblichen politischen Bezugsgruppen, weswegen Loyalität, Solidarität und Mannschaftsdisziplin im Rahmen der Fraktion zumal in regierungstragenden Fraktionen meist selbstverständlich sind. Die regierungs*tragenden* Fraktionen im Fall einer – meist auf eine Koalition gegründeten – *Mehrheits*regierung, bzw. die regierungs*tolerierenden* Fraktionen im Fall einer *Minderheits*regierung, wirken dabei informell oder formalisiert sehr eng mit ‚ihrer' Regierung zusammen, deren wichtigste Positionen in der Regel ja von den führenden Politikern jener Fraktionen bekleidet werden. Die maßgebliche Kommunikations- und Interaktionsgrenze verläuft hier zwischen den regierungstragenden bzw. regierungstolerierenden Fraktionen einerseits und den Fraktionen der Opposition andererseits (‚neuer Dualismus'), nicht aber zwischen dem Parlament insgesamt und der von den Regierungsmitgliedern geführten Exekutive (‚alter Dualismus'). Und weil ein Regierungsmitglied bei politischen Fehlern oder einer wenig zufriedenstellenden fachlichen Leistung im Grunde jederzeit von der regierungstragenden Mehrheit ausgetauscht, die Regierung selbst aber von einer sich neu zusammenfindenden parlamentarischen Mehrheit immer gestürzt werden kann, hat als Form parlamentarischer Regierungskontrolle überaus große Bedeutung, daß die Regierung in Ausschüssen und Fraktionen jederzeit intern, im Plenum aber stets auch öffentlichkeitswirksam Rede und Antwort stehen muß. In den nichtöffentlich tagenden regierungstragenden Fraktionen und ihren Arbeitskreisen wird diese Verantwortlichkeit von den Regierungsparteien, im Plenum typischerweise von der Opposition eingefordert. Die auf diese Weise gut sichtbare Regierungskontrolle durch die Opposition bleibt allerdings so gut wie immer zunächst ohne öffentlich sichtbare Folgen, während die meist auch kurzfristig sehr wirkungsvolle interne Regierungskontrolle durch die regierungstragenden oder regierungstolerierenden Fraktionen von außen schwer wahrzunehmen ist. Für die öffentliche Einschätzung parlamentarischer Regierungskontrolle hat das die populäre, doch falsche Vorstellung zur Folge, ausgerechnet im parlamentarischen (!) Regierungssystem hätte das Parlament keine wirkungsvollen Möglichkeiten der Regierungskontrolle.

- Im *präsidentiellen* Regierungssystem besitzen die Fraktionen eine viel geringere Bedeutung. Das erklärt sich daraus, daß die Regierung – meist von einem direkt vom Volk gewählten Staatspräsidenten geleitet – weder aus dem Parlament hervorgeht noch vom Parlament abgesetzt werden kann. Das macht parlamentarische Mannschaftsdisziplin schlechterdings unnötig. Zentrale Stätten der politischen Willensbildung sind in den Legislativen der präsidentiellen Regierungssysteme darum die Ausschüsse und gegebenenfalls Unterausschüsse. Verfassungsgeschichtlich älter als die parlamentarischen Regierungssysteme,[667] besteht in präsidentiellen Regierungssystemen genau jener ‚alte Dualismus' zwischen Legislative und Exekutive, den manche Gewaltenteilungslehren immer noch für die einzig ‚richtige' Form von (horizontaler) Gewaltenteilung halten. Doch selbst im Fall eines präsidentiellen Regierungssystems sind die Gewalten nicht einfach getrennt, sondern in den Prozessen der Gesetzgebungs- und Budgetpolitik eng miteinander verschränkt. Regierungskontrolle erfolgt vor allem in jenen Prozessen der Gesetzgebungs- und Budgetpolitik, die Legislative und Exekutive informell ganz nahe zusammenführen, ferner dadurch, daß Abgeordnete die von ihnen nicht zu tragende, doch sehr wohl projektbezogen (‚issue-orientiert') unterstützte Regierung öffentlichkeitswirksam zu bestimmtem Tun oder Lassen auffordern. Da hier aber keine parlamentarische Mehrheit die Regierungspolitik verteidigt und überdies das Parlament oft wirklich als ganzes der Regierung gegenübersteht, kommt es in der Öffentlichkeit viel leichter als im parlamentarischen Regierungssystem zum Eindruck, ‚das' Parlament kontrolliere ‚die' Regierung. In Wirklichkeit ist eine auf parlamentarische Unterstützung nicht angewiesene präsidentielle Regierung oft viel *freier* von unmittelbarer parlamentarischer Einflußnahme als die Regierung eines parlamentarischen Regierungssystems.

Unbeschadet solcher Unterschiede arbeiten in *beiden* ‚Extremtypen' des verfassungsstaatlichen Parlamentarismus[668] die Steuerungsgremien der Parlamente meist überparteilich. Ebenso ist in beiden Typen *keinesfalls* die Vollversammlung des Parlaments die zentrale Arbeitsstätte. Das Plenum ist vielmehr Ort förmlicher Wahlen und Abstimmungen, ferner die Arena von Konfrontationen, welche wechselseitig auf anschließend zu verantwortende Positionen festlegen, sowie eine Bühne für an die Öffentlichkeit adressierte (Schau-) Debatten. In der Regel kommt nur ins Plenum, was dort *formal auf den Weg gebracht* werden muß (wie ein Gesetzentwurf), was in und zwischen den Fraktionen zur *Entscheidungsreife* gediehen ist (wie ein Wahlakt oder ein abschließend abzustimmendes, keineswegs noch wirklich zu ‚beratendes' Gesetz), was der öffentlich nachweisbaren *Bekundung von Positionen* dient (wie ein Entschließungsantrag), oder was nach *aktueller Debatte* in Fragestunden, Aussprachen über Anfragen oder in ‚Aktuellen Stunden' verlangt (wie ein politischer Skandal). Was im Plenum sichtbar wird, ist also nur die *Spitze* des Eisbergs parlamentarischer Arbeit. Da aber der Bevölkerung im Grunde stets nur das Plenum eines Parlaments bekannt ist, das sie im übrigen meist mit ‚dem Parlament' gleichsetzt, pflegt das Volk ein falsches Bild der parlamentarischen Arbeit seiner Vertreter und kommt zu irrigen Urteilen über sie.

---

[667] Vgl. S. 248f, 274 und 334f.

[668] Die Formen des semi-präsidentiellen oder semi-parlamentarischen Regierungssystems sind – meist wenig stabile – *Mischtypen* mit viel komplexerer bzw. unklarerer Funktionslogik als die beiden ‚reinen' Typen des präsidentiellen oder parlamentarischen Regierungssystems. Systeme mit Allparteien- oder Proporzregierungen wiederum drängen die meisten wichtigen Prozesse in den Bereich des Informellen und verlangen eine viel gründlichere Analyse ihrer um Widersprüche zwischen formalen Rechtsnormen und informellen Prozessen gerankten Funktionslogik, als hier Raum finden kann.

Jedenfalls wird im parlamentarischen Regierungssystem die meiste parlamentarische Arbeit, sowohl der Regierungskontrolle als auch der Gesetzgebung, in den *Fraktionen* geleistet. Diese bilden zu diesem Zweck fachlich spezialisierte Binnengliederungen aus: die *Arbeitsgruppen* (bzw. Arbeitskreise). In ihnen werden in großer Arbeitsteiligkeit von für einzelne Politikfelder zuständigen Abgeordneten alle Positionen erarbeitet, die eine Fraktion auf diesen Politikfeldern im weiteren Verlauf der parlamentarischen Beratungen einnehmen wird. Einstimmigen Beschlußempfehlungen der Arbeitsgruppen stimmt die Vollversammlung der Fraktion meist ohne weitere Aussprache zu; nur die eher seltene Uneinigkeit in einer Arbeitsgruppe und der viel häufiger vorkommende Streit zwischen verschiedenen Arbeitsgruppen einer Fraktion verlangt eine entsprechende Debatte in der Fraktionsvollversammlung. Weil meist schon in der Arbeitsgruppe, spätestens aber in der Fraktionsvollversammlung die Position einer Fraktion abschließend geklärt wird, muß es überhaupt nicht überraschen, daß die Abgeordneten einer Fraktion im Plenum meist einheitlichen abstimmen.

Keineswegs bedarf dies eines gleichwie gearteten ‚Fraktionszwangs'. Einesteils verläßt sich jeder Abgeordnete auf die Fachkompetenz und die politische Urteilsfähigkeit der für *andere* Politikfelder verantwortlichen Kollegen ebenso wie er erwartet, daß man sich auf seinem persönlichen Arbeitsgebiet auf wiederum seine Fachkompetenz und Urteilskraft verlassen wird. Andernteils hat jeder Abgeordnete im Vorfeld der Fraktionsvollversammlungen sowie in ihnen die Möglichkeit, sich mit Nachfragen und Kritik aller Art einzubringen. Interne Kritik ist stets akzeptabel; keineswegs kommentarlos wird aber hingenommen, wenn sich ein Abgeordneter auf dem Umweg über eine persönliche Profilierung in den Massenmedien in solche internen Diskussionen einbringt. In der Regel wird man in einer Fraktion die interne Diskussion solange fortsetzen oder eine Entscheidung solange vertagen, bis alle Einwände ausgeräumt sind. Zeichnet sich ausnahmsweise ab, daß dies nicht gelingen wird, so schaft eine fraktionsinterne Abstimmung Klarheit über den Mehrheitswillen der Fraktion. Von der unterlegenen Minderheit wird anschließend in der Regel erwartet, daß sie diese Mehrheitsentscheidung mitträgt, sich ihr aber wenigstens nicht öffentlich widersetzt. Sollte ein Abgeordneter im Plenum dennoch nicht mit der eigenen Fraktion oder gar gegen sie stimmen wollen, so verlangen die fraktionsinternen Spielregeln meistens, daß er diese Absicht der Fraktionsführung rechtzeitig mitteilt und mit dieser dann solche Verhaltensweisen abspricht, die sich vom politischen Gegner nicht funktionalisieren lassen. Sich an alle umrissenen Verfahrensweisen und Spielregeln zu halten, nennt man ‚Fraktionsdisziplin'.

Für die technische und taktische Koordinierung der mitunter sehr komplexen Tätigkeit der Arbeitsgruppen, desgleichen für die gesamte Koordinierung der Parlamentsarbeit über die Fraktionsgrenzen hinweg, sind die Vorsitzenden oder gegebenenfalls ‚Parlamentarischen Geschäftsführer' der Fraktionen zuständig. Die inhaltliche Koordinierung und die Verbindung der einzelnen fachpolitischen Beschlußlagen zu einer stimmigen Positionen der Gesamtfraktion obliegt den (geschäftsführenden) Fraktionsvorständen sowie weiteren, oft informellen Führungsgremien der Fraktion, denen die wichtigsten Parlamentarier der Fraktion aufgrund ihrer hervorgehobenen Funktionen angehören. In alle fraktionsinternen Funktionen – vom Posten eines Arbeitsgruppenvorsitzenden bis hin zum Fraktionsvorsitz – wird man meist in geheimen fraktionsinternen Abstimmungen gewählt, die häufig nicht nur am Anfang, sondern meist auch nach dem ersten Drittel einer Wahlperiode stattfinden. Auf diese Weise unterliegen auch die real führenden Parlamentarier, nämlich mittels des ‚Wiederwahlmechanismus',[669] der demokratischen Kontrolle ihrer Kollegen.

In den Ausschüssen läuft die in den Arbeitsgruppen der Fraktionen geleistete Arbeit, laufen auch die Ergebnisse des Zusammenwirkens von Parlamentariern und Interessengruppen inter-

---

[669] Vgl. S. 275f.

fraktionell zusammen. In manchen Parlamenten stellen stets Abgeordnete der (regierungstragenden) Mehrheitspartei(en) die Vorsitzenden der Ausschüsse; in anderen – etwa in Deutschland – werden die Ausschußvorsitze proportional zur Stärke der Fraktionen vergeben. Meist spiegeln die Ausschüsse die Mehrheitsverhältnisse des Parlaments wider. Daß sie verkleinerte Abbilder des Plenums sind, ist vor allem im parlamentarischen Regierungssystem folgenreich: dort wird in den Ausschüssen ebenso selten ergebnisoffen gearbeitet wie im Plenum. Zwar herrscht in ihnen ein sachlicher, nicht selten über Kollegialität hinausgehender freundschaftlicher Ton; dennoch ist auch im Ausschuß klar, daß sich die regierungstragende Mehrheit mit ihren Ansichten und Gesetzgebungswünschen durchsetzen wird und die Opposition die Regierung nicht unterstützt, sondern mit ihr konkurriert.

Überhaupt ist im parlamentarischen Regierungssystem die wichtigste Strukturierungslinie die zwischen Regierungslager und Opposition. Präsidentielle Regierungssysteme kennen ein solches Spannungsfeld ebensowenig wie Systeme mit Allparteien- oder Proporzregierungen (‚Konkordanzdemokratien'). Diese kennen im Grunde auch keine parlamentarische Opposition. Als Opposition[670] bezeichnet man nämlich jene Parlamentsfraktionen und ihre außerparlamentarischen Parteien bzw. Anhänger, welche mit der Regierung zwar vielleicht fallweise kooperieren, die Regierung aber nicht grundsätzlich unterstützen und auch nicht tolerieren, sondern mit ihr im Wettstreit stehen und sie systematisch oder themenbezogen bekämpfen. Folglich gibt es in präsidentiellen Regierungssystemen und in Konkordanzdemokratien überhaupt keinen Kristallisationspunkt für ein *fraktionsbezogenes* Oppositionsverhalten. Anstelle einer ‚Regierung im Wartestand' findet sich im präsidentiellen Regierungssystem darum fallweise und themenbezogene Opposition, bei welcher die Abgeordneten durchaus quer über die parlamentarischen Parteigrenzen hinweg zusammenwirken (‚issue-orientierte Opposition'). In Konkordanzdemokratien wiederum, wo potentielle Oppositionsparteien durch ihre förmliche Einbeziehung in die Regierungsmannschaft und Regierungsarbeit integriert werden, entfaltet sich Oppositionsverhalten als ‚Bereichsopposition': Man bekämpft in kontrollierten, begrenzten Konflikten Bereiche jener Politik, welche die von einer *anderen Partei* besetzten Ministerien betreiben.

Am klarsten ist Opposition somit im parlamentarischen Regierungssystem ausgeprägt, in dem sie im 18. Jahrhundert ja auch entstand. In einem solchen System hat Opposition die folgenden Funktionen:

- *Kontrollfunktion:* Hier geht es um parlamentarische und außerparlamentarische Kontrolle der Regierung sowie der sie tragenden Parteien, geleistet durch – vor allem öffentliche – Kritik.
- *Alternativfunktion:* Gemeint ist, daß die Oppositionsparteien der Öffentlichkeit und den Wählern Sach-, Programm- und Personalalternativen anbieten. Überzeugende Alternativen dieser Art sind meist der einzige Weg, um selbst eine Mehrheit und damit (wieder) die Macht zu erlangen.
- *Thematisierungsfunktion:* Die Opposition versucht, der Regierung und den sie tragenden Parteien über Einflußnahme auf die öffentliche Diskussion solche Themen aufzuzwingen, die ansonsten vernachlässigt würden (‚Initiativfunktion'). Dabei kann es sich einesteils um Probleme handeln, für welche die Regierung (noch) keine Lösungsvorschläge vorlegen kann, andernteils um Themen, bei denen es im Regierungslager keinen Konsens gibt und die sich deshalb dafür eignen, sowohl der Öffentlichkeit die Zerrissenheit des Regierungslagers vorzuführen als auch dessen Zerstrittenheit zu fördern. Im übrigen wird jede Oppositionspartei sich um die Thematisierung solcher Fragen bemühen, bei denen sie selbst mit attraktiven Antworten aufwarten kann. Vorzügliche Mittel, um solche Thematisierung zu erreichen, sind plebiszitäre und quasi-plebiszitäre Elemente wie etwa Unterschriftensammlungen, zumal

670 Von lat. ‚oppónere', d.h. entgegenstellen, gegenüberstehen.

dann, wenn sie an aktuelle oder an als solche wahrgenommene Fehlleistungen der Regierung und der sie tragenden Parteien anknüpfen können.

– *Integrationsfunktion:* Indem Opposition die Regierung öffentlich kontrolliert, der Regierung unangenehme Dinge in die öffentliche Diskussion bringt sowie Alternativen in Aussicht stellt, vermag sie es, selbst jene Gruppen und Bevölkerungsschichten in das politische System einzubinden, welche die jeweilige Regierung ablehnen und sich als ausgeschlossen empfänden, hätten sie keinerlei Perspektive, eines Tages auch (wieder) von ihren Vorstellungen aus auf die Politik einwirken zu können. Dergestalt besitzt Opposition eine überaus große legitimatorische Bedeutung.

Alle vier genannten Funktionen machen Opposition zu einem sehr wichtigen, äußerst große Lern- und Entwicklungsvorteile erschließenden Element eines politischen Systems. Tatsächlich scheinen jene politischen Systeme *besonders* leistungsfähig zu sein, die über eine *machtvolle* Opposition verfügen – ob sie nun so klar lokalisierbar ist wie im parlamentarischen Regierungssystem, oder ob sie im Profil pluralistischen Konflikts aufgeht wie im präsidentiellen Regierungssystem. Opposition ist also ein überaus wertvoller, unbedingt zu fördernder Teil eines politischen Systems. Natürlich wird sie sich selten durchsetzen. Das wäre unter demokratischen Prämissen aber auch gar nicht akzeptabel, da sich in Opposition eben der befindet, der entweder in freien Wahlen oder beim Streit um die Bildung einer regierungstragenden Koalition verloren hat. Doch eine starke Opposition setzt jede Regierung, die im Amt bleiben will, unter Leistungsdruck. Umgekehrt muß sie auch selbst gute Sach- und Programmarbeit leisten, wenn ihre Rückkehr an die Macht gelingen soll. Beide Wirkungen machtvoller Opposition halten die politische Klasse zur Lernfähigkeit an und stärken ein politisches System nachhaltig.

Schon deshalb ist es falsch, Opposition in begriffliche Nähe zu ‚Widerstand' oder zu ‚Extremismus' zu bringen. *Widerstand* meint nämlich den Kampf gegen ein politisches System, das Opposition verbietet. In diesem Fall kann man nämlich nicht innerhalb eines bejahten Systems gegen die jeweilige Regierung ankämpfen. Entweder man arrangiert und duckt sich – oder man wird zum Gegner des Systems bzw. von diesem wenigstens so behandelt.[671] *Extremismus* hingegen meint den Kampf innerhalb eines pluralistischen, Opposition befürwortenden Systems zu dem Zweck, dieses System zugunsten einer neuen, monistisch geprägten Ordnung zu überwinden, in der Opposition nicht länger ‚nötig' und auch gar nicht mehr zulässig ist. Extremismus ist also Kampf gegen die pluralistische Ordnung eines demokratischen Verfassungsstaates.[672] Oppositionelle sind darum gut beraten, nicht nur gegen die Regierung, sondern stets auch gegen Extremisten zu kämpfen. Widerstand ist hingegen Kampf gegen eine autoritäre oder totalitäre politische Ordnung. Wo es also legitime Opposition gibt, findet sich für Widerstand kein Grund, kein Ansatzpunkt und kein Platz. Darum ist es auch überhaupt nicht akzeptabel, wenn sich Extremisten mit der Ehrenbezeichnung ‚Widerstand' schmücken wollen.

---

671 In autoritären und totalitären Systemen kommt es mitunter zum Auftreten einer als illegitim behandelten Opposition. Das sind politische Kräfte, die sich zwar mit den Leitideen der autoritären oder totalitären Ordnung identifizieren, das System auch aufrechterhalten wollen, diese Leitideen aber von den derzeitigen politischen Führern schlecht ausgeführt oder gar verraten sehen. Solche von ihrem Selbstverständnis her *systemloyalen* Gruppen werden von den Regierungen autoritärer und totalitärer Systeme in der Regel besonders hartnäckig verfolgt, da sie innerhalb eines antipluralistischen Systems als ‚Renegaten' oder wenigstens ‚Revisionisten' gelten, die ein Stück weit den Ansichten und der Propaganda des politischen Feindes erlegen sind. Derartige Oppositionelle innerhalb einer Diktatur sind besonders tragische Figuren.

672 Das ist im übrige auch jene Definition von Extremismus, die von den deutschen Verfassungsschutzbehörden verwendet wird.

(4) Parlamentsfunktionen

Die Funktionen eines Parlaments kann man in vier Gruppen gliedern: in die Vernetzungs- und Kommunikationsfunktion, in die Gesetzgebungsfunktion, in die Kontrollfunktion und in die Untergruppe der Wahlfunktionen, unter welcher die – institutionell unterschiedlich auszugestaltende – Wahl der Regierung deswegen herausragt, weil sie einen besonderen Typ eines Regierungssystems konstituiert. Am Beispiel vor allem Deutschlands kann sich diese Funktion so veraunschaulichen:

(a) Die Wahlfunktion, ausgeprägt als ‚Regierungsbildung'

Parlamente haben üblicherweise eine Vielzahl von Wahlfunktionen. So bedürfen viele präsidentielle Ernennungen in den USA der Zustimmung des Senats, und es wählt der Deutsche Bundestag extra seinen Wehrbeauftragten. Die wichtigste aller Wahlfunktionen, die ein Parlament haben kann, ist aber jene, die für den Typ des parlamentarischen Regierungssystems konstitutiv ist: die Wahl der Regierung bzw. des Regierungschefs (‚Regierungsbildungsfunktion', ‚Kreationsfunktion'). Sie kann – wie in Deutschland – als ausdrücklicher Wahlakt ausgestaltet sein, doch auch – wie in Italien – die Form einer obligatorischen oder fakultativen Vertrauensabstimmung nach Ernennung der Regierung (oder des Regierungschefs) durch das Staatsoberhaupt annehmen. In jedem Fall ist es angemessen, sich die Regierungsbildung nicht als einmaligen Akt, sondern als langfristigen *Prozeß* vorzustellen. Am deutschen Fall läßt er sich so umreißen:

- Die Regierungsbildung beginnt lange vor dem Wahlkampf als Klärung grundsätzlicher Koalitionsmöglichkeiten.
- In den Wahlkampf gehen die Parteien dann meist mit Koalitionsaussagen, oft mit solchen erster und zweiter Präferenz. Es obliegt dann den Bürgern, unter den von den Parteien angebotenen Koalitionsmöglichkeiten eine bestimmte mit klarer Wählerpräferenz auszuzeichnen.
- Nach der Wahl wird festgestellt, wer als (faktischer) Wahlgewinner welche Koalitionsmöglichkeiten tatsächlich verwirklichen kann. Im Idealfall haben die Wähler eine klare Präferenz erkennen lassen. Verbauen die aus der Wahl entstehenden Mehrheitsverhältnisse *alle* zuvor angebotenen Koalitionsmöglichkeiten, so besteht ein von den *Wählern* – nicht von den Parteien! – erzeugtes Dilemma. Den Ausweg muß mindestens eine Partei dadurch weisen, daß sie, in der Regel anschließend mit Verdrossenheitsbekundungen überhäuft, von ihrer im Wahlkampf gemachten Koalitionsaussage abweicht.
- Nun folgen Koalitionsverhandlungen, die meist in einen formalen und ausführlichen Koalitionsvertrag münden. Zunächst werden die Inhalte der Politik in den nächsten Jahren festgelegt. Das beinhaltet vor allem Vereinbarungen über auf den Weg zu bringende Gesetzesvorhaben und deren Eckpunkte, über aufzulegende Finanzierungsprogramme sowie über Themen, die ausgeklammert bleiben müssen, da kein Kompromiß möglich ist. Nach der Festlegung der Inhalte wird Einvernehmen darüber geschaffen, welche Regierungspositionen welchem Koalitionspartner zufallen sollen. Mit welchen Personen diese Positionen dann besetzt werden, bleibt in der Regel eigene Sache der Koalitionspartner. Üblicherweise geht man davon aus, daß die parlamentarischen Führer der Koalitionsparteien[673] sowie fachlich qualifizierte Experten als Regierungsmitglieder nominiert werden. Da jeder Koalitionspartner bei der Auswahl seines Führungspersonals eine Vielzahl faktischer Quotierungen berücksichtigen muß (innerparteiliche Strömungen, regionale Verteilung, Geschlecht, Alter, gegebenenfalls auch Konfession), kommt es hier nicht selten zu wenig schlüssigen Aushilfslösungen oder gar zu Fehlbesetzungen einzelner Ministerien. Dem Koalitionsvertrag müssen sodann

[673] Einige wichtige Führer der Koalitionsparteien müssen aber auf Regierungsfunktionen verzichten, da sie als Fraktionsführer unabkömmlich sind. In der Regel ist der Vorsitz der stärksten regierungstragenden Partei sogar die machtpolitisch *am meisten* begehrenswerte Funktion nach der des Regierungschefs.

die beteiligten Fraktionen, mitunter auch Parteitage der künftigen Koalitionspartner, zustimmen.

- Erst nach Abschluß dieser ‚informellen' Prozesse der Regierungsbildung schließen sich die formellen, den Bestimmungen der Verfassung genügenden Verfahren an, in Deutschland die Wahl des Regierungschefs und die Ernennung der Kabinettsmitglieder. Wurde gut verhandelt, kann es nun zu keinen Überraschungen mehr kommen.
- Sobald die Regierung im Amt ist und ihre Arbeit aufgenommen hat, muß der Zusammenhalt einesteils zwischen den Koalitionsparteien, andernteils zwischen der Regierung und den sie tragenden Parlamentsfraktionen gesichert werden. Erstens dienen diesem Ziel unterschiedlich institutionalisierbare Koalitionsausschüsse oder Koalitionsrunden. Diese führen im Idealfall die wirklich wichtigen Politiker des Regierungslagers zusammen, und zwar mitunter recht unabhängig von ihren formalen Regierungs-, Parlaments- oder Parteiämtern. Neben dem Regierungschef und zentralen Ministern spielen eine Schlüsselrolle immer die Vorsitzenden der Koalitionsfraktionen, deren (erste) parlamentarischen Geschäftsführer sowie die Vorsitzenden der regierungstragenden Parteien. Zweitens nehmen die Regierungsmitglieder möglichst oft an den Sitzungen der für ihr Ressort zuständigen Arbeitskreise ihrer Parteien und Ausschüsse des Parlaments teil. Natürlich sind sie auch möglichst oft bei den Vollversammlungen ihrer Fraktionen anwesend, um auch hier für eine kontinuierliche Abstimmung der Politik zu sorgen. Gelingt das alles reibungslos, so scheint nach außen die Parlamentsmehrheit blind der Regierung zu folgen und das Regierungslager völlig geschlossen zu sein. In Wirklichkeit ist derlei aber alles andere als leicht zu bewerkstelligen, gelingt meist nur bei einem gleichberechtigten Miteinander sowie bei rücksichtsvollem Umgang der Partner und ist darum höchst selten.

Solange die regierungstragenden Fraktionen und die Regierungsmitglieder aber reibungslos zusammenarbeiten, ist der Bestand der Regierung ungefährdet. Im Vorfeld von Wahlkämpfen lockert sich dann solche Zusammenarbeit – entweder nur deshalb, um durch Profilierung wählerattraktiv zu werden, oder weil der Vorrat an Gemeinsamkeiten erschöpft ist und der Wählerschaft neue Koalitionsmöglichkeiten angeboten werden sollen. Die Erfüllung aller *anderen* Parlamentsfunktionen, zumal der Kontroll- und Gesetzgebungsfunktion, wird im parlamentarischen Regierungssystem weitestgehend geprägt von diesem *nie endenden* Prozeß der Bildung und Sicherung einer regierungstragenden Mehrheit. Unübersichtlich wird die Erfüllung der Parlamentsfunktionen hingegen stets dann, wenn es keine berechenbare parlamentarische Mehrheit für eine Regierung gibt und eine Minderheitsregierung sich auf Tolerierungsabkommen oder stets wechselnde Mehrheiten verlassen muß.

(b) Die Kontrollfunktion

Die Grundformen parlamentarischer Regierungskontrolle lassen sich entlang von zwei Dimensionen gliedern:

- *‚Kontrolle als Aufsicht über fremde Amtsführung' vs. ‚Kontrolle durch Mitregieren'.* Die jedermann geläufigste Form von Kontrolle besteht darin, das Verhalten eines anderen an dafür vorgesehenen Maßstäben zu messen, gegebenenfalls anhand ihrer Kritik zu üben und auf Korrekturen zu drängen, oder angemessene ‚Bestrafungen' für Fehlverhalten (‚Sanktionen') zu fordern und gegebenenfalls die Entfernung aus einem Amt zu verlangen. Auf diese Weise kontrolliert im präsidentiellen Regierungssystem die Legislative die Regierung sowie die der Regierung unterstellten Exekutivbehörden, im parlamentarischen Regierungssystem die Opposition die Regierung, die sie tragende Parlamentsmehrheit sowie den Regierungsapparat. Nicht minder wichtig ist aber eine zweite Form der Kontrolle: die Kontrolle durch Mitwirkung bzw. Mitregieren. Wessen Unterstützung für eine Handlung notwendig ist, der kontrolliert natürlich den Handelnden. Auch im präsidentiellen Regierungssystem kontrolliert die Legislative auf diese Weise die Regierung: Ohne entsprechende gesetzliche Grundlagen und Budgetzuweisungen kann diese schlechterdings nicht agieren. Im parlamentarischen Regierungssystem ist Kontrolle durch Mitregieren *die typische Kontrollform der regierungstragenden Fraktionen*. Ausgeübt wird sie von den Fachpolitikern der Koalitionsfraktionen gegenüber ‚ihren' Ministerien, von den Fraktionsführern gegenüber ‚ihren' Teilen der Regierung, und von den – meist informellen – Koalitionsgremien gegenüber ‚ihrer' Regierung insgesamt.

Während im präsidentiellen Regierungssystem beide Kontrollformen – Kontrolle als Mitregierung und Kontrolle als Aufsicht über fremde Amtsführung – von der ganzen Legislative in variablen Akteurskonstellationen und mit wechselnden Prioritätensetzungen ausgeübt wird, gibt es im parlamentarischen Regierungssystem eine klare Zuweisung beider Kontrollformen: Kontrolle durch Mitregieren ist Sache der regierungstragenden Fraktionen, Kontrolle als Aufsicht über fremde Amtsführung Sache der Oppositionsfraktionen. Kontrolle durch Mitregieren vollzieht sich möglichst so, daß weder die Opposition noch die Öffentlichkeit Ansatzpunkte für die – stets Kritik nach sich ziehende – Diagnose von ‚Zerstrittenheit' findet. Darum gilt: Die von den regierungstragenden Fraktionen ausgeübte ‚Regierungskontrolle durch Mitregieren' ist überaus wirkungsvoll,[674] doch öffentlich unsichtbar. Umgekehrt ist die von Oppositionsfraktionen ausgeübte ‚Regierungskontrolle als Aufsicht über fremde Amtsführung' öffentlich überaus sichtbar, doch offenkundig zunächst einmal wirkungslos. Üblicherweise scharen sich nämlich die Mitglieder der regierungstragenden Fraktionen um jeden von der Opposition angegriffenen Regierungspolitiker – allerdings nur unter dem Vorbehalt, daß er der Opposition möglichst keine weiteren für die Öffentlichkeit überzeugenden Angriffspunkte mehr bietet. Nach mehr oder minder langer Zeit ist solche Solidarität stets erschöpft, und das von der Opposition angegriffene Regierungsmitglied wird den Rücktritt entweder vollziehen, anbieten oder nahegelegt bekommen. Klugerweise wird aber möglichst so verfahren, daß für die Öffentlichkeit ein Zusammenhang mit der kontrollierenden Rolle der Opposition nicht sichtbar wird. Ebenso verfährt man als Regierungslager dort, wo die Opposition Schwachpunkte der eigenen Budetpläne oder Gesetzesvorhaben ausfindig macht: Man bereinigt derlei intern, nachdem man vor der Öffentlichkeit die Kritik zurückgewiesen hat. Auf diese Weise entsteht allerdings der Eindruck, ausgerechnet im parlamentarischen Regierungssystem werde die Regierung gerade *nicht* vom Parlament kontrolliert: Wirkungen oppositioneller Kontrolle sieht man nämlich nicht, Kontrolleffekte regierungstragender Fraktionen erkennt man nicht.

- *‚Richtungskontrolle' vs. ‚Leistungskontrolle' vs. ‚rechtliche Kontrolle'*
  - Mit *Richtungskontrolle* ist gemeint, daß die politische Gesamtlinie der Regierung kontrolliert wird. Dies geschieht – erstens – ‚von innen' durch Mitregieren, indem nämlich die regierungstragenden Fraktionen oder die für Gesetzes- und Budgetbeschlüsse noch erforderlichen parlamentarischen Veto-Gruppen überprüfen, ob der Kurs der Regierung auf den einzelnen Politikfeldern so ist, wie man ihn für richtig oder wenigstens für akzeptabel hält. Andernfalls signalisiert man in den Arbeitsgruppen und Vollversammlungen der Fraktionen, daß sich die erwünschte Geschlossenheit nicht herstellen lassen, eine erforderliche Mehrheit nicht finden lassen wird. Das bewirkt entweder Richtungsände-

---

[674] Es kommt allerdings vor, daß ein starker Regierungschef durch Hinwirken auf die Wahl eines in erster Linie *ihm persönlich* loyalen Fraktionsvorsitzenden der stärksten regierungstragenden Partei solche Kontrolle durch Mitregieren lahmlegt (‚prime ministerial government'). Damit wird der Regierungschef so lange Erfolg haben, wie er bei den Wählern hoch im Ansehen steht. Schwindet hingegen seine Fähigkeit, für die regierungstragende Fraktion Wahlen zu gewinnen, so entfällt auch jene Machtgrundlage, von der aus er der Fraktion einen Vorsitzenden aufdrängen konnte, der eher dem Regierungschef die Kontrolle der Fraktion als der Fraktion die Kontrolle der Regierung ermöglicht.

rungen der auf Mehrheitsbeschlüsse angewiesenen Regierung oder eine Regierungskrise, an deren Ende auch der Sturz einer Regierung oder das Zerfallen einer Koalition stehen kann. Regierungstragende Parteien werden derlei Kontrolle möglichst intern und ohne öffentliches Aufheben unternehmen, da ihnen andernfalls Zerstrittenheit vorgeworfen werden könnte, was bei den nächsten Wahlen sicher schadete. Richtungskontrolle vollzieht sich – zweitens – ‚von außen' dergestalt, daß oppositionelle Parteien den Kurs der Regierung sowohl mit deren eigenen, meist in Koalitionsverträgen oder Regierungserklärungen bekundeten Absichtserklärungen vergleichen oder an den eigenen Vorstellungen davon messen, was politisch wichtig wäre. Diese Art der Regierungskontrolle ist besonders dann wirkungsvoll, wenn Regierungen von ihren ursprünglichen Gestaltungsabsichten deshalb abweichen, weil die gesetzten Ziele unrealistisch oder die genutzten Mittel verfehlt waren. Oppositionsparteien werden hierauf möglichst öffentlichkeitswirksam hinweisen, entweder den unzureichenden Realitätssinn der Regierung oder ihre mangelnde Prinzipientreue herausstellen und mit alledem versuchen, im Wechselspiel mit öffentlicher Meinung, demoskopischen Umfragen und ‚Nebenwahlen' erheblichen politischen Druck auf das Regierungslager ausüben.

– *Leistungskontrolle* bezieht sich auf die konkreten Auswirkungen der Regierungstätigkeit. Hier geht es darum, ob die Regierung ihre Ziele wirklich erreicht und ob die von ihr geführte Exekutive in der Praxis so zuverlässig und möglichst fehlerfrei arbeitet, wie eine Gesellschaft es von ihren politischen Institutionen erwarten darf. Leistungskontrolle bezieht sich also einesteils auf alles, was am Regierungshandeln objektiv vorwerfbar und skandalisierbar ist, andernteils ebenso auf alles, worauf eine Regierung stolz sein kann. Folglich kommt es auch hier zu einem ziemlich spiegelverkehrten Kontrollverhalten von regierungstragenden und oppositionellen Fraktionen. Regierungstragende Fraktionen werden alle Schwierigkeiten, Probleme, Unzulänglichkeiten und Fehler der Regierungstätigkeit möglichst intern behandeln, Oppositionsfraktionen sie hingegen möglichst an die Öffentlichkeit tragen. Umgekehrt werden regierungstragende Fraktionen alles der Regierung Gelungene möglichst deutlich herausstellen, Oppositionsfraktionen es indessen hinterfragen und an den – meist viel weiter reichenden – Zielen des Regierungslagers messen und darum als noch überaus unzulänglich kritisieren. Wo die Opposition reale Probleme und Fehler entdeckt und davon auch die Öffentlichkeit überzeugt, führt dies zu erheblichem politischen Druck auf das Regierungslager. Dessen übliche und durchaus rationale Reaktion besteht darin, oppositionelle Kritik nach außen zurückzuweisen oder zu relativieren, sie intern aber sehr ernst zu nehmen und möglichst rasch die Ansatzpunkte berechtigter Oppositionskritik zu beseitigen. Solches Rollenspiel ist zwar sehr sinnvoll und für die Lern- und Leistungsfähigkeit des politischen Systems überaus vorteilhaft. Doch es führt auch zur Ausprägung heuchlerischer Züge auf beiden Seiten.[675] Und weil solche Unterschiede zwischen Rollendarstellung und Realverhalten nicht nur den politischen Akteuren vertraut sind, entfremdet derlei alle im Parlament agierenden Parteien ein Stück weit voneinander und ebenso von der Bürgerschaft. Letzteres führt dauerhaft zu Glaubwürdigkeitsproblemen der politischen Klasse und zu Zweifeln an jener Vernunft, die man sich hinter der Konstruktion seines politischen Systems in der Regel wünscht. Zwar ist das ein der menschlichen Natur geschuldeter Preis, den man für wirksame parlamentarische Leistungskontrolle im parlamentarischen Regierungssystem nun einmal zu bezahlen hat. Doch öfter als nur in Ausnahmefällen wäre wirksame Leistungskontrolle bestimmt auch legitimatorisch preisgünstiger zu erhalten.

---

675 Weniger gilt das für das präsidentielle Regierungssystem, wo mit dem Gegenüber von Regierungslager und Opposition auch die Rituale eines von Angriff und Verteidigung lebenden Mannschaftswettbewerbs entfallen.

– *Rechtliche Kontrolle* war in der Frühzeit des Parlamentarismus solange eine zumindest als *Möglichkeit* erwägenswerte Form der Regierungskontrolle,[676] wie es noch keinen direkten parlamentarischen Machtzugriff auf die Regierung gab. Ihr typische Form war damals die Ministeranklage (‚impeachment'). Im altertümlichen präsidentiellen Regierungssystem der USA gibt es sie als Kontrollinstrument gegenüber dem Präsidenten bis heute, als Verfassungsfossil auch in weiteren politischen Systemen. Diese Kontrollmöglichkeit besitzt aber nur einen äußerst eingeschränkten Nutzen, weil sich die Anklage ja auf *Rechtsbrüche* von Regierungsmitgliedern beziehen muß, nicht aber damit begründet werden kann, die Regierungspolitik sei *inhaltlich* falsch oder einfach anders, als man sie haben möchte. Im Rahmen eines Obrigkeitsstaates, der sich sozusagen von Amts wegen ‚richtige Politik' zuschreibt, mag die Vorstellung noch nachvollziehbar sein, man müsse die Regierung ‚eigentlich nur auf Rechtsbrüche kontrollieren'. Im Rahmen eines demokratischen Verfassungsstaates hingegen entspringt das Recht auf wirksame parlamentarische Regierungskontrolle ganz einfach dem völlig berechtigten Wunsch, auf die Inhalte der Regierungspolitik nachhaltig Einfluß zu nehmen und nach *rein politischen* Gesichtspunkten zwischen solchen Alternativen auszuwählen, die allesamt rechtlich *nicht* zu beanstanden wären. Im Grunde war die Einräumung rechtlicher Kontrollmöglichkeiten bei gleichzeitiger rechtspositivistischer Verengung des Bereichs *justiziabler*[677] politischer Entscheidungen eines der Mittel des Obrigkeitsstaates, unter Verweis auf formale Rechtsstaatlichkeit und Gewaltenteilung parlamentarische und demokratische Mitspracheansprüche abzublocken.

Mit dem Aufkommen von Verfassungsgerichtsbarkeit wurde eine zweite Form rechtlicher Kontrolle der Regierungstätigkeit dort überaus wichtig, wo es das Instrument der abstrakten Normenkontrolle gibt.[678] In diesem Fall lassen nämlich oppositionelle politische Akteure, soweit sie antragsberechtigt sind, vom zuständigen Verfassungsgericht immer wieder überprüfen, ob die von der regierungstragenden Mehrheit beschlossenen Gesetze mit den – vom Gericht auszulegenden – höherrangigen Verfassungsnormen als vereinbar gelten können. Vor allem der materiale Rechtsstaat bietet für solche abstrakte Normenkontrolle vielerlei Ansatzpunkte. In der Praxis kann man hieraus eine Fortsetzung des verlorenen parlamentarischen Kampfes mit anderen, nämlich verfassungsjuristischen Mitteln machen. Doch auch dem Regierungslager bieten diese verfassungsrechtliche Kontrollmöglichkeiten jenen überaus willkommenen institutionellen Mechanismus, der oben schon umrissen wurde und nur das Gewand einer rechtlichen Regierungskontrolle trägt, mit ihr aber substanziell nichts mehr zu tun hat: Eine politische Entscheidung, die eine Regierung aus gleich welchen Gründen nicht selbst treffen will, muß sie nur in eine verfassungsrechtliche Streitfrage umformen und dann in taktisch geeigneter Weise, am besten durch ein von der Opposition angestrengtes Normenkontrollverfahren, vor ein Verfassungsgericht bringen. Auf diese Weise wird bewirkt, daß nicht auf Wiederwahl angewiesene Politiker, sondern niemandem verantwortliche Richter jene Entscheidung treffen müssen. Ist sie unpopulär, läßt sich sogar Unmut gegen die Opposition mobilisieren: Sie habe ein ‚unnötiges' Urteil ‚provoziert' bzw. verweigere sich einer Verfassungsänderung, die das Verfassungsgericht zu einem anderen Urteil bringen würde. In Deutschland hat man es mit dieser rein politischen Funktionalisierung der Formen rechtlicher Regierungskontrolle inzwischen zu großer Kunstfertigkeit gebracht. Schon mittelfristig führt das aber zu einer rechtlichen Einengung *legitimer* politischer Entscheidungsspielräume, die zunächst die Autorität des Rechtes, dann die des Verfas-

676 D.h. eine über ihre Vorauswirkung, über eine ‚Antizipationsschleife' wirkende Kontrollform. Vgl. S. 40 und Anm. 62.
677 ‚Justiziabel' heißt: rechtlich klärbar, vor ein Gericht bringbar, richterlich entscheidbar.
678 Vgl. S. 268.

sungsgerichts und am Ende einer politischen Klasse untergraben, die nicht mehr den Mut hat, wichtige Dinge selbst zu entscheiden und dann vor der Bürgerschaft zu verantworten.

Innerhalb dieser Grundformen parlamentarischer Regierungskontrolle gibt es eine Vielzahl konkreter *Kontrollinstrumente*. Bei allen Unterschieden sind ihnen drei Züge gemeinsam:

- Sie wirken stets in der Weise, daß dem Regierungslager bzw. den eigenen Regierungsmitgliedern glaubhaft Schaden angedroht oder in Aussicht gestellt wird für den Fall, daß bestimmte Dinge getan oder unterlassen werden. Sie funktionieren also auf der Grundlage von – gegebenenfalls durch Erfahrung erlernten – *rationalen Interessenkalkülen* politischer Akteure.
- Ihr Wirkung entfalten sie meist schon mittels *taktischer Antizipation* (‚Antizipationsschleife‘, ‚Vorauswirkung‘), also allein schon durch ihre Existenz und Nutzbarkeit. So wie früher das Vorzeigen der Folterwerkzeuge als erster Grad der Folter deren eigentliche Anwendung oft unnötig machte, verhält es sich hier. Darum soll man nie aus der Häufigkeit der Anwendung bestimmter Kontrollinstrumente schon auf deren Wichtigkeit zu schließen versuchen. Selbst wenn ein lange Zeit *unbenutztes* Kontrollinstrument entfernt wird, verändert das oft jenes rationale Verhaltenskalkül, dessen Bestandteil eben jenes Kontrollinstrument war. Da nun aber auch die parlamentarischen Kontrollinstrumente weitgehend über ihre derartige ‚Vorauswirkung‘, sozusagen mittels ‚vorauseilendem Gehorsam’ ihren Nutzen entfalten, ist es nicht verwunderlich, daß in der Öffentlichkeit ihre Wirksamkeit stark unterschätzt und auch diesbezüglich das Kontrollvermögen von Parlamenten verkannt wird.
- Wichtig an den parlamentarischen Kontrollinstrumenten sind meist jene *informellen* Prozesse, die aufgrund der Existenz formaler Möglichkeiten zustandekommen.

Vor diesem Hintergrund lassen sich – neben den schon erwähnten Formen rechtlicher Kontrolle – die vielfältigen parlamentarischen Kontrollmöglichkeiten in drei Gruppen zusammenfassen:

- Das *Budgetrecht.* Dieses ist das älteste parlamentarische Kontrollmittel. Aus ihm erwuchs im Grunde überhaupt erst die Macht von modernen Parlamenten. Seine Grundlage ist die Tatsache, daß die Regierung die für ihre Politik nötigen Finanzmittel in Form eines detaillierten Haushaltsplans vom Parlament erbitten muß und ohne einen genehmigten Haushaltsplan (‚Haushaltsgesetz‘) einen Teil ihrer Tätigkeiten schlechterdings nicht durchführen kann.[679] Also muß die Regierung den Haushaltspolitikern und einer großen Mehrheit zumindest der regierungstragenden Fraktionen überzeugend erklären, warum sie Mittel welcher Höhe wofür – und wofür nicht – ausgeben will. In die Haushaltsberatungen fließen so alle politischen Gestaltungswünsche zumindest der regierungstragenden Fraktionen und ihrer wichtigsten Veto-Gruppen ein, wobei die Regierung zwar das erste, das Parlament aber stets das letzte Wort hat. Gegebenenfalls kann ein Parlament Haushaltsmittel auch mit ‚qualifizierten Sperrvermerken‘ bewilligen, d.h. deren Verausgabung daran binden, daß die Regierung zuvor bestimmte andere Wünsche der Parlamentsmehrheit erfüllt. Auf diese Weise ist sogar eine fallweise parlamentarische Feinsteuerung der Regierungstätigkeit möglich.
- Die Nutzung *‚innerparlamentarischen Pressionspotentials‘*. Dieses Kontrollmittel ergibt sich aus der Tatsache, daß für alle parlamentarischen Entscheidungen Mehrheiten erforderlich sind. Das beginnt damit, daß die Fachpolitiker einer Fraktion für ihre Positionen in ihren Ar-

[679] Um die Staatstätigkeit nicht zum Stillstand zu bringen, gilt oft – so auch in Deutschland – die Regelung, daß bei Fehlen eines vom Parlament beschlossenen Haushalts die Regierung monatlich ein Zwölftel der für ihre einzelnen Aufgaben im letzten gültigen Haushaltsplan vorgesehenen Finanzmittel ausgeben darf, sofern das Parlament nicht ausdrücklich anderes beschließt.

beitsgruppen eine Mehrheit brauchen, setzt sich fort in der Notwendigkeit, innerhalb der Fraktionsvollversammlung eine verläßliche Mehrheit für jede Position zu schaffen, welche die Fraktion im Parlament vertreten soll, reicht in die Ausschußarbeit hinein und endet bei der Erfordernis gesamtparlamentarischer Mehrheiten für alle Gesetzesbeschlüsse und parlamentarischen Sach- und Personalabstimmungen. Zu den letzteren gehört offensichtlich im parlamentarischen Regierungssystem auch die so wichtige Wahl, Bestätigung oder Abwahl einer Regierung. Zu Mehrheiten gelangt man aber nur in einem Prozeß des Gebens und Nehmens, also durch Kompromißbildung, bei welcher jene Minderheiten, auf deren Zustimmung man gerade noch angewiesen ist (‚Veto-Gruppen'), klar überproportionalen Einfluß erhalten. Wenn nun Abgeordnete ein *freies*, d.h. rechtlich nicht einschränkbares Mandat haben, sich im Einzelfall auf die beschlußvorbereitenden Fachpolitiker ihrer Fraktionen gerade *nicht* verlassen wollen und im übrigen politische Mißstimmung ihnen gegenüber, auch erhebliche persönliche politische Nachteile *in Kauf zu nehmen bereit sind*, dann können besonders große, nur sehr mühsam zu lösende Probleme entstehen, im Arbeitskreis, in der Fraktionsvollversammlung, im Ausschuß oder im Plenum auch *deren* Stimmen zu erhalten. Und falls – wie oft in Koalitionsverträgen sogar *ausdrücklich festgelegt* – im parlamentarischen Regierungsystem noch die Erwartung hinzukommt, daß die regierungstragenden Fraktionen im Plenum grundsätzlich *nicht* mit wechselnden, also nur mit Oppositionsstimmen zustande kommenden Mehrheiten arbeiten, dann steigen die Anforderungen an die Kompromißbildung in und zwischen den regierungstragenden Fraktionen noch mehr. Folglich steigt der Einfluß gut zusammenhaltender *Minderheiten* und – bei sehr knappen Mehrheitsverhältnissen – sogar die von *einzelnen Abgeordneten*. Freies Mandat und Fraktionsdisziplin sind darum als dialektische Einheit zu sehen: Wessen Mitwirkung man *braucht*, aber *nicht* erzwingen kann, der besitzt großes Pressionspotential. Es kollegial, aber wirkungsvoll auszunutzen, ist eine zentrales Instrument parlamentarischer Kontrolle – zu richten sowohl gegen die eigene Fraktionsführung als auch gegen die eigene Regierung. Im auf *Mannschafts*spiel angewiesenen parlamentarischen Regierungssystem scheint dieses Pressionspotential sogar noch wirkungsvoller zu sein als im präsidentiellen Regierungssystem, bei dem die Anzahl *individueller* Akteure viel größer ist, womit die Verhandlungsmacht jedes einzelnen sinkt.

– Die *Einforderung von Verantwortung* und der *‚Gang an die Öffentlichkeit'*. Jemandem verantwortlich sein heißt, auf dessen Fragen antworten und unangenehme Folgen fürchten zu müssen, falls die Antworten nicht überzeugend ausfallen. Verantwortlichkeit der Regierung vor dem Parlament meint also, daß man die Mitglieder der Regierung zu Antworten auf Fragen der Parlamentarier zwingen kann und in der Lage ist, bei unbefriedigenden Antworten den entsprechenden Regierungsmitgliedern, oder einer Solidarität mit ihnen übenden Regierung insgesamt, Schaden zuzufügen – sei es in Gestalt ausbleibender parlamentarischer Unterstützung, der Verweigerung von Haushaltsmitteln, oder der Aufstachelung massenmedialer Kritik. Geht es um letzteres, so sind die typischen, sehr oft wirkungsvollen Mittel, massenmediale Aufmerksamkeit und möglicherweise öffentliche Kritik auf die Regierungsarbeit zu lenken, die folgenden: skandalisierende Einsetzung von Untersuchungsausschüssen, öffentlichkeitswirksame Plenardebatten (in Deutschland etwa ‚Aktuelle Stunden'), Große und Kleine Anfragen sowie mündliche und schriftliche Fragen an die Regierung, auf welche diese im Plenum oder schriftlich antworten muß. Ergänzt wird dies alles um die sonstigen Möglichkeiten der Öffentlichkeitsarbeit von Fraktionen, Parteien und einzelnen Politikern: Presseerklärungen, Pressekonferenzen, spektakuläre Aktionen wie Demonstrationen oder Unterschriftensammlungen, über welche in den Massenmedien breit berichtet wird. Wichtig ist für die Wirksamkeit dieser Gruppe von Kontrollinstrumenten, daß die parlamentarischen Möglichkeiten, die Regierung durch Fragen zu stellen und sie zu öffentlichen, überprüfbaren und im politischen Streit weiter verwertbaren Antworten zu zwingen, als *Minderheiten*rechte ausgestaltet sind, welcher sich stets die *Oppositions*fraktionen bedienen können. Natürlich ist klar, daß die Möglichkeiten, an die Öffentlichkeit zu gehen, von regierungstragenden und oppositionellen Fraktionen ganz unterschiedlich genutzt werden: von den einen, um die Leistungen und Verdienste der eigenen Regierung herauszustellen, von den anderen hingegen zum Nachweis der Fehler und Versäumnisse der gegnerischen Regierung. Der Bürger kann sich dann sein Urteil bilden und bei Wahlen und Abstimmungen – oder schon bei demoskopischen Umfragen – nach eigenem Ermessen Macht entziehen oder prolongieren.

(c) Die Gesetzgebungsfunktion

Ein Parlament, das im wesentlichen auf seine Gesetzgebungsfunktion und die mit allein ihr verbundenen Möglichkeiten der Regierungskontrolle beschränkt ist, sollte man eine ‚Legislative' nennen. Doch gleich ob es sich um eine ‚Legislative' oder um ein Parlament mit Regierungsbildungsfunktion und gar mit machtvoller (Mit-)Regierungsfunktion handelt (‚Gubernative'[680]): Stets läuft der Gesetzgebungsprozeß vielleicht zwar an der Oberfläche recht unterschiedlich, im Kern aber sehr ähnlich ab. Typischerweise kennzeichnet sich die Erfüllung der parlamentarischen Gesetzgebungsfunktion nämlich durch die folgenden Merkmale:

– *Die Initiative liegt meist bei der Regierung.* Weit davon entfernt, als eine bloße ‚Exekutive' die von einer anderen staatlichen Institution beschlossenen Gesetze nur ‚auszuführen', ist die Regierung stets das Organ der *Gesamtleitung aller staatlichen Tätigkeiten.*[681] Dazu gehört ganz wesentlich, solche allgemein verbindlichen Regelungen und Entscheidungen vorzuschlagen, nicht selten auch auszuarbeiten, welcher die regierte Gesellschaft bedarf, sowie die für eine Erfüllung der politischen Gestaltungsaufgaben nötigen Finanzmittel zu verplanen und zu verwalten. Darum werden sowohl die Haushaltsgesetze als auch die meisten sonstigen Gesetze in der Regel von den *Regierungen* vorbereitet. Solche – in enger Kooperation mit den dafür wichtigen Abgeordneten – gesetzesinitiierenden Tätigkeiten werden sogar von den Regierungen präsidentieller Regierungssysteme und selbst dann erwartet, wenn – wie etwa in den USA – der Präsident gar nicht das Recht hat, *selbst* einen Gesetzentwurf in der Legislative einzubringen. *Informelle* Praktiken stellen dann sicher, daß die Regierung ihre funktionslogisch angemessene Rolle selbst dann spielt, wenn sie ihr *formal verwehrt* ist.

  Im parlamentarischen Regierungssystem sind solche Umgehungsstrategien ohnehin unnötig. Hier hat die Regierung, als eine Art geschäftsführender und exekutive*leitender* ‚Ausschuß' *des Parlaments*, von vornherein ein *eigenständiges* Recht, Gesetzentwürfe auszuarbeiten und diese nach eigenem taktischen Ermessen in die parlamentarischen Willensbildung und Entscheidungsfindung einzuführen. Oft ist das sogar ihre im Koalitionsvertrag festgelegte Pflicht. Der nähere Blick zeigt also: Im parlamentarischen Regierungssystem *bedienen sich* die *regierungstragenden* Fraktionen im Grunde nur des von ihnen beherrschten Regierungsapparats und seines Expertenwissens zur gesetzesvorbereitenden Verwirklichung einer Politik, die *im Parlament beginnt* und dort auch stets der Unterstützung bedarf. Darum kommen im parlamentarischen Regierungssystem Gesetzesinitiativen nur aus drei Gründen bisweilen auch formal ‚aus der Mitte des Parlaments':

  – Man bringt auch als regierungstragende Fraktion einen Gesetzentwurf *ohne* formale Beteiligung, doch sehr wohl nach Absprache mit der Regierung ein, weil dies die von der Verfassung verlangten Fristen der Gesetzesberatung verkürzt.[682]

---

680 Von lat. ‚gubernáre', d.h. steuern, leiten, regieren. Der englische Begriff ‚government' und der französische ‚gouvernement' stammen von diesem Wort ab.

681 Vgl. dazu S. 354f.

682 In Deutschland muß etwa ein von der Bunderegierung eingebrachter Gesetzentwurf erst dem Bundesrat vorgelegt werden, der dann mindestens drei Wochen Zeit zur Beratung im ‚ersten Durchgang' hat. Ein unmittelbar aus dem

– Es legen Abgeordnete aus regierungstragenden *und* oppositionellen Fraktionen aus einem von zwei Gründen einen *gemeinsamen* Gesetzentwurf vor (‚Gruppenantrag'). Entweder soll, vor allem bei stark symbolisch aufgeladenen Gesetzesmaterien oder bei Dingen, die das Parlament insgesamt betreffen, eine *tatsächlich gemeinsame* Position der Fraktionen erreicht bzw. demonstriert werden. Oder es muß dringend ein Problem geregelt werden, dessen Lösungsvorschläge nun allerdings quer zu den von und in den Parteien repräsentierten politischen Spannungslinien liegen, so daß sich allenfalls *quer über verschiedene* Fraktionen, nicht aber *innerhalb der regierungstragenden* Fraktionen, die nötige Mehrheit schaffen läßt. Falls die führenden Politiker in Parlament und Regierung zur gemeinsamen Ansicht kommen, dieser zweite Fall läge vor, so werden sie versuchen, innerhalb ihrer Fraktionen und in der Öffentlichkeit die Diskussion so zu steuern, daß die beabsichtigte Abstimmung ‚über die Koalitionsgrenzen hinweg' nicht als Verletzung des Koalitionsvertrages und das deutlich zutage tretende uneinheitliche Meinungsbild in den Fraktionen nicht als ‚Zerstrittenheit' bezeichnet bzw. vom politischen Gegner so hingestellt wird. Gelingt dies, so werden *einzelne* Abgeordnete von Regierungslager *und* Opposition einen entsprechenden – und andere Abgeordnete beider Lager in der Regel auch mindestens einen konkurrierenden – Gesetzentwurf vorlegen, der genau deshalb Chancen auf eine Mehrheit sowohl von regierungstragenden als auch von oppositionellen Abgeordneten hat, weil er eben *nicht* von der *Regierung* vorgelegt wurde. Beide Fälle kommen ziemlich selten vor. Im übrigen werden sie von der Bevölkerung in der Regel mißverstanden. Einesteils trägt dazu die populäre und von den Medien immer wieder völlig irreführend verbreitete Formel bei, in solchen Ausnahmefällen werde ‚der Fraktionszwang aufgehoben'. Doch in Wirklichkeit existiert Fraktionszwang überhaupt nicht und kann deshalb auch nicht ‚aufgehoben' werden. Vielmehr geht es nur darum, daß die Fraktionen übereinkommen, im konkreten Fall *kein Mannschaftsspiel* zu betreiben. Anderntеils glaubt die Öffentlichkeit in solchen Ausnahmefällen, sie erlebe ‚Sternstunden des Parlamentarismus'. In Wahrheit *versagt* nur die normale, üblicherweise erfolgreiche intra-fraktionelle Willensbildung, was zum Griff nach *Ausweichstrategie* zwingt, die mit so extrem hohen *Transaktionskosten* an zusätzlichen Verhandlungen zwischen den Fraktionen und ihren Abgeordneten verbunden ist, daß derlei das Parlament lahmlegte, wenn bei jedem Gesetzentwurf so verfahren würde.

– Es legt eine *Oppositions*fraktion einen Gesetzentwurf vor, um *eigenes Profil* kenntlich zu machen. Ein solcher Entwurf hat so gut wie nie eine Chance, zum Gesetz zu werden, da die Opposition die dafür notwendige Mehrheit eben nicht besitzt. Die regierungstragenden Fraktionen aber werden einen solchen Gesetzentwurf stets entweder niederstimmen oder im Gang der Beratungen blockieren. Doch enthält der oppositionelle Gesetzentwurf zielführende und wählerattraktive Ansätze, so werden von den regierungstragenden Fraktionen diese nach einiger Zeit meist *aufgegriffen* und – modifizierend den Grundlinien der eigenen Politik anpaßt – in Gestalt eines *eigenen* Gesetzentwurfs ins Parlament eingebracht. Das bringt anschließend die Opposition vor der Öffentlichkeit in die unangenehme Lage, entweder den einst eigenen Vorschlägen nun widersprechen oder dem politischen Gegner zustimmen zu müssen. In beiden Fällen mindert das die eigenen Wahlchancen. Verständlicherweise wird sich jede Opposition möglichst hüten, in eine derartige Situation zu geraten.

Vergegenwärtigt man sich alle diese funktionslogischen Zusammenhänge, so wird klar, von einem wie geringen Verständnis des parlamentarischen Regierungssystems es zeugt, in der über-

---

Bundestag hervorgehender Gesetzentwurf kann theoretisch sogar am selben Tag vom Bundestag und spätestens am Folgetag auch vom Bundesrat beschlossen werden, was in extrem seltenen Fällen auch so vorkommt.

ragenden gesetzesinitiierenden Rolle der Regierung einen Verfall parlamentarischer Macht oder gar eine Funktionstörung dieses Systemtyps zu sehen.

Grundsätzlich *entsteht* ein Gesetz aus einer *Kette von Beratungen* in formellen und informellen Gremien der Regierung und des Parlaments, und zwar zumal in den Ministerien, in innerfraktionellen Arbeitsgruppen, in Ausschüssen, Fraktionen, Koalitionsrunden und dem Plenum des Parlaments. In einer gut geführten Regierung werden Gesetzentwürfe – in der Regel auf der Grundlage des Koalitionsvertrags und auf Initiative eines zuständigen Ministers – zunächst zwischen den Fachpolitikern der regierungstragenden Fraktionen und den Experten des betroffenen Ministeriums so weit vorgeklärt, daß ein Ministerialbeamter einen ersten Entwurf als Grundlage weiterer Diskussionen aufsetzen kann. Dieser ‚Referentenentwurf'[683] wird dann zwischen den für ihn zuständigen Ministerien und den Koalitionsparteien abgestimmt. In der Regel werden in diese Beratungen ebenfalls die wichtigsten einschlägigen Interessengruppen formell oder informell einbezogen, gegebenenfalls auch sonstige wichtige Politiker der regierungstragenden Fraktionen und mitunter sogar die Opposition. Erst wenn alle wesentlichen Züge eines Gesetzentwurfs sowohl in den regierungstragenden Fraktionen auf Einvernehmen stoßen als auch die Gesetzesvorlage in keinem Ministerium mehr auf Widerspruch trifft, sie also ‚kabinettsreif' ist, wird sie auf einer Sitzung des Kabinetts als Gesetzentwurf der Regierung beschlossen (‚verabschiedet') und auf jenen Weg des Gesetzgebungsverfahrens gebracht, der in der jeweiligen Verfassung vorgesehen ist. Wenn *dieser* formal geregelte Prozeß des Gesetzgebungsverfahrens beginnt, sind die wesentlichen Weichenstellungen seitens der regierungstragenden Parlamentsfraktionen in der Regel längst schon vollzogen. Darum vollzieht sich in manchen Parlamenten, vor allem in denen vom Typ des ‚Redeparlements',[684] in dieser formalen Phase des parlamentarischen Gesetzgebungsverfahren tatsächlich kaum mehr etwas Neues. Anders ist es in Legislativen, die sich als ‚Arbeitsparlament' verstehen. Dort gehört es zum parlamentarischen Ehrgeiz und Komment meist auch der regierungstragenden Fraktionen, daß keine Regierungsvorlage genau so den formellen parlamentarischen Beratungsprozeß verläßt, wie sie in ihn gelangte. Auch in den parlamentarischen Beratungsprozeß werden oft, nicht selten auch formell und meist von Seiten der auf diese Weise Unterstützung suchenden Opposition, die wichtigsten für den Gestaltungsbereich des Gesetzes zuständigen Interessengruppen einbezogen. Tatsächliche Beratungen der Gesetzentwürfe finden in den Arbeitsgruppen der Fraktionen statt, bei wichtigen und umstrittenen Gesetzentwürfen auch in den Vollversammlungen der Fraktionen. Schon die Ausschußsitzungen sind nur noch in vergleichsweise geringem Umfang ergebnisoffen, da die Abgeordneten dort auf der Grundlage ihrer in Arbeitsgruppen und Fraktionen getroffenen Beschlüsse verhandeln. So gut wie völlig formalisiert, d.h. von den Fraktionen anhand fraktionsinterner und interfraktioneller Absprachen ‚inszeniert', sind die Beratungen (‚Lesungen') eines Gesetzentwurfs im Plenum des Parlaments. Dort vollzieht sich also nur extrem selten die tatsächliche Beratung eines Gesetzentwurfs.[685] Deren Stätte sind vielmehr jene Diskussionen, die in den Arbeitskreisen der Fraktio-

683 Dieser in Deutschland gebräuchliche Name kommt davon her, daß ein solcher Gesetzentwurf im einschlägigen Referat eines Ministeriums und dort vom zuständigen Referenten aufgesetzt wird. Zu dessen Eingliederung in der Struktur einer Regierung siehe unten S. 358.

684 Vgl. S. 351.

685 Ausnahme sind die oben geschilderten Gesetzentwürfe aus der Mitte des Parlaments, in denen die Befürworter und Gegner eines Gesetzes sich quer über alle oder die meisten Fraktionen verteilen. Auf solche Ausnahmefälle paßt nämlich die fein ausdifferenzierte Beratungsstruktur des normalen Gesetzgebungsverfahrens nicht, vor allem nicht die Vorklärung aller wichtigen Fragen im Rahmen der Fraktionen. Darum bleibt für die tatsächliche gemeinsame Beratung eines Gesetzentwurfs dann kein anderes Gremium als das Plenum des Parlaments. Folglich hat es durchaus einen rationalen Grund, wenn der öffentlichen Meinung derlei als eine ‚Sternstunde des Parlaments' gilt. In Wirklichkeit sind aber das Sternstunden nur des *Plenums*, welches jedoch hoffnungslos überfordert wäre, sollte *jeder* Gesetzentwurf dort so beraten werden.

nen, in den Fraktionsvollsversammlungen, in den Ausschüssen und immer wieder in informellen und formellen Koalitionsgremien geführt werden. In *jener* Phase des Gesetzgebungsprozesses können unvorhergesehene massenmediale oder öffentliche Reaktionen noch einmal auch sehr dramatische Beratungen von Koalitionsgremien oder von aus sonstigen Gründen einzubeziehenden Spitzenpolitikern auslösen. Doch ins Plenum kommt ein Gesetzentwurf in der Regel erst dann, wenn wirklich alle Klärungen erfolgt und alle Willensbildungsprozesse abgeschlossen sind. Im Gesetzgebungsprozeß können Plenardebatten darum kaum einmal Neuigkeitswert haben, weswegen ein rational arbeitender Abgeordneter auf sie auch nur möglichst wenig Zeit verwendet.

Im übrigen werden konkrete Gesetzgebungsprozesse von den folgenden, je nach politischem System verschiedenen Faktoren geprägt:

- Welchen *machtpolitischen Stellenwert* hat das Parlament überhaupt? Ist es ein ‚Minimalparlament' wie die Volkskammer der DDR, hinter dessen Fassade sich im Grunde keine wirkliche Macht befindet, ist es eine (mehr oder minder machtvolle) ‚Legislative', oder handelt es sich, wie im parlamentarischen Regierungssystem, um eine ‚Gubernative', bei deren Gesetzgebungsfunktion die regierungstragenden Fraktionen auf Konsistenz ihrer Gesamtpolitik achten müssen?
- Wie übt ein Parlament seine Rolle aus: eher als *‚Arbeitsparlament'* mit einem hochdifferenzierten Ausschußsystem, in welchem sich Politikfeldexperten an Detailberatungen machen, oder eher als *‚Redeparlament'*, in dem es vielleicht gar keine wirklichen Fachausschüsse gibt, in dem unter den Parlamentariern darum auch der Typ des Fachpolitikers selten ist und insgesamt die debattierende Auseinandersetzung mit dem politischen Gegner viel mehr als die detaillierte Arbeit am Gesetz gefragt ist?
- Gibt es ein *Einkammer- oder ein Zweikammersystem* (‚Bikameralismus')? Im letzteren Fall: Sind die Kammern gleichberechtigt, und falls ja: Wie lassen sich Entscheidungsblockaden zwischen ihnen verhindern? Falls es sich nicht um gleichberechtigte Kammern handelt: Welche Möglichkeiten des absoluten oder aufschiebenden Veto lassen sich im Zusammenwirken der Kammern taktisch oder strategisch für die Regierungskontrolle bzw. den Parteienwettbewerb nutzen? Und grundsätzlich: Welches politische Gewicht kann eine Kammer im Konfliktfall aufgrund ihrer Zusammensetzung und Legitimitätsgrundlage jeweils aufbringen? In der Regel können sich dabei auf direkten Wahlen beruhende Kammern leichter durchsetzen als solche, die durch indirekten Wahlen oder gar nur durch Ernennung bestellt werden.
- In welchem Umfang gibt es *eigenständige Rechtsetzungs- oder gar Gesetzgebungsbefugnisse der Regierung*? Ist es eher so wie in Deutschland, wo die Regierung Rechtsverordnungen nur auf der Grundlage und nach Maßgabe eines Gesetzes erlassen kann? Oder ist das Parlament eher auf in der Verfassung ausdrückliche aufgeführte Gesetzgebungsmaterien beschränkt, während alle sonstige Rechtsetzung auch seitens der Regierung durch Dekrete, Ordnonnanzen, Ukase usw. erfolgen kann? Im ersten Fall trägt das Parlament eine erhebliche Gesetzgebunglast, hat aber auch gute Möglichkeiten der Regierungskontrolle. Im zweiten Fall sind die im Modus der Gesetzgebung möglichen Kontroll- und Mitsteuerungsmöglichkeiten eines Parlaments sehr begrenzt, und sein Typ entfernt sich weit von dem einer ‚Gubernative' hin zu dem eines ‚Minimalparlaments'.
- Gibt es unter der Abgeordneten der einzelnen Parteien Zusammenhalt, vielleicht sogar Fraktionsdisziplin? Wie kohärent, diszipliniert und kompromißfähig agieren die Parlamentsfraktionen also im Inneren wie nach außen? Wie gut benutzbar sind somit verhandlungsdemokratische Instrumente, wie berechenbar deren Ergebnisse?

– Und schließlich: In welchem Umfang müssen bei Prozessen parlamentarischer Gesetzgebung die Möglichkeiten einer konkurrierenden Volksgesetzgebung oder Notwendigkeiten berücksichtigt werden, parlamentarisch beschlossene Gesetze dem Volk zur Billigung in einem obligatorischen oder fakultativen Referendum vorzulegen? Und in welchem Umfang können parlamentarische Oppositionsparteien durch Nutzung plebiszitärer Möglichkeiten fallweise außerparlamentarische Macht hinzugewinnen, was es dem Regierungslager meist nahelegt, sie schon vorab in die gesetzgeberische Willensbildung und Entscheidungsfindung einzubeziehen?

(d) Die Vernetzungs- und Kommunikationsfunktion (‚Repräsentationsfunktion')

Der große Nutzen, den eine Vertretungskörperschaft in Wahrnehmung ihrer Kontroll- und Gesetzgebungsfunktionen für ein politisches System stiften kann, beruht ganz wesentlich auf jener von anderen Institutionen keineswegs zu ersetzenden Vernetzungs- und Kommunikationsleistung, die sie zwischen Gesellschaft und zentralem politischen Entscheidungssystem erbringen kann. Diese Funktion läßt sich vierfach untergliedern:

– *Vernetzungsfunktion:* Sie besteht zunächst in der Bindeglied- und Netzwerkfunktion der politischen Parteien, deren regionale und nationale Führer sehr häufig Mitglieder von Parlamenten sind.[686] Sodann sind Parlamente, zumal ihre Fachausschüsse und die fachlich spezialisierten Argbeitsgruppen der Fraktionen, eine überaus wichtige Anlaufstelle von Interessengruppen (‚Lobby', ‚Lobbyismus'). Auf diese Weise entstehen sehr feingliedrige Vernetzungen der Parlamente zu nachgerade allen Bereichen gesellschaftlichen Lebens. Zu diesen Kommunikations- und Interaktionsstrukturen tragen ferner die regelmäßigen Kontakte von Parlamentariern auf den von ihnen bearbeiteten Politikfeldern mit letztlich allen praktisch wichtigen nationalen und internationalen Institutionen und Organisationen bei. Außerdem wird durch intensive Wahlkreisarbeit, wie sie für die meisten Abgeordneten typisch ist, ein sehr feinmaschiges Netzwerk zwischen den Parlamentariern und den wichtigen Organisationen, Institutionen und Unternehmen ihrer Wahlkreise gesponnen, mit sehr dichten Maschen hin zu den Kommunen und mit fallweise durchaus wichtigen Fäden sogar hin zu einzelnen Bürgern, für die sich die Abgeordneten persönlich meist sehr gut zugänglich machen. In parlamentarischen Regierungssystemen die Vernetzung zwischen den regierungstragenden Fraktionen und ‚ihrer' Regierung, kaum minder aber auch jene Gewaltenverschränkung zwischen Legislative und Exekutive, die den politischen Prozeß in präsidentiellen Regierungssystemen prägt, schaltet dann einen Großteil der in den *parlamentarischen* Netzwerken ablaufenden Kommunikation mit jener Kommunikation zusammen, die im *Regierungsapparat* über dessen Behörden zwischen dem zentralen politischen Entscheidungssystem und der Gesellschaft aufrechterhalten wird. Auf diese Weise kann schon im Parlament, erst recht aber im Zusammenwirken von Parlament und Regierung *alles* präsent sein, was es in einer Gesellschaft an politisch zu lösenden Problemen und an durch Politik zu befriedenden Interessenkonflikten gibt.

– *Responsitivitätsfunktion:* Hier setzt sich auf der Ebene staatlicher Willensbildung und Entscheidungsfindung die Responsivitätsfunktion der Parteien fort. Es geht darum, Anliegen und Sorgen, Wünsche und Meinungen aus allen Kreisen der Bevölkerung aufzunehmen, für Problemlösungen und Interessenverwirklichung sachdienliche Informationen aus allen Teilen der Gesellschaft zu sammeln, und das alles – orientiert an der regulativen Idee eines durch Versuch und Irrtum ausfindig zu machenden Gemeinwohl – in den vom Parlament (mit-)gestalteten politischen Willensbildungs- und Entscheidungsprozeß einzubringen.

---

[686] Vgl. S. 320ff.

- *Darstellungsfunktion (‚Öffentlichkeitsfunktion'):* Damit die Macht eines Parlaments bzw. einer vom Parlament getragenen Regierung als *zu Recht ausgeübt*, d.h. als *legitim* gilt, reicht es nicht, Responsivität nur zu *praktizieren*. Sondern es muß der Bevölkerung auch immer wieder *gezeigt* werden, daß man das tut. Es geht also um die Stiftung von Repräsentations*glauben*. Dem Nachweis, im Parlament wisse man um die vielfältigen Sorgen und Anliegen, um die Meinungen und Wünsche der Bevölkerung, man nehme sie ernst, bemühe sich – ebenso streitend wie die Gesellschaft selbst – um angemessene Politik, sei auch auf der Höhe der in der Gesellschaft zu alledem vorhandenen, möglicherweise problemlösenden Informationen und im übrigen nicht nur in Worten, sondern auch in Taten responsiv, dient die Widerspiegelung und Bekundung all dessen in den parlamentarischen Plenardebatten und in der Öffentlichkeitsarbeit der Fraktionen. Allerdings sind aus einer Reihe von Gründen die Parlamente nicht überaus erfolgreich, auf diese Weise Repräsentationsglauben zu stiften. Erstens braucht es schon auch Interesse für Parlamente und ihre tatsächliche Arbeit, um dergleichen auch nachhaltig wahrzunehmen. Solches Interesse ist aber noch weniger verbreitet als Interesse an Politik ganz allgemein. Wo es immerhin vorhanden ist, dort konzentriert es sich meist auf die Oberfläche des Streits um Personen und pointierender Polemik zur Sache. Zweitens wird die Qualitätspresse, die über Parlamente durchaus verläßlich berichtet, nur von einer Minderheit der Bürger gelesen, während in den Lokalzeitungen sowie in den Fernseh- und Hörfunknachrichten, was alles die wichtigsten politischen Informationsquellen der allermeisten Bürger sind, das parlamentarische Geschehen aufgrund von deren Zielgruppen bzw. zeitlichen Möglichkeiten kaum eine Chance hat, angemessen und kontinuierlich dargestellt zu werden.
- *Kommunikative Führungsfunktion:* Es reicht nicht, der Bevölkerung einfach nur *darzustellen*, was man tut. Man muß – ob als regierungstragende oder oppositionelle Fraktion – seine Politik schon auch *erläutern* und für sie *werben*. Das heißt: Man muß die eigenen Problemwahrnehmungen mitteilen, seine Präferenzen offenlegen, die für realistisch gehaltenen Entscheidungsalternativen vor Augen führen, die getroffene Entscheidung begründen und für die durchgeführte Politik nachhaltig eintreten, letzteres vor allem dann, wenn diese Politik auf Widerpruch trifft, (noch) keine Wirkung aufweist oder unerwartete, unvorteilhafte Nebenwirkungen zeitigt. Wenig beschädigt die Glaubwürdigkeit der politischen Klasse so sehr, als wenn sie sich vor dieser kommunikativen Führungsfunktion drückt, indem sie Positionen leichtfertig bezieht und vorschnell wieder räumt sowie mit Zahlenspielereien und populistisch am Kern der Dinge vorbeigehenden Argumentationen reale Probleme des eingeschlagenen politischen Kurses beschönigt.

Generell ist für Parlamente festzustellen, daß sie ihre Gesetzgebungs- und Kontrollfunktionen, mitunter auch ihre Vernetzungs- und gegebenenfalls sogar Regierungsbildungsfunktionen, oft recht gut erfüllen, hingegen Schwächen bei der kommunikativen Führungsfunktion aufweisen und an der Darstellungsfunktion ziemlich scheitern. Das läßt Parlamente für die Öffentlichkeit meist viel schlechter aussehen, als sie tatsächlich sind, und führt zu zwar wenig stichhaltiger, doch überaus populärer Parlamentarismuskritik.

g. Regierung und Verwaltung

Wer eine Regierung nur für eine ‚Exekutive' hält, der verkennt ihre Aufgaben und ihre Eigenart gründlich. Denn keineswegs ist eine Regierung eine Institution, welche die Vorgaben einer anderen Institution – etwa der ‚Legislative' – nur ‚exekutiert'.[687] Auf den insbesondere

[687] Von lat. ‚exséqui', d.h. etwas ausführen, vollziehen.

‚ausführenden' Charakter ihrer Tätigkeit verwiesen zwar im 19. Jahrhundert besonders intensiv die monarchischen Regierungen des deutschen Konstitutionalismus und in ihrem Gefolge die deutsche Staatslehre. Doch das hatte vor allem den Zweck, die Parlamente auf den Bereich der Gesetzgebung zu *beschränken* und von einer wirksamen politischen Kontrolle des Regierungshandelns *abzuhalten*.[688] Solches kann aber nicht wünschenswert sein.

(1) Was ist Regierung?

Jeder Blick auf die Wirklichkeit stabiler politischer Systeme zeigt: Die Regierung[689] ist jene Institution einer funktionierenden Herrschaftsordnung, welche die *umfassende politische Führungsrolle* ausübt und der legitimerweise die *Gesamtleitung aller staatlichen Tätigkeiten* zukommt. Innerhalb dieser Rolle besteht zwar *eine* Funktion der Regierung darin, jene allgemein verbindlichen Regelungen und Entscheidungen anzuwenden und durchzusetzen, die innerhalb des politischen Systems hervorgebracht werden. In Ausübung dieser *Durchführungsfunktion*, als verantwortliche Verwaltungsführung, ist Regierung tatsächlich Exekutive. Doch diese Durchführungsfunktion setzt voraus, daß bereits ein halbwegs stabiles politisches System mit einer Ausdifferenzierung administrativer Strukturen und mit gewährleistetem staatlichen Monopol legitimer Zwangsgewalt besteht, innerhalb dessen überhaupt Verwaltung zu führen ist. Solche Systeme sind aber keine Selbstverständlichkeit, für manche Geschichtsepochen sogar die Ausnahme.

Auf dem Weg *zu* einem solchen stabilen System, und stets auch *in* ihm, tritt dann eine *weitere*, die zentrale Funktion einer Regierung hervor: ihre *Steuerungsfunktion*, die Ausübung allgemeiner politischer Führung. Die Regierung ist nämlich jene Institution, von der die Bürgerschaft erwartet, daß sie angesichts gleich welcher innen- oder außenpolitischer Herausforderungen *handelt*, dabei vielleicht Unzulängliches oder Falsches tut, doch keineswegs die Regierten tatenlos ihrem Schicksal überläßt. Regierung ist also jenes Element eines politischen Systems, das nicht nur das Recht, sondern auch die Pflicht zur *Prärogative*[690] hat. Dramatisch wird diese Pflicht zur Aktivität zwar nur in Umbruchs- oder Krisenzeiten. Doch auch in normalen Zeiten gibt es genug an zu bewältigenden ‚öffentlichen Aufgaben', gilt es vielerlei an Vorsorge und Planung zu leisten, an Förderung und Überwachung, an Absicherung und Reform, wenn eine Regierung das Wohl des Volkes mehren und Schaden von ihm wenden will. Mindestens das letztere wird aber stets von ihr erwartet. Wird eine Regierung dem nicht gerecht, oder agiert sie eher als Regierung einer Klasse, ethnischen Gruppe oder Partei als des gesamten Landes, so wird zunächst ihre Legitimität und alsbald die des gesamten politischen Systems brüchig.

Natürlich darf man einen solchen Begriff der Regierung nicht formalistisch auffassen. Nicht jede Institution, die ‚Regierung' heißt, übt über eine Durchführungsfunktion hinaus auch eine Steuerungsfunktion aus und ist somit Regierung im materiellen Sinne. Die Analyse von Regierungen und Regierungshandeln muß sich darum gegebenenfalls auch auf jene Institutionen oder Organisationen erstrecken, die *hinter* dem formalen Regierungsapparat stehen und ihn gegebenenfalls – auf allen seinen Ebenen – ‚anleiten'. So war es beispielsweise in den realsozialistischen Staaten. Dort übte jeweils die kommunistische Partei die politische Führungsrolle aus und leitete den Staatsapparat auf jeder Verwaltungsebene an. Auf oberster staatlicher Ebene befolgte

---

688 Es ist darum eine merkwürdige Pointe dieses bis heute nachwirkenden, überaus engen Regierungsverständnisses, daß inzwischen ausgerechnet Befürworter parlamentarischer Regierungskontrolle diese oft dahingehend ‚verbessern' wollen, daß sie die Regierung zunächst als ‚Exekutive' verharmlosen und dann vorschlagen, dem Parlament den unmittelbaren Zugriff auf die Exekutive als im Grunde unnötig zu verwehren. Wer beispielsweise für die Trennung von Regierungsamt und Abgeordnetenmandat eintritt, sollte lieber gleich für die Einführung des präsidentiellen Regierungssystems plädieren – denn das wäre die funktionslogisch stimmige Erfüllung jenes Wunsches nach dem ‚alten Dualismus'.

689 Von lat. ‚régere', d.h. etwas leiten, führen, verwalten.

690 Zur Herkunft des Begriffs siehe Anm. 542.

der jeweilige ‚Ministerrat' und dessen Vorsitzender die Weisungen des Politbüros oder Zentralkomitees der kommunistischen Partei und setzte sie in den ihm unterstellten Behörden und Betriebe mittels staatlichen Anordnungsrechts um. Darum wird eine empirische Analyse des Regierungsprozesses beispielsweise der DDR sinnvollerweise nicht einfach nur den Ministerrat als ‚Regierung' untersuchen, sondern natürlich den ganzen Handlungskomplex aus Ministerrat, Zentralkomitee und Politibüro.

In demokratischen Verfassungsstaaten ist – aufgrund rechtsstaatlicher Klärungen – glücklicherweise eine Institution, die Namen wie ‚Regierung', ‚Kabinett' oder ‚chief executive' trägt, meist mit der Regierung im materiellen Sinne identisch.[691] Das ist allerdings eher der Endpunkt einer längeren Entwicklung als ein selbstverständlicher Zustand. In einem noch im Werden befindlichen politischen System wie dem der Europäischen Union ist es beispielsweise schwierig, überhaupt den institutionellen Ort ihrer ‚Regierung' zu lokalisiseren. Das verweist darauf, daß Regierung zunächst einmal ein *Prozeß* ist. Im einfachsten Fall prägen ihn nur *Grundsätze*, die das Ziel und die grundlegenden Formen dieses Prozesses beschreiben, ferner *Regeln*, welche die Rechte und Pflichten der im Regierungsprozeß zusammenwirkenden Akteure beschreiben, sowie *Verfahren* der Festlegung und Durchsetzung allgemein verbindlicher Regeln und Entscheidungen, auf welche sich politische Akteure bis auf weiteres geeinigt haben. Als solcher Prozeß vollzieht sich derzeit auf internationaler Ebene in ‚internationalen Regimen' eine Art von ‚Regieren ohne Regierung'.[692] Erst später bilden sich dann Rollen und Rollengefüge, noch später Institutionen und Institutionengefüge heraus, in denen der Regierungsprozeß von jenen konkreten Personen weitgehend unabhängig wird, welche am Prozeß des Regierens jeweils mitwirken. Der hochmittelalterliche Feudalstaat war auf dem Weg zu einem solchen Zustand; der dualistische Ständestaat hatte ihn dann im 15. Jahrhundert erreicht. Und ist immerhin Regieren als verläßliche Erfüllung der Steuerungsfunktion entstanden, dann muß noch lange nicht in Gestalt einer ‚Regierung' oder eines ‚Kabinetts' eine eigenständige, von anderen Institutionen klar abgehobene Institution erwachsen sein. In der Europäischen Union teilen sich bislang beispielsweise Europäischer Rat und Europäische Kommission in die Rolle einer Regierung, wobei keineswegs der einen Institution die Steuerungsfunktion, der anderen die Durchführungsfunktion zugewiesen ist. Daß es also überhaupt in einem politischen System *eine* Institution gibt, die sich klar als ‚Regierung' von anderen Institutionen abgrenzen läßt, und daß diese dann noch einen nach rationalen Grundsätzen zu führenden Verwaltungsapparat unter sich hat, ist ein höchst kunstvolles Ergebnis der Schaffung und Evolution politischer Systeme, niemals aber eine der Analyse von Regierung einfach vorauszusetzende Tatsache.

In Deutschland entstand die Institution der Regierung im absolutistischen Fürstenstaat als ‚Ministerium' eines Monarchen, d.h. als ein kollegiales Beratungsgremum seiner wichtigsten Mitarbeiter (‚Minister'[693]), dessen Sprecher (‚Premierminister', auch ‚Ministerpräsident' oder ‚Kanzler' genannt) dadurch in eine hervorgehobene Stellung rückte, daß seit der Einführung von geschriebenen Verfassungen im 19. Jahrhundert immer mehr Verfügungen des Monarchen von Verfassungs wegen der Gegenzeichnung (‚Kontrasignatur') des Premierministers bedurften. Besaß dieser ‚Erste Minister' dank politischen Geschicks so viel persönliche Autorität, so große

---

691 Für die englische politikwissenschaftliche Fachsprache ist darauf hinzuweisen, daß der deutsche Begriff der ‚Regierung', verstanden im Sinne der Bundesregierung oder einer Landesregierung, mit ‚cabinet' zu übersetzen ist. ‚Government' meint hingegen das gesamte zum Regieren eingesetzte Institutionengefüge und besitzt somit eine Bedeutung, die im Deutschen in Begriffen wie ‚Bezirksregierung', ‚Regierungspräsidium' und ‚Regierungspräsident' aufscheint.

692 Vgl. S. 396ff und 406f. Auf englisch drückt man das meist aus als ‚governance without government'. Hat sich ein solches internationales Regime *weiterentwickelt*, etwa zu einem supranationalen politischen System wie dem der Europäischen Union, wären Begriffe wie ‚governance without cabinet' oder ‚government without cabinet' angemessener. Siehe hierzu die folgenden Ausführungen.

693 Von lat. ‚minístor', d.h. Gehilfe.

Unterstützung seitens der politischen Eliten eines Landes und später so erhebliches öffentliches Ansehen, daß er sich zutrauen konnte, ohne großes Risiko der Entlassung seine Unterschrift unter eine monarchische Anweisung auch zu verweigern bzw. schon im Vorfeld seiner Unterschrift den Monarchen zur Unterlassung oder Abänderung seiner Anweisung zu veranlassen, so wurde er mehr und mehr – an Stelle des Monarchen – zum zentralen Akteur des Regierungsprozesses.

Rechtstechnisch ließ sich das auf die Formel bringen, der Premierminister übernähme damit die Verantwortung für die Akte des Monarchen, welcher sich dann natürlich nicht selbst vor irgendjemandem rechtfertigen brauchte und auf diese Weise in eine Stellung vermeintlich ‚oberhalb der (Partei-)Politik' rückte. Die entscheidende Frage lautete dann freilich, was die Rede von der Verantwortlichkeit des Premierministers denn *genau* meinen solle, d.h.: *vor wem* der Premierminister verantwortlich wäre, auf *wessen Fragen* er Rede und Antwort stehen müsse, und *wessen Urteil* dann über seine politische Zukunft befinde. Im Grunde brauchte die Vertretungskörperschaft eines Landes dann nun nur noch durchzusetzen, daß der Premierminister *ihr* verantwortlich wäre (‚Verantwortlichkeit der Regierung') und daß kein Premierminister ohne *Vertrauen des Parlaments* im Amt bleiben könne. War das gelungen, so hatte die bei einer solchen Vertrauensabstimmung erforderliche Mehrheit der Parlamentarier, falls sie sich zu einer kollektiv agierenden Mannschaft zusammenhielt, ein Stück weit Kontrolle über den Regierungsprozeß gewonnenen. Auf diese Weise entstand ‚parlamentarische Kabinettsregierung' und das parlamentarische Regierungssystem, in welchem die Staatsleitung der Regierung und dem Parlament *gemeinsam* zusteht. In Deutschland wurde dieser entscheidende Schritt auf Reichsebene aber erst am Vorabend der Revolution, nämlich am 18. Oktober 1918 getan.

(2) Regierungsstrukturen

Die Regierung eines demokratischen Verfassungsstaates ist typischerweise aus den folgenden Strukturelementen aufgebaut:

– An der Spitze steht ein Regierungschef. Im präsidentiellen Regierungssystem ist das meist der vom Volk direkt gewählte *Präsident*, der – wie früher der Monarch – mit ihm persönlich loyalen Vertrauten die Staatsgeschäfte leitet. In parlamentarischen Regierungssystemen ist Chef der Regierung ein *Ministerpräsident* (auch als Kanzler oder Premierminister bezeichnet),[694] den das Parlament ins Amt bringt und an der Macht hält. In semi-präsidentiellen Regierungssystemen wie dem der französischen V. Republik oder der Weimarer Republik steht an der Spitze der Regierung ein – auch andere Amtsbezeichnungen führender – *Premierminister*, der des Vertrauens sowohl des Staatsoberhaupts als auch einer Parlamentsmehrheit bedarf. Da zwei Herren zu dienen immer schwer ist, können die Regierungen semipräsidentieller Regierungssysteme dann in große Handlungsschwierigkeiten geraten, wenn Staatsoberhaupt und Parlamentsmehrheit politisch Gegensätzliches wollen. Im Frankreich der V. Republik, wo es zur parlamentarischen Mehrheitsbildung befähigte Parteien gibt, führte eine solche Situation der *cohabitation* zu einer weitgehend als parlamentarisches Regierungssystem funktionierenden Regierungsstruktur. In der Weimarer Republik hingegen führte die mangelnde Bereitschaft der Parteien, entschlossen auf anschließend zu verantwortende Regierungsmacht zuzugreifen, nur dazu, daß die Reichskanzler keine verläßlichen parlamentarischen Mehrheiten fanden und entweder handlungsunfähig oder von den eigentlich nur für Ausnahme- und Notstandsfälle vorgesehenen Machtmöglichkeiten des Reichs-

[694] Winfried Steffani machte einst den Vorschlag, die Begriffe des Premierministers und des Ministerpräsidenten wie folgt zu unterscheiden: Premierminister ist, wer für seine Ernennung und Machtposition vom Staatschef abhängt, Ministerpräsident hingegen, wer sein Amt einer Parlamentsmehrheit verdankt. Obwohl diese Unterscheidung systematisch einleuchtend ist, kommen ihr vielfach die historisch tatsächlich verwendeten Amtsbezeichnungen in die Quere.

präsidenten abhängig wurden, was dieses semi-präsidentielle Regierungssystem völlig aus der Balance brachte.

- Im präsidentiellen Regierungssystem stehen dem Staatschef ‚Minister‘ oder ‚Sekretäre‘ mit sehr verschiedenen Amtsbezeichnungen als Leiter der Ministerien und obersten Behörden zur Seite. In der Regel bilden sie keine eigenständige, ‚Kabinett‘ genannte Institution, sondern führen ihre Ämter eigenständig auf der Grundlage eines politischen und persönlichen Vertrauensverhältnisses zwischen ihnen und dem Staatsoberhaupt. In semi-präsidentiellen und parlamentarischen Regierungssystemen, desgleichen im Fall von Proporzsystemen, bilden die Minister hingegen meist eine rechtlich eigenständige Körperschaft, die in der Regel ‚Kabinett‘ oder ‚Regierung‘ heißt.
- Sein eigenes Ressort leitet ein Minister – in der oben beschriebenen Weise parlamentarisch kontrolliert[695] – in der Regel eigenständig (‚Ressortprinzip‘). Das – jeweils von der Geschäftsordnung der Regierung geregelte – Zusammenwirken der Minister im Kabinett und mit dem Regierungsschef kann zwischen zwei Polen gelagert sein. Einerseits ist es möglich, daß alle Regierungsmitglieder gleichrangig sind, der Regierungschef also nur Erster unter Gleichen ist. Dann bedürfen Regierungsentscheidungen in jedem Fall einer Mehrheit im Kabinett (‚Kabinettsprinzip‘). Andererseits kann der Regierungschef eine herausgehobene Rolle haben. Etwa kann er – innerhalb der parlamentarischen Kontrollmöglichkeiten – das Recht haben, die Richtlinien der Politik zu bestimmen (‚Richtlinienkompetenz‘), die ausschlaggebende Stimme im Kabinett zu führen, Entscheidungsmaterien aus den Ministerien an sich zu ziehen oder den Zuschnitt der Ministerien durch eigenen Erlaß festzulegen (‚Organisationsgewalt‘). Je mehr dieser Rechte ein Regierungschef besitzt, um so mehr kann er zum Angelpunkt der gesamten Regierung werden und bei großem politischen Geschick – sowie bei einem schwachen bzw. sich ihm persönlich unterordnenden Fraktionsvorsitzenden – sogar die ihn tragende Parlamentsfraktion dominieren (‚Kanzlerdemokratie‘, ‚prime ministerial government‘). Je nach dieser internen Organisation und Machtverteilung werden Regierungen sehr unterschiedlich funktionieren.
- Zu den wichtigsten Pflichten eines Regierungschefs gehört die Koordination der gesamten Regierungstätigkeit. Da die einzelnen Ministerien in der Regel schwer kompatibel zu machende Interessen vertreten, ist es die Aufgabe des Regierungschefs, Sach-, Finanz- und Personalkonflikte rechtzeitig zu erkennen und zu entschärfen. Solcher Koordination, welche die systematische Bewältigung großer Informationsmengen voraussetzt, dienen Regierungsbehörden wie das etwa das deutsche Bundeskanzleramt. Dort sind meist spiegelbildlich zu den Ministerien Abteilungen oder Referate eingerichtet, welche Kontakte zu den Ministerien halten und organisieren, als Frühwarnsysteme und Führungsmittel dienen, die Kabinettssitzungen vor- und nachbereiten sowie in jeder Hinsicht der politischen Leitungsebene zuarbeiten. Der fachlichen Integration der Regierungsarbeit dient es im übrigen, wenn Spitzenbeamte immer wieder von einem Ministerium in ein anderes oder von einem Ministerium in die Regierungszentrale und wieder in ein Ministerium zurück versetzt werden, da auf diese Weise Ressortegoismen gemindert werden können. Politische Integration wird in Koalitionsregierungen mitunter dadurch zu fördern versucht, daß man Politiker der einen Partei an Spitzenpositionen eines Ministeriums plaziert, das von einem Minister einer anderen Partei geleitet wird. Integrierende Wirkung sowie Vetomöglichkeiten haben im Kabinett oft von Amts wegen die Finanz- und Justizminister: die einen, weil von ihrer Zustimmung die Verausgabung sogar bereits bewilligter Haushaltsmittel abhängig gemacht werden kann, die anderen,

695 Vgl. S. 342ff.

weil meist alle Gesetzentwürfe von ihrem Ministerium auf Übereinstimmung mit dem übrigen Recht überprüft werden müssen.

- In den Ministerien wird regelmäßig eine ‚Leitungsebene' von der ‚Arbeitsebene' unterschieden.
  - Die *Arbeitsebene* ist stets hierarchisch aufgebaut. Im deutschen Fall unterstehen dem Minister ein oder mehrere beamtete Staatssekretäre, diesen jeweils mehrere fachlich gegliederte Abteilungen, welche ihrerseits aus fachlich spezialisierten Referaten bestehen. Referenten und Sachbearbeiter sind dort die unterste Hierarchieebene. Im Idealfall gibt es keinen Bereich öffentlicher Belange und staatlicher Aufgaben, der nicht innerhalb eines Referats der Regierung ‚abgebildet', beobachtet und begleitet würde, und sind die Referate, Abteilungen und Ministerien so zugeschnitten, daß die Regierungsstruktur weitgehend der tatsächlichen gesellschaftlichen Problemstruktur entspricht, so daß stets wirksam erkannt werden kann, welche politischen Maßnahmen erforderlich sind bzw. sich wie auswirken. Innerhalb der Arbeitsebene erfolgt Regieren so, daß durch Anweisung von oben nach unten und durch Berichtspflicht von unten nach oben nach zwar Eigeninitiative der Arbeitsebene gefördert, jegliche ‚Selbstführung der Verwaltung' aber ausgeschlossen wird und sichergestellt ist, daß bei Mißständen und Fehlern stets die Spitze des Ministeriums, konkret der jeweilige Minister, aufgrund von Tun oder Lassen die Veranwortung trägt. Diese Verantwortung kann dann folgenreich von den Parlamentsfraktionen oder Massenmedien eingefordert werden – worum zu wissen jeden rational handelnden Minister zu größerer Sorgfalt und zu stärkeren Anstrengungen veranlassen wird, als sich ohne solche klar zuzuweisende und einzufordernde Verantwortung wohl erwarten ließe.
  - Während auf der Arbeitsebene eine Regierung ihre Durchführungsfunktion erfüllt und in der Tat großenteils ‚Exekutive' ist, wird auf der *Leitungsebene* Regieren als Steuerungsfunktion vollzogen. Für deren Erfüllung stellt die Arbeitsebene aufgefordert oder unaufgefordert Informationen und Ratschläge, Denkschriften und Gesetzentwürfe zur Verfügung. Wie die Leitungsebene über die Arbeitsebene gesetzt wird, läßt sich recht verschieden regeln. Im britischen System mit seiner Verpflichtung der Ministerialverwaltung auf völlige parteipolitische Neutralität genügt im Grunde die Besetzung der politischen Leitungspositionen mit Regierungsmitgliedern. In Frankreich hat jeder Minister Anspruch auf ein mehr oder minder umfangreiches ‚persönliches Kabinett', in dem er politische Vertraute um sich scharen und die normale Zuarbeit seines Ministeriums durch die interne Willensbildung und Entscheidungsfindung im persönlichen Kabinett überlagern kann. In Deutschland wiederum können die leitenden Ministerialbeamten, üblicherweise die beamteten Staatssekretäre und Abteilungsleiter, jederzeit in den einstweiligen Ruhestand versetzt und anschließend – unter gewisser Beachtung der Bestimmungen des Dienstrechts – durch Vertrauensleute des Ministers ersetzt werden. Überdies kann sich ein deutscher Minister in seinem ‚Ministerbüro' oder in Gestalt eines ‚Planungsstabes' mit einer vergleichsweise kleinen Gruppe sonstiger Vertrauter umgeben. Auf der Leitungsebene der Ministerien wird jedenfalls die Regierungspolitik wechelseitig koordiniert und mit den politischen Vorgaben und Wünschen sowohl des Regierungschefs als auch der regierungstragenden Fraktionen abgestimmt. Und natürlich ist die Leitungsebene stets der zentrale Angriffspunkt für parlamentarische Regierungskontrolle.
- Den Ministerien unterstehen – in Deutschland meist auf Landesebene – jene Ämter und Verwaltungsbehörden, über welche die Regierungspolitik konkret umgesetzt und durchgesetzt wird. Gegebenenfalls unterstehen solche Ämter und Behörden auch kommunaler

Selbstverwaltung und unterliegen dann nur einer Rechts-, Finanz- oder Fachaufsicht höherer staatlicher Behörden. Informeller ‚Querverkehr' zwischen unterschiedlichen Verwaltungszweigen und über Hierarchieebenen hinweg (‚kleiner Dienstweg') ist nicht unüblich und, wie jeder ‚Dienst nach Vorschrift' zeigt, als Ergänzung oder Begleitung der formalisierten Verwaltungsabläufen sogar überaus funktional. Im Rahmen solcher Verwaltungsstrukturen unterscheidet man, unter anderem, ferner die ‚Ordnungsverwaltung' (z.B. die Polizei), welche bestehende Vorschriften verhaltensregulierend umsetzt, und die ‚Leistungsverwaltung' (z.B. ein Sozialamt), die zur Aufgabe hat, dem Bürger die ihm zustehenden staatlichen Leistungen auf Antrag oder von Staats wegen zuteil werden zu lassen. Im Idealfall vollzieht sich auf der Verwaltungsebene der Prozeß des Regierens ohne Ansehen der Person und frei von jeder Form aktiver oder passiver Korruption. Doch in vergleichsweise wenigen Staaten kommt man diesem Ziel weitgehend und dauerhaft nahe. Im übrigen variieren die ‚Verwaltungskulturen' verschiedener Staaten beträchtlich zwischen einem Selbstverständnis und einer Verhaltensweise einesteils als ‚Obrigkeit', andernteils als ‚Dienstleistungsunternehmen'. Für einen demokratischen Verfassungsstaat ist natürlich nur die letztgenannte Verwaltungskultur akzeptabel, wobei ein liberaler Staat überdies viele dieser Dienstleistungen von öffentlichen, politisch geführten Anbietern auf private, wirtschaftlich kontrollierte Anbieter verlagern wird.

Die besonderen Leistungen, die ein *Minister* im Prozeß des Regierens zu erbringen hat, lassen sich so zusammenfassen: Er muß sich rasch mit den Regelungsmaterien seines Hauses vertraut machen und einen verläßlichen Überblick zu den aktuellen Problemlagen, den unhintergehbaren Wirkungs- und Funktionszusammenhängen sowie zur Bilanz bisheriger Politikansätze auf seinem Arbeitsgebiet erwerben; er muß tüchtige und loyale Mitarbeiter für die Leitungsebene seines Ministeriums rekrutieren und sich entschlossen von illoyalen oder ihren Aufgaben nicht gewachsenen Mitarbeitern trennen; er muß auf der Arbeitsebene seines Hauses durch Sachkompetenz und Kommunikationsfähigkeit Autorität und Loyalität gewinnen; er muß engen Kontakt zu den für sein Ministerium wichtigen Fachpolitikern im Parlament halten, vor allem zu jenen der regierungstragenden Fraktionen; er muß gute, doch distanzierte Beziehungen zu den im Zuständigkeitsbereich seines Ministeriums tätigen Interessengruppen pflegen; er muß die Interessen seines Hauses in der Konkurrenz mit den Interessen der anderen Ministerien wirkungsvoll durchsetzen, ohne es dabei an Kollegialität zu den anderen Regierungsmitgliedern oder an Loyalität zum Regierungschef mangeln zu lassen; er muß gute Beziehungen zu wichtigen Journalisten unterhalten, um klar mit plausiblen Positionen identifiziert zu werden, für die er steht; er muß die politischen Ziele der Regierung und der eigenen Partei im Zuständigkeitsbereich seines Ministeriums nicht nur anstreben, sondern auch ein Stück weit in überschaubarer Zeit erreichen, gegebenenfalls aber auch selbst durch Versuch und Irrtum lernen und dann für notwendige Zielkorrekturen in Fraktion und Partei Rückhalt stiften; ihm sollen weder von der Opposition ausbeutbare Ungeschicklichkeiten noch von den Bürgern nachvollziehbare Fehler unterlaufen; und er muß seiner Partei das Gefühl geben, daß er nicht nur auf eigene Rechnung nach politischem Erfolg strebt, sondern eben dadurch das Ansehen und die Wählerattraktivität seiner Partei steigert.

Alle diese Anforderungen, verbunden mit meist gewaltigem Zeitdruck, sind an sich schon nicht leicht zu erfüllen. Angesichts schwieriger Gestaltungsaufgaben, aktueller Krisen und der Hektik nicht zu ignorierender tagespolitischer Themen ist es um so schwieriger, zumal ein großes und mit vielerlei Zuständigkeiten versehenes Ministerium gut zu führen. Darum scheitern nicht wenige Minister in eher kurzer Zeit[696] und werden – nach einer durch taktische Überlegungen

---

[696] In Deutschland betrug die mittlere Amtsdauer von Bundesministern zwischen 1949 und 1998 rund sechs Jahre, was im internationalen Vergleich eine relativ lange Frist ist, zu welcher nicht zuletzt fünf Bundesminister mit Amtszeiten von 16 Jahren (Gerhard Schröder als Innen-, Außen- und Verteidigungsminister, Norbert Blüm als Arbeitsminister) bis 23 Jahren (Hans-Dietrich Genscher als Innen- und Außenminister) beitrugen.

bestimmten Frist solidarischen ‚Durchtragens' – von ihren Fraktionen fallengelassen oder weggelobt. Wer es hingegen schafft, über längere Zeit und in verschiedenen Ministerien gut zu regieren, der kann in der Tat als außergewöhnlicher Leistungsträger gelten und ist für das noch schwierigere Amt eines Regierungschefs vermutlich gut qualifiziert. Dort kommen allerdings noch die Forderungen hinzu, ein wirkungsvoller Parteiführer zu sein, in den Massenmedien möglichst täglich eine gute Figur zu machen und die komplexen Zusammenhänge internationaler Beziehungen so gut zu durchschauen, daß konstruktives Mitgestalten möglich wird. Selbst wer sich als Minister bewährt, mag darum als Regierungschef rasch scheitern.

(3) Prägefaktoren des Regierens

Sieben zentrale Prägefaktoren des Regierens sind, zumal bei vergleichenden Analysen des Regierungsprozesses, stets zu bedenken:

- Am folgenreichsten ist die Struktur des politischen Systems, in dem zu regieren ist. Natürlich hängt das meiste davon ab, ob eine Regierung in einem eher pluralistischen oder in einem eher monistischen System agiert, ob also beispielsweise von Verwaltungsgerichten gesicherte Rechtstaatlichkeit sowie praktizierte Demokratie den politischen Steuerungsmöglichkeiten vergleichsweise enge Grenzen setzen, oder ob in einem autoritären System die staatlichen Machtmittel im Grunde nach Belieben zur Verfügung stehen. Nachhaltig prägt auch die Struktur des Regierungssystems – etwa präsidentiell, semi-präsidentiell, parlamentarisch oder ein Proporzsystem – die konkrete Regierungsarbeit. Und während eine Regierung im Prinzip mit *jedem* funktionslogisch *stimmig* konstruierten Systemtyp zurechtkommen kann, wird ein Großteil der Aufmerksamkeit und Arbeitskraft der Regierungsmitglieder dann verschlissen, wenn eine *funktionslogisch unstimmige* Verfassungsstruktur eher innenpolitisches Taktieren als engagiertes Problemlösen verlangt. Beispiele für den wenig vorteilhaften letztgenannten Fall sind aus neuerer Zeit das langjährige Gegeneinander von Präsident und Staatsduma in Rußland, von Präsident und Sejm in Polen, von volksgewähltem Ministerpräsidenten und mit dessen politischen Gestaltungsabsichten inkompatibler Parlamentszusammensetzung in Israel. Um derlei zu vermeiden wäre es wichtig, bei Prozessen der Verfassungsgebung und Verfassungsreform funktionslogische Einsichten der empirischen Politikwissenschaft ernstzunehmen und es als Politiker oder Verfassungsjurist nicht mit der Hoffnung bewenden zu lassen, jeweils *für sich* funktionstüchtige und wünschenswerte institutionelle Mechanismen würden auch in jeder beliebigen *Kombination* ein wirksames und die mit ihm verbundenen Erwartungen erfüllendes Regierungssystem ergeben.
- Sodann setzen technische und wirtschaftliche Rahmenbedingungen Prioritäten oder Grenzen des Regierens. Unter anderem das brachte Karl Marx auf die Formel von jener ‚ökonomischen Basis', auf welcher sich der gesamte ‚Überbau' auch der politischen Institutionen erhebt, der mit jener Basis dann in Widerspruch geraten, zur Fessel von dessen Dynamik werden und infolgedessen auch seinerseits ruiniert werden kann. Der Prozeß des Regierens läßt sich darum ebensowenig wie Politik überhaupt unter Absehung von wirtschaftlichen Gegebenheiten und Zusammenhängen, abseits von Betrachtungsweisen und Einsichten der Politischen Ökonomie, sinnvoll studieren und angemessen verstehen. In Zeiten von Wirtschaftskrise oder Mangel stellen sich beispielsweise andere Herausforderungen, als wenn Zuwächse gesellschaftlichen Reichtums zu verteilen sind. Vor allem letzteres macht Regieren vergleichsweise einfach, da sich so die für Politik typischen Verteilungskonflikte unschwer beilegen oder immerhin bestehen lassen. Im ersten Fall sind hingegen sehr schwierige Prioritätssetzungen erforderlich, welche die Abwahl einer Regierung oder gar eine Legitimationskrise des Systems nach sich ziehen können.

– Auch die gesellschaftlichen Gemeinwohlvorstellungen prägen Regierungsprozesse ungemein. Herrschen liberale Wünsche nach einem zwar wirkungsvollen, doch schlanken Staat, so kann eine Regierung es in vielen Bereichen von Wirtschaft und Gesellschaft mit Rahmenregeln bewenden lassen, also Regieren in Gestalt von ‚Ordnungspolitik' betreiben. Diese setzt vor allem Rahmenbedingungen, an denen sich die Bürger dann in eigener Verantwortung, und zwar gerade für die sie später betreffenden persönlichen Folgen, orientieren können. So zu verfahren, hält eine Regierung aus ziemlich vielen Konflikten heraus, erleichtert sparsame Haushaltsführung und erlaubt sogar eine vergleichsweise niedrige Besteuerung. Wünscht eine Gesellschaft sich hingegen einen stark umverteilenden Sozialstaat oder gar einen möglichst alle Lebensrisiken absichernden ‚Daseinsvorsorgestaat', so kann Regieren extrem schwierig werden – zumal dann, wenn es kein sonderliches Wirtschaftswachstum *und* bereits große Staatsverschuldung gibt, angesichts welcher die Zins- und Tilgungszahlungen öffentlicher Kassen schon ihrerseits einen großen Teil der Staatsausgaben ausmachen. Innerhalb sozialstaatlicher Gemeinwohlvorstellungen wird nämlich von der Regierung eine in sehr viele Lebensbereiche eingreifende und diese Lebensbereiche steuernde ‚Prozeßpolitik' verlangt (‚Interventionismus'). Das aber konfrontiert die Regierung mit so gut wie allen gesellschaftlichen und wirtschaftlichen Problemen in der Erwartung, es lasse sich durch politische Mittel in absehbarer Zeit Abhilfe schaffen (‚Politikillusion'). Im schlimmsten Fall erweckt eine Regierung sogar selbst den Eindruck, sie könne und werde das tun (‚Verantwortungsimperialismus'). Wo sie das – wie es höchst wahrscheinlich ist – dann trotzdem *nicht* vermag, wird es seitens der Bevölkerung zu Vertrauensverlusten gegenüber der politischen Klasse und zu Legitimitätseinbußen des politischen Systems kommen. Im übrigen führt sozialstaatliches Streben nach Einzelfallgerechtigkeit einesteils zu einem sehr unübersichtlichen Rechtssystem, andernteils zu einer ausgedehnten, auch im großen Umfang personenbezogene Daten sammelnden Bürokratie. Auch diese beiden Züge eines aktiven Daseinsvorsorgestaates fördern Politikverdrossenheit. Darum wirkt ein Sozialstaat als Versprechen und Programm stets überaus attraktiv, schneidet aber, sobald man ihn zu verwirklichen sucht, so gut wie immer schlecht ab: einesteils gemessen an seinen eigenen Ansprüchen, andernteils an den Ansprüchen der Bürger, für welche es allenfalls abstrakt, doch in der Praxis so gut wie nie ‚natürliche Grenzen' gibt. Solche Unzufriedenheit der Bürger läßt sich wiederum in der Parteienkonkurrenz ausnutzen. Einesteils kann man stets Lücken staatlicher Daseinsvorsorge oder Mängel bei der Verwirklichung ‚sozialer Gerechtigkeit' kritisieren und dem politischen Gegner anlasten, andernteils ‚Mitnahme-Effekte' und eine ‚Trittbrettfahrer-Kultur' kritisieren und entweder durch den immer feineren Ausbau des Sozialstaates oder umgekehrt durch dessen Rückbau zu beseitigen versuchen, was beides ebenfalls zu heftigen innenpolitischen Auseinandersetzungen führt. Das alles befördert erst recht wechselseitig überzogene Kritik und vielleicht gar eine manichäische[697] Politikillusion: Regierten nur die *Richtigen*, dann ließen sich solche Probleme bestimmt lösen. Am Ende derartiger Überforderung von Staat und politischer Klasse mag die Sorge um *Regierbarkeit* schlechthin, im schlimmsten Fall sogar die – bei Beschränkung auf freiheitliche Mittel – tatsächliche *Unregierbarkeit* einer Gesellschaft stehen. Dann wird der Rückfall in ein autoritäres Regime wahrscheinlich. Eine Alter-

---

697 Unter ‚Manichäismus' versteht man eine dualistische Religion bzw. Welt- und Politiksicht, bei welcher ‚das Gute' (bzw. ‚die Guten') scharf ‚dem Bösen' (bzw. ‚den Bösen') gegenübergestellt werden. Die Bezeichnung geht auf den persischen Religionsstifter Mani (auch: Manes, Manichaeus, 216-271) zurück, der sich in der Tradition von Buddha, Zarathustra und Jesus sah. Seine Lehre verbreitete sich rasch im gesamten Römischen Reich und formte im christlichen Umfeld die Gnosis, in deren Tradition sie auch nach dem Verschwinden des eigentlichen Manichäismus seit dem 5. Jahrhundert fortlebte. Vermittelt über die Gnosis prägte manichäisches Denken während der gesamten europäischen Geistesgeschichte monistische Politikkonzepte und politische Religionen, im 19. und 20. Jahrhundert am nachhaltigsten im Bereich des sozialistischen und kommunistischen politischen Denkens.

native zu jener Sackgasse mag die Rückbesinnung auf liberale Grundsätze gesellschaftlicher Eigenverantwortung und staatlicher Subsidiarität weisen.

- Ein Teil seiner Problemlösungsfähigkeit wird einem politischen System auch vom Takt der Wahlen vorgegeben. Hier besteht ein unaufhebbares Dilemma. Nach dem Demokratieprinzip sind Wahlen und Abstimmungen ein überaus zu befürwortendes Mittel, um die Regierenden fest an die Wünsche und Akzeptanzbereitschaft der Regierten zu binden. Doch als verantwortliche politische Führer müssen die Regierenden sowohl Wahlen zu gewinnen versuchen als auch vielerlei Kenntnis- und Einsichtsmängel der Bürger in Rechnung stellen. Das legt es nahe, unpopuläre Entscheidungen immer wieder auf eine ‚Zeit nach den Wahlen' zu verschieben und darum so lange wie möglich zu unterlassen. Erst recht werden eine zuwartende Grundhaltung und politisches ‚Durchwursteln' (‚muddling through') für die politische Klasse rational, falls ein instabiles Parteiensystem die Eigendynamik von Wahlkämpfen und deren Ergebnisse schwer absehbar macht. Dergestalt kommt das Demokratieprinzip offenbar dem Wunsch nach ‚gutem Regieren' (‚good governance') in die Quere. Dieses Dilemma muß man schlechterdings aushalten. Die Vorzüge von Demokratie sind nämlich nicht ohne Einbußen an kurzfristiger Steuerungseffizienz, die Vorteile einer starken Regierung nicht ohne Verzicht auf Freiheit und praktizierten Pluralismus zu erlangen. Allerdings zeigt der Blick in die Geschichte, daß die Demokratie hier nur kurz- und allenfalls mittelfristig Nachteile in Kauf nimmt. Auf lange und meist schon auf mittlere Frist wirkt sich für ein pluralistisch-demokratisches System nämlich vorteilhaft jener Zwang sowohl zur legitimitätssichernden Kompromißbildung als auch zum Lernen aus, den responsivitätssichernde Wahlen und dabei konkurrierende Personal- wie Politikangebote nun einmal auferlegen.
- Bundesstaatliche Strukturen können das Regieren ebenfalls schwierig machen. Erstens erhöhen sie die Frequenz der ins politische Kalkül einzubeziehenden Wahlen. Zweitens kann zumal Mischföderalismus zu so engen gegenseitigen Interessenabhängigkeiten und zu so wirkungsvollen wechselseitigen Pressionsmöglichkeiten führen, daß die politische Klasse in die ‚Politikverflechtungsfalle' geraten mag. In ihr sitzt man, wenn es aufgrund horrender Transaktionkosten und unüberschaubarer, doch riskanter Nebenwirkungen selbst dann irrational wird, an Einzelregelungen etwas zu ändern, wenn das Gesamtsystem irrational funktioniert und unbefriedigende Ergebnisse zeitigt. Drittens kann ein föderales Institutionensystem, vom Parteienwettbewerb überlagert, zeitweise zu Politikblockaden führen. Wenn in Deutschland beispielsweise einer stabilen sozialdemokratisch geführten Bundestagsmehrheit eine stabile Stimmenmehrheit unionsgeführter Länder im Bundesrat gegenübersteht und es parteipolitisch opportun erscheint, den Bundesrat über seine suspensiven und absoluten Vetomöglichkeiten im Gesetzgebungsprozeß als ‚zweite Opposition' zu nutzen, kann alle Regierungsdynamik gestoppt werden. Natürlich ist derlei bei *jeder* funktional äquivalenten parteipolitischen Konstellation möglich und entfaltet seine Wirkung schon über die *Antizipation* dieser Nutzungsmöglichkeit unseres Verfassungssystems.
- Eine in demokratischen Staaten nicht ignorierbare Grenze setzen aller Regierungstätigkeit ferner die Struktur und Eigendynamik öffentlicher Meinung sowie die Usancen massenmedialer Berichterstattung. Getragen von journalistischem Vertrauen oder gar Sympathie können einer Regierung auch schwierige und unpopuläre Reformen gelingen, während andernfalls schon geringe Fehlleistungen oder unplausible Reformfolgen so viel an öffentlicher Unterstützung zu entziehen drohen, daß politische Maßnahmen zurückgenommen oder gleich ganz unterlassen werden. Darum ist ein zentraler Bestandteil aller Regierungstechnik der Umgang mit Journalisten, das Einwirken auf die öffentliche Meinung sowie die ‚publizistische Begleitung' politischer Planungen und Akte.

- Zumal für kleine, doch auch für mittlere und in manchen Bereichen auch für große Staaten wird zur wichtigsten Grenze des Regierens die transnationale Verflechtung im Zeitalter der Globalisierung. Weltweit vernetzte Güter-, Dienstleistungs- und Finanzmärkte behindern nicht nur eine gewisse eigenständige Stabilität jener gesellschaftlichen Basis, auf welche Regierungen nachhaltig problemlösend einwirken könnten, sondern sie vermögen Regierungsmaßnahmen auch durch deren Antizipation oder durch Reaktion auf sie weitgehend wirkungslos machen. Wenige Beispiele genügen: Bei freier Mobilität von Kapital und Wahl des Wohnsitzes geraten Besteuerungsmöglichkeiten an ihre Grenzen; Wirtschaftsgesetzgebung kann zur Verlagerung von Unternehmen ins Ausland führen; und attraktive Sozialstaatlichkeit mag Zuwanderung großen Stils auslösen, welche gesellschaftliche Strukturen labil macht und – über Akzeptanzprobleme seitens der Bevölkerung – alsbald zu Legitimitätseinbußen des politischen Systems führt. Das im Hintergrund stehende Problem läßt sich dahingehend zusammenfassen, daß halbwegs verläßliches und demokratisch kontrollierbares *Regieren* immer noch im *staatlichen* Rahmen abläuft, die durch Regierungstätigkeit zu lösenden *Probleme* oft aber im *inter- und transnationalen* Rahmen erzeugt werden – und es hier erst *Ansätze* institutioneller Problembearbeitung gibt, die sich außerdem demokratischer Kontrolle noch weitestgehend *entziehen*.[698]

(4) Regierungstechnik, Politikprogramme und Politikfeldanalyse

Im so komplexen Geschäft des Regierens muß jeder Spitzenpolitiker seine eigene Regierungstechnik finden. Diese muß möglichst guten Gebrauch machen von den *persönlichen Stärken*, über die ein Politiker verfügt, weil dies die einzige Chance ist, in der harten Konkurrenz mit anderen bestehen zu können.

Dabei ist es die *erste* Aufgabe von Regierungstechnik, dem jeweiligen Amtsinhaber – gleich ob Regierungschef oder Minister – eine Basis *persönlicher* Macht zu schaffen und zu sichern. Außerhalb des Obrigkeitsstaates führt Amtsgewalt allein nämlich *nicht* weit, schon gar nicht in Spitzenämtern. Die Macht des Fraktionsvorsitzenden einer großen regierungstragenden Partei übertrifft beispielsweise die Macht der meisten Regierungsmitglieder und beruht auf nichts anderem als auf dem – in die entsprechende Wahlentscheidung umgemünzten – Vertrauen, das ihm von seinen Abgeordnetenkollegen entgegengebracht wird. Und die praktische Bedeutung der Richtlinienkompetenz des deutschen Bundeskanzlers gründet keineswegs auf der sie nennenden Formulierung des Grundgesetzes, sondern allein auf der sicheren Chance, daß solche Richtlinien der Politik auch *wirklich* von denen ernstgenommen und befolgt werden, die den Regierungschef auch jederzeit durch einen anderen ersetzen *könnten*. Zumal in parlamentarischen Regierungssystemen ist darum die wichtigste Machtbasis eines Regierungschefs oder Regierungsmitglieds *nicht* sein Staatsamt, sondern die Verankerung in seiner *Partei*.[699] Konkret heißt das: Regierungstechnik, entfaltet als ständige, zum wechselseitigen Vorteil betriebene Beziehungspflege, muß zunächst einmal zur Gewißheit des Amtsinhabers führen, in Fraktionssitzungen, bei Delegiertenversammlungen und auf Parteitagen eine Mehrheit zu erringen. Vorbedingung dessen wird die Erwartung sein, mit diesem Regierungsmitglied Wahlen nicht zu verlieren, sondern zu gewinnen. Unbedingt muß man die *Dialektik* einer solchen Machtbeziehung recht verstehen: Zwar handelt es sich um die Machtbasis eines *Regierungsmitglieds*, das dergestalt die Chance besitzt, den eigenen Willen auch gegen Widerstreben durchzusetzen; doch unter der Geltung des – letztlich auch die Bürgerschaft einbeziehenden – ‚Wiederwahlmechanismus'[700] wird diese Machtba-

---

698 Zu dieser Problematik vgl. S. 391f, 395ff und 406f.

699 In den Beispielsfällen von Großbritannien und Japan ist diese Ahängigkeit des Staatsamtes vom Parteiamt auch weitestgehend institutionalisiert.

700 Vgl. S. 275f.

sis rasch zerfallen, wenn die innerfraktionelle oder innerparteiliche Wählerschaft des Regierungsmitglieds daran zu zweifeln beginnt, der Mächtige befördere auch *ihre* Interessen und Ziele durch seine Politik und allgemeine Wählerattraktivität. Die aus der Parteiführungsrolle eines Regierungsmitglieds entspringende *Macht* und die *Kontrolle* dieser Macht durch die – ihrerseits von Wählerattraktivität abhängige – Partei sind also zwei Seiten derselben Medaille.[701]

Die *zweite* Aufgabe von Regierungstechnik besteht darin, mittels des Regierungsapparates möglichst gut die Amtspflichten eines Regierungsmitglieds zu erfüllen und wirksam an der Erreichung jener politischen Ziele zu arbeiten, derentwillen man sein Amt anvertraut bekam. Konkret nimmt das die folgenden Formen an: Man sorgt für einen ständigen, die für eigenes Tun und Lassen wesentlichen Dinge herausfilternden, doch nicht schönfärberisch fehlinformierenden Kommunikationsprozeß aus der Arbeitsebene der Ministerien zur eigenen Leitungsebene; man läßt sich von den Ministerien, Abteilungen und Referaten Sachstandsberichte und Problemdiagnosen, Handlungsalternativen und Entwürfe von Gesetzen und Verordnungen vorlegen; man berät dies alles sorgfältig mit seinen engsten Mitarbeitern, mit den zuständigen Fachpolitikern in Parlament und Partei, mit den Vertretern der einschlägigen Interessenverbände, nötigenfalls auch mit den Kollegen im Kabinett und auf jeden Fall mit den Führungen regierungstragender Fraktionen; dann trifft man Entscheidungen, zu denen man auch steht und für die man kämpft; und im übrigen sorgt man durch gute, vertrauensvolle Kontakte zu Journalisten für eine zwar kritische, doch insgesamt wohlwollende publizistische Begleitung der eigenen Person und des eigenen Handelns.

Von der Warte des politischen Systems aus kann man den durch solche Regierungstechnik zu bewerkstelligenden Prozeß des Regierens (‚Politikzyklus') in die folgenden Phasen gliedern:

- *Problemwahrnehmung:* Hier geht es darum, daß ein Problem wirklich als ein solches erkannt und auf den politischen Arbeitsplan gesetzt wird. Für viele Probleme geschieht das in der Weise, daß Parteien und Kandidaten sie bereits im Wahlkampf thematisieren und dann zu den ersten oder Hauptaufgaben der Regierungsarbeit machen. Andere Probleme drängen sich aufgrund aktueller Krisen immer wieder auf. Im übrigen sorgen Interessengruppen ohnehin für einen ständigen ‚Nachschub' an Problemen, um welche sich eine Regierung kümmern soll. ‚Politische Schwungkraft', die auch über Hindernisse hinweghilft, gewinnt ein Problem in der Regel dann, wenn es auch von den Massenmedien aufgegriffen und zum politischen Alltagsgespräch wird. Auch Pseudo-Probleme, die so gar nicht vorliegen, können solchermaßen auf die unabweisbare Agenda der Regierungsarbeit gelangen. Umgekehrt kann massenmediale Abwehrhaltung (‚gate keeping') zu einzelnen Problembereichen einer Regierung dringend anraten, an diesen Problemen gerade nicht zu rühren. Üblicherweise versuchen politische Akteure, durch mehr oder minder spektakulär gemeinte öffentliche Auftritte, Interviews und Presseerklärungen zunächst einmal zu erkunden, welche öffentlichen Wahrnehmungschancen ein bestimmtes Problem bzw. eine zu seiner Bearbeitung gedachte politische Handlungsweise hat, und machen vom Schicksal eines solchen ‚Versuchsballons' abhängig, wie sie mit diesem Problem auf absehbare Zeit umgehen.
- *Vorabschätzung der Handlungsalternativen:* Sobald ein Problem als ein mit Nachdruck anzugehendes auf der politischen Tagesordnung steht, ist von den zuständigen Ministerien einesteils ausfindig zu machen, was man aufgrund der Natur der Sache und ihrer realen Wirkungszusammenhänge im Prinzip vermutlich tun könnte, andernteils aber zu klären, was man

[701] Wer derartige Verbindungen zwischen Parteiamt und Staatsamt auflöst, wird deshalb entweder die Inhaber eines Staatsamtes um einen großen Teil ihrer Macht bringen, welche dann – wohl viel weniger klar kontrollierbar – sich anderswohin verlagern wird, oder er wird den Bürgern die Möglichkeit nehmen, aufgrund anderer als parteipolitischer Machtgrundlagen einflußreiche Regierungsmitglieder mittels freier Wahlen zu beeinflussen und mittelbar zu kontrollieren.

angesichts der verfügbaren finanziellen, sachlichen, organisatorischen und zeitlichen Ressourcen sowie aufgrund der vermutlichen öffentlichen Akzeptanz oder Nicht-Akzeptanz bestimmter Maßnahmen wohl wirklich zu tun vermag. Das erstere ist in der Regel die Aufgabe der Arbeitsebene der Ministerien, das letztere unabweisbare Pflicht der Leitungsebene sowie der führenden Politiker einer Regierung und regierungstragenden Mehrheit. Meist zeigt sich, daß keine Handlungsoption völlig überzeugend ist. Die typischen Gründe dafür lassen sich dahingehend zusammenfassen, daß so manches Problem sich ohnehin nicht durch politische Maßnahmen in den Griff bekommen läßt; daß sich vermutlich wirksame Maßnahmen nicht finanzieren oder nicht im Rahmen eines Rechtsstaates durchführen lassen; oder daß die Bevölkerung bzw. die öffentliche Meinung schwerlich akzeptieren würde, was erforderlich wäre, und man somit Einbußen bei den nächsten Wahlen oder gar den Verlust der Regierungsmacht riskieren müßte. Im letzten Fall wird man auf der Leitungsebene eines Ministeriums, im Rahmen des Kabinetts oder im Rahmen einer Koalitionsrunde nicht selten zum Urteil gelangen, sachlich erforderliche Maßnahmen seien zwar prinzipiell möglich, doch nicht ‚öffentlich darstellbar' und darum ‚politisch nicht machbar'. Dann mag es naheliegen, rein symbolische Maßnahmen zu ergreifen (‚symbolische Politik'), um wenigstens den *Eindruck* zu erwecken, das politische System sei handlungsfähig, und um zunächst einmal den öffentlichen, meist von der Opposition noch verstärkten, Erwartungsdruck auf die Regierung zu *mindern*. Mitunter hat damit das Streben nach einer politischen Problemlösung auch schon sein Bewenden, vor allem dann, wenn weder die Opposition noch die Massenmedien ihre Aufgaben von Kontrolle und Kritik zureichend erfüllen. Wo beides aber der Fall ist, dort werden nach einer ersten Welle beruhigend wirkender symbolischer Politik, also im Windschatten abgeklungener öffentlicher Aufmerksamkeit, anschließend durchaus die Möglichkeiten instrumentell aussichtsreicher politischer Maßnahmen ausgelotet und später Schritte zu ihrer Umsetzung unternommen.

- *Programmbildung:* Die technokratische Idealvorstellung sieht hier so aus, daß man zunächst plant, welche problemlösenden Maßnahmen erforderlich sind, sodann ein präzises Handlungsprogramm erstellt und anschließend dessen Finanzierung durch die Einstellung entsprechender Mittel in den Haushalt sichert. Als *Planning-Programming-Budgeting System* (PPBS) war derlei in den 60er und 70er Jahren des 20. Jahrhunderst überaus populär und gewissermaßen die demokratisch-verfassungsstaatliche Variante der aus totalitären Regimen und Modernisierungsdiktaturen bekannten Mehrjahrespläne. In Gestalt einer mittelfristigen, jährlich fortgeschriebenen Finanzplanung wirkt dieser Ansatz rationaler Regierungstechnik bis heute fort. Allerdings zeigte die praktische Erfahrung, daß sich im Wechsel öffentlicher Meinungskonjunkturen und politischer Mehrheiten längerfristige Politikprogramme nur selten durchhalten lassen. Darum werden die Grundgedanken des PPBS inzwischen mit erheblichen praktischen Abstrichen verfolgt. Typischerweise ergibt sich die folgende Praxis:
  - Fachpolitiker aus Parlament und Regierung, Vertreter von Regierungsbehörden, Interessengruppen und sonstige Experten wirken politikfeldspezifisch in mehr oder minder ausgedehnten, mehr oder weniger feinmaschigen Netzwerken zusammen (‚Policy-Netzwerk', ‚Politiknetz'). In diesen Kommunikations- und Interaktionsgeflechten werden, nach Maßgabe der jeweiligen Interessenlagen und Perzeptionswirklichkeiten,[702] auf den entsprechenden Politikfeldern die zu erreichenden Ziele sowie die vermutlich zielführenden Maßnahmen festgelegt, wobei die zu erwartenden finanziellen Rahmenbedingungen möglichst realistisch berücksichtigt werden.

[702] Zu den letzteren vgl. S. 42f.

- Erforderliche Rechtsverordnungen, Verwaltungsvorschriften oder gesetzliche Regelungen werden anschließend, unter parlamentarischer und innerparteilicher Rückendeckung, von den zuständigen Ministerien vorbereitet und dann – politisch-taktisch möglichst geschickt – auf den von der Verfassung vorgesehenen Weg gebracht. Falls die Neugestaltung von Rechtsregeln, also die Veränderung gesetzlicher Bestimmungen oder gar allein schon die Modifikation von Verwaltungsvorschriften bereits ausreichen sollte, um das jeweilige Problem zu lösen, tritt der Politikprozeß in sein nächstes, unten beschriebenes Stadium ein.
- Falls aber für die Problemlösung überdies oder überhaupt nur Finanzmittel nötig sind, werden sie entweder vom zuständigen Ministerium aus einem schon bestehenden Haushaltstitel – je nach Sachlage mit Zustimmung des Finanzministers oder des parlamentarischen Haushaltsausschusses – bereitgestellt oder in den nächsten Haushaltsplan dieses Ministeriums eingeplant. Dann kommt alles darauf an, diese Mittel in den Haushaltsberatungen möglichst vollständig sowohl dem Finanzminister als auch dem Parlament abzuringen. Beides gelingt in Zeiten der Wirtschaftskrise oder einer gewollten Konsolidierung öffentlicher Kassen viel schwerer als in Perioden großen Wirtschaftswachstums oder einer auf Staatsverschuldung (‚deficit spending') setzenden Finanzpolitik.[703]
- Sind die finanziellen, nötigenfalls auch die rechtlichen Voraussetzungen geschaffen, so wird vom zuständigen Ministerium typischerweise ‚ein Programm aufgelegt'. In der Regel heißt das: Jenen, bei denen oder mittels welcher man Probleme lösen will, wird – oft über ihre Interessengruppen – mitgeteilt, unter welchen Bedingungen sie zu welchen Zwecken in den Genuß welcher öffentlichen Zuschüsse kommen könnten und was von ihnen im Dienst einer solchen Absicht konkret zu unternehmen wäre. Beim ‚Auflegen eines Programms' verläßt man sich also für den Zweck der Problemlösung auf überwiegend finanzielle Anreize, welche die gewünschte, vermutlich problemlösende Verhaltensänderung bewirken sollen. In Einzelfällen beschränkt sich ein Programm auch darauf, auf Antrag oder von Amts wegen bei Vorliegen rechtlich spezifizierter Bedingungen Zuschusse zu gewähren.

- *Programmvollzug:* Auch ‚Implementation' genannt, besteht der Programmvollzug im wesentlichen darin, die neuen oder geänderten Rechtsregeln administrativ anzuwenden, die in Antwort auf ein ‚aufgelegtes Programm' eingehenden Anträge zu bearbeiten, und die Auszahlung sowie programmgemäße Verwendung der bereitgestellten Mittel zu gewährleisten. Nicht selten müssen im Vollzug eines Programms, aus dessen Schwierigkeiten lernend, auch Defizite in den administrativen Informationsströmen, bürokratische Hürden sowie den Programmvollzug hemmende Verwaltungsvorschriften beseitigt werden. Im übrigen ist das Zusammenwirken mit Interessengruppen oder sonstigen Organisationen der Adressaten des Programms stets hilfreich, mitunter sogar erforderlich, um das Programm nicht an der Zielgruppe vorbeilaufen oder gar verpuffen zu lassen. Dennoch geschieht derlei nicht selten, wenn nämlich dem Programm sich als falsch erweisende Vorstellungen von den tatsächlichen Bedürfnislagen, Anzreizstrukturen und Wirkungsmechanismen zugrunde lagen. Die Implementation eines Politikprogramms ist darum keine rein ‚technische' oder einfach ‚ad-

[703] Das hat zur zunächst paradox erscheinenden Folge, daß sich gesellschaftliche Probleme besonders dann leicht durch Politik lösen lassen, wenn sie ohnehin selten sind, überaus schwer aber dann, wenn politische Lösungsversuche besonders wünschenswert wären. Die hieraus zu ziehende Lehre wäre zwar, in wirtschaftlich guten und gesellschaftlich unkomplizierten Zeiten die Rolle des Staates und seine Verpflichtungen so weit zu reduzieren, daß in Krisenzeiten ‚zugelegt' werden kann. In Wirklichkeit scheint es den meisten aber besonders wünschenswert zu sein, die Tätigkeit eines umverteilenden Daseinsvorsorgestaates gerade in solchen wirtschaftlich und gesellschaftlichen unproblematischen Zeiten auszuweiten, in denen aufgrund allgemeinen Wohlstands der Staat sich eigentlich auf eine subsidiäre Rolle zurückziehen könnte.

ministrative' Angelegenheit, sondern auch ihrerseits ein überaus störanfälliger, aktive Responsivitäts- und Führungsleistungen verlangender politischer Prozeß.

- *Wirkungskontrolle (,Evaluation'):* Hier geht es darum, die *tatsächlichen* Auswirkungen des Programms festzustellen, also seinen Beitrag zur angestrebten Problemlösung sowie seine möglicherweise auftretenden unerwarteten, mitunter gar kontraproduktiven Nebenwirkungen. Typischerweise nimmt das die Form von Berichtspflichten der vom Programm Begünstigten an oder von amtlichen Umfragen unter ihnen, mitunter auch von Begleitforschung. Solche Informationen, gesammelt insbesondere von staatlichen Behörden und Interessengruppen, sind eine wichtige Grundlage parlamentarischer Leistungskontrolle.[704] Die Folge dessen ist allerdings, daß die *empirische Aufklärung* der tatsächlichen Wirkungszusammenhänge eines Programms und die *politische Bewertung* seiner Folgen einander oft durchdringen und zu Evaluationsaussagen führen, die zwar nicht falsch sind, aber dennoch – solange unerwähnt gebliebene Gesichtspunkte nicht auch einbezogen werden – kein wirklich richtiges Bild ergeben. Mehr noch als die Implementation eines Programms wird darum üblicherweise seine Evaluation zur Schwachstelle eines Politikprozesses.
- *Politisches Lernen:* Im – praktisch nicht vorkommenden – Idealfall werden aus einer von politischen Hoffnungen oder Aversionen unberührten Politikevaluation Lehren darüber gezogen, welche Wirkungszusammenhänge auf einem Politikfeld tatsächlich bestehen und vordringlich in Rechnung stellen sind, welche Mittel mit welcher Wahrscheinlichkeit wie wirken, bzw. welche politischen Ziele sich mit den akzeptablen oder verfügbaren Mitteln gar nicht, welche anderen Ziele sich hingegen nur zu inakzeptablen Transaktionskosten erreichen lassen. Auf diese Weise vollzieht sich dann politisches Lernen: als Lernen von Entscheidungsträgern und Mitgliedern von Policy-Netzwerken, als Lernen von implementierten Entscheidungs- und Handlungsstrukturen, sowie als Veränderung der Vorstellungen vom tatsächlich realisierbaren Gemeinwohl und von den zu ihm führenden Wegen. Dieser Idealfall wird aber äußerst selten erreicht. Erstens nehmen neue Probleme die Aufmerksamkeit neuer politischer Führungskräfte meist längst schon in Anspruch, wenn sich Lehren aus den Versuchen ehemaliger Führungskräfte zur Lösung früherer Probleme ziehen ließen. Dann gibt es einfach keinen *praktischen* Ansatzpunkt für politisches Lernen, und gemachte Erfahrungen verfallen dem Vergessen, sofern sie nicht im Rahmen von Verwaltungsbehörden weitergegeben werden. Zweitens lernt auf solche Weise – nämlich durch Versuch und Irrtum bei der Entwicklung und Durchführung konkreter Politikprojekten – ohnehin meist nur die jeweilige Regierung, weil die Opposition in der Regel glaubt, unzulängliche Zielverwirklichung gehe vor allem auf den falschen *Ansatz* der Regierung, nicht aber auf die – in dessen unzureichender Realisierung sichtbar gewordenen – *realen Funktionszusammenhänge* zurück. Hoffnung auf Lernprozesse möglichst *großer* Teile der politischen Klasse bieten darum nur ein relativ *regelmäßige Regierungswechsel* mit trotzdem eher *langen* Amtszeiten der einzelnen Regierungen. Nur dann sind nämlich möglichst *viele* Politiker (sowie ihre Wähler!) zur Auseinandersetzung mit der *unabhängig* von ihren Wünschen und Illusionen bestehenden Operationswirklichkeit *gezwungen*, und kann eine *dauerhaft* der politischen Perzeptionswirklichkeit widersprechende *Praxis* selbst tief verwurzelte falsche Vorstellungen widerlegen.

Arbeitsgebiete des Regierens, auf denen in der beschriebenen Weise die Lösung bestehender oder neu auftretender politischer Probleme versucht wird, heißen ,Politikfelder'. Über ihre Regelungsmaterien, über die auf sie bezogenen Prozesses des Regierens und über das Zusammenwirken der daran beteiligten Institutionen und Organisationen Tatsachen-, Zusammenhangs- und Erklärungswissen sowie halbwegs verläßliche Prognosen zu erarbeiten, ist die Aufgabe politik-

---

[704] Siehe S. 344.

wissenschaftlicher ‚Politikfeldanalyse' (‚policy analysis'). Bei Politikfeldanalysen wird mit Anspruch auf für den praktischen Untersuchungszweck ausreichende Vollständigkeit untersucht ...

- wie beispielsweise Bildungspolitik, Forschungspolitik, Finanzpolitik, Wirtschaftspolitik, Sozialpolitik, Gesundheitspolitik, Wohnungsbaupolitik, Agrarpolitik, Verkehrspolitik, Industriepolitik, regionale Strukturpolitik usw. im einzelnen ablaufen und welche Probleme diese Politiken jeweils zu lösen versuchen;
- was alles diese Politiken prägt, zumal welche Perzeptionswirklichkeiten und Interessen die beteiligten Akteure besitzen, wie Thematisierungs-, Planungs- und Programmbildungsabläufe vonstatten gehen, wie Zielvorstellungen bzw. Planungen in konkrete administrative Maßnahmen umgesetzt werden (‚Implementationsforschung'), welche Wirkungen welche Maßnahmen zeitigen und was die Resultate einer bestimmten Politik sind (‚Evaluationsforschung').

Besondere Beachtung verdienen dabei die *ungeplanten Folgen* geplanten Handelns, welche sehr oft dazu führen, daß stimmig *entworfene* Politikprojekte sich in der *Praxis* ganz anders auswirken, als man zuvor erwartete. Durch die (vergleichende) Analyse derartiger Planungsfolgen kann Einsicht in die – zweifellos begrenzten – Möglichkeiten planmäßiger staatlicher Systemsteuerung und des Regierens gewonnen werden. In jedem Fall erreicht die Politikwissenschaft mittels derartiger Analysen größtmögliche Praxisnähe, kann politische und administrative Erfahrungen systematisch auswerten und dient nicht zuletzt der Politikberatung.

h. Massenmedien

Massenmedien sind ein überaus wichtiges Element eines politischen Systems. Allerdings wird ihre Bedeutung mitunter übersehen. Erstens ist die politische Rolle der Massenmedien sehr selten ihrerseits Bestandteil der massenmedialen Berichterstattung. Ganz im Gegenteil mühen sich Journalisten in der Öffentlichkeit regelmäßig, Aussagen über eine nennenswerte politische Rolle der Massenmedien möglichst zu relativieren oder gar zurückzuweisen. Zweitens gelten Journalisten den meisten nur als *Beobachter* von und *Berichterstatter* über Politik. Der Gedanke, in ihnen auch *Akteure* zu sehen, liegt dann fern. Drittens erschließt sich die politische Wichtigkeit von Massenmedien nur aus einer analytischen Distanz zu ihnen, welche zwar oft den Kommunikations- und Politikwissenschaftler, viel seltener hingegen den Journalisten oder Bürger kennzeichnet. Doch tatsächlich sind Massenmedien nicht nur ein Spiegel, sondern auch ein *Konstrukteur* von Wirklichkeit; stets weist Medienwirklichkeit besondere, die bloße ‚Abbildung' der Operationswirklichkeit[705] schlechterdings verhindernde Konstruktionsmerkmale auf; und immer wirkt bereits die bloße Existenz freier Massenmedien verändernd auf politische Prozesse ein. Die politischen Prozesse eines demokratischen Verfassungsstaates lassen sich darum überhaupt erst dann verstehen, wenn man Massenmedien und ihre wirklichkeitskonstruktive Rolle in die Analyse einbezieht.

(1) Die wirklichkeitskonstruktive Bedeutung von Massenmedien

Folgende Begriffe, im Grunde schon im ersten Kapitel eingeführt, sind als Ausgangspunkt einer Analyse der wirklichkeitskonstruktiven Rolle von Massenmedien hilfreich:

- *Lebenswelt und Alltagswirklichkeit:* ‚Lebenswelt' ist jener Ausschnitt der Welt, in dem man selbst lebt und den man aus eigener Anschauung kennt. Die dort bestehende Wirklichkeit ist jedermanns ‚Alltagswirklichkeit'. Für sie ist jeder Experte aus eigener Erfahrung. Für *Politik*

---

[705] Siehe S. 42f und 372ff.

sind die meisten Bürger keineswegs Experten aus eigener Erfahrung, interessieren sich doch in Deutschlang nur gut 50% für Politik und nehmen noch sehr viel weniger selbst am politischen Leben teil.

- *Operationswirklichkeit:* Sie ist jene Wirklichkeit, in der Menschen handeln, in der sie mehr oder minder erfolgreich ‚operieren'. Natürlich ist die eigene Alltagswirklichkeit ein sehr gut bekannter Teil der Operationswirklichkeit. Doch der größte Teil der Operationswirklichkeit liegt *außerhalb* der eigenen Lebenswelt. Für ihn ist man nicht Experte aus eigener Erfahrung, sondern auf die Vermittlungsleistungen anderer angewiesen. Für die meisten Menschen gilt das hinsichtlich der Lebenswelt von Politikern, also für die Alltagswirklichkeit der Politik: Über dies alles *können* sie schlechterdings *nur* Wissen aus zweiter oder dritter Hand haben.
- *Medienwirklichkeit:* Unter diesem Begriff ist jene Wirklichkeit zu verstehen, die in den (Massen-) Medien als so und nicht anders bestehend aufgewiesen wird. Wie jede Wirklichkeitsbeschreibung ist auch die Medienwirklichkeit perspektivisch und selektiv.[706] Sie gibt, je nach den Konstruktionsmerkmalen des jeweiligen Mediums, Operationswirklichkeit anders oder gar nicht wider. Aktuelle Entwicklungen im Balkankrieg werden etwa in der ‚Tagesschau' und in der ‚Frankfurter Allgemeinen Zeitung' unterschiedlich dargestellt, vor allem deshalb, weil Fernsehnachrichten wenig Zeit für ein Thema haben, dafür aber viele – mit Text zu unterlegende – Bilder bringen können, eine große Zeitung hingegen viel Platz und viel weniger Bedarf an Bildern besitzt. Als Medienwirklichkeit wird sich der Balkankrieg darum in der ‚Tagesschau' anders ausnehmen als in der FAZ. Folgenreich ist Medienwirklichkeit deshalb, weil für *jeden* die *meisten* Bereiche der Operationswirklichkeit *nur* über Medienwirklichkeit[707] zugänglich sind, darunter insbesondere die ‚Welt der Politik', und weil in solchen Fällen die Medienwirklichkeit gerade *nicht* mit Wissen aus der eigenen Lebenswelt abgeglichen werden kann.
- *Perzeptionswirklichkeit / Wahrnehmungswirklichkeit:* Damit ist jene ‚Abbildung' der Operationswirklichkeit im menschlichen Bewußtsein gemeint, die – gesteuert vom eigenen Interesse und Vorverständnis[708] – zu mehr oder minder selektiven, *stets* perspektivischen Wahrnehmungen der Operationswirklichkeit führt. Auf die Perzeptionswirklichkeit der eigenen Lebenswelt kann man sich in der Regel gut verlassen. Doch alle Wahrnehmungen von Operationswirklichkeit *außerhalb* der eigenen Lebenswelt beruhen auf Medien- und Redewirklichkeit und teilen deren perspektivischen und selektiven Konstruktionsmerkmale. Gerade jene Bürger, die sich *besonders intensiv* aus *einzelnen Arten* von Massenmedien über Politik informieren – die meisten also aus Hörfunknachrichten, Fernsehnachrichten und der Lokalzeitung – werden darum ein Politikbild besitzen, das in erster Linie von den Eigentümlichkeiten der von ihnen genutzten Medienwirklichkeit, nur mittelbar aber von der Beschaffenheit der politischen Operationswirklichkeit selbst geprägt ist. Doch solcher Prägung der eigenen Perzeptionswirklichkeit durch die Medienwirklichkeit ist man sich in der Regel ebenso wenig bewußt wie der Luft, die man atmet.
- *Redewirklichkeit:* Menschen bestätigen einander in ihren Gesprächen immer wieder, daß die Wirklichkeit, die sie selbst als bestehend und in bestimmter Beschaffenheit vermuten, *tatsächlich* im großen und ganzen so besteht und ist, wie sie das beschreiben. Wer hingegen für seine Beschreibungen der Wirklichkeit andauernd *keine* Bestätigung seitens eines anderen findet, wird entweder seine Perzeptionswirklichkeit verändern, sich also der Redewirklichkeit der für ihn wichtigen ‚Anderen' anpassen, oder zum Außenseiter und Sonderling werden. Im Reden miteinander leistet man also selbst ein wichtigen Beitrag zur Wirklichkeits-

---

[706] Vgl. hierzu S. 75.

[707] Oder über ‚Redewirklichkeit'; hierzu siehe unten auf dieser Seite.

[708] Vgl. die Ausführungen zur Hermeneutik auf S. 164ff.

konstruktion: So findet man nämlich heraus, was man *gemeinsam* als ‚selbstverständlich so und nicht anders', was man *‚unter vernünftigen Leuten wie wir'* als ‚Tatsache' oder ‚Lüge' ansehen kann bzw. behandeln soll. Jener große Teil der Operationswirklichkeit, der *außerhalb* der eigenen Lebenswelt liegt und über den man sich *nicht* persönlich über Medienwirklichkeit informiert, gelangt zu unserer Kenntnis überhaupt *nur* in Gestalt von Redewirklichkeit. Teils speist sie sich aus eigenem Erleben des Redenden; zum größeren Teil beruht sie allerdings auf *Medienwirklichkeit* und oft auch ihrerseits *nur* auf Redewirklichkeit: man kennt vieles eben bloß ‚vom Hörensagen'. Auf solcher Redewirklichkeit, und auf *deren* Konstruktionseigentümlichkeiten, beruht ganz offensichtlich ein Großteil des im Umlauf befindlichen politischen Wissens der Bürger, ein Großteil der von Politikern in Rechnung zu stellenden Wahrnehmungswirklichkeit des Volkes.

Somit hat auch Politische Kultur im *engeren* Sinn, verstanden als die Gesamtheit der auf Politik bezogenen Vorstellungen und Einstellungen einer Bürgerschaft, zuallererst Medienwirklichkeit und Redewirklichkeit zur Grundlage, also in erster Linie Massenmedien und Massenkommunikation. Aktuelle politische Lagebeurteilungen der Bevölkerung gründen also ganz wesentlich auf dem, was von den Massenmedien vermittelt wird.[709] In einer Demokratie wiederum sind solche Urteile von allergrößter Bedeutung: Sie prägen öffentliche Meinung und die Ergebnisse demoskopischer Erhebungen, worauf die politische Klasse jeweils sehr sensibel reagiert. Ausgedrückt als Wahlentscheidung, verleihen oder entziehen solche massenmedial (mit-)geformte Bevölkerungsurteile unmittelbar politische Macht. Massenmedien *können* also gar nicht anders, als – zumal in einer Demokratie – eine *große* politische Rolle zu spielen. Einen sehr überzeugenden Hinweis auf diese große politische Rolle stellt dar, daß autoritäre und totalitäre Regime stets rasch versuchen, über Zensur und vorauseilenden Gehorsam eine wirkungsvolle politische Kontrolle über Massenmedien und Journalisten zu gewinnen.

Massenmedien und Journalisten spielen eine große politische Rolle aber nicht nur insofern, als sie an der Konstruktion jener Wirklichkeits*vorstellungen* entscheidend mitwirken, anhand welcher anschließend die Operationswirklichkeit sozial konstruiert wird.[710] Sie wirken vielmehr auch *unmittelbar* an der gesellschaftlichen Konstruktion politischer Wirklichkeit mit. Diesen Zusamenhang erschließt der folgende Gedankengang:

- Seit der Herausbildung spezieller politischer Systeme, zumal eines institutionalisierten zentralen politischen Entscheidungssystems, stellt sich die Frage, wie man Regierende und Regierte kommunikativ aufeinander beziehen soll. Die lange Zeit übliche Antwort auf diese Frage besagte, die ‚Staats- und Regierungskunst' sei nichts für das gewöhnliche Volk, weil dieses Politik einfach nicht verstehen könnt; im übrigen dürften Staatsgeheimnisse (die *‚arcana imperii'*) Unbefugten ohnehin nicht bekannt werden; und darum entziehe man eben des *Gemeinwohls* willen Politik am besten der öffentlichen und freien Erörterung. Dann muß die politische Klasse ihre in Information und Kommunikation geborgene Macht auch mit niemandem teilen. Solange weder der Buchdruck erfunden noch der größte Teil der Bevölkerung des Lesens kundig war, konnte derlei Monopolisierung politischer Kommunikation seitens einer kleinen politischen Klasse auch gelingen.
- Alles änderte sich, als Massenkommunikationsmittel – vom Buch- und Flugblattdruck über die Tagespresse bis hin zu Hörfunk und Fernsehen – aufkamen und sodann Publizisten und Journalisten, getragen von den Ideen der großen Revolutionen des 18. Jahrhunderts und von

---

709 Die Koppelung systematischer Medieninhaltsanalysen und demoskopischer Umfragen hat diesen bereits theoretisch völlig plausiblen Zusammenhang inzwischen auch über alle vernünftigen Zweifel hinaus empirisch nachgewiesen. Im einzelnen informiert darüber die vom Leipziger Institut für Medienanalysen GmbH seit 1993 monatlich herausgegebene Zeitschrift MedienTenor.

710 Vgl. dazu oben S. 42f und 45f.

liberalen Überzeugungen, die Forderung nach Informations-, Meinungs- und Medienfreiheit (,Preßfreiheit') populär machten. Nach etlichen Kämpfen durchgesetzt, untergrub diese Kommunikationsfreiheit seit dem zweiten Drittel des 19. Jahrhunderts jedes obrigkeitliche Monopol darauf, die politischen Vorstellungen und Einstellungen der Regierten zu prägen. Im Gegenteil wurden seitens der Gesellschaft – zunächst seitens ihrer Elitegruppen – *eigene* politische Vorstellungen artikulierbar. Sobald dann auch noch mit dem Aufkommen der ,Abgeordnetenkammern ' des Frühparlamentarismus Wahlen häufiger wurden, entstand so auch die *grundsätzliche* Möglichkeit, durch Zusammenwirken von Wahlkämpfen, Parteien und Massenmedien eine Massenbasis für politische Gestaltungswünsche zu kreieren und aufrechtzuerhalten. Im Grunde waren es überhaupt erst die Massenmedien, welche die Voraussetzungen für einen über Elitenkartelle hinausreichenden Pluralismus schufen.

- Dank den frühen Massenmedien entstand so erstmals ein *öffentlicher* Diskurs über die Handlungen der Regierenden. Und im Umfang, in dem sich die Reichweite und Suggestionskraft der Massenmedien von den Flugblättern der Reformationszeit bis zu den Newsshows im Fernsehen des späten 20. Jahrhunderts vergrößerte, nahm auch die Reichweite und politische Wucht öffentlicher Diskurse über Politik zu. Das hatte die folgenden wichtigen Konsequenzen:
  - ,Geheimes', nicht öffentlich erörterbares Regierungshandeln wurde immer schwerer möglich und galt irgendwann als besonderer Rechtfertigung bedürfend und dort, wo diese nicht überzeugend war, als illegitim. Zensur konnte diesen Prozeß lediglich eindämmen, doch nirgendwo aufhalten.
  - Wo immer Zensur *nicht* bestand oder unwirksam war, *mußten* die Regierenden also zu ihren Handlungen öffentlich Stellung nehmen. So entwickelte sich Verantwortlichkeit der politischen Klasse vor einem Massenpublikum. Ein wesentliches Mittel zu ihrer Herstellung bestand im 19. Jahrhundert darin, Regierungen dem Parlament gegenüber verantwortlich zu machen und die wahrheitsgetreue Berichterstattung über Parlamentsverhandlungen von jeder Zensur freizustellen. Seither muß jeder Politiker mit erheblichen Einbußen an Popularität und politischer Unterstützung rechnen, wenn er auf öffentlich aufgeworfene Fragen keine überzeugenden Antworten weiß.
  - Eine überaus *rationale* Reaktion der Regierenden hierauf war, aus Eigeninteresse solche Handlungen *möglichst* zu unterlassen, die man öffentlich nicht überzeugend rechtfertigen kann. Andernfalls ist nämlich bewußte Geheimhaltung unverzichtbar, zieht aber das Risiko nach sich, bei Verdacht auf Geheimnisse einen investigativen Journalismus nachgerade zu provozieren. Damit änderte sich die Politik selbst, und zwar unter der Einwirkung der bloßen *Existenz* von Massenmedien und angesichts einer nicht abzuwehrenden *praktischen* Verantwortlichkeit von Politikern gegenüber den Massenmedien.
- Eine weitere, überaus folgenreiche Rahmenbedingung des Handelns politischer Eliten entstand durch das Zusammenwirken des ,Wiederwahlmechanismus'[711] mit der oben beschriebenen Prägung politischer Perzeptionswirklichkeit durch die Massenmedien. Wo nämlich politische Macht nur auf Zeit und über Wahlen vergeben wird, ist den Politikern unabweisbar auferlegt, sogar alle jenen populären Ansichten und Urteile sehr *ernst* zu nehmen, die man selbst für falsch hält oder die auch objektiv falsch sind. Weil nun aber populäre politische Vor- und Einstellungen sehr stark von den Massenmedien geprägt werden, muß, wer immer Macht erringen oder behalten will, stets die Reaktionen der führenden Massenmedien und Journalisten auf seine Aussagen und Handlungen antizipieren. So wie der ,Wieder-

[711] Siehe S. 275f.

wahlmechanismus' Macht in die Hände der *Regierten* legt, tut das mit *Journalisten* ihre Rolle als Vermittler und Kommentatoren der Aussagen und Handlungen von Politikern.

– Ferner erlegt gerade der *massenmedial* geführte politische Diskurs der Politik ganz besondere Notwendigkeiten der Kompromißbildung auf, seit die Massenmedien politischem Pluralismus eine auch massenwirksame Plattform geschaffen haben und sowohl periodische Wahlen als auch der Zwang zur Mehrheitsbildung zur Integration von politisch wirksam agierenden Minderheiten aller Art anhalten. Einesteils erlaubt die Bühne der Massenmedien solchen Minderheiten erhebliche Veto- und Blockademöglichkeiten, die eine wirkungsvolle Öffentlichkeitsarbeit betreiben. Andernteils ruhen politische Entscheidungen, die selbst jene Minderheiten einbeziehen, dann aber auf einer sehr stabilen und belastungsfähigen Basis. Das schafft für politische Maßnahmen dann Akzeptanz, stiftet Legimitätsglauben und senkt die Notwendigkeit, Gehorsamsbereitschaft durch Repression zu substituieren. Freie politische Kommunikation und politisch folgenreiche Massenmedien sind dergestalt nicht nur *Ausdruck* politischer Freiheit, sondern auch eine ihrer wichtigen *Quellen.*

Aus beiden Gründen – überragende Rolle bei der Konstruktion subjektiver politischer *Wahrnehmungs*wirklichkeit, wichtige Rolle bei der Strukturierung politischer *Operations*wirklichkeit – spielt die Konstruktion, Verbreitung und Verwendung von Medienwirklichkeit im politischen Prozeß eine überaus wichtige Rolle und wäre es völlig abwegig, die Massenmedien *nicht* als äußerst *wichtiges* Element eines politischen Systems zu verstehen.

Zu ihren politisch bedeutenden Funktionen gehören – erstens – *Information, Meinungsbildung* und politische *Bildung* bzw. *Sozialisation* der Bürger. Alle Ausführungen über politische Kultur und über politische Sozialisation, über die Konstruktion politischer Wahrnehmungs- und Redewirklichkeit sowie über deren Folgen unterstreichen die Bedeutung dieser Funktionen. Zweitens sind *Kontrolle* und *Kritik* politischen Handelns zentrale politische Aufgaben der Massenmedien. Was oben zur Klaviatur parlamentarischer Regierungskontrolle und zur notwendigen Öffentlichkeitsarbeit von Regierungen erörtert wurde,[712] konkretisiert diese Aufgaben ebenso wie der vorstehende Überblick zur unmittelbar wirklichkeitskonstruktiven Rolle der Massenmedien. Das alles legt die Einsicht nahe, daß Analyse politischer Systeme unter Ausblendung kommunikationswissenschaftlicher Fragestellungen wenig sinnvoll wäre.

(2) Politisch wichtige Merkmale von Medienwirklichkeit und Massenkommunikation

Medienwirklichkeit kennzeichnet sich, politisch folgenreich, durch einige besondere Konstruktionsmerkmale und medienspezifische Darstellungszwänge, die Medienwirklichkeit *grundsätzlich* um jeden Charakter einer bloßen – und somit politisch ‚neutralen' – ‚Widerspiegelung' der Operationswirklichkeit bringen. Vier überaus wichtige, politisch überaus problematische Folgen einiger *Konstruktionsmerkmale von Medienwirklichkeit*, die sich aus funktionslogisch völlig vernünftigen Gründen ergeben, sind wie folgt in Rechnung zu stellen:

– Nicht alles, was geschieht und im Prinzip berichtenswert wäre, hat die gleiche Chance, in den Massenmedien tatsächlich mitgeteilt zu werden. Zunächst einmal unterhalten viele Medien kein oder kein allzu ausgedehntes politisches Korrespondentennetz, weswegen sie für ihre politische Berichterstattung von einer vergleichsweise kleinen Gruppe von Nachrichtenagenturen und Film- bzw. Bilderdiensten abhängen. Was also nicht von einer Nachrichtenagentur verbreitet, also zuvor von deren Journalisten aufgegriffen wurde, hat darum im Grunde schon keine sonderliche Chance mehr, ein Publikum zu erreichen. Innerhalb des im Prinzip Berichtbaren orientieren sich sodann viele Massenmedien an besonders prestige-

712 Siehe S. 347f, 362 und 364.

trächtigen oder wirkungsvollen ‚Leitmedien', so daß deren Journalisten übergroßer Einfluß zukommt. Und sobald ‚ein Thema läuft', kommt es zum Phänomen des ‚Rudeljournalismus', insofern nämlich im Grunde alle Journalisten sich den gleichen Inhalten widmen und zur selben Zeit vieles andere Wichtige weitgehend unbeachtet bleibt. Zeiten des ‚Rudeljournalismus' sind für die von ihm nicht behelligten Politiker eine gute Gelegenheit, auf unbeachteten Politikfeldern Dinge voranzutreiben, die ansonsten massenmediale Aufmerksamkeit, Kritik und Kontrolle auf sich zögen und darum möglicherweise unterblieben.

– Besonderen Informations- und Nachrichtenwert hat stets das Unübliche, das aus dem Rahmen Fallende, somit auch das Neue und Schlechte. *Vernünftigerweise* von solchen Auswahlgrundsätzen geprägt, kann Medienwirklichkeit gar nicht anders, als ein entsprechend *verschobenes* Bild der Operationswirklichkeit zu zeichnen. Dieses wird dann allerdings, und zwar meist ohne daß jene ‚Verschiebung' bedacht wird, zur Grundlage persönlicher und gesellschaftlicher Wahrnehmungs- bzw. Redewirklichkeit. Unter der Geltung der praktisch bewährten Journalistenregel ‚*Hund beißt Mann* ist keine Meldung, *Mann beißt Hund* ist eine Meldung!' sind die Medien sozusagen voller Berichte über hundebeißende Männer. Das spiegelt dann ein Handlungsproblem vor (‚Schützt die Hunde vor den Männern!'), das so gar nicht besteht und dessen gehäufte Erwähnung in den Medien nur eine Folge massenmedialer Aufmerksamkeits- und Berichtsregeln ist. Zwar müßte derlei nicht zu politischen Handlungsproblemen führen, falls die Mediennutzer jene völlig *rationale* Abweichung der Medienwirklichkeit von der Operationswirklichkeit wirklich als *Abweichung* erkennen würden und bei ihren politischen Interpretationen und Folgerungen einfach entsprechende Abstriche vornähmen. Doch nur wenigen ist diese Abweichung der Medienwirklichkeit von der Operationswirklichkeit praktisch bewußt, weswegen es oft zum *Fehlschluß* von der Medienwirklichkeit auf die Operationswirklichkeit kommt. Nun besagt aber das eingangs erörterte Thomas-Theorem:[713] ‚Wenn Menschen eine Situation (= Operationswirklichkeit) als so und nicht anders beschaffen *definieren* (= Perzeptionswirklichkeit), und wenn sie von dieser ‚Situationsdefinition' ausgehend *handeln*, dann sind die *Folgen* solchen Handelns *real*, ganz gleich wie *irreal* die Situationsdefinition war'. Wenn also viele Bürger der Medienberichterstattung als politisch zu lösendes Problem entnehmen ‚Schützt die Hunde vor den Männern!', und wenn anschließend demoskopische Erhebungen ebenso wie die Tätigkeit von Bürgerinitiativen oder Vorstöße von Interessengruppen als weit verbreiteten gesellschaftlichen Wunsch hervorheben, genau *dieses* Problem solle nun endlich vom politischen System aufgegriffen und gelöst werden, dann *ist* etwas zu einem politisch zu bearbeitendes Problem geworden, das in der Wirklichkeit als Problem vielleicht *gar nicht existiert*. Wenigstens symbolische Politik wird dann nötig. Im schlimmeren Fall ändert man auch die Gesetze, und im schlimmsten Fall zieht man knappes Geld von der Arbeit an realen gesellschaftlichen Problemen ab und gibt es aus für ein massenmedial glaubhaft gemachtes Pseudo-Problem. Leider kommt derlei massenmedial erzeugter Handlungsdruck gar nicht selten vor und bindet viel politische Aufmerksamkeit und Arbeitskraft.

– Ein Sonderproblem dieser durchaus rationalen Auswahlpraxis massenmedialer Berichterstattung ist ihr ‚Negativismus'. Systematische Medieninhaltsanalysen zeigen seit Jahren,[714] daß bei der Berichterstattung über Politiker, über politische Parteien, über politische Institutionen und über konkrete Politikprozesse die meisten Meldungen und Kommentare in den Massenmedien zwar neutral sind, daß die Anzahl der Meldungen über Schlechtes und negativer Kommentare aber die Anzahl der Meldungen über Gelingendes und positiver Kom-

---

713 Siehe S. 43.

714 Besonders große Verdienste gesellschaftlicher Aufklärung hat sich hier die in Anm. 709 erwähnte Zeitschrift MedienTenor und die hinter ihr stehende Forschungsgruppe erworben.

mentare fast immer deutlich übersteigt. Die Folge dessen ist aus demoskopischen Untersuchungen seit langem bekannt: Die Lage in der eigenen Lebenswelt, die man aus persönlicher Erfahrung kennt, wird stets als wesentlich besser eingeschätzt als die allgemeine Lage, über die man aus der Medienwirklichkeit und der von dieser geprägten Redewirklichkeit erfährt.

Wenn also beispielsweise über 50% der Bürger ihre *persönliche* wirtschaftliche Lage als gut einschätzen, zugleich aber nur 15% die *allgemeine* wirtschaftliche Lage als gut ansehen,[715] dann wird zwar eher die Bewertung der eigenen Lage als die der allgemeinen Lage die Wirklichkeit treffen. Hinsichtlich der eigenen wirtschaftlichen Lage kann einem nämlich ein anderer kaum ein X für ein U vormachen, während man hinsichtlich der Einschätzung der allgemeinen Lage einesteils von der Medienwirklichkeit, andernteils von der – massenmedial gespeisten – Redewirklichkeit im persönlichen Kommunikationsumfeld abhängig ist. Doch jener systematische Zusammenhang zwischen massenmedialem Negativismus und einer eigenen Verkennung der allgemeinen Lage ist den meisten Bürgern ganz unbekannt, überdies von Journalisten – und das wiederum massenwirksam – der nunmehr empirisch nachgewiesene ‚Negativismus' ihrer Berichterstattung jahrzehntelang in Abrede gestellt wurde. Wenn nun also Menschen die allgemeine Lage als schlechter einschätzen als ihre persönliche Lage, dann führen sie das in der Regel nicht auf jene Medienwirklichkeit zurück, anhand welcher sie zu ihrem Urteil kommen; vielmehr glauben sie meist wirklich daran, die allgemeine Lage sei schlechter als ihre persönliche. Für die vermutete Überdurchschnittlichkeit ihrer eigenen Lage sind sie oft dankbar; nicht selten führen sie derlei auf Glück oder die eigene Tüchtigkeit zurück. Ebenso gibt es dafür, daß die Lage außerhalb der eigenen Lebenswelt klar schlechter ‚ist' als die eigene Lage, einen Verantwortlichen: nämlich die Politik. Ihr wird Schuld an den ‚verbreiteten Mißständen' natürlich um so eher zugeschrieben, je mehr Politiker ‚verantwortungsimperialistisch' die Lösung im Grunde aller wirtschaftlichen und gesellschaftlichen Probleme durch die Mittel der Politik versprechen.

Wenn nun aber die allgemeinen Zustände gemeinhin überhaupt nicht so schlecht sind, wie das die Bürger auf der Grundlage der von ihnen genutzten Medienwirklichkeit vermuten, sondern wenn im Grunde eher die Beschreibungen der *eigenen* Lebenswelt seitens der Bürger die Lage treffen, dann wird offenbar ‚der Politik' oft ganz zu Unrecht ‚Versagen' vorgeworfen. Umgekehrt wird ‚der Politik' gerade nicht auf ihr Leistungskonto gebucht, daß in der persönlichen Lebenswelt der Bürger meist mehr als bloß akzeptable Zustände herrschen. Das politische System erntet dann nicht jenen Legitimitätsgewinn, den es sich eigentlich erarbeitet; im Gegenteil wird es nach Mißständen beurteilt, die in Wirklichkeit gar nicht so oder so dramatisch bestehen, wie die Bevölkerung das nun freilich vermutet. Derlei Wirkungszusammenhänge bannen das politische System in eine virtuelle[716] Performanzfalle, aus der es, eben wegen ihrer Virtualität, kaum einen Ausweg gibt. Der einzige, der sich weisen läßt, bestünde darin, genau diese Zusammenhänge zum populären Allgemeinwissen zu machen. Doch solche Versuche waren bisher keineswegs erfolgreich.

– Massenmedien können zwar nur sehr eingeschränkt beeinflussen, *wie* über etwas gesprochen und geurteilt wird, sehr wohl aber, *worüber* gesprochen und geurteilt wird (‚agenda setting'). Solche Themen stehen dann auf der Agenda einesteils öffentlicher politischer Diskurse, andernteils politischer Handlungsaufgaben. Massenmediale Nachrichtengebung und öffentliche Diskussionen haben aber Eigendynamik. Sobald kaum mehr Neues zu melden ist, wenn Grunde alles mehrfach berichtet und kommentiert wurde, dann ist ein Thema gewissermaßen

---

715 Analoge Befunde gibt es, unter anderem, hinsichtlich des Zerstörungsgrades der Umwelt ‚im allgemeinen' bzw. ‚am eigenen Wohnort', oder hinsichtlich der Lage ostdeutscher Frauen nach der Wiedervereinigung ‚im allgemeinen' bzw. im Fall der befragten Frau selbst.

716 ‚Virtuell' meint ‚nur vorgestellt, doch für wirklich gehalten', ‚rein imaginär, doch wie eine Tatsache behandelt'.

‚abgegrast'. Auch verliert sich öffentliches Interesse, falls nur noch wenig Personalisierbares, Dramatisierbares, Skandalisierbares zu erfahren ist. Themen beenden dann sozusagen eine Karriere, die kometengleich begonnen haben mag. Über ein solches Thema als Journalist oder gar als Politiker dann weitere Meldungen ‚durchzubekommen', kann nachgerade unmöglich werden – einesteils, weil das Thema wirklich niemanden mehr interessiert, andernteils, weil alsbald neue Themen die journalistische Aufmerksamkeit und den Platz in Zeitungen, die Zeit in Hörfunk- und Fernsehsendungen beanspruchen. Keineswegs muß damit aber auch der vom Thema angestoßene politische Prozeß schon beendet sein. Im Gegenteil wird er nun, da sich die Karriere jenes Themas ihrem Ende zuneigt, jenseits rascher *symbolischer* Handlungen überhaupt erst in seine *Planungs*phase gelangen. Sollte es dann zu problemlösendem Handeln, gar zu einer Problemlösung kommen, so ist meist das Thema längst vergessen, das einst zur problemlösenden Politik führte. Es bedarf dann einiger Anstrengung, das einst für Aufregung sorgende Thema wieder in Erinnerung zu rufen und überdies noch zu vermitteln, was inzwischen geleistet wurde. Denn *daß* ein Problem gelöst wurde oder Politik sich wenigstens darum *bemühte*, hat stets einen viel *geringeren* Nachrichtenwert als ihn einst jenes Problem oder der Skandal besaß, von dem die Themenkarriere ausgelöst wurde. Also wird über erfolgsorientierte politische Bemühungen, auch über erfolgreiche Politik aus durchaus rationalen journalistischen Gründen deutlich seltener berichtet als über Mißstände und Dinge, die scheitern. Wer Medienwirklichkeit für alle praktischen Informations- und Kommunikationszwecke wie einer ‚Widerspiegelung' der Operationswirklichkeit behandelt, der wird darum Politik, ihre Anstrengungen und ihr Leistungsvermögen klar *unterschätzen*. Daß genau das der Normalfall ist, zeigen vielerlei demoskopische Umfragen. Erst in Wahlkämpfen, wenn politische Parteien aktiv ihre Leistungen hervorkehren, haben politische Erfolge wieder gute Chancen, berichtet und wahrgenommen zu werden. Darum ist es nicht verwunderlich, daß die Zufriedenheit von Bürgern mit der Leistungsfähigkeit ihres politischen Systems und das Vertrauen zu ihren Institutionen regelmäßig im Lauf von Wahlkämpfen zunimmt und sich anschließend wieder verliert. Was sich *außerhalb* von Wahlkämpfen ausbreitet, sind statt dessen meist Politikverdrossenheit und Vertrauensprobleme zumal der den politischen Streit führenden Institutionen, was beides nicht spurlos an der politischen Kultur einer Gesellschaft und an der Legitimitätslage ihres politischen System vorübergeht.

Nicht minder wichtig sind die überaus problematischen politischen Folgen *medienspezifischer Darstellungszwänge*. Sie lassen sich knapp in drei Punkten zusammenfassen:

– Eigentlich in allen Massenmedien gibt es *nicht* genügend Platz oder Zeit zur Darstellung der Vielfalt dessen, was berichtet werden könnte und tatsächlich berichtenswert wäre. Das gilt vor allem für jene Medien, welche die Bürger als ihre wichtigsten politischen Nachrichtenquellen benutzen: die kurzen Nachrichten im Radio, die fünfzehn bis zwanzig Minuten von Tagesschau, Heute oder einer anderen Nachrichtensendung im Fernsehen, sowie die Lokalzeitung mit ihrem häufig eher dünnen allgemeinpolitischen Teil. Es muß also in allen Massenmedien sehr streng ausgewählt werden. Auch unter Abzug aller Verzerrungen durch die bevorzugte Darstellung des gerade Aktuell-Interessanten, des aus dem Rahmen Fallenden und des Negativen, ist die Folge solchen Platz- und Zeitmangels ein sehr zerstücktes und überaus vereinfachtes Bild politischer Wirklichkeit. Alltagspraktische Hermeneutik[717] füllt dessen Lücken mit Alltagswissen und Alltagsvermutungen aus der Lebenswelt der Bürger. Da aber die meisten Bürger die politische Wirklichkeit aus der eigenen Lebenswelt gerade *nicht* kennen, ihre vereinzelten Kontakte mit der Welt der Politik aber meist auch sehr *bruchstückhaft* sind, muß es nicht wundern, daß die massenmedial vermittelten Ausschnitte politischer Operationswirklichkeit oft nach Maßgabe unpolitischer, naiver, recht simpler Deu-

[717] Vgl. S. 164ff.

tungsmuster zusammengesetzt werden.[718] Dann entsteht als politische Perzeptionswirklichkeit ein sehr oberflächliches Bild, oft auch hochgradig verzerrtes Bild politischer Operationswirklichkeit. Politisches Handeln erscheint Bürgern dann als ‚eigentlich leicht', denn ‚im Grunde müßte man ja nur ...'. Wer so denkt, wird es um so weniger akzeptieren, daß Politiker ‚so viele Worte um eine an sich doch klare Sache machen' und nicht ‚einfach etwas tun'. Die Leistungen der politischen Klasse werden dann nicht an den *realen* Handlungsproblemen gemessen, sondern am Maßstab einer zwar aus vernünftigen Gründen, aber eben doch überaus vereinfachten Medienwirklichkeit, die den eigenen ‚gesunden Menschenverstand' eher bedient und bestärkt als belehrt und korrigiert. Da Journalisten sehr oft den ‚gesunden Menschenverstand' ihrer Adressaten teilen, tritt dieser Effekt um so nachhaltiger auf.

– Journalistisch ist alles das besonders *gut* darstellbar, was sich an *Personen* aufzeigen, in Form betroffen machender *Geschichten* erzählen oder als Unterschied zwischen Norm und Wirklichkeit, d.h. als *Skandal* aufbereiten läßt. Viel *schlechter* lassen sich hingegen *langfristige Entwicklungen* darstellen (etwa die allmähliche Erosion sozio-moralischer Mileus), *strukturelle Zusammenhänge* (z.B. die zwischen Standardbiographien in einer Gesellschaft und der Reproduktion der Bevölkerungszah) und generell alle jene Dinge, deren systematische Gestalt sich viel weniger am konkreten Gegenstand als vielmehr anhand *abstrakt-verdichtender Begriffe* beschreiben läßt (beispielsweise die Folgen von Inkompatibilität zwischen Parteiamt und Parlamentsmandat für die Sicherung politischer Verantwortlichkeit). Politische Probleme, welche die Tagesaktualität überdauern und genau darum besonders wichtig sind, werden nun aber sehr häufig von langfristigen Entwicklungen, von strukturellen Zusammenhängen und von im Grunde nur abstrakt-verdichtend erklärbaren Dingen erzeugt. Vor allem auf *diese* muß langfristig gestaltungswillige Politik also einwirken. Entsprechende Politikprogramme zu erläutern, bedarf somit der Bezugnahme gerade auf das, was massenmedial besonders *schlecht* vermittelbar ist. Einesteils besteht eine rationale Reaktion der politischen Klasse auf diesen Zusammenhang darin, vordringlich das massenmedial Thematisierte abzuarbeiten, das massenmedial schwer Thematisierbare aber hintanzustellen oder vor allem in ‚kommunikativen Nischen' – also unter Ausschluß der Öffentlichkeit und somit ohne demokratische Kontrolle – voranzutreiben. Politiker, die andernteils derlei vermeiden und im Grunde ‚richtig' handeln wollen, laufen unter den beschriebenen Kommunikationsbedingungen leicht in die folgende Falle: Wenn sich Politik langfristige, strukturelle, im Grunde nur abstrakt-verdichtet ansprechbare Dinge vornimmt, und wenn folglich die von der politischen Klasse bearbeiteten Probleme und Lösungswege in der Medienwirklichkeit nicht gut darstellbar sind, dann entsteht beim Hörer oder Zuschauer überaus leicht der Eindruck, ‚die Politiker' redeten an den ‚wirklichen' Problemen der Menschen vorbei – jenen an nämlich, die an *konkreten* Personen, Geschichten und Skandalen sichtbar werden. Auf diese Weise verstärkt sich erst recht der Eindruck, die politische Klasse bekomme gar nicht mit, ‚was wirklich Sache ist', weil sie sich offenbar in einer ‚Kunstwelt' abstrakter, ein Stück weit eingebildeter, nur für Politiker selbst wichtiger Probleme verfangen habe. Das läßt Vertrauen zur politischen Klasse erst recht nicht entstehen oder sinken. Die Pointe besteht natürlich darin, daß hier eben der Versuch nicht-populistischer Politik solch populistische Kritik hervorruft .

[718] Wer deren Mangel fühlt, ohne wirklich in die realen politischen Zusammenhänge einzudringen, wird oft ‚Verschwörungstheorien' attraktiv finden. Diese geben nämlich einen Verständnisschlüssel an die Hand, den man anderen dann voraushat, und vermitteln das – an sich ja nicht falsche – Gefühl, man verstehe Politik nun viel besser, weil man in der Tat nicht länger in den Denkfiguren des apolitischen Alltagsdenkens befangen sei. Im Grunde ist das der richtige Ansatz einer Emanzipation aus den Fesseln des ‚gesunden Menschenverstandes'. Allerdings geht er in die falsche Richtung und verstellt in der Regel sogar den Weg hin zur politikwissenschaftlichen Analyse politischer Inhalte, Prozesse und Strukturen. Vgl. hierzu S. 73ff.

In besonderer Weise stellen sich solche Probleme bei politischen Nachrichten und Magazinsendungen im Fernsehen. Dort bedarf vieles der Visualisierung, und zwar möglichst *nicht* durch einen ‚redenden Kopf'. Leicht visualisierbar ist aber meist das Personalisierbare und Dramatisierbare – ein kriegerischer Konflikt etwa durch Soldaten in Kampfausrüstung, fahrende Panzer, angreifende Flugzeuge, zerstörte Gebäude, verwundete Zivilisten und dezent gezeigte Leichen. Von dem, was hinter alledem an Problemen, Motiven und taktischen Zügen steht, wird auf diese Weise nichts sichtbar. Derlei behandelt man in der Regel im zum Bild gesprochenen Text. Empirische Forschungen zeigen nun aber, daß bei einer solchen ‚Bild/Ton-Schere' die Bilder, nicht die Worte in Erinnerung bleiben. Die Wahrnehmungswirklichkeit wird dann durch den zwar eindrucksstärkeren, doch weniger informationshaltigen Teil der Medienwirklichkeit geprägt. Und ein Politiker, der sich im Nachgang zu aufrührenden Bildern über die Hintergründe und Handlungsoptionen eines so präsentierten Krieges äußert, der hat in der Regel keine Chance, falls er *gegen* die Bilder sprechende politische Aussagen vermitteln will. Er erscheint in ignoranten ‚politischen Spielen' befangen, während in der Wirklichkeit ‚die Menschen leiden'. Daß Bilder auch ‚lügen können wie gedruckt', ist noch nicht zum selbstverständlichen Gemeinbesitz geworden.

- Im übrigen gibt es *adressatenorientierte Darstellungsgrenzen*. Massenmedien sind *Produkte*, die ihren *Markt* finden müssen. Finanziert werden Printmedien und Fernsehsendungen nämlich zu einem großen Teil über Werbeeinnahmen. Werbekunden müssen aber genau wissen, welchen Personenkreis sie mit welchem Medium ansprechen können. Hat nun einmal ein Medium eine wirtschaftlich sinnvolle Konstellation aus Werbekunden und Adressaten gefunden, dann ist es überaus rational, bei dieser Konstellation zu bleiben. Es legt damit der Adressatenkreis durch Veränderungen seines – stets auf der Grundlage von Marktanteilen und Einschaltquoten beobachteten – Nachfrageverhaltens fest, was ihm auf welche Weise im Medium vermittelt werden kann. Also selbst wenn Journalisten über Politik anderes und mehr berichten *wollen*, als sie das tatsächlich leisten, bleiben sie durch diese *sinnvollerweise* nicht zu ignorierende Adressatenorientierung in ihren politischen Darstellungsmöglichkeiten begrenzt. Auf diese Weise wird der Bürger selbst zum Mitverursacher der ihn irreführenden Medienwirklichkeit.

Und tatsächlich sind es die Bürger, deren *Umgang mit Medienwirklichkeit* die Macht der Massenmedien von einer bloß berichtenswerten Tatsache zu einem wirklichen politischen *Problem* macht. Hier läßt sich ebenfalls in drei Skizzen zusammenfassen, worum es vordringlich geht:

- Den Umgang der Bürger mit Medienwirklichkeit kennzeichnet große *Selektivität*. Das betrifft einesteils die Nutzung von Massenmedien: die meisten informieren sich aus Hörfunk- und Fernsehnachrichten und daneben in der Regel aus nur eine einzigen Zeitung, in der Regel der Lokalzeitung. Andernteils wirkt solche Selektivität beim Behalten des Aufgenommenen: resistent ist man vor allem gegen das, was den eigenen Sichtweisen und Erwartungen widerspricht. Die Pluralität des Mediensystems setzt sich also in der Regel gerade *nicht* in eine Pluralität des persönlich zur Meinungsbildung benutzten Medienangebots um. Das Ergebnis eines pluralen Mediensystems ist darum nur im Ausnahmefall ein vielseitiges, plurales Informationsverhalten der Bürger. Vielmehr kommt es hier einerseits zur Dominanz von ‚Leitmedien' wie den großen Fernsehanstalten für die Masse und der Qualitätspresse für die Elitegruppen, und andererseits zur selektiv die schon gehegten Ansichten verstärkenden Nutzung eines sehr kleinen Ausschnitts aus dem eigentlich verfügbaren Informationsangebot.
- Überaus wichtig ist auch der folgende ‚Spiralprozeß' im Zusammenwirken von Medienwirklichkeit und Redewirklichkeit, den man eine ‚Schweigespirale' bzw. eine ‚Redespirale'

nennen kann.[719] Im einzelnen geht es um folgende Zusammenhänge, die ein jeder unschwer selbst praktisch überprüfen kann:

- Menschen wollen sich meist nicht gerne isolieren, in der Regel auch nicht durch politische Ansichten, mit denen sie alleine stehen.
- Menschen haben die Fähigkeit, in ihrer sozialen Umgebung recht genau zu erspüren, welche politischen Positionen bei der gemeinsamen Verfertigung von Redewirklichkeit ‚ankommen', mit welchen anderen man aber eher aneckt oder sich unter in Rechtfertigungsdruck setzt.
- Redewirklichkeit speist sich sehr stark aus Medienwirklichkeit. Wenn also Menschen in der von ihnen wahrgenommenen Medienwirklichkeit ihre eigenen Positionen eher selten vorkommen sehen, so werden sie diese Positionen zwar nicht gleich aufgeben, sie aber sehr wohl zurückhaltender äußern, als wenn sie aus der Medienwirklichkeit den Eindruck gewinnen, im Grunde jedermann teile ihre Überzeugung.
- Auf diese Weise werden – angestoßen von Veränderungen in der Medienwirklichkeit – bestimmte Positionen auch in der Redewirklichkeit seltener vorkommen.
- Wer dies bemerkt, wird – um sich in seinem sozialen Umfeld nicht zu isolieren – nach gewisser Zeit überprüfen, ob die eigene, immer seltener zu vernehmende Position denn wirklich so gut begründet ist, daß man sie trotz Risiko der Isolation weiterhin vertreten sollte. Zumindest wird er sie weniger offensiv vertreten als bislang.
- Berichten gar noch Massenmedien über den Rückgang der Zahl derer, die jene Position vertreten, so gibt es erst recht gute Gründe, sich mit ihr zurückzuhalten und sie möglicherweise aufzugeben. Damit wurde zur Wirklichkeit, was zunächst nur Definition der Situation war.[720]

Offenkundig kommt durch solches Zusammenwirken von Medien- und Redewirklichkeit, von menschlicher Isolationsfurcht und Lernfähigkeit ein Spiralprozeß in Gang. Er kann zum Verstummen, vielleicht gar zum Verschwinden von Positionen führen; dann liegt ein – häufig zu erlebender – ‚Schweigespiralenprozeß' vor. Ein solcher Spiralprozeß kann aber ebenso bestimmte Positionen popularisieren, so daß man sie auch selbst zunächst zögerlich-ausprobierend vorbringt, später vielleicht als aufrichtige Überzeugung übernimmt. Dann handelt es sich um einen ‚Redespiralenprozeß', wie er in Gestalt modischer Diskurse ebenfalls immer wieder zu beobachten ist. Wer solche Prozesse anzustoßen oder mitzusteuern versteht, übt eindeutig kommunikative Macht aus. Konkret zeigt sich hier, was eingangs das ‚dritte Gesicht' der Macht genannt wurde.[721] Und weil öffentliche Meinung in einem demokratischen Staat der politischen Klasse überaus wirkungsvoll Rahmenbedingungen schafft und sowohl schwer abzuweisende Anreize als auch kaum überwindbare Hürden setzt, liegen politisch ungemein wichtige Prozesse vor, sobald es *politische* Positionen sind, um deren Popularisierung oder Verdrängung es in solchen Spiralprozessen geht.

- Und obschon *alle* hier erwähnten Zusammenhänge weithin *bekannt* sein könnten, obwohl sich die meisten von ihnen bewirkten Probleme durch relativierende ‚Dekodierungskompetenz' beim aufgeklärt-kritischen Umgang mit den benutzten Medien *neutralisieren* ließen, ist das alles gerade *nicht* der Fall. Vielmehr schwanken nicht nur die meisten einfachen Bürger, sondern auch überaus viele Eliteangehörige im Umgang mit Medien zwischen fundamentalem Mißtrauen im einen Augenblick, ziemlich naivem Vertrauen im anderen, und machen zum Kriterium ihrer Akzeptanz von Medieninhalten vor allem, ob die Nachricht oder Kom-

---

719 Vgl. Noelle-Neumann 1979, 1991.
720 Vgl. S. 43.
721 Siehe S. 41.

mentierung in das eigene Vorverständnis paßt oder ihm widerspricht. Dann allerdings schlagen *sämtliche* politisch problematischen Merkmale von Medienwirklichkeit *voll* auf den politischen Prozeß durch. Genau das macht ihn dann noch komplizierter und noch schwerer zu beherrschen, als er das ohnehin schon ist.

(3) Mediatisierung von Politik als Kontrollproblem

In Reaktion auf diese Schwierigkeiten hat die *politische Klasse* inzwischen *großes Erfahrungswissen und Können* ihrerseits zielgerichteter Öffentlichkeitsarbeit und Politikvermittlung erworben. Gute Politiker pflegen eine sehr geschickte Differenzierung ihrer Kommunikationsstile danach, um welchen Zweck von Kommunikation es sich handelt: um sachliche, ergebnisoffene Arbeit in formellen und informellen Gremien (‚Arbeitskommunikation'); darum, sich durch Mobilisierung kommunikativer Macht und durch Funktionalisierung massenmedialer Möglichkeiten gegen Widerstreben durchzusetzen (‚Durchsetzungskommunikation'); oder darum, sich und die eigene Politik möglichst konsistent, schnittig und erfolgreich zu präsentieren (‚Darstellungskommunikation'). Im Bereich von Durchsetzungs- und Darstellungskommunikation findet sich gekonnte ‚Kommunikationsdramaturgie', die schon das politische Handeln selbst nach den Erfordernissen massenmedialer Präsentation ausrichtet. Als Vervollkommnung von Kommunikationsdramaturgie und zugleich deren Wendung ins sachlich Absurde gibt es inzwischen die Inszenierung von Pseudo-Ereignissen, die im Grunde nur zum Zweck der Berichterstattung und als Formen symbolischer Politik stattfinden. Nicht nur Pressekonferenzen und Expertenanhörungen, sondern auch öffentliche Kundgebungen und mitunter internationale Begegnung fallen immer wieder in diese Kategorie inszenierter Pseudo-Ereignisse und binden erhebliche politische sowie journalistische Energie. Vor allem aber hat sich zwischen Politikern und Journalisten, die einander für die jeweils eigene Arbeit dringend brauchen, eine Vielzahl symbiotischer Beziehungen entwickelt. Allerdings gilt das vor allem zwischen Politikern, die in der politischen ‚Kommunikationshierarchie' sehr weit oben stehen, und Spitzenjournalisten. Die so gewonnene zusätzliche kommunikative Führungsmacht von hochrangigen Politikern hebelt allerdings die Einflußmöglichkeiten ihres massenmedial weniger privilegierten ‚Fußvolks' ein Stück weit aus, wodurch Massenmedien nicht unerheblich zur Re-Aristokratisierung von Politik beitragen. Dabei sichern Regeln professionellen Umgangs zwischen Politikern und Journalisten einen weiten Bereich überaus funktionaler Kooperation zwischen der politischen Klasse, den politischen Institutionen und dem journalistischen Subsystem des politischen Systems. Keineswegs ist es also so, als *hinderten* Journalisten und Massenmedien an guter Politik und an gutem Regieren. Sehr wohl aber setzen sie alledem überaus wichtige und, zumal seit dem Aufkommen des Fernsehens, im Vergleich zur Zeit vor fünfzig oder hundert Jahren ziemlich veränderte *Rahmenbedingungen*. Auf diese aus sehr vernünftigen Gründen zu reagieren, prägte die Akteure und Praxis demokratischer Politik sowohl zu ihrem Vorteil als auch mit erheblichen Folgeproblemen nachhaltig um. Politik wurde darum unter dem Einfluß der Massenmedien viel anders, als sie ehedem war. Eben das bezeichnet man, und zwar durchaus kritisch, als ‚Mediatisierung' von Politik; was daraus entstand, heißt „Mediokratie".

Zum einen setzte solche Mediatisierung eine Prämie auf die Telegenität und massenmediale Gewandtheit von Politikern. Das führte unter der politischen Klasse zu einem ganz andersartigen Selektionsdruck, als er früher gegeben war: An die Stelle der Protektion durch Monarchen trat jene durch die Medien, deren Gunst man sich ebenso erhalten muß und bei welchen man ebenso rasch in Ungnade fallen kann wie weiland bei seinem Fürsten. Zum anderen, und vor allem, wurde Politik viel schnellebiger und komplexer. Denn ob willentlich oder ohne Absicht: Durch die journalistische Kreation und Modulation von Medienwirklichkeit *wird* in den Prozeß der Herstellung und Durchsetzung allgemein verbindlicher Regelungen und

Entscheidungen mit kommunikativer Macht eingegriffen. Massenmedien und Journalisten *üben* also politisch wirksame Macht aus. Es ginge ebenso an der Wirklichkeit vorbei, diese von Journalisten ausgeübte politisch wirksame Macht *keine* ‚politische Macht' zu nennen, wie das der Fall wäre, wollte man die gewaltige, vom Wirtschaftssystem ausgehende Macht auch nicht als ‚politisch' bezeichnen: *beide* prägen die Herstellung allgemeiner Verbindlichkeit.

Sowohl jene *wirtschaftliche* Macht als auch die in den Massenmedien geborgene, von Spitzenjournalisten ausgeübte *kommunikative* Macht ist – ganz im Unterschied zur Macht von Politikern – aber *nicht* demokratisch legitimiert. Doch nicht das Fehlen demokratischer Legitimation ist ein Problem. Dieses besteht vielmehr darin, daß zwar die Macht vor allem der Politik, spürbar auch die Macht der großen Wirtschaftsunternehmen, durch die Macht der Massenmedien begrenzt und in Schach gehalten werden kann, daß aber der Macht von Massenmedien und Spitzenjournalisten *keine* sie in *transparenter* Weise begrenzende Gegenmacht gegenübersteht. Vielmehr *bedürfen* alle *anderen* politisch wichtigen Akteure der *Kooperation* mit – zumindest einigen – Massenmedien und mit nicht allzu wenigen Journalisten. Diese üben also in ganz besonderer Weise Macht ohne Mandat aus. Das fällt um so mehr ins Gewicht, je weniger sich Journalisten als den Tatsachen verpflichtete Reporter und als den Positionen *anderer* eine Bühne bietende ‚Moderatoren des Zeitgesprächs' verstehen, sondern vielmehr als Anwälte der von ihnen selbst bevorzugten politischen Positionen (‚anwaltschaftlicher Journalismus'). Und *unmittelbar* politisch wird das alles, wenn empirische Untersuchungen zeigen, daß in einzelnen Ländern die politische Meinungsverteilung unter den Journalisten nicht dem Durchschnitt der politischen Meinungsverteilung in der Bevölkerung entspricht, sondern klar nach der einen oder anderen Seite des politischen Spektrums hin verschoben ist.

Kontrolle von Medien- und Journalistenmacht durch Zensur oder zensurähnliche Maßnahmen verbietet sich in einem freiheitlichen Staat von vornherein. Die durchaus praktizierte Politikerkontrolle über die Macht von Massenmedien und Journalisten durch informationelle oder kampagnenartige ‚Tauschgeschäfte auf Gegenseitigkeit', die ganz analog ist zur parlamentarischen ‚Kontrolle durch Mitregieren', führt hingegen geradewegs in jene Bereiche von politischer Intransparenz und vorauseilendem Gehorsam, die kritischer Journalismus eigentlich ausleuchten und einengen sollte. Die ‚politisch ausgewogene' Auswahl von Journalisten für führende Funktionen in öffentlich-rechtlich betriebenen Rundfunkanstalten ist zwar ein akzeptabler Kontrollversuch demokratisch legitimierter Parteien im Hinblick auf Medienmacht, führt aber ebenfalls zu schwer faßbaren politischen Loyalitäten von Spitzenjournalisten, was alles sich seinerseits der Transparenz und Kontrolle entzieht. Erst recht ist es problematisch, wenn große Parteien – und sei es aus historisch sehr einleuchtenden Gründen – große Anteile an Verlagen und Medienkonzernen besitzen und, vermutlich nicht ohne Zutun ihnen wohlgesonnener Journalisten, massenwirksame Aufklärung über derlei Kapitalverflechtungen so weit unterbinden, daß politisch wirksame Ansatzpunkte für eine öffentliche Kontrolle möglicher parteipolitischer Einflußnahme auf Redaktionen schon gar nicht entstehen können. Allenfalls verpufft oder bricht sich Medienmacht am öffentlichen Desinteresse an einzelnen Themen zu bestimmten Zeiten, was aber viel weniger berechenbar oder zielgerichtet herbeiführbar ist als das öffentliche Interesse an einzelnen Themen.

Weil die – im Vergleich zur politischen Operationswirklichkeit – systematisch so stark verzerrte Medienwirklichkeit in einer Demokratie mit Bürgern ohne sonderliche Medienkompetenz so überaus folgenreich und schädlich ist, dürfte sich hier eine wichtige Schwachstelle, ein stets nur provisorisch im konkreten Störungsfall und bestenfalls teilweise zu behebendes Funktionsproblem im so komplexen Räderwerk der Systemelemente eines demokratischen Verfassungsstates befinden. Und es scheint tatsächlich *keinerlei* mit Pluralismus und Freiheit vereinbare institutionelle Mechanismen zu geben, die geeignet wären, die fatalen Nebenwirkungen völlig fachgerecht verfertiger Medienwirklichkeit zu kurieren oder die in den Massenmedien geborgene Macht zu kontrollieren. Im Grunde kann man darum nur zu zwei Aushilfen greifen. Die erste ist die Förderung von kritischer Medienkompetenz seitens der Bürger – eine Aufgabe von Kommunikationswissenschaft, Politikwissenschaft und Politischer Bildung. Das zweite ist ein von *Vertrauen* zu Journalisten getragener Versuch, im öffentlichen Diskurs zu den Aufgaben von Journalismus im demokratischen Verfassungsstaat die Funktion einer *dienenden* Freiheit der Massenmedien plausibel zu machen und für Journalisten als selbstverständliche Verhaltensnorm die Rolle eines solchen Akteurs in Geltung zu halten, der gerade in *diesem* Dienst politisch wichtig und eben darum zur *Rollendisziplin* aufgerufen ist.

6. Forschungsfelder politikwissenschaftlicher Systemanalyse im Überblick

Aus geschichtlichen wie guten systematischen Gründen geprägt vom Erfahrungshorizont demokratischer Verfassungsstaaten, machen sich die *spezialisierten Unterdisziplinen* des Teilfachs ‚Politische Systeme' daran, die mannigfaltigen Elemente der verschiedensten Typen und Varianten politischer Systeme möglichst zutreffend zu beschreiben, ihre Funktionen sowie ihr tatsächliches Funktionieren zu erforschen, und das mehr oder minder störungsanfällige Zusammenwirken solcher Einzelelemente empirisch zu untersuchen. Ziel ist es, so die Grundlagen und Rahmenbedingungen der Funktionslogik politischer Systeme verschiedenster Art zu ermitteln. Die hierauf abzielenden Forschungsfelder, auf deren Ergebnissen sodann die vergleichende Systemforschung aufbauen kann, lassen sich dreifach gliedern: in die *Unterdisziplinen* des Teilfachs ‚Politische Systeme', in *Politikfeldanalysen*, und in *zusammenfassende Studien von Systemgruppen*.

In der Praxis lassen sich die vorzustellenden Forschungsfelder sowohl untereinander als auch von der vergleichenden Systemforschung nicht streng trennen; außerdem betätigen sich die meisten Politikwissenschaftler auf mehreren Forschungsfeldern und verstehen sich kaum als ausschließlich dessen Spezialist. Folglich hat die nachstehende Auflistung von Unterdisziplinen des Teilfachs ‚Politische Systeme' und ihrer wichtigten Gegenstände nur den Charakter einer überblickschaffenden Orientierung:

- *Politische Soziologie:*[722] Gesellschaftliche und sozioökonomische Grundlagen politischer Systeme, z.B. der Schichtaufbau einer Gesellschaft und dessen politische Prägekraft, oder verfestigte gesellschaftliche Konflikte (‚Cleavages') und deren politische Folgen; Vernetzung des politischen Systems in die Gesellschaft hinein; gesellschaftliche Probleme als Ursache und Folge von Politik; alltagspraktische Auswirkungen politischer Systeme und deren Rückkoppelungen mit dem politischen Prozeß.
- *Erforschung politischer Kommunikation, Propaganda und Sprache:* Struktur der Massenmedien; deren technische, wirtschaftliche, gesellschaftliche, kulturelle und politische Grundlagen bzw. Rahmenbedingungen; Auswahlkriterien der massenmedialen Berichterstattung über Politik; Formen und Auswirkungen von Politikvermittlung und Propaganda; Rezeptionsverhalten der Bevölkerung und dessen Folgen; sprachliche und symbolische Codes sowie Kommunikationspraktiken im politischen Prozeß.

---

722 Hier als Unterdisziplin des politikwissenschaftlichen Teilfachs ‚Politische Systeme' aufgelistet, kann man sie von der Perspektive eines Soziologen aus ebenso gut als Teildisziplin der Soziologie auffassen.

- *Erforschung politischer Kultur:*[723] Politisch bedeutsame Werte und Wissensbestände, politische Einstellungen und Vorstellungen der Bevölkerung; Formen politischer Aktivität und Partizipation; öffentlich bekundete und praktisch benutzte Spielregeln des politischen Prozesses; alltagspraktische Grundlagen politischer Systeme, u.a. die kulturelle und völkische Zusammensetzung der jeweils zu regierenden Gesellschaft. Werden – v.a. durch Umfragen – hauptsächlich Ansichten und Einstellungen untersucht, so nimmt die Erforschung politischer Kultur die Form der *Meinungsforschung* (,Demoskopie') an; stehen politische Verhaltensweisen im Vordergrund, so wird in den Bereich der politischen *Verhaltensforschung* übergewechselt. Indem zeitgenössische politische Theorien, Ideologien und Doktrinen, welche die politische Kultur einzelner Systeme prägen, zum Untersuchungsgegenstand gemacht werden, geht diese Unterdisziplin in jene mehr oder minder historisch orientierte Erforschung systematischen politischen Denkens, die eine Unterdisziplin des Teilfachs ,Politische Theorie' ist.
- *Politische Psychologie:* Psychische Grundlagen politischen Handelns, psychische Auswirkungen politischer Systeme auf die von ihnen regierten Menschen.
- *Erforschung politischer Sozialisation:* Prozesse und Institutionen der Vermittlung politisch folgenreicher Vorstellungen, Einstellungen und Wissensbestände; Untersuchung der politisch bedeutsamen Entwicklung von altersgleichen Personen (,Kohorten') über längere Zeiträume; Analyse der Prägung sowie der daraus folgenden Besonderheiten ,politischer Generationen'.
- *Elitenforschung:* Zusammensetzung, Rekrutierung, Sozialisation, Qualifikation, Karrieren, Zusammenhalt, Einstellungen, Responsivitäts- und Führungsleistung etc. von politischen oder politisch wichtigen Eliten in gesellschaftlichen und politischen (Sub-)Systemen.
- *Erforschung sozialer Bewegungen:* Auftreten, Anliegen, Arten, Funktionen, Strukturen, rechtliche Grundlagen, Vernetzungen und Aktionsweisen von sich immer wieder neu formenden Gruppen von Bürgern (Bürgerinitiativen, Bürgerbewegungen, ,ad hoc-Gruppen' usw.), die bislang noch nicht abgedeckte Interessen vertreten wollen und dazu politische Organisationen bilden.
- *Verbändeforschung:* Arten, Funktionen, Strukturen, rechtliche Grundlagen, Ziele, Vernetzungen, Praktiken usw. von Interessengruppen aller Art.
- *Parteienforschung:* Arten, Funktionen, Strukturen, rechtliche Grundlagen, Ziele, gesellschaftliche Vernetzungen, Aktivitäten usw. von Parteien und ihren Mitgliedern; Parteiensysteme und ihr historisches Werden sowie ihre kulturelle, wirtschaftliche, gesellschaftliche und politische Prägung.
- *Wahlforschung:* Dokumentation und Untersuchung von Wahlkämpfen und Wahlverhalten; Analyse der Grundlagen und Bestimmungsfaktoren des Wahlverhaltens; Prognose von Wahlergebnissen; Erarbeitung praxisnützlicher Hinweise auf erfolgversprechende Strategien und Aufgaben der Wahlkampfführung.
- *Parlamentarismusforschung:* Funktionen, Befugnisse, Strukturen, Arbeitsweisen und Wirkungen von Parlamenten, ihrer Fraktionen und Abgeordneten auf allen Ebenen eines politischen Systems.
- *Regierungslehre:* Aufgaben, Organisationsformen und Arbeitsweisen von Regierungen auf allen Ebenen eines politischen Systems einschließlich der von Regierungen geleisteten Pla-

[723] Vgl. die Ausführungen zu deren Bedeutung für die Konstruktion politischer Wirklichkeit auf S. 23ff und 47f.

nungstätigkeit und der Rückwirkung ihrer Folgen auf weiteres Regierungshandeln (,Planungsforschung').[724]

- *Politische Verwaltungsforschung:* Funktionen, Strukturen, Arbeitsweisen und Wirkungen von politisch bedeutsamen Verwaltungen aller Art.
- *Erforschung ,lokaler Politik':* Politische Prozesse und Strukturen auf kommunaler Ebene; politische Machtstrukturen in der Lebenswelt der Bürger.
- *Föderalismusforschung:* Strukturen und Funktionsabläufe von mehr oder minder bundesstaatlich aufgebauten politischen Systemen; Formen und Probleme vertikaler Gewaltenteilung.
- *Politische Rechtslehre:* Rechtliche Grundlagen politischer Systeme; die Prozesse ihrer Schaffung, Benutzung und Sicherung; das normative und institutionelle Rechtssystem eines Staatswesens oder einer inter- bzw. supranationalen Organisation. Die politische Rechtslehre verbindet sich oft mit der juristischen Disziplin der *Allgemeinen Staatslehre.*
- *Transformationsforschung:* Tiefgreifende Wandlungsprozesse im Bereich von Gesellschaft, Wirtschaft und Kultur sowie deren Auswirkungen auf ein politisches System. Vermag ein Staatswesen derartigen Wandlungsprozessen nicht durch Reformen zu folgen und bricht es zusammen, so findet darin die *Revolutionsforschung* ihren Gegenstand.
- *Theoriebildung* hinsichtlich der Beschaffenheit politischer Systeme, um die Ergebnisse der genannten Einzeldisziplinen in allgemein-abstrakter Weise zusammenzufassen und um der vergleichenden Erforschung politischer Systeme analytische Kategorien bereitzustellen. In dieser Unterdisziplin geht das Teilfach ,Politische Systeme' in die Unterdisziplin ,Politikwissenschaftliche Theorieforschung' des Teilfachs ,Politische Theorie' über.

Während diese Liste der ,Unterdisziplinen' sehr stark auf die im Schaubild 12 zusammengestellten *Elemente* eines politischen Systems abhebt, läßt sich eine weitere Liste von Forschungsgebieten des Teilfachs ,Politische Systeme' anhand jener *Inhalte* erstellen, die durch politische Prozesse gestaltet werden sollen. Das ist das Arbeitsgebiet der *Politikfeldanalysen.*[725] Auf ihm wird ein Politikwissenschaftler zum Spezialisten etwa der Bildungspolitik, Forschungspolitik, Finanzpolitik, Wirtschaftspolitik, Sozialpolitik, Gesundheitspolitik, Wohnungsbaupolitik, Agrarpolitik, Verkehrspolitik, Industriepolitik oder regionalen Strukturpolitik. Solche Spezialisierung kann ihn zu einem wichtigen und gefragten politischen Berater machen, Studenten hingegen den Zugang zu bestimmten Berufsfeldern erschließen.

Eine dritte Liste von Forschungsgebieten entsteht daraus, daß oft mehrere politische Systeme einer bestimmten Region oder eines bestimmten Typs *gemeinsam* erforscht werden und man dergestalt eine *Gruppe* von politischen Systemen, nicht aber ein *einzelnes* politisches System, zum Untersuchungsgegenstand macht. Der Übergang zur weniger beschreibenden, eher auf Erklärung und Theoriebildung ausgehenden vergleichenden Systemforschung ist dabei fließend. Auf drei Ausprägungen zusammenfassender Studien von Systemgruppen sei unter Angabe exemplarischer Themen verwiesen:

- *Vergleichende Staatenkunde*, etwa: ,Die politischen Systeme der baltischen Staaten', ,Die parlamentarischen Regierungssysteme Westeuropas', ,Militärdiktaturen der Dritten Welt';
- *Systemübergreifende Politikfeldanalysen*, etwa: ,Bevölkerungspolitik in Lateinamerika', ,Sozialpolitik in Industriegesellschaften', ,Innere Sicherheitspolitik sozialistischer Staaten';

---

[724] Im Unterschied zu dieser *objektbezogenen* Bezeichnung wird unter Regierungslehre vielfach auch eine teils empirische, teils normative Theorie der *Gesamtsteuerung* politischer Systeme und der Erfüllung der Staatsaufgaben verstanden.

[725] Siehe zu ihnen oben S. 367f.

– *Querschnittsanalysen im Sinn der Unterdisziplinen* des Teilfachs ‚Politische Systeme', etwa: ‚Politische Willensbildung in Osteuropa', ‚Parteien in Erziehungsdiktaturen', ‚Politischer Wandel durch Alphabetisierung'.

Bildet man die Gruppen der gemeinsam untersuchten politischen Systeme nach *geographischen* Gesichtspunkten, so spricht man von ‚Regionalstudien' (‚area studies'). Bei ihnen gewonnene Ergebnisse sind besonders nützlich für die Politikberatung und politische Bildung sowie als Grundstock der vergleichenden Systemforschung. In diese geht die Untersuchung von Systemgruppen ohnehin über, wenn die Gruppenbildung nach *typologischen* Gesichtspunkten vorgenommen wird. Als Zuordnungsmerkmal kann in diesem Fall die Zielsetzung der vorgenommenen Untersuchungen dienen: Soll durch Betrachtung verschiedener politischer Systeme allgemeineres *Zusammenhangs- und Erklärungswissen* erarbeitet werden, so liegt vergleichende Systemforschung vor, von welcher vergleichende *Beschreibungen* mehrerer politischer Systeme bzw. *parallele Einzelfallstudien* abzuheben sind.

Häufig führt man Forschungen im Teilfach ‚Politische Systeme' auch in *historischer Perspektive* durch: Englischer Parlamentarismus der Gegenwart erschließt sich sehr gut, wenn man die Wege seiner geschichtlichen Herausprägung kennt; dem Verständnis von Sozialpolitik ist es förderlich, wenn man ihre derzeitigen Gestaltungsaufgaben als zeitspezifische Ausprägungen recht alter Probleme betrachtet; bei Regionalstudien müssen die oft gemeinsamen geschichtlichen Wurzeln derzeit getrennter politischer Systeme beachtet werden; und bei der Analyse von typologisch zusammengestellten Systemgruppen erweisen sich unterschiedliche historische Voraussetzungen oft als sehr wichtige Untersuchungsvariablen. Folglich ist die Geschichtswissenschaft ein sehr wichtiges Nachbarfach bzw. eine unverzichtbare Hilfsdisziplin des Teilfachs ‚Politische Systeme'. Kenntnisse der Neueren Geschichte und Zeitgeschichte sollte ohnehin ein jeder Politikwissenschaftler selbst dann besitzen, wenn er sich nicht zu einem Nebenfachstudium der Geschichte entschließen kann. Weitere bedeutende Nachbarfächer bzw. Hilfswissenschaften für das politikwissenschaftliche Teilfach ‚Politische Systeme' sind vor allem die Staatsrechtslehre, die Verwaltungs-, Wirtschafts- und Kommunikationswissenschaft, sowie die Geographie, Psychologie, Anthropologie und Soziologie, im Grunde also die meisten Nachbardisziplinen der Politikwissenschaft.[726]

[726] Vgl. S. 135ff.

II. Internationale Beziehungen

Mitunter gilt das Teilfach ‚Internationale Beziehungen‘[727] als der Politikwissenschaft gar nicht so richtig zugehörig. Nicht nur in den USA gibt es eigene Studiengänge mit dem Namen ‚International Relations‘ oder ‚Internationale Beziehungen‘, die mit politikwissenschaftlichen Studiengängen nur lose zusammenhängen. Das hat vor allem mit der Geschichte dieses Teilfachs und seines Gegenstandes zu tun.

1. Geschichtliche Prägefaktoren und (Vor-)Geschichte des Teilfachs ‚Internationale Beziehungen‘

Zwar waren die Beziehungen zwischen Gesellschaften und ihren politischen Systemen immer schon Gegenstand systematischen politischen Denkens. Doch solange aufgrund von Kommunikations-, Verkehrs- und Transportbedingungen ohne Telegraph, Telephon, Telefax und Internet, ohne Eisenbahn, Auto und Flugzeug, ohne Tanker und Containerschiffe die Gesellschaften der Erde und ihre politischen Systeme einander noch nicht so nahe gerückt waren, wie dies seit dem 19. Jahrhundert sowie seit dem Zweiten Weltkrieg und zumal seit dem Ende des Ost/West-Konflikts der Fall ist, hatte dieser Gegenstand eine viel geringere Bedeutung als im Zeitalter beginnender und inzwischen auch weitgehend erreichter Globalisierung. Vielmehr stand er im Schatten der zunächst dominierenden Frage, wie sich auf durch einzelne Völker in Besitz genommenen Gebieten überhaupt verläßliche Strukturen wirtschaftlicher, gesellschaftlicher und politischer Ordnung schaffen ließen. Entsprechend dominierten solche, meist der ‚Systemlehre‘ zugeordneten, Fragen die Entwicklung nicht nur des ‚westlichen‘ politischen Denkens, aus dem die heutige Politikwissenschaft entstand. Die Wissenschaft von den Internationalen Beziehungen entstand darum gewissermaßen am Rande der Politikwissenschaft. Der Blick auf die Doppelgeschichte der Entwicklung ihres Gegenstandes und ihrer selbst macht klar, warum das so ist.

a. Friedensstiftung als Prägefaktor der Wissenschaft von den Internationalen Beziehungen

Im ‚klassischen‘ Griechenland zwischen dem 8. und 4. vorchristlichem Jahrhundert, also vor der erstmals ‚globalisierenden‘ Epoche des Hellenismus, konnte sich – aus der Warte der *unsere* Tradition begründenden Griechen – die Analyse ‚internationaler‘ Beziehungen auf relativ wenige Themen beschränken. ‚Nach außen‘ ging es um Abgrenzung, Friedenssicherung und Diplomatie zwischen Griechen und Barbaren; ‚nach innen‘ genügte das Denken in Kategorien von mehr oder minder losen Polis-Bünden, die kolonial, vertraglich oder imperial gegründet wurden, und ging es um Fragen von Solidarität, Hegemonie oder Gleichgewicht unter den ‚Stadtstaaten‘ und ihren Bünden. Unverkennbar sind das bis heute zentrale Fragen einer Analy-

---

[727] An Einführungsliteratur zu diesem Teilfach sei – über die in Anm. 893 genannten allgemeinen Lehrbücher und Einführungen hinaus – auf folgende Titel verwiesen: Albrecht 1995, Bellers/Meyers 1989, Bellers/Woyke 1989, Chen u. a. 1975, Czempiel 1981, Druwe / Hahlbohm / Singer 1998, Frei/Ruloff 1984, Kindermann 1981, Knapp / Krell 1996, Krippendorff 1986, List u.a. 1995, Meyers 1981, Nichiolson 1998, Nohlen 1994ff (Bd. 6), Pfetsch 1994, Tauras / Meyers / Bellers 1994 und Tudyka 1971. Speziell zu den Theorien internationaler Politik siehe Behrens/Noack 1984, Beitz 1999, Booth 1997, Chan 1997, Cochran 2000, Frei 1977, Groom 1994, Gu 2000, Knutsen 1992, Haftendorn 1975, Lehmkuhl 1996 und Reynolds 1992.

se internationaler *Politik.*[728] Hingegen wurde ‚internationale' Politik mehr und mehr zu einem Geflecht zunächst internationaler, sodann nur noch ‚staatsrechtlicher' Beziehungen, als – nach den Eroberungszügen von Alexander d. Gr. im vierten vorchristlichen Jahrhundert – zunächst im östlichen Mittelmeerraum die zivilisatorisch einander nahe verwandten hellenistischen Großreiche der Makedonen, Seleukiden und Ptolemäer entstanden waren und sodann im westlichen Mittelmeerraum Rom sein Reich begründete. Das Ausgreifen der Römer in den Osten seit dem zweiten vorchristlichen Jahrhundert führte alle diese Großstrukturen unter römischer Oberherrschaft zusammen. Nach der letzten großen Phase römischer Expansion im ersten nachchristlichen Jahrhundert fanden sich in das *Imperium Romanum* die gesamte Mittelmeerwelt, Gallien, der größte Teil Englands, das westliche und südliche heutige Deutschland sowie das Donaugebiet bis zum Schwarzen Meer eingegliedert. So war ein Reich entstanden, das im Norden, Westen und Süden die ganze als zivilisiert bekannte Welt umfaßte und als einzigen ebenbürtigen Gegner im Osten, im Gebiet des heutigen Iran, das Partherreich kannte. Ein Problem ‚internationaler Politik' oder ‚internationaler Beziehungen' stellte sich hier im Grunde überhaupt nicht mehr. Vielmehr ging es um föderale Strukturbildung im Inneren und ansonsten um die militärische Sicherung der Außengrenzen gegen Barbaren im Norden und kulturell Gleichrangige im Osten.

Dieser universalistische, kosmopolitische Anspruch des Römischen Reiches prägte das politische Denken ‚im Westen' selbst noch dann als Vision einer ‚richtigen' internationalen Ordnung, als sich die Lage völlig verändert hatte. Das war der Fall, als seit dem 5. Jahrhundert die Westhälfte des Reiches von germanischen Völkern erobert war. Diese gründeten eigenständige, einander nicht selten bekämpfende Reiche, z.B. die der Ostgoten und später Langobarden in Italien, der Westgoten in Südfrankreich und Spanien, der Wandalen in Nordafrika, der Franken am Rhein und in Nordgallien, viel später der Normannen in Unteritalien. Einige dieser Reiche führten sowohl den – erst sehr spät und auf fränkischem Gebiet erfolgreichen – Abwehrkampf mit dem seit dem 7. Jahrhundert expandierenden arabischen Islam. Doch keines dieser germanischen Reiche kam umhin, für sich ein plausibles Verhältnis mit dem als ‚Rhomäisches Reich'[729] noch fast ein Jahrtausend weiterbestehenden und nun von Konstantinopel aus regierten (Ost-) Römischen Reich zu definieren.

Die ‚Erneuerung' des (West-) Römischen Reiches durch den Franken Karl d. Gr. im Jahr 800, fortgeführt im 10. Jahrhundert durch den Sachsen Otto d. Gr. und schemenhaft nachleuchtend im Namen ‚Heiliges Römisches Reich Deutscher Nation' bis zum Beginn des 19. Jahrhunderts, gab wenigstens bis hin zu Dante Alighieri (1265-1321) der Vorstellung Nahrung, oberhalb der bestehenden, nicht allzu stabilen Machtgebilde ließe sich durch die Errichtung einer überwölbenden politischen Struktur wieder Frieden stiften. Wie ein Echo der seit spätantiken Zeiten verlorenen friedlichen Einheit der im zivilisierten Europa lebenden Völker tauchten auch später in der Geschichte politischen Denkens immer wieder – zu ihren Zeiten völlig utopisch erscheinende – Wünsche nach einem ‚Völkerbund' und einer ‚Weltregierung' als Mitteln der Friedenssicherung auf: etwa bei Maximilien de Béthune, Herzog von Sully (1560-1641), Émeric Crucé (1590-1648), und beim Abbé de Saint-Pierre (1658-1743). In der Schaffung von Völkerbund, Vereinten Nationen und Europäischer Union, auch durch die Ausformung ‚internationaler Regime' im Vorfeld aller ‚festeren' Strukurbildung,[730] fanden dann im 20. Jahrhundert solche Hoffnungen und Wünsche mehr als nur Ansätze ihrer Verwirklichung. Derartige Visionen vorzustel-

---

[728] Zur Unterscheidung von ‚internationaler Politik' und ‚internationalen Beziehungen' siehe unten S. 389.

[729] Von griech. ‚rhomaíos', d.h. römisch. Das Lateinische hatte sich in der Osthälfte des römischen Reiches eigentlich nie über den Rang einer Rechts- und Verwaltungssprache sowie einer Zweitsprache der Eliten hinaus durchgesetzt. Nach der germanischen Eroberung der westlichen Reichshälfte kam im Osten die lateinische Sprache dann mehr und mehr außer Gebrauch.

[730] Hierzu siehe unten S. 397.

len, zu rechtfertigen und Wege zu ihrer Verwirklichung aufzuzeigen, waren und sind Kristallisationspunkte der Wissenschaft von den internationalen Beziehungen.

b. Einhegung von Gewalt als Prägefaktor

Zunächst aber war, nämlich seit Völkerwanderung und arabischer Expansion, kriegerische Gewaltanwendung als Problem praktischer Politik und politischen Denkens nach Europa zurückgekehrt. Derartige Gewalt war üblich als Mittel von Landnahme und Abwehr, von Rückeroberung und Prävention, von ,innenpolitischer' Machtsicherung oder Machterringung, in Gestalt der germanischen Fehde sogar als Mittel der Rechtswahrung. Mehr noch: Zumindest mit als *legitim* geltenden Herrschaftspositionen ging stets ein völlig unbestrittenes *Recht* auf Kriegführung einher (,jus ad bellum'[731]). Sowohl innerhalb der Feudalgebilde, die seit der Spätantike entstanden waren und erst seit dem 16. Jahrhundert vom aus den Religionskriegen erwachsenden neuzeitlichen Staat mehr und mehr abgelöst wurden,[732] wie vor allem *zwischen* ihnen galt es darum, das Problem häufiger, kriegerischer Gewaltanwendung wenn schon nicht zu lösen, so doch wenigstens anhand plausibler Normvorstellungen einzuhegen.

Hier spielte die seit Augustinus (354-430) entwickelte und von Thomas v. Aquin (1225-1274) systematisch ausformulierte Lehre vom ,gerechten Krieg' (,bellum justum-Lehre') eine zentrale Rolle. Ihr Sinn war gerade nicht die Rechtfertigung, sondern vielmehr die *Begrenzung* von Krieg: *Ausschließlich* dann dürfe Krieg geführt werden, wenn der Zweck des Krieges die Verwirklichung oder Wiederherstellung eines gerechten Zustandes sei; wenn alle alternativen Möglichkeiten, einen solchen gerechten Zustand herbeizuführen, erschöpft seien; und wenn das Unrecht, das der Krieg mit sich bringe, geringer sei als jenes Unrecht, das aus der Hinnahme des bestehenden – und nur durch Krieg zu ändernden – Zustandes erwachse. Bis heute prägt diese Lehre von den Rechtfertigungsgründen eines Krieges das praktische politische Denken und ist eine dauernde Herausforderung für die Wissenschaft von den internationalen Beziehungen, vor allem in ihrer normativen Ausprägung, und für die mit ihr verbundene Politische Philosophie.[733]

Die Entwicklung staatlicher Strukturen seit Renaissance und Religionskriegen führte sodann das so wichtig gewordene Konzept der *Souveränität* in das Nachdenken über ,internationale' Beziehungen ein.[734] Als innenpolitischer Leitgedanke staatlicher Ordnung entstanden, fixierte es die den modernen Staat ankündigende Vorstellung, auf einem bestimmten Territorium müsse es über eine klar abgrenzbare Bevölkerung eine eindeutig identifizierbare Herrschaftsordnung geben, von der aus die oberste, keiner anderen Instanz Rechenschaft schuldende, Gewalt ausgeübt werde. Der Inhaber von Souveränität, der ,Souverän', war somit zwar allen *seinen* ,Untertanen' übergeordnet, den *anderen* ,Souveränen' aber rechtlich gleichgestellt, mit allenfalls Abstufungen des Rangs (etwa zwischen Kaisern und Königen) und natürlich mit unterschiedlichen Graden von Macht und Durchsetzungsfähigkeit gegenüber seinesgleichen. Als ,Souveräne' *inner*staatlich mit der *Friedens*wahrung beauftragt, *zwischen*staatlich aber mit dem *jus ad bellum* ausgestattet, warfen sie das Problem zwischenstaatlicher Friedenssicherung nun mit um so größerer Schärfe auf. ,Souveräne' – gleich ob Monarchen oder Führer souveräner Republiken wie jener von Venedig – konnten nämlich das Recht auf Kriegführung nach Maßgabe reiner Nützlichkeitserwägungen im Sinne ihrer Staaten, d.h. gemäß der jeweiligen ,Staatsräson', nutzen oder ruhen lassen, also *rein willkürlich* eine kriegerische oder friedliche ,Außenpolitik' führen. Eine dieses Recht beschneidende übergeordnete Macht widersprach hingegen völlig dem eben doch erst durchgesetzten –

---

731 Der lateinische Ausdruck meint nichts anderes als ,Recht *auf* Krieg'.

732 Hierzu siehe S. 264ff und 293ff.

733 Siehe zu ihr S. 470f.

734 Siehe hierzu S. 265f.

und zum Zweck der *innenpolitischen* Friedenssicherung ganz unabdingbaren – Prinzip der Souveränität. Souveränität, die das Recht auf außenpolitische Kriegführung *beinhaltete*, ließ sich allenfalls beseitigen mittels *Verzicht* auf sie, nämlich durch Eintritt in eine – dann ihrerseits mit Souveränität ausgestattete – Föderation, oder durch – meist kriegerische – Absetzung eines Souveräns samt Eingliederung seines Herrschaftsgebietes in das des Siegers.

Auf dreifache Weise war aber dennoch, unter Wahrung von Souveränität, das durch diese erzeugte Sicherheitsdilemma zu beheben und Friedenssicherung vorzustellen oder zu verwirklichen:

- Erstens durch die Schaffung und Aufrechterhaltung von *Gleichgewichtssystemen* zwischen Souveränen bzw. souveränen Staaten, wozu Bündnisbildungen ebenso dienen konnten wie starke eigene Armeen oder die präventiv-kriegerische Schwächung einer aufsteigenden Hegemonialmacht.
- Zweitens ließ sich das Recht auf Kriegführung einhegen durch zwischen den Souveränen bzw. souveränen Staaten getroffene *Verträge*, also durch die Schaffung von *Völkerrecht* (,Verregelung' internationaler Politik). Im heute erreichten Grenzfall geht das bis zum Verbot eines Angriffskrieges und zur Vorstellung, selbst kriegerische *Nothilfe* bedürfte einer ausdrücklichen völkerrechtlichen Ermächtigung oder Rechtsgrundlage.
- Drittens konnte man, wenn schon Krieg unvermeidlich war, durch völkerrechtliche Vereinbarungen (CKriegsrecht', *jus in bello*[735]) den Kreis derer einengen, die zu seiner Führung tatsächlich befugt waren (,Kombattanten'[736]). Überdies konnte man Art und Ausmaß zulässiger Gewaltanwendung rechtlich regeln. Beide Möglichkeiten des Kriegsrechts erlaubten es, die Kriegsschäden erheblich zu mindern. Umgekehrt machten sie den Krieg – als von Regierungen eingeplanten ,Kabinettskrieg' – zu einem rational kalkulierbaren und ganz normalen Instrument der Außenpolitik. Ein solches blieb der Krieg, bis der Erste Weltkrieg an den Tag brachte, daß moderne Waffentechnik der schadensbegrenzenden Wirkung des Kriegsrechts gewissermaßen die Grundlage entzogen hatte, und nach dem Zweiten Weltkrieg das atomwaffengestützte Abschreckungspatt enorm kriegsverhindernde Wirkungen zeitigte.

Natürlich sind alle drei Formen der Sicherung von Frieden bzw. der Domestizierung des Krieges bis heute wichtig. Sie bleiben es so lange, wie es akzeptierte Souveränität von ihrer Staatsräson folgenden Völkerrechtssubjekten gibt. Jene Möglichkeiten angesichts neuer Herausforderungen weiterzuentwickeln, die praktische Anwendung solcher Instrumente zu beobachten und hieraus Schlußfolgerungen für eine immer bessere Ausgestaltung internationaler Ordnung zu ziehen, ist bis heute ein Motiv und wichtiger Bestandteil der Wissenschaft von den Internationalen Beziehungen. Diese kristallisierte sich also aus sehr guten Gründen *auch* als (Militär-)Strategie und Völkerrecht aus und entfaltete sich folgerichtig nach dem Zweiten Weltkrieg unter anderem als Kriegsursachen- und Friedensforschung.

c. Die Entstehung der ,Weltgesellschaft' als Prägefaktor

In den letzten zwei Jahrhunderten kam es zu immer engeren wirtschaftlichen Verflechtungen zwischen einzelnen Gesellschaften und ihren Staaten. Ursächlich waren die Sicherung langfristig friedlicher Gesellschaftsentwicklung im Schutz des neuzeitlichen Staates, die Erweiterung von Handel und wirtschaftlicher Verflechtung durch Kolonialismus und Imperialismus, die Beschleunigung – auch zwischenstaatlicher – arbeitsteiliger Spezialisierungsprozesse durch die Industrielle Revolution, vor allem aber die Entwicklung überaus leistungsfähiger Transport-, Verkehrs- und Kommunikationstechnologien. Trotz des völkerrechtlich bis ins 20. Jahrhundert

---

[735] Lat. für ,Recht *im* Krieg'.
[736] Von franz. ,combattre', d.h. gegen jemanden kämpfen.

nur eingehegten, nicht aber abgeschafften staatlichen Rechts auf Kriegführung wurden dergestalt Friede, zwischenstaatliche Regelungen und internationale Organisationen zur Sicherung von Kommunikation und Freihandel erstrebenswerter denn je. Vor allem begann die wirtschaftliche und gesellschaftliche Dimension internationaler Beziehungen im Vergleich zur Rolle des rein staatlich-politischen Verkehrs eine immer stärkere Rolle zu spielen. Wo es einst vor allem *persönliche* Beziehungen zwischen ‚Souveränen' und – auch oft als Diplomaten eingesetzten – adeligen Führungsschichten gegeben hatte, wo später *geschäftsmäßige*, von Amtsinhabern verwaltete und vom Völkerrecht geregelte Beziehungen zwischen *Staaten* entstanden waren, dort wurde aus internationaler *Politik* allmählich ein weit ausgreifendes, überaus dichtes Geflecht von – im Grunde anonymen – inter- bzw. transnationalen[737] *Beziehungen.*

Es entstand also – nicht überall, nicht gleichzeitig und keineswegs alle einbeziehend – ein immer mehr um sich greifender, ein sich immer mehr beschleunigender Entwicklungsprozeß hin zu einer internationalen oder Weltgesellschaft, vernetzt durch mobile Eliten und Güter, durch gewaltige Kapital- und Informationsströme. Deren Bedarf an allgemein verbindlichen Regelungen und Entscheidungen macht zwar internationale *Politik* weiterhin zu ihrem Rückgrat, und zwar ebenso, wie in Einzelgesellschaften das politische System des gesellschaftlichen Regelungsbedarfs willen besteht. Doch national wie international wirken die Eigenlogiken wirtschaftlicher und gesellschaftlicher Vernetzung eigenständig und weit über diesen Bereich des rein Politischen hinaus. Die so aufwachsende internationale Gesellschaft wurde natürlich auch zum Gegenstand des Nachdenkens und wissenschaftlichen Arbeitens über jene politisch wichtigen Inhalte, Prozesse und Strukturen, die sich über ein abgegrenztes Staatsgebiet hinaus erstrecken. Und ebenso wie die Analyse von politischen Systemen erst in Verbindung mit Soziologie und Wirtschaftswissenschaft ein halbwegs vollständiges Bild der politisch (mit-)gesteuerten Entwicklung gesellschaftlicher Prozesse zeichnet, muß die Analyse internationaler Politik sich um eine Soziologie internationaler Beziehungen und um eine Politische Ökonomie des internationalen Systems erweitern, um den historisch neuen Gegenstand der Weltgesellschaft angemessen zu erfassen.

d. Internationale und transnationale Strukturbildung als Prägefaktor

Auf die einsetzende Entstehung der Weltgesellschaft als eines eigendynamischen Bereichs internationaler Beziehungen, der erhebliche Auswirkungen in den eigenen Staat hinein zu entfalten versprach, reagierten die weltpolitisch dominierenden, damals vor allem westlichen Staaten ziemlich schnell und entschieden. Eine erste Reaktion bestand im Versuch, die internationalen Beziehungen durch eigene Machtentfaltung jenseits eigener Grenzen möglichst stark mitzuprägen. Von dieser *außen*politischen Absicht her wurde oft sogar abgeleitet, was *innen*politisch nötig oder gerade noch akzeptabel sei, um eben die *Voraussetzungen* für eine tatkräftige außenpolitische Mitgestaltung des internationalen Umfelds der eigenen Gesellschaft schaffen und sichern zu können. So entstand die von der zweiten Hälfte des 19. Jahrhunderts bis weit in die zweite Hälfte des 20. Jahrhunderts dominierende Lehre vom ‚Primat der Außenpolitik'. Eine belastbare innenpolitische Basis für machtvolle Außenpolitik zu schaffen, nahm dabei oft die Form an, daß *Nationalismus* zur innerstaatlichen Integration und Mobilisierung aller verfügbaren Ressourcen gefordert und gefördert wurde. Das war um so notwendiger, je mehr auf öffentlicher Meinung beruhende Repräsentativverfassungen zur Grundlage staatlicher Machtausübung wurden und eine öffentlich erörterte, darum aber ohne populäre Unterstützung nicht auskommende Außenpolitik an die Stelle früherer Geheim- und Kabinettspolitik trat. Besonders vorteilhaft war es in einer solchen Lage, möglichst klare Ideen ‚nationaler Interessen' zu entwickeln, sie öffent-

---

[737] Zum Konzept der transnationalen Beziehungen siehe unten S. 393 und Anm. 744.

lich glaubhaft zu machen und den eigenen Staat auf sie so festzulegen, daß auch Nachfolgeregierungen von ihnen schwerlich abrücken konnten. Im machttechnischen Idealfall entstand in einer ‚nationalen Gemeinschaft' Konsens über ihre ‚außenpolitische Staatsräson', mochte diese geopolitisch, wirtschaftsimperialistisch, zivilisationsmissionarisch oder ethnisch definiert sein.

Die solcher Staatsräson folgende Außenpolitik bestand meist in offensiven oder defensiven Bündnisbildungen, die dem nationalen Interesse dienlich schienen. Je nach Machtlage eines Staates konnte es auch zu imperialistischen Gestaltungsversuchen eines diesem Staat möglichst günstigen internationalen Umfeldes kommen. Solche Versuche zu beschreiben, zu erklären, zu kritisieren oder zu rechtfertigen, sie gegebenenfalls aus der Perspektive der eigenen Nation auch zu fordern, trat damit zu jenen Gegenständen hinzu, mit denen sich das auf internationale Beziehungen gerichtete politische Denken zu beschäftigen hatte. In diesem Zusammenhang wurden wirtschaftswissenschaftliche, wirtschaftsgeographische und geopolitische Untersuchungen für die Klärung von nationalem Interesse und Staatsraison wichtig, desgleichen historische Rückvergewisserungen der eigenen kulturellen Identität für die Begründung einer nicht nur machtpolitischen, sondern auch zivilisatorischen Mission jenseits der eigenen Staatsgrenzen. Auch aus allen diesen Wurzeln entstand die moderne Wissenschaft von den Internationalen Beziehungen.

Die zweite folgenreiche Reaktion der Staaten auf die Entstehung des Geflechts internationaler Beziehungen setzte wirkungsvoll vor allem ein, als ihre erste Reaktion zum Hochimperialismus des späten 19. Jahrhunderts und zur Zerstörung des alten Europa geführt hatte – zunächst im Ersten, sodann im Zweiten Weltkrieg. Diese zweite Reaktion bestand darin, die alten Utopien von einem ‚Völkerbund' aufzugreifen und sich an den Aufbau von inter- und supranationalen[738] Strukturen der Willensbildung und Entscheidungsfindung zu machen. Sie sollten friedliche Konfliktaustragung und nachhaltige Konfliktregelung auf einer ‚Regierungsebene ohne Regierung' oberhalb der Staaten ermöglichen. Im Grunde wurde damit jener Prozeß des Aufbaus ordnungsstiftender Herrschaftsstrukturen fortgesetzt, der – um Sicherheit und Frieden willen – in den Religionskriegen des 16. und 17. Jahrhundert zum neuzeitlichen Staat geführt hatte. Das geschah aber weitestgehend ohne das Ziel, Eigenstaatlichkeit aufzugeben oder über allenfalls staatenbündische Steuerungsstrukturen hinauszugehen. Nach dem Ersten Weltkrieg wurde derlei ohne nachhaltigen Erfolg in Gestalt des Völkerbundes versucht, nach dem Zweiten Weltkrieg – diesmal mit Erfolg – durch Gründung der Vereinten Nationen und ihrer Unterorganisationen.

Weniger die UNO als vielmehr dieser *grundsätzliche* Weg internationaler Friedenssicherung wurde nachhaltig durch den Ost/West-Konflikt gefördert.[739] Dieser legte derartige Zusammen-

---

738 Bei *inter*nationalen Strukturen arbeiten Staaten oder Regierungen zusammen, ohne eine über ihrer eigenen Entscheidungskompetenz stehende Ebene zur Herstellung allgemeiner Verbindlichkeit einzurichten. Wo – wie in der EU – genau das geschieht, liegen *supra*nationale Strukturen vor (von lat. ‚súpra', d.h. oberhalb von etwas stehend).

739 Er entstand 1917 mit der kommunistischen Machtergreifung in Rußland und der als glaubwürdig akzeptierten Ankündigung der KPdSU, durch Revolution oder Expansion das sowjetische Modell auch in möglichst vielen anderen Staaten einführen zu wollen. Jene europäischen Gesellschaften, in denen der Liberalismus noch nicht zu demokratisch-verfassungsstaatlichem Selbstbewußtsein geführt hatte, reagierten hierauf oft, indem sie Zuflucht bei faschistischen Bewegungen suchten. Diese versprachen einesteils jene sozialen Probleme zu lösen, deren Offenheit den Kommunismus attraktiv machte, und stellten anderenteils in Aussicht, ihren Gesellschaften den Wirrwarr und Terror der Sowjetisierung Rußlands zu ersparen. Der deutsche Faschismus – sich trefflich ‚Nationalsozialistische Deutsche Arbeiterpartei' nennend – gewann nicht zuletzt mit diesem Doppelargument seine Massenbasis. Für kurze Zeit aus außenpolitischen Motiven mit der Sowjetunion verbündet, suchte das nationalsozialistische Deutschland einen irrsinnigen Krieg mit sowohl den westlichen Demokratien als auch der Sowjetunion. Deren nur in gemeinsamer Feindschaft gegen den deutschen Faschismus geeintes, ansonsten von ganz entgegengesetzten Interessen belastetes Bündnis zerbrach ziemlich rasch nach dem Sieg über Deutschland, als die Sowjetunion die revolutionären Ankündigungen von 1917 wahr machte und bis 1948 in allen sowjetisch besetzten Teilen Europas kommunistische Parteien an die Macht brachte, deren hauptsächliche Loyalität der KPdSU und ihren Zielen galt. Nun gestaltete sich die nächste Phase des Ost/West-Konflikts als ‚Kalter Krieg', der von seiner Frontlinie quer durch Deutschland und Europa sowie von seinen Machtzentren in Moskau und Washington aus zeitweise die gesamte Weltpolitik strukturierte. Alsbald war er gekennzeichnet durch das strategische Patt wechselseitig garantierter atomarer Vernichtungsfähigkeit

schlüsse nämlich gerade aus Gründen des *nationalen* Interesses nahe – so sehr, daß sich damals selbst die ‚blockfreien' Staaten in loser Form zusammenschlossen. Insbesondere die westlichen Staaten sammelten anhand von NATO (North Atlantic Treaty Organization), EGKS (Europäische Gemeinschaft für Kohle und Stahl) und EWG (Europäische Wirtschaftsgemeinschaft), später von EG (Europäische Gemeinschaften) und EU (Europäische Union) überaus wichtige Erfahrungen mit auf Freiwilligkeit beruhenden, doch erhebliche Souveränitätsabgaben mit sich bringenden supranationalen Organisationen, Institutionen und nachgerade Regierungssystemen. Auch die integrativ viel weniger anspruchsvolle, nicht supra- sondern nur internationale OSZE (Organisation für Sicherheit und Zusammenarbeit in Europa) zehrt ganz wesentlich von solchen Erfahrungen.

Der europäische Weg *supra*nationaler Strukturbildung, auf den sich nach dem Ende des Ost/West-Konflikts auch die ehemaligen Satellitenstaaten der Sowjetunion sowie etliche ihrer Nachfolgestaaten begeben haben, ist aber international die Ausnahme. Er ist ohnehin nur verständlich vor dem Hintergrund der europäischen Geschichte, gekennzeichnet durch starke kulturelle Gemeinsamkeiten europäischer Gesellschaften bei zerklüfteter staatlicher Organisation. Global viel häufiger und für das entstandene internationale System typisch sind auf vergleichsweise eng definierte Zwecke abgestellte, von *Regierungen* getragene Internationale Organisationen: die sogenannten ‚IGOs'.[740] Hinzu kommen von international zusammenarbeitenden *gesellschaftlichen Gruppen* getragene Organisationen: die ‚INGOs' bzw. ‚NGOs'.[741] Von ersten Ansätzen im 19. Jahrhundert ausgehend und in der zweiten Hälfte des 20. Jahrhunderts aufblühend, wurden sie inzwischen zu beachtlichen Akteuren auf der internationalen Bühne. In ihrer Gestalt entstand die erste Form eines die Staatsgrenzen übergreifenden Systems weltgesellschaftlicher Interessengruppen, wie wir es als innerstaatliches System gesellschaftlicher Interessenvertretung längst kennen. Noch fehlen allerdings weitgehend international wirksame Entscheidungsstrukturen, welche die vertretenen Interessen aufnehmen und verläßlich verarbeiten könnten. Doch auch Prozesse zu ihrer Schaffung haben längst begonnen, nämlich als Aufbau von ‚internationalen Regimen'. Darunter versteht man vertraglich geschaffene Verflechtungen mehrerer Staaten in ausgewählten Politikbereichen (etwa der Rüstungskontrolle oder des Klimaschutzes), die künftig der legitimen nationalen Alleinsteuerung entzogen sind. Solche internationale Regime umfassen typischerweise gemeinsame Ziele, Regeln und Verfahrensweisen und sind mitunter sogar mit Entscheidungsinstanzen oder Schiedsstellen ausgestattet, wenigstens aber mit Verhandlungsgremien, in denen zumindest die beteiligten Regierungen, mitunter aber auch beratend die einschlägigen NGOs vertreten sind.

---

zwischen USA und Sowjetunion und ein – vom Streben nach günstigen Optionen im Abschreckungskalkül getriebenes – Wettrüsten, das die Sowjetunion im Lauf der Zeit wirtschaftlich niederrang. Akzentuiert durch einen Wechsel von Krisenzeiten und Entspannungsphasen, letztere seit den siebziger Jahren des 20. Jahrhunderts mit erheblichem Ansehensgewinn kommunistischer Staaten in den westlichen Ländern belohnt, ein letztes Mal aufgipfelnd Anfang der 80er Jahre im Streit um eine westliche Nachrüstung mit Mittelstreckenraketen und Marschflugkörpern, begann das Ende des Ost/West-Konflikts in der zweiten Hälfte jener 80er Jahre, als die Sowjetunion unter dem KPdSU-Generalsekretär Gorbatschow nicht mehr den Willen und die Kraft zur außenpolitischen Durchsetzung ihrer Macht aufbrachte. Das Ende des Ost/West-Konflikts kam, als 1989 die Sowjetunion in ihren osteuropäischen Satellitenstaaten antikommunistische Revolutionen duldete, wenig später selbst zerfiel und Rußland sich von seinen 1917 propagierten kommunistischen Zielen verabschiedete. Neben seinen ruinösen humanen, wirtschaftlichen, atomaren und ökologischen Spuren bleibt heute vom Ost/West-Konflikt im Grunde nur sein geopolitischer, vor- wie nachideologischer Kern: die Frage nämlich, wie sich einesteils das bikontinentale Rußland in eine europäische Sicherheitsarchitektur einfügen läßt, und welchen Platz diese ehemalige Weltmacht im Spiel der US-dominierten globalen Großmachtpolitik einnehmen kann.

740 Abkürzung von ‚International Governmental Organization'. Ein Beispiel dafür ist die wie die überaus wichtige Welthandelsorganisation WTO (Abkürzung von World Trade Organization). Zu internationalen Organisationen siehe auch den Überblick von Rittberger 1995.

741 Abkürzung von ‚(International) Non-Governmental Organization'. Beispiele dafür sind etwa Amnesty International und Greenpeace.

Solche neuartigen, oft unübersichtlichen, meist nachgerade experimentellen Strukturbildungen zu beschreiben und zu erklären, sie mit Kritik und Verbesserungsvorschlägen zu begleiten sowie Konzepte für weitere wünschenswerte Steuerungsstrukturen einer globalisierten Weltgesellschaft und Weltwirtschaft zu entwickeln, macht die moderne Wissenschaft von den Internationalen Beziehungen zum intellektuell wohl anspruchsvollsten Gebiet der Politikwissenschaft und prägt sie über ihre schon genannten Ansatzpunkte hinaus. Als diese zeigten sich insbesondere die Politische Philosophie und die Völkerrechtslehre, die – in Gestalt der ,Universitätsstatistik'[742] betriebene – Auslandskunde, die dieser eng verwandte politische Geographie und eine den Rahmen der staatlich umgrenzten Volkswirtschaft überschreitende Politische Ökonomie, sowie die Staats-, Diplomatie- und Kriegsgeschichte. Offenbar gehört das alles den alten ,politischen Wissenschaften' an, die im 19. Jahrhundert vollends in verselbständigte Einzeldisziplinen zerfallen waren. Nicht nur für die innere Funktionslogik politischer Systeme, sondern auch für die Strukturierungsmöglichkeiten internationaler Politik und internationaler Beziehungen war damals *keine* alles einschlägige Wissen zusammenführende, alle hilfreichen Betrachtungsweisen integrierende wissenschaftliche Disziplin zuständig.

e. Die Institutionalisierung der Wissenschaft von den Internationalen Beziehungen

Die Begründung einer alle verfügbaren Ansätze integrierenden Wissenschaft von den Internationalen Beziehungen, als solche ganz ohne Tradition, erfolgte nach dem Scheitern der ersten, imperialistischen Reaktion großer Staaten auf das entstandene Geflecht internationaler Beziehungen. Das war nach dem Ersten Weltkrieg und somit zu einer Zeit, als die moderne Politikwissenschaft, zumal in den USA, bereits entstanden war. Dieses neue Fach sollte zum Vordenker und wissenschaftlichen Begleiter der zweiten staatlichen Reaktion auf die Entstehung dichter und damit auch konfliktreicher internationaler Beziehungen werden: Es sollte beim Versuch helfen, durch Einrichtung zwischen- und überstaatlicher Organisationen friedenssichernd zu wirken. Zum tatsächlichen Ausgangspunkt der Errichtung jener neuen Wissenschaftsdisziplin wurde dann die am 30. Mai 1919 auf der Pariser Friedenskonferenz beschlossene Gründung von wissenschaftlichen Instituten zur Erforschung internationaler Beziehungen in Großbritannien und den USA, denen sich im Lauf der Zeit ähnliche Gründungen in anderen Staaten zugesellten. Desgleichen wurden – zunächst in den USA, dann auch in Europa – Stiftungen zur Förderung friedensorientierter Forschung und friedenspolitischer Aktivitäten gegründet. Nicht selten standen und blieben die neuen Institute für Internationale Politik bzw. Internationale Beziehungen *außerhalb* der auch weiterhin errichteten politikwissenschaftlichen Institute. Häufig, etwa in Deutschland nach 1949, wurden Lehrstühle für Internationale Politik aber auch in die neu gegründeten politikwissenschaftliche Institute integriert.

Im Ausmaß, in dem die auf sie berufenen Fachvertreter den Gegenstandsbereich ihrer Disziplin von internationaler *Politik* auf internationale *Beziehungen* weiteten, kam es mitunter zu einer Art ,Halbdistanz' zwischen dem (Teil-)Fach ,Internationale Beziehungen' und der Politikwissenschaft als solcher. Dennoch blieb das bis heute ohne erkennbare Gefahr für eine auch künftig enge Verbindung dieses (Teil-)Fachs mit der Politikwissenschaft. Ihr tut ohnehin keinen Abbruch, daß sich als seine Bezeichnung jetzt weitgehend der Begriff ,Internationale Beziehungen' durchgesetzt hat. Allerdings wird auch noch oft der ältere Begriff ,Internationale Politik' verwendet, der das Interesse auf die genuin politischen Inhalte, Prozesse und Strukturen internationaler Beziehungen fokussiert. Weitgehend außer Gebrauch ist hingegen die Bezeichnung ,Außenpolitik' geraten. Sie wäre in der Tat zu eng, da sie den Gegenstandsbereich dieses Teilfachs

---

742 Siehe S. 59.

nicht nur auf den politischen Kern internationaler Beziehungen, sondern gar noch dessen Betrachtung nur aus der Perspektive eines Einzelstaates verengte.

2. Der Gegenstandsbereich des Teilfachs ‚Internationale Beziehungen'

Gegenstand des Teilfachs ‚Internationale Beziehungen' sind die *Akteure* internationaler Beziehungen; die von ihnen geschaffenen, genutzten, aufrechterhaltenen, immer wieder auch veränderten oder zerstörten *Strukturen* internationaler Beziehungen; sowie jene politischen bzw. politisch wichtigen *Prozesse*, die in diesen Strukturen ablaufen und welche – unter anderem – als unterschiedliche *Formen* internationaler bzw. transnationaler Politik beschrieben werden können. Im einzelnen werden untersucht ...[743]

- die Interaktionen von staatlichen, nichtstaatlichen und individuellen Akteuren im Bereich der internationalen Beziehungen, darunter nicht zuletzt das Zusammenwirken von gesellschaftlich-innerstaatlicher sowie staatlich-internationaler Willensbildung und Entscheidungsfindung (‚linkage politics');
- die einseitige oder wechselseitige Durchdringung der beteiligten Akteure und damit die mögliche *fremd*gesteuerte Beeinflussung eines Akteurs ‚von *innen* heraus' (‚transnationale Politik'), d.h. das komplexe Zusammenwirken staatlicher und nichtstaatlicher Akteure aus mehreren Ländern;[744]
- die Inhalte, Prozesse und (Netzwerk-)Strukturen der faktischen Verflechtung der Akteure internationaler Beziehungen, und zwar vor allem dort, wo nationalstaatliche Entscheidungsstrukturen durch multinational (mit-)gesteuerte Entscheidungsstrukturen auf internationaler Ebene ergänzt oder gar ersetzt wurden, so daß tatsächlich eine mehr oder minder wirksame *Regierungsebene oberhalb nationalstaatlicher Regierungen* entsteht. Internationale Politik ist dann keine *inter*nationale Politik mehr, sondern *multi*nationale Politik, bei welcher die gesellschaftlichen und innenpolitischen Prozesse „eines oder mehrerer nationalstaatlicher Systeme mit den nach außen gerichteten Aktivitäten anderer nationalstaatlicher Akteure oder internationaler Organisationen ein interdependentes Handlungssystem bilden".[745]

a. Akteure internationaler Beziehungen

Nationalstaaten, vertreten durch ihre *Regierungen*, sind als mit Souveränität ausgestattete Völkerrechtssubjekte immer noch die zentralen Akteure internationaler Beziehungen. Natürlich sind in der Regel nur die größten und wirtschaftlich wie militärisch wichtigsten Staaten tatsächlich bedeutende Akteure internationaler Beziehungen. Die meisten Staaten hingegen, etwa die Republik von Trinidad und Tobago oder Burkina Faso, sind in überaus vielen praktischen Zusammenhängen internationaler Beziehungen schlechterdings unwichtig. Doch im Rahmen regionaler Konflikte, die sich ihrerseits zu internationalen Konflikten ausweiten können, vermögen immer wieder auch sonst eher unbedeutende Staaten – wie unlängst Serbien – zu wichtigen Ak-

[743] Zum folgenden siehe Meyers 1994: 228.

[744] Transnationale Politik kann u.a. eine der beiden folgenden Formen annehmen: *Eintesteils* mag ein vom Staat A kontrollierter Konzern K im Staat B tätig sein und dort eine auch politisch wichtige Rolle spielen; dann könnte A über K auf B Einfluß nehmen. *Andernteils* können freie Massenmedien im Staat A Verhältnisse im Staat B kritisch thematisieren und dadurch die Regierung von B dazu veranlassen, den aufgeworfenen Problemen nachzugehen.

[745] So im Anschluß an Karl Kaiser Meyers 1994: 228f.

teuren internationaler Beziehungen zu werden. Auch große Staaten wie Deutschland und im Grunde selbst eine Weltmacht wie die USA sind aber nicht mehr in der Lage, ganz ohne Rücksicht auf andere Staaten ihre Rolle in den internationalen Beziehungen zu spielen: einesteils, weil sie rein wirtschaftlich von möglichst ungestörten Handels- und Kommunikationsverbindungen abhängen, und andernteils, weil Territorium und Bevölkerung keines Staates mehr militärisch seitens eines anderen Staates oder einer international agierenden terroristischen Vereinigung unverwundbar sind. Auch mächtige internationale Akteure können sich darum nicht mehr *jeder* Form der Interessenwahrnehmung ohne ernsthafte Beachtung von Folgelasten bedienen. Somit läuft das völkerrechtliche Prinzip der souveränen Gleichheit aller Staaten realpolitisch so gut wie völlig ins Leere. Es ist allerdings ein überaus wichtiger Rechtstitel für zumal die schwächeren Staaten, zwingt er doch zum offenen Bruch mit völkerrechtlichen Normen, wenn wieder einmal Macht vor Recht gehen soll.

Allianzen wie die NATO oder supranationale Zusammenschlüsse wie die EU können ebenso wichtige Akteure internationaler Beziehungen sein wie machtvolle Nationalstaaten, wenn sie nach außen geschlossen auftreten. In ihrem Fall wird aber besonders deutlich, was natürlich auch für Nationalstaaten gilt: Das internationale Handeln politischer Systeme ist *keineswegs* aufzufassen wie das Verhalten von Billardkugeln, bei denen die eine Kugel ihren Bewegungsimpuls durch den Stoß einer anderen Kugel oder jenes Queues erhält, mit dem ein ‚Staatsmann' als ‚Meister der Diplomatie' die Strukturen internationaler Politik gestaltet. Allenfalls die Zeiten des Absolutismus mit seiner auf dem Corpsgeist der internationalen Adelsgesellschaft beruhenden Geheim- und Kabinettsdiplomatie kann ein solches Modell annähernd treffen. Doch seit der Einführung parlamentarischer Regierungskontrolle und dem Aufkommen demokratischer Rückbindung politischer Führungsgruppen an die Zustimmungsbereitschaft der öffentlichen Meinung ihrer Völker wird das nach außen gerichtete Verhalten von Nationalstaaten stark von *innenpolitischen, gesellschaftlichen und wirtschaftlichen* Prozessen geprägt. Diese sind einesteils Thema des Teilfachs ‚Politische Systeme', andernteils im Teilfach ‚Internationale Beziehungen' Gegenstand der sogenannten ‚Linkage-Analyse'. Für Allianzen und supranationale Zusammenschlüsse, bei denen mehrere auf innenpolitische Absicherung ihrer Handlungsfäigkeit angewiesene Regierungen zusammenwirken, gilt erst recht, daß nicht nur auf die exogenen, sondern überaus stark auch auf die endogenen Prägefaktoren ihres Handelns zu achten ist. Außenpolitik ist somit in keinem Fall einfach mehr *Außen*politik.

Im übrigen beeinflußten schon von jeher die Perzeptionen und Fehlperzeptionen politischer, gesellschaftlicher und wirtschaftlicher Führungsgruppen nicht weniger das außenpolitische Verhalten eines politischen Systems, als das jene realen Probleme oder Interessenlagen tun, die ja erst gebrochen durch ihre Wahrnehmung, Interpretation und Bewertung außenpolitisch handlungsleitend werden. Über solche Perzeptionen und Fehlperzeptionen kommt der ‚subjektive Faktor' auf Seiten jener Personen ins Spiel, die an der außenpolitischen Willensbildung und Entscheidungsfindung beteiligt sind. ‚Ideologie' gleich welcher Herkunft oder inhaltlichen Prägung ist somit eine Grundlage auch außenpolitischen Handelns, internationaler Politik und internationaler Beziehungen. Dabei sind seitens von Staaten vor allem jene Erscheinungsformen von Ideologie wichtig, die so selbstverständlich geworden sind, daß sie als stereotype Wahrnehmungen anderer Gesellschaften und ihrer Regierungen, als möglicherweise gar erfahrungsresistente Freund- und Feindbilder oder als routinemäßig befolgte ‚außenpolitische Traditionen' in internationalen Angelegenheiten die Willensbildung und Entscheidungsfindung nachhaltig beeinflussen.

Solche Stereotypen und Traditionen prägen sogar sehr oft die ‚außenpolitische Infrastruktur' von Staaten oder Allianzen. Darunter versteht man alle jene politischen Strukturen, in denen sich außenpolitische Willensbildungs- und Entscheidungsprozesse vollziehen. Zu ihnen gehören die Regierungszentralen, die Außenministerien, oft auch die Verteidigungs- und Wirtschaftsministerien, die diplomatischen Vertretungen, Geheimdienste, die außenpolitischen Ausschüsse der

Parlamente, die außenpolitische Arbeitskreise von Parteien sowie nationale und private außenpolitische Forschungseinrichtungen. ‚Außenpolitisches Entscheidungszentrum' heißen dabei jene Bereiche der außenpolitischen Infrastruktur, in denen die Entscheidungen konkret fallen; deren zentralen Akteure sind die ‚außenpolitischen Entscheidungsträger'. Dies alles sind gewissermaßen die ‚realen' Akteure internationaler Politik, da Nationalstaaten und Allianzen nur über jene Personen handeln können, die ihre Schlüsselstellungen innehaben oder für sie auftreten.

Wenn man erkennt, daß aus machtpolitischen Gründen keineswegs *alle* Staaten wichtige Akteure internationaler Beziehungen darstellen, wird schnell klar, welche Gruppen von nichtstaatlichen Akteuren wohl gleich *nach* den globalen oder regionalen Führungsmächten wichtig sein werden. Zum einen sind das die *global agierenden Unternehmen (‚multinationale Unternehmen', ‚global players')*. Auch kleine und machtpolitisch unbedeutende Staaten sind zwar stets wichtig als – mehr oder minder leistungsfähige – Verwalter der von ihnen regierten Territorien und als erfolgreiche oder scheiternde (Mega-)Institutionen zur Wahrung von Recht und Ordnung auf ihren Staatsgebieten. Doch an internationaler Macht sind sie global agierenden Unternehmen wie Shell oder Siemens offenbar weit unterlegen, vor allem, wenn es um konstruktiven, nicht um destruktiven Einfluß geht. Die Regierungen solcher Staaten können sogar in *innen*politischen Willensbildungsprozessen machtpolitisch nachrangig werden, sobald global agierende Unternehmen durch aktive Korruption oder durch – gegebenenfalls gar nur in Aussicht gestellte – Investitions- bzw. Konsumtionsentscheidungen in die Wirtschaft und Gesellschaft eines vergleichsweise armen Staates hineinzuwirken beginnen. Dann werden multinationale Unternehmen für solche Staaten meist viel wichtigere Partner, als das ein Großteil der übrigen Staatenwelt ist. Im Unterschied zu den territorial gebundenen Staaten voll beweglich und oft von viel größerer Organisations- und Finanzkraft als sie, gehören global tätige Unternehmen also zu den besonders wichtigen Akteuren zeitgenössischer internationaler Beziehungen.

Die zweite Gruppe von wichtigen Akteuren internationaler Beziehungen unterhalb der Machtstellung globaler oder regionaler Führungsmächte, bzw. von nach außen geschlossen auftretenden supranationalen Zusammenschlüssen oder Allianzen, sind die *Internationalen Regierungsorganisationen* (IGOs). Derzeit rund 450,[746] von Regierungen im Namen ihrer Staaten aufgebaut und betrieben, agierend mitunter auf der Basis souveräner Gleichheit ihrer Mitgliedsstaaten, mitunter bei vertraglicher Absicherung von Einflußunterschieden, können sie – wie die UNO und ihre Sonderorganisationen – bei der Herstellung international verbindlicher Entscheidungen oder bei der Durchsetzung von international bindenden Regeln eine sehr wichtige Rolle spielen. Die einen tun das eher im Bereich von ‚high politics' wie der Sicherheits-, Finanz- und Wirtschaftspolitik, die anderen eher im Bereich von ‚low politics', wo beispielsweise die Weltgesundheitsorganisation WHO und die Internationale Atomenergie-Kommission IAEA agieren. Welche *machtpolitische* Rolle eine internationale Organisation konkret übernehmen kann, hängt allerdings ganz vom Einzelfall ab, insbesondere von der Wichtigkeit und vom Grad der Vergemeinschaftung des ihr übertragenen Politikfeldes, von der Ausgestaltung ihrer Kompetenzen und – vor allem – vom Ausmaß an Interessenkonvergenz, zu dem ihre Mitgliedsländer routinemäßig gelangen können.

Eine weitere Gruppe von immer wichtiger werdenden Akteuren internationaler Beziehungen bildete sich sowohl in Reaktion auf Probleme, die nur im Zusammenwirken über Grenzen hinweg gelöst werden können, als auch als Antwort auf das sich tatsächlich verdichtende Zusammenwirken von Regierungen bei der Arbeit an solchen Problemen. Es handelt sich um die bereits erwähnten *Internationalen Nicht-Regierungsorganisationen* wie Amnesty International oder Greenpeace. Rund 10.800 derartige NGOs[747] agieren derzeit auf internationaler Ebene als Seiten-

---

[746] Naßmacher 1998: 431.
[747] Ebenda.

stück zu den innerstaatlich tätigen Interessengruppen. Zweifellos sind sie die ersten Vorboten einer sich zur politischen Handlungsfähigkeit organisierenden Weltgesellschaft. Es fehlen ihnen aber auf internationaler Ebene noch wirksame Entscheidungsstrukturen als politisches Gegenüber, mit dem sie ebenso routinemäßig Kontakte pflegen könnten, wie das – zum wechselseitigen Vorteil – innenpolitisch zwischen Interessengruppen und Ministerien, Parlamentsausschüssen oder Fachvereinigungen politischer Parteien möglich ist. Die Aufnahme von NGOs in Wirtschafts- und Sozialräte oder sonstige nichtstaatliche Konsultativgremien, die mitunter bei IGOs angesiedelt sind, stellt einen nur unzulänglichen Ersatz für den innerstaatlich selbstverständlichen Zugang von Interessengruppen zu politischen Entscheidungsträgern dar. Deshalb bleibt NGOs oft kein anderes Mittel wirksamer Einflußnahme auf internationale Willensbildungsprozesse, als sich anläßlich der Konferenzen von IGOs anhand von Parallelaktionen, darunter spektakulären und mitunter gewalttätigen Auftritten, an die Massenmedien und somit – politisch nicht zu ignorieren – an die Öffentlichkeit in den Mitgliedsstaaten der jeweiligen IGO zu wenden. Ansonsten stehen ihren nationalen Gliederungen zwar wechselseitig abgestimmte Versuche der Einflußnahme auf die jeweiligen Regierungen frei, sind ohne massenmediale Untersützung aber meist nicht sonderlich wirksam.

An solchen Schwierigkeiten von NGOs, als internationale Akteure gesellschaftlichen Einfluß auf die politische Gestaltung internationaler Beziehungen zu nehmen, erweist sich der noch ziemlich unterentwickelte Stand der Strukturen internationalen Regierens.[748] Das betrifft sowohl die technische als auch die demokratisch-legitimatorische Seite inter- und multinationaler *governance without government*. Die Beratungs- und Entscheidungsgremien von IGOs lassen sich nämlich allenfalls von einflußreichen – gegebenenfalls ja demokratisch legitimierten – Regierungen kontrollieren, kaum aber von innerstaatlichen Parlamenten. Zwar mag man in NGOs Institutionen zur Vermittlung demokratischer Legitimität auf die Entscheidungsebene von IGOs erhoffen. In Wirklichkeit erkennt man aber rasch, eine wie fragwürdige Legitimationsgrundlage ihrerseits die meisten NGOs besitzen: Ihrer – mitunter sogar folgenreichen – Einmischung in internationale Politik liegen oft Beschlüsse zugrunde, die in recht kleinen Zirkeln selbstrekrutierter Aktivisten und oligarchischer Führer getroffen wurden. Das ist zwar auch bei Interessengruppen im Bereich der Innenpolitik nicht anders. Doch dort werden – ungleich der Lage auf internationaler Ebene – die Mitgestaltungsansprüche von Interessengruppen sowohl durch Parteien als auch durch von Parteien gesteuerte Parlamente und durch parlamentarisch kontrollierte Regierungen aufgefangen, untereinander und mit öffentlich zu verantwortenden Gemeinwohlvorstellungen abgeglichen, und dann erst in Entscheidungen umgesetzt. Parteien aber stellen sich – wenigstens in demokratischen Staaten – immer wieder freien Wahlen und können darum – über ihre Mandatsträger und über deren Arbeit an parlamentarischer Gesetzgebung und Regierungskontrolle – das Regierungshandeln an die Wünsche bzw. die Folgebereitschaft der Bürger rückkoppeln. Parteien also vermitteln demokratische Legitimität. Doch im Bereich der internationalen Politik gibt es noch überhaupt kein Gegenstück zu jener Rolle, die Parteien als Akteure der Innenpolitik spielen; vielmehr fehlt diese überaus wichtige und nützliche Akteursgruppe vollständig. Sie fehlt vor allem deshalb, weil es auf internationaler Ebene noch nicht jene Akteure gibt, aus denen innenpolitisch die Parteien entstanden: gewählte, nicht nur mit Regierungsdelegierten beschickte Repräsentationsinstitutionen.[749]

So zeigt sich auch im Bereich der internationalen Beziehungen der – schon aus der Systemlehre bekannte – Zusammenhang zwischen dem Grad von institutioneller Strukturbildung und der Art von Akteuren, die um Strukturen herum in Existenz treten können. In der – ein Stück weit fiktiven – ‚hobbesianischen' Welt[750] eines ‚Naturzustands' einander belauernder und be-

---

[748] Vgl. zum folgenden die Ausführungen über föderale Systembildung und vertikale Systemintegration auf S. 291ff.

[749] Vgl. hierzu oben S. 300f und 332f.

[750] Zu Thomas Hobbes und seiner Lösung des politischen Ordnungsproblems siehe S. 264f und 437.

kämpfender ‚Souveräne‘ war überhaupt kein Platz für andere Akteure. Doch sobald die ‚Souveräne‘ ihre Gesellschaften aus dem Würgegriff monopolisierter Willensbildung entlassen mußten und internationale Strukturen zur Kooperation schufen, besiedelten sich diese rasch mit mehr und mehr Akteuren auch eigenen Rechts und eigener Macht. Es ist zu vermuten, daß sich dieser Prozeß fortsetzen wird und die weitere Ausdifferenzierung internationaler Strukturen erneut zur Vermehrung der Akteure internationaler Beziehungen führt. Nicht der ‚Große Leviathan‘ ist hier also in Sicht, sondern autopoietische Systembildung.[751] Das wird deutlich beim Blick auf eine letzte Gruppe von ‚Akteuren‘ internationaler Beziehungen, die man ebenso als eines von deren ‚Strukturmuster‘ auffassen kann: die internationalen Regime.

Ein *‚internationales Regime‘* ist eine vertraglich festgelegte Form der Kooperation zwischen Regierungen auf einem mehr oder minder umfangreichen Politikfeld. Ein derartiges ‚Regime‘ besteht aus *Grundsätzen*, die das Ziel und die grundlegende Form der Zusammenarbeit beschreiben; aus *Regeln*, welche die Rechte und Pflichten der zusammenwirkenden Staaten formulieren, zumal die von diesen sich selbst auferlegten Gebote und Verbote; und aus *Verfahren*, anhand welcher die Ziele und Regeln der Zusammenarbeit festgelegt, die Politiken der Partner auf ihre Vereinbarkeit mit den festgelegten Zielen und Regeln überprüft sowie Regelverstöße geahndet werden. In der Regel stellt ein vergleichsweise kleiner Verwaltungsapparat solches Zusammenwirken mehrerer Staaten organisatorisch sicher. Ob ein internationales Regime ‚wirklich‘ oder nur fiktiv besteht, hängt dann ganz vom Ausmaß seiner tatsächlichen Wirksamkeit ab. Die sichtbaren Teile eines internationalen Regimes sind Konferenzen der Teilnehmerstaaten, in denen Grundsätze, Regeln und Verfahrensweisen beschlossen oder verändert werden, und auf denen es gegebenenfalls um Sanktionen für Regelverstöße geht. Funktioniert ein internationales Regime, so findet gewissermaßen geräuschlos ‚Regieren ohne Regierung‘ statt. Es ist dann ein recht anonymer, doch mitunter durchaus wirksamer Akteur internationaler Beziehungen entstanden. Im Rahmen eines solchen zunächst anonymen internationalen Regimes können später IGOs zur Effektivierung oder Verstetigung von dessen Wirkungsweise geschaffen werden, womit ein auch *institutioneller* Akteur entsteht. Zu den wichtigsten Beispielen solcher Struktur- und Akteursbildung gehört die Entstehung der einflußreichen Welthandelsorganisation WTO aus dem – zunächst nur durch ein beobachtendes Sekretariat organisatorisch untersetzten – ***G***eneral ***A***greement on ***T***ariffs and ***T***rade (GATT). Auch die – bislang wenig wirksame – ***O***rganisation für ***S***icherheit und ***Z***usammenarbeit in ***E***uropa (OSZE) entstand aus einem auf der lange vorbereiteten ***K***onferenz über ***S***icherheit und ***Z***usammenarbeit in ***E***uropa (KSZE) 1975 vereinbarten und in verschiedenen Folgekonferenzen überprüften Regime, bei dem inter-gouvernementale Zusammenarbeit auf verschiedenen Politikfeldern vereinbart worden war.

b. Strukturen internationaler Beziehungen

Das heutige internationale System hat sich – entlang der Weichenstellungen von Kolonialismus und Imperialismus – nach dem Zweiten Weltkrieg entwickelt. Es wurde zunächst durch den Ost/West-Konflikt sowie die Entkolonialisierung geprägt und ist seit dem Ende des dominierenden Systemstreits zwischen kapitalistischer Demokratie und sozialistischem Autoritarismus (Ost/West-Konflikt) vorwiegend gekennzeichnet durch die wohlhabende Integrations- und Stabilitätszone des nordatlantischen Raums (‚West/West-Beziehungen‘), durch den Nord/Süd-Konflikt, durch kapitalistisch-autoritäre Transformationsversuche in Rußland und China als früheren Vormächten der kommunistischen Welthälfte, durch den Zerfall vornehmlich fremdstabilisierter oder auf korrupten Elitenkartellen beruhender politischer Strukturen in Afrika und Südostasien, durch relative Stabilität in Südamerika und vielerlei Krisenherde im Staatengürtel zwischen dem Nahen Osten und Indi-

[751] Hierzu siehe S. 47 und 465.

en, sowie durch die Dominanz der USA in jener globalen Oligarchie, die überdies – mit klaren Machtabstufungen – Europa und Japan, China und Rußland einschließt.

Die Strukturen dieses internationalen Systems sind aus ‚internationalen Beziehungen' aufgebaut. Als solche bezeichnet man jene Beziehungen, die zwischen den rund 200 politischen Systemen, ihren Gesellschaften, sowie den etwa 450 IGOs und rund 10.800 NGOs bestehen. Beziehungen, die speziell zwischen Regierungen unterhalten werden, heißen ‚intergouvernemental'. Will man ausschließlich jene Beziehungen ansprechen, die zwischen Gesellschaften oder gesellschaftlichen Subsystemen verschiedener Staaten unterhalten werden und sich ziemlich unabhängig vom außenpolitischen Handeln der politischen Systeme entwickeln, so benutzt man den Begriff der ‚transnationalen' Beziehungen. In der Tat sind dort, wo offene Grenzen bestehen, die Wirtschaft und Gesellschaft zumal benachbarter Staaten meist eng transnational verflochten.

Das Gesamtgefüge der trans- und internationalen Beziehungen ist die *Weltgesellschaft*. Dieser Begriff bezieht sich durchaus auf etwas, das existiert: Moderne Transport- und Kommunikationstechnik führte zur Durchdringung bislang peripherer Gesellschaften; Arbeitsteilung im produzierenden Gewerbe und bei Dienstleistungen umfaßt die gesamte Erde und wird innerhalb weltumspannender Unternehmen praktiziert; Finanzmärke interagieren global; Massenmedien machen die Welt virtuell recht klein und verbreiten quer durch bislang getrennte Kulturen die gleichen Ikonen zeitgenössischen Lebensstils; und wenigstens Elitegruppen erkennen inzwischen Seuchen, Umweltverschmutzung, Klimaveränderung oder allmählich fühlbar werdende ökologische Knappheit ganz selbstverständlich als weltweite Wirkungszusammenhänge. Im Rahmen all dessen ist die Weltgesellschaft eine *extrem geschichtete* Gesellschaft: Die Teilgesellschaften der – meist nördlichen – Industriestaaten stehen an der Spitze, die Gesellschaften der – vor allem afrikanischen – Entwicklungsländer ganz unten. Auch ist die Weltgesellschaft keine völlig integrierte Gesellschaft. Hochgradig interdependent sind nur die Teilgesellschaften in den ‚Metropolen' der Weltgesellschaft, d.h. in den ‚nördlichen', reichen Industriestaaten. Diese ‚Metropolen' sind eng vernetzt mit den ‚Metropolen in der Peripherie', nämlich mit den – an die ‚westliche' Elitegruppe der Weltgesellschaft angeschlossenen – wirtschaftlichen, politischen und kulturellen Elitegruppen der Entwicklungsländer. Hingegen ist der größte Teil der Gesellschaften jener Staaten ‚Peripherie der Peripherie', d.h. weitgehend abgeschnitten von den Güterströmen, teils auch von den Informationsströmen der Weltgesellschaft. Zwar gibt es auch die ‚Peripherie der Metropolen', d.h. von wirtschaftlichem Niedergang und sozialem Abstieg gekennzeichnete Regionen des Nordens. Doch aus der Warte der ‚Peripherie der Peripherie' ist selbst deren Lage noch ziemlich begehrenswert. Historisch aus Kolonialismus, Imperialismus und asymmetrischen Nutzenstrukturen der Weltwirtschaftsordnung zu erklären, ist die Weltgesellschaft ganz zentral durch die Abhängigkeit des ‚Südens' vom ‚Norden' gekennzeichnet. Das birgt für die Zukunft gewaltigen Sprengstoff (‚Nord/Süd-Konflikt'), gehören die an Bevölkerung am meisten zunehmenden Länder doch zur ‚globalen Unterschicht'. Wie lange diese die ungerechte Struktur der Weltgesellschaft widerstandslos hinzunehmen bereit sein wird, ist fraglich. Derlei unausgewogene, ungerechte, Unfrieden bergende Strukturen zu analysieren und Vorschläge für bessernde Reformen auszuarbeiten, ist das zentrale Anliegen der ‚politisch-ökonomischen Schule' in der Wissenschaft von den internationalen Beziehungen.[752]

Als ‚internationales politisches System' bezeichnet man alle Strukturen, anhand welcher halbwegs dauerhaft bei der Herstellung und – versuchsweisen – Durchsetzung international verbindlicher Regelungen oder Entscheidungen supranationale Akteure und Allianzen, Regierungen und Regierungsbehörden, IGOs und NGOs zusammenwirken, gleich ob das mit oder ohne völkerrechtliche Grundlage, institutionell oder informell, umfassend oder partiell geschieht. In jüngerer Zeit sind als bestimmt zukunftsträchtiges Strukturelement die ‚internationalen Regime'

[752] Siehe unten S. 410ff.

hinzugekommen. Ingesamt handelt es sich hier um ein *im Entstehen* begriffenes, erst *ansatzweise* eingerichtetes System, das von der strukturellen Stimmigkeit, legitimen Stabilität und ordnungs- wie prozeßpolitischen Leistungsfähigkeit vieler nationaler politischer Systeme noch weit entfernt ist und überhaupt keine Gewähr dafür bietet, daß sich mit ihm wirklich weiterkommen läßt. Zwar mag man inzwischen – angesichts des durch Interdependenz und transnationale Verflechtung erzeugten, erheblichen Bedarfs an allgemein verbindlichen Regelungen für das internationale staatliche Zusammenwirken und die globalisierte Weltwirtschaft – mit durchaus guten sachlichen und auch erzieherischen Gründen von einer ‚Weltinnenpolitik' sprechen, die innerhalb eines ‚internationalen politischen Systems' ablaufe. Doch solche ‚Weltinnenpolitik' ist noch weit davon entfernt, jene unhintergehbare Interdependenz verschiedener Politikfelder erworben oder jenes institutionelle Instrumentarium aufgebaut zu haben, das nationale Innenpolitik *vergleichweise* rational steuerbar und demokratisch kontrollierbar macht. Einstweilen ist darum die Rede von der ‚Weltinnenpolitik' eher ein Vorgriff auf Kommendes als die Bezeichnung einer nicht nur ‚an sich', sondern auch schon ‚für sich' bestehenden Wirklichkeit. Das aber heißt: Die schon bestehende Welt*gesellschaft* hat noch *nicht* ausreichende Möglichkeiten einer auf sie bezogenen, zugleich responsiven und führungsstarken Weltinnen*politik*, weswegen die Lösung ihrer Probleme verschleppt wird. Die – unten zu besprechende – ‚idealistisch-konstitutionalistische' Schule des Teilfachs ‚Internationale Beziehungen' widmet sich den hier anstehenden Aufgaben der Institutionalisierung und Systembildung mit Vordringlichkeit.

Als ‚Regionalsystem' wird das inter- und transnationale Handlungsgeflecht zwischen einer Gruppe benachbarter oder besonders eng in eine bestimmte Region hinein vernetzter politischer Systeme bezeichnet. Begriffe wie *Gleichgewicht, Hegemonie, Abhängigkeit, Imperialismus, Bi-, Tri- und Multipolarität* werden sodann benutzt, um Strukturmerkmale von Regionalsystemen, aber auch des internationalen Systems, zu erfassen. In der Tat gehören zu den immer wieder vorzufindenden Strukturen internationaler Beziehungen *Bündnisse*, mehr oder minder labile *Gleichgewichtssysteme* sowie stabilere oder weniger stabile *Hegemonialstellungen* einzelner Staaten. In der Wissenschaft von den internationalen Beziehungen, vor allem von ihrer ‚realistischen Schule', wurden eingehend die Auswirkungen von so unterschiedlichen machtpolitischen Ausgestaltungsmöglichkeiten internationaler Strukturen untersucht, vor allem ihre Folgen für die in einem regionalen oder internationalen System zu bewahrende Stabilität, für die in ihm gegebenen Möglichkeiten der Sicherung von Frieden, oder für die Anfälligkeit eines solchen Systems für Konfliktaustragung in Form von Krieg. Insbesondere die Befunde der historisch-vergleichenden Untersuchungen zur Dynamik von Gleichgewichts- bzw. Hegemonialsystemen gehören zu den praxisnützlichsten Ergebnissen der Wissenschaft von den internationalen Beziehungen. Darum tut ein angehender Politikwissenschaftler gut daran, sich anhand der genannten analytischen Begriffe nicht nur das *zeitgenössische* internationale System im komplexen Zusammenwirken seiner vielfältigen Teile vor Augen zu führen, sondern auch bei jedem genannten Begriff dessen *historische* empirische Referenten vergleichend zu betrachten. Beispielsweise ist es sehr lehrreich, die europäischen Gleichgewichtssysteme von der Welt der norditalienischen Republiken in der Renaissance über die europäische Pentarchie des 18. Jahrhunderts (England, Frankreich, Österreich, Preußen, Rußland) bis hin zum globalen Gleichgewichtssystem des Kalten Krieges vergleichend zu analysieren, oder die europäischen Hegemonialsysteme von der kurzlebigen französischen Vormacht unter Napoleon I. über die sehr schwache und labile des Deutschen Reiches an der Wende zum 20. Jahrhundert bis zur nachhaltigen der USA nach dem Zweiten Weltkrieg.

c. Prozesse und Formen internationaler Politik

Die so vielfältigen Prozesse und Formen staatlichen oder staatlich getragenen Handelns im Bereich der internationalen Beziehungen lassen sich recht übersichtlich so gliedern:

– Einesteils sind – wie im Bereich innerstaatlicher Politik – die einzelnen *Phasen* politischer Willensbildungs- und Entscheidungsprozesse voneinander abzuheben und auf ihre jeweilige Funktions- und Ablauflogik zu untersuchen. Hier geht es also um Studien zu den Prozessen der Problemwahrnehmung auf Seiten der einzelnen Akteure, ihrer Willensbildung, der Verhandlung und Entscheidungsfindung zwischen den Akteuren, der Implementation der beschlossenen Maßnahmen, der Wirkungskontrolle und der – gegebenenfalls zu Policy-Modifikationen führenden – Evaluation der ergriffenen Maßnahmen.[753]

– Andernteils sind jene *Grundformen* internationaler Politik voneinander abzuheben und auf ihre je besonderen Mittel und Mechanismen zu untersuchen, in welche derartige Politikprozesse – zum Zweck der Lösung typischer Klassen von Problemen internationaler Politik – immer wieder münden. Solche Grundformen internationaler Politik reichen von der Errichtung internationaler Organisationen bis zur Führung von Krieg, von den Praktiken einer Abschreckungspolitik bis zur Routinisierung des Zusammenwirkens innerhalb einer Föderation.

(1) Prägefaktoren außenpolitischer Willensbildungs- und Entscheidungsprozesse

Bei der Analyse außenpolitischer Willensbildungs- und Entscheidungsprozesse sind einerseits die schon erwähnten Gliederungsschemata der Politikfeldanalyse nützlich. Andererseits ist bei der Untersuchung außenpolitischer Policy-Zyklen auf die folgenden Sachverhalte und Wirkungszusammenhänge zu achten:

– Als *innere* Bestimmungsfaktoren von Außenpolitik sind alle in die außenpolitische Willensbildung eingehenden innenpolitischen Voraussetzungen und Faktoren des politischen Prozesses in die Analyse aufzunehmen. Diese werden – neben wirtschaftlichen und gesellschaftlichen Gegebenheiten – geprägt von der Struktur des jeweiligen politischen Systems, vom Zustand seines Parteien-, Verbände- und Mediensystems, von seiner Geschichte und seiner politischen Kultur. Der Zentralbegriff für die Erfassung solcher innerer Bestimmungsfaktoren ist der des *Interesses*. Gibt es unter den politisch wirkungsmächtigen Kräften eines politischen Systems weitgehenden Konsens über die so definierten außenpolitische Interessenlagen, so wird dieser Konsens nicht selten auf den Begriff des ‚nationalen Interesses' oder der außenpolitischen ‚Staatsräson' gebracht.

– Wichtig sind ferner die *äußeren* Bestimmungsfaktoren von Außenpolitik. Zu ihnen können kurzfristig die Handlungen anderer politischer Systeme oder politische Umbrüche in benachbarten, verbündeten oder gegnerischen Staaten werden. Mittel- bzw. langfristig wirksame äußere Bestimmungsfaktoren sind die vertraglichen Bindungen eines Staates; die Anzahl, Art, Interessen und Handlungsmöglichkeiten seiner Nachbarn, Verbündeten oder Gegner; die Struktur des ihn umbettenden Staatengefüges sowie der für ihn relevanten IGOs, NGOs und internationalen Regime; das internationale Wirtschafts-, Gesellschafts-, Verkehrs- und Kommunikationssystem; sowie die politisch-geographisch bzw. geopolitisch zu beschreibenden Grundlagen der Beziehungen des Staates zu seinen Nachbarn.

– Orientierungspunkte der hier interessierenden Willensbildungs- und Entscheidungsprozesse sind die jeweils verfolgten *Ziele* von Außenpolitik. Diese werden sowohl von jenen Interessen geprägt, welche die außenpolitischen Entscheidungsträger verfolgen oder in Rechnung stellen müssen, als auch von jenen Perzeptionen bzw. Fehlperzeptionen, anhand welcher sie diese Interessen und die eigene Stellung in der Staatenwelt definieren.[754] Außenpolitische Ziele sind äußerst vielfältig. In einer ersten Annäherung lassen sie sich in die Gruppen der wirtschaftlichen, kulturellen, territorialen, militärischen und strukturellen Ziele gliedern, un-

---

[753] Vgl. hierzu S. 364-367.

[754] Zur fatalen Dynamik falscher Situationsdefinitionen siehe S. 43.

ter welch letzteren die Einflußnahme auf die zwischen Staaten oder Gesellschaften bestehenden oder entstehenden Strukturen gemeint ist. Die verfolgten Ziele prägen natürlich auch die inhaltlichen *Formen* von Außenpolitik. Soll beispielsweise eine bestehende internationale Lage aufrechterhalten werden, spricht man von *status quo-Politik*, während eine auf die Wiederherstellung eines früheren Zustandes abzielende Außenpolitik *Revisionspolitik* genannt wird. Politik, die Bündnisse aufbauen bzw. aufrechterhalten will, heißt *Bündnispolitik*, während eine die Einordnung in bestehende Bündnisse vermeidende bzw. Allianzen gegeneinander ausspielende Politik als *Neutralitätspolitik* bezeichnet wird.[755] Weitere von den verfolgten Zielen geprägte operative Formen von Außenpolitik sind beispielsweise die *Expansionspolitik* oder, als ihr Gegenteil, die *Eindämmungspolitik.*

– Der außenpolitische Entscheidungsprozeß wird ferner stark davon geprägt, welche *Mittel* außenpolitischen Handelns jeweils zur Verfügung stehen bzw. als akzeptabel gelten. Als Mittel der Außenpolitik ist dabei alles zu bezeichnen, was der Gewinnung oder Ausübung außenpolitischer Macht dienen kann. Zu diesen Mitteln gehören ganz wesentlich die Diplomatie, militärische Möglichkeiten, geheimdienstliche Aktivitäten, die Außenwirtschaftspolitik einschließlich der Auslands- bzw. Entwicklungshilfe, sowie Propaganda und formelle bzw. informelle Öffentlichkeitsarbeit. Solche Mittel eröffnen *Handlungsoptionen* und können – falls sie nicht von den Handlungsoptionen der konkurrierenden Mächte neutralisiert werden – effizient zur Verwirklichung oder Verhinderung außenpolitischer Ziele eingesetzt werden. Vergleichende Evaluationsstudien zu den tatsächlichen Wirkungsweisen solcher Mittel von Außenpolitik, etwa zum tatsächlichen – und nicht nur erhofften – operativen Wert von Wirtschaftssanktionen, sind überaus praxisnützlich, doch in der Wissenschaft von den internationalen Beziehungen allzu selten.

(2) Formen internationaler Politik

Die grundlegenden Formen internationaler Politik lassen sich gut anhand eines zweidimensionalen Merkmalsraumes gliedern, welcher aus der Kombination einer Struktur- mit einer Prozeßdimension entsteht:[756]

– *Strukturdimension:* Es kann das Umfeld, in welchem von den betrachteten Akteuren Außenpolitik bzw. internationale Politik zu betreiben ist, entweder eher anarchisch und in der Art des ‚hobbesianischen Naturzustandes' strukturiert sein (‚anarchisches Umfeld'), oder es kann in ihm verläßlich geregelte Beziehungen, gegebenenfalls auch funktionstüchtige internationale Organisationen und Institutionen geben (‚verregeltes Umfeld').

– *Prozeßdimension:* Die betrachteten Akteure können bzw. müssen die Prozesse ihres Zusammenwirkens entweder eher als Nullsummenspiel[757] betrachten und betreiben, oder haben bzw. nutzen die Chance, ihr Zusammenwirken als zu mehrseitigen Gewinnen führendes Nicht-Nullsummenspiel auszugestalten.

Das Schaubild 14 stellt in diesem zweidimensionalen Merkmalsraum die Grundformen internationaler Politik zusammen und erlaubt es überdies durch seine mittlere Spalte, die unterschiedlichen Modi der Konfliktregulierung systematisch auf ihre Rahmenbedingungen zu beziehen:

---

755 Solange es noch den Ost/West-Konflikt mit seinen ‚Blöcken' gab, sprach man diesbezüglich auch von einer ‚Politik der Blockfreiheit'.

756 Zum folgenden, einschließlich des Schaubildes, vgl. Meyers 1994: 204.

757 Ein ‚Nullsummenspiel' ist ein ‚Spiel', in dem die Gewinne des einen die Verluste des anderen sind, was zwar Konflikte wenig rational, doch unbedingten Siegeswillen im Konflikt überaus rational macht. Zur diesem Begriff zugrunde liegenden Spieltheorie vgl. S. 460f.

Schaubild 14: Grundformen internationaler Politik

	internationale Politik in einem ‚anarchischen Handlungsumfeld'		**internationale Politik in einem ‚verregelten Handlungsumfeld'**
Nullsummenspiele:	• gewaltsame Interessendurchsetzung • Rüstungswettläufe	**Modi der Austragung bzw. Regelung von Konflikten:** ***Krieg*** ***Konflikt*** ***Kooperation***	• Imperialismus: Sicherung von Abhängigkeit durch formelle und informelle Fremdherrschaft über andere Staaten • Sicherung sozioökonomischer Abhängigkeitsstrukturen durch wirtschaftliche Übermacht über andere Staaten • Sicherung beschränkter Optionen und Handlungsspielräume anderer Saaten durch vertraglich gesicherte Hegemonie
Gewinnspiele:	• (stabile) Abschreckungspolitik • Gleichgewichtspolitik • Rüstungskontrollpolitik, Abrüstungspolitik • Vertrauensbildende Maßnahmen, Politik kollektiver Sicherheit	***positiver Frieden***[758]	• Errichtung internationaler Regime • ansatzweise Integrationspolitik • supranationale Institutionenbildung • (Kon-)Föderationspolitik

Eine *erste* Aussage des Schaubilds 14 besagt, daß die Wahl einer angemessenen Form außenpolitischen Verhaltens vom keineswegs beliebig umzuformenden internationalen Umfeld abhängt. Weder lassen sich wünschenswerte Regeln oder Institutionen einfach hier und jetzt schaffen, noch ist es möglich, Fehlperzeptionen oder Mißtrauen kurzfristig abzubauen und solchermaßen von der Situationsdefinition eines Nullsummenspiels rasch zu der allseitiger Gewinnmöglichkeiten zu gelangen. Krieg kann also im konkreten Fall sehr wohl angebracht sein, Frieden unerreichbar. Die *zweite* Aussage geht dahin, daß die Schaffung von verläßlichen Regeln der internationalen Beziehungen nicht an sich schon zu wünschenswerten Formen von internationaler Politik führen muß. Auch Imperialismus und Hegemonie beruhen nämlich oft auf völkerrechtlichen Normen und wirksamen Institutionen. Als *dritte* Aussage legt das Schaubild die Vermutung nahe, daß rationale internationale Politik wohl das Ziel verfolgen sollte, von den links oben verorteten Politikformen zu jenen zu gelangen, die rechts unten notiert sind. Von kriegerischen Formen internationaler Politik gelangt man dann bis zur Schaffung (kon-)föderativer Strukturen – natürlich nur unter der Bedingung, daß man das Sicherheitsdilemma der Staaten durch Anreize für Kooperation, nämlich gemeinsame Gewinnaussichten, sowie durch die Einfüh-

[758] Während der Begriff des ‚negativen' Friedens lediglich die Abwesenheit von Krieg bezeichnet und somit nicht notwendigerweise die *Regelung* eines Konflikts, meint der Begriff des ‚positiven' Friedens die tatsächliche Abwesenheit von Gewalt oder Drohung mit Gewalt sowie den Zustand eines für fair gehaltenen Interessen*ausgleichs*.

rung und institutionelle Durchsetzung allgemein verbindlicher Regeln zu lösen versteht. *Viertens* gehen aus dem Schaubild die – mit Nullsummenspielen verbundenen – Formen von Konflikten sowie jene Modi der Konfliktregulierung hervor, die sich – je nach dem Stand der rechtlichen und institutionellen Ausgestaltung des internationalen Systems – sinnvollerweise verwenden lassen. Üblicherweise reichen sie von stabiler Abschreckungspolitik bis vertrauensbildenden Maßnahmen, in deren Vorfeld dann schon die Errichtung internationaler Regime möglich ist. Die übrigen Formen der – positiven Frieden vermutlich auf Dauer stellenden – internationalen Kooperation setzen ihrerseits die schon gelungene Regulierung grundlegender Konflikte voraus. Eine wichtige Aufgabe der Wissenschaft von den internationalen Beziehungen, die von ihren drei ‚Schulen' auch recht gut erfüllt wird, besteht offenbar darin, alle diese Formen von Außen- und internationaler Politik so gut kennen und verstehen zu lernen, daß sie – unter Berücksichtigung von Lehren aus geschichtlicher Erfahrung – möglichst wirksam und konstruktiv angewendet werden können.

d. Die Arbeitsgebiete des Teilfachs ‚Internationale Beziehungen' im Überblick

Das Ziel des Teilfachs ‚Internationale Beziehungen' besteht darin, über die Akteure, Strukturen und Prozesse, über die Formen und Inhalte internationaler Beziehungen bzw. internationaler Politik logisch wie empirisch wahres Tatsachen-, Zusammenhangs- und Erklärungswissen zu erarbeiten. Eben dadurch sollen Grundlagen für außenpolitische Diagnosen, Prognosen und praxisnützliche Handlungsanweisungen geschaffen werden. Ein besonders wichtiges, für die Entwicklung des Teilfachs ‚Internationale Beziehungen' sogar ausschlaggebendes Interesse besteht in diesem Zusammenhang darin, die Ursachen von Kriegen und die Bedingungen stabilen Friedens aufzuklären, d.h. die Wissenschaft von den internationalen Beziehungen als ‚Kriegsursachenforschung' bzw. als ‚Friedensforschung' zu entfalten.

Im einzelnen lassen sich ansonsten, ohne Anspruch auf Vollständigkeit, die folgenden zentralen *Arbeitsgebiete* des Teilfachs ‚Internationale Beziehungen' anführen:

- Analyse der *Außenpolitik*, der *außenpolitischen Infrastruktur*, der *inneren* und *äußeren* Bestimmungsfaktoren von Außenpolitik sowie der *außenpolitischen Entscheidungsträger* einzelner Staaten oder von Staatengruppen, desgleichen der *Politik internationaler Organisationen* sowie von NGOs, sowie *Vergleiche* all dessen hinsichtlich der jeweiligen Voraussetzungen, Ziele, Strategien und Probleme. Solchermaßen kann sich ein Politikwissenschaftler, gegebenenfalls auch vergleichend, etwa auf deutsche, englische oder chinesische Außenpolitik bzw. auf die internationale Politik von EU, NATO oder UNO spezialisieren. Besonders wertvoll sind solche Kenntnisse für die Zwecke von Politikberatung und politischer Bildung.
- Analyse konkreter *Regionalsysteme* und *Konstellationen*, etwa des Regionalsystems ‚Naher Osten' oder der pazifischen Staatenkonstellation. Derartige Untersuchungen machen einen zum Regionalexperten und sind – entfaltet auch als ‚area studies'[759] – die Hauptaufgabe praxisorientierter Forschung im Teilfach ‚Internationale Beziehungen'. In dieser Rolle dienen sie zumal der Politikberatung, doch auch der politischen Bildung.
- Analyse von *Grundstrukturen des internationalen Systems* sowie von deren *Geschichte*. Beispielsweise werden bi- und multipolare Gleichgewichtssysteme oder Hegemonialsysteme mit schwachen oder starken Hegemonialmächten vergleichend untersucht, desgleichen die Prozesse der Herausbildung, Aufrechterhaltung, Veränderung und Zerstörung solcher Systeme. Derlei Studien bringen oft die politikwissenschaftliche Grundlagenforschung voran.

---

759 Vgl. S. 383f.

Werden bis in die Gegenwart reichende Strukturen des internationalen Systems analysiert, etwa die Entstehung und Entwicklung von Ost/West- und Nord/Süd-Konflikt, so lassen sich hieraus Kenntnisse gewinnen, die auch unmittelbar für die aktuelle Politikberatung oder für die politische Bildung nützlich sein könnten.

- Analyse *allgemeiner Merkmale außenpolitischen Handelns*, etwa von Entscheidungsprozessen oder Krisenverhalten, von Expansionspolitik oder rechtlicher Fixierung internationaler Strukturen, von Abschreckungsdyaden oder wirksamen Verhandlungssystemen. Solche Studien verlangen – ganz analog zur vergleichenden Erforschung politischer Systeme – umfangreiche Vergleiche, dienen der Bildung informationshaltiger sowie praktisch anwendbarer politikwissenschaftlicher Theorien und erarbeiten einen beträchtlichen Teil jener Kenntnisse, deren Besitz Grundstock politikwissenschaftlicher Kompetenz ist.
- Analyse *allgemeiner Strukturfaktoren oder Prozeßmerkmale internationaler Politik*, etwa von Kriegsursachen oder Voraussetzungen friedlicher Konfliktaustragung, von Kolonialismus oder Imperialismus, von außenwirtschaftlichen Wirkungszusammenhängen oder von außenpolitischen Machtverteilungen. Gerade solchen Studien sind äußerst informationshaltige und praktisch anwendbare politikwissenschaftliche Theorien abzugewinnen.
- Analyse bestimmter *Politikfelder* der internationalen Beziehungen, etwa von Friedens-, Sicherheits-, Bündnis-, Entwicklungs- oder Handelspolitik, sowie der auf diesen Gebieten gegebenenfalls eingerichteten ‚internationalen Regime'. Derartige *Regimeanalyse* ist im Grunde das Seitenstück zur Politikfeldanalyse im Teilfach ‚Politische Systeme' und teilt deren Praxisnutzen für die Politikberatung.
- Analyse der Beziehungen, die zwischen Staaten bzw. Gesellschaften *unterhalb der Regierungsebene* und *außerhalb politischen Handelns* bestehen. Beispiele wären Studien zu den wechselseitigen Verflechtungen von Wirtschaftsunternehmen und nicht-staatlichen Organisationen oder auch zu jenen Vernetzungen, die sich durch Besucherverkehr und Mediennutzung ergeben. ‚Analyse transnationaler Beziehungen' genannt, liefert dieser Forschungszweig fruchtbare Erkenntnisse für alle zuvor genannten Arbeitsfelder und teilt deren Praxisnutzen.
- *Theoriebildung* hinsichtlich der Beschaffenheit aller aufgelisteten Forschungsgegenstände des Teilfachs ‚Internationale Beziehungen', um die gewonnenen Ergebnisse in allgemein-abstrakter Weise zusammenzufassen und auch abgelöst von konkreten Untersuchungsfällen kommunizierbar und nutzbar zu machen. Bei solchen Bemühungen kann die Arbeit im ‚Internationale Beziehungen' in den Arbeitsbereich ‚Politikwissenschaftliche Theorieforschung' des Teilfachs ‚Politische Theorie' übergehen, bei der Erarbeitung normativer Theorien internationaler Beziehungen sogar in die Politische Philosophie.[760]

Nützliche Nachbarfächer bzw. Hilfsdisziplinen sind bei den meisten derartigen Studien die Diplomatie- und Zeitgeschichte, die Militärwissenschaften, die (historische) Soziologie, die politische Geographie sowie die auf internationale Zusammenhänge spezialisierten Zweige der Wirtschaftswissenschaft. Außerdem sind völkerrechtliche Kenntnisse für ein gründliches Verständnis internationaler Politik und internationaler Beziehungen unverzichtbar; verwiesen sei vor allem auf Wissen um die Grundzüge des internationalen Vertragsrechts, des Kriegsvölkerrechts, des Neutralitätsrechts, der Regelungen über Aggression, Intervention und Repressalien, der internationalen Gerichtsbarkeit, der Voraussetzungen, Formen und Folgen der Anerkennung von Staaten sowie der Vorbedingungen für den Status eines Völkerrechtssubjekts.

---

760 Zu beidem siehe unten S. 467ff und 470f.

3. ‚Schulen' im Teilfach ‚Internationale Beziehungen'

Deutlicher als in den anderen Teilfächern der Politikwissenschaft orientiert man sich bei der Analyse internationaler Beziehungen immer noch an den Abgrenzungen von ‚Schulen', ‚Großtheorien' oder ‚analytischen Grundströmungen'. Auch das hat mit der Geschichte dieses Teilfachs zu tun. Zentrales Motiv der bewußten Gründung einer bis dahin so noch nie existierenden Disziplin ‚Internationale Beziehungen' war nämlich der Wunsch, durch Erforschung von Kriegsursachen und Friedensvoraussetzungen zur Verhinderung von Kriegen und zur Schaffung einer internationalen Friedensordnung beizutragen, letztere überwiegend verstanden als Zustand der weitgehenden Abwesenheit von Krieg und des Aufbaus gewaltfreier Muster der Konfliktaustragung. Die Wissenschaft von den Internationalen Beziehungen entstand somit als ‚praktische Wissenschaft' ebenso aus der Krise des westlich dominierten Staatensystems, wie die Politikwissenschaft insgesamt einst aus der Krise der griechischen Polis entstanden war – nur jetzt eben auf nächsthöherer Ebene politischer Strukturbildung und Prozeßsteuerung. Von Anfang an engagierten sich darum ihre Fachvertreter mit erheblichem Idealismus für den zweiten Versuch der Staatenwelt, mit dem immer wichtiger werdenden Geflecht internationaler Beziehungen umzugehen: nämlich durch Schaffung wirksamer inter- und supranationaler Institutionen und durch die Aufrichtung einer – letztlich auf globale Verfassungsstaatlichkeit hinauslaufenden – umfassenden Völkerrechtsordnung mit verläßlichen Zwangsmitteln im Fall von Völkerrechtsverletzungen.

Die Wissenschaft von den internationalen Beziehungen konnte aber – spätestens nach der Aggressionspolitik des deutschen Nationalsozialismus – auch nicht ignorieren, daß sich solche Strukturbildungen keineswegs wie von selbst oder auf der Grundlage von Einsicht und gutem Willen einstellen würden, sondern nur entlang rationaler, machtgestützter Interessenkalküle. Derlei mußte sie also in ihre Untersuchungen und Theorien einbeziehen. Ebensowenig ließ sich – spätestens seit den ernüchternden Erfahrungen mit der Entkolonialisierung und seit der Renaissance des Marxismus – davon absehen, daß auch im Bereich der Internationalen Beziehungen politische Strukturen lediglich den – freilich wirkungsvoll Rahmenbedingungen setzenden – Überbau einer *Basis* von überaus ungleichgewichtigen technischen, wirtschaftlichen und gesellschaftlichen Beziehungen darstellen, deren Widersprüche und Eigendynamik auf diesen Überbau prägend durchschlagen und darum keinesfalls unbeachtet bleiben dürfen. Die Wissenschaft von den Internationalen Beziehungen mußte sich also auch politisch-ökonomisch ausrichten. So entstanden schon früh zwei, später drei einander grundsätzlich ergänzende, seitens ihrer Vertreter aber oft um fachinterne Dominanz konkurrierende Grundströmungen: eine *idealistisch-konstitutionalistische*, eine *realistisch macht- und interessenanalytische*, und eine *politisch-ökonomische* Grundströmung.

Natürlich ließe sich diese Dreiteilung noch differenzierter aufgliedern. Doch sie reicht zur Orientierung zweifellos aus. Im übrigen sollte man sich – wie schon im Umgang mit der weitgehend überwundenen ‚Drei-Schulen-Spaltung' der deutschen Politikwissenschaft – auch bei den drei ‚Schulen' dieses Teilfachs eher auf deren jeweils starke Seiten einlassen und diese als Teile eines zusammenzusetzenden Puzzles behandeln, als zusammen mit den – durch Einbringung von Gedanken der anderen ‚Schulen' meist zu beseitigenden – Schwächen und Blindstellen einer ‚Schule' auch diese selbst und ihre zentralen Einsichten ablehnen. Am besten wäre es, jeder Politikwissenschaftler würde sich in allen drei ‚Schulen' heimisch fühlen und – je nach sich stellender wissenschaftlicher Aufgabe – in wechselnden Kombinationen mit den bevorzugten Konzepten, Theoremen und Methoden *aller* ‚Schulen' arbeiten.

a. (‚Idealistischer') Konstitutionalismus

Das zentrale Anliegen dieser ersten, oft einfach ‚Idealismus', mitunter auch ‚Liberalismus' genannten ‚Schule' des Teilfachs ‚Internationale Beziehungen' besteht darin, auch auf der internationalen Ebene solche völkerrechtlichen Normen und deren Geltungskraft absichernde Strukturen zu schaffen, die kriegvermeidende Wirkung entfalten und friedliche Konfliktaustragung ermöglichen. Gewissermaßen geht es hier darum, oberhalb der Staatenwelt jenen zivilisatorischen Prozeß fortzusetzen, der auf der Ebene der Einzelstaaten durch die Errichtung wirksamer, stabiler und legitimer Herrschaftsordnungen bereits abgesichert wurde. An die Stelle von Kampf für und gegen regionale oder globale Vorherrschaft einzelner Staaten soll also ein System internationaler Gewaltenteilung[761] und eines kooperativen, vielleicht einst gar föderativen[762] ‚Regierens ohne übergeordnete Regierung' treten.

‚Idealistisch' mag man dieses Anliegen deshalb nennen, weil es sich nicht mit der analytischen Durchdringung dessen begnügt, was war oder ist, sondern im planerischen Vorgriff auf die Zukunft Antworten auf die Frage formuliert, was vernünftigerweise *sein sollte*. Allerdings ist in Gestalt von UNO, NATO und EU sowie von mancherlei internationalen Regimen in den letzten Jahrzehnten viel an verläßlich und fair arbeitenden internationalen Strukturen geschaffen worden, was vor einem Jahrhundert noch als völlig utopisch und illusionistisch gegolten hätte. Man sollte bezüglich dieser ‚Schule' den Begriff des ‚Idealismus' darum besser mit Hochachtung im Sinn der Arbeit an ‚konkreten Utopien',[763] nicht aber abwertend im Sinn weltfremder Glasperlenspielereien verwenden. Im übrigen sind die Anliegen und Argumentationsfiguren dieser ‚Schule' seit etlichen Jahren zu neuer Attraktivität gelangt, weil seit dem Ende des Ost/West-Konflikts die Zukunft des internationalen Systems wieder offen ist und mehr und mehr klar wird, daß die seither so folgenreich ablaufenden Globalisierungsprozesse, zumal angesichts der Begrenztheit globaler Ressourcen, am besten dadurch in gemeinwohlverträgliche Rahmenbedingungen gestellt werden, daß man auch auf internationaler Ebene allgemein verbindliche Regelungen schafft sowie institutionelle Mechanismen einrichtet, welche diese Regeln in Geltung und Anwendung halten. Wie das gelingen kann, ist die vorrangige Fragestellung der ersten ‚Schule' des Teilfachs ‚Internationale Beziehungen'.

Ihre Inspiration erhält sie – ebenso wie jenes politische Denken, das dem liberalen Verfassungsstaat vorarbeitete[764] – aus dem Naturrechtsgedanken, aus der Aufklärungsphilosophie mit ihren Theorien zum Gesellschafts- und Herrschaftsvertrag, und aus der liberalen bzw. utilitaristischen politischen Ökonomie des 18. und 19. Jahrhunderts. In der Fluchtlinie all dessen geht es um eine global den menschlichen Bedürfnissen angemessene, Chancen auf aufrechterhaltbare Entwicklung (‚sustainable development') sichernde, international Gerechtigkeit in Aussicht stellende und – aufgrund ihrer sowohl nachvollziehbaren wie funktionslogischen Vernünftigkeit – stabile internationale Friedensordnung. Das heißt: Es geht letztlich um die auf universalistischen Prinzipen aufgebaute *Verfassung* einer nicht nur von Staaten, sondern auch von aufgeklärten Gesellschaften, von deren Interessengruppen, Vertretungsinstitutionen und politisch organisierten Eliten getragenen *Weltgesellschaft.*

Wegen solcher liberaler Ziele und seiner als zielführend angeratenen strukturbildenden Wege wird der (‚idealistische') Konstitutionalismus oft auch als ‚(neo-)liberaler Institutionalismus'[765] bezeichnet. Denn gefordert werden – erstens – intelligente inter- und supranationale Institutionen sowie föderative, zumindest aber – etwa in Gestalt internationaler Regime – wirksam kooperative

[761] Vgl. in diesem Zusammenhang die tragenden Gedanken von Konstitutionalismus auf S. 247 und 446ff.
[762] Vgl. S. 297ff.
[763] Zu politisch-utopischen Denken insgesamt siehe S. 438f.
[764] Vgl. unten S. 437f.
[765] Vgl. Sanders 1996.

Strukturen. Zweitens verlangt eine solche internationale Ordnung nach der Liberalisierung und Demokratisierung jener Staaten, welche – als ‚Hüter der Territorien' – die Weltgesellschaft in den einzelnen Ländern auch weiterhin konkret regieren werden. Es geht darum auch um Aufklärung und weltoffene Erziehung von Bürgern. Drittens muß durch die Errichtung einer fairen, auf Wohlfahrt auch in den noch unterentwickelten Ländern hinwirkenden Weltwirtschaftsordnung internationale Schichtung abgebaut, weltweit gemeinsamer Wohlstand angestrebt und global eine ökologisch aufrechterhaltbare Entwicklung gesichert werden (‚Nachhaltigkeit'). Auf solchen Grundlagen läßt sich dann – viertens – das der internationalen Anarchie geschuldete Sicherheitsdilemma souveräner Staaten[766] in glaubwürdig wirksamen Systemen kollektiver Sicherheit lösen und Krieg in einem engen, interdependenten Netzwerk inter- wie transnationaler Verflechtungen ebenso unwahrscheinlich machen, wie er das seit Jahrzehnten zwischen den liberalen demokratischen Staaten ist. Gelingt das, so ist der realpolitisch wie ordnungspolitisch überholte Grundsatz der staatlichen Souveränität im Bereich der internationalen Politik ebenso konstruktiv weiterentwickelt, wie es innenpolitisch dem Prinzip der Souveränität widerfuhr, als an die Stelle der ‚obersten, von rechtlichen Bindungen freien Gewalt gegenüber Bürgern und Untertanen'[767] der gewaltenteilende Verfassungsstaat trat, in dem kein innerstaatlicher Akteur mehr souverän, jeder Akteur aber vor willkürlichen Übergriffen eines anderen Akteurs geschützt ist.

Die konkreten Ziele der wissenschaftlichen Arbeit dieser ‚Schule' lassen sich so zusammenfassen: Erarbeitung normativer (Integrations-)Theorien, die plausibel machen, politische Gestaltungsversuche der beschriebenen Art seien tatsächlich vernünftig und zielführend; begleitende empirische Analyse der vielen, entlang solcher Handlungsanweisungen tatsächlich schon geschaffenen internationalen Rechtsordnungen und Verhandlungs- bzw. Entscheidungsstrukturen; Nachweis dessen, was – aus welchen Gründen – tatsächlich schon gelingt oder eben noch nicht funktioniert; Ableitung von besseren systemkonstruktiven Alternativen zu bestehenden Institutionalisierungen; Zuarbeit zur praktischen Politik durch die Erstellung von konkreten Ordnungsvorschlägen zu weiteren, international mit Vordringlichkeit zu ‚vergemeinschaftenden' Politikfeldern; sowie Einwirken auf Öffentlichkeit und Eliten im Sinn und Dienst all dessen. Ganz offenkundig geht mit alledem keinerlei Festlegung auf bestimmte wissenschaftstheoretische oder methodologische Positionen einher, im Grunde auch keinerlei Voreingenommenheit für ausgewählte Gruppen politikwissenschaftlicher Theorien.[768] Darum sind Abgrenzungsversuche dieser ‚Schule' weder von innen noch von außen nötig oder überzeugend.

b. (Neo-)Realismus

Die ‚realistische' Position ist der ‚idealistischen' Position dialektisch eng verbunden, nämlich als – weiterführende – Antithese. Deren im Grunde an Aristoteles (384-322 v.Chr.) und John Locke (1632-1704) orientierter Grundhaltung stellt sie den nüchternen Blick von Thukydides (zweite Hälfte des 5. vorchristlichen Jahrhunderts) und Machiavelli (1469-1527) auf die Eigenlogik politischen Handelns gegenüber, ferner ein letztlich von Augustinus (354-430) stammendes Bild vom – ohne in Schranken gewiesen – seinen schlechten Neigungen nachgehenden Menschen, und überdies die an Thomas Hobbes (1588-1679) anknüpfende Vorstellung, ohne die Chance auf Errichtung eines allgemein verbindlichen Regelwerks und es durchsetzender Institutionen befänden sich Staaten stets im anarchischen Naturzustand wechselseitiger Gefährdung und Unberechenbarkeit und richteten darum am besten ihre Ordnungsvorstellungen und Handlungsmaximen auf genau

---

766 Siehe hierzu Jervis 1978.

767 Vgl. S. 265ff und 447.

768 Als Überblick zu ihnen siehe S. 459ff.

dieses *Sicherheitsdilemma* aus.[769] Der Realismus dominierte die Wissenschaft von den internationalen Beziehungen in den 50er und 60er Jahren des 20. Jahrhunderts und ist auch heute wieder, nach Anverwandlung integrations- und interdependenzanalytischer Einsichten des (‚idealistischen‘) Konstitutionalismus, als ‚Neorealismus‘ eine wichtige ‚Schule‘ dieses Teilfachs.[770]

Das zentrale Anliegen des (Neo-)Realismus besteht darin, einesteils die realen Prägekräfte und die tatsächliche Funktionslogik der ‚Politik zwischen Staaten‘[771] zu verstehen, andernteils hieraus Handlungsanweisungen für hier und jetzt verläßlich friedenssichernde Außenpolitik abzuleiten. Seine Inspiration vor allem aus der europäischen Diplomatie- und Kriegsgeschichte sowie aus der Erfahrung der Weltkriege des 20. Jahrhunderts und des Kalten Krieges ziehend, betrachtet der Realismus souveräne Staaten als die zentralen Akteure der internationalen Politik und deren Beziehungen als eine bestenfalls vertraglich und institutionell gebändigte, doch jederzeit neu aufbrechen könnende und dann den Frieden stets bedrohende *Anarchie*. Der Schlüssel zur Friedenssicherung wird darin gesehen, die von persönlichen Wünschen und Werturteilen ganz unabhängige Funktionslogik internationaler Politik zunächst einmal zu verstehen und auf ihrer Grundlage dann einesteils solche internationale Machtverhältnisse, andernteils institutionelle Mechanismen internationaler Ordnungsstrukturen zu schaffen, die Krieg unwahrscheinlich und Friedenswahrung wahrscheinlich machen.

Kern der Rekonstruktion und konstruktiven Nutzung der Funktionslogik internationaler Politik sind innerhalb der ‚realistischen Schule‘ die folgenden Einsichten:

- In der innerstaatlichen wie zwischenstaatlichen Politik geht es um *Macht*, ohne die sich legitime *Interessen* nicht verwirklichen lassen. Darum besteht seitens der Staaten ein *vernünftiges* Interesse an der Sicherung, mitunter auch an der Ausweitung, ihrer wirtschaftlichen, militärischen und kulturellen Macht, und zwar zumal dann, wenn in einer anarchischen Situation unklar ist, wie wohl die Rahmenbedingungen *künftiger* Interessenverfolgung aussehen werden. In der Regel ist es darum rational, auf Systeme zwischenstaatlichen *Gleichgewichts* hinzuarbeiten und gegebenenfalls zur Sicherung von nachhaltig friedensstabilisierendem Gleichgewicht auch *begrenzte Kriege* zu führen. Umgekehrt sollte man lieber die eigene Position in einem Gleichgewichtssystem wahren (‚status quo-Politik‘), als durch Versuche, die eigene Macht auszuweiten, die Gefahr gerade dagegen gerichteter Kriege herbeiführen. Im übrigen legt die geschichtliche Erfahrung die Vermutung nahe, daß bipolare internationale Systeme, wegen ihrer größeren Berechenbarkeit, wohl besser zur Friedenssicherung geeignet sind als multipolare Systeme, in denen es viel größere Unsicherheit über die Treue von Bündnispartnern und viel mehr Möglichkeiten für friedensgefährdende Machtverschiebungen gibt. Besonders riskant scheinen stets Zeiten der Umschichtung von Hegemonialsystemen zu sein, also des machtpolitischen Umschlags im Rahmen von ‚Hegemoniezyklen‘. Besonders instabil sind internationale Systeme, in denen eine Staat zu schwach für eine *Hegemonie*, doch zu stark für ein stabiles Gleichgewichtssystem ist.[772]
- *Individualethische* Maximen, die den Sicherheit, Freiheit, Eigentum und Streben nach selbstdefiniertem Lebensglück gewährleistenden Ordnungsrahmen des Staates *voraussetzen*, sind nicht geeignet, das Handeln von Staaten als *Kollektiven* in der eben vom *Fehlen* eines politischen

---

769 Zu den genannten ‚Klassikern‘ politischen Denkens siehe auch S. 436f.

770 Eine knappe, überaus informative Darstellung gibt Zürn 1994.

771 So der Titel des Hauptwerks des Begründers der realistischen Schule: Morgenthau 1973.

772 Das ist die typische Situation Europas mit einem vereinigten Deutschland in seiner Mitte: dem mittelalterlichen Stauferreich, dem kleindeutschen Reich zwischen Bismarck und dem Zweiten Weltkrieg, sowie der Bundesrepublik Deutschland nach der Wiedervereinigung. Für die letztere stellt der idealistische Konstitutionalismus die friedenssichernde Wirksamkeit jener ganz Europa bzw. den transatlantischen Raum überspannenden Organisationen und Institutionen in Aussicht, in welche Deutschland nunmehr, gemeinsam mit seinen Nachbarn und Rivalen, eingegliedert ist.

Ordnungsrahmens gekennzeichneten Anarchie der internationalen Politik anzuleiten. Dort kann man sich – anders als im Staat – nämlich *nicht* auf eine übergeordnete Instanz verlassen, die vermutlich dafür sorgen wird, daß auch solches Handeln mittelfristig faire Ergebnisse zeitigt, das weniger den eigenen, als vielmehr den gemeinsamen Interessen verpflichtet ist. Darum sollten Staaten keinesfalls guter Absicht, doch blindlings, solche Regeln befolgen, die nur *innerhalb* eines staatlichen Ordnungsrahmens rational sind. Vielmehr sollten sie, nach Maßgabe historischer und zeitgenössischer Erfahrungen, in jedem Einzelfall ergebnisoffen abwägen, zu welchen Folgen welches Handeln in der anarchischen Arena internationaler Politik wohl wirklich führend mag. Das heißt: Staaten und ihre Gesellschaften sollten sich ohne Klagen und schlechtes Gewissen darauf einlassen, das politisch Gute *zwischen*staatlich mit durchaus anderer Elle zu messen, als sie *inner*staatlich angelegt wird. Ist Gesinnungsethik schon in der Innenpolitik riskant, wird sie in der internationalen Politik nachgerade halsbrecherisch; für diese ist allein eine *konsequentialistische Verantwortungsethik*[773] angemessen.

- Solange unabhängig voneinander agierende Staaten mit ungebremstem Machtstreben und recht unvorhersehbar international miteinander konkurrieren, muß man seine zentralen außenpolitischen Handlungsmaximen ohne Vorbehalte auf solchen anarchischen Wettbewerb ausrichten. Die wichtigste Regel heißt dabei: ‚Hilf dir selbst!' Zur Behebung des Sicherheitsdilemmas sind zwar auch Formen der Kooperation und Bündnisbildung geeignet; doch man sollte alle Normen solcher Zusammenarbeit nur als zeitweises Ergebnis rationaler Interessenkalküle auffassen, nicht aber als Ausdruck eines erreichten oder gar gefestigten Wertkonsenses mißverstehen. Solange also kein *gerade in Krisenzeiten verläßliches* internationales Gewaltmonopol errichtet ist, bleibt die Fähigkeit zur *eigenen* militärischen Gewaltanwendung die wichtigste Rückversicherung der Handlungsfähigkeit eines Staates. Darum kommt der Sicherheitspolitik die zentrale Rolle in Außenpolitik und internationaler Politik zu.
- Des Friedens und gemeinsamer Vorteile willen soll man aber sehr wohl – auf der Grundlage gesicherter Machtpositionen und geteilter Interessen – an die Vereinbarung verbindlich gemeinter internationaler Rechtsnormen gehen und sich auf die Schaffung wirksamer internationaler Steuerungsinstitutionen einlassen. Zwar ist stets der Vorbehalt angebracht, die eigene Mitarbeit dann aufzukündigen, wenn sich die Partnerstaaten nicht ebenfalls vertragstreu erweisen. Doch die historische Erfahrung zeigt, daß einen vernünftigen Interessenkompromiß verwirklichende internationale Regime und Internationale Organisationen immer wieder so schätzenswerte Leistungen erbringen, daß rationale Akteure sie vergleichsweise selten in Gefahr bringen. Die Logik der innerstaatlichen Vertragstheorien wirkt also auch auf internationaler Ebene und läßt sich dort ebenso wie bei der innerstaatlichen Institutionenanalyse durch Theorien rationaler Wahlhandlungen erklären.[774]

Auf die letztgenannte Einsicht zu setzen und – zumal angesichts des tatsächlichen Erfolgs friedenssichernder internationaler Organisationsbildung – Brücken zum Anliegen des (‚idealistischen') Konstitutionalismus zu bauen, zumindest aber die Schaffung internationaler Regime und Organisationen in den *Vordergrund* der vertretenen Handlungsmaximen zu rücken, entwickelte den Realismus (Begründer: Hans J. Morgenthau[775]) weiter zum ‚Neorealismus' (zentraler Ver-

---

773 Gemeint ist also eine Ethik, die von den realen Konsequenzen der angeratenen Handlungen her beurteilt, ob die jeweils befolgte Handlungsmaxime gut war, die aus historischer Erfahrung solche Konsequenzen antizipiert und darum oft zu anderen Ergebnissen ethischer Analyse kommt, als eine von Erfahrungen absehende, allein von Prinzipien ausgehende Ethik. Vgl. hierzu die Ausführungen über normative politikwissenschaftliche Forschung auf S. 93ff und 196ff.

774 Zu ihnen vgl. S. 460ff sowie Sanders 1996.

775 Siehe Morgenthau 1973.

treter: Kenneth N. Waltz[776]). Dieser schließt in seine Analysen mehr und mehr, über Staaten hinaus, auch Internationale Organisationen ein, die auf normativen Regelwerken beruhen, sowie NGOs, die transnational gemeinsame Interessen vertreten und zu machtsuchenden, mehr und mehr auch selbst machtvollen Akteuren internationaler Beziehungen werden. Desgleichen ignoriert er nicht jene Veränderungen der Funktionslogik internationaler *Politik*, die sich aus deren Wandlung zu einem *interdependenten* Netzwerk von *transnationalen Beziehungen* ergeben. Damit nähert er sich der Neorealismus dem (neo-)liberalen Institutionalismus an. Im übrigen dürfte der Neorealismus genau darum künftig mehr und mehr auch die *innen*politischen Voraussetzungen und Restriktionen außenpolitischen Handelns untersuchen, weil diese, zumal in demokratischen Staaten, die Hypothese vom praktizierten ‚Primat der Außenpolitik' nachgerade unrealistisch machen. Gerade eine gewollt realistische Position führt somit zur Erwägung wenigstens des *heuristischen* Werts der Hypothesen vom ‚außenpolitischen Primat der Innenpolitik' und vom ‚weltpolitischen Primat der Wirtschaftspolitik'. Damit ist allerdings das zentrale Erkenntnisinteresse der politisch-ökonomischen Schule erreicht.

Knapp lassen sich die Ziele der wissenschaftlichen Arbeit des (Neo-)Realismus so umreißen: Erarbeitung von – vor allem empirisch-historisch begründeten – Theorien, welche die *tatsächliche* Funktionslogik der internationalen Politik herausarbeiten, die vor allem durch Macht, Interessen und hegemonial stets bedrohtes Gleichgewicht geprägt ist; hieraus Ableitung praktisch nutzbarer Handlungsanweisungen für das außenpolitische Handeln; Kritik von außenpolitischen Positionen, die kontrafaktisch von jener Funktionslogik sowie von den aus geschichtlicher Erfahrung zu ziehenden politischen Lehren absehen; und Einwirken auf Öffentlichkeit und Eliten im Sinn und Dienst all dessen. Auch mit dem (Neo-)Realismus gehen keine exklusiven Festlegungen auf bestimmte wissenschaftstheoretische oder methodologische Positionen einher. Zwar waren unter den frühen Realisten in Gestalt der Vertreter der ‚Historischen Soziologie' viele methodische ‚Traditionalisten'.[777] Doch der große Streit zwischen diesen und den ‚Szientisten' wurde später weitgehend in den Reihen der amerikanischen Vertreter des (Neo-)Realismus ausgetragen. Und im Grunde sind zu (neo-)realistischen Grundpositionen letztlich alle politikwissenschaftlichen Theorien anschlußfähig, wobei gerade die zum hobbesianischen Grundansatz des Realismus vortrefflich passenden Rational choice-Theoreme die Brücke zum (neo-)liberalen Institutionalismus schlagen.[778] Darum gilt wie im Fall des (‚idealistischen') Konstitutionalismus: Abgrenzungsversuche dieser ‚Schule' sind weder von innen noch von außen nötig oder überzeugend.

c. Politisch-ökonomische Analyse internationaler Beziehungen

Diese ‚Schule'[779] geht letztlich auf die klassische englische Schule der Politischen Ökonomie zurück, zu deren Hauptvertretern Adam Smith (1723-1790), David Ricardo (1772-1823) und John Stuart Mill (1806-1873) gehören. Die in international arbeitsteiliger Spezialisierung und im Freihandel liegenden Ursachen eines ‚Reichtums der Nationen' (so der Titel des 1776 erschienenen Hauptwerks von Adam Smith) konnten in der Hochblüte des englischen Kolonialismus schlechterdings nicht übersehen werden. Darum entstanden hier die ersten Ansätze einer Theorie der *wirtschaftlichen Grundlagen* und – wie immer deutlicher hervortrat – der *asymmetrischen Folgen* internationaler Beziehungen. Zu den letzteren gehört vor allem, daß enge, auf Freihandel beruhende, internationale Beziehungen vor allem den *starken* Volkswirtschaften und deren Gesellschaften bzw. Staaten nützen. In *deren* Interesse liegt auch die Expansion internationaler

776 Siehe Waltz 1979.
777 Hierzu und zum folgenden siehe unten S. 414f.
778 Als Überblick dazu siehe S. 460ff.
779 Zu ihrer zeitgenössischen Ausprägung vgl. Cox 1998 und Frieden/Lake 1995.

Wirtschaftsbeziehungen, während für schwache Volkswirtschaften *zeitweise* die partielle Abschirmung *noch* nicht wettbewerbsfähiger Wirtschaftssektoren, etwa durch Schutzzölle, ratsam sein kann (so etwa, gegen Freihandel für die Herstellung staatlich organisierter Wirtschaftsgroßräume plädierend, Friedrich List, 1789-1846). Andernfalls kann enge wirtschaftliche Verflechtung sogar zur ‚Entwicklung der Unterentwicklung' führen.

Mit Karl Marx (1818-1883) nahm die Politische Ökonomie eine Wendung von bloßer Analyse hin zur Kritik bestehender Verhältnisse. Kapitalistische Produktionsverhältnisse seien an sich ungerecht, da sie stets nur zum Vorteil der Kapitaleigner führten, zögen Entfremdung der von ihnen betroffenen Menschen nach sich und wären nur als notwendige historische Übergangsphase zu einer freiheitlichen, auf Vergesellschaftung der Produktionsmittel beruhenden Wirtschaftsweise zu akzeptieren. Einmal voll entfaltet, solle der Kapitalismus dann in des Wortes dreifacher Bedeutung ‚aufgehoben' werden.[780] Auf dem Weg zum – anschließend auch revolutionär herbeizuführenden – Kommunismus beziehe der Kapitalismus die gesamte, durch den Kolonialismus an die kapitalistischen Staaten angeschlossene Welt als ‚Weltmarkt' in seine ausbeuterisch wirkende ökonomische Logik ein. Aus diesen Grundgedanken wurde von John A. Hobson sowie später von Wladimir Iljitsch Lenin (1870-1924) und Rosa Luxemburg (1871-1919) die *Imperialismustheorie* entwickelt. Sie motivierte nicht nur den politischen Kampf gegen die kapitalistischen Staaten bzw. ihre Regierungen, sondern war auch die erste komplexe empirische Theorie internationaler Beziehungen.

Überaus attraktiv machte sie, daß sie es erlaubte, die imperialistische Expansionsphase der europäischen Staaten und der USA im späten 19. Jahrhundert sowie deren – letztlich zum Krieg führenden – Konflikte systematisch aus dem Interesse an Kapitalexpansion und Kapitalrendite zu erklären. Attraktiv blieb sie auch, bei einigen Weiterentwicklungen und Verfeinerungen, bis gegen Ende des 20. Jahrhunderts. Dazu trug nicht zuletzt ihr zwingender Nachweis bei, daß Staaten nicht die einzigen, und mitunter überhaupt nicht die wichtigsten, Akteure internationaler Beziehungen sind, so daß eine Analyse der rein diplomatischen Kalküle von Regierungen für das Verständnis ihrer Außenpolitik keineswegs ausreicht. Vielmehr ist stets auch auf *innerstaatliche*, ökonomisch bedingte Interessenkonflikte und auf *wirtschaftliche* Interessenträger als Antriebskräfte außenpolitischen Handelns zu achten. Das erschloß einesteils – nach dem Blick auf die Sicherheitspolitik als ‚hohe' Politik – auch die ‚niedrigeren' Bereiche der Wirtschafts-, Währungs- und Kulturpolitik als der Beachtung werte Prägefaktoren internationaler Beziehungen, und zeigte andernteils, wie man auch innenpolitisch-revolutionär ansetzen könnte, um auf der internationalen Ebene humanitäre Veränderungen herbeizuführen.

Allerdings machte die imperialistische Rolle der Sowjetunion die Grenzen der zumal marxistisch-leninistisch geprägten Imperialismustheorie unverkennbar. Diese Theorie konnte nämlich nicht verständlich machen, warum ein politisches System auf klar nicht-kapitalistischer Grundlage eine dem Verhalten der kapitalistischen Imperialmächte so überaus ähnliche Politik betrieb. Dieses Versagen der Imperialismustheorie ist allerdings kein Argument gegen politisch-ökonomische Imperialismusanalyse schlechthin, sondern nur dagegen, Imperialismus *ausschließlich* aus kapitalistischen Produktionsverhältnissen erklären zu wollen. In der Tat ist ein Verständnis von Imperialismus als ‚kapitalistischer Durchdringung rückständiger Gebiete' eine drastische Verengung der früher umfassenden Bedeutung dieses Begriffs: nämlich als Ausweitung faktischer Gestaltungsmacht eines Staates über seine bisherigen Grenzen hinaus. Wirtschaftsimperialismus ist zwar eine sehr wichtige Form solcher Ausweitung. Doch über ihr dürfen die Formen des Kulturimperialismus und der korrumpierenden oder rein zivilisatorischen Vereinnahmung der politischen Eliten anderer Staaten keinesfalls ignoriert werden. Vor allem ist es systematisch falsch, wenn die letztere Form

---

[780] Das heißt: *beseitigt*, in seinen progressiven Zügen *bewahrt* und auf ein neues Niveau gesellschaftlicher Entwicklung *erhoben*.

von Einflußnahme auf andere Staaten *nicht* mit Imperialismus assoziiert wird, obwohl sie – etwa in den West/West-Beziehungen zwischen den USA und Europa nach dem Zweiten Weltkrieg oder den West/Ost-Beziehungen nach dem Ende des Realsozialismus – eine bedeutende Rolle spielt und überdies erhebliche politisch-ökonomische Konsequenzen hat.

Im übrigen wäre es ohnehin eine Engführung, die ‚politisch-ökonomische Schule' mit klassischer Imperialismustheorie oder gar mit der marxistischen Ausprägung der Politischen Ökonomie gleichzusetzen. Ihr Anliegen ist vielmehr eine umfassende, empirisch abgesicherte und eine breite historische Perspektive durchhaltende (Interdependenz-)Theorie der wirtschaftlichen und gesellschaftlichen Grundlagen internationaler Beziehungen. Von dieser aus sollen Eigenart, Widersprüche, Spaltungen und Dynamik der Weltgesellschaft erklärt werden. Die Ursachen von Krieg und die Bedingungen von Frieden sind also nur *eine* der politisch-ökonomisch zu erklärenden ‚abhängigen Variablen'. Zusätzlich sollen einerseits die Ursachen internationaler Ungleichheit erklärt werden, die ja nicht nur eine machtpolitische, sondern auch wirtschaftliche Schichtung zwischen den Staaten darstellt. Im übrigen verlangen jene Prozesse Erklärungen, in welchen ‚Entwicklungsländer' nicht nur keineswegs zu den wirtschaftlich führenden Industrie- und Dienstleistungsstaaten aufschließen, sondern viel eher eine ‚Entwicklung der Unterentwicklung' erfahren – sei es als reale Verschlechterung der in ihnen gegebenen Lebensverhältnisse, sei es in Form eines relativen Zurückbleibens hinter den sich immer schneller entwickelnden reichen Staaten.

In den Arbeitsbereich einer solchen politisch-ökonomischen (Imperialismus-)Analyse gehören also viele Themen der internationalen Wirtschafts-, Finanz- und Handelspolitik, die Politisierung bzw. politische Instrumentalisierung der Außenwirtschaftspolitik, und im einzelnen Fragen der Preisbildung auf den Weltmärkten (‚terms of trade'), der investiven und konsumtiven Macht multinationaler Unternehmen, der handelspolitischen Abschottung westlicher Märkte gegen Angebote aus Entwicklungsländern, sowie die internationale Verschuldungsproblematik. Ein solcher komplexer politisch-ökonomisch-gesellschaftsanalytischer Ansatz ist um so wichtiger, als die Geschichte vieler im Zug der Entkolonialisierung unabhängig gewordener Staaten zeigt, daß sowohl der innenpolitischen Entwicklung als auch der internationalen Vernetzung von ‚Drittweltstaaten' gewaltige wirtschaftliche Zerr- und Zugkräfte zugrunde liegen, die sich keineswegs allein von den politischen Steuerungsstrukturen her beherrschen lassen. Nicht zuletzt die langjährigen symbiotischen Beziehungen demokratischer Industriestaaten mit diktatorischen Entwicklungsländern verlangen nach Erklärungen, die im Rahmen des (‚idealistischen') Konstitutionalismus' oder des (Neo-)Realismus schwer zu leisten sind.

Solche Erklärungen werden vor allem in Theorien ‚struktureller Abhängigkeit der Dritten Welt von den Industriestaaten' (‚Dependenztheorien'[781]) vorgelegt, die den Nord/Süd-Konflikt zwar in politökonomischen Kategorien, doch nicht einfach nur als kapitalistisches Ausbeutungsverhältnis analysieren. Im Kern geht es hier um Erwägungen und Untersuchungen dazu, ob, wie sehr und warum die Vernetzungen zwischen Industrie- und Entwicklungsländern ...

– die letzteren zwar unbeabsichtigt, doch rein funktionslogisch an der Entwicklung leistungs- und wachstumsfähiger Strukturen hindern;
– der Bevölkerung rückständiger Staaten Konsummuster nahelegen, die ihrem Entwicklungsstand unangemessen sind und sich darum für die weitere Entwicklung dysfunktional auswirken;
– dazu führen, daß in Drittweltstaaten dank der – gerade auch ökonomisch – privilegierten Außenkontakte ihrer Eliten autoritäre Regime stabilisiert werden, die weniger der Wohlfahrt

[781] Oft auch nach dem südamerikanischen Ursprung solcher Theorien ‚Dependencia-Theorien' genannt. Der Begriff kommt von lat. ‚depéndere', d.h. von etwas abhängig sein.

der regierten Bevölkerung als vielmehr den Produktions- und Handelsinteressen der Industriestaaten dienlich sind.

Allerdings neigt man bei der Verwendung solcher Theorien asymmetrischer Machtbeziehungen zwischen den ‚nördlichen Metropolen' der Welt und deren ‚südlicher Peripherie' leicht dazu, den Blick von den *endogenen* Ursachen rückständiger Entwicklung abzuwenden: nämlich davon, daß in den rückständigen Staaten meist keine stabilen *und* im Dienste von Gemeinwohlvorstellungen leistungsfähigen Regierungssysteme vorhanden sind. Deshalb fehlen gerade bei ethnisch und kulturell heterogenen Gesellschaften, wie sie in vielen Entwicklungsländern vorliegen, allein schon die *innenpolitischen* Voraussetzungen für eine gedeihliche wirtschaftliche Entwicklung und für eine starke Stellung im System der internationalen Beziehungen.

Aus sowohl ihrer marxistischen wie auch aus ihrer dependenztheoretischen Engführung gelöst, befaßt sich die Politische Ökonomie der internationalen Beziehungen insgesamt mit den folgenden Fragen:[782]

– Wie beeinflussen welche mehr oder minder gut funktionierenden Staaten, bzw. welche von ihnen verursachten oder behinderten politischen Prozesse, die international asymmetrische Produktion und Verteilung von Wohlstand und gesellschaftlichem Reichtum?
– Wie beeinflussen derartige politische Entscheidungen – im Dienst welcher Interessen – die globale Lokalisierung wirtschaftlicher Aktivitäten und die Verteilung von deren Kosten und Nutzen? Internationale Märkte welcher Art werden – mit welchen Folgen – durch Politik wie eingerichtet, funktionstüchtig gehalten oder lahmgelegt?
– Unter welchen Bedingungen entsteht und erhält sich eine interdependente Weltwirtschaft? Welche Interdependenzstrukturen fördern nachhaltige Kooperation, welche anderen hingegen Konflikte?
– Welche Faktoren wandeln internationale Interdependenzstrukturen zu Dependenzstrukturen? Wie kann man umgekehrt internationale *De*pendenzstrukturen zu fairen *Inter*dependenzstrukturen transformieren?
– Welcher Art sind auf internationaler Ebene die Wirkungen von wirtschaftlichem auf politischen Wandel? Wie die von politischem Wandel auf wirtschaftlichen Wandel? Wie wirkt zumal das Weltwirtschaftssystem auf einzelne Volkswirtschaften zurück? Und wie wirken diese dann ihrerseits zurück auf ihre politischen Systeme – mit welchen dann politisch erzeugten Folgen für das Weltwirtschaftssystem und für die Ordnungsstrukturen internationaler Beziehungen?

Leicht ist zu sehen, daß es auch bei der Antwort auf solche Fragen keine *exklusiven* Beziehungen gibt zwischen politisch-ökonomischer Analyse internationaler Beziehungen und dafür besonders geeigneten politikwissenschaftlichen Theorien. Nur solange politisch-ökonomische Analyse bloß als Imperialismusanalyse, diese aber allein in ihrer marxistischen Ausprägung als sinnvoll galt, wurden andere konzeptuelle Schnittstellen als unbenutzbar erklärt und behandelt. Über solche Gleichsetzungen und Engführungen ist das Fach nun aber hinaus. Im Gegenteil scheint derzeit die Neue Politische Ökonomie, ihrerseits transaktions-, vertrags- und institutionenanalytisch ausgerichtet, vorzügliche Brücken hin zum (‚idealistischen') Konstitutionalismus und zum Neorealismus zu bauen. Auch methodisch ist die politisch-ökonomische Analyse kompatibel mit einer Vielzahl von Ansätzen – von der Historischen Soziologie bis hin zur quantitativen Input/Output-Analyse wirtschaftlicher Prozesse. Man kann darum auch im Fall dieser ‚Schule' mit guten Gründen davon absehen, sie von innen oder außen gegen die anderen ‚Schulen' abzugrenzen.

---

[782] Zum folgenden siehe auch Lehmkuhl 1996: 305-308, der mitunter eng gefolgt wird. Vgl. ebenfalls Gilpin 1987.

4. Die Analyse internationaler Beziehungen

a. Traditionalismus vs. Szientismus

Im Zusammenhang mit der die gesamte Politikwissenschaft umwälzenden ‚behavioral revolution'[783] hat auch die Wissenschaft von den Internationalen Beziehungen, vor allem in den sechziger Jahren des 20. Jahrhunderts, eine Grundsatzdebatte zu ihrem wissenschaftstheoretischen Selbstverständnis und zur ihrem Gegenstand angemessenen Methodik geführt.[784] Dabei standen ‚Traditionalisten' für die Weiterarbeit in bewährten Bahnen, während ‚Szientisten'[785] neue Wege zu einer – vom naturwissenschaftlichen Leitbild her inspirierten – ‚wirklichen' Wissenschaft von den internationalen Beziehungen wiesen.[786] Knapp lassen sich die beiden Positionen so zusammenfassen:

– Den *Traditionalisten* ging es um eine möglichst praktische, d.h. vor allem für außenpolitische Praktiker nützliche Wissenschaft von den internationalen Beziehungen. Diese sollte ihr Ziel darum nicht nur in der Bereitstellung von Tatsachen-, Zusammenhangs- und Erklärungswissen haben, sondern auch und gerade in der Erarbeitung von Werturteilen und von Handlungsanweisungen. Grundlage dessen sollte ein tiefgehendes, vor allem historisch fundiertes Verständnis historisch-gesellschaftlicher Entwicklungen sein. Zu ihm schien vor allem die bewährte Methodik historischer und geistesgeschichtlicher Forschung zu führen, bei deren Verwendung der ‚gesunde Menschenverstand' nicht abgewertet, sondern genutzt würde. Die Bildung von Idealtypen zur Ordnung des Materials und die Suche nach Regelmäßigkeiten bzw. Mustern in der Geschichte internationaler Beziehungen schien den Traditionalisten besonders zielführend zu sein, letzteres zumal deshalb, weil derlei auch für künftige Politik vorsichtshalber in Rechnung zu stellen wäre. Verbunden war oft mit dieser Grundhaltung eine analytische Vorliebe für die Handlungsprobleme von um ihre Sicherheit besorgten Staaten sowie eine – meist sehr emotionale – Abneigung gegenüber naturwissenschaftlichem Denken, statistischen Methoden und dem Anspruch der Neuerer, mit ihnen fange eine wirklich wissenschaftliche Analyse internationaler Beziehungen erst so richtig an. Immerhin hatten die Traditionalisten mit der von Raimond Aron entwickelten, von Stanley Hoffmann in die US-Politikwissenschaft eingeführten und etwa von Richard N. Rosecrance überaus erkenntnisträchtig auf die Analyse internationaler Politik angewandten systemanalytischen ‚Historischen Soziologie' einen vorzüglichen, gegenstandsnahen Forschungsansatz zur Verfügung.[787]

---

783 Siehe zu ihr S. 62f.

784 Siehe v.a. Knorr/Rosenau 1969.

785 Von lat. ‚sciéntia', d.h. Wissenschaft.

786 Über weite Strecken entsprach jener Streit dem oben auf S. 204ff behandelten Streit der ‚drei Schulen' in der deutschen Politikwissenschaft. Ferner standen auch hinter ihm wichtige Problemstellungen aus dem ‚Positivismusstreits' der deutschen Soziologie. Allerdings handelte es sich bei den empirisch-analytisch gesonnenen ‚Szientisten' mit ihrer ‚naturwissenschaftlich-quantitativen Orientierung' vielfach um liberale und ‚progressive' Wissenschaftler, was auch von ihren – überwiegend konservativen – ‚traditionalistischen' Gegner so gesehen wurde. Hingegen fehlten weitgehend jene Vertreter einer ‚historisch-dialektischen Schule', die sich in Deutschland als Speerspitze ‚fortschrittlicher Politikwissenschaft' verstanden und nicht nur die – meist ‚traditionalistischen' – historisch arbeitenden Vertreter des ‚normativ-ontologischen' Ansatzes, sondern auch die – meist liberalen – Vertreter des empirisch-analytischen Ansatzes als ‚konservativ' etikettierten und attackierten. Dem vor allem in den USA ausgetragenen Grundlagen- und Methodenstreit des Teilfachs ‚Internationale Beziehungen' fehlte also weitgehend jene fundamentalmarxistische Alternative, die in Deutschland wissenschaftstheoretische und methodologische Auseinandersetzungen gleich mit grundsätzlicher politischer Konfrontation vermengte und so um jene innerwissenschaftlich klärende Kraft brachte, welche die Debatte zwischen den amerikanischen ‚Traditionalisten' und ‚Szientisten' ganz ohne Zweifel besaß.

787 Als knappen Abriß zur Historischen Soziologie im Teilfach ‚Internationale Beziehungen' siehe Meyers 1994a.

– Die *Szientisten* wollten im Grunde zwar nichts anderes, als die Anliegen der ‚Traditionalisten' mit anderen, als besser erachteten Mitteln dort weiterzuführen, wo ihnen deren wissenschaftstheoretischen Ansichten überholt und die genutzte Methodik unzulänglich erschien.[788] Aber sie suchten oft weniger den Brückenschlag als die Konfrontation in der Sache. Dabei stellten sie als ihr Ziel heraus, eine an naturwissenschaftlicher Exaktheit orientierte Wissenschaft von den internationalen Beziehungen zu begründen, die der Praxis rational kalkulierbare und empirisch abgesicherte Lösungsvorschläge für anstehende Probleme unterbreiten werde. Auf dem Weg zu solchen Lösungsvorschlägen lehnten sie die Verwendung von Werturteilen ab, desgleichen das Vertrauen auf allein den ‚gesunden Menschenverstand' bei der Auswertung von Schrifttum über zeitgenössische oder historische internationale Beziehungen, was sie als – sozusagen auf Lesesäle beschränkte – ‚armchair political science' ironisierten. Hingegen betonten sie die Notwendigkeit theoriegeleiteter, systematisch auf Falsifikations- bzw. Verifikationschancen angelegter sozialwissenschaftlich-empirischer Forschung. Diese sollte, wo immer möglich, quantitativ angelegt sein und sich fortgeschrittener statistischer Methoden bedienen. Im übrigen schwebten den Szientisten allgemeine, logisch konsistente und empirisch bewährte Theorien möglichst vieler Gegenstandsbereiche internationaler Beziehungen vor, auf deren Grundlage sich realistische Prognosen formulieren ließen. Einher ging damit eine gewisse Vorliebe für Muster von gerade auch *nicht*staatlichen Struktur- und Funktionszusammenhängen sowie der in ihnen ablaufenden Prozesse.

Der Streit zwischen ‚Traditionalisten' und ‚Szientisten' trug wesentlich zur Klärung von Selbstverständnis und Grundlagen des Teilfachs ‚Internationale Beziehungen' bei, desgleichen zu dessen analytischer Modernisierung. In Nachhinein ist unschwer zu sehen, daß sich – bei Abschleifung der wechselseitigen Übertreibungen – durchaus verbinden läßt, was beiden Seiten jeweils wichtig war. Im Grunde wollten sie alle eine für die Praxis nützliche, den bloßen ‚gesunden Menschenverstand' weit hinter sich lassende, wirkliche Wissenschaft von den internationalen Beziehungen. Eine Politikwissenschaft, die eine Verbindung von empirischer und normativer Wissenschaft, eine Vernetzung quantitativer und qualitativer Forschung verwirklicht, erbt die Früchte jener Auseinandersetzungen.

b. Analyseebenen und Topik

Gerade im Teilfach ‚Internationale Beziehungen' steht man vor der Aufgabe, mit der Komplexität des Schichtenbaus sozialer und politischer Wirklichkeit[789] zurechtzukommen. Immerhin geht es hier um die vielfältigsten und kompliziertesten Strukturbildungen, die zum Gegenstand sozialwissenschaftlicher Analyse werden können. Von der Gesamtheit der global vernetzten Finanzmärkte und Handelsbeziehungen, Touristen- und Flüchtlingsströme, Waffen- und Drogenlieferungen reichen internationale Beziehungen hinab bis zur persönlichen Entscheidung eines Fondsmanagers über den An- oder Verkauf von Aktienpaketen oder eines Waffenhändlers zum – mitunter auch illegalen – Verkauf von Panzern in ein Spannungsgebiet. Umgekehrt reichen sie von wahlkampfbezogenen Profilierungswünschen einer regierungstragenden Partei hinauf bis zur Haltung, die hiervon abhängige Regierungsmitglieder bei internationalen Konferenzen einnehmen. Oder es prägen Vereinbarungen über die Beseitigung von Handelsschranken im Rahmen der Welthandelsorganisation die Konkurrenzlage von Betrieben in vielen Ländern und dadurch die Beschäftigungs- und Lebenschancen von Tausenden von Arbeitnehmern und ihrer Familien, während Minderheiten in einzelnen Ländern durch gezielte Terrorakte inner- wie zwischenstaat-

788 Vgl. Singer 1973/74.
789 Siehe hierzu S. 46ff.

liche Krisen auslösen können, auf welche eine internationale Allianz gegebenenfalls sogar ihrerseits mit Krieg reagieren mag.

Nicht nur wirken ganz verschiedene Systemzusammenhänge hier wechselseitig und über mehrere Ebenen des Schichtenbaus gesellschaftlicher Wirklichkeit zusammen. Vielmehr gibt es auf jeder Ebene auch unterschiedliche Funktionslogiken der dort angesiedelten Akteure: von Einzelmenschen an verantwortlicher Position über konkurrierende Unternehmen und gesellschaftlichen Gruppen bis hin zu Staaten, die um rivalisierende Interessen streiten, und internationale Organisationen, die sich um ihren Zusammenhalt bemühen. Darum ist keinesfalls auf das Handeln von Akteuren niedriger Ebene zu reduzieren, was auf höherer Ebene zu beobachten, zu erklären oder zu prognostizieren ist. Dennoch reicht von den niedrigeren Ebenen aus nach oben durch, was auf jenen geschieht, ebenso wie von den höheren Ebenen aus nach unten Rahmenbedingungen dafür gesetzt werden, was sich üblicherweise dort ereignen mag. Bei der Untersuchung internationaler Beziehungen steht man also mit ganz besonderen Schwierigkeiten vor dem Problem, die zur Beantwortung der eigenen Fragestellung oder die Lösung eines praktischen Problems richtige(n) *Analyseebene(n)* ausfindig zu machen und die relevanten Beziehungen zwischen Analyseebene(n) und über- bzw. untergeordneten Ebenen im Schichtenbau der Wirklichkeit herauszupräparieren. Im übrigen geht es hier um so viele gleichzeitig wichtige, ineinander verschränkte Aspekte der zu entwirrenden internationalen Beziehungen, daß eine bewährte Ordnung des Suchens nach den wichtigsten zu betrachtenden Sachverhalten sinnvoll ist.

Für die Lösung beider Probleme bietet sich die Nutzung der Topik an.[790] Einesteils hilft sie mit dem Problem zurechtzukommen, die wichtigsten Analyseebenen ausfindig zu machen, anderteils dabei, die auf jeder Ebene wichtigen Aspekte in den Blick zu fassen und entlang ihrer die Analyseebenen aufeinander zu beziehen. Bei der Nutzung eines dafür geeigneten topischen Modells[791] läßt sich wie folgt vorgehen:

(1) Klärung der wichtigsten Untersuchungsebenen

Bei jeder Analyse eines Gegenstands internationaler Beziehungen sind zumindest die folgenden Untersuchungsebenen in Betracht zu ziehen:

- Einzelpersonen, etwa außenpolitische Entscheidungsträger;
- innerstaatliche bzw. innergesellschaftliche Akteure, etwa die außenpolitischen Infrastrukturen der untersuchten politischen Systeme oder Interessengruppen, die sich für ein bestimmtes außenpolitisches Ziel engagieren;
- Nationalstaaten, IGOs oder NGOs (etwa Frankreich, die UNO oder das Rote Kreuz);
- Regionalsysteme, in die der Untersuchungsgegenstand eingebettet ist, etwa das ‚Spannungsfeld Naher Osten';
- das internationale bzw. globale System, etwa die Strukturen des Nord/Süd-Konflikts.

Um zu klären, welche Untersuchungsebenen für die Beantwortung einer Forschungsfrage oder die Lösung des gestellten Problems am wichtigsten sind, geht man vor, wie im Abschnitt über Topik beschrieben wurde.[792] Im einzelnen macht man sich zunächst klar, ob der von der Fragestellung festgelegte Untersuchungsgegenstand (z.B. eine Krise, ein Krieg, ein Friedensprozeß, eine außenpolitische Entscheidung usw.) nur auf *einer* der genannten Ebenen angesiedelt ist, oder ob sich die Analyse von vornherein auf *mehrere* Ebenen erstrecken muß. Im letzteren Fall wird man meist *eine* Ebene aufgrund ihrer Wichtigkeit als die Hauptebene der Untersuchung

790 Siehe S. 37f.
791 Vgl. Patzelt 1983.
792 Siehe S. 37f.

identifizieren können und die anderen Ebenen ergänzend betrachten. Beispielsweise wird man bei einer Analyse des Golfkriegs von 1991 wohl rasch den Irak und die USA und somit die Ebene der Nationalstaaten als hauptsächliche Untersuchungsebene in Betracht ziehen, sodann aber das Regionalsystem ‚Mittlerer/Naher Osten' als weitere wichtige Untersuchungsebene identifizieren und ‚nach oben hin' sein Untersuchungsinteresse auch noch auf jene gewandelten Strukturen des internationalen Systems richten, die das Ende des Ost/West-Konflikts schuf. ‚Nach unten hin' wird der analytische Blick sich zweifellos auf die innerstaatlichen Voraussetzungen und Rahmenbedingungen des Kriegsentschlusses der (mehr oder minder) beteiligten Staaten richten müssen. Außerdem werden auf der Ebene von Einzelpersonen wegen der 1990/91 bestehenden Struktur des irakischen Regierungssystems zumindest Saddam Hussein, im Fall der USA der Präsident und seine wichtigsten Berater in die Untersuchung einbezogen werden müssen.

Nicht in jedem Fall, sogar eher selten, wird sich eine Analyse über *alle* Schichten politischer Wirklichkeit erstrecken. Es bestimmen allein die Frage- oder Problemstellung, die forschungsleitende(n) Theorie(n) sowie der Untersuchungsgegenstand selbst, wie tiefgestaffelt das Forschungsvorhaben angelegt sein muß. Stets hängt aber von einer zutreffenden Feststellung der zu betrachtenden Ebenen die Tragfähigkeit der gewonnenen Ergebnisse ab. Achtete man bei einer Analyse des Golfkriegs beispielsweise nur auf die Rollen der irakischen und amerikanischen Präsidenten, so würden die bei solcher Blickverengung erarbeiteten Ergebnisse leicht nahelegen: ‚(Nur) Männer machen Geschichte!' Behandelte man hingegen den ‚persönlichen Faktor' grundsätzlich als vernachlässigbar, so stellte sich leicht der ebenfalls trügerische Eindruck ein, die Außenpolitik von Staaten folge unbeirrbar der jeweiligen Staatsräson – ganz gleich, wer diese interpretiert und in politische Maßnahmen umsetzt. Und ignorierte man von vornherein den analytischen Wert der Untersuchungsebene ‚Nationalstaat', so wäre rasch die Bahn für den Glauben daran geöffnet, gleichsam anonym und staatlich-institutioneller Willensbildung unzugänglich formten sozusagen unabhängig von allen Regierungen tätige Kräfte die internationalen Beziehungen. Um von vornherein derartige Einseitigkeiten zu vermeiden, sollten – nach hypothetischer Festlegung der analytischen Hauptebene(n) – stets auch alle anderen genannten Untersuchungsebenen wenigstens als Topoi von Betrachtungsweisen, Fragestellungen und Informationen benutzt werden. Erst der Blick auf die Tatsachen, die Auswertung der verfügbaren oder zu beschaffenden Informationen, wird dann zeigen, ob auch Sachverhalte der niedrigeren Ebenen den interessierenden Untersuchungsgegenstand prägen, ob dessen Einbettung in die Strukturen der nächsthöheren Ebene für seine Beschaffenheit bedeutsam ist, oder ob ihn wirklich allein Wirkkräfte auf der hervorgehobenen Hauptebene der Untersuchung formen.

(2) Topische Analyse der wichtigsten Aspekte des Untersuchungsgegenstands

Sobald die Analyse-Ebenen festgelegt sind, kann man daran gehen, auf jeder Ebene die wichtigen *inhaltlichen* Dimensionen des Untersuchungsgegenstandes zu erkunden. Dafür bieten sich in jedem Fall die beiden Topoi-Kataloge des MINK- und des AGIL-Schemas an:[793]

– Ausgehend von der als zentral festgelegten Untersuchungsebene ist zunächst einmal zu fragen, welche Rolle jeweils Macht, Ideologie, Normen und Kommunikation spielen und in welchen Wechselwirkungen diese Elemente von Politik im konkreten Fall stehen. Untersucht man etwa den Golfkrieg von 1991, so wären dergestalt die Machtverhältnisse zwischen den beteiligten Staaten, ihre jeweiligen Perzeptionswirklichkeiten und die von ihnen befolgten bzw. zur Interpretation wechselseitigen Verhaltens benutzten Normen zu untersuchen sowie die Kanäle, Inhalte und Dichte der zwischen ihnen gepflogenen Kommunikation zu betrachten. Auf der Ebene innerstaatlicher Willensbildung wäre auf die Kräfteverhältnisse der um

[793] Siehe S. 38ff und 50ff.

Einfluß ringenden politischen Kräfte, auf deren Sichtweisen, Wertvorstellungen und Kommunikationsnetze zu achten. Analog ist dann mit allen anderen Untersuchungsebenen zu verfahren.

– Sodann wird anhand des AGIL-Schemas für jede Untersuchungsebene geklärt, mit welchem Gewicht die vier Grundfunktionen sozialer und politischer Systeme sowie ihre Wechselwirkungen beim Untersuchungsgegenstand im Spiel sind und folglich in dessen Analyse einbezogen werden müssen. Zu diesem Zweck fragt man auf jeder einbezogenen Untersuchungsebene nach den Umweltbeziehungen der dort lokalisierten Systeme, nach deren Zielsetzungen bzw. Zielverwirklichung, nach ihrer Integrationsleistung sowie nach dem Erhalt ihrer Geltungsansprüche und Wertvorstellungen.

Für den Fall einer Heranziehung von drei Untersuchungsebenen läßt sich diese Verbindung von Schichtenmodell und AGIL-Schema anhand des Schaubilds 15 veranschaulichen. Natürlich kann man auch mehr (und anders benannte) Ebenen einbeziehen oder die Topoi des MINK-Schemas statt jener des AGIL-Schemas benutzen.

Schaubild 15: Ein topisches Modell zur Analyse internationaler Beziehungen

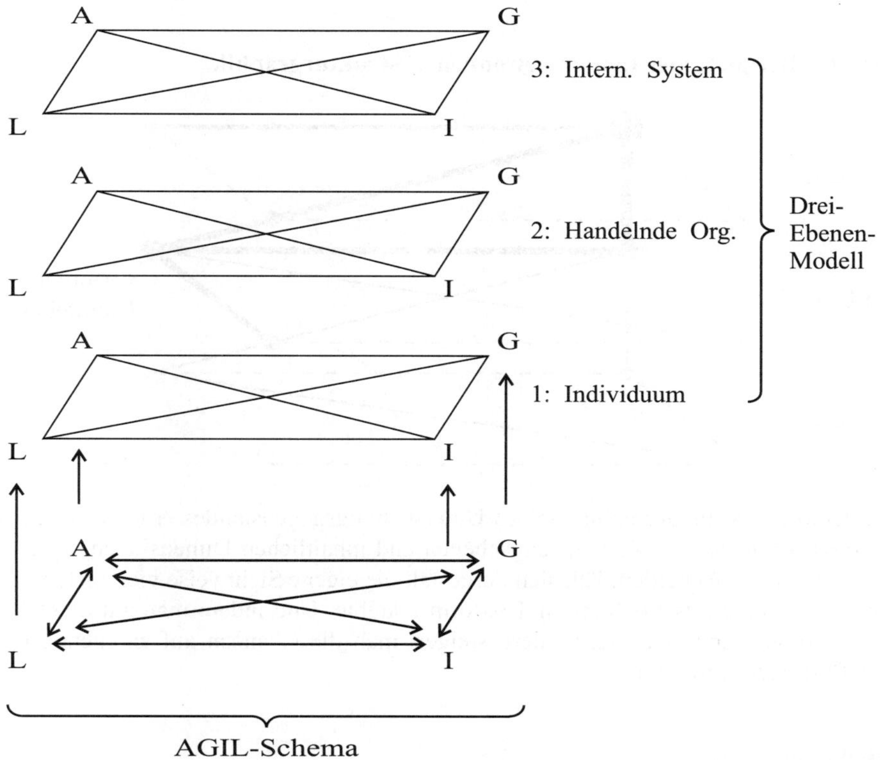

Anhand eines solchen gut visualisierbaren Modells kann man sich daran machen, systematisch den zu analysierenden Fall zu durchdenken. Im Beispiel des Golfkriegs wird man beispielsweise auf der Ebene von Einzelpersonen klären, in welches Verhältnis sich Saddam Hussein zur außerhalb seiner Person bestehenden politischen Wirklichkeit setzte, welche Ziele er verfolgte, wie er Konsistenz in seinen Handlungen anstrebte, und auf welche Weise er welche persönlichen Prinzipien unbeschadet aller Einwirkungen auf ihn aufrechtzuerhalten versuchte. Oder man wird auf der Ebene des Regionalsystems ‚Naher/Mittlerer Osten' dessen multidimensionale Vernetzungen mit anderen Regionalsystemen oder dem internationalen System studieren, auf die dort vorherrschenden Zielvorstellungen, Zielkonflikte und der Zielverwirklichung dienenden Handlungen achten, sowohl die Konfliktlinien als auch die Loyalitäten in diesem Regionalsystem herausarbeiten und den Umgang mit jenen Prinzipien bzw. Wertvorstellungen untersuchen, welche den Strukturen dieses Regionalsystems zugrunde liegen.

Nach diesem – hier vom AGIL-Schema angeleiteten – systematischen Durchstreifen der Dimensionen seines Untersuchungsgegenstandes wird man versuchen, sich die relative Bedeutung der entdeckten Einzelfaktoren vor Augen zu führen. Die dazu angestellten Vermutungen lassen sich graphisch veranschaulichen, indem man die Einzelfaktoren durch je nach zugemessener Bedeutung größere oder kleinere Kreise, deren Wechselwirkungen aber durch dickere oder dünnere Verbindungslinien markiert. Diese kann man gegebenenfalls auch als Pfeile ausgestalten, um damit dominante Wirkungsrichtungen anzugeben.[794] Das Schaubild 16 zeigt dafür ein fiktives Beispiel:

Schaubild 16: Beispiel einer topisch gewonnenen Strukturgraphik

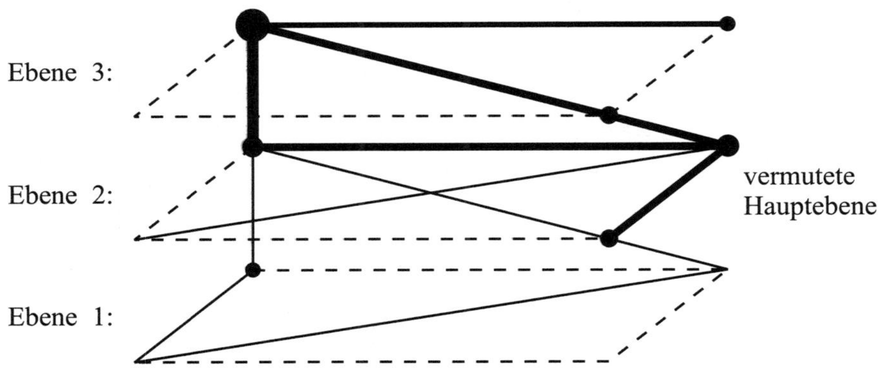

Eine derartige ‚Strukturgraphik' seines Untersuchungsgegenstandes erlaubt es dem Analytiker, sich dessen relevanten Untersuchungsebenen und inhaltlichen Dimensionen *auf einen Blick* zu vergegenwärtigen. Außerdem läßt sich dergestalt die eigene Sichtweise viel leichter und klarer mitteilen, als das eine Beschreibung in Textform erlaubte. Und indem man auf diese Weise das Risiko von Mißverständnisses vermindert, steigert man die Chancen auf anregende Kritik und erkenntnisfördernde Korrektur.

c. Konstellationsanalyse

Eine häufige Aufgabe praxisnützlicher Analyse internationaler Beziehungen besteht darin, das Verhalten von Akteuren internationaler Beziehungen innerhalb konkreter Handlungsgefüge nachzuzeichnen und zu erklären, oder jenes Handeln deutend zu verstehen und dann den eigenen Handlungsplanungen zugrunde zu legen. In diesem Fall ist die Durchführung einer Konstellationsanalyse angebracht.[795] Als ‚Konstellation' bezeichnet man das Beziehungsgefüge zwischen politischen Systemen und ihren Gesellschaften, also ein Regionalsystem ebenso wie einen Ausschnitt des internationalen Systems oder die Beziehung vielleicht nur zweier Staaten. Konstellationsanalyse meint also, die äußeren oder inneren Prägekräfte dieses Beziehungsgefüges ausfindig zu machen. Zu diesem Zweck geht man in den folgenden Schritten vor:

Erstens ist die aufgrund der zu beantwortenden Fragestellung oder anzugehenden Problemstellung näher zu untersuchende Konstellation – etwa das Spannungsfeld des Nahen Ostens oder ein Verhandlungssystem von Akteuren internationaler Beziehungen wie die Welthandelsorganisation – genau *abzugrenzen*. Dem dienen die folgenden Leitfragen:

– *Räumliche* Abgrenzung: Welche Staaten, IGOs und NGOs sowie welche wie weit reichenden Verflechtungsstrukturen müssen in die Analyse einbezogen werden, weil sie in das zu untersuchende Regional- oder Verhandlungssystem in einem nicht zu vernachlässigenden Grad hineinwirken?

---

[794] Vgl. hierzu die auf S. 109ff erläuterte Logik eines Pfeilmodells.
[795] Zu ihr siehe detailliert Kindermann 1981a.

- *Zeitliche* Abgrenzung: Zwischen welchen Jahren soll die fragliche Konstellation untersucht werden, also: Was für plausible Periodisierungen oder hinsichtlich der Frage- und Problemstellung wichtigen Umstrukturierungszeitpunkte gibt es in der interessierenden Konstellation?

Zweitens ist der *historische Kontext*, das Werden und die vermutlich künftige Entwicklungsdynamik der fraglichen Konstellation herauszuarbeiten. Dazu verhelfen die folgenden Fragen:

- Wie ist die zu untersuchende Konstellation überhaupt entstanden?
- Welche Probleme, Konflikte, Konsenspotentiale oder gemeinsamen Interessen der Akteure kennzeichnen die Entwicklung der Konstellation (‚endogene Faktoren') ?
- Welche äußeren Einflußkräfte auf die Konstellation haben sich während deren Herausbildung als wichtig erwiesen, und welche Chancen gibt es dafür, daß sie auch in Zukunft prägend sind (‚exogene Faktoren')?
- Gibt es Trends in der Entwicklung der Konstellation? Wie stehen die Chancen dafür, daß diese Trends anhalten oder sich verändern? Falls ja: Welche Veränderungen der Konstellation sind dann in welchen Zeiträumen zu erwarten?

Drittens ist eine detaillierte Analyse der *Struktur* der interessierenden Konstellation durchzuführen. Dies geschieht so, daß man zunächst die *Einzelelemente* der Konstellation – d.h. die sie bildenden Staaten, IGOs und NGOs – anhand der folgenden Fragestellungen erarbeitet und sodann auf der Grundlage jener Befunde die *Gesamtstruktur* der Konstellation durchsichtig macht. Fünf Teilbereiche sind dabei durchzugehen und anhand der folgenden Leitfragen zu erschließen:

- *Systemanalyse*: Wie sind die an der Konstellation beteiligten Akteure – Staaten, IGOs, NGOs – in außenpolitisch bedeutsamer Hinsicht beschaffen? Wie laufen in ihnen – soweit das für die zu bearbeitende Frage- oder Problemstellung wichtig ist – die Prozesse politischer Willensbildung und Entscheidungsfindung ab? Wie sehen die dafür genutzten (außen-)politischen Infrastrukturen aus? Wie funktionieren sie im einzelnen? Welche Rolle spielen dabei organisatorische und institutionelle Rahmenbedingungen im Vergleich zum persönlichen Faktor von kooperierenden oder konfligierenden Elitegruppen?
- *Normenanalyse*: Welche rechtlichen oder sonstigen Normen prägen das Handeln der Akteure in der betrachteten Konstellation oder könnten es zumindest im Konfliktfall prägen? Welche Normen werden zur Interpretation bzw. Gestaltung der Konstellation von wem herangezogen? Welche Normen sind davon innerstaatlich, welche zwischenstaatlich? Wer kann sich gegebenenfalls wie leicht über welche Normen hinwegsetzen? Welche Spannungen zwischen den geltenden Normen, den Bekundungen normgerechten Verhaltens und dem tatsächlich beobachtbaren Verhalten lassen sich auffinden?
- *Perzeptionsanalyse*: Wie nehmen die wichtigsten (außen-)politischen Entscheidungsträger, die Funktionsträger der außenpolitischen Infrastruktur oder sonstige politische Akteure die eigene Lage, die Lage der anderen Akteure, die ganze Konstellation und die Umwelt des eigenen politischen Systems sowie der Konstellation wahr? Welche Ideologien prägen diese Wahrnehmungen der Operationswirklichkeit? Welche Situationsdefinitionen liegen bei wem vor, und wer hat – warum – welche Definitionsmacht? Gibt es innerstaatlich Kongruenz in den Perzeptionswirklichkeiten oder einen Streit zwischen konkurrierenden Perzeptionswirklichkeiten, auf den man von außen – etwa durch Kommunikationsmanagement – Einfluß nehmen könnte?
- *Interessenanalyse*: Welche kurz-, mittel- oder langfristigen Interessen verfolgen die einzelnen Akteure der Konstellation, also die beteiligten Staaten, IGOs und NGOs, die wichtigsten Akteure im jeweiligen innenpolitischen Prozeß sowie die individuellen außenpolitischen

Entscheidungsträger? Auf welchen Wertvorstellungen und Motive gründen sich die identifizierten Interessen jeweils? Und welche Interessenprioritäten lassen sich bei wem, welche innenpolitischen Durchsetzungschancen von Interessenpräferenzen wo erkennen?

- *Machtanalyse*: Welche Machtmittel können die an der Konstellation beteiligten Akteure grundsätzlich einsetzen? Welche Droh- und Handlungsoptionen eröffnen sie im wechselseitigen Vergleich? Wie sind solche Droh- und Handlungsoptionen eines Akteurs auf die analogen Optionen anderer Akteure bezogen? Wie glaubwürdig sind wessen Drohungen mit dem Einsatz von welchen Machtmitteln, und für wie glaubwürdig werden sie von wem gehalten? Wie wahrscheinlich ist unter welchen Umständen wessen Einsatz welcher Machtmittel?

Beim Zusammensetzen der anhand solcher Fragen erarbeiteten Antworten für die Einzelakteure zum Bild der *Gesamtstruktur*, sind die folgenden Analyseaufgaben besonders wichtig:

- Vergleichende Analysen der Perzeptions-, Interessen- und Machtlagen, die zwischen den zur Konstellation gehörenden Staaten, IGOs und NGOs bestehen;
- Untersuchungen der Kooperations- und Konfliktpotentiale zwischen den an der Konstellation beteiligten Akteuren;
- Herausarbeitung der die Konstellation prägenden Koalitions- und Führungsbeziehungen bzw. Rivalitäten und Obstruktionsverhältnisse.

Viertens ist herauszuarbeiten, in welchen *Kommunikations- und Handlungsprozessen* das alles wechselseitig aufeinander einwirkt und zusammenwirkt. Dabei interessiert vor allem, was zur Aufrechterhaltung bzw. zum Wandel der Konstellation beiträgt, wie sich die Konstellation angesichts der in ihr ablaufenden Prozesse verändert hat bzw. ändern kann, und welche Möglichkeiten (‚Handlungsoptionen‘) es gab bzw. gibt, bestimmter Ziele willen auf jene Prozesse Einfluß zu nehmen.

Es wäre gut, sich mindestens einmal im Studium anhand einer vollständig durchgeführten Konstellationsanalyse zu vergegenwärtigen, wie überaus komplexe Aufgaben der Lagefeststellung, Lagebeurteilung und eigenen Entschlusses von Entscheidungsträgern immer wieder zu erfüllen sind, wenn sie auf dem Feld der internationalen Beziehungen in verantwortlicher Position tätig sind. Leider scheint dieses überaus nützliche Ablaufschema einer praxisnahen Analyse internationaler Beziehungen einstweilen außer Mode geraten zu sein. Eher beschränkt man sich derzeit auf *Ausschnitte* der angeführten Analyseaufgaben: auf historische Nachzeichnungen der Entwicklung von Konstellationen, gegebenenfalls mit der Absicht, an solchen Fallbeispielen Hypothesen zu überprüfen; auf idiographische Analysen einzelner Akteure internationaler Beziehungen; oder auf Struktur- und Prozeßanalysen ausgewählter Bereiche internationaler Beziehungen, etwa der Verhandlungsstrukturen im deutsch-amerikanischen Verhältnis, der Entscheidungsstrukturen innerhalb der UNO oder der Prozesse internationaler Klimaschutzpolitik. Auch solche in ihrer Reichweite eingegrenzte und oft leider nicht auf die Identifizierung praxisnützlicher Handlungsoptionen zulaufende Untersuchungen können überaus nützlich sein. Am meisten Gewinn zieht man aber auch aus ihnen, und zwar sowohl für theoriebildende wissenschaftliche als auch für Handlungsanweisungen erarbeitende praktische Zwecke, wenn man immer wieder den Blick auf das *Ganze* einer Konstellation und darauf richtet, welche ihrer Entwicklungen und Lehren uns wohl auch in der Zukunft *praktisch* betreffen werden.

Einer vollständigen oder auch nur partiellen Konstellationsanalyse wird man am besten eine topische Analyse vorschalten, wie sie oben beschrieben wurde. Falls die Sekundäranalyse verfügbaren Schrifttums und Datenmaterials vermutlich ausreichen wird oder ausreichen muß, um seine interessierende inhaltliche Frage zu beantworten oder um zu einem Problemlösungsvorschlag zu gelangen, wird man bei der Durchführung einer Konstellationsanalyse genau jene Schritte unternehmen, die unten bei den Hinweisen zur Erstellung einer wissenschaftlichen Arbeit erörtert werden.[796] Sind hingegen eigene empirische Primärstudien nötig, so geben die Ausführungen im Kapitel über die politikwissenschaftlichen Forschungsmethoden an, wie konkret zu verfahren ist.

---

[796] Siehe S. 488ff.

III. Politische Theorie

‚Politische Theorie' besitzt das auf den ersten Blick unklarste Profil der politikwissenschaftlichen Teilfächer. Das spiegelt sich bereits im Namen dieses Teilfachs und in dessen Ergänzungen bzw. Alternativen: Sollte es nicht besser ‚Politische Theorie *und Ideengeschichte*' oder gar ‚Politische *Philosophie*' heißen? Solche Unklarheit findet seine Fortsetzung im Lehr- und Arbeitsprofil der Fachvertreter. Einige – derzeit wenige – beschäftigen sich vor allem mit der Geschichte politischen Denkens, andere greifen als Sozialphilosophen bewertend und kritisierend in aktuelle politische Debatten ein; der eine Teil macht sich anheischig, die politische und politikwissenschaftliche Fachsprache auszulegen oder zu formen, und ein weiterer Teil sucht gar den Weg hin zu empirischen Forschungen, deren Gegenstand dann nicht nur historisches politisches Denken, sondern auch das politische Alltagsdenken von Zeitgenossen und dessen Quellen bzw. Gußformen sind. Am besten versteht man jenes dritte Teilfach wohl, indem man seine Mannigfaltigkeit als Folge des Versuchs begreift, ziemlich Verschiedenes aus guten Gründen unter dasselbe Etikett zu zwingen. Dabei ist es hilfreich, drei Dinge zunächst auseinanderzuhalten und sich sodann in ihren wechselseitigen Bezügen vor Augen zu führen: politisches *Alltagsdenken*, *systematisches* politisches Denken bzw. *politische* Theorie, und *politikwissenschaftliche* Theorie.

1. Mannigfaltigkeit und politikwissenschaftlicher Stellenwert des Teilfachs ‚Politische Theorie'

Auch der Politik fernstehende Menschen besitzen im Rahmen ihres Alltagsdenkens oft mehr oder minder klare, feste, richtige Vorstellungen von Politik und benutzen sie für die Zwecke ihrer Alltagskommunikation. Dergestalt es verfestigend und in Geltung haltend, wird dieses *politische Alltagsdenken* zur Grundlage alltäglicher Konstruktion und Reproduktion politischer Wirklichkeit gemacht.[797] Es ist darum eine überaus wichtige politikwissenschaftliche Forschungsaufgabe, dessen strukturierenden Begriffe und strukturierten Wissensbestände, deren Trägerschichten und soziale bzw. regionale Verteilung, sowie die Quellen, Verbreitungswege und Geschichtlichkeit des politischen Alltagsdenkens zu beschreiben und erklären. Einesteils sind das klassische Aufgaben im Bereich und Umfeld der politikwissenschaftlichen Systemforschung und der politischen Soziologie, etwa der Analyse politischer Kultur, politischer Sprache, politischer Kommunikation und politischer Sozialisation. Andernteils ist politisches Alltagsdenken oft abgesunkenes Erbgut systematischen politischen Denkens oder gar politikwissenschaftlicher Theoriebildung. Das gilt etwa für die so populären Begriffe der Gewaltenteilung, der Demokratie oder der sozialen Gerechtigkeit. Darum liegt es nahe und ist im Grunde auch zwingend, daß sich das Teilfach Politische Theorie mit politischem Alltagsdenken befaßt und dabei teils empirisch-bestandsaufnehmende, teils normativ-kritisierende Forschung betreibt.

Politisches Alltagsdenken wird geprägt von den konkreten Interessenlagen seiner Träger und geformt in aktuellen politischen Konflikten. Dafür begabte Beobachter, theoretisch interessierte politische Akteure sowie praktisch gesinnte Analytiker der Politik geben solchem politischen Alltagsdenken, zumal dem von politischen Diskurs- und Funktionseliten, auch immer wieder eine besondere, den konkreten politischen Problemlagen angepaßte Form, systematisieren es zweckdienlich und entwickeln es weiter. Man kann sie theoretisierende Politiker, ‚politische Theoretiker' oder ‚politisierende Wissenschaftler' nennen. Aus nicht selten diffusem ‚politischen

[797] Vgl. Patzelt 1987, 2000.

Denken im Alltag' wird so das – oft überaus zugespitzte – interessengeleitete perspektivische und selektive ‚Alltagsdenken von Politikern'. Und da in der Regel auch intellektuelle Elitenangehörige – Sozialwissenschaftler, Philosophen, Literaten usw. – an den jeweils aktuellen politischen Debatten teilnehmen, bringen ebenfalls sie ihre fachwissenschaftliche, denkerische und redeprägende Kompetenz oft in den politischen Diskurs ein. Mitunter tun sie dies mit so großer Sprachgewalt und Argumentationskraft, daß ihre Denkfiguren und Debattenformeln diskursprägend und zur intellektuellen Grundausstattung von professionellen Politikbeobachtern und Politikern werden. So entstehen – mitunter wissenschaftlich fundierte, in der Regel klar parteiische – Netzwerke politischer Begriffe und Argumentationen sowie Gebäude *systematischen politischen Denkens*, die eng mit politischen Gestaltungsabsichten verbunden sind. Dergestalt wurden in Auseinandersetzung mit den Religions- und Bürgerkriegen des 16. und 17. Jahrhunderts die Lehren von Souveränität, Gesellschafts- und Herrschaftsvertrag formuliert, auf diese Weise beriefen sich die amerikanischen Revolutionäre auf John Locke und die französischen auf Jean-Jacques Rousseau, und so entwickelte sich in Reaktion auf die Französische Revolution das Denkgebäude des *Konservatismus*, aus dem heraus sich jene bekämpfen ließen, die in der Rüstung von Argumentationsmustern des *Liberalismus* die Ideen und Gestaltungsabsichten der Revolutionen in England, den späteren USA und Frankreich weitertrugen. Und sowohl aus menschlicher Empörung über die verelenden Folgen der Industriellen Revolution als auch aus sozialwissenschaftlicher Analyse der sie bewirkenden Kräfte entstand die dritte bis heute wirkungsmächtige Strömung systematischen politischen Denkens: der *Sozialismus*.

Mitunter systematisiert und erweitert ein dafür begabter Politiker auch um seiner konkreten politischen Zwecke willen ihm nützliche wissenschaftliche Theorien, wie es etwa Lenin mit dem Werk von Marx und Engels tat. Dann mag politische Praxis sogar beanspruchen, nicht nur auf systematisches politisches Denken, sondern sogar ausdrücklich auf Wissenschaft gegründet zu sein. Das gilt natürlich auch dann, wenn Politiker bereitwillig wissenschaftliche Begriffe aufgreifen, sie zum Bestandteil ihres politischen Denkens machen und ihrem politischen Gestalten anschließend zugrunde legen. In Deutschland widerfuhr das etwa dem Konzept der ‚Sozialen Marktwirtschaft' sowie den Begriffen des ‚Pluralismus' und der – verfassungsrechtlich fixierten, in der Verfassungspraxis realisierten – ‚pluralistischen Demokratie'. Solches systematische politische Denken, dessen politisch meist klar Partei ergreifende Strömungen ihrerseits oft ‚politische Theorien' genannt werden, ist natürlich ebenfalls ein zentraler Gegenstand der Politikwissenschaft. Es ist immerhin das ‚Durchführungsmittel' jener alltäglichen Konstruktion politischen Wirklichkeit, welche politische Aktivisten, Eliten und Führer leisten. Und natürlich war systematisches politisches Denken nicht nur in der Vergangenheit das Durchführungsmittel politischer Wirklichkeitskonstruktion, sondern ist das auch für alle zeitgenössischen Versuche, politische Wirklichkeit hervorzubringen, aufrechtzuerhalten, zu verändern oder zu zerstören. Darin ist systematisches politisches Denken, sind politische Theorien immer und überall zentrale Mittel der Sicherung oder Zerstörung politischer Legitimität.

Also ist das systematische politische Denken – als typische Form ‚politischer Inhalte' – ein sehr wichtiger Gegenstand der *empirischen* politikwissenschaftlichen Systemanalyse, zumal von Untersuchungen zur politischen Kultur und Legitimitätslage politischer Systeme. Sodann sind ‚politische Theorien' wie Konservatismus, Liberalismus oder Sozialismus ein wichtiger Gegenstand *normativer* Systemanalyse, da ja stets die normative Brauchbarkeit[798] bei solchen Denkgebäuden von Belang ist, die politischen Gestaltungsabsichten nicht nur entwachsen sind, sondern ihnen auch weiterhin dienen sollen. Und außerdem ist systematisches politisches Denken, sind ‚politische Theorien' ganz offenkundig *der zentrale Gegenstand*, der *empirische Referent* des Teilfachs ‚Politische Theorie'. Einesteils ist deren intellektuelle und soziale *Geschichte* zu be-

[798] Siehe S. 94f und 197f.

schreiben und zu erklären, sind also die geistesgeschichtlichen Voraussetzungen und historisch jeweils aktuellen Kristallisationspunkte politischer Theorien, sind ihre Trägergruppen und Propagatoren, sind deren Wirkungsmacht sowie – gegebenenfalls bis heute reichenden – Folgen zu untersuchen und darzulegen (‚politische Ideengeschichte'). Andernteils ist die *zeitgenössische* Rolle von – oft in der (Geistes-)Geschichte fundierten – politischen Theorien zu beobachten, zu analysieren und gegebenenfalls auch mitzugestalten.

Entfällt beim *normativen* Umgang mit politischen Theorien[799] jene Distanz, welche die normative *Forschung* vom *alltäglichen* Treffen von Werturteilen und Handlungsanweisungen unterscheidet, so wird ein Politikwissenschaftler vom – groß geschriebenen – ‚*P*olitischen Theoretiker', der politische Theorien auf ihre normative Brauchbarkeit überprüft oder normative politische Theorien entwickelt, zum – klein geschriebenen – ‚*p*olitischen Theoretiker', der sich mit seinem Überblick und seinem Argumentationsvermögen in politische Debatten einbringt, oder gar zum ‚politisierenden Theoretiker', der seine wissenschaftliche Autorität im Grunde nur parteiisch oder parteipolitisch funktionalisiert. Nichts wäre daran zwar grundsätzlich falsch.[800] Doch man sollte sich im klaren sein, daß es weder der Praxis noch der Wissenschaft *bestmöglich* hilft, wenn man die Fallhöhe zwischen *politischem* Denken und politik*wissenschaftlicher* Theorieanwendung allzu rasch einebnet. Hierbei liegt die große, oft auf Irrwege leitende Verführungskraft des Begriffs ‚Politische Theorie' genau darin, daß er – gleich ausgesprochen, doch klein geschrieben – stets den *Gegenstand* eines politikwissenschaftlichen Teilfachs, groß geschrieben aber meist auch die *Analyse* dieses Gegenstands bezeichnet. Sprachliche Amalgamierung trägt so das Ihre dazu bei, die oft für Politikwissenschaftler ohnehin schwer auszuhaltende Spannung zwischen persönlichem politischen Urteil und analytischer Distanz zum beurteilten Gegenstand zu beseitigen. Nicht viel besser macht diese praktische Verschränkung zweier aus guten Gründen analytisch zu trennender Ebenen, daß viele ‚Klassiker' der Politischen Theorie – etwa Aristoteles, Hobbes, Popper – sich zwar gerade nicht als *politisierende* Theoretiker, sondern als *wissenschaftliche* Theoretiker der Politik verstanden haben, im Rückblick aber sehr wohl als mindestens auch *politische* Denker kenntlich werden. Daß Lehrbücher der Ideengeschichte sie dann mitunter gleich als ‚politische Denker' etikettieren,[801] erschwert es Studierenden der Politikwissenschaft erst recht, ‚*p*olitische Theorie' (klein geschrieben) von ‚*P*olitischer Theorie' (groß geschrieben) zu trennen und im Gewand von Theoriebildung *politisierende* Wissenschaftler von theoriebildenden Politik*wissenschaftlern* zu unterscheiden.

Oft greift man dann zum Notnagel, ‚Politische Theorie' für alles zu halten, was sich über Politik – gestützt auf zeitgenössische oder ideengeschichtliche Reflexionen – *normativ* äußern läßt und sich ‚deshalb' um den *empirischen* Wahrheitsgehalt von Aussagen ‚nicht zu kümmern braucht'. In Wirklichkeit sind normative Aussagen aber – sofern sie nicht als reine Glaubensbekundungen gemeint sind – überaus komplexe Argumentationen auf *großenteils* empirischer Grundlage.[802] Vollends zum Freibrief für ganz beliebiges Theoretisieren (und dann auch Politisieren) wird das Etikett ‚Politische Theorie' dann, wenn ihm auch noch die Vorstellung angeheftet wird, Wirklichkeitskonstruktion *erschöpfe* sich in der – begrifflichen, diskursiven, theoretischen oder symbolischen – Konstruktion von Perzeptionswirklichkeit[803] (‚kognitiver Konstruktivismus'), so daß sich die Frage nach dem *empirischen Wahrheitsgehalt* theoretischer Aussagen über Politik ohnehin ‚erübrige'. In Wahrheit aber werden die mittleren und oberen Lagen des Schichtenbaus politischer Wirklichkeit[804] durch konkretes menschliches *Handeln* konstruiert, reproduziert oder verändert, das zwar seinerseits durch ebenfalls sozial konstruierte Perzeptions-

---

799 Siehe S. 196ff.
800 Siehe den Abschnitt über ‚Politikwissenschaft als Grundlage politischer Beteiligung', auf S. 67.
801 Vgl. Maier / Rausch / Denzer 1986/87.
802 Siehe hierzu oben S. 93ff.
803 Siehe S. 41ff und 368ff.
804 Siehe S. 46ff.

wirklichkeit *geprägt* wird, über diese aber in seinen strukturellen Konsequenzen real *hinausgeht*. Von rein mentalen Konstruktionen, die eine *andere* Funktionslogik oder *andere* Konsequenzen solchen Handelns unterstellen, erweist sich solches *real* wirklichkeitskonstruktive Handeln hingegen oft als ganz und gar unabhängig.[805] Etwa hat die Vergesellschaftung der Produktionsmittel, hat die Verstaatlichung ganzer Wirtschaftszweige in den sozialistischen Staaten in der durch Handeln konstruierten *Operations*wirklichkeit eben keineswegs zur größeren Identifikation der Werktätigen mit ihren Arbeitsstätten oder zur Erhöhung ihrer Produktivität geführt, obschon eben das in der kognitiv konstruierten *Perzeptions*wirklichkeit so erwartet wurde.

Durch systematisches politisches Denken – also durch der Praxis entsprungene, für die Praxis entwickelte und in der Praxis angewandte politische Theorien (d.h. über ‚politische Inhalte') – kommt politische Wirklichkeit, kommen politische Akteure sozusagen zum Bewußtsein ihrer selbst. Politikwissenschaft erforscht diese Prozesse politischer Bewußtseinsbildung ebenso wie die – meist auf solcher Grundlage ablaufenden – Prozesse politischen Handelns selbst sowie jene politischen Strukturen, die durch solches Handeln hervorgebracht, genutzt oder zerstört werden. Über alle solchen Dinge – als ihren empirischen Referenten – formuliert sie Theorien. Diese sind, falls sie gemäß den beschrieben Regeln guter wissenschaftlicher Praxis erarbeitet, überprüft und verwendet werden,[806] als *‚politikwissenschaftliche Theorien'* zu bezeichnen. Sie zu formulieren, ist also keineswegs ein Privileg des Teilfachs ‚Politische Theorie'. Doch zweierlei führt auch hier rasch zu Mißverständnissen:

- Erstens wurden von politischen Praktikern nicht wenige politikwissenschaftliche Theorien als *politische* Theorien angeeignet, etwa die Marx'sche Theorie von den Führern und Theoretikern des real existierenden Sozialismus. Auf diese Weise wird politikwissenschaftliche Theorie zum Kristallisationspunkt von Ideologie, letztere verstanden als Wissenschaftscharakter beanspruchende Weltanschauung.[807] Zumindest im Rückblick auf die *Wirkungs*geschichte von Theorien läßt sich darum oft kein klarer Trennstrich mehr zwischen politikwissenschaftlichen und politischen Theorien ziehen.
- Zweitens führen auch überaus populäre Lehrbücher den Begriff ‚politische Theorie' zwar im Titel, stellen dann aber vorwiegend politikwissenschaftliche Theorien oder gar Forschungsansätze vor.[808] Dann scheint *alle* Theoriebildung, *jegliche* Reflexion über Forschungsansätze und Methodik der Politikwissenschaft zum Arbeitsbereich ‚Politischer Theorie' zu gehören, welche sich dann natürlich schwer von systematischen, praktischen politischen Theorien abheben läßt. Im noch besten Fall mag dies den Eindruck erwecken, das Teilfach ‚Politische Theorie' sei Inbegriff und Krönung von Politikwissenschaft schlechthin. Im wahrscheinlich häufigeren und schlechteren Fall drängt sich die Vermutung auf, Politikwissenschaftler theoretisierten bloß akademisch über Politik, überließen

---

805 Natürlich läßt sich über solches real wirklichkeitskonstruktives Handeln ebenso wie über die Perzeptionswirklichkeit, die ihm zugrunde liegt, nur in Form von Theorien bzw. theoretischen Aussagen sprechen, die ihrerseits *Konstrukte* menschlichen Handelns sind; siehe S. 99ff und 467ff. Diese Tatsache, daß nämlich Operationswirklichkeit nur in Gestalt von Aussagen, also als ‚wissenschaftlich reflektierte Perzeptionswirklichkeit von Wissenschaftlern' ausgedrückt werden kann, verleitet immer wieder dazu, die Perzeptionswirklichkeit der *beobachteten Handelnden* mit der Perzeptionswirklichkeit von *beobachtenden Wissenschaftlern* gleichzusetzen und jene mit *eigener* Funktionslogik ausgestattete Operationswirklichkeit gewissermaßen ‚wegzudefinieren', die *Folge* der Wirklichkeits*konstruktion* von Handelnden, doch *Gegenstand* der Wirklichkeits*analyse* von Wissenschaftlern ist. Zu einem solchen Kurzschluß verleitet erst recht, daß die Ergebnisse wissenschaftlicher Forschung, und mitunter der Forschungsprozeß selbst, auf den erforschten Gegenstand *zurückwirken* können, womit zum *Inhalt* alltagspraktisch-wirklichkeitskonstruktiver Perzeptionswirklichkeit werden mag, was zunächst nur eine isolierte wissenschaftliche Beobachtung oder exklusiv wissenschaftliche Theorie war; vgl. S. 35ff.

806 Siehe hierzu S. 76ff, 102f, 187ff und 467ff.

807 Vgl. hierzu S. 42ff.

808 Siehe vor allem Gabriel 1978 und Beyme 2000.

deren *Realien und Fakten* aber der Soziologie, der Rechts-, Verwaltungs- und Wirtschaftswissenschaft. Dann befragt man aber am besten diese, allenfalls noch – wie im 19. Jahrhundert – politisierende Historiker, wenn es nicht mehr darum geht, die politische Welt nur zu interpretieren, sondern sie zu verändern.

Das Teilfach ‚Politische Theorie' liegt dergestalt *quer* zu einerseits der Trennung zwischen Praxis und Wissenschaft der Politik, und zu andererseits den – natürlich auch ihrerseits theoriebildenden, theorieprüfenden und theorienutzenden – Teilfächern ‚Politische Systeme' und ‚Internationale Beziehungen'. ‚Politische Theorie' kann darum sowohl die ‚praktischste' als auch die ‚akademischste' politikwissenschaftliche Teildisziplin sein, *zugleich* ein Propädeutikum[809] für die anderen politikwissenschaftlichen Teilfächer *und* deren Synthese. An deutschen Universitäten wird sie oft als Propädeutikum verstanden und gelehrt, was sich einesteils in der üblichen Aufzählungsreihenfolge der politikwissenschaftlichen Teilfächer niederschlägt (‚Politische Theorie' vor ‚Politischen Systemen', diese vor ‚Internationalen Beziehungen'), andernteils in der inhaltlichen Ausrichtung vieler Einführungskurse zur ‚Politischen Theorie'. Diese wollen oft eher die politischen und politikwissenschaftlichen *Grundbegriffe* historisch-systematisch reflektieren denn in aktuelle und vergangene politische *Theorien* als historisch-zeitspezifische Erscheinungen im Spannungsfeld zwischen gesellschaftlicher Selbstverständigung und politischer Gestaltungsabsicht einführen. Im Rahmen *dieser* Einführung wird hingegen das Teilfach ‚Politische Theorie' als *Synthese* politikwissenschaftlicher Forschung und als – sich auch selbst reflektierende – Arbeit an politisch wirkender *praktischer Philosophie* vorgestellt.

Um diese beiden Brennpunkte – ‚Synthese' und ‚praktisch-politische Philosophie' – gelagert, läßt sich der politikwissenschaftliche Stellenwert des derart mannigfaltigen Teilfachs ‚Politische Theorie' dann so umschreiben:

- ‚Politische Theorie' leistet zunächst einmal die Selbstreflexion der Politikwissenschaft und schafft somit Grundlagen für die anderen Teilfächer. Sie leistet dies um so besser, je mehr diese Teildisziplin – historisch entfaltet und sozialwissenschaftlich reflektiert – gewissermaßen die kollektive Erinnerung der Politikwissenschaft birgt: Dort bleibt als *Ideengeschichte* dokumentiert und wird als *systematisches politisches Denken* immer wieder aufbereitet, was im Lauf der Jahrhunderte an überdauernden oder mitunter neu wertvollen Einsichten zusammengetragen wurde.
- Weil Theorien Ausgangspunkt, Durchführungsmittel und angestrebtes Ergebnis aller Forschung in den ‚konkreten' Teilfächern sind, ist Politikwissenschaft stets *auch* im Teilfach ‚Politische Theorie' beheimatet. Systemforschung und Analyse internationaler Beziehungen inspirieren sich nämlich aus dem Teilfach ‚Politische Theorie' und tragen, durch ihre Ergebnisse und empirisch begründeten Theorien, zu ihm und seiner – zumal in Gestalt Politischer Philosophie – synthesebildenden Reflexion bei.
- Ferner dient das dritte Teilfach als ‚Anker' der Politikwissenschaft. Denn während in deren zwei ‚konkreten' Disziplinen jeweils *aktuelle* Probleme, Gegenstände und Theorien im Vordergrund der Arbeit stehen, hält das Teilfach ‚Politische Theorie' jene – oft über Jahrhunderte reflektierten – ‚Großtheorien' bereit, aus denen zeitgenössische Forschungen immer wieder Inspiration schöpfen, und es verwaltet jene ‚Gußformen' des Denkens und Interpretierens, in welchen die durch aktuelle Forschung gewonnenen Materialen zu allgemein nutzbaren Kenntnissen modelliert werden können.

Im übrigen lassen sich im Teilfach ‚Politische Theorie' vier Unterdisziplinen herausarbeiten, entlang welcher eine eingängige Gestalt erhält, was sonst wie ein unklare Profil wirkt: die *Selbstreflexion der Politikwissenschaft*, worunter die Klärung des Wissenschaftscharakters und

[809] Von griech. ‚pro', d.h. vorher, und ‚paideúein', d.h. erziehen.

der Forschungslogik dieser Disziplin zu verstehen ist; die Geschichte systematischen politischen Denkens (,*Ideengeschichte*'); die *politikwissenschaftliche Theorieforschung*; und die *politische Philosophie*.[810]

2. Selbstreflexion der Politikwissenschaft

Es ist eine wichtige Aufgabe des Teilfachs ,Politische Theorie', die Grundlagen der Politikwissenschaft und das Selbstverständnis des Faches zu klären bzw. zu entwickeln. Die Leitfragen solcher Selbstreflexion lassen sich so formulieren: Was ist die *Fragestellung*, was ist der *Gegenstand*, was sind die *zentralen Begriffe*, was die *Methoden* der Disziplin? Gewissermaßen geht es, gerichtet auf politische Wirklichkeit und die Wissenschaft von ihr, um die erste Grundfrage der Philosophie: ,Was können wir wissen?'[811] In zweifacher Weise entfaltet sich derartige Selbstreflexion:

- Zunächst einmal leistet ,Politische Theorie' als politikwissenschaftliche Selbstreflexion genau das, was in den ersten beiden Kapiteln dieser Einführung über den Begriff der Politik und seinen empirischen Referenten sowie über die Möglichkeiten und Schwierigkeiten einer wissenschaftlichen Zuwendung zu beidem entfaltet wurde.[812]
- Sodann entfaltet sich die Selbstreflexion der Politikwissenschaft als Reflexion jener zentralen Begriffe, die einesteils die Selbstverständigung politischer Wirklichkeit über sich selbst und andernteils den politikwissenschaftlichen Diskurs über politische Wirklichkeit tragen und prägen. Vergleichend sowohl in ideengeschichtlicher als auch in systematischer Perspektive und oft unter Einbeziehung von Kriterien empirischer wie normativer Forschung, werden dann politikwissenschaftliche Zentralbegriffe wie die folgenden erörtert: Politik, Herrschaft,

---

810 Zwar wird mitunter auch die Klärung der *Geschichte* der Politikwissenschaft dem Teilfach ,Politische Theorie' zugerechnet. Dies wirkt plausibel, sofern damit allein die Geschichte der politischen *Ideen* gemeint ist. Lange wurde in der Tat vor allem die Befassung mit der Geschichte des politischen Denkens – sowie seiner Trägergruppen – unter ,Politischer Theorie' verstanden und jene Geschichte mit der Geschichte der Politikwissenschaft gleichgesetzt. Doch in Wirklichkeit verlief die Geschichte politischen Denkens über weite Strecken unabhängig von der Geschichte der Politikwissenschaft als einer institutionalisierten akademischen Disziplin (siehe hierzu S. 55ff und 432ff). Politische Ideengeschichte ist also gerade *nicht* die Geschichte der Politikwissenschaft schlechthin und letztere somit *kein* vom Teilfach ,Politische Theorie' erschöpfend zu behandelnder Gegenstand. Hierfür ist viel eher die fächerübergreifenden Spezialdisziplin der *Wissenschaftsgeschichte* zuständig. Allerdings versteht diese sich bislang allem als Geschichte der Natur- und Technikwissenschaften und überläßt die Geschichte der Sozial- und Geisteswissenschaften deren Selbstbeschreibungen. Also nehmen sich tatsächlich vor allem Politikwissenschaftler der Historiographie ihrer Disziplin an, wofür natürlich ideengeschichtliche Neugier und Belesenheit den Weg öffnen. Doch einmal auf diesem Weg, arbeitet man nicht im Teilfach ,Politische Theorie', sondern eben als Wissenschaftshistoriker. Da allerdings die ihrer eigenen institutionellen Tradition weitgehend vergessene (deutsche) Politikwissenschaft einen auf sich selbst bezogenen Forschungszweig bislang nur in Gestalt der politischen Ideengeschichte besitzt, hat es eine durchaus in der Sache selbst begründete Plausibilität, die Geschichte der Politikwissenschaft als Arbeitsgebiet der ,Politischen Theorie' zu verkennen.

811 Um Antworten auf die anderen, in solcher Weise von Immanuel Kant formulierten, Grundfragen der Philosophie bemüht sich im Rahmen der Politikwissenschaft die Politische Philosophie; siehe hierzu S. 470f.

812 Die konkrete Methodologie der Politikwissenschaft schlägt, seit die Methoden empirischer sozialwissenschaftlicher Forschung zu ihr gehören, kaum mehr jemand in Gänze dem Teilfach ,Politische Theorie' zu. Immer wieder aber kommt es vor, daß die qualitativen Varianten von Methoden der Datenerhebung und Datenanalyse, zumal jene der Hermeneutik und des Textverstehens, der ,Politischen Theorie' nicht nur als zu *beherrschende*, sondern auch als zu *lehrende* Methodik zugewiesen werden. Insofern sich alle Methodenlehre aus der Arbeit an Inhalten heraus entwikkelt hat und solche Arbeit an Inhalten oft als theoretische Arbeit beginnt, hat derlei auch einen guten historischen Grund. Und natürlich ist es wünschenswert, daß auch Theoretiker der Politik hinsichtlich der ihnen eigentümlichen Aufgaben von Datenerhebung und Datenanalyse ebensoviel Methodenreflexion und Methodenkompetenz an den Tag legen, lehren und wechselseitig einforderen, wie das für Analytiker politischer Systeme und internationaler Beziehungen mittlerweile selbstverständlich ist.

Legitimität; Macht, Ideologie, Norm, Kommunikation; Freiheit, Gleichheit, Gerechtigkeit; Verfassung und Demokratie, Willkür und Diktatur. Was sich bei der Analyse politischer Systeme oder internationaler Beziehungen funktionslogisch und in je konkreter historischer Gestalt vor Augen führen läßt, wird hier abstrahierend verdichtet, idealerweise in größere geistesgeschichtliche Zusammenhänge gestellt und in teils propädeutischer, teils synthesebildender Absicht erörtert.

Es steht außer Zweifel, daß hinsichtlich solcher Aufgaben der Selbstreflexion jeder wirklich gebildete Politikwissenschaftler im Teilfach ‚Politische Theorie' beheimatet sein muß. Ebenso unverkennbar ist aber auch, in welche *Engführung* das Teilfach ‚Politische Theorie' dann gerät, wenn es sich *vor allem* als solche Selbstreflexion ausgestaltet. Es wird dann nämlich leicht zum wirklichen Propädeutikum, von dem aus man anschließend in die empirische Forschung strebt und, beispielsweise, Systemlehre mit stark normativ-kritischen Zügen betreibt. Die anderen drei so wichtigen Arbeitsbereiche der ‚Politischen Theorie' – Ideengeschichte, politikwissenschaftliche Theorieforschung und Politische Philosophie – werden dann vernachlässigt oder gar ignoriert.

3. Ideengeschichte

a. Zum Stellenwert der politischen Ideengeschichte

Politische Ideengeschichte als Disziplin[813] befaßt sich mit der Geschichte des systematischen politischen Denkens sowie von dessen jeweiligen Wurzeln sowohl im praktischen politischen Alltagsdenken als auch in der wissenschaftlicher Theorieproduktion über Politik.[814] ‚Politische Ideengeschichte' ist also die Geschichte der Trias von systematischem politischen Denken, politischem Alltagsdenken und politikwissenschaftlicher Theorie. Es ist nachgerade das Rückgrat des Teilfachs ‚Politische Theorie', diese Trias in *begriffs*geschichtlicher, *theorie*geschichtlicher, *geistes*geschichtlicher, *mentalitäts*geschichtlicher, *sozial*geschichtlicher, *institutionen*geschichtlicher und *problem*geschichtlicher Perspektive zu beschreiben sowie die Entwicklungen und politische Wirkungsmacht historischer wie zeitgenössischer Ausprägungsformen zumal *systematischen politischen Denkens* herauszuarbeiten und zu erklären. Dieses Rückgrat des Teilfachs ‚Politische Theorie' ist aus zwei Gründen auch für die Politikwissenschaft insgesamt wichtig:

- Aus den Tatsachen allein schon von etwa Konflikt und Krieg, von Herrschaft und Regieren, von Auflehnung gegen als unnötig empfundene Herrschaft und von politischen Mitwirkungsansprüchen ergaben sich quer durch die Jahrhunderte immer wieder ähnliche Probleme der Ausgestaltung politischer Ordnung und der Erfüllung politischer Aufgaben. Mit ihnen sowie mit geeigneten Lösungsmöglichkeiten befaßten sich immer wieder herausragende Persönlichkeiten ihrer Zeit. Es wäre ignorant und brächte eine wichtige Quelle von Inspiration, Aufklärung und Kritik zum Versiegen, über deren Problemsichten, Erwägungen und Lösungsvorschläge sowie über jene Erfahrungen mit alledem hinwegzugehen, die sich in jahrhunderte- oder jahrtausendealten politischen Diskursen niederschlagen. Viel besser ist es hingegen, die Ideengeschichte als Schatzhaus von politischen Problemstellungen, von zu de-

[813] Sprachlicher Einfachheit willen wird im folgenden auch die *Disziplin* ‚Geschichte der politischen Ideen' immer dann einfach ‚politische Ideengeschichte' genannt (und sozusagen mit ihrem *Gegenstand* kurzgeschlossen), wenn derlei nicht in Mißverständnisse führen kann.

[814] Zu diesem Forschungszweig und seinen Ergebnissen siehe Ballestrem 1990, Baruzzi 1993, Beyme 1969, 1986, 1991, Brecht 1961, Druwe 1995, Fenske u.a. 1991, Heywood 1999, Lieber 1993, Maier u.a. 1986/87, Maier/Denzer 2001, McClelland 1996, Mohr 1995: 143-235, Morrow 1998, Neumann 1995, Pipers Handbuch der politischen Ideen 1985-1988, Sabine 1973, Steinvorth 1983, Vincent 1997 und Zippelius 1971.

ren Bearbeitung geeignetem Denkwerkzeug und von – gelungenen, spannungsreichen oder gescheiterten – Lösungsvorschlägen zu pflegen und zu nutzen. Überdies entfalteten viele unter durchaus individuellen Handlungsbedingungen einst geschaffene Denkfiguren – etwa jene von Souveränität und Volkssouveränität, von Repräsentation und Gewaltenteilung – eine Art intellektuelles Eigenleben, was sie unabhängig von konkreten Zeitumständen macht und nachgerade zu Prägefaktoren späterer Entwicklungen werden ließ.

– Es zeigt sich beim Blick zurück viel klarer als bei dem auf die eigene Zeit, wie politisches Denken sowohl breiter Bevölkerungsschichten als auch der ‚Eliten' einesteils mit technischen, wirtschaftlichen, gesellschaftlichen, kulturellen und politischen *Rahmenbedingungen* sowie andernteils mit politischen *Gestaltungsaufgaben* zusammenhängt. Spiegelt man also zeitgenössische Problemlagen in ihnen verwandten historischen Problemlagen, so gelingt eine überaus nützliche Verfremdung beim anschließenden Blick zurück auf wiederum die eigene Zeit. Solche Verfremdung erlaubt es, unbedachter Selbstverständlichkeiten innezuwerden, die der geistigen Verarbeitung aktueller Probleme zugrunde liegen und oft genug zu Fesseln beim kreativen Nachdenken über Möglichkeiten von deren Lösung werden. Historische Aufklärung über das Zusammenspiel von politischem Sein und politischem Bewußtsein durchlüftet und stimuliert darum politikwissenschaftliche Forschung, die sich zwar aus guten Gründen eng der eigenen Zeit anschmiegt, dabei aber leicht die Fähigkeit zum Denken in grundlegenden Alternativen und zu einer Kritik verliert, die das – gegebenenfalls – ‚falsche Ganze' trifft.

Trotz solcher eigentlich leicht nachvollziehbarer Wichtigkeit ihrer Aufgaben und Erkenntnismöglichkeiten unterliegt die Ideengeschichte sowohl als Disziplin wie als Gegenstand wechselnden Konjunkturen ihrer praktischen Wertschätzung. In Deutschland ist die politische Ideengeschichte derzeit zwar in politikwissenschaftlichen Studien- und Prüfungsordnungen meist gut verankert. Doch dahinter steht oft wenig Wille, den immerhin dokumentierten Anspruch tatsächlich einzulösen. Tatsächlich ist an deutschen Universitäten das Studium und die Lehre der politischen Ideengeschichte in keinem guten Zustand. Ideengeschichtliches Wissen gilt meist als zwar zusätzlich wünschenswertes, im Grunde aber für einen modernen Politikwissenschaftler entbehrliches Bildungswissen, die Beschäftigung mit Ideengeschichte vor allem als Propädeutikum für die Beschäftigung mit zeitgenössischer politischer und politikwissenschaftlicher Theorie. Wo sich deren Wurzeln zu verlieren scheinen, nämlich meist bei Machiavelli, dort verliert sich in der Regel auch das Interesse an politischen Gedanken und Denkern. Als Bildungsgut und Kontrast zu vor allem Machiavelli und Hobbes dienen dann zwar noch die Namen und einige Überlegungen von Platon und Aristoteles; doch üblicherweise ignorieren heutige Politikwissenschaftler rund 1800 Jahre politischen Denkens zwischen Aristoteles und Machiavelli. Und schon gar nicht scheint es wertvoll zu sein, Ideengeschichte wirklich als *Geschichte* und nicht nur als ‚Steinbruch' fallweise nutzbarer Ideen zu kennen. Im Grunde hat politische Ideengeschichte heute ihren Platz gewissermaßen dort, wo es entweder um Propädeutik geht oder die Forschung ‚es noch nicht so weit gebracht hat', daß sie an die Stelle der selektiven ‚Inspiration aus Klassikern' eine eigene, aus der eigenen Zeit empirisch gestützte Theorie setzte. Und wo außerdem der Siegeszug empirischer Politikforschung das Verständnis für den Wert und die Logik auch normativer Forschung wegriß, dort fand sich überdies das Normative als irrational-spekulativ ausgegrenzt und der Ideengeschichte als bloßer *Vor*geschichte ‚wirklicher' Politikwissenschaft zugewiesen. Die Ideengeschichte rückte damit, gemeinsam mit normativer Forschung, aus dem Blickfeld einer sich – doch eigentlich nur im Bereich empirischer Forschung – professionalisierenden Disziplin.

Inzwischen scheint aber bemerkt zu werden, daß der durchaus erfreuliche Siegeszug empirischer Politikforschung und analytischer politikwissenschaftlicher Theoriebildung nicht notwendigerweise damit bezahlt werden muß, daß man Ideengeschichte als politikwissenschaftliches Arbeitsgebiet verkümmern läßt. Im Gegenteil täte es der (deutschen) Politikwissenschaft überaus gut, wenn sie sich – ohne alle Abstriche am ansonsten erreichten Profil der Disziplin – dreifach historisierte: im Ausbau historisch-vergleichender Forschung;[815] in der Neubesinnung auf die Geschichte und Tradition des Faches selbst, was beides ja nicht erst mit der US-amerikanischen Politikwissenschaft oder den Neubegründungen nach dem Zweiten Weltkrieg beginnt;[816] sowie als neu aufblühende ideengeschichtliche Forschung mit einem komplexen Ansatz der oben umrissenen Art. Diesen Ansatz sollte sich ein Student der Politikwissenschaft in zweierlei Weise erschließen: einesteils als Überblick zur Geschichte systematischen politischen Denkens insgesamt, andernteils als Geschichte einzelner politischer Problemstellungen und der mit ihnen verwobenen Begriffe bzw. Argumentationsmuster.

b. Ideengeschichte als Geschichte systematischen politischen Denkens: Eine ‚Landkarte' für Entdeckungsreisen

Das kulturelle Gedächtnis der – weitestgehend westlich, d.h. europäisch-nordamerikanisch geprägten – Politikwissenschaft setzt meistens mit Platon und Aristoteles ein. Ausgehend von der griechisch-römische Zivilisation nimmt es dann den Erinnerungsweg über das abendländische Mittelalter hin zur in den Religionskriegen des 16. und 17. Jahrhunderts sich formenden Neuzeit. Für das späte 18. Jahrhundert macht es einen Abstecher in Englands amerikanische Kolonien und in die entstehenden USA. Ansonsten aber bleibt es europafixiert, bis es sich ab der zweiten Hälfte des 20. Jahrhunderts an US-dominierten Denkfiguren ausrichtet. Den Blick auf die gesamte Erde weitet das politische Denken eigentlich nur im Umfang, in dem der Globus vom europäischen (und später amerikanischen) Imperialismus geprägt sowie anhand europäisch verwurzelter Denkfiguren erschlossen wurde. In der Tat ist entlang dieses Wegs eine überaus reiche und inspirierende Geschichte politischen Denken kennenzulernen, und zwar durchaus die historisch bislang wirkungsmächtigste.

Dennoch ignoriert die Politikwissenschaft nur zu ihrem eigenen Nachteil jene Traditionen des politischen Denkens in China[817] und Indien, des Islam[818], Persiens, des pharaonischen Ägyptens oder der frühen Hochkulturen des Fruchtbaren Halbmonds (Palästina, Syrien, Mesopotamien).[819] Deren politisch-ideengeschichtliche Reichtümer sind für das westliche politische Denken noch lange nicht ausreichend geborgen,[820] gelangten erst schattenhaft in den für uns selbstverständlichen politisch-ideengeschichtlichen Horizont oder verblaßten innerhalb seiner wieder, und zwar trotz Autoren wie Max Weber, Leo Strauss oder Eric Voegelin. Es wäre überaus wünschenswert, wenn eine neue Generation von Politikwissenschaftlern sich dem Gedanken einer – ebenfalls retrospektiven – Globalisierung und eines als Reichtum empfundenen – auch historischen – Multikulturalismus so weit öffnete, daß im Studium erworbene kulturhistorische und philologische Kompetenzen es ihnen ermöglichten, dem Teilfach ‚Politische Theorie' auch alle

---

815 Hierzu siehe oben S. 159f, 234f und 384.

816 Siehe hierzu S. 62f.

817 Im Grunde kennt man im Westen aus der chinesischen politischen Geistesgeschichte allenfalls einige Überlegungen von Konfuzius (551-479 v.Chr.), der nun allerdings eine politisch-geschichtsmächtige Wirkung entfaltete wie kaum ein einzelner europäischer politischer Denker.

818 Geprägt vor allem vom Koran, dem Buch des Propheten Mohammed (570-632), und der – ‚Hadith' genannten – Überlieferung seiner sonstigen Aussagen und für seine Lehre wichtigen Beispiele eigenen Verhaltens.

819 Leider scheinen uns die schlechte Überlieferungslage diesbezüglich aussagefähiger Dokumente oder ungelöste Entzifferungsfragen das politische Denken der präkolumbianischen Hochkulturen Mittel- und Südamerikas (noch) vorzuenthalten.

820 Für China siehe aber beispielsweise Opitz 1968, 1969, für die osmanisch-islamische Welt Büttner 1971, und für einen Vergleich der Herrschaftskonzeptionen in klassischen, auch außereuropäischen Hochkulturen Bendix 1980.

jene Schätze zu erschließen und sie gut zugänglich, auch für vergleichende ideengeschichtliche Studien greifbar zu machen. So würde nämlich einer wirklich *globalen* – und nicht auf die ‚westlichen' Zivilisationen beschränkten – Erinnerung an politisch-denkerische Errungenschaften vorgearbeitet.

Noch ist das aber nur ein Wunsch. Darum sollte ein westlich geprägter Politikwissenschaftler sich wenigstens in seiner eigenen Tradition systematischen politischen Denkens auskennen. Zu ihr gehört zunächst einmal das antike Wurzelwerk selbst zeitgenössischen politischen Denkens, gehören zumal die um die Frage nach der ‚richtigen' politischen Ordnung zentrierten Theorien von Platon (427-347 v.Chr.), Aristoteles (384-322 v.Chr.) und Cicero (106-43 v.Chr.). Vor allem die damals entwickelten Ideen von Gerechtigkeit und ‚gutem Leben' als Ziel von Politik und einer – zum Zweck politischer Stabilität und Steuerungseffizienz – aus monarchischen, aristokratischen und demokratischen Elementen ‚gemischten' Verfassung verloren sich eigentlich nie wieder. Ebensowenig tat das der dem klassischen Griechenland entstammende Gedanke, eigentlich nur in kleinräumigen Lebenswelten – nämlich im Rahmen der Polis – lasse sich menschliche Existenz unentfremdet und voll entfalten.

Nicht minder aber prägte künftiges politisches Denken die zunächst von den hellenistischen Reichen (vor allem der Makedonen, Seleukiden und Ptolemäer), sodann vom römischen Imperium glaubhaft gemachte Vorstellung, im Grunde ließen sich alle zivilisierten Menschen in einer gemeinsamen politischen Ordnung friedensstiftend und zum wechselseitigen Vorteil zusammenschließen sowie anhand von Einsichten in die ‚natürlichen Gesetze' menschlicher Existenz und menschlichen Zusammenlebens gut regieren. Im Grunde ist dieser Gedanke heute aktueller denn je. Doch nach Jahrhunderten selbstverständlicher ‚Globalisierung' im Mittelmeerraum beraubte die Eroberung der Westhälfte des Römischen Reiches durch germanische Völker im 5. Jahrhundert und die Erosion der – von Kaiser Justinian (Regierungszeit: 527-565) im Westen für kurze Zeit und auch gar nicht vollständig wiederhergestellten – (ost-)römischen Herrschaft das politische Denken jenes politischen Ordnungsrahmens, auf den es sich seit Menschengedenken in aller Selbstverständlichkeit bezogen hatte. In der seither – und bis vor kurzem – Europa prägenden Welt konkurrierender Reiche, zunächst ganz problematischer Herrschaftssicherung und dann jahrhundertelang fehlender klar strukturierter ‚Staatsgewalt', sah sich das politische Denken vor völlig neue zu verstehende Sachverhalte und vor ganz andere zu lösende Probleme gestellt, als sie die antike Welt zunächst der Polis, dann der ‚multinationalen' Großreiche und schließlich des Römischen Imperiums bot.

Wesentlich wurde diese neue, ‚abendländische' Welt vom Christentum geprägt, und zwar sowohl von dessen kirchlich organisierter Form als politisch wichtiges Institutionengefüge als auch von dessen Weltsicht und Lehre als Quelle neuartigen politischen Denkens. Institutionell wie mit seiner Botschaft in die Antike zurückreichend, wurde das Christentum zur wichtigsten – und bis zur Gegenwart führenden – Brücke zwischen Antike und Mittelalter. An die Stelle der im römischen Westreich in der Spätantike mehr und mehr zerfallenden staatlichen Ordnungsstrukturen traten die institutionellen Strukturen der christlichen, das römische Reichsgebiet bald überschreitenden und somit ‚katholischen'[821] Kirche(n), die sich mit den neuen germanischen Herrschaftseliten zum wechselseitigen Vorteil arrangierte. Von einer so bedeutenden gesellschaftlichen, politischen und wirtschaftlichen Machtorganisation getragen, wurde die politische Theorie des Christentums im Lauf der Jahrhunderte für die gesamte europäisch beeinflußte Welt prägend, zumindest einflußreich.

---

[821] Von griech. ‚katà hólon', d.h. auf das Ganze (hier: der bekannten Erde) bezogen.

Im Kern den ‚Evangelien'[822] als Lehre des Jesus von Nazareth (6 v.Chr.[823] – 30 n.Chr.) entstammend, wurde die politische Theorie des Christentums mit weitestreichenden Folgen angelegt und weiterentwickelt in Briefen, die der Apostel Paulus (gest. 62/68) an eine Reihe christlicher Gemeinden im östlichen Reichsgebiet und in Rom schrieb. Erstmals systematisch entfaltet wurde die politische Theorie des Christentums im Werk des Augustinus (354-430). In den Schriften des Thomas v. Aquin (1225-1274) wurde sie – nicht zuletzt dank eines Thomas gelungenen Brükkenschlags zurück zu Aristoteles – im Einflußbereich der römisch-katholischen Kirche für Jahrhunderte wirkungsmächtig gemacht. Aus dem christlichen Erbe wurden dabei vor allem fünf Ideen zu bis heute nachwirkenden Gußformen abendländischen Denkens über Politik:

- Erstens war das eine religiöse Begründung der Naturrechtslehre: Jeder Mensch habe als Geschöpf Gottes persönliche Rechte, die ihm niemand nehmen dürfe. Noch bis zur Präambel des deutschen Grundgesetzes prägte diese Sichtweise die Hauptströmungen europäischen politischen Denkens. Sie scheint sich im Umkreis medizinischer und kommerzieller Verwertungsmöglichkeiten von Gentechnologie derzeit aufzulösen.
- Zweitens war es der Glaube, das viel wichtigere, da ewige Leben des ‚eigentlichen', nämlich ‚inneren' Menschen (‚Seele') ereigne sich erst nach der Zeit von dessen vergänglichem irdischen Leben, das notwendigerweise mit dem physischen Tod des ‚äußeren' Menschen (‚Leib') ende. Die Welt so anzuschauen hat zur Folge, daß alle im physischen Leben konkret erfahrbare ‚weltliche' Herrschaft als biographisch vorübergehend, als letzten Einsatz an Unterstützung oder Widerstand im Grunde nicht lohnend und als selbst in ihrer Ausprägung als schlechte Herrschaft so lange hinnehmbar gilt, wie eine das – viel wichtigere – Heil der Seele nicht gefährdende Lebensführung möglich ist.[824]
- Drittens wurde – überaus folgenreich entfaltet bei Augustinus und wiederum im Vordergrund stehend bei Thomas Hobbes – politische Herrschaft als notwendige Folge der Fähigkeit des Menschen zum Bösen aufgefaßt (‚Sündhaftigkeit des Menschen', ‚Erbsünde'). Politische Unfreiheit konnte dann als Korrektiv menschlicher Bosheit, tyrannische Herrschaft gar als dafür gerechte Strafe Gottes in Erwägung gezogen werden und Politik als ein ziemliches Übel gelten, das vom noch größeren Übel – der menschlichen Schlechtigkeit – auf Erden zwangsläufig nach sich gezogen wurde. Politische Tätigkeit verlor darum jeden sie ihrer selbst willen anziehend machenden, für jeden Bürger erstrebenswerten Wert; sie wurde zu einer von Gott einer Minderheit übertragenen Aufgabe, bei deren Erfüllung durchaus Schlechtes getan und dann vor Gott verantwortet werden mußte.
- Hinzu kam viertens – und später für die Entstehung von Verfassungsstaatlichkeit und Gewaltenteilungslehre grundlegend – die Vorstellung, Gottes Wirklichkeit und sein aller irdischen Ordnung *vorausliegendes* Herrschaftsrecht seien auf Erden durch die Institution der Kirche repräsentiert, so daß aller legitimen – und darum auch in ihrer Eigenständigkeit sehr wohl zu akzeptierenden – staatlichen Gewalt *dennoch* von vornherein die Schranke kirchli-

---

[822] Von griech. ‚eu angéllion', d.h. gute Nachricht. Darunter versteht man die, meist aus dem späten ersten nachchristlichen Jahrhundert stammenden, Beschreibungen des Lebens, der Werke und der Lehren Jesu. Vier von der römischen Kirche als authentisch akzeptierte Evangelien, eine kurze Geschichte der Tätigkeit der Anhänger Jesu nach dessen Kreuzigung (‚Apostelgeschichte') sowie eine Reihe von Briefen einiger Apostel an frühe Christengemeinden werden zusammenfassend als ‚Neues Testament' bezeichnet und bilden – gemeinsam mit dem ‚Alten Testament' – die Grundlage aller Theorien des Christentums. Als ‚Altes Testament' versteht man die dem Altertum entstammenden heiligen Schriften des Judentums, welche im wesentlichen fünf – rein traditionell dem Moses (14./13. Jhdt. v.Chr.) zugeschriebene – Bücher sowie eine Reihe historischer und prophetischer Bücher umfassen.

[823] Die merkwürdige Angabe, Jesus sei einige Jahre ‚vor Christus' geboren, geht auf einen inzwischen erkannten Fehler des Abtes Dionysius Exiguus (500-560) zurück, der im Auftrag von Papst Johannes I. die heute noch übliche, um die Geburt Jesu gelagerte Zeitrechnung erarbeitete.

[824] Dem im Rahmen der Polis entstandenen und *diese* als Ort des ‚guten' Lebens auffassenden griechischen Denken konnte nichts fremder sein.

cher Gewalt gesetzt sei. Als ‚Zwei-Gewalten-Lehre' bzw. ‚Zwei-Schwerter-Lehre' wurde dies von Papst Gelasius I. (Regierungszeit: 492-496) klar ausformuliert und begründete einen eigenständigen, sich normativ (und meist kontrafaktisch) sogar den höheren Rang zuschreibenden Machtanspruch der Kirche. Auf diese Weise wurde das Abendland und sein politisches Denken von vornherein von einer *Dualität* von Machtstrukturen geprägt, wie sie weder der byzantische noch der islamische oder chinesische Kulturkreis kannten. Im Spannungsfeld beider Mächte mußten dann, der Sicherung des Friedens willen, Vereinbarungen über Zuständigkeiten, Befugnisse und Spielregeln gefunden werden, was im Lauf der Zeit die Denkfigur der Gewaltenteilung und praktizierte Verfassungsstaatlichkeit nach sich zog.

– Fünftens gehört zu den folgenreichsten Bestandteilen der politischen Theorie des Christentums eine Vorstellung, die ihre Sprengkraft seit der von Martin Luther (1483-1546) angestoßenen Reformation entfaltete und vor allem im englischen Bürgerkrieg des 17. Jahrhunderts politisch wirksam wurde. Nach ihr steht der Einzelne – allein schon dank einer inneren Nachfolge Jesu – *unmittelbar* zu Gott, bedarf diesbezüglich durchaus nicht ‚vermittelnder' Institutionen und muß gerade seines Seelenheils willen die völlige Eigenverantwortung, und darum Freiheit, seiner innersten Überzeugungen beanspruchen. An die Seite, später Stelle der religiösen Begründung von *Glaubens*freiheit mußte dann im Grunde nur noch die säkulare[825] der *Gedanken*freiheit treten, um gleichwelchen Institutionen – religiösen wie politischen – jeglichen begründungslosen, und somit der Kritik entzogenen, Anspruch darauf zu nehmen, in Überzeugungsfragen vormundschaftlich tätig zu werden. Damit war der Weg zur Aufklärung gebahnt und das Tor geöffnet zu erst innerer, dann persönlicher und kommunikativer, schließlich auch zu politischer und in selbstverantwortetes Handeln sich umsetzender Freiheit.

Zum für das westliche politische Denken so wichtig gewordenen, christlich intonierten Dreiklang von Naturrecht, Gewaltenteilung und – wenigstens für sich selbst beanspruchter – Glaubensfreiheit fügte die institutionell-kirchliche Tradition des römischen Katholizismus überdies noch das Denken in den Kategorien von Repräsentation und geschriebener Verfassung. Solches *Verfassungsdenken* entfaltete sich im Kirchenrecht und in den Regeln der ‚multinationalen' Mönchsorden (etwa jenen der Benediktiner oder der Dominikaner), die man zu Recht als die ersten Verfassungsurkunden Europas auffassen kann. Also lange bevor im ‚staatlichen' Bereich wieder gesatztes Recht zum Durchführungsmittel von Herrschaft und Verwaltung wurde, leistete das – letztlich in der Kontinuität römischen Rechtslebens – die Kirche. Wegweisend wurde hierfür die vom Benediktinermönch Gratian um 1140 zusammengestellte ‚Concordantia discordantium canonum', eine Sammlung und systematisierende Durchdringung von rund 3800 kirchlichen Rechtsakten. Als ‚Decretum Gratiani' wurde sie bis zum frühen 20. Jahrhundert zur Grundlage des Kirchenrechts und gemeinsam mit dem ebenfalls an den europäischen Universitäten gelehrten römischen Recht – dieses systematisiert in der ersten Hälfte des 6. Jahrhundert unter Kaiser Justinian als ‚Codex Constitutionum', ‚Digesta' und ‚Institutiones' – zur Prägeform des späteren staatsrechtlichen Denkens in Europa.

Institutionelles Denken anhand des Begriffs der *Repräsentation* war der Kirche von ihren schon auf das 2. Jahrhundert zurückgehenden, mit den Provinziallandtagen des römischen Reiches typologisch verwandten Konzilien[826] und Synoden[827] her vertraut, desgleichen aus der Praxis der multinationalen Mönchsorden, die sich über ein Repräsentativsystem von ‚Kapiteln' und

---

[825] Von *Säkularisierung*, was als analytischer Begriff den (europäischen) Prozeß der Verdrängung religiöser Denkweisen und Institutionen aus einesteils dem ‚rationalen öffentlichen Diskurs', anderenteils aus der Sphäre von Staat und Politik bezeichnet. Das Wort kommt von lat. ‚saeculum', d.h. Zeit, Zeitgeist.

[826] Von lat. ‚concílium', d.h. Versammlung.

[827] Von griech. ‚sýnodos', d.h. Zusammenkunft, Versammlung.

‚Generalkapiteln' regierten. Das kirchliche Repräsentationsdenken gipfelte auf im ersten europäischen Verfassungsstreit um die Autoritätsverteilung zwischen Parlament und Monarchen: dem – vor allem auf dem Konzil von Konstanz (1414-1418) ausgetragenen – Streit um den Konziliarismus, dessen großer Theoretiker Nikolaus von Kues (Nicolas Cusanus, 1401-1465) wurde. Später wurden die Grundanliegen des Konziliarismus revolutionär im protestantischen Bereich aufgegriffen, vor allem in England und den amerikanischen Neu-England-Staaten, nämlich anhand des Gedankens, daß christliche Gemeinden sich über ihre eigenen Vertretungskörperschaften (‚Gemeindeversammlung', ‚Synode') zu regieren hätten, aus denen dann auch alle im Dienst der Gemeinde nötigen Ämter – etwa das Bischofsamt – hervorzugehen hätten. Dieser Denkfigur ließ sich dann leicht über den Bereich kirchlicher Strukturen hinaus verallgemeinern: Auch alle *staatlichen* Ämter hätten – wenn schon nicht aus Urwahlen – aus Vertretungskörperschaften der Regierten hervorzugehen, womit eine Grundüberzeugung des modernen Parlamentarismus formuliert war.

Zwar verleitet die seit der amerikanischen und französischen Revolution in immer mehr Staaten durchgesetzte Trennung von Staat und Kirche ebenso wie die Säkularisierung und das Schwinden christlicher kultureller Prägungen dazu, politisches Denken allein der Sphäre des politischen Systems zuzuschreiben und zumal christliches Denken als für das Verständnis westlicher politischer Kulturen und Strukturen weitgehend unwichtig anzusehen. Doch das wäre eine völlige Fehlwahrnehmung der Tatsachen. In Wirklichkeit sind nämlich überaus viele, auch heute aktuelle, politische Konzepte und Prinzipien im wesentlichen *säkularisierte* christliche bzw. kirchliche Konzepte und Prinzipien. Ein noch näherer Blick auf die Tatsachen zeigt allerdings, daß zumal die institutionellen unter diesen im Grunde schon Konzepte und Prinzipien antiker Staatskunst waren, welche sich die römische Kirche nachhaltig anverwandelte, als sie seit Kaiser Konstantin (Regierungszeit: 306-337) und zumal der germanischen Eroberung der Westhälfte des Römischen Reiches immer mehr ‚staatliche' Funktionen zu übernehmen begann. Das (westliche) Christentum vermittelt so über das von ihm überformte Mittelalter hinweg das neuzeitlich-europäische politische Denken mit dem der europäisch-vorderasiatisch-afrikanischen Antike. *Ohne* Kenntnis des Christentums und seiner religiösen wie institutionellen Ideen sind darum Herkunft, Prägung und Potenz des neuzeitlichen politischen Denkens schlechterdings nicht zu begreifen.

Einer der Begründer neuzeitlichen politischen Denkens verstand sich eigentlich gar nicht als systematischer politischer Theoretiker, sondern legte nur mit praktisch geschultem ‚gesunden Menschenverstand' dar, was er als aktiver Politiker zu Florenz sowie als Leser der Werke des Livius[828] an erfolgreicher Herrschaftstechnik kennengelernt hatte: Niccolò Machiavelli (1469-1527). Dieser kümmerte sich zunächst einmal um das einfache Wie-es-gemacht-wird von Politik. Für deren Zweck und Rechtfertigung, auch für politische Werte als Ziel, interessierte er sich im Grunde kaum. Es reichte ihm als plausibler Leitgedanke, daß Menschen sich möglichst freiheitlich, zumindest aber wirksam regieren (lassen) sollten. Wie *wirksam* regiert werden konnte: das war sein – durch und durch empirisches – Thema. Darum interessierten ihn Werte, besser deren Vorblendung und Anschein, vor allem als *Mittel zum Zweck*. Diese Themenstellung, dieses Interesse hat man Machiavelli eigentlich stets zum Vorwurf gemacht. Nicht aus heutiger, wohl aber aus zeitgenössischer Sicht ist das verständlich: Weniger vom Soll als vom *Ist* des Politischen zu sprechen, galt *vor* den Zeiten einer sich ganz selbstverständlich als *empirisch* verstehenden Politikwissenschaft nicht nur – aufgrund der Eigenschaften des Gegenstands – als anstößig, sondern erschien einem jeden, der fest und ausschließlich in normativen Bahnen dachte,

---

[828] Titus Livius, 59/64 v. Chr. – 17 n. Chr., römischer Historiker, der eine berühmte, wenn leider auch nicht vollständig überlieferte Geschichte, Roms von der Gründung der Stadt bis zur Zeit des Kaisers Augustus schrieb. Machiavelli stützte seine Politikanalysen auf die ersten zehn Bücher dieser Geschichte, welche die Zeit von der Stadtgründung bis einschließlich der Kriege gegen die Samniten behandeln.

leicht sogar als *Aufforderung* zu zweckvollen politischen Verbrechen. In den Schwierigkeiten, die jemand bei der Begegnung mit Machiavelli hat, wird darum unmittelbar sichtbar, ob und wie weit er mit der empirischen Aufgabe der Politikwissenschaft zurechtkommt, funktionslogische Zusammenhänge politischen Handelns ausfindig und sozialtechnologisch nutzbar zu machen.

Normativ-auffordernden Charakter hatten hingegen durch und durch die großen systematischen politischen Theoriegebäude, in denen später Jean Bodin (1530-1596), Thomas Hobbes (1588-1679), Samuel Pufendorf (1632-1694) und John Locke (1632-1704) die ordnungspolitischen Herausforderungen ihrer Zeit lösen wollten. Praktische Politik wie politisches Denken sahen sich nämlich vor die Aufgabe gestellt, angesichts der – durch die Reformation zwar nicht verursachten, sehr wohl aber ausgelösten – Vielzahl von Religions- und Bürgerkriegen in Europa zielführende Wege zur Wiederherstellung von Sicherheit und Frieden zu finden. Angesichts einer Problemlage ähnlich der, auf welche – nach dem Zerfall des westlichen ‚Universalkaisertums' – einst Marsilius v. Padua (1275-1343) mit einer auf mittelalterliche Verhältnisse abgestimmten Theorie von Möglichkeiten politischer Friedenssicherung geantwortet hatte, ging es um die Begründung einer *starken politischen Zentralgewalt* (‚Souveränität'),[829] die sich durch wirksame Machttechnik nicht nur *faktisch* erhalten könne, sondern auch als *zu Recht* und *vernünftigerweise* bestehend gelten sollte. Solcher Begründung dienten vor allem die Denkfiguren eines ‚Gesellschaftsvertrags' und ‚Herrschaftsvertrags', die, als Rechtsfiktionen unterstellt, wechselseitige Pflichten und – noch ziemlich asymmetrische – Rechte von Herrscher und Untertanen begründen sollten. Der aus den europäischen Religionskriegen entstehende Absolutismus und neuzeitliche Staat fand hierin seine rationale, nicht allein von einem ‚gottgegebenen Herrschaftsrecht' der Könige ausgehende Rechtfertigung. Wie sich darüber hinaus Stabilität *zwischen* politischen Systemen und ihren Souveränen schaffen ließe, war die zentrale Frage von Hugo Grotius (1583-1645).[830] Desgleichen verlangte der auf die portugiesischen, spanischen, holländischen, englischen und französischen Entdeckungsreisen nach Afrika, Asien und Amerika folgende Kolonialismus Antworten auf die Frage, welche Lehren aus den politischen Gegebenheiten der neu in den europäischen Gesichtskreis getretenen Völker abzuleiten wären und wie die Beziehungen zu ihnen auszugestalten wären. Solche Antworten erarbeitete, neben einer christlichen Staatslehre, etwa Francisco Suárez (1548-1617).

Nach dem Ende der europäischen Religions- und Bürgerkriege waren die Grundlagen des modernen Staates geschaffen. In dessen nach Jahrzehnten gefestigtem Gehäuse wurde eine folgenreiche Verschiebung der Prioritäten systematischen politischen Denkens möglich: Nicht nur stabil und wirksam, sondern auch *in sich vernünftig* und *vernunftbegabten Menschen gemäß* sollte politische Ordnung sein. Zu wichtigen Themen der – in Deutschland etwa von Christian Wolff (1679-1754) und Immanuel Kant (1724-1804) vertretenen – politischen Theorie der Aufklärung wurden so Naturrecht und Bürgertugend, Autonomie der Einzelnen und Toleranz seitens des Staates, Rechtsstaatlichkeit und rationale Verwaltungsführung, auch Gewaltenteilung und Republikanismus. Tatsächlich wandelte sich vielerorts der Absolutismus zum aufgeklärten Absolutismus, und zwar nicht nur herrschaftstechnisch, sondern auch auf der Ebene systematischen, normativen politischen Denkens der den Staat tragenden aristokratischen und bürgerlichen Eliten.

Angesichts dessen konnte es zu einem vorrangigen Anliegen systematischen politischen Denkens werden, die in neu gewonnener Stabilität etablierten Herrschaftsformen vergleichend von ihren vielfältigen natürlichen und soziomoralischen Voraussetzungen her zu verstehen sowie die institutionellen Möglichkeiten einer vernünftigen, gemäßigten Regierungsweise (‚gouvernement modéré') ausfindig zu machen. Diesem Thema widmete sich folgenreich etwa Charles-Louis de Secondat, genannt Montesquieu (1689-1755). Seine – und ganz wesentlich auch John

829 Vgl. S. 264ff.
830 Zur Entwicklung der politischen Theorie internationaler Beziehungen vgl. S. 385ff.

Lockes – Ideen zur Gewaltenteilung und Sicherung eines freiheitlichen Regimes, später entschieden weitergeführt von John Stuart Mill (1806-1873), wurden zu einer der Grundlagen des der Aufklärung entsprossenen *Liberalismus.* Zu dessen wichtigsten Vertretern zählten in Deutschland Wilhelm v. Humboldt (1767-1835), Carl v. Rotteck (1775-1840) und Karl Theodor Welcker (1790-1869).

Schon vor dem europäischen – Deutschland nach der gescheiterten Revolution von 1848/49 aber ziemlich aussparenden[831] – Siegeszug des Liberalismus wurden dessen Ideen zur wichtigen Inspiration für die Väter der amerikanischen Revolution und Verfassung. Auf der Grundlage solcher Ideen formulierten 1787/1788 drei Amerikaner[832] in der Debatte um die neu zu schaffende US-Verfassung in einer Reihe von Zeitungsaufsätzen, heute ‚Federalist Papers' genannt,[833] jene Grundgedanken des US-Verfassungsdenkens und liberalen Staatsverständnisses, die das amerikanische politische Denken und – als normativer Untergrund – die amerikanische Politikwissenschaft bis heute prägen. Über deren seit Jahrzehnten währende internationale Dominanz sowie – mehr noch – durch die vielfache Vorbildrolle der US-Verfassung war dieses Staats- und Verfassungsverständnis seit dem Zweiten Weltkrieg weltweit beispielgebend. Lange davor schon hatte es nachhaltig auf den europäischen Kontinent zurückgewirkt, von dem die Wurzeln solcher Ideen einst ausgegangen waren: Alexis de Tocqueville (1806-1873) wurde zum einflußreichen Theoretiker sowohl der Chancen wie der Gefährdungen einer – erstmals in den USA – für eine Massengesellschaft etablierten Demokratie. Persönliche Freiheit zu sichern, Demokratie aufzubauen und dabei eine Diktatur der Mehrheit zu verhindern: zu diesen überaus anspruchsvollen Zielen war also im frühen 19. Jahrhundert ein politisches Denken vorgedrungen, das bei Bodin und Hobbes zwei Jahrhunderte früher noch als Ringen um wenigstens die *Stabilität* einer Herrschaftsordnung begonnen hatte.

Zwar ebenfalls demokratische, unmittelbar der Aufklärungsphilosophie verpflichtete, doch alles andere als liberale Leitgedanken legte Jean-Jacques Rousseau (1712-1778) durch sein einflußreiches Werk der Französischen Revolution zugrunde. Rousseau ging es um politische Freiheit auf der Grundlage von durch einen Gesellschaftsvertrag *künftig* zu verwirklichender *Gleichheit*, von direkter, *identitärer Demokratie* und der immer wieder gelingenden Schaffung eines möglichst *von allen Partikularinteressen gereinigten Gemeinwillens* (‚volonté générale' vs. ‚volontés particulières'). Das war ein rasch in den Bereich politischer Utopie[834] gelangendes Projekt. Politische Utopien sind Fiktionen von Gesellschaften und politischen Systemen, die ihrer eigenen Zeit und deren Leitideen eine als besser behauptete Alternative gegenüberstellen und, von dieser geleitet, Systemkritik leisten sowie zum Engagement für besserndes politisches Handeln aufrufen. In *dieser* Hinsicht gehören zu Rousseaus großen Vorläufern Thomas Morus (1477-1535) und Tommaso Campanella (1568-1639), zu seinen Nachfolgern im 19. Jahrhundert vor allem die Theoretiker des Anarchismus (etwa Pierre-Joseph Proudhon, 1809-1865, und Michail A. Bakunin, 1814-1876) sowie die Autoren des Sozialismus und Kommunismus (vor allem Karl Marx, 1818-1883, und Friedrich Engels, 1820-1895).

Nicht wenige politische Theorien, zumal utopischen Anspruchs und im Bannkreis sozialistischen Denkens, haben seit der Französischen Revolution unter dem Banner einer auf Identität

---

831 Zum deutschen Liberalismus bis zur Revolution von 1848/49 siehe Backes 2000.

832 Alexander Hamilton (1755-1804), John Jay (1745-1829) und James Madison (1751-1836). Sie schrieben anspielungsreich unter dem Pseudonym ‚Publius': Gemeint war Publius Valerius Publicola, der von Plutarch biographisch verewigte Retter der Römischen Republik.

833 ‚Federalists' wurden in der damaligen amerikanischen Verfassungsdiskussion die Parteigänger einer starken bundesstaatlichen – über die bisherige Konföderation hinausgehenden – Verfassung genannt.

834 Von griech. ‚tópos', d.h. Ort, und griech. ‚ou', d.h. nicht. ‚Utopia', d.h. einen Nicht-Ort, ein rein fiktives Land, nannte Thomas Morus jene 1516 erstmals veröffentlichte Schrift aus seiner Feder, welche zur Grundlage einer ganzen, nach ihr bezeichneten Tradition systematischen politischen Denkens wurde.

von Regierten und Regierenden, von Volk und Führern, von Massen und Avantgarde setzenden Vorstellung von Demokratie mehr oder minder offen an Rousseaus Denkfiguren angeknüpft, haben dabei alle Zweifel an der normativen Brauchbarkeit[835] ihrer Leitideen zurückgewiesen und, aufgrund des Antiliberalismus solchen Selbst- und Sendungsbewußtseins, diktatorischen Regimen Vorschub geleistet. Im 20. Jahrhundert hat solches politisches Denken, entfaltet vor allem als Real- und Nationalsozialismus, wichtige und volkreiche Staaten zum Totalitarismus verführt. Das geschah um so leichter, je mehr alltagspraktisch-idealistische Begeisterung für das ‚eigentlich Gute' sich auf philosophische und wissenschaftliche Lehrmeinungen berufen konnte, die in ‚objektiven Ideen' das ‚politisch unzweifelhaft Gute' geborgen sahen, die Doppelgeschichte von politischem Denken und politischer Strukturbildung als Geschichte der Entfaltung eines objektiv richtigen Welt- und Entwicklungsprinzips ausgaben und in konkreten oder ‚konkret-utopischen'[836] Staatswesen darum die ‚Wirklichkeit der sittlichen Idee' oder die ‚objektiv höchstentwickelte Form politischer Ordnung' verwirklicht glaubten. Solche unmittelbar zur Identifikation einladenden Denkfiguren des ‚Deutschen Idealismus' (politisch folgenreich formuliert vor allem von Georg Wilhelm Friedrich Hegel, 1770-1831) mußte man im Grunde nur noch – wie geschichtsmächtig bei Karl Marx und Friedrich Engels unternommen – ‚vom Kopf auf die Füße' stellen, um für säkularisierte, materialistische Gruppen und Gesellschaften eine politische Theorie zu schaffen, die an idealistischer Begeisterungskraft und seelische Tiefenschichten ansprechender Attraktivität jener Rolle nicht nachstand, welche im Lauf der abendländischen Ideen- und Politikgeschichte immer schon die Religion gespielt hatte (‚politische Religion').

Damit war seit Mitte des 19. Jahrhunderts im Grunde jene Konfliktstruktur wiedergekehrt, die im Zeitalter der Religionskriege rund zweieinhalb Jahrhunderte zuvor das Denken in Begriffen von Souveränität und starker Staatsmacht hervorgebracht hatte. Weil erst das Einfrieren oder Verblassen der Konflikte ‚politischer Religionen' die ihnen entspringenden Gefahren für den Bestand einer Herrschaftsordnung abgewendet, weil derlei erst den Übergang zum ‚gouvernement modéré' ermöglicht hatte, und weil überdies praktizierter Liberalismus stets die Akzeptanz eines ordnungssichernden Minimalkonsenses *diesseits* aller Überzeugungskonflikte voraussetzt, ist es nicht verwunderlich, daß schon die *ersten* Anzeichen solch *künftiger* Gefährdung der mühsam genug erreichten politischen Stabilität zumal jene Beobachter politischen Zeitgeschehens alarmierten, die sehr wohl eine *gemäßigte* Regierungsweise, unbedingt aber eine *stabile* Herrschaftsordnung wünschten. Also wurde das rechte Verhältnis von ordnungssichernder Reform einerseits und von stabilitätsgefährdenden politischen Visionen andererseits zu einem zentralen Thema systematischen politischen Denkens. Im Grunde galt das schon für alle Bemühungen des 18. Jahrhunderts, den Absolutismus zum *aufgeklärten* Absolutismus zu machen. Erste recht wurde dies zum Angelpunkt politischen Denkens angesichts und im Nachgang der Französischen Revolution, in der sich für Europa erstmals im großen Maßstab politische Utopie in praktische Politik und zeitweise in totalitäre Herrschaft umsetzte. In der Definition des eigenen Verhältnisses vor allem zur Französischen Revolution und zu deren Leitideen, vor allem zu jenen der Freiheit und der Gleichheit, in minderem Maße aber auch zur englischen und zur amerikanischen Revolution, kristallisierten sich in Europa die beiden für die erste Hälfte des 19. Jahrhunderts zentralen Strömungen politischen Denkens aus: Liberalismus und Konservatismus.

Konservatismus war dabei nicht einfach nur eine *Reaktion* auf die revolutionären Umwälzungen zumal in Frankreich, also nicht bloß völlige Ablehnung des Geschehens und radikale Verneinung von dessen tragenden Ideen. Von derartigem ‚reaktionären' Denken unterschied sich

---

835 Zum Stellenwert und zur Analyse ‚normativer Brauchbarkeit' siehe S. 94f und 197f.

836 Konkret-utopisch meint, daß etwas zwar solange utopisch ist, wie man sich nicht entschlossen an seine Verwirklichung macht, es aber rasch zur konkreten Wirklichkeit werden kann, wenn man sich mit Willens- und Tatkraft dafür einsetzt. Macht wird dann rasch zum zentralen Mittel der – und sei es nur vorausgreifenden – Verwirklichung bzw. Absicherung des zuvor Utopischen.

konservatives Denken vielmehr in der Regel darin, daß die Errungenschaften gesicherter Staatlichkeit und gemäßigter Regierungsweise zwar bewahrt, unabweisbare Anpassungen und Modernisierungen aber durchaus – wenngleich mit Augenmaß und voller Skepsis gegenüber utopischen Visionen – vorgenommen werden sollten. In solcher Weise vom Ansatz her liberales Gedankengut mit einer aufklärungsskeptischen Grundeinstellung verbindend, und *darum* die Französische Revolution sowie ihre rationalistisch-individualistischen Leitideen völlig ablehnend, wurden Edmund Burke (1729-1797) in England, François Chateaubriand (1768-1848) in Frankreich, später in Deutschland Friedrich Julius Stahl (1802-1861), zu Stamm- und Übervätern des politischen Konservatismus. Diesen macht das Beharren auf Realismus und Skepsis seither zum Widerlager *aller* utopisch inspirierten politischen Theorien.[837]

Zu jenen gesellte sich seit der Mitte des 19. Jahrhunderts als *gemeinsamer* Gegner von Liberalismus und Konservatismus der – ganz wesentlich von Karl Marx und Friedrich Engels geprägte – *Sozialismus* bzw. *Kommunismus*. Als theoretische Grundlage der sozialistischen Parteien und später der realsozialistischen Staaten wurde er in seiner Ausprägung als Marxismus-Leninismus, als Stalinismus oder als Maoismus im 20. Jahrhundert zu einer der gestaltungsmächtigsten politischen Theorien, die es je gab. Sie erlebte auch in der europäischen Politikwissenschaft der 70er Jahre des 20. Jahrhunderts eine zweite, eher akademische Blüte. Und mit liberalen Ideen vielfach ausgesöhnt, wurden vom Sozialismus des 19. Jahrhunderts abgeleitete *sozialdemokratische* Ideengebäude im Europa des 20. Jahrhunderts, bis über die Schwelle des 21. Jahrhunderts hinaus, zur Grundlage des Regierungshandelns vieler Staaten. Der orthodoxe Marxismus-Leninismus hingegen versank mit dem Zusammenbruch der realsozialistischen Staatenwelt nach 1989/90 in die Bedeutungslosigkeit.

Im Zusammenhang mit den – oft machtpolitisch stillgelegten – wirtschaftlichen, gesellschaftlichen, kulturellen und politischen Modernisierungskrisen des 19. Jahrhunderts entstanden in mehreren europäischen Saaten außerdem stark *autoritäre* politische Theorien, meist aus – vor allem hinsichtlich des Sozialismus – reaktionären, oft auch aus konservativen Wurzeln. Solchen Mustern politischen Denkens gesellte sich nicht selten – und zumal in Deutschland – ständestaatliches, geopolitisches und sozialdarwinistisch-rassistisches Gedankengut hinzu. In der Krise der europäischen Demokratien nach dem Ersten Weltkrieg wurden solche autoritären politischen Theorien als ‚Faschismen'[838] über Jahrzehnte wirkungsmächtig, in Spanien sogar bis zur Mitte der 70er Jahre des 20. Jahrhunderts. Unter den europäischen Faschismen tat sich der deutsche Nationalsozialismus, zwischen 1933 und 1945 an der Macht, durch sein neuheidnisches Ausscheren aus allen humanen Spuren europäischer Kulturgeschichte, durch seinen radikalen Rassismus, seine amoralische Aggressivität, seinen technischen Perfektionismus, seine verbrecherische Effizienz und seinen letztlich nihilistischen Fanatismus in einzigartiger Weise hervor. Ihn niederzuringen, führte zu einem machtpolitisch vernünftigen und weltanschaulich höchst absonderlichen Bündnis von liberalen Staaten mit der stalinistischen Sowjetunion. Nach dem Auseinanderbrechen dieser Allianz wurde im westlichen Teil Europas mehr und mehr der US-amerikanische Liberalismus zur dominanten politischen Theorie. Ihr schlossen sich die – den Realsozialismus zunächst scharf zurückweisenden und zeitweise von Karl Poppers (1902-1994) Sozialphilosophie sehr beeindruckten – sozialdemokratischen Bewegungen Europas bis zu jener Grenze an, die ihnen immer wieder ihre Weltanschauung zog, die auf einen starken Staat und auf eine weitgehend gewerkschaftlich mitbestimmte Wirtschaft setzt.

Zumal in Deutschland war nach dem vom Nationalsozialismus bewirkten Zivilisationsbruch der alte, *anti*liberale Konservatismus um seine Selbstgewißheit und um einen Großteil seiner

[837] Vgl. Oakeshott 1962.

[838] Benannt nach jenen – auf altrömische Herrschaftssymbole zurückgehenden – Rutenbündeln (lat. ‚fasces', ital. ‚fasci'), welche die Symbole der ersten – in Italien – an die Macht gelangten ‚faschistischen' Partei waren.

Attraktivität gebracht. Dazu trug auch bei, daß dessen Wahrnehmung eher vom Verwandtschaftsverhältnis zwischen der ‚Konservativen Revolution' und dem aufsteigenden Nationalsozialismus als von der Tatsache geprägt ist, daß zumal religiös verankerter Konservatismus dem regierenden Nationalsozialismus weitgehend feindlich gegenüberstand. In Reaktion auf jenen Zivilisationsbruch wurde zum Konsens des *neuen*, im mehr und mehr liberal geprägten Deutschland sich *entwickelnden* Konservatismus die Befürwortung von materialem Rechtsstaat[839] (‚wertgebundene Ordnung'), von Pluralismus, von repräsentativer Demokratie und von sozialer Marktwirtschaft – weitestgehend also die Unterstützung gerade jener *liberalen* Forderungen des 19. Jahrhunderts, denen sich der Konservatismus damals so heftig entgegengestemmt hatte. Darum gibt es überaus gute Gründe, den derzeitigen – nicht nur bundesdeutschen – Konservatismus als *Liberalkonservatismus* zu bezeichnen und ihn eher von seinen *inhaltlichen Unterschieden* zum Konservatismus des 19. Jahrhunderts her zu verstehen als entlang der Kontinuität seines *Namens*.

Zu seiner – und auch der Sozialdemokraten – Herausforderung wurden seit den 70er Jahren um *ökologische* Konzepte gelagerte politische Argumentationsmuster, deren Trägergruppen sich erst im Lauf der Zeit – und während ihres langen Wegs durch die Parlamente in die Regierungen – danach sortierten, wie Ökologie mit Gewalt, mit starkem Staat oder mit auf Nachhaltigkeit setzender Marktwirtschaft ins Verhältnis gebracht werden solle. Je nach Antwort auf diese Fragen kann sich ökologisches politisches Denken an anarchistische und sozialistische, doch auch an liberale und konservative Diskurstraditionen anschließen. Innerhalb des Liberalismus wiederum vollzog in den 80er Jahren dessen ihm dialektisch-antithetisch[840] zugehörende Spielart des ‚Kommunitarismus' eine Wende weg von ihm allzu individualistisch-libertär erscheinenden Gesellschaftskonzeptionen hin zu einer auf Gemeinsinn und Bürgertugend ausgehenden Sozialphilosophie, die sich nicht nur mit zu den Theorien Rousseaus und Hegels verwandten Gedanken, sondern ebenso mit alten konservativen Überzeugungen sowie mit ökologischen Visionen gut verbinden läßt. So schließt sich gewissermaßen ein Kreis europäischer Ideengeschichte: Das ‚gute Leben' in einer autarken, mit vernünftigen Institutionen ausgestatteten Bürgergesellschaft war schon die aristotelische Vorstellung von Zweck und Rechtfertigung politischer Ordnung.

c. Ideengeschichte als Geschichte politischer Problemstellungen

(1) Leitfragen und Methodik ideengeschichtlichen Studiums

Die Geschichte politischer Ideen deutend verstehen zu wollen, verlangt zwar den Blick auf ihr Ganzes und auf dessen Werden. Doch hermeneutisch getragen[841] von einem solchen Blick aufs Ganze ist es überaus erkenntnisträchtig, *einzelnen Problemen* nachzugehen, die in der Geschichte politischen Denkens immer wieder behandelt wurden. Vor allem ist es lohnenswert, jene oft unterschiedlichen, doch mitunter auch gleichartigen Lösungsvorschläge miteinander zu *vergleichen*, die zu jenen Problemen vorgebracht wurden. Geht man solchermaßen die Geschichte politischer Ideen *thematisch* durch, so bietet sich eine Gliederung etwa nach den folgenden Fragen an:[842] Was ist der Zweck von Politik, was ist politisch gut? Wer soll regieren? Wie soll regiert werden? Wann darf man sich gegen politische Herrschaft auflehnen?

Den *einzelnen Autoren* wiederum, die sich zu diesen Fragen geäußert haben und die – als kanonisierte ‚Klassiker' mitunter überaus wirkungsmächtig – das systematische politische Denken

---

839 Hierzu siehe S. 267ff und 448ff.

840 Zur Dialektik siehe Anm. 414.

841 Vgl. S 164ff.

842 Die anschließende Darstellung folgt in ihren Grundzügen Morrow 1998. Eine vom Leitgedanken her ähnlich, von den Gliederungsgesichtspunkten her aber thematisch ganz anders gegliederte Einführung in die Geschichte westlichen politischen Denkens bietet Brunkhorst 2000.

zu jenen Themen formten und voranbrachten, nähert man sich am besten mit den folgenden *Leitfragen:*

- Was war die zeitgenössische Problemlage, vor deren Hintergrund sich der Autor mit seinen Themen auseinandersetzte?
- Welchen sozialen Schichten, welchen politischen Gruppierungen stand er nahe? Welche Interessen prägten also möglicherweise oder tatsächlich seine Wahrnehmung der erörterten Probleme und seine Weise, über Lösungen nachzudenken?
- Auf welcher Erfahrungs- und Wissensgrundlage führte er seine Arbeiten durch, d.h.: Was konnte er wissen, was nur vermuten? Und wie ging er bei seinen Arbeiten methodisch vor? Wie prägen also sowohl die Vorzüge als auch die Schwachpunkte seiner Methodik seine Ergebnisse?
- In welchen Schriften besteht sein Werk, und was sind dessen zentrale Fragestellungen, Begriffe, Argumentationsmuster und Antworten?
- In welche Theorietraditionen stellte sich der Autor mit welchen Folgen, von welchen anderen Positionen aber grenzte er sich aus welchen Gründen und wie ab?
- Was war ferner das Menschenbild des Autors, also: Von welchen Eigentümlichkeiten von Menschen meinte er, man müsse sie bei der Ausgestaltung politischer Ordnung, bei der Formulierung politischer Inhalte und beim politischen Handeln dringend berücksichtigen?
- Was hielt er im übrigen für gut, was im besonderen für das *politisch Gute*? Und auf welche Weise kam er auf solcher Grundlage zu welchen konkreten Werturteilen und Handlungsanweisungen?
- Und schließlich: Auf welcher Grundlage können *wir* welches Urteil über das theoretische, gegebenenfalls auch politische Werk des Autors fällen, und wie fällt dieses Urteil aus?

Ein gründliches und fruchtbares Studium der politischen Ideengeschichte sollte also *in drei Schritten* erfolgen:

- Erstens ist – etwa entlang der oben gegebenen Skizze – ein Gesamtbild der Traditionen des europäisch-westlichen *und* des sonstigen, zumal asiatischen und islamischen, politischen Denkens zu erarbeiten.
- Zweitens sollte – etwa ausgehend vom folgenden Überblick – Wissen um die geistes-, sozial- und politikgeschichtlichen Grundzüge der Diskussion um zentrale Problemstellungen systematischen politischen Denkens erworben werden.
- Drittens sollte wenigstens für jene *wichtigsten* ‚Klassiker', auf die sich selbst das zeitgenössische politische Denken immer noch bezieht, anhand des oben präsentierten Katalogs erschließender Fragen so viel Vertrautheit mit deren Zeit, Person und Werk gestiftet werden, daß man in ihrem Spiegel sich selbst und das *eigene* politische Denken erkennen sowie kritisch-distanziert betrachten kann: Wie und wie sehr wird auch die persönliche politische Weltanschauung geprägt von welchen bejahten oder abgewiesenen Denktraditionen, von welchen geteilten und bestrittenen Interessen, von welchem akzeptierten oder abgelehnten Menschenbild, und von welchen – wie gut oder schlecht begründeten – Vorstellungen von dem, was man selbst für gut oder schlecht, für politisch richtig oder politisch falsch hält?[843]

Nachbar- wie Hilfsdisziplinen einer so betriebenen politikwissenschaftlichen Ideengeschichte sind die Philosophie-, Geistes- und Literaturgeschichte, desgleichen die Sozial- und die Verfassungsgeschichte sowie die Wissens- und Wissenschaftssoziologie. Bisweilen gerät die politikwis-

---

[843] Einen vorzüglichen, nicht auf ‚Klassiker', sondern auf ‚klassische Werke' der politischen Theorie abgestellten Zugang zur Ideengeschichte eröffnen Stammen/Riescher/Hofmann 1997.

senschaftliche Unterdisziplin der Ideengeschichte in zu enge Berührung mit ihren historiographischen Nachbardisziplinen und dadurch in Gefahr, zu einem *rein* dokumentierenden und archivalischen Unterfangen zu werden.[844] Dann sinkt ihr Nutzen für die Politikwissenschaft. Am größten ist er, wenn klarer *Gegenwartsbezug* der unternommenen ideengeschichtlichen Forschungen gegeben ist. Die folgenden Fragen illustrieren solchen Gegenwartsbezug: Woher kommen welche zeitgenössischen politischen Denkweisen? Welche Erfahrungen sind in sie eingeflossen? Welche Schwachpunkte solcher politischen Anschauungen wurden im Grunde längst erkannt? Birgt bereits die Geschichte des politischen Denkens Antworten auf gegenwärtige Fragen? Welche heute interessanten Antworten auf offene Fragen aus der Geschichte des politischen Denkens lassen sich durch heutige Forschungen finden?

Doch selbst wenn das ideengeschichtliche Interesse *nicht* von solchen Fragen angetrieben wird, lohnt sich die Lektüre von ideengeschichtlichen Studien oder von ‚Klassikern' zweifellos. Stets erweitern sie den Horizont; oft vernetzen sie sich mit Kenntnissen über Politik-, Kunst-, Literatur- und Musikgeschichte und bereichern den politikwissenschaftlich nutzbaren eigenen Bildungsstand; und mitunter regen sie wertvolle Gedanken auf den verschiedensten Gebieten aktuellen Interesses an. Ohne solide ideengeschichtliche Kenntnisse wird hingegen gerade ein kreativer Politikwissenschaftler sich immer wieder damit abmühen, das Rad neu zu erfinden, während einem weniger kreativen Politikwissenschaftler eine wichtige Quelle der Inspiration fehlt.

(2) Was ist der Zweck von Politik, was ist politisch gut?

Bei der Suche nach Argumenten zum ‚politisch Guten' sind – erstens – die vielen Erörterungen ‚richtiger' und ‚guter' politischer *Ordnung* durchzugehen. Sie reichen von den antiken Diskussionen bei Platon und Aristoteles über die von Augustinus und Thomas v. Aquin geprägte christliche Tradition sowie die Souveränitätslehre von Bodin, Grotius und Hobbes bis hin zu republikanischen Ordnungskonzeptionen, wie sie Jean-Jacques Rousseau, Immanuel Kant oder in England T.H. Green (1836-1882) vorgelegt haben. Überdies sind hier einesteils die nicht-utopischen autoritären (‚rechten') Antworten auf die Frage nach der ‚richtigen' politischen Ordnung einzubeziehen, wie sie – mit großen Unterschieden untereinander – etwa Thomas Carlyle (1795-1881), Charles Maurras (1868-1952), Benito Mussolini (1883-1945) und Adolf Hitler (1889-1945) vorgelegt haben, andernteils die der Tradition politischer Utopie verpflichteten (‚linken') Konzeptionen des Sozialismus und Kommunismus (Karl Marx, Friedrich Engels) sowie des ökologischen politischen Denkens.

Zweitens ist für die Frage nach dem politisch Guten natürlich der Diskurs um politisch wichtige *Tugenden* wichtig. Platon und Aristoteles sind auch hier die antiken Ausgangspunkte. Den christlichen Diskurs über politische Tugenden prägen bis heute Thomas v. Aquin, Martin Luther, Johannes Calvin (1509-1564), den republikanischen immer noch Immanuel Kant und – im angelsächsischen Bereich – T.H. Green. Bei John Rawls (1921-) und im Kommunitarismus (etwa bei Alasdair MacIntyre, Charles Taylor und Michael L. Walzer) finden sich die derzeit wichtigsten

---

844 Diese Gefahr setzt – im Rahmen wissenschaftlicher Arbeitsteilung – keineswegs den Wert jener wichtigen Aufgabe herab, die darin besteht, die Werke wichtiger Autoren aus der Geschichte der Politikwissenschaft immer wieder durch (kritische) Ausgaben und Kommentare aufs neue zu erschließen. Ebenso ist es eine Daueraufgabe, das politische Denken ‚klassischer' Autoren im Licht zeigenössisch wichtiger Fragen zu untersuchen, darzustellen und daraufhin zu prüfen, welche Einsichten ihm für die jeweilige Gegenwart nutzbringend abzugewinnen wären. Arbeitsteilige Spezialisierung auf solche Aufgaben führt dazu, daß manche Politikwissenschaftler Experten für Aristoteles oder Augustinus, Hobbes oder Hegel, Machiavelli oder Marx, Locke oder Lenin, Platon oder Popper bzw. einer bestimmten Epoche oder Strömung politischen Denkens werden (etwa des Sozialismus oder Liberalismus). Dann neigen sie allerdings leicht dazu, die *Gesamtheit* der Politikwissenschaft vor allem in der Perspektive ‚ihres' Klassikers, ‚ihrer' Epoche oder ‚ihrer' Theorietradition wahrnehmen.

Ausprägungen jenes Diskurses. Eine Sonderstellung, nachgerade Außenseiterstellung nimmt im Tugenddiskurs Niccolò Machiavelli ein, da ihm – im Unterschied zur gesamten Tradition – eher die *Funktion* politischer Tugenden als deren ethischer *Wert* wichtig war.

Der dritte ideengeschichtlich aufzuarbeitende Problemkomplex lagert sich um die Frage nach der politischen Sicherung von *Freiheit.* In der klassischen republikanischen Tradition sind Marsilius v. Padua und – in diesem Zusammenhang oft übersehen – Niccolò Machiavelli hier zentrale Autoren. Regeln und Formen von Politik konzipierten von einer ,*natürlichen* Freiheit' des Menschen her später John Locke, Thomas Paine (1737-1809) und John Stuart Mill. Den umgekehrten Weg, nämlich *hin* zur zu schaffenden Freiheit vom für sie *konstitutiven* und *darum* auf eine bestimmte Form festzulegenden Staat, schlugen Jean-Jacques Rousseau, Georg Friedrich Wilhem Hegel und Karl Marx ein. Eine vollends utopische Lösung des Freiheitsproblems boten die Klassiker des Anarchismus, nämlich Pierre-Joseph Proudhon, Michael A. Bakunin, Max Stirner (1806-1856) und Peter Kropotkin (1842-1921).

Den vierten Strang von Diskursen über den Zweck von Politik webt die Auseinandersetzung darum, wie durch Politik *Wohlfahrt und Lebensglück* gesichert werden könnten. Weitgehend ein neuzeitliches Thema, das gesicherte Staatlichkeit, eine ausreichende ökonomische Basis und das Aufklärungsdenken voraussetzt, blühte diese Diskussion auf im frühen Utilitarismus,[845] vor allem bei David Hume (1711-1776) oder William Paley (1743-1805), und fand ihren Höhepunkt bei Jeremy Bentham (1748-1832), John Stuart Mill und Henry Sidgwick (1838-1900). Als Grundanliegen des Sozialismus wurde wohlfahrtsstaatliches Denken später zum Angelpunkt sozialdemokratischer politischer Theorie, gewann in Gestalt europäischer Sozialstaatlichkeit ihren konkreten institutionellen Ausdruck und schlug darin den Bogen zurück zur politischen Theorie des um ,gute Policey' und um das ,Wohl der Untertanen' bemühten des deutschen – zumal protestantischen – Fürstenstaates.

(3) Wer soll regieren?

Diese Zentralfrage aller Politik kann im Grunde nur drei Antworten finden: *einer* (Monarchie, Diktatur), *wenige* (Aristokratie, Elitenherrschaft), oder möglichst *viele* (Republikanismus, Demokratie). Platon und zumal Aristoteles haben in der Antike die Vor- und Nachteile sowie die Funktionslogik solcher politischer Systeme durchdacht, die auf jenen drei Antworten beruhen. Dem hellenistischen und später römisch-imperialen politischen Denken erschien dann die Idee der *Monarchie* als schlechterdings natürlich. Nicht anders war es im mittelalterlichen politischen Denken.

Doch dabei wurde meist klar – etwa bei Thomas v. Aquin – zwischen gerechtem Königtum und ungerechter Tyrannei (,Despotie') unterschieden. Im Zeitalter der Religions- und Bürgerkriege wurde dann die Monarchie mehr und mehr von einer ,natürlichen' Herrschaftsform (so aufs deutlichste in England Robert Filmer, 1588-1653, und später in Frankreich Jacques-Bénigne Bossuet, 1627-1704) zu einer ,vernunftnotwendigen' Herrschaftsform umgedeutet, vor allem – anhand von um das Konzept der Souveränität gelagerten Argumentationen – durch Jean Bodin und Thomas Hobbes. Auch mit utilitaristischen Argumenten ließ sich – allerdings unter Bindung an rationale Zwecksetzungen – für ,Macht aus einer Hand' argumentieren, etwa beim Abbé de Saint-Pierre (1658-1743) oder bei Jeremy Bentham. Machtpolitisch durchgesetzt und durch so geprägte Theorien gerechtfertigt, fand sich die europäische, oft absolutistische Monarchie aber rasch in ihren Ordnungsprinzipien und Geltungsansprüchen nachdrücklich herausgefordert durch das Aufklärungsdenken mit seinen Naturrechts- und Gewaltenteilungslehren. Den letzteren im 19. Jahrhundert als ,konstitutionelle' Monarchie gerecht werdend, kam es alsbald zur endgültigen

---

[845] Von lat. ,utílitas', d.h. Nützlichkeit.

Infragestellung der monarchischen Herrschaftsform durch die immer stärker aufkommenden Lehren von der Volkssouveränität sowie durch jene Selbstverständlichkeit, die das Demokratieprinzip gewann. Späte Verteidiger gewann die Monarchie allerdings noch im – zumal deutschen – romantischen Denken, ferner im antiliberalen Konservatismus (etwa bei Joseph de Maistre, 1753-1821), und schließlich noch tief im 20. Jahrhundert beim französischen katholischen Royalisten Charles Maurras. Hingegen ganz ohne Herleitung aus der Tradition europäischer Monarchie kamen die faschistischen und kommunistischen Diktaturen im 20. Jahrhundert aus, die eine mehr oder minder offene Ein-Personen-Herrschaft teils aus Überzeugung, teils aufgrund der konkreten Umstände praktizierten. Zumal faschistisches Denken wollte im charismatischen Führerprinzip sogar die höchste Form von Demokratie erkennen, die der liberalen Demokratie weit überlegen sei: Der wahre Wille des Volkes werde vom genialen Einzelnen erkannt und politisch verwirklicht. Demokratie und Diktatur waren so, letztlich auf den von Rousseau angelegten Wegen, zusammengeführt.

Schon die antiken Theoretiker der ‚gemischten Verfassung' (Aristoteles, Cicero und Polybius, 200-118 v.Chr.) hatten auf den Wert *aristokratischer* Elemente für den Aufbau eines stabilen, leistungsfähigen Staatswesens hingewiesen. Deren Vorteile – vor allem im Rahmen einer Monarchie – erörterten später Thomas v. Aquin, Niccolò Machiavelli, James Harrington (1611-1677) und Montesquieu. Mit dem Aufstieg von Ständeversammlungen und Parlamenten als wichtigen politischen Institutionen boten sich für eine ‚Herrschaft der Wenigen' dann auch ganz neue Formen, und zwar zunächst für den immer noch machtvollen Erbadel, später für die aus Bürgertum und Arbeiterklasse aufsteigenden politischen Funktionseliten. Zum späteren Diskurs über eine sinnvolle Rolle des traditionellen aristokratischen Elements trugen vor allem Edmund Burke, François Chateaubriand und Benjamin Constant (1767-1830) bei, zu jenem über die angemessene Rolle moderner Funktionseliten John Stuart Mill, Vilfredo Pareto (1848-1923) und Gaetano Mosca (1858-1941). Die Aufgabe von Elitegruppen speziell bei der Herbeiführung und Durchsetzung sozialer, zumal kommunistischer, Revolutionen erörterten Auguste Blanqui (1805-1881) und – besonders wirkungsmächtig gekoppelt mit dem Konzept einer von ‚Berufsrevolutionären' geführten ‚Partei neuen Typs' – Wladimir Iljitsch Lenin (1870-1924). Eine Sonderrolle nimmt in diesem Diskurs Friedrich Nietzsche (1844-1900) ein, aus dessen Liberalismus und Demokratie verachtendem Elitedenken mittels des Konzepts eines ‚Übermenschen' der Bogen zur Begründung auch rassistischer Diktatur geschlagen werden konnte.

Republikanisches, auf die Herrschaft *vieler* setzendes Denken fand wiederum seine früheste Entfaltung im Kontext der griechischen Polis und seinen ersten großen Theoretiker in Aristoteles. Ihren Begriff gewinnt diese Linie politischen Denkens aus der – allerdings durch und durch aristokratischen – altrömischen Republik.[846] In Europa regte sich republikanische politische Theorie wieder in der Erfahrungswelt der norditalienischen Stadtstaaten der Frührenaissance. Folgenreich bis heute wurde republikanisches Denken dann seit der Mitte des 17. Jahrhundert, als – ‚Levellers' genannte[847] – Publizisten und Politiker, die auf der Seite des im englischen Bürgerkrieg siegreichen Parlamentsheeres standen, Fragen der parlamentarischen Repräsentation, der Legitimitätsgrundlagen politischer Ordnung und des richtigen Gebrauchs politischer Macht erörterten (etwa Richard Overton, 1631-1664). Seither verlor sich in der Geschichte westlichen politischen Denkens niemals wieder der Gedanke, daß alle Regierungsgewalt sich von den Regierten her

846 „Est igitur res publica res populi", legt Cicero in seiner Schrift ‚De re publica' dem Scipio Africanus als Definition in den Mund: Die Republik ist die Sache des Volkes – aber nicht eines jeden Zusammenwirkens („coetus") von Menschen, sondern „juris consensu et utilitatis communione sociatus", also auf der Grundlage gemeinsamer Rechtsnormen und Nützlichkeit, wobei für beides praktisch erprobte Elitegruppen zu sorgen haben.

847 Der Name der ‚Levellers' erschließt sich aus seiner Entstehung als kritischer Kampfbegriff ihrer Gegner: Man klagte sie eines extremen Egalitarismus an, nämlich der für das 17. Jahrhundert ungeheuerlichen Absicht, gesellschaftliche und politische Unterschiede ‚auf ein einzige Level zu bringen', sie also einzuebnen.

legitimieren müsse. In der amerikanischen und französischen Revolution wurde das zur tragenden Idee, ausgearbeitet in Amerika von Persönlichkeiten wie Thomas Paine und James Madison (1751-1817), in Frankreich vom Marquis de Condorcet (1743-1794) und dem Abbé Joseph Sièyes (1748-1836). Aus republikanischem Denken erwuchs schließlich die – den Kreis der zur politischen Beteiligung zugelassenen Bevölkerungskreise immer weiter ausdehnende – Konzeption *neuzeitlicher Demokratie*. Am Beginn dieser Entwicklung standen, mit noch sehr einschränkenden Vorstellungen vom sinnvollerweise politisch zu beteiligenden Personenkreis, Denker wie James Mill (1773-1836) und Benjamin Constant; zu ihnen gesellten sich dann – die demokratietheoretische Argumentation immer weiter schärfend – Autoren wie Alexis de Tocqueville, John Stuart Mill und L.T. Hobhouse (1864-1929). Im sozialistischen und sozialdemokratischen Denken (etwa bei Robert Owen, 1771-1858, oder Eduard Bernstein, 1850-1932) fand dann die Argumentation zur Ausweitung der an Politik zu beteiligenden Bevölkerungskreise über alle sozialen Grenzen hinaus ihren Abschluß.

(4) Wie soll regiert werden?

Antworten auf diese Frage finden sich in den Diskursen einesteils um die richtige Staatsform, andernteils um die Rolle von (Natur-)Recht in der Politik. Die erste Gruppe von Diskursen ist um die Frage gelagert, welche strukturellen Arrangements und institutionellen Mechanismen geschaffen werden sollten, um gewissermaßen ‚von außen‘ gutes Regieren zu gewährleisten. Bei der zweiten geht es um die Gestaltung guten Regierens ‚von innen‘, nämlich von jenen Normen her, an die sich Regierende und Regierte von sich aus binden oder – des Gemeinwohls willen – wenigstens binden sollten. Beide Gruppen von Diskursen hängen eng mit den schon überblickten Denktraditionen sowie untereinander zusammen.

(a) Diskurse zur ‚richtigen Staatsform‘

Tragende Ideen selbst noch des neuzeitlichen Verfassungsstaates wurden schon in den antiken Debatten um eine *‚gemischte Verfassung'* entwickelt und später in der Suche nach sinnvollen Formen von Gewaltenteilung entfaltet. In der Antike betonten Aristoteles aus dem griechischen, Cicero und Polybius aus dem römischen Erfahrungshorizont den Wert einer Verfassung, die – in einem funktionslogisch günstigen ‚Mischungsverhältnis' – aus monarchischen, aristokratischen sowie das Volk einbeziehenden Elementen besteht. Nach der Dominanz monarchischen Denkens in der römischen Kaiserzeit und im Mittelalter wurde der Gedanke der ‚gemischten Verfassung' wieder in den Republiken der italienischen Renaissance aktuell. Niccolò Machiavelli und sein Zeitgenosse Francesco Guicciardini (1438-1540) sind dafür zentrale Autoren. Wie Guiccardini bewunderte auch rund ein Jahrhundert später James Harrington die Institutionen der Republik Venedig, wollte – wie Machiavelli – aus historisch erwiesener Staatsklugheit lernen und entwikkelte angesichts der Herausforderungen des englischen Bürgerkrieges ein Konzept gemischter Verfassung zur Wiedergewinnung und Sicherung politischer Stabilität.

Das Erbe dieser Tradition politischen Denkens, die soziale Rang- und Machtunterschiede unmittelbar mit einem Hebelwerk wechselseitiger politischer Kontrolle verbinden wollte, traten später die Theoretiker der *Gewaltenteilung* an. Weniger bei Locke, doch sehr stark bei Montesquieu war Gewaltenteilung in dieser Weise soziologisch grundiert, nahm aber bereits klar jenen funktionalen Charakter an, der diesem Konzept bis heute eigen ist: Es geht um die Sicherung persönlicher Freiheit durch mäßigende Hemmung der Staatsgewalt (‚gouvernement modéré‘). Freiheit nicht nur gegen übermächtige Monarchen oder aristokratische Eliten, sondern auch – unter demokratischen Ordnungsprinzipien – gegen die Herrschaftsansprüche einer *Mehrheit* zu sichern und dennoch effizientes Regieren zu ermöglichen, persönliche Freiheit also sowohl mit Demokratie als auch mit wirksamen staatlichen Institutionen zu verbinden, war dann in den nachrevolutionären USA ein zentrales Thema der Autoren der ,Federalist Papers', zumal von James Madison.

Diese ,amerikanische' Entfaltung des Demokratiekonzepts, gekennzeichnet durch repräsentative Demokratie und Gewaltenteilung, steht bis heute in Konkurrenz zur von Jean-Jacques Rousseau gewiesenen ,französischen' Entfaltung des Demokratiekonzepts. Für diese Tradition ist es überaus attraktiv, die Rollenteilung in Regierende und Regierte durch möglichst viel ,direkte Demokratie'[848] einzuebnen, etwa durch plebiszitäre Elemente sowie durch Vereinigung aller Staatsmacht in der Hand eines – vorzugsweise vom Volk direkt gewählten – großen Menschen, sofern dieser nur ,den wahren Willen des Volkes' zu verwirklichen versteht, gleich ob als einzelner oder als Führer einer eben dies verheißenden Bewegung. Den in der französischen Revolution auf der Grundlage solcher Vorstellungen gemachten Erfahrungen stellte Benjamin Constant später ein wiederum auf Gewaltenteilung setzendes Konzept zur Ausgestaltung repräsentativer Regierungsweise gegenüber, das sodann in den französischen und europäischen Verfassungsdebatten des 19. Jahrhunderts eine wichtige Rolle spielte.

Theorien der gemischten Verfassung oder der Gewaltenteilung setzen nun aber stets voraus, daß jenes Grundproblem der Politik schon gelöst ist, das im Aufbau *überhaupt funktionstüchtiger* politischer Strukturen besteht. Die spätmittelalterlichen Funktionsprobleme des ,dualistischen Ständestaates' mit seinen zwischen einesteils dem Monarchen, andernteils den Ständen (Adel, Prälaten,[849] Städte, mitunter auch Bauern) vielfach und oft sehr unübersichtlich aufgeteilten Herrschaftsbefugnissen zeigten nun aber, daß diese bisherige *feudale* Problemlösung brüchig, wenigstens unzureichend geworden war. Vor allem erwies das die seit der Reformation offenkundige Zerrissenheit der ,geistlichen Gewalt' gegenüber den Repräsentanten der ,weltlichen Gewalt'.[850] Sie führte nämlich in Religions- und Bürgerkriege, in denen sich bestehende gesellschaftliche, wirtschaftliche und ethnische Spannungen um konkurrierende Antworten auf die Frage nach dem ,wahren' Glauben auskristallisierten und entluden. Die weltliche Gewalt war in dieser Lage auf ihre eigenen, ,rein politischen' Mittel zurückverwiesen, um diese herausfordernden Probleme bewältigen zu können. Angesichts solchen Zerfalls von bisher stabilisierenden Rahmenbedingungen galt es darum für Könige und Fürsten, neue Wege zu finden, um wirksame politische Institutionen aufzubauen und Glauben an deren Legitimität zu stiften. Die Theoretiker des *Absolutismus* wiesen mit dem Konzept der Souveränität, einer ,obersten und von rechtlichen Bindungen freien Gewalt gegenüber Bürgern und Untertanen',[851] hierzu den Weg. Damit bildeten sie gewissermaßen einen argumentationsgeschichtlichen Sperriegel zwischen den älteren Wünschen nach der Einrichtung einer gemischten Verfassung und den neueren nach einem System der Gewaltenteilung. Erster wichtiger Theoretiker der souveränen, absoluten, beim Monarchen liegenden Staatsgewalt war Claude de Seyssel (1450-1520); ihren Gipfel fand diese Ausprägung systematischen Denkens später bei Jean Bodin und Thomas Hobbes. In neuer Weise griffen dann wieder im 19. und 20. Jahrhundert die Theoretiker und Praktiker des sozialistischen Staates bzw. der Diktatur des Proletariats – allen voran Lenin, Stalin und Mao – die Vorstellung auf, die Staatsmacht müsse in *einer* Hand liegen und staatliche Politik müsse aus *einem* Guß gestaltet sein: zum Zweck der Verwirklichung des – dank wissenschaftlicher Einsicht bekannten – politi-

---

848 Hierzu siehe auch S. 250ff.

849 Mit diesem Begriff bezeichnet man in diesem Zusammenhang kirchliche Würdenträger wie (Fürst-)Bischöfe und Äbte.

850 Zur hier einschlägigen ,Zwei-Schwerter-Lehre' siehe oben S. 434f.

851 So eine wörtliche Übersetzung der klassischen Definitionsformel von Souveränität (von lat. ,superióritas', d.h. Übermacht, Überlegenheit), als „summa in cives ac subditos legisbusque absoluta potestats". Der Begriff des Absolutismus kommt von dieser Denkfigur, leitet er sich doch vom lateinischen Wort ,absolútus' her, d.h. abgelöst, abgetrennt, freigestellt – nämlich von jenen rechtlichen Bindungen, die der Souverän – der Friedenssicherung willen – den Bürgern und Untertanen auferlegt.

schen Guten und der zu Recht alle Widerstände brechenden Durchsetzung dessen, was zu tun geschichtlich notwendig sei.[852]

(b) Diskurse zur Rolle von Recht in der Politik

Eine zweite Familie von Antworten auf die Frage nach der richtigen Regierungsweise geht von jenen Eigentümlichkeiten des Menschen und seiner Natur aus, die alle Politik als Grenzen ihres Gestaltungsanspruchs oder immerhin ihrer Gestaltungsmöglichkeiten einhalten müsse bzw. nur zum eigenen Nachteil ignoriere. Zum einen entfalteten sich diese Theorien als – umstrittene – Lehren vom Naturrecht, zum anderen als Lehren von der ‚rule of law' bzw. vom ‚Rechtsstaat'.

(α) Lehren zu Naturrecht, positivem Recht und zweckorientierter Gesetzlichkeit

Bei den Lehren vom ‚Naturrecht', von ‚natürlichen Gesetzen' oder gar von ‚politischen Naturgesetzen' blieb oft unklar, mehrdeutig oder in heute schwer nachvollziehbarer Weise vermengt, was genau gemeint und als ‚Naturrecht', ‚natürliches Gesetz' oder gar als ‚Naturgesetz' der Politik zugrunde zu legen sei:

– Geht es um *subjektive Rechte*, die ein jeder Mensch kraft seiner Natur als Mensch *besitzt* (‚Menschenrechte') und die darum eine Schranke jenes Rechts darstellen (sollten), das in politischen Prozessen gesetzt wird (‚positives Recht'[853])? Sind ‚natürliche Gesetze' also ethische Gesetze, welche sozusagen schon ‚die Natur der Politik auferlegt' (‚überpositives Recht') und die dem positiven Recht und seinen Normsetzungen genau darum als diesem selbst unverfügbare Rechtsmaterie vorgegeben sind? Falls ‚Naturrecht' so aufgefaßt wird, nämlich als Sammelbezeichnung für mit der menschlichen Natur verbundene subjektive Rechte: Sind dann ‚Menschenrechte' eher aufzufassen als ‚Abwehrrechte' des Einzelnen, die politischen Machtträgern bestimmte Handlungen oder positive Rechtsmaßnahmen untersagen – etwa als Rechte auf Leben, körperliche Unversehrtheit, Eigentum oder Freiheit? Oder sind jene ‚auf die Natur des Menschen zurückgehenden' Rechte eher als ‚Leistungsrechte' bzw. ‚Teilhaberechte' zu verstehen, die politischen Machtträgern Handlungsziele und Gestaltungsaufträge vorgeben, z.B. den Aufbau eines Sozialstaats oder die Sicherung politischer Partizipationsmöglichkeiten? Und woher ‚weiß' man eigentlich, *daß* Menschen ‚von Natur aus' solche Rechte besitzen? Aufgrund von Glaubensüberzeugungen dergestalt, Gott habe alle Menschen als Träger von – möglicherweise auch für jedermann gleichartigen – Rechten geschaffen? Oder anhand ‚zwingender Vernunftgründe' philosophischer Argumentationen? Oder dadurch, daß man über die immer wieder sichtbaren Folgen eines Absehens von allgemeinen Menschenrechten erschrickt und deshalb ein gesellschaftliches Akzeptanzgebot dieser Idee gemeinsam mit dem Tabu errichtet, einem Menschen solche ‚natürlichen' Rechte abzusprechen?[854]
– Meint ‚Naturrecht' vielleicht (auch) ein dem Menschen *angeborenes Rechtsempfinden*, das man durch die Pflege von Bürgertugenden ebenso wie durch exemplarische Bestrafungen (‚Generalprävention') zwar kultivieren muß, auf das man sich aber bei der institutionellen Gestaltung des menschlichen Zusammenlebens im Grunde verlassen kann? Sind ‚natürliche Gesetze' also solche, die ein jeder Mensch kraft seiner Natur erkennen kann, einsehen wird und – unter dies fördernden Bedingungen – auch ohne besonderen Zwang befolgen mag? Geht es hier also um einen letztlich *empirisch* zu fassenden Tatbestand von gewaltiger sy-

[852] Zu solchen notwendigen Folgen einer monistischen Position siehe S. 279ff und 254ff.

[853] Von lat. ‚pónere', d.h. aufstellen, setzen, festlegen.

[854] Im übrigen lassen sich die gleichen Überlegungen auch mit Blick auf mögliche allgemeine *Pflichten* des Menschen anstellen. Ergeben auch sie sich – entsprechend den Menschenrechten – aus der ‚Natur des Menschen', und falls ja: in welcher Weise und warum?

stemkonstruktiver Bedeutung, dem sich inzwischen die ‚Evolutionäre Ethik' in naturwissenschaftlicher Perspektive zuwenden kann, während man sich früher mit rein philosophischen Erwägungen behelfen mußte?

– Oder meint die Rede von ‚natürlichen Gesetzen' bzw. ‚Naturgesetzen' solche Regelungen menschlichen Zusammenlebens, die sich entweder mittels der Vernunft (sozusagen *more geometrico*[855]) oder durch auf Theoriebildung abzielende empirische Forschung als der Eigenschaft von Menschen und von menschlichen Handlungen angemessen *erschließen* lassen? Wird in Gestalt von ‚natürlichen Gesetzen' also im Grunde nur die sich aus der ‚Natur der Sache' ergebende *Funktionslogik* politischer Strukturen und Prozesse rekonstruiert? Ist Naturrecht also eine durch rationale Erwägungen hervorgebrachte, zur Anleitung rationalen politischen Handelns geeignete Kategorie? Falls das so ist: Was liegt dann eigentlich der in solchen ‚natürlichen Gesetzen' faßbaren – und nur zum eigenen Nachteil ignorierbaren – Logik des Funktionierens von technischen, wirtschaftlichen, gesellschaftlichen und politischen Ordnungsstrukturen zugrunde? Bringt *Evolution* – teleonomisch oder teleologisch verstanden[856] – zusammen mit den ‚Baumaterialien' von Technik, Wirtschaft, Gesellschaft und Politik auch deren Strukturen – und dadurch auch deren Funktionslogik – hervor? Oder muß man, gegebenenfalls ohne an solchen Ansichten irgendwelche Abstriche zu machen, noch einen Schritt weitergehen und zu einer eigentlich *ontologischen*[857] Analyse gelangen: Die ‚natürlichen Gesetze' des gesellschaftlichen und politischen Lebens habe – ebenso wie die ‚Naturgesetze' in die Natur – ein *Schöpfergott* in seine Schöpfung hineingelegt, gegebenenfalls indem der den Prozeß der Evolution anstieß?

Sieht man die Sache so, dann steht letztlich ‚Gott' hinter aller Funktionslogik und hinter den ‚Naturgesetzen' bzw. ‚natürlichen Gesetzen', in welchen jene Funktionslogik faßbar und beschreibbar wird. Wenn man ferner unterstellt, daß Gott seiner Schöpfung nur Gutes wünscht, so kann wiederum gefolgert werden, die ‚natürlichen Gesetze' seien nicht nur empirische Sachverhalte, sondern in ihrer Wirkungsweise auch von Gott *als für den Menschen gut* gewollt.[858] Das Sein ist dann die Folge des Sollen, und im Ist erkennt menschliche Vernunft – verengt sie sich nicht auf das Empirische – auch das Soll. In einem so angelegten Diskurs lassen sich anschließend natürliche Gesetze auch als natürliche Rechte bzw. Pflichten verstehen, womit alle drei hier unterschiedenen Redeweisen vom ‚Naturrecht' in einen einzigen Verständnis- und Begründungszusammenhang hineinwachsen. Zur Aufgabe einer Wissenschaft von der Politik wird es dann, vom empirisch faßbaren Ist über eine rationale Analyse der von Gott – und sei es mittels Evolution – geschaffenen ‚objektiven Seinsordnung' (samt

---

[855] Der lateinische Ausdruck ‚móre geométrico' heißt deutsch ‚auf geometrische Weise' und meint, einen Sachverhalt allein durch von evidenten Einsichten ausgehende logische Argumentationen als so und nicht anders beschaffen zu beweisen. So zu verfahren, war das Ziel des Rationalismus, wegweisend entwickelt von René Descartes (1596-1650). In der politischen Theorie verfolgte diesen Argumentationsweg vorbildlich Thomas Hobbes.

[856] Von griech. ‚télos', d.h. das Ziel, und einesteils ‚nómos', d.h. Gesetz, anderenteils ‚lógos', d.h. Sinn. ‚Teleonomie' und ‚Teleologie' darf man keinesfalls verwechseln. Der erste Begriff meint, daß Entwicklungsprozesse aufgrund ihrer materiellen oder formalen Beschaffenheit eine nicht beliebig veränderbare Richtung haben. Beispielsweise können sich zwei Farben in natürlicher Entwicklung zwar vermischen, nicht aber wieder trennen; oder es legte die Entstehung der Rückensaite als Aufhängung der übrigen Körperorgane die Entwicklung von Fischen, Reptilien, Vögeln und Säugetieren auf die Ausbildung eines *Innen*skeletts mit dem Rückgrat als zentraler Körperachse fest. ‚Teleologie' hingegen meint die – sich immer wieder als empirisch falsch herausstellende – Vorstellung, eine Struktur trage ein ‚Entwicklungsziel' (‚Entelechie') in sich, so daß Evolution ein objektiv zielgerichteter und letztlich deterministischer Prozeß sei.

[857] Von griech. ‚tò on', das Seiende. Als ‚-logie' des Seienden (also als ‚Ontologie') versteht man in der Philosophie jegliche Auseinandersetzung mit den grundlegenden Merkmalen und der Genese von Seiendem aller Art.

[858] Daß er diese Verbindung auflöste und die empirischen ‚Gesetzmäßigkeiten' der Politik scharf von Moralgesetzen trennte, brachte Machiavelli die allergrößten Vorwürfe und nicht zuletzt das Mißverständnis ein, er reduziere politische Moral auf erfolgsorientiertes Handeln entlang funktionslogischer Gesetzmäßigkeiten.

ihrer funktionslogischen Zusammenhänge) aufzusteigen bis hin zum – etwa durch Offenbarung erschlossenen – Einblick einesteils in Gottes Lehren vom Guten und politisch Richtigen, andernteils in seinen ‚Heilsplan' für die – gerade auch politische – Gestaltung des irdischen Lebens. Aus ineinanderfallenden Vorstellungen von Naturgesetzen einerseits, vom Naturrecht andererseits lassen sich dann – unmittelbar praktisch nützliche – normative Aussagen ableiten und politischer Gestaltung zugrunde legen. Dieser Weg war für politische Denker wie Aristoteles oder Thomas v. Aquin ganz selbstverständlich, und ihn zu gehen schlugen auch in Deutschland der Politikwissenschaft wichtige Vertreter der ‚normativ-ontologischen Schule' vor.[859]

Natürlich läßt sich die zu dieser Argumentation führende Vorstellung von einem *persönlichen* Schöpfergott auch wieder abschleifen: Im Diskurs kann aus dem Schöpfergott *deus sive natura*[860] werden oder der zu sich kommende ‚Weltgeist', dessen Werdegang und Wirken sich sodann – wie im Weiterwirken dieses Gedankens von Hegel bei Marx geschehen – materialistisch interpretieren läßt. Ebenso kann man an den Platz Gottes bei der Analyse der Entstehung einer das Soll mit dem Ist verbindenden Seinsordnung wie bei Platon ein Reich – gegebenenfalls ihrerseits von Gott geschaffener – ‚objektiver Ideen' setzen, an dem Anteil zu haben die empirisch faßbare Welt überhaupt erst konstituiert. Naturrecht existiert dann ‚eigentlich' im Reich der Ideen; doch dieses gilt nun gerade als Ursprung und Urgrund der empirisch faßbaren Wirklichkeit; und darum ist diese erst dann so, wie sie – um sich im Vollsinn entwickeln zu können – sein sollte, wenn sie an jenem Reich der Ideen möglichst großen Anteil hat, also: wenn das Naturrecht auch im Bereich der empirisch faßbaren Wirklichkeit befolgt und in Geltung gehalten wird. Vollends werden solche Denkfiguren und Argumente abgeschliffen, wenn man sich auf die Position zurückzieht, die gesicherte Tatsache der Evolution bedürfe ihrerseits *keiner* Erklärung dergestalt, daß man als Erklärungsvariable ‚Gott' oder eine ‚Wirklichkeit hinter den empirischen Tatsachen' einführt. Ob nun jenseits von Evolutionstheorien noch zu theologischen oder philosophischen Ontologien gegriffen wird oder nicht: Stets wird als ‚natürliches Gesetz' *zumindest* eine erkennbare Logik des Funktionierens politischer Strukturen und Prozesse verstanden, das man bei der Ausübung politischer Macht nur zum eigenen Nachteil, oder dem derer ignorieren kann, die vom politischen Handeln betroffen werden.

Das antike Naturrechtsdenken, entfaltet vor allem bei Platon, Aristoteles und Cicero, wandte sich gegen die Vorstellung, alle Rechtsnormen seien im Grunde nur konventionell, also: es handele sich bei ihnen bloß um von Menschen gesetztes ‚positives' Recht, auf das sich – in modernen Begriffen – ein Rechtsstaat als rein ‚formaler' Rechtsstaat zurückziehen müsse. Vielmehr wurden die dem menschlichen Handeln und der es prägenden Politik zugrunde zu legenden Rechtsnormen auf die ‚Natur des Menschen' zurückgeführt. Diese ‚Natur des Menschen' ließ sich – wie bei Platon – psychologisch begründen, wie bei Aristoteles empirisch-induktiv erschließen und sodann teleologisch deuten oder – wie bei Cicero und überhaupt in der stoischen Philosophie – als durch Nutzung der menschlichen Vernunft erkennbar behaupten, letzteres deswegen, weil sowohl die menschliche Vernunft als auch die Natur des Menschen göttlichen Ursprungs und darum im Grunde gleichartig seien.[861] Durch Gebrauch der Vernunft ließen sich also auf ‚natürlichen Gesetzen' beruhende Rechtsnormen und somit der menschlichen Natur angemessene Herrschaftsformen und Herrschaftsweisen ausfindig machen. Ist das so, dann erlauben diese nicht nur die faktische Stabilität politischer Ordnungsformen, sondern auch einen Über-

---

859 Siehe hierzu S. 204f.

860 Die deutsche Übersetzung dieser von Baruch Spinoza (1632-1677) verwendeten lateinischen Formel ist ‚Gott bzw. die Natur', oder besser: ‚Gott, verstanden als Natur'.

861 Dies ist – ersetzt man die Denkfigur vom ‚göttlichen Ursprung' durch jene einer gemeinsamen evolutionären Herkunft – auch der Grundgedanke der Evolutionären Erkenntnistheorie.

einklang der natürlichen Individualinteressen der Regierten mit dem – von den Regierenden zu verwirklichenden – Gemeinwohl. So entsteht belastbare Legitimität einer politischen Ordnung.

In die Rolle Gottes, die in allen diesen Diskursen als nicht wegzudenken galt, trat mit dem Siegeszug des Christentums dessen Gottesvorstellung ein. Das Recht des römischen Reiches wurde mehr und mehr mit den Leitvorstellungen der im 4. Jahrhundert hegemonial werdenden christlichen Religion vereinbar gemacht. Zu erheblichen theoretischen wie praktischen Problemen führte allerdings nach der Eroberung der westlichen Reichshälfte durch germanische Völker die Aufgabe, die ‚göttlicher Offenbarung' zugeschriebenen Gesetzesvorstellungen des Alten und Neuen Testaments mit sowohl den Stammesrechten dieser anschließend eigene Herrschaftsordnungen begründenden Völker als auch mit der traditionellen Rechtssetzungsbefugnis ihrer Könige in Verbindung zu bringen. Weder die Lösung des Augustinus (‚Weltliche Herrschaft ist ein Domestizierungsmittel für den zum Bösen geneigten Menschen') noch die des Papstes Gelasius I. (Zwei-Schwerter-Lehre mit Dominanz der geistlichen Gewalt in den ‚wichtigeren', nämlich den religiösen Dingen) waren mehr als argumentative Notbehelfe. Eine überzeugende Lösung schuf erst – im Rückgriff auf Aristoteles – Thomas v. Aquin, der die Vorstellung einer Abschichtung von göttlichem Gesetz, Naturgesetzen und allein von Menschen gemachten Gesetzen ausarbeitete und das jeweils ‚niedrigere' Recht in die Schranken des ihm übergeordneten Rechts verwies: Positives Recht hatte die Vorgaben vernunfterkannter natürlicher Gesetze zu achten (letztere abzielend auf Bewahrung der Schöpfung, Weitergabe des Lebens und sittliches Verhalten), und diese waren im Licht von Gottes auf die ewige Seligkeit der Menschen abzielenden Verhaltenserwartungen zu verstehen.

Mit solchen Verhaltenserwartungen muß der Mensch nichtsdestoweniger auf der Grundlage seiner natürlichen Freiheit umgehen, vor allem jener, fallweise eher Gutes oder eher Böses tun zu können. Für eine von Gott ihre Legitimität ableitende, in Gottes Auftrag auch um das Seelenheil der Regierten besorgte politische Ordnung, wie sie im Europa von Mittelalter und früher Neuzeit überall bestand, rückte damit in den Mittelpunkt der unbedingt zu beantwortenden Fragen das Verhältnis zwischen der ‚natürlichen Freiheit' des Einzelnen und jenen Rechtsnormen, welche die jeweilige Regierung setzten durfte, sollte, gar mußte – und zwar nicht nur des Seelenheils der Regierten willen, sondern auch, um gesellschaftlichen Zusammenhalt und politische Stabilität zu sichern angesichts von Streit, Verblendung und Rebellion unter Adel, Bürgern und Untertanen. Noch stark in den Spuren von Thomas v. Aquin bewegte sich mit Erwägungen hierüber Francisco Suárez; den Weg hin zu einer argumentativen Säkularisierung der Theorie natürlicher Rechte beschritten später Hugo Grotius und Samuel Pufendorf. Bei Thomas Hobbes galten ‚natürliche Gesetze' endlich als funktionslogische Zusammenhänge, in deren Zusammenhang die Rechtsfigur des Herrschaftsvertrags – und zwar mit vernünftigen Gründen – die natürliche Freiheit des Einzelnen reduzieren konnte bis auf nach außen sich nicht artikulierende Gewissensfreiheit und auf das Recht zur Auswanderung aus einem Herrschaftsgebiet. Vom Gedanken an die Sicherung *stabiler* Herrschaft völlig in Beschlag genommen, sah Hobbes nämlich keinerlei Möglichkeit, eine Herrschaftsordnung durch eine ihr *vorgängige* Rechtsordnung in ihren *äußeren* Gestaltungsansprüchen zu beschränken.

Diesen Weg wies geschichtsmächtig aber John Locke. Insbesondere aus dem Recht des Einzelnen, seiner Freiheit und Selbstentfaltung willen gesichertes Eigentum zu besitzen, leitete er eine Theorie von ‚natürlichen Rechten' der Menschen ab, die in einer klaren Verbindung zu rational einsehbaren ‚natürlichen Gesetzen' gesellschaftlichen Zusammenlebens stehen. Solche Rechte der Regierten wurden wiederum zur Richtschnur für den Aufbau eines legitimen staatlichen Institutionengefüges gemacht. Dessen Kennzeichen sind vertragsbegründete, gewaltenteilige und gesetzesgebundene politische Autorität sowie der Anspruch der Regierten entweder auf Sicherung ihrer Freiheit seitens der Regierenden oder auf politischen Umsturz, sollte ein Regime die natürlichen Rechte der Bürger verletzen oder nur unzulänglich wahren. Diesen Gedanken bauten, je nach aktuellen politischen Problemlagen, die politischen Denker des Liberalismus und der Aufklärungszeit weiter aus: Thomas Jefferson (1743-1826) etwa in der amerikanischen Unabhängigkeitserklärung von 1776, die Autoren der ‚Erklärung der Menschen- und Bürgerrechte' gleich 1789 zu Beginn der Französischen Revolution, später dann in Frankreich der Marquis de Condorcet, in den USA Thomas Paine. Während unter den radikalen Demokraten und den frühen Sozialisten sich das Denken in naturrechtlichen Begriffen noch weit bis ins 19. Jahrhundert hielt, hatten die konservativen Kritiker der Französischen Revolution in Frankreich, England und Deutschland das *revolutionäre*, zur Forderung zumal nach Freiheit und Gleichheit führende Potential naturrechtlichen Denkens rasch erkannt. Darum begannen sie die Vorstellung eines ‚Naturrechts' nicht nur als gefährlich, sondern auch als wissenschaftlich unfundiert zu bekämpfen.

In der deutschen Rechtswissenschaft führte das gegen Ende des 19. Jahrhunderts zum Siegeszug des ‚Positivismus'. Dies ist eine rechts- und politikwissenschaftliche Lehre,[862] nach der allein vom – auf rechtsförmige Weise – staatlich gesetzten Recht (‚positives Recht') sicher sein kann, daß es sich wirklich um Recht handelt und nicht um rein subjektive, politisch nur zweckvoll eingesetzte Wunschvorstellungen. Die prägenden Vertreter des deutschen Rechtspositivismus waren Carl Friedrich v. Gerber (1823-1891) und Paul Laband (1838-1918). Im Rahmen eines positivistischen, rein formalen Rechtsverständnisses, das vom bei Thomas v. Aquin formulierten Schichtenbau des Rechts nur noch die unterste Stufe kannte, ließ sich im Grunde bei gegebenem politischen Willen *alles* als Recht setzen, sofern nur die jeweils gültigen Formalien eingehalten wurden. In der Verwandlung der auf ihre Wissenschaftlichkeit stolzen positivistischen Weimarer Jurisprudenz zum rechtsförmigen Werkzeug nationalsozialistischer Tyrannei zeigte sich, wie leicht der um naturrechtliche Denkfiguren verkürzte Positivismus sowohl rechtssichernden als auch moralischen Bankrott erleiden kann. Die Reaktion hierauf war eine – nach einem halben Jahrhundert aber praktisch wieder sehr abgeklungene – Renaissance naturrechtlichen Denkens in der westdeutschen Rechts- und Politikwissenschaft.

In der DDR wurden Recht und Rechtsprechung auf andere Weise als im Nationalsozialismus von einer Schranke zum Werkzeug politischen Gestaltungswillens. Völlig wurde vom sozialistischen Staat die Leitüberzeugung des Positivismus zurückgewiesen, für die Politik maßgebliches Recht erschöpfe sich im Normenbestand des jeweiligen positiven Rechts. Ebenso wurde aber die – das westdeutsche Grundgesetz prägende – Überlegung zurückgewiesen, es könne ein unmittelbar mit der menschlichen Natur verbundenes und darum vom Staat weder ‚gewährtes' noch von ihm abzuwandelndes oder legitimerweise zu entziehendes Recht geben, das allen positiven Rechtsnormen überhaupt erst ihren Sinn verleihe und darum nicht nur staatliches Handeln, sondern auch alle staatliche Rechtsetzung prägen müsse. Statt mit solchen naturrechtlichen Gedanken zu einer *Schranke* politischen Gestaltungsanspruchs, wurde mittels der Denkfigur der ‚sozialistischen Gesetzlichkeit' das Recht zum – von den faktischen Machtträgern frei nutzbaren – *Gestaltungsmittel* von Politik gemacht. ‚Sozialistische Gesetzlichkeit' besagte nämlich: Rechtsnormen dienen dazu, den Willen der geschichtsnotwendig regierenden kommunistischen Partei über die Legislativfunktion des Staatsapparats rechtsförmig zu machen; und darum müssen alle Rechtsnormen *parteilich* im Sinne *sozialistischer* Politik ausgelegt werden, sind aber keinesfalls als Abwehrmöglichkeiten gegenüber dem Vollzug der Diktatur des Proletariats mißzuverstehen. In gewisser Weise war damit auch die utilitaristische Kritik am Konzept des Naturrechts aufgegriffen und umgesetzt: Als Recht solle – so etwa Jeremy Bentham – nur gelten, was für die Gesellschaft vorteilhaft wäre. Dann ist es freilich eine Machtfrage, wer seine Definition von gesell-

---

[862] Der rechts- und politikwissenschaftliche Positivismus darf nicht mit dem philosophischen und wissenschaftstheoretisch-methodologischen Positivismus verwechselt werden. Letzterer ist eine Lehre, die davon ausgeht, Erkenntnis sei allein auf der Grundlage sinnlicher Wahrnehmung möglich und bedürfe nicht vorausgehender theoretischer oder begrifflicher Strukturierung des Wahrnehmungsfeldes. Vgl. hierzu S. 147f.

schaftlicher Nützlichkeit durchsetzt und darum festlegen darf, was Recht und Gestaltungsaufgabe des Staates ist. Allerdings geht hier nicht einfach ‚Macht vor Recht'; vielmehr legt Macht fest, was als Recht gelten darf und gelten soll.

(β) Lehren zum ‚Rechtsstaat'

Sowohl die utilitaristisch-parteiliche Zuspitzung der Rolle, die dem Recht in der Politik zugewiesen wird, als auch die dem Absolutismus zugrunde liegende Vorstellung, eben der Stabilitäts- und Friedenswahrung willen müsse es eine von rechtlichen Bindungen – und vom Streit um sie – *freie* Instanz im Staatswesen geben, waren allerdings Ausnahmen und ein Bruch mit langen Traditionen der Geschichte des Denkens zur politischen Rolle des Rechts. Denn üblicherweise – und heute wieder – dominierte die Vorstellung, Macht solle innerhalb von *institutionell gesicherten* Grenzen, also regelgebunden unter der Herrschaft des Gesetzes, ausgeübt werden. Bei Platon war dafür die zentrale Begründung, Recht müsse die ethischen und intellektuellen Defizite von Regierenden und Regierten kompensieren. Aristoteles betonte, daß ein System große Vorzüge habe, in dem vernünftige und unparteiische Gesetze eine Art ‚neutrale Autorität' darstellen, die auch politische Führer bindet.

Für mittelalterliches Denken war einesteils das Herrschaftsrecht von Königen unbestritten. Andernteils war bis zur Wiederentdeckung des römischen Rechts im späten 11. Jahrhundert und dessen anschließender allmählicher Rezeption in den europäischen Reichen ebenso unbestritten, daß königliches Handeln sowohl durch die Beachtung überkommenen Gewohnheitsrechts als auch dadurch begrenzt sei, daß bei rechtlichen Neuerungen die Zustimmung der Regierten zum Ausdruck gebracht werden müsse. Mit der weiteren Unterscheidung von göttlichem oder Naturrecht, das den Monarchen binde, und dem positiven Recht, dessen Quelle er sei, wurden die Rechtslage und die Argumentationsnotwendigkeiten noch komplizierter: Wann darf der Monarch nur gebunden durch Gesetze, wann über ihnen stehend handeln? Und in welchem Verhältnis stehen einerseits die – wie abschließend zu klärende? – Rechtslage, andererseits der monarchische Wille? Zur Diskussion solcher Fragen lieferten Thomas v. Aquin und Marsilius v. Padua wichtige Beiträge, konnten aber auch nicht die systematische Spannung zwischen den Rollen des Monarchen als Quelle von Recht und als Wahrer auch ihm selbst vorgegebenen Rechts zum Ausgleich bringen. Eine Auflösung hin zur Herrschaft des – als *common law* überkommenen – Gesetzes auch über den Monarchen versuchte Richard Hooker (1554-1600). In der aufkommenden Praxis – und der sie rechtfertigenden Theorie – des Absolutismus setzten sich hingegen die Souveränitätslehren von Jean Bodin und Thomas Hobbes durch.

Der Weg sozusagen zurück zur verfassungsstaatlichen Bindung auch des Monarchen wurde dann wieder – auf der Grundlage einer dank des Absolutismus nunmehr unstrittig einheitlichen Staatsgewalt – mit Gewaltenteilungslehre, Aufklärung und Liberalismus eingeschlagen. Allenfalls persönlich mochte der Monarch noch über dem Gesetz stehen; alle von ihm ausgehende Autorität aber hatte sich unter der Herrschaft des Rechts, nicht unter monarchischer Willkürherrschaft zu vollziehen. Dies zu sichern, sind – wie etwa von David Hume gezeigt wurde – ganz unterschiedliche Verfassungsgefüge geeignet, die sich mannigfachen gesellschaftlichen Eigentümlichkeiten anpassen lassen. Über Montesquieus Gewaltenteilungslehre und Benjamin Constants Konzeption konstitutioneller Regierung setzte sich schließlich die heute wohlbekannte Vorstellung des *Verfassungsstaates* durch: einer Vereinigung von Bürgern unter der – gewaltenteilig gesicherten – Herrschaft des Gesetzes bei Ausschluß jeglicher Willkürherrschaft. Im Deutschland des 19. Jahrhunderts konkretisierte sich diese Idee im Konzept des Rechtsstaates, eines Staatswesens, in dem alles Herrschaftshandeln einer rechtlichen Grundlage bedarf, die ihrerseits rechtsförmig zustande kommen muß.

Als sich der Rechtsstaatsgedanke mit dem anti-naturrechtlichen Rechtspositivismus verband, wurde die Bindekraft des Rechtes gegenüber entschlossener Instrumentalisierung des Rechtes geschwächt. Aus der Herrschaft des Gesetzes konnte nämlich leicht die Herrschaft der Herren der Gesetzgebung werden: Achtung der Formen des Rechts reichte aus. Da diese Formen aber durch letztlich beliebige, wenn nur machtgestützte Inhalte aufgefüllt werden können, ist ein rein positivistischer Rechtsstaat als ‚formaler' Rechtsstaat zu bezeichnen. In Deutschland schufen ihn die Väter der Weimarer Reichsverfassung. Der Nationalsozialismus konnte deren formalen ‚Normenstaat' leicht durch seinen auf konkrete Zwecke ausgerichteten ‚Maßnahmenstaat' überlagern. Daraus Lehren ziehend, wurde im bundesrepublikanischen Nachkriegsdeutschland als Gegenmodell hierzu das Konzept des ‚materialen' Rechtsstaates verwirklicht: gekennzeichnet dadurch, daß positives Recht in die vom überpositiven Naturrecht gezogenen Schranken verwiesen ist. Damit schritt die deutsche Rechts- und Staatstheorie im Grunde jenen Weg aufs neue aus, der in der Geschichte dieser Ideen schon mehrfach hin und her gegangen wurde: von der Bindung des Inhabers von Herrschaftsgewalt an schon vorgegebenes Recht über die Anerkennung eines ‚Souveräns' als einzig realer Quelle zumal neuen Recht hin zur Rückbindung selbst neuer Rechtsetzung an vorstaatlich gedachtes Recht. Seit die dem Demokratieprinzip eben dadurch gezogenen Grenzen nicht länger akzeptiert werden, etwa im Bereich der Gesetzgebung zum Embryonenschutz, ist wieder einmal die Kehre eingeschlagen.

Je nachdem, welches Recht als vorstaatlich gedacht und wie es interpretiert wird, mag ein materialer Rechtsstaat schon von seinen Rechtsgrundlagen her bestimmte Gestaltungsaufgaben erhalten, die von einem Verfassungsgericht sogar als Gesetzgebungsaufträge formuliert werden können. Etwa wird in Deutschland aus der Bindung aller staatlichen Gewalt an den Schutz der Menschenwürde der politische Auftrag zur Gestaltung und Aufrechterhaltung eines starken Sozialstaates abgeleitet. Auf diese Weise tritt die herrschaftsbegrenzende Wirkung des Rechts nicht nur in den Hintergrund; vielmehr führt die Rechtsordnung selbst zur Ausdehnung des legitim zu nennenden staatlichen Gestaltungsanspruchs. Das kann sehr wohl eines Tages zum vormundschaftlichen Staat und zur erneuten Einengung persönlicher Freiheitsrechte führen. Wie bei Aufrechterhaltung des auch material-rechtsstaatlich bekräftigten Ziels, Politik zentraler Werte wie der Gerechtigkeit willen zu betreiben, individuelle und gesellschaftliche Freiheit gesichert werden kann, ist Gegenstand von – vor allem der liberalen Denktradition verpflichteten – Erörterungen einer ‚Verfassung der Freiheit', wie sie etwa Friedrich von Hayek (1899-1992) vorgelegt hat.

(5) Wann darf man sich gegen politische Herrschaft auflehnen?

Eine stabile politische Ordnung aufzurichten und sie möglichst als eine ‚gute Ordnung' auszugestalten, ist das eine. Das andere ist die Frage, ob, unter welchen Umständen und wie weit eine politische Ordnung ihre legitime Bindewirkung gegenüber den Regierten verlieren kann und es darum richtig sein mag, sich gegen eine bestehendes Regierungssystem aufzulehnen. In der Geschichte des politischen Denkens wurde diese Frage in drei Gruppen von Diskursen erörtert: in jenen zum Aufstand gegen ungerechte oder illegitime Herrscher; in jenen zu zivilem Ungehorsam und gewaltfreier Aufsässigkeit; sowie in normativen Theorien politischer Revolution.

In den Diskursen zum Aufstand gegen ungerechte oder illegitime Herrscher wurden immer wieder drei Themen behandelt: Unter welchen Bedingungen ist derlei angebracht? Welche Formen darf solcher Aufstand annehmen? Und wer ist zur Beteiligung an ihm berechtigt? In der mittelalterlichen politischen Theorie befaßten sich mit solchen Fragen vor allem Thomas v. Aquin, Johannes v. Salisbury (1115/20-1180), Wilhelm v. Ockham (1285-1349) und Marsilius v. Padua. Kerngedanke war im Grunde stets, daß Menschen zwar eigentlich der über sie von Gott eingesetzten Obrigkeit Gehorsam schulden, sie jedoch zur Auflehnung – bis hin zur Ermordung eines Monarchen – dann berechtigt und gegebenenfalls sogar verpflichtet sein können, wenn ein

Herrscher nicht mehr gerecht und gemäß göttlichem Gesetz regiert, sondern als Tyrann Willkürherrschaft betreibt. Die Haltung der Reformatoren zum Widerstandsrecht, zumal von Martin Luther und Johannes Calvin, stand – die Widerstandsproblematik um die Frage der Verpflichtung auf den rechten Glauben erweiternd – in dieser Traditionslinie: Einesteils wurde – auch von breiten Volksschichten getragener – Widerstand gegen eine dem falschen Glauben anhängende, die Ausübung der richtigen Religion nicht zulassende, gegebenenfalls gar korrupte Obrigkeit bejaht; andernteils stand – in der Tradition des politischen Denkens seit Augustinus – außer Zweifel, daß es notwendig sei, auch schlecht regierende Obrigkeit zu respektieren.

Ein Ausweg aus diesem offenkundigen Dilemma bestand darin, das Recht zum Widerstand als eine Pflicht von *Amtsträgern* innerhalb eines gewaltenteilenden Systems zum Einschreiten dann aufzufassen, wenn ein Herrscher ungerecht und tyrannisch zu regieren beginnen. Dann wird nämlich nicht Herrschaft als solche, sondern nur ihre falsche oder inakzeptable Ausübung bekämpft, und auch das nicht revolutionär von jedermann, sondern von anerkannten Sachwaltern von Recht und Gemeinwohl. Dieser Gedanke führt bis hin zur Befürwortung der Rolle legitimer Opposition.[863] Zunächst einmal wurde er – an seine Entfaltung bei Calvin anknüpfend – unter den französischen Protestanten in ihrem Streit mit dem katholischen Königtum wirkungsmächtig, v.a. bei François Hotman (1524-1590), Theodore Beza (1519-1605) und Phillipe Duplessis Mornay (1549-1623). Bald fand er sich konsequenterweise mit der Ansicht verbunden, letztlich dürfe sich auch das Volk selbst auflehnen, wenn es nämlich tyrannisch, ungerecht und gemeinwohlwidrig regiert werde. Solche Gedanken griff dann John Locke auf, in dessen Version der Theorie des Gesellschafts- und Herrschaftsvertrags das neuzeitliche Widerstandsrecht seine bis heute gültige Form erhielt: Wenn die freiheitssichernde, politischen Institutionen anvertraute Herrschaft des Rechts endet, beginnt Tyrannei und somit die niemals aufgegebene Befugnis der Regierten, sich ihr – nach eigenem Urteil – zu widersetzen. Im Grundgesetz für die Bundesrepublik Deutschland nahm diese Idee die Form des Artikels 20,4 an, nach dem alle Bürger, falls andere Abhilfe nicht möglich ist, das Recht zum Widerstand gegen jeden haben, der es unternimmt, die freiheitliche demokratische Ordnung zu beseitigen.

Doch auch innerhalb einer insgesamt akzeptierten politischen Ordnung kann es vorkommen, daß Bürger gesetzmäßiges Regierungshandeln für nicht nur sachlich falsch, sondern auch für illegitim, d.h. für den Grundwerten und Grundprinzipien der politischen Ordnung widersprechend halten. Jenseits von Opposition, also über konkurrierende, Politik- und Personalalternativen anstrebende politische Beteiligung hinaus, können dann ziviler Ungehorsam und gewaltfreie Aufsässigkeit wünschenswert oder gar notwendig werden. Warum und unter welchen Bedingungen derlei angebracht sein mag, findet sich erörtert vor allem bei Henry Thoreau (1817-1862), Mahatma Gandhi (1869-1948) und Martin Luther King (1929-1968). Ein Staatswesen mit *praktizierter* Wertbindung und mit der Möglichkeit *wirksamer* Opposition wird zivilen Ungehorsam und gewaltfreie Aufsässigkeit nicht nötig haben. Wo sich derlei dennoch ereignet, ist dies ein starkes Anzeichen dafür, daß das Regierungssystem an Legitimationsproblemen leidet – entweder deshalb, weil es den eigenen Wertvorstellungen nicht gerecht wird, oder darum, weil größere Bürgergruppen aus ernstzunehmenden Gründen ihre politische Ordnung oder angemessene Standards für ihr politisches Handeln verkennen.

Es kann allerdings auch sein, daß eine gegebene Herrschaftsordnung insgesamt abgelehnt wird und man glaubt, es gelte sie durch eine bessere zu ersetzen. Nicht einfach nur Widerstand gegen die jeweiligen Machtinhaber wird dann angestrebt, sondern das System schlechthin gilt es zu bekämpfen. Einesteils die solche Wünsche hervorbringenden Umstände zu erörtern, andernteils das Verlangen nach Umsturz zu rechtfertigen, ist das Thema von (normativen) Theorien der Revolution. Auch sie haben eine lange Geschichte. Platon erörterte Revolutionen als Folge des

---

[863] Zur Unterscheidung von Widerstand und Opposition siehe S. 339f.

moralischen Niedergangs von Regierenden und Regierten, Aristoteles als Folge des Strebens von Elitegruppen *oder* breiten Volksschichten nach exklusiver Macht in einem Gemeinwesen. Auch Polybius oder Machiavelli diskutierten Revolutionen als Anzeichen und Folgen von Sozialpathologien in einer Gesellschaft bzw. in ihrem politischen Institutionensystem. In allen diesen Fällen finden sich eher Erklärungen dafür, warum es *tatsächlich* zu Revolutionen kommt, als Argumentationen dahingehend, daß es guter Zwecke willen zur Revolution kommen *sollte*.

Das änderte sich im Zeitalter der Reformation. Radikale Vertreter des Protestantismus bestritten – etwa im frühen 16. Jahrhundert, dem Zeitalter der deutschen Bauernkriege – ein natürliches Herrschaftsrecht von Monarchen als unvereinbar mit dem christlichen Glauben und verlangten neue politische Ordnungsformen, bei denen die geistliche Autorität von den Gläubigen und ihren Synoden, die politische Autorität aber von den Regierten und ihren Vertretungskörperschaften ausgehen sollte. Im englischen Bürgerkrieg des 17. Jahrhunderts spielten solche Forderungen eine zentrale Rolle, aufs deutlichste in den Schriften der Levellers, und führten einesteils in Europa – etwa über die ‚Glorreiche Revolution' von 1688 – zum auf eine demokratische Repräsentativverfassung gegründeten Verfassungsstaat, dienten andernteils aber seit dem frühen 19. Jahrhundert als Anknüpfungspunkte für das entstehende revolutionär-sozialistische Denken. Im übrigen konnten aus den Theorien zum ‚Herrschaftsvertrag' sowie – seit der Aufklärung auch philosophisch-rational – aus dem Konzept des Naturrechts revolutionäre Ideen abgeleitet und gegen den herrschenden Absolutismus ins Feld geführt werden. In Amerika unternahmen das etwa James Otis (1725-1783), Thomas Paine und die Autoren der Unabhängigkeitserklärung, in Frankreich der Abbé Sièyes und Maximilien Robespierre (1758-1794).

Vollends die Erfolge der Revolutionen in Amerika und Frankreich machten normative revolutionäre Theorien in Europa nachhaltig attraktiv. Genau das ließ, im Gegenzug, reaktionäres und konservatives Denken auskristallisieren. An die Ideen von Republikanismus und bürgerlicher Freiheit mußte sich im Grunde nur noch – gefördert von der die Industrielle Revolution begleitenden und zumal in den Urbanisierungszentren unübersehbaren Massenarmut – die Idee der nicht nur rechtlichen, sondern auch *sozialen* Gleichheit anschließen, um die bis fast zum Ende des 20. Jahrhunderts währende Mobilisierungskraft revolutionären sozialistischen Denkens auszulösen. 1796, noch während der Französischen Revolution, unternahm François-Noël („Gracchus") Babeuf (1760-1797) einen so motivierten Putschversuch, der in die ‚Gründungsmythen' der sozialistischen und kommunistischen Bewegungen eingehen sollte. Karl Marx und Friedrich Engels arbeiteten um die Mitte des 19. Jahrhunderts eine sich als wissenschaftlich verstehende Grundlage revolutionärer Theorien aus, die während rund eineinhalb Jahrhunderten die revolutionäre Beseitigung des bürgerlichen Verfassungsstaates auf kapitalistischer Grundlage zum zentralen politischen Ziel setzte. In Frankreich verband Auguste Blanqui (1805-1881) jakobinische und revolutionär-sozialistische Gedanken mit der Idee geheimer, auf Umsturz hinarbeitender Gesellschaften, während der Russe Wladimir Iljitsch Lenin einige Jahrzehnte später aus ähnlichen praktischen Motiven die Analysen von Marx und Engels mit einer – an Machiavellis ‚Technikerblick' erinnernden – machtorientierten Lehre von der Rolle einer ‚Partei der Berufsrevolutionäre' und den bei einer kommunistischen Revolution anzugehenden Aufgaben koppelte. Gegen diese nicht nur dem Inhalt, sondern auch der Machttechnik nach rein revolutionäre Richtung sozialistischer Theorie wandte sich in Deutschland vor allem Karl Kautsky (1854-1938), der die revolutionären Anliegen der Arbeiterklasse und ihrer Partei(en) auch durch Mehrheitserringung innerhalb parlamentarischer Demokratien erreichbar glaubte. Solches Einspuren materiell revolutionären Denkens auf verfassungskonforme Streitaustragung im Rahmen einer demokratisch-pluralistischen Ordnung wurde sogleich als ‚Revisionismus'[864] oder ‚Sozialdemokratismus' gebrandmarkt und etikettierte selbst aufrichtige Sozialisten oder Kommunisten – zumal als ‚Re-

[864] Von lat. ‚revísere', d.h. auf etwas einen zweiten Blick werfen, es (dann) in Frage stellen.

negaten'[865] – als zentrale Feinde jener ‚orthodoxen'[866] Marxisten-Leninisten, die sich nach der Russische Oktoberrevolution, während der vielfachen großen ‚Säuberungen' in der Sowjetunion sowie durch den sowjetischen Nachkriegsimperialismus als die wichtigsten Verwirklicher kommunistisch-revolutionärer Theorie durchsetzten. Zum praktischen Theoretiker der etablierten, unbedingt auf Selbstsicherung bedachten und sich gleichwohl dauerhaft als revolutionär verstehenden sozialistischen Staatsmacht wurde in der Sowjetunion Joseph Stalin (1879-1953).

Auf die Durchsetzung und machtpolitische Sicherung der kommunistischen Revolution im ganz anders geprägten China paßte Mao Tse-tung (1893-1976) die bei Marx, Engels, Lenin und Stalin entwickelten Vorstellungen an. Als ‚Mao-Ideen' in einem handlichen Buch zusammengefaßt, wirkten sie in den späten sechziger und siebziger Jahren des 20. Jahrhunderts stark auf die zumal akademische Szene in den westlichen Demokratien ein. Aus eigenen Wurzeln – Aufklärungsdenken, Marxismus und Psychoanalyse zusammenführend – war dort als möglicher Kristallisationspunkt revolutionären Denkens von Marx Horkheimer (1895-1973) und Theodor W. Adorno (1903-1969) die ‚Kritische Theorie' entwickelt worden. Im Werk Herbert Marcuses (1898-1979) fand sie sich dann tatsächlich kapitalismuskritisch-revolutionär verdichtet. Offen blieb allerdings, wer als ‚revolutionäres Subjekt' agieren könne: die akademisch-intellektuelle Avantgarde oder die konsumverblendete Arbeiterklasse. Zum theoretisch wie praktisch erwünschten Brückenschlag zwischen beiden, der aber weitestgehend Utopie blieb, trugen in der zweiten Hälfte des 20. Jahrhunderts vor allem die – erst nach seinem Tode veröffentlichten – Schriften des italienischen Kommunistenführers Antonio Gramsci (1891-1937) bei.

Neben dem vor allem die Westhälfte Europas sowie Nordamerika umspannenden Liberalismus war jedenfalls in der zweiten Hälfte des 20. Jahrhunderts der revolutionäre Marxismus, Sozialismus und Kommunismus zur weltweit Geltung beanspruchenden politischen Theorie geworden. Gefördert hatten das nicht nur der (Mit-)Sieg der Sowjetunion im Zweiten Weltkrieg und der Erfolg der kommunistischen Revolution in China, sondern ganz wesentlich auch die Entkolonialisierung sowie der weltweite analytisch-theoretische Protest gegen den zur – damals noch semi-globalen – Weltgeltung gelangenden westlichen Kapitalismus. Im Anschluß an die in den sechziger Jahren überaus populären Werke von Frantz Fanon (1925-1961) wurden die Staaten der ‚Dritten Welt' als das Proletariat der ‚internationalen Gesellschaft' aufgefaßt und – gefördert von der Sowjetunion bzw. China – zur gleichen revolutionären Auflehnung gegen den ‚westlich-kapitalistischen Imperialismus' aufgerufen, wie sie innerstaatlich – mit Erfolg meist nur bis 1989/1990 – die kommunistischen Parteien geleistet hatten. Seit der Zusammenbruch des Realsozialismus dieser Linie revolutionärer Theorie ein Ende setzte, sind es vor allem und aufs neue die Ideen der Menschenrechte und der politischen Freiheit, welche zur Rechtfertigung von innerstaatlichem Umsturz und dessen internationaler Unterstützung herangezogen werden. Revolutionäres politisches Denken ist damit in gewisser Weise wieder bei seinen Ursprüngen in den Zeiten von Reformation und Aufklärung angelangt.

4. Politikwissenschaftliche Theorieforschung

a. Politikwissenschaftliche vs. politische Theorie

Nicht wenige Texte, die das systematische politische Denken und seine Geschichte prägten, entstanden um konkreter politischer Anliegen willen und somit als politische Positionsbestimmungen, oft sogar in Gestalt von aktuellen Streitschriften. Hier spannt sich der Bogen beispiels-

865 Von lat. ‚renegáre', d.h. etwas (z.B. eine frühere Überzeugung) ablegen, abstreiten.

866 Von griech. ‚orthós', d.h. richtig, und ‚dóxa', d.h. Ansicht, Lehre.

weise von Marsilius v. Padua über den Abbé Sièyes und die Verfasser der ‚Federalist Papers' bis zu den Publikationen von Lenin und Mao. Viele andere ‚klassische' Schriften der politischen Ideengeschichte waren aber auch als genuin wissenschaftliche Beiträge zur Klärung politischer Inhalte, Prozesse und Strukturen gemeint, wobei der Fächer von Aristoteles und Thomas v. Aquin über Thomas Hobbes und Montesquieu bis zu beispielsweise Karl Marx und John Rawls reicht. Je nach Anspruch des Autors und gemäß seiner Fähigkeit, sich in einen zeitspezifisch-politikwissenschaftlichen Arbeitszusammenhang zu stellen, ist die Geschichte der politischen Theorie somit auch eine der *politikwissenschaftlichen* Theorie. Für viele Zwecke ist es sogar müßig, im Rückblick jene für *unsere* zeitgenössische Selbstverständigung so wichtige Grenzziehung zwischen politischer und politikwissenschaftlicher Theorie ‚nachzuholen', die als wenig wichtig erschien, *bevor* eine methodisch reflektierte Politikwissenschaft entstanden war, die bewußt nach empirischer, theoretischer oder normativer Zwecksetzung differenziert.

Im übrigen werden ohnehin, und in großer Selbstverständlichkeit, selbst solche zeitgenössischen Sozial- und Politikwissenschaftler, die nach wissenschaftssoziologischen Kriterien klar dem akademischen Arbeitsbereich zugehören, dem Strom der politischen Ideengeschichte zugeordnet, wenn ihre Begriffe und Denkfiguren große Wirkungskraft entfaltet haben und zum Gemeinbesitz derer werden, die sich theoretisch-analytisch mit Politik befassen. Darum findet man in Abhandlungen zu den ‚Hauptwerken der politischen Theorie'[867] nicht nur Autoren wie Max Weber (1864-1920), Karl Jaspers (1883-1969), Carl Schmitt (1888-1985), Hermann Heller (1891-1933) und Hannah Arendt (1906-1975) verzeichnet, sondern auch Niklas Luhmann (1927-2000) und Jürgen Habermas (1929-), Bertrand de Jouvenel (1903-1987) und Raimond Aron (1905-1983), Norberto Bobbio (1909-) und Giovanni Sartori (1924-), Robert Dahl (1915-) und Robert Nozick (1938-). Wie schon seit Jahrhunderten wird also immer weiter zum Bestandteil der politischen Ideengeschichte, was zu seiner Zeit politikwissenschaftliche Theorie war. Darum muß sich auch die politikwissenschaftliche Theorieforschung keineswegs auf die Analyse und Auswertung zeitgenössischer, sich selbst als politikwissenschaftlich ausweisender Theorien beschränken, sondern hat den gesamten Fundus des Politik analysierenden Denkens zu ihrem Gegenstand.

Umgekehrt werden in führenden Lehr- und Handbüchern zu den ‚Politischen Theorien der Gegenwart' oft gerade *keine* politischen Theorien behandelt, die sich schlüssig innerhalb des Kategorienrasters der oben gegebenen Skizze unterbringen ließen.[868] Vielmehr präsentieren sie in erster Linie solche politikwissenschaftliche Theorien bzw. Forschungsansätze, von denen sich empirische Forschung in den politikwissenschaftlichen Teilfächern ‚Politische Systeme' und ‚Internationale Beziehungen' anleiten läßt. Weil solche Theorien oder Ansätze nicht selten mit ideengeschichtlich schon bekannten Diskursen eng verwoben sind, indem sie diese nämlich weiterführen, klären oder kritisieren, ist das Teilfach ‚Politische Theorie' durchaus eine gute Stätte, um *alle* für vergangene und gegenwärtige Politikwissenschaft wichtigen Theorien zusammenzuführen und vergleichbar zu machen. Dergestalt wirkt dieses Teilfach in der Tat als ‚Anker' der Politikwissenschaft und als Klammer von deren sonst leicht auseinanderdriftenden, sich ihrerseits sehr spezialisierenden Teildisziplinen ‚Politische Systeme' und ‚Internationale Beziehungen'.

b. Politikwissenschaftliche Theorien im Überblick

Jeder Überblick zu politikwissenschaftlichen Theorien muß sich auf die abstrakteren unter ihnen beschränken und auf die Darstellung jener gegenstandsspezifischen Theorien verzichten, zu welchen – auf den spezialisierten Forschungsfeldern der Teilfächer ‚Politische Systeme' und

---

867 Siehe etwa Stammen/Riescher/Hofmann 1997.

868 Siehe etwa Beyme 1996 und 2000, Gabriel 1978 und Monroe 1997.

‚Internationale Beziehungen' – die abstrakteren Theorien weiterentwickelt und konkretisiert werden. Auch widerspiegelt ein Überblick aufgrund der Natur der Sache nur das, was *aktuell* oder *mittelfristig* für nützliches Denkwerkzeug gehalten wird. Im übrigen läßt sich einem Überblick kaum mehr an Systematik aufprägen, als von jenen praktiziert wird, die mit jenen politikwissenschaftlichen Theorien arbeiten oder sie bereitstellen. Allerdings ist eine erste Orientierung anhand eines zweidimensionalen Merkmalsraums möglich:[869]

- Wo haben politikwissenschaftliche Theorien im Schichtenbau politischer Wirklichkeit ihren empirischen Referenten – eher auf der *Mikro-* oder eher auf der *Makro*ebene?
- Sind politikwissenschaftliche Theorien eher darauf angelegt, die Eigentümlichkeiten und das Handeln von individuellen bzw. institutionellen *Akteuren* zu erfassen – oder konzentrieren sie sich auf jene *System*zusammenhänge, von denen alles Handeln (und zwar auch ‚hinter dem Rücken' der Handelnden) geprägt wird?

Entlang dieser zwei Dimensionen lassen sich in der Art einer Vier-Felder-Tafel grob vier Gruppen von politikwissenschaftlichen Theorien unterscheiden:

- *Mikroanalytische Akteurstheorien:* Zu ihnen zählen der individualistische Behaviorismus, mehr oder minder lebensweltanalytische oder interaktionistische Handlungstheorien, sowie die Rational choice-Ansätze.
- *Makroanalytische Akteurstheorien:* Hier ist vor allem auf die Institutionentheorie hinzuweisen, ferner auf Theorien von Konsens, Konflikt und Krisen, die auf konfligierende oder kooperierende Organisationen bzw. Staaten als Handlungseinheiten abheben, sowie auf kommunikationsanalytische Ansätze.
- *Makroanalytische Systemtheorien:* Teils noch den Akteurstheorien zuzuordnen, gehen in diesen Bereich die Theorien von Eliten und Elitenetzwerken über, desgleichen Theorien zu – innerhalb von Elitenetzwerken ablaufenden – Entscheidungsprozessen. Ferner gehören zu ihm die, auch strukturalistischen und funktionalistischen, Systemtheorien samt ihren klassischen Vorgängertheorien, etwa den Staatstheorien. Nicht zuletzt sind hier die politikwissenschaftlich einschlägigen Theorien aus dem Bereich der Neuen Politischen Ökonomie angesiedelt.
- *Mikroanalytische Systemtheorien:* Zu erwähnen ist hier vor allem die – einst in der ‚Kritischen Theorie' gelungene – Verbindung marxistischer und psychoanalytischer Ansätze, desgleichen das weite Feld jener Theorien grundlegender Legitimationsprozesse, die auf Analyse lebensweltprägender kultureller Wissensbestände bzw. Diskursstrukturen abzielen.

Im einzelnen lassen sich einige der derzeit verbreitetsten politikwissenschaftlichen Theorien so umreißen:

- *Handlungstheorien:* Sie fassen (politisches) Handeln von den – gegebenenfalls auch durch Lebensweltanalysen näher erschlossenen – Wissensbeständen, Sinndeutungen, Situationsdefinitionen und Absichten der Handelnden her auf, welch letztere von Einzelpersonen bis hin zu Kollektivakteuren (wie Parteien oder Staaten) reichen können. Einesteils ist dabei greifbar zu machen, von welchen Rationalitätsvorstellungen und Präferenzstrukturen sich die Handelnden möglicherweise leiten lassen; andernteils ist Handeln stets von jenen – in ihren Prägefaktoren aufzuklärenden – Interaktionssituationen her nachzuvollziehen, in das es eingebettet ist. Handlungstheorien mit jeweils unterschiedlichen Fokussierungen haben u.a. Max Weber, Talcott Parsons und Jürgen Habermas entwickelt, desgleichen Autoren im Theoriebe-

[869] Zum folgenden siehe Beyme 1996: 524. Einzeldarstellungen der erwähnten politikwissenschaftlichen Theorien und weitere Erörterungen zur Gesamtthematik finden sich in Benz 1997, Beyme 1997, 2000, Brodocz/Schal 1999, Gabriel 1978, Greven 1999, Monroe 1997 sowie Nohlen 1994ff, hier Band 1: ‚Politische Theorien'.

reich von Symbolischem Interaktionismus (etwa George Herbert Mead) und der Ethnomethodologie (etwa Harold Garfinkel). Von Handlungstheorien ausgehend wird die – gegebenenfalls autopoietische[870] – Entstehung von Rollen und Rollenstrukturen, und somit von sozialer bzw. politischer Wirklichkeit, gut erklärbar. Offenkundig liegt allen systemanalytischen Erläuterungen dieser Einführung Handlungstheorie zugrunde. Über die den Behaviorismus prägenden *Verhaltens*theorien gehen *Handlungs*theorien (ihrerseits zum ‚Behavioralismus' führend) in der Weise hinaus, daß sie ausdrücklich die Dimension jenes *Sinnes* einbeziehen, den Handelnde ihren Handlungen zugrunde legen und der von den Adressaten von Handlungen auch, als Grundlage der eigenen Reaktion, zu erkennen versucht wird. Der detaillierten Analyse von Rationalitätsvorstellungen und folgenreichen Rationalitätskalkülen, die Handlungen zugrunde liegen oder mittels welcher Handlungen zutreffend immerhin beschrieben werden können, widmen sich die Rational choice-Ansätze. Offensichtlich sind Handlungstheorien *allgemeine* sozialwissenschaftliche Theorien, die durch ihre Anwendung auf politische Inhalte, Prozesse und Strukturen dann eben politikwissenschaftlich genutzt werden.

– *Rational choice-Ansätze und Spieltheorie:* Hier geht es um die – mathematisch möglichst klar formulierte – Analyse rationaler Wahlhandlungen sowie ihrer nicht selten kontra-intuitiven Folgen, sobald *längere* Handlungsketten und Gefüge *mehrerer* rational zusammenwirkender Akteure, d.h. sogenannte ‚Spiele', betrachtet werden. Die Pointe solcher Ansätze besteht darin, daß es ihnen wenig darauf ankommt, *einzelne* Handlungen von Akteuren so zu beschreiben, wie sie die Akteure *selbst* sehen und *bewußt* zu formen versuchen, sondern daß angestrebt wird, das *durchschnittliche* Handeln klar umrissener Akteurgruppen in deutlich umrissenen Situationen mit möglichst *wenigen* und *einfachen* Annahmen so zu beschreiben, daß sich *verläßliche Prognosen* über das auch künftige Handeln solcher Akteurgruppen in ähnlichen Situationen formulieren lassen. Gewissermaßen wird hier – ideengeschichtlich in der Tradition des Utilitarismus – nach der sich selbst ‚hinter dem Rücken der Akteure' durchsetzenden Funktionslogik menschlicher Handlungen gesucht. Die Hintergrundannahme besteht darin, daß Menschen – bei angeborener und üblicherweise genutzter Vernunft – angesichts ihnen von vornherein oder durch Erfahrung bekannter Anreize bzw. Kosten für bestimmte Handlungen es schaffen, zu im einzelnen vielleicht unbewußten, gleichwohl aber klar nachzeichenbaren und dann auch überlegt einsetzbaren Kosten/Nutzen-Kalkülen zu kommen, von denen her sich anschließend Regelmäßigkeiten ihres Verhaltens erklären lassen.

Einesteils auf begrifflicher Ebene in Gestalt der um Taktik und Strategie zentrierten Kriegswissenschaft sowie der Theorie des Schachspiels schon sehr alt,[871] andernteils seit dem 18. Jahrhundert in mathematischen Theorien von Strategiespielen auch formal behandelbar, wurden rationale Wahlhandlungen zwischen den späten zwanziger und frühen vierziger Jahren des 20. Jahrhunderts von J. v. Neumann und O. Morgenstern in Gestalt der mathematischen ‚Spieltheorie' analysierbar gemacht. Zunächst vor allem genutzt bei Fragestellungen, die sich mit ökonomischen Kategorien angehen lassen (‚Theorie kollektiver Güter', ‚public choice'), oder bei Problemen im Umkreis militärstrategischer Überlegungen (‚rationale Konflikt- und Kooperationsstrategien', ‚Drohungs- und Abschreckungskalküle', ‚Dynamik von Rüstungswettläufen'), erlangten derartige Untersuchungen unter den Namen *rational choice* und *positive political theory* seit über zwanzig Jahren große Bedeutung in den allermeisten

---

870 Von griech. ‚autós', d.h. selbst, und griech. ‚poieín', d.h. machen. Am besten übersetzt man ‚autopoietisch' mit ‚sich selbst strukturierend' oder ‚sich selbst organisierend'.

871 Auch die Ausführungen von Thomas Hobbes zu den ‚Naturgesetzen' in seinen Schriften ‚De Cive' und ‚Leviathan' lesen sich wie eine frühe Rational choice-Analyse, die zwar ‚more geometrico' vorgenommen, doch noch nicht mathematisierte wurde.

Bereichen der politikwissenschaftlichen Systemanalyse: von der Analyse von Abstimmungsverhalten (,strategisches Wählen') und von Koalitionsbildungen über die Untersuchung von Ablauf und Ergebnissen von Entscheidungsprozessen und Verhandlungsrunden (,Gerechtigkeit', ,Nullsummenspiele' vs. ,Nichtnullsummenspiele') bis hin zur Erklärung der Bildung bestimmter Typen von Institutionen (,Transaktionskostenansatz', ,Neue Institutionelle Ökonomie'). Auch populationsdynamische Entwicklungen und Evolutionsprozesse lassen sich spieltheoretisch gut modellieren.

Typisch für diese Art der Theoriebildung und Theorieverwendung sind mathematische Modelle zur Erfassung von Präferenzkalkülen mit oder ohne vollständige Information der Handelnden, ,Auszahlungsmatrizen' in Verbindung mit wahrscheinlichkeitstheoretischen Überlegungen, mengentheoretische Betrachtungsweisen und graphentheoretisch-räumliche Modelle zur Lokalisierung von bei rationalem Verhalten im Durchschnitt zu erwartenden Entscheidungen.[872] Vorzüglich eignen sich solche formale Modelle für zwei Zwecke. Erstens zwingen sie dazu, ansonsten leicht implizit bleibende Annahmen zu explizieren und sich die weitreichenden, mitunter ganz unerwarteten Folgen der eigenen Prämissen vor Augen zu führen. Zweitens erlauben sie, gerade aufgrund ihres *zugleich* präzisen *und* abstrakten Charakters, überaus weitgespannte Vergleichsanalysen. Zu den bei ihrer Verwendung zu tragenden Kosten gehören erhebliche Mühe, Meisterschaft im Umgang mit den verfügbaren mathematischen Kalkülen zu erwerben, Verständnisschwierigkeiten für die eigenen Arbeit bei einer noch sehr großen Anzahl von Politikwissenschaftlern, sowie – und vor allem – die rasch gewaltig ansteigende Komplexität der zu handhabenden Modelle, sobald realistische, nicht zu bloßen Demonstrationszwecken bewußt sehr vereinfachende Annahmen über die zu beschreibenden, zu erklärenden oder zu prognostizierenden Forschungsgegenstände gemacht werden, vor allem solche über die Rahmenbedingungen *tatsächlich praktizierter* Rationalität (,inkonsistente Präferenzhierarchien', ,bounded rationality'). Derzeit gehören Rational choice-Ansätze zwar zu den methodisch attraktivsten und intellektuell prestigeträchtigsten Theoriebereichen der Politikwissenschaft. Noch ist aber offen, ob es sich hier um einen Durchbruch der Politikwissenschaft auf ein ganz neues Niveau von Analyse und Prognose handelt, oder eher um eine das Fach zwar bereichernde, doch vergängliche Mode.

– *Institutionentheorie:* Institutionen als verhaltensregulierende und Erwartungssicherheit erzeugende soziale Regelsysteme sind zunächst einmal der ,natürliche' Gegenstand der Politikwissenschaft. Immerhin gewann diese ihre Impulse immer wieder aus der Sorge um die Krisen, den Bestand oder die nötige Neuschaffung politischer Institutionen. Reflexionen über Regierungen und Verwaltungen, Parlamente und Parteien, Verfassungen und Rechtsordnungen erzeugen so gewissermaßen von selbst gegenstandsspezifische Institutionentheorien, deren empirischer Referent dann sowohl konkrete Regelwerke als auch die Muster regelkonformen wie – bemessen an jenen Regeln – sozialpathologischen Verhaltens sind. Leicht wird solche Institutionentheorie darum zu einer normativ gemeinten Darlegung des tatsächlichen und ,richtigen' Funktionierens einer Institution. Derartiger ,alter Institutionalismus' der traditionellen Systemanalyse und Regierungslehre geriet seit den 60er Jahren des 20. Jahrhunderts unter erhebliche Kritik und wurde zeitweise durch den am Verhalten individueller Akteure ansetzenden Behaviorismus bzw. Behavioralismus sowie durch Konflikttheorien verdrängt. Der in Reaktion hierauf seit knapp zwei Jahrzehnten entwickelte ,neue Institutionalismus' der Politikwissenschaft geht über jene Grenzen seines Vorläufers weit hinaus.[873]

[872] Siehe den Überblick in Hinich/Munger 1997 sowie Braun 1999.
[873] Siehe hierzu Göhler 1994 und Rothstein 1996.

Einesteils faßt er Institutionen – von Rational choice-Ansätzen ausgehend – als aufgrund der Optimierung von Transaktionskosten vorteilhafte und *darum* zustande kommende Sozialarrangements auf (‚Institutionenökonomie', ‚politische Ökonomie der Institutionen'), gerät darin aber leicht in ein ungünstiges Verhältnis von nötigem theoretisch-methodischen Aufwand und praktischer Aussagekraft der Ergebnisse. Andernteils analysiert der ‚neue Institutionalismus', entfaltet als der Handlungstheorie benachbarte ‚institutionelle Analyse', Institutionen als um ein Bündel von – gegebenenfalls widersprüchlichen – *Leitideen* gelagerte *Erwartungs- und Rollenstrukturen*, wobei solche Arrangements ihre *Ordnungsprinzipien* und *Geltungsansprüche* auch gegenüber ihren Mitgliedern und Adressaten *symbolisch verdichtet zum Ausdruck bringen* (etwa durch architektonisch-bildnerische Selbstdarstellung oder durch institutionell geregelte Diskurse) und sich dergestalt – über kommunikativen Rekurs auf seelisch-emotionale Tiefenschichten menschlichen Handelns – *stabilisieren*.[874] Diesem Stabilisierungszweck dient oft auch die – gegebenenfalls fiktive – Unterstellung zielbewußter Gründungsakte, ungebrochener und darum bis heute verpflichtender Traditionen sowie ‚eigentlich immer schon gegebener' Gültigkeit des von der Institution beförderten Anliegens. Sowohl für sich selbst als auch meist hinsichtlich ihrer Umwelt übernehmen Institutionen eine – an der Leitidee oder den Leitideen ausgerichtete – Doppelaufgabe von Integration und Steuerung, in deren Dienst sie – manifest oder latent – mittels ‚institutioneller Mechanismen' instrumentelle und symbolische Funktionen erfüllen. Hinsichtlich politischer, d.h. auf die Herstellung und Durchsetzung allgemein verbindlicher Regelungen und Entscheidungen angelegter, Institutionen ist die Wichtigkeit und Störanfälligkeit der Erfüllung dieser Doppelaufgabe offensichtlich. Zur Analyse der organisatorischen Konkretisierung einer Institution, d.h. der ‚Institutionsorganisation', werden mit der Institutionentheorie organisationssoziologische Theorien verbunden.

Funktionstüchtige Institutionen – gleich ob politische, rechtliche,[875] gesellschaftliche, wirtschaftliche oder kulturelle – entziehen durch Erfüllung jener Aufgaben gesellschaftlichen Entwicklungsprozessen Freiheitsgrade und stellen Dämme im Prozeß geschichtlichen Werdens ebenso dar, wie sie künftigen Entwicklungen Gehäuse zur Entfaltung geben. Hier wird die institutionelle Dialektik der Sicherung von Chancen durch Beschneidung alternativer Chancen deutlich. Obwohl Institutionen auf diese Weise wichtige Prägefaktoren gesellschaftlicher und politischer Entwicklung sind, bleiben sie zugleich deren stets von Krisen, Verfall und Zerstörung bedrohte *Prozeßprodukte*. Interessant an Institutionen sind somit nicht nur ihre – traditionell betrachteten – Steuerungs- und Integrationsleistungen, ihre Performanz und Wirkung. Von ganz besonderem Interesse ist vielmehr auch, wie sie sich im Spannungsfeld zwischen Wandel und Dauer über mehrere Generationen ihrer Mitglieder und Adressaten hinweg erhalten können. In diesem Zusammenhang ist es überaus erkenntnisträchtig, im Schichtenbau der Wirklichkeit Institutionen als Evolutionsergebnisse zu betrachten und nach der in ihnen geborgenen ‚phylogenetischen Erfahrung' von Sozialorganisation und politischem Systemdesign zu fragen. An dieser Stelle überschneiden sich derzeit die Forschungsinteressen von evolutorischer Institutionenforschung und Rational choice-Ansätzen.[876]

– *Konsens-, Konflikt- und Krisentheorien:* Institutionen und – ihrerseits ganze Gefüge von Institutionen umfassende – ‚Mega-Institutionen' wie Staaten geraten immer wieder in Konflikte und Krisen. Welche Voraussetzungen, Muster und Folgen solche Konflikte und Krisen

---

874 Als Beispiel einer theoretisch wie empirisch entfalteten institutionellen Analyse siehe für den Bereich der Parlamentarismusforschung Patzelt 2001; dort auch Hinweise auf weiteres Schrifttum zur ‚institutionellen Analyse'.

875 Für ein Verständnis sowohl der Zusammengehörigkeit als auch der Verschiedenheit politischer und rechtlicher Institutionen ist das auf Maurice Hauriou zurückgehende Begriffspaar von ‚institution-personne' vs. ‚institution-chose' nützlich. Vgl. hierzu Anm. 421.

876 Vgl. Patzelt 2001a.

haben können sowie auf welcher Grundlage sie ohne Gefahr für den Gesamtbestand einer Institution oder eines Systems bleiben, beidem vielleicht sogar nützen, ist Gegenstand einer weiterer Gruppe wichtiger politikwissenschaftlicher Theorien.

- Im Rahmen der Pluralismustheorie[877] (etwa von Ernst Fraenkel) wird auf der Grundlage der Befürwortung von Interessenvielfalt und Konflikt betont, von welchen Dimensionen und Graden eines *Grundkonsenses* (‚nichtstreitiger Sektor', bestehend aus Wert-, Verfahrens- und Ordnungskonsens) es abhängt, daß überhaupt eine Vielzahl von Konflikten ohne Gefährdung des Gesamtsystems ausgetragen werden kann. (Normative) Diskurstheorien (wie die von Jürgen Habermas) geben Hinweise darauf, wie ein solcher Grundkonsens ohne Beschneidung von Konfliktmöglichkeiten aufrechterhalten und generell die Legitimität von (politischen) Institutionen auf Dauer gestellt werden kann. Korporatismus- und Neokorporatismustheorien (etwa von Arend Lijphart oder Gerhard Lehmbruch) thematisieren umgekehrt, unter welchen Umständen und mit welchen Folgen sich Konflikte durch institutionalisierte Verhandlungssysteme vermindern oder stillegen lassen, wodurch große gesellschaftliche Konsenserwartungen hinsichtlich akzeptabler Inhalte und Regeln bei der dennoch nötigen Austragung von Interessenkonflikten entstehen.
- *Konflikte* sind aus ganz normaler Interessenvielfalt entspringende Grundtatsachen sozialer bzw. politischer Wirklichkeit, darüber hinaus Grund der Entstehung von Politik und zentrale Antriebskräfte gesellschaftlich-politischer Entwicklung. Sie werden hinsichtlich ihrer Ursachen, Ausprägungsformen, Ablaufphasen, Nutzungs-, Gestaltungs- und Beilegungsmöglichkeiten seit den 50er Jahren des 20. Jahrhunderts von einer Reihe von Konflikttheorien thematisiert (etwa von Lewis A. Coser und Ralf Dahrendorf oder im Rahmen der Pluralismustheorie). Diese Theorien unterscheiden sich unter anderem darin, worin sie die zentralen *Konfliktursachen* sehen (z.B. in Klassenkonflikten oder sozialstaatlichen Verteilungskonflikten), welche *Träger von Konflikten* sie in den Mittelpunkt der Aufmerksamkeit rücken (etwa Einzelpersonen, Wirtschaftsunternehmen, Interessengruppen, Parteien, Klassen oder ganze Staaten), in welche weiterführenden *Argumentationszusammenhänge* sie die Konfliktanalyse stellen (z.B. in Theorien zur Erklärung der Beschaffenheit von Parteiensystemen als Ausdruck verfestigter gesellschaftlicher Konfliktlagen, oder in Theorien, welche das Zustandekommen von Revolutionen erklären), und wie sie Konflikte *bewerten* (z.B. als zu beseitigende Störungen von eigentlich anzustrebenden Gerechtigkeits- und Gleichgewichtszuständen oder als – Intelligenz- und Partizipationsressourcen ausschöpfenden – Ausdruck der dezentralen Selbststeuerung einer selbstbewußten Bürgergesellschaft).
- Aus machtpolitisch stillgelegten, verschleppten oder ausgetragenen Konflikten können immer wieder *Krisen* entstehen. Unter ihnen versteht man Durchgangsstadien von Prozessen politischer Willensbildung und Entscheidungsfindung, die sich dramatisch zuspitzen und von beschleunigten Handlungsabfolgen sowie von Erwartungen geprägt werden, die sich immer entschiedener auf die Notwendigkeit rascher, eigentlich gleich welcher, ‚Lösungen' festlegen. Krisen können im Zusammenbruch von Ordnungsstrukturen ebenso wie im Um- oder Neubau institutioneller Arrangements enden, im Austausch von Führungs- und Folgepersonal ebenso wie in der Stärkung der Machtstellung von Krisenakteuren. Vor allem bei der Analyse internationaler Beziehungen, zumal von zu Kriegsausbrüchen führenden Handlungsketten, sind Krisentheorien wichtig. Sie befassen sich üblicherweise mit den Ursachen, den Arten, den Verlaufsmustern und den Steuerungsmöglichkeiten von Krisen.

[877] Hierzu siehe im einzelnen S. 279ff.

- *Kommunikationstheorien:* Sie erfassen die Strukturen, Prozesse und Inhalte des Austausches von Informationen und Sinndeutungen zwischen den am politischen Prozeß beteiligten Akteuren. Dabei geht es nicht zuletzt um deren integrative oder desintegrative Wirkung für eine politische Gemeinschaft und ihre ‚öffentliche Meinung' sowie um die wirklichkeitskonstruktive Dynamik auch lediglich vorgestellter und nur diskursiv in Geltung gehaltener ‚Wirklichkeiten' (‚Ideologie'). Solche Theorien politischer bzw. politisch relevanter Kommunikation – vorgelegt etwa von Jürgen Habermas oder Niklas Luhmann, von Karl W. Deutsch oder Elisabeth Noelle-Neumann – heben auf massenmediale Kommunikation ebenso ab wie auf die lebensweltlich-alltagspraktische Kommunikation, auf Kommunikationsprozesse *in* Organisationen und Institutionen ebenso wie auf solche *zwischen* ihnen, auf verbale Kommunikation nicht minder als auf symbolische Kommunikation, die sich bildnerischer, musikalischer, szenischer oder sonstiger zeichenhafter Mittel bedient. Kommunikationstheorien führen einesteils Konflikt- und Krisentheorien, Verhandlungs- und Entscheidungstheorien, Konsens- und Legitimierungstheorien weiter, da sie genau die ‚Durchführungsmittel' dessen thematisieren, worum es in diesen Theorien geht. Andernteils münden sie – aus dem gleichen Grund – in komplexe Theorien der Fremd- und Selbststeuerung gesellschaftlicher und politischer Prozesse.
- *Theorien zu Eliten, Elitenetzwerken und Entscheidungsprozessen:* Auch Institutionen und Megainstitutionen handeln stets durch Einzelne; selbst anonymen Systemstrukturen bestehen aus Individuen und werden von solchen aufrechterhalten und geführt. Solche – als Einzelpersonen oft ziemlich folgenlos austauschbare – Inhaber von Führungspositionen, solche – mit oder ohne formale Position – in Entscheidungsprozessen wichtige Personen werden als Angehörige einer (Funktions-)Elite bezeichnet. Elitetheorien – von Max Weber, Robert Michels, Vilfredo Pareto und Gaetano Mosca bis hin zu beispielsweise Lewis J. Edinger, Dietrich Herzog, C. Wright Mills, Pippa Norris / Joni Lovenduski und Robert D. Putnam – befassen sich unter anderem mit den individuell-angebotsseitigen und strukturell-nachfrageseitigen Prägefaktoren der Rekrutierung in solche Elitepositionen, mit der Sozialisation künftiger Inhaber von Elitepositionen, mit den Sozial- und Individualmerkmalen von Eliteangehörigen, mit deren gesellschaftlichen und politischen Funktionen bzw. Dysfunktionen, sowie mit der Dynamik und den Prägefaktoren des individuellen oder kollektiven Austauschs der Inhaber von Elitepositionen. Der Verbund komplexer gesellschaftlicher, wirtschaftlicher, kultureller und politischer Systeme wird – zumal unter freiheitlichen Bedingungen – in der Regel nicht von einzelnen hegemonialen Elitegruppen gesteuert, sondern von oft eher konkurrierend als hierarchisch gegliederten *Elitenetzwerken*. Deren Strukturen, Genesen, Transformationen, Weiterverzweigungen in die Basis und Umwelt einer Gesellschaft sowie Transaktionen sind Gegenstand von Theorien zu Elitenetzwerken. Politikwissenschaftlich interessieren im übrigen insbesondere die Formen, Prägefaktoren und Dynamiken von Willensbildungs- und Entscheidungsprozessen, die innerhalb von Elitenetzwerken ablaufen. Konkret wird solches Interesse nicht zuletzt in der Politikfeldanalyse, die sich zunehmend dem Studium von ‚Policy-Netzwerken' widmet.[878]
- *Systemtheorie:* Meist handlungstheoretisch fundiert, oft institutionentheoretisch konkretisiert und in der Regel kommunikationstheoretisch ausdifferenziert, liegen Systemtheorien heute einem Großteil politikwissenschaftlicher Arbeit zugrunde. Für das Teilfach ‚Politische Systeme', ein Stück weit auch für das Teilfach ‚Internationale Beziehungen', ist Systemtheorie – gleich in welcher ihrer Spielarten zwischen Talcott Parsons, David Easton und Niklas Luhmann – nachgerade die Grundlagentheorie. In ihre Sichtweisen und Konzepte wurde

---

[878] Siehe S. 365f.

darum oben detailliert eingeführt.[879] Innerhalb der Systemtheorie richtet sich der Blick insbesondere auf Strukturen, auf Funktionen sowie auf das wechselseitige prozessuale und instrumentelle Zusammenwirken von Funktionen und Strukturen. In Gestalt *strukturalistischer* Theorien – von Claude Lévy-Strauss über Michel Foucault bis hin zu Jacques Derrida – weitet sich der systemtheoretisch-strukturfunktionalistische Blick vergleichend auf Strukturen und strukturelle Verwandtschaften quer durch alle Bereiche menschlicher Existenz: von Sozialstrukturen und Verwandtschaftsverhältnissen über sprachliche und symbolische, diskursive und kulturelle Strukturen bis hin zur vernetzten Genealogie und methodisch reflektierten ‚Archäologie' all dessen. In Gestalt von Theorien der (autopoietischen) Strukturierung und Wirklichkeitskonstruktion – z.B. bei Niklas Luhmann, Anthony Giddens, Peter Berger / Thomas Luckmann und im Bereich der Ethnomethodologie – werden die Prozesse der Bildung, Reproduktion und Transformation *realer* gesellschaftlicher, wirtschaftlicher und politischer Strukturen thematisiert. *Funktionalistische* Theorien – von Herbert Spencer und Émile Durkheim über Bronislaw Malinowski und Alfred R. Radcliffe-Brown bis hin zu Robert K. Merton, Talcott Parsons, Niklas Luhmann, David Easton und Gabriel A. Almond – konzentrieren sich auf jene Leistungen, welche als Subsystem betrachtete Strukturen für das sie umbettende System erbringen. Außerdem gehen sie den Wechselwirkungen zwischen Funktionsanforderungen und Strukturbildung nach, womit sie die ansonsten leicht abstrakt bleibenden Kategorien von Systemtheorie und Strukturalismus auf unmittelbar wichtige Fragestellungen zu beziehen erlauben und erhebliches forschungspraktisches Potential bergen. Vielfältig dem Werk Max Webers verbunden und inzwischen zum selbstverständlichen Paradigma politikwissenschaftlicher Analyse geworden, hat die Systemtheorie in der deutschen Politikwissenschaft – weniger in der deutschen Staatsrechtslehre – jene Kategorien und Argumentationsfiguren leider stark in den Hintergrund gedrängt, mit denen die Staatslehre – entfaltet etwa von Hermann Heller, Georg Jellinek, Hans Kelsen, Carl Schmitt und Rudolf Smend – den Gegenstand des Teilfachs ‚Polititische Systeme' zu vermessen verstand. Es wäre bestimmt vorteilhaft, dieses analytische Instrumentarium für die Politikwissenschaft rückzugewinnen und mit dem international dominierenden Systemdenken zu verbinden.

– *Theorien der Neuen Politischen Ökonomie:* Hier geht es nicht einfach – wie in der Älteren Politischen Ökonomie – um die Analyse der wirtschaftlichen Grundlagen von Politik, die – etwa bei Karl Marx – auch noch als weitgehend determinierende Basis des kulturellen und politischen ‚Überbaus' einer Gesellschaft aufgefaßt wurden. Vielmehr werden – oft entlang von Rational choice-Ansätzen – grundlegende Denkweisen wirtschaftswissenschaftlicher Analyse zur Beschreibung und Erklärung jener politischen Prozesse, Strukturen und Inhalte herangezogen, aus denen politische Systeme entstehen bzw. bestehen.[880] Letztlich liegen solchen Theorien – neben der Annahme (begrenzt) rationalen Verhaltens von Akteuren, die unter einschränkenden Handlungsbedingungen bei oft gegebenem Informationsmangel nicht selten unklar geordnete Präferenzen verwirklichen wollen – zwei Erklärungsmodelle gesellschaftlicher bzw. politischer Strukturbildung zugrunde: Tauschtheorien (‚Transaktionsanalyse') und Vertragstheorien. Die ersteren befassen sich – im Anschluß etwa an David Hume und Adam Smith (1723-1790) – mit der Entstehung, den Voraussetzungen und der Funktionsweise von Märkten. Kategorien wie Angebot, Nachfrage und Preis werden dabei teils in ursprünglicher wirtschaftswissenschaftlicher, teils in metaphorischer oder übertragener Bedeutung für die Analyse von Entstehung und Wirkungsweise politischer Institutionen fruchtbar gemacht. Vertragstheorien – ideengeschichtlich zurückgehend auf Thomas Hobbes, John Locke, Jean-Jacques Rousseau und Immanuel Kant, politisch-ökonomisch weitergeführt et-

879 Siehe den Abschnitt „Grundlagen der Systemanalyse" auf S.213ff.
880 Mit weiterführenden Literaturangaben siehe hierzu Holzinger 1995 und Lehner/Schubert 1994.

wa von James M. Buchanan und Gordon Tullock – erklären politische Struktur- und Institutionenbildung von rationalen Interessenlagen der Einzelnen her. Entfaltet hat sich die Neue Politische Ökonomie seit den 50er Jahren des 20. Jahrhunderts vor allem als Wohlfahrtsökonomie (mit dem praktisch wichtigen Nachweis durch Kenneth J. Arrow, daß es kein zu widerspruchsfreien kollektiven Entscheidungen führendes Verfahren geben kann, das minimalen demokratischen Grundsätzen entspricht); als – auf Joseph A. Schumpeter zurückgehende, von Anthony Downs ausgeführte – ‚ökonomische Theorie der Politik', die sich vor allem mit Fragen der Parteienkonkurrenz und des Wählerverhaltens befaßt; als – von Mancur Olson ausgearbeitete – Logik kollektiven Handelns, welche die Gefahr der Übernutzung öffentlicher Güter angesichts pluralistischer Interessenkonkurrenz und der Rationalität von politischem Absentismus aufweist (‚Trittbrettfahrerproblematik', ‚Dilemma der Allmende'); sowie als – vor allem um das Konzept der ‚Transaktionskosten' gelagerte – Organisations- und Institutionenökonomie etwa bei William A. Niskanen, Ronald H. Coase und Oliver E. Williamson.

– *Legitimationstheorien:* Wie ist es möglich, daß in vielen Tausenden von Alltagssituationen immer wieder unter Tausenden von Menschen der Glaube an die Rechtmäßigkeit der über sie ausgeübten Herrschaft in Geltung gehalten werden kann? Wie kommt es, daß sich Akzeptanz oder gar Unterstützung eines politischen Institutionensystems reproduzieren lassen, oder daß zumindest eine revolutionäre Stimmung zu verhindern ist, *obwohl* es in der Regel dauernd zu politischen Steuerungsdefiziten, Regierbarkeitsproblemen, Skandalen und selbst grundlegenden Konflikten kommt, die man nicht einzufrieden vermag? Mit solchen Fragen befassen sich ‚Legitimationstheorien'. Sie beziehen – wie etwa bei Jürgen Habermas – ‚Lebenswelt' und ‚System' aufeinander, thematisieren alltagspraktische Performanzwahrnehmungen des politischen Systems zwischen ‚good governance' und ‚Staatsversagen', führen derlei auf – gegebenenfalls psychoanalytisch erschlossene – Tiefenstrukturen menschlicher Umweltbewertung zurück oder heben – zumal im Anschluß an die ‚Kritische Theorie' und ehedem vor allem anhand marxistischer Denkfiguren – auf die Stiftung eines die Bürgerschaft ruhigstellenden ‚Verblendungszusammenhangs' seitens der real Regierenden ab, also darauf, daß dem alltagspraktischen Legitimitätsglauben nicht reale Erfahrungen, sondern – u.a. massenmedial vermittelte – Ideologieproduktionen zugrunde liegen mögen.

In diesem Zusammenhang gewinnt die theoretische Erfassung und Analyse der Konstruktion und Durchsetzung von solchen Begriffen und Sprachspielen besondere Bedeutung, die eine durchgesetzte Lebensform, institutionelle Praxis oder politische Kultur – gegebenenfalls auch kontrafaktisch – als ‚natürlich' oder ‚schlechterdings richtig' erscheinen lassen. Als ‚Konstruktivismus' wurden solche Theorien in der Philosophie etwa von Paul Lorenzen entfaltet, wissenssoziologisch radikalisiert beispielsweise von Heinz v. Foerster und in die Systemanalyse folgenreich eingeführt von Niklas Luhmann. Die vom Konstruktivismus erfaßten Prozesse sind deshalb legitimationsanalytisch so wichtig, weil sich oft die Verwendung im Grunde ganz beliebig konstruierter Begriffe und Sprachspiele als ‚politisch korrekt' normieren läßt, während – selbst nur unterstellte – Verstöße gegen deren Verwendungsvorschriften dafür genutzt werden können, ‚Außenseiter' des ‚normalen' gesellschaftlichen Diskurses zu etikettieren und mit mehr oder minder krassen Methoden anschließend auszugrenzen. Die Konstruktion und machtgestützte Durchsetzung von politischen Sprachspielen wird dann zum Prozeß der Konstruktion, Legitimierung und Sicherung politischer Wirklichkeit. Ihn klärt einesteils als Realprozeß etwa die ethnomethodologische Analyse wirklichkeitskonstruktiver Praktiken (‚politics of reality').[881] Andernteils widmet sich der literarische und sozialwissenschaftliche Dekonstruktivismus – ersterer begründet von Paul de Man, letzterer

[881] Siehe Patzelt 2000.

von Jacques Derrida – der Analyse und Aufsprengung eben jener Sprachspiele, die legitimatorisch eingesetzt werden und zunächst Kommunikationseliten, anschließend auch breitere Bevölkerungsschichten vom Blick auf Alternativen der Systemgestaltung abhalten. Dabei geht es in der Regel um die Explikation und Infragestellung des in legitimierenden Sprachspielen bislang als ganz selbstverständlich Implizierten, um die Herausarbeitung der oft kunstvoll verdeckten Brüche und Blindstellen im Hintergrund oder Fundament legitimierender Diskurse, sowie um die Nutzung der befreienden Wirkung eines Perspektivenwechsels – letztlich also um genau das, was (politikwissenschaftliche) Theorieforschung ausmacht und worin sie besteht.

c. Formen politikwissenschaftlicher Theorieforschung

Bei der politikwissenschaftlichen Theorieforschung geht es einesteils darum, das theoretische Instrumentarium der einzelnen politik- oder sozialwissenschaftlichen (Unter-) Disziplinen zu verbessern, vor allem also die von ihnen genutzten abstrakteren und gegenstandsspezifischen politikwissenschaftlichen Theorien. Andernteils geht es darum, die theoretisch formulierten Ergebnisse empirischer Forschung in den Teilfächern der Politikwissenschaft und auf deren Spezialgebieten zu systematisieren und in Gestalt möglichst gut überschaubarer, klarer, informationshaltiger und wechselseitig vernetzungsfähiger Theorien aufzubereiten.[882] Solchermaßen integriert gerade die politikwissenschaftliche Theorieforschung die auf Theoriebildung abzielenden empirischen Unterdisziplinen der Teilfächer ‚Politische Systeme' und ‚Internationale Beziehungen'. Resultat solcher Bemühungen sind beispielsweise sorgfältig ausgearbeitete und miteinander verknüpfte politikwissenschaftliche Theorien des Wahlverhaltens, der Prägung von Parteiensystemen, des sozio-ökonomischen Wandels und pluralistischer Willensbildung, oder des Gleichgewichts zwischen Staaten, von Kriegsursachen oder der Dynamik von Rüstungswettläufen.

Im einzelnen lassen sich sechs Aufgaben und Formen politikwissenschaftlicher Theorieforschung unterscheiden:

– *Kritik* und *Dekonstruktion* verfügbarer Theorien. Deren Zweck ist es, die Blindstellen und Voreingenommenheiten, die ungedeckten Behauptungen, falschen Aussagen, empirisch zumindest zweifelhaften Annahmen und logischen Unstimmigkeiten politikwissenschaftlicher Theorien aufzudecken, um so Ansatzpunkte für deren Verbesserung zu identifizieren.[883] Beispielsweise werden die Schwächen der Pluralismustheorie oder der marxistisch-leninistischen Theorie politischer Ökonomie ausfindig gemacht und dargestellt.
– *Ausarbeitung* verfügbarer Theorien. Hier geht es darum, das in einem Aussagengefüge angelegte Potential an möglichen Schlußfolgerungen und (impliziten) Prämissen auszuloten sowie zu systematisieren. Dergestalt lassen sich sowohl die in Schriften von ‚Klassikern' wie Machiavelli oder Hobbes geborgenen Theorien als auch zeitgenössische politikwissenschaftliche Theorien, wie etwa die Pluralismus- oder Totalitarismustheorie, aufbereiten und weiter ausarbeiten. Das Ziel besteht darin, diese Theorien so klar wie möglich zu präsentieren, damit auf sie immer dann leicht zugegriffen werden kann, wenn dies für Zwecke der Forschung, Lehre, Kritik oder Argumentation nützlich ist. Theorien auszuarbeiten meint nicht zuletzt, die empirischen Aussagen einer Theorie in überprüfbare Hypothesen umzusetzen und gegebenenfalls noch übersehene empirische Behauptungen aus dem untersuchten Aussagengefüge abzuleiten, um es später durch die bekräftigenden bzw. widerlegenden Ergebnisse empirischer Forschung absichern oder korrigieren zu können.

---

[882] Vgl. hierzu Patzelt 1992 und Dallmayr 1999.
[883] Ein überaus nützliches Mittel hierfür kann der Ragin-Ansatz vergleichender Politikforschung sein; siehe S. 236ff.

- *Kreative Weiterentwicklung* verfügbarer Theorien. Bei dieser Aufgabe wird über den vorliegenden Aussagenbestand einer Theorie hinausgegangen. Es handelt sich dann nicht nur darum, zugleich mit einer bearbeiteten Theorie auch möglichst alle Kritiken aufzugreifen, die gegen diese Theorie vorgebracht wurden. Sondern solche Kritiken gilt es sodann gegeneinander wie gegen die untersuchte Theorie abzuwägen, um dergestalt zu Korrekturen der erforschten Theorie zu gelangen. Außerdem sind einschlägige Ergebnisse empirischer Forschung, soweit sie dafür dienlich sein können, systematisch zur Verbesserung oder Veränderung der bearbeiteten Theorie heranzuziehen. Der Zweck solcher Arbeit besteht in der Formulierung einer verbesserten Neufassung der jeweiligen Theorie, welche dann die Funktionen des Angebots nützlicher Begriffe, der Anleitung von Forschungsprozessen und der Aufbewahrung von Forschungsergebnissen besser erfüllt, als es vor diesen Anstrengungen politikwissenschaftlicher Theorieforschung der Fall war und es die ursprüngliche Theorie zu leisten vermochte. Natürlich kann kreative Weiterentwicklung von Theorien dann zum Glasperlenspiel werden, wenn der Kontakt zur empirischen Forschung verlorengeht.
- *Topische Aufbereitung* verfügbarer Theorien. Topoi sind ‚Findeorte' von Argumenten und Informationen.[884] MINK- und AGIL-Schema, deren Kombination mit dem Schichtenmodell politischer Wirklichkeit und der drei- bzw. vierdimensionale Merkmalsraum zum Vergleich politischer Systeme sind Beispiele dafür, wie man Topoi zu Topoi-Katalogen zusammenstellen und sich dergestalt leicht merken kann. Indem man, von einem Topoi-Katalog wie dem MINK-Schema angeleitet, als Findeorte politikwissenschaftlicher Argumente und Informationen beispielsweise die Kategorien ‚Macht', ‚Ideologie', ‚Normen' und ‚Kommunikation' benutzt, schaltet man sozusagen einen ‚Scheinwerfer' nach dem anderen an, um einen Gegenstand möglichst vollständig auszuleuchten. Sodann ordnet man anhand des benutzten Katalogs das verfügbare und im Licht jener ‚Scheinwerfer' aufgefundene Wissen um die zu beantwortenden Fragen. Natürlich können aber nicht nur einzelne *Begriffe*, sondern auch ganze *Theorien* als Topoi dienen und in Form von Topoi-Katalogen benutzbar gemacht werden. Das ist um so naheliegender, als Theorien nicht nur ohnehin jeder Analyse zugrunde liegen, sondern auch bisherige Erkenntnisse mehr oder minder übersichtlich aufbewahren. Um die topische Verwendbarkeit von Theorien zu optimieren, müssen Theorien allerdings in geeigneter Weise aufbereitet werden. Typisches Resultat solcher Bemühungen sind Bücher, in denen die für die Betrachtung eines bestimmten Gegenstandsbereichs nützlichen Theorien übersichtlich und miteinander verknüpfbar dargestellt sind. Fiktive Titel dieser Literaturgattung wären etwa folgende: ‚Politische Führung – konkurrierende Theorien im Vergleich', ‚Theorien totalitärer Herrschaft', oder ‚Kriegsursachen: ein Theorienpuzzle'. Besonders nützlich sind solche Arbeiten, wenn nicht nur – wie in einem ‚Reader' – längst publizierte Texte versammelt werden, sondern wenn die zusammengestellten Theorien zuvor durch Ausarbeitung und Weiterentwicklung in ihre gegenwärtig *bestmögliche Fassung* gebracht und sodann möglichst *gut benutzbar* dargestellt wurden.
- *Systematische Aufbereitung* verfügbarer Theorien. Damit ist zunächst gemeint, daß die verfügbaren Theorien möglichst klar, gegebenenfalls auch graphisch präsentiert werden, und zwar am besten nach vorhergehender Ausarbeitung und kreativer Weiterentwicklung. Zweitens geht es darum, benachbarte Theorien gleicher Gegenstandsbereiche *ineinander übersetzbar* zu machen. Nicht selten verwenden nämlich mehrere Theorien unterschiedliche Begriffe, um gleichwohl dieselben oder einander überlappende Sachverhalte zu erfassen. Gesellschaftsformen wie die deutsche kann man beispielsweise sowohl als ‚Industriegesellschaft' wie auch als ‚Spätkapitalismus', Staaten wie Castros Kuba zugleich als ‚sozialistische Demokratie' und als ‚autoritäre Diktatur' bezeichnen. Schafft man es, solche Begriffe in-

[884] Siehe hierzu S. 37f.

einander zu übersetzen, so kann man mittels derartiger ‚Schnittstellen' zwischen verschiedenen Theorien hin- und herwechseln, was wiederum die erwünschte *gleichzeitige* Verwendung verschiedener Theorien sehr erleichtert. Drittens wird versucht, Theorien überhaupt miteinander zu *vernetzen*: Bislang getrennte Aussagengefüge sollen in solche wechselseitigen Abhängigkeitsverhältnisse gebracht werden, daß eine allgemeine Theorie als Rahmen dient, den gegenstandsnähere Theorien – ohne schlechterdings zu Ableitungen der Rahmentheorie umgeformt zu werden – immer feiner ausfüllen. Etwa kann eine Theorie des parlamentarischen Gesetzgebungsprozesses in eine Theorie parlamentarischer Regierungssysteme, diese in eine Theorie politischer Repräsentation eingebettet werden, welch letzterer eine allgemeine Theorie der Hervorbringung und Sicherung politischer Wirklichkeit den Rahmen geben mag. Im besten Fall sind die Schlüsselbegriffe der vernetzten Theorien identisch oder wechselseitig ableitbar; im zweitbesten Fall sorgt man durch Übersetzungsleistungen (verbunden mit kreativer Weiterentwicklung) für funktionstüchtige Schnittstellen. Im schlechtesten Fall werden mögliche Anschlußpunkte zwischen den zu vernetzenden Theorien nur genannt.

– *Erarbeitung neuer Theorien.* Bisweilen reicht es nicht aus, bestehende Theorien bloß aufzubereiten oder weiterzuentwickeln. Vielmehr erweist es sich immer wieder als wünschenswert, eine noch unbekannte Perspektive auf einen Gegenstandsbereich einzunehmen, sie begrifflich zu fixieren, in ihr die erreichten Forschungsergebnisse überschaubar zu machen sowie weiterführende Fragen zu formulieren. Dann gilt es, eine neue Theorie zu erfinden und auszuarbeiten. Derartige kreative Tätigkeit läßt sich nicht vorausplanen; meist entstehen neue Theorien darum bei der empirischen Arbeit an konkreten Problemen in den Teilfächern ‚Politische Systeme' und ‚Internationale Beziehungen'.[885] Doch nicht selten setzt auch die vergleichende, übersetzende und vernetzende Arbeit an verschiedenen Theorien jene spielerische Freude und künstlerische Gestaltungskraft frei, welche die Erarbeitung neuer Theorien trägt.

Indem diese vierte Unterdisziplin des Teilfachs ‚Politische Theorie' in der beschriebenen sechsfachen Weise politikwissenschaftliche Theorien bzw. allgemeine sozialwissenschaftliche Theorien sowie die in ihnen geborgenen Argumentationen und Forschungsergebnisse aufbereitet und verdichtet, wird der Transfer von Einzelerkenntnissen, wird die praktische Anwendung politikwissenschaftlicher Befunde sowie deren Popularisierung erleichtert. Bei der dafür oft nötigen ‚Theoriebaukunst' stiftet die Wissenschaftstheorie als Nachbar- bzw. Hilfsdisziplin mancherlei Nutzen, während die Darstellung der erarbeiteten Theorien von wissenschaftsjournalistischen Fertigkeiten profitieren könnte.

Doch leider ist die politikwissenschaftliche Theorieforschung noch die am wenigsten ausgebaute Unterdisziplin des Teilfachs ‚Politische Theorie'. Für sie hilfreiche wissenschaftstheoretische Fertigkeiten fehlen nicht selten; Arbeit an empirisch begründeten politikwissenschaftlichen Theorien wird den Fachvertretern der Teildisziplinen ‚Politische Systeme' und ‚Internationale Beziehungen' überlassen, die in der Regel aber zur spezialisierenden Beschränkung angehalten sind und darum kaum jenen breiten, doch zugleich in die Tiefe gehenden Theorieüberblick haben können, den sich ein ‚Politischer Theoretiker' anzueignen vermöchte; (vergleichende) Dokumentation der um ihre empirische Einlösung gestutzten abstrakten Theorieebenen scheint den meisten ohnehin zu genügen; überdies zieht idiographisches oder vergleichendes ideengeschichtliches Interesse den einen Teil der Fachvertreter ‚Politischer Theorie' von derartiger Theorieforschung ab, der Wunsch nach empirischer Arbeit mit bevorzugten politischen Theorien einen anderen, Politische Philosophie einen dritten Teil; und den Wunsch nach einem politikwissen-

---

[885] Vor allem der ‚grounded theory' genannte Ansatz gegenstandsnaher Theorieentwicklung kann hier als vorbildlich gelten; siehe Glaser/Strauss 1974 und Strauss 1991.

schaftlichen Seitenstück zur ‚Theoretischen Physik' hegt sowieso kaum ein Politikwissenschaftler in Deutschland. Dabei ließe sich viel mehr sowohl sozialtechnologischer Praxisnutzen stiften als auch an kumulativer empirischer Forschung leisten, verfügte die Politikwissenschaft über eine Theorieforschung, wie sie eben skizziert wurde.

5. Politische Philosophie

So wie ‚Politische Theorie' gewissermaßen die Krönung der Politikwissenschaft darstellen kann, vermag die Politische Philosophie der Gipfel dieses Teilfachs zu sein.[886] Politische Philosophie wird unternommen, wenn an solchen *Synthesen* des jeweils verfügbaren politischen und politikwissenschaftlichen Wissens gearbeitet wird, die *praktische* Probleme der Ausgestaltung politischer Ordnung und der Steuerung politischer Prozesse lösen wollen. Die Werke von Platon und Aristoteles in der Krise der Polis, von Augustinus in der Krise der römischen Zivilisation, von Hobbes in der Krise europäischer Religionskriege oder von John Rawls zu den Wertgrundlagen freiheitlicher Gesellschaften von heute sind markante Beispiele Politischer Philosophie. Typischerweise schlägt sie – anhand theoretischer Forschung – die Brücke von für wahr gehaltenen empirischen Aussagen zu Werturteilen und Handlungsanweisungen. Dabei beginnt sie oft mit Begriffen und Denkfiguren, anhand welcher sich politische Wirklichkeit über sich selbst verständigt, und läßt ihre Erörterungen, wie komplex auch immer sie sein sollten, möglichst wieder in allgemein verständliche Aussagen münden.

Anhand des berühmten philosophischen Fragenkatalogs von Immanuel Kant lassen sich die wichtigsten Leitfragen und die von ihnen formulierten zentralen Herausforderungen Politischer Philosophie wie folgt gliedern:[887]

– *Was ist der Mensch?* Welche Voraussetzungen für welche Ausgestaltung politischer Systeme bringt er mit? Welche politischen Ordnungsformen sind seiner Natur angemessen und können mit Aussicht auf Erfolg und Dauerhaftigkeit angestrebt werden? – Bei der Erarbeitung von Antworten auf diese Fragen führt von der Politischen Philosophie eine breite Brücke über die Philosophische Anthropologie hin zur allgemeinen sozial- und kulturwissenschaftlichen sowie zur naturwissenschaftlichen Anthropologie, vor allem zur Evolutionsforschung.

– *Was dürfen wir politisch hoffen?* Mit welchen Unzulänglichkeiten von Regierenden und Regierten, mit welchen Paradoxien beim Versuch, bestimmte Werte zu verwirklichen, haben wir zu rechnen? Welche Risiken politischer Ordnungsbildung und politischen Handelns sind zu bedenken? Mit welchen politischen Tugenden (z.B. Klugheit, Mäßigung, Stärke, Bescheidenheit, Vorsicht ...) kann man versuchen, diese Probleme zu bewältigen? – Beim Versuch, auf diese Fragen Antworten zu finden, werden vor allem die in den Teilfächern ‚Politische Systeme' und ‚Internationale Beziehungen' erarbeiteten Ergebnisse, desgleichen gründliche Kenntnisse der Wirtschafts-, Gesellschafts-, Kultur- und Institutionengeschichte hilfreich sein. Auch der Reflexionsstand aus Disziplinen wie Ethik und Moralphilosophie kann sehr nützen.

– *Was sollen wir politisch tun?* Welche Konzeption des politisch Guten, welche Werte sollen wir politischen Systemen zugrunde legen? Was wären für die politische Praxis tragfähige Konzeptionen etwa von Freiheit, Gerechtigkeit, Gleichheit, Glück? Wie soll mit Gewalt als

[886] Zu deren jüngeren Entwicklungen siehe Parekh 1996 und Lessnoff 1999.

[887] Mit Kants Frage ‚Was können wir wissen?' befaßt sich einesteils die Erkenntnis- und Wissenschaftstheorie, andernteils die Methodenlehre.

Mittel der Politik umgegangen werden? – Bisweilen formen sich Antworten auf solche Fragen als ideengeschichtliche Studien aus; weiter führt es stets, wenn sie die Gestalt normativer politikwissenschaftlicher Forschung annehmen und am Ende ihrer Argumentationen klare Werturteile und Handlungsanweisungen formulieren.[888] Nicht genug kann betont werden, *daß dieses normative Anliegen eine der wichtigsten Triebkräfte politikwissenschaftlicher Arbeit darstellt.* Zwar motiviert sich Politikwissenschaft auch aus intellektueller Neugier, die ihre Befriedigung in zutreffenden empirischen Theorien politischer Wirklichkeit findet. Doch wirkungsmächtiger ist meist das Interesse an der Aufrichtung oder Erhaltung von humanen, vernünftigen und funktionstüchtigen politischen Ordnungen. Darum mündete in der Geschichte der Politikwissenschaft immer schon ein Großteil politikanalytischer Arbeit in Antworten auf die Frage danach, was angesichts konkreter politischer Herausforderungen im Licht des vermutlich Möglichen und wünschbar Guten getan werden sollte.

Auf diese drei alten Fragen hat die Politische Philosophie immer wieder zeitgenössische Antworten zu geben. Soweit diesem Forschungsbereich entsprungene Arbeiten über das Mediensystem popularisiert werden, gewinnen sie mitunter große meinungsbildende Bedeutung. Und je besser solche Arbeiten sowohl aus dem Brunnen der Ideengeschichte als auch aus jenem des zeitgenössischen politikwissenschaftlichen Forschungsstandes schöpfen, um so hilfreicher werden sie sein. Anhand der Einsichten Politischer Philosophie lassen sich jedenfalls alle auftretenden politischen Ordnungsvorstellungen zielgerichtet auf ihre Prämissen und Folgerungen überprüfen, vielleicht sogar verbessern. ‚Kritisches Ordnungswissen' entsteht dergestalt, das allen Arten politischer Strukturbildung, Prozeßsteuerung und eigener Beteiligung zugrunde gelegt werden kann. Solche eigene Beteiligung nimmt zunächst die Form systematischer *Ideologie-, Gesellschafts- und Systemkritik* an und kann über *öffentliche Wirksamkeit* von Politikwissenschaftlern später zur *Übernahme politischer Funktionen* führen. Solchermaßen zielt die Politische Philosophie auf eine wirklich ‚*praktische* Wissenschaft' von der Politik, wie sie diese Einführung durchgehend als Leitbild prägt.

---

[888] Vgl. hierzu den Abschnitt über das ‚Werturteilsproblem' auf S. 127ff.

5. Kapitel: Praktische Ratschläge

I. Berufsfelder für Politikwissenschaftler

1. Grundlegende Kompetenzen

Die Politikwissenschaft ist kein Fach, dessen Studium für einen bestimmten Beruf ausbildet. Lediglich ein Lehramtsstudium mit gut bestandenem Staatsexamen kann einen klaren Weg bahnen. Doch weder der Studienabschluß ‚Diplom-Politologe' noch die Magisterprüfung, kein in Deutschland neuer akademischer Grad wie ‚Master' oder ‚Bachelor',[889]auch nicht der Doktortitel (Dr. phil. oder Dr. rer. pol.) qualifizieren für eine genau festgelegte Tätigkeit. Wer das Fach Politikwissenschaft gründlich studiert, erwirbt vielmehr Kompetenzen, die ihn auf einer Vielzahl von Tätigkeitsfeldern zu einem attraktiven Mitarbeiter machen können – oder auf keinem.[890]

Von selbst versteht sich im Grunde, daß unabhängig von fachlicher Kompetenz die folgenden persönlichen Eigenschaften gegeben sein bzw. erworben und geübt werden sollten: physische und psychische Belastbarkeit, positive Grundstimmung und Begeisterungsfähigkeit, Einsatz- und Verantwortungsfreude, Pflichtbewußtsein und Fleiß, Zuverlässigkeit und Gründlichkeit, Offenheit gegen sich selbst und andere, Bereitschaft zur Kritik und Selbstkritik, Konfliktbereitschaft und Integrationsvermögen. Hilfreich für eine auf persönliches Können gegründete Karriere sind ferner Systematik im Denken und Handeln, Kreativität, Fähigkeit des Denkens in Alternativen, Ausdrucksvermögen in Wort und Schrift, kommunikative Kompetenz, Verträglichkeit, Einfühlungsvermögen in andere sowie Loyalität zu Mitarbeitern, Untergebenen und Vorgesetzten. Die ansonsten wichtigsten, bis zum ersten berufsqualifizierenden Abschluß durch das *Studium* zu erwerbenden und in eine akzeptable Anstellung umzumünzenden Kompetenzen eines Politikwissenschaftlers lassen sich so umreißen:

- Zielsicherer Zugriff auf grundlegende und dabei vielfältige politikwissenschaftliche *Fachkenntnisse*. Unter ihnen sind vor allem zu erwähnen:
  - Grundbegriffe und zentrale Argumentationen der geschichtswirksamsten politischen Theorien sowie der einflußreichsten zeitgenössischen Ideologien;
  - Kenntnis der einflußreichsten politikwissenschaftlichen Theorien, ihrer zentralen Begriffe, Aussagen und der von ihnen geborgenen Forschungsergebnisse;
  - Wissen um den Aufbau und die Arbeitsweise mehrerer zeitgenössischer und historischer politischer Systeme samt Kenntnis der Grundzüge ihrer Rechts-, Wirtschafts-, Gesellschafts- und Kommunikationsordnung, ihrer politischen Kultur;

---

[889] Beide Grade, wegen ihrer englischen Aussprache und der kulturellen Hegemonie der USA inzwischen ‚internationale Grade' genannt, sind tatsächlich alte europäische Grade. ‚Master of Arts' (M.A.) ist nichts anderes als die englische Übersetzung des ‚Magister Artium' und steht in Deutschland meist als Gütesiegel für einen neu eingeführten, im Gegensatz zu den meisten traditionellen Magisterstudiengängen stark strukturierten (‚verschulten') Studiengang. Auch den ‚Bachelor (of Arts)' (B.A.) kennt schon die mittelalterliche Universität als ‚Baccalaureus'; in Frankreich entspricht das ‚baccalauréat' dem deutschen Abitur. Bachelor-Studiengänge werden inzwischen als stark strukturierte Kurzstudiengänge eingeführt, mit denen ein vor allem stoff- und praxisorientiertes Studium – sozusagen gleich nach der Zwischenprüfung – mit einem Abschlußzeugnis beendet werden kann. Die eigentlich wissenschaftliche Ausbildung ist dann dem auf das B.A.-Studium aufbauenden M.A.-Studium vorbehalten. Nicht selten werden neu eingerichtete B.A.- und M.A.-Studiengänge mit einer Zulassungsprüfung versehen, was sie gewissermaßen zu lernintensiven Elitenstudiengängen für besonders erfolgs- und leistungswillige Studierende macht.

[890] Zum folgenden siehe Mols/Lauth/Wagner 1994: 379-402 und Wittkämpfer 1988; vgl. auch Hartwich 1987.

  - Einsicht in die Funktionslogik der wichtigsten Typen politischer Systeme und ihrer Elemente, die aus einem Vergleich gut gekannter Systeme gespeist und begründet wird;
  - Wissen um die politischen, rechtlichen, wirtschaftlichen und kommunikativen Strukturmerkmale des internationalen Systems sowie Überblick zu dessen wichtigsten Konflikten und Prozessen;
  - Einblick in die Grundzüge der Geschichte der wichtigsten Staaten und Regionen samt ausgedehnten zeitgeschichtlichen Kenntnissen.
- Gewandtheit bei der Zusammenstellung von politisch relevanten Informationen anhand gründlicher Kenntnis und sicherer Handhabung der dafür verfügbaren Hilfsmittel.
- Beherrschung topischer Techniken des Problemdenkens (‚Denk-Algorithmen')[891] sowie Geschick bei der Verortung konkreter Fragestellungen und Probleme im Rahmen systematischer Kenntnisse, um rasch und mit großen Erfolgschancen zutreffende Antworten oder Vorschläge für Problemlösungen auffinden bzw. abschätzen zu können.
- Übung in der komplexen, viele Einzelaspekte vernetzenden Betrachtung von Politik sowie in Argumentationen, die auch komplizierte Sachverhalte klar gliedern und erörtern.
- Gewandtheit im wissenschaftlichen Arbeiten und bei der Benutzung politikwissenschaftlicher Methoden, also: Fähigkeit zur Diagnose von Problemen; zur Entdeckung und Prüfung möglicher Wege der Problemlösung: zur Erarbeitung präziser, weiterführender Fragestellungen; zur Erhebung und Auswertung der für ihre Beantwortung nötigen Informationen; sowie zur zweckdienlichen Aufbereitung der Ergebnisse solcher Recherchen.
- Geistige Wendigkeit, welche die im Studium exemplarisch geschulte Fähigkeit zur Einarbeitung in die verschiedensten Materien für die Bearbeitung schnell wechselnder praktischer Probleme nutzbar macht.
- Ein Sachgebiet, auf dem man besondere, vertiefte Kenntnisse besitzt, und das möglicherweise als Sprungbrett zur ersten beruflichen Position dienen kann. Darum sollte es überlegt ausgewählt werden und nicht bloß tagesaktuellen Themen oder rein persönlichen Interessen entsprechen, sondern auch auf mittlere Frist praktisch wichtig sein. Dieses Spezialgebiet ist als *zusätzliche* Qualifikation aufzufassen; es kann keinesfalls die übrigen, allgemeinen Kenntnisse ersetzen. Darum ist es falsch, sich zu spezialisieren, bevor man *breites* Fachwissen erworben hat.

Ergänzend sollten bei einem gut und zeitgemäß ausgebildeten Politikwissenschaftler folgende Qualifikationen hinzukommen:

- praktisch gut nutzbare Kenntnisse des Englischen sowie einer weiteren modernen Fremdsprache;
- kulturell erweiterter Horizont durch einen Studienaufenthalt im Ausland;
- Vertrautheit beim Umgang mit Computern, Software und Internet;
- Organisatorische Fertigkeiten;
- Kontaktfreude und Fähigkeit zur Arbeit in Gruppen.

Derartige Kompetenzen, zu erwerben durch bedachte Wahl der jeweiligen Fächerkombination, durch ein von Fleiß geprägtes Studium sowie durch selbstgewählte Herausforderungen in Form von Hochschulwechseln und Praktika, eröffnen gute Chancen, in der Konkurrenz mit Mitbewerbern zu bestehen. Ohne solche Qualifikationen sich Hoffnungen auf einen gelingenden Berufseinstieg zu machen, ist sehr unvorsichtig. Und obschon der berufliche

---

[891] Siehe S. 37f.

Einstieg nicht selten über Zufallskontakte, ein Praktikum oder Empfehlungen der akademischen Lehrer gefunden wird, kann man sein anschließendes Fortkommen in der Regel nur auf das bauen, was man wirklich gelernt hat. Wen es nicht reizt, sich die genannten Fähigkeiten anzueignen, sollte rasch die Wahl von Politikwissenschaft als Studienfach überprüfen.

2. Berufsfelder für Politikwissenschaftler

Selten ist der erste Arbeitsplatz eines Politkwissenschaftlers schon der endgültige. Vielmehr dient er meist dazu, die Weichen für das weitere berufliche Fortkommen zu stellen. Darum ist es angebracht, gerade bei der Wahl des beruflichen Einstiegs sowohl flexibel zu sein als auch die mittel- wie langfristige Lebensplanung im Blick zu haben. Im allgemeinen ist es sinnvoll, im letzten Studiendrittel eine bestimmte berufliche Anfangstätigkeit *nachdrücklich* anzustreben und sich durch persönliche Kontaktaufnahme, Praktika usw. schon im vorhinein Anlaufpunkte zu schaffen. Wem das nicht gelingt, der ist auf eine regelmäßige Durchsicht der Stellenausschreibungen zumal in der ZEIT angewiesen und muß sein Glück mit Bewerbungsschreiben versuchen. Diese sind in jedem Fall sehr ernst zu nehmen, weswegen man sich über deren formale und inhaltliche Anforderungen rechtzeitig informieren sollte.

Einem Politikwissenschaftler steht zwar eine Vielzahl von Berufsfeldern offen. Doch es gibt keinen im vorhinein gebahnten Weg zu ihnen. Vorausplanung, Umsicht, entschlossene Nutzung zufälliger Chancen und hartnäckige Zielstrebigkeit sind darum nötig, um auf befriedigende Berufsfelder zu gelangen und die für den Berufseinstieg meist typische Phase instabiler Arbeitsverhältnisse möglichst rasch zu überwinden. Ein *erster*, stark von schwankenden, doch weitgehend vorhersehbaren Nachfragestrukturen abhängiger Weg führt über ein Lehramtsstudium in den höheren Schuldienst. Ein *zweiter*, eher schmaler Weg führt in die Verwaltungen der Länder oder des Bundes,[892] in den Höheren Auswärtigen Dienst sowie in den Apparat der Europäischen Union oder internationaler Organisationen, etwa der Europäischen Union oder der Vereinten Nationen mit ihren Unterorganisationen. Hierfür gibt es immer wieder (internationale) Auswahlwettbewerbe, über die man sich rechtzeitig informieren und auf die man sich – unter anderem durch Aneignung auch juristischer Kenntnisse – gründlich vorbereiten muß. Ein *dritter* Weg führt – zumal über als Student aktiv gesuchte und gut genutzte Praktika und anschließend gegebenenfalls über Traineeprogramme – in die freie Wirtschaft, die sich in jüngster Zeit für Absolventen geistes- und sozialwissenschaftlicher Studiengänge zu öffnen beginnt. Firmen hoffen von ihnen, sie wären besser als ‚Fachstudenten' der Wirtschafts- oder Rechtswissenschaft in der Lage, in größeren Zusammenhängen zu denken, komplizierte Situationen zu durchschauen und kreative Techniken der Problemlösung anzuwenden. In jedem Fall ist es ratsam, die interessierenden Institutionen oder Unternehmen im Lauf des Studiums anzuschreiben, um präzise Auskünfte einzuholen und sich möglichst einen Praktikumsplatz zu sichern.

Viertens sind folgende Berufsfelder für Politikwissenschaftler typisch:

– Tätigkeit in *Stabsfunktionen bei Verbänden und Parteien*: Arbeit als Referent für bestimmte Sachbereiche oder Öffentlichkeitsarbeit, Mitarbeiter für allgemeine Organisationsfragen, Geschäftsführer auf verschiedenen Ebenen. Es ist sinnvoll, spätestens gegen Ende des Studiums – etwa durch ein Praktikum – die geeigneten Kontakte anzubahnen. Beziehungen und Refe-

---

[892] Überwiegend kommt das Angestelltenverhältnis in Frage. Außerdem ist es möglich, den Weg über eine zweijährige Referendarausbildung oder die Paragraphen 38 und 39 der Bundeslaufbahnverordnung bzw. analoger landesrechtlicher Bestimmungen zu nehmen, wonach Politikwissenschaftler sogenannte ‚andere Bewerber' um eine Laufbahn des höheren Dienstes sind. Vgl. hierzu Wittkämper 1988: 312.

renzen eines Hochschullehrers helfen nicht selten weiter, desgleichen ein Stipendium einer parteinahen Stiftung und die von ihm eröffneten Kontakte.

- Tätigkeiten im Bereich der *politischen Bildung*: Dozenten- und Geschäftsführertätigkeit bei Stiftungen, Akademien, Volkshochschulen und Bildungswerken aller Art. In solchen Verwendungen gehören zum Tätigkeitsprofil auch Aufgaben wie Seminarplanung, Referentenkontakte, Tagungs- und Seminarleitung, Beratung der Hörer, Finanzierungsfragen und Koordinierung der Tätigkeit von Mitarbeitern. Wiederum empfiehlt sich eine Kontaktaufnahme schon vor dem Studienabschluß, wobei erneut die Unterstützung eines Hochschullehrers und ein Praktikum hilfreich sein kann.
- Tätigkeit im Bereich des *Journalismus*, z.B. als Redakteur, Korrespondent oder als Assistent in der Rundfunkverwaltung. Wer diese Laufbahn anstrebt, sollte sich rechtzeitig um ein Volontariat bzw. ohnehin um eine mit dem Fach Politikwissenschaft vernetzte Journalistenausbildung bemühen, zumindest aber sein politikwissenschaftliches Studium mit einem der Kommunikationswissenschaft oder Publizistik verbinden und durch Praktika hilfreiche Kontakte aufzubauen.
- Tätigkeit als *Assistent von Abgeordneten oder Fraktionen*. Dies ist eine äußerst interessante, Politikwissenschaftlern eigentlich auf den Leib geschnittene, im Prinzip leicht zugängliche, doch eher *kurzfristige* Berufsperspektive mit dem Charakter eines ‚Sprungbretts'. Es ist zweckmäßig, mit in Frage kommenden Abgeordneten oder Fraktionen spätestens im letzten Studiendrittel Kontakt aufzunehmen, möglichst gleich ein Praktikum zu absolvieren und die angetretene Stelle, wozu sie sich bestens eignet, zur Anbahnung weiterführender Beziehungen zu nutzen. Zumal wer selbst eine spätere politische Laufbahn anstrebt, sollte diesen Weg erwägen.
- Tätigkeit in den *wissenschaftlichen Diensten von Parlamenten* bzw. in *sozialwissenschaftlichen Forschungsinstituten*. Für das erste Einsatzgebiet sind vor allem rechtswissenschaftliche Zusatzqualifikationen, für das zweite Einsatzgebiet solide, die politikwissenschaftliche Durchschnittskompetenz klar überschreitende Methoden- und Statistikkenntnisse unverzichtbar. Zum Zweck eines Berufseinstiegs in Forschungsinstituten sollte schon im Studium, zumindest aber in der Magister- oder Diplomarbeit, empirisch gearbeitet werden, um entsprechende Qualifikationen auch konkret nachweisen zu können. Rechtzeitige Kontaktaufnahme mit in Frage kommenden Instituten bzw. Parlamentsverwaltungen sowie ein Praktikum wird nützlich sein.
- Tätigkeit als wissenschaftlicher Mitarbeiter im Rahmen von *Drittmittelprojekten*. Solche Chancen dienen durchaus dem Berufseinstieg, sind allerdings eher zufallsabhängig und können auch in eine Sackgasse führen. Immerhin läßt sich an der eigenen Universität halbwegs leicht herausfinden, welcher Hochschullehrer mehr oder minder regelmäßig Forschungsprojekte leitet. Strebt man bei ihm eine Stelle an, so ist es eine gute Strategie, in dessen Seminarveranstaltungen durch gute Leistungen aufzufallen und ihn nach einiger Zeit auf eine mögliche Anstellung in einem Forschungsprojekt anzusprechen. Nicht selten wird ein empirisch arbeitender Hochschullehrer sogar erwägen, für einen ihm besonders auffallenden und bei ihm vorsprechenden Studierenden die Finanzierung eines promotionsfördernden Forschungsprojekts etwa bei der Deutschen Forschungsgemeinschaft zu beantragen, um die Interessenkongruenz zwischen den eigenen Forschungsinteressen und dem Promotionsinteresse des Studierenden zum gemeinsamen Vorteil auszunutzen.
- Tätigkeit als *Universitätsassistent*. Ein solcher Berufseinstieg ist für jene Studenten attraktiv, die ihre Zukunft im Bereich der akademischen Lehre und Forschung sehen. Der erfolgversprechendste Weg besteht darin, in Lehrveranstaltungen zumal kontaktreicher Hoch-

schullehrer durch gute Leistungen über mehrere Semester aufzufallen und entsprechende Professoren im letzten Studiendrittel mit diesem Berufswunsch anzusprechen. Wenn eine Einstellung an der eigenen Universität auch nur im Ausnahmefall möglich sein wird, können doch ‚Querempfehlungen' an Fachkollegen und Referenzen des jeweiligen Hochschullehrers äußerst hilfreich sein.

Unabhängig von der konkreten Berufswahl kann für Politikwissenschaftler auch eine *politische* Betätigung reizvoll sein, die – am besten nach gelungener beruflicher Existenzsicherung – zu einem kommunalen Mandat oder zu einem Parlamentssitz und der Laufbahn als Berufspolitiker führen mag. Zwar erachten Parlamentarier bislang ein Studium von Politikwissenschaft oder Soziologie als weitgehend unnütz für die praktische politische Tätigkeit, worin die Erfahrungen mit den ‚politischen Wissenschaftlern' der 70er Jahre ihr nachklingendes Echo finden. Tatsächlich aber finden sich unter den jüngeren Politikerjahrgängen immer mehr Absolventen politikwissenschaftlicher Studiengänge. Auch die Praxis zeigt somit, daß gut ausgebildete Politikwissenschaftler mit einem Kenntnisprofil wie dem oben beschriebenen eine wertvolle Bereicherung des derzeit verfügbaren politischen Personals darstellen. Zweifellos stiftet nämlich ein sinnvoll aufgebautes und sorgfältig durchgeführtes Studium der Politikwissenschaft geradezu *hervorragende* Voraussetzungen für eine politische Tätigkeit, die schließlich umfänglicheres Leistungsvermögen brauchen kann als die – zweifellos allein praktisch erlernbare – ‚Alltagstechnik der Macht'.

II. Ratschläge für das Studium der Politikwissenschaft

1. Schwierigkeiten beim Studium

Einem zielstrebigen, umfassenden und erfolgreichen Studium der Politikwissenschaft stehen mannigfaltige Schwierigkeiten entgegen. Sie zu kennen und sich von vornherein gegen Enttäuschungen zu wappnen, dürfte sehr hilfreich sein.

Erstens macht oft schon die *Zusammensetzung der Studentenschaft* das Studium schwer, denn nicht wenige Kommilitonen wählen das Fach ohne besondere Vorstellung von dem, was es ihnen abverlangen wird. Bricht sich dann bloßes ,Interesse an Politik' oder eine gewisse ,Neigung zu politischem Engagement' am tatsächlichen Lehr- und Lernstoff, so sind Irritation und Enttäuschung die naheliegende Reaktion. Immer wieder geraten Studierende auch nur deshalb an die Politikwissenschaft, weil ihnen aufgrund ihres Notendurchschnitts der Zugang zu anderen Fächern (einstweilen) versperrt ist oder andere Disziplinen ihnen als zu schwierig gelten. Auch solche Studenten erleben die Politikwissenschaft meist als alles andere denn anziehend. Dasselbe gilt für jene, die nur ein ,einfaches Nebenfach' suchen, es in der Politikwissenschaft aber allenfalls scheinbar finden. Zwar verlassen viele in einen politikwissenschaftlichen Studiengang bloß ,verirrte' Studenten im Lauf der Zeit diese Sackgasse. Darum sind die ,Schwundquoten' in den höheren Semestern sehr groß. Doch in den Anfängerveranstaltungen sind wenig interessierte und ihr Mißvergnügen deutlich bekundende durchaus noch präsent und prägen oft das Bild. Darum befindet sich zumal der motivierte und begabte Studienanfänger nur selten in einer sozialen Umgebung, die ihn fordert und fördert. Kann er aber nicht vor allem zu Beginn seines Studiums die Politikwissenschaft in ihrem intellektuellen Reiz und in ihren stimulierenden Herausforderungen kennenlernen, so verliert insbesondere er leicht die Neigung zum Fach, gerät in intellektuelle Untiefen oder hat die hemmende Empfindung, daß mit dem Studium etwas schiefläuft. Alle diese Schwierigkeiten macht die typische Unsicherheit eines Politikwissenschaftsstudenten hinsichtlich seiner beruflichen Zukunft und der Nützlichkeit erworbener Qualifikationen nur noch schlimmer.

Sodann führen *typische Erwartungshaltungen* der Studierenden zu Problemen. Gerade die sozial- oder gemeinschaftskundlichen Leistungskurse an den Gymnasien behindern oft den Zugang zur wissenschaftlichen Beschäftigung mit Politik. Sie vermitteln nämlich das Gefühl, die Grundlagen der Politikwissenschaft eigentlich schon zu beherrschen, sind doch viele Begriffe, Argumentationen und Informationen den Studienanfängern bereits vertraut. Sozial- bzw. Gemeinschaftskunde wird dergestalt mit Politikwissenschaft verwechselt. Dies macht eine Emanzipation vom mitgebrachten politischen Alltagswissen und Alltagsdenken wiederum deshalb schwierig, weil Wissenschaft nun vor allem als ein ,Mehr an Stoff' erscheint, nicht aber als eine über dessen bisherige Verarbeitungsweise weit hinausgehende *andere Art des Umgangs* mit ihm. Wer aufgrund solcher Erwartungen nicht umzudenken vermag, dem geraten politikwissenschaftliche Lehrveranstaltungen meist zur Fortsetzung des Stammtisches mit anderen Mitteln und in anderer Umgebung. Das aber bewirkt ein im Lauf der Zeit immer deutlicher werdendes intellektuelles Stagnieren.

Probleme schaffen sich aber nicht nur die Studierenden selbst. Auch das Fach selbst macht es ihnen schwer. Vor allem tritt es seinen Studenten oft nicht in einer klaren Gestalt und ohne realistische Anforderungen gegenüber. Häufig gibt es an den Universitäten nämlich kein festes Curriculum politikwissenschaftlicher Ausbildung, keine wirklich Überblick schaffenden (Einführungs-)Lehrveranstaltungen und keine Maßstäbe, an denen man Vorankommen im Studium von einem geschäftigen Auf-der-Stelle-Treten unterscheiden könnte. Auch ist es allzu selten, daß

Fachkollegen sich darum bemühen, wenigstens in Grundzügen dieselbe Lehrmeinung zu vertreten oder gar gleiche Begriffe zu benutzen. Nicht selten beherrschen sie auch nicht dieselben Methoden, halten sich nicht an einheitliche Standards oder erachten nicht einmal die gleichen Wissensbestände als unverzichtbar. Auf ein wechselseitig abgestimmtes Lehrprogramm läßt man sich dann erst recht nicht ein und findet viele wohlklingende Gründe dafür, etwa: man wolle nichts ‚verschulen' und lehre ‚exemplarisch'. Doch es entsteht nur exemplarisch Leere, wo eine Hochschule überhaupt keine Schule mehr sein will. Ist aber das Lehrangebot erst einmal so – nämlich so gut wie gar nicht – strukturiert, so wird die Wahl der Lehrveranstaltungen beliebig, bleibt ein roter Faden unsichtbar, kann ein der Semesterzahl gleichlaufender Fortschritt an Kenntnis des Faches weder organisiert noch erlebt werden. Orientierungslosigkeit lähmt dann entweder die Motivation oder führt, aus Arbeitswillen, zum Hineinknien in Detailprobleme. Dann wird das Studium zu einem Puzzle, dem sowohl die meisten Teile als auch überhaupt alle Ansprüch fehlen, je zusammengesetzt zu werden. Keineswegs erlebt dann ein Student, Horizonterweiterung und Vertiefung in sein Spezialgebiet stünden in einem vernünftigen Verhältnis. Auf diese Weise werden seit Jahrzehnten unglaublich viel guter Wille, Zeit und Energie vergeudet.

Hinzu kommt, daß auch die *Lehrbuchliteratur* den Studenten oft im Stich läßt.[893] Die meisten älteren ‚Einführungen in die Politikwissenschaft' waren wegen ihrer komplizierten Sprache erst für den Examenskandidaten interessant und ließen den Studienanfänger ratlos. Doch auch klar geschriebene Lehrbücher zu den einzelnen Lehr- und Forschungsbereichen der Politikwissenschaft waren bis zum Anfang der 90er Jahre Mangelware. Jedenfalls übergießt gerade den neugierigen Studenten ein Sturzbach von Publikationen, die ihm von vornherein ein Orientierungsvermögen abverlangen, das die Fachliteratur ihm eigentlich erst geben sollte. Die natürliche Reaktion vieler Studierender auf solche Überforderung ist blockiertes Leseverhalten sowie untertänige Genügsamkeit mit jenen ‚Readern', die wohlmeinende Dozenten ihren Einführungsveranstaltungen beigeben.

Im übrigen findet sich in gut sortierten politikwissenschaftlichen Bibliotheken nicht nur ein Querschnitt aus philosophischer, juristischer, wirtschaftswissenschaftlicher, psychologischer, geschichtswissenschaftlicher und soziologischer Literatur neben jenen Titeln, die mehr oder minder klar der Politikwissenschaft zuzuordnen sind. Sondern gerade das politikwissenschaftliche selbst Schrifttum ist nach Selbstverständnis, Funktion, Seriosität, Charakter und Typ von einer verwirrenden Vielfalt. Anmerkungsbeladene Monographien[894] stehen neben aktuellen Sachbüchern aus der Feder von Journalisten, tabellenreiche empirische Studien neben politischen Essays, Werkausgaben von ‚Theoretikern' neben ‚Sekundärliteratur', Überblicksdarstellungen neben Streitschriften. Oft ist nicht einmal zu erkennen, ob eher ein politischer oder ein politikwissenschaftlicher Text vorliegt, und bei den letzteren ist häufig unklar, ob sie Tatsachen-, Zusammenhangs- und Erklärungswissen oder aber normative Aussagen darlegen wollen. Empirischen Arbeiten wiederum ist manchmal ihre Datenbasis nicht anzusehen. Weil indessen nur selten gut lesbare und aktuelle Lehrbücher die in solchem Schrifttum geborgenen Informationen erschließen, wird der Student auf *dessen* Lektüre verwiesen, in der er dann aber rasch den Überblick und die Lust am Lesen verliert.

Außerdem passen in der Regel die *Leistungsanforderungen* des Fachs nicht gut zusammen. Einesteils soll der Student Wissen erwerben; hierauf eine Prämie setzende Klausuren sind in der

[893] Verwiesen wurde in der ersten Auflage dieses Buchs auf folgende Einführungen bzw. Lehrbücher: Abendroth/Lenk 1973, Bellers/Robert 1990, Berg-Schlosser u.a. 1982, Beyme u.a. 1987, Burdeau 1964, Dahl 1973, Druwe 1994, Esterbauer 1992, Fetscher 1972, Fetscher/Münkler 1990, Flechtheim 1958, Friedrich 1961, Gablentz 1959, Gerhardt 1990, Hättich 1967-1972, Heinrich 1989, Konegen 1973, Kress/Senghaas 1969, Lehmbruch 1971, Lenk 1975, Makkenzie 1972, Münch 1982, Naschold 1972, Naßmacher 1977/1979, Noack 1976, Oberndörfer 1962, Reinisch 1971, Röhrich/Narr 1986, Roloff 1969, Schlangen 1974, Schneider 1967 und Tudyka 1973. Für die Zeit seither siehe die Nachträge im Vorwort zur 3. erg. Auflage sowie die neueren, in dieser Auflage zitierten Werke.

[894] Monographien sind einem einzigen, gründlich bearbeiteten Thema gewidmete Werke eines einzelnen Autors.

Politikwissenschaft aber weitgehend unüblich. Andernteils soll er die Fähigkeit erwerben, erlerntes Wissen auf konkrete Probleme anzuwenden und anhand der verfügbaren Literatur in angemessener Zeit auf begrenzte Fragestellungen zutreffende und richtige Antworten zu finden. Dem dient die Textgattung der Seminararbeit. Da Seminararbeiten aber immer noch – und nicht Essays, Positionspapiere oder auf die Einleitugnskapitel als ihren intellektuellen Kern *reduzierte* Seminararbeiten – die routinemäßig geforderten Leistungen in Lehrveranstaltungen sind, zerfällt die Studienzeit regelmäßig in einander ablösende Perioden der Anfertigung verschiedenster Hausarbeiten, und zwar mit dem Resultat, daß keine mehr gründlich sein kann. Wird aber bei fast jeder schriftlichen Arbeit sozusagen von der Hand in den Mund gelebt, erreicht keine mehr ihren Ausbildungszweck. Schlimmer noch: Sie alle führen nur dazu, daß sich das im Studium erworbene Wissen wie ein Flickenteppich ausnimmt, da zumal ehrgeizige Studenten so viel Zeit in die einzelnen Seminararbeiten investieren, daß sie darüber die Lektüre übergreifender oder ergänzender Literatur vernachlässigen.

Und weil – auch aufgrund des Termindrucks der einander pausenlos folgenden Seminararbeiten – die in Lehrveranstaltungen zu haltenden mündlichen Referate meist eher schlecht als recht vorbereitet werden, verlieren auch die *Lehrveranstaltungen* selbst an pädagogischem wie inhaltlichem Nutzen. Man hört unbefriedigende Referate schlecht vorgetragen, schleppt sich über ritualhafte Diskussionen und fragt alsbald, in welcher wissenschaftlichen Hinsicht die Seminare wohl überhaupt etwas nutzen könnten. Weil die Antwort dann meist klar ist, sinken Leistungsbereitschaft und Niveau noch mehr. Leider können die Dozenten diesen abwärts weisenden Spiralprozeß alleine auch nicht aufhalten: Wer allzu selten mit den erbrachten Leistungen seiner Studenten, ihrer Einsatzbereitschaft und intellektuellen Neugier zufrieden sein kann, der wird mehr und mehr die Lust an der Lehre verlieren und alsbald auch seinerseits dazu beitragen, daß die Studienzeit zur Enttäuschung gerät.

Dennoch die Politikwissenschaft als eine faszinierende Disziplin zu erleben, mit Entdeckerfreude in ihre Wissensbestände einzudringen und voller Lust am Studium sich das oben skizzierte Kompetenzprofil zu erwerben, wird solchermaßen zum schwer realisierbaren, auf glückliche Umstände zurückgehenden *Ausnahmefall*. Die folgenden Ratschläge können jedoch die Chancen für sein Eintreten erheblich steigern. Manche Ratschläge sind zwar nur universitätsspezifisch zu verwirklichen; je nach den Bibliotheksverhältnissen läßt sich etwa mancher Arbeitshinweis besser oder schlechter realisieren, und je nach Anzahl und Eigenart der verfügbaren Hochschullehrer ist es hilfreicher oder weniger nützlich, sich auf (deren) Vorlesungen einzulassen. Im wesentlichen aber sollten die gegebenen Hinweise überall befolgbar sein.

2. Ratschläge für das Studium

a. Organisation des Studiums

Zunächst einmal kommt es auf eine sinnvolle Organisation des Grundstudiums an.[895] Sie beginnt damit, sich gleich zu Beginn des Studiums die für den eigenen Studiengang geltende Prüfungs- bzw. Studienordnung zu beschaffen und diese wirklich solange durchzuarbeiten, bis ein Verständnis ihrer Leitgedanken und Forderungen gelungen ist. Mitunter enthalten Studienordnungen Hinweise auf die durch das Studium zu erwerbenden Kompetenzen sowie einen Studienablaufplan. Derlei sollte man ernst nehmen und gerade nicht in den unter Lehrenden wie Studie-

[895] Die folgenden Ratschläge zum Aufbau des Studiums beziehen sich in erster Linie auf das Haupt- oder Nebenfachstudium im Rahmen eines *Magister*studiengangs; für Diplomstudiengänge sowie für das Studium der Sozialbzw. Gemeinschaftskunde sind sie aber leicht sinngemäß abzuwandeln.

renden üblichen Kehrvers einstimmen, nichts werde so heiß gegessen wie gekocht. Auch sollte man den altklugen Rat eher ignorieren, zunächst einmal gelte es, ‚sich an der Universität unverbindlich umzusehen'. Das erste Semester ist nämlich rasch dahin, und im zweiten kommt man auch nicht leichter in den Tritt als im ersten. Im übrigen ist anzuraten, möglichst rasch ähnlich ambitionierte Kommilitoninnen und Kommilitonen ausfindig zu machen, sich mit ihnen in möglichst vielen Lehrveranstaltungen zusammenzutun und immer wieder das gemeinsame Gespräch über die Inhalte, Probleme und Fortschritte des Studiums zu suchen.

Unbedingt sollte in den ersten vier Semestern ein *gründlicher* Einstieg in die drei Teilfächer der Politikwissenschaft sowie in die Methoden dieser Disziplin gelingen. Werden entsprechende einführende Lehrveranstaltungen in Form obligatorischer (Pro-)Seminare oder Grundkurse angeboten, so sollte von ihnen pro Semester nur eine *einzige* besucht werden, diese dann aber den *Schwerpunkt* des Semesters und seiner Lektüreaufgaben bilden. Im allgemeinen ist es sinnvoll, mit dem Teilfach ‚Politische Systeme' zu beginnen und das Grundstudium mit einer einführenden Lehrveranstaltung zu den Forschungsmethoden abzuschließen. Auf jeden Fall sollte man sich das Ziel setzen, am Ende des Grundstudiums eine klare Vorstellung von den Themen *aller* wichtigen Arbeitsgebiete der Politikwissenschaft sowie von ihrer arbeitsteiligen Vernetzung zu haben. Der dieser ‚Einführung' im Anhang II beigefügte Fragenkatalog kann für jedes Semester im Grundstudium als Meßlatte und Prüfliste des Zugewinns an Wissen und Verständnis dienen.

Unter den *Vorlesungen* sollten, unabhängig von der inhaltlichen Schwerpunktbildung des jeweiligen Semesters, im Grundstudium *Überblicks*vorlesungen bevorzugt werden. Leider ist es in der Politikwissenschaft nicht mehr und noch nicht wieder üblich, daß der Lehrstoff bedarfsgerecht in systematisch aufeinander aufbauenden Vorlesungen vorgetragen wird. Um so intensiver sollte man darum jene wenigen Vorlesungen besuchen, in denen dies ausnahmsweise geschieht. Unabhängig davon ist es nützlich, in den ersten zwei Semestern die Vorlesungen *aller* Professoren und Dozenten seines politikwissenschaftlichen Instituts wenigstens ab und zu besuchen, um so von der Persönlichkeit und Eigenart der Hochschullehrer – und späteren Prüfer – ein erstes Bild zu gewinnen.

Angereichert wird dieses pro Semester auf ‚Schwerpunkt' und ‚Überblick' aufgebaute Studienprogramm einesteils durch die Nutzung *ergänzender* Lehrangebote. Sie sollte man zwar möglichst dem jeweiligen Schwerpunkt des Semesters angliedern. Doch es gibt immer wieder schon vom Titel her so ansprechende Lehrveranstaltungen, daß man nicht auf sie verzichten sollte. Andernteils sollte man sich spätestens ab dem dritten Semester systematisch den wichtigsten *Nachbarfächern* der Politikwissenschaft zuwenden und, soweit gerade angeboten, Überblicksvorlesungen über Staatsrecht, Völkerrecht, Volkswirtschaftlehre, Kommunikationswissenschaft, Sozialpsychologie, Soziologie oder aus der Geschichtswissenschaft hören. Das Grundstudium wird nach vier bis fünf Semestern abgeschlossen, und zwar in der Regel durch eine mündliche oder schriftliche *Zwischenprüfung*. Es ist verfehlter Ehrgeiz, die Zwischenprüfung möglichst früh ablegen zu wollen; es zählt nicht ihr Zeitpunkt, sondern die Qualität des bis zu diesem Studieneinschnitt erworbenen Wissens.

Hat man sich bis zur Zwischenprüfung einen soliden Überblick über die Politikwissenschaft und ihre Teilfächer verschafft, so kann im nun folgenden Hauptstudium eine *Vertiefung* der Kenntnisse angestrebt werden. Vertiefung heißt *nicht* Spezialisierung. Vielmehr muß es zunächst darum gehen, die zunächst noch recht oberflächlichen Kenntnisse über die Unterdisziplinen der drei politikwissenschaftlichen Teilfächer zu verbessern. Dies sollte durch Besuch möglichst nicht zu spezialisierter Seminarveranstaltungen und Vorlesungen sowie, vor allem, durch zielgerichtete Lektüre geschehen. Außerdem ist es nach der Zwischenprüfung an der Zeit, seine Methoden- und Statistikkenntnisse so zu vertiefen, daß man im zweiten Teil des Hauptstudiums auch von seiner

Methodenkompetenz her frei ist, ganz nach Interesse und wissenschaftlichem Wert ein Thema für die Magister- oder Diplomarbeit zu wählen.

Erst im zweiten Teil des Hauptstudiums, also etwa ab dem siebten Semester, sollte man eine – allerdings leicht zur Einengung des Horizonts führende – *Spezialisierung* vornehmen, und zwar am besten im Hinblick auf einen ersten, gegebenenfalls über ein Praktikum anzusteuernden *Arbeitsplatz*. Dabei empfiehlt es sich, nach dem sogenannten *Y-Modell* zu verfahren. Dies meint, daß man sich auf zwei *einander ergänzenden* Spezialisierungsgebieten aus zwei Teilfächern der Politikwissenschaft besonders kompetent macht. Sinnvollerweise wählt man später auch das Thema der Magister- oder Diplomarbeit aus diesem doppelten Spezialisierungsbereich. Dabei kann es sehr vorteilhaft sein, ein kleineres empirisches Forschungsvorhaben anzugehen, das einen im Verlauf der Datenerhebung mit Personen des angezielten Berufsfeldes zusammenbringt, weil sich dergestalt nützliche Bekanntschaften knüpfen lassen.

Mit dem gemäß ‚Y-Modell' gewählten Spezialisierungsbereich sollte an geeigneter Stelle im Hauptstudium ein *Praktikum* verbunden werden. Erstens untersetzt es das im Studium erworbene Buchwissen durch eigene Anschauung und persönliche Eindrücke. Zweitens sind Praktika erfahrungsgemäß für den späteren Einstieg ins Berufsleben hilfreich. Folglich sollten Studenten durch Nutzung von Kontakten der Dozenten, bei den Studienberatungsstellen bzw. Auslandsämtern ihrer Universität, bei den interessierenden Organisationen und Institutionen, auf den Arbeitsämtern oder mittels eigener Kontakte sich hartnäckig um den Erhalt einer Praktikumsstelle bemühen.

Spätestens nach der Absolvierung eines Praktikums und unbedingt schon vor dem Examen sollte man darüber nachdenken, worin man für sich selbst die beruflichen und persönlichen Ziele für den an das Studium anschließenden Lebensabschnitt sieht. ‚*Was will ich mit 35 Jahren wirklich sein?*' – so sollte die Leitfrage lauten, die so aufrichtig und konkret wie möglich zu beantworten ist. Aus der Antwort sind unmittelbare Konsequenzen für den Rest des Studiums, also für die Wahl des Themas der Magister- oder Diplomarbeit, für die Vorbereitung auf die Abschlußprüfung sowie für die Aufrechterhaltung oder Aufnahme von Kontakten zu möglichen Arbeitgebern oder förderlichen Institutionen zu ziehen. Bisherige Verbleibsstudien von Studierenden der Politikwissenschaft zeigen im übrigen, daß nicht selten weniger ein Spezialisierungsgebiet als vielmehr eine *generalistische* Ausbildung mit einer großen Bandbreite von ihr erschlossener Einsatzmöglichkeiten für den Berufseinstieg vorteilhaft ist.

Nicht zuletzt des beruflichen Einstiegs wegen sind die *Nebenfächer* von vornherein umsichtig auszuwählen und sorgfältig zu studieren. Gegebenenfalls ist die Wahl der Nebenfächer rasch zu korrigieren. Allein im Diplomstudiengang werden dem Studenten entsprechende Entscheidungen ein Stück weit abgenommen, während im Magisterstudiengang das politikwissenschaftliche Studium stets mit einem zweiten Hauptfach oder mindestens einem Nebenfach, meist aber mit deren zwei, gekoppelt ist. Vernünftigerweise wird man diese Nebenfächer tatsächlich als *Abrundung* des politikwissenschaftlichen Hauptfaches wählen, wobei Soziologie, Geschichte, Rechtswissenschaft, Volkswirtschaft, Kommunikationswissenschaft, Psychologie oder Geographie äußerst sinnvolle Nebenfächer sind, allerdings auch alle anderen oben skizzierten Nachbardisziplinen der Politikwissenschaft empfehlenswert sind.[896] ‚Nebenfachstudium' der Politikwissenschaft darf keineswegs bedeuten, daß man nur Teilbereiche der Nebenfächer zur Kenntnis nimmt. Vielmehr sollte sich das Nebenfachstudium vom Hauptfachstudium nicht in der Breite, sondern nur in der Tiefe unterscheiden: man verzichtet auf jene Vertiefungen und Spezialisierungen, die das Hauptstudium des Hauptfaches kennzeichnen, und setzt statt dessen die im Grund-

---

[896] Siehe S. 135ff.

studium des Nebenfachs noch nicht zum Ziel führenden Bemühungen um einen *Gesamtüberblick* im Hauptstudium fort.

Natürlich müssen die pro Semester in den Nebenfächern zu erbringenden Studienleistungen mit dem Studium des Hauptfachs so abgestimmt werden, daß es zu keiner Überforderung kommt. Ein typischer Fehler besteht beispielsweise darin, möglichst alle Einführungsveranstaltungen in möglichst allen studierten Fächern schon in den ersten beiden Semestern absolvieren zu wollen; dann habe man endlich für das ‚eigentliche' Studium Zeit. Das ‚eigentliche' Studium besteht am Studienbeginn nun aber gerade in der sorgfältigen Erarbeitung des in den Einführungsveranstaltungen angebotenen bzw. vorgesehenen Stoffs. Richtig ist es darum, sich bis zur Zwischenprüfung – nach dem vierten, spätestens fünften Semester – soviel Zeit zu lassen, daß man alle grundlegenden Veranstaltungen aller Studienfächer gut streuen und sie überlegt auf vier oder fünf Semester verteilen kann. Man sollte sich im übrigen von Anfang an angewöhnen, auch die vorlesungsfreie Zeit als Teil eines *dem Studium gewidmeten* Semesters aufzufassen und zu nutzen.[897] Wer nämlich den Begriff ‚Semesterferien' zu oft wörtlich nimmt, dürfte es kaum schaffen, sich in vier oder fünf Jahren zu einem jederzeit konkurrenzfähigen Politikwissenschaftler auszubilden. Für allzu viele wirkliche Ferien bezahlt man meist mit Unsicherheit über seinen Leistungsstand, mit Prüfungsangst und mit großen Sorgen, ob der Übergang vom Studium zum Berufsleben auch gut gelingen wird.

Wo Institute ein Mentorensystem aufgebaut haben und jedem Studierenden anraten, mitunter gar zur Pflicht machen, sich einen Hochschullehrer zum Mentor zu nehmen, sollte man solche Angebote gerne nützen. An anderen Instituten sollte man selbst das Gespräch und sich verfestigende Kontakte mit einem Hochschullehrer suchen, dem man intellektuell und menschlich vertraut. Gute Hochschullehrer werden auch einen Studierenden im ersten Semester fühlen lassen, daß sie sich über solche Nähe freuen. Zwar ist es weitgehend eine Sache persönlichen Glücks, ob man möglichst schnell an akademische Lehrer gerät, deren Lehrveranstaltungen man als hilfreich erlebt und bei denen man sich intellektuell gut aufgehoben fühlt. Um solchem Glück aber nachzuhelfen, sollte man sich in den ersten beiden Semestern ausgiebig unter schon länger studierenden Kommilitonen nach deren Erfahrungen erkundigen und dabei vor allen den Eindrücken überdurchschnittlich ehrgeiziger und guter Studenten Gewicht beimessen. Fachliches Können, didaktisches Geschick, Offenheit für Studenten und Gespür für fördernde Standards sind einige Maßstäbe, die man an seine Dozenten anlegen sollte. Doch auch unabhängig von diesen Gesichtspunkten gibt es erfahrungsgemäß akademische Lehrer, bei denen man sich besser oder schlechter aufgehoben fühlt. In jedem Fall sollte man sich fragen, was die Ursache des persönlichen Eindrucks ist. Empfindet man Abneigung gegen einen Dozenten, weil man sich überfordert sieht, so sollte man sich in der Regel dazu aufraffen, die Herausforderung anzunehmen; viele Hochschullehrer benutzen nämlich eine Art ‚Abschreckungsstrategie', um die Spreu vom Weizen zu trennen, so daß sie im Endeffekt mit den besseren Studenten weiterarbeiten können. Empfindet man Zuneigung zu einem Dozenten, glaubt man sich also von ihm in besonders guter Weise gelehrt und gefördert, so sollte man zwar dessen Lehrveranstaltungen auch unbeschadet ihrer konkreten Themen regelmäßig besuchen, doch unbedingt darauf achten, nicht die eigene geistige Unabhängigkeit zu verlieren. In jedem Fall sollte man mit möglichst vielen Hochschullehrern durch Gespräche im Anschluß an Lehrveranstaltungen, im Rahmen von Sprechstunden oder per e-mail *Kontakt* aufnehmen und aufrechterhalten. Das hilft Berührungsängste zu vermeiden und sichert die Vorteile solchen Kontakts. Diese reichen von nützlichen Hinweisen für das Studium

[897] Natürlich sind Praktika dem Studium zuzurechnen. Wer sich durch Nebenarbeiten einen Teil seines Lebensunterhalts als Student selbst verdienen muß, sollte sich bemühen, Nebenjobs und Praktika zu zwei Seiten derselben Medaille zu machen.

über den leichteren Zugang zu Hilfskraftstellen[898] bis hin zur Schaffung einer Vertrauensbasis von späteren Referenzen und Empfehlungen für berufliche Einstiegspositionen.

Zweifellos ist das Studium ein einzigartiger Lebensabschnitt. Niemals wieder wird man so frei über seine Arbeitskraft und Zeit verfügen können. Diesen Lebensabschnitt kann man wunderbar nutzen; man kann ihn aber auch auf zweierlei Weise vergeuden. Zum einen mag es vorkommen, daß man sich zu sehr an seine Studienarbeit fesselt. Oft ist dies Anzeichen von Unsicherheit in den anderen Bereichen, die zu einer glücklichen Studentenzeit gehören: Kontakte, Geselligkeit, gemeinsam betriebene Hobbies, kulturelle Erfahrungen, Reisen, Ortswechsel. Letztlich bekommt aber selbst ehrgeizige Einsiedelei dem Studium nicht: Kreativität entsteht nicht aus Verbissenheit, geistige Befriedigung nicht ohne Kreativität.

Zum anderen mag man sich allzu sehr der Unverbindlichkeit der Studentenzeit ergeben, wofür ein durch Studienordnungen so wenig geregeltes Fach wie die Politikwissenschaft rasch verführt. Doch schon auf mittlere Frist tut man sich keinen Gefallen mit einer nachlässigen Studierpraxis: irgendwann kommen Zwischen- und Abschlußprüfung gemeinsam mit großer Examensangst, und beginnt man erst einmal mit dem Verschieben von Prüfungen, so gerät man in einen Teufelskreis. Außerdem ist es nicht fair, sich auf Kosten von steuerzahlenden Arbeitern und Angestellten, Beamten und Selbständigen ein schönes Leben zu machen. Nicht zuletzt gerät man nach einigen Jahren in die ‚Statusfalle': man hat ein Alter erreicht und eine Ausbildungszeit hinter sich, welcher ein sozialer Status entspräche, der praktisch noch nicht erlangt worden ist und ohne eine grundlegende, nun aber unwahrscheinlich gewordene Änderung des bisherigen Alltagsverhaltens auch nicht in Aussicht steht. Derlei führt dann zu großer seelischer Belastung und nicht selten zum Mißlingen von Berufseinstieg und Lebenslauf.

b. Studierverhalten und Studienleistungen

(1) Seminare

Seminarveranstaltungen sollte man, unbeschadet ihrer jeweiligen Qualität, anhand folgender Regeln nutzen:

- Es ist eine gute Idee, jeweils schon am Ende eines Semesters mit jenen Dozenten Kontakt aufzunehmen, deren Seminarveranstaltungen man im nächsten Semester besuchen will. Über die Hinweise im – oft angebotenen – ‚Kommentierten Vorlesungsverzeichnis' hinaus sollte man sich in solchen Gesprächen über die Fragestellung und den Stoff des Seminars zu informieren, sich Lektürehinweise geben zu lassen sowie ein Thema für einen eigenen Seminarvortrag übernehmen. *Unbedingt* sollte man sich vor dem Beginn des jeweiligen Semesters in den Gegenstand der besuchten Seminarveranstaltung einarbeiten und jetzt schon sein Seminarreferat zumindest in Grundzügen fertigstellen.[899] Es ist zwar üblich, doch falsch und wenig nutzbringend, sich erst zu Semesterbeginn mit der Thematik eines besuchten Seminars vertraut zu machen.
- Auf jede Seminarsitzung sollte man sich durch Erfüllung der erteilten Lektüreaufträge bzw. durch eigenständige *Lektüre* vorbereiten. Das Ziel muß darin bestehen, jedes angehörte Seminarreferat in einen schon vorhandenen, wenn auch verbesserungsfähigen Verständnis-

[898] Weitgehend hängt vom einstellenden Hochschullehrer ab, wie förderlich die Tätigkeit als wissenschaftliche Hilfskraft ist. Im Idealfall erlebt man die Praxis kreativer Forschung sowie einen effizienten Institutsbetrieb und hat Chancen, sich Respekt und Vertrauen von Hochschullehrern zu erwerben, woraufhin man von der Rolle einer Hilfskraft in die eines geschätzten und geförderten Mitarbeiters gelangen kann.

[899] Zur Erstellung von Seminararbeiten siehe S. 488ff.

rahmen einfügen zu können. Rasch sollte man auch den Mut aufbringen, sich im Seminar *zu Wort zu melden.* Oft sind es zwar nicht die schlechtesten Studenten, die schweigen, weil sie selbstkritisch meinen, keine hinlänglich qualifizierten Äußerungen vorbringen zu können. Doch gerade dieses Verhalten überläßt meist wenig denkenden Vielrednern das Feld, verdirbt das Seminarklima und macht die Sitzungen zur Last. Wann immer man den Eindruck hat, eine Seminardiskussion erschöpfe sich in Nebensächlichkeiten, sollte man darum lieber in sie eingreifen, statt ‚innerlich zu kündigen'. Erfahrungsgemäß *schätzen* es Dozenten, wenn die für wissenschaftliche Arbeit ohnehin grundlegende gegenseitige Kritik gleichgestellter Kollegen schon im wechselseitigen Umgang der Studenten beginnt. Im übrigen sollte man nicht zögern, das Gespräch mit einem Dozenten über dessen Seminarleitung zu suchen, wenn man mit dem Ablauf des Seminars nicht zufrieden ist. Ein guter Hochschullehrer wird derlei zu schätzen wissen.

– Grundsätzlich sollte man sich auch in Seminarveranstaltungen, in denen man keinen Leistungsnachweis erwerben will, zu *Kurzreferaten* bereit finden, falls der Seminarleiter dies anregt. Erstens hilft solche Mitarbeit dem Seminar, das ja von den Beiträgen seiner Teilnehmer lebt. Zweitens erlernt man durch nichts besser als durch solchen *selbstgesetzten* Leistungsdruck, sich in kurzer Zeit auf einem begrenzten Gebiet sachkundig zu machen und die Ergebnisse ansprechend vorzutragen. Solche Fertigkeit wird einem Politikwissenschaftler später auf fast allen Berufsfeldern zugute kommen. Drittens fällt man dadurch dem Dozenten als zunächst leistungswillige und sodann leistungsfähige Persönlichkeit auf, was sich meist in intensiverer Betreuung, späteren Empfehlungen oder gar Bevorzugung bei Stellenvergaben auszahlt.

(2) Vorlesungen

Falls bei *Vorlesungen* der Dozent systematisch gegliedert vorträgt und sich nicht auf einen schon publizierten Text stützt, sollte man in den regelmäßig besuchten Vorlesungen konsequent und leserlich mitschreiben. Wenn man trotz systematischen Mitschreibens mit den Notizen im oder nach dem Semester *nicht* arbeitet, sollte man nach der Ursache suchen. Vielleicht hat man unzulänglich mitgeschrieben; dann ist die Technik des Notierens zu verbessern. Ein Hauptfehler des Mitschreibens besteht darin, nur Stichworte zu notieren; mit ihnen kann man später meist wenig anfangen. Ein anderer Hauptfehler gründet im Ehrgeiz, möglichst alles festzuhalten, was letztlich nur zur Unübersichtlichkeit der Mitschrift führt. Richtig ist der Mittelweg: Es sind in möglichst übersichtlicher Gliederung und anhand von Strichaufzählungen die Grundzüge von Argumentationen, die Definitionen von Grundbegriffen, zentrale Wissensbestände sowie wichtige Literaturhinweise festzuhalten, desgleichen eigene Fragen und Gedanken, die im Lauf der Vorlesung einfallen. Vielleicht eignet sich ja der Vorlesungsstil des Dozenten nicht für verwertbare Mitschriften. Dann sollte man sich überlegen, ob man entweder auf die Vorlesung oder auf das Mitschreiben verzichtet. Gegebenenfalls vergräbt man auch nur die Schätze, die man zuvor mühsam zusammengetragen hat, in Aktenordnern – etwa, weil einen der Gegenstand der Vorlesung nicht mehr interessiert. In diesem Fall sollte man sein Studierverhalten und die Wahl seines Studienfachs überprüfen.

(3) Lesen

Nirgendwo ist immer wieder eine Korrektur des Studierverhaltens so sehr nötig wie bei der Erledigung von *Lektüreaufgaben.* Denn obwohl für ein gelingendes Studium das regelmäßige wie ausdauernde Lesen unverzichtbar ist, wird meist – wider alle Ratschläge und guten Vorsätze – dieser Bestandteil des Studiums aufs äußerste vernachlässigt. Studienanfänger sollten sich wenigstens *vornehmen*, jenen so schweren Fehler zu vermeiden. Dazu verhilft die Befolgung der folgenden Hinweise:

- Es gilt ganz unabhängig von allen nachstehend beschriebenen Aufgaben der Lektüre von Fachliteratur: Ein Politikwissenschaftler, der seinen Gegenstand – politische Inhalte, Prozesse und Strukturen – nicht ständig anhand der Lektüre von Tageszeitungen und der kritischen Beachtung von politischen Sendungen in Hörfunk und Fernsehen zur Kenntnis nimmt, *ist kein Politikwissenschaftler*. Wen die laufende Berichterstattung über Politik nicht interessiert, der taugt ohnehin nicht für dieses Fach, und dasselbe gilt für jeden, der politische Nachrichten nicht mit jenen systematischen Kategorien und Denkweisen in Verbindung bringen kann, die er sich im Lauf seines Studiums aneignet. Folglich sollte man es sich angewöhnen, mindestens zwei politisch auseinanderliegende Tageszeitungen regelmäßig durchzusehen und auch die Wochenpresse sowie politische Magazine nicht zu vernachlässigen. In Universitätsbibliotheken liegen alle diese Informationsmittel regelmäßig aus.
- Möglichst schnell sollte man sich mit den verfügbaren bzw. einschlägigen Bibliotheken vertraut machen. Sicher ist zunächst Schwellenangst zu überwinden, wozu sehr gut jene Bibliotheksführungen verhelfen, die fast überall zu Semesterbeginn durchgeführt werden. In einer Bibliothek hat man sich sodann mit der *Benutzungsweise* (Freihandbibliothek? Bestellverfahren? Fernleihe? Lesesäle? ...) sowie mit dem Aufbau der verfügbaren Kataloge vertraut zu machen, desgleichen mit den Möglichkeiten, Literaturrecherchen über das Internet durchzuführen. In Freihandbibliotheken ist rasch die *Aufstellungssystematik* zu erkunden. Im Idealfall sind die Bücher nämlich nach Literaturgattungen (z.B. Zeitschriften, Nachschlagewerke, Einführungen ...) und nach Sachgebieten (etwa: einzelne politische Systeme, Parteien, Verbände, Politikfelder ...) frei zugänglich aufgestellt. Dann ist es leicht, schnell die wichtigsten Werke kennenzulernen und für einen konkreten Zweck rasch heranziehbare Werke aufzufinden.
- Die *Literaturhinweise* aus den Einführungsveranstaltungen zu den Teilfächern der Politikwissenschaft sowie zu den Forschungsmethoden sollten sorgfältig abgearbeitet werden. Dies muß in den ersten Semestern sogar der Schwerpunkt eigener Lektüre sein.
- ‚Fenster' im Stundenplan sollte man, wann immer möglich, in einer Fachbibliothek verbringen. Solche Zeiten lassen sich zu Beginn des Studiums am besten dafür nutzen, anhand von *Nachschlagewerken* seinen Horizont zu erweitern. Nachdem die wichtigsten Lexika oder Handbücher der Politikwissenschaft ausfindig gemacht wurden, beginnt die Lektüre bei einem interessierenden oder zumindest wichtigen Stichwort (etwa: Macht, Politik, Partei, Gesetz ...); sodann schlägt man die Querverweise nach und läßt sich davon überraschen, wohin man von ihnen getragen wird. Dergestalt lassen sich schnell Zusammenhänge überblicken, und leicht wachsen bei einer solchen Lesestrategie Begriffe, Argumentationen, Denkweisen sowie Stoffgebiete zusammen.
- Ebenso sollte man rasch die wichtigsten *Fachzeitschriften* kennenlernen. Regelmäßig sind deren neueste Ausgaben durchzusehen, um ein Gefühl für die aktuelle Fachdiskussion zu entwickeln.
- Größere Blöcke frei bleibender Zeit sollten genutzt werden, um in *Einführungen*, *Lehrbüchern* oder *Überblickswerken* der Politikwissenschaft zu lesen. In jedem der ersten vier Semester sollte man zwei Lehrbücher der jeweils zum Studienschwerpunkt gemachten Teildisziplin bzw. der Methodenlehre *gründlich* durcharbeiten.
- Wenn eine Bibliothek über eine nach Fachgebieten gegliederte Freihandaufstellung verfügt, ist es ungeheuer nützlich, im Lauf der ersten Semester systematisch die einzelnen Regalreihen zu *durchforsten*. Man nehme sich beispielsweise vor, im Verlauf einer Stunde das

Schrifttum über Parlamentarismus zu sichten. Zu diesem Zweck macht man die entsprechende(n) Signaturgruppe(n) ausfindig und begibt sich an das entsprechende Regal. Dort überblickt man die Rücken der aufgestellten Bücher und nimmt entweder eines nach dem anderen oder nur jene zur Hand, deren Titel besonders interessant anmuten. Im jeweiligen Buch liest man das Inhaltsverzeichnis, überfliegt Einleitungen, Kapitelanfänge, Zusammenfassungen, Schluß und Literaturverzeichnis. Sich ‚festzulesen' sollte man bei diesem Vorgehen vermeiden; besonders interessante Bücher sind vielmehr zu notieren und bei nächster Gelegenheit zu entleihen. Allerdings gibt es immer wieder Bücher, die so sehr fesseln, daß man sich über diesen Ratschlag guten Gewissens hinwegsetzen sollte.

- Mitunter sollte man es sich sich erlauben, in Büchern oder Aufsätzen bloß ‚herumzulesen', statt seine Zeit für *systematische* Lektüre zu nutzen. Man sollte auf solche ‚ziellosen Streifzüge' aber grundsätzlich nicht verzichten, sondern sich etwa einmal pro Woche an sie machen. ‚Zweckfreies Leseverhalten' ist nämlich oft recht inspirierend und führt öfter als gedacht zu prägenden Neuentdeckungen. In der Regel liest man aber *zu einem bestimmten Zweck*. Bevor man einen Text zur Hand nimmt, sollte man sich darum klarmachen, welche Informationen man ihm entnehmen will. Sobald einem der Zweck der durchzuführenden Lesearbeit klar ist, sollte man den Text zunächst durch Überfliegen und Überblättern daraufhin sichten, ob er wirklich die gesuchten Informationen erhält. Sodann wird festgelegt, welche Passagen wie intensiv gelesen werden müssen. Sorgfältig sind in jedem Fall jene Ausführungen zu studieren, welche über die Zielsetzung, die Materialgrundlagen, die thematischen Abgrenzungen und die Ergebnisse des herangezogenen Textes informieren; sie finden sich oft in der Einleitung, im ersten Kapitel, in der Zusammenfassung oder im Anhang.
- *Exzerpieren* (d.h. sorgfältige Notizen anfertigen) sollte man nur, wenn *zuvor* klar ist, für welchen Zweck man die Exzerpte benutzen will. Da Exzerpieren leicht zum Selbstzweck und zu einer Art ‚Leistungsnachweis' wird, sollte man seine Exzerpierpraxis immer wieder darauf prüfen, ob sie nicht eine Art ‚Beschäftigungstherapie' darstellt. Wenn man seine Exzerpte später nicht oder nur nebenbei verarbeitet, ist dies ein untrügliches Anzeichen dafür, daß man durch Exzerpieren wertvolle Lesezeit verschwendet.
- *Fotokopieren* ersetzt nicht die Lektüre. Werden angefertigte Fotokopien nur abgelegt, nicht aber gelesen, so liegt eine Art ‚Ersatzhandlung' sowie Geldverschwendung vor. Auch Kopien, die man nicht liest, oder Exzerpte, mit denen man nicht weiterarbeitet, sollte man allerdings systematisch geordnet abheften.[900]
- Auch *Recherchen im Internet* ersetzen nicht sorgfältiges Lesen und Studieren. Sie sind nützlich, um Literatur und Informationen zu finden; ansonsten sollte man die zum Exzerpieren und Fotokopieren erteilten Ratschläge sinngemäß befolgen.

(4) Studien- und Prüfungsleistungen

(a) Studienleistungen

Zu den Studienleistungen zählen vor allem die Arbeitspapiere, Referate und Hausarbeiten. *Arbeitspapiere* sollen den Kommilitonen die wichtigsten Informationen zu einem Thema übersichtlich verfügbar machen; angefügte Thesen oder Leitfragen können als Einstieg in Seminardiskussionen dienen. Bei Arbeitspapieren sollte man sich erhebliche Mühe geben, den darzustellenden Stoff möglichst stark und übersichtlich zu verdichten. Artgleiche Aufgaben wird ein Politikwissenschaftler nämlich in vielen Berufen zu erfüllen haben. Bei *Referaten* sollte man – neben

[900] Analog sollte man bei der Arbeit mit einem PC auf eine übersichtliche Gliederung der angelegten Dateien sowie auf eine sorgfältige Dateiverwaltung samt systematischer Datensicherung achten.

der Beherrschung des Stoffs – großen Ehrgeiz auf die rhetorische Präsentation verwenden. Sie sind nämlich gute Gelegenheiten, sowohl mit einem Publikum als auch mit persönlicher Unsicherheit beim Reden vor anderen umgehen zu lernen. Je früher und öfter man sich dieser Herausforderung stellt, um so weniger Schwierigkeiten wird man später am Arbeitsplatz haben, der nicht selten ähnliches verlangt.

Hausarbeiten dienen nicht einfach nur dem Nachweis wissenschaftlichen Arbeitsvermögens. Vielmehr kann man an ihnen die Fertigkeit einüben, Stoff wie Gedanken in kurzer Zeit zu erarbeiten und in eine passable Textform zu bringen. Auch sollte man sie nutzen, um seinen Stil zu schärfen. Selbst bei Hausarbeiten, die nur der Korrektor liest, sollte das Ziel darin bestehen, ihn möglichst zu fesseln und Spaß an der Lektüre haben zu lassen, trainiert man so doch wiederum für nicht unübliche berufliche Anforderungen.[901] Grundsätzlich haben Hausarbeiten, Arbeitspapiere und Referate *eine explizite Frage zutreffend und vollständig zu beantworten.* Es ist ungemein nützlich, diese Frage *immer* als *direkten Fragesatz* zu formulieren, ergibt sich dann doch präzis, was alles an Lektüre- und Darstellungsarbeit zu leisten ist. Ferner ist stets der *Zusammenhang* der Themenfrage klarzumachen. Man erschließt ihn sich am besten über folgende Frage: ‚Warum und für wen ist es wichtig, auf meine Themenfrage eine Antwort zu haben?‘ Vom so geklärten *Kontext* der Arbeit ausgehend wird es möglich, den durchzuarbeitenden Stoff *problemorientiert aufzubereiten.*[902]

Bei der Anfertigung eines Referats und später einer Hausarbeit bewährt sich ein Fünfschritt aus Vorarbeiten, Materialsammlung, Materialauswertung, Strukturierung der Ergebnisse und Niederschrift. Im einzelnen ist so zu verfahren:

- Die *Vorarbeiten* beginnen mit dem Einlesen, v.a. anhand von Lexika,[903] Lehrbüchern, Übersichtsartikeln oder besonders empfohlener Literatur. Dabei ist zu klären: Was interessiert mich? Welche zentralen Begriffe sind bei einer Antwort auf meine Frage wichtig? Was sind die wichtigsten zu behandelnden Themenbereiche? Welche konkreten Leitfragen erschließen das Themenfeld am besten? Bringt es Vorteile, das Thema anhand von Thesen und Gegenthesen, von Hypothesen und Hypothesenprüfung zu bearbeiten? Im Lauf des Einlesen werden außerdem *eigene Überlegungen zum Thema* entwickelt. An seinem Ende muß eine verbesserte Formulierung jener Frage stehen, die durch die Hausarbeit beantwortet werden soll, sowie eine überzeugende Begründung von deren Wichtigkeit.
- Sodann erfolgt die *Materialsammlung*. Sie nimmt in der Regel die Form des *Bibliographierens* an, lautet eine Grundregel wissenschaftlicher Arbeit doch, daß man auf dem erreichten Wissensstand – sie kritisch rezipierend und ggf. überprüfend – aufzubauen hat.[904] Üblicher-

---

901 Selbstverständlich ist von vornherein die Vorstellung falsch, durch Mühe bei den abverlangten Leistungen verschaffe man den Hochschullehrern sozusagen eine Art ‚Profit‘, den vorzuenthalten gewissermaßen im ‚Klasseninteresse‘ des Studenten liege. Das Gegenteil ist richtig: Gute ‚Werkstücke‘ wissenschaftlicher Arbeit steigern das Selbstvertrauen des Studierenden und geben dem Dozenten Lust an der Lehre, was wiederum den Studenten zugute kommt.

902 Es gilt: Indem man den Weg von der bloßen Antwort auf eine Frage hin zur Beschreibung des Nutzens der Antwort für die Lösung bestimmter Probleme einschlägt, bewegt man sich vom Leistungsniveau eines Schülers hin zu dem eines Studenten. Vgl. auch S. 189ff.

903 Auf folgende Lexika bzw. Wörterbücher sei verwiesen: Beck 1986, Brunner u.a. 1972ff, Drechsler 1992, Fraenkel/Bracher 1980, Gabriel/Holtmann 1999, Görlitz/Prätorius 1987, Greenstein/Polsby 1975, Hättich 1980, Holtmann 1991, Nohlen 1994ff, International Encyclopedia of the Social Sciences 1969, Mickel 1983, Nohlen 1991, Pipers Wörterbuch zur Politik 1984 - 1989, Schlangen 1977, Sommer/Westphalen 1999, Staatslexikon 1985-1989, Woyke 1986.

904 Detaillierte Ratschläge zum Bibliographieren finden sich üblicherweise in den ‚Einführungen in das wissenschaftliche Arbeiten‘ (siehe Anm. 915) bzw., speziell bezogen auf die Politikwissenschaft, in folgenden Werken: Heidtmann 1985, Horn/Neubauer 1987, Kalvelage/Segal 1976, Keplinger u.a. 1976, Laurie 1985 und Schubert 1986.

weise wird man beim Bibliograpieren mit der Suche nach der neuesten Literatur beginnen, dann die älteren Publikationen ausfindig machen und insgesamt wie folgt vorgehen:

- Festlegung von Schlag- oder Stichworten,[905] von denen man seine Suche leiten läßt.
- Suche nach Literatur in den einschlägigen Artikeln und Abschnitten von für den Gegenstand wichtigen Lexika, Handbüchern oder Lehrbüchern sowie in den jeweils auf diese Art identifizierten Werken (‚Schneeball-Prinzip‘).
- Suche nach einschlägigen Monographien oder Sammelbänden anhand einer systematischen Freihandaufstellung in der Bibliothek und Auswertung dieser Werke nach dem ‚Schneeballprinzip‘; ferner Suche nach Literatur und nützlichen Aufsätzen zum Thema in den neueren Ausgaben von einschlägigen, in der Bibliothek verfügbaren Fachzeitschriften. Zumal deren thematisch gegliederte Rezensionsteile sind durchzusehen. Gute Monographien oder Aufsätze haben in ihrem Einleitungsabschnitt meist auch einen ‚Literaturbericht‘, in dem die für die behandelte Thematik wichtige Literatur besprochen wird. Eine nicht minder wichtige Fundgrube einschlägiger Literatur stellen Sammelrezensionen oder Forschungsüberblicke zum behandelten Thema dar.
- Systematische Suche nach Literatur im Schlagwort-, Stichwort- oder systematischen Katalog des OPAC[906] einer großen Bibliothek. Das kann der OPAC der eigenen Universitätsbibliothek, sehr wohl aber auch der Katalog einer bedeutenden anderen, gegebenenfalls ausländischen (Spezial-)Bibliothek oder ein Verbundskatalog mehrerer Bibliotheken sein. Die für die eigene Arbeit wichtigen Bücher werden dann – gegebenenfalls per Fernleihe – beschafft und auch ihrerseits nach dem Schneeballprinzip ausgewertet.
- Falls man die Abfragesyntax einer guten Suchmaschine beherrscht, wird auch die Schlagwortsuche im Internet oft gute Dienste leisten.
- (EDV-gestützte) Auswertung von einschlägigen Fachbibliographien, z.B. der ‚Annotierten Bibliographie für die politische Bildung‘, des mit Inhaltsangaben versehen, überaus umfassenden und systematisch gegliederten Literaturteils der ‚Zeitschrift für Politikwissenschaft‘ sowie bibliographischer Zeitschriften wie ‚Neue politische Literatur‘.
- (EDV-gestützte) gezielte Suche nach aktuellen Büchern, die noch nicht in Bibliotheken vorhanden oder verzeichnet sind. Für deutsche Bücher greift man zum – thematisch und nach Schlagworten gegliederten – ‚Verzeichnis lieferbarer Bücher‘, für ausländische Bücher zu dessen Seitenstücken (z.B. für die USA zu ‚Books in Print‘).
- Gezielte (EDV-gestützte) Suche nach einschlägigen Aufsätzen in Fachzeitschriften. Vorzüglich eignen sich hierfür systematische, weitgehend vollständige und aktuelle Sammlungen der Inhaltsangaben (‚abstracts‘) von Aufsätzen, die in den Fachzeitschriften einer Disziplin erschienen sind. Für Politikwissenschaftliche Arbeiten ist vor allem auf die ‚International Political Science Abstracts‘ sowie auf die ‚Sociological Abstracts‘ zu verweisen. Ebenso kann man über das thematische Verzeichnis des ‚Social Science Citation Index‘ die aktuellste (Aufsatz-)Literatur recherchieren. Sehr nützlich ist auch die Zeitschrift ‚Current Contents‘, welche die Inhaltsverzeichnisse aktueller, in Abstract-Sammlungen noch nicht nachgewiesener Zeitschriftenausgaben zusammenstellt.
- Abrundend, vor allem beim Bibliographieren für zumal Diplom-, Magister- und Doktorarbeiten: Anschreiben – am besten per e-mail – von identifizierten zentralen Autoren,

[905] Ein Stichwort ist ein Wort, das im Titel eines Buches oder Aufsatzes vorkommt, ein Schlagwort ein Begriff, der den Inhalt eines Buches oder Aufsatzes anzeigt.

[906] OPAC ist die Abürzung von ONLINE PUBLIC ACCESS CATALOGUE und meint einen per Internet zu benützenden Bibliothekskatalog.

einschlägigen Behörden, Organisationen und Forschungseinrichtungen mit der Bitte um Hinweise auf ‚graue Literatur'[907], noch unveröffentlichtes oder sonstiges einschlägiges Schrifttum.

- Bei der *Materialauswertung* muß die ermittelte einschlägige Literatur zunächst *gesichtet* und sodann *durchgearbeitet* werden.
  - Bei der *Sichtung* des Materials wird die bibliographierte oder schon beschaffte Literatur zunächst einmal nach ihrer vermutlichen Wichtigkeit für die Beantwortung der gestellten Frage bzw. ihrer Unterfragen *sortiert*. Bei Aufsätzen sind hierfür die ihnen vorangehenden oder in Abstract-Sammlungen zusammengestellten Kurzreferate nützlich; bei Büchern hilft der Blick ins Inhaltsverzeichnis, in die Einleitung, in den Schluß oder in das Register. Hierauf folgt die *Auswahl* der zu lesenden Passagen und die Durchführung der *Lektüre*. Selten ist es nötig, für die Anfertigung einer Hausarbeit Bücher ganz zu lesen; selbst bei Aufsätzen genügt bisweilen der Blick auf ausgewählte Teile.[908]
  - Die *Durcharbeitung* erfolgt in der oben beschriebenen Weise durch *Lesen*. Man arbeitet äußerst effizient, wenn man sich angewöhnt, die durch Lektüre erschlossenen Informationen leicht wiedergewinnbar zu *dokumentieren*. In der Regel sollte man ein durchnumeriertes Verzeichnis der benutzten Werke anlegen und dann systematisch notieren, zu welchen Themenbereichen welcher Text auf welchen Seiten wichtige Informationen enthält. Beispielsweise numeriert man die gelesenen Bücher und Aufsätze in der Reihenfolge ihrer Benutzung mit römischen Ziffern, etwa von I bis XXVI. Dann läßt sich leicht angeben, wo für die weitere Arbeit wichtige Passagen stehen, z.B. II/2-7 oder VI/19-23. Zweckmäßigerweise führt man beim Lesen eine Liste, in der man der Reihe nach notiert, zu welchen Aspekten des Themas man wo Informationen aufgefunden hat. Dies kann bei einer Arbeit über die Ostpolitik Bundeskanzler Erhards beispielsweise so aussehen:
    - Erhards Friedensnote: X/22-40; XII/70-85; XV/70-92
    - Reaktionen allgemein: VII/15-22; IX/112-118
    - Reaktion der USA: XV/47-51
    - Reaktion der UdSSR: XXIV/20-35
    - usw.

    Es empfiehlt sich, unterhalb der jeweiligen Einträge soviel Platz zu lassen, daß man dort später ein- oder auffallende logische Unterpunkte notieren und samt den dazugehörenden Textpassagen festhalten kann. Parallel zur Lektüre sollte man in ähnlicher Systematik die eigenen Gedanken, Überlegungen und weiterführende Ideen festhalten, um auch sie bei der Niederschrift der Arbeit verfügbar zu haben. Den Prozeß der Materialauswertung wird man so lange fortsetzen, bis man den Eindruck hat, alle wichtigen Aspekte der Thematik sowie alle oft zitierten Werke zu kennen, so daß die weitere Lektüre vermutlich nicht mehr allzu viel Neues bringen würde.
- Die *Strukturierung der Ergebnisse* besteht im Grunde aus der Erarbeitung eines vorläufigen *Argumentations- und Darstellungskonzepts*. Dafür bieten sich zwei Möglichkeiten an:

---

907 Das sind Schriften, die nicht im Buchhandel erhältlich sind und oft vor allem für die interne Arbeit von Institutionen aller Art erstellt wurden.

908 Sofern man sich beim Lesen durch Exzerpieren gedankliche Klarheit schafft, sollte man auf das Exzerpieren einige Mühe verwenden. Doch effizienter ist es in der Regel, die für die eigene Arbeit unverzichtbaren Texte zu fotokopieren und mit Anstreichungen und Verweisen aller Art zu versehen. Exzerpte wie alle anderen Aufzeichnungen sollten grundsätzlich einseitig, mit einem Heftrand links und einem Markierrand rechts sowie in fotokopierfähiger Farbe (in der Regel schwarz oder rot, am besten nicht blau, keinesfalls grün) angefertigt werden. Beim Exzerpieren sollte man zusätzliche eigene Ideen zum exzerpierten Text in einer vom Exzerpt verschiedenen Farbe festhalten, um jederzeit eigenes und fremdes Gedankengut auseinanderhalten zu können.

- Oft ist der Versuch hilfreich, die beim Lesen festgehaltenen und mit Literaturangaben versehenen Begriffe bzw. ‚Stoffeinheiten' in eine solche Ordnung zu bringen, daß sie zu durchlaufen einen schlüssigen Argumentationsgang ergibt, in dessen Verlauf die gestellte Frage vollständig beantwortet wird. Dabei ist es hilfreich, die während des Lesens festgehaltenen eigenen Ideen zu Rate zu ziehen, da sie sich nicht selten auch mit der Ordnung des Stoffs befassen. Dieses Verfahren hat den Vorteil, daß man bei der Niederschrift sofort und in sinnvoller Reihenfolge auf die dokumentierten Textpassagen zurückgreifen kann; eigene Exzerpte arbeitet man dabei an jeweils geeigneter Stelle ein.
- Möglicherweise ist es aber im Einzelfall nützlicher, den Stoff durch ein Gerüst von Thesen und Antithesen zu erschließen, bei deren Erörterung die zu den einzelnen Argumentationsteilen dokumentierten Literaturstellen verwendet werden.

In jedem Fall muß man am Ende dieser Arbeitsphase über einen ‚roten Faden' verfügen, der in übersichtlicher Gliederung und stichwortartig den Gang der Darlegung skizziert. Unbedingt ist sicherzustellen, daß *alles* gesammelte und ausgewertete Material, das für wichtig befunden wird, den Gliederungspunkten präzise zugeordnet wird. Im übrigen muß man einfach hinnehmen, da eine derartige Gliederung immer durch Versuch und Irrtum entsteht und in der Regel noch in der Phase der Niederschrift verändert wird. Die folgende, inzwischen vor allem für Aufsätze übliche Gliederungsweise kann aber in vielen Fällen als Vorbild dienen: Einleitung[909] – Darstellung der forschungsleitenden Theorie und gegebenenfalls ihrer Hypothesen – Präsentation des für die Fragestellung wichtigsten zusammengetragenen empirischen Materials – Diskussion des empirischen Materials im Licht der forschungsleitenden Theorie – Schlußfolgerungen aus der Diskussion samt abschließender Beantwortung der Forschungsfrage.

Die *Einleitung* ist der intellektuelle Angelpunkt und die Visitenkarte einer wissenschaftlichen Arbeit. Für sie bewährt sich immer wieder die folgende Gliederung:

- Einleitende Beobachtung oder Bemerkung, die den Leser auf das Thema neugierig macht und für den Autor einnimmt (‚captatio benevolentiae')[910];
- Formulierung der Frage- oder Problemstellung als *direkter* Fragesatz, gegebenenfalls gefolgt von einer Reihe konkretisierender Einzelfragen. Jede wissenschaftliche Arbeit wird daran gemessen, ob sie eine wichtige Frage aufwirft und ob es ihr gelungen ist, auf jene Frage auch eine mit den Tatsachen übereinstimmende und logisch stimmige Antwort zu finden. Wer sein Thema nicht als direkten Fragesatz formulieren kann, der weiß in der Regel nicht, was er wirklich will, und wird darum auch wenig Lesenswertes über sein Thema zu sagen haben.
- Darlegung des größeren Zusammenhangs der Fragestellung. Wer diesen nicht kennt, wird zu seinem engeren Thema auch nicht viel Sinnvolles vorzubringen haben.
- Begründung, warum es wichtig ist, eine Antwort auf die gestellte Frage zu erhalten. Man sollte sich weder als Autor noch als Leser um Fragestellungen kümmern, deren Wichtigkeit für irgendeinen plausiblen Zweck nicht nachvollziehbar ist.
- Literaturbericht. Er beantwortet folgende Fragen: Welches Schrifttum bietet Antworten auf die gestellte Frage? Welche Wege hat die einschlägige Forschung genommen? Wo genau steht innerhalb dieser Forschungslage die eigene Arbeit? Ein Literaturbericht zeigt dem Fachkundigen aufs deutlichste, ob der Verfasser einer wissenschaftlichen Arbeit ein Fachmann oder Dilettant ist.

---

909 Zu ihr siehe den nächsten Abschnitt.
910 Lat. für ‚Stiftung von Wohlwollen'.

  - Darlegung und Begründung des methodischen Vorgehens bei der vorzulegenden Antwort auf die Forschungsfrage. Hier kann der fachkundige Leser in der Regel bereits abschätzen, ob dem Verfasser wohl eine tragfähige Antwort gelungen sein mag.
- Für die *Niederschrift* lassen sich ebenfalls allgemeine Ratschläge geben, obwohl hier jeder seinen eigenen Weg finden muß.
  - Unbedingt sollte man heute seine Arbeiten mittels eines *Textverarbeitungssystems* schreiben, da dergestalt jederzeit Korrekturen und selbst sehr große Umgestaltungen leicht möglich sind.[911] Dies fördert die Bereitschaft, sowohl schnell zu arbeiten als auch hartnäckig an seinem Text zu feilen. Wer nicht mit einem Textverarbeitungssystem umgehen will, braucht die folgenden Ratschläge nur entsprechend abzuwandeln.
  - Grundsätzlich sollte eine schriftliche Arbeit *in mehreren Versionen* entstehen.
    - Die *erste* Version sollte zügig und ohne Benutzung des gesammelten Materials allein auf der Grundlage des erworbenen Wissens und des Argumentationskonzepts entstehen. Sie erfordert vor allem Denkarbeit und zeigt, ob der Stoff wirklich begriffen wurde. Kommt man nicht weiter, so ist dies ein untrügliches Anzeichen dafür, das man die gestellte Frage noch nicht beantworten kann und mit der gedanklichen Durchdringung oder Auswertung des Materials noch nicht weit genug ist.
      Schreibt man die erste Version mit einem Textverarbeitungssystem, so ist deren ‚Ausbau' zum endgültigen Text unproblematisch. Schreibt man sie mit der Hand oder der Schreibmaschine, so sind folgende Regeln sinnvoll:
      - Grundsätzlich die Blätter nur einseitig beschreiben, so daß man sie leicht austauschen und ihre Reihenfolge jederzeit verändern kann!
      - Dennoch stets doppelseitig beschreibbares Papier benutzen, so daß man Ergänzungen auf die Rückseite schreiben kann!
      - Fußnoten grundsätzlich auf dem Blatt notieren, wo sich auch der entsprechende Fußnotenhinweis findet; die Fußnoten nicht durchgehend, sondern blattweise numerieren!
      - Die Seiten nicht vollständig beschreiben, sondern Platz für Korrekturen und Ergänzungen lassen!
    - Die *zweite* Version des Textes entsteht dadurch, daß man die erste Version auf die Schlüssigkeit ihres Aufbaus prüft und anschließend verändert. Mitunter kann man zur Erstversion auch das Urteil des Dozenten einholen. Und wann immer möglich, sollte man seine Arbeiten in diesem frühen Stadium von Kommilitonen gegenlesen lassen und auch selbst diesen Dienst anderen erweisen. Die Leitfragen solcher Kontrolle lauten: Wird dem Leser die Fragestellung, deren Bedeutung und die eigene Antwort klar? Läuft die Darstellung nachvollziehbar und stimmig ab? Gibt es Disproportionen in den Gliederungspunkten? Weist der Argumentationsgang Schwachstellen oder Lücken auf? Beinhaltet der Text ‚Stolperstellen'? Angeleitet von entsprechenden Hinweisen, erfolgen sodann Korrekturen durch Neuformulierungen, durch Umstellung von Textblöcken, durch Einfügungen oder durch Streichungen.
    - In der *dritten* Version des Textes wird die gesichtete und dokumentierte Literatur in Form von Zitaten, Paraphrasen, Verweisen auf sie und Auseinandersetzungen mit ihr, das gesammelte Datenmaterial in Form von Tabellen und Schaubildern *systematisch eingearbeitet*. So stellt man sicher, daß nichts Überflüssiges in die Arbeit

[911] Aus gegebenem Anlaß sei *dringend* geraten, stets die alle paar Minuten ausgelöste automatische Speicherungsfunktion zu benutzen und nach Abschluß jeder Arbeitseinheit eine Sicherungskopie – auch auf Diskette! – anzulegen.

gelangt, doch auch nichts Wesentliches fehlt. Bei vorwiegend beschreibenden Arbeiten schwillt durch das Einfügen zusätzlicher Seiten in dieser Arbeitsphase der Umfang leicht auf das Doppelte bis Dreifache an.

- Die *vierte* und meist letzte Version entsteht, indem der Text der dritten Version – nach einer Zeit des Liegenlassens – noch einmal vorgenommen und sprachlich überarbeitet wird. Leider geben sich weniger und weniger Studierende damit Mühe und verhalten sich damit wie überaus ungebildete Personen. Eigentlich muß man aber nur die folgenden, im Grunde selbstverständlichen Regeln befolgen:
  - Beseitige Wiederholungen von Gedanken, Informationen und Ausdrücken!
  - Sorge für größtmögliche Klarheit, v.a. durch die Beseitigung aller nicht zwingend erforderlichen Fremdwörter!
  - Teile lange Sätze in kurze Sätze auf!
  - Nutze Satzzeichen wie Strichpunkt (‚Semikolon'), Doppelpunkt und Gedankenstrich, um die Sätze gut zu gliedern!
  - Nutze Strichaufzählungen, um zur Übersichtlichkeit der mitgeteilten Argumente und Informationen beizutragen!
  - Bemühe dich um eine gut klingende, treffende, mit Lust zu lesende Sprache!
- Sobald auch diese Korrekturen eingearbeitet sind, kann die Reinschrift erfolgen. Bei der Arbeit mit einem Textverarbeitungssystem verlangt dies eigentlich nur noch die Formatierung und den endgültigen Ausdruck. Bei der Formatierung sollte man sich Mühe geben und die Regel beachten, daß ein schlichtes und klares Layout allemal besser ist als der Versuch, die gesamte Leistungsfähigkeit seines Textverarbeitungssystems zu demonstrieren. Keinesfalls sollte man unterschiedliche Schriftarten abwechselnd verwenden, und grober – doch weit verbreiteter – Unfug ist es, jeden Satz mit einem Absatzendezeichen zu versehen.

Diese Schritte der Anfertigung einer Hausarbeit wiederholen sich im Studium immer wieder. Auch Magister-, Diplom- und Doktorarbeiten werden auf keine andere Weise verfaßt. Da längere schriftliche Arbeiten stets Bestandteil von *Abschlußprüfungen* sind, sollte jede Hausarbeit dadurch zur Prüfungsvorbereitung genutzt werden, daß man in vergleichsweise immer kürzerer Zeit stets komplexere Fragestellungen auf jeweils bessere Weise zu beantworten erlernt.

(b) Prüfungsleistungen

Typische Prüfungsarten sind Klausur und mündliche Prüfung. In einer *Klausur* geht es darum, Lernerfolge unter Zeitdruck durch die möglichst klare und fehlerfreie Reproduktion von Wissensbeständen und/oder durch die praktische Anwendung des zu erwerbenden Wissens auf vorgelegte Probleme nachzuweisen. In *mündlichen Prüfungen* wird überdies die Argumentationsfähigkeit des Studierenden und seine geistige Wendigkeit getestet. In beiden Prüfungsformen dienen die vorgebrachten Äußerungen als *Indikator* für die zu prüfende Leistungsfähigkeit. Dies erlegt dem Prüfling eine *Bring*schuld auf: Es ist nicht Sache des Prüfers, vorgelegte Informationshappen wohlwollend zu interpretieren, sondern Sache des Kandidaten, sich und seine Kompetenz zur Schau zu stellen.

Bei der *Vorbereitung* auf Prüfungen mit eingeschränkten Stoffgebieten, also zumal bei der Vorbereitung auf Klausuren, ist es ungemein nützlich, sich den Stoff durch eine Reihe von mehr oder minder detaillierten Fragen zu erschließen. Dies meint konkret: Während man den Stoff durcharbeitet, formuliert man schriftlich der Reihe nach Fragen, in Antwort auf welche sinnvolle Stoffeinheiten wiederzugeben sind. Bereitet man sich beispielsweise auf eine Klausur über politische Ideengeschichte vor, so wird man sich die anhand geeigneter Bücher, Aufsätze und Mitschriften zu erlernenden Sachverhalte durch Fragen wie die folgenden erschließen: Was sind die zentralen Begriffe in der politischen Theorie Platons? Was meint der Begriff der ‚gemischten Verfassung'? Welche politikwissenschaftlich wichtigen Konzepte übernahm Thomas v. Aquin von Aristoteles? Was ist ein Herrschaftsvertrag im Unterschied zu einem Gesellschaftsvertrag? Welche Funktion hat die Beschreibung des ‚Naturzustandes' im politischen Denken von Hobbes, Locke und Rousseau? Wie detailliert man den durchzuarbeitenden Stoff durch Fragen aufbricht, hängt im wesentlichen davon ab, wie intensiv man ihn sich aneigenen will. Im Zweifelsfall sind detailliertere Fragen, die man anschließend wieder zusammenfassen kann, vorzuziehen. Zur Erfolgskontrolle legt man sich die selbst formulierten Fragen nach einem jeweiligen ‚Lerndurchgang' vor und kann dergestalt rasch Wissenslücken identifizieren. Indem man die aufgelisteten Fragen überdies untergliedert bzw. hierarchisiert, arbeitet man den Stoff gedanklich durch und gelangt so vom Detail- zum Strukturwissen. Einen zur persönlichen Erfolgskontrolle und Prüfungsvorbereitung während des Studiums in der Regel ausreichenden Fragenkatalog bietet der Anhang II dieser ‚Einführung'.

Die Prüfungsvorlieben von Hochschullehrern sind allerdings überaus verschieden. Die einen prüfen lieber eigens für das Examen vorbereitete Spezialgebiete, die anderen wollen sich einen Eindruck vom allgemeinen Kenntnisstand verschaffen. Unabhängig von allen Kriterien, nach denen man selbst den eigenen Studienerfolg bemißt, ist es deshalb ratsam, sich rechtzeitig über das Verhalten der Prüfer zu informieren und – was immer häufiger möglich ist – an Prüfungen fortgeschrittener Kommilitonen als Zuhörer teilzunehmen. Nichts vertreibt leichter die eigene Prüfungsangst. Ansonsten besteht die beste Vorbereitung auf die *Zwischenprüfung* in einem sorgfältigen Grundstudium. Wenn man bei der Zwischenprüfung die Wahl hat, ein zusätzliches Spezialgebiet zu wählen oder sich auf den Stoff des Grundstudiums zu beschränken, sollte man die letztgenannte Möglichkeit wählen: Wofür will man sich mit zusätzlichen Details abgeben, wo doch die Chance besteht, die Kenntnisse über die Grundlagen des Fachs systematisch zu vernetzen und abzurunden?[912] Entsprechend läßt sich ein Stück weit sogar hinsichtlich der *Magisterprüfung* argumentieren. Versteift man sich hingegen zu sehr auf ein Spezialgebiet, so riskiert man einesteils, den Prüfer zu überfordern. Wenn nämlich das eigene Spezialgebiet nicht auch von diesem gut beherrscht wird, läuft man Gefahr, dem Stoff unangemessene Fragen beantworten zu müssen. Umgekehrt riskiert man, sich selbst zu überfordern, wenn das eigene Spezialgebiet sich mit dem des Prüfers deckt: Er setzt dann oft zu viele Kenntnisse des Kandidaten voraus.

Grundsätzlich ist man bei *mündlichen Prüfungen* gut beraten, das Gespräch aktiv, gar offensiv zu führen, also: dem Prüfer eigene Kompetenz bewußt zu *demonstrieren.* Zu diesem Zweck ist es bei komplexen Antworten, die mehrere Unterpunkte enthalten müssen, äußerst vorteilhaft, diese Unterpunkte zunächst einmal überblickshaft aufzuzählen und sich dann erst im einzelnen zu ihnen zu äußern, da der Prüfer ansonsten meinen kann, der Kandidat verzettele sich in Details, habe keinen Überblick oder leide am ‚Wald/Bäume-Problem'.[913] Eine Antwort wird darum typischerweise so beginnen: ‚Um diese Frage zu beantworten, will ich drei (oder fünf) Punkte ansprechen: A, B ... und E. Bei A geht es im einzelnen um folgendes: ...'. Offensichtlich wird man

---

912 Ein Stück weit liegt es freilich in der Hand des Prüfers, ob dieser Rat wirklich gut ist. Man sollte diesen Rat befolgen, wenn man den Prüfer gut kennt und darauf vertrauen kann, er werde *faire* Fragen stellen. Andernfalls ist es sicherer, ein vom Prüfer geschätztes Spezialgebiet zu wählen und sich vor allem mit des Prüfers Lehr- und Forschungsprogramm vertraut zu machen.

913 Dieses besteht darin, ‚den Wald vor lauter Bäumen nicht mehr zu sehen'. In der Tat sollte das Studium der Politikwissenschaft den *Wald* erkunden. So wie es derzeit an den meisten deutschen Universitäten und von den meisten Studierenden organisiert wird, gleicht das Studium der Politikwissenschaft allerdings in der Regel der Inspektion einzelner Bäume. Prämieren Prüfer dann die Kenntnis ihrer Lieblingsbäume, so entfällt aller Anreiz, den Wald kennenzulernen – mit allen nachteiligen Folgen für die Forstwirtschaft und den amgehenden Förster.

mit der mündlichen Prüfungssituation auf diese Weise um so leichter fertig, je besser man die Arbeit mit sachdienlichen Topoi-Katalogen beherrscht.[914]

Um am Schluß des Studiums gelassen einer guten Prüfung entgegenzugehen, muß offensichtlich in den Semestern zuvor trotz oft unbefriedigender Rahmenbedingungen vielerlei gelingen. Die Chancen dafür steigen, wenn man sich in den ersten beiden Semestern mit einer bestimmten Buchgattung gründlich befaßt: mit den ‚Einführungen in das wissenschaftliche Arbeiten'.[915] Sie beschreiben nützliche Techniken des Lesen, Hörens sowie Organisierens von Tagesabläufen; sie geben konkrete Hinweise, wie man effizient eine Hausarbeit oder ein Referat anfertigt; sie führen in die Spielregeln des Zitierens ein; sie lehren die Kunst des Bibliographierens und stellen dessen wichtigste Hilfsmittel vor. Wer solche Hinweise nicht zur Kenntnis nimmt oder von sich weist, handelt schlechterdings töricht. Überdies gibt es an vielen Universitäten bzw. Instituten eigene Lehrveranstaltungen zu diesen Themen, die man besuchen sollte.

914 Siehe S. 37f und Anm. 55.

915 Verwiesen sei auf Bandemer/Wewer 1991, Böttcher/Zielinski 1973, Buss/Schöps 1979, Druwe 1994, Hansen u.a. 1978, Junne 1976, Kliemann 1970 und Wellhöfer 1984.

III. Das Erlebnis politikwissenschaftlicher Kompetenz

Die besten Anzeichen für den erfolgreichen Verlauf eines politikwissenschaftlichen Studiums sind Veränderungen des persönlichen politischen Alltagsdenkens. Hinweise auf derartige Studienfortschritte stellen Erlebnisse wie die folgenden dar:

- Bei der zweiten oder dritten Seminararbeit merkt man, daß man keinen ‚Besinnungsaufsatz' mehr zu schreiben vermag. Man schafft es nicht mehr, Bildungswissen gefällig anzuordnen, Argumentationslücken einfach durch Bekenntnisse zu füllen, Sätze aufzuschreiben, ohne sich bezüglich ihrer Begründbarkeit oder Implikationen den Kopf zu zerbrechen.
- Man schafft es nicht mehr, einfach nur zu ‚politisieren'. Bisherige Argumentationsroutinen werden schal, gewohnte Begriffe wirken billig; Freunde schelten einen, man rede ‚viel zu theoretisch'.
- Man wird seiner politischen Ansichten unsicher, fängt seinem politischen Wissen zu mißtrauen an, ist verwirrt ob der Vieldeutigkeit und Undurchschaubarkeit der bislang so klar verständlichen Nachrichten in Fernsehen, Hörfunk und Presse.

In solchen Erlebnissen spiegelt sich die Lockerung der Fesseln bisherigen Alltagsdenkens. Auf übernommene Selbstverständlichkeiten verzichten zu müssen, stiftet natürlich zunächst Orientierungslosigkeit und Kommunikationsstörungen. Gut kommt weg, wer dies als ‚kreative Krise', als ‚Mauser' erfährt; schlecht, wer das Studium der Politikwissenschaft nur als Anreicherung mitgebrachten Wissens um zusätzliche Details erleben wollte. Wer indessen gar nichts dergleichen empfindet, sollte sich größte Sorgen um das Gelingen seines Studiums machen.

Wieder auf sicheren Grund und zur praktischen Nutzung erworbener politikwissenschaftlicher Kenntnisse ist gelangt, wem zum Beispiel folgendes widerfährt:

- Man nimmt politische Meinungen nicht mehr so hin, als folge aus dem Recht auf freie Meinungsäußerung, daß man alle Meinungen als gleich gut begründet ansehen und als gleichwertig akzeptieren müsse. Man kann geradezu nicht mehr anders, als die logische Konsistenz vorgetragener Argumente zu prüfen und sich ihre unausgesprochenen Voraussetzungen wie Folgerungen klarzumachen; unwillkürlich fragt man sich bei jeder vorgebrachten Behauptung, ob sie wohl mit den Tatsachen übereinstimmt; und in Diskussionen beharrt man darauf, daß Tatsachenbehauptungen nicht einfach als ‚zulässige persönliche Meinung' zu akzeptieren sind, sondern man erst einmal prüfen muß, ob eine solche Behauptung denn wirklich *stimmt*. Ein meist untrügliches Zeichen für derartiges Wachsen politikwissenschaftlicher Kompetenz besteht darin, daß politische Gespräche mit alten Bekannten schwierig werden.
- Man kann nicht mehr über einen politischen Sachverhalt nachdenken, ohne routinemäßig nach den in ihm wirksamen Machtbeziehungen, Ideologien, Normanwendungen und Kommunikationsströmen zu fahnden, ohne in aller Selbstverständlichkeit ihn mittels des AGIL-Schemas abzutasten sowie sich seinen ‚Schichtenbau' zu vergegenwärtigen; und Sachlagen internationaler Politik kann man nicht mehr wahrnehmen, ohne unwillkürlich mit den Arbeitsschritten einer Konstellationsanalyse zu beginnen. Insgesamt fühlt man einen steten Systematisierungszwang.
- Man kennt nicht nur verschiedenste Betrachtungsweisen vieler Sachverhalte, sondern benutzt auch bei jedem längeren Nachdenken nacheinander recht verschiedene Theorien und Begriffe – sei es bewußt anhand von eingeübten Topoi-Katalogen, sei es wie von selbst.

- Bei jeder politischen Nachricht fragt man sich unwillkürlich: Was ist die Quelle? Was konnte der Urheber der Nachricht wissen? Was wollte er mit ihr bezwecken? Welche Verzerrungen mögen auf dem Übermittlungsweg unterlaufen sein? Was kann ich ihr konkret entnehmen? Welche Verallgemeinerungsmöglichkeiten enthält sie – und worauf gründe ich meine Vermutungen über die Verallgemeinbarkeit?
- Es gibt nur noch wenige politische Nachrichten, die man nicht in einen analytischen Rahmen einfügen kann. Liest man eine Meldung über Parteienfinanzierung, so fallen einem die Funktionen von Parteien und die Möglichkeiten ihrer Erfüllung ein; hört man eine Nachricht über Streitigkeiten innerhalb der Regierungskoalition, dann interpretiert man sie anhand seiner Kenntnisse über die Funktionslogik parlamentarischer Regierungssysteme; sieht man Bilder von einem Kriegsschauplatz, so verortet man den Konflikt ganz selbstverständlich in der Geschichte der jeweiligen Region und ordnet ihm dem entsprechenden Konflikttypus zu, so daß man rasch zu ersten Vermutungen darüber gelangt, welche Maßnahmen unwirksam, schädlich oder förderlich sein werden.
- Wird man nach seiner persönlichen Ansicht zu einem bestimmten Sachverhalt gefragt, so beginnt man fast zwanghaft mit der Aussage: ‚Mir scheint, daß hier mindestens drei (oder fünf) verschiedene Aspekte zu bedenken sind, nämlich: ...'.
- Wird man nach einem Lösungsvorschlag für ein politisches Problem gefragt, so prüft man unwillkürlich, über welche Informationen man verfügen müßte, um den gewünschten Vorschlag begründet formulieren zu können, schätzt ab, in welchem Umfang man entsprechendes Wissen aktuell besitzt, und versieht sowohl seine eigene Überzeugung von der Angemessenheit des geäußerten Vorschlags als auch dessen Darstellung mit entsprechenden Hinweisen. Anschließend nimmt man sich zumindest vor, die gröbsten Kenntnislücken zu beseitigen – und folgt diesem Vorsatz auch ziemlich oft.

Ist einem dies alles in Fleisch und Blut übergegangen, so kann man halbwegs sicher sein, daß man ein ziemlich brauchbarer Politikwissenschaftler wurde. Vor allem dienen Tageszeitung und Fernsehnachrichten nun als Lehrbuch: Nicht nur viel mehr als früher erzählt einem die einzelne politische Meldung und immer zutreffender werden Abschätzungen möglicher Entwicklungsverläufe, sondern immer wieder erkennt man jetzt auch am Einzelfaktum die grundlegenden Konstruktionsprozesse und Strukturmerkmale politischer Wirklichkeit. Nicht selten wird man sich wundern, warum ein anderer eine Information für belanglos halten kann, die man selbst als Schlüssel zum Verständnis komplizierter Sachverhalte zu nutzen versteht. In solchen Augenblicken werden politikwissenschaftliche Kompetenz und ihre problematischsten Merkmale ganz dicht erfahrbar: sie trennt – und sie läßt sich hier und jetzt nur selten vermitteln. Ein angenehmer Gesprächspartner zum bloßen Politisieren ist man darum nicht mehr. Was man aber an der Anzahl bisheriger Gesprächspartner verliert, gewinnt man an der Tiefe nun möglicher Gespräche oft zurück.

Vielleicht empfindet man eines Tages auch eine gewisse Verpflichtung, Politik nicht nur besser durchschauen zu wollen als andere, sondern sich kraft solcher Kompetenz auch in sie einmischen zu sollen. Das Interesse an den ‚res gerendae', den zu gestaltenden Dingen, überwiegt dann jenes an den ‚res gestae', dem bereits Geschehenen. Der Politikwissenschaftler mag sich dann anschicken, zum Politiker werden. Kein schlechter Weg – gewiesen von einer Disziplin, die politischer Probleme wegen entstand und ihr Selbstverständnis als ‚praktische Wissenschaft' nie abstreifen sollte.

Anhang I: Glossar

Aggregatdaten
Durchschnittswerte, Prozentanteile und sonstige Angaben, welche nicht über *einzelne* → Untersuchungseinheiten, sondern über *Gruppen* von Untersuchungseinheiten informieren; vgl. → Individualdaten.

AGIL-Schema
Zusammenstellung von zentralen Kategorien strukturfunktionalistischer Systemanalyse. Sie verweisen darauf, daß jedes soziale System folgende Aufgaben zu erfüllen hat: Umweltanpassung und Regulierung seiner Beziehungen zur Umwelt (A für ‚adaptation'); Zieldefinition und zielverwirklichendes Handeln (G für ‚goal attainment'); Integration (I für ‚integration'); und Aufrechterhaltung der Grundprinzipien und Wertgrundlagen des Systems (L für ‚latent pattern maintenance').

Allaussage, reine
Eine → empirische Aussage, die ohne raum-zeitliche Abgrenzung Behauptungen über einen → empirischen Referenten formuliert; siehe auch → raum-zeitlich abgegrenzte Aussagen.

Alltagswissen
Bezeichnung für jene Wissensbestände, Vorstellungen und Sinndeutungen, von denen in meist unbemerkter Selbstverständlichkeit das alltägliche Handeln geprägt und angeleitet wird.

Arbeitsteilung
Aufteilung von Aufgaben der Herstellung bzw. Bereitstellung gleichwelcher Güter und Dienstleistungen auf darauf spezialisierte gesellschaftliche → Subsysteme. Beispielsweise ist das → politische System jenes Subsystem einer → Gesellschaft, welches auf → Politik, also auf die Herstellung allgemein verbindlicher Regelungen und Entscheidungen, spezialisiert ist.

Aussage
Form der Verknüpfung von → Begriffen. Aussagen können wahr oder falsch sein. Beziehen sie sich auf → empirische Referenten, so spricht man von empirischen Aussagen; formulieren sie → Werturteile oder → Handlungsanweisungen, so spricht man von → normativen Aussagen.

Auswahlverfahren
Sammelbezeichnung für die verschiedenen Möglichkeiten, → Stichproben zu ziehen.

Außenpolitik
Sammelbezeichnung für alle Handlungen bzw. Maßnahmen, durch die ein → politisches System auf die Herstellung allgemein verbindlicher Regelungen (‚allgemeine Verbindlichkeit'; vgl. → Politik) in seinen Beziehungen mit anderen politischen Systemen einwirkt.

Autoritarismus
Bezeichnung für einen → Typ → politischer Systeme, der sich (wie der → Totalitarismus) durch monistische → Herrschaftsstruktur und monopolisierte politische → Willensbildung kennzeichnet, doch den staatlichen → Gestaltungsanspruch auf jene Systemelemente beschränkt, die mittel- oder unmittelbar auf den → politischen Prozeß bezogen sind. Im Unterschied zum Totalitarismus bestehen in politikfernen Nischen durchaus Freiräume persönlicher Entfaltung.

Befragung, Methoden der
Sammelbezeichnung für alle → Methoden der Erhebung von → Daten, bei denen die für den Forschungszweck einzuholenden Informationen durch Befragung jener Personen erhoben werden, die über diese Informationen verfügen. Die wichtigsten Formen sind das → Interview, die schriftliche Befragung und die Gruppendiskussion. Erhebungsinstrument ist in der Regel ein mehr oder minder detailliert strukturierter Fragebogen.

Begriff
Vorstellungsinhalt, der durch ein begriffsauslösendes Wort geistig vergegenwärtigt wird. Begriff und begriffsauslösendes Wort sind ebensowenig identisch wie Begriff und → empirischer Referent des Begriffs.

Beobachtung, Methoden der
Sammelbezeichnung für → Methoden der Datenerhebung, bei denen die für den Forschungszweck einzuholenden → Daten durch Beobachtung jener Personen, Situationen oder Sachverhalte erhoben werden, in denen die benötigten Informationen → empirisch faßbar werden. Beobachtungen können offen oder verdeckt, teilnehmend oder nichtteilnehmend durchgeführt werden. Erhebungsinstrument ist in der Regel ein → Beobachtungsleitfaden oder ein → Beobachtungsschema.

Beobachtungsbegriff
Ein → Begriff, dessen → empirischer Referent anhand einer geeigneten → Beobachtungstheorie ‚unmittelbar' beobachtet werden kann.

Beobachtungsleitfaden
Liste von Anweisungen darüber, was bzw. wie zum Zweck der Erhebung von → Daten beobachtet werden soll; eingesetzt v.a. bei → qualitativer Forschung. Vgl. → Beobachtung.

Beobachtungsschema
Ein systematisierter → Beobachtungsleitfaden; eingesetzt v.a. bei → quantitativer Forschung.

Beobachtungstheorie
Eine Theorie, welche für einen praktischen Beobachtungszweck angibt, wie welche Sinneswahrnehmungen zu interpretieren sind (→ Validität).

bewußte Auswahl
Auswahl aus einer → Grundgesamtheit nicht zu dem Zweck, ein verkleinertes Abbild dieser Grundgesamtheit zu erhalten, sondern um nach sonstigen Gesichtspunkten, z.B. aus theoretischen oder forschungspraktischen Gründen, nötige Untersuchungseinheiten in eine Stichprobe aufzunehmen (z.B. Auswahl von ‚besonders interessanten Untersuchungseinheiten', Auswahl nach dem ‚Schneeballprinzip').

Bundesstaat
siehe → Föderalismus.

Code
Im weitesten Sinn ein Zeichensystem, etwa ein bestimmtes Begriffs- oder Symbolrepertoire. Im forschungsmethodischen Sinn ein → Begriff, der einem Teil eines untersuchten → Dokuments zugeordnet wurde. Beispielsweise kann man bei der → Inhaltsanalyse von Zeitungen auftauchenden Namen wie Adenauer, Erhard, Kiesinger, Brandt, Schmidt oder Kohl als Code den Begriff ‚Bundeskanzler' zugewiesen haben. Im meßtheoretischen Sinn: eine Ziffer, die einem Begriff auf dem jeweils adäquaten → Meßniveau zugeordnet wurde.

Codierung
Zuweisung eines → Code.

Daten
Im Licht einer → Beobachtungstheorie aufgezeichnete Informationen über einen → empirischen Referenten.

Deduktion
Bezeichnung für den Versuch, auf folgendem Weg zu Einsichten und Erkenntnissen zu gelangen: Man prüft, auf welche verfügbaren Theorien und Annahmen man sich für seinen Forschungszweck (hypothetisch; vgl. → Hypothese) verlassen kann, und zieht aus diesen Voraussetzungen (‚Prämissen') seines Gedankengangs in mehr oder minder langen Argumentationsketten Schlußfolgerungen hinsichtlich der Beschaffenheit seines Forschungsgegenstands. Falls diese Schlußfolgerungen zugleich mit den Tatsachen, auf die sie sich beziehen, übereinstimmen (also: empirisch wahr sind; siehe → Wahrheit), kann man davon ausgehen, daß auch die Prämissen der Argumentation empirisch wahr sind. Sind die Schlußfolgerungen hingegen empirisch falsch, so müssen entweder in der Argumentation logische Fehler aufgetreten sein, oder zumindest eine der Prämissen des Arguments ist empirisch falsch.

Definition
Bestimmung eines → Begriffs dergestalt, daß man den beabsichtigten Vorstellungsinhalt sowie ein begriffsauslösendes Wort festlegt, das die gedankliche Vergegenwärtigung jenes Vorstellungsinhalts herbeiführen soll. Wählt man den Zuschnitt des beabsichtigten Vorstellungsinhalts je nach seinem Forschungs- oder Argumentationsbedürfnis sowie das begriffsauslösende Wort ganz nach Zweckmäßigkeitserwägungen, so führt man eine ‚*Nominal*definition' durch.

Demokratie
Politische Ordnungsform, in welcher das Volk mittels seiner in freien Wahlen ausgeübten Auswahl unter konkurrierenden Politik- bzw. Personalangeboten auf die Ausübung politischer Herrschaft Einfluß nimmt (‚Konkurrenztheorie der Demokratie'); siehe auch → parlamentarisches Regierungssystem, → präsidentielles Regierungssystem, → direkte Demokratie, → plebiszitäre Demokratie, → repräsentative Demokratie.

demokratische Repräsentativverfassung
Verbindung des Repräsentationsprinzips (→ Repräsentation) mit dem Prinzip der → Demokratie. Der Begriff wird meist gleichbedeutend mit dem der parlamentarischen Demokratie gebraucht.

Diktatur
Politische Ordnungsform, in welcher das Volk auf die Ausübung politischer Herrschaft *nicht* durch – in *freien* Wahlen durchgeführte – Auswahl unter konkurrierenden Politik- bzw. Personalangeboten Einfluß nehmen kann. Diktatur kann die Grundformen autoritärer oder totalitärer Diktatur annehmen; siehe → Autoritarismus, → Totalitarismus.

direkte Demokratie
Im weitgefaßten populären Sprachgebrauch: Sammelbegriff für die Direktwahl von Staats- und Regierungschef sowie für das Vorhandensein von Elementen → plebiszitärer Demokratie. Im genaueren politikwissenschaftlichen Sprachgebrauch: eine politische Ordnungsform, bei der weitgehend auf politische → Arbeitsteilung verzichtet und ein Stück weit die Identität zwischen Regierenden und Regierten verwirklicht wird (,Identitätstheorie der Demokratie'). Praktisch ist derlei nur in zahlenmäßig kleinen Gesellschaften realisierbar.

Dokument
Sammelbezeichnung für Texte, Sachverhalte, Gegenstände und Zustände aller Art.

Dokumentenanalyse
Verfahren zur Gewinnung von → Daten aus → Dokumenten gleichwelcher Art; das → Erhebungsinstrument ist in der Regel ein → Kategorienschema. Siehe auch → Inhaltsanalyse, → Hermeneutik.

elliptische Erklärung
eine zwar leicht faßlich formulierte, darum aber viele ,an sich nötige' Argumentationsschritte nur implizierende, tatsächlich also auslassende, → Erklärung. Vgl. → Erklärungsskizze.

empirisch
gleichbedeutend mit ,auf Erfahrung gestützt', ,durch Beobachtung gewonnen', ,auf → Daten gegründet'; oft gebraucht als Gegenbegriff zu ,spekulativ' bzw. ,theoretisch', d.h. zu ,aus (bloßen) Annahmen abgeleitet'. Vgl. → Positivismus.

empirische Forschung
Bezeichnung für einen → Forschungsprozeß, bei dem durch Methoden wie → Dokumentenanalyse, → Befragung, → Beobachtung, → Experiment und → Simulation bislang (so) nicht verfügbare Informationen eingeholt, zusammengestellt und ausgewertet werden.

empirische Sozialforschung
Bezeichnung für → empirische Forschung im Bereich sozialer bzw. politischer → Wirklichkeit.

empirische Wahrheit
Siehe → Wahrheit.

empirischer Referent
Sachverhalt, auf den sich ein Begriff oder eine Aussage bezieht. Wenn Begriffe und Aussagen sich ihrerseits auf Begriffe oder Aussagen beziehen, werden auch diese Begriffe oder Aussagen als empirischer Referent jener ,Meta-Begriffe' bzw. ,Meta-Aussagen' bezeichnet.

Entscheidung
Feststellung von Alternativen und Auswahl unter diesen.

Erhebungsinstrument
Name für alle zur Datenerhebung benutzten Instrumente, z.B. für das → Kategorienschema einer → Inhaltsanalyse, den Fragebogen eines → Interviews, das → Beobachtungsschema einer Beobachtungsstudie oder den Versuchsplan für ein → Experiment.

Erklärung
Wichtiger Typ alltagspraktischer wie wissenschaftlicher Aussagen. Die logische Grundform läßt sich so beschreiben: Die Erklärung eines Sachverhalts (,Explanandum') wird dadurch geleistet, daß man angibt, welche Wenn/Dann-Zusammenhänge unter welchen Bedingungen ('Randbedingungen') von welchen Voraussetzungen (,Anfangsbedingungen') aus zu ihm führten. In praktischen Erklärungen werden so gut wie nie alle diese Elemente einer Erklärung systematisch ausgeführt (,unvollkommene Erklärungen'). Bei der Erklärung geschichtlicher Entwicklungen (,Erklären durch Erzählen', ,genetische Erklärung') zwingt die Komplexität des Explanandum stets dazu, viele – oft unvollkommene – Erklärungen gleichzeitig zu verwenden und aufeinander zu beziehen. Werden Einzelerklärungen (,Erklärungsatome') aneinandergereiht bzw. aufeinander bezogen, so entsteht ein ,Erklärungsmolekül'.

Erklärungsskizze
Bezeichnung für die → Erklärung eines meist halbwegs komplizierten Sachverhalts, bei welcher die für den Erklärungszweck nötigen Einzelaussagen weder nur stillschweigend vorausgesetzt noch vollständig dargelegt werden. Erklärungsskizzen vereinfachen die → Kommunikation und sind eine typische Erscheinungsform wissenschaftlicher Erklärungen.

Ethnomethodologie
Untersuchung jener Alltagspraktiken (Handlungspraktiken, Darstellungstechniken und Interpretationsverfahren), durch welche → Wirklichkeitskonstruktion geleistet wird.

Existenzaussage, reine
Eine → empirische Aussage, welche die bloße Existenz bzw. eine bestimmte Beschaffenheit eines nicht weiter raumzeitlich gekennzeichneten → empirischen Referenten behauptet. Vgl. → raum-zeitlich abgegrenzte Aussagen.

Experiment
Forschungsmethode, mittels welcher → Wenn/Dann-Aussagen erarbeitet bzw. überprüft werden können. Im Kern geht es darum, Zusammenhänge zwischen zwei oder mehr Sachverhalten unter Kontrolle von ‚störenden' weiteren Sachverhalten dadurch zu untersuchen, daß man die Ausprägungen des einen Sachverhalts in geplanter Weise verändert und jeweils prüft, ob und in welcher Weise sich dann auch die Ausprägungen anderer Sachverhalte ändern. Je nach der praktischen Durchführung dieses Vorhabens unterscheidet man Labor-, Feld- und Quasi-Experimente. Verleiche, etwa → Systemvergleiche, sind eine Form eines Quasi-Experiments.

Explanandum
Ein zu erklärender Sachverhalt; siehe → Erklärung.

Explanans
Die zum Zweck einer → Erklärung formulierten und zusammen die Erklärung darstellenden → empirischen Aussagen. Sie lassen sich gliedern in Aussagen über die Anfangsbedingungen des zu erklärenden Sachverhalts, in → Wenn/Dann-Aussagen, sowie in Aussagen über jene Rand- bzw. Rahmenbedingungen, unter denen die Wenn/ Dann-Aussagen → empirisch wahr sind.

Exploration
Phase bzw. Form eines → Forschungsprozesses, bei welcher man ohne ein starres Arbeitsschema unter Zuhilfenahme von möglichst viel Spontaneität und Intuition eine erste Vertrautheit mit einem Forschungsgegenstand und mit den Möglichkeiten seiner Analyse zu gewinnen versucht.

Extremismus
Bezeichnung für politische Bewegungen und deren Ideologien, die auf die Beseitigung eines → Verfassungsstaates mit → Demokratie, → Pluralismus und → freiheitlicher demokratischer Grundordnung ausgehen. Ist nicht zu verwechseln mit → Widerstand.

Falsifikation
(Gelingende) Überprüfung des → Wahrheitsgehalts einer → empirischen → Aussage dergestalt, daß man (erfolgreich) zeigt, daß ihr → empirischer Referent *nicht* so existiert bzw. beschaffen ist, wie es die zu überprüfende Aussage behauptet. D.h.: man weist nach, daß eine Aussage empirisch falsch ist. Von Aussagen, welche alle bisherigen, möglichst strengen Falsifikationsversuche überstanden haben, ohne daß ihre Falschheit nachgewiesen wurde, kann man zwar *nicht* sagen, ihre → Wahrheit sei bewiesen. Es läßt sich aber sagen: Die Vermutung, sie besäßen Wahrheitsgehalt, wurde – ggf. bis hin zur persönlichen Gewißheit – *bekräftigt*. Der Wahrheitsgehalt von (streng allgemeinen) → Allaussagen läßt sich *ausschließlich* durch Falsifikationsversuche prüfen; vgl. → Verifikation.

fdGO
Siehe → freiheitliche demokratische Grundordnung

Föderalismus
Prinzip des Aufbaus eines → Staates dergestalt, daß Einzelstaaten (‚Gliedstaaten' sich zu einem gemeinsamen → politischen System (‚Oberstaat') zusammenschließen und unter Wahrung ihrer Eigenstaatlichkeit an der → Politik des von ihnen gebildeten Bundes mitwirken. Je nach dem Grad der Integration der Gliedstaaten und je nach der Existenz und den Befugnissen des Zentralstaats reicht die Spannweite vom Staatenbund über den Staatenverbund bis zum Bundesstaat.

Folgestudie
Ein → Forschungsprozeß, der zur Fortschreibung bzw. Überprüfung bislang gewonnener Ergebnisse dient.

Forschung
Arbeitsprozeß, bei dem versucht wird, auf offene Fragen → empirisch wie logisch wahre Antworten zu formulieren bzw. für noch ungelöste Probleme praxistaugliche Lösungsvorschläge vorzulegen; siehe → Forschungsprozeß.

Forschungsansatz
Bezeichnung für eine routinemäßig benutzte, enge Verbindung aus Forschungsfrage(n), forschungsleitender Theorie und angewandten Forschungsmethoden.

Forschungsprozeß
Name für den zeitlich und systematisch geordneten, dabei aber mit vielfältigen → Rückkoppelungen und Revisionen versehenen Ablauf von Forschungstätigkeiten. Seine Grundstruktur kennzeichnet folgendes Ablaufschema: Klärung der Frage- bzw. Problemstellung; Festlegung der nötigen Forschungsschritte; Einholung der benötigten Informationen; Auswertung dieser Informationen; Interpretation der Ergebnisse samt Vorlage einer Antwort auf die Forschungsfrage bzw. eines Lösungsvorschlags für das vorgenommene Problem. Vgl. → qualitative Forschung, → quantitative Forschung.

Fraktion
Bezeichnung für die in einem → Parlament zu einer politischen Aktionseinheit zusammengeschlossenen Abgeordneten einer oder mehrerer → Parteien. Falls – wie im → politischen System der Bundesrepublik Deutschland – die Fraktionen vor allem aus regionalen bzw. nationalen Parteiführern bestehen, können Fraktionen (zeitweise) zum Machtschwerpunkt einer Partei werden. Vgl. → Koalition, → Opposition.

freiheitliche demokratische Grundordnung (fdGO)
Bezeichnung der Grundprinzipien eines demokratischen Verfassungsstaates, die ihrerseits den → Minimalkonsens einer vom → Pluralismus geprägten → Demokratie darstellen. Zu diesen Prinzipien sind mindestens zu rechnen: die Achtung vor den Menschenrechten; die → Volkssouveränität; die → Gewaltenteilung; die Verantwortlichkeit der → Regierung; die Gesetzmäßigkeit der Verwaltung; die Unabhängigkeit der Gerichte; das Mehrparteienprinzip samt Chancengleichheit für alle → Parteien; sowie das Recht auf Bildung und Ausübung von → Opposition.

Führung
Siehe → politische Führung.

Funktion
Leistung, die ein → Subsystem für ein → System bzw. ein System für ein → Suprasystem erbringt. ‚Funktional' ist, was diese Leistung erbringt; ‚dysfunktional', was die Erbringung dieser Leistung stört. Als ‚afunktional' wird bezeichnet, was keinen Beitrag zur Erbringung dieser bestimmten Leistung aufweist.

Gesellschaft
Sammelbezeichnung für Menschen, die auf einem abgrenzbaren Gebiet leben, *sowie* für ihre mehr oder minder und in beliebig komplexer Weise miteinander vernetzten → Rollen.

Gesetz
Im juristischen und politischen Sinn: eine Rechtsnorm, die in einer → Demokratie vom → Parlament oder vom Volk geschaffen wird. Im wissenschaftstheoretischen Sinn: traditionelle Bezeichung für gut bewährte → Wenn/Dann-Aussagen, zumal deterministischer Art.

Gestaltungsanspruch, staatlicher
Bezeichnung für die Spannweite dessen, was ein → Staat in einer → Gesellschaft allgemein verbindlich machen will und als Gegenstand von → Politik definiert. Wird versucht, schlechterdings alles von Staats wegen zu regeln (z.B. vom religiösen oder weltanschaulichen Bekenntnis bis hin zum einzuschlagenden Berufsweg), so liegt *totaler* staatlicher Gestaltungsanspruch vor (vgl. → Totalitarismus). Beschränkt sich ein Staat auf die allgemein verbindliche Regelung relativ weniger Materien (z.B. vom Strafrecht bis hin zur Besteuerung), so spricht man von einem *partiellen* staatlichen Gestaltungsanspruch.

Gewaltenteilung
Bezeichnung für die Aufteilung von politischer → Macht auf verschiedene → Subsysteme eines → politischen Systems. Vor allem sind zu unterscheiden: *soziale* Gewaltenteilung, d.h. rechtliche und tatsächliche Zugangsmöglichkeiten zu politischer Macht und staatlichen Ämtern unabhängig von sozialen Schranken; *dezisive* Gewaltenteilung, d.h. Aufteilung politischer Macht auf verschiedene miteinander in Konkurrenz stehende politische Organisationen wie → Parteien und → Interessengruppen (siehe → Pluralismus); *vertikale* Gewaltenteilung, d.h. Aufteilung von Macht nach dem → Subsidiaritätsprinzip auf verschiedene Ebenen staatlicher Organisation (z.B. Gemeinden - Länder - Bund - Europa); *horizontale* Gewaltenteilung, d.h. Aufteilung von Macht auf mehrere einander wechselseitig kontrollierende Staatsorgane, v.a. auf → Parlamente, → Regierungen und Gerichte; *temporale* Gewaltenteilung, d.h. Vergabe von politischen Mandaten nur auf Zeit mittels periodischer freier Wahlen, so daß den Repräsentierten die Macht bleibt, sich ihrer Repräsentanten auch wieder zu entledigen bzw. die Mandatserteilung daran zu knüpfen, daß im großen und ganzen gemäß den Wünschen der Repräsentierten regiert wird.

Grundgesamtheit
Gesamtheit aller Sachverhalte, über welche man zutreffende → Aussagen formulieren will, und aus welcher man zu diesem Zweck eine → Stichprobe von → Untersuchungseinheiten auswählt und erforscht.

Handlungsanweisung
Eine Aussage, welche hinsichtlich einer Problemstellung bzw. Aufgabe angibt, was getan werden soll. Der logischen Struktur nach besteht eine Handlungsanweisung aus einem → Werturteil hinsichtlich dieser Problemstellung bzw. Aufgabe und aus einem Verweis auf → Wenn/Dann-Aussagen, aus denen hervorgeht, was unternommen werden kann, um einen bestimmten Zustand herbeizuführen oder zu verhindern.

Hermeneutik
Lehre und Praxis des Sinndeutens. Im Prinzip geht es immer darum, mit Vor- und Kontextwissen an einen zu verstehenden Sachverhalt heranzutreten, ihn im Licht des Vor- und Kontextwissens zu verstehen zu versuchen, zugleich das Vor- und Kontextwissen am zu verstehenden Sachverhalt zu verbessern, ggf. weitere Informationen zur Verbesserung des Kontextwissens bzw. zur Beschaffenheit des zu verstehenden Sachverhalts einzuholen, sowie diesen Kreislaufprozeß der interpretativen Arbeit und der Aufnahme wie Verarbeitung immer weiterer Informationen dann abzubrechen, wenn eine für den praktischen Verstehenszweck ausreichende Interpretation gelungen ist.

hermeneutische Methode
Praktische, ggf. systematische Anwendung der → Hermeneutik.

Herrschaft
Abstrakt: institutionalisierte → Macht; konkret: die Chance, für einen in gleichwelcher Form erteilten Befehl tatsächlich Gehorsam zu finden. Vgl. → Herrschaftsstruktur.

Herrschaftsstruktur
Begriff zur Beschreibung der Machtstruktur in einem → politischen System. Ist die politische → Macht auf mehrere → Subsysteme aufgeteilt (vgl. → Gewaltenteilung), so liegt eine *pluralistische* Herrschaftsstruktur vor. Gibt es nur ein einziges Machtzentrum, so spricht man von einer *monistischen* Herrschaftsstruktur.

historische Methode
Nutzung der → Dokumentenanalyse zur Klärung historischer Sachverhalte anhand geeigneter Texte (‚Traditionen') bzw. auszuwertender Gegenstände, Sachverhalte oder Zustände ('Überreste').

Historizismus
Bezeichnung für (geschichts-)philosophische Positionen, welche die Behauptung vertreten, die Geschichte nehme einen vorbestimmten Verlauf, weswegen es möglich sei, die Zukunft vorherzusehen.

Hypothese
Bezeichnung für eine → Aussage, die im → Forschungsprozeß als ‚Werkstoff' benutzt, also: systematisch auf ihren logischen bzw. empirischen → Wahrheitsgehalt überprüft und ggf. verändert wird. In der Regel formuliert man *Vermutungen* als Hypothesen. Praktisch kann natürlich *jede* Aussage als Hypothese *behandelt* werden. Es ist darum die Vorstellung falsch, Hypothesen seien grundsätzlich ‚unsichere', gar ‚noch unwissenschaftliche Aussagen' im Unterschied zu den ‚eigentlichen wissenschaftlichen Aussagen', die ‚völlig sicher' wären.

Idealtyp
Siehe → Typ.

Ideologie
In *allgemeiner* Bedeutung gleichbedeutend mit ‚Weltbild', also mit → Perzeptionswirklichkeit. In *spezieller* Bedeutung: Bezeichnung für ‚falsches Bewußtsein', d.h. dafür, daß die Perzeptionswirklichkeit einer Person die → Operationswirklichkeit *fehlerhaft*, v.a. empirisch falsch (vgl.→ Wahrheit), abbildet.

Idiographie
Bezeichnung für wissenschaftliche Arbeit, welche die detaillierte, empirisch wahre Beschreibung individueller Sachverhalte bezweckt.

Immunisierung
Bezeichnung für Praktiken, mit denen bestehende → Perzeptionswirklichkeiten und Weltbilder gegen Infragestellung, → Kritik, Kontrolle und Korrektur abgeschirmt werden. Zu den wichtigsten Techniken zählen bewußte → Selektivität des Informationsverhaltens, Bestreiten der Glaubwürdigkeit von bisherige Gewißheiten erschütternden → Aussagen, und Ablehnung von Argumentationsregeln, deren Befolgung die eigene Position angreifbar machte.

Index
Additive oder sonstige Verknüpfung mehrerer → Indikatoren.

Indikator
Eine → Variable mit unmittelbar beobachtbarem empirischen Referenten (‚manifeste Variable'), die man benutzt, um von ihr aus auf den → empirischen Referenten einer Variablen mit nicht unmittelbar beobachtbarem empirischen Referenten (‚latente Variable') zu schließen.

Individualdaten
An individuellen Untersuchungseinheiten - meist Personen - gewonnene → Daten; vgl. → Aggregatdaten.

Induktion
Bezeichnung für den Versuch, auf folgendem Weg zu Einsichten und Erkenntnissen zu gelangen: Man betrachtet – mehr oder weniger bewußt theoriegeleitet – eine Vielzahl von für eine bestimmte Fragestellung mehr oder minder wichtigen Sachverhalten; man versucht, diese Sachverhalte zu verstehen (→ Hermeneutik); irgendwann gelangt man möglicherweise dazu, das diese Sachverhalte erschließende ‚Muster', die in ihnen kenntliche ‚Gestalt' zu entdecken; und eben dadurch hat man Einsicht bzw. Erkenntnis über den zu erforschenden Sachverhalt gewonnen, die man anschließend systematisch ausarbeiten kann. Vgl. → Deduktion.

Inhaltsanalyse
Datenerhebung in Form des Versuchs, den in → Dokumenten aller Art, v.a. in Texten, geborgenen Informations- und Sinngehalt systematisch und zweckbezogen ausfindig zu machen; siehe → Dokumentenanalyse, → Hermeneutik. Erhebungsinstrument ist in der Regel ein Analyseleitfaden bzw. ein inhaltsanalytisches Kategorienschema.

Input
Sammelbezeichnung für alle Informationen und Ressourcen, die in ein → System hineingelangen.

Interesse
Verhaltensorientierendes *Ziel* oder *Bedürfnis* von einzelnen oder Gruppen in einem sozialen Umfeld. Drei Aspekte sind an Interessen zu unterscheiden: Interessen sind Verhaltensdispositionen; sie sind Ziele oder Bedürfnisse, aus einer Sache echten oder vermeintlichen Nutzen zu ziehen; und sie sind Reaktionen eines Akteurs auf Gegebenheiten eines sozialen Umfelds. Interessen, die ihrem Träger bewußt sind, heißen *manifeste* Interessen, unbewußte Interessen *latente* Interessen.

Interessengruppe
Zusammenschluß von Bürgern oder Organisationen, welcher die Interessen seiner Mitglieder fördern will und zu diesem Zweck dauerhaft oder zeit- bzw. fallweise auf Politiker, Parteien, Parlamente, Regierungen, Verwaltungen, die öffentliche Meinung oder sonstige Adressaten Einfluß zu nehmen versucht. Interessengruppen haben die Funktion, Interessen zu aggregieren und zu artikulieren, sie konfliktfähig zu machen und – in pluralistischer Konkurrenz mit anderen Interessengruppen – ggf. durchzusetzen.

internationale Beziehungen
Sammelbezeichnungen für alle Beziehungen, die zwischen → politischen Systemen und → internationalen Organisationen aller Art bestehen.

internationale Organisationen
Organisationen, welche Aktivitäten verschiedener → Staaten bzw. aus verschiedenen Staaten zusammenführen. Werden sie - wie die NATO - von → Regierungen getragen, so spricht man von IGOs (von engl. ‚international governmental organisations'); werden sie - wie das Rote Kreuz - nicht von Regierungen getragen, so spricht man von NGOs (von engl. ‚Non-governmental organizations').

internationale Politik
Sammelbezeichnung für die verflochtenen → Außenpolitiken mehrer → politischer Systeme.

Interpretation
Siehe → Hermeneutik.

Intersubjektivität
Bezeichnung dafür, daß zwei Personen Einverständnis darüber erzielen, sie bezögen sich mit ihren Beobachtungen und Aussagen auf dieselben Sachverhalte.

Intervallskala
Ein → Meßniveau, auf dem Ziffern zusätzlich zur Leistungsfähigkeit der → Ordinalskala Abstände zwischen den Merkmalen von Sachverhalten gleichwelcher Art ausdrücken.

Interview
Gespräch, welches der Erhebung von → Daten dient. Es wird in der Regel anhand eines mehr oder minder detailliert ausgestalteten Fragebogens geführt. Die gestellten Fragen sind dabei ‚Mittel zum Zweck': sie haben den Gesprächspartner zur Preisgabe genau jener Informationen anzuhalten, derentwegen man das Interview führt.

Irrtumswahrscheinlichkeit
Wahrscheinlichkeit, einen in einer → Zufallsstichprobe aufgefundenen Sachverhalt *irrtümlich* auch als in der → Grundgesamtheit vorliegend anzunehmen, obwohl er in der Grundgesamtheit gar nicht besteht (vgl. → Signifikanztest).

juristische Methode
Auf der → Hermeneutik beruhendes Verfahren zur Klärung von Rechtslagen. Die wesentlichen Schritte sind die juristische Ortsbestimmung der zu klärenden Rechtslage; die grammatische, systematische, historische und teleologische Interpretation der gemäß ‚juristischer Ortsbestimmung' heranzuziehenden Rechsnormen; die Klärung der die fragliche Rechtslage betreffenden Rechtsprechung und herrschenden Lehre; sowie die abschließende Würdigung der festzustellenden Rechtslage im Licht all dieser Informationen.

Kardinalskala
Siehe → Ratioskala

Kategorienschema
Eine systematische Zusammenstellung von aus theoretischen Gründen aufeinander bezogenen → Begriffen bzw. → Codes, die als → Erhebungsinstrument einer → Dokumentenanalyse bzw. → Inhaltsanalyse dient.

Kausalaussage
Siehe → Wenn/Dann-Aussage.

Koalition
Allgemein: Bündnis zwischen zwei oder mehr Organisationen, z.B. zwischen zwei → Staaten. Speziell im → parlamentarischen Regierungssystem: Bündnis zwischen zwei oder mehr → Fraktionen, um die → Regierung zu stellen, zu tragen, zu kontrollieren und zu beeinflussen.

Kommunikation
Austausch von Informationen und Sinndeutungen aller Art.

Komparatistik
Benutzung der vergleichenden Methode. Sucht man in einer Menge von Fällen nach Ähnlichkeiten, so spricht man von einer Nutzung der *Konkordanz*methode; sucht man nach Verschiedenheiten, so liegt ein Gebrauch der *Differenz*methode vor. Siehe → Systemvergleich, → Vergleichbarkeit.

Konstellation
Beziehungsgefüge zwischen einer Reihe von → politischen Systemen und → Gesellschaften.

Konstellationsanalyse
Abfolge von Arbeitsschritten bei der Analyse internationaler Beziehungen. Die wesentlichen Schritte sind die folgenden: räumliche und zeitliche Abgrenzung der zu untersuchenden → Konstellation; Feststellung des historischen Kontexts und der bisherigen Entwicklung der Konstellation; Strukturanalyse der Konstellation, bestehend aus System-, Normen-, Perzeptions-, Interessen- und Machtanalyse; Prozeßanalyse der Konstellation, bei welcher das Zusammenwirken aller Einzelelemente im Zeitverlauf betrachtet wird.

Kontrolle
Im weiteren Sinn meint Kontrolle ‚Aufsicht über fremde Amtsführung'; dergestalt üben z.B. die Massenmedien Kontrolle über das Handeln von Parlament und Regierung aus. Im engeren Sinn meint Kontrolle ‚Einfluß durch Mitwirkung'; dergestalt kontrollieren z.B. im → parlamentarischen Regierungssystem die zu einer → Koalition verbündeten → Fraktionen die von ihnen gestellte und getragene → Regierung.

Korrelation
Siehe → Wenn/Dann-Aussage.

Kritik
Bemühen um die Entdeckung logisch bzw. empirisch falscher Aussagen (vgl. → Wahrheit); von Argumentationsmängeln und unzulänglichen Informationsgrundlagen alltäglicher oder wissenschaftlicher Äußerungen; von Abweichungen zwischen Regeln und Verhalten, zwischen Norm und Praxis; sowie die Durchführung von → Werturteilen anhand von mehr oder minder expliziten Wertmaßstäben.

Legalität
Gesetzmäßigkeit einer Handlung; vgl. → Rechtsstaat.

Legislative
Im – abzulehnenden – weiten Sinn Bezeichnung für *jedes* → Parlament; im engeren Sinn Bezeichnung für ein Parlament, dessen Rolle sich im wesentlichen (doch mitunter machtpolitisch überaus folgenreich) auf die Gesetzgebung *beschränkt*.

Legitimität
Geltung von → Herrschaft als rechtens. Der dieser Geltung zugrunde liegende Legitimitäts*glaube* kann sich aus verschiedenen Quellen speisen; er kann z.B. rational oder traditional begründet oder an eine charismatische Führungsgestalt gebunden sein. Praktisch wirkt sich Legitimität als politische *Unterstützung* eines Systems politischer → Herrschaft durch die Regierten aus.

Macht
Jede Chance, in einer sozialen Beziehung den eigenen Willen auch gegen Widerstreben durchzusetzen, worauf auch immer diese Chance beruht. Macht hat dabei sozusagen ‚drei Gesichter': etwas gegen Widerstreben durchzusetzen; eine Entscheidung zu verhindern (wenn man sich bei ihr schon nicht selbst durchsetzen kann); jene Begriffe und Theorien zu prägen, anhand welcher man über einen Streitgegenstand kommunizieren ‚darf', ohne sich als Außenseiter auszugrenzen und um die eigenen Gestaltungschancen zu bringen.

Massenmedien
Sammelbezeichnung für Printmedien, Hörfunk, Fernsehen und Film, also für Medien, die ein Massenpublikum erreichen. Zu ihren politischen Funktionen gehören die Information der Bürger, der Beitrag zu deren politischer Meinungsbildung, sowie die → Kontrolle politischen Handelns durch kritischen Journalismus.

Merkmalsraum
Möglichkeit der Veranschaulichung von Zusammenhängen, zumal zwischen zwei → Variablen in Form einer zweidimensionalen Tafel oder zwischen drei Variablen in Form eines Würfels.

Messen
Zuordnung von Ziffern zu Begriffen oder Sachverhalten, um dergestalt deren Informationsgehalt zu verdichten sowie ihn mittels mathematischer Möglichkeiten auswerten zu können. Siehe → Meßniveau.

Meßniveau
Bezeichnung für die Art der Information, welche jene Ziffern ausdrücken, die Begriffen oder Sachverhalten zugeordnet wurden. Vier Meßniveaus werden unterschieden: → Nominalskala, → Ordinalskala, → Intervallskala und → Ratioskala.

Meta-Ebene
Bezeichnung für eine Betrachtungs- bzw. Argumentationsebene, die um eine Stufe höher liegt als das ‚eigentliche' Thema. Führt man beispielsweise eine Konversation, so spricht man in ihr auf der ‚Objektebene'; Betrachtungen dieser

Konversation spielen sich auf der Meta-Ebene ab; und Untersuchungen der Betrachtungsmöglichkeiten von Konversationen finden auf der Meta-Meta-Ebene statt.

Methoden
Sammelbezeichnung für die Praktiken des Sammelns und Aufzeichnens von Informationen (,Datenerhebungsmethoden'), des Auswertens verfügbarer Informationen (,Datenanalysemethoden') und des Interpretierens (vgl. → Daten, → Hermeneutik, → Dokumentenanalyse, → Befragung, → Beobachtung, → Experiment, → Simulation, → Statistik).

Minimalkonsens
Begriff aus der → Theorie des → Pluralismus. Er dient zur Bezeichnung für jene Gemeinsamkeiten, auf deren Grundlage man sich in politischen Streit einlassen kann. Im einzelnen sind zu unterscheiden der *Wert*konsens, d.h. die Übereinstimmung über gemeinsame Werte wie die Menschenrechte oder das Recht auf → Opposition; der *Verfahrens*konsens, d.h. die Übereinstimmung über Spielregeln des Konflikts wie Gewaltfreiheit, Achtung der Würde des Gegners und Festhalten an den geltenden Spielregeln für die Dauer des Konflikts; sowie der *Ordnungs*konsens, d.h. die Übereinstimmung über die Arenen, in denen der Konflikt ausgetragen wird. Den Minimalkonsens für den politischen Konflikt im → politischen System der Bundesrepublik Deutschland stellen die acht Prinzipien der → freiheitlichen demokratischen Grundordnung (fdGO) dar.

MINK-Schema
Katalog von vier systematisch aufeinander bezogenen → Topoi, nämlich → Macht, → Ideologie, → Normen und → Kommunikation, welche die ersten Schritte einer Analyse politischer Inhalte, Prozesse und → Strukturen zielgerichtet anleiten können.

naturalistischer Fehlschluß
Schluß vom Sein auf das Sollen, also von dem, was Tatsache ist, auf das, was sein oder nicht sein soll. Anders formuliert: Aus einer → empirischen Aussage wird ein → Werturteil bzw. eine → Handlungsanweisung abgeleitet. Ein Fehlschluß liegt hier deshalb vor, weil empirische Aussagen jenes Wertmaßstabes nun einmal entbehren, welcher der zentrale Bestandteil von → normativen Aussagen ist. Beim naturalistischen Fehlschluß wird also so getan, als verfüge man über mehr Informationen, als man tatsächlich schon besitzt.

Nominaldefinition
Siehe → Definition.

Nominalskala
Ein solches → Meßniveau, auf dem Ziffern lediglich die Unterschiede von Begriffen oder Sachverhalten ausdrücken.

Nomothetik
Bezeichnung für wissenschaftliche Arbeit, welche die Formulierung empirisch wahrer, möglichst allgemeiner Wenn/Dann-Aussagen bezweckt.

Norm
Siehe → Normen.

normative Aufladung
Bezeichnung für den Vorgang, daß eine empirische → Wenn/Dann-Aussage durch Verknüpfung mit einem → Werturteil zu einer → Handlungsanweisung gemacht wird.

normative Aussagen
Sammelbezeichnung für → Werturteile und → Handlungsanweisungen.

normative Brauchbarkeit
Mögliche Eigenschaft normativer Aussagen. Eine → Handlungsanweisung ist dann normativ brauchbar, wenn ein sie befolgendes Handeln tatsächlich zur Verwirklichung jenes Zustands führt, auf welchen die Handlungsanweisung abzielt. Ein → Werturteil ist dann normativ brauchbar, wenn eine auf ihm gründende Handlungsanweisung zur Beseitigung eines als schlecht bewerteten Zustands bzw. zur Herbeiführung eines als gut bewerteten Zustands führt.

normative Forschung
Bezeichnung für einen → Forschungsprozeß, bei dem → Werturteile oder → Handlungsanweisungen erarbeitet bzw. überprüft werden.

Normen
Formale oder informale Regelungen, die das Zusammenwirken von Menschen prägen sowie von diesen als Mittel zur Interpretation eigenen oder fremden Handelns benutzt werden.

ökologischer Fehlschluß
Schluß von bekannten *Gruppen*merkmalen auf unbekannte *Individual*merkmale. Ein Fehlschluß liegt deshalb vor, weil → Aggregatdaten nun einmal nicht jene Informationen enthalten, anhand welcher man zuverlässig empirisch wahre Aussagen über *einzelne* → Untersuchungseinheiten formulieren könnte (vgl. → Individualdaten). Beim ökologischen Fehlschluß wird also so getan, als verfüge man über mehr Informationen, als man tatsächlich besitzt.

Operationalisierung
Bezeichnung für den Weg vom Abstrakten zum Konkreten; im einzelnen: Eine solche Verknüpfung von → Begriffen, durch welche → theoretische Begriffe so auf → Beobachtungsbegriffe bezogen werden, daß → Daten über ihren → empirischen Referenten erhoben werden können.

Operationswirklichkeit
Bezeichnung für die außerhalb eines erkennenden Subjekts bestehende → Wirklichkeit; vgl. → Perzeptionswirklichkeit.

Opposition
Jene politischen Kräfte, welche zu einem bestimmten Zeitpunkt, v.a. bei Wahlen, in der politischen Konkurrenz unterlegen sind, wegen ihrer Minderheitenrolle bei politischen Entscheidungen einstweilen geringe Durchsetzungsmöglichkeiten haben, gleichwohl die Grundsätze und Spielregeln des jeweiligen → politischen Systems akzeptieren (vgl. → Widerstand) und in der Regel danach streben, eines Tages allein oder in einem Bündnis die Mehrheit zu erringen. Je nach der Arena, in welcher oppositionelles Handeln sich entfaltet, unterscheidet man die parlamentarische Opposition von der außerparlamentarischen oder die innerparteiliche Opposition von der innerfraktionellen. Im engeren Sinn werden als Opposition jene → Fraktionen bezeichnet, die in einem → Parlament nicht die → Regierung stellen bzw. tragen. Opposition hat im wesentlichen die Aufgabe der → Kritik, der → Kontrolle, der Bereitstellung von Politik- und Personalalternativen sowie der politischen Initiative auf → Politikfeldern, welche – in der Sicht der Opposition – von der regierenden Mehrheit vernachlässigt oder schlecht bestellt werden.

Ordinalskala
Ein → Meßniveau, auf dem Ziffern zusätzlich zur Leistungsfähigkeit der → Nominalskala Rangordnungen von Begriffen oder Sachverhalten ausdrücken.

Output
Sammelbezeichnung für alle Informationen und Ressourcen, die ein → System in seine Umwelt abgibt.

Parlament
Eine Vertretungskörperschaft mit den Aufgaben, die → Regierung zu kontrollieren, → Normen zu setzen und die → Kommunikation zwischen → Gesellschaft und → politischem System sicherzustellen bzw. öffentlich sichtbar zu machen. Im → parlamentarischen Regierungssystem haben Parlamente darüber hinaus die Aufgabe, die → Regierung ins Amt zu bringen. Vgl. → Koalition, → Opposition.

parlamentarische Demokratie
Politische Ordnungsform, in welcher das Volk in freien Wahlen → Parlamente wählt, denen ihrerseits weitgehend die Herbeiführung politischer Entscheidungen obliegt. Vgl. → Repräsentation, → Demokratie, → Parlament, → repräsentative Demokratie.

parlamentarisches Regierungssystem
Ein → Regierungssystem, bei welchem die → Regierung von → Fraktionen des → Parlaments ins Amt gebracht wird und ebenso vom Parlament aus dem Amt entfernt werden kann. Dergestalt verschmelzen regierungstragende Parlamentsmehrheit und Regierung zu einer politischen Aktionseinheit, welcher die parlamentarische → Opposition gegenübersteht. Ein Dualismus zwischen der Regierung und dem Parlament *als ganzem* besteht nicht. Vgl. → Koalition, → Kontrolle, → präsidentielles Regierungssystem.

Partei
Zusammenschluß von Bürgern, welcher auf das → politische System dauerhaften Einfluß nehmen, zu diesem Zweck in → Parlamenten und ggf. → Regierungen vertreten sein will und bei Wahlen Kandidaten präsentiert. In der Regel haben Parteien folgende Funktionen: Verknüpfung von → Gesellschaft und → politischem System (‚Bindegliedfunktion'); Sicherstellung der → Responsivität des politischen Systems; Ausübung → politischer Führung; Rekrutierung, Sozialisation und Präsentation politischen Führungspersonals. In demokratischen politischen Systemen sind Parteien die am besten demokratisch legitimierten Gruppen, da – mit Ausnahme von Kandidaten für das Präsidentenamt in → präsidentiellen Regierungssystemen – allein sie sich regelmäßig freien Wahlen stellen.

Partizipation
Allgemein: Teilhabe an einer Sache oder an einem Geschehen; speziell im politischen und politikwissenschaftlichen Sprachgebrauch: Sammelbezeichnung für alle Formen der Teilhabe am politischen Geschehen und an Prozessen der politischen Meinungs-, Willens- und Entscheidungsbildung. Typische Partizipationsformen sind politische Information und politisches Gespräch, politische Aktivität in Bürgerinitiativen, → Interessengruppen und → Parteien, die Teilnahme an politischen Manifestationen und Demonstrationen aller Art, die Ausübung des aktiven bzw. passiven Wahlrechts, sowie die Übernahme öffentlicher Ämter von der Gemeinde- bis zur supranationalen Ebene.

Perspektivität (der → Perzeptionswirklichkeit)
Bezeichnung für die Tatsache, daß jeder Blick auf die Wirklichkeit ein perspektischer, ein aus bestimmtem Blickwinkel unternommener ist, so daß die → Operationswirklichkeit im Bewußtsein nie ‚als solche', sondern immer nur in einer besonderen Abbildung (und → Selektivität) widergespiegelt wird.

Perzeptionswirklichkeit
Bezeichnung für die perspektivische und selektive Abbildung der → Operationswirklichkeit in der Wahrnehmung und im Bewußtsein einer Person; vgl. → Perspektivität, → Selektivität.

Pilotstudie
Ein → Forschungsprozeß, bei dem ein Untersuchungsgegenstand erstmals systematisch, wenngleich noch nicht vollständig, analysiert wird. Vgl. → Exploration.

plebiszitäre Demokratie
Politische Ordnungsform, in welcher die wahlberechtigten Bürger durch Abstimmungen über politische Sachfragen (→ Volksgesetzgebung oder → Referendum) auf die Herstellung allgemein verbindlicher Entscheidungen Einfluß nehmen. Im populären Sprachgebrauch wird sie oft auch als → direkte Demokratie bezeichnet.

Pluralismus
Bezeichnung für folgendes Organisationsprinzip des politischen Prozesses: Verschiedene Gruppen (z.B. → Interessengruppen und → Parteien) sollen, in Ausübung politischer Freiheit, ihre Interessen selbständig definieren und sich zum Zweck von deren Durchsetzung in Konkurrenz und Konflikt mit anderen Interessengruppen bzw. Parteien einlassen; dieser Konflikt soll auf der Grundlage eines möglichst schmal gehaltenen → Minimalkonsenses ausgetragen werden; und falls es nicht zu einer Konfliktbeilegung durch Kompromiß und Vereinbarung kommt, soll das in freien Wahlen bzw. (geheimer) Abstimmung zum Tragen gebrachte Mehrheitsprinzip als Entscheidungsregel die jeweilige Konfliktrunde abschließen, wobei Minderheitenschutz gewährleistet sein muß.

Politik
Jenes menschliche Handeln, das auf die Herstellung und Durchsetzung allgemein verbindlicher Regelungen und Entscheidungen (‚allgemeine Verbindlichkeit') in und zwischen Gruppen von Menschen abzielt. Zu betrachten sind die *Inhalte*, die allgemein verbindlich gemacht werden sollen; die *Prozesse*, in denen dies versucht wird; und die *Strukturen*, welche jene Prozesse prägen. Ferner sind zumindest vier Dimensionen politischen Handelns in Betracht zu ziehen: → Macht, → Ideologie, → Normen und → Kommunikation (vgl. → MINK-Schema).

Politikberatung
Bewußtes und zielgerichtetes Einbringen politikwissenschaftlicher Kenntnisse und politikwissenschaftlicher Kompetenz in den Prozeß der politischen Willensbildung.

Politikfeld
Bezeichnung für in der politischen Alltagspraxis zusammenhängende politische Gestaltungsaufgaben, -probleme und -versuche. Beispiele für Politikfelder sind Umweltpolitik, Verkehrspolitik und Steuerpolitik, bzw. Nah-Ost-Politik und Abrüstungspolitik.

Politikfeldanalyse
Untersuchung politischer Inhalte, Prozesse und Strukturen auf einzelnen → Politikfeldern.

Politikwissenschaft
Die → Wissenschaft von der → Politik. Ältere, teils noch konkurrierende Bezeichnungen sind ‚Politische Wissenschaften', ‚Politische Wissenschaft' oder ‚Politologie'.

politische Bildung
Bemühen, die Ergebnisse politikwissenschaftlicher Forschung und politischer Philosophie mittels schulischer Erziehung, akademischer Ausbildung und Erwachsenenbildung in das politische → Alltagswissen hineinzutragen und politisches Alltagsdenken so zu prägen, daß immer mehr Menschen in der Lage sind, ihre → Rolle als Bürger einer freiheitlichen demokratischen politischen Ordnung (vgl. → fdGO) kritisch (vgl. → Kritik, → Kontrolle) und partizipierend (vgl. → Interessengruppen, → Parteien, →□Partizipation, → Pluralismus) auszufüllen.

politische Führung
Bezeichnung für die Festlegung der Umstände und Bedingungen, in und mittels welcher ein → politisches System gesteuert wird, sowie für die Durchführung der Steuerung politischer (Sub-)Systeme.

politische Kultur
Sammelbezeichnung für politisch bedeutsame Werte, Wissensbestände, Vorstellungen und Einstellungen in einer Gesellschaft; für die hierauf beruhenden Formen politischer Aktivität und Partizipation; für die öffentlich bekundeten bzw. praktisch benutzten Spielregeln des politischen Prozesses; sowie für die alltagspraktischen Grundlagen politischer Systeme.

politische Philosophie
Versuch, durch → theoretische Forschung bzw. durch → normative Forschung folgende Fragen zu beantworten: Was dürfen wir politisch hoffen? Was sollen wir politisch tun? Welches Menschbild können wir gefahrlos unserem politischen Handeln zugrunde legen? Was können wir über Politik wissen? In der Regel stützt sich die politische Philosophie auch auf → Sekundäranalysen von Ergebnissen → empirischer Forschung.

politischer Prozeß
Sammelbezeichnung für alle Abläufe politischer Willensbildung, Entscheidungsfindung, Entscheidungsdurchsetzung und Beschaffung von → Legitimität.

politisches System
Jenes → Subsystem einer → Gesellschaft, welches sich um die Herstellung allgemein verbindlicher Entscheidungen für diese Gesellschaft annimmt (vgl. → Arbeitsteilung, → Politik). Zu ihm gehören i.d.R. → Regierung und → Parlament, → Parteien, → Interessengruppen, → Massenmedien und Verwaltungen aller Art.

Politologie
Siehe → Politikwissenschaft.

Positivismus
Bezeichnung für eine erkenntnistheoretische Position, welche – fälschlicherweise – behauptet, Wissen und Kenntnis ließen sich allein auf theoriefreie Beobachtung und objektive sinnliche Wahrnehmung gründen. Vgl. → Beobachtungstheorie.

präsidentielles Regierungssystem
Ein → Regierungssystem, bei welchem die → Regierung in mehr oder minder engem Zusammenwirken mit dem → Parlament von einem Staatsoberhaupt ins Amt gebracht wird, welches seinerseits vom Volk gewählt wird. Im Unterschied zum → parlamentarischen Regierungssystem, wo Parlamentsmehrheit und Regierung zu einer politischen Aktionseinheit verschmelzen, gibt es im präsidentiellen Regierungssystem einen mehr oder minder ausgeprägten Dualismus zwischen der Regierung und dem Parlament.

Pretest
Phase eines → Forschungsprozesses, bei welcher man die → Erhebungsinstrumente auf ihre Einsatztauglichkeit prüft.

Prognose
Vorhersage künftiger Entwicklungen durch Auswertung bislang verfügbarer Kenntnisse. Prognosen verstehen sich als korrekturbedürftige → empirische Aussagen und sind streng zu unterscheiden von historischen Prophezeiungen, welche von der Existenz von ‚Geschichtsgesetzen' ausgehen (siehe → Historizismus).

qualitative Forschung
Bezeichnung für → Forschungsprozesse, die vor allem den Charakter einer → Exploration haben, sich an kein starres Ablaufschema binden, → Messungen allenfalls auf dem Niveau der → Nominalskala oder der → Ordinalskala durchführen, meist mit → bewußten Auswahlen arbeiten und in der Regel ohne den Einsatz von → Statistik auskommen. Qualitative Forschung ist immer dann angebracht, wenn über einen Gegenstandsbereich noch relativ wenig Wissen vorliegt.

quantitative Forschung
Bezeichnung für → Forschungsprozesse, welche präzise Fragen beantworten bzw. klar formulierbare → Hypothesen überprüfen sollen. Oft arbeitsteilig organisiert, folgen sie in der Regel klaren Ablaufplänen, arbeiten mit Repräsentativität anstrebenden → Stichproben und benutzen alle Möglichkeiten der → Statistik, weswegen → Messungen auch auf dem Niveau der → Intervallskala bzw. der → Ratioskala angestrebt werden. Wann immer qualitative Forschung keinen weiteren Erkenntniszuwachs hinsichtlich eines bestimmten Gegenstandsbereichs verspricht, ist der Übergang zu quantitativer Forschung angebracht.

Quotenstichprobe (engl. ‚quota sample')
Auswahl aus einer Grundgesamtheit, bei welcher angestrebt wird, daß in ihr bestimmte Merkmale der Grundgesamtheit (z.B. Anteile von Männern und Frauen, von Arbeitern, Angestellten und Beamten bzw. von Katholiken und Protestanten) in denselben Quoten vertreten sind, wie sie sich in der Grundgesamtheit finden.

Ratioskala
Ein → Meßniveau, auf dem Ziffern zusätzlich zur Leistungsfähigkeit der → Intervallskala Proportionen zwischen den Merkmalen von Sachverhalten gleichwelcher Art ausdrücken.

raum-zeitlich abgegrenzte Aussagen
Bezeichnung für → empirische Aussagen, welche Behauptungen über einen raum-zeitlich abgegrenzten → empirischen Referenten formulieren. Je nach dem genauen Inhalt der Aussage liegt eher eine raum-zeitlich abgegrenzte → Existenzaussage oder eine raum-zeitlich abgegrenzte → Allaussage vor. Im ersten Fall bietet sich die Prüfung des Wahrheitsgehalts durch → Verifikation, im zweiten Fall durch → Falsifikation an.

Realdefinition
Doppeldeutige Bezeichnung. Erstens versteht man unter ihr die → Definition eines → Realtyps. Zweites benutzen manche man diesen Ausdruck um anzugeben, man beschreibe das ‚Wesen' eines Sachverhalts. In diesem Fall liegt aber keine Definition, sondern eine → empirische Aussage vor, deren Wahrheitsgehalt nicht einfach bei der Definition unterstellt werden kann, sondern erst überprüft werden muß.

Realtyp
Siehe → Typ.

Rechtsstaat
Typ eines → politischen Systems, in dem alles staatliche Handeln (einschließlich der Setzung neuer Rechtsnormen) an gesetzliche Regelungen gebunden ist (‚*formaler* Rechtsstaat'), bzw. in dem darüber hinaus nur solche Gesetze gegeben

werden dürfen, die ihrerseits an vorstaatliches Recht – v.a. an die Menschenrechte – zurückgebunden sind (,*materialer* Rechtsstaat'). Unabdingbar für Rechtsstaatlichkeit ist die Unabhängigkeit der Gerichte.

Referendum
Plebiszitärer Prozeß ,von oben nach unten', bei dem der Wählerschaft eine Frage (oder ein Gesetz) zur Entscheidung vorgelegt wird. Zu unterscheiden sind obligatorische von fakultativen Referenden. Siehe auch → plebiszitäre Demokratie, → Volksgesetzgebung.

Regelkreislauf
Begriff aus der Systemtheorie, welcher das Zusammenwirken von → Input in ein → System, systeminterner Verarbeitung des Input, von → Output des Systems und von dessen → Rückkoppelung bezeichnet. Wird die bisherige Systemaktivität im Regelkreislauf verstärkt, liegt ,positive Rückkoppelung' vor; wird sie im Regelkreislauf abgeschwächt (,ausgeregelt'), spricht man von ,negativer Rückkoppelung'.

Regierung
Mit der Staatsleitung betrautes Organ, welches innerstaatlich den Behördenapparat anleitet und nach außen für den jeweiligen Staat bindend handelt. Je nach Art ihres Zustandekommens lassen sich verschiedene → Typen von → Regierungssystemen unterscheiden, z.B. das → parlamentarische Regierungssystem und das → präsidentielle Regierungssystem.

Regierungssystem
Im weiteren Sinn gleichbedeutend mit dem Begriff → politisches System; im engeren Sinn: typologischer Begriff (vgl. → Typologie) zur Beschreibung eines → zentralen politischen Entscheidungssystems und seines Umfelds. Vgl. → parlamentarisches Regierungssystem, → präsidentielles Regierungssystem.

Reliabilität
Bezeichnung dafür, daß ein → Erhebungsinstrument sowohl bei wiederholter Nutzung durch denselben Forscher als auch bei Nutzung durch verschiedene Forscher gleiche Ergebnisse zeitigt (*Intra*-Reliabilität bzw. *Inter*-Reliabilität).

Repräsentation
Form gesellschaftlicher → Arbeitsteilung: Politische Entscheidungen zu treffen, wird Repräsentanten bzw. dem → politischen System als dessen besondere Aufgabe zugewiesen. Von einer reinen Herrschaftsbeziehung (→ Herrschaft), bei welcher ,Untertanen' der ,Obrigkeit' gegenüberstehen, unterscheidet sich Repräsentation durch das Vorliegen folgender Merkmale: Die Repräsentanten handeln responsiv (→ Responsivität) und im Interesse der Repräsentierten; Repräsentanten und Repräsentierte können unabhängig voneinander ihre Positionen sowie Interessen definieren und handeln, so daß beliebig große Konflikte zwischen ihnen entstehen *können*; und zugleich schaffen es die Repräsentanten, durch mit → politischer Führung gepaarte Responsivität die Beziehungen zu den Repräsentierten so zu gestalten, daß derartige Konflikte sich in halbwegs engen Grenzen halten. Repräsentation in diesem Sinn ist eine *mögliche* Systemeigenschaft: ob sie vorliegt, ist nicht den Beziehungen eines *einzelnen* Repräsentanten zu den von ihm Repräsentierten zu entnehmen, sondern ergibt sich als *Saldo* aller dieser Beziehungen.

repräsentative Demokratie
Politische Ordnungsform, welche den Gedanken der → Arbeitsteilung mit dem Prinzip der → Demokratie verbindet: Das Volk wählt Repräsentanten (siehe → Repräsentation), die sich in dessen Auftrag um → Politik zu kümmern haben; und durch Mandatserteilung nur auf Zeit (siehe → Gewaltenteilung) werden die Repräsentanten gezwungen, im großen und ganzen gemäß den Wünschen ihrer Auftraggeber zu arbeiten, falls sie in freien Wahlen erneut mit ihrem Mandat betraut werden wollen. Wichtige Vermittlungsinstanzen zwischen Repräsentanten und Repräsentierten sind → Parteien, → Interessengruppen und → Massenmedien. Vgl. → Pluralismus.

Responsivität
Bezeichnung für die Empfänglichkeit, Anregbarkeit, Reaktionsbereitschaft und Reaktionsfähigkeit eines → Systems. Zentralbegriff zur Erfassung der Weise, wie sich die Prinzipien von → Repräsentation und → Demokratie miteinander verbinden lassen.

Rolle
Muster aus routinemäßig aufeinander abgestimmten Sinndeutungen und Handlungen. Als Rollen*erwartung* bezeichnet man die Unterstellung, jemand lege in einer bestimmten Position oder Situation ein bestimmtes Muster an Sinndeutungen und Handlungen an den Tag. Unter Rollen*verhalten* versteht man umgekehrt das tatsächliche Muster von Sinndeutungen und Handlungen einer Person in einer bestimmten Situation oder Position.

Rückkoppelung
Bezeichnung für folgende Wirkungskette: Ein → System wirkt durch seinen → Output auf seine Umwelt ein; die Umwelt reagiert auf solches Verhalten des Systems; und diese Umweltreaktionen gelangen sodann als → Input wieder in das System; vgl. → Regelkreislauf.

Sample
Siehe → Stichprobe.

Schichtenbau sozialer bzw. politischer Wirklichkeit
Vorstellung, daß sich die → Wirklichkeitskonstruktion auf verschiedenen Schichten abspielt. Zweckmäßigerweise werden unterschieden: genetisch fixierte Grundlagen menschlichen Handelns, Erkennens und Sinndeutens; kulturspezifische Wissensbestände, Interpretationsroutinen und Normen; handelnde Einzelmenschen; Kleingruppen; Organisationen und Institutionen; Gesellschaften und politische Systeme; → Konstellationen und das internationale System.

Schulen der Politikwissenschaft
Traditionell, doch wenig hilfreich ist die Unterscheidung der ‚normativ-ontologischen', ‚historisch-dialektischen' und ‚empirisch-analytischen' Schule in der Politikwissenschaft. Zutreffend verwendet man den Begriff der Schule dort, wo – meist unter dem Einfluß eines als vorbildlich geltenden akademischen Lehrers oder Forschers – sich ein ziemlich einheitliches Verständnis von wichtigen Fragestellungen, mit Priorität zu behandelnden Themen und anzuwendenden Forschungsmethoden herausbildet.

Sekundäranalyse
Auswertung wissenschaftlicher Arbeiten, also von Forschungs*ergebnissen*, die andere erzielt haben, um dergestalt jene Informationen zu sammeln, die man selbst zur Beantwortung der eigenen Forschungsfrage benötigt.

Selektivität (der → Perzeptionswirklichkeit)
Bezeichnung für einen dreifachen Filterungsprozeß, den alle persönlich besessenen Kenntnisse durchlaufen und welcher das → Alltagswissen unbemerkt prägt: Niemand kann alles erfahren, was es gibt; von den grundsätzlich verfügbaren Informationen nimmt jeder nur eine mehr oder minder große Auswahl zur Kenntnis; und vom je Erfahrenen vergißt man das meiste wieder.

Signifikanztest
Gruppe von statistischen Modellen, die anhand von → Zufallsstichproben folgende Frage zu beantworten erlauben: Wie groß ist die Wahrscheinlichkeit, *rein zufällig* in der → Stichprobe einen Sachverhalt X bzw. ein Merkmal Y vorfinden zu können, falls Y in der → Grundgesamtheit gar nicht vorliegt? Mit Hilfe von Signifikanztests berechnet man → Irrtumswahrscheinlichkeiten und kann sodann → Hypothesen über die Beschaffenheit von Grundgesamtheiten anhand von Zufallsstichproben überprüfen. Signifikanztests dienen somit als Mittel statistischer Verallgemeinerung.

Simulation
Forschungsmethode, bei der interessierende → Strukturen der natürlichen, sozialen oder politischen → Wirklichkeit modellhaft nachgebildet und mit solchen Modellen sodann → Experimente durchgeführt werden. Indem man einen Wirklichkeitsausschnitt nachzubilden versucht, wird geprüft, ob man genügend Wissen über seine Beschaffenheit besitzt und ob die verfügbaren Kenntnisse wohl stimmen können; und indem man mit dem schließlich erarbeiteten Modell experimentiert, lassen sich Vermutungen über Wirkungszusammenhänge im modellierten System überprüfen.

Situationsdefinition
Subjektive Festlegung dessen, was in einer bestimmten Situation ‚der Fall ist' und als die → Wirklichkeit dieser Situation zu gelten habe. Situationsdefinitionen können wahr oder falsch sein. Stets haben sie erhebliche Folgen für die → Wirklichkeitskonstruktion; siehe → Thomas-Theorem.

Skalenniveau
Siehe → Meßniveau.

Souveränität
Im Bereich der → Außenpolitik Bezeichnung dafür, daß ein → Staat seine auswärtigen Beziehungen nach eigenem Ermessen und in eigener Verantwortung gestalten kann; im Bereich der Innenpolitik Bezeichnung für den ‚Sitz' der obersten und von rechtlichen Bindungen freien Staatsgewalt. Im Absolutismus beim Fürsten liegend, der auch persönlich als ‚der Souverän' bezeichnet wurde, stellte man dieser Vorstellung später den Gedanken der ‚Volkssouveränität' gegenüber, wonach beim Volk und seiner Entscheidung die oberste Staatsgewalt liege. Im materialen → Rechtsstaat, der als vorstaatlich gedachte Menschenrechte der Verfügung des Staates entzieht und der Staatsgewalt Grenzen setzt, darf es offenbar keine ‚oberste' und von rechtlichen Bindungen freie Staatsgewalt geben. Dasselbe gilt für den → Verfassungsstaat, welcher die Staatsgewalt aufteilt und darum auch kein ‚oberstes' Staatsorgan kennt. Die Rede von der ‚Volkssouveränität' ist im materialen Rechtsstaat und im Verfassungsstaat deshalb in systematischer Hinsicht gegenstandslos und ein historisch-polemisches Relikt. Sinnvollerweise interpretiert bezeichnet sie – wie im Prinzipienkatalog der → freiheitlichen demokratischen Grundordnung – nichts anderes als das Prinzip der → Demokratie.

soziales Netzwerk
Mehr oder minder stabiles Geflecht aus → Rollen.

Sozialstaat
Ein → Staat, welcher in der politischen Praxis auf die soziale Sicherung seiner Bürger sowie auf sozialen Ausgleich unter ihnen abzielt.

Sozialtechnologie
Im weiteren Sinn die Erarbeitung von → Wenn/Dann-Aussagen, welche politisch anwendbaren → Handlungsanweisungen zugrunde gelegt werden können; im engeren Sinn: die praktische Anwendung solcher sozial-

technologischer Wenn/ Dann-Aussagen. Sie stellt die konkreteste Form praxisbezogener sozial- bzw. politikwissenschaftlicher → Forschung dar.

Staat
Bezeichnung für ein → politisches System, welches das Monopol legitimer Zwangsgewalt auf einem bestimmbaren Gebiet über eine angebbare Bevölkerung ausübt. Gemeinhin wird er gekennzeichnet durch die Trias von Staatsgewalt, Staatsgebiet und Staatsvolk.

Statistik
Wissenschaft und ‚Katalog' von Möglichkeiten, um a) die in → Daten geborgenen Informationen so zu verdichten, daß jene Befunde sichtbar werden, welche für die Antwort auf die Forschungsfrage nötig sind (‚beschreibende Statistik'); und um b) von an → Zufallsstichproben gewonnenen Ergebnissen auf die Beschaffenheit von → Grundgesamtheiten zu schließen (‚schließende Statistik').

Stichprobe (engl. ‚sample')
Auswahl aus einer → Grundgesamtheit. Je nach Art der Auswahl unterscheidet man → Zufallsstichproben, → Quotenstichproben, → bewußte Auswahlen und → willkürliche Auswahlen.

Struktur
Muster von Beziehungen zwischen Elementen beliebiger Art; vgl. → System.

Studie
Bezeichnung für → empirische sozialwissenschaftlichen Arbeiten.

Subsidiaritätsprinzip
Vorstellung, daß zunächst einmal jeder für sich selbst sorgen und die dafür nötigen Mittel und Befugnisse haben soll, andere aber dann helfend einspringen, wenn die eigenen Anstrengungen nicht mehr ausreichen. Auf → politische Systeme angewandt meint das Prinzip der Subsidiarität, daß staatliche Gestaltungsbefugnisse so bürgernah und so weit unten im Staatsaufbau wie möglich anzusiedeln sind und die jeweils höhere staatliche Organisationsebene Kompetenzen zur Regelung jeweils nur solcher Aufgaben haben soll, die auf der niedrigeren Ebene nicht oder nicht zweckmäßig zu erledigen sind. Vgl. → Föderalismus.

Subsystem
Bestandteil eines → Systems, der selbst als System betrachtet wird.

Suprasystem
Ein → System, das seinerseits aus verschiedenen → Subsystemen besteht.

System
Bezeichnung für eine Struktur aus Beziehungen gleichwelcher Art zwischen beliebigen Elementen, die von einem umgebenden Strukturgefüge abgesondert wird. Die Festlegung der ‚Systemgrenze' erfolgt nach dem Analysezweck des Betrachters.

Systemvergleich
Vergleich mehrerer → politischer Systeme nach für die jeweilige Forschungsfrage wichtigen Gesichtspunkten. Zweck des Systemvergleichs ist es oft, zu verallgemeinerbaren Aussagen über die Funktionslogik und Gestaltungsmöglichkeiten politischer Systeme zu gelangen. Typischerweise werden Systemelemente (z.B. Parteien, Interessengruppen, Verbände usw.), im System zu erfüllende Funktionen (z.B. Regierungsbildung, Kontrolle, politische Rekrutierung und Sozialisation usw.) sowie die Gesamtstrukturen politischer Systeme miteinander verglichen. Siehe auch → Komparatistik, → Vergleichbarkeit.

theoretische Forschung
Bezeichnung für einen → Forschungsprozeß, bei dem → Theorien herausgearbeitet, umgeformt, erweitert oder überhaupt neu entwickelt werden.

theoretischer Begriff
Ein → Begriff, dessen → empirischer Referent nicht ‚unmittelbar' beobachtet werden kann (z.B. → Autoritarismus, → Legitimität, → Responsivität, → Totalitarismus), sondern welcher erst mittels → Operationalisierung auf → Beobachtungsbegriffe bezogen werden muß.

Theorie
Verknüpfung von Aussagen. Theorien können wahr oder falsch sein; ihr → Wahrheitsgehalt läßt sich mitunter aber nur schwer überprüfen. Werden → empirische Aussagen verknüpft, so entstehen empirische Theorien; werden → normative Aussagen verknüpft, so entstehen normative Theorien.

Thomas-Theorem
Wenn Menschen eine Situation als real definieren und von dieser → Situationsdefinition ausgehend handeln, dann sind die Folgen dieses Handelns real, wie irreal auch immer die → Situationsdefinition war.

Topos
Ein durch ein bestimmtes Wort gekennzeichneter ‚Findeort' von Denkweisen, Argumenten, Reflexionsmaterial oder Informationen. Topoi werden oft mehr oder minder systematisch aufeinander bezogen, wodurch Topoi-Kataloge entstehen (z.B. das → AGIL-Schema und das → MINK-Schema).

Totalerhebung
Untersuchung der gesamten → Grundgesamtheit.

Totalitarismus
Bezeichnung für einen → Typ → politischer Systeme, der sich durch monistische → Herrschaftsstruktur, monopolisierte politische → Willensbildung und umfassenden, auch den privaten Bereich durchdringenden staatlichen → Gestaltungsanspruch auszeichnet, dessentwegen ein umfangreicher staatlicher Kontroll- und Repressionsapparat aufrechterhalten wird.

Typ
Bezeichnung für eine Konfiguration von Merkmalsausprägungen gleichwelcher Sachverhalte, die man zu gleichwelchen Zwecken besonders hervorhebt. Wird eine *tatsächlich* vorkommende Konfiguration als Typ definiert, spricht man von einem *Real*typ; hebt man eine gegebenenfalls gar nicht in der → Wirklichkeit vorkommende Konfiguration hervor, mit welcher man tatsächlich auftretende Konfigurationen in Beziehung setzt, so liegt ein *Ideal*typ vor. ‚Ideal' ist dabei nicht als ‚besonders wertvoll' oder als ‚vorbildlich' aufzufassen, sondern meint: ‚bloß in der Vorstellung des Analytikers für Untersuchungszwecke angenommen'.

Typologie
Systematische Zusammenstellung von aufeinander bezogenen → Typen.

Untersuchungseinheit
Personen, Situationen, Texte u.ä., an denen man die für seine Forschungszwecke benötigten → Daten erhebt.

Validität
Bezeichnung dafür, daß man bei der Erhebung von → Daten tatsächlich das beobachtet, was man zu beobachten meint (siehe → Beobachtungstheorie), sowie dafür, daß man Daten zu genau jenen Sachverhalten erhebt, auf welche sich die forschungsleitende → Theorie bezieht.

Variable
Bezeichnung für einen Oberbegriff, dessen Unterbegriffe gemeinsam mit dem Oberbegriff vergegenwärtigt werden. Je nach dem → Meßniveau, auf dem die Unterbegriffe einander zugeordnet sind, unterscheidet man nominalskalierte, ordinalskalierte, intervallskalierte und ratioskalierte Variablen. Weitere Gruppierungen von Variablen sind die folgenden: diskrete vs. stetige Variablen; manifeste vs. latente Variablen. Im alltäglichen wissenschaftlichen Sprachgebrauch bezeichnet man mit dem Wort ‚Variable' auch den → empirischen Referenten einer Variablen.

Verband
Siehe → Interessengruppe.

Verfassung
Bezeichnung für die geschriebenen oder ungeschriebenen Spielregeln, nach denen in einem politischen System die → Macht bzw. → Herrschaft zwischen verschiedenen Staatsorganen oder Machtträgern, allgemein: zwischen verschiedenen Subsystemen des politischen Systems, aufgeteilt ist. Sie ist nicht identisch mit der Verfassungsurkunde, in der jene Spielregeln gegebenenfalls niedergeschrieben sein können.

Verfassungsprinzipien
Grundsätze der Ausgestaltung eines → politischen Systems. Im Fall der Bundesrepublik Deutschland handelt es sich um ‚2+5' Verfassungsprinzipien: zunächst die Prinzipien der → Wertbindung und der → wehrhaften Demokratie, sodann die Ausgestaltung des politischen Systems als → Demokratie, als → Rechtsstaat, als → Bundesstaat, als → Sozialstaat und als ökologischer Staat.

Verfassungsstaat
Ein → Staat, in dem die politische → Macht nach verbindlichen Spielregeln auf verschiedene Machtträger aufgeteilt ist. Nicht jeder Verfassungsstaat hat eine Verfassungsurkunde, nicht jeder Staat mit einer geschriebenen → Verfassung ist ein Verfassungsstaat.

Vergleichbarkeit
Bezeichnung dafür, daß zwei oder mehr Sachverhalte in bezug auf bestimmte Merkmale verglichen werden *können*. Vergleichbarkeit ist somit dann gegeben, wenn vergleichsermöglichende → Theorien mit durch → Operationalisierung griffig gemachten Begriffen verfügbar sind. Im alltäglichen Sprachgebrauch wird der Begriff der ‚Vergleichbarkeit' oft mit dem der ‚Ähnlichkeit' bzw. ‚Gleichartigkeit' verschmolzen oder verwechselt: ‚vergleichbar' meint dann ‚gleich', ‚unvergleichbar' aber ‚ungleich'. Solcher Sprachgebrauch stiftet nur Verwirrung, setzt doch die Aussage, zwei Sachverhalte seien ungleich, einen zu ihr überhaupt erst führenden Vergleich und somit eben die Vergleichbarkeit jener Sachverhalte voraus.

Verifikation
(Gelingende) Überprüfung des → Wahrheitsgehalts einer → empirischen Aussage dergestalt, daß man (erfolgreich) zeigt, daß ihr → empirischer Referent genau so existiert bzw. beschaffen ist, wie die zu überprüfende Aussage es behauptet. D.h.: man weist nach, daß eine Aussage empirisch wahr ist. Verifikation ist nur bei (raum-zeitlich abgegrenzten) → Existenzaussagen möglich. Vgl. → Falsifikation.

Volksgesetzgebung
Plebiszitärer Prozeß ,von unten nach oben', mit typischen Schritten wie Volksantrag, Volksbegehren und Volksentscheid zu einem Gesetz. Gegenstück ist das → Referendum; siehe auch → plebiszitäre Demokratie.

Volkssouveränität
Siehe → Souveränität.

Wahrheit
Mögliche Eigenschaft von → Aussagen bzw. von → Theorien. Zu unterscheiden sind logische und empirische Wahrheit. Eine Aussage bzw. Theorie ist *logisch* wahr genau dann, wenn jene Begriffe bzw. Aussagen, welche die Aussage bzw. Theorie konstituieren, nach den Regeln einer angebbaren Logik *korrekt* miteinander verknüpft wurden, so daß keine logischen Widersprüche auftreten. Eine Aussage bzw. Theorie ist empirisch wahr genau dann, wenn es sich mit dem → empirischen Referenten der fraglichen Aussage bzw. Theorie genau so verhält, wie es diese Aussage bzw. Theorie behauptet.

Wahrheitsgehalt
Bezeichnung für den Grad an → Wahrheit, den man einer Aussage oder Theorie meint zuschreiben zu können.

wehrhafte Demokratie
Bezeichnung für die in Rechtsnormen und in die politische Praxis umgesetzte Absicht, die → Wertbindung und den → Minimalkonsens einer freiheitlichen Demokratie (siehe → freiheitliche demokratische Grundordnung) *nicht* zur Disposition von Mehrheitsentscheidungen zu stellen sowie jene politischen Kräfte (vgl. → Interessengruppen, → Parteien) aus der politischen Konkurrenz (vgl. → Pluralismus) *auszuschalten*, welche Wertbindung und Minimalkonsens beseitigen wollen.

Wenn/Dann-Aussage
Form → empirischer Aussagen, bei denen zwei oder mehr Sachverhalte aufeinander bezogen und in ihrem Zusammenwirken beschrieben werden. Wird lediglich die *Tatsache* eines Zusammenhangs beschrieben, so liegt eine *korrelative* Wenn/ Dann-Aussage vor (,Korrelationsaussage'); werden überdies anhand einer herangezogenen → Theorie *Gründe* für das Bestehen des Wenn/Dann-Zusammenhangs (,Korrelation') ins Feld geführt, so liegt eine *kausale* Wenn/Dann-Aussage vor (,Kausalaussage').

Wertbindung
In Rechtsnormen und in die politische Praxis umgesetzte Vorstellung, daß ein → Staat nicht Selbstzweck ist, sondern seinen Zweck darin hat, bestimmte Werte zu verwirklichen. Die Werte, an die sich demokratische → Verfassungsstaaten zu binden pflegen, finden sich in ihren Grundzügen im Prinzipienkatalog der → freiheitlichen demokratischen Grundordnung.

Werturteil
Eine → Aussage, welche hinsichtlich eines → empirischen Referenten eine Behauptung darüber trifft, ob er bzw. seine Beschaffenheit gut oder schlecht sei. Der logischen Struktur nach besteht ein Werturteil aus einer → empirischen Aussage über den zu bewertenden → empirischen Referenten; einem Wertmaßstab, anhand dessen das Werturteil gefällt wird; und aus einer Argumentation, die zeigt, wie anhand dieses Wertmaßstabs der fragliche empirische Referent zu bewerten ist. In der Regel wird in zu Mißverständnissen einladender Weise lediglich die *Schlußfolgerung* dieser Argumentation geäußert und als Werturteil aufgefaßt.

Werturteilsstreit
Diskussion über die Notwendigkeit bzw. Zulässigkeit von → Werturteilen im Rahmen von → Forschung bzw. wissenschaftlicher Argumentation; vgl. → Wissenschaft.

Widerstand
Handeln jener politischen Kräfte, welche die Prinzipien und Spielregeln einer → Diktatur nicht akzeptieren und bereits diese Grundlagen des Systems, nicht aber – wie die → Opposition in einer → Demokratie – nur die politischen Ziele und Handlungen der jeweiligen → Regierung bekämpfen. In einem politischen System ohne das Recht auf die Ausübung von Opposition kann Widerstand auf die Errichtung politischer Freiheit abzielen. Hingegen ist in einem politischen System, in dem jederzeit → Opposition ausgeübt werden kann, Widerstand funktionslos und trägt zum Abbau von Freiheit bei; vgl. → Extremismus.

Willensbildung
Bezeichnung für die politischen Prozesse, die allgemein verbindlichen Entscheidungen in der Regel vorangehen. Die politische Willensbildung kann einerseits *konkurrierend* organisiert sein, so daß sich die verschiedensten politischen

Akteure mit ihren je besonderen Interessen an ihr beteiligen können (vgl. → Pluralismus). Sie kann andererseits *monopolisiert* sein, wenn z.B. eine einzige → Partei einen umfassenden Führungsanspruch erhebt und durchsetzt.

willkürliche Auswahl
Auswahl aus einer Grundgesamtheit ohne irgendwelche bedachte Systematik (z.B. Passantenbefragungen durch Journalisten). Willkürliche Auswahlen haben keinerlei Aussagekraft hinsichtlich der Grundgesamtheit.

Wirklichkeit
Sammelbezeichnung für alle existierenden Sachverhalte, unabhängig davon, ob man um ihre Existenz bzw. Beschaffenheit weiß oder nicht weiß. Durch vorangestellte Eigenschaftswörter lassen sich Teilbereiche der Wirklichkeit abgrenzen, z.B. politische Wirklichkeit, soziale Wirklichkeit oder wirtschaftliche Wirklichkeit.

Wirklichkeitskonstruktion
Bezeichnung für jene Prozesse, durch welche die soziale, politische oder wirtschaftliche → Wirklichkeit hervorgebracht wird. Vgl. → Ethnomethodologie.

Wissenschaft
Jenes menschliche Handeln, das auf die Herstellung solcher → Aussagen abzielt, die jenen Aussagen in zweifacher Weise überlegen sind, welche sich schon mittels der Kompetenzen des gesunden Menschenverstandes formulieren lassen: Sie müssen logisch richtig sein (‚logische Wahrheit'), und sie müssen mit jenen Sachverhalten, auf die sie sich beziehen (→ ‚empirischer Referent') übereinstimmen (‚empirische Wahrheit'). Vgl. → Wahrheit, → Forschung, → Forschungsprozeß.

zentrales politisches Entscheidungssystem
Kernbereich eines → politischen Systems, in welchem die allgemein verbindlich zu machenden Entscheidungen vorbereitet und herbeigeführt werden. Es besteht aus den faktischen Machthabern, in freiheitlichen demokratischen politischen Systemen also zumindest aus den Spitzen von → Regierung, → Parlament und → Parteien. Es können ihm auch die Spitzen wichtiger → Interessengruppen, die Inhaber von Führungspositionen in Wirtschaft und → Massenmedien sowie informell Personen aus dem privaten Umfeld der Machthaber angehören.

Zufallsstichprobe (engl. ‚random sample')
Auswahl aus einer Grundgesamtheit, bei welcher allein der Zufall entscheidet, ob eine → Untersuchungseinheit in die → Stichprobe gelangt. Gerade wegen der reinen Zufälligkeit des Auswahlverfahrens ist es möglich, anhand der Wahrscheinlichkeitstheorie von der Beschaffenheit der Stichprobe auf jene der Grundgesamtheit zu schließen. Ausschließlich Zufallsstichproben sind *repräsentative* Stichproben, also verkleinerte Abbilder der Grundgesamtheit. Wichtige Formen von Zufallsstichproben sind einfache, systematische und geschichtete Zufallsstichproben sowie Klumpenauswahlen und Flächen- wie Zeitstichproben.

Anhang II: Fragenkatalog zur Überprüfung des Wissensstandes für abzulegende Examina

Der folgende Fragenkatalog erfüllt eine Doppelfunktion:

- Er macht in Form präziser Fragen anschaulich, welche *inhaltlichen Mindestkenntnisse* ein sich gut ausbildender Hauptfachstudent der Politikwissenschaft bzw. ein angehender Sozial- oder Gemeinschaftskundelehrer zu erwerben hat. Alle solchen Kenntnisse selbst zu vermitteln, geht weit über die Möglichkeiten einer ‚Einführung' hinaus, hat diese doch vor allem jenes ‚Strukturwissen' nahezubringen, anhand dessen die Stoffülle der Politikwissenschaft zu bewältigen und präsent zu halten ist. Indessen erlaubt es der Fragenkatalog, mit dem politikwissenschaftlichen Lehr- und Literaturangebot an jeder beliebigen Universität zielsicher umzugehen und sich ein *erfolgsorientiertes* Studium zu organisieren. Dessen Kriterium lautet: Alle Fragen sollten zum Zeitpunkt der Zwischenprüfung, also etwa nach den ersten vier Semestern, korrekt, wenn auch noch auf das jeweils Wesentliche beschränkt, beantwortet werden können. Auch Nebenfachstudenten der Politikwissenschaft sollten sich dieses Ziel setzen.
- Der Fragenkatalog erlaubt eine *effiziente Vorbereitung auf abzulegende Examina.* Bei der Vorbereitung auf die *Zwischenprüfung* leistet er ein erstes Mal gute Dienste, da er rasch Wissenslücken festzustellen sowie durch präzise Nacharbeit zu schließen gestattet, und sodann als ‚Checkliste' fungiert, mittels welcher man die Qualität des zum Prüfungstermin erreichten Wissensstandes einschätzen kann. Auf die gleiche Weise kann man ihn zur Vorbereitung auf die *Magister- oder Diplomprüfung* nutzen, falls man von sich nun komplexe und auch wechselseitig vernetzte Antworten auf die zusammengestellten Fragen fordert sowie die Kenntnis politischer Systeme bzw. politischer Theoretiker / Theorien über das im Fragenkatalog angegebene Minimum hinaus erweitert. Selbstverständlich werden sich Nebenfachstudenten der Politikwissenschaft hier bescheidenere Ziele setzen. Zwar differiert die politikwissenschaftliche Prüfungspraxis von Universität zu Universität und von Hochschullehrer zu Hochschullehrer erheblich, und es kommt häufig vor, daß selbst vor Zwischenprüfungen die Prüfungsgegenstände abgesprochen werden. Doch sogar in diesem Fall fährt man besser, wenn man über solches zweckbezogen erworbene und oft nur kurzfristig beherrschte Wissen hinaus sicherstellt, daß man sein Fach wirklich sorgfältig studiert und sowohl breite als auch gründliche Kenntnisse erworben hat.

1. Allgemeine Grundkenntnisse

- Was ist Politik? Welche Begriffe sind geeignet, diese Frage sowohl differenziert als auch klar zu beantworten?
- Was ist Politikwissenschaft?
- Was sind die Methoden der Politikwissenschaft, und in welchem Verhältnis stehen sie zu den Methoden der Soziologie, der Geschichtswissenschaft, der Rechtswissenschaft und der Wirtschaftswissenschaften?
- In welchem Verhältnis steht die Politikwissenschaft zu ihren folgenden Nachbardisziplinen: Verwaltungswissenschaft, Rechtswissenschaft, Soziologie, Wirtschaftswissenschaft, Geographie, Kommunikationswissenschaft, Pädagogik, Anthropologie, Verhaltensforschung, Psychologie, Kunstwissenschaften, Philosophie, Theologie und Geschichtswissenschaft?
- Was sind die Grundzüge der Geschichte der Politikwissenschaft im allgemeinen, der deutschen Politikwissenschaft im besonderen?
- Was meinen die folgenden politikwissenschaftlichen Fachbegriffe?
  Akteur, Anarchie, Arbeitsteilung, Autoritarismus, Bürgerinitiative, Bundesstaat, Demokratie, Diktatur, Entscheidung, Evaluation, Evolution, Exekutive, Extremismus, Föderalismus, Fraktion, Freiheit, Führung, Gemeinwohl, Gesellschaft, Gesetz, Gewaltenteilung, Gleichheit, Gliedstaat, Grundrechte, Herrschaft, Ideologie, Implementation, Interesse, Interessengruppe, Koalition, Konsens, Kommunikation, Konflikt, Konstitutionalismus, Kontrolle, Kritik, Legalität, Legislative, Legitimität, Macht, Mandat, Massenmedien, Mehrheitsprinzip, Mehrheitswahlrecht, Menschenrechte, Minimalkonsens, Modernisierung, Monarchie, Norm, Operations- und Perzeptionswirklichkeit, Opposition, Parlament, Partei, Partizipation, Plebiszit, Pluralismus, Politikfeld, politische Kultur, politische Sozialisation, politische Willensbildung, politisches System, Rechtsstaat, Referendum, Regierung, Repräsentation, Republik, Responsivität, Revolution, Situationsdefinition, Solidarität, Souveränität, Sozialstaat, Staat, staatliches Gewaltmonopol, Subsidiarität, Totalitarismus, Verband, Verfassung, Verfassungsstaat, Verhältniswahlrecht, Volkssouveränität, Wahl, wehrhafte Demokratie, Wertbindung, Widerstand, zentrales politisches Entscheidungssystem, Zentralstaat.
- Was sind die wichtigsten bibliographischen Hilfsmittel, Lexika, Handbücher und Lehrbücher der Politikwissenschaft?

2. Grundkenntnisse im Teilfach ‚Politische Systeme'

a. Grundlagen

Was meinen die folgenden, in den weiteren Fragen nicht gesondert thematisierten Begriffe? Elitenakkomodation, Führung, Herrschaft, internationales Regime, Interventionismus, Legitimität, massenmedialer Negativismus, Neokorporatismus, Ordnungspolitik, Politikillusion, politische Religion, Polyarchie, Positivismus, Prozeßpolitik, Responsivität, Revolution, Schweige- bzw. Redespirale, Souveränität, Staat, symbolische Politik, Systemevolution, Themenkarrieren, Transformation, Transition, Verhandlungsdemokratie, Volkssouveränität, Was versteht man allgemein unter einem System, was speziell unter einem sozialen bzw. einem politischen System?

(1) Grundkonzepte der Analyse politischer Systeme

- Was sind die zentralen Begriffe der allgemeinen Systemtheorie, und worauf beziehen sie sich jeweils in politikwissenschaftlicher Bedeutung? Wie dienen die Begriffe der Systemtheorie insbesondere dazu, politische Prozesse, Strukturen und Funktionen zu beschreiben?
- Wie kann ein komplexes Modell eines politischen Systems und seiner Beziehungen zum Gesellschaftssystem aussehen?
- Wie lassen sich die Beziehungen zwischen einem System und seiner Umwelt einesteils allgemein, andernteils im politikwissenschaftlichen Sinn beschreiben?
- Was versteht man unter einem ‚zentralen politischen Entscheidungssystem'?
- In welcher Weise lassen sich die Elemente eines politischen Systems als Variablen auffassen und behandeln?
- Was sind Funktionen und wie kann man sie gliedern? Was ist ein funktionales Äquivalent? Was ist eine multifunktionelle Struktur?
- Was meint ‚Funktionslogik'? Zu welchem Zweck untersucht man die Funktionslogik verschiedener Systeme?
- Was ist eine Institution, was ein ‚institutioneller Mechanismus'?
- Wie lauten zentrale Leitfragen der Analyse politischer Systeme?
- Was versteht man unter Legitimität, was unter Legitimitätsglauben? Wie entsteht das eine bzw. andere?
- Was versteht man unter ‚politischem Lernen'? Wie lassen sich in einem politischen System die Chancen auf ‚politisches Lernen' vergrößern?

(2) Fragestellungen und Ansätze des Systemvergleichs

- Was ist der Zweck, was sind zentrale Fragestellungen des Vergleichs politischer Systeme?
- Wie geht man beim Systemvergleich vor? (Logik des Systemvergleichs, Modellbildung, zentrale Ansätze, Methoden)
- Was meint ‚Ähnlichkeit', was ‚Vergleichbarkeit'? Zu welchen Mißverständnissen und Denkfehlern kommt es üblicherweise hinsichtlich dieser Begriffe? Was sind deren Folgen?
- Was sind die wichtigsten tatsächlichen Grenzen von Vergleichbarkeit?
- Was sind die Grundzüge der Methodik von Datenerhebung und Datenanalyse bei der vergleichenden Systemforschung?
- Was sind die Grundgedanken, zentralen Vorgehensweisen und Vorzüge des Ragin-Ansatzes?
- Anhand welcher Kategorien lassen sich die bekannten politischen Systeme vergleichend, also typologisch gliedern?
- Was sind die wichtigsten empirischen Referenten der Konzepte ‚Herrschaftsstruktur', ‚Willensbildung', ‚staatlicher Gestaltungsanspruch', ‚Offenheit/Geschlossenheit einer Gesellschaft'?
- Kann man historische und zeitgenössische politische Systeme anhand gleicher Kategorien vergleichend untersuchen?
- Wie lassen sich die Forschungsfelder der (vergleichenden) Analyse politischer Systeme gliedern? Was sind deren jeweils wichtigsten Gegenstände?
- Was sind und zu welchem Zweck unternimmt man ‚area studies'?

- Nach welchen Gesichtspunkten und Wertmaßstäben kann man versuchen, Werturteile über die Qualität politischer Systeme zu erarbeiten? Wie kann man zu tragfähigen Grundlagen von Gesellschafts-, System- und Politikkritik gelangen?

(3) Grundtypen politischer Systeme

- Was meinen ‚Sozialität' und ‚Xenophobie' als Grundkonzepte der Analyse politischer Systembildung?
- Welche Funktionen hat ein Staat?
- Seit wann und warum gibt es ‚Staatlichkeit'? In welchen Phasen und anhand welcher Prägefaktoren hat sich in Europa der moderne Staat entwickelt?
- Auf welche Weise kann man Staatsmacht bändigen?
- Was ist ein (liberaler) demokratischer Verfassungsstaat? Wie hat sich dieser Systemtyp entwickelt? Was sind seine wichtigsten Erscheinungsweisen?
- Was sind die wichtigsten Voraussetzungen eines demokratischen Verfassungsstaates?
- Auf welche Weise ist das präsidentielle, auf welche das parlamentarische Regierungssystem entstanden?
- Was sind die Leitgedanken sowie strukturellen und funktionslogischen Merkmale der folgenden Typen von Regierungssystem: präsidentielles, parlamentarisches, semi-präsidentielles Regierungssystem, Konkordanz- bzw. Proporzdemokratie? Welche historischen und zeitgenössischen Beispiele lassen sich jeweils anführen?
- Was ist eine autoritäre Diktatur? Wie lassen sich autoritäre Diktaturen untergliedern? Was sind die wichtigsten historischen Erscheinungsweisen der unterschiedlichen Formen autoritärer Diktatur? Was versteht man insbesondere unter einer ‚Entwicklungsdiktatur' und unter ‚Sultanismus'? Welche historischen und zeitgenössischen Beispiele lassen sich jeweils anführen?
- Warum sind autoritäre Diktaturen so häufig? Wie entsteht dieser Systemtyp, und wie entwickelt er sich? Wie läßt sich autoritäre Herrschaft rechtfertigen?
- Was ist eine totalitäre Diktatur? Wie entsteht und wie entwickelt sich eine totalitäre Diktatur? Was sind die wichtigsten historischen Erscheinungsweisen dieses Typs politischer Systeme?
- Was ist das Primärphänomen, was sind die Sekundärphänomene des Totalitarismus? Und wie läßt sich totalitäre Herrschaft rechtfertigen?

(4) Strukturprinzipien politischer Systeme

- Was kann man unter ‚Gemeinwohl' verstehen?
- Was haben Pluralismus und Monismus als Strukturprinzipien politischer Systeme gemeinsam?
- Was sind die Leitgedanken von Pluralismus bzw. Monismus, was jeweils ihre staatsorganisatorischen und politisch-gestalterischen Konsequenzen?
- Was versteht man innerhalb einer pluralistischen Ordnung unter dem ‚streitigen' und dem ‚nicht-streitigen' Sektor, was unter Werte-, Verfahrens- und Ordnungskonsens?
- Was ist ein Rechtsstaat? Was sind die wichtigsten Unterschiede zwischen formaler und materialer Rechtsstaatlichkeit? Wie läßt sich materiale Rechtsstaatlichkeit begründen?
- Was ist der Unterschied zwischen (materialer) Rechtsstaatlichkeit und ‚Gesetzlichkeit'?
- Welche Funktionen hat für den einzelnen, für die Gesellschaft und für ein politisches System das Recht? Wie lassen sich die einzelnen Rechtsbereiche gliedern?
- Was ist der Zweck richterlicher Unabhängigkeit? Wie läßt sie sich sichern?
- Was ist Verfassungsgerichtsbarkeit? Welche Aufgaben hat sie? Wie läßt sie sich politisch funktionalisieren?
- Was meint Gewaltenteilung? Was ist ihr Zweck? Was sind ihre Formen? Was sind ihre wichtigsten Mißverständnisse?
- Was meint Demokratie?
- Wie läßt sich das Demokratieprinzip in einem politischen System verwirklichen? Erläutern Sie im einzelnen die folgenden Konzeptionen und Elemente von Demokratie und geben sie historische sowie zeitgenössische Beispiele an: Identitäts-, Konkurrenz-, Konkordanzdemokratie, repräsentative Demokratie, plebiszitäre Demokratie (Volksgesetzgebung, Referenden), ‚Wiederwahlmechanismus'!

- Was sind die Leitgedanken, Ausgestaltungsmöglichkeiten, Vorzüge und Nachteile des Mehrheitsprinzips? Was kann man unter dem ‚Mehrheitsmechanismus' verstehen?
- Was sind wichtige Überlegungen, wenn man repräsentative Demokratie mit Elementen plebiszitärer Demokratie verbinden will?
- In welche Mißverständnisse führt oft der Begriff der ‚direkten Demokratie'?
- In welchem Verhältnis steht (materiale) Rechtsstaatlichkeit zum Demokratieprinzip?
- In welchem Verhältnis steht ‚temporale Gewaltenteilung' zum Demokratieprinzip?
- Was meint Liberalismus als Prinzip zur Bändigung von Staatsmacht?
- Was versteht man unter ‚Föderalismus'? Anhand welcher Begriffe läßt sich der empirische Referent dieses Begriffs genauer erfassen? (u.a. Oberstaat und Gliedstaat, Staatenbund, Staatenverbund, Bundesstaat, dezentralisierter Einheitsstaat)
- Was sind die wichtigsten Strukturprinzipien föderaler Systemvernetzung? Was sind jeweils ihre Leitgedanken und vermutlichen Folgen?
- Welche Formen der mehr oder minder engen Kooperation und Integration unterschiedlicher politischer Systeme gibt es – einesteils in der Geschichte, andernteils in der Gegenwart?
- In welchem Verhältnis steht Föderalismus zur zeitgenössischen inter- und supranationalen Systembildung?
- Was sind die Vor- und Nachteile von Föderalismus?

(5) Die Bürger und die politische Klasse

- Was versteht man unter ‚politischer Beteiligung'?
- Was ist die angemessene Rolle des Bürgers in demokratischen Verfassungsstaaten, totalitären Diktaturen und einzelnen Typen von autoritären Diktaturen?
- Was versteht man unter ‚politischer Kultur'? Was sind deren Grundformen?
- Was ist ‚politische Sozialisation'? Was sind ihre wichtigsten Akteure und Phasen?
- Was versteht man unter ‚politischer Rekrutierung'? Was sind die wichtigsten Formen und Prägefaktoren politischer Rekrutierungsprozesse?
- Was versteht man unter ‚Elite', was unter ‚politischer Elite' bzw. ‚politischer Klasse'? Was ist die Funktion der politischen Elite bzw. Klasse?

(6) Interessen und Interessengruppen

- Was sind Interessen? Nach welchen Gesichtspunkten kann man sie gliedern?
- Was sind Interessengruppen? Wie kann man sie untergliedern?
- Wie nehmen sich Interessen und Interessengruppen einesteils in einer pluralistischen, andernteils in einer monistischen Politikkonzeption aus?
- Was Funktionen haben Interessengruppen in einem demokratischen Verfassungsstaat? Wie sind diese Funktionen zu bewerten?
- Auf welche Weise versuchen Interessengruppen, ihren Einfluß auszuüben?
- Was sind die wichtigsten Kritikpunkte am in demokratischen Verfassungsstaaten praktizierten Verbändepluralismus? Wie sind diese Kritikpunkte jeweils zu bewerten?
- Was versteht man unter ‚Neokorporatismus'? Wie ist er zu bewerten?

(7) Parteien und Wahlen

- Was sind Parteien?
- Wie und warum sind Parteien historisch entstanden?
- Was sind die Funktionen von Parteien in einem demokratischen Verfassungsstaat? Wie sind sie zu bewerten?
- Was sind die wichtigsten Prägefaktoren von Parteien und Parteiensystemen?
- Wonach unterscheiden sich Parteien? Wie kann man sie gliedern?

- Was sind die Funktionen von Wahlen und Abstimmungen? Was ist dabei der Unterschied zwischen Wahlen und Abstimmungen?
- Was sind die Funktionen und wichtigsten Formen von Wahlsystemen?
- Nach welchen Gesichtspunkten kann man Wahlsysteme beurteilen?
- Was sind die wichtigsten Prägefaktoren des Wahlverhaltens?
- Was sind die Aufgaben und wichtigsten Elemente von Wahlkämpfen?

(8) Repräsentation und Parlamentarismus

- Was ist politische Repräsentation? Was sind ihre Leitgedanken, ihre funktionsnotwendigen institutionellen Arrangements und historisch wichtigsten Erscheinungsformen?
- Was sind die wichtigsten Mißverständnisse von politischer Repräsentation?
- In welchem Verhältnis stehen Demokratie und einesteils Repräsentation, andernteils Parlamentarismus?
- Was versteht man unter ‚Parlamentarismus'? Was sind seine wichtigsten historischen Wurzeln und zeitgenössischen Erscheinungsformen? Wie kann man analytisch gliedern?
- Worauf beruht die Macht eines Parlaments?
- Was meint ‚Bikameralismus'? In welchem Verhältnis steht er einesteils zu den unterschiedlichen Formen und Funktionen von Parlamentarismus, andernteils zum Aufkommen des modernen demokratischen Parlamentarismus?
- Was sind die typischen Strukturelemente eines Parlaments? Wovon hängt jeweils ab, welche Strukturelemente wie gut entwickelt sind und wie sie zusammenwirken?
- In welcher Weise und warum funktionieren die Legislativen bzw. Parlamente präsidentieller und parlamentarischer Regierungssysteme unterschiedlich?
- Wie lassen sich die folgenden Begriffe voneinander abgrenzen: Vertretungskörperschaft, Legislative, Parlament, Gubernative? Und was meint im Bereich der Parlamentarismusforschung ‚alter Dualismus' im Unterschied zum ‚neuen Dualismus'?
- Welchen Sinn hat unter welchen Umständen die Forderung nach einer Inkompatibilität von Parlamentsmandat und Regierungsamt?
- Welche Rolle spielt ein ‚freies Mandat' für die Entstehung und Funktionsweise eines Repräsentativsystems?
- Wie entsteht, worin zeigt sich und was ist die Funktion von ‚Fraktionsdisziplin'?
- Was ist Opposition? Wie entstand sie? Was sind ihre Funktionen?
- Wie sind die folgenden Begriffe gegeneinander abzugrenzen: Opposition, Widerstand, Extremismus?
- Was sind die möglichen Funktionen eines Parlaments? Wie werden sie üblicherweise ausgeübt?
- Wie vollzieht sich Regierungsbildung – unbeschadet aller formalen Regeln – ganz konkret in der politischen Praxis?
- Was heißt ‚Verantwortlichkeit der Regierung'? Wie ist sie entstanden? Was waren die Folgen ihres Entstehens? Wie wird ‚Verantwortlichkeit der Regierung' von wem wie eingefordert?
- Welche Formen parlamentarischer Regierungskontrolle gibt es, und warum funktionieren sie auf welche Weise?
- Was sind die wichtigsten parlamentarischen Instrumente der Regierungskontrolle, und warum funktionieren sie auf welche Weise?
- Wie läuft typischerweise in einem demokratischen Verfassungsstaat ein Gesetzgebungsprozeß ab?
- Was sind die wichtigsten Faktoren, die zu Unterschieden in den Gesetzgebungsprozessen unterschiedlicher politischer Systeme führen?
- Unter welchen Umständen kommt es im parlamentarischen Regierungssystem zu Gesetzesinitiativen ‚aus der Mitte des Parlaments'?
- Was versteht man im einzelnen unter der Vernetzungs-, Responsivitäts-, Darstellungs- und Führungsfunktion eines Parlaments? Wie werden diese Funktionen im einzelnen erfüllt?

(9) Regierung und Verwaltung

- Was versteht man unter ‚Regierung'? Wie kann man die Begriffe ‚Regierung' und ‚Exekutive' gegeneinander abgrenzen?
- Wie sind die Regierungen moderner Staaten üblicherweise entstanden?

- Welche Formen von Verwaltung gibt es? Wie funktionieren sie? Wie wirken sie mit dem zentralen politischen Entscheidungssystem zusammen?
- In welchem Verhältnis stehen die Begriffe (und ihre empirischen Referenten) einer ‚nationalen Regierung' und eines ‚internationalen Regimes'?
- Wie die Regierung eines modernen Staates typischerweise aufgebaut? Wie ein Ministerium?
- Welche Grundformen des Zusammenwirkens von Regierungschef und Regierungsmitgliedern gibt es?
- Was sind die zentralen Aufgaben eines Regierungschefs bzw. eines Regierungsmitglieds?
- Was versteht man unter ‚Regierungstechnik', und was sind die wichtigsten, durch geeignete Regierungstechnik zu bewältigenden Aufgaben?
- Wie läßt sich der Prozeß des Regierens von seinen Aufgaben und der zeitlichen Struktur ihrer versuchsweisen Erledigung her gliedern? Was sind dabei die wichtigsten Phasen eines ‚Politikzyklus'? In welcher Phase treten typischerweise welche Probleme auf?
- Was versteht man unter einem Politikfeld, was unter einer Politikfeldanalyse?
- Was sind die wichtigsten Prägefaktoren des Regierens?
- Welche Rolle spielt – auch gerade im Zeitalter der Globalisierung – die ökonomische Basis einer Gesellschaft (‚die Wirtschaft', ‚das Kapital') für den Prozeß des Regierens?
- Welche Grundmöglichkeiten der Organisation eines Wirtschaftssystems gibt es (v.a.: Markt- und Planwirtschaft), und in welchen Beziehungen stehen sie zur Struktur des politischen Systems und zu den Aufgaben des Regierens? An welchen historischen und zeitgenössischen Beispielen lassen sich diese Formen und Zusammenhänge darstellen?
- Was meint ‚Regierbarkeit', was ‚Unregierbarkeit', und wie kann es zu der letzteren kommen?

(10) Massenmedien und politische Kommunikation

- Was sind Massenmedien? Was die für Zwecke politischer Information am häufigsten benutzten Massenmedien?
- Was sind die wichtigsten Zusammenhänge zwischen der Entstehung des demokratischen Verfassungsstaates und dem Aufkommen von Massenmedien?
- In welcher Weise sind Massenmedien politische Akteure?
- Was sind die politischen Funktionen von Massenmedien?
- Was ist unter der ‚wirklichkeitskonstruktiven Bedeutung' von Massenmedien zu verstehen? Welche Begriffe sind geeignet, jene Zusammenhänge zu erfassen?
- Was sind zentrale Konstruktionsmerkmale von Medienwirklichkeit, und worin liegt ihre Bedeutung für das politische System und den politischen Prozeß?
- Was sind zentrale Merkmale des Umgangs von Bürgern mit Medienwirklichkeit, und worin liegt die Bedeutung dessen für das politische System und den politischen Prozeß?
- Was versteht man unter einer ‚Mediatisierung der Politik'? Was sind deren wichtigsten Erscheinungsformen und Probleme?
- Worin besteht die Macht von Massenmedien und Journalisten? Was sind die Vorteile, was die Risiken dieser Macht?
- Wie läßt sich die Macht von Massenmedien und Journalisten kontrollieren oder neutralisieren? Wie sind die einzelnen Möglichkeiten dessen zu bewerten?
- Was meint ‚politische Korrektheit'? Was sind die Formen, Motive und Folgen eines Bestehens auf ‚politisch korrekten' Begriffen und Aussagen?

b. Kenntnis konkreter politischer Systeme

(1) Kenntnis des politischen Systems der Bundesrepublik Deutschland

- Was ist der Minimalkonsens des politischen Systems der Bundesrepublik Deutschland? Was versteht man konkret unter ihrer ‚freiheitlichen demokratischen Grundordnung' (fdGO), und was bedeuten deren Prinzipien im einzelnen?
- Was meinen die Verfassungsprinzipien der Bundesrepublik Deutschland im einzelnen (Wertbindung, wehrhafte Demokratie; Demokratie-, Rechtsstaats-, Sozialstaats-, Bundesstaats- und Ökologieprinzip), und wie werden sie *verfassungsrechtlich* umgesetzt? (Beispiele für zur detaillierten Stofferschließung geeignete Fragen: Was sind im

einzelnen jene Werte, an die sich die Bundesrepublik Deutschland gebunden hat? In welchen Artikeln des Grundgesetzes ist das Prinzip der wehrhaften Demokratie, in welchen das Demokratieprinzip verankert? Welche Grundsätze und Rechtsnormen konkretisieren das Rechtsstaatsprinzip, welche das Sozialstaatsprinzip? Wie sind die Kompetenzen zwischen Bund und Ländern aufgeteilt?)

- Was sind die Grundzüge des politischen Systems der Bundesrepublik Deutschland, d.h.: wie werden die o.a. ‚2+5' Verfassungsprinzipien *institutionell* und *im politischen Prozeß* umgesetzt? (Beispiele für zur detaillierten Stofferschließung geeignete Fragen: Auf welche Weise wird in der Bundesrepublik Deutschland für den Schutz von Grundrechten gesorgt? Welchen Institutionen ist der Schutz der freiheitlichen demokratischen Grundordnung anvertraut? Wie ist das deutsche Gerichtswesen aufgebaut, und nach welchen Regeln arbeitet es? Wie ist das System der sozialen Sicherung organisiert, und wie funktioniert es? Auf welche Weise und mittels welcher Institutionen stimmen die deutschen Länder ihre Politik untereinander sowie mit der Bundesregierung ab?)
- Wie werden die Bundesorgane der Bundesrepublik Deutschland besetzt, und welche Befugnisse und Aufgaben haben sie im einzelnen?
- Auf welche Weise wirken im parlamentarischen Regierungssystem der Bundesrepublik Deutschland Parlament und Regierung zusammen? Wie sind in diesem Zusammenhang die jeweiligen Rollen von Bundesregierung, Koalitionsfraktion(en) und Oppositionsfraktion(en) zu charakterisieren?
- Wie ist der Deutsche Bundestag aufgebaut, und wie arbeitet er? Wie sind seine Fraktionen aufgebaut, und wie arbeiten sie? Was ist sowohl im Hinblick auf die Parlamentsarbeit als auch im Hinblick auf die Partei- und Wahlkreisarbeit über die Aufgaben und die Rolle von Abgeordneten zu sagen? Welche Probleme und Verbesserungswünsche lassen sich diesbezüglich in der Bundesrepublik Deutschland erkennen?
- Wie hat sich in Deutschland Föderalismus entwickelt? Worin unterschied sich diesbezüglich – mit welchen Folgen – Deutschlands systembildender Weg von dem Frankreichs und Englands?
- Was meint und wie begründet man ‚kommunale Selbstverwaltung'? Was sind die Aufgaben und Befugnisse der Kommunen in der Bundesrepublik Deutschland, was ihre Einkünfte? Welche Grundformen von Kommunalverfassungen gibt es, und was sind ihre typischen Vor- und Nachteile? Welche Probleme und Verbesserungswünsche lassen sich diesbezüglich in der Bundesrepublik Deutschland erkennen?
- Welche rechtliche und politische Stellung haben Parteien im politischen System der Bundesrepublik Deutschland? Wie sind die deutschen Parteien organisatorisch aufgebaut, wie funktioniert ihre innerparteiliche Aktivität, und was sind ihre wirtschaftlichen Grundlagen? Auf welche Weise üben deutsche Parteien politischen Einfluß und politische Macht aus? Welche Probleme und Verbesserungswünsche lassen sich erkennen? Was sind die Grundzüge des deutschen Parteiensystems und seiner historischen Traditionen?
- Welche rechtliche und politische Stellung haben Interessengruppen (von den Bürgerinitiativen bis zu den Großverbänden) im politischen System der Bundesrepublik Deutschland? Welche Grundtypen deutscher Interessengruppen lassen sich unterscheiden? Wie funktioniert – je nach Typ der Interessengruppe – die innerverbandliche Aktivität, und was sind die jeweiligen wirtschaftlichen Grundlagen? Auf welche Weise üben in Deutschland Interessengruppen politischen Einfluß und politische Macht aus? Welche Probleme und Verbesserungswünsche lassen sich erkennen?
- Wie ist in der Bundesrepublik Deutschland das System der Massenkommunikation aufgebaut (Printmedien, Hörfunk, Fernsehen; neue Medien), und welche Entwicklungstendenzen kennzeichnen es seit dem Ende des Zweiten Weltkriegs? Was sind seine - u.a. vom Bundesverfassungsgericht bekräftigten - Grundprinzipien? Welche politische Rolle spielen Medienanstalten und Journalisten, und über welche Machtmöglichkeiten verfügen sie? Welche Probleme und Verbesserungswünsche lassen sich im Mediensystem der Bundesrepublik Deutschland erkennen?
- Was sind die Grundzüge des Wahlrechts, das bei Bundestagswahlen angewandt wird? Welche Alternativen zu ihm werden international benutzt – mit welchen Vorzügen und Schwächen?
- Was sind die Grundzüge des politischen Prozesses in der Bundesrepublik Deutschland, d.h. der öffentlichen Meinungs- und Willensbildung, der innerparteilichen und innerverbandlichen Willensbildung, der Parteien- und Verbändekonkurrenz, der innerparlamentarischen Willens- und Entscheidungsbildung, des Gangs der Gesetzgebung, und welche Rolle spielen bei alledem die Massenmedien? Welche Probleme und Verbesserungswünsche lassen sich diesbezüglich der Bundesrepublik Deutschland erkennen?
- Auf welche Weise wird im politischen System der Bundesrepublik Deutschland politische Kontrolle von Regierungen, Parlamenten und Parteien durchgeführt? Welche Kontrolldefizite und Verbesserungswünsche sind zu erkennen?
- Was sind die Grundzüge der politischen Kultur Deutschlands, und was alles hat diese Grundzüge geformt?
- Was sind die Grundmuster politischer Sozialisation in Deutschland`?
- Wie wird in Deutschland die politische Elite rekrutiert, und wie läßt sie sich charakterisieren? Welche Stärken und Schwächen hat die deutsche Weise der Elitenrekrutierung?

- Was sind die Grundzüge des Wirtschaftssystems der Bundesrepublik Deutschland und seiner ordnungspolitischen Grundlagen?

(2) Kenntnis der politischen Systeme Deutschlands in seiner neuesten Geschichte

- Was waren die Prinzipien und wesentlichen Strukturmerkmale des politischen Systems des Zweiten Deutschen Kaiserreichs?
- Was waren die Prinzipien und wesentlichen Strukturmerkmale des politischen Systems der Weimarer Republik?
- Was waren die Prinzipien und wesentlichen Strukturmerkmale des politischen Systems der nationalsozialistischen Diktatur?
- Was waren die Prinzipien und wesentlichen Strukturmerkmale des politischen Systems der DDR?

(3) Kenntnis sonstiger politischer Systeme

- Was sind die Grundzüge des politischen Systems Frankreichs?
- Was sind die Grundzüge des politischen Systems Großbritanniens?
- Was sind die Grundzüge des politischen Systems der USA?
- Was sind die Grundzüge des politischen Systems der Europäischen Union?
- Was sind die Grundzüge des politischen Systems der Vereinten Nationen?

3. Grundkenntnisse im Teilfach ‚Internationale Beziehungen'

a. Grundlagen des Faches

- Wie prägten die folgenden geschichtlichen Herausforderungen das (wissenschaftliche) Nachdenken über internationale Beziehungen: Friedensstiftung als Aufgabe von Politik, Einhegung kriegerischer Gewalt, Entstehung der Weltgesellschaft und internationaler bzw. transnationaler Strukturen?
- Wie hat sich die Wissenschaft von den Internationalen Beziehungen entwickelt? Und wie kam es dabei zur Bildung ihrer drei zentralen ‚Schulen'?
- Was sind die Anliegen, Zentralbegriffe und grundlegenden Argumentationsmuster der drei ‚Schulen' der internationalen Beziehungen?
- Worum ging es im Streit zwischen den ‚Traditionalisten' und den ‚Szientisten'? Was waren ihre zentralen Positionen? Was war das Ergebnis jenes Streits?
- Wie läßt sich der Gegenstandsbereich der Wissenschaft von den Internationalen Beziehungen gliedern? Was sind die wichtigsten Arbeitsgebiete bei der Analyse internationaler Beziehungen?
- Worum geht es insbesondere bei der Friedens-, Konflikt- und Kriegsursachenforschung?
- Was sind die wichtigsten bzw. bekanntesten Theorien der Strukturen und Prozesse internationaler Politik (z.B. Gleichgewichtstheorien, Konflikttheorien, Integrationstheorien, Interdependenztheorien, Imperialismustheorien, Entscheidungstheorien, Perzeptionstheorien ...)? Was sind jeweils ihre zentralen Begriffe und Aussagen?
- Worin besteht das ‚Analyseebenen-Problem' in der Wissenschaft von den internationalen Beziehungen?
- Wie kann die Topik bei der Analyse internationaler Beziehungen hilfreich sein?
- Was ist der Zweck einer Konstellationsanalyse, und wie führt man sie durch?
- Was meinen die folgenden, bei der Analyse internationaler Beziehungen wichtigen Fachbegriffe?
  Abrüstung, Abschreckung, Allianz, Anerkennung, Aggression, Außenpolitik, außenpolitische Entscheidungsträger, außenpolitische Doktrin, außenpolitische Infrastruktur, atomares Patt, Bipolarität, Botschaft, Bündnis, Diplomatie, Drohung, Entspannung, Entwicklungspolitik, Erstschlag, Ersteinsatz, Expansionspolitik, Frieden, Friedensforschung, friedliche Koexistenz, Gleichgewicht, ‚governance without government', Hegemonie, IGOs, Imperialismus, (I)NGOs, Integration, Interdependenz, internationale Beziehungen, internationale Gerichtsbarkeit, internationale Politik, internationales Regime, internationales System, Internationalismus, Invasionsfähigkeit, Irredentismus, Kolonialismus, Konflikt, Konfliktregulierung, Konfliktursachenforschung, Konfrontation, Konstellation, Kooperation, Krieg, Krise, Krisenmanagement, Linkage-Analyse, Mittel von Außenpolitik, multinationale Beziehungen, Multi-

polarität, Nationalismus, nationale Minderheiten, nationales Interesse, Neutralismus, Neutralität, Note, Nullsummenspiel, Option, Perzeption, ‚Primat der Außenpolitik', Realismus, Regionalsystem, Repressalie, Revanchismus, Revisionismus, Rüstungskontrolle, Sanktion, Selbstbestimmungsrecht, Sicherheit, Sicherheitsdilemma, Sicherheitspolitik, Souveränität, Staatsräson, status quo-Politik, Strategie, Taktik, transnationale Beziehungen, Verteidigung, Vertrag, vertrauensbildende Maßnahmen, Völkerrecht, Völkerrechtssubjekt, Weltgesellschaft, Weltinnenpolitik, Zweitschlag.

b. Grundzüge internationaler Beziehungen

- Was sind die grundlegenden Merkmale der Weltgesellschaft?
- Was sind die zentralen Akteure der internationalen Beziehungen?
- Was ist das ‚internationale System', und welches sind seine wichtigsten Strukturmerkmale?
- Wie ist das ‚internationale politische System' beschaffen, und was sind seine wichtigsten Unterschiede zu nationalstaatlichen politischen Systemen?
- Was sind die wichtigsten Phasen und – inneren bzw. äußeren – Prägefaktoren außenpolitischer Willensbildungs- und Entscheidungsprozesse?
- Wie lassen sich die Formen von Außen- bzw. internationaler Politik gliedern, und was sind jeweils ihre Eigentümlichkeiten?
- Wie hängen je nach Typ des politischen Systems Innen- und Außenpolitik zusammen? Welche Beispiele aus der neueren Geschichte internationaler Politik lassen sich für diese Zusammenhänge angeben?
- Was sind die zentralen Mittel von Außenpolitik, und wie werden sie angewendet?
- Wie hängen zumal die wirtschaftliche Macht eines Staates und seine außenpolitische Rolle zusammen? An welchen zeitgenössischen oder historischen Beispielen lassen sich diese Zusammenhänge gut darstellen?

c. Kenntnis wichtiger Strukturmerkmale internationaler Beziehungen

- Welchen Nutzen haben die Begriffe ‚Gleichgewicht' und ‚Hegemonie' für die Analyse der Geschichte des europäischen Staatensystems?
- Auf welche Weise wurde bzw. wird die deutsche Außenpolitik von Deutschlands Mittellage in Europa geprägt?
- Was sind die Grundzüge der Außen-, Sicherheits- und Entwicklungspolitik der Bundesrepublik Deutschland?
- Welche Rolle spielt die EU für die ‚europäische Architektur'?
- Was sind die Leitgedanken der GASP, was sind ihre Probleme, und wie geht sie vonstatten?
- Welche Aufgaben hat die OSZE? Was sind die Grundzüge ihres Aufbaus und der in ihr ablaufenden Willensbildungs- und Entscheidungsprozesse?
- Welche Aufgaben hat die NATO? Was sind die Grundzüge ihres Aufbaus und der in ihr ablaufenden Willensbildungs- und Entscheidungsprozesse?
- Wie hängen OSZE, NATO, EU und WEU zusammen, und was sind die wichtigsten Probleme ihres Zusammenwirkens?
- Welche Aufgaben hat die UNO? Was sind die Grundzüge ihres Aufbaus und der in ihr ablaufenden Willensbildungs- und Entscheidungsprozesse?
- Welche Rolle spielt die Bundesrepublik Deutschland in EU, NATO, OSZE und UNO?
- Was ist die WTO, was der IWF, was die OECD? Welche Funktionen haben und wie arbeiten sie?
- Was waren die Grundzüge, was sind die wichtigsten Lehren des Ost/West-Konflikts?
- Von welchen Problemen und Zusammenhängen ist die Rede, wenn es um den Nord/Süd-Konflikt geht?

4. Grundkenntnisse im Teilfach ‚Politische Theorie‘

a. Grundlagen

- Was sind die Unterschiede und Gemeinsamkeiten zwischen politischem Alltagsdenken, systematischem politischem Denken, politischer Theorie und politikwissenschaftlicher Theorie?
- Wie läßt sich das Verhältnis des Teilfachs ‚Politische Theorie‘ zu den andern Teilfächern der Politikwissenschaft beschreiben?
- In welche Unterdisziplinen läßt sich das Teilfach ‚Politische Theorie‘ gliedern? Was spricht für, was gegen welche Gliederungsmöglichkeit?
- Was sind die zentralen Aufgaben einer Selbstreflexion der Politikwissenschaft?
- Welchen Wert kann es haben, sich mit der Geschichte politischer Ideen zu befassen?
- Was ist ‚politikwissenschaftliche Theorieforschung‘, und welche Aufgaben bzw. Formen lassen sich bei ihr unterscheiden?
- Was ist Politische Philosophie? Was sind ihr Leitfragen, was ihre Beziehungen einesteils zum ‚Rest‘ der Politikwissenschaft, andernteils zur politischen Praxis?

b. Kenntnis einzelner politischer Theorien und Theoretiker

- Was sind die Grundmuster jener Doppelgeschichte von politischen Problemlagen und politischen Theorien, welche zwischen der Antike und der Gegenwart die Tradition ‚westlichen‘ politischen Denkens ausmacht?
- Was sind die Grundzüge ideengeschichtlicher Erörterung der folgenden Themenbereiche: Was ist der *Zweck* von Politik? Was ist eine *gute* politische Ordnung? Wie ist ein Staatswesen *richtigerweise* zu organisieren? (Etwa: Rolle verläßlicher Staatsgewalt, von ‚gemischter Verfassung‘, Gewaltenteilung, Demokratie, [Natur-]Recht) Was sind politische *Tugenden*? *Wer* soll regieren? Wann sind *Widerstand* oder *Revolution* angebracht?
- Welche grundlegenden Menschenbilder, die politischen Theorien zugrunde gelegt werden, lassen sich in der Geschichte der politischen Ideen immer wieder auffinden?
- Welche verschiedenen Begründungen des Staates und seiner Zwecke lassen sich in der Geschichte der politischen Ideen immer wieder auffinden?
- Wie hat sich im großen und ganzen die Idee der Menschenrechte geschichtlich entwickelt?
- Wie hat sich im großen und ganzen die Idee der politischen Freiheit geschichtlich entwickelt?
- Wie hat sich im großen und ganzen die Idee der Demokratie geschichtlich entwickelt?
- Welche Rolle spielt das Christentum in der Geschichte des ‚westlichen‘ politischen Denkens?
- Welche Rolle spielt utopisches Denken in der westlichen Tradition politischer Theorie?
- Welche Rolle spielen welche Arten von ‚Vertragsdenken‘ in der westlichen Tradition politischer Theorie?
- Mit welchen Leitfragen erschließt man sich am besten einen ‚Klassiker‘ politischen Denkens?
- Was sind die wichtigsten Begriffe, Aussagen, Wirkungen, behaupteten Defizite und möglicherweise bleibenden Einsichten der folgenden ‚Klassiker‘ u.a. des politischen Denkens: Platon, Aristoteles, Augustinus, Thomas v. Aquin, Machiavelli, Hobbes, Locke, Montesquieu, Rousseau, ‚The Federalists‘, Tocqueville, Mill, Kant, Marx/Engels, Popper?
- Aus welchen politischen Problemlagen entstanden, formuliert von welchen Autoren, die politischen Theorien des Liberalismus, Konservatismus und Sozialismus? Was sind ihre zentralen Anliegen, Begriffe und Argumentationsmuster? Wie entwickelten sie sich im Lauf der Geschichte politischen Denkens, und was ist ihr Stellenwert heute?
- Welche sind die wichtigsten zeitgenössischen politikwissenschaftlichen Theorien, und wie lassen sie sich gliedern? Was sind ihre zentralen Anliegen, Begriffe, Argumentationsmuster und Anwendungsgebiete?

5. Grundkenntnisse der Logik und Methodik politikwissenschaftlicher Forschung

- Was ist Wissenschaft, was Forschung?
- Was versteht man unter Perspektivität, was unter Selektivität von Wirklichkeitswahrnehmung und Erkenntnis?
- Was meint empirische Wahrheit, was logische Wahrheit?
- Was sind Begriffe, Variablen, Codes, Aussagen, Hypothesen, Modelle, Theorien, Paradigmata?
- Was meint Definition, was Operationalisierung?
- Was ist ein empirischer Referent?
- Was meint Verifikation, was Falsifikation?
- Was ist eine Taxonomie, was ein Merkmalsraum, was ein Realtyp bzw. ein Idealtyp, was eine Typologie, was eine Klassifikation, was ein Modell?
- Was ist eine Erklärung, und welche Formen von (praktischen) Erklärungen gibt es?
- Was ist eine Prognose, und welche Formen des (praktischen) Prognostizierens gibt es?
- Was sind die wichtigsten Formen und die grundlegenden Arbeitsschritte eines Forschungsprozesses?
- Was meint qualitative Forschung, was quantitative Forschung?
- Was meint empirische Forschung, was normative Forschung, und was bezeichnet man mit dem Begriff naturalistischer Fehlschluß?
- Was ist im Unterschied zu einer Methode ein Forschungsansatz?
- Was sind die Grundgedanken und Grundformen der Dokumenten- bzw. Inhalts- oder Textanalyse?
- Was sind die Grundgedanken und Grundformen der Befragungsmethoden?
- Was sind die Grundgedanken und Grundformen der Beobachtungsmethoden?
- Was sind die Grundgedanken und Grundformen experimenteller Methoden?
- Was sind die Grundgedanken und Grundformen der Simulationsmethoden?
- Was versteht man unter dem Begriff der hermeneutischen Methode, und inwiefern ist diese Methode für Politikwissenschaftler wichtig?
- Was ist die juristische Methode, und inwiefern ist sie für Politikwissenschaftler wichtig?
- Was ist die historische Methode, und inwiefern ist sie für Politikwissenschaftler wichtig?
- Was ist ein Erhebungsinstrument?
- Was meint Validität, was Intra- bzw. Inter-Reliabilität?
- Was ist ein Indikator, was ein Index, was eine Skala?
- Was versteht man unter Daten, unter Datenerhebung, unter Datenanalyse und unter Dateninterpretation?
- Was sind Individualdaten im Unterschied zu Aggregatdaten, und was bezeichnet man mit dem Begriff ‚ökologischer Fehlschluß‘?
- Was ist eine Grundgesamtheit, was eine Stichprobe?
- Welche Arten von Stichproben gibt es, welche Eigenschaften haben sie, und wie lassen sie sich jeweils ziehen?
- Was versteht man unter einem Meßniveau, und welche Arten von Meßniveaus mit welchen Eigenschaften gibt es?
- Welchen Zwecken dient die beschreibende Statistik, welchen Zwecken die schließende Statistik?
- Was ist ein Mittelwert (arithmetisches Mittel, Median, Modus), ein Streuungsmaß, ein (partieller) Korrelationskoeffizient (bzw. Assoziationskoeffizient), ein Signifikanztest, eine Irrtumswahrscheinlichkeit, ein Mutungsintervall? Was eine Cluster-, Diskriminanz-, Varianz-, Regressions-, bzw. Faktorenanalyse?

Anhang III: Anschriftenverzeichnisse

1. Anschriften der Zentralen für politische Bildung

Von den folgenden Institutionen können kostenlos politikwissenschaftliche Informationsmaterialien und Bücher bezogen werden:

Bundeszentrale für politische Bildung, 53013 Bonn, Berliner Freiheit 7, Tel. 0188/515-0 *http://www.bpb.de/*

Landeszentrale für politische Bildung Baden-Württemberg, 70184 Stuttgart, Stafflenbergstraße 38, Tel. 0711/164099-0 *http://www.lpb.bwue.de/*

Bayerische Landeszentrale für politische Bildungsarbeit, 80333 München, Brienner Straße 41, Tel. 089/2186-0 *http://www.stmukwk.bayern.de/blz/index.html*

Landeszentrale für politische Bildungsarbeit Berlin, 10827 Berlin, Hauptstraße 98/99, Tel. 030/7876-7900 *http://www.berlin.de/home/Land/RBm-SKzl/lzpolbild/*

Brandenburgische Landeszentrale für politische Bildung, 14473 Potsdam, Heinrich-Mann-Allee 107, Tel. 0331/866-1256 *http://www.brandenburg.de/netpol/*

Landeszentrale für politische Bildung Bremen, 28203 Bremen, Osterdeich 6, Tel. 0421/361-2922 *http://www.lzpb-bremen.de/*

Landeszentrale für politische Bildung Hamburg, 20354 Hamburg, Große Bleichen 23, Tel. 040/36810 *http://www.hamburg.de/Behoerden/Landeszentrale/*

Hessische Landeszentrale für politische Bildung, 65185 Wiesbaden, Rheinbahnstraße 2, Tel. 0611/99197-0 *http://www.hlz.hessen.de/*

Landeszentrale für politische Bildung Mecklenburg-Vorpommern, 19053 Schwerin, Jägerweg 2, Tel. 0385/30209-0 *http://www.mv-regierung.de/lpb/*

Niedersächsische Landeszentrale für politische Bildung, 30161 Hannover, Hohenzollernstraße 46, Tel. 0511/3901-0 *http://www.nlpb.de/*

Landeszentrale für politische Bildung Nordrhein-Westfalen, 40233 Düsseldorf, Neanderstraße 6, Tel. 0211/67977-0 *http://www.lzpb.nrw.de/mfrset.htm*

Landeszentrale für politische Bildung Rheinland-Pfalz, 55116 Mainz, Am Kronberger Hof 6, Tel. 06131/162970 *http://www.politische-bildung-rlp.de/*

Landesinstitut für Pädagogik und Medien, Abt. Landeszentrale für politische Bildung Saarland, 66125 Saarbrücken, Beethovenstraße 26, Tel. 06897/790844 *http://www.lpm.uni-sb.de/start/lpb/lpb.htm*

Sächsische Landeszentrale für politische Bildung, 01129 Dresden, Schützenhofstraße 36-38, Tel. 0351/85318-0 *http://www.slpb.de/*

Landeszentrale für politische Bildung Sachsen-Anhalt, 39104 Magdeburg, Schleinufer 12, Tel. 0391/56534-0 *http://www.lpb.sachsen-anhalt.de/*

Landeszentrale für politische Bildung Schleswig-Holstein, 24105 Kiel, Düvelsbeker Weg 12, Tel. 0431/30-774-79 *http://www.schleswig-holstein.de/politische-bildung*

Landeszentrale für politische Bildung Thüringen, 99092 Erfurt, Bergstraße 4, Tel. 0361/5976601 *http://www.thueringen.de/LZT/index.html*

2. Anschriften der Parteistiftungen

Die folgenden Institutionen bieten ein politikwissenschaftlich interessantes Seminarprogramm und können gegebenenfalls auch bei der Vermittlung von Praktika hilfreich sein:

Friedrich-Ebert-Stiftung, Abteilung Studienförderung, Godesberger Allee 149, 53170 Bonn, Tel. 0228 / 883-617, Fax 0228 / 883-697, www.fes.de

Konrad-Adenauer-Stiftung e. V., Begabtenförderung, Rathausallee 12, 53757 Sankt Augustin, Tel. 02241 /246-314, Fax 02241 / 246-664, E-Mail: zentralewd@wd.kas.de, www.kas.de

Förderungswerk der Hanns-Seidel-Stiftung e. V., Lazarettstr. 33, 80636 München, Tel. 089 / 1258-253, Fax 089 / 1258-356, E-Mail: info@hss.de, www.hss.de

Friedrich-Naumann-Stiftung, Wissenschaftliche Dienste und Begabtenförderung, Alt-Nowawes 67, 14482 Potsdam, Tel. 0331 / 7019-349, Fax 0331 / 7019-222, www.fnst.de

Studienwerk der Heinrich-Böll-Stiftung, Rosenthaler Str.40/41, 10178 Berlin, Tel. 030 / 285 34-400, Fax 030 / 285 34-409, www.boell.de

Rosa-Luxemburg-Stiftung Studienwerk, Franz-Mehring-Platz 1, 10243 Berlin, Tel. 030 / 29 78 42 23, Fax: 030 / 29 7842 22, E-Mail: Pfeiffer@rosa-luxemburg.org, www.bundesstiftungrosa-luxemburg.de

3. Anschriften der deutschen Parlamente

Für Praktika in Fraktionen und wissenschaftlichen Parlamentsdiensten wendet man sich am besten direkt an die deutschen Parlamente:

Deutscher Bundestag, Platz der Republik 1, 11011 Berlin, Tel.: 030/227-0, Fax: 030/227-36 878 oder 227-36979, http://www.bundestag.de

Landesparlamente:

Landtag von Baden-Württemberg, Konrad-Adenauer-Str. 3, 70173 Stuttgart, Tel: 0711/2063-228, Fax: 0711/2063-299, http://www.landtag-bw.de

Bayerischer Landtag, 81627 München, 089/4126-1392,
http://www.bayern.landtag.de

Abgeordnetenhaus von Berlin, Niederkirchnerstrasse 3-5, 10111 Berlin, Tel.: 030/2325-2325 (Vermittlung), http://www.parlament-berlin.de

Landtag Brandenburg, Postfach 60 10 64, 14410 Potsdam, Tel.: 0331-9661253, Fax: 0331-9661252, http://www.landtag.brandenburg.de

Haus der Bürgerschaft, Am Markt 20, 28195 Bremen, Tel.: 0421/361-4555, Fax: 0421/361-12492 oder 361-12432, http://www.bremische-buergerschaft.de

Bürgerschaft der Freien und Hansestadt Hamburg, Bürgerschaftskanzlei Referat Presse- und Öffentlichkeitsarbeit, Rathaus, Rathausmarkt 1, 20095 Hamburg, Tel.: 040/42831-24 08/09, Fax.: 040/42831-25 58, http://www.hamburg.de/StadtPol/parlamen.htm

Landtag Mecklenburg-Vorpommern, Referat: -Presse- und Öffentlichkeitsarbeit, Schloß, Lennéstraße 1, 19053 Schwerin, Tel.: 03585/525-0, http://www.landtag. mvnet.de

Hessischer Landtag, Schloßplatz 1-3, 65183 Wiesbaden, Tel: 0611/350-0, Fax: 0611/350-434, http://www.landtag.hessen.de

Niedersächsischer Landtag, Hinrich-Wilhelm-Kopf-Platz 1, 30159 Hannover, Tel.: 0511/3030-0, Fax: 0511/3030-2806, http://www.landtag-niedersachsen.de

Landtag Nordrhein-Westfalen, Platz des Landtags 1, 40221 Düsseldorf:, Tel: 0211/884-0, Fax:0211/884-2258, http://www.landtag.nrw.de

Landtag Rheinland-Pfalz, Deutschhausplatz 12, 55116 Mainz, Abgeordnetenhaus, Kaiser-Friedrich-Straße 3, 55116 Mainz, Tel.: 06131/208-0, Fax: 06131/208-2447, http://www.landtag.rlp.de

Landtag des Saarlandes, Postfach 10 18 33, 66018 Saarbrücken, http://www.jura.uni-sb.de/Landtag-Saar

Landtag von Sachsen-Anhalt, Domplatz 6-9, 39104 Magdeburg, Tel: 0391/560-1225 -1230 oder -1224 Fax: 0391/560-1123, http://www.landtag.sachsen-anhalt.de

Sächsischer Landtag, Holländische Straße 2, 01067 Dresden, Tel.: 0351/4935-131 oder –137, Fax: 0351/4935-478, http://www.sachsen.de/de/bf/landtag

Landtag Thüringen, Arnstädter Strasse 51, 99096 Erfurt, Tel.: 0361/37700, Fax: 0361/3772016, http://www.landtag.thueringen.de

Landtag Schleswig-Holstein, Abt. Presse- und Öffentlichkeitsarbeit, Düsternbrooker Weg 70, 24105 Kiel, Tel. 0431/988-1120, Fax. 0431/988-1119, http://www.sh-landtag.de

Literaturverzeichnis

Abendroth, W. / Lenk, K., Hrsg. (1973): Einführung in die Politische Wissenschaft. Bern / München

Adorno, Th.W., Hrsg. (1969): Der Positivismusstreit in der deutschen Soziologie. Neuwied

Albert, H. / Topitsch, E., Hrsg. (1971): Werturteilsstreit. Darmstadt

Albrecht, U. (1995): Internationale Politik. Einführung in das System internationaler Herrschaft. 5., völlig neu bearb. u. erw. Aufl. München / Wien

Albrecht, U. / Volger, H., Hrsg. (1997): Lexikon der Internationalen Politik. München / Wien

Albrecht. U. / Altvater, E. / Krippendorff, E., Hrsg. (1989): Was heißt und zu welchem Ende betreiben wir Politikwissenschaft? Kritik und Selbstkritik aus dem Berliner Otto-Suhr-Institut. Opladen

Alemann, H.v. (1977): Der Forschungsprozeß. Eine Einführung in die Praxis der empirischen Sozialforschung. Stuttgart

Alemann, U. v. (1995): Grundlagen der Politikwissenschaft. Ein Wegweiser. 2. Aufl., Opladen

Alemann, U.v., Hrsg. (1995a): Politikwissenschaftliche Methoden. Grundriß für Studium und Forschung. Opladen

Alemann, U.v. / Forndran, E. (1974): Methodik der Politikwissenschaft. Eine Einführung in Arbeitstechnik und Forschungspraxis. Stuttgart u.a.

Almond, G. / Powell, G. / Dalton, R. / Strøm, K., Hrsg. (1999): Comparative Politics.

Alpheis, H. (1988): Kontextanalyse. Die Wirkung des sozialen Umfeldes, untersucht am Beispiel der Eingliederung von Ausländern. Wiesbaden

Arndt, H.-J. (1978): Die Besiegten von 1945. Versuch einer Politologie für Deutsche samt Würdigung der Politikwissenschaft in der Bundesrepublik Deutschland. Berlin

Backes, U. (2000): Liberalismus und Demokratie – Antinomie und Synthese. Zum Wechselverhältnis zweier politischer Strömungen im Vormärz, Düsseldorf

Ballestrem, K., Hrsg. (1990): Politische Philosophie des 20. Jahrhunderts. München/Wien

Bandemer, St. v. / Wewer, G. (1992): Technik politikwissenschaftlichen Arbeitens. Eine didaktische Anleitung. Opladen

Bärsch, C.E. (1974): Der Staatsbegriff in der neueren deutschen Staatslehre und seine theoretischen Implikationen. Berlin

Baruzzi, A. (1993): Einführung in die politische Philosophie der Neuzeit. 3., verb. u. erw. Aufl. Darmstadt

Beck, R., Hrsg. (1986): Sachwörterbuch der Politik. Stuttgart

Behrens, H. / Noack, P. (1984): Theorien der Internationalen Politik. München

Beitz, Ch.R. (1999): Political Theory and International Relations. Princeton

Bellers, J. (1989): Politikwissenschaft in Europa. Münster

Bellers, J. (1990): Politikwissenschaft in Europa und in den USA. Münster

Bellers, J. (1990a): Politikwissenschaft in Deutschland. Ihre Geschichte, Bedeutung und Wirkung, in: Aus Politik und Zeitgeschichte 52/53, S. 14-27.

Bellers, J. (1993): Einführung in die Politikwissenschaft. München

Bellers, J. / Kipke, R. (1999): Einführung in die Politikwissenschaft. 3. überarb. Aufl., München / Wien

Bellers, J. / Konegen, N., Hrsg. (1992): Politikwissenschaft IV. Politische Philosophie und Erkenntnis. Münster

Bellers, J. / Konegen, N., Hrsg. (1992a): Politikwissenschaft V. Wirtschaftspolitik. Münster

Bellers, J. / Meyers, R., Hrsg. (1989): Politikwissenschaft III. Internationale Politik. Münster

Bellers, J. / Robert, R., Hrsg. (1990): Politikwissenschaft I. Grundkurs. Münster

Bellers, J. / Woyke, W., Hrsg. (1989): Analyse internationaler Beziehungen. Methoden - Instrumente - Darstellungen. Opladen

Bendix, R. (1980): Kings or People: Power and the Mandate to Rule. Berkeley

Benninghaus, H. (1998): Einführung in die sozialwissenschaftliche Datenanalyse. München

Benz, Arthur (1997): Theorieentwicklung in der Politikwissenschaft. Eine Zwischenbilanz. Baden-Baden

Berg-Schlosser, D. / Maier, H. / Stammen, Th. (1995): Einführung in die Politikwissenschaft. 6. durchges. Aufl., München

Berg-Schlosser, D. / Müller-Rommel; F., Hrsg. (1997): Vergleichende Politikwissenschaft. Ein einführendes Studienhandbuch. 3. überarb. u. erg. Aufl., Opladen

Berg-Schlosser, D. / Quenter, S., Hrsg. (1999): Literaturführer Politikwissenschaft. Stuttgart

Berger, P.L. / Luckmann, Th. (1980): Die gesellschaftliche Konstruktion der Wirklichkeit. Eine Theorie der Wissenssoziologie. Frankfurt

Berner, H. (1983): Die Entstehung der empirischen Sozialforschung. Zum Apriori und zur Sozialgeschichte der quantifizierenden Sozialanalyse. Giessen

Beyme, K.v. (1966): Möglichkeiten und Grenzen der vergleichenden Regierungslehre, in: Politische Vierteljahresschrift 7, S. 63-96

Beyme, K.v. (1969): Politische Ideengeschichte. Probleme eines interdisziplinären Forschungsbereiches. Tübingen

Beyme, K.v., Hrsg. (1986): Politikwissenschaft in der Bundesrepublik Deutschland. Entwicklungsprobleme einer Disziplin (= Politische Vierteljahresschrift, Sonderheft 17)

Beyme, K.v. (1988): Der Vergleich in der Politikwissenschaft. München

Beyme, K.v. (1996): Political Theory: Empirical Political Theory, in: Goodin, R.E. / Klingemann, H.-D., Hrsg., A New Handbook of Political Science. Oxford, S. 519-530

Beyme, K.v. (1997): Theorie der Politik im 20. Jahrhundert. Von der Moderne zur Postmoderne. 3. Aufl. Frankfurt

Beyme, K.v. (2000): Die politischen Theorien der Gegenwart. Eine Einführung. 8. neubearb. u. erw. Aufl. Opladen

Beyme, K.v. / Czempiel, E.O. / Graf, P. / Schmoock, P., Hrsg. (1987): Politikwissenschaft. 3 Bde. Stuttgart

Bleek, W. (2001): Geschichte der Politikwissenschaft in Deutschland. München

Blanke, B. / Jürgens, U. / Kastendieck, H. (1972): Kritik der politischen Wissenschaft. 2 Bde, Frankfurt a.M.

Blossfeld, H.-Peter / Rohwer, G. (1995): Techniques of Event History Modeling: New Approaches to Causal Analysis. Mahwah, NJ

Blondel, J. (1995): Comparative Government. An Introduction. London

Bluntschli, Johann Caspar (1864), Geschichte des allgemeinen Staatsrechts und der Politik. Seit dem sechzehnten Jahrhundert bis zur Gegenwart, München. Neuauflage 1967

Boesler, K.-A. (1983): Politische Geographie. Stuttgart

Böhret, C. u.a. (1985): Zum Stand und zur Orientierung der Politikwissenschaft in der Bundesrepublik Deutschland, in: Hartwich 1985, S. 216-330

Böhret, C. / Jann, W. / Kronenwett, E. (1988): Innenpolitik und politische Theorie. Ein Studienbuch. 3., neubearb. u. erw. Aufl. Opladen

Booth, Ken, Hrsg. (1997): International Relations Theory Today. (Reprint) Cambridge

Bortz, J. (1984): Lehrbuch der empirischen Forschung. Für Sozialwissenschaftler. Berlin u.a.

Bortz, J. (1999): Statistik für Sozialwissenschaftler. Berlin

Böttcher, W. / Zielinski, J. (1973): Wissenschaftliches Arbeiten - Theorie und Praxis. Arbeitsanleitungen für Studium und Selbststudium. Theoretische Grundlagen und praktische Einübung. Düsseldorf

Bracher, K.-D. u.a. (1982): Entwicklungslinien der Politikwissenschaft in der Bundesrepublik Deutschland. Melle

Braun, D. (1999): Theorien rationalen Handelns in der Politikwissenschaft. Eine kritische Einführung. Opladen

Brecht, A. (1961): Politische Theorie. Die Grundlagen politischen Denkens im 20. Jahrhundert. Tübingen

Britsch, K. (1980): Anmerkungen zu den Möglichkeiten und Grenzen von Modellbildungen im sozialwissenschaftlichen Bereich. Berlin

Brodocz, A. / Schal, G.S., Hrsg. (1999): Politische Theorien der Gegenwart. Eine Einführung. Opladen

Brooker, P. (2000): Non-Democratic Regimes. Theory, Government and Politics.

Bruder, W. (1980): Sozialwissenschaften und Politikberatung. Opladen

Brunner, G. (1979): Vergleichende Regierungslehre, Bd. 1. Paderborn

Brunner, O. / Conze, W. / Koselleck, R., Hrsg. (1972ff): Geschichtliche Grundbegriffe. Historisches Lexikon zur politisch-sozialen Sprache in Deutschland. Stuttgart

Brunkhorst, H. (2000): Einführung in die Geschichte politischer Ideen, München

Bühl, W.L. (1982): Struktur und Dynamik des menschlichen Sozialverhaltens. Tübingen

Bühl, W.L. (1990): Sozialer Wandel im Ungleichgewicht. Zyklen, Fluktuationen, Katastrophen, Stuttgart

Büllesbach, A. / Ferdowski, M.A. (1979): Politikwissenschaft und gesellschaftliche Praxis. Normative Selbststeuerung oder Arbeitsmarktorientierung? München

Büttner, Fr., Hrsg. (1971): Reform und Revolution in der islamischen Welt. München

Bundeszentrale für politische Bildung, Hrsg. (1990): Zur Theorie und Praxis der politischen Bildung. Bonn

Burdeau, G. (1964): Einführung in die politische Wissenschaft. Neuwied

Buss, E. / Schöps, M. (1979): Kompendium für das wissenschaftliche Arbeiten in der Soziologie. Heidelberg

Chan, St., Hrsg. (1997): Theorising in International Relations. Contemporary Theorists and Their Critics. Lewiston

Chehabi, H.E. / Linz, J.J., Hrsg. (1998): Sultanistic Regimes. London

Chen, Y.A. / Malla, S.P.B. / Schellhorn, K.M. (1975): Politik zwischen Staaten. Ein Studienbuch in Frage und Antwort. München

Chilcote, R.H. (1981): Theories of Comparative Politics. Boulder

Cochran, M. (2000): Normative Theory in International Relations. A Pragmatic Approach. Cambridge

Cox, R.W. (1998): Weltordnung und Hegemonie. Grundlagen der Internationalen Politischen Ökonomie. Marburg

Czempiel, E.O. (1981): Internationale Politik. Ein Konfliktmodell. Paderborn

Dahl, R. (1973): Die politische Analyse. München

Dallmayr, F.R. (1999): Border Crossings Toward a Comparative Political Theory. Lanham, Md.

Debnam, G. (1984): The Analysis of Power: Core Elements and Structure. New York

Demandt, A. (1995): Antike Staatsformen. Eine vergleichende Verfassungsgeschichte der Alten Welt. Berlin

Deutsch, K.W. (1973): Politische Kybernetik. Modelle und Perspektiven. Freiburg

Deutsch, K.W. (1977): Staat, Regierung, Politik. Eine Einführung in die Wissenschaft der vergleichenden Politik. Freiburg

Doeker, G., Hrsg. (1971): Vergleichende Analyse politischer Systeme. Freiburg

Dogan, M. (1996): Political Science and the Other Social Sciences, in: Goodin, R.E. / Klingemann, H.-D., Hrsg. A New Handbook of Political Science. Oxford, S. 97-130

Dogan, M. / Pelassy, D. (1984): How to Compare Nations. Chatham, N.J.

Dreier, V. (1997): Empirische Politikforschung. München / Wien

Drechsler, H. u.a., Hrsg. (1992): Gesellschaft und Staat. Lexikon der Politik. 8., neubearb. u. erw. Aufl. München

Druwe, U. (1994): Studienführer Politikwissenschaft. 2., erw. und verbesserte Aufl., München

Druwe, U. (1995): Politische Theorie. 2. Aufl., Neuwied

Druwe, U. / Hahlbohm, D. / Singer, A. (1998): Internationale Politik. 2. Aufl. Neuwied

Dunn, J. (1993): Democracy. The Unfinished Journey. 500 BC - AD 1993. Oxford

Easton, D. (1971): The Political System. An Inquiry into the State of Political Science. New York

Easton, D. (1979): A Framework for Political Analysis. Chicago

Easton, D. (1979a): A System Analysis of Political Life. Chicago

Easton, D., Hrsg. (1991): The Development of Political Science. London u.a.

Eibl-Eibesfeldt, I. (1986): Die Biologie des menschlichen Verhaltens. Grundriß der Humanethologie. München / Zürich

Eisfeld, R. (1991):Ausgebürgert und doch angebräunt. Deutsche Politikwissenschaft 1920-1945. Baden-Baden

Ernst, J. (1994): Politikwissenschaft in der Bundesrepublik Deutschland. Die Entwicklung ihres Selbstverständnisses im Spiegel der Einführungswerke. Münster

Esterbauer, F. (1992): Einführung in die Politikwissenschaft. 2., erg. Aufl., Graz

Etzioni, A. (1968): The Active Society, New York

Falter, J.W. (1982): Der ‚Positivismusstreit‘ in der amerikanischen Politikwissenschaft. Opladen

Fenske, H. u.a. (1991): Geschichte der politischen Ideen. Von Homer bis zur Gegenwart. 4.Aufl. Frankfurt

Fetscher, I. (1972): Politikwissenschaft. Frankfurt

Fetscher, I. / Münkler, H., Hrsg. (1990): Politikwissenschaft. Begriffe, Analysen, Theorien. Ein Grundkurs. Reinbek

Fischer, K.G. (1986): Zum aktuellen Stand der Theorie und Didaktik der politischen Bildung. Stuttgart

Flechtheim, O. (1958): Grundlegung der Politischen Wissenschaft. Meisenheim

Flohr, H. / Tönnesmann, W., Hrsg. (1983): Politik und Biologie. Berlin / Hamburg

Flohr, H. / Kamps, K. Hrsg. (1998): Biopolitics - Politikwissenschaft jenseits des Kulturismus, Baden-Baden

Fraenkel, E. / Bracher, K.-D., Hrsg. (1980): Staat und Politik (= Fischer Lexikon)

Frank, S.A. (1998): Foundations of Social Evolution, Princeton, NJ

Frei, D., Hrsg. (1977): Theorien der internationalen Beziehungen. München

Frei, D. / Ruloff, D. (1988): Handbuch der weltpolitischen Analyse. Methoden für Praxis, Beratung und Forschung. Diessenhofen

Frieden, J.A. / Lake, D.A. (1995): International Political Economy. Perspectives on Global Power and Wealth. 3. Aufl. New York

Friedman, G. (1981): The Political Philosophy of the Frankfurt School. Ithaca

Friedrich, C.J. (1953): Der Verfassungsstaat der Neuzeit. Wien

Friedrich, C.J. (1961): Die Politische Wissenschaft. Freiburg / München

Friedrich, C.J. (1967): Prolegomena der Politik. Politische Erfahrung und ihre Theorie. Berlin

Friedrich, C.J. (1970): Politik als Prozeß der Gemeinschaftsbildung. Eine empirische Theorie. Köln

Friedrichs, J. (1990): Methoden empirischer Sozialforschung. Opladen

Gablentz, O.H.v.d. (1959): Einführung in die Politische Wissenschaft. Köln / Opladen

Gabriel, O.W., Hrsg. (1978): Grundkurs Politische Theorie. Köln / Wien

Gabriel, O.W. / Holtmann, E., Hrsg. (1998): Handbuch Politisches System der Bundesrepublik Deutschland. München / Wien

Gerhardt, V. (1990): Der Begriff der Politik. Bedingungen und Grundzüge politischen Handelns. Stuttgart

Gerlach, I. / Rüdiger, R., Hrsg. (1990): Politikwissenschaft II. Innenpolitik der Bundesrepublik Deutschland. Münster

Giddens, A. (1984): The Constitution of Society: Ooutline of the Theory of Structuration. Cambridge u.a.

Gilpin, R. (1987): The Political Economy of International Relations. Princeton

Glaser, B.G. / Strauss, A.L. (1974): The Discovery of Grounded Theory: Strategies for Qualitative Research. Chicago

Göhler, G., Hrsg. (1986): Grundfragen der Theorie politischer Institutionen. Opladen

Göhler, G., Hrsg. (1994): Die Eigenart der Institutionen. Zum Profil politischer Institutionentheorie. Baden-Baden

Göhler, G. / Zeuner, B., Hrsg. (1991): Kontinuitäten und Brüche in der deutschen Politikwissenschaft. Baden-Baden

Görlitz, A. (1972): Politikwissenschaftliche Popädeutik. Hamburg

Görlitz, A. (1980): Politikwissenschaftliche Theorien. Stuttgart u.a.

Görlitz, A. / Prätorius, R., Hrsg. (1987): Handbuch Politikwissenschaft. Grundlagen - Forschungsstand - Perspektiven. Reinbek

Goodin, R.E. / Klingemann, H.-D., Hrsg. (1996): A New Handbook of Political Science. Oxford

Gräfrath, B. (1997): Evolutionäre Ethik? Philosophische Programme, Probleme und Perspektiven der Soziobiologie, Berlin

Grauhan, R.R. / Narr, W.D. (1973): Studium der Sozialwissenschaft - demonstriert an der Politikwissenschaft. Ein Entwurf, in: Leviathan 1, S. 90-134

Greenstein, G.I. / Polsby, N.W., Hrsg. (1975): Handbook of Political Science. 9 Bde, Reading

Greven, M.Th. (1999): Politische Theorie – heute. Ansätze und Perspektiven. Baden-Baden

Grimm, D. (1973): Staatsrechtslehre und Politikwissenschaft, in: ders., Hrsg.: Rechtswissenschaft und Nachbarwissenschaften, Frankfurt a.M., S. 53-67

Grizzle, J.E. / Starmer, D.F. / Hoch, G.B. (1969): Analysis of Categorical Data by Linear Models, in: Biometrics 25, S. 489-504

Groom, A.J.R. (1994): Contemporary International Relations. A Guide to Theory. London

Grosser, D. / Hättich, M. u.a. (1976): Politische Bildung. Stuttgart

Gu, Xuewu (2000): Theorien der internationalen Beziehungen. Einführung. München / Wien

Guy, P.B. (1998): Comparative Politics. Theory and Methods. Basingstoke

Habermas, J. (1970): Zur Logik der Sozialwissenschaften. Frankfurt

Haftendorn, H. (1975): Theorie der Internationalen Politik. Gegenstand und Methode der Internationalen Beziehungen. Hamburg

Hansen, G. / Nüssen, E. / Rützel, J. (1978): Einführung in das wissenschaftliche Arbeiten. Grundlagen, Techniken, Verfahren. München

Hartmann, J. (1980): Vergleichende politische Systemforschung. Konzepte und Analyse. Frankfurt

Hartmann, J. (1995): Politikwissenschaft. Eine problemorientierte Einführung in Grundbegriffe und Teilgebiete. Chur

Hartmann, J. (1995a): Vergleichende Politikwissenschaft. Ein Lehrbuch. Frankfurt a. M.

Hartwich, H.-H., Hrsg. (1985): Policy-Forschung in der Bundesrepublik Deutschland. Opladen

Hartwich, H.-H., Hrsg. (1987): Politikwissenschaft. Lehre und Studium zwischen Professionalisierung und Wissenschaftsimmanenz. Eine Bestandsaufnahme und ein Symposium. Opladen

Hättich, Manfred (1967, 1969, 1972): Lehrbuch der Politikwissenschaft. 3 Bde, Mainz

Hättich, M. (1978): Rationalität als Ziel politischer Bildung. München

Hättich, M. (1980): Grundbegriffe der Politikwissenschaft. Darmstadt

Hayduk, L. A. (1996): LISREL Issues, Debates, and Strategies. Baltimore

Heidtmann, F. (1985): Wie finde ich Literatur zur Volkswirtschaft, Betriebswirtschaft, Psychologie, Soziologie, Politologie, Publizistik, Statistik. Ein Führer zu wichtigen Nachschlagewerken und Bibliographien und zur effektiven Benutzung der Bibliotheksbestände für alle Studenten und Dozenten sozialwissenschaftlicher Fächer. Berlin

Heinrich, H.-G. (1989): Einführung in die Politikwissenschaft. Wien / Köln

Held, D., Hrsg. (1991), Political Theory Today. Stanford

Henkenborg, P., Hrsg. (1998): Der alltägliche Politikunterricht. Ansätze, Beispiele, Perspektiven qualitativer Unterrichtsforschung zur politischen Bildung in der Schule. Opladen

Henningsen, J. (1973): Die zweite Prüfung. Ethik und Rezepte. Bochum

Hennis, W. (1977): Politik und praktische Philosophie. Stuttgart

Hermann, D. (1984): Ausgewählte Probleme bei der Anwendung der Pfadanalyse. Frankfurt a.M.

Hermens, F.A. (1968): Verfassungslehre. Opladen

Herzog, R. (1988): Staaten der Frühzeit. Ursprünge und Herrschaftsformen, München

Heywood, A. (1999): Political Theory. An Introduction. Basingstoke

Hinich, M.J. / Munger, M.C. (1997): Analytical Politics.Cambridge / New York

Holt, R.T. / Turner, J.E., Hrsg. (1970): The Methodology of Comparative Research. New York

Holtmann, E., Hrsg. (1991): Politik Lexikon. München

Holzinger, K. (1995): Ökonomische Theorien der Politik, in: Nohlen, D., Hrsg., Lexikon der Politik. München, hier Bd. 1, S. 383-391

Holzner, B. (1972): Reality Construction in Society. Cambridge, Mass.

Honneth, A., Hrsg. (1993), Kommunitarismus, Frankfurt a.M. / New York

Horn, R. / Neubauer, W. (1987): Fachinformation Politikwissenschaft. Literaturhinweise, Informationsbeschaffung und Informationsverarbeitung. Regensburg

International Encyclopedia of the Social Sciences (1969), hrsg. v. D.L. Sills, 17 Bde, New York

Ismayr, Wolfgang, Hrsg. (1999): Die politischen Systeme Westeuropas. 2.Aufl. München

Jensen, R. (1969): History and the Political Scientist, in: Lipset, S.M., Hrsg., Political and Social Science. London / Oxford, S. 1-28

Jervis, R. (1978): Cooperation under the Security Dilemma, in: World Politics 30, S. 167-214; gekürzt in Lehmkuhl 1996: 93-107

Junne, G. (1986): Kritisches Studium der Sozialwissenschaften. Eine Einführung in Arbeitstechniken. Stuttgart u.a.

Kalvelage, C. / Segal, M. (1976): Research Guide in Political Science. Dallas u.a.

Kammler, H. (1976): Logik der Politikwissenschaft. Wiesbaden

Kasperson, R.E. / Minghi, J.V., Hrsg. (1969): The Structure of Political Geography. Chicago

Kastendieck, H. (1977): Die Entwicklung der westdeutschen Politikwissenschaft. Frankfurt

Kauffman, S. A. (1993): The Origins of Order. Self-Organization and Selection in Evolution, Oxford

Kennedy, G. (1985): Einladung zur Statistik. Frankfurt / New York

Keohane, R. (1996): International Relations, Old and New, in: Goodin, R.E. / Klingemann, H.-D., Hrsg., A New Handbook of Political Science. Oxford, S. 462-476

Kepplinger, H.M. u.a. (1976): Informationen suchen und finden. Leitfaden zum Studium der Politologie, Psychologie, Publizistik, Soziologie. Freiburg / München

Kern, H. (1982): Empirische Sozialforschung. Ursprünge, Ansätze, Entwicklungslinien. München

Kevenhörster, P. (1997): Politikwissenschaft. Band 1: Entscheidungen und Strukturen der Politik. Opladen

Kindermann, G.-K., Hrsg. (1981): Grundelemente der Weltpolitik. Eine Einführung. München

Kindermann, G.-K. (1981a): Zur Methodik der Internationalen Konstellationsanalyse, in: Kindermann 1981, S. 68-106

Kliemann, H. (1970): Anleitung zum wissenschaftlichen Arbeiten. Eine Einführung in die Praxis. Freiburg

Knapp, M. / Krell, G., Hrsg. (1996): Einführung in die internationale Politik: Studienbuch. 3., überarb. und erw. Aufl. München / Wien

Knutsen, T.L. (1992): A History of International Relations Theory. An Introduction. Manchester u.a.

Knorr, K. / Rosenau, J.N., Hrsg. (1969): Contending Approaches to International Politcs. Princeton, N.J.

Konegen, N. (1973): Politikwissenschaft. Eine kybernetische Einführung. Düsseldorf

König, R., Hrsg. (1973): Handbuch der empirischen Sozialforschung, 14 Bde, Stuttgart

Kress, G. / Senghaas, D. (1969): Politikwissenschaft. Eine Einführung in ihre Probleme. Frankfurt a.M.

Krippendorff, E. (1986): Internationale Politik. Geschichte und Theorie. Frankfurt a.M.

Kriz, J. (1975): Statistik in den Sozialwissenschaften. Reinbek

Kromrey, H. (1998): Empirische Sozialforschung. Modelle und Methoden der Datenerhebung und Datenauswertung. Opladen

Krüger, H. (1966): Allgemeine Staatslehre. Stuttgart

Kuhn, H.-W. / Massing, P., Hrsg. (1993): Politische Bildung in Deutschland. Entwicklung – Stand – Perspektiven. Opladen

Landfried, C. (1994): Politikorientierte Folgenforschung. Zur Übertragung der Chaostheorie auf die Sozialwissenschaften. Speyer

Lane, R. (1997): The Art of Comparatove Politics. Boston

Lasswell, H.D. (1936): Politics. Who gets what, when, how. New York / London

Laurie, P. (1985): Databases. How To Manage Information to Your Micro. London / New York

Leggewie, C. (1994): Wozu Politikwissenschaft? Über das Neue in der Politik. Darmstadt

Lehmbruch, G. (1971): Einführung in die Politikwissenschaft. Stuttgart u.a.

Lehmkuhl, U., Hrsg. (1996): Theorien internationaler Politik. Einführung und Texte. München / Wien

Lehner, F. / Schubert, K. (1994): Ökonomische Theorien der Politik, in: Nohlen, D., Hrsg.: Lexikon der Politik. München, hier Bd. 2, S. 277-285

Lenk, K. (1975): Politische Wissenschaft. Ein Grundriß. Stuttgart

Lenk, K. / Franke, B. (1991): Theorie der Politik. Eine Einführung, 2. Aufl., Frankfurt a. M. / New York

Lessnoff, M.H. (1999): Political Philosophers of the Twentieth Century. Oxford

Lieber, H.-J., Hrsg. (1993): Politische Theorien von der Antike bis zur Gegenwart. 2., durchges. Aufl., Bonn (Bundeszentrale für politische Bildung)

Liebrand, W. B., Hrsg. (1998): Computer Modeling of Social Processes. London

Lietzmann, H. J. / Bleek, W. (1996): Politikwissenschaft. Geschichte und Entwicklung in Deutschland und Europa. München / Wien

Lijphart, A. (1984): Democracies. Patterns of Majoritarian and Consensus Government in Twenty-One Countries. New Haven / London

Lijphart, A. (1999): Patterns of Democracy. Government Forms and Performance in Thirty-Six Countries. Yale

Linz, J.J. (2000): Totalitäre und autoritäre Regime. Berlin

Lipset, S.M., Hrsg. (1995): The Encyclopedia of Democracy. London

List, M. / Behrens, M. / Reichardt, W. / Simonis, G. (1995): Internationale Politik. Probleme und Grundbegriffe. Opladen

Loewenstein, C. (1975): Verfassungslehre. Tübingen

Lorenz, K. (1982): Die Rückseite des Spiegels. Versuch einer Naturgeschichte menschlichen Erkennens. München

Lübbe, H. (1963): Politische Philosophie in Deutschland. Studien zu ihrer Geschichte. Basel

Luhmann, N. (1984): Soziale Systeme. Grundriß einer allgemeinen Theorie, Frankfurt a.M.

Mackenzie, W.K.W. (1972): Politikwissenschaft. Frankfurt a.M.

Macridis, R. / Brown, B.E., Hrsg. (1968): Comparative Politics. Homewood

Mahler, G.S. (1999): Comparative Politics. An Institutional and Cross-National Approach.

Maier, H. (1980): Die ältere deutsche Staats- und Verwaltungslehre (Polizeiwissenschaft). Ein Beitrag zur Geschichte der politischen Wissenschaft in Deutschland. Neuwied

Maier, H. (1985): Politische Wissenschaft in Deutschland. Lehre und Wirkung. München

Maier, H. / Rausch, H. / Denzer, H., Hrsg. (1986/87): Klassiker des politischen Denkens. 2 Bde, überarb. u. erw. Aufl. München

Maier, H. / Denzer, H., Hrsg. (2001): Klassiker des politischen Denkens. 2 Bde, München

Matz, U. (1985): Bemerkungen zur Lage der deutschen Politikwissenschaft, in: Zeitschrift für Politik 32, S. 1-7

Maytnz, R. / Holm, K. / Hübner, P. (1978): Einführung in die Methoden der empirischen Soziologie. Opladen

McClelland, J.S. (1996): A History of Western Political Thought. London / New York

Meier, Chr. (1980): Die Entstehung des Politischen bei den Griechen. Frankfurt

Merritt, R.L. / Rokkan, St. (1966): Comparing nations. New Haven / London

Messelken, K. (1970): Politikbegriffe der modernen Soziologie. Eine Kritik der Systemtheorie und der Konflikttheorie. Köln / Opladen

Meyer, P. (1982): Soziobiologie und Soziologie: eine Einführung in die biologischen Voraussetzungen sozialen Handelns. Darmstadt

Meyers, R. (1981): Die Lehre von den Internationalen Beziehungen. Ein entwicklungsgeschichtlicher Überblick. Königstein/Ts.

Meyers, R. (1994): Internationale Beziehungen / Internationale Politik, in: Nohlen, D., Hrsg. (1994ff): Lexikon der Politik. München, hier Bd. 6, S. 225-230

Meyers, R. (1994a): Historische Soziologie, in: Nohlen, D., Hrsg. (1994ff): Lexikon der Politik. München, hier Bd. 6, S. 198-200

Mickel, W.W., Hrsg. (1983): Handlexikon zur Politikwissenschaft. München

Mohl, Robert v. (1855-1858): Geschichte und Literatur der Staatswissenschaften. 3 Bde, Tübingen; Nachdruck Graz 1960

Mohr, A. (1986): Die Durchsetzung der Politikwissenschaft an deutschen Hochschulen und die Entwicklung der Deutschen Vereinigung für Politische Wissenschaft, in: Beyme 1986a, S. 62-77

Mohr, A. (1988): Politikwissenschaft als Alternative. Stationen einer wissenschaftlichen Disziplin auf dem Weg zur Selbständigkeit in der Bundesrepublik Deutschland. Bochum

Mohr, A., Hrsg. (1997): Grundzüge der Politikwissenschaft. 2. Aufl. München / Wien

Mols, M. / Lauth, H.-J. / Wagner, C., Hrsg. (1996): Politikwissenschaft. Eine Einführung. 2., erw. Aufl. Paderborn u.a.

Mommsen, H. (1962): Zum Verhältnis von politischer Wissenschaft und Geschichtswissenschaft in Deutschland, in: Vierteljahreshefte für Zeitgeschichte 10, S. 341-372

Monroe, K.R., Hrsg. (1997): Contemporary Empirical Political Theory. Berkely / Los Angeles / London

Morgenthau, H.J. (1973): Politics Among Nations. 5. Aufl., New York

Morrow, J. (1998): A History of Political Thought. A Thematic Introduction. New York

Müller-Rommel, F. (1984): Sozialwissenschaftliche Politikberatung. Probleme und Perspektiven, in: Aus Politik und Zeitgeschichte, B 25, S. 26-39

Münch, R. (1982): Basale Soziologie: Soziologie der Politik. Opladen

Münkler, H. (1990): Lust an der Erkenntnis. Politisches Denken im 20. Jahrhundert. München

Nagel, M. (1996): Grafische Datenanalyse. Stuttgart

Narr, W.-D. / Naschold, F. (1972/1973): Einführung in die moderne politische Theorie, 3 Bde. Stuttgart

Naschold, F. (1972): Politische Wissenschaft. Entstehung, Begründung und gesellschaftliche Entwicklung. Freiburg / München

Naßmacher, H. (1991): Vergleichende Politikforschung. Eine Einführung in Probleme und Methoden. Opladen

Naßmacher, H. (1998): Politikwissenschaft. 3., völlig neubearb. und erw. Aufl., München / Wien

Nawiaski, H. (1952-1958): Allgemeine Staatslehre. 4 Bde, Einsiedeln

Neumann, F., Hrsg. (1995): Handbuch Politischer Theorien und Ideologien. Erw. Fass. d. 1. Ausgabe. Opladen

Nicholson, M. (1998): International Relations. London

Noack, P. (1976): Was ist Politik? Eine Einführung in ihre Wissenschaft. München / Zürich

Noack, P. / Stammen, Th. (1976): Grundbegriffe der politikwissenschaftlichen Fachsprache. München

Noelle-Neumann, E. (1979): Öffentlichkeit als Bedrohung. Beiträge zur empirischen Kommunikationsforschung. Freiburg

Noelle-Neumann, E. (1991): Öffentliche Meinung. Die Entdeckung der Schweigespirale. Berlin

Noelle-Neumann, E. / Petersen, Th. (1996): Alle, nicht jeder. Einführung in die Methoden der Demoskopie. München

Nohlen, D., Hrsg. (1991): Wörterbuch Staat und Politik. Bonn

Nohlen, D., Hrsg. (1994ff): Lexikon der Politik. München, 7 Bde

Oakeshott, M. (1962): Rationalism in Politics. London

Oberndörfer, D., Hrsg. (1966): Wissenschaftliche Politik. Eine Einführung in Grundfragen ihrer Tradition und Theorie. Freiburg

Oberschall, A. (1997): Empirische Sozialforschung in Deutschland, 1848-1914. Freiburg / München

Opitz, P.J., Hrsg. (1968): Chinesisches Alterum und konfuzianische Klassik. München

Opitz, P.J., Hrsg. (1969): Vom Konfuzianismus zum Kommunismus. München

Palombara, J. la (1974): Politics within Nations. Englewood Cliffs

Panofsky, E. (1994): Zum Problem der Beschreibung und Inhaltsdeutung von Werken der bildenden Kunst. Nachgedruckt in: Kaemmerling, E., Hrsg. (1994): Ikonographie und Ikonologie. Theorien, Entwicklung, Probleme (= Bildende Kunst als Zeichensystem. Bd. 1). 6. überarb. Aufl. Köln, S. 185-206.

Parekh, B. (1996): Political Theory. Traditions in Political Philosophy, in: Goodin, R.E. / Klingemann, H.-D., Hrsg., A New Handbook of Political Science. Oxford, S. 503-518

Parsons, Talcott (1951): The Social System, New York / London

Parsons, Talcott (1977): The Evolution of Societies. Edited and with an introduction by Jackson Toby, Enlgewood Cliffs, N.J.

Patzelt, W.J. (1983): Ein topisches Modell zur Analyse internationaler Politik, in: Politische Vierteljahresschrift 24, S. 60-79

Patzelt, W.J. (1985): Einführung in die sozialwissenschaftliche Statistik. München / Wien

Patzelt, W.J. (1986): Sozialwissenschaftliche Forschungslogik. München / Wien

Patzelt, W.J. (1987): Grundlagen der Ethnomethodologie. Theorie, Empirie und politikwissenschaftlicher Nutzen einer Soziologie des Alltags. München

Patzelt, W.J. (1991): Politikwissenschaft, in: Flick, U. et al., Hrsg. (1991): Handbuch Qualitative Sozialforschung. München, S. 53-55

Patzelt, W.J. (1992): Formen und Aufgaben von ‚Theorieforschung‘ in den Sozialwissenschaften, in: Ethik und Sozialwissenschaften 3, S. 1-14

Patzelt, W.J. (1996): Zum politikwissenschaftlichen Nutzen der Evolutionären Erkenntnistheorie, in: Riedl, R. / Delpos, M., Hrsg., Die Evolutionäre Erkenntnistheorie im Spiegel der Wissenschaften. Wien, S. 273-288

Patzelt, W.J. (1998): Wirklichkeitskonstruktion im Totalitarismus. Eine ethnomethodologische Weiterführung der Totalitarismuskonzeption von Martin Drath, in: Siegel, A., Hrsg.: Totalitarismustheorien nach dem Ende des Kommunismus, Köln / Weimar, S. 235-271

Patzelt, W.J. (2000): Mikroanalyse in der Politikwissenschaft. Eine ethnomethodologische Perspektive, in: Stefan Immerfall, Hrsg., Parteien, Kulture und Konflikte. Beiträge zur multikulturellen Gegenwartsgesellschaft, Opladen, S. 223-253

Patzelt, Werner J. (2000a): Institutions as Knowledge-Gaining Systems, in: Evolution and Cognition 6, S. 70-83

Patzelt, Werner J., Hrsg., (2001): Parlamente und ihre Symbolik. Programm und Beispiele institutioneller Analyse, Opladen

Patzelt, Werner J. (2001a): Evolutionstheorie in der Politikwissenschaft, in: M. Lehmann-Waffenschmidt u.a., Hrsg., Handbuch der Evolutorischen Ökonomik (im Erscheinen)

Pfeifer, A. / Schmidt, P. (1987): LISREL. Stuttgart

Pfetsch, F. R. (1994): Internationale Politik. Stuttgart u.a.

Pipers Handbuch der politischen Ideen (1984-1988), hrsg. v. I. Fetscher / H. Münkler. München

Pipers Wörterbuch zur Politik, (1984-1989), hrsg. v. D. Nohlen, 6 Bde, München

Polasek, W. (1994): Explorative Datenanalyse: EDA . Einführung in die deskriptive Statistik. 2., neubearb. und erw. Aufl. Berlin u.a.

Popitz, H. (1968): Prozesse der Machtbildung. Tübingen

Popper, K.R. (1979): Das Elend des Historizismus. Tübingen

Popper, K.R. (1980): Die offene Gesellschaft und ihre Feinde, 2 Bde., München

Prescott, J.R.V. (1975): Einführung in die Politische Geographie. München

Ragin, Ch. C. (1987): The Comparative Method. Moving Beyond Qualitative and Quantitative Strategies. Berkeley / Los Angeles / London

Rawls, J. (2000): Eine Theorie der Gerechtigkeit. Dt. Übers. von Hermann Vetter. Frankfurt am Main

Reinisch, L., Hrsg. (1971): Politische Wissenschaft heute. München

Reinhard, W. (2000): Geschichte der Staatsgewalt. Eine vergleichende Verfassungsgeschichte Europas von den Anfängen bis zur Gegenwart. München

Reynolds, Ch. (1992): The World of States. An Introduction to Explanation and Theory. Aldershot

Ricci, D.M. (1984): The Tragedy of Political Science. Politics, Scholarship, and Democracy. New Haven

Riedl, R. (1979): Biologie der Erkenntnis. Die stammesgeschichtlichen Grundlagen der Vernunft. Berlin/Hamburg

Riedl, R. (1985): Die Spaltung des Weltbildes. Biologische Grundlagen des Erklärens und Verstehens. Berlin / Hamburg

Rittberger, V. (1995): Internationale Organisationen. Politik und Geschichte. Europäische und weltweite Zusammenschlüsse. 2. Aufl. Opladen

Ritter, J. / Gründer, K., Hrsg. (1971ff): Historisches Wörterbuch der Philosophie. Darmstadt

Roegele, O.R. (1979): Massenmedien und Regierbarkeit, in: Hennis, W. / Kielmansegg, P. / Matz, U., Hrsg.: Regierbarkeit. Studien zu ihrer Problematisierung. Bd 2, Stuttgart, S. 177-210

Rohe, K. (1994): Politik: Begriffe und Wirklichkeiten. Eine Einführung in das politische Denken. 2., völlig überarb. und erw. Aufl., Stuttgart u.a.

Röhrich, W. / Narr, W.-D. (1986): Politik als Wissenschaft. Ein Überblick. Opladen

Rokkan, St. (1972): Vergleichende Sozialwissenschaft. Frankfurt a.M.

Roloff, E.-A. (1969): Was ist und wie studiert man Politikwissenschaft? Mainz

Roth, E., Hrsg. (1984): Sozialwissenschaftliche Methoden. Ein Lehr- und Handbuch für Forschung und Praxis. München/ Wien

Rothstein, B. (1996): Political Institutions. An Overview, in: Goodin, R.E. / Klingemann, H.-D., Hrsg.: A New Handbook of Political Science. Oxford, S. 133-166

Rudinger, G. / Chaselon, F. / Zimmermann, E.J. / Henning, H.J. (1985): Qualitative Daten. Neue Wege sozialwissenschaftlicher Methodik. München

Rupp, H.K. / Noetzel, Th. (1991): Macht, Freiheit, Demokratie. Anfänge der Westdeutschen Politikwissenschaft. Biographische Annäherungen. Marburg

Sabine, G.H. (1973): A history of political theory. 4. Aufl. Hinsdale, Ill.

Sanders, D. (1996): International Relations – Neo-realism and Neo-liberalism, in: Goodin, R.E. / Klingemann, H.-D., Hrsg., A New Handbook of Political Science. Oxford, S. 428-445

Sartori, G. (1997): Comparative Constitutional Engineering. An Inquiry into Structures, Incentives and Outcomes. 2. Aufl. Basinstoke

Sattler, M.J., Hrsg. (1972): Staat und Recht. Die deutsche Staatslehre im 19. und 20. Jahrhundert. München

Schäfer, U. (1994): Nachdenken über Politik. Einführung in die Politikwissenschaft. Tübingen (Studienbrief des Deutschen Instituts für Fernstudien an der Universität Tübingen)

Scheuner, U. (1962): Das Wesen des Staates und der Begriff des Politischen in der neueren Staatslehre, in: Staatsverfassung und Kirchenordnung. Festgabe für R. Smend. Berlin, S. 225-262

Schlangen, W. (1974): Theorie der Politik. Einführung in Geschichte und Grundprobleme der Politikwissenschaft. Stuttgart u.a.

Schlangen, W., Hrsg. (1977): Politische Grundbegriffe. Stuttgart u.a.

Schlichte, K. (1999): Einführung in die Arbeitstechniken der Politikwissenschaft. Opladen

Schmidt, R.H., Hrsg. (1967): Methoden der Politologie. Darmstadt

Schmitt, C. (1963): Der Begriff des Politischen. Berlin

Schmutzer, M.E., Hrsg. (1977): Mathematische Methoden in der Politikwissenschaft. München / Wien

Schnell, R. (1994): Graphisch gestützte Datenanalyse. München

Schnell, R. / Hill, P.B. / Esser, E. (1999): Methoden der empirischen Sozialforschung. 6. Aufl. München

Schneider, H., Hrsg. (1967): Aufgabe und Selbstverständnis der Politischen Wissenschaft. Darmstadt

Schreyer, B. / Schwarzmeier, M. (2000): Grundkurs Politikwissenschaft. Studium der politischen Systeme. Eine studienorientierte Einführung. Opladen

Schubert, St. (1986): Online Datenbanken. Zugang zum Wissen der Welt mit Personal Computern. Düsseldorf

Schulze, R.-O. (1994): Erkenntnisinteresse in der Politikwissenschaft, in: Nohlen 1994ff, Bd. 7, S. 107-117

Shumway, R.H. / Stoffer, D.S. (2000): Time Series Analysis and its Applications. New York / Berlin / Heidelberg

Singer, J.D. (1973/1974): Die szientifische Methode. Ein Ansatz zur Analyse internationaler Politik, in: Politische Vierteljahresschrift 14 und 15, S. 471-498 bzw. 3-32

Skinner, Qu. (1990): The Foundations of Modern Political Thought. Cambridge

Smelser, N.J. (1976): Comparative Methods in the Social Sciences. New York

Söllner, A. (1996): Deutsche Politikwissenschaftler in der Emigration. Opladen

Somit, A. Hrsg. (1994): Biopolitics and the Mainstream: Contributions of Biology to Political Science, Greenwich, Conn.

Somit, A. / Tanenhaus, J. (1967): The Development of American Political Science. Boston

Sommer, G. / Westphalen, R.G.v., Hrsg. (1999): Staatsbürgerlexikon. München/Wien

Staatslexikon (1985-1989), hrsg. v. d. Görres-Gesellschaft. 5 Bde, Freiburg

Stammen, Th., Hrsg. (1974): Vergleichende Regierungslehre. Darmstadt

Stammen, Th. / Riescher, G. / Hofmann, W., Hrsg. (1997): Hauptwerke der politischen Theorie. Stuttgart

Stammer, O. / Weingart, P. (1972): Politische Soziologie. München

Steffani, W. (1962): Gewaltenteilung in demokratisch-pluralistischen Rechtsstaat, in: Politische Vierteljahresschrift 3, S. 256-282

Steinvorth, U. (1983): Stationen der politischen Theorie. 2. durchges. Aufl. Stuttgart

Sternberger, D. (1961): Der Begriff des Politischen. Frankfurt

Strauss, A. (1991): Grundlagen qualitativer Sozialforschung. Datenanalyse und Theoriebildung in der empirischen soziologischen Forschung. München

Strauss, L. / Cropsey, J., Hrsg. (1964): History of Political Philosophy. Chicago

Tauras, O. / Meyers, R. / Bellers, J., Hrsg. (1994): Internationale Politik. Münster / Hamburg.

Thomas, W.I. (1972): The Definition of the Situation, in: Manis, J.G. / Meltzer, B.N., Hrsg.: Symbolic Interaction. Boston

Topitsch, E., Hrsg. (1984): Logik der Sozialwissenschaften. Königstein/Ts.

Tudyka, K. (1971): Internationale Beziehungen - eine Einführung. Stuttgart

Tudyka, K. (1973): Kritische Politikwissenschaft. Stuttgart

Vermunt, J.K. (1996): Log-linear Event History Analysis: A General Approach with Missing Data Latent Variables and Unobserved Heterogeneity. Tilburg

Vincent, A. (1997): Political Theory. Tradition and Diversity. New York

Voegelin, E. (1957): Order and History. 3 Bde. Louisiana

Voegelin, E. (1959): Die neue Wissenschaft der Politik. München

Voland, E. (2000), Grundriß der Soziobiologie, 2., vollst. überarb. u erw. Aufl., Heidelberg

Vorländer, H. (1999): Die Verfassung. Idee und Geschichte. München

Waltz, K.N. (1979): Theory of International Politics. Reading, Mass.

Wellhöfer, P.R. (1984): Grundstudium sozialwissenschaftliche Methoden und Arbeitsweisen. Eine Einführung für Sozialwissenschaftler und Sozialarbeiter/ -pädagogen. Stuttgart

Wildenmann, R. (1967): Politologie in Deutschland, in: Der Politologe, 23, S. 13-23

Wildenmann, R., Hrsg. (1987): Erkenntnisfragen und Forschungsprobleme der Politikwissenschaft. Mannheim

Wittkämper, G.W. (1988): Politikwissenschaft und Beruf, in: Bellers/Robert 1988, S. 276-316

Woyke, W., Hrsg. (1998): Handwörterbuch Internationale Politik. 7., aktual. Aufl. Opladen

Wuketits, F.M. (1990): Moral - Eine biologische oder biologistische Kategorie?, in: Ethik und Sozialwissenschaften 1, S. 161-167

Wuketits, F. M. (1990a): Evolutionary Epistemology and Its Implications for Humankind, Albany

Wuketits, F. M. (1997), Soziobiologie: die Macht der Gene und die Evolution sozialen Verhaltens, Heidelberg

Wuthe, G. (1977): Die Lehre von den politischen Systemen. Ein Studienbuch in Frage und Antwort. München

Zahariadis, N. (1997): Theory, Case, and Method in Comparative Politics. London

Zippelius, R. (1994): Geschichte der Staatsideen. 9., verb. Aufl., München

Zürn, M. (1994): Neorealistische und realistische Schule, in: Nohlen, D., Hrsg., Lexikon der Politik. München, hier Bd. 6, S. 309-322

Alf Mintzel
Multikulturelle Gesellschaften in Europa und Nordamerika
Konzepte, Streitfragen, Analysen, Befunde

720 S., Umschlag vierfarbig, kart., cellophaniert,
ISBN 3-927575-55-0 DM 58,00
€ 29,80 [D] gültig ab 01.01.2002

Das vorliegende Handbuch führt in die sozialwissenschaftliche Diskussion über „multikulturelle Gesellschaften" ein und gibt einen Überblick über verschiedene Positionen, Ansätze und analytische Perspektiven. Wichtige makroanalytische Konzepte „multikultureller Gesellschaften" werden ausführlich vorgestellt und kritisch erörtert. Das Handbuch Lehre und Studium gibt außerdem ein Gerüst von rund 30 Schlüsselbegriffen zur Bestimmung und Beschreibung „multikultureller Gesellschaften" an die Hand. Mit einem geschärften analytischen Blick und Problembewußtsein wird anhand der theoretischen und typologischen Konstrukte die Vielgestaltigkeit multikultureller Gesellschaften in Europa und in Nordamerika an Länderbeispielen aufgezeigt.
Das Handbuch richtet sich an Studierende der Sozialwissenschaften an Universitäten und Fachschulen, insbesondere an Studierende der Fächer Soziologie, Politikwissenschaften und Sozialkunde. Das Buch bietet hierfür auf einem angemessenen Reflektionsniveau Argumentationshilfen.

wissenschaftsverlag richard rothe • max-emanuel-straße 8 • 94036 passau
tel.: 08 51/9 55 71-90 • fax: 08 51/9 55 71-99 • www.wv-rothe.de